JUS PUBLICUM

Beiträge zum Öffentlichen Recht

Band 175

Hans Michael Heinig

Der Sozialstaat im Dienst der Freiheit

Zur Formel vom „sozialen" Staat in Art. 20 Abs. 1 GG

Mohr Siebeck

Hans Michael Heinig, geboren 1971; Studium der Rechts-, Geschichts- und Sozialwissenschaften in Hamburg, Hannover und Bochum; 1998 Erstes und 2004 Zweites Juristisches Staatsexamen; 2003 Promotion; 2008 Habilitation; seither Professor für Öffentliches Recht, insb. Kirchenrecht und Staatskirchenrecht an der Georg-August-Universität Göttingen und Leiter des Kirchenrechtlichen Instituts der EKD.

Gedruckt mit Unterstützung des Förderungs- und Beihilfefonds Wissenschaft der VG WORT

ISBN 978-3-16-149653-0
ISSN 0941-0503 (Jus Publicum)

Die Deutsche Nationalbibliothek verzeichnet diese Publikation in der Deutschen Nationalbibliographie; detaillierte bibliographische Daten sind im Internet über *http://dnb.d-nb.de* abrufbar.

Das Buch wurde von Computersatz Staiger in Rottenburg/N. aus der Stempel Garamond gesetzt, von Gulde-Druck in Tübingen auf alterungsbeständiges Werkdruckpapier gedruckt und von der Buchbinderei Spinner in Ottersweier gebunden.

In memoriam

Görg Haverkate

Vorwort

Das Sozialstaatsprinzip findet in der gegenwärtigen Staatsrechtslehre kaum Beachtung. Der Sozialstaat gilt verfassungsrechtlich als ein diffuses Phänomen. Wurde der Rechtscharakter der Formel vom sozialen Staat zunächst generell bestritten, wird ihr heute zumeist kein klar konturierter materieller Inhalt zugesprochen, sondern ihre Ausfüllung pauschal dem Gesetzgeber überlassen. Dabei bedarf die Praxis des Sozialstaates durchaus der verfassungsrechtlichen Anleitung. Deshalb wird in diesem Buch nach einer kohärenten normativen Theorie und verfassungsrechtlichen Dogmatik des sozialen Staates gesucht und in der Leitidee der Freiheitsfunktionalität gefunden.

Die vorliegende Arbeit wurde im Wintersemester 2007/2008 als Habilitationsschrift von der Juristischen Fakultät der Ruprecht-Karls-Universität Heidelberg angenommen. Um eine zügige Veröffentlichung zu ermöglichen, wurde der Text nur noch geringfügig überarbeitet. Literatur und Rechtsprechung sind auf dem Stand November 2007 eingearbeitet.

Die Grundidee zu dieser Untersuchung entstand im Gespräch mit Prof. Dr. Görg Haverkate, an dessen Lehrstuhl ich von April 2004 an wissenschaftlicher Assistent war. Die Fertigstellung hat er nicht mehr erlebt. So wurde die Schrift zu weiten Strecken ein Dialog unter Abwesenden. Görg Haverkates bemerkenswerte intellektuelle und menschliche Statur werden mir stets unvergessen sein.

Der Juristischen Fakultät zu Heidelberg bin ich zu Dank verpflichtet, daß sie den Abschluß des Habilitationsvorhabens nach dem Tod von Görg Haverkate nach Kräften unterstützt hat. Prof. Dr. Winfried Brugger übernahm das Erst-, Prof. Dr. Ekkehard Reimer das Zweitgutachten. Beiden sei für das energische Betreiben des Verfahrens, aber auch für die persönliche Ermutigung und die zahlreichen Anregungen in der Sache herzlich gedankt. Unverzichtbare Hilfestellungen bei der Erstellung des Manuskripts leisteten Maximilian Bauer, Cornelia Alberts, Anja Fritzsche, Karin Frenzel und Elke von Tettau. Doch auch ohne das stete Gespräch mit Freunden, Kollegen und akademischen Lehrern wäre der zügige Abschluß des Manuskripts nicht denkbar gewesen. Mein herzlicher Dank gilt zuvörderst denjenigen, die das Werden des Buches in Berlin eng begleitet haben: Petra Bahr, Christoph Möllers, Alexandra Kemmerer und Isabelle Ley, darüber hinaus meiner Heidelberger Kollegin, Bettina Schöndorf-Haubold, den anderen Kollegen aus dem Frankfurter Kränzchen sowie, neben vielen anderen, Stefan Huster, Martin Morlok, Gerd Roellecke, Ulrich Haltern,

Dieter Grimm, Thomas Schramme, Peter Dabrock, Joachim von Soosten, Matthias Koenig und Stephan Schaede. Der Förderungs- und Beihilfefonds Wissenschaft der VG WORT schließlich hat die Drucklegung bezuschusst und damit erst ermöglicht.

Mai 2008 Hans Michael Heinig

Inhaltsübersicht

Vorwort VII

Inhaltsverzeichnis XIII

Teil 1:

Grundlegungen

A. Einführung 3

I. Der freiheitsfunktionale Sozialstaat des Grundgesetzes – Fragestellung und These dieser Arbeit 3

II. Der Sozialstaat des Grundgesetzes zwischen Über- und Untercodierung 10

III. Radikale Konsequenz: die Negation verfassungsrechtlicher Normativität bei Ernst Forsthoff 22

IV. Ungeeignete Alternativen 32

V. Das rechte Maß der Codierung: die Verfassung ernstgenommen . 42

B. Grundlegungen einer Verfassungstheorie des Sozialstaates 50

I. Zur Semantik und ihrer historisch-politischen Tiefenimprägnierung: „Sozialstaat" oder „Wohlfahrtsstaat"? 50

II. Nutzen und Grenzen einer verfassungstheoretischen Rekonstruktion des Sozialstaates des Grundgesetzes 76

III. Werden und Sollen – zur (fehlenden) Bedeutung der Geschichte für eine Verfassungstheorie des Sozialstaates 85

C. Eine normative Verfassungstheorie des Sozialstaates zwischen Sicherheit, Solidarität, Demokratie, Gleichheit, Freiheit ... 110

I. Sicherheit als Staatszweck: vom Urszenario des Bürgerkrieges zur staatlich organisierten Schutzgemeinschaft ... 111

II. Das Sozialstaatsgebot als Verfassungsgebot der Solidarität ... 120

III. Der Sozialstaat des Grundgesetzes als Gebot der Schaffung sozialer Gerechtigkeit ... 134

IV. Die Alternative zwischen egalitärer und liberaler Sozialstaatstheorie ... 148

V. Der Sozialstaat als Instrument der gerechtigkeitsgemäßen Gleichheitsbeförderung? ... 151

VI. Der freiheitsfunktionale Sozialstaat – Freiheit als normative Fundierung und Limitierung des Sozialstaates ... 171

VII. Demokratisch-partizipative Sozialstaatsbegründungen – zwischen Freiheitsfunktionalität und rousseauistischem Überschwang ... 277

VIII. Resümee des verfassungstheoretischen Teils ... 291

D. Zwischenbetrachtung: Die Unterscheidung von Staat und Gesellschaft als Subtext des freiheitsfunktionalen Sozialstaates des Grundgesetzes ... 293

I. „Staat und Gesellschaft" als Kristallisationspunkt eines sozialstaatlichen Vorverständnisses ... 293

II. Aufkommen und Infragestellung der Trennung von Staat und Gesellschaft ... 294

III. Der freiheitsfunktionale Sozialstaat des Grundgesetzes und die Unterscheidung von Staat und Gesellschaft oder: eine Erinnerung an eine alte Kontroverse ... 302

IV. Resümee ... 308

Teil 2:

Ausgewählte Probleme einer Verfassungsdogmatik des freiheitsdienlichen Sozialstaates

E. Einführende Überlegungen zum verfassungsdogmatischen Teil . 311

F. Die Bestimmung des sozialen Minimums im freiheitsdienenden Sozialstaat 315

I. Bestandsaufnahme 315
II. Das sozialstaatliche Minimum in subjektiv-rechtlicher Hinsicht 318
III. Objektiv-rechtliche Bestimmungen des sozialen Minimums 452

G. Zwischen Minimum und Maximum: Die demokratische Ausgestaltung des freiheitsfunktionalen Sozialstaates 457

I. Freiheitsschutz durch den demokratischen Sozialstaat 457
II. Gesetz und Gesetzgebungszuständigkeiten im freiheitsfunktionalen Sozialstaat des Grundgesetzes 459
III. Demokratische Legitimation im freiheitsdienenden Sozialstaat . 475
IV. Funktionale Selbstverwaltung, mittelbare und unmittelbare staatliche Sozialverwaltung – Vorrang oder Gleichrang? 506
V. Materielle Gestaltungsvorgaben „diesseits“ des verfassungsrechtlichen Maximums 508
VI. Der freiheitsfunktionale Sozialstaat des Grundgesetzes im europäischen Sozialstaatsverbund 530
VII. Zwischenresümee 541

H. Die Bestimmung des freiheitlichen Maximums 544

I. Freiheitsschutz vor dem freiheitsfunktionalen Sozialstaat 544
II. Maxima des Nehmens 555
III. Zwischenresümee 582

I. Ergebnisse 585

Literaturverzeichnis 597

Personen- und Sachregister 661

Inhaltsverzeichnis

Vorwort VII

Inhaltsübersicht IX

Teil 1:

Grundlegungen

A. Einführung 3

I. Der freiheitsfunktionale Sozialstaat des Grundgesetzes Fragestellung und These dieser Arbeit 3

II. Der Sozialstaat des Grundgesetzes zwischen Über- und Untercodierung 10

1. Der Sozialstaatsbegriff des Grundgesetzes zwischen Über- und Unterbestimmung 10

a) Der Sozialstaat des Grundgesetzes: ohne Tradition und Konkretion 10

b) Die Frage der normativen Verbindlichkeit im Wandel der Zeit 14

c) Das pragmatische Sozialstaatsverständnis unserer Zeit 17

2. Verfassungspolitische Plausibilität und verfassungssystematische Insuffizienz des pragmatischen Sozialstaatsverständnisses 19

3. Über- und Untercodierung des Sozialstaates in nichtdogmatischen Perspektiven 20

III. Radikale Konsequenz: die Negation verfassungsrechtlicher Normativität bei Ernst Forsthoff 22

1. Die Inkommensurabilitätsthese 22

2. Der Kontext: Daseinsvorsorge in Kontraststellung zur rechtsstaatlich eingehegten Eingriffsverwaltung 25

3. Untergründiger Konsens trotz performativem Dissens 27

4. Anerkennung inhaltlicher Determinierung durch das sozialstaatliche Bekenntnis: verschleierte Inkonsistenz oder getarnte Konsequenz? ... 29
5. Die häretische Versuchung: Hat Forsthoff doch recht? ... 31

IV. Ungeeignete Alternativen ... 32
1. Der Sozialstaat als Prozeß ... 32
2. Die Formel vom sozialen Staat als Ermöglichung einer alternativen Wirtschaftsordnung? ... 34
a) Das Staatsprinzip als permanent-latente Infragestellung der Wirtschafts- und Sozialordnung? ... 34
b) Spannungen im Abendrothschen Sozialstaatsverständnis ... 36
c) Gruppen- oder Individualbezug des Sozialstaatsprinzips ... 37
d) Widerspruch zur Deutung der Beratungen des Parlamentarischen Rates ... 38
e) Zwischenresümee ... 40

V. Das rechte Maß der Codierung: die Verfassung ernstgenommen . 42
1. Die geeignete Alternative: Der Sozialstaat des Grundgesetzes im Gefüge der Gesamtverfassung ... 42
2. Einhegung sozialstaatlicher Herrschaftsfunktion ... 46
3. Freiheit und Demokratie als fundierende und limitierende Momente des grundgesetzlichen Sozialstaates ... 47

B. Grundlegungen einer Verfassungstheorie des Sozialstaates ... 50

I. Zur Semantik und ihrer historisch-politischen Tiefenimprägnierung: „Sozialstaat“ oder „Wohlfahrtsstaat“? ... 50
1. „Sozialstaat“ und „Wohlfahrtsstaat“ – synonym oder different? ... 50
2. Der Begriff „Sozialstaat“ – eine späte Karriere ... 54
a) Der Sozialstaat als Produkt der Evolutionsmoderne ... 54
b) Zwei Ahnherren: von Stein und Heller ... 55
aa) Lorenz von Stein ... 56
bb) Hermann Heller ... 60
cc) Zwischenresümee ... 63
c) Die Ausbildung einer sozialstaatlichen Praxis und ihrer (Selbst-)Beschreibung zwischen Kaiserreich und Weimarer Republik ... 63
d) Nach dem 2. Weltkrieg ... 69
e) Problematisches Erbe: der nationalsozialistische Sozialstaat ... 70
3. Zur Doppelbödigkeit des „Wohlfahrtsstaates“ ... 71
4. Konsequenzen ... 74

II. Nutzen und Grenzen einer verfassungstheoretischen Rekonstruktion des Sozialstaates des Grundgesetzes 76
1. Herausforderungen der Verfassungstheorie 76
a) Die doppelte Herausforderung einer Verfassungstheorie des Sozialstaates 76
b) Zur Theorie der Verfassungstheorie 77
2. Referenztheorien für eine Verfassungstheorie des Sozialstaates 79
a) Wirklichkeitsbezug und Verfassungstheorie 79
b) Normativität und Verfassungstheorie 80
c) Konsequenzen aus der fehlenden praktischen Anleitung des Sozialstaates durch eine Theorie des Sozialstaates 82
III. Werden und Sollen – zur (fehlenden) Bedeutung der Geschichte für eine Verfassungstheorie des Sozialstaates 85
1. Die historische Prägung der Über-/Untercodierung 85
2. Evolutionstheoretische Annäherungen an die Aus- und Weiterbildung des Sozialstaates 87
a) Funktionalistische Ansätze 88
aa) Die Evolution des Wohlfahrtsstaates in systemtheoretischer Perspektive 88
bb) Alternative funktionale Erklärungsansätze 94
b) Konflikt- und interessentheoretische Ansätze 99
c) Institutionalistische Ansätze 102
d) Kulturalistisch-normative Ansätze 105
3. Resümee und methodischer Ausblick: Heuristischer Nutzen, nicht normative Determinante der Evolutionsnarrationen 106
C. Eine normative Verfassungstheorie des Sozialstaates zwischen Sicherheit, Solidarität, Demokratie, Gleichheit, Freiheit 110
I. Sicherheit als Staatszweck: vom Urszenario des Bürgerkrieges zur staatlich organisierten Schutzgemeinschaft 111
1. Subsistenzsicherung und soziale Dekontingenzierung in der Tradition der politischen Philosophie 111
2. Die Frage nach dem gebotenen Sicherungsniveau 116
3. Sicherheit verfassungstheoretisch: eine freiheitsabgeleitete Variable 118
II. Das Sozialstaatsgebot als Verfassungsgebot der Solidarität 120
1. Brüderlichkeit und Sozialstaat 120
2. Solidarität und Sozialstaat 121

a) Der Sozialstaat als institutionalisierte Solidarität 121
b) Formen der Solidarität 123
c) Solidarität mit den Schwachen 124
d) Gruppensolidarität 125
e) Verfassungstheoretische Konsequenzen aus der Mehrdimensionalität des Solidaritätsbegriffs 126
f) Politische Solidarität statt Verteilungsgerechtigkeit – eine Randbemerkung zur Sozialstaatstheorie Wolfgang Kerstings ... 127
g) Zum Problem der Solidarität in Großgruppen 129
h) Solidaritätsgenerierung und Solidaritätsverbrauch im Wohlfahrtsstaat 130
aa) Zum Zusammenhang von gesellschaftsintegrativer und sozialstaatlich organisierter Solidarität 130
bb) Zum Zusammenhang von lebensweltlicher und systemisch organisierter Solidarität 132
cc) Verfassungstheoretische Konsequenz: der solidarische Sozialstaat als freiheitlicher Sozialstaat 133

III. Der Sozialstaat des Grundgesetzes als Gebot der Schaffung sozialer Gerechtigkeit 134
1. Die soziale Gerechtigkeit des Sozialstaates: politisch oder normativ? 134
2. Mögliche Alternativen 137
3. Das realisierte Sozialrecht als Ausdruck sozialer Gerechtigkeit? 139
4. Soziale Gerechtigkeit als mission impossible? 140
a) Kontradiktion von Freiheit und sozialer Gerechtigkeit 142
b) Markteffizienz und Gerechtigkeit 143
5. Soziale Gerechtigkeit als Ausdruck einer gerechten Verfassungsordnung 145
6. Zwischenresümee 148

IV. Die Alternative zwischen egalitärer und liberaler Sozialstaatstheorie 148

V. Der Sozialstaat als Instrument der gerechtigkeitsgemäßen Gleichheitsbeförderung? 151
1. Egalitarismus als Basistheorie des Sozialstaates? 151
2. Equality of what? 152
3. Why equality? Die Welt als Kuchen 153
4. Die Schlichtheit der Grundregel und die Komplexität der Gründe für Abweichungen 155
5. Talente als Gemeingut: die rein instrumentell bestimmte Leistungsgerechtigkeit bei John Rawls 158

6. Ambitionsgerechtigkeit bei Ronald Dworkin 161
7. Allgemeinheit und Gleichheit 164
8. Zynismus, Reduktionismus, Simplifizierung des Egalitarismus 165
a) Zynismus 166
b) Reduktionismus 167
c) Simplifizierung 168
9. Sekundäre Relationalität 169
10. Conclusio für eine Verfassungstheorie des Sozialstaates 170

VI. Der freiheitsfunktionale Sozialstaat – Freiheit als normative Fundierung und Limitierung des Sozialstaates 171

1. Komplexe Freiheit – Freiheit und Freiheitsbefähigung 176
a) Freiheit und Freiheitsdimensionen 176
b) Zu einer freiheitsadäquaten Terminologie: Zwei Freiheitsdimensionen oder Freiheit und Freiheitsbefähigung? 179
aa) Die Schattenseite positiver Freiheit 179
bb) Eine klassisch liberale Perspektive – Freiheitsvoraussetzungen bei Isaiah Berlin 180
cc) Konsequenzen für ein freiheitsfunktionales Sozialstaatsverständnis und seine semantische Selbstbeschreibung 182
c) Verantwortung als Kriterium eines angemessenen Verständnisses politisch-juridischer Freiheit 185

2. Zum Zusammenhang von Freiheitsvoraussetzungen und Eigentumsphilosophie 188
a) Besteuerung als Zwangsarbeit? – Freiheitsfundiertes absolutes Eigentum bei Robert Nozick in der Nachfolge von John Locke . 188
aa) Eigentumstheorie als Sozialstaatsverbot 188
bb) Einseitige und mehrseitige Eigentumsbegründung bei Locke 189
cc) Zur Insuffizienz der einseitigen Eigentumsbegründung bei Nozick 192
b) Die Anti-Nozicksche These: Freiheitliche Eigentumstheorien als Sozialstaatstheorien 195
c) Nützlichkeit des Eigentums – Sozialpflichtigkeit des Eigentums .. 196
aa) Der Nutzen des Eigentums und die Frage des Vergleichsmaßstabs 196
bb) Kontraktualistische Instrumente zur Absicherung individueller Nützlichkeit 198
cc) Sozialstaatliche Eigentumstheorie und die Berücksichtigung nachfolgender Generationen 200
dd) Zwischenresümee 200
d) Die kantianische Tradition kontraktualistischer Eigentumsbegründung und ihre Bedeutung für eine normative Theorie des Sozialstaates 202
aa) Kant und der Sozialstaat 202

bb) Eigentum als Vernunfts- und Freiheitsgebot 205
cc) Ursprünglicher Eigentumserwerb und das Korrektiv der Idee eines ursprünglichen Gesamtbesitzes 207
dd) Das Manko: eine demokratietheoretische Unterbilanz 209
ee) Zwischenresümee 210

3. Das normative Ideal der autonomen Person als Grundlage einer sozialstaatlichen Sorge um materielle Freiheitsbedingungen 211
a) Autonomie des Individuums als gehaltvolle Freiheitskonzeption 211
b) Autonome Lebensführung und ihre Abhängigkeit von sozialen Ressourcen 214
aa) Autonomie und Kontingenz des individuellen Lebens 214
bb) Institutionalisierte Autonomiesicherung 216
cc) Reale Autonomie„fähigkeit" als Voraussetzung für den Einbezug in einen freiheitsfunktionalen Sozialstaat? 217
dd) Zur wechselseitigen Verwiesenheit von positiver und negativer Freiheit 218
ee) Konsequenz: Autonomietheoretischer Einbezug von Freiheitsvoraussetzungen 219
c) Gleiche Freiheit und Freiheitsfunktionalität des Sozialstaates 222
d) Befähigungsgerechtigkeit statt Freiheitsfunktionalität? 223
aa) Martha Nussbaums „sozialdemokratischer Aristotelismus" 224
bb) Würde und Achtung als Grundlagen der Befähigungsgerechtigkeit 226
e) Sicherung von Inklusion als sozialtheoretische „Außenseite" der Freiheitsfunktionalität 229

4. Aporien in der „Wirklichkeit der konkreten Freiheit" – freiheitsfunktionale Sozialstaatlichkeit bei Hegel 232
a) Die Hegelsche Rechtsphilosophie als mögliche Folie eines freiheitsfunktionalen Sozialstaatsverständnisses 232
b) Das Armutsproblem in der bürgerlichen Gesellschaft 236
aa) Die bürgerliche Gesellschaft 236
bb) Markt, Armut, Staat 238
c) Sechs Lösungsstrategien: insuffizient, und doch nicht entbehrlich 242
aa) Eigentum und Eigentumsverteilung 242
bb) Die Sittlichkeit sozialstaatlicher Interventionen 248
cc) Die Zufälligkeit individueller Wohltätigkeit 249
dd) Subsistenzsicherung als Recht der Armen und Pflicht der bürgerlichen Gesellschaft 249
ee) Das Problem der Arbeitsbeschaffung 251
ff) Die schottische Lösung 251

gg) Die Sittlichkeit der Korporation 252
hh) Staatlich geförderte Exportwirtschaft 254
d) Der intervenierende Staat als sittlicher Staat – oder: die Tragödie im Sittlichen 255

5. Aporien II: Freiheitsbefähigung und Freiheitsbedrohung: die paternalistische Seite des Sozialstaates 257
a) Die Gefahr der Verselbständigung freiheitsfunktionaler Aktivitäten 258
b) Zum Begriff des Paternalismus 259
aa) Vater Staat: legitimatorisches und herrschaftskritisches Potential einer Metapher 259
bb) Paternalismus im engeren Sinne 262
c) Beispiele für paternalistische Erscheinungen des Sozialstaates ... 263
d) Fragen der Rechtfertigung 264

6. Aporien III: Supplemente zum freiheitsfunktionalen Sozialstaatsverständnis 269
a) Der freiheitliche Sozialstaat als Imagination des Politischen 269
b) Sozialstaatlichkeit als Machtdispositiv 273

7. Zwischenresümee 276

VII. Demokratisch-partizipative Sozialstaatsbegründungen – zwischen Freiheitsfunktionalität und rousseauistischem Überschwang 277

1. Demokratie und der gewollte Sozialstaat 278
2. Demokratie und der gesollte Sozialstaat 279
a) Sozialstaatliche Egalisierung als Demokratieschutz? 279
b) Demokratie- oder Freiheitsbefähigung? 280
aa) Demokratietheoretische Nobilitierung der politische Autonomie ermöglichenden Dimension im Sozialstaat 280
bb) Der Sozialstaat als Staatsbürgerqualifikationsmaßnahme? .. 282
c) Modelle der Überwindung des Sozialstaates durch eine demokratietheoretische Neubegründung sozialer Rechte 283
aa) Zivilgesellschaftliche Überwindung des Sozialstaates: Günter Frankenberg 283
bb) Demokratietheoretische Überwindung des Sozialstaates: Jürgen Habermas 285

3. Zwischenresümee 291

VIII. Resümee des verfassungstheoretischen Teils 291

D. Zwischenbetrachtung: Die Unterscheidung von Staat und Gesellschaft als Subtext des freiheitsfunktionalen Sozialstaates des Grundgesetzes ... 293

I. „Staat und Gesellschaft“ als Kristallisationspunkt eines sozialstaatlichen Vorverständnisses ... 293

II. Aufkommen und Infragestellung der Trennung von Staat und Gesellschaft ... 294

1. Eine sehr kurze Geschichte der Trennung von Staat und Gesellschaft ... 294
2. Versozialstaatlichung und Demokratisierung als Infragestellung der Trennung von Staat und Gesellschaft ... 296
3. Der Staat – und damit die Unterscheidung von Staat und Gesellschaft – als unzeitgemäße Kategorie? ... 297

a) Der (post)moderne Zersetzungsbetrieb ... 297
b) Der Staat als Selbstbeschreibung eines gesellschaftlichen Teilsystems ... 298
c) Das Ende des Staates und der Beginn der Weltgesellschaft? ... 299
d) Normative Anfragen an die Unterscheidung von Staat und Gesellschaft ... 300

III. Der freiheitsfunktionale Sozialstaat des Grundgesetzes und die Unterscheidung von Staat und Gesellschaft oder: eine Erinnerung an eine alte Kontroverse ... 302

IV. Resümee ... 308

Teil 2:

Ausgewählte Probleme einer Verfassungsdogmatik des freiheitsdienlichen Sozialstaates

E. Einführende Überlegungen zum verfassungsdogmatischen Teil ... 311

F. Die Bestimmung des sozialen Minimums im freiheitsdienenden Sozialstaat ... 315

I. Bestandsaufnahme ... 315

1. Normbestand des Grundgesetzes ... 315
2. Die Frage nach dem gebotenen Minimum ... 316

II. Das sozialstaatliche Minimum in subjektiv-rechtlicher Hinsicht 318

1. Menschenwürde als Bestimmungsgrund des sozialstaatlichen Minimums ... 318
a) Rückschau: Zur Verzahnung von Menschenwürde und Sozialstaatlichkeit ... 318
aa) Später Wechselbezug in der Ideengeschichte der Würde ... 318
bb) Widerstrebende Anfänge in der Rechtsprechung ... 320
cc) Wirkmächtige Umschreibung im Schrifttum ... 323
dd) Rezeption der Menschenwürdeklausel im einfachen Sozialrecht ... 324
ee) Neujustierung der verfassungsgerichtlichen Rechtsprechung ... 325
b) Verfassungstheoretischer Mehrwert und verfassungsdogmatische Fruchtlosigkeit einer Verankerung des sozialstaatlichen Minimums in der Menschenwürde ... 327
aa) Menschenwürde als Oszillidox zwischen Bestimmtheit und Unbestimmtheit ... 328
bb) Menschenwürde im Sozialhilferecht: von der Metanorm zur „kleinen Münze" ... 332
c) Prozeduralisierung des Problems der Quantifizierung des würdegebotenen Minimums am Beispiel der Hilfe zum Lebensunterhalt ... 334
aa) Verfahrensmäßige Flankierung der landesrechtlichen Regelsatzfestlegung ... 334
bb) Gleiche Bindungen des parlamentarischen Gesetzgebers? ... 338
cc) Zwischenresümee: Bindungen des Gesetzgebers bei der Konkretisierung eines menschenwürdegebotenen sozialen Minimums ... 341
d) Materielle Konstitutionalisierung der Grundsätze des Sozialhilferechts? ... 343
e) Zur Bestimmung des menschenwürdegebotenen Minimums über egalitaristische Erwägungen ... 346
aa) Egalitaristischer oder nonegalitaristischer Schutz vor Ausgrenzung und Demütigungen? ... 347
bb) Die Komplexität sozialer Interventionslagen und der Reduktionismus relational-egalitärer Minimumsbestimmungen ... 351
f) Zwischenresümee ... 353
g) Vorbehalt des Möglichen als legitimer Gesichtspunkt der Quantifizierung? ... 354
aa) Fiskalaversion des Art. 20 Abs. 1 GG i.V.m. Art. 1 Abs. 1 GG ... 354
bb) Rationale Abwägungsöffnung: Menschenwürde als Grundprinzip ... 357
h) Zwischenresümee ... 358

2. Grundrechte als Bestimmungsgrund sozialstaatlicher Minima ... 359

a) Terminologische Vorklärung ... 359
b) „Sozialstaatliche“ Grundrechtstheorie und -dogmatik im Wandel der Zeit ... 361
c) Sozialstaatliches Grundrechtsverständnis – eine kurze Skizze zur Debattenlage heute ... 365
d) Extensionen und Restriktionen in Peter Häberles Konzept der „Grundrechte im Leistungsstaat“ ... 370
aa) Grundanliegen ... 370
bb) Zeitgemäß Unzeitgemäßes ... 371
cc) Inhärente Grenzen des leistungsrechtlichen Überschwangs ... 372
e) Standardeinwände gegen originäre soziale Leistungsrechte ... 374
aa) Kostenintensität und funktionale Gewaltengliederung ... 375
bb) Maßlosigkeit und Unbestimmtheit ... 376
cc) Verfügungsgewalt des Staates ... 376
dd) Sozialpolitik als Verfassungsvollzug? ... 377
ee) Beschädigung des Abwehrgehalts der Grundrechte ... 378
ff) Entgegenstehender Wille des Verfassunggebers ... 379
f) Relativierungen und Klarstellungen ... 379
aa) Kostenintensität ... 380
bb) Konditionierungen und Begrenzungen: Minimum als Maß ... 381
cc) Primat der Selbstrealisierung ... 382
dd) Vorbehalt des Möglichen ... 383
ee) Zur Rolle des Gesetzgebers ... 385
ff) Bindungen des Gesetzgebers ... 387
gg) Strukturelle Verwandtschaft von grundrechtlich fundierten Leistungsrechten auf soziale Minima und grundrechtlich begründeten Schutzpflichten ... 388
hh) Verfassungsgenese als Veto-Argument? ... 392
g) Bereichsspezifik einer grundrechtlichen Bestimmung des sozialen Minimums ... 394
aa) Vorrede ... 394
bb) In Frage kommende Grundrechte ... 395
cc) Kein Leistungsanspruch auf Eigentumsverschaffung ... 396
dd) Kein Anspruch auf das materielle Substrat beliebiger „Selbstverwirklichung“ ... 396
ee) Kein soziales Grundrecht auf Mitgliedschaftskosten ... 397
ff) Zum Problem eines Grundrechts auf Wohnung ... 397
gg) Freiheitsfunktionales Sonderregime für die Religionsfreiheit ... 399
hh) Bildung und Ausbildung in sozialstaatlich-grundrechtlicher Perspektive ... 400
ii) Exkurs I: Studiengebühren und der soziale Staat des Grundgesetzes ... 402
jj) Exkurs II: Verfassungsunmittelbare Subventionsansprüche aus Art. 7 Abs. 4 GG? ... 403

h) Nochmals: Sollten Grundrechte als Bestimmungsgrund sozialer Minima herangezogen werden? ... 404
i) Dogmatischer Satzbaukasten ... 406
aa) Nachrang einer leistungsrechtlichen Dimension ... 406
bb) Multiple normative Anbindung ... 407
j) Personale und territoriale Erstreckung des Minimaschutzes ... 408
3. Der allgemeine Gleichheitssatz und die Bestimmung des sozialen Minimums ... 411
4. Soziales Minimum durch den sozialen Menschenrechtsschutz ... 413
5. Hard case: Das soziale Minimum im Gesundheitsbereich ... 416
a) Negativfolie: Die sog. Nikolausentscheidung des Bundesverfassungsgerichts ... 421
aa) Sozial- und verfassungsrechtliche „Vorgeschichte" ... 421
bb) Trendwende durch die Nikolausentscheidung ... 424
cc) Medizinisches Existenzminimum als Angemessenheit der Relation von Beitragsleistung und Gegenleistung? ... 425
dd) Keine Ansprüche aus Art. 2 Abs. 2 Satz 1 GG auf medizinische Behandlungsformen, deren Wirksamkeit nicht hinreichend gesichert ist ... 429
ee) Das medizinische Minimum und der Gesetzesvorbehalt in Art. 2 Abs. 2 Satz 3 GG ... 436
ff) Das medizinische Minimum im Widerstreit mit kollidierenden Rechtsgütern ... 437
gg) Zwischenresümee ... 442
b) Das soziale Minimum im Gesundheitsbereich als Rationierungsverbot? ... 442
aa) Gleichheitsgebote als Rationierungsverbote? ... 443
bb) Rationierungen im Lichte eines Verfassungsgebots des freiheitsfunktional-suffizienzorientierten Minimums ... 446
6. Sozialstaatliches Rückschrittsverbot und soziale Minima ... 450
7. Zwischenresümee ... 451
III. Objektiv-rechtliche Bestimmungen des sozialen Minimums ... 452
1. Kein objektiv-rechtlicher Überschuß zur Bestimmung sozialer Minima ... 452
2. Keine Minimagebote aus den Gesetzgebungskompetenzen und Art. 87 Abs. 2 GG ... 453

G. Zwischen Minimum und Maximum: Die demokratische Ausgestaltung des freiheitsfunktionalen Sozialstaates ... 457

I. Freiheitsschutz durch den demokratischen Sozialstaat ... 457

II. Gesetz und Gesetzgebungszuständigkeiten im freiheitsfunktionalen Sozialstaat des Grundgesetzes ... 459

1. Zur freiheitsschützenden Rolle des Gesetzes im Sozialstaat .. 459
a) Das Gesetz im Leistungsstaat ... 459
b) Das Gesetz im „Gewährleistungsstaat" ... 461
c) Die Zentralstellung des Gesetzes nach dem Grundgesetz ... 462
aa) Vorrang des Gesetzes ... 462
bb) Gesetzgeberische Allkompetenz des Parlaments ... 462
cc) Vorbehalt des Gesetzes ... 463

2. Normierungsformen im Sozialstaat ... 469
a) Parlamentsgesetz ... 469
b) Delegierte Gesetzgebung ... 470
c) Kein verfassungsrechtlicher Typenzwang für die delegierte Gesetzgebung ... 471

3. Gesetzgebung im föderalen Sozialstaat ... 472

4. Gesamtstaatliche Verzahnung des freiheitsfunktionalen Sozialstaates durch Art. 28 Abs. 1 Satz 1 GG ... 473

III. Demokratische Legitimation im freiheitsdienenden Sozialstaat . 475

1. Generelle Legitimationsanforderungen des Grundgesetzes .. 476
a) Das klassische Modell der Legitimationsketten ... 476
b) Kritik am klassischen Modell ... 478

2. Funktionale Selbstverwaltung und demokratische Legitimation ... 479
a) Begrenzt rechtfertigungsfähiges Demokratiedefizit ... 480
b) Kollektive personelle Legitimation ... 480
c) Mitgliedschaftlich-partizipative/autonome neben demokratischer Legitimation ... 481
d) Die neuere Rechtsprechung des Bundesverfassungsgerichts zur funktionalen Selbstverwaltung ... 482
e) Plurale Legitimation ... 483
f) Probleme pluraler und partizipativer Legitimationsmodelle ... 484
g) Normspezifische verfassungsrechtliche Anbindung der Rechtfertigung funktionaler Selbstverwaltung ... 486
h) Institutioneller Gesetzesvorbehalt, Delegationsanforderungen, Rechtsaufsicht ... 487
i) Soziale Versicherungsträger im Sinne des Art. 87 Abs. 2 GG 488

aa) Begriffsprägende Merkmale ... 488
bb) Insbesondere: Selbstverwaltung ... 489
j) Mit Art. 87 Abs. 2 GG verbundene Organisationsanforderungen ... 490
aa) Selbstverwaltung als eigenverantwortliche Wahrnehmung eigener Angelegenheiten ... 491
bb) Selbstverwaltungsangemessene Binnenstruktur ... 492

3. Hard case: Die demokratische Legitimation des Gemeinsamen Bundesausschusses ... 493
a) Dem Gemeinsamen Bundesausschuß vorgelagerte Fragestellungen ... 494
b) Parlamentsvorbehalt und delegierte Gesetzgebung durch den Gemeinsamen Bundesausschuß ... 496
aa) Medizinisch-wissenschaftlicher Nachvollzug gesetzgeberischer Wertungen ... 496
bb) Eigene normative Wertungen und Entscheidungen über Rationierungen ... 498
b) Gemeinsame Selbstverwaltung oder geteilte Fremdverwaltung? . 499
aa) Krankenversicherungsleistungen als selbstverwaltungsrechtfertigendes Sonderinteresse? ... 499
bb) Gemeinsamer Bundesausschuß: gemischte Selbst- und Fremdverwaltung oder eigenständige Selbstverwaltung? ... 500
c) Ausschluß betroffener Dritter ... 503

4. Zwischenresümee ... 505

IV. Funktionale Selbstverwaltung, mittelbare und unmittelbare staatliche Sozialverwaltung – Vorrang oder Gleichrang? ... 506

V. Materielle Gestaltungsvorgaben „diesseits" des verfassungsrechtlichen Maximums ... 508

1. Die Formel vom sozialen Staat ... 509
a) Der soziale Staat als Staatszielbestimmung ... 509
b) Keine Ausgestaltungsvorgaben jenseits des Gebots sozialer Minima ... 510
c) Kein Optimierungsgebot ... 511
d) Bereichsspezifische und normtypologische Dogmatik ... 512
e) Die normative Funktion des Art. 20 Abs. 1 GG jenseits konkreter Ansprüche auf soziale Minima: Ermöglichung, nicht Gebot ... 512

2. Der allgemeine Gleichheitssatz ... 513
a) Gleichheitssatz kein besonderer Maßstab des Sozialstaates ... 513
b) Grundlinien einer gleichheitsgerechten Ausgestaltung ... 514
c) Zwei Konkretionen ... 516
aa) Kein Mindestabstand zwischen Vorsorge und Fürsorge ... 516
bb) Bedürftigkeit auf der Seite des Nehmens ... 516

3. Vertrauensschutz und Eigentumsschutz 517
a) Drei Grundsatzpositionen zum Eigentumsschutz sozialer Leistungsrechte 517
b) Keine sozialstaatliche Begründung für den Schutz durch Art. 14 Abs. 1 und 2 GG 519
c) Würdigung der Rechtsprechung des Bundesverfassungsgerichts . 520
aa) Zweck der Existenzsicherung 521
bb) Zuordnung als Ausschließlichkeitsrecht 521
cc) Erbringung von Eigenleistungen 522
dd) Weitreichende Möglichkeiten zur gesetzgeberischen Inhalts- und Schrankenbestimmung 524
d) Die Alternative zu Art. 14 Abs. 1 und 2 GG: Vertrauensschutz im freiheitsfunktionalen Sozialstaat 526
4. Zwischenresümee 530

VI. Der freiheitsfunktionale Sozialstaat des Grundgesetzes im europäischen Sozialstaatsverbund 530
1. Zur doppelten Bedeutung des Art. 23 Abs. 1 GG 531
2. Defensive und integrationistische Einbindung des Sozialstaates 533
3. Einzelne Einflußfelder des Europarechts auf die Ausgestaltung des Sozialrechts 535
4. Zwischenresümee 541

VII. Zwischenresümee 541

H. Die Bestimmung des freiheitlichen Maximums 544
I. Freiheitsschutz vor dem freiheitsfunktionalen Sozialstaat 544
1. Der freiheitsdienende Zweck als Grenze der Rechtfertigung sozialstaatlicher Freiheitseingriffe 545
a) Kernfunktion des Art. 20 Abs. 1 GG neben der Begründung sozialer Minima: verfassungsrechtliche Nobilitierung sozialstaatlich motivierter Freiheitseingriffe 545
b) Zur Bedeutung des Subsidiaritätsprinzips 547
c) Verfassungsrechtlicher und historisch-politischer Sozialstaatsbegriff 548
d) Zur Abgrenzung sozialstaatlicher Ziele und sonstiger Gemeinwohlbelange 549
2. Zum Problem der Rechtfertigung unterschiedlicher Eingriffsarten 551
a) Finalität und objektive Eignung der Freiheitsfunktionalität 551
b) Eignungsmangel bei Pflichten gegen sich selbst? 552
c) Das eigentliche Problem: die Belastungsgleichheit und Verhältnismäßigkeit 553

II. Maxima des Nehmens ... 555
1. Das sozialstaatliche Leistungsmaximum als finanzstaatliches Belastungsmaximum ... 555
2. Freiheitsschutz im Steuerstaat ... 557
3. Freiheitsschutz bei sonstigen Abgaben ... 562
a) Gebühr: kein Instrument des sozialstaatlichen Nehmens ... 563
b) Sonderabgabe: Einhegung durch strenge Voraussetzungen ... 563
4. Insb. Sozialversicherungsbeitragslast und Freiheitsschutz ... 565
a) Drei Grundpositionen zum sozialen Ausgleich ... 565
aa) Individualäquivalenz oder funktionale Äquivalente ... 566
bb) Soziale Umverteilung als Konstitutivum der Sozialversicherung ... 569
cc) Gruppenhomogenität als indirekte Forderung der Finanzverfassung ... 570
b) Das sozialstaatliche Maximum im Zusammenwirken von Beitrags- und Steuerfinanzierung ... 571
c) Dreierlei Unbehagen an drei Grundpositionen ... 572
aa) Verfassungsgerichtlicher Grundrechtsschutz nur im statt vor dem Sozialstaat? ... 572
bb) Gruppenhomogenität und die Fragmentierung des Sozialen ... 573
cc) Individualäquivalenz und die Last der Tradition sozialen Ausgleichs ... 575
d) Perspektiven ... 577
5. Zwischenresümee ... 580
III. Zwischenresümee ... 582

I. Ergebnisse ... 585

Literaturverzeichnis ... 597

Personen- und Sachregister ... 611

Teil 1:
Grundlegungen

A. Einführung

„Als Atmosphäre ist der soziale Rechtsstaat jener Staat, in dem die Menschen, wenn sie einander begegnen, lächeln."[1]

„So nimmt der Leviathan mehr und mehr die Züge einer Milchkuh an, die Funktionen als Produktionshelfer, Sozialgesetzgeber und Auszahlungskasse treten in den Vordergrund und man hat dem humanitär-eudaimonistischen Ethos die Tore so weit geöffnet, daß das eigentlich der Institution angemessene Dienst- und Pflichtethos aus der öffentlichen Sprache und aus den Kategorien der Massenmedien vollständig verschwunden ist und dort nur noch Gelächter auslöst."[2]

I. Der freiheitsfunktionale Sozialstaat des Grundgesetzes – Fragestellung und These dieser Arbeit

Es gibt Themen, die sind so vielgestaltig, daß man sie monographisch eigentlich nicht bearbeiten kann und gleichzeitig so wichtig, daß man sie gleichwohl in ihrer ganzen Breite in den Blick nehmen muß. Das Verhältnis von Freiheit, Demokratie und Sozialstaatlichkeit nach dem Grundgesetz ist ein solches Thema. Unter Wissenschaftlern unterschiedlicher Disziplinen ist ebenso wie unter Berufspolitikern und „normalen" Bürgern ausgesprochen umstritten, was Sozialstaatlichkeit meint und welche Art und Gestalt von Sozialstaatlichkeit angestrebt werden sollte. Auch die Frage, was eigentlich der „soziale" Staat im Sinne des Grundgesetzes bedeutet, entgeht diesem Kampf um die Deutungshoheit über das Soziale nicht.

Damit das Recht eine seiner wesentlichen Funktionen in modernen Gesellschaften, nämlich die Stabilisierung wechselseitig aufeinander bezogener Erwartungshorizonte, erfüllen kann, muß es sich ungeachtet seiner Positivität[3] als

---

[1] *R. Marcic*, Vom Gesetzes- zum Richterstaat, 1957, S. 417.

[2] *A. Gehlen*, Moral und Hypermoral, 6. Aufl. 2004, S. 107.

[3] Cf. *N. Luhmann*, Positivität des Rechts als Voraussetzung einer modernen Gesellschaft (1970), in: ders., Ausdifferenzierung des Rechts, 1981, S. 113 ff.; *ders.*, Das Recht der Gesellschaft, 1993, S. 38 ff.

relativ stabil präsentieren.[4] Das Verfassungsrecht erfährt nicht zuletzt deshalb durch die techné erschwerter Abänderbarkeit (Art. 79 Abs. 3 GG) eine besondere Härtung. Zugleich aber zeichnet sich das Verfassungsrecht wegen seines hohen Abstraktionsgrades durch einen hohen Bedarf an interpretativer Präzisierung und dogmatischer Konkretisierung aus, der aus dem Rechtstext selbst heraus nur unzureichend befriedigt werden kann.[5]

Der Sozialstaat des Grundgesetzes dramatisiert diese dem Verfassungsrecht eigene Spannung zwischen Verläßlichkeit und Vagheit, wie im Folgenden zu zeigen sein wird. Denn, so die Ausgangsthese dieser Arbeit, der soziale Staat ist in vielfacher Hinsicht – sozialtheoretisch, historisch, verfassungsdogmatisch – zugleich über- und untercodiert (cf. supra A.II.1). Wir wissen stets zu wenig und zu viel über den Sozialstaat. Einerseits werden dem Verfassungssatz vom sozialen Staat nur sehr vage Aussagen entnommen, andererseits werden mannigfache staatliche Aktivitäten im Prisma des Sozialstaates wahrgenommen und gedeutet. In diesem Zugleich von Über- und Unterbestimmheit tut sich das Verfassungsrecht schwer, hinreichendes Orientierungswissen über den Sozialstaat zu generieren.

> „Sphinxhaft, schweigsam, mehrdeutig und deutungsträchtig, Entscheidung und Nichtentscheidung verschmelzend, allgemein, umfassend gewollt und doch nicht erschöpfend, von zentralem Anspruch, ohne die Kraft indessen, ihm ganz zu genügen, wurde die Wendung vom sozialen Staat zur ebenso oft übersehenen wie überschätzten verfassungsrechtlichen Basis sozialstaatlicher Verfassungswirklichkeit".[6]

Geraume Zeit stand der Sozialstaat gleichwohl – oder gerade deshalb – im Zentrum grundsätzlicher verfassungsrechtlicher Auseinandersetzungen. Die ideologischen Debatten um den Sozialstaat des Grundgesetzes vom Inkrafttreten des Grundgesetzes bis in die späten 1970er Jahre haben ihre Spuren im kollektiven Gedächtnis des Verfassungsrechts hinterlassen. In den letzten Jahren jedoch ist es im verfassungsrechtlichen Diskurs merklich still um den Sozialstaat des Grundgesetzes geworden. Untersuchungen zu Detailfragen[7] sowie zum eu-

---

[4] Cf. *N. Luhmann*, Rechtssoziologie, Bd. 1, 1972, S. 27 ff.; *ders.*, Die Funktion des Rechts: Erwartungssicherung oder Verhaltenssteuerung? (1974), in: ders., Ausdifferenzierung des Rechts, 1981, S. 73 ff.; *ders.*, Das Recht der Gesellschaft, 1993, S. 124 ff.

[5] Zu den hieraus resultierenden methodischen Fragen cf. etwa *M. Kriele*, Theorie der Rechtsgewinnung, 1967; *G. Haverkate*, Normtext – Begriff – Telos, 1996; *F. Müller/R. Christensen*, Juristische Methodik, 9. Aufl. 2004; *H.-J. Koch* (Hrsg.), Die juristische Methodenlehre im Staatsrecht, 1977; *E.-W. Böckenförde*, Methoden der Verfassungsinterpretation, in: ders., Staat, Verfassung, Demokratie, 1991, S. 53 ff.; *K. Hesse*, Grundzüge des Verfassungsrechts der Bundesrepublik Deutschland, 20. Aufl. 1995, S. 20 ff.

[6] *H. F. Zacher*, Sozialpolitik und Verfassung im ersten Jahrzehnt der Bundesrepublik Deutschland, 1980, S. 675.

[7] Im Vordergrund standen Untersuchungen zu Verfassungsfragen im Sozialversicherungsrecht; cf. beispielhaft die Habilitationsschriften von *H. Butzer*, Fremdlasten in der Sozialversicherung, 2001; *C. Rolfs*, Das Versicherungsprinzip im Sozialversicherungsrecht, 2000; *F. Hase*, Versicherungsprinzip und sozialer Ausgleich, 2000; *H. Sodan*, Freie Berufe als

ropäischen Sozialrecht[8] standen im Vordergrund.[9] Dies ist insoweit bemerkenswert, als wir ja durchaus in sozialpolitisch bewegten Zeiten leben. Der lange angemahnte und politisch umstrittene Umbau des Sozialstaates ist in vollem Gange und bedarf der wissenschaftlichen Vor- und Nachbereitung. Doch in dieser Form reflexiver Begleitung dominieren ökonomische und sozialwissenschaftliche Paradigmen.[10] Die geringe Prägekraft des Verfassungsrechts auf die Sozialpolitik mag Ausdruck des allgemeinen Einflußverlustes einer akademischen Disziplin im öffentlichen Diskurs sein,[11] findet seine Ursachen aber auch in der Dogmatik des Sozialstaates selbst. Denn das heute verbreitete „pragmatische Sozialstaatsverständnis" zieht aus der Synchronität von Über- und Un-

---

Leistungserbringer im Recht der gesetzlichen Krankenversicherung, 1997; *P. Axer*, Normsetzung der Exekutive in der Sozialversicherung, 2000; *A. Hänlein*, Rechtsquellen im Sozialversicherungsrecht, 2001; zu nennen sind aber auch *E.-W. Luthe*, Optimierende Sozialgestaltung, 2001; *A. Lenze*, Staatsbürgerversicherung und Verfassung, 2005; *S. Rixen*, Sozialrecht als öffentliches Wirtschaftsrecht, 2005; *F. Welti*, Behinderung und Rehabilitation im sozialen Rechtsstaat, 2005.

[8] Cf. etwa *T. Kingreen*, Das Sozialstaatsprinzip im europäischen Verfassungsverbund, 2003.

[9] Auf der Ebene des Grundsätzlichen angesiedelt hingegen z.B. *R. Pitschas*, Die Zukunft der sozialen Sicherungssysteme, in: VVDStRL 64 (2005), 109 ff.; *ders.*, Soziale Sicherungssysteme im „europäisierten" Sozialstaat, in: Festschrift 50 Jahre Bundesverfassungsgericht, Bd. 2, 2001, S. 827 ff.; *C. Enders*, Sozialstaatlichkeit im Spannungsfeld von Eigenverantwortung und Fürsorge, in: VVDStRL 64 (2005), S. 7 ff.; *E. Wiederin*, Sozialstaatlichkeit im Spannungsfeld von Eigenverantwortung und Fürsorge, in: VVDStRL 64 (2005), S. 53 ff.; *H.-J. Blanke* (Hrsg.), Die Reform des Sozialstaats zwischen Freiheitlichkeit und Solidarität, 2007.

[10] Zur Klarstellung: Natürlich beschäftigt sich die Staatsrechtslehre mit der verfassungsrechtlichen Bewertung der einzelnen Reformmaßnahmen; cf. etwa aus jüngerer Zeit *H. Sodan*, Private Krankenversicherung und Gesundheitsreform 2007, 2007; *ders.*, Die Zukunft der sozialen Sicherungssysteme, in: VVDStRL 64 (2005), S. 144 ff.; *K.-J. Bieback*, Sozial- und verfassungsrechtliche Aspekte der Bürgerversicherung, 2005; *E. Schmidt-Aßmann*, Verfassungsfragen der Gesundheitsreform, in: NJW 2004, 1689 ff.; *S. Muckel*, Verfassungsrechtliche Grenzen der Reformvorschläge zur Krankenversicherung, in: SGb 2004, 583 ff., 670 ff.; *F. Kirchhof*, Verfassungsrechtliche Probleme einer umfassenden Kranken- und Renten-„Bürgerversicherung", in: NZS 2004, 1 ff.; *J. Isensee*, „Bürgerversicherung" im Koordinatensystem der Verfassung, in: NZS 2004, 393 ff.; *F. Hufen*, Grundrechtsschutz der Leistungserbringer und privaten Versicherer in Zeiten der Gesundheitsreform, in: NJW 2004, 14 ff.; *G. Haverkate*, Die Zukunft der sozialen Sicherungssysteme, in: DVBl. 2004, 1061 ff.; *R. P. Schenke*, Reform der gesetzlichen Krankenversicherung zwischen Verfassungs- und Europarecht, in: Die Verwaltung 37 (2004), 475 ff.; *F. Hase*, Lastengerechtigkeit des GMG bei der Zulassung von Modellen der Selbstbeteiligung und der Beitragsdifferenzierung, in: R. Pitschas (Hrsg.), Umsetzung des GKV-Modernisierungsgesetzes, 2004, S. 57 ff.; *P. Axer*, Verfassungsrechtliche Fragen einer Bürgerversicherung, in: Gedächtnisschrift für M. Heinze, 2005, S. 1 ff.; *Stiftung Gesellschaft für Rechtspolitik/Institut für Rechtspolititk an der Universität Trier* (Hrsg.), Bittburger Gespräche 2004/II, 2005; *T. Hebeler*, Grundlegende Rechtsfragen der Finanzierungskrise des deutschen Sozialstaates, in: Jura 2005, 17 ff.; doch in der Gesamtschau wirkt das Verfassungsrecht eben wenig formativ.

[11] Cf. *T. Vesting*, Die Staatsrechtslehre und die Veränderung ihres Gegenstandes, in: VVDStRL 63 (2004), S. 41 (68) zu den Wirkungen von Europäisierung und Internationalisierung.

terbestimmung des Sozialstaates die Konsequenz, auf substantielle Aussagen zum Sozialstaat des Grundgesetzes weitgehend zu verzichten. Die inhaltliche Konkretisierung der Formel vom sozialen Staat wird dem Gesetzgeber, der gesetzesvollziehenden Exekutive und der die beiden Gewalten kontrollierenden Judikative überantwortet. Das Sozialstaatsprinzip fungiert verfassungsdogmatisch dann vor allem als Abwägungsposten und Auslegungsdirektive (cf. infra A.II.1.c). Dieses pragmatische Sozialstaatsverständnis vermag jedoch nicht recht zu befriedigen. Denn die letztgenannten Funktionen kann der soziale Verfassungsgrundsatz nur sinnvoll erfüllen, wenn ihm auch ein gewisser materieller Inhalt zu entnehmen ist.

Doch auch an substantiellere Sozialstaatsinterpretationen der Vergangenheit kann nicht einfach angeknüpft werden. Die stark ideologisierten Konfrontationen der 1950er und 1960er Jahre wirken zwar bis heute als intellektuelle Stimulanz. Aber im Hinblick auf die gleichzeitige Über- und Unterbestimmung sind sie eher Ausdruck des Problems als dessen Lösung (cf. infra A.III. und IV.2.).

Ebenso ist die wirklichkeitswissenschaftlich angeleitete Sinnsuche im Falle des Sozialstaates nur begrenzt erfolgversprechend. (cf. infra B.2.a.). Denn sowohl ein Blick auf die Genese des Wohlfahrtsstaates als auch eine Analyse seiner potentiellen sozialen Funktionen (infra B.I. und III.) bieten eine solche Fülle relevanter, teils sich überlagernder, teils sich widersprechender Auskunftsdaten über das Phänomen, daß sich mit deren Hilfe der Sollensgehalt der grundgesetzlichen Formel vom sozialen Staat kaum aufschlüsseln läßt.

Deshalb soll im Rahmen dieser Arbeit vorrangig eine *normativ* gehaltvolle Konzeption des grundgesetzlichen Sozialstaates gesucht werden. Hierzu wird auf zwei Ebenen, der verfassungstheoretischen (infra C.) und der verfassungsdogmatischen (E.-H.), anzusetzen sein. Aus dem Gesamtzusammenhang der Verfassung heraus können, so die Arbeitshypothese der Arbeit, substantielle Aussagen über den Sozialstaat des Grundgesetzes gewonnen werden, die eine Dichte erreichen, die Orientierung im Grundsätzlichen wie im Detail bieten kann[12] und zugleich die Mitte zwischen Über- und Unterbestimmung hält (cf. infra A.V.). Der Sozialstaat des Grundgesetzes erscheint in dieser dezidiert verfassungsrechtswissenschaftlichen Perspektive nicht als ein Phänomen der politischen Ökonomie und der bloßen politischen Opportunität, sondern als ein Komplex, der sich von anderen Großtopoi der Verfassung nicht fundamental unterscheidet. Er wandelt sich – so die Hoffnung – vom verfassungsrechtlichen Niemandsland, über den das Staatsrecht unserer Zeit wenig und zugleich doch

[12] Die Betonung liegt hier auf Orientierung. Detailfragen lassen sich selbstredend auf der Grundlage der hier zu entwickelnden normativen Konzeption nicht abschließend beantworten. Doch wäre schon viel gewonnen, wenn die mit dem Sozialstaat als verfassungsrechtlichem Phänomen verbundenen Unsicherheiten auf das Normalmaß des Verfassungsrechts reduziert würden. Der sozialpolitische Streit würde hierdurch nicht entschärft, aber zumindest eine geordnete konstitutionelle Flankierung erfahren.

allzu viel zu sagen weiß, zu einem ertragreichen Boden, der mit den üblichen Mitteln rechtswissenschaftlicher Arbeit beackert werden kann.

Nimmt man die Verfassung als Sinnkontext der Formel vom sozialen Staat in den Blick, geraten zwei Normative als Bezugsgrößen in den Mittelpunkt der weiteren Überlegungen: die Idee der individuellen Selbstbestimmung und die Idee der kollektiven Selbstregierung. Beide bilden zusammengenommen das Fundament des freiheitlichen Verfassungsstaates (infra A.V.3.). Eine normative Konzeption des Sozialstaates des Grundgesetzes wird sich deshalb im Spannungsfeld von individueller Freiheit und ihren Ermöglichungsbedingungen sowie von demokratischer politischer Willensbildung und ihren verfassungsrechtlichen Einflußgrenzen zu bewegen haben.

Innerhalb dieses Kraftfeldes ist denn auch die Zentralthese der vorliegenden Arbeit angesiedelt: *Der Sozialstaat des Grundgesetzes ist streng „freiheitsfunktional" zu verstehen.*[13] Im politischen Sinne mag der Staat als Sozialstaat im Rahmen des allgemein verfassungsrechtlich Zulässigen, d.h. der Kompetenzordnung und der durch die Grundrechte definierten Freiheitsordnung, alle möglichen Ziele verfolgen.[14] Eine Nobilitierung durch die Formel vom sozialen Staat nach Art. 20 Abs. 1 GG erfahren staatliche Maßnahmen jedoch nur, wenn sie auf die Förderung der individuellen Bedingungen eines selbstbestimmten Lebens im Rahmen komplex organisierter moderner Gesellschaften ausgerichtet sind. Die hier angesonnene freiheitsdienende Bedeutung des Sozialstaates ist dem Schrifttum zum Thema natürlich nicht fremd.[15] Einen besonders treffenden Ausdruck hat die Idee etwa durch *Martin Kriele* erfahren:

---

[13] Der Begriff des „freiheitsfunktionalen Sozialstaates" findet sich vereinzelt in der philosophischen Literatur, freilich ohne daß er in der Regel mit einer konzise durchgearbeiteten Sozialstaatstheorie verbunden wird, so etwa bei *O. Höffe*, Menschenrechte als Legitimation und kritischer Maßstab der Demokratie, in: J. Schwartländer (Hrsg.), Menschenrechte und Demokratie, 1981, S. 241 (255); *ders.*, Politische Gerechtigkeit, in: Studia Philosophica 38 (1979), 107 (127); *K. Kühl*, Zur Aktualität der Prinzipien der Kantischen Rechts- und Eigentumslehre, in: Festschrift für E. A. Wolf, 1998, S. 273 (281); *ders.*, Welche sozialstaatlichen Elemente verträgt eine freiheitliche Eigentumsordnung, in: Gedächtnisschrift für W. Blomeyer, 2004, S. 789 (798 ff.); *W. Kersting*, Kant und die politische Philosophie der Gegenwart, in: ders., Wohlgeordnete Freiheit, 1993, S. 64; cf. auf der Grundlage einer kohärenten freiheitstheoretischen Sozialstaatsbegründung auch *ders.*, Kritik der Gleichheit, 2002, S. 23 (95). Eine Theorie des „freiheitsfunktionalen" Liberalismus in Abgrenzung zu einer egalitaristischen Variante entwickelt *H. Pauer-Studer*, Autonom leben, 2000; aus verfassungstheoretischer Sicht findet der Begriff „freiheitsfunktional" im Zusammenhang mit dem Sozialstaatsprinzip zudem Verwendung bei *S. Huster*, Rechte und Ziele, 1993, S. 421; *ders.*, Was ist sozial(staatlich)e Gerechtigkeit?, in: N. Goldschmidt/M. Wohlgemuth (Hrsg.), Die Zukunft der sozialen Marktwirtschaft, 2004, S. 33 (37).

[14] Zur Unterscheidung eines politischen von einem verfassungsrechtlichen Sozialstaatsbegriff *R. Herzog*, in: Maunz/Dürig, GG, Art. 20 (VIII.) Rdnr. 25 (18. Lfg. 1980).

[15] Cf. mit unterschiedlicher Akzentsetzung etwa schon *H. Jarhrreiss*, Freiheit und Sozialstaat, 1957; klassisch *P. Häberle*, „Leistungsrecht" im sozialen Rechtsstaat (1972/1978), in: ders., Verfassung als öffentlicher Prozeß, 3. Aufl. 1998, S. 445 ff.; *ders.*, Grundrechte im Lei-

„Das Sozialstaatsprinzip ist nichts anderes als die logische Konsequenz des naturrechtlichen Grundansatzes, daß die Freiheit des einen mit der Freiheit des anderen zusammen bestehen müsse. Ein ‚Liberalismus', der zu der Aufhebung der *Realbedingungen der Freiheit* führt, entstammt seinerseits nicht dieser naturrechtlichen Tradition, sondern einer nationalökonomischen Theorie, die sich von diesem Grundsatz entfernt und sich radikalisiert hat. Nicht beruht umgekehrt das Sozialstaatsprinzip auf einer von außen an den Verfassungsstaat herangetragenen, ihm ursprünglich fremden Tradition. Es ist der naturrechtliche Grundsatz der Freiheitsidee selbst, der die sozialstaatliche Gleichheitstendenz hervorbringt. Aus diesem Verständnis ihres Ursprungs folgt freilich zugleich die Begrenzung des Sozialstaatsprinzips. Zur entscheidenden Grenze wird die Frage, ob die Herstellung der Gleichheit *wirklich* Freiheit begründet und bewahrt oder im Gegenteil ihrerseits die Realbedingungen der Freiheit aufhebt."[16]

Auch in der zuletzt ein wenig in den Hintergrund getretenen Diskussion um die Bedeutung sozialer Grundrechte spielt das freiheitsfunktionale Moment eine prominente Rolle (infra F.II.2.). Doch bleibt der freiheitsdienliche Ansatz häufig eigentümlich unkonturiert. Ihm werden in der Regel eine Fülle weiterer Funktionen, Zwecke und Ziele zur Seite gestellt. So soll der Sozialstaat zugleich der sozialen Integration und Inklusion, der Herstellung gleicher Lebensbedingungen, der Chancengleichheit, der Flankierung und Stimmulierung von Modernisierungsprozessen, der Sistierung der sozialen Frage, des Klassenkonfliktes, der Sicherung von Massenloyalität, der Versöhnung von Personalem und Sozialem usw. usf. dienen.[17] Insbesondere die Aspekte der Freiheitsbefähigung und der materiellen Gleichstellung werden in der Regel nicht sauber unterschieden. In der Folge sehen sich normative Ansätze, die den Sozialstaat als Instrument zur Sicherung von Mindestbedingungen realer Freiheit deuten, mit dem Verdacht konfrontiert, es gehe ihnen eigentlich nicht um Freiheitsförde-

stungsstaat, in: VVDStRL 30 (1972), S. 41 ff.; *W. Martens*, Grundrechte im Leistungsstaat, in: VVDStRL 30 (1972), S. 7 (28 f.); *E.-W. Böckenförde*, Die sozialen Grundrechte im Verfassungsgefüge (1981), in: ders., Staat, Verfassung, Demokratie, 1991, S. 146 (148 f.); *E. Grabitz*, Freiheit und Verfassungsrecht, 1976, S. 37 ff., 205 f. und öfter; *D. Grimm*, Rückkehr zum liberalen Grundrechtsverständnis? (1988), in: ders., Die Zukunft der Verfassung, 2. Aufl. 1994, S. 221 (228 ff.); *T. Ramm*, Die sozialen Grundrechte im Verfassungsgefüge, in: E.-W. Böckenförde/J. Jekewitz/T. Ramm (Hrsg.), Soziale Grundrechte, 1980, S. 17 (22 ff.); *J. Neuner*, Privatrecht und Sozialstaat, 1999, S. 86 ff.; *M. Borowski*, Grundrechte als Prinzipien, 2. Aufl. 2007, S. 341 ff.; *R. Gröschner*, in: H. Dreier (Hrsg.) GG, Bd. 2, 2. Aufl. 2006, Art. 20 Rdnr. 19 ff.; *K.-P. Sommermann*, in: v. Mangoldt/Klein/Starck, GG, 5. Aufl. 2005, Art. 20 Abs. 1 Rdnr. 112; *C. Enders*, Sozialstaatlichkeit im Spannungsfeld von Eigenverantwortung und Fürsorge, in: VVDStRL 64 (2005), S. 7 (13 ff.); *Y. Huh*, Rechtsstaatliche Grenzen der Sozialstaatlichkeit, in: Der Staat 18 (1979), 183 ff.; *D. Suhr*, Rechtsstaatlichkeit und Sozialstaatlichkeit, in: Der Staat 9 (1970), 67 ff.

[16] *M. Kriele*, Einführung in die Staatslehre, 5. Aufl. 1994, S. 210 f.

[17] Cf. etwa *J. Neuner*, Privatrecht und Sozialstaat, 1999, S. 119: „Ein Sozialstaat ist ein Staat, der materiellen, informationellen, ideellen und gruppenspezifischen Schutz gewährleistet, mit dem Ziel, die Vorbedingungen für Freiheit und Demokratie zu schaffen, Ungleichheiten abzubauen, befriedete Zustände herbeizuführen und umfassend der Menschenwürde zu dienen."

rung, sondern um Gleichstellung. So bleibt das für das rechtswissenschaftliche Arbeiten interessante Potential eines freiheitsdienlichen Sozialstaatsverständnisses, um Verfassungsfragen des Sozialstaates theoretisch und dogmatisch zu gliedern, zu systematisieren und zu ordnen, weitgehend ungenutzt.

Die vorliegende Arbeit will demgegenüber zeigen, daß gerade in der Begrenzung des heuristischen Zugangs zum Sozialstaat des Grundgesetzes auf eine zentrale Leitidee – die Freiheitsfunktionalität – ein Mehrgewinn liegen kann, der sich sowohl auf theoretischer wie auf dogmatischer Ebene auszahlt. Voraussetzung hierfür ist allerdings, der Idee der Freiheitsdienlichkeit des Sozialstaates eine gehaltvolle Freiheitskonzeption zugrunde zu legen, die sich als verfassungsrechtswissenschaftliches Programm von populärer, neoliberal inspirierter Sozialstaatskritik ebenso abzusetzen sucht wie von ehedem als fortschrittlich inszenierter, strukturkonservativer Affirmation des Wohlfahrtsstaates. Denn erst ein solch anspruchsvolles Freiheitsverständnis kann die der freiheitlichen Verfassungsordnung inhärente autonomietheoretische Doppelfigur von individueller Selbstbestimmung und demokratischer Selbstregierung, in die der Sozialstaat des Grundgesetzes eingebettet ist, adäquat abbilden. Auf dieser Grundlage lassen sich dann – so die Hoffnung – sinnvolle Aussagen zum Verhältnis von Freiheitsschutz vor dem und durch den Sozialstaat sowie von demokratischer Gestaltungsfreiheit und Gestaltungsbedürftigkeit im Sozialstaat treffen, die zwar nicht immer im Ergebnis, aber doch in der Strukturiertheit des Arguments über das pragmatische Sozialstaatsverständnis hinausführen. Der Ansatz mündet in dem Vorschlag, dem „sozialen" Staat im Sinne des Art. 20 Abs. 1 GG eine viergliedrige Struktur zu entnehmen:

1.) den Bereich des freiheitsfunktional gebotenen Minimums staatlicher Aktivitäten (insb. Leistungen) unter dem Primat der Selbstrealisierung und dem Vorbehalt der staatlichen Leistungsfähigkeit,

2.) den der Freiheitsförderung verpflichteten, der demokratischen Selbstverständigung anheimgegebenen Möglichkeitsbereich,

3.) den Bereich der Sozialpolitik jenseits der Freiheitsfunktionalität und damit außerhalb der normativen Kraft des Art. 20 Abs. 1 GG,

4.) die freiheitsrechtlich geschützte Tabuzone, die weder unter Rückgriff auf die legitimierende Kraft der demokratischen Herstellung bindender Entscheidungen noch unter Verweis auf die freiheitsdienende Funktion einer staatlichen Handlung für Dritte tangiert werden darf.

Um diese Kernthese angemessen entfalten zu können, soll zunächst das Ausgangsproblem der Über- und Untercodierung des Sozialstaates näher beleuchtet werden (infra A.II.-IV.). Anschließend wird das Programm des freiheitsdienlichen Sozialstaatsverständnisses verfassungstheoretisch entfaltet (infra B.-D.). Darauf aufruhend werden die dogmatischen Konsequenzen untersucht (E.-G.).

II. Der Sozialstaat des Grundgesetzes zwischen Über- und Untercodierung

Der Sozialstaat des Grundgesetzes ist zugleich über- und unterbestimmt – so lautet die Ausgangsthese, mit der die Suchbewegung nach einem angemessenen Verständnis der Formel vom sozialen Staat beginnt. Das eigentümliche Zugleich der Über- und Untercodierung trifft den Sozialstaat des Grundgesetzes auf nahezu allen Ebenen: verfassungsdogmatisch, ideengeschichtlich, rechtshistorisch, sozialtheoretisch und politisch. Dies macht seine besondere verfassungsrechtliche Problematik aus, die bis heute einer profilierten Verfassungstheorie und elaborierten Verfassungsdogmatik des Sozialstaates entgegenwirkt.[18]

1. Der Sozialstaatsbegriff des Grundgesetzes zwischen Über- und Unterbestimmung

a) Der Sozialstaat des Grundgesetzes: ohne Tradition und Konkretion

Betrachtet man den *dogmatischen* Gehalt des Art. 20 Abs. 1 GG im Lichte der verfassungsgerichtlichen Rechtsprechung[19] sowie der gängigen Kommentierungen und Handbuchartikel,[20] scheint das Sozialstaatsgebot seine Wirkun-

[18] Cf. auch *R. Schmidt*, Der soziale Auftrag des Grundgesetzes, in: W. Weyer (Hrsg.), Rechtsstaat – Sozialstaat, 1972, S. 39 (48): „Zwischen verfassungsrechtlicher Anmaßung und verfassungsrechtlichem Nihilismus muß der schmale Weg hin zum Begriff des sozialen Rechtsstaats beschritten werden."

[19] Hierzu im Überblick aus den 1960er und 1970er Jahren *H. G. Schmidt*, Das Sozialstaatsprinzip in der höchstrichterlichen Rechtsprechung der Bundesrepublik Deutschland, 1971; *W. Schreiber*, Das Sozialstaatsprinzip des Grundgesetzes in der Praxis der Rechtsprechung, 1972; *H. Rohwer-Kahlmann*, Die Sozialstaatsklausel des Grundgesetzes in der richterlichen Praxis, in: Zeitschrift für Sozialreform 13 (1967), 449 ff.; *H. F. Zacher*, Das Sozialstaatsprinzip in der Rechtsprechung des Bundesverfassungsgerichts, in: BayVBl. 1969, 113 ff.; *ders.*, Soziale Gleichheit, in: AöR 93 (1968), 341 ff.; *W. Weber*, Die verfassungsrechtlichen Grenzen sozialstaatlicher Forderungen, in: Der Staat 4 (1965), 409 ff.; vorher bereits *F. Werner*, Sozialstaatliche Tendenzen in der Rechtsprechung, in: AöR 42 (1956), 84 ff.; für einen Überblick über die Rspr. der neueren Zeit siehe die Berichte im Jahrbuch des Sozialrechts der Gegenwart, zuletzt etwa *W. Rüfner*, Das Sozialrecht in der Rechtsprechung des Bundesverfassungsgerichts, in: Jahrbuch des Sozialrechts 27 (2005/2006), 121 ff.

[20] Siehe etwa *R. Herzog*, in: Maunz/Dürig, GG, Art. 20 (VIII.) Rdnr. 1 ff. (18. Lfg. 1980); *R. Gröschner*, in: H. Dreier (Hrsg.), GG, Bd. 2, 2. Aufl. 2006, Art. 20 (Sozialstaat) Rdnr. 16 ff.; *F. E. Schnapp*, in: v. Münch/Kunig, GG, Bd. 2, 5. Aufl. 2001, Art. 20 Rdnr. 35 ff., *K.-P. Sommermann*, in: v. Mangoldt/Klein/Starck, GG, Bd. 2, 5. Aufl. 2005, Art. 20 Rdnr. 103 ff.; *H. F. Zacher*, Das soziale Staatsziel, in: HStR, Bd. 2, 3. Aufl. 2004, S. 659 (674 ff.); *H.-J. Papier*, Der Einfluß des Verfassungsrechts auf das Sozialrecht, in: B. v. Maydell/F. Ruland (Hrsg.), Sozialrechtshandbuch, 3. Aufl. 2003, S. 81 ff.; *ders.*, Grundrechte und Sozialordnung, in: D. Merten/H.-J. Papier (Hrsg.), Handbuch der Grundrechte, Bd. 2, 2006, S. 253 (254 ff.); *E.*

gen in wenig konturierter, dafür aber überaus vielfältiger Weise zu entfalten. Der Verfassungsgrundsatz des „sozialen“ Staates wirkt ausgesprochen diffus. Gemeinhin verbindet man ihn mit wenig aussagekräftigen Großformeln wie „soziale Gerechtigkeit“ oder „Solidarität“. Zugleich aber ist der dem Sozialstaatsgrundsatz in Rechtsprechung und Literatur im Laufe der Zeit auf unterschiedlichsten Abstraktionshöhen zugewiesene Gehalt erstaunlich breit angelegt. Hier zeigt sich sein Potential zu einer ausgesprochen dichten Codierung. So wurden und werden in das soziale Prinzip des Grundgesetzes komplexe Theorien über das Interagieren von Staat und Gesellschaft[21] oder Geschichtsteleologien des gesellschaftlichen Fortschritts[22] hineingelesen; es wurde und wird als Chiffre für unterschiedliche Tätigkeiten des Staates, von der Rechtsetzung im Bereich des Arbeitsschutzes über Maßnahmen der Preiskontrolle und der Subvention von Selbsthilfegruppen bis hin zur Vorhaltung komplexer Systeme sozialer Sicherheit verstanden.[23] Dem Sozialstaat wurden und werden zugleich immer wieder sowohl in der Rechtsprechung als auch in einzelnen Beiträgen im Schrifttum detaillierte Vorgaben zur Ausgestaltung sozialpolitischer Aktivitäten des Staates, zuletzt etwa zur Leistungspflicht gesetzlicher Krankenversicherungen bei lebensbedrohlichen oder tödlichen Krankheiten,[24] entnommen.[25] Interpretativ „dichte“ Bestimmungen schlagen so schnell in eine Übercodierung um.

Eine gewisse Vagheit ist verfassungsrechtlichen Begriffen per se eigen.[26] Sie müssen deshalb immer wieder für bestimmte Fragenkreise und Problemlagen respezifiziert werden.[27] Erst hierdurch gewinnen sie Tiefenschärfe. Verfas-

---

Benda, Der soziale Rechtsstaat, in: ders./W. Maihofer/H.-J. Vogel (Hrsg.), Handbuch des Verfassungsrechts, 2. Aufl. 1995, S. 719 (755 ff.); *O. Depenheuer*, Soziales Staatsziel und Angleichung der Lebensverhältnisse in Ost und West, in: HStR, Bd. 9, 1997, S. 149 (178 ff.).

[21] Eindrücklich *E.-W. Böckenförde*, Die Bedeutung der Unterscheidung von Staat und Gesellschaft im demokratischen Sozialstaat der Gegenwart, in: ders., Recht, Staat, Freiheit, 1991, S. 209 ff.

[22] So etwa *K. A. Schachtschneider*, Das Sozialprinzip, 1974, S. 40 ff.; cf. a. *H. Ridder*, Die soziale Ordnung des Grundgesetzes, 1975, S. 48 und öfter.

[23] Cf. etwa die Auflistung bei *K. Stern*, Das Staatsrecht der Bundesrepublik Deutschland, Bd. 1, 2. Aufl. 1984, S. 893 ff. Sozialstaatsimprägniert sind danach die Sozialversicherung, die Sozialhilfe, das Recht der sozialen Entschädigung, das Arbeitsrecht, die Leistungs- und Daseinsvorsorgeverwaltung, das Kriegsfolgenrecht und das Recht der Wiedergutmachung von NS-Unrecht, weite Teile des Wirtschaftsrechts, die Mittelstandspolitik, die Bildungspolitik, weite Teile des Privatrechts, Teile des Strafrechts etc.; ähnlich *E. Benda*, Gedanken zum Sozialstaat, in: RdA 1981, 137 (140). Beide lassen darüber eine gewisse Beunruhigung erkennen, wissen konzeptionell auf diese aber nicht zu reagieren.

[24] Cf. infra F.II.5.

[25] Cf. zur Übercodierung der Minima und der Vorprägung demokratischer Ausgestaltungsmöglichkeiten infra F./G. mit Nachw.

[26] Cf. Nachw. oben in Fußn. 5.

[27] *M. Morlok*, Was heißt und zu welchem Ende studiert man Verfassungstheorie, 1988, S. 84 ff.

sungsbegriffe changieren also als Verfassungsbegriffe notwendig zwischen Vagheit und Konkretion. Und doch scheint der soziale Grundsatz auf den ersten Blick im Zugleich von Über- und Unterbestimmtheit einen Sonderstand im Verfassungsgefüge zu haben, der ihn von anderen Verfassungsnormen unterscheidet.[28] Insbesondere im Konzert der durch Art. 79 Abs. 3 GG konstituierten Binnenhierarchie des Grundgesetzes setzt sich das normative Postulat des sozialen Staates ab.[29] Diese Sonderstellung des Sozialstaates im Verfassungsrecht zeigt sich in zweierlei Hinsicht.[30] Zum einen fehlt es dem Sozialstaatsgrundsatz – so jedenfalls die gemeinhin zu lesende Diagnose[31] – an einem tradierten verfassungstheoretischen Unterbau. In den Worten *Hans Peter Ipsens*:

---

[28] Widerspruch gegen diese Annahme aber schon bei *E. R. Huber*, Der Streit um das Wirtschaftsverfassungsrecht, in: DÖV 1956, 200 (200 f.).

[29] Daß der soziale Staat den in Art. 79 Abs. 3 GG niedergelegten Grundsätzen zuzuordnen ist, wird zumeist als selbstverständlich vorausgesetzt; cf. BVerfGE 3, 377 (381); 84, 90 (121); *E. Benda*, Industrielle Herrschaft und sozialer Staat, 1966, S. 54 f.; *K.-E. Hain*, in: v. Mangoldt/Klein/Starck, GG, 5. Aufl. 2005, Art. 79 III Rdnr. 72 f.; *D. Merten*, Verfassungsrechtliche Grundlagen, in: B. Schulin (Hrsg.), Handbuch des Sozialversicherungsrechts, Bd. 1 – Krankenversicherungsrecht, 1994, S. 145 (148); *R. Pitschas*, Soziale Sicherungssysteme im „europäisierten" Sozialstaat, in: Festschrift 50 Jahre Bundesverfassungsgericht, Bd. 2, 2001, S. 827 (832); *H. F. Zacher*, Art. Sozialstaat, in: Lexikon des Rechts, 5/670, 1 (4) (124. Lfg. April 2005). Skeptisch hingegen vor dem Hintergrund der Entstehungsgeschichte *M. Jestaedt*, Bundesstaat als Verfassungsprinzip, in: HStR, Bd. 2, 3. Aufl. 2004, S. 785 (828 – insb. Fußn. 294); *E. Wiederin*; Sozialstaatlichkeit im Spannungsfeld von Eigenverantwortung und Fürsorge, in: VVDStL 64 (2005), S. 53 (74). Wer der Genese eine Vetoposition im Ringen um ein angemessenes Verfassungsverständnis zubilligt, wird der letztgenannte Autor zustimmen müssen; zur rechtstheoretischen Begründung des Ansatzes *M. Jestaedt*, Wie das Recht, so die Auslegung, in: ZÖR 44 (2000), 133 ff. M.E. wird durch einen solchen „originalistischen" Ansatz die Bedeutung der Entstehungsgeschichte jedoch überstrapaziert.

[30] Für den hiesigen Kontext von geringerem Interesse ist eine dritte Besonderheit des Sozialstaatsprinzips, nämlich daß die Vorgabe des sozialen Staates auf Aufgaben und Tätigkeit des Staates zielt, mithin nicht, wie die Maßgabe des Bundesstaates, der Republik, der Demokratie, auf die organisatorische Binnenstruktur des Staates; *R. Herzog*, Zur Auslegung des Sozialstaatsprinzips, in: BayVBl. 1976, 161 (162).

[31] *M. Krätke*, Sozialpolitik im Wohlfahrtsstaat, in: Das Argument 183 (1990), 675 (676); *U. K. Preuß*, Rechtsstaat – Steuerstaat – Sozialstaat, in: D. Deiseroth/F. Hase/K.-H. Ladeur (Hrsg.), Ordnungsmacht?, 1981, S. 46 (58); *W. Kersting*, Theorien der sozialen Gerechtigkeit, 2000, S. 1; *ders.*, Kritik der Gleichheit, 2002, S. 24 f.; *S. Lessenich*, Wohlfahrtsstaatliche Grundbegriffe – Semantiken des Wohlfahrtsstaates, in: ders. (Hrsg.), Wohlfahrtsstaatliche Grundbegriffe, 2003, S. 9; *A. Kieserling*, Die Gesellschaft der Politik?, ebenda, S. 23 ff.; *J. Kaube*, Das Reflexionsdefizit des Wohlfahrtsstaates, ebenda, 41 ff.; *F.-X. Kaufmann*, Sozialstaatlichkeit unter den Bedingungen moderner Wirtschaft (1999), in: ders., Sozialpolitik und Sozialstaat, 2. Aufl. 2005, S. 283 (283 ff.); *S. Huster*, Sozialstaat oder soziale Gerechtigkeit?, in: R. Alexy (Hrsg.), Juristische Grundlagenforschung, 2005, S. 202 ff.; *G. Roellecke*, Eine Apologie des Sozialstaates, in: M. Anderheiden u.a. (Hrsg.), Paternalismus und Recht, 2006, S. 189 ff.; *K.-H. Ladeur*, Risiko Sozialstaat, in: Der Staat 47 (2007), 61 (67).

„Die Begriffe Bundesstaat, Demokratie und Rechtsstaat [äußern] ihre gewachsene und anerkannte Inhaltsbestimmung durch sich selbst, während die von Art. 20, 28 GG ihnen gleichgeordnete Sozialstaat-Erklärung dieser sich selbst genügenden Aussagekraft noch entbehrt."[32]

Derweil die parlamentarische Demokratie, die Republik, der freiheitliche Rechtsstaat, auch der Bundesstaat, verfassungsgeschichtlich geronnene und philosophisch durchreflektierte Zentralbegriffe des Verfassungsrechts sind, mangelt es dem Sozialstaat an entsprechender verfassungsrechtlicher Ancienität[33] und kanonisierter sozialtheoretischer Durchdringung.[34]

Zum anderen ist das Sozialstaatsprinzip, wiederum im Kontrast zum sonstigen normativen „Hochadel" des Grundgesetzes, in der Verfassung selbst kaum konkretisiert.[35] Zur Anreicherung des *Rechtsstaatsprinzips* etwa lassen sich diverse Bestimmungen des Grundgesetzes in Ansatz bringen, von der Verfassungs- und Gesetzesbindung über den Vorbehalt des Gesetzes und die Rechtsschutzgarantie des Art. 19 Abs. 4 GG bis hin zur Gewaltengliederung und den Justizgrundrechten.[36] Zur Konkretisierung des *Demokratieprinzips* lassen sich Art. 20 Abs. 2 GG, insbesondere aber auch die Art. 38 ff. GG mit den Wahlrechtsgrundsätzen und der dort dem Parlament zugewiesenen starken Stellung

[32] *H. P. Ipsen*, Anmerkung zu einem Beschluß des Bundesverfassungsgerichts vom 19.12.1951, in: DÖV 1952, 217 f.

[33] Zur kurzen Verfassungsgeschichte des Sozialstaates etwa *D. Grimm*, Die sozialgeschichtliche und verfassungsrechtliche Entwicklung zum Sozialstaat (1983), in: ders., Recht und Staat der bürgerlichen Gesellschaft, 1987, S. 138 (153 ff.); *K.-P. Sommermann*, in: v. Mangoldt/Klein/Starck, GG, Bd. 2, 5. Aufl. 2005, Art. 20 Rdnr. 101; *H. F. Zacher*, Das soziale Staatsziel, in: HStR, Bd. 2, 3. Aufl. 2004, S. 659 (667 f.).

[34] Wobei die Betonung auf dem mangelnden Kanon liegt; zu den mannigfachen Zugängen für eine philosophische Grundierung siehe infra D.; ferner *H. M. Heinig*, Paternalismus im Sozialstaat, in: M. Anderheiden u.a. (Hrsg.), Paternalismus und Recht, 2006, S. 157 (159 ff.) mit weit. Nachw.; *ders.*, Antagonisten im Kontext der politischen Philosophie des Sozialstaates: Lorenz von Stein und Robert Nozick, in: D. Klesczewski/S. Müller/F. Neuhaus (Hrsg.), Die Idee des Sozialstaates, 2006, S. 45 ff.; *ders.*, Zur Normativität des Sozialstaates, in: J. Bung/B. Valerius/S. Ziemann (Hrsg.), Normativität und Rechtskritik, 2007, S. 138 ff.

[35] So bereits die Diagnose bei *W. Grewe*, Der Begriff des „sozialen Staates" in der deutschen Verfassungsentwicklung, in: Der Arbeitgeber 1951, 39 (39); aus neuerer Zeit *R. Herzog*, in: Maunz/Dürig, GG, Art. 20 (VIII.) Rdnr. 5 (18. Lfg. 1980); *ders.*, Zur Auslegung des Sozialstaatsprinzips, in: BayVBl. 1976, 161 (161); *H.-J. Papier*, Der Einfluß des Verfassungsrechts auf das Sozialrecht, in: B. v. Maydell/F. Ruland (Hrsg.), Sozialrechtshandbuch, 3. Aufl. 2003, S. 81 (82); *ders.*, Grundrechte und Sozialordnung, in: D. Merten/H.-J. Papier (Hrsg.), Handbuch der Grundrechte, Bd. 2, 2006, S. 253 (255); *M. Wallerath*, Der Sozialstaat in der Krise, in: JZ 2004, 949 (953); *M. Droege*, Staatsleistungen an Religionsgemeinschaften im säkularen Kultur- und Sozialstaat, 2004, S. 457.

[36] *E. Schmidt-Aßmann*, Der Rechtsstaat, in: HStR, Bd. 2, 3. Aufl. 2004, S. 541 (542 ff., 557 f.) mit weit. Nachw.; *ders.*, Das allgemeine Verwaltungsrecht als Ordnungsidee, 2. Aufl. 2006, S. 47 ff.; *K. Sobota*, Das Prinzip Rechtsstaat, 1997, S. 27 ff. und S. 461 ff. der Konkretisierungsgehalt der Einzelnormen ist hier so hoch, daß zuweilen gefragt wird, ob überhaupt Raum für eigenständige Gehalte eines solchen Prinzips sei, so *P. Kunig*, Das Rechtsstaatsprinzip, 1986, passim.

im institutionellen Gesamtgefüge des Staates heranziehen.[37] Einen vergleichbaren Fundus an thematisch einschlägigen Bestimmungen bietet das Grundgesetz hingegen zur Sozialstaatsnorm nicht. Soziale Grundrechte wurden in Abkehr von den Weimarer Traditionen bewußt nicht in das Grundgesetz aufgenommen[38] und auch das organisationsrechtliche Gerüst des grundgesetzlichen Sozialstaates erweist sich als ausgesprochen dürftig. Zu nennen sind nur Art. 87 Abs. 2 GG, Art. 120 Abs. 1 S. 4 GG sowie die Kompetenzkataloge der Art. 73 f. GG. In dieser Perspektive dominiert also die Untercodierung.

b) Die Frage der normativen Verbindlichkeit im Wandel der Zeit

Entsprechend kann nicht verwundern, daß erste Stimmen in der Staatsrechtswissenschaft nach dem Inkrafttreten des Grundgesetzes dem sozialen Staatsziel skeptisch entgegentraten.[39] Besonders drastisch formulierte *Wilhelm Grewe*, es handele sich bei der Formel vom „sozialen Rechtsstaat" um einen „substanzlosen Blankettbegriff", bei dem es zweifelhaft sei, ob er „praktisch bedeutsame Rechtsfolgen erzeugen" kann.[40] Auch andere kritische Stellungnahmen schrieben, nicht zuletzt vor dem Hintergrund eines durch Weimar geprägten Verständnisses sozialer Verfassungsstaatlichkeit,[41] dem Sozialstaatsprinzip allenfalls den Charakter eines Programmsatzes zu.[42]

Im bundesdeutschen Verfassungsverständnis hat sich diese Lesart jedoch nicht etablieren können.[43] Vielmehr setzte sich alsbald nach dem Inkrafttreten

---

37 *H. Dreier*, in: ders. (Hrsg.), GG, Bd. 2, 2. Aufl. 2006, Art. 20 (Demokratie) Rdnr. 146 ff.

38 *R. Mußgnug*, Zustandekommen des Grundgesetzes und Entstehung der Bundesrepublik Deutschland, in: HStR, Bd. 1, 3. Aufl. 2003, S. 315 (334 ff.); *D. Grimm*, Die sozialgeschichtliche und verfassungsrechtliche Entwicklung zum Sozialstaat (1983), in: ders., Recht und Staat der bürgerlichen Gesellschaft, 1987, S. 138 (156).

39 Im Überblick näher etwa *K.-A. Gerstenmaier*, Die Sozialstaatsklausel des Grundgesetzes als Prüfungsmaßstab im Normenkontrollverfahren, 1975, S. 24 ff.; *D. Schiek*, in: AK-GG, 3. Aufl., Art. 20 Abs. 1–3 V Rdnr. 46 ff. (Grundwerk 2001).

40 *W. Grewe*, Das bundesstaatliche System des Grundgesetzes, in: DRZ 1949, 349 (351).

41 Zum Verständnis der Sozialnormen der WRV siehe etwa *F. Völtzer*, Der Sozialstaatsgedanke in der Weimarer Reichsverfassung, 1992; *C. Gusy*, Die Weimarer Reichsverfassung, 1997, S. 272 ff., 342 ff.; *D. Grimm*, Die sozialgeschichtliche und verfassungsrechtliche Entwicklung zum Sozialstaat (1983), in: ders., Recht und Staat der bürgerlichen Gesellschaft, 1987, S. 138 (153 ff.); *K. Lange*, Soziale Grundrechte in der deutschen Verfassungsentwicklung und in den derzeitigen Länderverfassungen, in: E.-W. Böckenförde/J. Jekewitz/T. Ramm (Hrsg.), Soziale Grundrechte, 1981, S. 49 (50 f.); *C. Enders*, Sozialstaatlichkeit im Spannungsfeld von Eigenverantwortung und Fürsorge, in: VVDStRL 64 (2005), S. 7 (25 f.).

42 Z.B. *F. Giese*, Grundgesetz für die Bundesrepublik Deutschland, 2. Aufl. 1951, S. 55; *H. von Mangoldt*, Das Bonner Grundgesetz, 1. Aufl. 1953, Art. 20 Anm. 2b; *K. G. Wernicke*, in: Kommentar zum Bonner Grundgesetz, Art. 20 (Erstbearbeitung 1950), Erl. II 1 d; hierzu näher *G. Haverkate*, Rechtsfragen des Leistungsstaats, 1983, S. 46 f.

43 Siehe etwa *E. Menzel*, Die Sozialstaatlichkeit als Verfassungsprinzip der Bundesrepublik, in: DÖV 1972, 537 ff.; *K. Stern*, Das Staatsrecht der Bundesrepublik Deutschland, Bd. 1, 2. Auf. 1984, S. 891 ff., 914 ff.; *R. Herzog*, in: Maunz/Dürig, GG, Art. 20 (VIII.) Rdnr. 6 (18. Lfg. 1980); *H. P. Ipsen*, Gebundene Sozialstaatlichkeit, in: Festschrift für K. Zweigert, 1981,

des Grundgesetzes die Überzeugung durch, daß die Formel vom sozialen Staat in Art. 20 Abs. 1 GG die Staatsgewalt unmittelbar bindendes Verfassungsrecht bilde.[44] So zeichnete sich etwa die Auseinandersetzung über die verfassungsrechtliche Unterfütterung der Wirtschafts- und Sozialordnung in den 1950er und 1960er Jahren durch die – sieht man von einer prominenten Ausnahme ab[45] – *allseits* geteilte Annahme aus, der Staat stehe verfassungsrechtlich in der Pflicht, „für eine gerechte Sozialordnung zu sorgen".[46] Dissens bestand in der Verfassungslehre nicht über das *Ob* einer grundgesetzlichen Verpflichtung des Staates zur sozialen Gestaltung, sondern vielmehr über den *Spielraum*, den diese Aufgabe eröffnet. Während die meisten Protagonisten das Konzept der sozialen Marktwirtschaft mehr oder weniger offen als Interpretament der Formel vom sozialen Staat verstanden und hieraus auch abstrakt formulierte Grenzen für die Sozialgestaltung zeichneten,[47] stritt eine Minderheit für ein Sozialstaatsverständnis, das die Offenheit der Verfassungsordnung für eine alternative Wirtschaftsordnung unterstrich – eine Wirtschaftsordnung, die sich durch eine starke Betonung der gewerkschaftlichen Unternehmensmitbestimmung, der Sozialisierung und der Gemeinwirtschaft auszeichnete.[48]

S. 747 (748 ff.); *E. Benda*, Der soziale Rechtsstaat, in: ders./W. Maihofer/H.-J. Vogel (Hrsg.), Handbuch des Verfassungsrechts, 2. Aufl. 1995, S. 719 (755 f.); *K.-P. Sommermann*, in: v. Mangoldt/Klein/Starck, GG, Bd. 2, 5. Aufl. 2005, Art. 20 Rdnr. 124; *R. Pitschas*, Soziale Sicherungssysteme im „europäisierten" Sozialstaat, in: Festschrift 50 Jahre Bundesverfassungsgericht, Bd. 2, 2001, S. 827 (832).

[44] BVerfGE 1, 97 (105); 3, 377 (381); 8, 274 (329); *G. Dürig*, Verfassung und Verwaltung im Wohlfahrtsstaat, in: JZ 1953, 193 (194 ff.); *E. R. Huber*, Der Streit um das Wirtschaftsverfassungsrecht, in: DÖV 1956, 200 (200 f.); *O. Bachof*, Begriff und Wesen des sozialen Rechtsstaates (1954), in: E. Forsthoff (Hrsg.), Rechtsstaatlichkeit und Sozialstaatlichkeit, 1968, S. 201 ff.; *H. Gerber*, Die Sozialstaatsklausel des Grundgesetzes (1956), ebenda, S. 340 ff.; *U. Scheuner*, Die neuere Entwicklung des Rechtsstaats in Deutschland (1960), ebenda, S. 461 (506 ff.); *K. Hesse*, Der Rechtsstaat im Verfassungssystem des Grundgesetzes (1962), ebenda, S. 557 ff.; eine stark ethisierte Lesart hingegen bei *C.-F. Menger*, Der Begriff des sozialen Rechtsstaates im Bonner Grundgesetz, ebenda, S. 42 (64 ff.); grundsätzlich a.A. aus der Perspektive der reinen Rechtslehre *G. Schnorr*, Sozialstaat – ein Rechtsbegriff?, in: Festschrift für H. Schmitz, Bd. II, 1967, S. 256 ff.

[45] *E. Forsthoff*, Begriff und Wesen des sozialen Rechtsstaates (1954), in: ders. (Hrsg.), Rechtsstaatlichkeit und Sozialstaatlichkeit, 1968, S. 165 ff., auf den sogleich näher eingegangen wird (A.III.).

[46] BVerfGE 69, 272 (314) mit Verweis auf BVerfGE 5, 85 (198); 22, 180 (204); 27, 253 (283); 35, 202 (235 f.).

[47] So explizit *H. C. Nipperdey*, Soziale Marktwirtschaft und Grundgesetz, 3. Aufl. 1965; hieran anknüpfend *R. Herzog*, in: Maunz/Dürig, GG, Art. 20 (VIII.) Rdnr. 60 (18. Lfg. 1980); kritisch *H. Ehmke*, Wirtschaft und Verfassung, 1961, S. 18 ff.; cf. zum Topos der „sozialen Marktwirtschaft" aus neuerer Zeit *U. Karpen*, Soziale Marktwirtschaft und Grundgesetz, 1990; *H. H. Rupp*, Die Soziale Marktwirtschaft in ihrer Verfassungsbedeutung, in: HStR, Bd. 9, 1997, S. 129 ff.; *E. Schwark*, Wirtschaftsordnung und Sozialstaatsprinzip, 1996; zur Debatte mit weit. Nachw. *K.-P. Sommermann*, in: v. Mangoldt/Klein/Starck, GG, Bd. 2, 5. Aufl. 2005, Art. 20 Rdnr. 132 ff.

[48] Grundlegend *W. Abendroth*, Zum Begriff des demokratischen und sozialen Rechts-

Im Laufe der Krisendiskurse über den Sozialstaat ab den späten 1970er Jahren kühlte diese Auseinandersetzung dann zusehends ab.[49] Der Sozialstaat mußte sich den Herausforderungen der „Rezessionsgesellschaft" stellen,[50] in der keine volkswirtschaftlichen Zuwächse mehr zu redistributieren waren, sondern moderate Knappheit (auf allerdings immer noch hohem Niveau) zu organisieren war. Diese Entwicklung führte ins Bewußtsein, daß der Wohlfahrtsstaat vom „Wohlstandsstaat"[51] zu unterscheiden ist, und warf die Frage auf, ob das expansive Sozialstaatsverständnis der „nivellierten Mittelstandsgesellschaft",[52] in der breite Bevölkerungsschichten in Fluch und Segnung des staatlich organisierten Zugleichs von Geben und Nehmen[53] einbezogen sind, sich vielleicht doch als Fehlentwicklung erweisen könnte. Die verfassungsrechtliche Verbindlichkeit des Sozialstaatsprinzips sah sich durch Bemühungen um eine etwaige Neujustierung des Sozialstaatsbegriffs unter den veränderten gesellschaftlichen Vorzeichen jedoch nicht in Frage gestellt.

Gleiches gilt für die bis heute nachwirkende Herausforderung des Sozialstaates durch die Herstellung der deutschen Einheit,[54] zu der sich in den 1990er Jahren die Europäisierung der Staatlichkeit und die Globalisierung der gesellschaftlichen Austauschverhältnisse als weitere Irritationen des herkömmlichen

staates im Grundgesetz der Bundesrepublik Deutschland (1954), in: E. Forsthoff (Hrsg.), Rechtsstaatlichkeit und Sozialstaatlichkeit, 1968, S. 114 ff.; *ders.*, Das Grundgesetz, 7. Aufl. 1978, S. 63 ff. unter Anknüpfung an *H. P. Ipsen*, Enteignung und Sozialisierung, in: VVDStRL 10 (1952), S. 74 ff.; ferner *H.-H. Hartwich*, Wirtschaftsdemokratie und die Theorie vom sozialen Rechtstaat, in: Probleme der Demokratie heute – PVS Sonderheft, 1971, S. 274 ff.; *ders.*, Sozialstaatspostulat und gesellschaftlicher status quo, 1970; *H. Ridder*, Die soziale Ordnung des Grundgesetzes, 1975; *ders.*, Zur verfassungsrechtlichen Stellung der Gewerkschaften im Sozialstaat nach dem Grundgesetz, 1960; ambivalent *U. K. Preuß*, Zum staatsrechtlichen Begriff des Öffentlichen, 1969, S. 139 ff. Siehe auch *C. Arndt*, Zur Bedeutung der Sozialstaatsklausel im Grundgesetz, in: Recht und Politik 1967, 3 ff.; *H. Copic*, Rechtsstaat und Sozialstaat, in: Recht und Politik 1966, 16 ff.; cf. näher infra A.IV.2.

[49] *J. Isensee*, Der Sozialstaat in der Wirtschaftskrise, in: Festschrift für J. Broermann, 1982, S. 365 ff.; *E. Benda*, Gedanken zum Sozialstaat, in: RdA 1981, 137 ff.; hiergegen dezidiert anschreibend *M. Kutscha*, Vom zeitgemäßen Sozialstaatsverständnis, in: KJ 1982, 383 ff.; aus sozialwissenschaftlicher Sicht zur Krisewahrnehmung der Zeit *F.-X. Kaufmann*, Sozialpolitisches Denken, 2003, S. 173 ff. mit weit. Nachw.; umfassende Nachweise zur Krisenliteratur a. bei *H. F. Zacher*, Das soziale Staatsziel, in: HStR, Bd. 2, 3. Aufl. 2004, S. 659 (661 ff. mit Fußn. 6); daß die Krise des Wohlfahrtsstaates zugleich eine Krise seiner Theorie ist, zeigt anschaulich *R. Kreissl*, Die Krise der Theorie des Wohlfahrtsstaates, in: KritV 1987, 89 ff.

[50] *R. Scholz*, Sozialstaat zwischen Wachstums- und Rezessionsgesellschaft, 1981.

[51] *H. F. Zacher*, Das soziale Staatsziel, in: HStR, Bd. 2, 3. Aufl. 2004, S. 659 (661 ff.); *ders.*, Die Dilemmata des Wohlfahrtsstaates, in: Stimmen der Zeit 2001, 363 (373).

[52] *H. Schelsky*, Die Bedeutung des Schichtungsbegriffs für die Analyse der gegenwärtigen deutschen Gesellschaft (1953), in: ders., Auf der Suche nach der Wirklichkeit, 1965, S. 311 ff.

[53] *C. Schmitt*, Nehmen, Teilen, Weiden (1953), in: ders., Verfassungsrechtliche Aufsätze aus den Jahren 1924–1954, 4. Aufl. 2003, S. 489 ff.

[54] Hierzu umfassend *G. A. Ritter*, Der Preis der deutschen Einheit, 2006; cf. auch *O. Depenheuer*, Soziales Staatsziel und Angleichung der Lebensverhältnisse in Ost und West, in: HStR, Bd. 9, 1997, S. 149 ff.

gesellschaftlichen und politischen Sozialstaatsverständnisses hinzugesellten. Alle drei Faktoren prägen das heute dominierende *pragmatische Sozialstaatsverständnis* im Verfassungsrecht mit.[55] Dieses knüpft einerseits in den Grundaussagen an die Debatten der 1950er bis 1970er Jahre an, präsentiert sich dabei aber in viel geringerem Maße als durch Ideologeme und gesellschaftstheoretische Basisannahmen grundiert. Nicht zuletzt deshalb kann es umstandslos an ältere Rechtsprechung des Bundesverfassungsgerichts zum Sozialstaatsgrundsatz anknüpfen, die sich stets weitgehend theorieresistent gezeigt hat.[56]

c) Das pragmatische Sozialstaatsverständnis unserer Zeit

Auf der Ebene des Grundsätzlichen läßt sich dieses pragmatische Sozialstaatsverständnis (allenfalls leicht verkürzt) in drei Aussagen zusammenfassen:[57] 1.) Der Staat soll von Verfassungs wegen die Gesellschaftsordnung mitgestalten.[58] Das Sozialstaatsprinzip verpflichtet, wie das Bundesverfassungsgericht es einmal formuliert hat, „verfassungsrechtlich zu sozialer Aktivität, insbesondere dazu …, sich um einen erträglichen Ausgleich der widerstreitenden Interessen und um die Herstellung erträglicher Lebensbedingungen für alle" zu bemühen.[59] 2.) Über Inhalt und Instrumente dieser sozialen Mitgestaltung hat zuvörderst der demokratisch unmittelbar legitimierte Gesetzgeber zu entscheiden.[60] Diesem kommt bei der Erfüllung seiner sozialen

---

[55] Typisch etwa *H.-J. Papier*, Der Einfluß des Verfassungsrechts auf das Sozialrecht, in: B. v. Maydell/F. Ruland (Hrsg.), Sozialrechtshandbuch, 3. Aufl. 2003, S. 81 (84 ff.); *ders.*, Staatsrechtliche Vorgaben für das Sozialrecht, in: Festschrift 50 Jahre Bundessozialgericht, 2004, S. 23 (26 ff.); *T. Kingreen*, Das Sozialstaatsprinzip im europäischen Verfassungsverbund, 2003, S. 120 ff.; *H. Butzer*, Die Sozialstaatsentwicklung unter dem Grundgesetz, 2006, S. 53 ff.

[56] Eine Ausnahme bildet insoweit das KPD-Urteil, das eine sehr ausführliche Auseinandersetzung mit dem Marxismus-Leninismus und dessen Inkompatibilität mit der freiheitlich-demokratischen und sozialen Verfassungsordnung des Grundgesetzes enthält; BVerfGE 5, 85 (111 ff.).

[57] Cf. *H. M. Heinig*, Das Sozialstaatsprinzip des Grundgesetzes als Imagination des Politischen, in: StudZR 2007, 3 (5 f.).

[58] *R. Herzog*, in: Maunz/Dürig, GG, Art. 20 (VIII.) Rdnr. 7 (18. Lfg. 1980); *K.-J. Bieback*, Inhalt und Funktion des Sozialstaatsprinzips, in: Jura 1987, 229 (231 ff.); *D. Grimm*, Die sozialgeschichtliche und verfassungsrechtliche Entwicklung zum Sozialstaat (1983), in: ders., Recht und Staat der bürgerlichen Gesellschaft, 1987, S. 138 (156 ff.); *H. Butzer*, Fremdlasten in der Sozialversicherung, 2001, S. 391 ff.; *H.-J. Papier*, Staatsrechtliche Vorgaben für das Sozialrecht, in: Festschrift 50 Jahre Bundessozialgericht, 2004, S. 23 (26 ff.); *R. Pitschas*, Soziale Sicherungssysteme im „europäisierten" Sozialstaat, in: Festschrift 50 Jahre Bundesverfassungsgericht, Bd. 2, 2001, S. 827 (832 f.); *F. Welti*, Behinderung und Rehabilitation im sozialen Rechtsstaat, 2005, S. 268 ff.

[59] BVerfGE 1, 97 (104 f.); cf. a. E 43, 213 (226).

[60] *F. E. Schnapp*, Was können wir über das Sozialstaatsprinzip wissen?, in: JuS 1998, 873 (877); *ders.*, Die Sozialstaatsklausel – Beschwörungsformel oder Rechtsbegriff?, in: SGb 2000, 341 ff.; *K.-J. Bieback*, Sozialstaatsprinzip und Grundrechte, in: EuGRZ 1985, 657 (659 ff.); *H. Butzer*, Fremdlasten in der Sozialversicherung, 2001, S. 394 ff.; *P. Badura*, Der So-

Pflicht ein – so wiederum das Verfassungsgericht – „weiter Gestaltungsspielraum zu. Das Sozialstaatsprinzip stellt also dem Staat eine Aufgabe, sagt aber nichts darüber, wie diese Aufgabe im Einzelnen zu verwirklichen ist".[61] Hierüber zu befinden sei angesichts der „Weite und Unbestimmtheit" des sozialen Gestaltungsauftrags vielmehr Aufgabe des Gesetzgebers.[62] Lediglich die Sicherstellung des Existenzminimums wird gemeinhin als eine konkrete sozialstaatliche Handlungspflicht verstanden.[63] 3.) Verfassungsdogmatisch fungiert das Sozialstaatsprinzip angesichts seiner Unbestimmtheit deshalb nicht als Maßstab für die inhaltliche Prüfung staatlicher Sozialpolitik, sondern als modifizierender Posten im Rahmen verfassungsrechtlicher Abwägungsprogramme und als Auslegungsdirektive.[64]

Diesem pragmatischen Sozialstaatsverständnis entspricht die Annahme, daß der Sozialstaat primär ein ökonomisches und politisches Phänomen ist, aber kein normatives. Die akademische Bearbeitung der Frage nach der richtigen Ausgestaltung wäre dann der politischen Ökonomie überantwortet; die Sozialstaatsklausel schaltet diese Ausgestaltung lediglich verfassungsrechtlich frei, sagt aber über das Sollen des Sozialstaates wenig aus.

---

zialstaat, in: DÖV 1989, 491 (494); *ders.* Auftrag und Grenzen der Verwaltung im sozialen Rechtsstaat, in: DÖV 1968, 446 (449); *E. Schmidt-Aßmann*, Die Bedeutung des Sozialstaatsprinzips für das Verwaltungsrecht, in: Festschrift für R. Mußgnug, 2005, S. 33 (36); *M. Sachs*, in: ders. (Hrsg.), GG, 4. Aufl. 2007, Art. 20 Rdnr. 47 f.; *W. Gitter/V. Nunius*, Verfassungsrechtliche Grundlagen, in: B. Schulin (Hrsg.), Handbuch des Sozialversicherungsrechts Bd. 2 – Unfallversicherung, 1996, S. 69 (81); *T. Hebeler*, Grundlegende Rechtsfragen der Finanzierungskrise des deutschen Sozialstaates, in: Jura 2005, 17 (21); *D. C. Umbach/T. Clemens*, Sozialrecht und Verfassungsrecht, in: VSSR 1992, 265 (274).

[61] BVerfGE 59, 231 (263).

[62] BVerfGE 82, 60 (80).

[63] Cf. mit weit. Nachw. *H. M. Heinig*, Menschenwürde und Sozialstaat, in: P. Bahr/H. M. Heinig (Hrsg.), Menschenwürde in der säkularen Verfassungsordnung, 2006, S. 251 ff. sowie infra F.II.1.

[64] BVerfGE 59, 231 (262 f.); aus der Lit. zuletzt insb. *T. Kingreen*, Das Sozialstaatsprinzip im europäischen Verfassungsverbund, 2003, S. 141 ff.; *J. Wieland*, Arbeitsmarkt und staatliche Lenkung, in: VVDStRL 59 (2000), S. 13 (32); *M. Droege*, Staatsleistungen an Religionsgemeinschaften im säkularen Kultur- und Sozialstaat, 2004, S. 463; ferner *H.-J. Papier*, Der Einfluß des Verfassungsrechts auf das Sozialrecht, in: B. v. Maydell/F. Ruland (Hrsg.), Sozialrechtshandbuch, 3. Aufl. 2003, S. 81 (83 f.); *H. F. Zacher*, Art. Sozialstaat, in: Lexikon des Rechts, 5/670, 1 (6) (124. Lfg. April 2005); differenzierend *V. Neumann*, Sozialstaatsprinzip und Grundrechtsdogmatik, in: DVBl. 1997, 92 (98 f.).

2. *Verfassungspolitische Plausibilität und verfassungssystematische Insuffizienz des pragmatischen Sozialstaatsverständnisses*

Vor dem Hintergrund der sich dauernd wandelnden sozialen Herausforderungen einer Gesellschaft[65] und der fundamentalen Abhängigkeit sozialer Aktivitäten des Staates von finanziellen Ressourcen, die stets knapp sind und deren sozialstaatliche Verwendung im permanenten Zielkonflikt mit anderen Gestaltungsaufgaben des Staates steht,[66] erscheint diese pragmatische Sozialstaatskonzeption durchaus plausibel. Verfassungspolitisch mag man ihr deshalb ohne weiteres zustimmen. Gleichwohl wollen die drei Aussagen, die für diesen Ansatz stehen, nicht recht zueinander passen: Denn man fragt sich, wie eine Norm ohne substantiellen Inhalt, ohne fixierbaren normativen Gehalt die Rechtfertigung von Grundrechtseingriffen modifizieren und die Auslegung einfachgesetzlicher Regelungen beeinflussen können soll. Folgte man der pragmatischen Lesart des Sozialstaatsprinzips konsequent, mutierte die Sozialbestimmung in Art. 20 Abs. 1 GG zu einem Metagesetzesvorbehalt ohne inhaltliche Prägekraft.[67] Dann aber wäre das Sozialstaatsprinzip überflüssig, könnte man hierzu doch ebenso auf das Demokratieprinzip zurückgreifen.[68]

Diese radikal anmutende Folgerung zu ziehen wird jedoch gemeinhin gescheut und statt dessen betont, daß das Sozialstaatsprinzip nicht „zu beliebiger Sozialgestaltung" ermächtige.[69] Wenn dem so ist, fragt man sich aber, welche Ausrichtung eine nichtbeliebige Sozialgestaltung anzunehmen hat. Soll das Sozialstaatsprinzip regulative Kraft für die Gesetzgebung und Norminterpretation entfalten, wird man nicht umhinkommen, zu seinem materiellen Gehalt Stellung zu beziehen, den Sozialgestaltungsauftrag also inhaltlich anzureichern.

---

65 Die auf die Konkretisierung des Zielbereichs des Sozialstaatsgrundsatzes ebenso durchschlägt wie auf die Konkretisierung der Zielverwirklichung, *K.-P. Sommermann*, in: v. Mangoldt/Klein/Starck, GG, Bd. 2, 5. Aufl. 2005, Art. 20 Rdnr. 106; *ders.*, Staatsziele und Staatszielbestimmungen, 1997, S. 399 ff.

66 *E.-W. Böckenförde*, Die sozialen Grundrechte im Verfassungsgefüge (1981), in: ders., Staat, Verfassung, Demokratie, 1991, S. 146 (152); *K. Stern*, Das Staatsrecht der Bundesrepublik Deutschland, Bd. 1, 2. Aufl. 1984, S. 918 ff.

67 Cf. auch die Problemanzeige bei *C. Enders*, Sozialstaatlichkeit im Spannungsfeld von Eigenverantwortung und Fürsorge, in: VVDStRL 64 (2005), S. 7 (35 ff.), *C. Bumke*, Der Grundrechtsvorbehalt, 1998, S. 176; *W. G. Leisner*, Existenzsicherung im Öffentlichen Recht, 2007, S. 160 und öfter.

68 So in aller Klarheit offengelegt bei *M. Droege*, Staatsleistungen an Religionsgemeinschaften im säkularen Kultur- und Sozialstaat, 2004, S. 464 f.

69 Grundlegend BVerfG 12, 354 (367); 26, 44 (62); eine ähnlich umwegige Bestimmung bei *G. Haverkate*, Rechtsfragen des Leistungsstaats, 1983, S. 57, der den Gehalt des Sozialstaatsprinzips ex negativo bestimmt; kritisch dazu dann *ders.*, Verfassungslehre, 1992, S. 297 Fußn. 4 a.E. Siehe auch die Problemanzeige bei *G. Roellecke*, in: D. C. Umbach/T. Clemens (Hrsg.), GG, 2002, Art. 20 Rdnr. 184 ff.

Das vom Bundesverfassungsgericht bemühte Bekenntnis zur „sozialen Gerechtigkeit“[70] wird dafür nicht ausreichen, ist mit diesem doch zunächst wenig gesagt.[71] Jede Politik wird für sich in Anspruch nehmen, „sozial gerecht“ zu sein, und ohne eine präzisere Sozialstaatskonzeption fehlt es dem Verfassungsrecht jenseits der im Einzelfall ausgesprochen flüchtigen Evidenz an Kriterien zur Bestimmung sozialer Gerechtigkeit. Der Verweis auf soziale Gerechtigkeit führt unter den Bedingungen des Vorrangs des Rechts (im Recht) vor der Philosophie[72] zu einem circulus vitiosus. Anders als von Karlsruhe angedeutet, ist deshalb im Rahmen einer verfassungsrechtlichen Annäherung an das Sozialstaatsprinzip in Art. 20 Abs. 1 GG nicht nur die Frage nach den geeigneten Instrumenten zu seiner Verwirklichung, sondern auch der Zweck und Auftrag des Sozialstaates selbst in hohem Grade klärungsbedürftig. Wenn das pragmatische Sozialstaatsverständnis die Bestimmung des *Wesens und Auftrags* des Sozialstaates weitestgehend an den Gesetzgeber delegiert, führt dies zu einer radikalisierten Untercodierung, die aus Sicht des Verfassungsrechts nicht überzeugen kann. Unterbestimmt bleibt dabei insbesondere auch, welche Grenzen Gesetzgebung und Verwaltung von Verfassungs wegen bei der Verwirklichung des sozialen Gestaltungsauftrags gezogen sind.[73] So überrascht es nicht, daß in der Rechtsprechung des Bundesverfassungsgerichts solche verfassungsrechtlichen Grenzen kaum (nach)gezeichnet werden, dem Gesetzgeber also sozialpolitisch weitestgehend freie Hand gelassen wird und die verfassungsgerichtliche Kontrolldichte im Bereich der Sozialpolitik gegenüber anderen Politikfeldern – nicht nur der Eingriffsverwaltung, sondern auch der sonstigen Leistungs- und Infrastrukturverwaltung – deutlich zurücksteht. Das Sozialstaatsprinzip wird auf diese Weise zur carte blanche des Gesetzgebers.

3. Über- und Untercodierung des Sozialstaates in nichtdogmatischen Perspektiven

Wer aber eine hinreichende Spezifizierung des Sozialstaatsprinzips einfordert, sieht sich automatisch mit der Gefahr konfrontiert, daß die Formel vom sozialen Staat gleichermaßen als Schleuse für Sozialtheorien und Geschichtsphilosophien unterschiedlichster Couleur wie auch als verfassungsrechtliches Här-

---

[70] Cf. infra C.III.; ähnlich etwa *P. Badura*, Auftrag und Grenzen der Verwaltung im sozialen Rechtsstaat, in: DÖV 1968, 446 ff.

[71] Zur Problematik sozialer Gerechtigkeit infra C.III.

[72] In Anlehnung an *R. Rorty*, Der Vorrang der Demokratie vor der Philosophie, in: ders., Solidarität oder Objektivität?, 1988, S. 82 ff.

[73] Cf. a. *C. Degenhart*, Rechtsstaat – Sozialstaat, in: Festschrift für H. U. Scupin, 1983, S. 537 (550 ff. und passim).

tungsmittel für sozialpolitische Begehrlichkeit jedweder Art verwendet werden kann.[74]

Eine in der Verfassungsrechtswissenschaft beliebte Strategie zur Bearbeitung solcher Problemlagen der begrifflichen Vagheit besteht im Perspektivwechsel: von der Verfassungsdogmatik zur Verfassungsgeschichte, von der verfassungsrechtlichen Praxis zur politischen und Sozialtheorie, von der nationalstaatlichen Introspektion zur Rechtsvergleichung. Im Kontext des Sozialstaats des Grundgesetzes löst dieses Vorgehen freilich das Problem von Über- und Unterbestimmung nicht auf. Denn auch hier begegnet uns sogleich das Phänomen des Zugleichs von Zuviel und Zuwenig: Ideengeschichtliche, sozialphilosophische und -theoretische Übercodierung (infolge ideologischer und theorieparadigmatischer Vielfalt sozialstaatlicher Begründungstraditionen) bei gleichzeitiger kanonisierter Annahme der Untercodierung (konsentierter Reflexionsmangel des Wohlfahrtsstaates), rechtsvergleichende Übercodierung (Weltenvielfalt des Wohlfahrtsstaates)[75] bei gleichzeitiger Reduktion von sozialstaatlichem Möglichkeitssinn durch historisch eingeschliffene Gelingensbilder und die Prägekräfte der Pfadtreue,[76] eine rechtshistorische Überbestimmung (vielfältige Schichten der historischen Narration über die Entwicklung der sozialen Sicherungssysteme in Deutschland in den unterschiedlichen politischen Systemen)[77] bei verfassungsgenetischer Untercodierung (Fehlen einer Debatte über Sinn und Gehalt der Sozialstaatsklausel im Parlamentarischen Rat),[78] eine praktisch-politische Übercodierung (Inan-

[74] Zum Problem auch *H. Noack*, Sozialstaatsklauseln und juristische Methode, 1975, der freilich darauf verzichtet, eine konstruktive Lösung zu entwickeln und den Verfassungsgesetzgeber stattdessen in der Pflicht sieht.

[75] Klassisch *G. Esping-Andersen*, The Three Worlds of Welfare Capitalism, 1990; aus jüngerer Zeit etwa *F.-X. Kaufmann*, Varianten des Wohlfahrtsstaats, 2003; *J. Schmid*, Wohlfahrtsstaaten im Vergleich, 2. Aufl. 2002; *S. Lessenich/I. Ostner* (Hrsg.), Welten des Wohlfahrtskapitalismus, 1998; *W. Merkel*, Social Justice and the Three Worlds of Welfare Capitalism, in: Archives européenes de sociologie 43 (2002), 59 ff. mit weit. Nachw.

[76] Zur Pfadtreue näher *P. Krugman*, Peddling Prosperity, 1994, S. 221 ff.; *U. Davy*, Pfadabhängigkeit in der sozialen Sicherheit, in: SDSRV 55 (2007), S. 103 ff.

[77] Markant *M. Stolleis*, Geschichte des Sozialrechts in Deutschland, 2003; ferner *J. Frerich/M. Frey* (Hrsg.), Handbuch der Geschichte der Sozialpolitik in Deutschland, 3 Bde. 1993 ff.; *C. Sachße/F. Tennstedt*, Geschichte der Armenfürsorge in Deutschland, 3 Bde. 1980 ff.; *G. A. Ritter*, Der Sozialstaat, 2. Aufl. 1991; *ders.*, Soziale Frage und Sozialpolitik in Deutschland seit Beginn des 19. Jahrhunderts, 1998; *G. Metzler*, Der deutsche Sozialstaat, 2. Aufl. 2003; im Überblick *F. Tennstedt*, Geschichte des Sozialrechts, in: B. v. Maydell/F. Ruland (Hrsg.), Sozialrechtshandbuch, 3. Aufl. 2003, S. 24 ff.

[78] Cf. etwa *K. Niclauß*, Der Parlamentarische Rat und das Sozialstaatspostulat, in: PVS 15 (1974), 33 ff.; *W. Weber*, Die verfassungsrechtlichen Grenzen sozialstaatlicher Forderungen, in: Der Staat 4 (1965), 409 (411); *K. Stern*, Das Staatsrecht der Bundesrepublik Deutschland, Bd. 1, 2. Auf. 1984, S. 878 ff.; *F. E. Schnapp*, Was können wir über das Sozialstaatsprinzip wissen?, in: JuS 1998, 873 (874); *C. Enders*, Sozialstaatlichkeit im Spannungsfeld von Eigenverantwortung und Fürsorge, in: VVDStRL 64 (2005), S. 7 (20).

spruchnahme des Attributs „sozial" für unterschiedlichste Politiken) bei gleichzeitiger Unterbestimmung des Möglichkeitssinns durch die Wahrnehmungsdominanz der Gegenwart (Prägung des Verständnisses durch die Problemlagen und Herausforderungen des hic et nunc). Die Flucht in die Transdisziplinarität verspricht deshalb keine schnellen Gewißheitsgewinne. Vor dem Hintergrund des Zugleichs von Über- und Untercodierung des Sozialstaates ist es also nicht nur schwierig, sinnvolle verfassungsdogmatische Aussagen über den Sozialstaat des Grundgesetzes zu treffen, sondern auch transdisziplinäre Annäherungen haben sich mit diesem Problem auseinanderzusetzen.

III. Radikale Konsequenz: die Negation verfassungsrechtlicher Normativität bei Ernst Forsthoff

1. Die Inkommensurabilitätsthese

Aus dem Changieren des Sozialstaatsprinzips zwischen Über- und Unterbestimmung zog *Ernst Forsthoff* eine radikale Konsequenz und stellte in seinem berühmt gewordenen, 1953 gehaltenen Staatsrechtslehrerreferat die verfassungsrechtliche Substanz der Formel vom sozialen Staat gleich generell in Frage.[79] Da sich am Beispiel der Forsthoffschen Überlegungen einige mit der Formel vom sozialen Staat für die Verfassungsinterpretation verbundenen Probleme gut illustrieren lassen, sollen sie im Rahmen dieser Einführung näher vorgestellt und analysiert werden. Vor dem Hintergrund des Wortlautes des Grundgesetzes, insbesondere der Formel vom „sozialen Rechtsstaat" in Art. 28 Abs. 1 GG, durchaus provokant, erklärte Forsthoff Sozialstaatlichkeit und Rechtsstaatlichkeit auf der Ebene des Verfassungsrechts schlicht für unvereinbar. Er knüpfte dabei historisch an *Lorenz von Stein*, systematisch an *Carl Schmitt* an.[80] Der Sozialstaat, so Forsthoff, sei ausschließlich auf der Ebene des Verwaltungsrechts zu verorten:

---

[79] Zur Person Forsthoffs näher sehr persönlich gefärbt *K. Doehring*, Ernst Forsthoff als Hochschullehrer, Kollege und Freund, in: W. Blümel (Hrsg.), Ernst Forsthoff, 2003, S. 9 ff.; mit Distanz *F. Meinel*, Der Verfassungsumbruch bei Kriegsende in der Staatsrechtslehre 1918–1939, in: C. Gusy (Hrsg.), Europäische Verfassungsentwicklungen der Zwischenkriegszeit, 2007, i.E.; cf. ferner *K. Doehring*, Ernst Forsthoff, in: Festschrift 225 Jahre Beck-Verlag, 1988, S. 341 ff.; *ders.*, Ernst Forsthoff, in: W. Doerr, semper apertus, Bd. 3, 1985, S. 437 ff.; *M. Ronellenfitsch*, Daseinsvorsorge als Rechtsbegriff, in: W. Blümel (Hrsg.), Ernst Forsthoff, 2003, S. 53 (53 ff.).

[80] Zur Bedeutung von Schmitts Œuvre für Forsthoff *O. Lepsius*, Die Wiederentdeckung Weimars durch die bundesdeutsche Staatsrechtslehre, in: C. Gusy (Hrsg.), Weimars lange Schatten – „Weimar" als Argument nach 1945, 2003, S. 354 (378 ff.); siehe auch *I. Staff*, Die Wahrung staatlicher Ordnung, in: Leviathan 1987, 141 ff.; *P. Zumbansen*, Ordnungsmuster

„Sozialstaat und Rechtsstaat lassen sich auf der Verfassungsebene nicht verschmelzen. Der Entfaltungsraum des Sozialstaats ist die Gesetzgebung und Verwaltung. Sozialer Rechtsstaat ist die typusbestimmende Kennzeichnung eines Staates, die Verfassung, Gesetzgebung und Verwaltung umgreift. Er ist kein Rechtsbegriff."[81]

Dieser Inkommensurabilitätsthese wurde schon auf der Tagung, auf der Forsthoff seine Überlegungen vorstellte, nahezu durchgängig widersprochen.[82] Auch in der Folgezeit fand sich kaum jemand, der Forsthoffs Thesen in der Sache beisprang,[83] während dieser selbst sie in zahlreichen Folgeveröffentlichungen bekräftigte.[84] Forsthoffs schroffe Gegenüberstellung von formal-bürgerlichem Rechtsstaat und materiellem Sozialstaat setzte sich in der deutschen Staatsrechtslehre ebensowenig durch wie die von ihm angesonnene Verbannung des Sozialstaates auf die Ebene der Verwaltung und des Verwaltungsrechts. Vielmehr wird die Verfassungsdignität des Sozialstaatsprinzips heute unisono konstatiert.[85] Ebenso dominieren die Versuche einer harmonisierenden Lesart des Art. 20 Abs. 1 GG, die darauf bedacht ist, die zwischen den Fundamentalprinzipien angelegte Spannung zu einem moderaten Ausgleich zu bringen.[86]

---

im modernen Wohlfahrtsstaat, 2000, S. 97 ff., 106 ff.; *R. Mehring*, Carl Schmitt und die Verfassungslehre unserer Tage, in: AöR 120 (1995), 177 ff.; *H. Firsching*, Am Ausgang der Epoche der Staatlichkeit?, in: A. Göbel (Hrsg.), Metamorphosen des Politischen, 1995, S. 203 ff.; *F. Meinel*, Ernst Forsthoff and the Intellectual History of German Administrative Law, in: GLJ 2007, 785 (787 ff.).

[81] *E. Forsthoff*, Begriff und Wesen des sozialen Rechtsstaates (1954), in: ders. (Hrsg.), Rechtsstaatlichkeit und Sozialstaatlichkeit, 1968, S. 165 (200) – These XV; Ausführungen hier S. 191 f.

[82] So bereits im Koreferat von *O. Bachof*, Begriff und Wesen des sozialen Rechtsstaates (1954), in: E. Forsthoff (Hrsg.), Rechtsstaatlichkeit und Sozialstaatlichkeit, 1968, S. 201 ff.; ferner die Diskussionsbeiträge von *W. Abendroth*, in: VVDStRL 12 (1954), S. 85 ff.; aber auch *H. C. Nipperdey*, ebenda, S. 92 (94); *W. Merk*, ebenda, S. 99 (100 f.); *H. Krüger*, ebenda, S. 109 ff.; *H. P. Ipsen*, ebenda, S. 119 ff.

[83] *K. Stern*, Das Staatsrecht der Bundesrepublik Deutschland, Bd. 1, 2. Auf. 1984, S. 887.

[84] *E. Forsthoff*, Die Umbildung des Verfassungsgesetzes (1959), in: M. Friedrich (Hrsg.), Verfassung, 1978, S. 117 (134 ff.); *ders.*, Verfassungsprobleme des Sozialstaats (1954), in: ders. (Hrsg.), Rechtsstaatlichkeit und Sozialstaatlichkeit, 1968, S. 145 (145 f.); *ders.*, Zur heutigen Situation einer Verfassungslehre, in: M. Friedrich (Hrsg.), Verfassung, 1978, S. 268 (272 f.); *ders.*, Zur Problematik der Verfassungsauslegung, 1961, S. 13 ff., 29 ff.; *ders.*, Der Staat der Industriegesellschaft, 2. Aufl. 1971, S. 68 ff. und öfter; *ders.*, Deutsche Verfassungsgeschichte der Neuzeit, 4. Aufl. 1972, S. 184.

[85] Siehe die Nachweise oben in Fußn. 43.

[86] Cf. *K. Hesse*, Grundzüge des Verfassungsrechts der Bundesrepublik Deutschland, 20. Aufl. 1995, S. 83 ff.; *W. Maihofer*, Rechtsstaat und Sozialstaat, in: W. Weyer (Hrsg.), Rechtsstaat – Sozialstaat, 1972, S. 13 ff.; *R. Herzog*, in: Maunz/Dürig, GG, Art. 20 (VIII.) Rdnr. 33 f. (18. Lfg. 1980); *E. Benda*, Der soziale Rechtsstaat, in: ders./W. Maihofer/H.-J. Vogel (Hrsg.), Handbuch des Verfassungsrechts, 2. Aufl. 1995, S. 719 (760 f.); *R. Breuer*, Grundlagen des Sozialstaates, in: Gedächtnisschrift für M. Heinze, 2005, S. 81 (82 f.); *H.-J. Papier*, Staatsrechtliche Vorgaben für das Sozialrecht, in: Festsschrift 50 Jahre Bundessozialgericht, 2004, S. 23 (25 f.); nachdrücklich bereits *E. R. Huber*, Der Streit um das Wirtschaftsverfassungsrecht, in: DÖV 1956, 200 ff.; *ders.*, Rechtstaat und Sozialstaat in der modernen

Gleichwohl würde man fehlgehen, wenn man Forsthoffs Referat erfolglos nennen würde – es wurde, im Gegenteil, ein Klassiker, der kaum an Brisanz verloren hat. Bis in unsere Zeit meint – zu recht übrigens – kaum eine substantielle Veröffentlichung zum Sozialstaat an Forsthoffs Überlegungen zur Sozialstaatlichkeit vorbeizukommen.[87] Dabei dient Forsthoffs Konzeption in vielen Publikationen vor allem als Referenz, an der sich die Autoren abarbeiten.

Auch die Langzeitwirkungen der Forsthoffschen Inkommensurabilitätsthese dürften kaum zu überschätzen sein. Sie bringt ungeachtet des Widerspruchs, den sie erfuhr, früh das bis heute weit verbreitete Vorstellungsbild vom Sozialstaat als verfassungsrechtlichem Sonderfall zum Ausdruck, der trotz aller Versuche, ihn mit den anderen normativen Zentralfiguren des Grundgesetzes wie Grundrechten, Demokratie und Rechtsstaatlichkeit in Ausgleich zu bringen, letztlich doch aus dem Rahmen des klassischen Verfassungsdenkens fällt und in diesen auch nicht recht zu integrieren ist. Der „soziale" Staat wird in dieser Perspektive – entgegen Forsthoff – zwar als ein normativ und nicht nur typisierend wirkender Verfassungsbegriff anerkannt, als Verfassungsgrundsatz aber gleichwohl von vielen mit einem eigentümlichen Selbststand begriffen. Nicht zuletzt deshalb dürfte er verfassungsrechtlich eigentümlich unprofiliert sein, dürften Grund und Grenzen des Sozialstaates durch die ansonsten präge-

---

Industriegesellschaft (1965), in: E. Forsthoff (Hrsg.), Rechtsstaatlichkeit und Sozialstaatlichkeit, 1968, S. 589 ff.

[87] Cf. etwa *T. Kingreen*, Das Sozialstaatsprinzip im europäischen Verfassungsverbund, 2003, S. 121 ff.; *G. Haverkate*, Rechtsfragen des Leistungsstaats, 1983, S. 47 f. und öfter; *T. Blanke*, Sozialer Rechtsstaat, in: C. Sachße/H. T. Engelhardt (Hrsg.), Sicherheit und Freiheit, 1990, S. 133 (137 ff.); *J. Neuner*, Privatrecht und Sozialstaat, 1999, S. 145; *H. Noack*, Sozialstaatsklauseln und juristische Methode, 1975, S. 136, 141 ff.; *O. Depenheuer*, Solidarität im Verfassungsstaat, Habilitationsschrift Bonn, 1992, S. 1 ff. und passim; *P. Derleder*, Rechtsstaat – Sozialstaat – Kulturstaat, in: Kritische Justiz 2007, 110 ff.; *P. Zumbansen*, Ordnungsmuster im modernen Wohlfahrtsstaat, 2000, S. 106 ff. und öfter; *G. Frankenberg*, Die Verfassung der Republik, 1997, S. 164 ff.; *D. Grimm*, Die sozialgeschichtliche und verfassungsrechtliche Entwicklung zum Sozialstaat (1983), in: ders., Recht und Staat der bürgerlichen Gesellschaft, 1987, S. 138 (157 f.); *E. Benda*, Gedanken zum Sozialstaat, in: RdA 1981, 137 ff.; *M. Kutscha*, Vom zeitgemäßen Sozialstaatsverständnis, in: KJ 1982, 383 ff.; *D. Suhr*, Rechtsstaatlichkeit und Sozialstaatlichkeit, in: Der Staat 9 (1970), 67 ff.; *H. Karl*, Freiheit und Sozialstaat, Diss. Bochum o.J., S. 54 ff.; *U. K. Preuß*, Rechtsstaat – Steuerstaat – Sozialstaat, in: D. Deiseroth/F. Hase/K.-H. Ladeur (Hrsg.), Ordnungsmacht?, 1981, S. 46 ff.; *H.-J. Papier*, Grundrechte und Sozialordnung, in: D. Merten/H.-J. Papier (Hrsg.), Handbuch der Grundrechte, Bd. 2, 2006, S. 253 (254); doch auch ohne explizite Bezugnahme auf Forsthoff erweist sich die Inkommensurabilitätsthese als wirkmächtig, gerade bei Autoren, die eigentlich in keiner markanten Nähe zum Forsthoffschen Denken stehen. So lehnt Ulrich K. Preuß mit Forsthoffscher Argumentation eine Rechtfertigung des Wohlfahrtsstaates aus dem materiellen Rechtsstaatsgedanken heraus ab (*U. K. Preuß*, Verfassungstheoretische Überlegungen zur normativen Begründung des Wohlfahrtsstaates, in: C. Sachße/H. T. Engelhardt (Hrsg.), Sicherheit und Freiheit, S. 106 [118 f.]); auch an der scharfen Kontraststellung von bürgerlichem und sozialstaatlichem Rechtsparadigma bei Jürgen Habermas (*J. Habermas*, Faktizität und Geltung, 1992, S. 468 ff.), hätte Forsthoff vermutlich eine gewisse Freude gehabt.

kräftige Rechtsprechung des Bundesverfassungsgerichts kaum kenntlich gemacht und die verfassungsrechtliche Steuerung des Sozialstaates wenig entwikkelt worden sein.

2. *Der Kontext: Daseinsvorsorge in Kontraststellung zur rechtsstaatlich eingehegten Eingriffsverwaltung*

Man würde Forsthoff freilich grob mißverstehen, wenn man annähme, daß die Inkommensurabilitätsthese auf eine Petitisierung des Sozialstaates zielt.[88] Im normativen Rangverhältnis zwischen Verfassungs- und Verwaltungsrecht bildet sich für Forsthoff keine Abstufung der Wertschätzung ab.[89] Er argumentiert deshalb keineswegs gegen die politische und administrative Realisation des Sozialstaates, wenngleich er sich manches kulturkritischen Zwischenrufs nicht enthalten kann. Forsthoff ist kein Neoliberaler avant la lettre. Vielmehr treibt ihn vor allem die Treue zu zwei Traditionslinien des eigenen Denkens, wenn er die Rechts- und Sozialstaatlichkeit auf Verfassungsebene für unvereinbar erklärt. Zum einen hält Forsthoff – entgegen dem sich nach 1949 schnell ausbildenden Konsens in der Staatsrechtslehre – an einem rein formellen Rechtsstaatsverständnis fest, das sich jeder materiellen *verfassungsrechtlichen* Aufladung entzieht.[90] Zentrale Referenz ist für Forsthoff insoweit *Carl Schmitts* Verfassungslehre von 1928.[91] Der Rechtsstaat sei nur als bürgerlicher Rechtsstaat denkbar – also gerade nicht als „sozialer", da er sich durch einen hohen Grad der Formalisierung auszeichne.[92] Forsthoff verwahrt sich deshalb mit *Heinrich Triepel* gegen jede adjektivistische „Verkleinerung" oder Einengung

---

[88] Ebenso *M. Herdegen,* Ernst Forsthoffs Sicht vom Staat, in: W. Blümel (Hrsg.), Ernst Forsthoff, 2003, S. 41 (46 ff.).

[89] Cf. a. *C. Schütte,* Progressive Verwaltungsrechtswissenschaft auf konservativer Grundlage, 2006, S. 18 ff.

[90] In diesem Sinne wie Forsthoff auch *K. Doehring,* Sozialstaat, Rechtsstaat und freiheitlich-demokratische Grundordnung, 1978, S. 10 ff.

[91] Cf. *C. Schmitt,* Verfassungslehre (1928), 8. Aufl. 1993, S. 123 ff.

[92] Was nicht heißt, daß der Rechtsstaat nach dem schmittianischen Ansatz nicht in Form materieller Gehalte ergänzungsbedürftig wäre. Diese Funktion war jedoch einer kompakten Staatsideologie als Gesamtentscheidung der Verfassung vorbehalten; cf. *C. Schmitt,* Verfassungslehre (1922), 8. Aufl. 1993, S. 3 ff., 125 ff., 221 ff. Einer solchen mangelte es dem Grundgesetz nach Forsthoff jedoch („staatsideologische Unterbilanz"); *E. Forsthoff,* Zur Problematik der Verfassungsauslegung, 1961, S. 11 ff.; *ders.,* Das Problem der Autorität (1956), in: ders., Rechtsstaat im Wandel, 2. Aufl. 1976, S. 14 ff.; *ders.,* Verfassung und Verfassungswirklichkeit der Bundesrepublik (1968), ebenda, S. 25 ff.; *ders.,* Wer garantiert das Gemeinwohl? (1973), ebenda, S. 39 ff.; zum Staatsbegriff Forsthoffs in diesem Zshg. näher *M. Herdegen,* Ernst Forsthoffs Sicht vom Staat, in: W. Blümel (Hrsg.), Ernst Forsthoff, 2003, S. 41 (42 ff.); mit anderer Konnotation *U. Storost,* Staat und Verfassung bei Ernst Forsthoff, 1979.

des Rechtsstaates.[93] „Der Rechtsstaat ist ..., um es kraß zu formulieren, ein System rechtstechnischer Kunstgriffe zur Gewährleistung gesetzlicher Freiheit."[94] Im Verzicht der Väter und Mütter des Grundgesetzes auf die Aufnahme sozialer Grundrechte sieht Forsthoff diese Perspektive bestätigt, unterstreiche sie doch die Technizität[95] und damit die Vollziehbarkeit der rechtsstaatlichen Verfassung isoliert vom „Wechsel der Ambiance".[96]

Zum anderen bekräftigt Forsthoff mit seinem Staatsrechtslehrerreferat verfassungsrechtlich die schon 1938 in „Die Verwaltung als Leistungsträger" bezogene Gegnerschaft gegen ein auf die rechtsstaatliche Einhegung der Eingriffsverwaltung konzentriertes Verwaltungsrecht. Forsthoff entwickelte sein Konzept der staatlichen *Daseinsvorsorge* ab den 1930er Jahren in polemischer Frontstellung zu einer Verwaltungsrechtswissenschaft, der er vorwarf, vom liberalen Denken her geprägt für wesentliche Erscheinungen des modernen Verwaltungslebens blind zu sein.[97] Eine Verwaltungsrechtsdogmatik für den leistenden Staat bildete für Forsthoff deshalb stets das Kontrastprogramm zur rechtsstaatlich geformten Dogmatik der Eingriffsverwaltung.[98] Vor diesem Hintergrund lag es nach Inkrafttreten des Grundgesetzes für ihn nahe, den leistenden, Daseinsvorsorge betreibenden Staat weitgehend mit dem Sozialstaat gleichzusetzen.[99] Werkimmanent ist es dann konsequent, auch die zunächst

---

[93] *E. Forsthoff*, Begriff und Wesen des sozialen Rechtsstaates (1954), in: ders. (Hrsg.), Rechtsstaatlichkeit und Sozialstaatlichkeit, 1968, S. 165 (174) mit Verweis auf *H. Triepel*, Diskussionsbeitrag, in: VVDStRL 7 (1932), S. 197, wo es heißt: „Wenn man den ganz überzeitlichen Wert des Rechtsstaates mit dem Beiwort ‚liberal' versieht, was gewöhnlich geschieht, um ihn dadurch zu verkleinern, wenn man ihn in der gleichen Absicht als ‚bürgerlichen' Rechtsstaat bezeichnet, was soviel wie Rechtsstaat der um ihre ‚Sekurität' besorgten Bourgeoisie bedeuten soll, wenn man als Gegensatz dazu einen ‚sozialen' Rechtsstaat konstruieren will – so sind das alles Verzerrungen, gegen die wir Männer des Rechts ... Verwahrung einlegen sollten. Denn hier wird ein Ewigkeitswert in den Staub des Irdisch-Kleinlichen herabgezogen." Hierzu auch *C.-F. Menger*, Der Begriff des sozialen Rechtsstaates im Bonner Grundgesetz, in: E. Forsthoff (Hrsg.), Rechtsstaatlichkeit und Sozialstaatlichkeit, 1968, S. 42 (45 f.).

[94] *E. Forsthoff*, Die Umbildung des Verfassungsgesetzes (1959), in: M. Friedrich (Hrsg.), Verfassung, 1978, S. 117 (151).

[95] Cf. *E. Forsthoff*, Zur Problematik der Verfassungsauslegung, 1961, S. 13, 22 ff.

[96] *E. Forsthoff*, Begriff und Wesen des sozialen Rechtsstaates (1954), in: ders. (Hrsg.), Rechtsstaatlichkeit und Sozialstaatlichkeit, 1968, S. 165 (176).

[97] Aufgenommen wird dieser Gedankengang etwa bei *P. Badura*, Verwaltungsrecht im liberalen und sozialen Rechtsstaat, 1966, S. 5 ff. Mit beachtlichen Gründen stellt Lorenz Jellinghaus in einer eingehenden Untersuchung der Verwaltungswissenschaft und des Verwaltungsrechts in der zweiten Hälfte des 19. Jahrhunderts Forsthoffs Beschreibung vermeintlicher Defizite des Verwaltungsrechts seiner Zeit in Frage; *L. Jellinghaus*, Zwischen Daseinsvorsorge und Infrastruktur, 2006; zum Problemkreis auch *F. Meinel*, Der Verfassungsumbruch bei Kriegsende in der Staatsrechtslehre 1918–1939, in: C. Gusy (Hrsg.), Europäische Verfassungsentwicklungen der Zwischenkriegszeit, 2007, i.E.

[98] Cf. insg. *C. Schütte*, Progressive Verwaltungsrechtswissenschaft auf konservativer Grundlage, 2006.

[99] *E. Forsthoff*, Verfassungsprobleme des Sozialstaats (1954), in: ders. (Hrsg.), Rechts-

verwaltungsrechtsdogmatisch entwickelte Frontstellung von Eingriffs- und Leistungsverwaltung auf die Verfassungsebene hochzuzonen und mit der These von der Unvereinbarkeit von Rechtsstaat und Sozialstaat fortzuschreiben. Gerade am Sozialstaatsverständnis läßt sich deshalb zeigen, wie sich Forsthoffs Werk durch deutliche Kontinuitäten bei partiellem Bruch auszeichnet.[100]

3. Untergründiger Konsens trotz performativem Dissens

Die hohe Aufmerksamkeit, die Forsthoffs Inkommensurabilitätsthese und das dahinterstehende Schmittianische Rechtsstaats- und Verfassungsverständnis in der verfassungsrechtlichen Auseinandersetzung um den Sozialstaatsgrundsatz findet, verdeckt allerdings ein wenig den Blick für das hohe Konsenspotential, das Forsthoffs Referat zu weiten Teilen eignet. Die in der Literatur dominierende rhetorisch-habituelle Distanzierung von Forsthoff geht nämlich häufig mit einer beachtlichen Übereinstimmung in der Sache einher,[101] soweit Forsthoff das Problem der Über- und Unterbestimmung des Sozialstaatsprinzips reflektiert. So teilt man gemeinhin 1.) den Befund einer weitgehenden Abhängigkeit des Menschen in der modernen arbeitsteiligen und urbanisierten Industriegesellschaft von Leistungen des Staates auf dem Feld der Planung, der Vorhaltung von Infrastruktur und der sozialen Sicherheit,[102] 2.) die von Forst-

---

staatlichkeit und Sozialstaatlichkeit, 1968, S. 145 (148): „Diese Leistungen des Staates auf dem Gebiet der Daseinsvorsorge ... machen den modernen Staat notwendig zum Sozialstaat"; dem Konzept der Daseinsvorsorge war von Anfang an eine stark soziale Komponente eingezeichnet, es zielt „auf eine gerechte, sozial angemessene Gestaltung der Appropriationschancen", *E. Forsthoff*, Die Verwaltung als Leistungsträger, 1938, S. 7. Zu Zusammenhang und Unterscheidung von Sozialstaat und Daseinsvorsorge näher *P. Badura* Die Daseinsvorsorge als Verwaltungszweck der Leistungsverwaltung und der soziale Rechtsstaat, in: DÖV 1966, 624 ff.; *H. F. Zacher*, Das soziale Staatsziel, in: HStR, Bd. 2, 3. Aufl. 2004, S. 659 (705 f.); *W. Rüfner*, Daseinsvorsorge und soziale Sicherheit, in: HStR, Bd. 4. 3. Aufl. 2006, S. 1049 ff.; auch infra H.I.1.d.; zu den Ursprüngen der Konzeption *D. Scheidemann*, Der Begriff Daseinsvorsorge, 1991; zu Wandlungen in der Konzeption der Daseinsvorsorge im Werk Forsthoffs, ebenda, sowie *W. Skuhr*, Die Stellung der Demokratie in der deutschen Nachkriegsdiskussion über den „demokratischen und sozialen Rechtsstaat", Diss. Berlin 1961, S. 65 ff. und *J. Kersten*, Die Entwicklung des Konzepts der Daseinsvorsorge im Werk von Ernst Forsthoff, in: Der Staat 44 (2005), 543 ff.

[100] Hierzu insg. *J. Kersten*, Die Entwicklung des Konzepts der Daseinsvorsorge im Werk von Ernst Forsthoff, in: Der Staat 44 (2005), 543 ff.

[101] Auf eine sorgsame versteckte Nähe in der Struktur des Denkens über den Sozialstaat zwischen Ernst Forsthoff und Helmut Ridder (*H. Ridder*, Die soziale Ordnung des Grundgesetzes, 1975), machte schon *P. Häberle*, Zum Staatsdenken von Ernst Forsthoff (1976), in: ders., Verfassung als öffentlicher Prozeß, 3. Aufl. 1998, S. 396 (399 f.) aufmerksam.

[102] Cf. etwa *K. Hesse*, Der Rechtsstaat im Verfassungssystem des Grundgesetzes (1962), in: E. Forsthoff (Hrsg.), Rechtsstaatlichkeit und Sozialstaatlichkeit, 1968, S. 557 (556): „Der Staat ist planender, verteilender, gestaltender, individuelles wie soziales Leben erst ermöglichender Staat".

hoff markierte Kontraststellung zwischen rechtsstaatlich geprägten Freiheitsrechten und auf Teilhabe ausgerichteten sozialen Rechten,[103] 3.) die Absage an eine unmittelbare Ableitung von Rechten und Pflichten aus dem Sozialstaatsprinzip und das Primat der gesetzgeberischen Gestaltung des Sozialstaates und seiner administrativen Realisierung[104] verbunden mit einem Verzicht auf eine verfassungsrechtliche Feinsteuerung des Sozialstaates, 4.) die Anerkennung der rechtlichen Bedeutung der Formel vom „sozialen Rechtsstaat"[105], die nach Forsthoff, obwohl kein Rechtsbegriff, doch die Staatsgewalt unmittelbar bindet und darauf verpflichtet, die sozialgestaltende Funktion des Staates „in einem gegenständlichen Sinne gerecht" zu regeln und auszuüben (hierzu noch sogleich), 5.) die Offenheit des Rechtsstaates für die Verwirklichung des Sozialstaates in den Formen des Rechtsstaates, d.h. insbesondere durch die gesetzgeberische Prägung gesetzesvollziehender Verwaltungsentscheidungen und die Finanzierung des Sozialstaates durch den rechtstaatlichen Steuerstaat.[106]

Schon diese kursorische Zusammenschau zeigt an, daß die Brisanz des Forsthoffschen Ansatzes in der Perspektive eines pragmatischen Sozialstaatsverständnisses weniger in seiner Deutung des Sozial – als vielmehr des Rechtsstaates liegt.[107] Ausgeprägten Widerspruch in der Staatsrechtslehre fanden deshalb vor allem die Aussagen zur rechtsstaatlichen Typusbestimmung des Grundgesetzes und seines Verhältnisses zum Sozialstaat.[108] Anstelle der von Forsthoff präferierten harten Kontraststellung setzte sich hier der Versuch einer harmonisierenden Auslegung durch, die sich freilich – bemerkenswert genug – mit den auch von Forsthoff konstatierten Rechtswirkungen der Formel vom „sozialen Rechtsstaat" weitgehend deckt.

---

[103] *E.-W. Böckenförde*, Die sozialen Grundrechte im Verfassungsgefüge (1981), in: ders., Staat, Verfassung, Demokratie, 1991, S. 146 ff.; *C. Degenhart*, Rechtsstaat – Sozialstaat, in: Festschrift für H. U. Scupin, 1983, S. 537 ff.; *P. Badura*, Sozialstaatlichkeit und Sozialrecht, in: SGb 1980, 1 (4); *D. Merten*, Verfassungsrechtliche Grundlagen, in: B. Schulin (Hrsg.), Handbuch des Sozialversicherungsrechts, Bd. 1 – Krankenversicherungsrecht, 1994, S. 145 (157 f.); cf. auch *H. Krüger*, Rechtsstaat – Sozialstaat – Staat oder: Rechtsstaat + Sozialstaat ergeben noch keinen Staat, 1975.

[104] *R. Pitschas*, Soziale Sicherungssysteme im „europäisierten" Sozialstaat, in: Festschrift 50 Jahre Bundesverfassungsgericht, Bd. 2, 2001, S. 827 (832 f.); *H.-J. Papier*, Der Einfluß des Verfassungsrechts auf das Sozialrecht, in: B. v. Maydell/F. Ruland (Hrsg.), Sozialrechtshandbuch, 3. Aufl. 2003, S. 81 (84).

[105] Cf. die Nachw. in Fußn. 44.

[106] *E. Benda*, Der soziale Rechtsstaat, in: ders./W. Maihofer/H.-J. Vogel (Hrsg.), Handbuch des Verfassungsrechts, 2. Aufl. 1995, S. 719 (785 ff.).

[107] Dies gilt auch für die Kritik an Forsthoff durch Wolfgang Abendroth (cf. infra A. IV.2.).

[108] Siehe etwa *A. Hollerbach*, Auflösung der rechtsstaatlichen Verfassung (1960), in: M. Friedrich (Hrsg.), Verfassung, 1978, S. 153 ff.; *O. Bachof*, Begriff und Wesen des sozialen Rechtsstaates (1954), in: E. Forsthoff (Hrsg.), Rechtsstaatlichkeit und Sozialstaatlichkeit, 1968, S. 201 (202 ff.); *K. Hesse*, Der Rechtsstaat im Verfassungssystem des Grundgesetzes (1962), ebenda, S. 557 ff.

4. Anerkennung inhaltlicher Determinierung durch das sozialstaatliche Bekenntnis: verschleierte Inkonsistenz oder getarnte Konsequenz?

Die – im Duktus des gesamten Gedankengangs überraschende – Anerkennung der rechtlichen Bedeutung der Formel vom sozialen Rechtsstaat bei Forsthoff findet in der Literatur selten Beachtung. Folglich wirft auch kaum jemand die Frage auf, ob Forsthoff nicht inkonsistent argumentiert: Der „soziale Rechtsstaat" soll kein Rechtsbegriff sein und unter einer grundsätzlichen Unbestimmbarkeit leiden, aber doch soll die Formel vom sozialen Staat rechtlich bindend sein. Schon bei Forsthoff finden wir also das Dilemma des pragmatischen Sozialstaatsverständnisses. Schaut man freilich bei Forsthoff genauer hin, stellt man fest, daß die rechtliche Bedeutung des Sozialen für ihn nur bekräftigenden Charakter hat und eine aus der „Natur der Sache" geborene Sollenskraft unterstreicht. Forsthoff löst das Problem der gleichzeitigen Über- und Unterbestimmung des Sozialstaatsprinzips also konsequent, aber einseitig auf.

Einerseits sieht er, daß Art. 20 Abs. 1 GG vom Verfassunggeber gerade nicht als Programmsatz, sondern als Verfassungsnorm mit unmittelbarer Rechtsverbindlichkeit in das Grundgesetz aufgenommen wurde.[109] Andererseits kenne das Grundgesetz „keinen spezifischen sozialen Gehalt".[110] „Das staatsinhaltsbestimmende Adjektiv sozial wird ... durch das Grundgesetz, das fast keine sozialen Normierungen enthält und der sozialen Aufgaben und Institutionen nur in den Kompetenznormen gedenkt, nicht konkretisiert. ... Das Wort ‚sozial' weist also über das Grundgesetz hinaus."[111]

Es bleibt die Frage, wohin es weist. Forsthoff sieht zwei Alternativen, die er jeweils in einen engen Bezug zur Idee der sozialen Umverteilung setzt.[112] Zum einen könne man das Adjektiv „sozial" als Aufforderung verstehen, staatlicherseits eine „gerechtere" Güterverteilung herzustellen. Diese Lesart führe den Sozialstaat, soweit sie den direkten Zugriff auf die Primärverteilung einschließt, zwangsläufig in eine antinomische Relation mit dem Rechtsstaat.[113] Die rechtsstaatliche Gewährleistungsfunktion bestünde dann nur noch nach Maßgabe der politischen Mehrheit. Man könnte auch sagen: Das Sozialstaatsprinzip mu-

---

[109] *E. Forsthoff*, Begriff und Wesen des sozialen Rechtsstaates (1954), in: ders. (Hrsg.), Rechtsstaatlichkeit und Sozialstaatlichkeit, 1968, S. 165 (184).

[110] *E. Forsthoff*, Begriff und Wesen des sozialen Rechtsstaates (1954), in: ders. (Hrsg.), Rechtsstaatlichkeit und Sozialstaatlichkeit, 1968, S. 165 (185).

[111] *E. Forsthoff*, Begriff und Wesen des sozialen Rechtsstaates (1954), in: ders. (Hrsg.), Rechtsstaatlichkeit und Sozialstaatlichkeit, 1968, S. 165 (185).

[112] *E. Forsthoff*, Begriff und Wesen des sozialen Rechtsstaates (1954), in: ders. (Hrsg.), Rechtsstaatlichkeit und Sozialstaatlichkeit, 1968, S. 165 (185 ff.).

[113] *E. Forsthoff*, Begriff und Wesen des sozialen Rechtsstaates (1954), in: ders. (Hrsg.), Rechtsstaatlichkeit und Sozialstaatlichkeit, 1968, S. 165 (187).

tiert in dieser Lesart zum Metagesetzesvorbehalt (supra A.II.1./2.). Zum anderen könne man das Wort „sozial" aber auch als Verweis auf den „Inbegriff der sozialen Elemente der Rechtsordnung" begreifen. Dann stellt sich die Frage nach der genauen Art des Verweises. Als dynamische Bezugnahme auf den jeweiligen Stand des Sozialrechts „wäre das Wort sozial nichtssagend".[114] Als Sicherung eines sozialrechtlichen Status quo in Form einer institutionellen Garantie hingegen verstanden,[115] bliebe „die Schwierigkeit der mangelnden Bestimmbarkeit".[116] Eine Umgrenzung des Terminus „sozial" wäre „schlechterdings unmöglich".[117] Dann aber fragt man sich, auf welche Weise die Formel vom sozialen Staat – wie Forsthoff zugesteht – Gesetzgeber und Gesetzesanwendung unmittelbar rechtlich binden können soll.

Forsthoff weicht der Problematik aus, indem er den Gehalt der Bindung nicht normativ angeleitet entwickelt, sondern aus der soziologisch beschreibbaren Empirie der Industriegesellschaft. Faktisch könne sich kein „moderner Staat ... ohne Selbstgefährdung"[118] den an ihn adressierten Sekuritätserwartungen entziehen. Die soziokulturelle Dynamik selbst – in der Terminologie Forsthoffs: die Schrumpfung des „beherrschten Lebensraums" bei gleichzeitiger, durch die technologische Entwicklung bedingter Ausweitung des „effektiven Lebensraums"[119] – diktiere dem Staat die Notwendigkeit, Daseinsvorsorge zu betreiben und so zum Sozialstaat, zum Staat der Leistung und Verteilung zu werden.[120] Nicht normative Ideale wie Freiheitsbefähigung, materielle Chancengleichheit, Mindestteilhabe oder politische Partizipation, sondern die Sachgesetzlichkeiten der Daseinsvorsorge werden Forsthoff somit zum bindenden Maßstab für den Sozialstaat.[121] Mit dieser Schmittianischen Figur, Rechtliches

---

[114] *E. Forsthoff*, Begriff und Wesen des sozialen Rechtsstaates (1954), in: ders. (Hrsg.), Rechtsstaatlichkeit und Sozialstaatlichkeit, 1968, S. 165 (188).

[115] So etwa *E. R. Huber*, Rechtstaat und Sozialstaat in der modernen Industriegesellschaft (1965), in: E. Forsthoff (Hrsg.), Rechtsstaatlichkeit und Sozialstaatlichkeit, 1968, S. 589 (610).

[116] *E. Forsthoff*, Begriff und Wesen des sozialen Rechtsstaates (1954), in: ders. (Hrsg.), Rechtsstaatlichkeit und Sozialstaatlichkeit, 1968, S. 165 (187).

[117] *E. Forsthoff*, Begriff und Wesen des sozialen Rechtsstaates (1954), in: ders. (Hrsg.), Rechtsstaatlichkeit und Sozialstaatlichkeit, 1968, S. 165 (188).

[118] *E. Forsthoff*, Verfassungsprobleme des Sozialstaats (1954), in: ders. (Hrsg.), Rechtsstaatlichkeit und Sozialstaatlichkeit, 1968, S. 145 (152).

[119] Grundlegend: *E. Forsthoff*, Die Verwaltung als Leistungsträger, 1938, S. 4 ff.

[120] *E. Forsthoff*, Verfassungsprobleme des Sozialstaats (1954), in: ders. (Hrsg.), Rechtsstaatlichkeit und Sozialstaatlichkeit, 1968, S. 145 (146 ff.).

[121] Ähnlich in der soziologischen Analyse *E. R. Huber*, Rechtstaat und Sozialstaat in der modernen Industriegesellschaft (1965), in: E. Forsthoff (Hrsg.), Rechtsstaatlichkeit und Sozialstaatlichkeit, 1968, S. 589 ff. Als metajuristische Betrachtung ist diese Perspektive sicherlich fruchtbar; der Sozialstaat hat sich schließlich ohne verfassungsrechtliche Anleitung ausgebildet; cf. a. *P. Badura*, Verwaltungsrecht im liberalen und sozialen Rechtsstaat, 1966, S. 12.; ferner *F. Hase*, Verfassungsrechtliche Anforderungen an die staatliche Gewährleistung sozialer Sicherheit, in: SDSRV 52 (2004), S. 7 (8 ff.) zur sukzessiven Konstitutionalisierung des Sozialrechts. Freilich greift Forsthoffs Ansatz zu kurz: Die Industrialisierung ist keine hin-

und Faktisches kurzzuschließen,[122] läuft das Zugeständnis einer verfassungsrechtlichen Bindung durch den verfassungsrechtlichen Grundsatz des sozialen Rechtsstaats bei Forsthoff aber tatsächlich ins Leere. Es erweist sich als rhetorisch gut verschleierte Konzession an den common sense des Publikums ohne sachlichen Gehalt. Im Ergebnis ist es deshalb nur konsequent, wenn es in der Rezeptionsgeschichte keine Rolle spielt.

5. Die häretische Versuchung: Hat Forsthoff doch recht?

Teilt man die Skepsis gegenüber einem allzu pragmatischen Umgang mit der Formel vom sozialen Staat, drängt sich die „ketzerische" Frage auf, ob möglicherweise als Alternative nur die radikale Unterbestimmung bleibt, das Sozialstaatsprinzip also zu einem verfassungsrechtlichen Nullum zu erklären ist. Hat die Formel des sozialen Staates keinen faßbaren Inhalt, scheint diese Schlußfolgerung geradezu unausweichlich. Denn der bloße Wille des Verfassunggebers zur Schaffung verbindlichen Verfassungsrechts hilft dem Problem nicht ab, wenn nicht zugleich ein normativ gehaltvoller Rechtsinhalt festgestellt werden kann. Hat Forsthoff also doch Recht in seiner Skepsis gegenüber der Möglichkeit, mit Hilfe klassischer Auslegungstechniken über das „Soziale" in Art. 20 Abs. 1 GG sinnvolle Aussagen machen zu können, da die Entstehungsgeschichte nichtssagend ist, der soziale Gehalt in der Verfassung nicht weiter konkretisiert wird und der Begriff selbst zur Ideologisierung und Politisierung einlädt? Ist Forsthoffs Verfassungsverständnis nicht doch angemessen, wenn er den Sozialstaat einerseits zu einem politischen, andererseits zu einem verwaltungsrechtlichen Phänomen erklärt? Ist der Sozialstaatsgrundsatz in seinem Changieren zwischen Über- und Untercodierung nicht doch verfassungsrechtlich wertlos, weil dieses Changieren zu keinen substantiellen Aussagen über den Sozialstaat führen kann?[123]

---

reichende Erklärung für die Ausbildung moderner Wohlfahrtsstaatlichkeit. Denn dann hätte Großbritannien diesen Weg lange vor Deutschland beschreiten müssen. Weitere Faktoren wie die organisierte Interessenartikulation, mentale Implementation staatlicher Verantwortung und die Aussicht auf politische Rendite müssen hinzutreten; cf. infra B.III.2.

[122] Wie sie insbesondere für die Schmittsche Souveränitätslehre typisch ist, cf. *C. Schmitt*, Politische Theologie, 7. Aufl. 1996, S. 13 ff.

[123] So im Ergebnis, trotz Abgrenzung von Forsthoff, auch *H. Noack*, Sozialstaatsklauseln und juristische Methode, 1975.

IV. Ungeeignete Alternativen

1. Der Sozialstaat als Prozeß

Gegen solchen Defätismus schlägt *Hans F. Zacher* vor, aus der Not eine Tugend zu machen und gerade in dem Wechselspiel zwischen Über- und Untercodierung den Mehrwert des sozialen Staatsziels zu sehen. So betont Zacher die „vielschichtige und dynamische Offenheit“[124] des Sozialen. Der Sozialstaat sei als ein in die Dialektik von Staat und Gesellschaft eingebundener „Prozeß“ zu verstehen,[125] der sich einem statischen Verfassungsdenken entziehe. Schließlich wandelten sich soziale Problemlagen und deren Wahrnehmung permanent. Deshalb könne man zwar in der konkreten Realisation des Sozialstaates einen institutionellen Kern ausmachen (Vorsorge, Entschädigung, soziale Hilfe und Förderung).[126] Dieser Kern stehe aber in der Dynamik des Sozialen zur Disposition.

Unklar bleibt dabei freilich, was unter dem „Sozialen“ im Sinne des Grundgesetzes zu verstehen ist. Zachers Rekonstruktion des Sozialen changiert zwischen der Bestimmung eines „historisch-konkreten politischen Sinns“ und einer „Interpretation des Grundgesetzes“.[127] Sie wechselt in schneller Folge den Blick von empirischen zu normativen Momenten und zurück, so daß sich in dem ständigen „Ineinander von privatem, gesellschaftlich-öffentlichem und staatlichen Geschehen“, im „ständigen Ineinander von auch-aber-nicht-nur sozialem Geschehen und gezielter sozialer Gestaltung“[128] alsbald der Eindruck einstellt, daß das Problem des Zugleichs von Unter- und Überbestimmung des Sozialstaates sich auf diese Weise zwar anschaulich zur Darstellung bringen läßt, normative Fixierungen aber auf diesem Wege nicht gewonnen werden

---

124 *H. F. Zacher*, Grundlagen der Sozialpolitik in der Bundesrepublik Deutschland, in: Bundesministerium für Arbeit und Sozialordnung (Hrsg.), Grundlagen der Sozialpolitik, Geschichte der Sozialpolitik in Deutschland seit 1945, Bd. 1, 2001, S. 333 (365 ff.); *ders.*, Die Herausforderungen des Sozialstaats und die Interpretation des sozialen Staatsziels, in: Festschrift B. Baron von Maydell, 2002, S. 827 (834).

125 *H. F. Zacher*, Der Sozialstaat als Prozeß (1978), in: ders., Abhandlungen zum Sozialrecht, 1993, S. 73 ff.; *ders.*, Was können wir über das Sozialstaatsprinzip wissen?, in: Festschrift für H. P. Ipsen, 1977, S. 207 (240 ff.); cf. a. *M. Kotzur*, Der nachhaltige Sozialstaat, in: BayVBl. 2007, 257 (260, 262); *M. Fuchs*, Zivilrecht und Sozialrecht, 1992, S. 99; aus sozialwissenschaftlicher Sicht *F.-X. Kaufmann*, Der Sozialstaat als Prozeß (1998), in: ders., Sozialpolitik und Sozialstaat, 2. Aufl. 2005, S. 129 ff.

126 Zu dieser Systematik grundlegend *H. F. Zacher*, Grundtypen des Sozialrechts, in: ders., Abhandlungen zum Sozialrecht, 1993, S. 257 ff.; *ders.*, Die Anatomie des Sozialstaates, in: SGb 1982, 329 (333).

127 *H. F. Zacher*, Das soziale Staatsziel, in: HStR, Bd. 2, 3. Aufl. 2004, S. 659 (676 f.); cf. auch etwa *ders.*, Art. Sozialstaatsprinzip, in: Handwörterbuch der Wirtschaftswissenschaften (HdWW), Bd. 7, 1977, S. 152 ff.

128 *H. F. Zacher*, Grundlagen der Sozialpolitik in der Bundesrepublik Deutschland, in: Bundesministerium für Arbeit und Sozialordnung (Hrsg.), Grundlagen der Sozialpolitik, Geschichte der Sozialpolitik in Deutschland seit 1945, Bd. 1, 2001, S. 333 (365 ff.).

können. Einerseits versteht Zacher das Soziale als einen auf eine bestehende Faktizität zielenden Dreiklang (sozial als gesellschaftsbezogen, gemeinschaftsverpflichtet und das der historischen sozialen Bewegung Gemeinsame),[129] andererseits arbeitet er aber doch mit dem Korrektiv des sozialstaatlich „normativ Richtigen",[130] ohne dessen Substanz mit guten verfassungsrechtlichen Gründen ausweisen zu können. Am Ende neigt man dazu, Forsthoff zuzustimmen, wenn er apodiktisch feststellt: „sozial ist ein indefinibles definiens. Unter diesen Umständen halte ich allgemeine Erörterungen über den Sozialstaat für wenig fruchtbar."[131]

Gleiches hat für das Räsonnement über die Prozeßhaftigkeit des Sozialen zu gelten. Normen gewinnen ihren spezifischen Sinn immer daraus, daß sie auf eine soziale Wirklichkeit bezogen werden. Das hierin begründete, recht verstandene Wechselspiel von Normativität und sozialer Wirklichkeit ist keine Besonderheit des Sozialstaates. Nicht nur der Sozialstaat ist prozeßhaft zu rekonstruieren, sondern das Recht insgesamt unterliegt einer gesellschaftlich und kulturell induzierten Dynamik, die freilich auf seine Normativität nicht unmittelbar durchschlägt.[132] Den Sozialstaat als *Summe der* historisch realisierten und prospektiv denkbaren *Sozialpolitik* zu begreifen, ist für das Verfassungsrecht somit wenig zielführend. Normative Verfassungsvalenz besitzt der „soziale Staat" nur, wenn dem Grundgesetz auch Aussagen – auf welcher Abstraktionsstufe auch immer – darüber zu entnehmen sind, welche sozialpolitischen *Ziele* mit welchen sozialpolitischen *Mitteln* von Verfassungs wegen zu verfolgen sind (Gebotsfunktion), welche eine Frage politischer Opportunität sind und der demokratischen Selbstverständigung der Gesellschaft anheimgegeben sind (Gestaltungsfunktion) und welche das Signum der Verfassungswidrigkeit tragen (Verbotsfunktion).[133] Im Mittelpunkt der Bestimmung normativer Ge-

---

[129] *H. F. Zacher*, Das soziale Staatsziel, in: HStR, Bd. 2, 3. Aufl. 2004, S. 659 (675 f.); siehe vorher bereits *G. Dürig*, Verfassung und Verwaltung im Wohlfahrtsstaat, in: JZ 1953, 193 (196).

[130] *H. F. Zacher*, Das soziale Staatsziel, in: HStR, Bd. 2, 3. Aufl. 2004, S. 659 (780 f.).

[131] *E. Forsthoff*, Verfassungsprobleme des Sozialstaats (1954), in: ders. (Hrsg.), Rechtsstaatlichkeit und Sozialstaatlichkeit, 1968, S. 145 (146); zur Fruchtlosigkeit einer wortlautgeleiteten Interpretation auch *H. Noack*, Sozialstaatsklauseln und juristische Methode, 1975, S. 103 ff.

[132] Zum Verhältnis von Verfassungsinterpretation und Verfassungswandel in diesem Zusammenhang *C. Walter*, Hüter oder Wandler der Verfassung? Zur Rolle des Bundesverfassungsgerichts im Prozeß des Verfassungswandels, in: AöR 125 (2000), 517 ff.; *K. Hesse*, Grenzen der Verfassungswandlung, in: Festschrift für U. Scheuner, 1973, S. 123 ff.; *ders.*, Verfassungsrechtsprechung im geschichtlichen Wandel, JZ 1995, 265 ff.; *ders.*, Grundlinien der verfassungsrechtlichen Ordnung und ihrer Fortbildung, in: K. Stern (Hrsg.), 40 Jahre Grundgesetz, 1990, S. 1 ff.

[133] Siehe bereits früh *G. Dürig*, Verfassung und Verwaltung im Wohlfahrtsstaat, in: JZ 1953, 193 ff. mit der Frage nach dem „ob", „wann", „wie" und Minimum sozialstaatlicher Betätigung.

halte des Sozialstaates des Grundgesetzes kann deshalb nicht die mannigfache Dynamik des Sozialen an sich und seine sozialpolitische Entfaltung stehen, sondern nur die Normativität der Verfassung selbst, von der aus Erscheinungen der sozialen Wirklichkeit zu befragen sind.

2. *Die Formel vom sozialen Staat als Ermöglichung einer alternativen Wirtschaftsordnung?*

a) Das Staatsprinzip als permanent-latente Infragestellung der Wirtschafts- und Sozialordnung?

Als ungeeignet erweist sich bei näherer Betrachtung ebenso die Alternative, die *Wolfgang Abendroth* zu Forsthoffs Inkompatibilitätsansatz, aber auch zum pragmatischen Sozialstaatsverständnis bietet. Abendroth profilierte in den 1950er Jahren in Frontstellung zu Forsthoff die These, daß dem Sozialstaatsgebot im Gesamtgefüge des Grundgesetzes die Funktion zukomme, den radikalen Umbau der Wirtschafts- und Sozialordnung ohne Verfassungsänderung zu ermöglichen.[134] Nach Abendroth markiert das Sozialstaatsprinzip die Offenheit der Verfassung für eine umfassende „Vergesellschaftung" und „Demokratisierung" der Wirtschaftsordnung.[135] Das Grundgesetz reagiere mit der Sozialstaatskonzeption auf die Erkenntnis, daß der liberale Rechtsstaat keinen hinreichenden Rahmen biete, um im freien Spiel der Kräfte „Gerechtigkeit schaffen" zu können.

> „Der vorgefundenen Wirtschafts- und Sozialordnung kann ... im Prinzip keine Gerechtigkeit mehr zuerkannt werden, wie es für den bürgerlichen Rechtsstaat einst wesensbestimmend war. Das Bekenntnis des Grundgesetzes zum demokratischen und sozialen Rechtsstaat öffnet deshalb nicht nur den Weg zu gelegentlichen Staatsinterventionen, sondern stellt grundsätzlich diese Gesellschafts- und Wirtschaftsordnung selbst zur Disposition der demokratischen Willensbildung des Volkes."[136]

---

[134] Cf. *W. Abendroth*, Zum Begriff des demokratischen und sozialen Rechtsstaates im Grundgesetz der Bundesrepublik Deutschland (1954), in: E. Forsthoff (Hrsg.), Rechtsstaatlichkeit und Sozialstaatlichkeit, 1968, S. 114 ff.; *ders.*, Diskussionsbeitrag, in: VVDStRL 12 (1954), S. 85 ff.; *ders.*, Das Grundgesetz, 7. Aufl. 1978, S. 20 ff., 63 ff.; in enger Anlehnung an Abendroth *H.-H. Hartwich*, Sozialstaatspostulat und gesellschaftlicher status quo, 1970; *ders.*, Wirtschaftstheorie und die Theorie vom sozialen Rechtsstaat, in: Probleme der Demokratie heute – PVS Sonderheft 2, 1971, S. 274 ff.; zustimmend, bei allen Differenzen, auch *U. K. Preuß*, Legalität und Pluralismus, 1973, S. 95 ff.; *H. Ridder*, Die soziale Ordnung des Grundgesetzes, 1975, S. 45 ff. Gewisse Nähen finden sich zudem zu *T. Ramm*, Der Arbeitskampf und die Gesellschaftsordnung des Grundgesetzes, 1965; hierzu *H.-H. Hartwich*, Sozialstaatspostulat und gesellschaftlicher status quo, 1970, S. 344 ff.

[135] *W. Abendroth*, Zum Begriff des demokratischen und sozialen Rechtsstaates im Grundgesetz der Bundesrepublik Deutschland (1954), in: E. Forsthoff (Hrsg.), Rechtsstaatlichkeit und Sozialstaatlichkeit, 1968, S. 114 (140).

[136] *W. Abendroth*, Zum Begriff des demokratischen und sozialen Rechtsstaates im Grund-

Den Leser mag wundern, wenn an dieser Stelle überhaupt auf die Thesen von Abendroth eingegangen wird. Während sie bis in die 1970er Jahre beachtliche Anhänger gefunden haben, findet sich im Spektrum des deutschen Staatsrechts heute wohl kaum jemand, der im Zwischenreich von verfassungsrechtlichen und politischen Grundüberzeugungen einer umfassenden Sozialisierung der Wirtschaft sowie der breitflächigen Einführung planwirtschaftlicher Elemente und sog. wirtschaftsdemokratischer Entscheidungsstrukturen in den Unternehmen das Wort redet. Politisch sind solche Vorstellungen gleichwohl nicht völlig erledigt, wie die Entstehung einer gesamtdeutschen Linkspartei und ihre programmatische Ausrichtung zeigen. Doch nicht tagespolitische Aktualität, sondern vor allem wissenschaftliche Redlichkeit fordert eine kurze Beschäftigung mit Abendroth. Denn er bildete den maßgeblichen Antipoden zu Forsthoff, dessen Ansatz vor dem Hintergrund Abendroths noch einmal Kontur gewinnt. Während Forsthoff unter Berufung auf das Rechtsstaatsprinzip auf Verfassungsebene den Sozialstaat depotenziert, argumentiert Abendroth gerade andersherum. Damit bietet Abendroth eine radikale Alternative in der Sozialstaatsinterpretation, die zumindest in einer akademischen Auseinandersetzung um das rechte Verständnis der Formel vom sozialen Staat nicht ohne Gründe zur Seite gelegt werden kann.

Zur Begründung der Annahme, daß das Grundgesetz die Wirtschafts- und Sozialordnung permanent zur Disposition stellt, verweist Abendroth auf divergierende Vorstellungen zu dieser Ordnung im Parlamentarischen Rat.[137] Der Konflikt sei dergestalt gelöst worden, daß keine der beiden wirtschaftspolitischen Optionen, die damals zur Debatte standen, – die Neuordnung der Wirtschaft nach den Grundsätzen einer Marktwirtschaft oder die weitreichende Vergesellschaftung der Produktionskräfte – durch die neue Verfassungsordnung verworfen wurde, sondern statt dessen die Entscheidung hierüber dem politischen Prozeß überantwortet blieb. Hieraus zieht Abendroth eine weitreichende Schlußfolgerung: Wenn eine Mehrheit die Wirtschafts- und Sozialordnung nach den Grundsätzen des „demokratischen Sozialismus" ausgestalten wolle, führe das Sozialstaatsprinzip im Zusammenspiel mit Art. 15 GG und Art. 3 Abs. 1 GG zur Eliminierung der traditionellen (im Sinne einer bürgerlichen Verfassungsordnung verstandenen) rechtsstaatlichen und grundrechtlichen Bindungen.[138] Über Art. 79 Abs. 3 GG soll die postulierte Offenheit der Verfassungsordnung für eine Entwicklung zur „sozialen Demokratie", mithin zu einer weitreichenden Vergesellschaftung des Produktivvermögens, zudem jedweder Verfassungsänderung entzogen sein.[139]

Neben dieser geradezu hyperpragmatischen Interpretation des Sozialstaatsprinzips, die auf jede inhaltliche Determination verzichtet (das Sozialstaatsprinzip als Norm zur Ermöglichung, nicht aber als Verpflichtung einer demo-

---

gesetz der Bundesrepublik Deutschland (1954), in: E. Forsthoff (Hrsg.), Rechtsstaatlichkeit und Sozialstaatlichkeit, 1968, S. 114 (127).

[137] *W. Abendroth*, Das Grundgesetz, 7. Aufl. 1978, S. 64 ff.

[138] *W. Abendroth*, Zum Begriff des demokratischen und sozialen Rechtsstaates im Grundgesetz der Bundesrepublik Deutschland (1954), in: E. Forsthoff (Hrsg.), Rechtsstaatlichkeit und Sozialstaatlichkeit, 1968, S. 114 (123 ff.).

[139] *W. Abendroth*, Diskussionsbeitrag, in: VVDStRL 12 (1954), S. 85 (89).

kratisch-sozialistischen Wirtschaftsordnung), finden sich bei Abendroth Anhaltspunkte für eine materiale Aufladung des Gebots sozialer Staatlichkeit, die sich aus einem gruppenantagonistischen Verständnis der Gesellschaft heraus ergibt. Die, so Abendroth, durch das Sozialstaatsprinzip intendierte und vom Demokratieprinzip her gebotene Einhegung des permanenten Kampfes der sozialen Gruppen verlange „ein für alle tragbares Minimum an gemeinsamen Wertmaßstäben".

„Dies Minimum ist mindestens dadurch bestimmt, daß sozialstaatliche Eingriffe aufgrund der gemeinsamen Entscheidung der politischen und sozialen Kräfte im Staat zur Umgestaltung der Wirtschafts- und Sozialordnung dann als notwendig anerkannt werden müssen, wenn das menschenwürdige Dasein einer Gruppe bedroht ist."[140]

b) Spannungen im Abendrothschen Sozialstaatsverständnis

Zugleich aber versieht Abendroth sein materiales Verständnis des sozialen Rechtsstaates mit einem dieses Minimum überschießenden Gehalt, der die These von der unparteilichen Offenheit des Grundgesetzes für unterschiedliche Formen der Ausgestaltung der Wirtschafts- und Sozialordnung konterkariert. Denn für Abendroth ist das Zusammenspiel von Demokratieprinzip, Rechtsstaatsgebot und Sozialstaatlichkeit „darauf angelegt ..., den materiellen Rechtsstaatsgedanken der Demokratie auf die Wirtschafts- und Sozialordnung ... auszudehnen."[141] Entsprechend sieht Abendroth weitreichende Spielräume für Sozialisierungsmaßnahmen und die „Demokratisierung" der Wirtschaft, die nicht nur eine Frage politischer Beliebigkeit sein sollen. Denn dem „die Gesellschaft demokratisch repräsentierenden Staat" sei „die ständige Ausdehnung seiner gestaltenden Tätigkeit auf die Wirtschafts- und Sozialordnung zur Aufgabe gestellt."[142]

Genau genommen postuliert Abendroth mithin zwei Sozialstaatskonzeptionen, die sich wechselseitig ausschließen. Seine Darstellung changiert. Einerseits soll die Verfassung für eine demokratische Selbstbestimmung der Gesellschaft in Fragen der Wirtschafts- und Sozialordnung offen sein, andererseits legen die Grundsätze der sozialen und rechtsstaatlichen Demokratie für Abendroth weitreichende Interventionsmaßnahmen in die Wirtschaft nahe, um den

[140] *W. Abendroth*, Zum Begriff des demokratischen und sozialen Rechtsstaates im Grundgesetz der Bundesrepublik Deutschland (1954), in: E. Forsthoff (Hrsg.), Rechtsstaatlichkeit und Sozialstaatlichkeit, 1968, S. 114 (131).

[141] *W. Abendroth*, Zum Begriff des demokratischen und sozialen Rechtsstaates im Grundgesetz der Bundesrepublik Deutschland (1954), in: E. Forsthoff (Hrsg.), Rechtsstaatlichkeit und Sozialstaatlichkeit, 1968, S. 114 (128).

[142] *W. Abendroth*, Zum Begriff des demokratischen und sozialen Rechtsstaates im Grundgesetz der Bundesrepublik Deutschland (1954), in: E. Forsthoff (Hrsg.), Rechtsstaatlichkeit und Sozialstaatlichkeit, 1968, S. 114 (143); eine Fortführung findet dieses Ansatzes bei *H.-H. Hartwich*, Wirtschaftstheorie und die Theorie vom sozialen Rechtsstaat, in: Probleme der Demokratie heute – PVS Sonderheft, 1971, S. 274 ff.

Produktionsprozeß selbst einer gesellschaftlichen Kontrolle zu unterstellen. Das Rechtsstaat- und Demokratieverständnis wird einerseits „progressiv"-sozialstaatlich rejustiert und der bürgerliche Rechtsstaat verabschiedet. Andererseits sollen die Grundbestimmungen des Art. 20 Abs. 1 GG als Rechtsbegriffe aber auch nur für eine solche Neubestimmung permeabel sein – also *auch* die Möglichkeit bieten, sie bei entsprechendem politischen Mehrheitswillen im Sinne eines liberal-bürgerlichen Verfassungsverständnisses in Ansatz zu bringen. Kurz: bei Abendroth bleibt die Unterscheidung zwischen Ermöglichungsfunktion und Gebotsfunktion des Sozialstaatsprinzips unklar.

c) Gruppen- oder Individualbezug des Sozialstaatsprinzips

Unberücksichtigt bleibt bei Abendroth zudem, daß Freiheit nach dem Grundgesetz zuvörderst individuelle Freiheit ist, wie die Garantie der Menschenwürde und die starke Stellung individueller Grundrechte im System des Grundgesetzes zeigen. Der in das Abendrothsche Verfassungsdenken eingezeichnete starke Gruppen- und Klassenbezug ist deshalb verfassungsrechtlich problematisch. So kommt es eben für sozialstaatliche Handlungspflichten nicht auf die Existenzbedingungen von *Gruppen*, sondern von *Individuen* an. Menschenwürdige Lebensbedingungen sind verfassungsrechtlich gesehen keine Klassenfragen, wie Abendroth insinuiert, sondern ein Problem der Achtung und des Schutzes eines jeden einzelnen in der und durch die Gesellschaft. Dem Mangel an Achtung und Schutz mag gesellschaftlich eine bestimmte soziale Struktur zugrunde liegen, die man als soziale Gliederung in Klassen (im marxistischen Verständnis oder aber auch im Sinne Lorenz von Steins)[143] beschreiben kann. Doch das Sozialstaatsprinzip selbst kann eingedenk der starken Normative, die sich dem Individuum im Grundgesetz widmen, nicht als Ausdruck solcher sozialen Deutungen verstanden, sondern muß als jenseits dieser verortet begriffen werden. Wer den Sozialstaat vom Standpunkt eines kapitalismuskritischen, *materialistischen* Weltbildes aus zu erfassen sucht,[144] verpaßt die auf der *ideellen Ebene* angesiedelte normative Pointe, daß Art. 20 Abs. 1 GG die Einlösung der Freiheitsversprechen der durch das Grundgesetz verfaßten politischen und rechtlichen Gemeinschaft der Freien und Gleichen im Hinblick auf bestimmte reale Mindestbedingungen anmahnt. Doch dieser idealistische Gehalt kann Anhängern des (un)historischen Materialismus in der Tradition marxistischer Sozialstaatskritik[145] natürlich nur verdächtig vorkommen.

---

143 Zum Klassendenken insb. *O. G. Oexle/W. Conze/R. Walther*, Art. Stand, Klasse, in: O. Brunner/W. Conze/R. Koselleck (Hrsg.), Geschichtliche Grundbegriffe, Bd. 6, 1990, S. 155 ff.

144 So etwa *U. K. Preuß*, Legalität und Pluralismus, 1973, S. 91 ff.

145 Cf. nur *R. Geulen*, Kann man mit einer bürgerlichen Verfassung seine sozialistische Praxis legitimieren?, in: G. Stuby, Disziplinierung der Wissenschaft, 1970, S. 191 ff.; *W.*

d) Widerspruch zur Deutung der Beratungen des Parlamentarischen Rates

Durchgreifenden Zweifeln sieht sich aber auch die Deutung der Entscheidungen des Parlamentarischen Rates und die Bedeutung, die Abendroth dem Gesamtkomplex für das Verständnis des Sozialstaats des Grundgesetzes beimessen will, ausgesetzt. Der historische Befund ist weit weniger eindeutig, als Abendroth den Anschein erweckt. Zwar streicht er durchaus zu recht heraus, daß die sozial- und wirtschaftspolitischen Vorstellungen zwischen Konservativen, Liberalen und Sozialdemokraten bei der Gründung der Bundesrepublik in erheblichem Maße divergierten.[146] Doch läßt sich hieraus keineswegs schließen, daß das Grundgesetz für die Ausgestaltung der Wirtschaftsordnung keine grundrechtlichen und rechtsstaatlichen Bindungen kenne. Der Grundsatz des sozialen Staates sollte ersichtlich als Korrektiv zu den Grundsätzen des formellen Rechtsstaates wirken. Dem altliberalen Ideal des Nachtwächterstaates wurde durch die Sozialstaatsformel eine Absage erteilt und der Staat wurde so zu einer sozialen Gestaltung ausdrücklich verfassungsrechtlich ermächtigt. Doch gibt es keine hinreichenden expliziten Anhaltspunkte in der Entstehungsgeschichte dafür, daß die Mütter und Väter des Grundgesetzes die öffentliche Hand bei dieser Gestaltung von den Grundprinzipien der durch die Verfassung aufgestellten, freiheitlich konturierten Grundordnung suspendieren wollten und der Ausformulierung dessen, was Sozialstaatlichkeit heißt, keine anderen als kompetenzrechtliche Vorgaben gemacht werden sollten. Neben Liberalen und Christdemokraten sprachen sich auch die Sozialdemokraten gegen eine zentralistische Verstaatlichung der Wirtschaft aus.[147] Art. 20 Abs. 1 GG zeigt an, daß das Rechtsstaatsprinzip und die Grundrechte nach den Vorstellungen des Verfassunggebers einem sozial aktiven Staat nicht von vorneherein entgegenstehen sollten. Dies heißt jedoch nicht, daß sie für die Ausübung dieser Aktivitäten nicht von Relevanz sind – im Gegenteil: „Das Grundgesetz konstituiert mit der Formel vom sozialen Rechtsstaat einen freiheitlichen Sozialstaat".[148]

Über die Bedeutung des Sozialstaatsprinzips wurde im Parlamentarischen Rat nicht ausdrücklich beraten. Deshalb kann Abendroth keinen ausdrücklichen Beleg aus den Verhandlungen des Parlamentarischen Rates anführen, der

Müller/C. Neusüß, Die Sozialstaatsillusion und der Widerspruch von Lohnarbeit und Kapital, in: Sozialistische Politik 6/7 (1970), 4 ff.

[146] Cf. etwa *W. Soergel*, Konsens und Interesse. Eine Studie zur Entstehung des Grundgesetzes, 1969; *K. Niclauß*, Der Weg zum Grundgesetz, 1989, S. 27 ff. und 73 ff.; *V. Schockenhoff*, Wirtschaftsverfassung und Grundgesetz, 1986; zum Problem auch *R. Mußgnug*, Zustandekommen des Grundgesetzes und Entstehen der Bundesrepublik Deutschland, in: HStR, Bd. 1, 3. Aufl. 2003, S. 315 (336 f.).

[147] *K. Niclauß*, Der Weg zum Grundgesetz, 1989, S. 27 ff.

[148] *K. Hesse*, Der Rechtsstaat im Verfassungssystem des Grundgesetzes (1962), in: E. Forsthoff (Hrsg.), Rechtsstaatlichkeit und Sozialstaatlichkeit, 1968, S. 557 (569).

seinen Ansatz stützt; es fällt aber deshalb auch schwer, ihn mit historisch-genetischen Argumenten eindeutig zu widerlegen. Für unseren Zusammenhang ist immerhin erhellend, daß ein dezidiert antikommunistischer Konsens der die Bonner Republik tragenden Parteien während der Verfassungsberatungen zum Ausdruck kam, als sie einen Antrag der KPD zur Aufnahme von Bestimmungen zur sozialistischen Gestaltung der Wirtschafts- und Sozialordnung[149] dezidiert ohne Aussprache ablehnten.[150]

Der von Abendroth vorgenommene Rückschluß von den sozial- und wirtschaftspolitischen Vorstellungen der Sozialdemokraten auf den objektiven Gehalt des Art. 20 Abs. 1 GG ignoriert zudem die politischen Positionen der anderen Parteien und ist deshalb in dieser einseitigen Form nicht zulässig.[151] Ebenso läßt sich die nach Ansicht der Abendroth-Schule „verfehlte" Verhandlungsstrategie der Soziademokraten[152] nicht auf dem Wege der Verfassungsinterpretation „korrigieren". Die SPD wollte in Erwartung eines Wahlsieges bei den Wahlen zum ersten Deutschen Bundestag die nähere Ausgestaltung der Wirtschafts- und Sozialordnung dem Gesetzgeber überlassen und verzichtete, auch um den provisorischen Charakter des Grundgesetzes zu unterstreichen, auf einen mit der Weimarer Reichsverfassung vergleichbaren Katalog an Bestimmungen zum Wirtschaftsleben (Art. 151 ff. WRV).[153] Die CDU hingegen hatte sich zur Zeit des Parlamentarischen Rates wirtschaftspolitisch von ihren programmatischen Anfängen (Ahlener Programm vom 3. Februar 1947) abgewendet und begann, sich dezidiert marktwirtschaftlich auszurichten. Der Kompromiß zwischen beiden Ansätzen besteht nun aber nicht darin, den Gesetzgeber von klassischen verfassungsrechtlichen Bindungen bei der Gestaltung der Sozial- und Wirtschaftsordnung durch das Sozialstaatsprinzip zu lösen, wie Abendroth u.a.

---

[149] Eingabe der KPD-Fraktion zu den Grundrechten vom 12. Oktober 1948, Dr. 759, dokumentiert in: Deutscher Bundestag/Bundesarchiv (Hrsg.), Der Parlamentarische Rat 1948–1949, Bd. 5/I, 1993, S. 253 ff.

[150] *Deutscher Bundestag/Bundesarchiv* (Hrsg.), Der Parlamentarische Rat 1948–1949, Bd. 9, 1996, S. 459 ff. (Neunte Sitzung des Plenums, 6. Mai 1949); cf. *W. Weber*, Die verfassungsrechtlichen Grenzen sozialstaatlicher Forderungen, in: Der Staat 4 (1965), 409 (414 f.); *H. Noack*, Sozialstaatsklauseln und juristische Methode, 1975, S. 34; *H.-H. Hartwich*, Sozialstaatspostulat und gesellschaftlicher status quo, 1970, S. 47 f. Abendroth hingegen verschweigt diesen Umstand geflissentlich.

[151] Cf. auch *K.-A. Gerstenmaier*, Die Sozialstaatsklausel des Grundgesetzes als Prüfungsmaßstab im Normenkontrollverfahren, 1975, S. 24.

[152] *H.-H. Hartwich*, Sozialstaatspostulat und gesellschaftlicher status quo, 1970, S. 18 f. und öfter; hierzu schon *H. Renner* (KPD), in: Deutscher Bundestag/Bundesarchiv (Hrsg.), Der Parlamentarische Rat 1948–1949, Bd. 9, 1996, S. 459 ff.

[153] *H.-H. Hartwich*, Sozialstaatspostulat und gesellschaftlicher status quo, 1970, S. 18, 23, 45, 50 f.; *R. Mußgnug*, Zustandekommen des Grundgesetzes und Entstehen der Bundesrepublik Deutschland, in: HStR, Bd. 1, 3. Aufl. 2003, S. 315 (336 f.); *K. Niclauß*, Der Weg zum Grundgesetz, 1989, S. 249 ff., 342 ff.; cf. a. *V. Schockenhoff*, Wirtschaftsverfassung und Grundgesetz, 1986, S. 149 ff. mit einer besonderen Betonung der Provisoriumsstrategie der SPD; relativierend hierzu *K. Niclauß*, a.a.O, S. 265 ff.

meinen, sondern im wirtschaftsverfassungsrechtlichen Regime der Art. 14 Abs. 1 und 2 GG, Art. 14 Abs. 3 GG und Art. 15 GG, Art. 12 Abs. 1 und 2 GG, Art. 9 Abs. 1 und 3 GG, Art. 2 Abs. 1 GG sowie schließlich im Verzicht auf weitere Bestimmungen zur Wirtschafts- und Sozialordnung. Für den in diesen Normen Gestalt findenden Kompromiß mußten die Sozialdemokraten ebenso wie die bürgerlichen Parteien Abstriche von ihren Vorstellungen machen.[154] Diese Normen markieren Möglichkeit und Grenzen einer umfassenden Neuordnung der Wirtschaftsordnung. Das Bundesverfassungsgericht hat ungeachtet der von ihm vertretenen These von der wirtschaftspolitischen Neutralität des Grundgesetzes[155] deshalb stets herausgestrichen, daß das Sozialstaatsprinzip nicht zu einer beliebigen Sozialgestaltung ermächtige und auch nicht von einer Bindung an die Grundrechte enthebe.[156] Mit Art. 14 Abs. 2 und 3 GG sowie Art. 15 GG haben die Fragen der Sozialverpflichtung des Eigentums, der Enteignungs- und der Sozialisierungsmöglichkeiten eine abschließende Antwort gefunden, so daß für einen Rückgriff auf das Sozialstaatsprinzip insoweit kein Raum bleibt. Art. 20 GG hat keinen die Eigentumsverhältnisse in der Wirtschaft betreffenden Regelungsgehalt, der über das Eigentumsregime des Grundgesetzes hinausgeht; er kann deshalb auch nicht als eigenständiger Legitimationstitel für eine radikaldemokratische oder sozialistische Umgestaltung der Wirtschaftsordnung herangezogen werden.[157]

e) *Zwischenresümee*

Abendroth hypostasiert das pragmatische Sozialstaatsverständnis, wenn er den Sinn der Formel vom sozialen Staat darin sieht, die Möglichkeit einer weitreichenden sozialistischen Umgestaltung der Wirtschafts- und Sozialordnung ohne Erfordernis einer Verfassungsänderung offenzuhalten. Denn als so verstandene Ermöglichungsnorm kommt der Sozialklausel selbst keine inhaltliche Direktivkraft zu. Ihr Sinn läge lediglich in der potentiellen Eliminierung rechtsstaatlicher und grundrechtlicher Bindungen; sie bildete eine innerkonstitutionelle Reserveverfassung für den Fall des politischen Sieges eines „demokratischen Sozialismus".

Gegen dieses Sozialstaatsverständnis lassen sich, übrigens ohne Rücksicht auf den Zeitlauf und das ihm eigene delegitimierende Potential für das Abendrothsche Grundanliegen, beachtliche Einwände formulieren: So können im Lichte der „Einheit der Verfassung" die Freiheitsrechte bei der Ausgestaltung

---

[154] *R. Mußgnug*, Zustandekommen des Grundgesetzes und Entstehen der Bundesrepublik Deutschland, in: HStR, Bd. 1, 3. Aufl. 2003, S. 315 (336 f.); *J. Wieland*, in: H. Dreier (Hrsg.), GG, Bd. 2, 2. Aufl. 2004, Art. 14 Rdnr. 11 ff.

[155] BVerfGE 4, 7 (17); 50, 290 (366 ff.).

[156] BVerfGE 12, 354 (367); 59, 231 (262 f.).

[157] Dies verkennt etwa *M. Kutscha*, Vom zeitgemäßen Sozialstaatsverständnis, in: KJ 1982, 383 ff.; wie hier *J. Neuner*, Privatrecht und Sozialstaat, 1999, S. 144 f.

der Wirtschafts- und Sozialordnung nicht einfach unbeachtet bleiben – wie immer man sich zur Frage der wirtschaftspolitischen Neutralität des Grundgesetzes auch stellen mag.[158] Auch die Auslegung des Art. 15 GG hat in diesem Lichte zu erfolgen. Hieraus ergibt sich eine freiheitsrechtliche Einhegung durchgreifender Sozialisierungsmaßnahmen,[159] die die Beweislast für deren individuelle Freiheitsverträglichkeit eindeutig verteilt.

Die seit 1949 gemachten Erfahrungen im zweigeteilten Deutschland verstärken diese Tendenz. Mag in Fragen der Wirtschafts- und Sozialordnung in der Spannung von Art. 12 Abs. 1, Art. 14 Abs. 1 sowie 14 Abs. 2 und Art. 15 GG das Grundgesetz auch zunächst auf eine *relative* Offenheit hin angelegt gewesen sein, so hat sich diese gleichsam „nachverdichtet" zu einer Art Regel-Ausnahme-Verhältnis zugunsten marktwirtschaftlicher Wirtschaftsformen (innerhalb eines staatlichen Ordnungsrahmens). Will der Gesetzgeber von dieser Regel abweichen, wird er gute Gründe dafür darlegen müssen, warum er die freiheitsverträglichere Lösung des Marktes im konkreten Fall ablehnt. Mit der Formel vom sozialen Staat in Art. 20 Abs. 1 GG jedoch, und darauf kommt es an dieser Stelle an, stehen diese Fragen in keiner direkten Verbindung. Relevant sind vielmehr die spezielleren Normen im Grundrechtskatalog.

Die von Abendroth verfochtene Abwesenheit jeglicher freiheitsrechtlicher Kontrolle bei der staatlichen Ausgestaltung der Wirtschafts- und Sozialordnung führt also zu einem verzerrten Verfassungsverständnis. Auch wäre nach der Relevanz der ausgesprochen vagen Vorstellungen des Verfassunggebers für eine heutige Interpretation der Klausel vom sozialen Staat zu fragen; angesichts der diffusen verfassungsgenetischen Ausgangslage sind Abendroths Thesen allzu eindeutig. Ihnen fehlt die methodische Rückbindung;[160] der historischen Ausgangslage werden sie nur eingeschränkt gerecht. Verfassungssystematisch potenziert Abendroth somit nur die Probleme des pragmatischen Sozialstaatsverständnisses. Normative Konturierung ist auf diesem Wege nicht zu gewinnen.

---

[158] Cf. im Überblick etwa *P. Badura*, Grundrechte und Wirtschaftsordnung, in: D. Merten/H.-J. Papier (Hrsg.), Handbuch der Grundrechte, Bd. 2, 2006, S. 221 ff. mit weit. Nachw.

[159] Mit den Worten Ulrich K. Preuß': „Diese rechtsstaatliche Bändigung von Sozialisierungsmöglichkeiten unterscheidet den Sozialstaat prinzipiell von einer sozialistisch-volksdemokratischen Verfassung", *U. K. Preuß*, Zum staatsrechtlichen Begriff des Öffentlichen, 1969, S. 147.

[160] Abendroth postuliert ausdrücklich die Gleichstellung der ratio legislatoris mit der ratio legis; *W. Abendroth*, Das Grundgesetz, 7. Aufl. 1978, S. 15; für eine solche Gleichstellung mag es gute Gründe geben (cf. Nachw. o. Fußn. 29) – doch hilft sie nicht weiter, wenn die ratio legislatoris im Dunkeln liegt.

V. Das rechte Maß der Codierung: die Verfassung ernstgenommen

1. Die geeignete Alternative: Der Sozialstaat des Grundgesetzes im Gefüge der Gesamtverfassung

Vor dem Hintergrund der Zacherschen Rekonstruktion des Sozialen zeigt sich, daß Forsthoffs Skepsis gegenüber Versuchen, auf der Basis einer allgemeinen Theorie des Sozialen gehaltvolle Erkenntnisse über Art. 20 Abs. 1 GG zu gewinnen, allzu berechtigt ist. Allerdings ist man deshalb nicht gleich gezwungen, auch die von Forsthoff gezogenen Konsequenzen zu übernehmen und den Sozialstaat aus der Welt des Verfassungsrechts zu verbannen. Die Negation des mit dem Verfassungssatz vom sozialen Staat verbundenen Anspruchs auf Normativität kann nur als ultima ratio in Betracht kommen, wenn alle Versuche, über den Sozialstaat sinnvolle verfassungsrechtliche Aussagen zu machen, doch scheitern.[161]

Als Antidot zum Zugleich von Über- und Untercodierung des „Sozialen" bietet sich insbesondere an, den normativen Kern des Sozialstaates aus dem Gesamtkontext des Grundgesetzes heraus zu bestimmen. Wer die Formel vom „sozialen" Staat als verfassungsrechtliche Kategorie fruchtbar machen will, darf weder abstrakt das Wesen und die Geschichte des Sozialen befragen noch auf eine isolierte Betrachtung des Art. 20 Abs. 1 GG verfallen, sondern muß die heuristische Idee der Verfassung als Einheit[162] ernstnehmen. Aus dem Zusammenspiel von Grundrechten und staatsorganisationsrechtlichen Bestimmungen lassen sich, so die These, der im Folgenden näher nachgegangen werden soll, durchaus gehaltvolle Aussagen über den Sozialstaat des Grundgesetzes heraustreiben – einerseits insoweit, als Aussagen über die Staatlichkeit des Grundgesetzes immer auch seine Sozialstaatlichkeit betreffen, andererseits aber auch mit direktem Zug zur verfassungsrechtlichen Vorgabe des sozialen Staates. Zwei Topoi bieten sich dabei besonders an: das Thema Grundrechte, Grundrechtsbefähigung und grundrechtliche Grenzen des Sozialstaates, also die Verbindung von *Freiheit und Sozialstaat*[163] (das im Schrifttum in immer neuen Kaskaden gezeichnete Verhältnis von Rechtsstaatlichkeit und Sozialstaatlichkeit erweist sich in dieser Perspektive als Unterthema hierzu),[164] sowie die Prävalenz des

---

[161] *O. Bachof*, Begriff und Wesen des sozialen Rechtsstaates (1954), in: E. Forsthoff (Hrsg.), Rechtsstaatlichkeit und Sozialstaatlichkeit, 1968, S. 201 (204): „nicht ohne zwingenden Grund".

[162] Hierzu etwa *H. Ehmke*, Prinzipien der Verfassungsinterpretation, in: VVDStRL 20 (1963), S. 53 ff.

[163] Cf. a. *R. Pitschas*, Soziale Sicherungssysteme im „europäisierten" Sozialstaat, in: Festschrift 50 Jahre Bundesverfassungsgericht, Bd. 2, 2001, S. 827 (828 ff., 832 ff. und öfter).

[164] So auch *T. Kingreen*, Das Sozialstaatsprinzip im europäischen Verfassungsverbund,

Gesetzgebers bei der Ausgestaltung des Sozialstaates und die damit verbundenen verfassungsrechtlichen Anforderungen an die demokratische Legitimation im Sozialstaat, also die Verbindung von *Demokratie und Sozialstaat*.[165] Das Problem der synchronen Über- und Untercodierung des Sozialstaatsgrundsatzes läßt sich auf diesem Wege wohl nicht völlig beheben, aber doch bis zu einem gewissen Maß – vielleicht sogar dem Normalmaß des Verfassungsrechts[166] – einhegen.

Mehrere Gründe sprechen für die Möglichkeit, daß sich mit diesem Ansatz die Sonderstellung des Sozialstaates im Gefüge des Grundgesetzes ermäßigen läßt:

1.) Die Ideengeschichte des sozialen Staates ist zwar ausgesprochen vielfältig, die Leitvorstellungen des Sozialstaates sind aber weder ausschließliches Produkt politischer Willkür noch sind sie als monadische normative Theorien des Sozialen entwickelt, sondern sie stehen immer im Wechselbezug zu sonstigen normativen Grundfiguren moderner Gesellschaften, die im Grundgesetz markanten Niederschlag gefunden haben: Freiheit und Gleichheit, Selbstbestimmung und Mitbestimmung, die Stellung des einzelnen in der staatlich organisierten Gemeinschaft, etc. Nimmt man diesen Faden auf, läßt sich möglicherweise eine *Verfassungstheorie des Sozialstaates* stricken, die zumindest auf der Ebene des Grundsätzlichen ebenso kleidsam wie wetterfest ist.

2.) Die anderen Fundamentalprinzipien des Grundgesetzes wie Demokratie, Rechtsstaat oder Gewaltengliederung haben zwar eine Konkretisierung in Einzelnormen des Grundgesetzes gefunden, sind zugleich aber doch nicht als Summe dieser konkretisierenden Bestimmungen zu verstehen, sondern mit einem überschießenden, eigenständigen Gehalt versehen.[167] Die Schwierigkeit, diesen Überschuß zu eruieren, unterscheidet sich nicht kategorial von dem Problem, das die Über-/Unterbestimmung des Verfassungssatzes vom sozialen Staat aufwirft.[168] Wenn aber anerkannt ist, daß die anderen Fundamentalnormen des Grundgesetzes einen eigenständigen Gehalt aufweisen, der jeweilig

2003, S. 121 ff. Inzwischen scheint die auf die Beziehung von Rechts- und Sozialstaat konzentrierte Auseinandersetzung zur Gänze ausgereizt, ohne das Problem befriedigend gelöst zu haben.

[165] Cf. a. *K.-P. Sommermann*, in: v. Mangoldt/Klein/Starck, GG, Bd. 2, 5. Aufl. 2005, Art. 20 Rdnr. 115 ff.; *R. Pitschas*, Soziale Sicherungssysteme im „europäisierten" Sozialstaat, in: Festschrift 50 Jahre Bundesverfassungsgericht, Bd. 2, 2001, S. 827 (833 ff.).

[166] Zu diesem *M. Morlok*, Was heißt und zu welchem Ende studiert man Verfassungstheorie, 1988, S. 84 ff.

[167] Zu dieser Debatte näher *E. Schmidt-Aßmann*, Der Rechtsstaat, in: HStR, Bd. 2, 3. Aufl. 2005, S. 541 (545); *R. Breuer*, Konkretisierungen des Rechtsstaats- und des Demokratieprinzips, in: Festschrift 50 Jahre Bundesverwaltungsgericht, 2003, S. 223 (226); *C. Möllers*, Gewaltengliederung, 2005, S. 2 f.; *M. Jestaedt*, Demokratieprinzip und Kondominialverwaltung, 1993, S. 149 f. jeweils mit weit. Nachw.

[168] *E. R. Huber*, Der Streit um das Wirtschaftsverfassungsrecht, in: DÖV 1956, 200 (200 f.).

der Konkretisierung und Entfaltung zugänglich ist, hat nämliches für den sozialen Staatsgrundsatz zu gelten.

3.) Die Differenzen zwischen dem Sozialstaatsgrundsatz und den anderen Verfassungselementen sind anzuerkennen, dürfen aber auch nicht überzeichnet werden. Dies gilt sowohl für die Ebene der Staatszielbestimmungen oder Strukturprinzipien als auch für die Wirkungen des sozialen Staates auf der Ebene der subjektiven Bürger- und Menschenrechte. So kann man Demokratie, Rechtsstaatlichkeit und Sozialstaatlichkeit nicht nur in schlichter Kontraststellung einander zuordnen, sondern auch als komplexes Geflecht von Wechselbeziehungen, Überlagerungen, Verweisungen, Konkurrenzen und Verdrängungen begreifen.[169] Ebenso versteht es sich im Grunde von selbst, daß sich in der Semantik wie Grammatik des Verfassungsrechts ein Grundrechtsverständnis, welches auf die rechtliche Abwehr staatlicher Eingriffe in eine quasinaturrechtlich definierte individuelle Freiheitssphäre zielt,[170] von positiven subjektiven Rechten auf ein bestimmtes staatliches Tätigwerden unterscheidet.[171] Die moderne Grundrechtstheorie und -dogmatik ruht auf der liberalen Philosophie einer Dichotomie von Staat und Gesellschaft, die wiederum den Weg weist für eine Differenzierung zwischen grundrechtlicher Eingriffsabwehr einerseits und sozialstaatlichen Leistungsrechten sowie objektiv-rechtlichen Verpflichtungen andererseits.[172] Zugleich hat sich aber um das „klassisch-liberale“ Grundrechtsverständnis[173] ein Kranz ergänzender Grundrechtstheorien gelegt, die weitere, zum Teil auch gegenläufige Grundrechtsdimensionen kennen (Grundrechtsschutz durch Organisation und Verfahren, Schutzpflichten, objektive Grundentscheidungen und ggf. sogar Leistungs- und Teilhaberechte). Diese grundrechtsdogmatischen In-

---

[169] Cf. grundlegend etwa *O. Bachof*, Begriff und Wesen des sozialen Rechtsstaates (1954), in: E. Forsthoff (Hrsg.), Rechtsstaatlichkeit und Sozialstaatlichkeit, 1968, S. 201 ff.; *U. Scheuner*, Die neuere Entwicklung des Rechtsstaats in Deutschland (1960), ebenda, S. 461 ff.; *K. Hesse*, Der Rechtsstaat im Verfassungssystem des Grundgesetzes (1962), ebenda, S. 557 ff.; ferner etwa *E.-W. Böckenförde*, Grundrechtstheorie und Grundrechtsinterpretation (1974), in: ders., Staat, Verfassung, Demokratie, 1991, S. 115 (144); *ders.*, Entstehung und Wandel des Rechtsstaatsbegriffs (1969), in: ders., Recht, Staat, Freiheit, 1991, S. 143 (161 ff.).

[170] So die Schmitt-Forsthoffsche Linie; der konstruktivistische Charakter der als Abwehrrechte verstandenen Grundrechte ist neueren Vertretern eines solchen Paradigmas selbstredend bewußt; cf. *R. Poscher*, Grundrechte als Abwehrrechte, 2003, S. 107 ff. und öfter.

[171] *E.-W. Böckenförde*, Die sozialen Grundrechte im Verfassungsgefüge (1981), in: ders., Staat, Verfassung, Demokratie, 1991, S. 146 ff.

[172] *R. Poscher*, Grundrechte als Abwehrrechte, 2003, S. 144 ff. und öfter mit weit. Nachw.

[173] Dessen Klassizität freilich eine ex post zugeschriebene ist; cf. *D. Grimm*, Rückkehr zum liberalen Grundrechtsverständnis? (1988), in: ders., Die Zukunft der Verfassung, 2. Aufl. 2004, S. 221 (224 ff.); *ders.*, Die Grundrechte im Entstehungszusammenhang der bürgerlichen Gesellschaft (1988), ebenda, S. 67 ff.; *ders.*, Grundrechte und Privatrecht in der bürgerlichen Sozialordnung (1981), in: ders., Recht und Staat in der bürgerlichen Gesellschaft, 1987, S. 192 ff.; *ders.*, Die Entwicklung der Grundrechtstheorie in der deutschen Staatsrechtlehre des 19. Jahrhunderts (1987), ebenda, S. 308 ff.; ferner *R. Poscher*, Grundrechte als Abwehrrechte, 2003, S. 15 ff.

novationen sind sozialstaatsrelevant und z.T. auch explizit sozialstaatsinduziert. Folgt man der in der Literatur weit verbreiteten und durch die Rechtsprechung des Bundesverfassungsgerichts früh vollzogenen Abkehr von einem rein abwehrrechtlichen Grundrechtsverständnis, löst sich auf der Ebene der Grundrechte die Dichotomie zwischen einer liberal-freiheitlichen Verfassungsebene und dem Sozialstaatsprinzip zugunsten komplexerer Zuordnungsverhältnisse auf (cf. infra F.II.2.).

4.) Im Zusammenhang mit der Entdramatisierung der Unterschiede zwischen der Sozialformel und anderen Normen des Grundgesetzes ist zudem darauf zu verweisen, daß jeweils der Normtext kaum hinreicht, verfassungsrechtliche Detailfragen zu beantworten. Es stellt deshalb keinen besonderen normativen Makel dar, wenn Art. 20 Abs. 1 GG nicht ohne weiteres zu entnehmen ist, ob z.B. die gesetzliche Rentenversicherung umlagefinanziert werden soll oder auf der Grundlage einer Kapitaldeckung zu betreiben ist, wie hoch Zuzahlungen in der gesetzlichen Krankenversicherung sein dürfen, welche arbeitsmarktpolitischen Maßnahmen zu ergreifen sind usw. Auch auf Detailfragen der Parteienfinanzierung, des Immissionsschutzrechtes oder der Legitimation funktionaler Selbstverwaltung sind verfassungsrechtliche Antworten erst auf der Grundlage eines komplexen und in den Details ausgesprochen umstrittenen Prozesses der verfassungsrechtlichen Anreicherung des Normtextes verfügbar.

5.) Der Gesetzgeber hat bei der Ausgestaltung des Sozialstaates einen weiten Gestaltungsspielraum. Doch auch in anderen Konstellationen haben sich verfassungsrechtliche Einschätzungsprärogativen und Beurteilungsspielräume etabliert, etwa beim Schutz vor technologischen Risiken. Ein allgemein anerkannter legislativer Gestaltungsspielraum spiegelt sich auch in der dogmatischen Grundfigur des Zusammenspiels von Geltungsvorrang des Verfassungsrechts und Anwendungsvorrang des einfachen Gesetzes wider, mithin der Kompetenz des demokratisch unmittelbar legitimierten Gesetzgebers zur Konkretisierung der Verfassung in von der Verfassung vorgegebenen Bandbreiten.[174]

Es erscheint deshalb keineswegs aussichtslos, einen normativen Gehalt des Sozialstaates des Grundgesetzes aus dem Kontext der Gesamtverfassung zu rekonstruieren. Forsthoff hat sich diesen Zugang durch sein Rechtsstaatsverständnis versperrt. Zacher geht diesen Weg wegen seiner perspektivischen No-

---

[174] Hierzu etwa *R. Wahl*, Der Vorrang der Verfassung und die Selbständigkeit des Gesetzesrechts (1984), in: ders., Verfassungsstaat, Europäisierung, Internationalisierung, 2003, S. 161 ff.; *R. Alexy*, Verfassungsrecht und einfaches Recht. Verfassungsgerichtsbarkeit und Fachgerichtsbarkeit, in: VVDStRL 61 (2002), S. 7 ff., *P. Kunig*, Verfassungsrecht und einfaches Recht. Verfassungsgerichtsbarkeit und Fachgerichtsbarkeit, ebenda, S. 34 ff.; *W. Heun*, Verfassungsrecht und einfaches Recht. Verfassungsgerichtsbarkeit und Fachgerichtsbarkeit, ebenda, S. 80 ff.; *G. Hermes*, Verfassungsrecht und einfaches Recht. Verfassungsgerichtsbarkeit und Fachgerichtsbarkeit, ebenda, S. 119 ff.; zu den Folgerungen für das Sozialstaatsprinzip *E. Schmidt-Aßmann*, Die Bedeutung des Sozialstaatsprinzips für das Verwaltungsrecht, in: Festschrift für R. Mußgnug, 2005, S. 33 (34 ff.).

bilitierung der Sozialpolitik gegenüber dem normativen Eigensinn der Verfassung nicht. Gleichwohl ist das hier vorgeschlagene Vorgehen nicht originell;[175] es folgt Einsichten, die sich alsbald nach dem Inkrafttreten des Grundgesetzes in der Verfassungsrechtslehre etablierten.[176] Doch ist der Ansatz selten konsequent durchkomponiert worden. Dies zu leisten, ist das Anliegen dieses Buches. In den Blick geraten so zentrale Fragen des Sozialstaates: Ist Umverteilung tatsächlich ein grundgesetzlich anerkannter Selbstzweck des Sozialstaates?[177] Vor dem Hintergrund eines Leitbilds der Grundrechtsbefähigung darf dies bezweifelt werden. Ist Wachstumsvorsorge ein sozialstaatlich definiertes Ziel[178] oder sind Prosperitätsgewinne nicht eher dem allgemeinen Wohl der Gesellschaft zuzuordnen, von dem sich das Sozialstaatsprinzip des Grundgesetzes absetzen muß, um hinreichend spezifisch sein zu können?[179] Ist der Grundsatz der Entschädigung dem Sozialstaatsprinzip zuzuordnen[180] – oder ist dieser nicht vorrangig im Rechtsstaatsgrundsatz zu verorten?

2. *Einhegung sozialstaatlicher Herrschaftsfunktion*

Zugleich verspricht das angesonnene Vorgehen, einer Gefahr begegnen zu können, die Forsthoff plastisch beschreibt, der er aber wegen der von ihm propagierten Inkompatibilitätsthese nicht wirkungsvoll begegnen kann: der Gefahr einer „Konversion der Sozialfunktionen in Herrschaftsfunktionen."[181] Wenn der einzelne in elementarer Weise vom leistenden und planenden Staat abhängig

[175] In diesem Sinne bereits *E. Benda*, Industrielle Herrschaft und sozialer Staat, 1966, S. 62; aus neuerer Zeit etwa *D. Merten*, Verfassungsrechtliche Grundlagen, in: B. Schulin (Hrsg.), Handbuch des Sozialversicherungsrechts, Bd. 1 – Krankenversicherungsrecht, 1994, S. 145 (152); *K.-P. Sommermann*, in: v. Mangoldt/Klein/Starck, GG, Bd. 2, 5. Aufl. 2005, Art. 20 Rdnr. 107 ff.

[176] Cf.. *O. Bachof*, Begriff und Wesen des sozialen Rechtsstaates (1954), in: E. Forsthoff (Hrsg.), Rechtsstaatlichkeit und Sozialstaatlichkeit, 1968, S. 201 (207 und öfter); *U. Scheuner*, Die neuere Entwicklung des Rechtsstaats in Deutschland (1960), ebenda, S. 461 (463 ff.); *K. Hesse*, Der Rechtsstaat im Verfassungssystem des Grundgesetzes (1962), ebenda, S. 557 (578 ff.).

[177] *H.-J. Papier*, Der Einfluß des Verfassungsrechts auf das Sozialrecht, in: B. v. Maydell/F. Ruland (Hrsg.), Sozialrechtshandbuch, 3. Aufl. 2003, S. 81 (84).

[178] So *R. Herzog*, in: Maunz/Dürig, GG, Art. 20 (VIII.) Rdnr. 14 (18. Lfg. 1980); *H.-J. Papier*, Der Einfluß des Verfassungsrechts auf das Sozialrecht, in: B. v. Maydell/F. Ruland (Hrsg.), Sozialrechtshandbuch, 3. Aufl. 2003, S. 81 (84), *H. F. Zacher*, Das soziale Staatsziel, in: HStR, Bd. 2, 3. Aufl. 2004, S. 659 (669); *K. Stern*, Das Staatsrecht der Bundesrepublik Deutschland, Bd. 1, 2. Aufl. 1984, S. 902 f.

[179] Zur Unterscheidung von Gemeinwohl und Sozialstaat cf. *M. Anderheiden*, Gemeinwohl in Republik und Union, 2006, S. 218 ff.; s.a. infra H.I.1.d.

[180] *H. F. Zacher*, Das soziale Staatsziel, in: HStR, Bd. 2, 3. Aufl. 2004, S. 659 (692).

[181] *E. Forsthoff*, Verfassungsprobleme des Sozialstaats (1954), in: ders. (Hrsg.), Rechtsstaatlichkeit und Sozialstaatlichkeit, 1968, S. 145 (152).

ist, liegt es machttechnisch nahe, diese Abhängigkeit als Mittel zur Herrschaft einzusetzen, und zwar nicht nur im Sinne einer allgemeinen Nutzung des Sozialstaates als Instrument der Sozialdisziplinierung,[182] sondern auch handfest über die Nutzung der Inklusions- und Exklusionspotentiale als Mittel zu konkretem Machtzuwachs und Machterhalt.

Immer wieder haben Sozialstaatskritiker auf der Grundlage ganz unterschiedlicher normativer Grundannahmen vor genau diesem Szenario gewarnt. Forsthoff teilt die Bedenken, sieht aber nur theoretische Möglichkeiten, dieser Gefahr entgegenzutreten, wenn er in selbstkritischer Absetzung zu früheren staatstheoretischen Betrachtungen[183] feststellt, daß der Staat, der sich der sozialen Bedürftigkeit seiner Untertanen zur Steigerung seines Herrschaftspotentials bedient, zum *totalen Staat* wird und gerade aufhört, ein Sozialstaat zu sein. Denn die Sozialfunktion müsse dienenden Charakter haben; Sozialfunktion und Macht hätten einander auszuschließen.[184] Dieser Aussage mag man sich gerne anschließen, fragt sich aber, woher Forsthoff die Maßstäbe nimmt, um solche Sollenssätze aufzustellen. Verfassungsrechtliche Vorkehrungen zur Hemmung der Instrumentalisierung vermag er auf der Grundlage seines Rechtsstaatsverständnisses nicht zu erkennen.[185] Gerade hierin zeigt sich aber, daß die Inkompatibilitätsthese zu einer verfassungsrechtlichen Sprachlosigkeit gegenüber Problemlagen des Sozialstaates nötigt, zu denen sich auf der Grundlage eines holistischen Verfassungsverständnisses durchaus prägnante Antworten finden lassen.

3. Freiheit und Demokratie als fundierende und limitierende Momente des grundgesetzlichen Sozialstaates

Betrachtet man den Sozialstaat des Grundgesetzes im Kontext der Verfassung, kommt insbesondere seine Einbindung in den normativen Kern des Verfassungsstaates in den Blick: die *Spannung von individueller Selbstbestimmung*

[182] Hierzu etwa *U. Rödel u.a.*, Sozialpolitik als soziale Kontrolle, 1978; *C. Sachße/F. Tennstedt* (Hrsg.), Soziale Sicherheit und soziale Disziplinierung, 1986; s. a. infra C.VI.6.b.

[183] *E. Forsthoff*, Der totale Staat, 1. Aufl. 1933; *ders.*, Der totale Staat, 2. Aufl. 1934; zu dieser Schrift näher *H. H. Klein*, „Der totale Staat", in: W. Blümel (Hrsg.), Ernst Forsthoff, 2003, S. 21 ff.

[184] *E. Forsthoff*, Verfassungsprobleme des Sozialstaats (1954), in: ders. (Hrsg.), Rechtsstaatlichkeit und Sozialstaatlichkeit, 1968, S. 145 (150 f.).

[185] *E. Forsthoff*, Verfassungsprobleme des Sozialstaats (1954), in: ders. (Hrsg.), Rechtsstaatlichkeit und Sozialstaatlichkeit, 1968, S. 145 (150): „Die rechtsstaatliche Verfassung, die nur den gebietenden, verbietenden und erlaubenden Staat kennt, hält keine wirksamen Schutznormen bereit, auf die sich der Einzelne gegenüber dem verteilenden und leistenden Staat berufen könnte." Ähnlich später *W. Weber*, Die verfassungsrechtlichen Grenzen sozialstaatlicher Forderungen, in: Der Staat 4 (1965), 409 (436).

und demokratischer Selbstregierung.[186] Beide Elemente bilden im Zusammenspiel das doppelte Bezugsproblem der Verfassungsstaatlichkeit:[187] die Sicherung persönlicher Freiheit gegenüber dem Staat, aber auch die Ermöglichung individueller Entfaltung durch das staatliche Recht sowie die Sicherstellung demokratischer Beeinflußbarkeit des Staates durch die Staatsbürger auf der Grundlage formaler Gleichheit in der politischen Teilhabe. Staatliche Herrschaft ist im freiheitlichen Verfassungsstaat nur in dieser Doppelperspektive zu rechtfertigen. Im Sinne eines materiellen Verfassungsverständnisses sind Freiheit und Demokratie deshalb stets zusammenzudenken.

> „Ist die individuelle Freiheit Konstitutionsprinzip des Staates, dann kann staatliche Willensbildung nur aus dem freien Willen des einzelnen hervorgehen. Damit ist der demokratische Gedanke angelegt."[188]

Zwischen individueller Selbstbestimmung und demokratischer Selbstregierung besteht deshalb auch kein hierarchisches Verhältnis; beide haben im modernen Verfassungsstaat als gleichrangig zu gelten.[189] Das Verhältnis der Spannung, Ergänzung und wechselseitigen Voraussetzung zwischen beiden Elementen läßt sich deshalb nicht einseitig nach dem Leitspruch „in dubio pro libertate et contra participatione" auflösen. Zugleich aber stellt der freiheitliche Verfassungsstaat eine Absage an rousseauistisch inspirierte Figuren totaler Demokratie[190] dar.

Dieses Doppelfundament der Verfassung aus Freiheit und Demokratie wirkt sich auch auf den Sozialstaat des Grundgesetzes aus. Dieser steht einerseits zwi-

---

[186] Zum Ergänzungs- und Spannungsverhältnis von individuellem Freiheitsprinzip und Volkssouveränität aus neuerer Zeit in rechtsphilosophischer Sicht etwa *J. Habermas*, Faktizität und Geltung, 1992, S. 124 ff. und öfter; *ders.*, Über den internen Zusammenhang von Rechtsstaat und Demokratie, in: ders., Die Einbeziehung des Anderen, 1999, S. 277 ff.; *ders.*, Der demokratische Rechtsstaat, in: ders., Zeit der Übergänge, 2001, S. 133 ff.; verfassungstheoretisch auf dieser Linie *O. Gerstenberg*, Bürgerrechte und deliberative Demokratie, 1997; zu verfassungsdogmatischen Konsequenzen *C. Möllers*, Gewaltengliederung, 2005, S. 398 ff. mit umfassender theoretischer Grundlegung S. 27 ff.; in anderer Tonlage *E. Grabitz*, Freiheit und Verfassungsrecht, 1976, S. 137 ff.; cf. ferner *J. Isensee*, Grundrechte und Demokratie, 1981, S. 9 ff.; *C. Starck*, Grundrechtliche und demokratische Freiheitsidee, in: HStR, Bd. 3, 3. Aufl. 2005, S. 3 (4 f.); *G. F. Schuppert*, Grundrechte und Demokratie, in: EuGRZ 1985, 525 ff.; *H. Dreier*, Grenzen demokratischer Freiheit im Verfassungsstaat, in: JZ 1994, 741 (741 f.).

[187] *M. Morlok*, Art. Verfassung, in: Ev. Staatslexikon, Neuausgabe, 2006, Sp. 2556 (2556).

[188] *G. Haverkate*, Verfassungslehre, 1992, S. 7.

[189] *C. Möllers*, Gewaltengliederung, 2005, S. 29 ff., 56 ff.; insb. S. 30: „Trotz dieser menschenrechtlichen Fundierung kennt das Grundgesetz keinen allgemeinen Vorrang weder zugunsten demokratischer noch zugunsten individueller Selbstbestimmung. Die Grundrechte ziehen der demokratischen Selbstbestimmung Grenzen, zugleich beschränken die Gesetze die individuelle Freiheitswahrnehmung".

[190] Wie sie sich etwa *C. Schmitt*, Der Begriff des Politischen (1961), 3. Aufl. 1991 einerseits, marxistische Traditionen (hierzu im Überblick *G. Sartori*, Demokratietheorie, 1997, S. 433 ff.) andererseits vorstellen.

schen realer Freiheitsbefähigung und dem Schutz individueller Freiheit vor sozialstaatlicher Machtprätention, andererseits zwischen demokratiedienender Funktion und demokratischer Gestaltungsbedürftigkeit, die ihrerseits Ausdruck politischer Freiheit ist, aber auch die Freiheitlichkeit des Sozialstaates in Frage stellen kann und die Gefahr einer Selbstdynamisierung des Sozialstaates[191] in sich trägt. Der Sozialstaat des Grundgesetzes baut sich also auf zwischen verfassungsrechtlicher Freiheitsfundierung und grundrechtsbewehrter Freiheitsgefährdung sowie zwischen demokratischer Ausformung und demokratischer Befähigung. Damit führt uns der Sozialstaat des Grundgesetzes zu einer Variation des klassischen Themas von positiver und negativer oder abwehrender und gestaltender Freiheit.[192]

Wie sich dieses Verhältnis im Kontext des Sozialstaates darstellt, soll Thema der folgenden verfassungstheoretischen Überlegungen sein. Dabei wird zunächst auf terminologische Fragen einzugehen sein. Bisher wurde ganz selbstverständlich vom Sozialstaat des Grundgesetzes gesprochen, obwohl der Begriff im Grundgesetz selbst keine Erwähnung findet und in anderen Disziplinen eine andere Terminologie vorherrscht. Dies zwingt zu einer kurzen Selbstaufklärung über die gewählte façon de parler (B.I.). Ihr schließen sich Überlegungen dazu an, wie eine Verfassungstheorie des Sozialstaates konzipiert sein muß, welche Funktion sie erfüllen kann und welche Grenzen sie kennt (B.II). In diesen Zusammenhang gehören dann auch die Darlegungen zur (fehlenden) Bedeutung der Sozial(rechts)geschichte für eine Verfassungstheorie des Sozialstaates (B.III.). Im Zentrum einer Verfassungstheorie des Sozialstaates steht jedoch die Untersuchung unterschiedlicher Begründungstheorien des Sozialstaates (C.)

---

[191] Hierzu insb. *N. Luhmann*, Politische Theorie im Wohlfahrtsstaat, 1981; aus rechtswissenschaftlicher Sicht bereits *W. Weber*, Die verfassungsrechtlichen Grenzen sozialstaatlicher Forderungen, in: Der Staat 4 (1965), 409 (432).

[192] Grundlegend aus philosophischer Sicht *I. Berlin*, Zwei Freiheitsbegriffe (1958), in: ders., Freiheit, 1995, S. 197 (201 ff.).

B. Grundlegungen einer Verfassungstheorie des Sozialstaates

I. Zur Semantik und ihrer historisch-politischen Tiefenimprägnierung: „Sozialstaat" oder „Wohlfahrtsstaat"?

1. „Sozialstaat" und „Wohlfahrtsstaat" – synonym oder different?

„Begriffe transportieren Inhalte – ausgesprochene und unausgesprochene, beabsichtigte und unbeabsichtigte, bedeutungsvolle und weniger bedeutungsvolle."[1] Begriffen ist deshalb stets eine Tiefenimprägnierung eigen. Unsere Semantik hat sich nicht immer bewußt, aber selten zufällig ausgebildet. Zur Umschreibung des rechtlichen, institutionellen und organisatorischen Arrangements, das den Staat befähigt, in unterschiedlichster Form „sozialpolitisch" aktiv zu werden, hat sich in Deutschland seit geraumer Zeit der Begriff *„Sozialstaat"* eingebürgert. Er liegt auch dem Titel dieser Arbeit zugrunde. Diese Wortwahl ist jedoch nicht selbstverständlich. Der Verfassungstext selbst spricht lediglich vom „sozialen Bundesstaat" (Art. 20 Abs. 1 GG) bzw. „sozialen Rechtsstaat" (Art. 28 Abs. 1 S. 1 GG) sowie von den „sozialen Grundsätzen" (Art. 23 Abs. 1 S. 1 GG). Das Wort „Sozialstaat" findet hingegen im Grundgesetz keine Verwendung. Gleichwohl hat sich in den Rechtswissenschaften die Rede vom „Sozialstaat" fest etabliert,[2] Überlegungen zu einem abweichenden „wording" sind hingegen rar gestreut.[3]

Betrachtet man hingegen die Nachbardisziplinen, ist festzustellen, daß eine andere Terminologie vorherrscht; hier ist zumeist nicht vom „Sozialstaat", sondern in Anlehnung an den angloamerikanischen und skandinavischen Sprach-

---

[1] *C. Walter*, Einleitung, in: H. M. Heinig/C. Walter (Hrsg.), Staatskirchenrecht oder Religionsverfassungsrecht?, 2007, S. 1.

[2] Das BVerfG etwa spricht von Anfang an vom „Sozialstaat" bzw. vom „Prinzip der Sozialstaatlichkeit" (BVerfGE 1, 97 [105]; 3, 377 [381]; auch die Staats- und Verfassungsrechtlehre verwendet diesen Begriff von Beginn der Bundesrepublik an; siehe *H. P. Ipsen*, Über das Grundgesetz (1950), in: E. Forsthoff, Rechtsstaatlichkeit und Sozialstaatlichkeit, 1969, S. 16 ff.; *W. Grewe*, Das bundesstaatliche System des Grundgesetzes, in: DRZ 1949, (349) 351.

[3] So etwa bei *U. K. Preuß*, The Concept of Rights and the Welfare State, in: G. Teubner (Hrsg.), Dilemmas of Law in the Welfare State, 1986, S. 152 ff.; *P. Zumbansen*, Ordnungsmuster im modernen Wohlfahrtsstaat, 2000, S. 113 ff.

gebrauch vom „*Wohlfahrtsstaat*" (welfare state) die Rede. In rechtswissenschaftlichen Texten hingegen findet man diesen Terminus nur selten, aber doch gelegentlich.

Nicht immer klar ist dabei, ob damit Synonymes ausgedrückt werden soll oder ob, wenn beide Begriffe verwendet werden, zwischen Sozialstaat und Wohlfahrtsstaat eine signifikante Differenz besteht.[4] Die „kritische" Theorie setzte in den 1970er und 1980er Jahren in ihrer Analyse eines „sozialstaatlich pazifizierten Klassengegensatzes"[5] Wohlfahrtsstaat und Sozialstaat gleich.[6] Aber auch die durch den politischen Liberalismus beeinflußten philosophisch-ethischen Auseinandersetzungen mit dem Sozialstaat unserer Zeit arbeiten mit solchen Äquivokationen.[7] *Niklas Luhmann* hingegen beharrt auf einer Distinktion zwischen Sozial- und Wohlfahrtsstaat,[8] ohne daß er die Unterscheidung jedoch systematisch überzeugend begründet oder anschaulich darlegt.

Der Wohlfahrtsstaat steht bei Luhmann für ein breiteres, nämlich in der Selbstanmaßung des politischen Systems schlicht allumfassendes Verantwortungsspektrum der Politik, während der Sozialstaat auf einen historisch geprägten Kern sozialer Exklusionsbearbeitung beschränkt sein soll. Doch die Grenzen sind fließend. Sozial- wie Wohlfahrtsstaat verfolgen der Systemtheorie zufolge das Ziel der Sicherstellung von Inklusion, beide redefinieren in gewisser Weise für das politische System unlösbare in lösbare Probleme,[9] beide zeichnen sich durch hohe Themenvarianz und Offenheit für die Anforderungen und Erwartungen der Umwelt aus und beide intervenieren hierzu in die soziale Umwelt mittels der zwei dem politischen System zur Verfügung stehenden generalisierten Kommunikationsmedien Recht und Geld.[10]

Auch andere sozialtheoretische Untersuchungen, die sich nicht der Systemtheorie verpflichtet fühlen, versuchen sich an einer Differenzierung zwischen Sozialstaat und Wohlfahrtsstaat. Einige Stimmen sehen ähnlich wie Luhmann in den Systemen der sozialen Sicherheit den Kern des Sozialstaates, während der Wohlfahrtsstaat den sonstigen sozialen Interessenausgleich umfassen soll.[11] Andere wollen hingegen entlang unterschiedlicher Modi von Staatlich-

---

[4] Im Überblick etwa *C. Butterwegge*, Krise und Zukunft des Sozialstaates, 2. Aufl. 2005, S. 16 ff.; cf. a. *C. Koch*, Sozialstaat und Wohlfahrtsstaat, in: Leviathan 23 (1995), 78 ff.; *F.-X. Kaufmann*, Steuerungsprobleme im Wohlfahrtsstaat (1983), in: ders., Sozialpolitik und Sozialstaat, 2. Aufl. 2005, S. 185 (186 ff.).

[5] *J. Habermas*, Theorie des kommunikativen Handelns, Bd. 2, 1988, S. 517.

[6] Etwa *J. Habermas*, Die Krise des Wohlfahrtsstaates und die Erschöpfung utopischer Energien, in: ders., Die Neue Unübersichtlichkeit, 1985, S. 141 ff.; *C. Offe*, Zu einigen Widersprüchen des modernen Sozialstaates, in: ders., „Arbeitsgesellschaft". Strukturprobleme und Zukunftsperspektiven, 1984, S. 323 ff.

[7] Cf. statt vieler nur *W. Kersting* (Hrsg.), Politische Philosophie des Sozialstaats, 2000.

[8] *N. Luhmann*, Die Politik der Gesellschaft, 2000, S. 423 mit Fn. 23.

[9] *N. Luhmann*, Die Politik der Gesellschaft, 2000, S. 216.

[10] *N. Luhmann*, Politische Theorie im Wohlfahrtsstaat, 1981.

[11] *V. Henschel*, Geschichte der deutschen Sozialpolitik (1880–1980), 1983, S. 7; diese Unterscheidung wird zuweilen auch mit der Differenzierung zwischen einem Sozialstaat im engeren und weiteren Sinne eingefangen, so *L. Leisering*, Der deutsche Sozialstaat – Entfaltung

keit differenzieren. Für *Reinhard Kreissl* etwa zeichnet sich der Sozialstaat durch reaktives, der Wohlfahrtsstaat durch präventives (im ministerialen Jargon würde man heute sagen: „proaktives") Agieren aus.[12] Überwiegend knüpft die Sozialtheorie jedoch, soweit zwischen Sozial- und Wohlfahrtsstaat unterschieden wird, an den pejorativen Klang an, der im 19. Jahrhundert mit dem „Wohlfahrtsstaat" verbunden war: der Wohlfahrtsstaat wird dann als paternalistisch-obrigkeitlich beschrieben, der Sozialstaat als kooperativ-freiheitlich.[13]

Freilich deckt sich dieser Sprachgebrauch, der zwischen Sozial- und Wohlfahrtsstaat unterscheidet, kaum mit den internationalen Gepflogenheiten. So wird denn auch im Kontext vergleichender Sozialwissenschaften der Begriff „Wohlfahrtsstaat" für die Bezeichnung einer bestimmten Erscheinung moderner Staatlichkeit schlechthin verwendet, nämlich des Typus, der der „institutionelle Ausdruck der Übernahme einer legalen und damit formalen und ausdrücklichen Verantwortung einer Gesellschaft für das Wohlergehen ihrer Mitglieder in grundlegenden Belangen"[14] ist, während „Sozialstaat" die spezifisch deutsche Ausprägung dieses Typus markieren soll.[15]

Der sich sozialer Fragen annehmende Staat wird zuweilen aber auch als „Vorsorgestaat"[16], „Versorgungsstaat", „Sozialleistungsstaat" usw. bezeichnet; den Neologismen scheinen insoweit keine Grenzen gesetzt. Auffällig ist zudem, daß zahlreiche sozialtheoretische Publikationen die Staatszentrierung *beider* Begriffe, Sozialstaat wie Wohlfahrtsstaat, zu meiden suchen und statt dessen entweder auf den älteren Begriff „Sozialpolitik"[17] zurückgreifen oder

---

und Krise eines Sozialmodells, in: S. Frech/J. Schmid (Hrsg.), Der Sozialstaat. Reform, Umbau, Abbau?, 2004, S. 11.

[12] *R. Kreissl*, Die Krise der Theorie des Wohlfahrtsstaates, in: KritV 2 (1987), 89 ff.

[13] *G. Schmid*, Reform der Arbeitsmarktpolitik. Vom fürsorgenden Wohlfahrtsstaat zum kooperativen Sozialstaat, WSI-Mitteilungen 10/1996, S. 629; ähnlich *U. Münch*, Sozialpolitik und Föderalismus, 1997, S. 14 f.

[14] *H. Givertz*, Art. Welfare State, in: Internationale Encyclopedia of the Social Sciences, Bd. 16, 1968, S. 512, zitiert nach der Übersetzung von *F.-X. Kaufmann*, Herausforderungen des Sozialstaates, 1997, S. 21.

[15] *F.-X. Kaufmann*, Herausforderungen des Sozialstaates, 1997, S. 21: „Der Terminus ‚Sozialstaat' ist vor allem ein Topos der politischen und juristischen Diskurse in der Bundesrepublik, während die Sozialwissenschaften in international vergleichender Absicht den Terminus ‚Wohlfahrtsstaat' vorziehen."; cf. auch *ders.*, Varianten des Wohlfahrtsstaats, 2003 (mit dem Untertitel „Der deutsche Sozialstaat im internationalen Vergleich"); *ders.*, Christentum und Wohlfahrtsstaat, in: Zeitschrift für Sozialreform 34 (1988), 65 (68 f.); ähnlich *S. Leibfried/W. Wagschal*, Der deutsche Sozialstaat: Bilanzen – Reformen – Perspektiven, in: dies. (Hrsg.), Der deutsche Sozialstaat, 2000, S. 8 (9); *J. Kohl*, Der Sozialstaat: Die deutsche Version des Wohlfahrtsstaates, ebenda, S. 115 ff.

[16] *F.-X. Merrien*, L'etat providence, 1997, S. 7 f.; *F. Ewald*, Der Vorsorgestaat (Orig. 1986), 1993.

[17] Hierzu in historischer Perspektive *F.-X. Kaufmann*, Sozialpolitisches Denken, 2003;

von „Wohlfahrtsproduktion",[18] Wohlfahrtspluralismus[19] bzw. vom „Sozialsektor"[20] sprechen.

Dieser Befund zwingt im Rahmen einer für transdisziplinäre Erkenntnisse offenen Verfassungstheorie des Sozialstaates[21] zumindest dazu, ein gewisses Problembewußtsein auf terminologischer Ebene zu entwickeln. Insbesondere der wertende Charakter der aufgezeigten Redeweise sollte bedacht werden. Man kann sich zur Begriffsfrage redlicherweise nicht nicht verhalten.

Zugleich aber ist hier, am Anfang der vorliegenden Untersuchung, nicht der Ort, bereits einen fixen, genau definierten und eng umrissenen Begriff des *Sozialstaates* (im Sinne des Grundgesetzes) zu erarbeiten; dies soll die Untersuchung ja gerade erst leisten. Gefragt ist deshalb vorerst lediglich eine Selbstaufklärung über den Sprachgebrauch. Zu diesem Zwecke sollen zunächst einige Notizen zur Ausbildung der beiden Termini gemacht werden.

Eine anspruchsvolle Begriffsgeschichte des Sozialstaates im Sinne *Reinhard Kossellecks*,[22] d.h. eine Analyse der semantischen Entwicklung im Spiegel der Realgeschichte, fehlt bisher.[23] Dieses Desiderat kann im Rahmen dieser Arbeit nicht behoben werden. Zur Sensibilisierung in terminologischen Fragen reicht vielmehr eine erste Klärung der Entwicklung sprachlicher Praxis und der mit ihr verbundenen Konnotationen, en passant wird so zugleich in die Geschichte des Sozialstaates eingeführt.

---

im Überblick *M. Schuler-Harms*, Art. Sozialpolitik, in: Ev. Staatslexikon, Neuausgabe 2006, Sp. 2238 ff. mit weit. Nachw.

[18] *W. Zapf*, Wohlfahrtsstaat und Wohlfahrtsproduktion, in: L. Alberlin/W. Link (Hrsg.), Politische Parteien auf dem Weg zur parlamentarischen Demokratie, 1981, S. 379 ff.; *ders.*, Welfare Production, in: Social Indicators Research 14 (1984), 263 ff.; *F.-X. Kaufmann*, Varianten des Wohlfahrtsstaates, 2003, S. 42 ff.; *ders.*, Staat und Wohlfahrtsproduktion (1994), in: ders., Sozialpolitik und Sozialstaat, 2. Aufl. 2005, S. 219 ff.; *ders.*, Sozialstaatlichkeit unter den Bedingungen moderner Wirtschaft (1999), S. 283 (288 ff.).

[19] *A. Evers/Th. Olk*, Wohlfahrtspluralismus – Analytische und normativ-politische Dimension eines Leitbegriffs, in: dies. (Hrsg.), Wohlfahrtspluralismus, 1996, S. 9 ff.; *J. von Soosten*, Wohlfahrtspluralismus, in: ZEE 41 (1997), 40 ff.; cf. a. *T. Rendtorff*, Subsidiaritätsprinzip oder Gemeinwohlpluralismus, in: ZEE 37 (1993), 91 f.; *K. Tanner*, Der Staat des christlichen Gemeinwohls?, in: ZEE 39 (1995), 151 (158 ff.).

[20] *F.-X. Kaufmann*, Sozialstaatlichkeit unter den Bedingungen moderner Wirtschaft (1999), in: ders., Sozialpolitik und Sozialstaat, 2. Aufl. 2005, S. 283 (292 ff.).

[21] Wie diese Offenheit sich genau gestaltet, soll unter II. näher beleuchtet werden.

[22] Cf. *R. Koselleck*, Begriffsgeschichten, 2006, S. 9 ff., 32 ff., 56 ff., 99 ff.; *ders.*, Vergangene Zukunft (1979), 2003.

[23] Ansätze finden sich bei *M. Rassem*, Art. Wohlfahrt, Wohltat, Wohltätigkeit, Caritas, in: O. Brunner/W. Conze/R. Koselleck (Hrsg.), Geschichtliche Grundbegriffe, Bd. 7, 1993, S. 595 ff.; die von *S. Lessenich* hrsg. Wohlfahrtsstaatlichen Grundbegriffe, 2003 kennen keinen Artikel, der sich dem Oberbegriff der Grundbegriffe widmet. Leicht versetzt zu der hier verhandelten Problematik die begriffsgeschichtliche Untersuchung von *F.-X. Kaufmann*, Sozialpolitisches Denken, 2003.

2. Der Begriff „Sozialstaat" – eine späte Karriere

a) Der Sozialstaat als Produkt der Evolutionsmoderne

Die Sorge einer politisch organisierten Gemeinschaft um „Arme und Alte, Witwen und Waisen aus Mitleid und sittlich-religiöser Verpflichtung hat sich in fast allen Kulturen als sozialethische Norm und Praxis herausgebildet."[24] Bestimmte Formen solidarischen Miteinanders scheinen gleichsam notwendig mit der politischen Vergemeinschaftung einherzugehen; schon in der antiken Staatsphilosophie und Staatspraxis finden wir entsprechendes.[25] Deshalb kann man ungeachtet des schwierigen Status anthropologischer Aussagen[26] schon fast von einer menschlichen Konstante des sozialen Einstehens sprechen, dessen konkrete Arrangements und realgeschichtliche Einbettungen in die unterschiedlichsten Arten politischer Gemeinwesen allerdings zeit- und kulturbedingt erheblich variieren. Eine solche Konstante erstreckt sich dann auch auf das in der Neuzeit aufkommende territorial organisierte und auf den Anspruch exklusiver Gewalt bauende Herrschaftsgebilde, das abgeleitet vom lateinischen Wort status, seit der Renaissance als „Staat" bezeichnet wird.[27] Gleichwohl würde man den Staat der frühen Neuzeit wohl kaum als „*Sozialstaat*" bezeichnen. Dieser Terminus hat sich vielmehr erst – sehr zögerlich, wie gleich zu zeigen sein wird – Ende des 19. Jahrhundert, im Gefolge neuartiger sozialer Herausforderungen, als Chiffre für die Antwort des politisch organisierten Gemeinwesens auf die sog. „sociale Frage" etabliert.[28] Die Rede vom Sozialstaat spiegelt also spezifische Probleme der „Evolutionsmoderne"[29] wider; sie ist Ausdruck einer eigengearteten, ihrerseits sich stets auf ein Neues wandelnden[30] Formation von Problemen und Lösungsversuchen innerhalb der hochdynamischen Evolution der Gesellschaft im Übergang von der agrarisch dominierten

---

[24] *M. Stolleis*, Geschichte des Sozialrechts in Deutschland, 2003, S. 13.

[25] Im Überblick *E.-W. Böckenförde*, Geschichte der Rechts- und Staatsphilosophie, 2002, S. 33 ff.; zu frühen Praktiken auch *M. Walzer*, Sphären der Gerechtigkeit (1983), 1998, S. 114 ff.

[26] Näher *G. Gamm*, Der unbestimmte Mensch, 2004.

[27] Zur Begriffsgeschichte *P.-L. Weihnacht*, Staat. Studien zur Bedeutungsgeschichte des Wortes von den Anfängen bis ins 19. Jahrhundert, 1968; *W. Mager*, Zur Entstehung des modernen Staatsbegriffs, 1968; *N. Luhmann*, Staat und Staatsräson im Übergang von traditioneller Herrschaft zu moderner Politik, in: ders., Gesellschaftsstruktur und Semantik Bd. 3, 1993, S. 65 ff. (insb. 80 ff.); *ders.*, Die Politik der Gesellschaft, 2000, S. 198 ff.

[28] *D. Grimm*, Die sozialgeschichtliche und verfassungsrechtliche Entwicklung zum Sozialstaat (1983), in: ders., Recht und Staat der bürgerlichen Gesellschaft, 1987, S. 138 (145 ff.); ein kurzer Abriß zu älteren Systemen sozialer Sicherheit ebenda, S. 138 ff.; ferner ebenso *M. Stolleis*, Die unvollendete Gerechtigkeit, 2005, S. 54 ff.

[29] Zum Begriff *J. von Soosten*, Art. Sozialer Wandel, in: Ev. Staatslexikon, 2006, Sp. 2188 (2191).

[30] Cf. *R. Castel*, Die Metamorphosen der sozialen Frage, 2000.

stratifikatorisch zur industriewirtschaftlich dominierten funktional ausdifferenzierten Gesellschaft (näher hierzu infra B.III.).

b) Zwei Ahnherren: von Stein und Heller

Insbesondere zwei Autoren wurden in der juridischen Begriffsgeschichte des Sozialstaates kanonisiert: *Lorenz von Stein* und *Hermann Heller*;[31] um diese beiden Klassiker werden je nach Dichte der historischen Rekonstruktion weitere Namen christlicher, sozialistischer oder konservativer Provenienz angelagert,[32] etwa *Franz von Baader* und *Wilhelm Emmanuel von Ketteler, August Ludwig Schlönzer, Julius Ofner,*[33] *Robert von Mohl,*[34] *Werner Sombart, Hugo Sinzheimer* oder *Eduard Heimann.*[35]

Lorenz von Stein und Hermann Heller sind für eine verfassungstheoretische Betrachtung des Sozialstaates aber nicht nur von begriffs-, sondern auch von wirkungsgeschichtlichem Interesse, denn sie stehen für zwei verfassungsrechtswissenschaftliche Traditionen, sich dem Sozialstaat zu nähern. Entsprechend werden sie in der akademischen Auseinandersetzung mit dem Sozialstaat rezipiert: die Linien führen von Lorenz von Stein zu *Ernst Forsthoff*[36] und von Hermann Heller zu *Konrad Hesse.*[37] Die beiden Autoren liefern also nicht nur entscheidende Beiträge zur Begriffsgeschichte des Sozialstaats, sondern auch das Bühnenbild, in dem lange Zeit das Drama des Ringens um ein angemessenes Verständnis des Sozialstaats des Grundgesetzes zur Aufführung kam und im Grunde auch noch bis heute kommt.

---

[31] Cf. etwa die Aufzählung bei *H. Zacher*, Das soziale Staatsziel, in: HStR, Bd. 2, 3. Aufl. 2004, S. 659 (674 ff.); *D. Schiek*, in: AK-GG, 3. Aufl., Art. 20 Abs. 1–3 V Rdnr. 17, 19 (Grundwerk 2001); *I. Contiades*, Verfassungsgesetzliche Staatsstrukturbestimmungen, 1967, S. 93 f. mit Fußn. 76; *S. Koslowski*, Art. Sozialstaat, in: J. Ritter u.a. (Hrsg.), Historisches Wörterbuch der Philosophie, Bd. 9, 1995, Sp. 1245 ff.; in breiterem Kontext *ders.*, Vom socialen Staat zum Sozialstaat, in: Der Staat 34 (1995), 221 (230–234; 235 f.).

[32] Zu diesen drei Einflußsphären auch *R. Breuer*, Grundlagen des Sozialstaates, in: Gedächtnisschrift für M. Heinze, 2005, S. 81 (94 ff.).

[33] *S. Koslowski*, Vom socialen Staat zum Sozialstaat, in: Der Staat 34 (1995), 221 ff.

[34] *U. Scheuner*, Der Rechtsstaat und die soziale Verantwortung des Staates, in: Der Staat 18 (1979), 1 (21 ff.) mit weit. Nachw. zu Mohls Stellungnahmen zur Arbeiterfrage.

[35] Zu all diesen *F.-X. Kaufmann*, Sozialpolitisches Denken 2003.

[36] Siehe *E. Forsthoff*, Lehrbuch des Verwaltungsrechts, Bd. 1, 9. Aufl. 1966, S. 42 ff.; *ders.*, Begriff und Wesen des sozialen Rechtsstaates (1954), in: ders. (Hrsg.), Rechtsstaatlichkeit und Sozialstaatlichkeit, 1968, S. 165 (171 ff.).

[37] Cf. *K. Hesse*, Der Rechtsstaat im Verfassungssystem des Grundgesetzes, in: E. Forsthoff (Hrsg.), Rechtsstaatlichkeit und Sozialstaatlichkeit, 1968, S. 557 (571 ff.); *ders.*, Grundzüge des Verfassungsrechts der Bundesrepublik Deutschland, 20. Aufl. 1995, S. 83 ff.

aa) Lorenz von Stein

Lorenz von Stein gilt als der Ahnherr der Sozialstaatsidee schlechthin. Er gab bereits 1848 das „Losungswort der sozialen Demokratie" aus. Später erklärte er den „*socialen* Staat" zur notwendigen Ergänzung des formalen Rechtsstaats. Der Staat erkenne zwar Sonderinteressen des einzelnen oder einer Klasse an; zugleich aber verhindere er das Entstehen von

> „Rechtsklassen aus jenen wirtschaftlichen und gesellschaftlichen Klassenunterschieden. Um dies zu können, muß er absolut über jeder Klasse stehen .... Er muß ferner die absolute Gleichheit des Rechts gegenüber allen jenen Unterschieden für die einzelne selbst bestimmte Persönlichkeit durch seine Gewalt aufrechterhalten, und in diesem Sinne nennen wir ihn den Rechtsstaat. Er muß aber endlich mit seiner Macht den wirtschaftlichen und gesellschaftlichen Fortschritt aller seiner Angehörigen fördern, ... ; und in diesem Sinne sprechen wir von dem gesellschaftlichen oder dem socialen Staat."[38]

Die mit Lorenz von Stein verbundene „Erfindung" des sozialen Staates war von Beginn an ein interdisziplinäres Projekt, bündelten sich in seiner Person doch Wissensbestände des Staatsrechts, der Verwaltungslehre, der Finanzwissenschaft, der Sozialgeschichte und der in den Anfängen steckenden Gesellschaftstheorie. In einer Fülle von Schriften entwickelte Lorenz von Stein, aufruhend auf dem Grundgebäude der Hegelschen Staats- und Gesellschaftslehre und angereichert durch die Kenntnisse der französischen Frühsozialisten, die Konzeption eines Königtums der sozialen Reform.[39]

---

[38] *L. v. Stein*, Gegenwart und Zukunft der Rechts- und Staatswissenschaft Deutschlands, 1876, S. 13; cf. zur realen Vorgeschichte, die Stein geprägt hat, insb. zur Rolle der Verwaltung in Preußen im Vormärz näher *R. Koselleck*, Staat und Gesellschaft in Preußen 1815–1848, in: W. Conze (Hrsg.), Staat und Gesellschaft im deutschen Vormärz 1815–1848, 2. Aufl. 1970, S. 79 ff.

[39] Siehe insbesondere *L. von Stein*, Geschichte der sozialen Bewegungen in Frankreich (1850), 3 Bde., Nachdruck der Ausgabe von 1921, 1959; *ders.*, Schriften zum Sozialismus 1848 – 1852 – 1854, 1974; *ders.*, Die Verwaltungslehre, 8 Teile in 10 Bden. (1869 ff.), 1975; cf. a. *D. Blasius*, Lorenz von Stein und die Geschichte der sozialen Bewegung in Deutschland, in: A. v. Mutius (Hrsg.), Lorenz von Stein 1890–1990, 1992, S. 11 ff.; *ders.*, Lorenz von Steins Lehre vom Königtum der sozialen Reform und ihre verfassungspolitischen Grundlagen, in: Der Staat 10 (1971), 33 ff.; näher zur Bedeutung von Steins für die Ausbildung des Sozialstaates etwa *E.-W. Böckenförde*, Lorenz von Stein als Theoretiker der Bewegung von Staat und Gesellschaft zum Sozialstaat (1963), in: ders., Recht, Staat, Freiheit, 1991, S. 170 ff.; *S.-O. Kuk*, Das Wesen der Sozialstaatsidee bei Lorenz von Stein, Diss. iur. Köln 1978; *S. Koslowski*, Die Geburt des Sozialstaats aus dem Geist des deutschen Idealismus, 1989; *ders.*, Vom socialen Staat zum Sozialstaat, in: Der Staat 34 (1995), 221 ff.; *ders.*, Zur Philosophie von Wirtschaft und Recht, 2005, S. 22 ff., 305 ff.; *K.-H. Kästner*, Von der sozialen Frage über den sozialen Staat zum Sozialstaat, in: R. Schnur (Hrsg.), Staat und Gesellschaft – Studien über Lorenz von Stein, 1978, S. 381 ff.; *E. R. Huber*, Lorenz von Stein und die Grundlegung der Idee des Sozialstaats, in: L. von Stein, Gesellschaft – Staat – Recht, hrsg. v. E. Forsthoff, 1972, S. 495 ff.; *ders.*, Vorsorge für das Dasein, in: Festschrift für E. Forsthoff, 2. Aufl. 1974, S. 139 ff.; *H. M. Heinig*, Antagonisten im Kontext der politischen Philosophie des Sozialstaates: Lorenz von

Ausgangspunkt der systematisch angelegten Überlegungen von Steins ist ein spezifisches Menschenbild:

> „In jedem einzelnen lebt ein unbesiegbarer Drang nach einer vollendeten Herrschaft über das äußere Dasein, nach dem höchsten Besitz aller geistigen und sachlichen Güter".[40]

Aus diesem Drang heraus arbeite der Mensch und erwerbe hierdurch Eigentum – von Stein argumentiert ganz im Sinne der Lockeschen Tradition einseitiger Eigentumsbegründung.[41] Unter den Bedingungen der abstrakten Rechtsgleichheit unterliege das Eigentum jedoch alsbald einer ungleichen Verteilung. Es entstehen, so von Steins bereits vor *Karl Marx'* Überlegungen zum Klassenkampf aufgestellte Beobachtung, eine Klasse der Besitzenden und eine Klasse der Abhängigen.[42] Diese Klassenstruktur schlage auf die rechtsstaatlich verfaßte Freiheit durch und müsse damit zur Bestimmung des Staates, „das Fortkommen, den Reichtum, die Kraft und Intelligenz aller einzelnen durch seine eigene höchste Gewalt" anzustreben, in Widerspruch geraten.[43] Von Kommunismus und Sozialismus verspricht sich von Stein in dieser Lage keine Abhilfe; sie könnten die Verfestigung von Klassenstrukturen nicht überwinden, sondern stellten sie nur unter umgekehrte Vorzeichen.[44]

Da von Stein das gesellschaftliche Prinzip des Eigeninteresses als Ausdruck der Freiheit erhalten wissen, zugleich aber die Staatsidee, nämlich die „vollste Selbstbestimmung jedes einzelnen", zur Wirksamkeit bringen will, bedarf es nach seiner Überzeugung einer Macht, die die Kraft aufbringt, sich den Eigengesetzen des Klassenantagonismus zu entziehen, um diesen zu moderieren und zu gestalten: die soziale Staatsverwaltung, die sich vom Prinzip der „Aufhe-

---

Stein und Robert Nozick, in: D. Klesczewski/S. Müller/F. Neuhaus (Hrsg.), Die Idee des Sozialstaates, 2006, S. 45 (46 ff.).

[40] *L. v. Stein*, Geschichte der sozialen Bewegungen in Frankreich (1850), 1959, Bd. 1, S. 13; dieser Drang begründet nach von Stein ein fundamentales Bedürfnis nach Arbeit; cf. *L. v. Stein*, Der Begriff der Arbeit und die Principien des Arbeitslohnes in ihrem Verhältnisse zum Socialismus und Communismus (1846), 1974; näher *M. Löbig*, Persönlichkeit, Gesellschaft und Staat, 2004, S. 90 ff.

[41] Cf. *J. Locke*, Zwei Abhandlungen über die Regierung (1690), hrsg. v. W. Euchner, 5. Aufl. 1992, S. 215 ff.; hierzu näher infra C.VI.2.

[42] Zum Begriff der Klasse und seiner Geschichte näher *G. O. Oexle/W. Conze/R. Walther*, Art. Stand, Klasse, in: O. Brunner/W. Conze/R. Koselleck (Hrsg.), Geschichtliche Grundbegriffe, Bd. 6, 1990, S. 155 ff.

[43] *L. v. Stein*, Geschichte der sozialen Bewegungen in Frankreich (1850), 1959, Bd. 1, S. 35. Näher etwa *E.-W. Böckenförde*, Lorenz von Stein als Theoretiker der Bewegung von Staat und Gesellschaft zum Sozialstaat, in: ders., Recht, Staat, Freiheit, 1991, S. 170 (186 ff.).

[44] Cf. *E. R. Huber*, Lorenz von Stein und die Grundlegung der Idee des Sozialstaats, in: L. von Stein, Gesellschaft – Staat – Recht, hrsg. v. E. Forsthoff, 1972, S. 495 (501 ff.); *K.-H. Kästner*, Von der sozialen Frage über den sozialen Staat zum Sozialstaat, in: R. Schnur (Hrsg.), Staat und Gesellschaft – Studien über Lorenz von Stein, 1978, S. 381 (395 ff.).

bung der gesellschaftlichen Abhängigkeit in der arbeitenden Klasse"[45] leiten läßt. So stehe der Staat in einer besonderen Bildungsverantwortung. Zudem habe die Staatsverwaltung die „Arbeit so einzurichten und sie mit solchen Einrichtungen zu umgeben, daß sie alleine zu einem, ihrem Maße und ihrer Art entsprechenden Besitze führt" und damit insbesondere dem Proletariat ermöglicht, Kapital zu erwerben. Nicht Abschaffung des Kapitalismus, sondern die Verwandlung der Abhängigen in Kapitalisten mit Hilfe staatlicher Maßnahmen war für von Stein also die Antwort auf die soziale Frage.[46] Vornehmster Repräsentant einer solchen sozialen Verwaltung solle, auch im eigenen Interesse, der König sein:[47]

> „Das wahre, mächtigste, dauerndste und geliebteste Königtum ist das Königtum der gesellschaftlichen Reform ... Alles Königtum wird fortan entweder ein leerer Schatten, oder eine Despotie werden, oder untergehen in Republik, wenn es nicht den hohen sittlichen Mut hat, ein Königtum der sozialen Reform zu werden."[48]

Vordergründig bilden eine recht pessimistische Anthropologie (ungehemmter Selbsterhaltungs- und Selbstverwirklichungsdrang) und eine organologische Staats- und Gesellschaftstheorie (die Gemeinschaft führt ein selbstständiges, vom Dasein jedes einzelnen unabhängiges Leben) die theoretischen Grundlagen der Steinschen Lehre vom sozialen Staat. Doch die Analyse allgemeiner Gesetzmäßigkeiten sozialer Entwicklung bildet nur eine Säule im Steinschen Theorieprogramm. Wesentlich eindrücklicher erscheint heute im Vergleich dazu die daneben stehende luzide politische Analyse der Zeit im Kontext einer materialgesättigten Sozialgeschichtsschreibung.[49] Diese macht von Steins Lehre anschaulich und führt ihn zu grundlegenden Einsichten, die bis in unsere heutige Zeit tragen, selbst wenn man den Optimismus einer säkularen Allversöhnungslehre Steinscher Provenienz nicht (mehr) teilen mag. So sind von Steins Schriften immer noch lehrreich im Hinblick auf die Interaktion von Staat und Gesellschaft unter Bedingungen ihrer Unterscheidbarkeit,[50]

---

[45] *L. v. Stein*, Geschichte der sozialen Bewegungen in Frankreich (1850), 1959, Bd. 1, S. 123.

[46] Cf. a. *L. v. Stein*, Handbuch der Verwaltungslehre und des Verwaltungsrechts, 1870, S. 398 ff.; *G. Stratenwerth*, Zum Prinzip des Sozialstaats, in: Festschrift für K. Eichenberger, 1982, S. 81 (86).

[47] *E.-W. Böckenförde*, Lorenz von Stein als Theoretiker der Bewegung von Staat und Gesellschaft zum Sozialstaat, in: ders., Recht, Staat, Freiheit, 1991, S. 170 (196); *E. Pankoke*, Lorenz von Steins staats- und gesellschaftswissenschaftliche Orientierungen, in: D. Blasius/E. Pankoke, Lorenz von Stein, 1977, S. 79 (120 ff.).

[48] *L. v. Stein*, Geschichte der sozialen Bewegungen in Frankreich (1850), 1959, Bd. 3, S. 40 f.

[49] Cf. *D. Blasius*, Lorenz von Stein als Geschichtsdenker, in: ders./E. Pankoke, Lorenz von Stein, 1977, S. 3 ff. zu dieser Seite des Steinschen Werkes.

[50] Näher allgemein zur Unterscheidung von Staat und Gesellschaft unten D. Diese Interaktion ist bei von Stein zweigleisig angelegt. Zum einen ist der Staat, obwohl selbständige Persönlichkeit, doch auch die Summe seiner Bürger. „Daraus folgt der höchstwichtige Satz,

den Zusammenhang von individueller Freiheit und materieller Basis,[51] die Interdependenz von individueller Persönlichkeitsentwicklung eines jeden einzelnen (!) und der Qualität des staatlichen Gesamtzustandes (der soziale Staat erscheint in dieser Perspektive als Ausdruck der Selbstsorge des Gemeinwesens), die Gefahr der Instrumentalisierung des Staates zu partikularen und damit der Staatsidee zuwiderlaufenden Herrschaftszwecken,[52] die Bedeutung staatlicher Verwaltungstätigkeit für die Verwirklichung der Staatsidee,[53] intelligente Formen der staatlichen Förderung individueller Freiheitsbefähigung,[54] die Spannung sozialstaatlicher Daseinssorge mit dem Freiheitsprinzip[55] oder die besonderen Schwierigkeiten der Bestimmung des rechten Maßes staatlicher Interventionen.[56] Kurz: Mit seiner Theorie des sozialen Königtums gelang Lorenz von Stein – bei allen Schwächen, die sie aufweist[57] – eine „Synthese zwischen

---

daß das Maß der Entwicklung aller einzelnen zum Maße der Entwicklung des Staates selber wird." – *L. v. Stein*, Geschichte der sozialen Bewegungen in Frankreich (1850), 1959, Bd. 1, S. 35. Wenn der Staat für seine Bürger sorgt, sorgt er zugleich für sich: „Die Verwaltung des Staats erreicht demnach ihre reinste, idealste, durch das Prinzip des Staats gebotene Gestalt, wenn sie das Leben aller Staatsbürger zu ihrer einzigen Aufgabe machte." – ebenda, S. 37. Zum anderen sieht Lorenz von Stein Staat und Gesellschaft in beständigem Ringen miteinander, da ihre Prinzipien, Sorge um alle in Freiheit auf der einen Seite, Verwirklichung des individuellen Interesses auf der anderen Seite, konkurrieren. Die Staatsidee selbst ist dabei nicht wirkmächtig genug, um aus sich heraus die Gesellschaft zu prägen; da die Gesellschaft zur Ausbildung von Klassen neigt, droht vielmehr umgekehrt die Usurpation des Staates durch die herrschende Klasse; *L. v. Stein*, Geschichte der sozialen Bewegungen in Frankreich (1850), 1959, Bd. 1, S. 45 ff. Die soziale Bewegung wird zu einer Bewegung der Freiheit, indem sie gegen diese Herrschaft aufbegehrt, ohne selbst zur herrschenden Klasse werden zu wollen. Dies gelingt nach von Stein durch ein Bündnis mit dem Repräsentanten der wahren Staatsidee, dem König, und der Staatsverwaltung. *L. v. Stein*, Geschichte der sozialen Bewegungen in Frankreich (1850), 1959, Bd. 3, S. 36 ff.; zum Gesamtkomplex *S. Koslowski*, Die Geburt des Sozialstaats aus dem Geist des deutschen Idealismus, 1989, S. 83 ff. und 125 ff.; *M. Löbig*, Persönlichkeit, Gesellschaft und Staat, 2004, S. 127 ff.

[51] Mit weit. Nachw. *T. Kingreen*, Das Sozialstaatsprinzip im europäischen Verfassungsverbund, 2003, S. 91 ff.

[52] *L. v. Stein*, Geschichte der sozialen Bewegungen in Frankreich (1850), 1959, Bd. 1, S. 46 ff.

[53] *L. v. Stein*, Die Verwaltungslehre, Theil 2 (1866), 1975, S. 5; cf. a. *E. R. Huber*, Vorsorge für das Dasein, in: Festschrift für E. Forsthoff, 2. Aufl. 1974, S. 139 (155 ff.).

[54] *L. v. Stein*, Geschichte der sozialen Bewegungen in Frankreich (1850), 1959, Bd. 1, S. 120 ff.

[55] Cf. *S. Koslowski*, Vom socialen Staat zum Sozialstaat, in: Der Staat 34 (1995), 221 (231).

[56] *L. v. Stein*, Lehrbuch der Finanzwissenschaft, Teil 1, 5. Aufl. 1885, S. 156; cf. *S. Koslowski*, Vom socialen Staat zum Sozialstaat, in: Der Staat 34 (1995), 221 (233).

[57] So wäre etwa die Staatszentrierung und das Demokratieverständnis zu hinterfragen, der auf Einseitigkeit ausgerichtete Eigentumsbegriff vermag nicht zu überzeugen (cf. infra C.VI.2.a.cc.), die Anthropologie gerät allzu schablonenhaft, etc.; *H. M. Heinig*, Antagonisten im Kontext der politischen Philosophie des Sozialstaates: Lorenz von Stein und Robert Nozick, in: D. Klesczewski/S. Müller/F. Neuhaus (Hrsg.), Die Idee des Sozialstaates, 2006, S. 45 (48).

rechtsstaatlicher Freiheit und sozialstaatlicher Sicherheit",[58] die bis heute nachwirkt.

Sucht man aber in von Steins Schriften dezidiert den heute gebräuchlichen Begriff „Sozialstaat", wird man nicht fündig. Die Einführung dieses Terminus wird vielmehr üblicherweise *Julius Ofner* zugeschrieben. Sein Verdienst besteht insbesondere darin, in einer 1894 erschienenen Schrift die Verflechtung von Sozialstaat, Rechtsstaat und Demokratie intellektuell durchdrungen (und damit als ideellen Komplex geschaffen) zu haben:

> „Die Demokratie verlangt grundsätzlich den Sozialstaat, einen Organismus, der dem Rechtsstaat ähnelt, sich aber nicht wie dieser darauf beschränkt, das Mein und Dein zu erhalten ... sondern die gerechte, auf Gleichheit Aller fußende Verteilung von Vorteilen und Lasten in ihrer Gesamtheit zum Gegenstand der Fürsorge nimmt. Der Sozialstaat muß auf die Verteilung maßgeblichen Einfluß nehmen."[59]

bb) Hermann Heller

Als zweite ganz zentrale Prägekraft für die heute übliche Rede vom „Sozialstaat" gilt der Weimarer Staatsrechtslehrer *Hermann Heller*[60] – nicht zuletzt deshalb, weil bei ihm in der Schrift „Rechtsstaat oder Diktatur" die später in Art. 28 Abs. 1 GG aufgenommene Formel vom „sozialen Rechtsstaat" dezidiert auftaucht.[61] Freilich spielt sie in seinem Œuvre insgesamt keine wichtige Rolle. In seinem unvollendet gebliebenen Hauptwerk, der „Staatslehre",[62] findet sie keine Verwendung[63] und in anderen Schriften wird neben der Formel vom „sozialen Rechtsstaat" synonym der „demokratische Rechtsstaat"[64] oder die „soziale Demokratie"[65] bemüht.[66] Gelegentlich ist auch vom „demokratisch-sozialen Wohlfahrtsstaat"[67] oder vom „sozialistischen Rechts-

---

[58] *Th. Kingreen*, Das Sozialstaatsprinzip im europäischen Verfassungsverbund, 2003, S. 91.

[59] *J. Ofner*, Studien sozialer Jurisprudenz, 1894, S. 76.

[60] Cf. *H. F. Zacher*, Das soziale Staatsziel, in: HStR, Bd. 2, 3. Aufl. 2004, S. 659 (674). Zur Rezeption Hellers in der Bundesrepublik auch *W. Schluchter*, Entscheidung für den sozialen Rechtsstaat, 2. Aufl. 1983; *I. Maus*, Hermann Heller und die Staatsrechtslehre in der Bundesrepublik, in: C. Müller/I. Staff (Hrsg.), Staatslehre in der Weimarer Republik, 1985, S. 194 ff.

[61] *H. Heller*, Rechtsstaat oder Diktatur? (1929/30), in: ders., Gesammelte Schriften, Bd. II, 1992, S. 443 (450, 456, 462); *ders.*, Freiheit und Form in der Reichsverfassung (1929/30), ebenda, S. 371 (377).

[62] Cf. *H. Heller*, Staatslehre (1934), in: ders., Gesammelte Schriften, Bd. III, 1992, S. 79 ff.

[63] *F.-X. Kaufmann*, Sozialpolitisches Denken, 2003, S. 97.

[64] *H. Heller*, Rechtsstaat oder Diktatur? (1929/30), in: ders., Gesammelte Schriften, Bd. II, 1992, S. 443 (454).

[65] *H. Heller*, Rechtsstaat oder Diktatur? (1929/30), in: ders., Gesammelte Schriften, Bd. II, 1992, S. 443 (448, 451).

[66] Cf. a. *G. Robbers*, Hermann Heller: Staat und Kultur, 1983, S. 68 ff.

[67] *H. Heller*, Grundrechte und Grundpflichten (1924), in: ders., Gesammelte Schriften, Bd. II, 1992, S. 281 (291).

staat"[68] die Rede. Eine systematische Verfassungstheorie des Sozialstaates findet sich bei Heller ebensowenig wie eine konzise Erläuterung der Wechselwirkungen von Rechtsstaatlichkeit und Sozialstaatlichkeit. Insoweit überrascht ein wenig, welch zentrale Bedeutung Heller in der rechtswissenschaftlichen Traditionsgeschichte des Sozialstaates zugemessen wird, zumal in Weimar vor Heller bereits Carl Brinkmanns in einer Buchbesprechung den „modernen sozialen Rechtsstaat" bemühte[69] und die Formel vom „sozialen Rechtsstaat" gleichbedeutend mit „Sozialstaat" bereits 1921 im verwaltungsrechtlichen Lehrbuch von *Robert Piloty* und *Franz Schneider* Verwendung fand.[70]

Die Bedeutung Hellers in den genealogischen Rekonstruktionen der bundesrepublikanischen Sozialstaatslehre ist wohl vor allem aus dem Kontext der Schrift „Rechtsstaat oder Diktatur" sowie mit der politischen Integrität ihres Verfassers zu erklären. Heller ist einer der wenigen Repräsentanten der demokratischen Staatsrechtslehre Weimars und damit eine Person, die nach 1945 über jeden Zweifel erhaben war.[71] Mit seiner in „Rechtsstaat oder Diktatur" ausgesprochenen Warnung des Bürgertums vor einem politisch gewendeten Nitzscheanismus in Gestalt einer korporatistisch strukturierten Diktatur sollte Heller recht behalten. Der Flirt eines Teils des Bürgertums mit dem Nationalsozialismus führte – wie von Heller prognostiziert[72] – tatsächlich zum geistigen und ökonomischen Selbstmord des Bürgertums.[73]

Doch auch jenseits der politischen Symbolik, die der Person Hellers zuzuschreiben ist, interessiert seine wirklichkeitswissenschaftlich inspirierte[74] Staatslehre für eine verfassungstheoretische Auseinandersetzung mit dem Sozialstaat. Nach Heller ist der Staat bekanntlich eine „organisierte Entscheidungs- und Wirkungseinheit"[75], die aus der legitimen Interessenpluralität der

---

[68] *H. Heller*, Ziele und Grenzen einer deutschen Verfassungsreform (1931), in: ders., Gesammelte Schriften, Bd. II, 1992, S. 411 (416).

[69] *C. Brinkmanns*, Rez. K. Wolzendorff, Der Polizeigedanke des modernen Staates, in: Schmollers Jahrbuch 42 (1918), 1220; ein Hinweis hierauf findet sich in *I. Contiades*, Verfassungsgesetzliche Staatsstrukturbestimmungen, 1967, S. 93 f. Fußn. 76.

[70] *R. Piloty/F. Schneider*, Grundriß des Verwaltungsrechts, 1920, S. 2.

[71] Zur eindrücklichen Biographie näher *W. Schluchter*, Hermann Heller. Ein wissenschaftliches Portrait, in: C. Müller/I. Staff (Hrsg.), Staatslehre in der Weimarer Republik, 1985, S. 24 ff.

[72] Die Affinität eines Teils der Arbeiterschaft zum Nationalsozialismus ignorierte Heller geflissentlich – ein Fehler, den noch so manche Analyse der damaligen Zeit begehen sollte.

[73] In diesem Sinne auch *U. Di Fabio*, Die Kultur der Freiheit, 2005, S. 202 ff.

[74] Mit seiner soziologisch orientierten Staatslehre profiliert sich Heller gleichermaßen gegen Smend, Kelsen und Schmitt; näher mit weit. Nachw. *C. Möllers*, Staat als Argument, 2000, S. 84 ff.

[75] *H. Heller*, Staatslehre (1934), in: ders., Gesammelte Schriften, Bd. III, 1992, S. 259.

Gesellschaft heraus[76] immer wieder neu herzustellen ist.[77] Vor diesem Hintergrund schien ihm gerade die „offene politische Form" einer parlamentarischen Demokratie geeignet, die sozialen Konflikte der Gesellschaft zu bearbeiten.[78] Gut achtzig Jahre nach von Stein sah Heller keinen Bedarf für eine neutrale, das Gemeinwohl repräsentierende Macht.[79] Vielmehr weise in der unaufhebbaren „antagonistischen Gesellschaftsstruktur"[80] gerade die Demokratie den Weg zur „zweiseitigen Übereinkunft zum Zwecke einer gerechteren Güterverteilung"[81] und damit zur Beantwortung der sozialen Frage. Heller, für den der Staat „organisierte Lebensform", „Wille und Werk konkreter Menschen in geschichtlich-gesellschaftlich bestimmter Lage"[82] ist, argumentiert dabei aus einer Position potentieller Stärke der Sozialisten. In der konsequenten Aneignung der politischen Form des bürgerlich geprägten demokratischen Rechtsstaates sah er die Möglichkeit, über die „Volkslegislative" „den wirtschaftlich Starken zu fesseln, ihn zu größeren sozialen Leistungen zu zwingen."[83] Zugleich aber sichert für Heller soziale Umverteilung auch die Gelingensbedingungen der Demokratie, da ihre Existenz in viel höherem Grade als jede andere politische Form „von dem Dasein einer sozialen Angeglichenheit abhängig" sei.[84]

Mit diesem Ansatz einer doppelfunktionalen Perspektive auf die soziale Demokratie als Ermöglichungsform und Gestaltungsinstrument repräsentiert Heller einen demokratisch-rechtsstaatlich gesonnenen Sozialismus, der in der Bundesrepublik für die Sozialdemokratie richtungsweisend sein sollte und auch in den Verfassungsverhandlungen im Parlamentarischen Rat, etwa über die Person *Carlo Schmids*,[85] Niederschlag fand. Gleichwohl ist der „soziale Rechtsstaat" des Grundgesetzes nicht einfach mit Hellers staatstheoretischer Konzep-

---

[76] *H. Heller*, Staatslehre (1934), in: ders., Gesammelte Schriften, Bd. III, 1992, S. 185.

[77] *H. Heller*, Die Souveränität (1927), in: ders., Gesammelte Schriften, Bd. II, 1992, S. 81 ff.

[78] Cf. a. *I. Staff*, Staatslehre in der Weimarer Republik, in: C. Müller/I. Staff (Hrsg.), Staatslehre in der Weimarer Republik, 1985, S. 7 (8 ff.).

[79] Explizite Anknüpfungen an Lorenz von Stein findet sich aber, wenn Heller den Wandel vom „reinen Rechtsstaat" zum „demokratischen Wohlfahrtsstaat" beschreibt; siehe *H. Heller*, Grundrechte und Grundpflichten (1924), in: ders., Gesammelte Schriften, Bd. II, 1992, S. 281 (291).

[80] *H. Heller*, Demokratie und soziale Homogenität (1928), in: ders., Gesammelte Schriften, Bd. II, 1992, S. 412 (428).

[81] *H. Heller*, Grundrechte und Grundpflichten (1924), in: ders., Gesammelte Schriften, Bd. II, 1992, S. 281 (312).

[82] *H. Heller*, Ziele und Grenzen einer deutschen Verfassungsreform (1931), in: ders., Gesammelte Schriften, Bd. II, 1992, S. 411 (414).

[83] *H. Heller*, Rechtsstaat oder Diktatur? (1929/30), in: ders., Gesammelte Schriften, Bd. II, 1992, S. 443 (448).

[84] *H. Heller*, Demokratie und soziale Homogenität (1928), in: ders., Gesammelte Schriften, Bd. II, 1992, S. 412 (429).

[85] Cf. zur Rolle Schmids im Parlamentarischen Rat etwa *P. Weber*, Carlo Schmid – eine Biographie, 1998, S. 330 ff.

tion gleichzusetzen. Verfassungsgenetisch ist zweifelhaft, ob tatsächlich Heller spiritus rector der Sozialstaatsformel ist – erste Formulierungen stammten entgegen anderslautenden Behauptungen in der Literatur[86] nicht von Schmid, sondern von *Hermann von Mangoldt* (cf. infra d.). Auch in systematischer Hinsicht ist vor allzu leichthändigen Äquivokationen zu warnen. Heller wußte zwischen Staatstheorie und Verfassungsrecht genau zu unterscheiden.[87] Für die juristischen Arbeiten Hellers war dessen Staatstheorie geradezu folgenlos.[88] Vor diesem Hintergrund steht die Aufnahme eines staatstheoretisch angelegten Leitbegriffs in das geltende Verfassungsrecht quer zu Hellers wirklichkeitswissenschaftlich inspiriertem Theorieprogramm und bedürfte – folgte man Heller – einer eigenständig zu leistenden Übersetzung in die verfassungsrechtliche Dogmatik.

cc) Zwischenresümee

Solche explizit rechtsdogmatischen Fragen sollen in dieser Arbeit später bearbeitet werden; an dieser Stelle war zunächst nur eine kurze begriffsgeschichtliche Annäherung an das Phänomen „Sozialstaat" bezweckt. Diese zeigt, daß Lorenz von Stein und Hermann Heller zwei sehr unterschiedliche, zugleich aber wirkmächtige Traditionen des verfassungsrechtlichen Denkens über den Sozialstaat repräsentieren. Zusammengenommen bilden sie geradezu die Prototypen der eingangs diagnostizierten Übercodierung des Sozialstaates des Grundgesetzes.

c) Die Ausbildung einer sozialstaatlichen Praxis und ihrer (Selbst-) Beschreibung zwischen Kaiserreich und Weimarer Republik

Zwischen von Steins Blaupausen für einen erst noch auszubildenen Sozialstaat und Hermann Hellers staatstheoretische Reflexionen über den ausgebildeten sozialen Rechtsstaat liegt gleichsam die erste „Sattelzeit"[89] des Sozialstaates, eine ungeachtet aller politischen Umbrüche in Deutschland kontinuierliche Etablierungsphase. Die Geschichte der Ausbildung einer sozialstaatlichen Praxis unter Bismarck, ihr partieller Wandel im ersten Weltkrieg und ihre Dynamisierung in der Weimarer Republik bis hin zur ersten manifesten Krise des Sozialstaates im Gefolge der Weltwirtschaftskrise der 1920er Jahre, die Fortset-

---

86 *C.-F. Menger*, Der Begriff des sozialen Rechtsstaates im Bonner Grundgesetz (1953), in: E. Forsthoff (Hrsg.), Rechtsstaatlichkeit und Sozialstaatlichkeit, 1968, S. 42 (43); *W. Abendroth*, Zum Begriff des demokratischen und sozialen Rechtstaates im Grundgesetz der Bundesrepublik Deutschland (1954), ebenda, S. 114 (118). Cf. *H. Noack*, Sozialstaatsklauseln und juristische Methode, 1975, S. 162.

87 *H. Heller*, Staatslehre (1934), in: ders., Gesammelte Schriften, Bd. III, 1992, S. 60 f.

88 Cf. *C. Möllers*, Staat als Argument, 2000, S. 95 ff.

89 Zum Begriff *R. Koselleck*, Über die Theoriebedürftigkeit der Geschichtswissenschaft (1972), in: ders., Zeitschichten, 2003, S. 298 (302).

zung des Sozialstaates unter veränderten Vorzeichen im Nationalsozialismus sowie die Sozialstaatsextension und anschließende Dauerkrise in der Bundesrepublik ist in zahlreichen Publikationen erzählt worden.[90] Der Befund der entsprechenden Untersuchungen soll hier nicht repetiert zu werden; auf seine Bedeutung für eine Verfassungstheorie des Sozialstaates wird zudem nachher noch näher einzugehen sein (infra B.II.). Begriffsgeschichtlich ist zunächst von Interesse, daß sich innerhalb des Aufbauzyklus der Terminus „Sozialstaat" erst sehr spät, nämlich nach dem 2. Weltkrieg, als Leitbegriff etabliert. Bis dahin ist er ab Ende des 19. Jahrhunderts zwar vereinzelt gebräuchlich. Ihm kommt aber keine diskursstrukturierende oder diskursorientierende Bedeutung zu.[91] Im Detail stellt sich dieser Befund wie folgt dar:

Die *Vorgeschichte des Sozialstaates* kennt drei Entwicklungsstränge sozialer Aktivitäten, von denen nur einer staatlich geprägt ist und damit auf den kommenden „Sozial*staat*" verweist. Nach der Auflösung der traditionellen Ordnungsformen der ständischen Gesellschaft und der mit ihr verbundenen oikoszentrierten Sicherungsversprechen spielte zunächst weniger der Staat als vielmehr die traditionelle *lokale* Armengesetzgebung eine wichtige Rolle.[92] Diese Zentralstellung zeigt sich etwa in der Umstellung vom Heimatprinzip zum Prinzip des Unterstützungswohnsitzes als Reaktion auf den Mobilitätsdruck in der Gesellschaft.[93] Das semantische Feld zur Beschreibung dieser Aktivitäten bewegt sich zwischen „Fürsorge", „Armenpflege", „Armenhilfe" und „Wohltätigkeit".[94] Daneben bildeten sich sukzessive *genossenschaftlich* organisierte Formen der sozialen Selbsthilfe aus (Arbeitervereine, „gewerbliche Hilfskassen"), denen kirchliche (Caritas, Innere Mission)[95] und aus dem Bürgertum

---

90 So etwa *M. Stolleis*, Geschichte des Sozialrechts in Deutschland, 2003; *G. Metzler*, Der deutsche Sozialstaat, 2. Aufl. 2003; *G. A. Ritter*, Der Sozialstaat, 2. Aufl. 1991; *ders.*, Soziale Frage und Sozialpolitik in Deutschland seit Beginn des 19. Jahrhunderts, 1998; *M. G. Schmidt*, Sozialpolitik in Deutschland, 3. Aufl. 2005, S. 19 ff.; *F. Tennstedt*, Geschichte des Sozialrechts, in: B. von Maydell/F. Ruland (Hrsg.), Sozialrechtshandbuch, 3. Aufl. 2003, S. 24 ff. jeweils mit weit. Nachw.

91 Begriffsgeschichtlich bestätigt sich damit die Einschätzung in den Sozialwissenschaften, daß der Sozialstaat ein „Nachkriegsphänomen westlicher Gesellschaften" ist, so etwa *S. Lessenich*, Soziologische Erklärungsansätze zu Entstehung und Funktion des Sozialstaats, in: J. Allmendinger/W. Ludwig-Mayerhofer (Hrsg.), Soziologie des Sozialstaats, 2000, S. 39 (41).

92 *C. Sachße/F. Tennstedt*, Geschichte der Armenfürsorge in Deutschland, 1980, S. 179 ff.

93 *G. A. Ritter*, Der Sozialstaat, 2. Aufl. 1991, S. 48; näher *H. Schinkel*, Armenpflege und Freizügigkeit in der preußischen Gesetzgebung im Jahre 1842, in: Vierteljahresschrift für Sozial- und Wirtschaftsgeschichte 50 (1963), 459 ff.

94 Cf. z.B. *C. von Rotteck*, Art. Armenwesen, in: ders./C. Welcker, Das Staats-Lexikon (1845), S. 670 ff.

95 Zu den Einspeisungen aus der Kultur- und Theologiegeschichte des Christentums in moderne Konzepte des Sozialstaates insg. etwa *H. Maier*, Historische Voraussetzungen des Sozialstaats in Deutschland, 2002, S. 14 ff.; *K. Nowak*, Geschichte des Christentums in Deutschland, 1995, S. 171 ff. mit weit. Nachw. S. 351 ff.; *K. Tanner*, Der Staat des christlichen

kommende Formen des sozialen Engagements zur Seite standen.[96] Zum dritten datiert auf das Jahr 1839 der Beginn der *staatlichen* Arbeitsschutzgesetzgebung,[97] die zunächst originär staatlichen Interessen folgte (Verbot der Kinderarbeit zur Sicherstellung hinreichender Wehrfähigkeit der jeweiligen Alternskohorte)[98] und der kein umfassenderes Konzept sozialer Interventionen des Staates – mithin von Sozialstaatlichkeit – zugrunde lag.

Als Geburtsstunde praktizierter Sozialstaatlichkeit in Deutschland gilt gemeinhin die Bismarcksche Sozialgesetzgebung.[99] Herzstück dieser Gesetzgebung ist das System öffentlich-rechtlicher Sozialversicherungen. Im Zuge der „Großen Depression" 1873 ging Bismarck zu den liberalen Ideen der Selbstregulierung der Märkte und der engen Grenzen staatlicher Tätigkeiten auf Distanz.[100] Er propagierte nun einen „mäßigen, vernünftigen Staatssocialismus".[101] Bismarcks sozialpolitisches Leitbild war staatszentriert und staatsverzweckt:[102] Die Sozialversicherung sollte politische Loyalität und nationale Identität evozieren und damit dem sich ausbildenden politisierten kollektiven Bewußtsein der lohnabhängigen Bevölkerung (Sozialdemokratie, Gewerkschaftsbewegung) entgegenwirken.[103] Dabei setzte Bismarck vor allem auf die Unfallversicherung. Doch prägekräftiger für den Sozialstaat sollten die Kranken- sowie die Invaliditäts- und Altersversicherung werden. Mit seinen Detailvorstellungen scheiterte Bismarck. Statt „Staatsrentner" brachte die Sozialgesetzgebung beitragszahlende, an der Selbstverwaltung der Versicherungen teilhabende Anspruchsinhaber.[104]

Gemeinwohls?, in: ZEE 39 (1995), 151 (153 ff.); *T. Moos*, Staatszweck und Staatsaufgaben in den protestantischen Ethiken des 19. Jahrhunderts, 2005; *T. Jähnichen/N. Friedrich*, Geschichte der sozialen Ideen im deutschen Protestantismus, in: H. Grebing (Hrsg.), Geschichte der sozialen Ideen in Deutschland, 2. Aufl. 2005, S. 865 ff. jeweils mit weit. Nachw.

96 *M. Stolleis*, Geschichte des Sozialrechts in Deutschland, 2003, S. 32.

97 Regulativ über die Beschäftigung jugendlicher Arbeiter in Fabriken vom 9. März 1839, PrGS 1839, 156.

98 *D. Grimm*, Die sozialgeschichtliche und verfassungsrechtliche Entwicklung zum Sozialstaat (1983), in: ders., Recht und Staat der bürgerlichen Gesellschaft, 1987, S. 138 (148).

99 Zur vorgelagterten Debatte 1848/1849 *H. Scholler*, Die sozialen Grundrechte in der Paulskirche, in: Der Staat 13 (1974), 51 ff.; *ders.*, Die soziale Frage und die Forderung sozialer Grundrechte, in: P. Bahners/G. Roellecke (Hrsg.), 1848 – Die Erfahrung der Freiheit, 1998, S. 71 ff.

100 *M. Stolleis*, Die Sozialversicherung Bismarcks (1979), in: ders., Konstitution und Intervention, 2001, S. 226 (232).

101 *O. v. Bismarck*, zit. nach: Berichtsentwurf des bayerischen Gesandten in Berlin Hugo Graf von und zu Lerchenfeld-Koefering an den bayerischen Außenminister Krafft Freiherr von Crailsheim, 18. Dezember 1880, in: F. Tennstedt/H. Winter (Hrsg.), Quellensammlung zur Geschichte der Deutschen Sozialpolitik 1867 bis 1914, Bd. 1, 1994, S. 597 (598).

102 *U. Wehler*, Das deutsche Kaiserreich 1871–1918, 7. Aufl. 1994, S. 135 ff.; mit etwas anderen Akzenten im Detail *F. Tennstedt*, Peitsche und Zuckerbrot oder ein Reich mit Zuckerbrot?, in: Zeitschrift für Sozialreform 43 (1997), 88 ff.; zum Gesamtkomplex siehe auch infra B.III.

103 *M. Stolleis*, Die unvollendete Gerechtigkeit, 2005, S. 59 f.

104 Näher *G. Haverkate*, Verfassungslehre, 1992, S. 264 ff.

Entsprechend ordnet sich das semantische Feld dieser Zeit nicht um den vom Kanzler angestrebten „Staatssocialismus" als Vorform des „Sozialstaates". Vielmehr bewegt sich die zeitgenössische Beschreibung der Entwicklung im terminologisch diffusen Feld zwischen „sozialer Frage"[105], „sozialer Reform",[106] „sozialem Fortschritt", „Sozialpolitik",[107] „Wohlfahrt",[108] „Arbeiterfrage" und „Arbeiterschutz". Auch die rechtswissenschaftliche Aufarbeitung der einsetzenden Sozialgesetzgebung findet im Begriff des Sozialstaates keine Orientierung. Das erste Lehrbuch zum Sozialversicherungsrecht firmiert als „Recht der Arbeiterversicherung";[109] nur allmählich etabliert sich der Terminus „Sozialrecht",[110] der zunächst stark durch genossenschaftsrechtliche Traditionen geprägt ist[111] und damit in Distanz zum damaligen anstaltlichen Staatsverständnis steht.[112] Im Kontext der einsetzenden Sozialgesetzgebung findet man dann zwar auch erste staatsrechtliche Beschreibungen der „sozialen Aufgaben des modernen Staates",[113] vom „Sozialstaat" bzw. „sozialen" Staat ist in den politischen und akademischen Diskursen der Zeit aber gleichwohl so gut wie nie die Rede.

Dieser Befund läßt sich auf die Phase des 1. Weltkrieges übertragen. Mit ihm ging der Aufbau eines „Kriegssozialismus"[114] einher,[115] durch den sich die Vorstellung eines intervenierenden, steuernden, planenden und leistenden Staates in den Köpfen der Bevölkerung nachhaltig festsetzte.[116] Die Arbeitsbeziehungen wurden in vielfältiger Weise reguliert,[117] ferner etablierte sich eine von der Armenfürsorge abgesetzte Kriegsfürsorge, auf die „Familien in den Dienst ge-

---

[105] Hierzu *E. Pankoke*, Art. Soziale Frage, Soziale Probleme, in: B. Schäfer (Hrsg.), Grundbegriffe der Soziologie, 6. Aufl. 2000, Sp. 314 ff.; *T. Jähnichen*, Art. Soziale Frage, in: RGG, 4. Aufl., Bd. 7, 2004, Sp. 1473 ff.; *G. A. Ritter*, Soziale Frage und Sozialpolitik in Deutschland seit Beginn des 19. Jahrhunderts, 1998; *M. Friedrich*, Art. Soziale Frage, in: Ev. Staatslexikon, Neuausgabe 2006, Sp. 2180 ff. jeweils mit weit. Nachw.

[106] Hierzu *C. Dipper*, Sozialreform – Geschichte eines umstrittenen Begriffs, in: Archiv für Sozialgeschichte 32 (1992), 323 ff. mit weit. Nachw.

[107] *F.-X. Kaufmann*, Sozialpolitisches Denken, 2003.

[108] *Ch. Conrad*, Art. Wohlfahrt, Wohlfahrtsstaat II., in: J. Ritter u.a. (Hrsg.), Historisches Wörterbuch der Philosophie, Bd. 12, 2004, Sp. 999.

[109] *H. Rosin*, Das Recht der Arbeiterversicherung, 1893.

[110] *M. Stolleis*, Geschichte des öffentlichen Rechts in Deutschland, Bd. 3, 2002, S. 216 ff. Siehe auch *I. Mikešić*, Sozialrecht als wissenschaftliche Disziplin, 2002, die den Beginn des Sozialrechts in der Weimarer Republik verortet.

[111] *M. Stolleis*, Geschichte des Sozialrechts in Deutschland, 2003, S. 310 f.; cf. hierzu a. *ders.*, Geschichte des öffentlichen Rechts in Deutschland, Bd. 2, 1992, S. 359 ff.

[112] Zu diesem Verständnis *C. Schönberger*, Das Parlament im Anstaltsstaat, 1997.

[113] *R. Sohm*, Die sozialen Aufgaben des modernen Staates, in: Cosmopolis 8 (1897), 231 ff., 586 ff.

[114] *T. Heuss*, Der Kriegssozialismus, 1915.

[115] Cf. *J. Kocka*, Klassengesellschaft im Krieg. Deutsche Sozialgeschichte 1914–1918, 2. Aufl. 1978.

[116] Siehe auch *M. Stolleis*, Die Entstehung des Interventionsstaates und das öffentliche Recht (1989), in: ders., Konstitution und Intervention, 2001, S. 253 (276 ff.).

[117] *G. Metzler*, Der deutsche Sozialstaat, 2. Aufl. 2003, S. 37 ff.

tretener Männer" einen Rechtsanspruch hatten. Ein solches subjektives Recht auf Unterstützung kannte das Armenwesen nicht.[118] Die staatliche Interventionspraxis während des 1. Weltkrieges dynamisierte somit den Sozialstaat in seinen faktischen Vollzügen. „Nahezu alles, was zu den typischen sozialen Errungenschaften der Weimarer Republik zu zählen ist und in den Jahren 1918 bis 1920 Gesetzeskraft erlangte, läßt sich in den Grundlagen auf die Praxis der Kriegszeit zurückführen."[119] Den Begriff des „Sozialstaates" etablierte die autoritäre Kriegswohlfahrt jedoch nicht.[120]

Erst mit der verfassungsrechtlichen Verankerung des sozialstaatlichen Denkens in der Weimarer Reichsverfassung gewann dann die explizite Rede vom „Sozialstaat" eine gewisse Bedeutung. Der Reichsminister der Finanzen, *Mathias Erzberger* etwa beschwor zu Beginn der Weimarer Republik den „Sozialstaat der Zukunft".[121] In die Weimarer Reichsverfassung wurden eine Fülle an Vorschriften zur Wirtschafts- und Sozialordnung aufgenommen, ohne freilich die Begriffe „Sozialstaat" oder „sozialer" Staat zu verwenden.[122]

Zu nennen ist der Schutz der Vertragsfreiheit (Art. 151 I S. 2 WRV), des Eigentums (Art. 153 I WRV) und Erbrechts (Art. 154 I WRV), der Koalitionsfreiheit (Art. 159 I, Art. 165 I WRV), aber auch Regelungen zur Enteignung (Art. 153 II WRV), zur Bodennutzung (Art. 155 WRV) und Vergesellschaftung (Art. 156 WRV) sowie zu einer wirtschaftlichen Räteordnung (Art. 165 WRV). Carl Schmitts böses Wort vom „dilatorischen Formelkompromiß"[123] zielte insbesondere auf dieses Weimarer Wirtschaftsverfassungsrecht. Das Sozialversicherungswesen wurde institutionell garantiert (Art. 161 WRV), ebenso die staatliche Unterhaltspflicht gegenüber ungewollt Erwerbslosen (Art. 163 II

---

[118] *C. Sachße/F. Tennstedt*, Geschichte der Armenfürsorge, Bd. 2, 1988, S. 51.

[119] *W. Abelshauser*, Die Weimarer Republik – ein Wohlfahrtsstaat?, in: ders., Die Weimarer Republik als Wohlfahrtsstaat, 1987, S. 9 (15); zu den Langzeitwirkungen des „Kriegssozialismus auch *F. Meinel*, Der Verfassungsumbruch bei Kriegsende in der Staatsrechtslehre 1918–1939, in: C. Gusy (Hrsg.), Europäische Verfassungsentwicklungen der Zwischenkriegszeit, 2007, i.E.

[120] Ein Indiz hierfür: Im klassischen Lehrbuch von *G. Meyer/G. Anschütz*, Lehrbuch des Staatsrechts, 7. Aufl. 1919 findet die Kategorie des „sozialen" Staates keine Verwendung; kursorisch und ohne innere Verbindung als Teil der inneren Verwaltung erwähnt werden die Armenunterstützung (S. 822), das Gesundheitswesen (S. 824) und die Kranken- und Unfallversicherung (S. 834 f.).

[121] Zitiert nach *W. Abelshauser*, Die Weimarer Republik – ein Wohlfahrtsstaat?, in: ders., Die Weimarer Republik als Wohlfahrtsstaat, 1987, S. 9 (10).

[122] Im Überblick etwa *C. Gusy*, Die Weimarer Reichsverfassung, 1997, S. 353 ff.; *D. Grimm*, Die sozialgeschichtliche und verfassungsrechtliche Entwicklung zum Sozialstaat (1983), in: ders., Recht und Staat der bürgerlichen Gesellschaft, 1987, S. 138 (153 ff.), der wegen des spezifischen Weimarer Grundrechtsverständnisses nicht von einem Weimarer Sozialstaat sprechen will; näher zu diesem Verständnis *E. R. Huber*, Deutsche Verfassungsgeschichte, Bd. 6, 1981, S. 94 ff.; *C. Enders*, Sozialstaatlichkeit im Spannungsfeld von Eigenverantwortung und Fürsorge, in: VVDStRL 64 (2005), S. 7 (25 f.); *W. Wiederin*, Sozialstaatlichkeit im Spannungsfeld von Eigenverantwortung und Fürsorge, ebenda, S. 53 (63 ff.); *F. Völtzer*, Der Sozialstaatsgedanke in der Weimarer Reichsverfassung, 1992.

[123] *C. Schmitt*, Verfassungslehre (1922), 8. Aufl. 1993, S. 31 ff.

S. 2 WRV). Auch Normen mit stark appellativem Charakter finden sich: Die Ordnung der Wirtschaft müsse „den Grundsätzen der Gerechtigkeit mit dem Ziele der Gewährleistung eines menschenwürdigen Daseins für alle entsprechen“ (Art. 151 I WRV). Jeder Deutsche habe „die sittliche Pflicht, seine geistigen und körperlichen Kräfte so zu betätigen, wie es das Wohl der Gesamtheit erfordert“ (Art. 163 I WRV). Damit dieser Pflicht nachgekommen werden kann, solle jedem Deutschen „die Möglichkeit gegeben werden, durch wirtschaftliche Arbeit seinen Unterhalt zu erwerben“ (Art. 163 II 1 WRV).

Auch ohne explizite Aufnahme des „Sozialstaates“ in die Verfassung wurde zur Umschreibung der sozialen Dimension des Staates nun auf die Formel vom „sozialen“ Staat oder „Sozialstaat“ zurückgegriffen. Beide Begriffe waren jedoch weit davon entfernt, die verfassungsrechtlichen Debatten maßgeblich zu strukturieren.[124] Der Sprachgebrauch blieb diffus. Der häufiger bemühte „soziale Volksstaat“ trat neben den seltener verwendeten „Wohlfahrtsstaat“ (hierzu sogleich). Insgesamt aber spielten derartige Attributionen des Staates keine allzu große Rolle. In den gesellschaftlichen Debatten bildeten die Forderung nach „sozialer Gerechtigkeit“, der „Klassenkampf“ oder der „Antagonismus von Kapital und Arbeit“ die semantischen Richtgrößen und die staatsrechtliche Auseinandersetzung um die Bestimmungen zur Wirtschafts- und Sozialordnung war vor allem davon geprägt, liberale und sozialistische Verfassungsgehalte der Weimarer Reichsverfassung zu unterscheiden, die Verfassung also vor dem Hintergrund von liberal-bürgerlichen und marxistischen Großideologien zu lesen.[125] Auch in den staatstheoretischen Debatten zwischen den vier Großen, *Hans Kelsen*, *Carl Schmitt*, *Hermann Heller* und *Rudolf Smend*,[126] spielten die sozialen Aktivitäten des Staates keine besondere Rolle. Erst in der Bundesrepublik wurden vor der Folie des Art. 20 GG dann Grundfiguren aus dem Weimarer Methodenstreit für die Deutung des Sozialstaates fruchtbar gemacht, so etwa die Smendsche Integrationslehre und der Hellersche Staatsbegriff durch *Konrad Hesse*.[127]

---

[124] In den Stichwortregistern der einschlägigen Handbücher, Lehrbücher und Kommentare sucht man die Eintragungen „Sozialstaat“, „sozialer Staat“, aber auch „Wohlfahrtsstaat“ vergeblich, so z.B. in *H. C. Nipperdey* (Hrsg.), Die Grundrechte und Grundpflichten der Reichsverfassung, Bd. 3, 1930; *G. Anschütz/R. Thoma* (Hrsg.), Handbuch des Staatsrechts, 2 Bde., 1930; *G. Anschütz*, Die Verfassung des Deutschen Reiches, 14. Aufl. 1933; *F. Poetzsch-Heffter*, Handkommentar der Reichsverfassung, 3. Aufl. 1928; *C. Schmitt*, Verfassungslehre (1928), 8. Aufl. 1993.

[125] Cf. etwa *C. Schmitt*, Grundrechte und Grundpflichten (1932), in: ders., Verfassungsrechtliche Aufsätze aus den Jahren 1924–1954, 4. Aufl. 2003, S. 181 (194 ff.); *H. Heller*, Grundrechte und Grundpflichten (1924), in: ders., Gesammelte Schriften, Bd. II, 1992, S. 281 (310 ff.).

[126] Hierzu *M. Stolleis*, Geschichte des öffentlichen Rechts in Deutschland, Bd. 3, 2002, S. 153 ff; *C. Möllers*, Staat als Argument, 2000, S. 36 ff.

[127] *K. Hesse*, Grundzüge des Verfassungsrechts der Bundesrepublik Deutschland, 20. Aufl. 1995; *ders.*, Der Rechtsstaat im Verfassungssystem des Grundgesetzes (1962), in: E. Forsthoff (Hrsg.), Rechtsstaatlichkeit und Sozialstaatlichkeit, 1968, S. 557 ff.

d) Nach dem 2. Weltkrieg

Trotz dieses dürftigen „Kanons“ der vorkonstitutionellen Verwendung setzte nach 1945 der Siegeszug des Begriffs „Sozialstaat“ ein.[128] Zahlreiche Länderverfassungen verwendeten nunmehr die Formel vom „Sozialstaat“ (Art. 3 Bay. Verf.) bzw. vom „sozialen“ Staat (Art. 43 S. 2 Württ.-Bad.Verf. 1946 – „sozialer Volksstaat“; Art. 74 Abs. 1 Rh.-Pf.Verf. – „sozialer Gliedstaat“; Art. 50 Abs. 1 Bad.Verf. 1947 – „sozialer Freistaat“).[129] Im Grundgesetz hält sie in Art. 20 Abs. 1 GG und Art. 28 Abs. 1 GG Einzug. Bemerkenswerterweise wurde im Parlamentarischen Rat über die Frage wenig Aufhebens gemacht. Die Formel vom „sozialen Rechtsstaat“ führte *Hermann von Mangoldt* in die Beratungen des allgemeinen Redaktionsausschusses ein. Im Verlauf der Diskussionen und Redaktionen wurde dann das Bezugssubjekt des Sozialen mehrfach verändert, wozu *Carlo Schmid, Hans-Christoph Seebohm* und *Theodor Heuß* maßgebliche Impulse gaben; die Aufnahme des Attributs „sozial“ für den neuen Staat blieb jedoch unbezweifelt und unthematisiert.[130]

In den 1950er und 1960er Jahren erfuhr das soziale Engagement des Staates dann eine schnelle Ausweitung,[131] womit auch die Intensität der politischen und akademischen Auseinandersetzung mit dem Phänomen zunahm. Auf erste Annäherungen in der Staatsrechtslehre wurde einführend hingewiesen (oben A.II./III.). In der Rechtswissenschaft firmieren die einsetzenden Debatten über die sozialen Aktivitäten des Staates – ihre verfassungsrechtlichen Ziele, Mittel und Grenzen – nun nahezu durchgehend unter der Überschrift „Sozialstaat“. Konkurrenz wuchs der sozialstaatlichen Semantik allenfalls im Begriff der „Daseinsvorsorge“ heran, der aber überwiegend leicht versetzt zum Sozialstaatsparadigma verwendet wurde und wird.[132]

Auch das europäische Ausland kannte in der Nachkriegszeit Art. 20 Abs. 1 GG entsprechende Sozialformeln, so Frankreich (Art. 1 der französischen Ver-

[128] *K.-P. Sommermann*, Staatsziele und Staatszielbestimmungen, 1997, S. 223; *H. Butzer*, Die Sozialstaatsentwicklung unter dem Grundgesetz, 2006, S. 14.

[129] Im Überblick *H. F. Zacher*, Das soziale Staatsziel, in: HStR, Bd. 2, 3. Aufl. 2004, S. 659 (669 ff.).

[130] Siehe *K.-B. v. Doemming/R. W. Füßlein/W. Matz*, Entstehungsgeschichte der Artikel des Grundgesetzes, in. JöR n.F. 1 (1951), 1 (194 ff.); *K. Niclauß*, Der Parlamentarische Rat und das Sozialstaatspostulat, in: PVS 15 (1974), 33 (41 ff.); *H. F. Zacher*, Das soziale Staatsziel, in: HStR, Bd. 2, 3. Aufl. 2004, S. 659 (670 f.); *W. Weber*, Die verfassungsrechtlichen Grenzen sozialstaatlicher Forderungen, in: Der Staat 4 (1965), 409 (411 ff.); *H.-H. Hartwich*, Wirtschaftsdemokratie und die Theorie vom sozialen Rechtsstaat, in: Probleme der Demokratie heute – PVS Sonderheft, 1971, S. 274 (275 f.); *H. Noack*, Sozialstaatsklauseln und juristische Methode, 1975, S. 25 ff.

[131] Cf. *J. Alber*, Der Sozialstaat in der Bundesrepublik 1950–1983, 1989, S. 58 ff., 68 ff.; *H. F. Zacher*, Der Sozialstaat an der Wende zum 21. Jahrhundert, in: VSSR 2000, 185 ff.

[132] Cf. *H. F. Zacher*, Das soziale Staatsziel, in: HStR, Bd. 2, 3. Aufl. 2004, S. 659 (705 f.); *W. Rüfner*, Daseinsvorsorge und soziale Sicherheit, in: HStR, Bd. 4. 3. Aufl. 2006, S. 1049 ff.

fassung von 1946) und das franquistische Spanien (Nachfolgegesetz 1947).[133] Heute zählt das soziale Staatsziel in zahlreichen europäischen Staaten zu den zentralen Merkmalen der verfassungsstaatlichen Identität und auch die Europäische Union hat sich sozialen Grundsätzen verpflichtet (vgl. Präambel und Art. 2 EUV, Art. 136 ff., Art. 152 EGV).[134]

Mit dem Grundgesetz stieg der „soziale" Staat also im deutschen (und europäischen) Verfassungsrecht zur Zentralkategorie auf, um die zahlreichen sozialpolitischen Aktivitäten der öffentlichen Hand verfassungsrechtlich einzubinden. Ein Kausalzusammenhang ist zu vermuten und das faktische Ausgreifen der sozialstaatlichen Betätigung dürfte das neue semantische Feld zudem stabil gehalten haben. Der „Sozialstaat" etablierte sich nach 1949 fest im Ensemble politischer und verfassungsrechtlicher Grundbegriffe. In diesem Stand ist er geradezu unangefochten. Auch die seit den 1970er Jahren in Deutschland, aber auch international etablierten Diskurse über „Krise" und „Umbau" des Sozialstaates hinterließen terminologisch nur insoweit Spuren, als dem Sozialstaat allerlei neue Prädikate vorangestellt werden, um Reformdimensionen zu bezeichnen: der Sozialstaat wird so zum „vorsorgenden", „befähigenden", „aktivierenden" Sozialstaat – und bleibt eben doch „Sozialstaat".

e) Problematisches Erbe: der nationalsozialistische Sozialstaat

Weitgehend unerwähnt bleibt in den knappen Rekonstruktionen der Begriffsgeschichte, die in der Fachliteratur zu finden sind, der Umstand, daß auch der NS-Staat sich als „sozialer Volksstaat"[135] bzw. als „Sozialstaat"[136] verstand.[137] So entbehrt es nicht einer gewissen Plausibilität, daß sich das nationalsozialistische Regime für breite Bevölkerungsgruppen lange Zeit als „Gefälligkeitsdiktatur" darstellte, die Unterstützung auch durch sozialpolitische Wohltaten mobilisierte.[138] Deshalb ist es wissenschaftlich unredlich, die Begriffsgeschichte

---

[133] Zum Sozialstaat als verfassungsrechtlichen Allgemeingut nach dem 2. Weltkrieg auch *W. Kägi*, Rechtsstaat – Sozialstaat – sozialer Rechtsstaat, in: Die Schweiz – ein nationales Jahrbuch, 1945, S. 129 ff.; zur gemeineuropäischen Dimension der Nachkriegsentwicklung des Sozialstaats eindrücklich *T. Judt*, Postwar, 2005, S. 72 ff.

[134] Hierzu infra G.VI.

[135] *E. Taterin-Tarnheyden*, Werdendes Staatsrecht, 1934, S. 29 f.

[136] *T. Bühler*, Von der Utopie zum Sozialstaat, 1942.

[137] Zur Sozialpolitik im Nationalsozialismus etwa *G. A. Ritter*, Der Sozialstaat, 2. Aufl. 1991, S. 131 ff.; *ders.*, Soziale Frage und Sozialpolitik in Deutschland seit Beginn des 19. Jahrhunderts, 1998, S. 80 ff.; *C. Sachße/F. Tennstedt*, Geschichte der Armenfürsorge Bd. 3, 1992; *S. Kott*, Der Sozialstaat, in: E. François/H. Schulze (Hrsg.), Deutsche Erinnerungsorte – Eine Auswahl, 2005, S. 258 (267 ff.); *M.-L. Recker*, Nationalsozialistische Sozialpolitik im Zweiten Weltkrieg, 1985; *E. Hansen*, Wohlfahrtspolitik im NS-Staat, 1991; *H. G. Hockerts* (Hrsg.), Drei Wege deutscher Sozialstaatlichkeit, 1998 jeweils mit weit. Nachw. Als Zeitdokument aufschlußreich auch *E. R. Huber*, Die Gestalt des deutschen Sozialismus, 1934.

[138] Cf. in diesem Zshg. *G. Aly u.a.*, Sozialpolitik und Judenvernichtung. Gibt es eine Ökonomie der Endlösung, 1987; *ders.*, Hitlers Volksstaat, 2005, der untersucht, inwieweit die

mit Heller enden zu lassen und damit anzudeuten, der Begriff sei 1945 wieder wie Phoenix aus der Asche gestiegen. Gleichwohl erlaubt die z.T. identische Begriffswahl vor und nach 1945 keine Rückschlüsse auf mehr oder weniger „entfernte Verwandtschaften"[139] zwischen dem Sozialstaat des Grundgesetzes und der nationalsozialistischen Diktatur. Terminologische Kontinuität zwingt nicht dazu, einer schlichten Genealogie das Wort zu reden.[140] Die Idee des Sozialstaates ist durch den Nationalsozialismus deshalb ebensowenig desavouiert wie die Idee der *Volks*herrschaft oder des Staates überhaupt als ethisch gerechtfertigte Ordnungsmacht. Vielmehr ermöglicht die Erinnerung an die nationalsozialistische Umverteilungspolitik unter dem Banner eines völkisch-rassischen Sozialstaates gerade eine genauere Analyse der Abgründe sozialstaatlicher Herrschaftsausübung und die Schärfung des normativen Konzepts eines *freiheitlichen und demokratischen* Sozialstaates als bewußtem Kontrastprogramm zum vorhergehenden Unrechtsregime.

3. Zur Doppelbödigkeit des „Wohlfahrtsstaates"

Ähnlich wie der Begriff „Sozialstaat" ist auch der Terminus „Wohlfahrtsstaat" ein Produkt des 19. Jahrhunderts.[141] Erstmals findet er sich wohl in *Adolph Wagners* „Allgemeine oder theoretische Volkswirtschaftslehre" aus dem Jahre 1876,[142] in der dieser das „Gesetz der wachsenden Ausdehnung der öffentlichen bzw. der ‚Staatsthätigkeiten'" aufstellt:

Kriegswirtschaft in den besetzten Gebieten und die Enteignung der Juden zur Finanzierung des nationalen Sozialismus beigetragen haben; hierzu kritisch z.B. *F. Nullmeier*, „Bürgertum" statt „Volk", in: ZSR 51 (2005), 448 ff.; *A. Ebbinghaus*, Fakten oder Fiktionen, in: Sozial. Geschichte 2005, 29 ff.; *R. Hachtmann*, Öffentlichkeitswirksame Knallfrösche, ebenda, 46 ff.; *C. Buchheim*, Die vielen Rechenfehler in der Abrechnung Götz Alys mit den Deutschen unter dem NS-Regime, ebenda, 67 ff.; *T. Kuczynski*, Die Legende vom nationalen Sozialismus, ebenda, 77 ff.; *J. Caplan*, Cui bono?, ebenda, 86 ff.; *W. Wildt*, Alys Volksstaat, ebenda, 91 ff.; hierzu Duplik von *G. Aly*, Antworten auf meine Kritiker, in: Sozial. Geschichte 2006, 79 ff.

139 Lesenswert insoweit freilich *W. Schievelbusch*, Entfernte Verwandtschaft. Faschismus, Nationalsozialismus, New Deal 1933–1939, 2005.

140 Daß jeweils ein differenzierter Blick vonnöten ist, zeigt sich etwa, wenn man nach den Wurzeln der sozialen Marktwirtschaft fragt. *T. Judt*, Postwar, 2006, S. 355 zeigt aus sozialhistorischer Sicht: „The social market economy of Ludwig Erhard had its roots in the policies of Albert Speer." Prägend für die Trägergruppe der sozialen Marktwirtschaft waren aber auch, dies übersieht Judt, Widerstandsmilieus und evangelische Ordnungsideen; *F.-X. Kaufmann*, Sozialpolitisches Denken, 2003, S. 129 ff.; näher *P. Manow*, Ordoliberalismus als ökonomische Ordnungstheologie, in: Leviathan 29 (2001), 179 ff.

141 *Ch. Conrad*, Art. Wohlfahrt, Wohlfahrtsstaat II., in: J. Ritter u.a. (Hrsg.), Historisches Wörterbuch der Philosophie, Bd. 12, 2004, Sp. 999; *T. Steinforth*, Selbstachtung im Wohlfahrtsstaat, 2001, S. 47.

142 So *F.-X. Kaufmann*, Sozialpolitisches Denken, 2003, S. 79 Fn. 202; vorsichtiger („schon

„Und der Staat fortschreitender Völker, so namentlich der modernen, hört immer mehr auf, einseitig Rechtsstaat, in dem Sinne der möglichst alleinigen Verwirklichung des Rechts- und Machtzwecks, zu sein und wird immer mehr Cultur- und Wohlfahrtsstaat in dem Sinne, daß gerade seine Leistungen auf dem Gebiet des Kultur- und Wohlfahrtszwecks sich beständig mehr ausdehnen."[143]

Wagner gehörte zu dem im Verein für Socialpolitik versammelten Kreis der Kathedersozialisten, in dem er zu den energischsten Vertretern eines sozialinterventionistischen Staatsverständnisses gehörte.[144] Auch in der in den Anfängen steckenden Sozialwissenschaft, für die der Verein eine nicht unwichtige Rolle spielt, findet der Begriff „Wohlfahrtsstaat" gelegentliche Erwähnung, so etwa in Max Webers „Wirtschaft und Gesellschaft".[145]

Im politischen und juristischen Sprachgebrauch des ausgehenden 19. Jahrhunderts etablierte sich der Terminus „Wohlfahrtsstaat" hingegen nur zögerlich. Die Zentrumspartei nahm ihn in ihre Richtlinien auf.[146] Im Vordergrund des politischen und wissenschaftlichen Sprachgebrauchs der damaligen Zeit standen aber, wenn es um die Bewältigung von Folgelasten des sozialen Wandels ging, andere Begriffe (s.o.).[147] Auch war der „Wohlfahrtsstaat" keineswegs nur positiv konnotiert. Seine prominenteste Verwendung in der Weimarer Zeit fand er in einem dezidiert pejorativen Sinne – in einer Kundgebung der Reichsregierung *von Papen* 1932:

„Die Nachkriegsregierungen haben geglaubt, durch einen sich ständig steigernden Staatssozialismus die materiellen Sorgen dem Arbeitnehmer wie dem Arbeitgeber in weitem Maße abnehmen zu können. Sie haben den Staat zu einer Art Wohlfahrtsstaat zu machen versucht und damit die moralischen Kräfte der Nation geschwächt."[148]

Mit den beiden Zitaten von Wagner und von Papen sind zwei Pole des wohlfahrtsstaatlichen Sprachgebrauchs benannt, die bis heute prägend sind. Gemeinsam ist beiden die Vorstellung eines gesellschaftsgestaltenden, intervenierenden Staates, der sich vom liberalen Ideal des reinen Rechtsstaates absetzt. Trennend ist die Bewertung, die das neue Leitbild staatlicher Aktivitäten er-

..."') *G. A. Ritter*, Der Sozialstaat, 2. Aufl. 1991, S. 4; unzutreffend hingegen *M. Stolleis*, Art. Wohlfahrt, in: HRG, Bd. 5 1998, Sp. 1486 (1487) „erstmals" in „der Regierungserklärung des Reichskanzlers v.Papen (1932)".

143 *A. Wagner*, Allgemeine oder theoretische Volkswirtschaftslehre, 1. Teil, 1876 (Faksimile 1991), S. 257.

144 *G. A. Ritter*, Der Sozialstaat, 2. Aufl. 1991, S. 76 f.

145 *M. Weber*, Wirtschaft und Gesellschaft, 5. Aufl. 1980, S. 514, siehe auch S. 507 zum Einfluß der „Wohlfahrtsbürokratie" auf die Entformalisierung des Rechts. Umfassend zum Komplex Max Weber und der Sozialstaat *E. Rieger*, Zur „Theorie" der Sozialpolitik und des Wohlfahrtsstaates. Der Beitrag Max Webers, ZeS-Arbeitspapier 14/99.

146 *F.-X. Kaufmann*, Sozialpolitisches Denken, 2003, S. 79 Fn. 202.

147 Cf. *W. Abelshauser*, Die Weimarer Republik – Ein Wohlfahrtsstaat?, in: ders. (Hrsg.), Die Weimarer Republik als Wohlfahrtsstaat, 1987, S. 9 ff.

148 Abgedruckt bei *E. R. Huber* (Hrsg.), Dokumente zur deutschen Verfassungsgeschichte, Bd. 3, 1966, S. 486 f.

fährt. Das Potential zu dieser doppelbödigen Verwendung des Begriffs „Wohlfahrtsstaat" speist sich aus der langen begrifflichen Vorgeschichte seines ersten Wortteils. Schließlich ist die „wolvart" ein rechtsgeschichtlich wohletablierter Begriff.[149] Bereits im 16. Jahrhundert wurde er zur „Standardformel für Ziel, Legitimation und Begrenzung obrigkeitlichen Handelns."[150] In seiner Offenheit für gleichermaßen religiöse, moralische, materielle und politische Sinndimensionen[151] wurde er zum Leitstern im Kosmos der „guten Policey".[152] Im Gefolge der rationalistischen Naturrechtslehren und dem Aufkommen des politischen Liberalismus geriet das tradierte Wohlfahrtskonzept jedoch in die Defensive. Das öffentliche Recht lernte Gefahrenabwehr von der Beförderung der allgemeinen Wohlfahrt zu trennen;[153] die Staatsphilosophie der Zeit beschwor die „Gränzen der Wirksamkeit des Staates".[154] Jenseits der Abwehr von inneren und äußeren Gefahren befördere das Zusammenwirken der einzelnen nach ihrer Willkür das Wohl aller besser als staatlicher Dirigismus – so das Credo der liberalen Staatslehre von Locke bis Humboldt.

Erst im Zuge der sozialpolitischen Streitigkeiten Ende des 19. Jahrhunderts fand die Idee der „Wohlfahrt" dann erneut verstärkt Beachtung,[155] wobei an die Frontstellung der tradierten Wohlfahrtskonzeptionen (im Sinne einer „guten Ordnung") gegenüber dem Liberalismus bewußt angeknüpft wurde. In diesem Sinne ist der „Wohlfahrtsstaat" bis heute – auch im rechtswissenschaftlichen Schrifttum – eben Chiffre für den die sozialen Bedingungen der Gesellschaft bewußt gestaltenden Staat und damit das Gegenmodell zu einem Nachtwächterstaat altliberaler Provenienz.[156] Von geringer Bedeutung für

[149] Siehe mit Nachw. *M. Rassem*, Art. Wohlfahrt, Wohltat, Wohltätigkeit, Caritas, in: O. Brunner/W. Conze/R. Koselleck (Hrsg.), Geschichtliche Grundbegriffe, Bd. 7, 1993, S. 595 ff.

[150] *M. Stolleis*, Art. Wohlfahrt, in: HRG, Bd. 5 1998, Sp. 1486 (1486); cf. näher auch *H. Uppendahl, H.*, Eudämonismus und Wohlfahrtsstaat, in: ARSP 64 (1978), 205 ff..

[151] *Th. Sokol*, Art. Wohlfahrt; Wohlfahrtsstaat I., in: J. Ritter u.a. (Hrsg.), Historisches Wörterbuch der Philosophie, Bd. 12, 2004, Sp. 997 f.

[152] Zu dieser etwa eindrücklich *Th. Simon*, „Gute Policey", 2004.

[153] *M. Stolleis*, Geschichte des öffentlichen Rechts in Deutschland, Bd. 2, 1992, S. 229 ff., 243 ff., 419 f. und öfter mit weit. Nachw.

[154] *W. v. Humboldt*, Ideen zu einem Versuch, die Gränzen der Wirksamkeit des Staates zu bestimmen (1792), in: ders., Werke, Bd. 1, 2002, S. 56 ff.

[155] Als rhetorische Formel blieb die „Wohlfahrt" freilich auch in den Hochphasen des Liberalismus in gewissem Umfang gebräuchlich, so wird etwa in der Präambel der Verfassung des Deutschen Reichs von 1871 die „Pflege der Wohlfahrt des Deutschen Volkes" beschworen.

[156] Cf. *G. Dürig*, Verfassung und Verwaltung im Wohlfahrtsstaat, in: JZ 1953, 193: „Der Staat sieht sich nicht mehr einer integren, ‚als vorausgesetzte Gegebenheit behandelten' Sozialordnung gegenüber, sondern *er* muß diese soziale Ordnung erst schaffen … . Für diesen sozialstaatlichen Typ des Rechtsstaates scheint sich neuerdings (wohl unter Einfluß des englischen Vorbilds) der Ausdruck „Wohlfahrtsstaat" durchzusetzen. Wenn man den selbstverständlichen Vorbehalt macht, daß der ‚Wohlfahrtsstaat' nicht im Sinn eines ‚Rentenempfän-

den deutschen Sprachraum ist hingegen die jakobinische „Wohlfahrts"-Tradition.[157]

Mit diesem sozio-historischen Resonanzraum versehen ist der „Wohlfahrtsstaat" in seiner Tiefenschicht doppelt belegt. In ihm sind zwei zentrale Erfahrungen aus unterschiedlichen Phasen der Ausbildung des modernen Verfassungsstaates angelagert: er fungiert zugleich als Negativfolie im Ringen um die Entstehung moderner, das Individuum als Selbstzweck achtender Rechtsstaatlichkeit und als Positivfolie im Ringen um das Entstehen moderner, das Individuum in seiner sozialen Gefährdung schützenden Sozialstaatlichkeit. Beide Erfahrungskreise lassen sich bis heute aktivieren – auch in verfassungsrechtlichen und -politischen Streitigkeiten, wenn etwa in der Auseinandersetzung um die Aufgaben der kommunalen Träger der Sozialhilfe die freie Wohlfahrtspflege dem zentralistischen Wohlfahrts*staat* gegenübergestellt wird.[158]

4. Konsequenzen

Für eine verfassungstheoretische Annäherung an den Sozialstaat lassen sich aus den vorstehenden begriffsgeschichtlichen Notizen wohl drei Schlußfolgerungen ziehen: Zunächst zwingen sie im Verfassungsrecht nicht zu einem terminologischen Purismus. Beide Begriffe, „Sozialstaat" und „Wohlfahrtsstaat", sind verwendbar. Der Terminus „Sozialstaat" ist in der verfassungsrechtlichen Auseinandersetzung fest etabliert, der Begriff „Wohlfahrtsstaat" findet jedoch gleichfalls immer wieder als Synonym Verwendung. Beispielhaft sei etwa auf *Günter Dürigs* Aufsatz „Verfassung und Verwaltung des Wohlfahrtsstaates"[159] (1953) oder auf Peter Baduras Antrittsvorlesung aus dem Jahr 1966[160] verwiesen. Wegen seiner insbesondere in der sozialtheoretischen Verwendung immer wieder durchschlagenden multiplen Bedeutungsschichten verlangt der Begriff des Wohlfahrtsstaates zwar eine gewisse Kontextsensibilität, zugleich aber

ger- und Armensüppchenstaates' mißdeutet werden darf, ist gegen den Terminus nichts einzuwenden." Cf. auch *ders.*, in: ders./Maunz, GG, Art. 3 Abs. 1 Rdnr. 149.

157 Hierzu *M. Rassem*, Art. Wohlfahrt, Wohltat, Wohltätigkeit, Caritas, in: O. Brunner/W. Conze/R. Koselleck (Hrsg.), Geschichtliche Grundbegriffe, Bd. 7, 1993, S. 525 (626 ff.).

158 Zur Auseinandersetzung siehe BVerfGE 22, 180 ff.; näher *P. Lerche*, Verfassungsfragen um Sozialhilfe und Jugendwohlfahrt, 1963; *H. F. Zacher*, Freiheit und Gleichheit in der Wohlfahrtspflege, 1964; *A. Rinken*, Das Öffentliche als verfassungstheoretisches Problem, 1971; *V. Neumann*, Freiheitsgefährdung im kooperativen Sozialstaat, 1992 mit weit. Nachw.

159 *G. Dürig*, Verfassung und Verwaltung im Wohlfahrtsstaat, in: JZ 1953, 193 ff.

160 *P. Badura*, Verwaltungsrecht im liberalen und im sozialen Rechtsstaat, 1966, insb. S. 15 ff.: „Der heutige Sprachgebrauch bezeichnet mit „Wohlfahrtsstaat" die politische Idee und ihre Verwirklichung, die im Verfassungsrecht als ‚sozialer Rechtsstaat' gemeint ist. Der Wohlfahrtsstaat ist der Staat des gebändigten Kapitalismus." Ebenso *ders.*, Auftrag und Grenzen der Verwaltung im sozialen Rechtsstaat, in: DÖV 1968, 446 ff.; *H. P. Bull*, Sozialstaat – Krise oder Dissenz, in: Festschrift für P. Badura, 2004, S. 57 (59).

stellt er auch im rechtswissenschaftlichen Zusammenhang eine geeignete Kurzformel dar, um bestimmte normative Schattenseiten des Sozialstaates (Spannungsverhältnis zum Prinzip individueller Freiheit) anklingen lassen zu können, ohne daß er auf diesen Sinngehalt beschränkt wäre. So verwendet *Rainer Pitschas* ihn etwa, wenn er die „Distanzierung des herkömmlichen Wohlfahrtsstaates" durch das „Leitbild des subsidiären Sozialstaates" einfordert.[161]

Für den weiteren Fortgang dieser Arbeit erscheint es hingegen wenig sinnvoll, auf terminologischer Ebene zwischen Wohlfahrts- und Sozialstaat anhand der Extension oder Qualität staatlicher Aktivitäten zu differenzieren, also etwa den Wohlfahrtsstaat als Überbegriff zu verwenden, der die Verantwortung des Staates über das Feld der Sozialpolitik hinaus bezeichnet und die Sozial-, Kultur-, Bildungs-, Infrastrukturverantwortung des Staates insgesamt umfaßt. Entsprechende Distinktionen in den Sozialwissenschaften können und sollen für diese Arbeit also nicht übernommen werden. Denn dann würde man sich schon im Rahmen definitorischer Vorüberlegungen auf ein dezidiert limitiertes Sozialstaatsverständnis festlegen. Ein solches gibt die Begriffsgeschichte jedoch nicht zwingend auf. Entsprechende Begrenzungen lassen sich allenfalls aus dem weiteren normativen Kontext des „Sozialen" im Grundgesetz entnehmen und den gilt es noch näher zu beleuchten.

Schließlich: Der vorstehenden Analyse der Ausbildung der sozialstaatlichen Semantik sollte eine Aufschluß-, keine Abschlußfunktion zukommen. Die Geschichte des Begriffs führt uns deshalb nicht zu einer Definition im juristischen Sinne[162] – nach Nietzsche ist eh nur definierbar, „was keine Geschichte hat".[163] Doch es lassen sich immerhin einige Merkmale herausarbeiten, die die Sprachpraxis leiten, wenn vom Sozialstaat die Rede ist: Der ideell-institutionelle Komplex, der gemeinhin als „Sozialstaat" bezeichnet wird, reagiert auf soziale, d.h. in der Gesellschaft verortete Probleme. Der Begriff kennt eine historische Prägung, der aber keine determinierende Kraft zukommt; die Praxis des Sozialstaates wandelt sich, ihre Bezeichnung hingegen – zumindest nach 1945 – nicht. Der „Sozialstaat" zeichnet sich durch staatliche Intervention aus; der Begriff

---

[161] *R. Pitschas*, Soziale Sicherungssysteme im „europäisierten" Sozialstaat, in: Festschrift 50 Jahre Bundesverfassungsgericht, 2001, S. 827 (858 f.); *ders.*, Das sozialrechtliche Verwaltungsverfahren im „aktivierenden" Sozialstaat, in: Festschrift 50 Jahre Bundessozialgericht, 2004, S. 765 (765 f.); *ders.*, Verrechtlichung von Sozialleistungen im wohlfahrtsdistanzierten Sozialstaat, in: SDSRV 41 (1996), S. 7 ff. Ähnlich etwa *K. Stern*, Das Staatsrecht der Bundesrepublik Deutschland, Bd. 1, 2. Aufl. 1984, S. 915 „Der Sozialstaat ist weder Versorgungskasse noch ‚entarteter' Wohlfahrtsstaat"; *M.-E. Geis*, Die öffentliche Förderung sozialer Selbsthilfe, 1997, S. 84 und öfter.

[162] Hierzu *K. F. Röhl*, Allgemeine Rechtslehre, 2. Aufl. 2001, S. 25 ff.

[163] Das Zitat lautet vollständig: „alle Begriffe, in denen sich ein ganzer Prozeß semiotisch zusammenfaßt, entzieht sich der Definition; definirbar ist nur Das, was keine Geschichte hat." *F. Nietzsche*, Zur Genealogie der Moral, in: ders., Kritische Studienausgabe, hrsg. v. G. Colli/M. Montinari, Bd. 5, 1988, S. 245 (317).

markiert den Staat als Adressaten und Akteur, welcher einen außerstaatlichen Effekt bewirken soll, einen „besseren" sozialen Zustand der Gesellschaft. Wann aber ein reaktionsfähiges und -bedürftiges „soziales" Problem vorliegt, ist Ergebnis eines komplexen Prozesses der politischen und administrativen Selektion und liegt außerhalb der Begriffsbestimmung selbst.

Dieser Befund ist sicherlich trivial. Viel mehr als die angemahnte Sensibilisierung in terminologischen Fragen ist durch die kleine Begriffsgeschichte also nicht gewonnen. Eben deshalb aber bestätigt sie die in der Einführung formulierte Beobachtung, daß der Begriff „Sozialstaat" als solcher einer hinreichenden normativen Profilierung entbehrt. Begriffsdebatten helfen hierüber nicht hinweg. Mehr Aussicht auf Erfolg bietet insoweit, wie nun zu zeigen sein wird, eine verfassungstheoretische Rekonstruktion des Sozialstaates.

II. Nutzen und Grenzen einer verfassungstheoretischen Rekonstruktion des Sozialstaates des Grundgesetzes

1. Herausforderungen der Verfassungstheorie

a) Die doppelte Herausforderung einer Verfassungstheorie des Sozialstaates

Eine Verfassungstheorie des Sozialstaates, wie sie hier als Grundlage der weiteren verfassungsrechtlichen Betrachtung des Sozialstaates erarbeitet werden soll, hat sich zwei Herausforderungen zu stellen. Zum einen ist sie wie jede verfassungstheoretische Arbeit in der Pflicht, den gewählten methodischen Zuschnitt zu rechtfertigen und den eigenen heuristischen Mehrwert zu beweisen. Verfassungstheoretische Betrachtungen sind zwar in der Verfassungsrechtswissenschaft weit verbreitet,[164] sie weisen aber selten explizite Begründungen für die Auswahl der transdisziplinären Referenzen und methodische Überlegungen zum Erkenntnistransfer in das dogmatische Kerngeschäft[165] aus.[166] Zum anderen hat eine Verfassungstheorie des Sozialstaates in besonderer Weise mit der oben in der Einführung erwähnten gleichzeitigen Über- und Unterbestimmung des Sozialstaates zu kämpfen: dem Sozialstaat wird häufig ein Refle-

[164] Die häufig beklagte Theorielosigkeit der Wissenschaft vom öffentlichen Recht scheint mir deshalb unter einer gewissen diagnostischen Fehlstellung zu leiden.

[165] Zur Aufgabe und Eigenständigkeit der Dogmatik etwa *W. Brohm*, Die Dogmatik des Verwaltungsrechts vor den Gegenwartsaufgaben der Verwaltung, in: VVDStRL 30 (1972), S. 245 (246 ff.); *E. Schmidt-Aßmann*, Das allgemeine Verwaltungsrecht als Ordnungsidee, 2. Aufl. 2006, S. 4 f.

[166] So zutreffend *M. Jestaedt*, Das mag in der Theorie richtig sein …, 2006, S. 53 (insb. Fußn. 153), der Verfassungstheorie freilich vorrangig aus der Perspektive der Grundrechtstheorie betrachtet, cf. *ders.*, Grundrechtsentfaltung im Gesetz, 1999, S. 127 ff.

xionsdefizit konstatiert;[167] bei näherer Betrachtung zeigt sich freilich, daß er Gegenstand vielfältigster theoretischer Bemühungen in den unterschiedlichsten Disziplinen ist. Keine der diversen Ansätze zu einer Theorie des Sozialstaates konnte sich jedoch im normativen Kanon der Moderne in der Weise etablieren wie es etwa dem Liberalismus als blueprint für den freiheitlichen Verfassungsstaat gelang. Deshalb wird die für eine Verfassungstheorie des Sozialstaates erforderliche Theorieselektion in besonderem Maße rechtfertigungsbedürftig.

b) Zur Theorie der Verfassungstheorie

Reflexionen über Verfassungstheorie, an denen sich die vorliegende Untersuchung anlehnen könnte, sind rar.[168] Zu nennen ist vor allem *Martin Morloks* Untersuchung „Was heißt und zu welchem Ende studiert man Verfassungstheorie", die plastisch die Charakteristika, Bezugsprobleme und Funktionen von Verfassungstheorie nennt.[169] An diesen Wegmarken kann man sich weiterhin orientieren: Verfassungstheorie ist eine komplexe Metatheorie im Kontext der Verfassungsrechtswissenschaft, die sich durch ihre *Normativität* und ihren *Wirklichkeitsbezug* auszeichnet. Ihre Bezugsprobleme gewinnt die Verfassungstheorie aus der Unbestimmtheit, der funktionalen Spezifik und der Normierungstypik des Verfassungsrechts. Sie bearbeitet die Korrelation von semantisch begründeter Offenheit des Verfassungstextes und funktional begründeter Offenheit der Verfassung für die soziale Dynamik der Gesellschaft. Vor diesem Hintergrund sichert sie eine rational angeleitete „Geschmeidigkeit" des Verfassungsrechts gerade zur Aufrechterhaltung seines stabilisierenden Cha-

---

[167] Siehe Nachweise oben in der Einführung (A.) Fußn. 31.

[168] Die metatheoretischen Bemühungen im öffentlichen Recht werden in letzter Zeit eher durch drei andere Arbeitsfelder geprägt: die Reanimationsversuche der Staatslehre in bewußter Abgrenzung von der Verfassungszentrierung der Verfassungstheorie (cf. in diesem Zshg. *G. F. Schuppert*, Staatswissenschaft, 2003; *A. Voßkuhle*, Die Renaissance der „Allgemeinen Staatslehre" im Zeitalter der Europäisierung und Internationalisierung, in: JuS 2004, 2ff.; skeptisch *O. Lepsius*, Braucht das Verfassungsrecht eine Theorie des Staates?, in: EuGRZ 2004, 370 [375ff.]; *C. Gusy*, Brauchen wir eine juristische Staatslehre?, in: JöR n.F. 55 [2007], 41ff.), Analysen der Internationalisierung der Rechtsordnung (hierzu im Überblick *H. M. Heinig*, Offene Staatlichkeit oder Abschied vom Staat?, in: Philosophische Rundschau 52 [2005], 191ff.; s.a. *C. Möllers/A. Voßkuhle*, Die deutsche Staatsrechtswissenschaft im Zusammenhang der internationalisierten Wissenschaften, in: Die Verwaltung 36 [2003], 321ff.; *A. v. Bogdandy*, Beobachtungen zur Wissenschaft vom Europarecht, in: Der Staat 40 (2001), 3ff.) oder verwaltungsrechtlich orientierte Theorieprogramme (cf. etwa *E. Schmidt-Aßmann/W. Hoffmann-Riem* [Hrsg.], Methoden der Verwaltungsrechtswissenschaft, 2004; *C. Möllers*, Methoden, in: W. Hoffmann-Riem/E. Schmidt-Aßmann/A. Voßkuhle [Hrsg.], Grundlagen des Verwaltungsrechts, Bd. 1, 2006, S. 121ff. mit weit. Nachw.).

[169] *M. Morlok*, Was heißt und zu welchem Ende studiert man Verfassungstheorie?, 1988, S. 50ff., 84ff., 145ff. unter Anknüpfung an Arbeiten von Peter Häberle (etwa *P. Häberle*, Verfassung als öffentlicher Prozeß, 1978, nun 3. Aufl. 1998); aus neuerer Zeit in bestimmter Hinsicht, nämlich des Bezugs von Verfassungsrecht und Gerechtigkeit, ferner *T. Osterkamp*, Juristische Gerechtigkeit, 2004, S. 146ff.

rakters.[170] Die Verfassungstheorie dient somit „der verfassungsorientierten Absorption der im Rechtssystem zu verarbeitenden Unsicherheiten"[171] – präziser müßte man freilich auf die Unsicherheiten in der im Rechtssystem verankerten akademischen Reflexion abstellen, denn die operativen Vollzüge des Rechtssystems würden durch Verfassungstheorie wohl eher irritiert als stabilisiert.[172] Verfassungstheorie ist eine Erkenntnismethode der Rechtswissenschaft, nicht der Rechtspraxis.[173]

Auf den ersten Blick mag das Programm der Verfassungstheorie widersprüchlich erscheinen: die durch Verfassungsdogmatik nicht hinreichend bearbeitbaren Variabilitätsprobleme des Verfassungsrechts sollen ausgerechnet durch die Flucht in Abstraktion und erhöhte Komplexität unter Kontrolle gebracht werden. Gleichwohl verheißt Verfassungstheorie Gewißheitsgewinne, indem es der Offenlegung und Aufarbeitung prägekräftiger Vorverständnisse dient,[174] indem es durch seine hohe Theoriedichte den verfassungsrechtlichen Diskurs auf Rationalitätsstandards verpflichtet, die dem der verwandten Geistes-, Kultur- und Sozialwissenschaften entspricht[175] und indem im Reflexionsvollzug zugleich ein Moment der Identitätsvergewisserung unter Bedingungen hoher Dynamik der gesellschaftlichen Umwelt liegt. Verfassungstheorie folgt eben nicht den Gesetzen der Mathematik: Die ihr eigene Addition von Momenten theoriebedingter Ungewißheit hat nicht die Summe des Addierten zum Ergebnis, sondern kann im Sinne wechselbezüglicher und normbezogener „topischer" Konkretion zu Bestimmtheitsgewinnen führen.

---

[170] Zu diesem grds. *N. Luhmann*, Rechtssoziologie, Bd. 1, 1972, S. 27 ff.; *ders.*, Positivität des Rechts als Voraussetzung einer modernen Gesellschaft (1970), in: ders., Ausdifferenzierung des Rechts, 1981, S. 113 ff.

[171] *M. Morlok*, Was heißt und zu welchem Ende studiert man Verfassungstheorie?, 1988, S. 145.

[172] Zur eigenständigen Leistung der Rechtswissenschaft für das Rechtssystem (Reflexion) *N. Luhmann*, Selbstreflexion des Rechtssystems (1979), in: ders., Ausdifferenzierung des Rechts, 1981, S. 419 ff.

[173] Zu dieser Unterscheidung und ihrer Bedeutung für das Verwaltungsrecht *C. Möllers*, Theorie, Praxis und Interdisziplinarität in der Verwaltungsrechtswissenschaft, in: VerwArch 93 (2002), 22 ff.; *A. Voßkuhle*, Methode und Pragmatik im Öffentlichen Recht, in: H. Bauer u.a. (Hrsg.), Umwelt, Wirtschaft und Recht, 2002, S. 171 ff.; zu ihrer Relevanz für die Methodenlehre *W. Krawietz/M. Morlok* (Hrsg.), Vom Scheitern und der Wiederbelebung juristischer Methodik im Rechtsalltag – ein Bruch zwischen Theorie und Praxis?, Rechtstheorie Sonderheft 32 (2001).

[174] Zur Rolle solcher Vorverständnisse klassisch *H.-G. Gadamer*, Wahrheit und Methode (1960), 6. Aufl. 1990, S. 270 ff.; *J. Esser*, Vorverständnis und Methodenwahl in der Rechtsfindung, 1970; aus neuerer Zeit *A. Schmitt Glaeser*, Vorverständnis als Methode, 2004.

[175] Cf. zu diesen Standards auch *C. Möllers/A. Voßkuhle*, Die deutsche Staatsrechtswissenschaft im Zusammenhang der internationalisierten Wissenschaften, in: Die Verwaltung 36 (2003), 321 (322, 329, 330 f.); *H. Schulze-Fielitz*, Was macht die Qualität öffentlich-rechtlicher Forschung aus?, in: JöR n.F. 50 (2002), 1 (34 ff.).

2. *Referenztheorien für eine Verfassungstheorie des Sozialstaates*

a) Wirklichkeitsbezug und Verfassungstheorie

Das in den 1970er und 80er Jahren entwickelte verfassungstheoretische Forschungsprogramm steht mit seiner starken Betonung wirklichkeitswissenschaftlicher Offenheit erkennbar unter dem Eindruck einer sozialwissenschaftlichen Aufklärung der Rechtswissenschaft.[176] Das zentrale Anliegen der Verfassungstheorie ist die „effektive Verwirklichung" der Verfassung.[177] Hierzu sind hinreichende Kenntnisse über die Empirie, in die hinein das Recht seine Stabilisierungs- und Gestaltungsfunktionen entfalten soll, von Nöten. Für funktionalrechtliche Richtigkeitsbewertungen liefern die Sozialwissenschaften eine Fülle an Erkenntnissen, die auch eine Verfassungstheorie des Sozialstaates an der einen oder anderen Stelle zu verarbeiten hat: über soziale Herausforderungen auf der Mikro-, Meso- und Makroebene bei der Genese und der Transformation von Wohlfahrtsstaaten (gesellschaftlicher Strukturwandel, Industrialisierung und Deindustrialisierung, Verstädterung und Schrumpfen der Städte, soziale Realitäten der Globalisierung und des demographischen Wandels etc.),[178] über empirische Zusammenhänge zwischen wohlfahrtsstaatlichen Aktivitäten und politischer Herrschaft (im Gestus der Kritik: Massenloyalität im Wohlfahrtsstaat[179]; im Gestus der Affirmation: out-put-Legitimation[180]), über Typen von Wohlfahrtsstaaten und die Ursachen ihrer jeweiligen Ausbildung sowie über die ökonomischen und kulturell-mentalen Effekte unterschiedlicher Ausformungen von Sozialstaatlichkeit,[181] usw. Doch nicht nur die Sozialwissenschaften sind als Dia-

---

[176] Zum Programm etwa *R. Lautmann*, Soziologie vor den Toren der Jurisprudenz, 1971; *H. Rottleuthner*, Rechtswissenschaft als Sozialwissenschaft, 1973; *D. Grimm*, Rechtswissenschaften und Nachbarwissenschaften, 2 Bde., 2. Aufl. 1976; *W. Hoffmann-Riem* (Hrsg.), Sozialwissenschaften im Studium des Rechts II, 1977; *ders.* (Hrsg.) Sozialwissenschaften im öffentlichen Recht, 1981.

[177] *M. Morlok*, Was heißt und zu welchem Ende studiert man Verfassungstheorie?, 1988, S. 64 und öfter; *K. Hesse*, Grundzüge des Verfassungsrechts der Bundesrepublik Deutschland, 20. Aufl. 1995, S. 16 ff.

[178] Im Überblick etwa *C. G. Ullrich*, Soziologie des Wohlfahrtsstaates, 2005; *J. Allmendiger/W. Ludwig-Mayerhofer* (Hrsg.), Soziologie des Sozialstaats, 2000; *M. G. Schmidt*, Sozialpolitik in Deutschland, 3. Aufl. 2005; *M. Opielka*, Sozialpolitik, 2004; *J. Boeckh/E.-U. Huster/B. Benz*, Sozialpolitik in Deutschland, 2. Aufl. 2006; *F.-X. Kaufmann*, Sozialpolitik und Sozialstaat, 2. Aufl. 2005; *C. Pierson*, Beyond the Welfare State, 3. Aufl. 2006 mit weit. Nachw.

[179] Cf. *W.-D. Narr/C. Offe* (Hrsg.), Wohlfahrtsstaat und Massenloyalität, 1975; *C. Offe*, Strukturprobleme des kapitalistischen Staates, Neuausgabe 2006; *J. Habermas*, Legitimationsprobleme im Spätkapitalismus, 4. Aufl. 1977.

[180] Zum Konzept grundlegend *F. Scharpf*, Regieren in Europa, 1999, S. 16 ff.

[181] *C. Conrad*, Wohlfahrtsstaaten im Vergleich, in: H.-G. Haupt/J. Kocka (Hrsg.), Geschichte und Vergleich, 1996, S. 155 ff.; *J. Schmid*, Wohlfahrtsstaaten im Vergleich, 2. Aufl. 2002; *F.-X. Kaufmann*, Varianten des Wohlfahrtsstaats, 2003; klassisch: *G. Esping-Andersen*, The Three Worlds of Welfare Capitalism, 1990; hierzu insb. *S. Lessenich/I. Ostner*

logpartner für eine Verfassungstheorie des Sozialstaates von Interesse; ebenso wären grundsätzlich die Erkenntnisse der Sozialpsychologie, der klassischen Volkswirtschaftslehre,[182] aber auch der Institutionenökonomik[183] heranzuziehen. Schon diese Aufzählung zeigt, daß jede Form methodenbewußter Verfassungstheorie sich an einem schwerwiegenden Problem abzuarbeiten hat: die Vielfalt möglicher transdisziplinärer Bezüge, die sich zudem multipliziert mit der Methodenvielfalt und dem Schulenstreit in den jeweiligen Referenzdisziplinen. Vor diesem Hintergrund kann eine Verfassungstheorie ihre Funktion der Unsicherheitsabsorption nur erfüllen, wenn die Wissensbestände anderer Disziplinen verfassungs- im Sinne von sollensbezogen verarbeitet werden. Verfassungstheorie ist deshalb unentrinnbar normativ und damit selektiv. Sie ist also gerade nicht *inter*disziplinär.

b) Normativität und Verfassungstheorie

Freilich setzt eine solche Art wirklichkeitswissenschaftlich informierter Verfassungstheorie voraus, daß der normative Gehalt der Verfassung selbst ungeachtet aller Varianzprobleme in gewissem Umfang als gesichert gilt. Denn nur auf dieser Grundlage lassen sich Aussagen über das reale Wirksamwerden der Verfassung treffen. An einer solchen normativen Grundgewißheit fehlt es beim sozialen Staatsgrundsatz, wie in der Einführung gezeigt, aber gerade.[184] Für die folgenden verfassungstheoretischen Bemühungen liegt es deshalb nahe, sich in stärkerem Maße dem Sollensgehalt der Verfassung selbst zu widmen. Im Zentrum einer Verfassungstheorie des Sozialstaates steht deshalb zunächst weniger die empirisch arbeitende Sozialtheorie als vielmehr die normativ arbeitende Sozialphilosophie und Sozialethik. Erst vor dem Hintergrund einer präziseren Vorstellung vom normativen Verfassungskern des Sozialstaates kann über Folgerungen aus gesellschaftstheoretischen Erkenntnissen nachgedacht werden.

Die folgende Verfassungstheorie des Sozialstaates übt sich deshalb vorrangig im heuristischen Zugriff auf rechtssystemexterne Normativitäten, auf andere „Sprachspiele" des Sollens, die dann vor dem Horizont verfassungsrechtlicher Grundentscheidungen aufbereitet werden können. Das erkenntnisleitende In-

---

(Hrsg.), Welten des Wohlfahrtskapitalismus, 1998; *W. Merkel*, Social Justice and the Three Worlds of Welfare Capitalism, in: Archives europées de sociologie 43 (2002), 59 ff.

[182] Mit weit. Nachw. etwa *F. Breyer/W. Buchholz*, Ökonomie des Sozialstaats, 2007.

[183] Etwa *G. Göhler* (Hrsg.), Institutionenwandel, 1997; *S. Voigt*, Institutionenökonomik, 2002; im Überblick zur Bedeutung für die Verfassungstheorie *G. F. Schuppert*, Staatswissenschaft, 2003, S. 782 ff.; *M. Morlok*, Vom Reiz und vom Nutzen, von den Schwierigkeiten und den Gefahren der Ökonomischen Theorie für das Recht, in: C. Engel/M. Morlok, Öffentliches Recht als ein Gegenstand ökonomischer Forschung, 1998, S. 1 ff.; *M. Bungenberg* u.a. (Hrsg.), Recht und Ökonomik, 2004.

[184] Verfehlt deshalb der Ansatz von *G. Frank*, Sozialstaatsprinzip und Gesundheitssystem, 1983, S. 69 ff., der „die normative Funktion des Sozialstaatsprinzips … aus der Analyse und Bewertung der sozialen Realität" gewinnen will (S. 69).

teresse definiert sich hierbei von der Verfassung her; ihre Grundentscheidungen, ihre Gelingensbilder, ihre starken Wertungen prägen das verfassungstheoretische Arrangement des Materials. Zu nennen sind in diesem Zusammenhang insbesondere der Spitzensatz von der Würde des Menschen mit seiner Freiheits- und Schutzdimension, die zentrale Bedeutung der Menschen- und Bürgerrechte und die von ihnen ausgehende Limitierung staatlicher Machtprätentionen sowie die konstitutionelle Gründung vom Volk ausgehender Staatsgewalt im Rahmen einer bestimmten Organisations- und Kompetenzstruktur.

Der Verfassungsbezug der Verfassungstheorie führt jedoch nicht dazu, daß die so gewonnenen Aussagen am Verbindlichkeitsanspruch der Verfassung selbst Anteil haben. Die Normativität der Verfassungstheorie unterscheidet sich von der Normativität des Verfassungsrechts und dessen dogmatischer Aufarbeitung. In den Worten *Matthias Jestaedts*:

> „Die der Verfassungstheorie eigentümliche Normativität zieht ihren Anspruch und ihre Autorität allein aus der Überzeugungskraft der ihr beigestellten Gründe … . Die Autorität der Verfassungstheorie ist die – ‚innere' und subjektive – Autorität des Arguments. Demgegenüber gründen Anspruch und Autorität der dem (Verfassungs-)Recht eigentümlichen Normativität in der Positivität des Rechts."[185]

Freilich kennt auch die von Jestaedt focussierte Normativität des Arguments Quellen, soweit das Argument selbst auf die Richtigkeit normativer Aussagen zielt. Je nach Theoriedesign können diese Quellen transzendentalphilosophische Subjektkonstruktionen, ein imaginierter Gesellschaftsvertrag, anthropologische Schlußfolgerungen, Nutzenkalküle, Geschichtsteleologien unterschiedlichster Provenienz, Gottes Offenbarung, der Weltgeist oder etwa die politische Formationskraft faktischer Machtverhältnisse sein. Für eine Verfassungstheorie sind Metadiskurse über die richtigen Quellen nichtrechtlicher Normativität jedoch, dies übersieht Jestaedt, weitgehend uninteressant, da die Verfassungstheorie wegen der Positivität des Verfassungsrechts auf Letztbegründungsdiskurse verzichten kann.[186] Sie hat also an der nachmetaphysischen Erleichterung, die die Idee der Positivität dem Recht verschafft, Anteil. Damit ist nicht notwendig einer harten Trennungsthese das Wort geredet. Moralische Gerechtigkeitsüberzeugungen fließen in unterschiedlicher Weise in das Verfassungsrecht und seine Deutung ein; sie tragen unter den Bedingungen funktionaler Ausdifferenzierung aber eben normtheoretisch keine und sozial nur begrenzt Begründungslasten für das Verfassungsrecht.[187]

Die fehlende Last der Letztbegründung hat Konsequenzen für die Art des Zugriffs auf extrajuridische normative Sprachspiele: Verfassungstheorie ge-

---

[185] *M. Jestaedt*, Das mag in der Theorie richtig sein …, 2006, S. 54.

[186] *H. M. Heinig*, Paternalismus im Sozialstaat, in: M. Anderheiden u.a. (Hrsg.), Paternalismus und Recht, 2006, S. 157 (169).

[187] Näher zum Problemkreis *T. Osterkamp*, Juristische Gerechtigkeit, 2004, S. 169 ff., 205 ff.

winnt Abstand zur philosophischen Wahrheitsfrage. Sie kann deshalb offenlassen, ob etwa eher die Kantische Transzendentalphilosophie oder die Hegelsche Logik zur Abschlußfigur philosophischer Gesamtsysteme taugen (und ob solche philosophischen Unternehmungen Sinn machen). Dies ermöglicht ihr einen stärker kulturwissenschaftlich informierten Zugang zu normativen Arrangements. Ähnlich präsentieren sich im Gestus pragmatisch geleitete, anwendungsorientierte Ethiken mittlerer Reichweite. Philosophische Begründungsleistungen werden hier begriffen als Rekonstruktionen tatsächlicher Gerechtigkeitsauffassungen.[188] Praktisch-philosophische Überlegungen werden als kulturell geprägte Texte verstanden, die grundlegende normative Intuitionen der Gesellschaft zum Ausdruck bringen, diese zugleich aber wirkmächtig beeinflussen. Entsprechend kann man eine Verfassungstheorie des Sozialstaates als ein Unternehmen begreifen, das sich der Aufgabe stellt, in der Semantik theoretischer Sprachspiele zum Ausdruck gebrachte grundlegende soziale Überzeugungen zum Ob und Wie des Sozialstaates zu explizieren und im Lichte verfassungsrechtlicher Grundentscheidungen zu bewerten. Plausibilität gewinnt ein solches Unterfangen weniger über Werktreue und philologisch-exegetische Exaktheit als vielmehr über eine gewisse problemorientierte Paßgenauigkeit, die sich im „Hin- und Herwandern des Blicks"[189] zwischen den Traditionsbeständen an Philosophemen und der Verfassung ergibt.

c) Konsequenzen aus der fehlenden praktischen Anleitung des Sozialstaates durch eine Theorie des Sozialstaates

Für eine Verfassungstheorie des Sozialstaates gilt es zudem, Konsequenzen aus der diagnostizierten praktischen Irrelevanz von Sozialstaatstheorien bei der Ausbildung des Sozialstaates zu ziehen.[190] Diese ist einer Fülle von Umständen geschuldet.[191] Von zentraler Bedeutung ist wohl, daß sich die Idee des Sozialstaates als solche, im Gegensatz zu Einzelfragen der Sozialpolitik, relativ konfliktfrei etabliert hat. Der Wohlfahrtsstaat hat sich nicht revolutionär, sondern evolutionär ausgebildet und erwies sich mit ganz unterschiedlichen Herrschaftsformen als kompatibel. Auf einer hinreichenden Abstraktionshöhe sind die ihm zugeschriebenen, durchaus diffusen Ziele (Bekämpfung von sozialer Verelendung, Herstellung sozialer Gerechtigkeit), vielleicht gerade ob ihrer

---

[188] *T. Schramme*, Begründungsmodelle des Sozialstaats, in: ARSP 92 (2006), 322 (324).

[189] Klassisch *K. Engisch*, Logische Studien zur Gesetzesanwendung, 3. Aufl. 1963, S. 15; s.a. *ders.*, Einführung in das juristische Denken, 9. Aufl. 1997, S. 74.

[190] Die anfängliche enge wissenschaftliche Begleitung der in den Kinderschuhen steckenden Sozialpolitik (Stichwort: Kathedersozialisten) wandelte sich alsbald in größere Distanz und in akademischen Einflußverlust; hierzu mit weit. Nachw. *F.-X. Kaufmann*, Sozialpolitisches Denken, 2003, S. 40 ff.

[191] *J. Kaube*, Das Reflexionsdefizit des Wohlfahrtsstaates, in: S. Lessenich (Hrsg.), Wohlfahrtsstaatliche Grundbegriffe, 2003, S. 41 ff.

Diffusität, weitgehend unstreitig gestellt und damit dem politischen Konflikt entzogen. Sie führen nicht zur politischen Gruppenbildung, entziehen sich der Ausbildung politischer Dichotomien, entbehren damit den von diesen ausgehenden Formatierungskräften.[192] Es fehlte damit an einem von einer bestimmten Trägergruppe induzierten Theoriebedarf. Spiegelbildlich hierzu mangelte es an einer Repräsentation der Sozialstaatsidee durch eine spezifische Organisation (als Äquivalent zum Monarchen, zum Parlament, zur Kaderpartei etc.). Nicht ohne Einfluß blieb aber auch die Auflösung einer allgemeinen Staatslehre in disziplinär geschiedene Methoden[193] der Staatsbetrachtung just in der Zeit, in der sich der Sozialstaat ausbildete.

Dem diagnostizierten Mangel an einer konsistenten und praktisch wirkmächtigen Ideologie des Sozialstaates kann heute nicht ohne weiteres abgeholfen werden. Die politische Philosophie hat gegenüber der Formierungsphase der Neuzeit erheblich an Einfluß verloren; systemtheoretisch gesprochen ist die Politik ihrer Stellung als dominierendes gesellschaftliches System verlustig gegangen,[194] mit korrespondierenden Effekten für die „Aufmerksamkeitsökonomie" innerhalb der Wissenschaft.[195] Selbst eine nachholende Theorieentwicklung kann deshalb nicht ohne weiteres als funktionales Äquivalent zum Liberalismus oder Marxismus, den maßgeblichen politischen Prägekräften des 19. und 20. Jahrhunderts, wirken.

Vor dem Hintergrund des aufgezeigten und nicht ohne weiteres behebbaren Desiderats einer sozialstaatlichen Meistererzählung in der politischen Philosophie liegt es für heutige sozialtheoretische Bemühungen um den Sozialstaat nahe, in eine nichtnormative Kulturgeschichte auszuweichen, die Evolution sozialstaatlicher Institutionen und Semantiken nachzuzeichnen und solche Beobachtungen mit einer Analyse der Gesellschaftsstruktur der Gegenwart zu kontrastieren.[196] An die Stelle einer stringenten, systematischen Theorie des Sozialstaates tritt dann ein begriffsgeschichtliches Arrangement: Klassen, Solidarität, Umverteilung, Exklusion, Anerkennung etc. werden hier nicht in eine hierarchische Ordnung der Begriffe gebracht, sondern in ihrem semantischen Geflecht aus Influierung, Konkurrenz und Ausschluß stehengelassen. Eine Ver-

---

[192] Wie sie von den Gegensatzpaaren „Proletariat/Bourgeoisie", „religiös/säkular", „progressiv/konservativ" usw. ausgingen; cf. *C. Conrad*, Die Sprachen des Wohlfahrtsstaates, in: S. Lessenich (Hrsg.), Wohlfahrtsstaatliche Grundbegriffe, 2003, S. 55 (57).

[193] Cf. *C. Möllers*, Art. Staatslehre, allgemeine, in: Evangelisches Staatslexikon, Neuausgabe, 2006, Sp. 2317 ff.

[194] *N. Luhmann*, Soziologie des politischen Systems (1968), in: ders., Soziologische Aufklärung, 7. Aufl. 2005, S. 194 ff.; *ders.*, Metamorphosen des Staates, in: ders., Gesellschaftsstruktur und Semantik Bd. 4, 1999, S. 101 ff.; *ders.*, Die Politik der Gesellschaft, 2000, S. 68 ff. und öfter.

[195] Zum Kampf um Aufmerksamkeit in den Wissenschaften *G. Frank*, Ökonomie der Aufmerksamkeit, 1998, S. 35 ff.

[196] So beeindruckend *S. Lessenich* (Hrsg.), Wohlfahrtsstaatliche Grundbegriffe, 2003.

fassungstheorie des Sozialstaates kann auf einer solchen Rekonstruktion jedoch gerade wegen ihrem zum Programm erhobenen Mangel an Normativität nur begrenzt aufbauen, ist sie doch notwendig auf die Normativität der Verfassung verwiesen. Damit aber befindet sie sich in einem Dilemma, eingezwängt zwischen postmoderner, nichtnormativer Theoriearbeit und der Sprachlosigkeit politischer Philosophie gegenüber bzw. überbordenden Beredsamkeit zum Sozialstaat. Was bleibt, ist die Arbeit am Fragment: an den Deutungspotentialen kanonisierter Philosophien als Spiegel unserer politisch-normativen Imaginationen.

Eine solche verfassungstheoretische Arbeit bietet kein einfaches Surrogat für rechtsdogmatische Bemühungen. Sie führt nicht unmittelbar zu patenten Bauanleitungen für Falllösungen. Vielmehr bedarf es der bedächtigen Transformation der gefundenen Ergebnisse unter Beachtung der Eigenlogik des dogmatischen Geschäfts.[197] Diesen Bemühungen ist der zweite Teil dieser Arbeit gewidmet. Der politischen Philosophie, der Verfassungstheorie und der Verfassungsdogmatik ist jeweils ein akademischer Selbststand eigen, der auf disziplinspezifischen Argumentationsanforderungen, Plausibilitätskriterien, Traditionen etc. gründet.[198] Deshalb bestehen zwischen den drei Arten normativen Argumentierens keine schlichten Ableitungs- und Übertragungsverhältnisse, sondern sehr komplexe, zuweilen auch invisibilisierte Wanderungsbewegungen und Überschreibungen. Abstrakte methodische Regeln für solche Transfers lassen sich kaum formulieren, sind sie doch auch von wissenssoziologischen Momenten abhängig, etwa vom gesellschaftlich erzeugten Reflexionsbedarf, der daraus resultiert, daß bestimmte dogmatische und theoretische Entwürfe vor dem Hintergrund veränderter Rahmenbedingungen an Plausibilität verloren haben. Gleichwohl lassen sich gewisse rationale Kriterien aufstellen, die verfassungstheoretische Überlegungen für den Grenzüberschritt in die Dogmatik aufweisen müssen: gegenständliche Adäquanz, analytische Qualität der Problembeschreibung, konstruktive Problemlösungskapazität, hinreichende Konkretisierbarkeit und Praktikabilität sowie Anschlußfähigkeit an die Spezifika dogmatischer Argumentation. Eine an diesen Ansprüchen orientierte Verfassungstheorie des Sozialstaates soll im Folgenden entwickelt werden. Dazu wird auf die bisher ausgesparte Bedeutung der Geschichte für eine Verfassungstheorie des Sozialstaates einzugehen

---

[197] *H. M. Heinig*, Zur Normativität des Sozialstaates, in: J. Bung/B. Valerius/S. Ziemann (Hrsg.), Normativität und Rechtskritik, 2007, S. 138.

[198] Ähnliches gilt für interdisziplinäre Forschung zum Verwaltungsrecht; *A. Voßkuhle*, Neue Verwaltungswissenschaft, in: W. Hoffmann-Riem/E. Schmidt-Aßmann/A. Voßkuhle (Hrsg.), Grundlagen des Verwaltungsrechts, 2006, S. 1 (33 f.); *C. Bumke*, Die Entwicklung der verwaltungsrechtswissenschaftlichen Methodik, in: E. Schmidt-Aßmann/W. Hoffmann-Riem, Methoden der Verwaltungsrechtswissenschaft, 2004, S. 73 (84 ff.); *C. Möllers*, Theorie, Praxis und Interdisziplinarität in der Verwaltungsrechtswissenschaft, in: VerwArch 93 (2003), 22 (46 ff.).

sein (III.), um sich anschließend der eigentlichen Problematik, einer normativen Theorie des Sozialstaates zu nähern (C).

III. Werden und Sollen – zur (fehlenden) Bedeutung der Geschichte für eine Verfassungstheorie des Sozialstaates

1. Die historische Prägung der Über-/Untercodierung

Der Sozialstaat, wie wir ihn kennen, ist historisch geronnen. Der Aufbau, Ausbau, Umbau und Abbau sozialstaatlicher Strukturen begleitet uns seit dem Ende des 19. Jahrhunderts, der Gründungsphase moderner Sozialstaatlichkeit in Deutschland. Diese Geschichte des Sozialstaates läßt sich in zahlreichen Abhandlungen nachlesen; ihre Details sind minutiös rekonstruiert, in die breitere Entwicklung eingeordnet und im Gesamtkontext bewertet worden. Die entsprechende Forschungslandschaft ist kaum zu überschauen; die Sozialgeschichte des Sozialstaates, in den 1960er Jahren aufgekommen und häufig geschrieben als Teil einer Geschichte der Arbeiterbewegung, hat sich als ausgesprochen produktiv erwiesen. Die in unserem Zusammenhang entscheidende Frage lautet jedoch: was sagt uns diese Geschichte über den normativen Gehalt des sozialen Staates, den das Grundgesetz postuliert?

Die Verfassung rekurriert mit Art. 20 Abs. 1 GG sicherlich auch auf die konkreten geschichtlichen Erfahrungen des sozial aktiven Staats in Deutschland. Eine Verfassungstheorie des Sozialstaates hat deshalb historisch informiert zu sein. Zugleich aber gilt es, den Wert historischer Erkenntnisse über die Entwicklung des Sozialstaates richtig einzuordnen. Wer nach dem normativen Gehalt des Sozialpostulates des Staates fragt, wird in der Historie des Sozialstaates keine einfachen Antworten finden. Dazu ist die Entwicklungsgeschichte des Sozialstaates in Deutschland zu vielschichtig, zu mäandernd, zu sehr *zugleich* von Brüchen und Kontinuitäten geprägt. Schon die oben skizzierte Begriffsgeschichte des „Sozialstaates" zeigt dies. Gerade für den Sozialstaat gilt, daß man seine heutige empirische Gestalt nicht verstehen kann, wenn man seine Vergangenheit nicht kennt. Zugleich ist damit aber gerade nicht gesagt, daß man das gegenwärtige Verfassungsrecht versteht, wenn man Orientierung in der Vergangenheit sucht. Denn wer weiß, wie der Sozialstaat wurde, was er *ist*, weiß noch nicht, wie er von Verfassungs wegen sein *sollte*. Kenntnisse über die gesellschaftlichen, politischen, kulturellen und ideellen Rahmenbedingungen, die zur Ausbildung und Weiterentwicklung des Sozialstaates geführt haben, führen noch nicht zu sinnvollen Aussagen über den Sozialstaat des Grundgesetzes. Denn die Geschichte als solche verlangt weder nach der Konservierung ihrer Ergebnisse noch nach ihrer Fortschreibung in eine *bestimmte* Richtung.

Die in der Einleitung aufgestellte These der gleichzeitigen Über- und Unterbestimmung des Sozialstaates gilt auch für historische Annäherungen an das Thema. Einerseits eröffnet uns das historische Wissen deshalb mannigfache Zugänge zum Phänomen „Sozialstaat". Ohne Kenntnisse des historischen Kontextes begreift man kaum, wie es zur Bismarckschen Sozialgesetzgebung kommen konnte. Ohne Kenntnisse des „Kriegssozialismus" versteht man bestimmte Kontinuitäten in der Entwicklung des Sozialstaates, aber auch manche Extensionen des Sozialstaates gerade nach den beiden Weltkriegen nicht.[199] Ohne Kenntnisse der Weimarer Verhältnisse bleibt einem die Kontraststellung verborgen, in der der Sozialstaat des Grundgesetzes (auch) steht,[200] und ohne Wissen über die Geschichte des Sozialrechts und der Sozialpolitik der Bundesrepublik lassen sich gegenwärtige Strukturprobleme und Beharrungstendenzen nicht recht erfassen.[201] Der Entwicklungsverlauf des Sozialstaates zeigt uns, daß sich die Problemlagen, in die hinein er wirkt, stetig wandeln. Neue Herausforderungen kommen auf, alte Herausforderungen werden bewältigt oder haben sich überholt. Andererseits läuft die historische Annäherung an den Sozialstaat im Kontext normativer Fragestellungen Gefahr, das Werden mit dem Sollen zu diffundieren. Die Sensibilität für die Genese blockiert dann den Sinn für den zeitlich offenen Horizont des Normativen. Als Rechtserkenntnisquelle kommt der Rechtsgeschichte nicht von ungefähr ein prekärer Status zu und auch im Rahmen einer Verfassungstheorie des Sozialstaates ist insoweit Vorsicht walten zu lassen.

Gleichwohl kann die Geschichte des Sozialstaates und seiner verfassungsrechtlichen Reflexion aus besagten heuristischen Gründen heraus auch nicht ignoriert werden. Deshalb soll im Folgenden eine kleine Expedition in die Genese des Sozialstaates gewagt werden. Solche Streifzüge in die Geschichte können einen sehr unterschiedlichen Charakter annehmen: von einem Ausflug in sozialwissenschaftliche Erklärungsansätze für die Herausbildung und die Extension der wohlfahrtsstaatlichen Arrangements über eine Reise in die Ideen- und Sozialgeschichte bis hin zur Betrachtung klassisch akteurszentrierten Geschichtsschreibung. Die Übergänge sind grundsätzlich fließend, die sozialtheo-

---

[199] Cf. etwa *G. Metzler*, Der deutsche Sozialstaat, 2. Aufl. 2003, S. 37 ff., 142 ff.; *F. Tennstedt*, Geschichte des Sozialrechts, in: B. v. Maydell/F. Ruland (Hrsg.), Sozialrechtshandbuch, 3. Aufl. 2003, S. 32 f.; *M. Stolleis*, Geschichte des Sozialrechts in Deutschland, 2003, S. 110 ff.

[200] Zum Weimarer Wohlfahrtsstaat etwa *D. Grimm*, Die sozialgeschichtliche und verfassungsrechtliche Entwicklung zum Sozialstaat (1983), in: ders., Recht und Staat der bürgerlichen Gesellschaft, 1987, S. 138 (153 ff.).

[201] Zur Sozialpolitik in der Bundesrepublik insb. *H. F. Zacher*, Sozialpolitik und Verfassung im ersten Jahrzehnt der Bundesrepublik Deutschland, 1980; *ders.*, Grundlagen der Sozialpolitik in der Bundesrepublik Deutschland, in: Bundesministerium für Arbeit und Sozialordnung (Hrsg.), Grundlagen der Sozialpolitik, Geschichte der Sozialpolitik in Deutschland seit 1945, Bd. 1, 2001, S. 333 ff.

retischen Modellbildungen beruhen schließlich auf dem konkreten historischen Anschauungsmaterial. Für eine Verfassungstheorie ist allerdings weniger die Ausbreitung der epochetypischen Details und deren Erklärung aus einem bestimmten geschichtlichen Kontext heraus von Interesse als vielmehr die Makroebene der Geschichte. Im Vordergrund steht im Folgenden deshalb die in sehr genereller Hinsicht gestellte Frage, warum sich der Sozialstaat in der bekannten Weise ausgebildet hat. Dabei ist nicht ein zweckfreier Spazier-, sondern ein zielgerichteter Erkundungsgang in verfassungstheoretischer Hinsicht vorzunehmen; gefragt sind deshalb knappe Zuspitzungen auf der Grundlage der vorhandenen Wissensbestände, nicht aber handbuchartige Elaborate oder gar eigene tiefschürfende Forschungsansätze.

2. Evolutionstheoretische Annäherungen an die Aus- und Weiterbildung des Sozialstaates

In der Geschichte neuzeitlicher Staatlichkeit ist der Sozialstaat eine relativ junge Erscheinung – im Rahmen der Begriffsgeschichte des Sozialstaates wurde bereits auf diesen Umstand hingewiesen. Seine ideellen Grundlagen stammen ebenso wie erste Ansätze ihrer Realisierung aus dem 19. Jahrhundert und seine besondere wohlfahrtsstaatliche Dynamik gewinnt das Sozialstaatsprojekt sogar erst nach dem 2. Weltkrieg.[202] Lange Zeit vor dem Einsetzen staatlicher Arbeitsschutz- und Sozialversicherungsprogramme hatte es allerdings schon unterschiedliche Formen sozialer Fürsorge und Vorsorge gegeben. Der relativ kurzen Geschichte des Sozialstaates ist deshalb eine recht lange Vorgeschichte voranzustellen.[203] Doch bleibt diese in unserer heutigen Rückschau eben *Vor*geschichte. Die Zäsur zur eigentlichen Geschichte des Sozialstaates wird üblicherweise irgendwann im 19. Jahrhundert datiert; mit der Abfolge bestimmter Schlüsselereignisse – in Deutschland etwa der Verabschiedung staatlicher Arbeitsschutzbestimmungen (1839 Regulativ über die Beschäftigung jugendlicher Arbeiter in den Fabriken, 1845 Allgemeine Gewerbeordnung, 1853 Gesetz über die Fabrikinspektoren), der Verlautbarung bestimmter sozialpolitischer Grundsatzerklärungen (1881 Kaiserliche Botschaft)[204] oder der Einführung einer gesetzlichen Sozialversicherung (1883 Krankenversicherung, 1884 Unfallversicherung, 1889 Invaliditäts- und Altersversicherung) – verbinden wir den Beginn einer Entwicklung, die mehr oder weniger bruchlos zum Sozialstaat heutiger Prägung führte.[205] Eine solche lineare (Re)Konstruktion der Geschichte des Sozialstaates

---

202 *T. Judt*, Postwar, 2006, S. 72 ff.

203 *M. Stolleis*, Geschichte des Sozialrechts in Deutschland, 2003, S. 13 ff.

204 *T. Rompf*, 125 Jahre Kaiserliche Botschaft, in: VSSR 2007, 1 ff.

205 Über die Details von Datierungen und Periodisierungen läßt sich stets trefflich streiten; nationale Besonderheiten bei der Ausbildung der Wohlfahrtsstaaten sind zu berück-

kennt – bei allen Schwankungen und Zwischenperiodisierungen – in der Regel drei Etappen, nämlich zunächst eine erste Phase der Ausbildung, der sich eine Extensionsperiode anschließt, die dann in die lange Gegenwart der Grenz- und Krisenwahrnehmung des Sozialstaates mündet.[206]

Diese Periodisierung soll – so jedenfalls die wohlfahrtsstaatstheoretische Forschung – für nahezu alle entwickelten Staaten gelten, zugleich aber haben sich die wohlfahrtsstaatlichen Arrangements in sehr unterschiedlicher Weise ausgebildet. Deshalb hat eine historische Analyse gleich zwei Charakteristika der wohlfahrtsstaatlichen Entwicklung zu erklären: a) die (ideal)typischen Etappen der Ausbildung, der Extension und des Verlustes der Selbstgewißheit des Sozialstaates sowie b) die Evolution unterschiedlicher, nationalstaatlich geprägter Erscheinungsformen.

In der soziologischen Wohlfahrtsstaatsforschung haben sich insbesondere vier Paradigmen etabliert, die Gründe für die skizzierten Entwicklungsschübe beleuchten, nämlich funktionalistische, interessen- und konflikttheoretische, institutionalistische sowie kulturalistisch-normative Ansätze.[207] Da sie jeweils eine gewisse Plausibilität aufweisen,[208] sollen sie hier als multiple Theorieangebote zur Erklärung der Entstehung und Fortentwicklung des Sozialstaates eingeführt und kurz in ihren jeweiligen Stärken und Schwächen gewürdigt werden.

a) Funktionalistische Ansätze

aa) Die Evolution des Wohlfahrtsstaates in systemtheoretischer Perspektive

Den ausgreifendsten Versuch zur Erklärung der wohlfahrtsstaatlichen Entwicklung bieten wohl Theorien, die sich der gesellschaftlichen Evolution in der Moderne als solcher widmen. Der Vorteil dieser Ansätze besteht in ihrer brei-

---

sichtigen. Die Wahrnehmung historischer Einschnitte folgt zumeist entlang starker Symbole, derweil der vermeintlichen Zäsur tatsächlich längere liminale Phasen vorangehen und folgen.

[206] Zu Epochen und Kontinutitäten des Sozialstaates auch *H. F. Zacher*, Der deutsche Sozialstaat am Ende des Jahrhunderts, in: S. Leibfried/U. Wagschal (Hrsg.), Der deutsche Sozialstaat, 2000, S. 53 (56 ff.); *L. Leisering*, Kontinuitätssemantiken: Die evolutionäre Transformation des Sozialstaates im Nachkriegsdeutschland, ebenda, S. 91 ff.; ders., Das deutsche Sozialmodell – woher, wohin?, in: Soziologische Revue 28 (2005), 197 ff.; *S. Lessenich*, Dynamischer Immobilismus, 2003.

[207] Einen glänzenden Überblick hierzu bietet *S. Lessenich*, Soziologische Erklärungsansätze zu Entstehung und Funktion des Sozialstaats, in: J. Allmendinger/W. Ludwig-Mayerhofer (Hrsg.), Soziologie des Sozialstaats, 2000, S. 39 (41 ff.); an diesen angelehnt siehe auch *C. G. Ullrich*, Soziologie des Wohlfahrtsstaates, 2005, S. 28 ff.; *G. Metzler*, Der deutsche Sozialstaat, 2. Aufl. 2003, S. 88 ff.; zum Themenkreis ferner instruktiv *T. Blanke*, Paradoxien und Zukunft des deutschen Sozialstaats, in: S. Blasche/D. Döring (Hrsg.), Sozialpolitik und Gerechtigkeit, 1998, S. 172 (173 ff.).

[208] In diesem Sinne auch *F.-X. Kaufmann*, Varianten des Wohlfahrtsstaates, 2003, S. 29.

ten Perspektive (Universalgeschichte der Gesellschaftsstruktur), der Nachteil in ihrem extrem hohen Grad an Abstraktion. Dies läßt sich anschaulich am Beispiel der Systemtheorie zeigen. Sie erklärt in einer sehr generellen Betrachtung, warum sich „der" Wohlfahrtsstaat ausgebildet, sich sein Leistungsspektrum dynamisiert hat und er sich gerade deshalb seit einiger Zeit in einer strukturellen Umbruchphase befindet. Sie vermag aber kaum die Unterschiede zwischen den Welten des Wohlfahrtsstaates erklären, weil sie sich für historische und politische Spezifika als weitgehend blind erweist.

(a) Inklusionssicherung als Entstehungsgrund. Folgt man dem systemtheoretischen Modell gesellschaftlicher Evolution, bildet sich der Wohlfahrtsstaat in seiner uns bekannten Form im Übergang von einer stratifikatorisch zu einer funktional ausdifferenzierten Gesellschaft aus.[209] Innerhalb dieses gesellschaftlichen Evolutionsprozesses stellte sich das Problem der Inklusion in der Gesellschaft in dramatisch veränderter Weise, worauf das politische System mit der Ausbildung des Wohlfahrtsstaates reagierte. Unter Inklusion ist dabei die Chance zu verstehen, daß eine Person in einem System der Gesellschaft soziale Berücksichtung findet.[210] In segmentären Gesellschaften, d.h. solchen, die sich aus gleichen, sozial umfassend angelegten Segmenten (Familien, Dörfer) zusammensetzten,[211] ergab sich die Inklusion aus der Zugehörigkeit zu einem der Segmente. Außerhalb dieser Segmente war eine soziale Existenz kaum zu führen, zugleich aber schloß die Inklusion zu einem Segment Exklusion als Nichtberücksichtigung in diesem Segment weitgehend aus. In fortentwickelten, stratifizierten Gesellschaften folgte die Inklusion dann der sozialen Schichtung. Gesellschaftliche Zuordnung und Teilhabe korrelierten. In der ständisch-geschichteten Gesellschaft war jede Person einer Schicht zugewiesen, die sie definierte. „Durch das Differenzierungsschema der Gesellschaft war also zugleich

---

[209] *N. Luhmann*, Politische Theorie im Wohlfahrtsstaat, 1981, S. 25 ff.

[210] *N. Luhmann*, Die Gesellschaft der Gesellschaft, 1997, S. 618 ff.; zur Inklusion im systemtheoretischen Sinne ferner *ders.*, Inklusion und Exklusion, in: ders., Soziologische Aufklärung Bd. 6, 2. Aufl. 2005, S. 226 ff.; *A. Bora*, Wer gehört dazu?, in: K. U. Hellmann/R. Schmalz-Bruns (Hrsg.), Theorie der Politik, 2002, S. 60 ff.; *J. Halfmann*, Der moderne Nationalstaat als Lösung und Problem der Inklusion in das politische System, ebenda, S. 261 ff.; *A. Nassehi*, Inklusion, Exklusion-Integration, Desintegration, in: W. Heitmeyer (Hrsg.), Was hält die Gesellschaft zusammen?, 1997, S. 113 ff.; *ders.*, Inklusion, in: S. Lessenich (Hrsg.), Wohlfahrtsstaatliche Grundbegriffe, 2003, S. 331 ff.; *ders.*, Geschlossenheit und Offenheit, 2003, S. 100 ff.; *R. Stichweh*, Inklusion/Exklusion und die Theorie der Weltgesellschaft, in: K.-S. Rehberg (Hrsg.), Differenz und Integration, Bd. 2, 1997, S. 599 ff.; *P. Dabrock*, Inklusion und soziale Gerechtigkeit, in: G. Thomas/A. Schüle (Hrsg.), Luhmann und die Theologie, 2006, S. 129 ff.; kritisch *M. Kronauer*, „Exklusion" in der Systemtheorie und in der Armutsforschung, in: Zeitschrift für Sozialreform 44 (1998), S. 755 ff.

[211] Cf. näher zu segmentären und stratifiziert organisierten Gesellschaften *N. Luhmann*, Die Gesellschaft der Gesellschaft, 1997, S. 634 ff.; 678 ff.; *ders.*, Gesellschaftliche Struktur und semantische Tradition, in: ders., Gesellschaftsstruktur und Semantik Bd. 1, 1993, S. 9 (25 ff.).

der Mensch als soziales Wesen differentiell bestimmt und festgelegt."[212] Inklusion divergierte nach sozialem Status, wobei der Status weiterhin familiär, durch Geburt oder Aufnahme in eine Familie als Abhängige, bestimmt wurde. Exklusionen waren vor allem wirtschaftlicher Not geschuldet.

Der vielschichtige Übergang in Europa hin zu einer funktional ausdifferenzierten Gesellschaft brachte für das gesellschaftliche Schema von Inklusion/Exklusion nun durchgreifende Änderungen mit sich. Individuen sind fortan nicht mehr selbst gesellschaftlich „plaziert", sondern sehen sich den unterschiedlichsten gesellschaftlichen Teilsystemen, die bestimmte Funktionen innerhalb der Gesamtgesellschaft übernehmen, gegenübergestellt.[213] Die einzelnen funktionalen Teilsysteme wie Wirtschaft, Recht, Politik, Erziehung, Wissenschaft oder Kunst lassen sich nicht in ein Vorrangverhältnis stellen, da den Funktionen untereinander in diesem Gesellschaftstyp gesamtgesellschaftlich gerade keine andere als eine funktionale Ordnung eigen ist; die Hierarchisierung der Gesellschaft wird obsolet. Mit der funktionalen Differenzierung der Gesellschaft wird die mit Schichtungen verbundene Ungleichheit faktischer Chancen funktionslos. Zugleich ist der einzelne Mensch aber in eminenter Weise auf den Zugang zu den einzelnen Funktionssystemen angewiesen: der einzelne braucht einen Zugang zum Erziehungssystem, um Bildungschancen wahrnehmen zu können, zum Rechtssystem, um seine Rechte durchsetzen zu können, zum politischen System, um politisch zu partizipieren, zum Wirtschaftssystem, um Konsumbedürfnisse befriedigen und die eigene Arbeitskraft vermarkten zu können. Der Mensch wurde durch den Umbau der Gesellschaftsstruktur also von den alten Bindungen der Schichtung befreit, sein individuelles Schicksal kontingent, zugleich aber erhöhte sich das Maß an Abgängigkeit von der Inklusion in die einzelnen Teilsysteme, auf der die neue Freiheit aufruht. Die Inklusionsproblematik ist damit eingebunden in die eigentümliche Paradoxie der Moderne, daß sich durch den Aufbau von Komplexität Autonomie und Heteronomie gleichzeitig steigern lassen.[214]

---

[212] *N. Luhmann*, Politische Theorie im Wohlfahrtsstaat, 1981, S. 26; cf. a. *ders.*, Die Gesellschaft der Gesellschaft, 1997, S. 678 ff.

[213] Genau genommen kennt die spätere Systemtheorie keine Individuen/Personen, sondern nur noch soziale, psychische und biologische Systeme. Deshalb steht auch nicht der einzelne dem System gegenüber, sondern Kommunikation, die gekoppelt ist an ein bestimmtes psychisches und biologisches System findet Anschluß (oder auch nicht) in einem autopoietischen, operational geschlossenen sozialen System. Im folgenden wird zur Anschaulichkeit in bewußter Reduktion systemtheoretischer Komplexität gleichwohl an der Personen-Vorstellung festgehalten. Zum Personenbegriff im systemtheoretischen Kontext näher *N. Luhmann*, Die Form Person, in: ders., Soziologische Aufklärung 6, 2. Aufl. 2005, S. 137 ff.

[214] Cf. mit Bezug auf den Wohlfahrtsstaat *F.-X. Kaufmann*, Sozialstaatlichkeit unter den Bedingungen moderner Wirtschaft (1999), in: ders., Sozialpolitik und Sozialstaat, 2. Aufl. 2005, S. 283 (302): Das wohlfahrtsstaatliche Leitbild geht „von der Vorstellung gleichzeitiger Steigerbarkeit individueller Freiheit und kollektiver Vorsorge bzw. von der Möglichkeit eines

Die Teilhabe aller an den systemischen Leistungen[215] ist in funktional ausdifferenzierten Gesellschaften jedoch nicht selbstverständlich. Denn es fehlt gerade an einer Zentralinstanz, die die Gesamtinklusion sicherstellen kann. Die Regelung des Verhältnisses von Inklusion und Exklusion ist auf die Funktionssysteme übergegangen. Vollinklusion wird damit wie die Stabilität gesellschaftlicher Ordnung insgesamt[216] geradezu unwahrscheinlich, da sie „von hochdifferenzierten Kommunikationschancen abhängig" ist, „die untereinander nicht mehr sicher und vor allem nicht mehr zeitbeständig koordiniert werden können."[217] Hinzu kommt, daß sich Exklusionen nun potenzieren. Der Ausschluß von den Leistungen eines Systems zieht fast notwendig weitere Exklusionen nach sich (der Exklusion vom Bildungssystem folgt die Exklusion vom Arbeitsmarkt [Wirtschaftssystem], der folgt der Ausschluß vom Rechtssystem und politischen System).[218] Im äußersten Fall kann die Variable Inklusion/Exklusion zu einer Meta-Differenz werden, die die Codes der Funktionssysteme mediatisiert.[219] Spätestens dann stellt sich die Frage, ob die Ungleichheit faktischer Chancen zur Berücksichtigung in den Teilsystemen nicht nur funktionslos, sondern dysfunktional wird, so daß sich funktionale Teilsysteme selbst aus Gründen evolutionärer Intelligenz genötigt sehen, Vorkehrungen auszubilden, um die Inklusionschancen zu erhöhen. Eine solche Vorkehrung bildet insbesondere der Wohlfahrtsstaat: Er dient im Zuge der funktionalen Ausdifferenzierung der Gesellschaft der Inklusion in das politische System.

(b) Extension und Überforderung als zwangsläufige Folge. Dabei ist der Wohlfahrtsstaat von Anfang an genetisch auf eine Extensionsdynamik programmiert, die – jedenfalls nach Luhmann – zwangsläufig in die Selbstüberforderung führt. Denn dem Wohlfahrtsstaat ist ein doppelter Inklusionsbezug eigen. Die Inklusion in das politische System realisiert sich gerade dadurch, daß es sich für gesellschaftliche Probleme universal zuständig erklärt, also die Inklusion *in andere Teilsysteme* der Gesellschaft verheißt.[220] In ihrer Unbestimmtheit wird die Idee

synergetischen Verhältnisses zwischen Staatsintervention und gesellschaftlicher Selbststeuerungsfähigkeit aus."

[215] Der Leistungsbegriff wird an dieser Stelle nicht als terminus technicus eingesetzt, sondern als lebensweltliche Umschreibung der systemischen Funktion in Korrelation zu Individuen. Zum Begriff der Leistung (und der Abgrenzung zur Funktion) im strengen Sinne cf. *N. Luhmann*, Politische Theorie im Wohlfahrtsstaat, 1981, S. 81 ff.; *ders.*, Die Gesellschaft der Gesellschaft, 1997, S. 757 ff.

[216] Cf. *N. Luhmann*, Wie ist soziale Ordnung möglich?, in: ders., Gesellschaftsstruktur und Semantik Bd. 2, 1993, S. 195 ff.

[217] *N. Luhmann*, Die Gesellschaft der Gesellschaft, 1997, S. 625.

[218] *N. Luhmann*, Die Gesellschaft der Gesellschaft, 1997, S. 631; cf. a. *ders.*, Jenseits von Barbarei, in: ders., Gesellschaftsstruktur und Semantik Bd. 4, 1999, S. 138 (148).

[219] *N. Luhmann*, Inklusion und Exklusion, in: ders., Soziologische Aufklärung Bd. 6, 2. Aufl. 2005, S. 226 (243); *ders.*, Das Recht der Gesellschaft, 1993, S. 583.

[220] Zur Frage, ob sich in diesem Verlauf Systeme der sozialen Hilfe ausbilden cf. *M. Bommes/A. Scheer*, Exklusionsvermeidung, Inklusionsvermittlung und/oder Exklusions-

der Wohlfahrt so zum semantischen Korrelat der operativen Schließung des politischen Systems. Innersystemische Grenzen für diese wohlfahrtsstaatliche Selbststimulation bestehen nicht; vielmehr befördert die Umstellung des politischen Systems hin zur Demokratie die Dynamik des Wohlfahrtsstaates noch.[221] Die Aporie dieser Konstellation liegt offen zu Tage:

> „die zur Lösung anstehenden Probleme sind unlösbare Probleme, weil sie die funktional-strukturelle Differenzierung des Gesellschaftssystems in das politische System hineinspiegeln, zugleich aber darauf beruhen, daß das politische System nur ein Teilsystem eben dieser funktionalen Differenzierung des Gesellschaftssystems ist."

Hierüber hilft sich das politische System einstweilen intern mit der „Redefinition von unlösbaren Problemen in politisch lösbare Probleme" hinweg.[222] Extern jedoch führt dies zu Verwerfungen ganz eigener Art. Denn die Medien, die der Wohlfahrtsstaat zur Realisierung des Inklusionsversprechens bevorzugt einsetzt, Recht und Geld, folgen den Codierungen anderer funktionaler Teilsysteme. Der Vorteil beider Mittel ist ihre abstrakte Einsetzbarkeit; zudem werden, wie sich an den Haushaltsberatungen der Gebietskörperschaften zeigen läßt, bereits mit der bloßen Mittelbereitstellung politische Erfolge verbunden, ohne daß es auf die Wirksamkeit ihres Einsatzes ankäme.[223] Zugleich jedoch sind mit dem extensiven Einsatz der wohlfahrtsstaatlichen Steuerungsmittel Folgeeffekte verbunden, die auf das Rechts- und Wirtschaftssystem durchschlagen, vom politischen System aber nicht mehr als selbsterzeugt wahrgenommen werden, sondern als wiederum zu lösendes politikexternes Problem.

> „Die Politik findet sich mit den Auswirkungen ihrer Einwirkungen auf ihre Umwelt konfrontiert, ohne in der Lage zu sein, sich diese Rückwirkungen selbst zuzurechnen."[224]

Die beiden klassischen wohlfahrtsstaatlichen Steuerungsmedien stoßen zudem gerade in den Bereichen an Grenzen, in denen komplexere Interventionen gefordert sind, insbesondere das Verhalten von Personen positiv beeinflußt werden soll, wie in der Erziehung und in weiten Bereichen der Sozialpo-

---

verwaltung, in: Neue Praxis 26 (1996), 107 ff. einerseits, *D. Baecker*, Soziale Hilfe als Funktionssystem der Gesellschaft, in: Zeitschrift für Soziologie 23 (1994), 93 ff. andererseits; zur Frage, ob solche Systeme sekundären Charakter haben *ders.*, „Stellvertretende" Inklusion durch ein sekundäres Funktionssystem, in: R. Merten (Hrsg.), Systemtheorie Sozialer Arbeit, 2000, S. 39 ff. einerseits; *N. Luhmann*, Die Gesellschaft der Gesellschaft, 1997, S. 633 andererseits.

[221] Cf. a. *H. F. Zacher*, Die Dilemmata des Wohlfahrtsstaates, in: Stimmen der Zeit 2001, 363 (372 ff.). Am Beispiel des Gesundheitssystems *N. Luhmann*, Anspruchsinflation im Krankheitssystem, in: P. Herder-Dorneich/A. Schuller (Hrsg.), Die Anspruchsspirale, 1983, S. 28 ff.

[222] *N. Luhmann*, Die Politik der Gesellschaft, 2000, S. 215 f.; cf. a. *ders.*, Metamorphosen des Staates, in: ders., Gesellschaftsstruktur und Semantik Bd. 4, 1999, S. 101 (113 f.).

[223] *N. Luhmann*, Politische Theorie im Wohlfahrtsstaat, 1981, S. 94 ff.

[224] *N. Luhmann*, Die Politik der Gesellschaft, 2000, S. 425.

litik.[225] Damit steht der Wohlfahrtsstaat zwangsläufig vor dem Dilemma, mehr zu versprechen als er halten kann. Dies ist kein Ausdruck „böser Absichten", sondern evolutionäre Folge der Organisationsstruktur des politischen Systems.[226] Gleichwohl hat das Dilemma Folgen für das politische System selbst.

„Es ist nicht unwahrscheinlich, daß diese Differenz als Unzufriedenheit mit der Politik („Politikverdrossenheit") zurückkommuniziert wird; und dieses Problem läßt sich nicht mehr (aber wie sonst?) durch Antizipation und Berücksichtigung immer weiterer Wünsche des Publikums lösen. Nach wie vor findet der Wohlfahrtsstaat einen starken Rückhalt in dem, was als öffentliche Meinung gilt; denn man geht davon aus, daß der Begriff Rückschlüsse auf das persönliche Wohlergehen der Staatsbürger nahelegt. Andererseits wächst die Skepsis in den politischen Eliten. Die Möglichkeiten des Wohlfahrtsstaates scheinen ausgereizt zu sein; sie lassen sich letztlich nicht mehr auf seine eigenen Folgen anwenden (so wie man die im Krankenhaus erworbenen Krankheiten im Krankenhaus behandeln kann)."[227]

Für unsere Frage nach der Genese des Sozialstaates können wir bis hierin festhalten: Aus systemtheoretischer Sicht ist der Sozialstaat ein Produkt funktionaler Ausdifferenzierung. Er dient der Inklusion in das politische System, indem er die Inklusion in andere Teilsysteme der Gesellschaft verheißt. Zur Realisierung dieser Verheißung greift er auf die generalisierten Medien Recht und Geld zurück; hierbei tritt allerdings eine strukturelle Lücke zwischen der politischen Rhetorik und den Realisierungserfolgen des Wohlfahrtsstaates zu Tage, die mittelfristig den Inklusionserfolg des Wohlfahrtsstaates insgesamt in Frage stellt.[228] Die Lösung für dieses Grundproblem des Wohlfahrtsstaates suchte

---

[225] Cf. zu den Grenzen des Rechts aus rechtstheoretischer Sicht a. *D. Grimm*, Der Wandel der Staatsaufgaben und die Krise des Rechtsstaats (1990), in: ders., Die Zukunft der Verfassung, 2. Aufl. 1994, S. 159 (insb. 166 ff.); *ders.*, Die Zukunft der Verfassung (1990), ebenda, S. 399 (insb. 410 ff.).

[226] Denn der Selbstüberforderung des politischen Systems liegen gesellschaftsstrukturelle Gründe zugrunde, die nicht durch schlichte Planung oder alternatives Handeln, sondern nur durch Evolution verändert werden können; *N. Luhmann*, Politische Theorie im Wohlfahrtsstaat, 1981, S. 152; zum Problem, daß die vom Sozialstaat ausgehenden Einwirkungen auf die Umwelt des Sozialstaates auf diesen zurückschlagen und dabei zunehmend pathologische Effekte zeitigen auch *T. Blanke*, Paradoxien und Zukunft des deutschen Sozialstaats, in: S. Blasche/D. Döring (Hrsg.), Sozialpolitik und Gerechtigkeit, 1998, S. 172 (182 ff.); *M. Prisching*, Bilder des Wohlfahrtsstaates, 1996, passim; cf. a. *D. Grimm*, Die sozialgeschichtliche und verfassungsrechtliche Entwicklung zum Sozialstaat (1983), in: ders., Recht und Staat der bürgerlichen Gesellschaft, 1987, S. 138 (159); *ders.*, Der Wandel der Staatsaufgaben und die Krise des Rechtsstaats (1990), in: ders., Die Zukunft der Verfassung, 2. Aufl. 1994, S. 159 (166 ff.); *ders.*, Die Zukunft der Verfassung (1990), ebenda, S. 399 (410 ff.); *K.-H. Ladeur*, Öffentlichkeit, öffentliche Aufgaben und die Logik der Netzwerke, in: G. Winter (Hrsg.), Das Öffentliche heute, 2002, S. 75 ff.; skeptisch demgegenüber *J. Alber*, Hat sich der Wohlfahrtsstaat als soziale Ordnung bewährt?, in: K. U. Mayer (Hrsg.), Die beste aller Welten?, 2001, S. 59 ff.

[227] *N. Luhmann*, Die Politik der Gesellschaft, 2000, S. 426.

[228] Ähnlich *C. Sachße*, Wohlfahrtsstaat in Deutschland: Strukturen, Paradoxien, Perspektiven, in: A. Wollasch (Hrsg.), Wohlfahrtspflege in der Region, 1997, S. 269 (273 ff.).

Luhmann zunächst in einer neuen „politischen Theorie des Wohlfahrtsstaates", die zur Ausbildung eines reflexiven Verhältnisses des Wohlfahrtsstaates zu sich selbst und damit zu einer zwar nicht planmäßig gelenkten, aber doch theoretisch induzierten Weiterentwicklung führen soll.[229] In seinen späteren Schriften zeigte sich Luhmann hingegen deutlich skeptischer gegenüber dem Programm einer handlungsanleitenden soziologischen Aufklärung.[230] Für den Rezipienten bleibt dann nur die tröstliche Wirkung der Luhmannschen Theoriespiralen, in deren Gefolge sich der Nebel eines überkomplexen Alltags auflöst in den lichten Höhen der Abstraktion.

bb) Alternative funktionale Erklärungsansätze

Wer auf ein Mindestmaß an konkreter Anschauung nicht verzichten will (was der Rechtswissenschaft anzuraten ist), wird deshalb auch nach alternativen Erklärungsansätzen Ausschau halten müssen. In funktionalistischer Hinsicht sind hier insbesondere drei Modelle zu nennen.

(a) Bewältigung von Industrialisierungsfolgen. Betrachtet man den sozialgeschichtlichen Kontext der Ausbildung des Sozialstaates, liegt es nahe, seine Entstehung in eine enge Verbindung mit der Industrialisierung zu stellen. Der Sozialstaat erscheint dann als Kompensationsinstrument zur Bearbeitung der sozialen Folgen neuer Produktions- und damit einhergehender Lebensweisen.[231] Als Stichworte sind zu nennen: Landflucht und Urbanisierung, Auflösung der herkömmlichen Oikosstruktur als klassischer Institution sozialer Sicherheit zugunsten der Kleinfamilie, Bevölkerungswachstum und steigende Lebenserwartung, Technisierung der Lebenswelt, Mechanisierung und fabrikförmige Einbindung der Arbeit. All diese Aspekte bergen neuartige soziale Risiken in sich, auf die der Staat durch den Aufbau wohlfahrtsstaatlicher Strukturen reagierte. So war die die Sozialgesetzgebung vorbereitende Debattenlage in Deutschland maßgeblich von der Einsicht geprägt, daß die „sociale Frage" nicht Ausdruck individuellen Versagens der Betroffenen, sondern eine Folge der ge-

---

[229] *N. Luhmann*, Politische Theorie im Wohlfahrtsstaat, 1981; *ders.*, Der politische Wohlfahrtsstaat zwischen Evolution und Rationalität, in: ders., Soziologische Aufklärung 4, 3. Aufl. 2005, S. 108 ff.

[230] Etwa *N. Luhmann*, Jenseits von Barbarei, in: ders., Gesellschaftsstruktur und Semantik Bd. 4, 1999, S. 138 (150): „Wenn diese Diagnose auch nur ungefähr zutrifft, wird die Gesellschaft von der Soziologie weder Rat noch Hilfe erwarten können." Anhaltend optimistischer etwa *M. Schefczyk*, Soziale Sicherheit im Transformationsstaat, in: B. Priddat (Hrsg.), Der bewegte Staat, 2000, S. 83 ff.

[231] Klassisch etwa *H. L. Wilensky/C. N. Lebeaux*, Industrial Society and Social Welfare, 1958; *H. L. Wilensky*, The Welfare State and Equality, 1975; *G. Rimlinger*, Welfare Policy and Industrialization in Europe, America, and Russia, 1971; *H. Aichinger*, Sozialpolitik als Gesellschaftspolitik, 1958; zu diesem sozialen Wandel in Deutschland etwa *Th. Nipperdey*, Deutsche Geschichte 1866–1918, Bd. I, 1994, S. 335 ff.

wandelten wirtschaftlichen und sozialen Verhältnisse ist.[232] *Gustav Schmoller* etwa fragte 1874 in seiner damals aufsehenerregenden Schrift „Die soziale Frage und der preußische Staat" rhetorisch:

> „Ist vielleicht der Arbeiterstand allein, ist der einzelne Arbeiter daran schuld, daß er vielfach in Höhlen wohnt, die ihn zum Tier oder zum Verbrecher degradieren? Ist er daran schuld, daß die Frauen- und Kinderarbeit das Familienleben in diesen Kreisen mehr und mehr auflöst; ist er daran schuld, daß seine arbeitsteilige, mechanische Beschäftigung ihn weniger lernen läßt, als früher Lehrling und Geselle in der Werkstatt lernte"?[233]

Eingedenk der gesellschaftsstrukturellen Dimension der sozialen Probleme ließ Bismarck in der Kaiserlichen Botschaft von 1881 verkünden, daß die „Heilung der sozialen Schäden" auch auf dem Wege „der positiven Förderung des Wohles der Arbeiter zu suchen sein werde".[234] Deshalb sollten korporative Genossenschaften „unter staatlichem Schutz und staatlicher Förderung" zur Versicherung der Risiken eines Betriebsunfalls, der Krankheit und der Invalidität bzw. des Alters aufgebaut werden.

Insbesondere bei der Unfallversicherung ist der entstehungsgeschichtliche Kontext der Industrialisierung mit Händen zu greifen, denn die technisierte, fabrikartige Arbeitsform brachte Unfallrisiken mit sich, die der einzelne Arbeiter nicht beherrschen konnte, so daß sich die Frage nach einer Haftungsregelung unter Einschluß der Unternehmer geradezu aufdrängte. Die Unfallversicherung stand nicht zuletzt deshalb auch im Zentrum der Sozialpolitik Bismarcks. Sie war in ihrer konkreten Ausgestaltung politisch besonders umstritten und konnte erst mit Verzögerung, ein Jahr nach der gesetzlichen Krankenversicherung, in Kraft treten.[235] Doch auch die anderen im 19. Jahrhundert geschaffenen Säulen der gesetzlichen Sozialversicherung lassen sich als Reaktion auf den industriellen Wandel deuten: Die Invaliditätsversicherung flankierte die Unfallversicherung und die mit ihr abgedeckten Risiken und „Krankheit wurde zum Massenphänomen der Industriegesellschaft".[236] Gesundheitsschädlich wirkten sowohl die Arbeitsbedingungen in den Fabriken als auch die Wohnverhältnisse der lohnabhängigen Bevölkerung; Arbeitsunfähigkeit wegen Krankheit bedrohte infolge des Lohnausfalls zudem stets die Subsistenzgrundlage lohnabhängig Beschäftigter.

---

232 *D. Grimm*, Die sozialgeschichtliche und verfassungsrechtliche Entwicklung zum Sozialstaat (1983), in: ders., Recht und Staat der bürgerlichen Gesellschaft, 1987, S. 138 (143 f.).

233 *G. Schmoller*, Die soziale Frage und der preußische Staat (1874), in: E. Schraepler (Hrsg.), Quellen zur Geschichte der sozialen Frage in Deutschland, Bd. 2, 1957, S. 56 ff.

234 Zit. nach *J. Boeckh/E.U. Huster/B. Benz*, Sozialpolitik in Deutschland, 2. Aufl. 2006, S. 67.

235 Zur Entstehungsgeschichte der Unfallversicherung siehe als Quellensammlung *F. Tennstedt/H. Winter*, Quellensammlung zur Geschichte der Deutschen Sozialpolitik 1867 bis 1914, II. Abt. Bd. 2, Teilbd. 1, 1995.

236 *M. Stolleis*, Geschichte des Sozialrechts in Deutschland, 2003, S. 77.

Auch den fortschreitenden Ausbau des Wohlfahrtsstaates kann man mit dem Industrialisierungstheorem zu erklären versuchen. Demnach schlägt sich der in dieser Wirtschaftsform wurzelnde Wachstumsprozeß sozialpolitisch nieder, weil erst er die Ressourcen für expansive sozialstaatliche Aktivitäten bereitstellt. Fortschreitende Industrialisierung und wohlfahrtstaatliche Expansion bedingen sich gleichsam. Doch die historische Evidenz des auf die Industrialisierung abstellenden Ansatzes kennt auch Grenzen. Sein Problem ist das monokausale Erklärungsmuster. Denn die Prozesse der Ausbildung des Sozialstaates sind bei näherer Betrachtung vielschichtiger als das Industrialisierungstheorem nahelegt.

(b) Modernisierung und Sozialstaat. Deshalb haben eine Reihe Autoren den zugrundeliegenden funktionalen Ansatz fortentwickelt und die Entstehung des Sozialstaates modernisierungstheoretisch gedeutet.[237] Neben der Bedeutung der wirtschaftlichen und produktionstechnischen Entwicklung geraten so auch kulturelle und politische Modernisierungsprozesse in den Blick, die für die Ausbildung des Sozialstaates von Bedeutung sind, etwa Demokratisierung und Säkularisierung.[238] Zu den Stärken dieses Ansatzes gehört, daß Sozialpolitik nicht nur als kompensatorisches Krisenarrangement zur Bewältigung von Folgelasten der Industrialisierung begriffen wird, sondern auch die „konstitutiv-gestalterische Funktion von Sozialpolitik in Modernisierungsprozessen und ihr Beitrag zur Etablierung moderner Institutionen" gewürdigt werden können.[239] So hat das sozialstaatliche System sozialer Sicherung die für die Moderne typischen Prozesse der Individualisierung[240] deutlich forciert, indem Ökonomisierung, Bürokratisierung und Verrechtlichung sozialer Hilfen z.B. die Geflechte persönlicher Abhängigkeiten entzerrten.[241] Sozialpolitik kann zudem funktionale Differenzierungen, insbesondere die Ausdifferenzierung des Wirtschaftssystems, stabilisieren und seine Funktionalität, etwa durch die

---

[237] *P. Flora/J. Alber/J. Kohl*, Zur Entwicklung der westeuropäischen Wohlfahrtsstaaten, in: PVS 18 (1977), 707 ff.; *P. Flora/A. H. Heidenheimer*, The Development of Welfare States in Europe and America, 1981; *J. Alber*, Vom Armenhaus zum Wohlfahrtsstaat, 1982; *ders.*, Der Sozialstaat in der Bundesrepublik 1950–1983, 1989, S. 126 ff.; *L. Leisering*, Der Sozialstaat in der „zweiten Moderne", in: S. Lamnek/J. Luedtke (Hrsg.), Der Sozialstaat zwischen „Markt" und „Hedonismus"?, 1999, S. 75 ff.

[238] *S. Lessenich*, Soziologische Erklärungsansätze zu Entstehung und Funktion des Sozialstaats, in: J. Allmendinger/W. Ludwig-Mayerhofer (Hrsg.), Soziologie des Sozialstaats, 2000, S. 39 (41 ff.); *C. G. Ullrich*, Soziologie des Wohlfahrtsstaates, 2005, S. 30.

[239] *S. Huf*, Sozialstaat und Moderne, 1998, S. 13; siehe zu diesem Ansatz auch *ders.*, Sozialstaat und Marktökonomie, in: Soziale Systeme 4 (1998), 359 ff. sowie *G. Vobruba*, Wohlfahrtsstaatliche Sicherung als Voraussetzung politischer Praxis, in: ders., Politik mit dem Wohlfahrtsstaat, 1983, S. 40 ff.; *ders.*, Sozialpolitik macht Modernisierung möglich, in: Die Mitbestimmung Heft 2 1990, 108 ff.; *ders.*, Moderne, Modernisierung und Sozialpolitik, in: W. Glatzer (Hrsg.), Die Modernisierung moderner Gesellschaften, 1991, S. 314 ff.

[240] Zum Paradigma grundlegend *U. Beck*, Risikogesellschaft, 1986, S. 121 ff., 205 ff.

[241] Cf. a. *G. Vobruba*, Autonomiegewinne, 1997, S. 77 ff.; teils mit kulturkritischem, teils mit deskritivem Ton ebenso *M. Stolleis*, Die unvollendete Gerechtigkeit, 2005, S. 54 ff., 67.

Prozeduralisierung und Moderierung ökonomischer Verteilungskonflikte, effektivieren.[242]

Doch mit der Moderne sind Dialektik und Kritik der Moderne untrennbar verbunden.[243] Deshalb bekommt die Deutung des Sozialstaates als Basis emanzipativer und rationaler Modernisierungsprozesse ohne hinreichende Berücksichtung der Aporien und Schattenseiten der Moderne schnell einen apologetischen Charakter. Auch stößt der modernisierungstheoretische Erklärungsansatz an Grenzen, wenn es um die Variantenbildungen von Wohlfahrtsstaaten geht.

(c) Kritisch-funktionale Strukturanalysen. Die vom Modernisierungstheorem ausgeblendeten tragischen Verstrickungen des modernen Wohlfahrtsstaates betonen hingegen gerade einige neomarxistisch geprägte Erklärungsansätze. Sie sehen den Sozialstaat funktional in ein Programm des „saving capitalism from itself"[244] eingebunden.[245] Von anhaltendem Interesse[246] sind in diesem Zusammenhang insbesondere die Studien von *Claus Offe*, an die etwa *Jürgen Habermas* in seiner Sozialstaatskritik später anknüpfte.[247] Nach Offe ist die Sozialpolitik durch die funktionale Verwebung von Staat und kapitalistischer Produktionsform, durch deren „systemische Komplementarität" geprägt. Der Sozialstaat diene maßgeblich dazu, den Warencharakter der Arbeit stabil zu halten, indem er die Akzeptanz der Existenzform als abhängiger Lohnarbeiter erhöht.[248] Die Ausbildung des Wohlfahrtsstaates ist so gesehen „abgeleiteter Natur",[249] eine Nebenwirkung systemstabilisierender Politik. Sie dient in den

[242] Cf. mit weit. Nachw. *S. Huf*, Sozialstaat und Moderne, 1998, S. 67 ff.; ferner *S. Nissen*, Die Dialektik von Individualisierung und moderner Sozialpolitik. Wie der Sozialstaat den Menschen und die Menschen den Sozialstaat verändern. Arbeitspapier Nr. 28 des Instituts für Soziologie, Universität Leipzig.

[243] Zur Moderne als „Projekt und Paradox" etwa *H. van der Loo/W. van Reijen*, Modernisierung, 1992.

[244] *G. Esping-Andersen*, Welfare States and the Economy, in: N. J. Smelser/R. Swedberg (Hrsg.), The Handbook of Economic Sociology, 1994, S. 711 (714).

[245] Cf. *J. O'Connor*, The Fiscal Crisis of the State, 1973; *I. Gough*, The Political Economy of the Welfare State, 1979; *W.-D. Narr/C. Offe* (Hrsg.), Wohlfahrtsstaat und Massenloyalität, 1975. Zu diesem Ansatz auch *R. Klein*, O'Goffe's tale. Or what can we learn from the success of the capitalist welfare state?, in: C. Jones (Hrsg.), New perspectives on the welfare state in Europe, 1993, S. 7 ff.

[246] Cf. *J. Bochrchert/S. Lessenich*, Lang leben die „Strukturprobleme", in: C. Offe, Strukturprobleme des kapitalistischen Staates, Neuausgabe 2006, S. 11 ff.

[247] *J. Habermas*, Theorie des kommunikativen Handelns, Bd. 2, 1988, S. 510 ff.; *ders.*, Die Krise des Wohlfahrtsstaates und die Erschöpfung utopischer Energie, in: ders., Die neue Unübersichtlichkeit, 1985, S. 141 ff.

[248] *C. Offe/G. Lenhardt*, Staatstheorie und Sozialpolitik (1977), in: C. Offe, Strukturprobleme des kapitalistischen Staates, Neuausgabe 2006, S. 153 ff.

[249] *S. Lessenich*, Soziologische Erklärungsansätze zu Entstehung und Funktion des Sozialstaats, in: J. Allmendinger/W. Ludwig-Mayerhofer (Hrsg.), Soziologie des Sozialstaats, 2000, S. 39 (45).

Worten von Jürgen Habermas der „sozialstaatliche(n) Pazifizierung des Klassenkonfliktes".[250]

Ausgangspunkt für die Analyse einer Komplementärfunktion des Staates ist die Überlegung *Elmar Altvaters*, daß „das Kapital ... von sich aus in seinen Aktionen die Gesellschaftlichkeit seiner Existenz gar nicht produzieren" kann.[251] Deshalb müsse der Staat, so Offe, bestimmte „nicht-kapitalistische Formelemente" zur Verfügung stellen, auf die der kapitalistische Verwertungsprozeß angewiesen ist.[252] Zugleich hänge der Staat aber seinerseits als Steuerstaat vom effektiven Einsatz dieser Ressourcen ab.

In „Massendemokratien" bringe die Komplementärfunktion des Staates freilich zwangsläufig Legitimationsprobleme mit sich,[253] da die Orientierung des politisch-administrativen Systems an den Bedürfnissen kapitalistischer Produktionsweise nicht ohne weiteres der „gesellschaftlichen Basis" zu vermitteln sei. Daraus resultiere eine relative Autonomie der Politik als Subsystem, ein „Interesse des Staates an sich selbst".[254] Zu den Legitimationsproblemen träten zudem vom „kapitalistischen Staat" selbsterzeugte „Strukturprobleme": mit der zur Sicherung des Akkumulationsprozesses erforderlichen fortgesetzten wohlfahrtsstaatlichen Aktivität störe der Staat den doch eigentlich zu sichernden Akkumulationsprozeß. Zugleich werde der intervenierende Wohlfahrtstaat trotz seiner relativen Autonomie in die gesellschaftlichen Konfliktfelder kapitalistischer Produktionswirtschaft hineingezogen. So gerate der „kapitalistische Staat" mit seinen „selbstadaptiven Strukturbildungen" in ein krisenhaftes Dilemma – es drohe „das Umschlagen prekär gewordener Komplementärverhältnisse in ‚System-Desintegration'".[255] Am Ende kann „der Kapitalismus weder *mit* dem Sozialstaat koexistieren noch *ohne* ihn fortbestehen".[256]

Wer sich durch den sperrigen Jargon nicht davon abhalten läßt, die Sozialstaatsanalysen Offes heute zu lesen, dem erscheint vor allem die Suche nach hinreichend komplexen Beschreibungen der Tiefendimension wohlfahrtsstaatlicher Wirklichkeit jenseits vulgärmarxistischer Stereotypen bemerkenswert. Die „Strukturprobleme des kapitalistischen Staates" zeichnet – ungeachtet aller

---

[250] *J. Habermas*, Theorie des kommunikativen Handelns, Bd. 2, 1988, S. 512.

[251] *E. Altvater*, Zu einigen Problemen des Staatsinterventionismus, in: Probleme des Klassenkampfes Heft 3, 1972, 1 (6).

[252] *C. Offe*, Tauschverhältnis und politische Steuerung (1972), in: ders., Strukturprobleme des kapitalistischen Staates, Neuausgabe 2006, S. 67 (70); cf. a. *U. K. Preuß*, Legalität und Pluralismus, 1973, S. 91 ff.

[253] Siehe auch *J. Habermas*, Legitimationsprobleme im Spätkapitalismus, 4. Aufl. 1977.

[254] *C. Offe*, Reformpolitik und das Interesse des Staates an sich selbst (1975), in: ders., Strukturprobleme des kapitalistischen Staates, Neuausgabe 2006, S. 127 ff.

[255] *C. Offe*, Tauschverhältnis und politische Steuerung (1972), in: ders., Strukturprobleme des kapitalistischen Staates, Neuausgabe 2006, S. 67 (75).

[256] *C. Offe*, Zu einigen Widersprüchen des modernen Sozialstaates, in: ders., „Arbeitsgesellschaft": Strukturprobleme und Zukunftsperspektiven, 1984, S. 323 (330).

Schwächen[257] – ein interessantes differenztheoretisches Potential aus. Die neomarxistisch geprägte Erklärung von Aufkommen, Ausbau und Krise des Wohlfahrtsstaates weist damit ein überraschendes Näheverhältnis zu den systemtheoretischen Analysen Luhmannscher Provenienz auf.[258] Beide arbeiten mit den Theoriebausteinen „Funktionalität", „systemische Verselbständigung" und „Interdependenzen"; beiden ist ein ausgeprägter Sinn für die Aporien des Sozialstaates eigen. Und beide teilen die gleichen Schwächen: den selektiven Zugriff auf Empirie sowie eine gewisse, dem funktional-strukturalistischen Theorieansatz geschuldete Blutleere.

b) Konflikt- und interessentheoretische Ansätze

Deutlich enger an die realpolitische Entwicklung angebunden präsentieren sich demgegenüber konflikt- und interessentheoretische Erklärungsversuche. Auch diese begegnen uns in unterschiedlichen Spielarten. Eine wesentliche Rolle im interessentheoretischen Erklärungsmodell zur Entwicklung des Sozialstaates spielt die *Demokratisierung* im ausgehenden 19. und 20. Jahrhundert. Demokratien zeichnen sich, jedenfalls wenn sie den normativen Erwartungen entsprechen, durch eine hohe Sensibilität für Interessen der Wähler aus; die demokratische Rückkopplung der Willensbildung ist ja gerade ihr zentrales Anliegen; deshalb liegt es nahe, daß mit Prozessen der Demokratisierung auch eine höhere Berücksichtigung sozialer Belange in den politischen Entscheidungsverfahren einhergeht. *Thomas H. Marshall* erscheinen soziale Teilhaberechte vor diesem Hintergrund geradezu als konsequente Ergänzung bürgerlicher Freiheits- und politischer Teilhaberechte.[259]

Man kann den Demokratisierungsansatz allerdings auch negativ wenden. Dies führt uns zu der These, daß der Sozialstaat eine am Ende destruktive Dynamik aus dem Gestus wechselseitiger Überbietung miteinander konkurrierender Parteien gewinnen muß. Das Potential zu einer solchen demokratiebedingten Beschleunigung des wohlfahrtsstaatlichen Projektes ist wohl kaum zu bestreiten, doch ist bei der Analyse des Zusammenhangs von Wohlfahrtsstaat und Demokratie auch zu berücksichtigen, daß in manchen demokratischen Staaten (USA, GB in der Regierungszeit Thatcher) eine negative Politisierung des Wohlfahrtsstaates erfolgte (sog. welfare backlash).[260]

---

[257] Z.B. die Überbetonung der kapitalismusdienenden Funktion des Staates, die nicht ausgewiesenen normativen Setzungen, die mangelnde empirische Absicherung.

[258] *S. Lessenich*, Soziologische Erklärungsansätze zu Entstehung und Funktion des Sozialstaats, in: J. Allmendinger/W. Ludwig-Mayerhofer (Hrsg.), Soziologie des Sozialstaats, 2000, S. 39 (66).

[259] *T. H. Marshall*, Staatsbürgerrechte und soziale Klassen (1949), in: ders., Bürgerrechte und soziale Klassen, 1981, S. 33 ff.; zur Renaissance Marshalls in den 1990er Jahren *M. Bulmer/A.M. Rees* (Hrsg.), Citizenship Today: The Contemporary Relevance of T. H. Marshall, 1996.

[260] *C. G. Ullrich*, Soziologie des Wohlfahrtsstaates, 2005, S. 31.

Plausibeler als die These von der demokratischen Autogenese und -destruktion des Sozialstaates erscheint deshalb die Annahme, daß freiheitlich-demokratische Systeme *spezifischen* Organisationen sozialer Interessenartikulation die Möglichkeit eröffnen, politische Macht zu gewinnen. Insbesondere die Arbeiterbewegung und ihre politische Repräsentanz in Form sozialdemokratischer Parteien erscheinen dann als maßgebliche Trägergruppe zur Durchsetzung des wohlfahrtsstaatlichen Modells.[261] Doch erweist sich bei näherer Prüfung auch diese „Sozialdemokratie-These“ als zu eng.[262] Sie paßt vor allem zu den skandinavischen Erfahrungen. In Deutschland hingegen realisierte sich der Sozialstaat in seiner Anfangszeit gerade als dezidiert antisozialistische Maßnahme[263] und gegen den teilweisen Widerstand der Arbeiterbewegung.[264] Die Sozialgesetzgebung Bismarcks bildete das politische Gegenstück zu den repressiven Sozialistengesetzen[265] (ironischerweise boten dann gerade die Selbstverwaltungsgremien der Sozialversicherungen die institutionelle Basis für ein Überleben der Arbeiterbewegung in der Phase der Repression).[266] Auch etablierten sich in Deutschland und anderen europäischen Ländern wohlfahrtsstaatliche Parteien jenseits des linken Parteienspektrums. So gingen entscheidende Impulse für die Extension des Sozialstaates nach dem 2. Weltkrieg in Deutschland gerade von unionsgeführten Bundesregierungen aus. Erinnert sei an die Programme zur Bewältigung von Kriegsfolgen (Lastenausgleich, Versorgung, Entschädigung), an die Adenauersche Rentenreform 1957, an die Novellierung des Fürsorgerechts durch das BSHG (1961), an die mannigfachen Leistungsausweitungen und die Öffnung der Sozialversicherungen für weitere Bevölkerungsteile sowie schließlich an die Einführung der Pflegeversicherung 1994.[267]

---

[261] Früh bereits *E. Heimann*, Soziale Theorie des Kapitalismus (1929), 1980; vor dem Hintergrund des skandinavischen Wohlfahrtsstaatsmodells *F. G. Castles*, The Social Democratic Image of Society, 1978; *W. Korpi*, The Democratic Class Struggle, 1983; *G. Esping-Andersen*, Politics against Markets, 1985.

[262] *M. Shalev*, The Social Democratic Model and Beyond, in: Comparative Social Research 6 (1983), 315 ff.; *P. Baldwin*, The Politics of Social Solidarity, 1990; *ders.*, Can We Define a European Welfare State Model?, in: B. Greve (Hrsg.), Comparative Welfare Systems, 1996, S. 29 ff.

[263] Cf. *J. Alber*, Vom Armenhaus zum Wohlfahrtsstaat, 1982, S. 127 ff.; *M. Stolleis*, Die unvollendete Gerechtigkeit, 2005, S. 59 ff.

[264] *M. Stolleis*, Geschichte des Sozialrechts in Deutschland, 2003, S. 56 f.

[265] *M. Stolleis*, Die Sozialversicherung Bismarcks (1979), in: ders., Konstitution und Intervention, 2001, S. 226 ff.; *W. Vogel*, Bismarcks Arbeiterversicherung, 1951; *G. A. Ritter*, Sozialversicherung in Deutschland und England, 1983, S. 21 ff., insb. 28 ff.; *D. Grimm*, Die sozialgeschichtliche und verfassungsrechtliche Entwicklung zum Sozialstaat (1983), in: ders., Recht und Staat der bürgerlichen Gesellschaft, 1987, S. 138 (151).

[266] *M. Stolleis*, Geschichte des Sozialrechts in Deutschland, 2003, S. 73.

[267] Im Überblick näher *F. Tennstedt*, Geschichte des Sozialrechts, in: B. v. Maydell/F. Ruland (Hrsg.), Sozialrechtshandbuch, 3. Aufl. 2003, S. 24 (49 ff.); *G. A. Ritter*, Der Sozialstaat, 2. Aufl. 1991, S. 156 ff., 175 ff.; *ders.*, Soziale Frage und Sozialpolitik in Deutschland seit Be-

Interessenkoalitionen und Parteienkonstellationen spielen für die Ausbildung des Sozialstaates also offensichtlich eine beachtliche Rolle.[268] Vor dem Hintergrund der deutschen Erfahrungen überzeugen innerhalb des interessentheoretischen Spektrums vor allem Ansätze, die darauf verweisen, daß in einem Sozialversicherungssystem mit moderaten Umverteilungseffekten (also mit beitragsabhängigen Leistungen) gerade die Mittelklasse ein eigenes Interesse an wohlfahrtsstaatlichen Absicherungen entwickelt und diesen dann politische Schubkraft verleiht.[269]

Die Diagnose eines engen Zusammenhangs von Demokratisierung und Versozialstaatlichung sieht sich aber auch Fragen ausgesetzt. Solche wirft etwa die wohlfahrtsstaatliche Praxis des Nationalsozialismus auf (hierzu bereits supra B.I.2.e.). Ungeachtet ihrer rassistisch-diskrimierenden Ausgestaltung spielte die „volksgemeinschaftliche" Sozialpolitik eine wichtige Rolle für die Akzeptanzsicherung des nationalsozialistischen Regimes. Dabei wurden einerseits bestehende Institutionen unter partieller Umgestaltung fortgeführt, andererseits neue, propagandaträchtige Instrumente wohlfahrtsstaatlicher Versorgung geschaffen.[270] Mit dem anspruchsvollen Demokratiekonzept legitimer Interessenpluralität unter Freien und Gleichen, wie es dem freiheitlich-demokratischen Verfassungsstaat zugrunde liegt, läßt sich die völkische Variante des Wohlfahrtsstaates nicht erklären. Eher zeigt sich hier anschaulich eine besondere Gefahr des Sozialstaates: sein manipulatives Potential als „über-legale Prämie auf den legalen Besitz der legalen Macht".[271]

ginn des 19. Jahrhunderts, 1998, S. 89 ff.; *H. F. Zacher*, Grundlagen der Sozialpolitik in der Bundesrepublik Deutschland, in: Bundesministerium für Arbeit und Sozialordnung (Hrsg.), Grundlagen der Sozialpolitik, Geschichte der Sozialpolitik in Deutschland seit 1945, Bd. 1, 2001, S. 333 (435 ff.); *J. Alber*, Der Sozialstaat in der Bundesrepublik 1950–1983, 1989; *J. Frerich/M. Frey* (Hrsg.), Handbuch der Geschichte der Sozialpolitik in Deutschland, Bd. 3, 2. Aufl. 1996; *M. Stolleis*, Geschichte des Sozialrechts in Deutschland, 2003, S. 209 ff.; *J. Boeckh/E.-U. Huster/B. Benz*, Sozialpolitik in Deutschland, 2. Aufl. 2006, S. 88 ff.; *M. G. Schmidt*, Sozialpolitik in Deutschland, 3. Aufl. 2005, S. 73 ff.

[268] Cf. *H. Wilensky*, Leftism, Catholism and democratic corporatism, in: P. Flora/A. J. Heidenheimer (Hrsg.), The Development of Welfare States in Europe and America, 1981, S. 345 ff.; *K. van Kerksbergen*, Social Capitalism, 1995.

[269] Cf. *R. E. Goodin/J. Le Grand* (Hrsg.), Not Only the Poor, 1987; *C. G. Ullrich*, Soziologie des Wohlfahrtsstaates, 2005, S. 33; *T. Judt*, Postwar, 2006, S. 76 f.

[270] *M. Stolleis*, Geschichte des Sozialrechts in Deutschland, 2003, S. 180 ff. mit weit. Nachw.

[271] *C. Schmitt*, Legalität und Legitimität (1932), in: ders., Verfassungsrechtliche Aufsätze aus den Jahren 1924–1954, 4. Aufl. 2003, S. 263 (288); cf. a. *ders.*, Die legale Weltrevolution, in: Der Staat 17 (1978), 321 ff.

c) Institutionalistische Ansätze

Den höchsten Grad an geschichtlicher Konkretion weisen schließlich Ansätze auf, die die Bedeutung institutioneller Arrangements für die Genese des Wohlfahrtsstaates herausstreichen.[272] Zumindest für die deutsche Entwicklung wäre in diesem Zusammenhang zunächst auf die *Rolle des Staates und der staatlichen Eliten* hinzuweisen. Erst auf der Grundlage des modernen Nationalstaates mit seinem bürokratischen Unterbau, seinem Wissensmanagement und seinen effektiven Herrschaftstechniken konnte praktische Sozialpolitik überhaupt betrieben werden. Die ministerialen Eliten spielten im Zusammenspiel mit führenden Intellektuellen (sog. Kathedersozialisten)[273] in Deutschland als Trägergruppen von „Herrschaftswissen" denn auch eine entscheidende Rolle in der ersten Phase des Sozialstaates. Individuelles Ethos war dabei ebenso handlungsanleitend wie politisches Pragma. Erinnert sei an Personen wie *Adolph Wagner*[274] und *Gustav Schmoller*[275] sowie insbesondere *Theodor Lohmann*.[276] Durch den institutionell-administrativen Unterbau erfuhr der Sozialstaat dann auch entscheidende Prägungen; so setzten etwa die Berufsgenossenschaften als Träger der Unfallversicherung präventive Arbeitsschutzmaßnahmen gegen die ursprüngliche Intention Bismarcks, der auf Schadenskompensation statt Vorsorge setzte, durch; das Reichsversicherungsamt sollte für den Ausbau des Rechtsschutzes im Sozialstaat von durchgreifender Bedeutung werden usw.[277]

Daß die Entstehung des Sozialstaates immer auch „vom Staat her" zu denken ist, zeigt sich ferner in dem Umstand, daß die Sozialpolitik des Kaiserreichs maßgeblich der „inneren Reichsgründung"[278] diente.[279] Nach der Reichsgrün-

[272] Cf. *A. S. Orloff*, Social Provision and Regulation: Theories of States, Social Policies, and Modernity, in: J. Adams/E. S. Clemens/A. S. Orloff (Hrsg.), Remaking Modernity. Politics, History, and Sociology, 2005, S. 190 ff. mit weit. Nachw.

[273] Zu diesen *W. Euchner*, Ideengeschichte des Sozialismus, Teil I, in: H. Grebing (Hrsg.), Geschichte der sozialen Ideen in Deutschland, 2. Aufl. 2005, S. 15 (180 ff.).

[274] Cf. *T. Jähnichen/N. Friedrich*, Geschichte der sozialen Ideen im deutschen Protestantismus, in: H. Grebing (Hrsg.), Geschichte der sozialen Ideen in Deutschland, 2. Aufl. 2005, S. 865 (950, 954, 956 und öfter).

[275] *G. Wölky*, Art. Schmoller, Gustav, in: Ev. Soziallexikon, Neuausgabe, 2001, Sp. 1963 f.

[276] Cf. *H. Rothfels*, Theodor Lohmann und die Kampfjahre der staatlichen Sozialpolitik, 1927; *T. Jähnichen/N. Friedrich*, Geschichte der sozialen Ideen im deutschen Protestantismus, in: H. Grebing (Hrsg.), Geschichte der sozialen Ideen in Deutschland, 2. Aufl. 2005, S. 865 (941 ff.); *R. Zitt*, Zwischen Innerer Mission und staatlicher Sozialpolitik, 1997; *F. Tennstedt*, Politikfähige Anstöße zu Sozialreform und Sozialstaat, in: W. Loth/J.-C. Kaiser (Hrsg.), Soziale Reform im Kaiserreich, 1997, S. 19 ff.

[277] *W. Bogs*, Das Reichsversicherungsamt im Rückblick, in: D. Schwewe (Hrsg.), Die Praxis des Bundesversicherungsamtes, 1977, S. 195 ff.; *ders.*, Sozialrechtspflege vor Einführung der Sozialgerichtsbarkeit, in: Festschrift 25 Jahre Bundessozialgericht, 1979, S. 1 ff.

[278] *F. Tennstedt*, Peitsche und Zuckerbrot oder ein Reich mit Zuckerbrot?, in: Zeitschrift für Sozialreform 43 (1997), 88 (95, 98).

[279] *S. Kott*, Der Sozialstaat, in: E. François/H. Schulze (Hrsg.), Deutsche Erinnerungsorte – Eine Auswahl, 2005, S. 258 (259 ff.).

dung von oben und mit einer gescheiterten bürgerlichen Revolution im Rücken mangelte es der „verspäteten Nation“ (*Helmuth Plessner*) an demokratischer Legitimation wie Identifikation schaffender kollektiver Identität. Dem versuchte Bismarck mit einer Freund/Feind-Politik (Kulturkampf/Sozialistengesetze), aber eben auch mit der Schaffung positiver Identifikationsmöglichkeiten entgegenzuwirken.[280] Deshalb konnte für Bismarck der staatliche Einfluß auf die Sozialversicherungen nicht groß genug sein, da nur so der Staat als Wohltäter in Erscheinung treten konnte. Privatrechtliche Lösungen der sozialen Fragen (etwa durch Einführung eines Versicherungszwangs) kamen für Bismarck deshalb nicht in Betracht. „Nur keine private Anstalt mit Dividende und Konkurs“, war seine Devise.[281] Er wollte deshalb eigentlich „Staatsrentner“ schaffen und keine Nutznießer eigener Beitragsleistungen; zumindest beharrte er auf einem erkennbaren Staatszuschuß zu den Sozialversicherungen.[282]

Die Bedeutung einer Staatspraxis und ihrer Selbstbeschreibung für die Ausbildung und Fortentwicklung des Sozialstaates wird auch deutlich, wenn man sich den Kontext des Selbstverständnisses staatlicher Verwaltungstätigkeit anschaut. Dann zeigt sich, daß der Bismarcksche „Staatssozialismus“ sich nicht auf das wohlfahrtsstaatliche Projekt beschränkte, sondern eingebunden war in die Etablierung eines Interventionsstaates, der nach einer kurzen Phase, in der liberale Ideen in Deutschland dominierten, unter Anknüpfung an ältere Wohlfahrtstraditionen zu einem erheblichen Verrechtlichungsschub und schließlich auch zur Ausbildung des modernen Verwaltungsrechts führte.[283]

Doch auch spätere Phasen des Sozialstaates stehen unter dem Eindruck sich wandelnder Staatsverständnisse: Die Expansion des Sozialstaates in den 1960er Jahren korrelierte mit einer generellen Planungseuphorie, in der gesellschaftlicher Fortschritt (in Form von Vollbeschäftigung, stetigem Wirtschaftswachstum, individueller Emanzipation und gesellschaftlicher Demokratisierung) machbar, d.h. nur eine Frage intelligenter Politik zu sein schien, und das Einsetzen der Krisendiskurse des Sozialstaates ist eng mit dem Ende des staatlichen Gestaltungsoptimismus und der sog. Steuerungskrise des Staates verbunden. Der Sozialstaat erweist sich in Aufbau, Ausbau und Umbau somit immer auch als Spiegel allgemeiner Staatspraxis und ihrer Deutungen.

---

[280] *D. Grimm*, Die sozialgeschichtliche und verfassungsrechtliche Entwicklung zum Sozialstaat, in: ders., Recht und Staat der bürgerlichen Gesellschaft, 1987, S. 138 (151); *M. Stolleis*, Die Sozialversicherung Bismarcks (1979), in: ders., Konstitution und Intervention, 2001, S. 226 (232).

[281] *G. Haverkate*, Verfassungslehre, 1992, S. 264 f. unter Verweis auf *W. Vogel*, Bismarcks Arbeiterversicherung, 1951, S. 152.

[282] *W. Vogel*, Bismarcks Arbeiterversicherung, 1951, S. 151; *G. Haverkate*, Verfassungslehre, 1992, S. 265.

[283] *M. Stolleis*, Die Entstehung des Interventionsstaates und das öffentliche Recht (1989), in: ders., Konstitution und Intervention, 2001, S. 253 ff.

Die Relevanz institutioneller Staatlichkeit für den Ausbau des Sozialstaates zeigt sich schließlich auch, wenn man die Bedeutung von Sozialpolitik im Kontext eines Staatenwettbewerbs betrachtet. So galt die wohlfahrtsstaatliche Flankierung der nationalen Wirtschaftssysteme lange Zeit als Vorteil in einer offenen, d.h. international verflochtenen Wirtschaftsordnung. Im Zuge der Globalisierungsdebatten der 1990er Jahre ist diese Annahme zunehmend in Zweifel gezogen worden. Doch ändert dies nichts an dem Umstand, daß sie in der Vergangenheit breite Anerkennung gefunden hatte und deshalb auch bis zu einem gewissen Maße handlungsanleitend wirkte. Eine noch stärkere Rolle für den Ausbau wohlfahrtsstaatlicher Strukturen in den westlichen Industrienationen nach dem 2. Weltkrieg dürfte aber wohl ein anderer zwischenstaatlicher Wettbewerb gespielt haben, nämlich der zwischen Staaten, die sich dem „real existierenden Sozialismus" verschrieben hatten und solchen mit einer freien marktwirtschaftlichen Ordnung. Gerade die Leistungsbilanz westeuropäischer Wohlfahrtsstaaten in der sozialstaatlichen Expansionsphase der 1960er Jahre[284] dürfte nicht unerheblich zur Diskreditierung der sozialistischen Planwirtschaft im öffentlichen Bewußtsein der damaligen Zeit beigetragen haben.

Institutionelle Erklärungsmuster für die Entwicklung des Sozialstaates begegnen uns jedoch nicht nur mit Blick auf die Institution „Staat", sondern auch auf die Langzeitwirkungen, die die jeweilige Erstausstattung des Sozialstaates hatte. In den Sozialwissenschaften wird diese unter dem Stichwort „Pfadabhängigkeit"[285] diskutiert. Damit wird der Umstand beschrieben, daß die einmal etablierten sozialstaatlichen Grundstrukturen für die weitere Entwicklung offensichtlich auch dann noch eine bedeutende Rolle spielen, wenn die kontigenten Entstehungsbedingungen wegfallen. So prägt etwa die in den 1890er Jahren etablierte Unterscheidung von Sozialversicherung und Fürsorge bis heute das deutsche Modell des Sozialstaates. Auch die Grundprinzipien der Sozialversicherung, die ursprünglich den spezifischen Kontexten der Bismarckschen Sozialpolitik geschuldet waren (Beitragsfinanzierung, Staatszuschuß, Versicherungszwang mit dem Korrelat der Selbstverwaltung), haben sich bis heute erhalten. Wie wichtig die „Schwerkraft früherer Sozialpolitik" ist, zeigt sich auch in der hohen organisatorischen Kontinuität des Sozialstaats trotz mehrfacher Wechsel des politischen Systems.

---

284 *T. Judt*, Postwar, 2006, S. 324 ff.

285 *P. Krugman*, Peddling Prosperity, 1994, S. 221 ff.; *U. Davy*, Pfadabhängigkeit in der sozialen Sicherheit, in: SDSRV 55 (2007), S. 103 ff.; generell *P. Pierson*, Increasing Returns, Path Dependence, and the Study of Politics, in: ARSP 94 (2000), 251 ff.; *J. Mahoney*, Path Dependence in Historical Sociology, in: Theory and Society 29 (2000), 507 ff.; kritisch *J. Beyer*, Pfadabhänigkeit ist nicht gleich Pfadabhängigkeit, in: ZfS 34 (2005), 5 ff.

d) Kulturalistisch-normative Ansätze

Neben „harten" Institutionen geraten in der Erforschung der wohlfahrtsstaatlichen Entwicklung zusehends aber auch „weiche" Faktoren in den Blick, die die konkrete Gestalt des Sozialstaates prägen:[286] kulturelle Einflüsse wie grundlegende Gerechtigkeitsüberzeugungen in der Gesellschaft, ideologische Grundierungen staatlicher Sozialpolitik, konfessionelle Prägungen usw. Der Sozialstaat ist eben nicht nur Produkt kalkulierter Interessenpolitik oder gar antagonistischer Klassengegensätze, sondern auch realisierte soziale *Idee*[287] – und die tritt gemeinhin im Plural auf. Neben den diversen Spielarten des Sozialismus sind etwa die katholische Soziallehre und die protestantische Sozialethik für die Ausgestaltung des Sozialstaates in Deutschland von maßgeblicher Bedeutung gewesen.[288] Sie beeinflußten politische Milieus, die den Ausbau des Sozialstaates forcierten; sie boten aber (z.B. mit dem Subsidiaritätsprinzip oder einem bestimmten Menschenbild) auch Orientierungsmuster für die Ausgestaltung einer sozialstaatlichen Organisationsordnung. Der Sozialstaat ruht so gesehen auch auf gewissen sozialmoralischen Voraussetzungen auf, die sich in den einzelnen Staaten sehr unterschiedlich ausgebildet haben. Zu diesen gehört auch das durch Krisen und Kriege geschärfte Bewußtsein für Schicht- und Klassengrenzen überschreitende Abhängigkeiten in einer Gesellschaft.[289]

[286] Hierzu näher *C. G. Ullrich*, Soziologie des Wohlfahrtsstaates, 2005, S. 37 f.; *ders.*, Wohlfahrtsstaat und Wohlfahrtskultur, Arbeitspapier Nr. 67, Mannheimer Zentrum für Europäische Sozialforschung, 2003; *B. Pfau-Effinger*, Culture and Welfare State Policies, in: Journal of Social Policy 34 (2005), 3 ff.; *H. Maier*, Historische Voraussetzungen des Sozialstaats in Deutschland, 2002, S. 13 ff.

[287] *G. Rimlinger*, Welfare Policy and Industrialization in Europe, America and Russia, 1971.

[288] Insg. zur Bedeutung religiöser Prägungen *F.-X. Kaufmann*, Christentum und Wohlfahrtsstaat, in: Zeitschrift für Sozialreform 34 (1988), 65 ff.; *P. Manow*, The Good, The Bad, and The Ugly, in: Kölner Zeitschrift für Soziologie und Sozialpsychologie 54 (2002), 203 ff.; *H. Maier*, Historische Voraussetzungen des Sozialstaats in Deutschland, 2002, S. 14 ff.; zum Protestantismus näher *K. Tanner*, Der Staat des christlichen Gemeinwohls?, in: ZEE 39 (1995), 151 ff.; *T. Moos*, Staatszweck und Staatsaufgaben in den protestantischen Ethiken des 19. Jahrhunderts, 2005; *E. Rieger/S. Leibfried*, Kultur versus Globalisierung, 2004; *S. Kahl*, The Religious Roots of Modern Poverty Policy, in: Archives européennes de sociologie XLVI (2005), 91 ff.

[289] *A. De Swaan*, Der sorgende Staat, 1993; *T. H. Marshall*, Der Wohlfahrtsstaat und die Wohlfahrtsgesellschaft, in: ders., Bürgerrechte und soziale Klassen, 1992, S. 147 (159).

3. Resümee und methodischer Ausblick: Heuristischer Nutzen, nicht normative Determinante der Evolutionsnarrationen

Die Bedingungen, die die Ausbildung und die konkrete Gestalt des Sozialstaates in Deutschland geprägt haben, sind vielfältig. Dies haben die obigen Ausführungen gezeigt. Doch was folgt daraus für eine Verfassungstheorie des Sozialstaates? Zunächst einmal nichts – die einleitend notierte Skepsis findet sich insoweit bestätigt. Der verfassungstheoretische Zugriff auf die Geschichte des Sozialstaates führt uns nicht unmittelbar zum normativen Gehalt ihres verfassungsrechtlichen Widerscheins im Grundgesetz. Die Geschichte fungiert im Rahmen einer Verfassungstheorie des Sozialstaates nicht als Souffleuse, sondern eher als eine Art Muse. Die genetische Perspektive sensibilisiert für spezifische Problemlagen, auf die hin sich der Sozialstaat ausgebildet hat, aber auch für deren Varianten und Neubildungen im Laufe der Zeit. Sie zeigt Kontinuitäten und Diskontinuitäten, Eigenarten und Besonderheiten sozialer Staatlichkeit auf. Sie markiert Bewährungen des Sozialstaates und Gefährdungen durch den Sozialstaat, die idealiter in einer *normativen* Verfassungstheorie des Sozialstaates zu berücksichtigen sind. Doch sie bietet keine hinreichende Grundlage für eine solche normative Verfassungstheorie. Sie zeigt Kontexte auf, in denen normative Aussagen zum Sozialstaat stehen, ohne diese selbst unmittelbar zu generieren. Dies gilt schon deshalb, weil die realgeschichtlichen Meistererzählungen der sozialstaatlichen Genese zu allgemein gehalten sind, um an ihnen im Rahmen einer normativen Argumentation ohne weiteres anknüpfen zu können. Zum Argument im Ringen um die Normativität des Sozialstaates kann die Geschichte eigentlich nur kontextspezifisch, d.h. im Zusammenhang mit relativ konkreten Fragestellungen werden.

Zudem ist an die oben skizzierten Bedenken gegen eine vorrangig soziologisch aufgeklärte Verfassungstheorie des Sozialstaates anzuknüpfen. Sie gelten sinngemäß ebenfalls für eine stark historisch angeleitete Variante von Verfassungstheorie. Als Kernproblem, das der Sozialstaat des Grundgesetzes aufwirft, wurde einleitend sein Potential zur gleichzeitigen Über- und Unterbestimmung ausgemacht. Die Antworten auf die Frage, welcher Sozialstaat von Verfassungs wegen sein soll, fallen zumeist einerseits zu dürftig, andererseits zu üppig aus. Dieses Phänomen begegnet uns auch, wenn wir Rückschau halten und rekonstruieren, wie der Sozialstaat wurde, was er ist. Wir beobachten Phänomene des Ausbaus, Umbaus und Rückbaus in unterschiedlichsten Varianten, die wiederum auf vielfältigste Weise plausibel erklärt werden können. Für die Frage nach dem normativen Gehalt des Sozialstaates lassen sich hieraus keine direkten Schlüsse ziehen. Das Wissen um die Bedeutung (staatlicher) Institutionen und kulturell geprägter soziomoralischer Verhaltensmuster für die Ausbildung des Sozialstaates etwa ist im Rahmen von Klugheitserwägungen bei der politischen Ausgestaltung des Sozialstaates sicherlich von Relevanz, führt aber nicht unmittelbar zu Aussagen über den von Verfassung wegen gesollten Sozialstaat, seine Ziele, seine Ausrichtung, seine Grenzen.

Auch die im Rahmen der genetischen Analyse eingeführte sozialtheoretische Bestimmung von gesellschaftlichen Funktionen des Sozialstaates ist dafür nicht ohne weiteres zielführend. Funktionalen Betrachtungen kommt in Verfassungstheorien zwar gemeinhin eine zentrale Rolle zu, was nicht zuletzt deren wirklichkeitswissenschaftlicher Prägung zuzuschreiben ist. Auch in der klassischen Verfassungsauslegung sind teleologische Erwägungen häufig von entscheidender Bedeutung. In Anlehnung an *Ernst Cassirer*[290] könnte man sagen, daß das verfassungsrechtliche Denken insgesamt seine Orientierung von der Substanz zur Funktion verschoben hat.[291] Doch ist zwischen sozialen und normativen bzw. normativ anerkannten sozialen Funktionen genau zu unterscheiden. Nicht jede gesellschaftliche Funktion ist in ihrer Funktionalität durch die Rechtsordnung gebilligt oder gar als wünschenswert ausgewiesen.

Für den Sozialstaat gilt zudem, wie oben aufgezeigt, daß sich seine sozialen Funktionen teils als vielschichtig, teils als gegenläufig erweisen. Der Sozialstaat ist sowohl polyfunktional wie dysfunktional.[292] Der analytische Focus auf die Industrialisierung zur Erklärung und Beschreibung des Sozialstaates, der auch die verfassungsrechtliche Diskussion der Nachkriegszeit prägte,[293] verliert etwa in dem Maße an Erklärungswert, wie sich die Gesellschaft von einer Industrie- zu einer postindustriellen Gesellschaft wandelt und gerade dabei neue soziale Fragen aufwirft. Begreift man den Sozialstaat sozialfunktional als Produkt wie Motor von Modernisierungs- und damit Wandlungsprozessen, lassen sich ihm modernisierungstheoretisch ebenso produktive Momente wie Schattenseiten zuschreiben.[294] Auch die Erschließung des Sozialstaates über die Kategorie sozioökonomischer Interessen bleibt ambivalent. Klassisch spricht man insoweit vom Gegensatz von Kapital und Arbeit oder von „antagonistischen Klassenstrukturen"; der Sozialstaat dient in dieser Perspektive positiv gewendet dem „gerechten" Ausgleich zwischen diesen Polen, negativ gewendet zur Pazifizie-

[290] *E. Cassirer*, Substanzbegriff und Funktionsbegriff (1910), 7. Aufl. 1994.

[291] Cf. auch *M. Rehbinder*, Wandlungen der Rechtsstruktur im Sozialstaat, in: E. E. Hirsch/M. Rehbinder (Hrsg.), Studien und Materialien zur Rechtssoziologie, 2. Aufl. 1971, S. 197 (216).

[292] Cf. im Überblick auch *L. Leisering*, Wirklich die beste aller Welten? Die soziologische Kritik am Wohlfahrtsstaat, in: K. U. Mayer (Hrsg.), Die beste aller Welten?, 2001, S. 113 ff.

[293] Cf. *E. R. Huber*, Rechtsstaat und Sozialstaat in der modernen Industriegesellschaft (1965), in: E. Forsthoff (Hrsg.), Rechtsstaalichkeit und Sozialstaatlichkeit, 1968, S. 589 ff.; *P. Badura*, Sozialstaatlichkeit und Sozialrecht, in: SGb 1980, 1 (2); *W. Rüfner*, Die Rechtsformen der sozialen Sicherung und das Allgemeine Verwaltungsrecht, VVDStRL 28 (1970), S. 187 (188 f.).

[294] *L. Leisering*, Der Sozialstaat in der „zweiten Moderne". Ambivalenzen und Zukunftsperspektiven des neuzeitlichen Individualisierungsprozesses, in: S. Lamnek/J. Luedtke (Hrsg.), Der Sozialstaat zwischen „Markt" und „Hedonismus"?, 1999, S. 75 ff.

rung eines klassenbewußten Kampfimpulses.[295] Doch wird diese marxistisch imprägnierte Funktionsanalyse in ihrer Schlichtheit der gesellschaftlichen Komplexität nicht im Ansatz gerecht. Sie vermag die Diversität der Lebenslagen und damit korrelierenden Interessen nur unzureichend abzubilden (Stichwort: Interessenpluralismus), auch ist gegenüber der Monokausalität des Materialismus Skepsis anzumelden. Die Welt der Ideen ist weit mehr als ein seinsdependeter Überbau. Die historische Perspektive zeigt gerade, daß der Sozialstaat nicht nur eine Frage der politischen Ökonomie ist, sondern in einen breiteren kulturellen Kontext eingebettet ist, der auch Fragen des guten Lebens, der gesellschaftlichen Fairneß, der allen Menschen als Menschen zukommenden gleichen Freiheit und deren materiellen Bedingungen berührt, also in die zentralen Fragen der normativen politischen Philosophie eingebettet ist.

In ihrer intellektuell interessanten Variante diagnostiziert die neomarxistische Sozialstaatsanalyse zudem ein grundlegendes Dilemma. Der Sozialstaat wird als sozial funktional wie dysfunktional beschrieben. Was hat hieraus aber für eine normative Theorie des Sozialstaates zu folgen? Die gleiche Frage wirft die systemtheoretische Analyse des Sozialstaates auf. In der Diagnose liegen Luhmann und Offe, wie gesehen, gar nicht so weit auseinander, doch ziehen beide sehr unterschiedliche Schlußfolgerungen. Eine verfassungstheoretische Anlehnung an soziofunktionale Analysen des Sozialstaates kann also im Grunde nur auf eine Verteidigung des pragmatischen Sozialstaatsverständnisses hinauslaufen. Das Grundgesetz schaltet in dieser Perspektive die Multifunktionalität des Wohlfahrtsstaates auf der obersten Rechtsebene frei, trifft darüber hinaus aber keine Aussagen zum Verhältnis der potentiellen Funktionen und ihrem dysfunktionalen Potential: Der Sozialstaat des Grundgesetzes erfüllt Sozialstaatsfunktionen; welche das sind, ist politisch festzulegen, also eine Frage demokratischer Gestaltung. Normative Konsequenzen legt die soziofunktionale Perspektive auf den Wohlfahrtsstaat hingegen nicht nahe. Will man aufgrund der oben diagnostizierten Schwächen des pragmatischen Sozialstaatsparadigmas hingegen zu einer gehaltvolleren sozialstaatlichen Verfassungstheorie kommen, bedarf es neben der soziologischen Aufklärung zusätzlicher, eben *normativer* Prämissen. Genau um die Aufarbeitung dieser Prämissen hat es einer *Verfassungs*theorie des Sozialstaates deshalb vorrangig zu gehen.

Der im Folgenden hierzu gewählte methodische Zugriff mag auf den ersten Blick etwas altfränkisch wirken. Denn im Vordergrund stehen zunächst politische Theorien, die die Komplexität moderner Gesellschaften und damit den sozialen Wirkungsraum der Verfassung kaum adäquat einfangen können. Die Klassiker der liberalen politischen Philosophie von *John Locke* über *John Rawls*

[295] Wenn in der marxistischen Diktion Religion Opium für das Volk ist, stellt der Sozialstaat unter Bedingungen forcierter Säkularisierung quasi das Methadonprogramm der Arbeitsgesellschaft dar.

bis *Robert Nozick* ist ein gesellschaftstheoretischer Reduktionismus eigen, der für eine wohlfahrtsstaatliche Verfassungstheorie zum Problem werden kann. Eine normative Theorie des „sozialen" Staates bedarf als Supplement einer adäquaten Theorie des Sozialen (ebenso wie sie nach einer adäquaten Theorie des Staates verlangt). Doch zugleich hat der vorstehende Gedankengang gezeigt, daß Institutionalisierungs- und Implementierungsprobleme des Sozialstaates im Rahmen einer Verfassungstheorie des Sozialstaates sinnvoll nur bedacht werden können, wenn überhaupt ein halbwegs konturiertes normatives Programm des Sozialstaatsgebotes erschlossen ist. Ohne einen solchen Kern an normativen Grundaussagen sind alle elaborierten Überlegungen zum (permanenten) Wandel von Staatlichkeit und Gesellschaftlichkeit (genauer: ihrer sozialen Konstruktionen) und seiner Bedeutung für den Sozialstaat des Grundgesetzes rechtswissenschaftlich wertlos. Denn solche Überlegungen können nur entweder Paradoxien und Aporien sozialer Tätigkeiten des Staates in immer neuen Umschreibungen und theoretischen Grundierungen konstatieren[296] – zu diesem Thema hat aber, wie wir sehen werden, eigentlich Hegel schon alles Wesentliche gesagt. Oder solche Überlegungen affirmieren die ohne profilierte verfassungstheoretische und verfassungsdogmatische Impulse auskommende Praxis des Sozialstaates. Beides vermag wissenschaftlich kaum zu befriedigen. So bleibt als Alternative nur der intellektuelle Rückzug zu den Klassikern: Ad fontes!

---

[296] Eine glänzende Zusammenfassung bietet *T. Blanke*, Paradoxien und Zukunft des deutschen Sozialstaats, in: S. Blasche/D. Döring (Hrsg.), Sozialpolitik und Gerechtigkeit, 1998, S. 172 ff.

C. Eine normative Verfassungstheorie des Sozialstaates zwischen Sicherheit, Solidarität, Demokratie, Gleichheit, Freiheit

Fragt man in der Tradition der politischen Philosophie nach normativen Begründungsfiguren für den Sozialstaat, wird der Blick auf den weiten Horizont normativer Höchstwerte gelenkt. Insbesondere fünf Philosopheme kommen dann in den Blick: Sicherheit, Solidarität, Demokratie, Gleichheit und Freiheit. Benannt sind damit relativ abstrakte Leitbegriffe moderner Gesellschaften. Die Abstraktion begründet gerade ihre zielführende Funktion. Sie „sind wie Sterne: unerreichbar und doch richtungsweisend."[1] Als mögliche Fundamente des Sozialstaates schließen sie sich nicht notwendig gegenseitig aus. Vielmehr berühren alle fünf Momente wesentliche Aspekte unseres Verfassungsdenkens. Alle fünf Aspekte haben im Grundgesetz in der einen oder anderen Form Niederschlag gefunden und alle fünf spielen in sehr unterschiedlichen Theoriedesigns eine verschiedenartige Rolle. Verfassungstheoretisch ist deshalb vor allem von Interesse, in welchem Verweisungs- und möglicherweise auch Rangverhältnis sie im Kontext des Sozialstaates stehen.

Dabei ist der Focus der Untersuchung im Folgenden, dies sei zum methodischen Selbstverständnis vorab klargestellt, auf die Normative selbst gerichtet, nicht auf spezifische Theoriekompositionen. Die hier entwickelte Verfassungstheorie sieht sich nicht unter dem Zwang zum Bekenntnis zu einer bestimmten Theorieschule. Ob sich z.B. ein die empirischen Realisierungsbedingungen von Freiheit mitreflektierendes Freiheitsverständnis plausibler individualistisch oder kommunitaristisch begründen läßt, ist für diesen Zusammenhang von geringerem Interesse als die Frage nach der Angemessenheit eines solchen Freiheitsverständnisses selbst. Denn dieses kann mit beiden Begründungsmodellen die der Arbeit zugrundeliegende These tragen, daß der Sozialstaat des Grundgesetzes vor allem freiheitsfunktional zu verstehen ist. Warum aber der Freiheitsidee, begreift man diese hinreichend komplex, innerhalb der normativen Begründungsmomente des Sozialstaates ein besonderer Rang zukommt, soll nun im Folgenden mittels einer Negativauslese gezeigt werden.

---

[1] *F.-X. Kaufmann*, Sicherheit, in: S. Lessenich (Hrsg.), Wohlfahrtsstaatliche Grundbegriffe, 2003, S. 73 (74).

Gerade das Beispiel des Kommunitarismus und der Debatte mit dem politischen Liberalismus zeigt zudem, daß Begründungsdiskurse wegen der Binnenpluralität ihrer normativen Präferenzbildungen nicht ohne weiteres bestimmten Normativen zugeordnet werden können. So lassen sich kommunitaristische Sozialstaatstheorien[2] ebenso egalitär, liberal, solidaritäts- oder sekuritätsaffin durchdeklinieren, während eine Sozialstaatstheorie, die sich von der politischen Philosophie des Liberalismus inspirieren läßt, gleichermaßen egalitär wie liberal sein kann (cf. infra C.IV.-VI.); eine Verfassungstheorie des Sozialstaates exklusiv entlang eines bestimmten Theoriedesigns zu entwickeln, wäre deshalb doppelt verfehlt: das Grundgesetz kennt keine Affinität zu nur einer ganz bestimmten Sozialphilosophie.[3] Eine normative Verfassungstheorie hat sich folglich an normativen Großbegriffen zu orientieren, die mit der Verfassung korrespondieren. Umgekehrt kennen Großtheorien keine Affinität zu nur einem ganz bestimmten Normativ. Gerade deshalb debattiert man zwischen den Theorieschulen schnell „aneinander vorbei", wie *Charles Taylor* zutreffend in Bezug auf die Liberalismus-Kommunitarismus-Debatte bemerkte.[4]

I. Sicherheit als Staatszweck: vom Urszenario des Bürgerkrieges zur staatlich organisierten Schutzgemeinschaft

1. Subsistenzsicherung und soziale Dekontingenzierung in der Tradition der politischen Philosophie

Das philosophische Nachdenken über Sicherheit hat eine lange Tradition.[5] Doch erst mit dem Kontraktualismus als Initialtheorie des modernen Verfassungsstaates wird Sicherheit zu einem verfassungstheoretisch interessanten Topos, da sie

[2] Im Überblick z.B. *W. Reese-Schäfer*, Kommunitaristisches Sozialstaatsdenken, in: S. Blasche/D. Döring (Hrsg.), Sozialpolitik und Gerechtigkeit, 1998, S. 75 ff.

[3] So die Quintessenz, die man ziehen muß, wenn man sich unterschiedliche Lesarten des Grundgesetzes vor dem Hintergrund bestimmter Philosophietraditionen anschaut; cf. *W. Brugger* (Hrsg.), Legitimation des Grundgesetzes aus Sicht von Rechtsphilosophie und Gesellschaftstheorie, 1996; hierzu *H. M. Heinig*, Rheingold, in: ZEE 1997, 231 ff.

[4] *Ch. Taylor*, Aneinander vorbei: Die Debatte zwischen Liberalismus und Kommunitarismus, in: A. Honneth (Hrsg.), Kommunitarismus, 2. Aufl. 1994, S. 103 ff. Zu den unterschiedlichen Präferenzen im Kommunitarismus siehe *W. Brugger*, Kommunitarismus als Verfassungstheorie des Grundgesetzes (1998), in: ders., Liberalismus, Pluralismus, Kommunitarismus, 1999, S. 253 (258 ff.); einen instruktiven Überblick bieten zudem *M. Brumlik/H. Brunkhorst* (Hrsg.), Gemeinschaft und Gerechtigkeit, 1993; *C. Zahlmann* (Hrsg.), Kommunitarismus in der Diskussion, 1992; *A. Honneth* (Hrsg.), Kommunitarismus, 2. Aufl. 1994.

[5] Näher *W. Conze*, Art. Sicherheit, Schutz, in: O. Brunner/W. Conze/R. Koselleck (Hrsg.), Geschichtliche Grundbegriffe, Bd. 5, 1984, S. 831 ff.; *F.-X. Kaufmann*, Sicherheit als soziologisches und sozialpolitisches Problem, 2. Aufl. 1973; *ders.*, Sicherheit, in: S. Lessenich (Hrsg.), Wohlfahrtsstaatliche Grundbegriffe, 2003, S. 73 (74 ff.); *R. Castel*, Die Stärkung des Sozialen (2003), 2005, S. 13 ff.; *W. Brugger*, Freiheit und Sicherheit, 2004, S. 12 ff.; *A. Schrimm-Heins*, Gewißheit und Sicherheit. Geschichte und Bedeutungswandel der Begriffe certitudo und securitas, in: Archiv für Begriffsgeschichte 34 (1991), 123 ff. und 35 (1992), 115 ff.

nun in ein Spannungsverhältnis mit dem Freiheitspostulat tritt.[6] Folgt man dem kontraktualistischen Szenario,[7] ist der Mensch ohne staatliche Ordnungsmacht gravierenden Bedrohungen ausgesetzt. Diesem prekären Zustand wirkt der einzelne vernünftigerweise mit dem Eintritt in den staatlichen Zustand entgegen. Dieser dient zuvörderst der Sicherung von Leib und Leben (*Thomas Hobbes*)[8] und des individuellen Eigentums (*John Locke*).[9] Die Durchsetzung und Verteidigung des Gewaltmonopols zur Herstellung von Sicherheit nach innen und außen wird zum Signum des modernen Staates. Reflexiv gewendet richtet sich das Sicherheitsbedürfnis dann auch gegen den Staat selbst (Rechtssicherheit durch Rechtsstaatlichkeit). Mit diesem Sicherungszweck soll es nach Ansicht ultraliberaler Autoren wie *Wilhelm von Humboldt* oder *Robert Nozick*[10] aber auch sein Bewenden haben. Denn – so von Humboldt –

> „durch eine zu ausgedehnte Sorgfalt des Staats (leidet) die Energie des Handelns überhaupt, und der moralische Charakter. ... Wer oft und viel geleitet wird, kommt leicht dahin, den Ueberrest seiner Selbstthätigkeit gleichsam freiwillig zu opfern. Er glaubt sich der Sorge überhoben, die er in fremden Händen sieht, und genug zu thun, wenn er ihre Leitung erwartet und ihr folgt. Damit verrükken sich seine Vorstellung von Verdienst und Schuld. Die Idee des erstern feuert ihn nicht an, das quälende Gefühl des leztern ergreift ihn seltner und minder wirksam ... Nicht minder sichtbar ist jener nachtheilige Einfluß in dem Betragen der Bürger gegen einander. Wie jeder sich selbst auf die sorgende Hülfe des Staats verläßt, so und noch weit mehr übergiebt er ihr das Schiksal seines Mitbürgers. Diess aber schwächt die Theilnahme, und macht zu gegenseitiger Hülfsleistung träger."[11]

Humboldt sieht durchaus, daß „von jeder fremden Hülfe entblößt ... die Menschen ... oft, mit und ohne ihre Schuld, in Verlegenheit oder Unglük gerathen". Doch nimmt er dieses Ergebnis als Konsequenz einer Kosten/Nutzen-Abwägung hin. Er setzt auf die aktivierende Kraft und läuternde Wirkung von Not und Schicksal („diese Lagen gerade sind es, welche den Verstand schärfen, und den Charakter bilden"[12]) und prangert die negativen Folgen staatlicher Hilfe

---

[6] Cf. *W. Brugger*, Freiheit und Sicherheit, 2004, S. 15 ff.

[7] Im Überblick *W. Kersting*, Die politische Philosophie des Gesellschaftsvertrags, 1994.

[8] *Th. Hobbes*, Leviathan (1651), hrsg. v. I. Fetscher, 4. Aufl. 1991, S. 94 ff. (Kap. 13 ff.); *ders.*, Vom Bürger (1642/1647), in: ders., Vom Menschen – Vom Bürger, hrsg. v. G. Gawlick, 1977, S. 75 ff.; *ders.*, Naturrecht und allgemeines Staatsrecht in den Anfangsgründen (1640/1889), hrsg. v. F. Tönnies, 1926, S. 96 ff.

[9] *J. Locke*, Zwei Abhandlungen über die Regierung (1690), hrsg. v. W. Euchner, 5. Aufl. 1992, S. 201 ff., 215 ff., 260 ff. Die Unterscheidung folgt einer Typisierung entlang der zugrundeliegenden Anthropologie, Hobbes ging es *auch* um die Sicherung des Eigentums gegenüber Dritten (nicht jedoch gegenüber dem Souverän), Locke *auch* um die Sicherheit von Leib und Leben.

[10] *R. Nozick*, Anarchie, Staat, Utopia (1974), 2006 – hierzu infra C.IV.2.

[11] *W. von Humboldt*, Ideen zu einem Versuch, die Gränzen der Wirksamkeit des Staates zu bestimmen (1792), in: ders., Werke, Bd. 1, 4. Aufl. 2002, S. 56 (74 f.).

[12] *W. von Humboldt*, Ideen zu einem Versuch, die Gränzen der Wirksamkeit des Staates zu bestimmen (1792), in: ders., Werke, Bd. 1, 4. Aufl. 2002, S. 56 (75).

an, die „den einmal auf fremde Kraft sich lehnen gewohnten Menschen nun einem weit trostloseren Schiksal“ überlassen.[13]

Im Rückblick hat sich die Warnung von Humboldts vor dem sorgenden und intervenierenden Staat in mancher Hinsicht bewahrheitet und ist deshalb in die Sozialstaatskritiken unterschiedlichster Provenienz eingeflossen. Dem Sozialstaat wohnt die Gefahr inne, Entmutigung und Apathie bei einer bestimmten Klientel zu evozieren; er kann im sozialen Nahbereich zu Entsolidarisierungseffekten führen; Selbsthilfe wirkt in der Regel nachhaltiger als fremde Hilfe usw. Zugleich aber hat sich die Humboldtsche Annahme einer prästabilen Harmonie und natürlichen Produktivität individueller Selbstorganisation als trügerisch erwiesen. Die altliberale Hoffnung eines alleine von der unsichtbaren Hand freier Marktkräfte hervorgetriebenen gesellschaftlichen Fortschritts, von dem alle profitieren, erfüllte sich nur bedingt, wie sich im Aufkommen der sozialen Frage zeigte. Zugleich wurde offensichtlich, daß Notlagen und ihr Vermeiden nicht nur eine Frage individuellen Engagements sind. Die gesellschaftlichen Verantwortungszuweisungen für sie verschoben sich entsprechend. Soziale Verelendung wurde nicht mehr nur als Frage des individuellen Schicksals, sondern auch der gesellschaftlichen, genauer: der staatlichen Verantwortung wahrgenommen.[14]

Diese im Sozialstaatsprinzip des Grundgesetzes verfassungsrechtlich kristallisierte und in § 1 SGB I aufgenommene soziale Verpflichtung des Staates läßt sich sozialphilosophisch abbilden, indem man die Heuristik des Kontraktualismus auch für die Begründung einer gewissen sozialen Schutzaufgabe des Staates heranzieht. Schon Hobbes war eine solche vertraut. Von der Idee ausgehend, daß sich die Menschen zur Sicherung ihres Überlebens angesichts der Kontingenzen im täglichen Kampf um das Dasein zu einem „sterblichen Gott“[15] zusammenschließen müssen, erschien es ihm ganz selbstverständlich, daß den Staat zumindest eine Fürsorgepflicht für die Armen trifft.[16] Auch *Immanuel Kant* ist in diesem Sinne in einer der wenigen Äußerungen zu verneh-

---

[13] *W. von Humboldt*, Ideen zu einem Versuch, die Gränzen der Wirksamkeit des Staates zu bestimmen (1792), in: ders., Werke, Bd. 1, 4. Aufl. 2002, S. 56 (75); siehe auch ebenda, S. 94: „Ich erinnere hier nur, statt alles Beispiels, an Armenanstalten. Tödtet etwas Andres so sehr alles wahre Mitleid, alle hoffende, aber anspruchslose Bitte, alles Vertrauen des Menschen auf den Menschen? Verachtet nicht jeder den Bettler, dem es lieber wäre, ein Jahr im Hospital bequem ernährt zu werden, als, nach mancher erduldeten Noth, nicht auf eine hinwerfende Hand, aber auf ein theilnehmendes Herz zu stossen?“. Zu Humboldts Staatstheorie näher *G. Eisermann*, Wilhelm von Humboldt, Clausewitz und der Staat, in: Der Staat 34 (1995), 199 ff.

[14] *G. Frankenberg*, Die Verfassung der Republik, 1997, S. 184.

[15] *Th. Hobbes*, Leviathan (1651), hrsg. v. I. Fetscher, 4. Aufl. 1991, S. 134 (Kapitel 17).

[16] „Und da viele Menschen durch unvermeidbare Zufälle unfähig werden, sich selbst durch eigene Arbeit zu ernähren, sollten sie nicht der Wohltätigkeit von Privatpersonen überlassen, sondern auf Grund staatlicher Gesetzgebung wenigstens mit dem Lebensnotwendigsten versorgt werden.“ *Th. Hobbes*, Leviathan (1651), hrsg. v. I. Fetscher, 4. Aufl. 1991, S. 264 (30. Kapitel).

men, in denen er sich explizit sozialen Fragen zuwendet und das Recht des Staates, Arme zu unterstützen, begründet.

> „Der allgemeine Volkswille hat sich nämlich zu einer Gesellschaft vereinigt, welche sich immerwährend erhalten soll ... Von Staats wegen ist also die Regierung berechtigt, die Vermögenden zu nötigen, die Mittel der Erhaltung derjenigen, die es selbst den notwendigsten Naturbedürfnissen nach, nicht sind, herbeizuschaffen; weil ihre Existenz zugleich ein Akt der Unterwerfung unter den Schutz und die zu ihrem Dasein nötige Vorsorge des gemeinen Wesens ist, wozu sie sich verbindlich gemacht haben, auf welche der Staat nun sein Recht gründet, zur Erhaltung ihrer Mitbürger das Ihrige beizutragen."[17]

Mit anderen Worten: Wenn der Staat als Schutzgemeinschaft gegen die Gefahren für Leib und Leben, Hab und Gut konzipiert ist, liegt es nahe, ihm auch eine Mindestsorge um die stets prekäre soziale Sicherheit der Bürger aufzugeben und die Sozialstaatsklausel des Art. 20 Abs. 1 GG läßt sich als Ausdruck einer solchen Staatszweck- bzw. -aufgabenlehre[18] verstehen.[19] Folgt man dem kontraktualistischen Szenario, entspricht es dem wohlverstandenen Interesse der Bürger, in einen staatlichen Zustand einzutreten. Das Selbsterhaltungsstreben streitet dann auch dafür, daß das Versprechen der existenzerhaltenden Fremdsorge für diejenigen, die sich aus eigener Kraft nicht zu helfen vermögen, Bestandteil der das Gemeinwesen gründenden Verabredung wird. Denn dieses Schicksal kann jeden ebenso treffen wie der Tod im für den Naturzustand cha-

---

[17] *I. Kant*, Metaphysische Anfangsgründe der Rechtslehre (1797), Der Rechtslehre Zweiter Teil, Allgemeine Anmerkung C, hrsg. v. B. Ludwig, 1986, S. 148 f. (Allg. Anm. C); näher hierzu *V. Gerhardt*, Die republikanische Verfassung. Kants Staatstheorie vor dem Hintergrund der Französischen Revolution, in: M. Buhr u.a., Deutscher Idealismus und Französische Revolution, 1988, S. 24 (44 f.); eine sehr extensive Interpretation bei *S. W. Holtman*, Kantian Justice and Poverty Relief, in: Kant-Studien 95 (2004), 86 ff.; vorherrschend ist in der Kant-Interpretation, die Subsistenzsicherung durch den Staat bei Kant rein instrumentell zu verstehen, als Mittel zur Sicherstellung der Aufrechterhaltung des Rechtszustandes; cf. etwa *B. Ludwig*, Kants Verabschiedung der Vertragstheorie – Konsequenzen für eine Theorie sozialer Gerechtigkeit, in: Jahrbuch für Recht und Ethik 1 (1993), 221 (230); *W. Kersting*, Kritik der Gleichheit, 2002, S. 40 f.; zwingend ist eine solches Verständnis der zitierten Textstelle nicht, wenn es auch aus dem Gesamtzusammenhang der kantischen Staatslehre naheliegt; cf. in diesem Zshg. *I. Kant*, Über den Gemeinspruch: Das mag in der Theorie richtig sein, taugt aber nicht für die Praxis (1793), in: ders., Werke, hrsg. v. W. Weischedel, Bd. 6, 1998, S. 125 (155): „Wenn die oberste Macht Gesetze gibt, die zunächst auf Glückseligkeit (die Wohlhabenheit der Bürger die Bevölkerung u. dergl.) gerichtet sind: so geschieht dieses nicht als Zweck der Errichtung einer bürgerlichen Verfassung, sondern bloß als Mittel, den rechtlichen Zustand ... zu sichern."

[18] Die Terminologie in der Verfassungsrechtslehre ist uneinheitlich; zum Problem *K.-P. Sommermann*, Art. Staatszwecke, Staatsziele, in: Evangelisches Staatslexikon, Neuausgabe, 2006, Sp. 2348 ff., *C. Möllers*, Staat als Argument, 2000, S. 192 ff.

[19] *O. Depenheuer*, Soziales Staatsziel und Angleichung der Lebensverhältnisse in Ost und West, in: HStR, Bd. 9, 1997, S. 149 (197 ff.); *W. Rüfner*, Daseinsvorsorge und soziale Sicherheit, in: HStR, Bd. 4. 3. Aufl. 2006, S. 1049 (1082) mit weit. Nachw.

rakteristischen Krieg eines jeden gegen jeden.[20] Sieht man in der Lockeschen Tradition den Staat zudem nur als Treuhänder originärer Individualrechte – mit der Folge, daß die Bürger in einem Rechtsverhältnis gegenüber dem Staat stehen, das beidseitige Rechte und Pflichten kennt –, liegt es zudem nahe, diese Fürsorgepflicht subjektiv-rechtlich auszugestalten. Damit wäre dann eine Stufe erreicht, die gemeinhin als sozialstaatlich bezeichnet wird.[21]

Neben dem Kontraktualismus finden sich in der Sozialphilosophie freilich noch andere Begründungsfiguren für eine Pflicht des Staates, Vorsorge für eine gewisse Subsistenzsicherung der Bürger zu treffen. *Georg Wilhelm Friedrich Hegel* etwa sieht solche Gründe in den *sittlichen Konsequenzen*, die aus der Bewegung der Geschichte zu ziehen sind. Der bürgerlichen Gesellschaft wachse im Zuge ihrer Entstehung die Schuld zu, wie ehedem die Familie „die Individuen zu ernähren".[22] Da die bürgerliche Gesellschaft dieser Pflicht, „für das Brot des einzelnen zu sorgen"[23], aus eigenem Vermögen nicht hinreichend nachkommen kann, ist der allgemeine Vorsorge betreibende Not- und Verstandesstaat gefordert, das Seine zur Bewältigung dieser Aufgabe beizutragen. Wir werden auf diesen Aspekt später noch zurückkommen (siehe infra C.IV.4.). Für die Beschwörung einer solchen *Evidenz*, wie sie Hegel sieht, bedarf es allerdings keiner Geschichtsphilosophie und Sittlichkeitstheorie. Es läßt sich auch der Bilderfundus des Abendlandes bemühen, der unsere Imaginationen des Politischen prägt:[24] von der Tradition der christlichen caritas bis zur Skandalisierung des Pauperismus durch die frühen Sozialisten.[25] Die Wirkmächtigkeit dieser kulturellen Tiefengrundierung vermag dann auch zu erklären, daß ein ultraliberaler Denker wie *Friedrich von Hayek* die Gesellschaft ganz selbstverständlich in der Pflicht sieht, durch den Aufbau einer Sozialverwaltung für Menschen einzustehen, die unverschuldet „von äußerster Armut oder Hunger

---

[20] Aus dem Interessenkalkül, dem Bedürfnis nach Sicherheit und Wohlfahrt, kann zudem ein starker Impuls für die Bildung dichter Gemeinschaften hervorgehen, wie kommunitaristische Autoren hervorheben; cf. *M. Walzer*, Sphären der Gerechtigkeit (1983), 1998, S. 128 und öfter.

[21] Durch die Einräumung individueller Rechte auf soziale Hilfe soll sich der Sozialstaat gerade vom obrigkeitlichen Wohlfahrtsstaat unterscheiden. Die folgende Argumentation vorwegnehmend hierzu folgende Anmerkung: Mir scheint die Ausgestaltung der sozialen Hilfe durch den Staat in Form individueller Ansprüche gegenüber der Zielrichtung ein nachrangiges Unterscheidungsmerkmal, das einen vom Primärzweck, der sozialstaatlichen Verpflichtung auf effektive Freiheitsbefähigung, nur abgeleiteten Status einnimmt.

[22] *G. W. F. Hegel*, Grundlinien der Philosophie des Rechts (1821), 1970, § 240 Z.

[23] *G. W. F. Hegel*, Grundlinien der Philosophie des Rechts (1821), 1970, § 238.

[24] Zum Konzept der Imagination in diesem Zshg. *B. Anderson*, Die Erfindung der Nation (1983), 2. Aufl. 2006, 11 ff.; zur Imagination des Politischen cf. infra C.VI.6.

[25] Zu den „mythotheologischen Potenzen", die unsere Vorstellungen des Sozialstaats prägen auch *J. v. Soosten*, Neubau der Sittlichkeit, in: P. Bahr/H. M. Heinig (Hg.), Menschenwürde in der säkularen Verfassungsordnung, 2006, S. 297 (304 ff.).

bedroht sind.“[26] Dabei sei in einer verhältnismäßig wohlhabenden Gesellschaft „unvermeidbar“, daß „der Betrag der Unterstützung ... höher ist, als zur Erhaltung des Lebens und der Gesundheit absolut notwendig“.[27] Bemerkenswerterweise bleibt von Hayek, der sich dem Fragenkreis der Freiheit im Wohlfahrtsstaat, der Techniken zur Schaffung sozialer Sicherheit und der Semantik der sozialen Gerechtigkeit ausführlich widmet,[28] jede weitere ernsthafte Begründung schuldig; eine argumentative Rückbindung an die Konstitutionsprinzipien der freiheitlichen Gesellschaft sucht man bei ihm vergebens. Nur hilfsweise beruft sich von Hayek auf ein pragmatisches Argument: Staatliche Sozialeinrichtungen lägen auch „im Interesse jener, die Schutz gegen Verzweifelungsakte der Bedürftigen verlangen.“[29]

2. *Die Frage nach dem gebotenen Sicherungsniveau*

In der Tradition der politischen Philosophie läßt sich soziale Sicherheit, dieses Zwischenresümee kann man ziehen, ohne weiteres als ein mögliches normatives Begründungsmuster des Sozialstaates rekonstruieren.[30] Gesetzgebung und Rechtsprechung sehen dies ähnlich: § 1 SGB I weist die „soziale Sicherheit“ als zentrales Ziel des SGB aus und die Rechtsprechung beschwört den Schutz vor den „Wechselfällen des täglichen Lebens“ als wesentliches Moment des Sozialstaates. Freilich ist der Begriff der sozialen Sicherheit, dies zeigt gerade seine Aufnahme in das SGB, offen für unterschiedliche Grade der Extension. So bildet nicht nur eine basale Existenzsicherung, wie die Grundsicherung nach dem SGB II und XII, sondern auch eine lebensstandarderhaltende Sozialversicherung, wie (ehedem) vom Ansatz her die Rentenversicherung nach dem SGB VI eine Form sozialer Sicherung. Auch in der kontraktualistisch geprägten Sozialphilosophie begegnen uns unterschiedliche Varianten des Sicherungsniveaus. So diskutiert *John Rawls* etwa neben dem anspruchsvolleren Differenzprinzip

---

[26] *F. A. von Hayek*, Die Verfassung der Freiheit, 4. Aufl. 2005, S. 386.

[27] *F. A. von Hayek*, Die Verfassung der Freiheit, 4. Aufl. 2005, S. 387.

[28] *F. A. von Hayek*, Die Verfassung der Freiheit, 4. Aufl. 2005, Teil 3: „Freiheit im Wohlfahrtsstaat“, S. 345 ff.; siehe auch *ders.*, Die Illusion der sozialen Gerechtigkeit (1976), in: ders., Wissenschaft und Sozialismus, 2004, S. 186 ff.; *ders.*, Der Atavismus „sozialer Gerechtigkeit“ (1976), ebenda, S. 197 ff.; *ders.*, Recht, Gesetz und Freiheit (1982), 2003, S. 151 ff. („Das Trugbild der sozialen Gerechtigkeit“).

[29] *F. A. von Hayek*, Die Verfassung der Freiheit, 4. Aufl. 2005, S. 386; zur Sozialpolitik „als ‚gesellschaftssanitäre‘ Aufgabe und Aufruhrprophylaxe“ kritisch näher *G. Frankenberg*, Die Verfassung der Republik, 1997, S. 186 f.; *R. E. Goodin*, Reasons for Welfare, 1988, S. 162 f. („Thus, if the logic of the welfare state is to buy off potential troublemakers, then nothing need be given to, e.g., the very old, the very young, the blind, or the disabled“); zustimmend hingegen *J. Neuner*, Privatrecht und Sozialstaat, 1999, S. 93 f.

[30] Cf. *R. Pitschas*, Die Zukunft der sozialen Sicherungssysteme, in: VVDStRL 64 (2005), 109 ff.

auch den Grundsatz des sozialen Minimums zur Befriedigung der Grundbedürfnisse der Bürger und gibt letzterem auf Verfassungsebene den Vorzug[31] – ein Umstand der von Vertretern einer Rawlsianisch inspirierten Umverteilungsphilosophie (cf. infra C.V.) gerne unerwähnt gelassen wird.[32]

Verfassungstheoretisch stellt sich damit die Frage nach dem angemessenen Verständnis sozialer Sicherheit. In diesem Zusammenhang lohnt es sich, einen Blick auf die Forschung zur sozialen Dimension der Sicherheit zu werfen. Diese wartet mit der Einsicht auf, daß der – paradoxerweise mit zunehmendem Wohlstand wachsende – *subjektive* soziale Sicherungsbedarf *objektiv* stets unerfüllt bleiben muß, da der Aufbau sozialer Sicherungssysteme Unsicherheiten 2. Ordnung erzeugt, die das Sicherheitsversprechen und die Instrumente seiner Implementierung zum Gegenstand haben.[33] *Niklas Luhmann* hat aus ähnlichen Überlegungen heraus die Konsequenz gezogen, es gebe im Kontext gesellschaftlicher Entscheidungen keine Sicherheit, sondern nur Risiken oder Gefahren.[34] Doch auch wer an den sprachlichen Konventionen festhalten will, ist gut beraten, aus der Sicherheitstheorie die Erkenntnis mitzunehmen, daß Sicherheit, auch soziale Sicherheit im traditionellen Verständnis, keine beliebig vermehrbare Größe ist, sondern die „Suche nach Sicherheit ... selbst Unsicherheit" erzeugt.[35] Mit einem Gewinn an Sicherheit 1. Ordnung geht ein Mehr an Unsicherheit 2. Ordnung einher. Eine kluge Politik sozialer Sicherung wird deshalb ein vernünftiges Mischverhältnis zwischen beiden Variablen zum Ziel haben, ohne daß abstrakt optimale Sättigungsverhältnisse bestimmt werden könnten. In der aufgeworfenen verfassungstheoretischen Frage nach dem normativ gebotenen Standard sozialer Sicherheit läßt es dieser Befund angeraten erscheinen, das verfassungsfeste Primärniveau sozialer Sicherheit nicht allzu kontigenzavers festzulegen und deshalb nur basale Sicherungsvorkehrungen für verfassungsgeboten zu halten.

Dem entspricht verfassungsgeschichtlich etwa die Entwicklung von der Weimarer Reichsverfassung zum Grundgesetz. Während Art. 161 WRV ein umfassendes Versicherungswesen „zur Erhaltung der Gesundheit und Arbeitsfähig-

[31] Grundsätzlich zum Differenzprinzip *J. Rawls*, Eine Theorie der Gerechtigkeit, 1971, 7. Aufl. 1993, S. 81 ff.; *ders.*, Die Grundstruktur als Gegenstand (1978), in: ders., Die Idee des politischen Liberalismus, 1994, S. 45 (60, 68 ff.); zur Abgrenzung zum Prinzip des sozialen Minimums *ders.*, Politischer Liberalismus (1993), 1998, S. 330 f.; *ders.*, Gerechtigkeit als Fairneß (2001), 2006, S. 77 ff.; 211 ff.

[32] So *W. Hinsch*, Gerechtfertigte Ungleichheiten, 2002; *ders.*, Rawls' Differenzprinzip und seine sozialpolitischen Implikationen, in: S. Blasche/D. Döring (Hrsg.), Sozialpolitik und Gerechtigkeit, 1998, S. 17 ff.; *S. Gosepath*, Gleiche Gerechtigkeit, 2004.

[33] *R. Castell*, Die Stärkung des Sozialen (2003), 2005, S. 9 ff.; *F.-X. Kaufmann*, Sicherheit, in: S. Lessenich (Hrsg.), Wohlfahrtsstaatliche Grundbegriffe, 2003, S. 73 (102); *U. K. Preuß*, Verfassungstheoretische Überlegungen zur normativen Begründung des Wohlfahrtsstaates, in: C. Sachße/H. T. Engelhardt (Hrsg.), Sicherheit und Freiheit, S. 106 (114 f.).

[34] *N. Luhmann*, Soziologie des Risikos, 1991, S. 28 ff.

[35] *R. Castell*, Die Stärkung des Sozialen (2003), 2005, S. 9.

keit, zum Schutz der Mutterschaft und zur Vorsorge gegen die wirtschaftlichen Folgen von Alter, Schwäche und Wechselfällen des Lebens" vorschrieb, verwendet das Grundgesetz sehr viel zurückhaltender den offenen Begriff des sozialen Staates, dem nur mit einigen interpretatorischen Mühen im Zusammenspiel mit anderen Verfassungsnormen Aussagen zu den gebotenen Systemen sozialer Sicherheit zu entnehmen ist (infra F./G.).

3. Sicherheit verfassungstheoretisch: eine freiheitsabgeleitete Variable

Doch die normative Begründung des Sozialstaates durch die Idee sozialer Sicherheit fordert nicht nur die Frage nach Quantität, sondern auch nach Qualität von Sicherheit heraus. Schließlich kommt der Erzeugung und Aufrechterhaltung von Sicherheit im freiheitlich-demokratischen Verfassungsstaat, anders als im Hobbesschen Leviathan, kein normativer Selbststand zu. Sicherheit erweist sich vielmehr in verfassungsrechtlicher Perspektive als freiheitsabgeleitete Variable. Staatliche Bemühungen um die Herstellung innerer Sicherheit haben im Dienste individueller Freiheit zu stehen. Die natürliche Freiheit des Menschen ist, um effektiv werden zu können, auf Rechtssicherheit angewiesen, so das Argument der liberalen politischen Philosophie.

> „Ohne Sicherheit vermag der Mensch weder seine Kräfte auszubilden, noch die Früchte derselben zu genießen; denn ohne Sicherheit ist keine Freiheit".[36]

Deshalb steht der freiheitliche Verfassungsstaat als grundrechtsgebundener Rechtsstaat in der Pflicht, angemessene Anstrengungen zur Durchsetzung seiner Friedensordnung zu unternehmen.[37] In der Konsequenz dieses Gedankens liegt es, den Bürgern gar ein Grundrecht auf Sicherheit als Annex zu ihren materiellen Grundrechten einzuräumen.[38] Zugleich sind dem Bemühen des Staates um die Schaffung eines Raums der Sicherheit durch die Grundrechte der Bürger Grenzen gezogen. Der Verfassungsstaat strebt Sicherheit nicht um jeden

---

[36] *W. von Humboldt*, Ideen zu einem Versuch, die Gränzen der Wirksamkeit des Staates zu bestimmen (1792), in: ders., Werke, Bd. 1, 4. Aufl. 2002, S. 56 (95).

[37] *V. Götz*, Innere Sicherheit, in: HStR, Bd. 4, 3. Aufl. 2006, S. 671 (680 ff.).

[38] So für das Grundgesetz *J. Isensee*, Das Grundrecht auf Sicherheit, 1983; *G. Robbers*, Sicherheit als Menschenrecht, 1987; die Frage ist bekanntlich ausgesprochen umstritten, ohne in der Sache allerdings zu großen Unterschieden zu führen. Alternativ zum Grundrecht auf Sicherheit steht die Annahme einer objektiv-rechtlichen Verpflichtung des Staates, eine hinreichende Sicherheitsstruktur auszubilden; näher *E. Denninger*, Der gebändigte Leviathan, 1990; *C. Gusy*, Gewährleistung von Freiheit und Sicherheit im Lichte unterschiedlicher Staats- und Verwaltungsverständnisse, in: VVDStRL 63 (2004), S. 151 (168 ff.); *P. J. Tettinger*, Freiheit in Sicherheit, in: Festschrift für J. Kirchhoff, 2002, S. 281 ff.

Preis an. Insoweit gilt in ihm zugleich die Parole: „Mensch vor Staat, Autonomie vor Heteronomie, also Freiheit vor Sicherheit."[39]

Dieser Doppelbezug der Sicherheit zur Freiheit ist auch der sozialen Sicherheit eigen.[40] Bereits im Rahmen der kontraktualistischen Rekonstruktion zeigte sich die Kohärenz zwischen einer liberalen und einer sozialen Sicherheitsphilosophie: jeweils geht es um den Schutz persönlicher Autonomie und ihrem materiellen Substrat. Auch die Idee staatlich verbürgter sozialer Sicherheit steht im freiheitlichen Verfassungsstaat im Dienst individueller Freiheit und findet in ihr eine Grenze. Schon die Begriffsgeschichte der sozialen Sicherheit weist uns auf diese Spur. Sie führt vom Social Security Act in den USA vom 14. August 1935 und seiner Vorgeschichte[41] über die vier am 6. Januar 1941 von Roosevelt proklamierten Freiheiten (Freiheit der Meinungsäußerung und der Religionsausübung, Freiheit von materieller Not und Furcht),[42] die Atlantic Charta vom 14. August 1941 hin zur Allgemeinen Menschenrechtserklärung der Vereinten Nationen, die in Art. 22 jedem Menschen als „Mitglied der Gesellschaft" ein „Recht auf soziale Sicherheit" einräumt. Später wird der Begriff der sozialen Sicherheit in der internationalen Debatte vom Konzept der sozialen Grundrechte überlagert. In seiner Etablierungsphase steht der Terminus „soziale Sicherheit" mithin in einem antitotalitären und menschenrechtlichen Kontext – ihm eignet von Anfang an ein freiheitsdienendes Moment.

Doch auch theoretische Überlegungen zur Sicherheit in modernen Gesellschaften lassen soziale Sicherheit als freiheitsabgeleitete Variable erscheinen. Im Sicherheitsdiskurs wird üblicherweise zwischen einem handlungs- und einem systembezogenen Gebrauch des Sicherheitsbegriffs unterschieden. Ersterer zielt auf die Individualebene, kennt einen konkreten Zeitbezug und ist ausgerichtet auf ein zu sicherndes Gut. Letzterer zielt auf die Organisationsebene, geht von einem zeitentrückten Leitbild generell beherrschbarer Komplexität aus und ist bezogen auf Systemstabilität. Von Sicherheit auf der Individualebene kann man demnach sinnvoller Weise nur im instrumentellen Sinne sprechen, also in Verbindung mit dem zu Sekurisiernden. Sicherheit kann im handlungstheoretischen Kontext deshalb – so resümiert *Ulrich K. Preuß* – „kein eigenständiges normatives Ziel sein".[43]

---

[39] *W. Brugger*, Freiheit und Sicherheit, 2004, S. 30.

[40] Cf. a. *E. Wiederin*, Sozialstaatlichkeit im Spannungsverhältnis von Eigenverantwortung und Fürsorge, in: VVDStRL 64 (2005), S. 53 (57 ff.).

[41] *F.-X. Kaufmann*, Sicherheit als soziologisches und sozialpolitisches Problem, 2. Aufl. 1973; *ders.*, Sicherheit, in: S. Lessenich (Hrsg.), Wohlfahrtsstaatliche Grundbegriffe, 2003, S. 73 (81 ff.).

[42] Hierzu auch *C.-F. Menger*, Der Begriff des sozialen Rechtsstaates im Bonner Grundgesetz (1953), in: E. Forsthoff (Hrsg.), Rechtsstaatlichkeit und Sozialstaatlichkeit, 1968, S. 42 (61).

[43] *U. K. Preuß*, Verfassungstheoretische Überlegungen zur normativen Begründung des

Was folgt hieraus für den Sozialstaat des Grundgesetzes? Zunächst einmal sprechen gute Gründe dafür, den Sozialstaat in verfassungstheoretischer Perspektive nicht auf der Systemebene zu verorten, sondern ihm einen starken Bezug zur Handlungsebene von Individuen einzuzeichnen. Ausgehend von Art. 1 GG gilt, daß auch der Sozialstaat um der Menschen willen da ist, nicht umgekehrt. Unter sozialer Sicherheit im Sinne des Sozialstaatsgebots ist deshalb etwas anderes zu verstehen als die Stabilität des Verfassungssystems selbst. Letzterer dienen verfassungsinhärent andere Vorkehrungen (Art. 18, Art. 21 Abs. 2, Art. 79 Abs. 3 GG). Vielmehr wird man, so der Deutungsvorschlag dieser Arbeit, ausgehend vom starken Individualbezug des Grundgesetzes auf der Handlungsebene die individuelle menschliche Autonomie als Schutzobjekt des Sozialstaatsprinzips in den Blick zu nehmen haben. Damit verschiebt sich der Begründungshorizont für den Sozialstaat, weg von der sozialen Sicherheit als solche hin zur Freiheitsidee und seinen komplexen Ausformungen.

Gegen eine solche freiheitsdienliche Perspektive lassen sich freilich widerstreitende Traditionen und Erfahrungshorizonte bei der Ausbildung des Sozialstaates in Stellung bringen. Denn der Sozialstaat hat sich gerade auch im Widerstreit mit den Grundsätzen einer spezifisch (markt)liberalen Ordnungskonzeption entwickelt. Ist der Sozialstaat also nicht eher das Andere der Freiheit als Ausdruck einer verfassungstheoretischen Konzeption von Freiheit? In den Focus kommen so gesehen andere normative Begründungsmuster, etwa Solidarität oder Verteilungsgerechtigkeit. In den nächsten Abschnitten wird deshalb zunächst der Frage nachzugehen sein, welche Bedeutung diese Momente für eine Verfassungstheorie des Sozialstaates haben.

II. Das Sozialstaatsgebot als Verfassungsgebot der Solidarität

1. Brüderlichkeit und Sozialstaat

Geht man von der triadischen Verbindung von liberté, egalité, fraternité in der französischen Revolution aus, scheint das Sozialstaatsgebot der Ort zu sein, an dem die im Verfassungsrecht zumeist nur schwach ausgebildete Idee der Brüderlichkeit durchschimmert.[44] In dieser Perspektive gründete der soziale Staat in ganz eigener Weise in der Tradition des freiheitlich-demokratischen Verfassungsstaates – als urwüchsige Ergänzung des freiheitlichen und egalitären Prinzips. Freilich hat sich die Idee der Brüderlichkeit nicht von ungefähr im Kontext

---

Wohlfahrtsstaates, in: C. Sachße/H. T. Engelhardt (Hrsg.), Sicherheit und Freiheit, S. 106 (130).

[44] *H.-P. Schneider*, Wo bleibt die Brüderlichkeit?, in: Festschrift für W. Holtfort, 1990, S. 213 ff., *O. Depenheuer*, Solidarität im Verfassungsstaat, Habilitationsschrift Bonn, 1992, S. 16 f.; *W. Maihofer*, Rechtsstaat und menschliche Würde, 1968, S. 224 ff.

des Verfassungsrechts als ausgesprochen sperrig erwiesen. Den Begriff eignet, wie die zweite Fassung von Schillers „An die Freude" treffend zum Ausdruck bringt („Alle Menschen werden Brüder ... Seid umschlungen, Millionen"), ein so dramatischer affektiver Überschuß, daß er in der Semantik des modernen Rechts zum Fremdkörper wird.[45] Die „Brüderlichkeit" ist von ihren urchristlichen Anfängen über die jakobinische Revolutionsrhetorik bis hin zur Verwendung als Emanzipationsparole der Arbeiterbewegung durchgängig ein Gesinnungsbegriff,[46] der sich, anders als „Freiheit" und „Gleichheit", in die Funktionslogik des Rechts nicht recht einpassen wollte. Deshalb blieb die Anrufung der Brüderlichkeit in der Welt des Verfassungsrechts die absolute Ausnahme.[47] Vielmehr wurde die fraternité im 19. Jahrhundert in den politischen, rechtlichen und wissenschaftlichen Diskursen schnell durch den Begriff der Solidarität verdrängt.[48] Insbesondere in den sozialpolitischen Kämpfen der damaligen Zeit entfaltete die Idee der „Solidarität" ihre Wirksamkeit.[49] Von daher liegt es nahe, auch auf verfassungstheoretischer Ebene eher im Gebot der Solidarität als in seiner revolutionären Vorform, der Brüderlichkeit, eine wesentliche Fundierung des Sozialstaates zu sehen.

2. *Solidarität und Sozialstaat*

a) Der Sozialstaat als institutionalisierte Solidarität

Daß der Sozialstaat auf der Idee der Solidarität, dem Gebot des mitmenschlichen Einstehens füreinander gründet, bedarf auf den ersten Blick keiner näheren Erläuterung: Die Solidaritätsrhetorik beherrscht die sozialpolitische

---

[45] Cf. auch *O. Depenheuer*, „Nicht alle Menschen werden Brüder", in: J. Isensee (Hrsg.), Solidarität in Knappheit, 1998, S. 41 ff.; *G. Dürig*, in: ders./Maunz, GG, Art. 3 Abs. 1 Rdnr. 156 ff. (1. Lfg.), der die Brüderlichkeit als „Sozialverträglichkeit" rekonstruieren will.

[46] Cf. *W. Schneider*, Art. Brüderlichkeit, in: O. Brunner/W. Conze/R. Koselleck (Hrsg.), Geschichtliche Grundbegriffe, Bd. 1, 1972, S. 552 (566, 569, 574).

[47] *U. Volkmann*, Solidarität, 1998, S. 93 f.

[48] Zu dieser Überlagerung und Ersetzung *H. Brunkhorst*, Solidarität, 2002, S. 9; *A. Wildt*, Art. Solidarität, in: J. Ritter u.a. (Hrsg.), Historisches Wörterbuch der Philosophie, Bd. 9, 1995, Sp. 1004 (1006); *J. Schmelter*, Solidarität, Diss. München 1991; *W. Schneider*, Art. Brüderlichkeit, in: O. Brunner/W. Conze/R. Koselleck (Hrsg.), Geschichtliche Grundbegriffe, Bd. 1, 1972, S. 552 (578 f.); cf. insbesondere für die Sozialtheorie *E. Durkheim*, Über soziale Arbeitsteilung (1893), 1988; aus jüngerer Zeit *K. O. Hondrich/C. Koch Arzberger*, Solidarität in der modernen Gesellschaft, 1992; *K. Bayertz* (Hrsg.), Solidarität, 1998; *R. Zoll*, Was ist Solidarität heute?, 2000; *H.-J. Große Kracht*, Solidarität institutionalisieren, 2003; *M. Rosecker u.a.* (Hrsg.), Solidarität, 2004; speziell zum Solidarismus *U. Volkmann*, Solidarität, 1998, S. 146 ff. und *A. Wildt*, a.a.O., Sp. 1004 ff.; für das französische Staatsrecht *D. Grimm*, Solidarität als Rechtsprinzip, 1973 mit weit. Nachw.

[49] *K.-H. Metz*, Solidarität und Geschichte, in: K. Bayertz (Hrsg.), Solidarität, 1998, S. 172 ff.; *K. Tenfelde*, Arbeiterschaft, Solidarität und Arbeiterbewegung, ebenda, S. 195 ff.

Auseinandersetzung.[50] Das Sozialgesetzbuch beschwört die Solidargemeinschaft.[51] Das Bundesverfassungsgericht leitet aus dem Sozialstaatsprinzip die Forderung ab, „daß die staatliche Gemeinschaft in der Regel Lasten mitträgt, die aus einem von der Gesamtheit zu tragenden Schicksal ... entstanden sind",[52] was als Ausfluß eines Solidaritätsgebotes verstanden werden kann. Sozial- wie Rechtswissenschaftler sehen in dem Sozialstaat „die moderne kollektive Institutionalisierung der Solidarität" (*Manfred Pirsching*),[53] er ist „das Mittel, dessen sich die Bürger bedienen, um ihre Solidarität zu organisieren"[54] (*Uwe Volkmann*). Solidarität ist der „Kern des Sozialstaatsgedankens", so *Otto Depenheuer*.[55]

---

[50] So ist eine Werbebroschüre des BMG für die Gesundheitsreform 2007 nicht von ungefähr überschrieben: „Willkommen in der Solidarität".

[51] Cf. § 1 SGB V.

[52] BVerfGE 27, 253 (283); 41, 126 (153 f.).

[53] *M. Pirsching*, Solidarität, in: S. Lessenich (Hrsg.), Wohlfahrtsstaatliche Grundbegriffe, 2003, S. 157 (178); cf. a. *F.-X. Kaufmann*, Sozialstaatliche Solidarität und Umverteilung im internationalen Wettbewerb, in: ders., Sozialpolitik und Sozialstaat, 2. Aufl. 2005, S. 319 (323); *T. Tragl*, Solidarität und Sozialstaat, 2000; ähnlich *U. K. Preuß*, Verfassungstheoretische Überlegungen zur normativen Begründung des Wohlfahrtsstaates, in: C. Sachße/H. T. Engelhardt (Hrsg.), Sicherheit und Freiheit, 1990, S. 106 (118): „Institutionalisierung von Zwangssolidarität".

[54] *U. Volkmann*, Solidarität, 1998, S. 335.

[55] *O. Depenheuer*, Solidarität im Verfassungsstaat, Habilitationsschrift Bonn, 1992, S. 17; instruktiv *A. Hense*, Mehrperspektivische Annäherungen an das Phänomen Solidarität und das Solidarprinzip, in: Festschrift für W. Krawietz, 2003, S. 525 (532 ff.). Zur Solidarität als Kern des Sozialstaates auch *D. Grimm*, Die sozialgeschichtliche und verfassungsrechtliche Entwicklung zum Sozialstaat (1983), in: ders., Recht und Staat der bürgerlichen Gesellschaft, 1987, S. 138 (151); mit etwas anderem Akzent *M. Heinze*, Grund und Mißbrauch der Solidarität im System der sozialen Gerechtigkeit, in: J. Isensee (Hrsg.), Solidarität in Knappheit, 1998, S. 67 ff.; *E. Benda*, Gedanken zum Sozialstaat, in: RdA 1981, 137 (141); *H. Kube*, Äquivalenz und Solidarität im Sozialversicherungsrecht, in: Der Staat 41 (2002), 452 ff.; *H.-J. Holzer*, Die unterstaatliche Umverteilung, 1977, S. 241 ff.; sozialtheoretisch *T. Tragl*, Solidarität und Sozialstaat, 2000; *E. Naß*, Der humangerechte Sozialstaat, 2006, S. 26 ff.; 70 ff.; *R. Zoll*, Was ist Solidarität heute?, 2000; *C. G. Ullrich*, Solidarität im Sozialversicherungsstaat, 2000 (zur Akzenptanz von Umverteilung); verfassungstheoretisch *G. Frankenberg*, Die Verfassung der Republik, 1997, S. 150 ff. mit weit. Nachw.; zur Solidarität als Kategorie des Rechts jenseits des Sozialstaatlichen *P. Hilpold*, Solidarität als Rechtsprinzip – völkerrechtliche, europarechtliche und staatsrechtliche Betrachtungen, in: JöR n.F. 55 (2007), 195 ff.; cf. auch *T. Kingreen*, Das Sozialstaatsprinzip im europäischen Verfassungsverbund, 2003, S. 244 ff., der zwischen Solidarität und Solidarprinzip unterschieden wissen will und nur letzteres dem Sozialstaat zuordnet und *R. Pitschas*, Soziale Sicherungssysteme im „europäisierten" Sozialstaat, in: Festschrift 50 Jahre Bundesverfassungsgericht, Bd. 2, 2001, S. 827 (830 ff.), der Freiheit und Solidarität als in einem Verweisungsverhältnis stehend beschreibt.

b) Formen der Solidarität

Auf den zweiten Blick fordert der Begriff der Solidarität jedoch allerlei Klärungen, zumal, wenn er zu einer Leitkategorie der Wissenschaft vom Verfassungsrecht erklärt wird.[56] Denn Solidarität kennt mehrere Modi und damit korrelierende normative Verpflichtungsgründe.[57] Zumindest drei Dimensionen der Solidarität wären zu unterscheiden:[58] Solidarität als Eintreten für die Schwachen, Solidarität als wechselseitige Verpflichtung in einer bestimmten Bezugsgruppe und Solidarität als Chiffre für gesamtgesellschaftlichen Zusammenhalt, der über die funktionale Inklusion hinausgeht. Zudem müßte man zwischen den Realisierungsformen solcher Solidarität unterscheiden. Dann steht ein rechtlich-bürokratischer Organisationstypus einer emotional motivierten individuellen Haltung gegenüber;[59] in Umkehrung der von *Emile Durkheim* eingeführten Terminologie könnte man von mechanischer und organischer Solidarität,[60] im Anschluß an *Jürgen Habermas* von systemisch organisierter und lebensweltlicher Solidarität sprechen.[61] Auf dieser Unterscheidung beruht dann auch der scheinbar widersprüchliche Befund, daß es, zieht man die Sozialleistungen des Staates als Indikator heran, noch nie so viel „Solidarität" wie heute gegeben hat, andererseits aber gemeinhin eine zunehmenden Entsolidarisierung der Gesellschaft infolge von Prozessen der Ökonomisierung und Individualisierung beklagt wird.[62]

---

[56] So insb. *O. Depenheuer*, Solidarität im Verfassungsstaat, Habilitationsschrift Bonn, 1992; *ders.*, Soziales Staatsziel und Angleichung der Lebensverhältnisse in Ost und West, in: HStR, Bd. 9, 1997, S. 149 (178 ff.); *U. Volkmann*, Solidarität, 1998.

[57] Cf. a. *H. F. Zacher*, Das soziale Staatsziel, in: HStR, Bd. 2, 3. Aufl. 2004, S. 659 (777 f.); *H.-W. Bierhoff/B. Küpers*, Das „Wie" und „Warum" von Solidarität, in: Ethik und Sozialwissenschaften 1999, 183 ff.; *T. Tragl*, Solidarität und Sozialstaat, 2000, S. 33 ff.; *H. Brunkhorst*, Ist die Solidarität der Bürgergesellschaft globalisierbar?, in: ders./M. Kettner (Hrsg.), Globalisierung und Demokratie, 2000, S. 274 ff.

[58] *H. Bedford-Strohm*, Art. Solidarität, Solidaritätsprinzip, in: Ev. Soziallexikon, Neuausgabe 2001, Sp. 1418 (1419).

[59] Eine frühe soziologische Analyse dieser beiden unterschiedlichen Modi findet sich bei *G. Simmel*, Zur Soziologie der Armut, in: ders., Aufsätze und Abhandlungen 1901–1908, Bd. 2, 1993, S. 24 (29 ff, 36 ff.); „Die Linderung der subjektiven Not ist für das Gefühl ein so kategorischer Selbstzweck, daß sie aus dieser letztinstanzlichen Stellung zu entthronen und sie zu einer bloßen Technik für die übersubjektiven Zwecke zu einer Sozialeinheit zu machen, ein äußerster Triumph dieser letzteren ist, ein Distanznehmen zwischen ihm und dem Individuum, das, bei aller Unauffälligkeit nach außen hin, durch seine Kühle und seinen Abstraktionscharakter prinzipieller und radikaler ist, als Aufopferungen des Individuums für die Gesamtheit, bei denen Mittel und Zweck in *eine* Gefühlsreihe verbunden zu sein pflegen." (S. 29 f.).

[60] *E. Durkheim*, Über soziale Arbeitsteilung (1893), 1988.

[61] *J. Habermas*, Theorie des kommunikativen Handelns, Bd. 2, 1988, S. 171 ff.

[62] *M. Pirsching*, Solidarität in der Moderne, in: Journal für Sozialforschung 32 (1992), 267 ff.; *ders.*, Das Ende der Solidarität?, in: O. Kimminich u.a. (Hrsg.), Mit Realismus und Leidenschaft, 1993, S. 102 ff.

Denn im Wohlfahrtsstaat bildet Solidarität ebenso einen „emotionalen Leitbegriff“ wie eine „bürokratische Pragmatik“.[63]

Der rhetorische Mehrwert einer Fundierung der politischen und administrativen Praxis des Sozialstaates in der Idee der Solidarität dürfte darin liegen, genauere Zuordnungen zu den unterschiedlichen Erscheinungen von Solidarität nach Kräften vermeiden zu können. Gerade seine Unschärfe macht den Begriff der Solidarität somit für wohlfahrtsstaatliche Diskurse attraktiv. Doch genau diese Stärke der Solidarität als politischem Leitbegriff gereicht ihr in verfassungstheoretischen Kontexten zum Nachteil. Denn als „Teflonbegriff“,[64] an dem nichts Konkretes haften bleibt, vermag er kaum normative Orientierung zu bieten.[65] Wer auf Verfassungsebene den Sozialstaat im Lichte der Idee der Solidarität sieht, wird deshalb schnell blind für die eigentlich interessante Frage, wer mit wem warum in welcher Form solidarisch sein soll.

Gleichwohl lohnt es sich, die unterschiedlichen Typen von Solidarität kurz näher zu betrachten, denn selbstredend steht der Sozialstaat des Grundgesetzes in einem gewissen Sinnbezug zum Gedanken der Solidarität. Doch ist dies auf der Ebene der Verfassungstheorie eben noch keine sonderlich gehaltvolle Aussage. So bleibt die Frage im Raum, was sozialstaatliche Solidarität im Kontext der Verfassung denn meint? Dieser Frage soll im Folgenden durch drei Reflexionen zu den genannten Typen von Solidarität nachgegangen werden.

c) Solidarität mit den Schwachen

Die lange Tradition der Solidarität mit den Schwachen hat starke christliche Wurzeln; im Laufe der Zeit wurde sie aber auch durch säkular(isiert)e, aus der Arbeiterbewegung und der bürgerlich-zivilgesellschaftlichen Tugendlehre stammende Sinngehalte angereichert. Solidarität mit den Schwachen ist ebenso Ausdruck der Nächstenliebe, einer freundlichen Gesinnung gegenüber Mitmenschen wie der Verbundenheit durch die einen gemeinsamen Erlebnishorizont aufspannende Konstruktion von Opferidentitäten (Arbeiterschicht, Proletariat, Gemeinschaft der Unterdrückten und Geschundenen). Sie ist die persönliche Reaktion auf ein miterlebtes oder mitgefühltes Skandalon: der Armut, der Demütigung, des Schmerzes.

Richard Rorty macht diese Dimension der Solidarität in seiner politischen Philosophie unter Bedingungen radikaler metaphysischer Unbehaust-

[63] *K.-H. Metz*, Solidarität und Geschichte, in: K. Bayertz (Hrsg.), Solidarität, 1998, S. 172 (191).

[64] *J. Brand*, Solidarität und Identität, in: Frankfurter Allgemeine Zeitung Nr. 90 vom 18. April 2007, S. 8; ähnlich die einleitende Diagnose bei *J. Isensee*, Solidarität – sozialethische Substanz eines Blankettbegriffs, in: ders., (Hrsg.), Solidarität in Knappheit, 1998, S. 97 ff.

[65] Cf. etwa *F. Ruland*, Solidarität, in: NJW 2002, 3518 ff.; wie hier *M. Stolleis*, Wer Solidarität sagt, will etwas haben, in: Rechtsgeschichte 5 (2004), 49 ff.

heit stark.[66] Er rekurriert damit auf einen sehr basalen Solidaritätsbegriff. Dieser gründet nicht in komplexen philosophischen Abstraktionen, sondern in lebenspraktischer Evidenz und literarischer Überredung. Solidarität in diesem Sinne ist ihm deshalb keine moralische oder anthropologische Konstante, also nicht etwa Ausfluß einer allgemeinen Idee der Humanität oder eines auf generelle Verbindlichkeit zielenden Menschenrechtsdiskurses. Sie wurzelt für Rorty nicht im Wiedererkennen des menschlichen Selbst im Anderen (so der universalistische Ansatz), sondern ist von partikularen Konstruktionen des Wir abhängig[67] (die es freilich so weit wie möglich auszudehnen gilt).[68]

Die sozialwissenschaftliche Forschung zur Solidarität bestätigt Rortys These der partikularen Verwurzelung solidarischer Lebensvollzüge in gewissem Maße. Räumliche Nahereignisse motivieren eher zu solidarischem Handeln als in der Ferne verortete Not; als gemeinsames Schicksal wahrgenommene Situationen erhöhen die Solidaritätswahrscheinlichkeit; individueller Wohlstandsgewinn, also die Erweiterung der faktischen Solidarisierungsmöglichkeiten, reduziert in der Regel die Bereitschaft hierzu.[69] Der „natürliche“ Ort der Solidarität ist so gesehen die Kleingruppe, in der innere Verbundenheit mit hoher sozialer Kontrolle Hand in Hand gehen.[70] Deshalb betonen kommunitaristische Sozialstaatstheorien die Wichtigkeit kleinformatiger, lokaler Gemeinschaften, die Bedeutung des Subsidiaritätsprinzips etc.[71]

d) Gruppensolidarität

In diesem Befund zeigt sich bereits, daß die Unterscheidung zwischen der Solidarität mit den Schwachen und dem zweiten Typus von Solidarität, der Gruppensolidarität fließend sein kann. Letztere muß sich nicht notwendig über eine enge emotionale Bindung konstituieren, sondern kann auch Ausdruck zweckrationalen Handelns sein. Gruppensolidarität zeichnet sich dann vorrangig

---

66 *R. Rorty*, Kontingenz, Ironie und Solidarität, 1993, S. 305 ff.; cf. a. *ders.*, Objektivität oder Solidarität? (1986), in: ders., Solidarität oder Objektivität, 1988, S. 11 ff.

67 Rorty illustriert diese Spitzenthese durch den Befund, daß Juden zur Zeit des 2. Weltkrieges in Ländern mit schwachen kollektiven Identitäten geringere Aussichten hatten, von ihren Nachbarn vor der Deportation gerettet zu werden.

68 *R. Rorty*, Kontingenz, Ironie und Solidarität, 1993, S. 316; hierzu auch *E. Denninger*, Verfassungsrecht und Solidarität, in: K. Bayertz (Hrsg.), Solidarität, 1998, S. 319 (331 ff.).

69 Tugendtheoretisch schließt sich hier die interessante Frage an, ob man nicht überhaupt erst bei faktischen Wahlmöglichkeiten zwischen solidarischem und nichtsolidarischem Verhalten von Solidarität sprechen sollte, während aus der Not geborene Zweckbündnisse wie die Arbeiterbewegung in ihren Anfängen Solidarität gerade ausschließen.

70 *M. Pirsching*, Solidarität, in: S. Lessenich (Hrsg.), Wohlfahrtsstaatliche Grundbegriffe, 2003, S. 157 (158 ff.); *ders.*, Bilder des Wohlfahrtsstaates, 1996, S. 73 ff.; cf. auch *M. Heinze*, Grund und Mißbrauch der Solidarität im System der sozialen Gerechtigkeit, in: J. Isensee (Hrsg.), Solidarität in Knappheit, 1998, S. 67 (73 ff.).

71 Näher *W. Reese-Schäfer*, Kommunitaristisches Sozialstaatsdenken, in: S. Blasche/D. Döring (Hrsg.), Sozialpolitik und Gerechtigkeit, 1998, S. 75 ff.

durch Reziprozität aus – wechselseitige genossenschaftliche Hilfe. Aber eigentlich stehen auch alle Versichertengemeinschaften für dieses Modell.[72] Solidarität gründet so gesehen in der Aussicht auf einen Kooperationsgewinn. Die Unterscheidung zwischen Solidarität mit den Schwachen und Gruppensolidarität bildet sich in der gesetzlichen Sozialversicherung z.B. ab in der Differenz zwischen dem Prinzip des sozialen Ausgleichs einerseits und dem Prinzip des sozialen Schutzes und dem Versicherungsprinzip andererseits,[73] aber auch in den unterschiedlichen Umverteilungswirkungen der beiden Solidaritätsmodelle. Gruppensolidarität ist grundsätzlich umverteilungsavers, Solidarität mit den Schwachen umverteilungsaffin.[74]

e) Verfassungstheoretische Konsequenzen aus der Mehrdimensionalität des Solidaritätsbegriffs

Versteht man das soziale Staatsziel als Solidaritätsgebot, stellt sich nun die Frage, ob sich dieses nur auf eine „Mitleidssolidarität"[75] erstreckt oder ob ihm auch ein Moment von Gruppensolidarität eigen ist und welche Form von solidarischer Gruppenbildung er dann eigentlich anspricht. Historisch waren die Sozialversicherungen etwa stark entlang von Berufsgruppen organisiert, sie bildeten eine Art Selbsthilfe unter staatlichem Zwang; diese auf Gruppenhomogenität aufbauende Organisationsform hat sich mehr und mehr aufgelöst, aus einer spezifischen Betroffenensolidarität ist eine allgemeine Arbeitnehmersolidarität geworden, der die Tendenz zur Erweiterung auf die gesamte Bevölkerung innewohnt – der Hinweis auf die Ausweitung des Zugangs zur Krankenversicherung (bis hin zu ihrem von einigen Parteien geplanten Umbau zu einer Bürgerversicherung[76]) mag in diesem Zusammenhang genügen. Aus Gruppensolidarität wird so „gesamtgesellschaftliche" Solidarität, die wiederum auf gesellschaftsintegrative Solidarität verweist (hierzu sogleich).

Der Solidaritätsbegriff verhält sich zur Frage des Objekts und der Bezugsgröße der Solidarität zunächst normativ neutral – er umfaßt das wechselseitige Einstandsversprechen einer Partikulargruppe ebenso wie altruistisches Verhalten von Individuen (Barmherzigkeit), die in staatlichen Transfers zum Ausdruck kommende nationalstaatliche „Schicksalsgemeinschaft" oder – als wei-

---

[72] Cf. in diesem Zshg. insb. *F. Ewald*, Die Versicherungs-Gesellschaft, in: KJ 1984, 385 (387 ff.); *ders.* Der Vorsorgestaat, 1993, S. 433 ff., insb. 449 ff.

[73] Hierzu näher *G. Haverkate*, Die Zukunft der sozialen Sicherungssysteme, in: DVBl. 2004, 1061 (1062); *H. M. Heinig*, Paternalismus im Sozialstaat, in: M. Anderheiden u.a. (Hrsg.), Paternalismus und Recht, 2006, S. 157 (175); genauer infra H.II.4.

[74] Cf. für empirische Befunde zur Umverteilungswirkung unterschiedlicher Modelle sozialstaatlicher Solidarität *C. G. Ullrich*, Soziologie des Wohlfahrtsstaates, 2005, S. 169 ff.

[75] *E. Denninger*, Verfassungsrecht und Solidarität, in: K. Bayertz (Hrsg.), Solidarität, 1998, S. 319 (332).

[76] Zur dieser infra G./H.

test denkbare Extension – die Gattungssolidarität unter Menschen an sich.[77] Solidarität ist weder per se partikularistisch noch stets universalistisch, weder nur ein spontanes, affektiv motiviertes und zutiefst individuelles Phänomen noch nunmehr ausschließlich systematisch bürokratisch-rechtlich organisiert, weder durch Minima noch durch Maxima des sozialen Engagements definiert.

Für eine verfassungstheoretische Annäherung an den sozialen Staat des Grundgesetzes hat dies zur Folge, daß Fragen nach gebotenen, angemessenen oder überdehnten staatlich organisierten Solidarisierungsformen aus dem Paradigma der Solidarität heraus nicht hinreichend bearbeitet werden können. Den Sozialstaat als Ausdruck von und Gebot zur Solidarität zu verstehen ist deshalb ebenso richtig wie nichtssagend, solange nicht die Fragen nach „which solidarity?“ und „why solidarity?“[78] auf der Ebene der verfassungsrechtlichen Verbindlichkeit selbst mitthematisiert werden. Gerade dies vermeidet aber das pragmatische Sozialstaatsverständnis, das das Sozialstaatsgebot in der Regel als Solidaritätsgebot deutet. Die inhaltliche Schwindsucht des verfassungsrechtlichen Sozialstaatsprinzips und seine Deutung als Solidaritätsgebot bedingen sich geradezu. Die Definition von rechtsrelevanten Solidargruppen und Solidarformen ist diesem Ansatz zufolge eben keine konstitutionell relevante Frage, sondern eine der politischen Opportunität.

f) Politische Solidarität statt Verteilungsgerechtigkeit – eine Randbemerkung zur Sozialstaatstheorie Wolfgang Kerstings

Der Kieler Sozialphilosoph *Wolfgang Kersting* sieht in diesem Moment der politischen Kontingenz gerade den Vorzug einer solidaritätstheoretischen Fundierung des Sozialstaates.[79] Nicht universelle Regeln der Gerechtigkeit, genauer: der Verteilungsgerechtigkeit, konstituieren für Kersting den Sozialstaat,

---

[77] Cf. a. *A. Wildt*, Solidarität – Begriffsgeschichte und Definition heute, in: K. Bayertz (Hrsg.), Solidarität, 1998, S. 202 ff. Zu einseitig deshalb *U. K. Preuß*, Nationale, supranationale und internationale Solidarität, ebenda, S. 399 ff., der nur die moderne Erscheinung von Solidarität in den Blick nimmt, *S. Blasche*, Begründung des Sozialstaates aus philosophischer Sicht, in: ders./M. von Hauff (Hrsg.), Leistungsfähigkeit von Sozialstaaten, 2003, S. 11 ff., der diese gerade ignoriert und *W. Kersting*, Theorien der sozialen Gerechtigkeit, 2000, S. 377 ff., der nur auf Gruppensolidarität abstellt, wenn er den Sozialstaat auf „Solidarität“ statt Verteilungsgerechtigkeit gründen will.

[78] Im Anschluß an die egalitarismuskritische Debatten um „equality of what?“ und „why equality?“; näher hierzu sogleich infra C.V.

[79] *W. Kersting*, Theorien der sozialen Gerechtigkeit, 2000, S. 377 ff.; *ders.*, Probleme der politischen Philosophie des Sozialstaats, in: ders. (Hrsg.), Politische Philosophie des Sozialstaats, 2000, S. 17 (40 ff.); *ders.*, Politische Solidarität statt Verteilungsgerechtigkeit?, ebenda, S. 202 ff.; hierzu a. *P. Dabrock*, Befähigungsgerechtigkeit als Kriterium zur Beurteilung von Grundversorgungsmodellen im Gesundheitswesen, in: O. Rauprich/G. Marckmann/J. Vollmann (Hrsg.), Gleichheit und Gerechtigkeit in der modernen Medizin, 2005, S. 213 (219 Fn. 9).

sondern autonomieethische und pragmatische Gesichtspunkte.[80] Solidarität wird ihm vor diesem Hintergrund zur Zauberformel im Kampf gegen eine moraltheoretische Überspannung des Sozialstaates, die vom Postulat eines Gerechtigkeitsgebots materieller Gleichstellung ausgeht. Dieses egalitarismuskritische Anliegen ist aus verfassungstheoretischer Sicht, wie noch zu zeigen sein wird (infra C.V.), durchaus berechtigt. Doch erscheint die von Kersting gewählte Verwendung des Solidaritätsbegriffs in diesem Zusammenhang nicht unproblematisch. Zwar ist es auch aus der Sicht der Verfassungstheorie sinnvoll, ja geradezu unverzichtbar, begründungs- wie anwendungstheoretisch eine politisch definierte Sphäre des Sozialstaates von einem Bereich universeller Geltung sozialstaatlicher Normative (etwa als soziale Menschenrechte oder allgemein gültige Verteilungsregeln einer Gesellschaft) abzusetzen. Doch stellt sich die Frage, ob dieser Kontrast adäquat in der von Kersting zugrundegelegten Unterscheidung von Solidarität einerseits und Gerechtigkeit andererseits abgebildet wird. Die in dieser Differenzierung eingespielte pragmatisch-partikulare Dimension bildet, wie gezeigt, nur eine Erscheinungsform von Solidarität; Solidarität geht in ihr aber nicht auf; ein solches spezifische Solidaritätsverständnis bedarf auf der Begründungsebene vielmehr zusätzlicher normativer Annahmen. Bei Kersting sind diese autonomieethischer Natur. Seine solidaritätstheoretische Sozialstaatsdeutung ruht auf einem freiheitstheoretischen Fundament; eine sinnvolle Begründung des Sozialstaates sucht (und findet) Kersting deshalb nicht im Fundus der Solidaritätsidee, sondern in einem angemessenen Freiheitsverständnis.

Eine Verfassungstheorie des Sozialstaates ist nun sicherlich gut beraten, präzise zwischen zwei Sphären des Sozialstaates, der Ebene des verfassungsrechtlich Gesollten und der Ebene des politisch Gewollten zu differenzieren. In der Terminologie *Stefan Husters* könnte man auch von der Distinktion zwischen verfassungsrechtlichen Argumenten und politischen Zielen sprechen.[81] Die Kategorie der Solidarität jedoch ist wegen ihrer Polydimensionalität für eine klare Konturierung dieser Unterscheidung im Zusammenhang mit dem Sozialstaat ungeeignet.

---

[80] Cf. neben den in der vorstehenden Fußn. genannten Beiträgen insb. *W. Kersting*, Probleme der politischen Philosophie des Sozialstaats, in: ders. (Hrsg.), Politische Philosophie des Sozialstaats, 2000, S. 17 (40 ff.); *ders.*, Politische Solidarität statt Verteilungsgerechtigkeit?, ebenda, S. 202 ff.; *ders.*, Grundriß einer liberalen Sozialstaatsbegründung, in: R. Schmücker/U. Steinvorth (Hrsg.), Gerechtigkeit und Politik, 2002, S. 117 ff.; *ders.*, Gerechtigkeit, in: S. Lessenich (Hrsg.), Wohlfahrtsstaatliche Grundbegriffe, 2003, S. 105 ff.; *ders.*, Kritik der Gleichheit, 2002, S. 23 ff.; *ders.*, Philosophische Sozialstaatsbegründungen, in: N. Goldschmidt/M. Wohlgemuth (Hrsg.), Die Zukunft der sozialen Marktwirtschaft, 2004, S. 9 ff.; *ders.*, Der liberale Liberalismus, 2006, S. 26 ff.

[81] *S. Huster*, Die Unterscheidung von politischen Zielen und verfassungsrechtlichen Argumenten, in: C. Hiebaum/P. Koller (Hrsg.), Politische Ziele und juristische Argumentation, 2003, S. 47 ff.

Hinzu kommen bei der Betrachtung des Sozialstaates des Grundgesetzes Besonderheiten des Verfassungsrechts, die bei Kerstings sozialphilosophischer Sozialstaatsbegründung keine Rolle spielen. Teilt man die mehrfach schon skizzierten Bedenken gegen ein allzu pragmatisches und damit inhaltsleeres Verständnis der Sozialstaatsformel des Grundgesetzes, kann das soziale Staatsziel in verfassungstheoretischer Perspektive kaum als Ausdruck einer lediglich partikular-pragmatisch bestimmten Solidarität verstanden werden. Die moraltheoretische Dichotomie von universeller Gerechtigkeit und okkasionell-politisch bestimmter Solidarität reicht so gesehen nicht hin, um den Sozialstaat des Grundgesetzes zu umfassen. Zwischen diese beiden Dimensionen schiebt sich mit dem Verfassungsrecht eine Verbindlichkeitsebene mittlerer Reichweite, die weder universell noch rein kontingent-pragmatisch ist. Die Verfassung ist doppelbeschichtet – sie changiert zwischen einer „Zweitformulierung“[82] universeller Normen (im Sinne Kerstings also von Geboten der Gerechtigkeit) und normativ geronnener grundlegender, aber eben partikularer politischer Selbstverständigung einer Gesellschaft, deren Ergebnisse jedoch gerade den Kontingenzen des politischen Alltags entzogen werden sollen (Verfassung als änderungsaverse Grundordnung). An beiden Dimensionen hat der Sozialstaat des Grundgesetzes in noch näher zu bestimmender Weise Anteil – in seiner autonomietheoretischen Fundierung und als Ausdruck demokratischer Verfassunggebung. Eine solidaritätszentrierte Rekonstruktion des grundgesetzlichen Sozialstaates in der von Kersting vorgezeichneten Linie verfehlt aber eben diese Tiefendimension seiner verfassungsrechtlichen Verankerung.

g) Zum Problem der Solidarität in Großgruppen

Dies bedeutet jedoch nicht, daß das Solidaritätsparadigma für eine Verfassungstheorie des Sozialstaates gänzlich unbeachtlich wäre. So weiß uns die empirische Forschung über Solidarität in der Gesellschaft durchaus etwas über die Chancen und Probleme von unterschiedlichen Solidaritätsformationen zu sagen. Etwa besteht zwischen Gruppengröße und Effektivität des Solidaritätsverbundes eine signifikante Korrelation. Je größer die Gruppe ist, desto instabiler wird das solidaritätskonforme Verhalten (free rider-Problem).[83] Die Institutionalisierung und Verrechtlichung von Solidaritätsbeziehungen durch den Sozialstaat baut dieser Problematik in gewisser Hinsicht vor. Sie verstärkt sie aber ebenso durch die Anonymisierung und Mediatisierung der Reziprozitätsbeziehungen. Solidarität verliert ihre alltagsweltliche Anschaulichkeit.[84] Hiergegen verspricht die schlichte, häufig im Grundsatz der Subsi-

---

[82] *U. Di Fabio*, Das Recht offener Staaten, 1998, S. 62.

[83] *M. Pirsching*, Solidarität, in: S. Lessenich (Hrsg.), Wohlfahrtsstaatliche Grundbegriffe, 2003, S. 157 (164 ff.); *ders.*, Bilder des Wohlfahrtsstaates, 1996, S. 65 ff.; siehe bereits *E. Durkheim*, Physik der Sitten und des Rechts (1890–1900), 1999, S. 17 f.

[84] *U. Di Fabio*, Die Kultur der Freiheit, 2005, S. 128 f.; cf. auch *M. Heinze*, Grund und

diarität verkleidete Forderung nach einer Rückkehr zu den partikularen Wurzeln der Solidarität aber auch keine Abhilfen; denn die Ausbildung des Wohlfahrtsstaates mit seinen Großstrukturen, der ihm inhärenten Tendenz zur Inklusion von Solidaritätsgruppen und Extension hin zur Solidarität der nationalstaatlich verfaßten Gesellschaft ist insgesamt doch gerade Ausdruck der Schwäche vorhandener, kleinteilig agierender Solidaritätsstrukturen (genossenschaftliche Selbsthilfe, kirchliche Caritas, zivilgesellschaftliche Fürsorge) gewesen.[85] Solidaritätstheoretisch streift der Sozialstaat des Grundgesetzes also seine ihm eigenen Aporien und Dilemmata nicht so ohne weiteres ab. Dies zeigt sich auch, wenn man sich der Ebene der gesellschaftsintegrativen Solidarität zuwendet.

h) Solidaritätsgenerierung und Solidaritätsverbrauch im Wohlfahrtsstaat

aa) Zum Zusammenhang von gesellschaftsintegrativer und sozialstaatlich organisierter Solidarität

Sieht man als Bezugsgruppe sozialstaatlich organisierter Solidarität die im Nationalstaat verfaßte „Massengesellschaft"[86], stellt sich das Problem, wie sich vor dem Hintergrund der skizzierten Korrelation von Gruppengröße und Stabilität solidarkonformen Verhaltens überhaupt funktionierende, d.h. eben auch allgemein akzeptierte und gegen „parasitäre"[87] Aushöhlung halbwegs resistente Solidaritätsbeziehungen in modernen Gesellschaften durch den Staat aufbauen und erhalten lassen. Eine auf den ersten Blick nicht unplausible und auch weit verbreitete Antwort liegt darin, nicht nur auf die integrative Funktion formal organisierter Strukturen wie der rechtlich programmierten Sozialverwaltung zu bauen, sondern auch auf eine spezifische innere Verbundenheit der Bürger, die der sozialstaatlich organisierten Solidarität vorgelagert ist und über diese hinausführt. Diese Form von über die Inklusion in funktionale Teilsysteme hinausgehender Verbundenheit soll hier als gesellschaftsintegrative Solidarität bezeichnet werden.

Die Selbsterhaltung einer mit den Kulturtechniken der Bürokratie (Recht und Geld) realisierten sozialstaatlichen Solidarität ist, so dann der Ausgangs-

---

Mißbrauch der Solidarität im System der sozialen Gerechtigkeit, in: J. Isensee (Hrsg.), Solidarität in Knappheit, 1998, S. 67 (80 ff.).

[85] Dies übersehen kommunitaristische Sozialstaatstheorien gerne; cf. zu diesen in Überblick *W. Reese-Schäfer*, Kommunitaristisches Sozialstaatsdenken, in: S. Blasche/D. Döring (Hrsg.), Sozialpolitik und Gerechtigkeit, 1998, S. 75 ff.; ferner *G. Frankenberg*, Die Verfassung der Republik, 1997, S. 150 ff.

[86] Zur Problematik transnationaler Solidarität hingegen *U. K. Preuß*, Nationale, supranationale und internationale Solidarität, in: K. Bayertz (Hrsg.), Solidarität, 1998, S. 399 ff.; *W. Kersting*, Internationale Solidarität, ebenda, S. 411 ff.; *H. Brunkhorst*, Solidarität, 2002, S. 139 ff.

[87] Der historisch-politisch belastete Terminus sei hier im sozialphilosophischen Sinne von *M. Serres*, Der Parasit, 2. Aufl. 1984 gebraucht.

punkt, auch unter den Bedingungen moderner Gesellschaften von dieser gesellschaftsintegrativen Solidarität zu einem gewissen Grad abhängig. Zugleich aber, und dies ist eines der weichen Paradoxien des Sozialstaates, stellt sozialstaatlich organisierte Solidarität die Generierungsbedingungen solcher gesellschaftsintegrativer Solidarität in Frage. Denn gesellschaftsintegrative Solidarität fällt nicht vom Himmel. *Emile Durkheim* glaubte noch, daß das Gefühl wechselseitiger Abhängigkeit infolge von Prozessen hochausdifferenzierter Arbeitsteilung in einer Gesellschaft eo ipso solidaritätsgenerierend wirken kann.[88] Doch führen marktförmig strukturierte Interdependenzen tatsächlich nur selten zu im emphatischen Sinne solidarischen Sozialbeziehungen, da der Geldmechanismus auf moralische Einstellungen eine tendenziell neutralisierende Wirkung ausübt.[89] Auch der unter Verfassungsjuristen und Politiker beliebte Verweis auf die soziale Integrationskraft gemeinsam geteilter Werthaltungen steht auf schwachen Beinen, da kulturelle Homogenität in hochausdifferenzierten Gesellschaften in der Regel Mangelware ist. Gesellschaftsintegrative Solidarität läßt sich in der Moderne gerade nicht mehr als affirmativ erzeugte Gruppensolidarität rekonstruieren, da es an einem gemeinsam geteilten Kontext des unmittelbaren Erlebens fehlt. *Gesellschaftsintegrative Solidarität ist in modernen Gesellschaften notwendig eine Solidarität in der Differenz.*[90] Mit einer solchen Rekonstruktion gesellschaftsintegrativer Solidarität als eine Solidarität in der Differenz korreliert die Annahme einer diffusen Gemengelage an Gründen für die Ausbildung gesellschaftsintegrativer Solidaritätsmentalitäten. Aspekte kulturell erlebter Verbundenheit (vermittelt über Kategorien wie Staatszugehörigkeit, lokales und regionales Mitbürgertum) sind hier ebenso zu nennen wie zweckrationale Überlegungen sowie die vielfältigsten lebensweltlich verwurzelten moralischen, religiösen und ethischen Motive. Wertbilder bleiben stets prekär. Als starke Metapher für gesellschaftsintegrative Solidarität taugt deshalb weniger das Bild des „Fundaments", in dem eine spezifische, über das Recht hinausweisende Verbundenheit zwischen allen Bürgern fest verankert ist, als vielmehr das des Horizonts. Er orientiert den Blick und ordnet das Bild, verschiebt sich jedoch je nach eingenommener Perspektive; er ist unerreichbar und doch sichtbar; er ist relational, aber nicht relativ.

---

[88] *E. Durkheim*, Über soziale Arbeitsteilung (1893), 1988; hierzu auch *A. Göbel/E. Pankoke*, Grenzen der Solidarität, in: K. Bayertz (Hrsg.), Solidarität, 1998, S. 463 (485 ff.).

[89] *N. Luhmann*, Arbeitsteilung und Moral, in: *E. Durkheim*, Über soziale Arbeitsteilung (1893), 1988, S. 19 ff.; zur Ersetzung konkreter durch anonyme Abhängigkeiten infolge der Geldwirtschaft in diesem Zshg. auch *G. Simmel*, Philosophie des Geldes (1900), 1989.

[90] Cf. a. *H. T. Engelhardt*, Solidarität: postmoderne Perspektiven, in: K. Bayertz (Hrsg.), Solidarität, 1998, S. 430 ff.; *U. K. Preuß*, Solidarität unter den Bedingungen von Vielfalt, in: J. Bizer/H.-J. Koch (Hrsg.), Sicherheit, Vielfalt, Solidarität, 1998, S. 125 ff., dessen harmonistische Deutung der Solidarität als gelungene „Verknüpfung von moralischen Pflichten mit dem Prinzip der Legalität" (S. 130) den Pressionen und Ambivalenzen freilich nicht ganz gerecht wird.

bb) Zum Zusammenhang von lebensweltlicher und systemisch organisierter Solidarität

Sucht man nun solche Schnittmengen kulturell fluider Wertorientierungen durch Verrechtlichung auf Dauer zu stellen, schlägt dies auf die Sphäre lebensweltlicher Solidarität und damit auch auf das Gesamtpaket gesellschaftsintegrativer Solidarität zurück. Diese Rekursivität läßt sich am Beispiel wohlfahrtsstaatlich organisierter Solidarität besonders anschaulich zeigen. Denn der Sozialstaat ist nicht nur institutionalisierter Ausdruck von Solidarität, sondern er wirkt zugleich auch solidaritätsgefährdend und -vernichtend. Er verbraucht die knappe Ressource spontan und kommunitär erzeugter Solidarität:[91] Sozialstaatliche Leistungen erzeugen nicht nur gesellschaftliche Integration, sondern nähren sich auch von dieser.[92] In dem Maße, in dem soziale Unterstützung in die Obhut des Staates genommen wird, schwindet gemeinhin die Bereitschaft, die eigenen unmittelbaren Lebensvollzüge an der Idee der Solidarität auszurichten.[93] Soziale Emphatie wird an den Staat delegiert. In der Folge geht die „Steuerung des soziale Mitgefühls durch das ursprünglich ganz wesentliche Element der Gegenseitigkeit verloren."[94] Das Gelingensbild praktisch gelebter Solidarität verblaßt, wird nicht mehr hinreichend in lebenspraktischen Vollzügen eingeübt. Im äußersten Fall erscheint es geradezu als Skandal, als ein Fall von Staatsversagen, wenn einzelne erleben, daß von ihnen überhaupt unmittelbare Solidarität eingefordert wird, weil rational-bürokratisch organisierte Solidarität zur Linderung individueller Notlagen nicht hinreicht.

Zugleich droht die systemisch strukturierte Solidarität damit aber ihres moralischen Überschusses und ihrer Rückbindung an die affektive Dimension lebensweltlicher Solidarität verlustig zu gehen. Die Solidarität des Sozialstaates wird dann in bürokratischer Hinsicht ein „stahlhartes Gehäuse"[95] und damit ungeschmeidig, in emphatischer Hinsicht tönern und damit brüchig. Sie verliert die Möglichkeit, in der Performanz gerade mehr als eine zweckrationale

---

[91] *M. Pirsching*, Bilder des Wohlfahrtsstaates, 1996, S. 102 ff., insb. 110; zur lebensweltlichen Solidarität als knapper Ressource auch *K. Fischer*, Gemeinwohlrhetorik und Solidaritätsverbrauch, in: M. Pirsching (Hrsg.), Ethik im Sozialstaat, 2000, S. 131 ff.; *H. Münkler/K. Fischer*, Gemeinwohl und Gemeinsinn, in: Berlin-Brandenburgische Akademie der Wissenschaften, Berichte und Abhandlungen, Bd. 7, 1999, S. 237 ff.; *dies.* (Hrsg.), Gemeinwohl und Gemeinsinn – Rhetoriken und Perspektiven sozial-moralischer Orientierung, 2002.

[92] Deshalb greift *S. Blasche*, Begründung des Sozialstaates aus philosophischer Sicht, in: ders./M. von Hauff (Hrsg.), Leistungsfähigkeit von Sozialstaaten, 2003, S. 11 (12 f.) zu kurz, wenn er herausstreicht, daß gesellschaftliche Integration *durch* die Aufbringung sozialstaatlicher Leistungen erreicht wird und nicht deren *Grund* ist. Integrationstheoretisch ist diese Perspektive allzu optimistisch.

[93] *M. Pirsching*, Solidarität, in: S. Lessenich (Hrsg.), Wohlfahrtsstaatliche Grundbegriffe, 2003, S. 157 (174 ff., 180 ff.) mit weit. Nachw.

[94] *G. Haverkate*, Verfassungslehre, 1992, S. 296.

[95] *M. Weber*, Die protestantische Ethik und der Geist des Kapitalismus (1904/05), in: ders., Gesammelte Schriften zur Religionssoziologie, Bd. 1, 9. Aufl. 1988, S. 203.

Veranstaltung zu bieten. Nur in der Abgrenzung von solchen Formen rein gruppennütziger Solidarität aber kann sich der Sozialstaat als Ausdruck gesellschaftsintegrativer Solidarität zur Darstellung bringen. Entfällt diese Möglichkeit wegen Glaubwürdigkeitserosion, verstärken sich in der Folge die Opting-out-Effekte in Form von individueller Nutzenmaximierung durch Systemausbeutung und Akzeptanzverlust.[96] Es droht eine aus sich selbst heraus sich beschleunigende Erosionsspirale. Systemische und lebensweltliche Solidarität stehen somit gesellschaftstheoretisch betrachtet in einem Ergänzungsverhältnis; sie lassen sich wechselseitig nicht beliebig substituieren. Die im Sozialstaat institutionalisierte, systemisch strukturierte Solidarität ist bis zu einem gewissen Grad auf das Vorhandensein unmittelbarer bürgerlicher Solidarität angewiesen und verbraucht diese; zugleich aber läßt sich das knappe Gut lebensweltlicher Solidarität nicht beliebig vermehren.

cc) Verfassungstheoretische Konsequenz: der solidarische Sozialstaat als freiheitlicher Sozialstaat

Eine solidaritätsorientierte Lesart der grundgesetzlichen Formel vom sozialen Staat wird sich diese solidaritätstheoretischen Grundeinsichten zu vergegenwärtigen haben. Insbesondere gilt es dann zu bedenken, wie die Regenerationsbedingungen organischer Solidarität hinreichend gesichert werden können und ob das Verfassungsrecht hierzu Antworten bereitstellt. Die Beschwörung von Wertekonsensen und kultureller Homogenität bietet in diesem Zusammenhang, wie angedeutet, keine hinreichende Perspektive, da Konsens und Homogenität unter Bedingungen der Moderne ihrerseits knapp geworden sind (infra G.II.4.c.). Dem freiheitlich-demokratischen Verfassungsstaat bleibt als Sozialstaat deshalb am Ende nichts anderes übrig, als dem „Wagnis"[97] der Freiheit folgend, zu einem Gutteil auf die stimulativen Wirkungen der Freiheit selbst zu setzen, diese zu fördern und zu effektivieren, aber hieraus auch seine Grenzen zu definieren.[98] Der solidarische Verfassungsstaat verweist so gesehen zwangsläufig auf den freiheitlichen Verfassungsstaat. Um der Solidarität willen ist der Sozialstaat des Grundgesetzes ein *freiheitlicher* und *der Freiheit dienender* Sozialstaat; nur als solcher kann er langfristig ein solidarischer Sozialstaat sein.[99]

---

[96] Cf. a. *T. Tragl*, Solidarität und Sozialstaat, 2000, S. 173 ff.

[97] *E.-W. Böckenförde*, Die Entstehung des Staates als Vorgang der Säkularisation (1967), in: ders., Recht, Staat, Freiheit, 1991, S. 92 (112) zum Wagnis, das der Staat um der Freiheit willen eingegangen ist.

[98] *U. Volkmann*, Solidarität, 1998, passim; *ders.*, Art. Solidarität, in: Ev. Staatslexikon, Neuausgabe 2005, Sp. 2163 (2166). Eine parallele Problematik stellt sich bei der Frage nach dem öffentlichen Ort der Religion in einem pluralen Gemeinwesen; hierzu verfassungstheoretisch etwa *H. M. Heinig*, Öffentlich-rechtliche Religionsgesellschaften, 2003, S. 39 ff.; *ders./C. Walter* (Hrsg.), Staatskirchenrecht oder Religionsverfassungsrecht, 2007 jeweils mit weit. Nachw.

[99] Dieser Grundeinsicht entspricht es, wenn Vertreter einer Aufschließung des sozial-

III. Der Sozialstaat des Grundgesetzes als Gebot der Schaffung sozialer Gerechtigkeit

1. *Die soziale Gerechtigkeit des Sozialstaates: politisch oder normativ?*

Neben der Fundierung des Sozialstaates in den Leitbildern der sozialen Sicherheit und Solidarität findet sich in Literatur und Rechtsprechung regelmäßig seine Radizierung in der Idee sozialer Gerechtigkeit oder in dem Ziel, sozial gerechte Zustände zu schaffen.[100] So heißt es in einer der Leitentscheidungen des

---

staatlichen Sinngehaltes von der Idee der Solidarität her zugleich die Subsidarität als Gegenpol zu den Solidaritätsanforderungen betonen; cf. etwa *M. Heinze*, Grund und Mißbrauch der Solidarität im System der sozialen Gerechtigkeit, in: J. Isensee (Hrsg.), Solidarität in Knappheit, 1998, S. 67 ff.; *J. Isensee*, Solidarität – sozialethische Substanz eines Blankettbegriffs, ebenda, S. 97 ff.; cf. bereits *ders.*, Subsidiaritätsprinzip und Verfassungsrecht, 2. Aufl. 2001, S. 191 ff., 268 ff.; ferner *E. Schmidt-Aßmann*, Das allgemeine Verwaltungsrecht als Ordnungsidee, 2. Aufl. 2006, S. 124 ff.; als allgemeines Rechtsprinzip verstanden läuft der Verweis auf den Subsidiaritätsgedanke freilich stets Gefahr, sich zu verselbständigen und die konkreten positive Ausgestaltung der staatlichen Freiheitsordnung zu überspielen; cf. *M. Droege*, Art. Subsidiarität (J), in: Ev. Staatslexikon, Neuausgabe 2006, Sp. 2415 ff. Deshalb wird von einem pointierten Zugriff auf das Subsidaritätsparadigma im Rahmen dieser Arbeit Abstand genommen und statt dessen bevorzugt von einer freiheitsgerechten Ausgestaltung des Sozialstaates gesprochen. In der Sache ist damit das gemeint, was die genannten Autoren als Verhältnis von Solidarität und Subsidiarität beschreiben.

[100] Cf. z.B. BVerfGE 5, 85 (198); 22, 180 (204); 50, 57 (108); 94, 241 (263); *D. Schiek*, in: AK-GG, 3. Aufl., Art. 20 Abs. 1–3 V Rdnr. 51 ff. (Grundwerk 2001); *E. Eichehofer*, Sozialrecht und soziale Gerechtigkeit, in: JZ 2005, 209 ff.; *H. Butzer*, Fremdlasten in der Sozialversicherung, 2001, S. 391; *W. Zeidler*, Gerechtigkeit in der Industriegesellschaft, in: DÖV 1972, 437 ff.; *M. Ramm*, Soziale Ungleichheit und soziale Gerechtigkeit, 1998; *D. Merten*, Verfassungsrechtliche Grundlagen, in: B. Schulin (Hrsg.), Handbuch des Sozialversicherungsrechts, Bd. 1 – Krankenversicherungsrecht, 1994, S. 145 (152); *K.-P. Sommermann*, in: v. Mangoldt/Klein/Starck, GG, Bd. 2, 5. Aufl. 2005, Art. 20 Rdnr. 104; *O. Bachof*, Begriff und Wesen des sozialen Rechtsstaates (1954), in: E. Forsthoff (Hrsg.), Rechtsstaatlichkeit und Sozialstaatlichkeit, 1968, S. 201 (205); *P. Badura*, Das Prinzip der sozialen Grundrechte und seine Verwirklichung im Recht der Bundesrepublik Deutschland, in: Der Staat 14 (1975), 17 (32 und öfter); *ders.*, Auftrag und Grenzen der Verwaltung im sozialen Rechtsstaat, in: DÖV 1968, 446 (446); *P. Häberle*, Zum Staatsdenken von Ernst Forsthoff (1976), in: ders., Verfassung als öffentlicher Prozeß, 3. Aufl. 1998, S. 396 (401); *H. Karl*, Freiheit und Sozialstaat, Diss. Bochum o.J., S. 53; *H. Hofmann*, Verfassungsrechtliche Annäherungen an den Begriff des Gemeinwohls, in: H. Münkler/K. Fischer (Hrsg.), Gemeinwohl und Gemeinsinn im Recht, 2002, S. 25 (36 ff.); *H. D. Jarass*, in: ders./P. Pieroth, GG, 9. Aufl. 2007, Art. 20 Rdnr. 119; *M. Kotzur*, Der nachhaltige Sozialstaat, in: BayVBl. 2007, 257 (260, 262); *F. Welti*, Behinderung und Rehabilitation im sozialen Rechtsstaat, 2005, S. 288 ff.; *M. Stolleis*, Die unvollendete Gerechtigkeit, 2005, S. 71 und öfter mit der Pointe, daß das Projekt sozialstaatlicher Gerechtigkeit notwendig unvollendet bleiben muß; aus der nichtjuristischen Literatur siehe nur *F. Nullmeier*, Politische Theorie des Sozialstaats, 2000, S. 361 ff.; *M. Opielka*, Sozialpolitik, 2004, S. 48 ff.; zur Folgefrage nach der „Geschlechtergerechtigkeit" etwa *K. Scheiwe*, Soziale Sicherungsmodelle zwischen Individualisierung und Abhängigkeiten, in: KJ 2005, 127 ff.

Bundesverfassungsgerichts, das Sozialstaatsprinzip begründe „die Pflichten des Staates, für eine gerechte Sozialordnung zu sorgen",[101] in einer anderen, das Grundgesetz enthalte die „Forderung des Fortschritts zu ‚sozialer Gerechtigkeit' als einem leitenden Prinzip aller staatlichen Maßnahmen".[102] Mit der Metapher des Voranschreitens knüpft das Gericht bewußt an die historischen Traditionen sozialer Bewegungen an, die sich den Kampf um „soziale Gerechtigkeit" dezidiert auf die Fahnen geschrieben haben. Der Sozialstaat begründet sich verfassungstheoretisch in dieser Lesart also von der Idee der Gerechtigkeit her. Folgerichtig erklärt § 1 Abs. 1 SGB I soziale Gerechtigkeit zu einem Kernanliegen des formellen Sozialrechts.[103]

Wer nun aber näheres über den Gehalt dieser Gerechtigkeit wissen will, sieht sich schnell auf das Prozedere der freiheitlichen Demokratie zurückgeworfen. Die Idee der sozialen Gerechtigkeit biete eine Richtschnur, aber keine „objektiven Prinzipien, aus denen sich das vollständige System einer ‚gerechten Sozialordnung' i.S. der Rechtsprechung des Bundesverfassungsgerichts einfach deduzieren ließe",[104] heißt es etwa bei *Hasso Hofmann*, der über Fragen der Gerechtigkeit sonst allerlei Erhellendes zu sagen weiß.[105] Hofmann stellt sich damit in die Linie des pragmatischen Sozialstaatsverständnisses und vermeidet eine philosophische Ergründung des Phänomens sozialer Gerechtigkeit im Kontext des Sozialstaates. Die soziale Gerechtigkeit des Sozialstaates wird demnach nicht philosophisch definiert, sondern *politisch*. Soziale Gerechtigkeit ist politisch definierte Gerechtigkeit.

Wenn man diesem Ansatz folgt, hat die Schnur, die das Sozialstaatsprinzip als Gebot sozialer Gerechtigkeit ziehen soll, jedoch gerade keine Richtung. Sie ist nicht Richtschnur, wie Hofmann meint, sondern Wollknäuel. Denn die Gerechtigkeitssemantik ist permeabel für politische Gerechtigkeitsvorstellungen jedweder Colour: Mindest- und Bestandsicherheiten, Gleichstellungen unterschiedlichster Referenzgruppen, Prosperitätsversprechen etc.[106] Es gibt keine Frage, die nicht unter dem Gesichtspunkt der sozialen Gerechtigkeit in diese und zugleich in jene Richtung politisiert werden könnte. Alleine die mit einer

---

[101] BVerfGE 59, 231 (263); 69, 272 (314); 94, 241 (263); 97, 169 (185); 100, 271 (284); 110, 412 (445).

[102] BVerfGE 5, 85 (198); 40, 121 (133); 52, 303 (348).

[103] Zum formellen Sozialrechtsbegriff *S. Muckel*, Sozialrecht, 2. Aufl. 2007, S. 18 f.

[104] *H. Hoffmann*, Verfassungsrechtliche Annäherungen an den Begriff des Gemeinwohls, in: H. Münkler/K. Fischer (Hrsg.), Gemeinwohl und Gemeinsinn im Recht, 2002, S. 25 (38).

[105] Cf. *H. Hofmann*, Einführung in die Rechts- und Staatsphilosophie, 2000, S. 69 ff., 193 ff.

[106] Cf. im Überblick zu den unterschiedlichen Besetzungen der Gerechtigkeitssemantik im Kontext des sozialstaatlichen Umbaus nur *L Leisering*, Paradigmen sozialer Gerechtigkeit, in: S. Liebig/H. Lengfeld/S. Mau (Hrsg.), Verteilungsprobleme und Gerechtigkeit in modernen Gesellschaften, 2004, S. 29 ff.; stärker affirmativ *F. Nullmeier/G. Vobrura*, Gerechtigkeit im sozialpolitischen Diskurs, in: D. Döring u.a., Gerechtigkeit im Wohlfahrtsstaat, 1995, S. 11 ff.

freien Gesellschaft zwangsläufig einhergehenden Formen sozialer Unterscheidung eröffnen ein weites Feld für Kompensationsforderungen unterschiedlichster Art.[107] *Wolfgang Kersting* hat diesen Befund recht drastisch formuliert:

> „Eine überbordende Gerechtigkeitsrhetorik prägt das öffentliche Gespräch sozialstaatlicher Demokratien, überflutet den politischen Markt der Wählerbewirtschaftung und überzieht das Verteilungsgezänk der Gruppen mit einem moralsemantischen Firnis. Gerechtigkeit immer mehr Gerechtigkeit versprechen die Politiker ihren Wählern. Gerechtigkeitsparolen zieren die Wände von Parteitagen. An den Rednerpulten wird Gerechtigkeitskompetenz beansprucht. Dieselbe wird dem Gegner mit Verve abgesprochen. Dessen programmatische Vorstellungen werden als ‚Sozialabbau', ‚Gerechtigkeitsskandal', ‚soziale Kälte' denunziert. Gewerkschaften legitimieren ihre Lohnerhöhungsforderungen als Gerechtigkeitspostulate. Arbeitgebervertreter wollen die Umverteilungsrate drücken und verlangen Markt- und Leistungsgerechtigkeit. Im immerwährenden Verteilungskampf des avancierten Sozialstaats kann keine Partei darauf verzichten, die Göttin der Gerechtigkeit auf ihre Seite zu ziehen. Gerechtigkeit ist rhetorisch unvermeidlich geworden."[108]

Im politischen Geschäft einer freiheitlichen Demokratie ist diese Politisierung der Gerechtigkeitssemantik nicht illegitim, auch wenn die von gut organisierten Interessengruppen mit Inbrunst medial vorgetragene Behauptung, in diesem oder jenem Fall geschehe furchtbares soziales Unrecht, zuweilen bizarre und geradezu zynische Formen annimmt vor dem Hintergrund evidenter Exklusionshärten moderner Gesellschaften, bei denen die Betroffenen häufig sogar von den Möglichkeiten der Artikulation ihres Erlebens von Ungerechtigkeit abgeschnitten sind. Der Wohlfahrtsstaat wirkt zuweilen wie der Zauberlehrling, der die Geister, die er rief, nicht wieder los wird. Seine Kompensationsverheißungen „erzeugen" die Ungleichheiten, die sie zu bekämpfen versprechen. „Autoviktimisierung wird zur sozialstaatlichen Erfolgsstrategie".[109] Gleichwohl handelt es sich bei solchen in der Semantik der Gerechtigkeit ausgetragenen Interessen- und Verteilungskämpfen um legitime Folgeerscheinungen politischer Inklusion, anders ausgedrückt: um Resonanzsensibilität eines als freiheitliche Demokratie organisierten politischen Systems, über die sich leicht spotten läßt, denen aber in-

---

[107] *N. Luhmann*, Politische Theorie im Wohlfahrtsstaat, 1981, S. 8. Dort heißt es, mit Verweis auf *O. Marquard*, Art. Kompensation, in: J. Ritter u.a. (Hrsg.), Historisches Wörterbuch der Philosophie, Bd. 4, 1976, S. 912 ff. und *ders.*, Inkompetenzkompensationskompetenz, in: Philosophisches Jahrbuch 81 (1974), 341 ff. in schönster Luhmannscher Ironie weiter: „Wenn alles kompensiert werden muß, dann auch das Kompensieren. Begriff und Prozeß der Kompensation werden reflexiv. Damit erreicht aber auch die Kompetenz zum Kompensieren gedanklich und materiell ihre Grenze und gerät vor das Problem der Inkompetenzkompensationskompetenz".

[108] *W. Kersting*, Gerechtigkeit, in: S. Lessenich (Hrsg.), Wohlfahrtsstaatliche Grundbegriffe, 2003, S. 105 (107).

[109] *W. Kersting*, Gerechtigkeit, in: S. Lessenich (Hrsg.), Wohlfahrtsstaatliche Grundbegriffe, 2003, S. 105 (112).

nerhalb pluralistischer Gesellschaften[110] auch mit den Mitteln der freien politischen Auseinandersetzung begegnet werden kann.[111]

Zu einem für den Kontext dieser Arbeit relevanten Problem wird ein solches der politischen Kontingenz anheimgegebenes Verständnis sozialer Gerechtigkeit jedoch, wenn es auf der Ebene des Verfassungsrechts dem Sozialstaatsprinzip zugrundegelegt wird. So heißt es in der zitierten Entscheidung des Bundesverfassungsgerichts, nachdem es die Pflicht des Staates, für eine gerechte Sozialordnung zu sorgen, postuliert hat, weiter: „bei der Erfüllung dieser Pflicht kommt dem Gesetzgeber ein weiter Gestaltungsspielraum zu. Das Sozialstaatsprinzip stellt also dem Staat eine Aufgabe, sagt aber nichts darüber, wie diese Aufgabe im Einzelnen zu verwirklichen ist".[112] Dies klingt auf den ersten Blick demokratietheoretisch plausibel, erweist sich auf den zweiten Blick aber als Ausdruck grundlegender verfassungsrechtlicher Substanzlosigkeit. Denn ohne eine konturierte Idee von sozialer Gerechtigkeit fehlt es nicht nur an Vorgaben für die *Formen* der Verwirklichung, sondern auch für den *Inhalt* der gestellten Aufgabe selbst. Auf dieses Problem wurde im Rahmen der Einführung bereits hingewiesen. Die Formel von der Verpflichtung des Staates zur Schaffung sozialer Gerechtigkeit wird überspitzt formuliert verfassungsdogmatisch zu einer hohlen Phrase, die zu beliebiger Politikgestaltung unter Freischaltung von den üblichen verfassungsrechtlichen Prüfstandards (Stichwort: Rechtfertigung von Grundrechtseingriffe) einlädt, der dann auch noch die Weihen des Sozialstaatlichen verliehen werden.[113]

2. *Mögliche Alternativen*

Wer die Schwächen dieses Ansatzes zu meiden sucht, dem stellen sich im Grunde drei Alternativen. 1.) Will man an einer Sozialstaatskonzeption, die auf eine *politisch* definierte soziale Gerechtigkeit zielt, festhalten, ist zu überlegen, ob mit dieser gerade keine spezifische verfassungsdogmatische Bedeutung verbunden ist. Das in der Formel vom sozialen Staat verankerte Gebot der Herstellung sozialer Gerechtigkeit würde keinerlei *rechtliche* Direktive enthalten, sondern anderen Sphären des Verfassungsrechts zuzuordnen sein. Es wäre Ausdruck einer politischen Imagination der staatlichen Gemeinschaft, in der

---

[110] Zur Konzeption des Pluralismus in diesem Zusammenhang näher *E. Fraenkel*, Deutschland und die westlichen Demokratien (1964), 1991; näher *W. Brugger*, Radikaler und geläuterter Pluralismus (1990), in: ders., Liberalismus, Pluralismus, Kommunitarismus, 1999, S. 197 ff.; *ders.*, Theorie und Verfassung des Pluralismus (1996), ebenda, S. 220 ff.

[111] Cf. als einen solchen Versuch *P. Kirchhof*, Der Staat – eine Erneuerungsaufgabe, 2005, S. 65 ff.; *ders.*, Die Hydra des Gesetzes, 2006.

[112] BVerfGE 59, 231 (263).

[113] Ebenso, diese Konsequenz allerdings durchaus begrüßend *K.-J. Bieback*, Sozialstaatsprinzip und Grundrechte, in: EuGRZ 1985, 657 (665 f.).

Sprache des Rechts geronnene historische Erfahrung, Expression politischer Selbstverpflichtung etc.[114] Man muß solche Funktionen der Verfassung nicht als Verfassungslyrik denunzieren. Im Zuge der kulturwissenschaftlichen Aufklärung des Verfassungsrechts setzt sich zunehmend die Einsicht durch, daß Verfassungen auch transnormative Funktionen zukommen können[115] – wir werden später auf diese Dimension noch näher eingehen. Gleichwohl wird man vor dem Hintergrund der jüngeren deutschen Verfassungsgeschichte, des Überschritts von der Weimarer Reichsverfassung zum Grundgesetz zurückhaltend sein müssen, Bestimmungen des Grundgesetzes einen *rein* nichtnormativen Gehalt zuzuweisen. Dies gilt insbesondere für die wenigen Bestimmungen zur Sozialordnung; die Väter und Mütter des Grundgesetzes haben in Absetzung von der demokratischen Vorgängerverfassung schließlich sehr bewußt auf die Aufnahme unverbindlicher sozialpolitischer Wunschkataloge verzichtet. Deshalb ist Vorsicht geboten, wenn der Sozialstaatsklausel durch die Hintertür gerade ein solcher nichtbindender Gehalt zugeschrieben wird. 2.) Alternativ wird man nach einer verfassungsadäquaten, normativen Theorie sozialer Gerechtigkeit Ausschau zu halten haben, die einer mit dogmatischen Konsequenzen versehenen Deutung der Sozialstaatsformel von der Idee der sozialen Gerechtigkeit her zugrundegelegt werden kann. Dabei wäre allerdings zu vermeiden, dem platonischen Ideal eines Königtums der Philosophen das Wort zu reden[116] oder den aus der Sicht der Verfassungstheorie wohlbegründeten „Vorrang der Demokratie vor der Philosophie“[117] in Frage zu stellen. Eine Verfassungstheorie des Sozialstaates kann sich deshalb nicht auf eine ansprechende philosophische Theorie gerechter Verteilung gründen, sondern müßte ein spezifisches, der Verfassung adäquates Verständnis von sozialer Gerechtigkeit aufzeigen. Ob dies gelingen kann, soll uns gleich näher beschäftigen. 3.) Sollte sich dieser Weg als nicht hinreichend tragfähig erweisen, bleibt als dritte Möglichkeit zu notieren, die verfassungsrechtliche Betrachtung des Art. 20 Abs. 1 GG von der Zielorientierung sozialer Gerechtigkeit zu lösen, also nach alternativen verfassungstheoretischen Grundierungen Ausschau zu halten. Das politische Ziel sozialer Gerechtigkeit mag so gesehen zwar im Sozialrecht seinen Ausdruck finden, aber

---

[114] Cf. zu solchen Dimensionen näher *H. M. Heinig*, Das Sozialstaatsprinzip des Grundgesetzes als Imagination des Politischen, in: StudZR 2007, 3 ff.

[115] Cf. etwa *P. W. Kahn*, The Cultural Study of Law, 1999; *ders.*, Putting Liberalism in its Place, 2004; *U. Haltern*, Europarecht und das Politische, 2005; *J. Gebhardt*, Verfassung und Symbolität, in: G. Melville (Hrsg.), Institution und Symbolisierung, 2001, S. 585 ff.; *H. M. Heinig*, Rechtswissenschaft als Kulturwissenschaft, in: ZfRsoz 2003, 95 ff.; für eine Rechts- als Kulturwissenschaft schon lange *P. Häberle*, Verfassungslehre als Kulturwissenschaft, 1998. Einführend zum Fragenkreis auch *B. Losch*, Kulturfaktor Recht, 2006.

[116] *Platon*, Politeia, 473; näher *E.-W. Böckenförde*, Geschichte der Rechts- und Staatsphilosophie, 2002, S. 88 ff.

[117] *R. Rorty*, Der Vorrang der Demokratie vor der Philosophie, in: ders., Solidarität oder Objektivität?, 1988, S. 82 ff.

eben nicht im Sozialstaatsprinzip selbst normativ verwurzelt sein. Soziale Gerechtigkeit läge wie andere, prozedural zu bestimmende Gemeinwohlziele jenseits der Verfassung.[118] Das Grundgesetz gäbe diese nicht materiell vor, nobilitierte sie auch nicht verfassungsrechtlich in besonderer Weise, sondern stellte nur den allgemeinen rechtlichen und organisatorischen Rahmen, um solche innerhalb des demokratischen Prozedere der Herstellung bindender Entscheidungen zu verfolgen.

3. Das realisierte Sozialrecht als Ausdruck sozialer Gerechtigkeit?

Wer nach einer *normativen* Verfassungstheorie sozialer Gerechtigkeit Ausschau hält, die die Konsequenzen eines rein politisch determinierten Begriffs sozialer Gerechtigkeit zu meiden sucht, blickt schnell einen Abgrund. Was gerecht ist, ist nicht selbstverständlich. Gerade dies macht die Auseinandersetzung mit der Gerechtigkeit so produktiv, die normative Fixierung, die eine Verfassungstheorie sucht, aber zugleich so schwierig.

Eine thematisch einschlägige Annäherung, die eine gewisse Orientierung verspricht, findet sich bei *Hans F. Zacher*, der in einem Beitrag zu „Sozialrecht und soziale Gerechtigkeit" unterschiedliche Typen des Sozialrechts mit Traditionslinien philosophischer Reflexion über Gerechtigkeit ins Gespräch bringt.[119] Auf diese Weise läßt sich zeigen, daß bestimmte charakteristische Regelungssysteme des Sozialrechts (Einrichtungen der Vorsorge wie die gesetzliche Rentenversicherung, Entschädigungsregelungen, wie sie etwa für Kriegs- oder Verbrechensopfer bestehen, und situationsbezogene Systeme wie die Sozialhilfe) in der Philosophie kanonisierten Dimensionen der Gerechtigkeit zugeordnet werden können (iustitia distributiva, iustitia commutativa, iustitia legalis).[120] Nach Zacher vermag kein Grundtyp des Sozialrechts für sich „eine hinreichend differenzierte sozialrechtliche Ordnung darstellen";[121] erst komplexe Mischformen seien hierzu imstande. Deshalb müsse auch der korrespondierende Begriff

---

[118] Zur Problematik des Gemeinwohls in verfassungsrechtlicher Perspektive allg. *C. Engel*, Offene Gemeinwohldefinitionen, in: Rechtstheorie 32 (2001), 23 ff.; *G. F. Schuppert*, Staatswissenschaft, 2003, S. 222; *C. Möllers*, Gewaltengliederung, 2005, S. 40 und öfter; *M. Anderheiden*, Gemeinwohl in Republik und Union, 2006 mit einer Theorie kollektiver Güter; *W. Brugger/S. Kirste/M. Anderheiden* (Hrsg.), Gemeinwohl in Deutschland, Europa und der Welt, 2002.

[119] *H. F. Zacher*, Sozialrecht und soziale Gerechtigkeit, in: Festschrift für W. Maihofer, 1988, S. 669 ff.

[120] *H. F. Zacher*, Sozialrecht und soziale Gerechtigkeit, in: Festschrift für W. Maihofer, 1988, S. 669 (682 ff.).

[121] *H. F. Zacher*, Sozialrecht und soziale Gerechtigkeit, in: Festschrift für W. Maihofer, 1988, S. 669 (681).

sozialer Gerechtigkeit hinreichend vielgestaltig ausfallen. „Die Komplexität des Sozialrechts und die Komplexität der Gerechtigkeit entsprechen einander."[122]

Freilich ist es kein Privileg „*sozialer* Gerechtigkeit", sich idealiter durch eine gewisse Vielgestaltigkeit auszuzeichnen. So lassen sich anthropologische Gründe ausmachen, warum jede Form von Gerechtigkeitstheorie hinreichend komplex aufgebaut sein und bestimmte Grunddaten menschlicher Konstitution und sozialer Organisation berücksichtigen sollte.[123]

Auch ist mit Zachers Rekonstruktion des Sozialrechts im Lichte der philosophischen Gerechtigkeitstradition wenig für eine normative Verfassungstheorie des Sozialstaates gewonnen. Denn zum einen lassen sich so keine gehaltvollen Aussagen zu einem angemessenen Verhältnis unterschiedlicher Gerechtigkeitsformen zueinander treffen – wir können zwar feststellen, daß die im Sozialrecht verwirklichten Leitbilder sozialer Gerechtigkeit vielgestaltig sind, lernen aber nichts über gerechtigkeitstheoretisch angeleitete Binnenhierarchisierungen, die für eine Verfassungstheorie des Sozialstaates wichtig wären, wenn die Rede von der sozialen Gerechtigkeit normativ Sinn machen soll. Zum anderen stellt sich das methodische Problem, daß wegen des Geltungsvorrangs des Verfassungsrechts vor dem einfachen Recht[124] sich vom Bestand des einfachen Sozialrechts nicht auf den normativen Gehalt der Formel vom sozialen Staat schließen läßt. Die im Sozialrecht realisierten Gerechtigkeitstypen erlauben allenfalls heuristische, nicht aber normative Rückschlüsse auf ein etwaiges verfassungsrechtliches Gebot der Herstellung sozialer Gerechtigkeit.

4. Soziale Gerechtigkeit als mission impossible?

Deshalb stellt sich an dieser Stelle noch einmal mit Vehemenz die Frage, ob der Sozialstaat des Grundgesetzes vernünftigerweise als Gebot zur Herstellung sozialer Gerechtigkeit verstanden werden kann. Dies setzte zumindest voraus, daß die Kategorie der sozialen Gerechtigkeit überhaupt sinnvoll ist. Folgt man

---

[122] *H. F. Zacher*, Sozialrecht und soziale Gerechtigkeit, in: Festschrift für W. Maihofer, 1988, S. 669 (673); cf. auch *ders.*, Verfassung und Sozialrecht, in: Festschrift für G. Dürig, 1990, S. 67 (78 ff.).

[123] *W. Brugger*, Anthropologie und die Gerechtigkeit, in: ARSP 92 (2006), 149 ff.; *ders.*, Das anthropologische Kreuz der Entscheidung (1996), in: ders., Liberalismus, Pluralismus, Kommunitarismus, 1999, S. 23 ff.

[124] Hierzu *R. Wahl*, Der Vorrang der Verfassung und die Selbständigkeit des Gesetzesrechts (1984), in: ders., Verfassungsstaat, Europäisierung, Internationalisierung, 2003, S. 161 ff.; *R. Alexy*, Verfassungsrecht und einfaches Recht. Verfassungsgerichtsbarkeit und Fachgerichtsbarkeit, in: VVDStRL 61 (2002), S. 7 ff., *P. Kunig*, Verfassungsrecht und einfaches Recht. Verfassungsgerichtsbarkeit und Fachgerichtsbarkeit, ebenda, S. 34 ff.; *W. Heun*, Verfassungsrecht und einfaches Recht. Verfassungsgerichtsbarkeit und Fachgerichtsbarkeit, ebenda, S. 80 ff.; *G. Hermes*, Verfassungsrecht und einfaches Recht. Verfassungsgerichtsbarkeit und Fachgerichtsbarkeit, ebenda, S. 119 ff.

Friedrich von Hayek, ist das aber gerade nicht der Fall. Soziale Gerechtigkeit ist ihm in freien Gesellschaften mit einer marktwirtschaftlichen Distributionsordnung ein „Trugbild",[125] eine „Illusion",[126] ein „Atavismus".[127] Hayek vermag dem Begriff keinerlei Sinn abzugewinnen, „soziale Gerechtigkeit" ist ihm „eine völlig nichtssagende Formel",[128] die ihren Sitz im Leben unserer Vorfahren hat, als Menschen noch in „Horden" organisiert waren und eine leistungsgerechte Verteilung der Jagdbeute für den Erfolg einer Gruppe von grundlegender Bedeutung war. In modernen, marktförmig organisierten Gesellschaften sei diese Funktion jedoch entfallen. Denn der Markt belohne nicht notwendig den Tüchtigen, sondern häufig den Glücklichen. Der Markt stelle ein Spiel mit Regeln dar. Wer die Regeln einhält und im Spiel Gewinne erzielt, darf diese behalten. Er hat sie aber nicht, so Hayek, im moralischen Sinne verdient. Deshalb gebe es auch keine „gerechten Preise", folglich auch keine „gerechten Einkommen" von Arbeitnehmern, die dem Markt vorgegeben werden können. Der Markt ist amoralisch, aber, und das ist sein entscheidender Vorteil in den Augen des liberalen Vordenkers, produktiv. Ihn nobilitiert nicht die Gerechtigkeit seiner Verteilungsergebnisse, sondern die Überlegenheit im output gegenüber alle anderen Wirtschaftsordnungen.

> „Der Versuch, durch eine Umverteilung der Einkommen eine ‚gerechte' Verteilung der Einkommen zu erzielen, muß darum aus drei Gründen scheitern: Niemand weiß, und kaum zwei Menschen könnten sich darüber einigen, was eine gerechte Verteilung der Einkommen wäre; keine solche der Wirtschaft von außen auferlegte Einkommensskala könnte ohne totalitäre Beherrschung aller wirtschaftlichen Tätigkeit durchgesetzt werden; und die Folge müßte eine starke und progressiv zunehmende Verminderung der Produktivität der Wirtschaft, das heißt Verarmung sein."[129]

Die Herstellung „sozialer Gerechtigkeit" ist für Hayek eine ebenso gefährliche wie unmögliche Mission. Hätte er recht, müßte eine Verfassungstheorie des Sozialstaates ihr entsagen und nach anderen normativen Fundamenten Ausschau halten. Doch mehrere Überlegungen streiten dagegen, sich Hayeks Position unbefangen zueigen zu machen, wenn man nach der Bedeutung „sozialer Gerechtigkeit" für eine normative Verfassungstheorie des Sozialstaates fragt.

Hayek führt zwei Gründe für seine These an, die Idee „sozialer Gerechtigkeit" sei unsinnig: ihre Realisierung wirke a) per se totalitär und sei b) volks-

---

[125] *F. A. von Hayek*, Recht, Gesetz und Freiheit (1982), 2003, S. 151 ff.

[126] *F. A. von Hayek*, Die Illusion der sozialen Gerechtigkeit (1976), in: ders., Wissenschaft und Sozialismus, 2004, S. 186 ff.

[127] *F. A. von Hayek*, Der Atavismus „sozialer Gerechtigkeit" (1976), in: ders., Wissenschaft und Sozialismus, 2004, S. 197 ff.; *ders.*, Die Illusion der sozialen Gerechtigkeit (1976), in: ders., Wissenschaft und Sozialismus, 2004, S. 186 (188).

[128] *F. A. von Hayek*, Der Atavismus „sozialer Gerechtigkeit" (1976), in: ders., Wissenschaft und Sozialismus, 2004, S. 197.

[129] *F. A. von Hayek*, Die Illusion der sozialen Gerechtigkeit (1976), in: ders., Wissenschaft und Sozialismus, 2004, S. 186 (190).

wirtschaftlich in hohem Maße kontraproduktiv. Bei näherer Betrachtung erweist sich das erste Argument in dieser Pauschalität jedoch als falsch, das zweite als normativ nur bedingt erheblich.

a) Kontradiktion von Freiheit und sozialer Gerechtigkeit

Hayek verwendet den Begriff der sozialen Gerechtigkeit in einer sehr bestimmten Bedeutung, ohne diese dezidiert auszuweisen. Soziale Gerechtigkeit ist für ihn „Verteilungsgerechtigkeit", Umverteilung um der Egalisierung willen. Sein Kampf gilt nicht jeder Form sozialstaatlichen Handelns,[130] sondern einem spezifischen Ideal „sozialer Gerechtigkeit", das die differenzierten Verteilungsergebnisse des Marktes zu korrigieren trachtet, weil diese „ungerecht" sind. Nun gibt es gegen eine forcierte Gerechtigkeitstheorie egalitarisierender Umverteilung in der Tat gute, autonomietheoretische Gründe (cf. infra C.IV.-VI.). Doch zwingt die Kritik am Egalitarismus nicht dazu, auf jedwede normative Gerechtigkeitskonzeption zu verzichten. Für Hayek stehen Ideen sozialer Gerechtigkeit in fundamentalem Gegensatz zur Marktfreiheit und ihren Verteilungswirkungen. Soziale Gerechtigkeit bedrohe individuelle Freiheit, so sein Credo. Die Möglichkeit einer autonomieethischen Begründung sozialstaatlicher Tätigkeiten bleibt damit aber von vornherein außerhalb seines Blickfeldes. Dabei ließe sich als Gegenthese formulieren, daß Freiheit und ein gewisses Maß sozialstaatlicher Sorge, das man als Verwirklichung sozialer Gerechtigkeit begreifen mag, autonomieethisch aufeinander verweisen, sich also produktiv komplementär verhalten. Komplexe Freiheit, so dann das Argument gegen Hayek, kennt in der Idee gleicher Freiheit wurzelnde Grenzen der Freiheit, die sich auch sozialstaatlich ausbuchstabieren lassen.

Als polemisch gehaltvoll, theoretisch aber wertlos erweist sich auch Hayeks Szenario, in der sich nur die Alternative zwischen freier Marktwirtschaft oder kollektivistischer Planwirtschaft stellt. Vor dem Hintergrund der Formel vom sozialen Staat des Grundgesetzes gilt hingegen: Tertium datur – als Sozialstaat in den Formen des freiheitlichen Rechtsstaates. Hayek arbeitet mit der binären Codierung Freiheit/Unfreiheit als Kategorie der Bewertung von Maßnahmen zur Verwirklichung sozialer Gerechtigkeit, kennt also gerade keine graduellen Abstufungen. Solche sind für das verfassungsrechtliche Denken aber konstitutiv; der Grundsatz der Verhältnismäßigkeit beruht gerade

---

[130] Cf. *F. A. von Hayek*, Die Verfassung der Freiheit, 4. Auf. 2005, S. 386 f.: „In der westlichen Welt wurde eine gewisse Vorsorge für Menschen, die durch Umstände, die nicht in ihrer Macht liegen, von äußerster Armut oder Hunger bedroht sind, schon lange als Pflicht der Gemeinschaft anerkannt. ... Die Notwendigkeit solcher Einrichtungen in einer Industriegesellschaft ist unbestritten". Cf. a. *H. M. Heinig*, Zur Normativität des Sozialstaates, in: J. Bung/B. Valerius/S. Ziemann (Hrsg.), Normativität und Rechtskritik, 2007, S. 138 ff.; *R. Zintl*, Die libertäre Sozialstaatskritik bei von Hayek, Buchanan und Nozick, in: W. Kersting (Hrsg.), Politische Philosophie des Sozialstaats, 2000, S. 95 ff.

auf der Vorstellung, daß staatliche Maßnahmen mehr oder weniger freiheitsbelastend wirken können. Nicht jede Form von staatlicher Intervention ist in gleichem Maße freiheitsbedrohend. Gerade Umverteilungen können nicht nur durch direkte Eingriffe in das Marktgeschehen erfolgen (staatliches Preisdiktat), sondern auch durch indirekte Steuerungsinstrumente bewirkt werden. Diese mögen aus Sicht einer liberalen Wirtschaftsidee heraus ordnungspolitisch kritisch zu bewerten sein; sie mögen in ihrer egalitaristischen Grundierung auch auf zweifelhaften moraltheoretischen Annahmen beruhen; in grundrechtlicher Sicht sind sie möglicherweise ebenso rechtfertigungsbedürftig wie klassische Grundrechtseingriffe;[131] als totalitäre Unterjochung des freien Individuums lassen sie sich aber schwerlich geißeln.

b) Markteffizienz und Gerechtigkeit

Das zweite Argument Hayeks gegen soziale Gerechtigkeit neben ihrer Freiheitsfeindlichkeit betrifft die Hemmnis der Produktionseffizienz des Marktes. Dessen Ergebnisse rechtfertigten sich nicht durch ihre Gerechtigkeit, sondern durch ihren volkswirtschaftlichen Nutzen, so Hayek. Die Resultate marktförmiger Kooperation ließen sich in Kategorien der Gerechtigkeit nicht messen. Jeder Eingriff in das Marktgeschehen aber mindere dessen Nutzen. Hayek setzt sich damit von denjenigen ab, denen die Anerkennung dieser Ergebnisse eine Forderung von „Leistungsgerechtigkeit" ist. Seiner Perspektive entsprechen Grundeinsichten der Systemtheorie. Demnach ist die Wirtschaft in modernen, ausdifferenzierten Gesellschaften tatsächlich a-moralisch, d.h. weder moralisch noch unmoralisch.[132] Wer Haben und Nichthaben nach solchen Kategorien bemißt, verursacht systemintern nur „Rauschen". In den Kategorien des Marktes ist Moral in der Tat sinnlos (es sei denn, sie läßt sich z.B. für das Marketing zweckkonform nutzen). Gerade deshalb ist in der Moderne auch kein Platz mehr für die mittelalterliche Lehre vom gerechten Preis.[133]

Die differenztheoretische Perspektive zwingt aber auch zu der Einsicht, daß etwas, nur weil es in der Binnenlogik des Wirtschaftssystems sinnlos erscheint, nicht absolut sinnlos sein muß. Sein Sinn erhellt sich manchmal eben erst durch einen Perspektivwechsel – in unserem Fall von der Wirtschaft zum Recht. Denn aus der Perspektive des Rechts sind normative Fragen dem Markt vorgelagert.

---

[131] Zur Diskussion um den Grundrechtseingriff cf. *H. Dreier*, in: ders. (Hrsg.), GG, Bd. 1, 2. Aufl. 2004, Vorb. Rdnr. 123 ff.

[132] Cf. *N. Luhmann*, Die Differenzierung von Politik und Wirtschaft und ihre gesellschaftlichen Grundlagen (1987), in: ders., Soziologische Aufklärung 4, 3. Aufl. 2005, S. 33 ff.; *ders.*, Die Wirtschaft der Gesellschaft, 1988, S. 82 ff., 184 ff., 202 ff., 241 ff. und öfter; zur Rolle der Moral im Prozeß der Ausdifferenzierung *ders.*, Die Gesellschaft der Gesellschaft, 1997, S. 1036 ff.

[133] Zum Problem auch *K. F. Röhl*, Allgemeine Rechtslehre, 2. Aufl. 2001, S. 315 f.; *N. Luhmann*, Die Wirtschaft der Gesellschaft, 1988, S. 23 ff.

Normen bestimmen den Marktrahmen und damit die Grenzen des Marktes. Zu diesem Rahmen zählt das von Hayek hochgehaltene Prinzip der wirtschaftlichen Betätigungsfreiheit. Dieses steht in freiheitlichen Verfassungsstaaten nicht unter dem Vorbehalt der Nützlichkeit, sondern wird mit normativem Eigenwert versehen. Der Markt als Ordnungsprinzip der Wirtschaft rechtfertigt sich deshalb eben nicht nur durch seine höhere Produktivkraft, sondern ist unter einer Verfassung der Freiheit auch aus normativen Gründen – um der Freiheit willen – nobilitiert. Doch zugleich wird jenseits des im freiheitlichen Verfassungsstaat gebotenen Mindestmaßes individueller ökonomischer Betätigungsfreiheit der Rahmen des Marktes auch von politischen Selbstverständigungen bestimmt, die die Nutzenbewertung des Marktspiels sowie den möglichen Verzicht auf Gewinne an Gesamtnutzen aus Gründen „sozialer Gerechtigkeit“ betreffen. Ob die Verfolgung einer Politik sozialer Gerechtigkeit *per se* der wirtschaftlichen Produktivität Schaden zufügt, ist zunächst eine empirische Frage, deren Antwort nicht so offensichtlich ist, wie Hayek suggeriert. Sie enthält vor allem aber keine normativen Implikationen, denn eine Gesellschaft mag gute Gründe dafür haben, auf die Verfolgung maximalen Nutzens zu verzichten. Diese Gründe bringt sie in der politisch geprägten Chiffre „soziale Gerechtigkeit“ zum Ausdruck und über das Recht gegenüber dem Markt zur Geltung.

Hayeks Polemik gegen die Forderung „sozialer Gerechtigkeit“ trägt zu einer normativen Theorie des Sozialstaates deshalb insgesamt nur wenig bei. Sie macht auf das freiheitsgefährdende Potential sozialer Umverteilung aufmerksam, sie entzaubert aber den Markt auch gerechtigkeitstheoretisch: dessen Ergebnisse sind *als Marktergebnisse* weder gerecht noch ungerecht. Gleichwohl haben wir moralische Intuitionen, mit denen wir die sich aus dem freien Spiel der Marktkräfte ergebenden Resultate wie auch staatliche Interventionen beobachten und bewerten. Auch Hayek nimmt solche starken Wertungen vor. Willkürliche Enteignungen etwa erscheinen uns als ungerecht; der Zwang zu Abgaben zum Zwecke der Finanzierung eines Hilfssystems für Menschen, die sich aus eigener Kraft am Markt nicht helfen können, bewerten die meisten (auch Hayek)[134] als eine gerechte Sache. Wir können diese Urteile abgeben, weil Ideale der Gerechtigkeit *aus normativer Perspektive* dem Marktgeschehen ein Stück weit enthoben sind. Die Binnenperspektive der Wirtschaft auf Normen und die Normperspektive auf die Wirtschaft sind naturgemäß inkongruent. Dies zwingt jedoch nicht dazu, auf letztere zu verzichten.

---

134 *F. A. von Hayek*, Die Verfassung der Freiheit, 4. Auf. 2005, S. 386 f. (siehe weit. Nachw. o. C. Fußn. 27).

5. *Soziale Gerechtigkeit als Ausdruck einer gerechten Verfassungsordnung*

Das Ergebnis unserer bisherigen Überlegungen ist relativ ernüchternd. Der Begriff der sozialen Gerechtigkeit liegt weiterhin im Nebel. Drei Negationen sind immerhin herausgearbeitet. Für eine Verfassungstheorie des Sozialstaates erscheint es ungenügend, einen rein politischen Begriff der sozialen Gerechtigkeit zugrunde zu legen. Als verfassungstheoretisch ebenso insuffizient erweist sich der Rückschluß vom Bestand des gegenwärtigen Sozialrechts auf den normativen Gehalt sozialer Gerechtigkeit. Andererseits zwingt uns eine Verfassung der Freiheit auch nicht, von vornherein auf eine regulative Idee sozialer Gerechtigkeit zu verzichten. Es bleibt aber die große Frage offen, an welchen Leitlinien sich ein sozialstaatliches Gebot sozialer Gerechtigkeit zu orientieren hat. Ein Seitenblick in die Sozialphilosophie verspricht hier möglicherweise Hilfe.

Ausgehend von der klassischen aristotelischen Dreiteilung von ausgleichender Gerechtigkeit, austeilender Gerechtigkeit und Gesetzesgerechtigkeit[135] hat sich in den philosophischen Gerechtigkeitsdiskursen inzwischen eine Diversifizierung der Gerechtigkeitskategorien vollzogen, bei der Grundformen der antiken Gerechtigkeitstradition freilich immer noch durchscheinen: Leistungsgerechtigkeit, Bedarfsgerechtigkeit, Besitzstandsgerechtigkeit, Befähigungsgerechtigkeit, Kompensationsgerechtigkeit, Chancengerechtigkeit, Aspekte der Verfahrensgerechtigkeit, Beteiligungsgerechtigkeit als politische Gerechtigkeit oder intergenerationelle Gerechtigkeit wären als Gerechtigkeitsdimensionen beispielhaft zu nennen. Eine hierarchische Sortierung dieser Aspekte von Gerechtigkeit erweist sich naturgemäß als schwierig. Die gerechtigkeitstheoretische Komplexität im Detail läßt sich auch kaum durch Zuspitzungen reduzieren. *Klaus F. Röhl* etwa versucht solche konstruktiven Simplifizierungen, indem er die ausgleichende Gerechtigkeit als Grundprinzip der Gerechtigkeit rekonstruiert und Gerechtigkeit stets als Verteilungsgerechtigkeit begreift.[136] Doch ist das Problem der Gerechtigkeit damit noch nicht gelöst, denn dieses erwächst aus der Frage nach dem richtigen Maßstab für die Verteilung materieller und immaterieller Ressourcen in einer Gesellschaft – sowohl im Modell der ausgleichenden wie der austeilenden Gerechtigkeit. Hier streiten Grundsätze der strikt formalen Gleichbehandlung mit Aspekten individuellen oder typi-

---

[135] *Aristoteles*, Nikomachische Ethik, 1130b ff.; cf. a. *G. Radbruch*, Rechtsphilosophie, hrsg. v. R. Dreier/S.L. Paulson, 1999, S. 34 ff.; *K. F. Röhl*, Allgemeine Rechtslehre, 2. Aufl. 2001, S. 309 ff.; *W. Huber*, Gerechtigkeit und Recht, 3. Aufl. 2006, S. 181 ff.; *G. Haverkate*, Verfassungslehre, 1992, S. 271 ff.; *W. Brugger*, Gesetz, Recht, Gerechtigkeit (1989), in: ders., Liberalismus, Pluralismus, Kommunitarismus, 1999, S. 319 (330 f.).

[136] *K. F. Röhl*, Allgemeine Rechtslehre, 2. Aufl. 2001, S. 312; ähnlich *G. Haverkate*, Verfassungslehre, 1992, S. 272.

sierten Bedürfnisses und der Anerkennung des einzelnen und des durch ihn geleisteten Beitrags.

Führt man den Gerechtigkeitsdiskurs in dieser Allgemeinheit, erscheint die Frage nach dem richtigen Maßstab der Verteilung als eine dieser Ewigkeitsfragen der Philosophie, die sich immer wieder aufs neue aufdrängen und doch keine abschließende Antwort finden. Deshalb sind Kontextualisierungen von Gerechtigkeitsfragen notwendig. Auch eine Negativauslese evident ungerechter Lösungen vermindert die möglichen Varianten der Gerechtigkeit.[137]

Wenn die Formel vom sozialen Staat und die Idee der sozialen Gerechtigkeit sich wechselseitig konkretisieren sollen, drohen jedoch Zirkelschlüsse. Für eine verfassungstheoretische Annäherung an den Fragenkreis sozialer Gerechtigkeit dürfte es deshalb sinnvoll sein, zunächst zwischen unterschiedlichen Abstraktionsebenen in den Gerechtigkeitsdiskursen zu unterscheiden. Die klassische Differenzierung in den Sozialwissenschaften erfolgt entlang der Mikro-, Meso- und Makroebene; *Wolfgang Kersting* übersetzt diese Distinktion anschaulich als „kleinformatige Gerechtigkeitsdiskurse“, „sozialpolitische Gerechtigkeitsvorstellungen“ und „großformatige Gerechtigkeitsdiskurse“ (Projekt, Programm, Prinzip).[138] Zwischen diesen Formaten sozialer Gerechtigkeitsdiskurse besteht kein schlichtes Ableitungsverhältnis, zugleich stehen sie aber auch nicht unverbunden nebeneinander. Ähnlich läßt sich das Zusammenspiel von Verfassungsrecht und einfachem Recht charakterisieren. Jeweils stellen sich diffizile Konkretisierungsprobleme. Deshalb lassen sich so spezifische Fragen wie die nach Zuzahlungen in der gesetzlichen Krankenversicherung oder nach dem Renteneintrittsalter weder durch einen flüchtigen Blick in die Verfassung noch in das philosophische Handbuch zur sozialen Gerechtigkeit hinreichend beantworten. Doch zu beiden Fragen bieten Gerechtigkeitstheorien höheren Abstraktionsgrades eine gewisse Orientierung.

Eine verfassungstheoretische Auseinandersetzung mit Fragen sozialer Gerechtigkeit wird zwangsläufig einen relativ hohen Abstraktionsgrad anzunehmen haben, speist sie sich doch einerseits aus den normativen Grundlinien konkreter Verfassungen, andererseits aus den Grundregeln, die die Sozialphilosophie in großformatigen Gerechtigkeitsdiskursen aufstellt. Schaut man sich nun solche Grundsatzdebatten über Gerechtigkeit, ausgehend von *John Rawls'* Theorie der Gerechtigkeit über die Auseinandersetzung zwischen einer liberalen politischen Philosophie und Vertretern des Kommunitarismus[139] und, ver-

[137] *W. Brugger*, Gesetz, Recht, Gerechtigkeit (1989), in: ders., Liberalismus, Pluralismus, Kommunitarismus, 1999, S. 319 (328 ff.); *G. Haverkate*, Rechtsfragen der Leistungsverwaltung, 1983, S. 57.

[138] *W. Kersting*, Gerechtigkeit, in: S. Lessenich (Hrsg.), Wohlfahrtsstaatliche Grundbegriffe, 2003, S. 105 (107 ff.).

[139] Cf. etwa *R. Forst*, Kontexte der Gerechtigkeit, 1996.

setzt dazu, zwischen Egalitarismus und anderen Gerechtigkeitstheorien an,[140] zeigt sich, daß sie stets zwischen Normativen aufgespannt sind, die sich auch im Verfassungsrecht abbilden und sich folglich auch ohne größere Brüche konvertieren lassen, nämlich zwischen bestimmten Vorstellungen von Freiheit, Gleichheit und Demokratie. Gerechtigkeitstheorien dieses Zuschnitts bieten keinen „Distributionsalgorithmus", sondern an normativen Wegmarken entlang führende Wanderungen durch den „Dschungel" der Gerechtigkeit. Gerechtigkeit fungiert hier nicht als Norm oder Formel, sondern, wie *Gerd Roellecke* herausgearbeitet hat, als „Reflexionsbegriff".[141] Gerechtigkeit ist keine gegenüber den Großbegriffen des freiheitlichen Verfassungsdenkens und der modernen politischen Philosophie unabhängige Größe, sondern eine Chiffre für die Beschreibung eines bestimmten Zuordnungsverhältnisses. „Gerechtigkeit" bezeichnet die gerechte Komposition individueller Freiheit und gleicher Berechtigung unter der Regierungsform der Herrschaft durch die Beherrschten.

Überträgt man diese Beobachtung in den Kontext einer Verfassungstheorie des Sozialstaates, läßt sich die Vermutung formulieren, daß auch der Idee sozialer Gerechtigkeit auf Verfassungsebene keine eigenständige Verteilungsanweisung zu entnehmen ist, sondern daß sie auf ein spezifisches Verhältnis der zentralen normativen Komplexe der Verfassung als Ordnung der Freien und Gleichen verweist: auf gleiche individuelle Freiheit und das gleiche Recht auf Teilhabe an der demokratischen Selbstregierung in einer Gesellschaft. Die Formel vom sozialen Staat ist dann nicht sinnvoll als Gebot der Herstellung sozialer Gerechtigkeit zu rekonstruieren, sondern höchstens als Ausdruck des Gerechtigkeitsanspruchs der verfassungsrechtlichen Ordnung zu verstehen. Mit anderen Worten: Der Sozialstaat des Grundgesetzes ist Spiegel einer Gerechtigkeitsforderung, die nicht alleine in der Formel vom sozialen Staat begründet wird, sondern die sich aus einem bestimmten, in der Verfassung zum Ausdruck kommenden Freiheits-, Gleichheits- und Demokratieverständnis speist. Die Suche nach der dem Sozialstaat des Grundgesetzes gemäßen sozialen Gerechtigkeit führt mithin zur Frage nach einem der sozialen Demokratie angemessenen Verständnis von Freiheit und Gleichheit.

---

[140] Im Überblick *A. Krebs* (Hrsg.), Gleichheit oder Gerechtigkeit, 2000; *dies.*, Arbeit und Liebe, 2002, S. 95 ff.; *W. Kersting*, Kritik der Gleichheit, 2002; *U. Steinvorth*, Gleiche Freiheit, 1999; *H. Pauer-Studer*, Autonom leben, 2000; näher hierzu sogleich.

[141] *G. Roellecke*, Gerechtigkeit und soziale Gerechtigkeit, in: Zeitschrift für Rechtsphilosophie, 2004, 17 (20).

6. Zwischenresümee

Das Sozialstaatsgebot des Grundgesetzes verlangt, daß der Staat soziale Gerechtigkeit herstellt – so eine weit verbreitete Lesart des Art. 20 Abs. 1 GG. Fragt man näher, was soziale Gerechtigkeit meint, wird man in der Regel auf einen politisch definierten Begriff der Gerechtigkeit verwiesen. Damit führt das Gerechtigkeitsparadigma in die Aporien des pragmatischen Sozialstaatsverständnisses. Sucht man alternativ nach einer normativ gehaltvollen Theorie sozialstaatlicher Gerechtigkeit, steht man vor dem Problem der Hierarchisierung unterschiedlicher Gerechtigkeitsdimensionen. Aus dem Paradigma der Gerechtigkeit selbst heraus lassen sich Präferenzen zwischen Bedarfs-, Befähigungs-, Beitrags- oder egalitärer Gerechtigkeit jedoch nicht formulieren. Großflächige Gerechtigkeitsdiskurse suchen deshalb Gerechtigkeit über Normative wie Freiheit und Gleichheit zu bestimmen. Gerechtigkeit markiert ein bestimmtes Zuordnungsverhältnis solcher Normative. Soziale Gerechtigkeit ist im Kontext des grundgesetzlichen Sozialstaates deshalb einerseits als eine Kategorie politischer Rhetorik, andererseits als Ausdruck des Gerechtigkeitsanspruchs der Grundnormen einer Gesellschaft, insbesondere der Verfassung selbst, zu verstehen. Als von diesen losgelöstes Gebot der Herstellung sozialer Gerechtigkeit läßt sich die Formel vom sozialen Staat hingegen verfassungstheoretisch nicht sinnvoll fassen.

IV. Die Alternative zwischen egalitärer und liberaler Sozialstaatstheorie

Wenn die Debatten über soziale Gerechtigkeit, ausgehend von der Renaissance politischer Philosophie durch *John Rawls'* „Eine Theorie der Gerechtigkeit", in der Frage nach der „gerechten" Zuordnung von Freiheit und Gleichheit gründen, wird die genaue Verhältnisbestimmung dieser beiden Normative zum Kernproblem der politischen Philosophie. Soziale Gerechtigkeit bestimmt sich im Verhältnis von Freiheit und Gleichheit. Angesprochen ist damit stets auch das Problem eines angemessenen Verständnisses von Freiheit einerseits und Gleichheit andererseits. Der philosophische Diskurs über diese Fragen ist nahezu unüberschaubar. Immer neue, nuancenreiche und feinziselierte theoretische Entwürfe wurden und werden zu diesem Generalthema der politischen Philosophie vorgelegt.

Für unseren Kontext einer Verfassungstheorie des Sozialstaats kann es deshalb weniger darauf ankommen, die jeweiligen Theoriekonstruktionen en detail zu würdigen als vielmehr die Grundlinien der Debatten nachzuzeichnen, um hieraus Inspirationen für die parallel laufende Problematik der angemessenen Erfassung des verfassungsrechtlichen Phänomens namens „Sozialstaat" zu gewinnen. Wir können uns deshalb auf bestimmte Aspekte des Spannungsverhältnisses von Freiheit und Gleichheit konzentrieren und fragen, ob eine Verfassungstheorie des Sozialstaates maßgeblich von der distributiven Gleichheit her zu konstruieren ist oder ob nicht vielmehr das Problem der Sicherung individueller Freiheit den normativen Kern des Sozialstaates ausmacht.[142] Im ersteren Fall würde dann verfassungsrechtlich das Zusammenspiel von Art. 3 Abs. 1 GG und Art. 20 Abs. 1 GG eine besondere Rolle spielen und es läge eine sozialstaatliche Aufladung des allgemeinen Gleichheitssatzes nahe, die aus einem Gebot der Gleichbehandlung ein Gebot aktiver staatlicher Gleichstellung machen würde (hierzu auch infra F.II.3.; G.V.2.).[143] Das Bundesverfassungsgericht läßt Anklänge in diese Richtung erkennen, wenn es in Art. 20 Abs. 1 GG den Auftrag an den Gesetzgeber sieht, „für einen Ausgleich der sozialen Gegensätze zu sorgen".[144] Im zweiteren Fall hingegen würden die Freiheitsrechte als Grund, aber auch als Grenze des Sozialstaates in den Blick kommen.

Vor dem Hintergrund dieser Fragestellung scheint die philosophische Diskussion zwischen Egalitaristen und Nichtegalitaristen, die in den zurückliegenden Jahren eine besondere Dynamik gewann und auch in Deutschland auf breiter Front ausgetragen wurde, von besonderem Interesse.[145] Denn sie bringt die Al-

[142] Die meisten rechtswissenschaftlichen Überlegungen zum Sozialstaat entziehen sich dieser Alternative, indem der Sozialstaat polyvalent gedeutet wird, woraus das eingangs beschriebene Problem der Übercodierung resultiert (cf. supra A.II.).

[143] Cf. besonders prominent BVerfGE 5, 85 (206): das Sozialstaatsprinzip verlange „die Gleichheit fortschreitend bis zu dem vernünftigerweise zu fordernden Maße (zu) verwirklichen"; vorher bereits BVerfGE 3, 58 (158): der Gesetzgeber müsse Ungleichheiten beseitigen, „wenn sie mit den Erfordernissen der Gerechtigkeit unvereinbar" sind; s.a. BVerfGE 9, 123 (133): Gebot der Angleichung der Situation von Bemittelten und Unbemittelten; für eine sozialstaatliche Interpretation des Gleichheitssatzes auch *C. Starck*, in: v. Mangoldt/Klein/Starck, GG, Bd. 2, 5. Aufl. 2005, Art. 3 Rdnr. 33 ff.; *R. Alexy*, Theorie der Grundrechte, 2. Aufl. 1994, S. 380 ff.; *H. F. Zacher*, Soziale Gleichheit, in: AöR 93 (1968), 341 (360 ff.); *K. Hesse*, Der Gleichheitssatz im Staatsrecht, in: AöR 77 (1951), 167 (208 ff.); *M. Kotzur*, Der nachhaltige Sozialstaat, in: BayVBl. 2007, 257 (260); streng egalitaristisch *D. Schiek*, in: AK-GG, 3. Aufl., Art. 20 Abs. 1–3 V Rdnr. 53 (Grundwerk 2001); differenzierend *S. Huster*, Rechte und Ziele, 1993, S. 419 ff. Zum Problemkreis a. *W. Heun* Freiheit und Gleichheit, in: D. Merten/H.-J. Papier (Hrsg.), Handbuch der Grundrechte, Bd. 2, 2006, S. 437 (467); *G. Haverkate*, Der Gleichheitssatz im Sozialrecht, in: Festschrift für R. Bernhardt, 1995, S. 385 ff.; *K.-A. Gerstenmaier*, Die Sozialstaatsklausel des Grundgesetzes als Prüfungsmaßstab im Normenkontrollverfahren, 1975, S. 110 ff.; *U. K. Preuß*, Verfassungstheoretische Überlegungen zur normativen Begründung des Wohlfahrtsstaates, in: C. Sachße/H. T. Engelhardt (Hrsg.), Sicherheit und Freiheit, 1990, S. 106 (110 ff.), der zutreffend darauf hinweist, daß sozialstaatliche Egalisierungspolitik zu einer Politik umfassender gesellschaftlicher Normalisierung führt, die ihrerseits eines normativen Normalitätsbegriffs bedarf.

[144] BVerfGE 22, 180 (204); 100, 271 (284).

[145] Cf. *U. Steinvorth*, Gleiche Freiheit, 1999; *A. Krebs* (Hrsg.), Gleichheit oder Gerechtigkeit, 2000; *W. Kersting*, Kritik der Gleichheit, 2002; *T. Schramme*, Verteilungsgerechtigkeit ohne Verteilungsgleichheit, in: Analyse & Kritik 21 (1999), 171 ff.; *ders.*, Die Anmaßung der

ternativen zur Anschauung, die sich einer normativen Theorie des Sozialstaates stellen, wenn der Sozialstaat entweder von der Freiheit, also freiheitsdienlich, oder von der Gleichheit her, gleichheitsherstellend, gedacht wird. Freilich fällt es auf den ersten Blick schwer, die Unterschiede zwischen beiden Positionen hart zu zeichnen, gehen beide Seiten doch vom normativen Selbstverständnis *gleicher Würde und Achtung aller Menschen und daraus folgend gleicher Freiheit* aus. Ein gewisses Maß an Egalitarismus ist deshalb auch dem nichtegalitaristischen freiheitlichen Ansatz eigen – nach Kant ist die *gleiche* Freiheit bekanntermaßen das einzige angeborene Menschenrecht.[146] Deshalb steht die Klärung des Gleichheitsbegriffs im Zentrum der Debatte zwischen Egalitaristen und Nonegalitaristen: ist Gleichheit eine formale Kategorie gleicher Berechtigung oder ist sie anzureichern durch weitere Momente wie dem gleichen Zugriff auf Ressourcen etc.

Damit ist die Debatte zwischen Egalitaristen und Nichtegalitaristen in unmittelbarer Nähe zu dem für diese Arbeit relevanten Fragenkreis einer Verfassungstheorie des Sozialstaates angesiedelt. Vom Grundgesetz aus betrachtet hat auch hier das Gebot gleicher Würde und Achtung am Anfang aller Überlegungen zu stehen (Art. 1 Abs. 1 GG). Die daraus folgenden Grundrechte und grundrechtsgleichen politischen Rechte sowie formellen Gleichbehandlungsansprüche sind im Grundgesetz relativ klar konturiert. Einen expliziten Egalitarismus kann man der Verfassung hingegen nicht entnehmen. Die für eine Verfassungstheorie des Sozialstaates entscheidende Frage ist deshalb, ob das Sozialstaatsprinzip so verstanden werden sollte, daß es Ausdruck der normativen Ideale des Egalitarismus ist und damit zu einer sozialstaatlichen Aufladung des Art. 3 GG bzw. zu einer gleichheitsrechtlichen Aufladung des Sozialstaates führt.

Theorien des Egalitarismus bilden freilich nicht ohne weiteres zugleich eine Theorie des Sozialstaates. Dieser Vorbehalt ist insbesondere für John Rawls' Gerechtigkeitstheorie zu machen, die die Merkmale einer gerechten Grundstruktur für eine Gemeinschaft voll Kooperationsfähiger entwickelt, während der Sozialstaat vom Herkommen und gemeinhin unterstellten Bedeutungsgehalt eine Er-

---

Gleichheitsvoraussetzung, in: Deutsche Zeitschrift für Philosophie 51 (2003), 255 ff.; *ders.*, Zur Währungskrise der egalitären Gerechtigkeit (Teil 1), in: Zeitschrift für philosophische Forschung 57 (2003), 612 ff.; *ders.*, Zur Währungskrise der egalitären Gerechtigkeit (Teil 2), in: Zeitschrift für philosophische Forschung, in: Zeitschrift für philosophische Forschung 58 (2004), 129 ff.; *W. Hinsch*, Gerechtfertigte Ungleichheiten, 2002; *S. Gosepath*, Gleiche Gerechtigkeit, 2004; *P. Koller*, Was ist und was soll soziale Gleichheit?, in: R. Schmücker/U. Steinvorth (Hrsg.), Gerechtigkeit und Politik, 2002, S. 95 ff; *ders.*, Soziale Gerechtigkeit, in: EWE (vormals EuS) 2003, 237 ff. Instruktiv in diesem Zshg. auch das dialektische Modell von *C. Menke*, Spiegelungen der Gleichheit, 2000, dessen Konzeption freilich nicht ohne weiteres in eine Theorie der Institutionen übersetzt werden kann, wie *T. Schramme*, Zur Währungskrise der egalitären Gerechtigkeit (Teil 2), a.a.O., 129 (131) zutreffend anmerkt.

[146] *I. Kant*, Metaphysische Anfangsgründe der Rechtslehre (1798), hrsg. v. B. Ludwig, 1986, S. 47.

scheinung darstellt, die zumindest auch die sozialen Probleme bearbeitet, die entstehen, wenn Menschen gerade nicht mehr im Kooperationssystem der Gesellschaft integriert sind.[147] Gleichwohl sind solche egalitaristischen Theorien im Kontext einer Verfassungstheorie des Sozialstaates hilfreich, weil sie die (fehlende) Leistungsfähigkeit des egalitaristischen Ansatzes verdeutlichen.

V. Der Sozialstaat als Instrument der gerechtigkeitsgemäßen Gleichheitsbeförderung?

1. Egalitarismus als Basistheorie des Sozialstaates?

Für Egalitaristen ist der Sozialstaat zuvörderst ein Instrument zur Herstellung gebotener Gleichheit. Gerechtigkeit ist ihnen primär distributive Gerechtigkeit und diese wiederum ist ihnen im Kern egalitär verfaßt. Ausgangspunkt des Egalitarismus ist also der Grundsatz distributiver Egalität. Soweit diese nicht besteht, ist sie durch Umverteilung zu schaffen. Die Aufgabe der Umverteilung wird traditionell dem Steuer- und Sozialstaat auferlegt. Der Sozialstaat ist aus egalitaristischer Sicht ganz vorrangig ein Umverteilungsstaat.[148]

Ungleichverteilungen in der Gesellschaft unterlägen hingegen als Abweichungen vom Gleichheitspostulat einem besonderen Rechtfertigungsbedürfnis. Dies impliziert zugleich, daß sie auch rechtfertigungsfähig sind. Aus egalitaristischer Sicht sind Ungleichverteilungen in der ökonomischen Sphäre also nicht per se ausgeschlossen. Eine solche Position rigiden Egalitarismus wird von kaum jemandem vertreten. Aber für Egalitaristen sind stets gute Gründe für Differenzierungen vorzubringen.[149]

---

[147] *J. Rawls*, Eine Theorie der Gerechtigkeit (1971), 7. Aufl. 1993, S. 118; zum Problem S. *Huster*, Was ist sozial(staatlich)e Gerechtigkeit?, in: N. Goldschmidt/M. Wohlgemuth (Hrsg.), Die Zukunft der Sozialen Marktwirtschaft, 2004, S. 33 (34); *W. Kersting*, Theorien der sozialen Gerechtigkeit, 2000, S. 160 ff.; auch im Neuentwurf „Gerechtigkeit als Fairneß" hält Rawls an seiner Grundannahme fest, betont zugleich aber die Hilfsbedürftigkeit von „Unglücklichen und Pechvögeln", ohne diese Hilfsbedürftigkeit freilich weiter zu durchleuchten. Statt dessen entwickelt er eine Kritik des kapitalistischen Wohlfahrtsstaates und stellt diesem das Ideal einer „Demokratie mit Eigenbesitz" gegenüber, die sich durch eine breite Streuung des Produktionsbesitzes auszeichnet. Auch dieser Ansatz läßt sich in eine Verfassungstheorie des Sozialstaates aber nur schwer übersetzen. Selbst die Abendroth-Schule hat stets im Sozialstaatsprinzip nur den Ausdruck für die Offenheit des Grundgesetzes hinsichtlich einer anderen Eigentumsordnung betont, in ihm aber kein Verfassungsgebot der grundlegenden Umgestaltung dieser gesehen (supra B.IV.2.). Auf letzteres läuft Rawls' Alterswerk aber explizit hinaus; *J. Rawls*, Gerechtigkeit als Fairneß (2001), 2006, S. 216 ff.

[148] Cf. etwa die Darstellung und Kritik bei *E. Naß*, Der humangerechte Sozialstaat, 2006, S. 153 ff.; *W. Kersting*, Kritik der Gleichheit, 2002, S. 59 ff.

[149] Cf. bereits *I. Berlin*, Equality as an Ideal, in: Proceedings of the Aristotelian Society 61 (1955/56), 301 (305); aus neuerer Zeit etwa *P. Koller*, Soziale Gerechtigkeit, Wirtschaftsord-

Ein Beispiel für einen solchen Grund wäre das Unterschiedsprinzip bei John Rawls. „Soziale und wirtschaftliche Ungleichheiten sind" danach „so zu gestalten, daß sie zu jedermanns Vorteil dienen".[150] In der Gleichheitsliteratur lassen sich zahlreiche Varianten und Verfeinerungen zu diesem Differenzprinzip finden.[151] Jeweils bleibt als cantus firmus, daß Ungleichverteilungen sich rechtfertigen, wenn solche Differenzierungen allen zugute kommen, wobei zumeist zudem die Bedingung aufgestellt wird, daß sie den am schlechtesten Gestellten in einer Gesellschaft überproportional nützen sollen.[152] Läßt man sich auf die Gleichheitspräsumtion ein, kann solchen prudentiellen Differenzierungsgründen freilich nur ein schwächerer Status als genuin moralischen Rechtfertigungsgründen zukommen.[153]

2. *Equality of what?*

Ein zentrales Problem des egalitären Gerechtigkeitsdiskurses besteht nun darin, die dem Gleichheitsgebot zugrundeliegende Relation, das tertium comparationis, zu bestimmen (equality of what?). Mehrere Kandidaten stehen als Equalisandum zur Auswahl:[154] *John Rawls* etwa argumentiert auf der Basis eines Grundgütermodells. Zu diesen Grundgütern zählen dann Grundrechte und -freiheiten, Freiheit des Ortswechsels und der Berufswahl, Macht und Privilegien von Ämtern und Positionen, Einkommen und Vermögen sowie die soziale Basis der Selbstachtung.[155] *Ronald Dworkin* hingegen arbeitet eine Gleichheitstheorie der Ressourcen heraus,[156] auch *Bruce Ackerman* arbeitet mit dem Res-

---

nung und Sozialstaat, in: W. Kersting (Hrsg.), Politische Philosophie des Sozialstaats, 2000, S. 120 (125 ff.); *ders.*, Soziale Güter und soziale Gerechtigkeit, in: H.-J. Koch/M. Köhler/K. Seelmann (Hrsg.), Theorien der Gerechtigkeit, 1994, S. 79 ff.; *ders.*, Soziale Gerechtigkeit, in: EWE (vormals EuS) 2003, 237 ff.; *S. Gosepath*, Gleiche Gerechtigkeit, 2004, S. 348 ff. mit weit. Nachw.

[150] *J. Rawls*, Eine Theorie der Gerechtigkeit (1971), 7. Aufl. 1993, S. 81; eine leicht andere Nuance erhält das Differenzprinzip beim späten Rawls, wenn es heißt, soziale und ökonomische Ungleichheiten müssen „den am wenigsten begünstigten Angehörigen der Gesellschaft den größten Vorteil bringen", *J. Rawls*, Gerechtigkeit als Fairneß (2001), 2006, S. 78.

[151] Cf. etwa *P. Van Parijs*, Real Freedom for all, 1995, S. 25 ff.; zur Diskussion näher *W. Hinsch*, Gerechtfertigte Ungleichheiten, 2002, S. 65 ff.; *J. Rawls*, Gerechtigkeit als Fairneß (2001), 2006, S. 112 ff.

[152] *P. Koller*, Was ist und was soll soziale Gleichheit?, in: R. Schmücker/U. Steinvorth (Hrsg.), Gerechtigkeit und Politik, 2002, S. 95 (114 f.).

[153] *W. Hinsch*, Gerechtfertigte Ungleichheiten, 2002, S. 171 ff.; *ders.*, Rawls' Differenzprinzip und seine sozialpolitischen Implikationen, in: S. Blasche/D. Döring (Hrsg.), Sozialpolitik und Gerechtigkeit, 1998, S. 17 (38 ff.).

[154] Im Überblick näher *H. Pauer-Studer*, Autonom leben, 2000, S. 66 ff.; *J. Roemer*, Theories of Distributive Justice, 1996; *G. Cohen*, Equality of What? On Welfare, Goods, and Capabilities, in: M. Nussbaum/A. Sen (Hrsg.), The Quality of Life, 1993, S. 9 ff.

[155] *J. Rawls*, Gerechtigkeit als Fairneß (2001), 2006, S. 99 ff.; *ders.*, Politischer Liberalismus (1993), 1998, S. 153 ff., 271 ff.; zu unterschiedlichen Konzeptionen von Selbstachtung siehe in diesem Zshg. *H. Hahn* (Hrsg.), Selbstachtung oder Anerkennung?, 2005.

[156] *R. Dworkin*, What is Equality? Part 2: Equality of Resources, in: Philosophy & Public

sourcenmodell, reduziert aber die erstrebenswerte Ressource auf eine einzige namens „Manna".[157] *Richard Arneson, John Roemer* und *Gerald Cohen* stellen auf die Chancen des Wohlergehens ab,[158] *Amartya Sen* schließlich streicht die Bedeutung der Fähigkeiten und Vermögen (capabilities) für eine Gleichheitstheorie heraus.[159]

Dieser Diskussion um den Gegenstand der Gleichheit vorgelagert ist jedoch die Frage, warum Verteilungsgleichheit überhaupt ein relevanter Wert ist (why equality?).[160]

3. Why equality? Die Welt als Kuchen

Schaut man sich egalitaristische Theorien darauf hin durch, warum der Gleichheit in der Verteilung von Gütern, Ressourcen oder Chancen axiomatischer Charakter zukommen soll, findet man überraschend wenige explizite Ausführungen hierzu.[161] Die starke Gleichheitspräsumtion versteht sich für viele Egalitaristen scheinbar von selbst. Vor dem Hintergrund der in freiheitlichen Gesellschaften anzufindenden signifikanten Unterschiede in der Einkommens- und Vermögensverteilung ist diese Sprachlosigkeit ein bemerkenswerter Befund. Warum also Gleichheit, wo das Alltagsverständnis eher nahelegt, daß die Umverteilung, nicht die Ungleichverteilung rechtfertigungsbedürftig ist?

Mit liberalen Theorien teilen egalitaristisch ansetzende Entwürfe zunächst einmal, dies wurde oben bereits kurz herausgestrichen, den normativen Ausgangspunkt, daß allen Menschen qua Menschsein ein Anspruch auf Achtung zukommt (normatives Postulat reziproker Anerkennung). Hieraus fließen, dies ist zwischen Egalitaristen und Nonegalitaristen unumstritten, Ansprüche auf gleiche bürgerliche Freiheit, gleichberechtigte politische Teilhabe und auf

Affairs 10 (1981), 283 ff.; cf. a. *ders.*, What Is Equality? Part 1: Equality of Welfare, in: Philosophy & Public Affairs 10 (1981), 185 ff.; *ders.*, Freiheit, Gleichheit und Gemeinschaft, in: K. Michalski (Hrsg.), Die liberale Gesellschaft, 1993, S. 69 (82 ff.); *ders.*, What Is Equality, Part 3, in: Iowa Law Review 73 (1987), 1 ff.; s.a. *ders.*, What Is Equality? Part 4, in: University of San Francisco Law Review 22 (1987), 1 ff.

157 *B. Ackerman*, Social Justice in the Liberal State, 1980, S. 24 und öfter.

158 *R. Arneson*, Equality and Equal Opportunity for Welfare, in: Philosophical Studies 56 (1989), 77 ff.; *ders.*, Liberalism, Subjective Distributism, and Equal Opportunity for Welfare, in: Philosophical Studies 19 (1990), 158 ff. *J. Roemer*, Theories of Distributive Justice, 1996; *ders.*, Equality of Opportunity, 1998; *G. Cohen*, On the Currency of Egalitarian Justice, in: Ethics 99 (1989), 906 ff.

159 *A. Sen*, Equality of What?, in: S. McMurrin (Hrsg.), The Tanner Lectures on Human Values, Bd. 1, 1980, S. 195 ff.; *ders.*, Inequality Reexamined, 1992.

160 *A. Krebs*, Einleitung, in: dies. (Hrsg.), Gleichheit oder Gerechtigkeit, 2000, S. 7 (8).

161 *A. Krebs*, Arbeit und Liebe, 2002, S. 95; ebenso in der Diagnose *S. Gosepath,* Gleiche Gerechtigkeit, 2004, S. 203.

Nichtdiskriminierung. Solche lassen sich modernen Verfassungen wie dem Grundgesetz auch ganz zwanglos entnehmen.[162]

Gegenstand lebhafter Debatten sind hingegen zwei weitergehende Annahmen des Egalitarismus, die sein Alleinstellungsmerkmal bilden: das Gebot der *Chancengleichheit* und der *distributiven Gleichheit*.[163] Für Egalitaristen hat eine strikte Chancengleichheit bei der Besetzung aller gesellschaftlichen Positionen zu herrschen, die je nach Ausformung des theoretischen Framings soweit geht, daß sie die Kompensation aller natürlichen und sozialisationsbedingten Nachteile einer Person umfaßt. Zum anderen soll ein grundsätzlicher Anspruch auf einen gleichen Anteil der in einer Gesellschaft vorhandenen materiellen und sozialen Ressourcen (oder anderer Gleichheitsgüter) bestehen.

Wenn im Folgenden eine kritische Position zum Egalitarismus eingenommen wird, erstreckt sich diese ausschließlich auf die Annahme, das Gebot wechselseitiger Achtung führe nicht nur zu gleichen bürgerlichen und politischen Freiheiten, sondern verlange einen weitergehenden Gleichheitsanspruch. Nur dieser überschießende Bereich steht auch bei der Interpretation des Sozialstaatsprinzips in Frage.

Grundlage für die starken Annahmen der strikten Chancengleichheit und der distributiven Gleichheit ist eine Konstruktion von Gesellschaft, in der die vorhandenen natürlichen Ressourcen und sozialen (ökonomischen, aber auch sonstigen statusrelevanten) Interaktionen gleichsam Ingredienzien eines „Kuchens" bilden, den es zu verteilen gilt. Nicht von ungefähr zieht sich das starke Bild des Aufteilens eines Kuchens unter Kindern wie ein roter Faden durch die Egalitarismustheorie.[164] Es bietet die Blaupause für die starke Gleichheitspräsumtion. Denn unsere moralischen Intuitionen sagen uns, so die Egalitaristen, daß für die Verteilung solchen Backwerks eine einfache Regel gelte: one man, one piece. Wenn nicht gute Gründe für eine abweichende Verteilung bestünden, müsse jeder ein gleich großes Stück bekommen. Die gesellschaftlich relevanten natürlichen und sozialen Ressourcen werden von den Egalitaristen wie ein solcher Kuchen betrachtet. Sie sind eine gegebene Größe, die unter gleich Berechtigten zu verteilen ist.

Am Beispiel des Kuchenverteilens lassen sich einige Schwierigkeiten des Egalitarismus aufzeigen, weshalb es uns ein wenig beschäftigen soll.[165] Zunächst fällt auf, daß in der Kuchengeschichte ausgeblendet wird, wie der Kuchen entsteht. Er steht immer schon fertig gebacken auf dem Tisch. Für Rawls'

---

[162] Cf. *H. M. Heinig*, Art. Diskriminierung, in: Ev. Soziallexikon, 2001, Sp. 283 ff.

[163] *P. Koller*, Was ist und was soll soziale Gleichheit?, in: R. Schmücker/U. Steinvorth (Hrsg.), Gerechtigkeit und Politik, 2002, S. 95 (100 ff.).

[164] *E. Tugendhat*, Vorlesungen über Ethik, 1993, S. 373 f.; *ders.*, Dialog in Leticia, 1997, S. 69; *S. Gosepath*, Gleiche Gerechtigkeit, 2004, S. 202; *H. Pauer-Studer*, Autonom leben, 2000, S. 54 ff.

[165] Siehe ferner die Kritik bei *T. Schramme*, Die Anmaßung der Gleichheitsvoraussetzung, in: Deutsche Zeitschrift für Philosophie 51 (2003), 255 (260 f.).

Theorie ist konstitutiv, daß nur gemäßigte Knappheit, also relativer Wohlstand und damit hinreichende Verteilungsmasse existiert.[166] Auch in den anderen egalitaristischen Modellbildungen ist das zu Verteilende stets bereits vorhanden (Manna bei Ackerman, Ressourcen einer Insel bei Dworkin, etc.). Unbeachtet bleibt zudem aber auch, daß der „Kuchen" in unserer sozialen Wirklichkeit schon verteilt ist und wir, wenn alternative Verteilungsmodelle diskutiert werden, nicht über Distributionsregeln sprechen, sondern stets über *Re*distributionsregeln. Wir leben eben nicht in einem Zustand, in dem es, wie in Dworkins Modell, nur darum geht, ein Stück unbewohntes Land unter Neuankömmlingen zu verteilen. Vielmehr bilden a) die vorhandenen *sozialen* Ressourcen kein „Land". Sie sind in Generierung, Stabilisierung und Transferierung viel komplexer angelegt. Und b) das „Land" ist schon verteilt. Eine Theorie der Verteilungsgerechtigkeit kann deshalb nicht nur über das Nehmen räsonieren, sondern muß die Frage des legitimen Nehmens von Anfang an mit aufwerfen. Egalitaristen hingegen argumentieren stets von einer originären Verteilungssituation des Kuchens aus, der fertig gebacken auf dem Tisch steht. Über das Implementationsproblem einer Gerechtigkeitstheorie in der modernen Gesellschaft erfahren wir wenig. Es fehlt mit anderen Worten an einer hinreichenden anwendungstheoretischen Flankierung des Egalitarismus. Vielmehr arrangieren Egalitaristen das Szenario der Ausgangsbedingungen einer Verteilungssituation begründungstheoretisch in der Regel so, daß sie eine Präponderanz der Gleichheit nahelegt. Am Modell des Urzustands hinter dem Schleier des Nichtswissens bei Rawls läßt sich dies anschaulich zeigen. Über die „Versuchsanordnung" wird das Versuchsergebnis quasi vorab hineingeschmuggelt, indem Absicherungen von Unparteilichkeit a priori mit einem egalitären Überschuß versehen werden.

4. *Die Schlichtheit der Grundregel und die Komplexität der Gründe für Abweichungen*

Von der Grundregel des „one man, one piece" wollen Egalitaristen Abweichungen nur zulassen, wenn diese mit guten Gründen gerechtfertigt werden können. Deshalb müssen sie darlegen, welche Umstände eine solche Legitimationswirkung entfalten können. In dieser Hinsicht zu würdigen sind etwa besondere Bedürftigkeiten in unterschiedlichsten Facetten, Vorleistungen und Kooperationsbeiträge, bestehende Rechte oder auch strukturelle Überlegungen, wie die Schaffung von Leistungsanreizen und dadurch bedingte Effizienzvorteile.

---

[166] *J. Rawls*, Gerechtigkeit als Fairneß (2001), 2006, S. 84.

Solche Gründe lassen sich anhand des Kuchenbeispiels illustrieren. Etwa wäre zu überdenken, ob bei einem Geburtstag der Jubilar ein besonders großes Stück bekommen soll (Privileg ad personam). Eine andere Person am Tisch hat möglicherweise großen Hunger, weil sie lange nichts mehr gegessen hat (besonderer Bedarf). Ein Dritter macht geltend, daß es sich bei dem Kuchen um seine Lieblingsspeise handelt und er deshalb ein größeres Stück braucht (gleichfalls eine Form des besonderen Bedarfs). Der vierte verweist darauf, daß er den Kuchen gebacken und deshalb Anspruch auf ein größeres Stück hat, ja überhaupt über die Aufteilung und Verwendung des Kuchens bestimmen dürfe (Verdienst). Dem fünften wurden vorab zwei Stücke versprochen (Rechte). Der sechste mag keinen Kuchen und der siebte darf keinen Kuchen essen, weil er auf die Zutaten allergisch reagiert, so daß beide eine Kompensation verlangen.

Schon angesichts dieser Fülle widerstreitender Gründe für unterschiedliche Zuteilungen läßt sich fragen, ob man tatsächlich von einer vorrangigen Grundregel der gleichen Verteilung des Kuchens ausgehen kann. Als Gegenthese läßt sich formulieren, daß „one man, one piece" nicht den Grundtyp der Verteilung darstellt, sondern nur eine unter mehreren normativen Konzeptionen der Distribution natürlicher und sozialer Ressourcen, von denen keine von vornherein einen moraltheoretischen Vorrang beanspruchen kann. Als ebenso plausible Basisregel der Verteilung läßt sich nämlich postulieren, daß die Aufteilung im Zweifel nach Verdienst (oder Bedarf) zu erfolgen hat, wenn nicht gute Gründe für Abweichungen streiten. Erkennt man an, daß Verdienst (oder Bedarf) legitime Gründe für Verteilungsunterschiede bilden, würden die Ergebnisse einer Verteilung stets identisch ausfallen, ohne daß es darauf ankäme, welches Modell die Grundregel bildet. Der Streit um diese ist deshalb tatsächlich vor allem ein Streit um die Verteilung der Argumentationslast:[167] Was gilt in dubio? Egalitaristen gehen davon aus, daß dem Grundsatz, im Zweifel habe strikt formale Gleichheit zu herrschen, eine besondere moralische Dignität zukommt. Tatsächlich ist die Verbreitung der Regel „one man, one piece" jedoch rein pragmatischen Umständen geschuldet, nämlich der Minimierung des Darstellungs- und Argumentationsaufwands bei der Darlegung und Anwendung der Regel,[168] nicht hingegen einem moraltheoretisch wohlbegründeten Regel-Ausnahme-Verhältnis zwischen egalitären und differenzierenden Distributierungen.[169] Deshalb konkurrieren egalitäre Gerechtigkeit, Bedarfsgerechtigkeit, Leistungsgerechtigkeit und Vertragsgerechtigkeit in einer kontextunspezifischen Betrachtung als ethisch gleichwertige Verteilungsmodelle.

---

[167] So auch *S. Gosepath*, Gleiche Gerechtigkeit, 2004, S. 202.

[168] Dies gesteht *E. Tugendhat*, Vorlesungen über Ethik, 1993, S. 374, der für den Egalitarismus streitet, ausdrücklich zu: „Die ausgezeichnete Stellung der Gleichheit ergibt sich daraus, daß sie die einfachste Verteilungsregel ist."

[169] Cf. die intensive Auseinandersetzung mit der Gleichheitspräsumtion bei *T. Schramme*, Die Anmaßung der Gleichheitsvoraussetzung, in: Deutsche Zeitschrift für Philosophie 51 (2003), 255 ff.

Diese Gleichwertigkeit setzt natürlich voraus, daß die genannten Differenzierungskriterien tatsächlich als gute Gründe anzuerkennen sind. Daß manche Gründe, die auf den ersten Blick annehmbar erscheinen, sich bei näherer Betrachtung jedoch als zweifelhafte Kandidaten für die Rechtfertigung von Ungleichbehandlungen erweisen, zeigt wiederum das obige Kuchenbeispiel. Anders als im privaten Kontakt kann eine auf dem Grundsatz reziproker Anerkennung aufbauende Gesellschaft besondere Vorrechte qua *Status* nicht akzeptieren. Die Kuchenverteilung der Egalitaristen muß deshalb ohne die Position eines Geburtstagskindes auskommen.

Dagegen kann *Bedürftigkeit* prima facie durchaus ein relevantes Zuteilungskriterium sein. Die Frage ist dann nur, *was* nach Bedürftigkeit zugeteilt wird (der ganze Kuchen oder nur ein Teil, der aus ganz anderen Gründen als dem Egalitätsprinzip einer besonderen sozialen Verpflichtung unterliegt) und *welche* Bedürftigkeiten anerkannt werden (neben allgemein akzeptierten Grundbedürfnissen auch Luxusbedürfnisse – Stichwort: Lieblingsspeise). Manche Egalitaristen vertreten tatsächlich die sehr weitgehende Position, daß auch in den individuellen Lebenspräferenzen begründete besondere Bedürfnisse in der Verteilungssituation als Differenzierungsposten Berücksichtigung finden müssen. Hier zeigt sich, zu welchen Konsequenzen man kommt, wenn Verteilungstheorien nicht mitreflektieren, daß das zu Verteilende vorher legitim genommen werden muß. Denn dann wäre wohl kaum zu begründen, daß aus Gründen der Bedarfsgerechtigkeit die Gemeinschaft für die gediegenen Geschmäcker einzelner aufzukommen, der Selterstrinker also den Champagnerliebhaber zu unterstützen hat. Deshalb gehen seriösere Konzeptionen von objektiven Bedarfsfeststellungen aus.[170]

Den individuell legitimen Bedarf zu bestimmen, der möglicherweise ungleiche Verteilungsergebnisse rechtfertigt, ist allerdings gar nicht das Kernproblem des Egalitarismus. Dieses tut sich vielmehr auf, wenn man nach der Bedeutung des Leistungskriteriums und der Zuordnung dieses Merkmals zur Bedarfsgerechtigkeit fragt. Denn bei der Anerkennung solcher gleichberechtigten, aber widerstreitenden Differenzierungsgründe droht das egalitaristische Modell in diffusen Verteilungserwägungen zu münden, statt trennscharfe Gründe für eine Abweichung vom Egalitätsgrundsatz benennen zu können.

---

[170] Zum Problem *E. Rakowski*, Equal Justice, 1991, S. 41; *W. Kersting*, Politische Solidarität statt Verteilungsgerechtigkeit, in: ders. (Hrsg.), Politische Philosophie des Sozialstaats, 2000, S. 202 (219 ff.).

5. Talente als Gemeingut: die rein instrumentell bestimmte Leistungsgerechtigkeit bei John Rawls

Um diese mißliche Konsequenz zu vermeiden, nimmt der prominenteste Vertreter des Egalitarismus, *John Rawls*, zwei entscheidende Weichenstellungen vor. Zum einen wird die Theorie der Gerechtigkeit so aufgezäumt, daß allen Beteiligten über das auf der Idee reziprok-egalitärer Berechtigung aufruhende Differenzprinzip stets ein soziales Minimum an Grundgütern zukommt, welches sie befähigt, ihre moralischen Vermögen zu entfalten,[171] das Problem des *besonderen* Bedarfs, der über den Anspruch auf einen gleichen Anteil hinausreicht, sich für ihn also nicht stellt.[172]

Zum anderen wird die Idee der Leistungsgerechtigkeit gegenüber dem vorherrschenden alltagsweltlichen Verständnis modifiziert, indem Ungleichheiten der Geburt, der natürlichen Begabungen und der sozialisationsgeprägten Persönlichkeitswerdung für unverdient erklärt werden und ergo, der Gleichheitspräsumtion entsprechend, ausgeglichen werden müssen.

> „Da nun Ungleichheiten der Geburt und der natürlichen Gaben unverdient sind, müssen sie irgendwie ausgeglichen werden. ... Bei der Gerechtigkeit als Fairneß kommen die Menschen überein, natürliche und gesellschaftliche Zufälle nur hinzunehmen, wenn das dem gemeinsamen Wohl dient."[173]

Leistung, die aus den natürlichen Begabungen heraus resultieren, aus einem größeren körperlichen oder geistigen Vermögen, bieten, da sie Produkte des Zufalls, der Lotterie der Natur sind, für Rawls keine hinreichende Rechtfertigung für Ungleichverteilungen.[174] Solche Begabungen sind deshalb zu „verkollektivieren" und dem allgemeinen Distributionspool zuzuführen, die Verteilung angeborener Gaben bildet also eine Art gemeinschaftliches Guthaben. Natur- und sozialisationsbedingte Differenzen in den Fähigkeiten, Begabungen und Chancen sind für Rawls allesamt auszugleichen, stellen *als solche* also gerade keinen Grund für die Anerkennung von unterschiedlichen Verteilungsergebnissen dar.[175] Eine Grundlage für legitime Differenzierungen bilden sie in der Rawlsschen Theorie vielmehr nur dann, wenn sie in den Dienst der Allgemeinheit gestellt werden können. Wer durch den Gebrauch seiner von Natur oder Familie mitgegebenen Gaben größere Kooperationsgewinne als andere er-

---

[171] Cf. *J. Rawls*, Gerechtigkeit als Fairneß (2001), 2006, S. 104 ff.

[172] Dies ist eine Folge der oben erwähnten Begrenzung der Theorie auf voll Kooperationsfähige. „Probleme besonderer Gesundheitsfürsorge und der Behandlung von Schwachsinnigen" hat Rawls von vorneherein ausgeklammert; *J. Rawls*, Eine Theorie der Gerechtigkeit (1971), 7. Aufl. 1993, S. 118.

[173] *J. Rawls*, Eine Theorie der Gerechtigkeit (1971), 7. Aufl. 1993, S. 121, 123.

[174] *J. Rawls*, Eine Theorie der Gerechtigkeit (1971), 7. Aufl. 1993, S. 121 ff.; *ders.*, Gerechtigkeit als Fairneß (2001), 2006, S. 123 ff.

[175] Siehe auch *W. Hinsch*, Gerechtfertigte Ungleichheiten, 2002, S. 239 ff.

zielt, soll diese nur dann und nur soweit genießen dürfen, wenn und wie sie zugleich allen zum Vorteil gereichen. Dies bringt das Differenzprinzip zum Ausdruck, nach dem soziale und ökonomische Ungleichheiten den am wenigsten begünstigten Angehörigen der Gesellschaft den größten Vorteil zu bringen haben. Dieser Idee einer Rechtfertigung von Ungleichverteilungen durch ihren Mehrwert für alle liegt die ja durchaus lebensnahe Annahme zugrunde, daß ein bestimmtes Maß an leistungsabhängiger Ungleichheit zu Leistungsanreizen und globalen Effektivitätsgewinnen führt. Menschen setzen ihre (moralisch „unverdienten") Begabungen demnach effektiver ein, wenn sie selbst direkte Vorteile davon haben. Dieser Produktivitätsgewinn wiederum läßt sich in der Logik des Egalitarismus abschöpfen und dem Differenzprinzip gemäß umverteilen.

Wer sich nun innerhalb dieses Kooperationsrahmens erfolgreich bewegt, erwirbt nach Rawls durchaus einen „berechtigten Anspruch". Rawls spricht in diesem Zusammenhang auch von „Verdienst".[176] Die Ungleichverteilung rechtfertigt sich in diesem Modell jedoch nicht durch den Umstand, daß jemand aufgrund seiner Anlagen mehr leistet als andere, sondern daraus, daß sich seine Leistung in eine Fairneßkonzeption einpaßt, die unter der Bedingung einer Vorteilsverschaffung für alle steht. Die *Anerkennung individueller Leistung* im Rahmen der Rawlsschen Grundstruktur ist *rein instrumentell* motiviert. Sie dient der Generierung einer größeren Verteilungsmasse, die letztlich allen zugute kommt.

Als Ausdruck individueller Persönlichkeit findet sie hingegen keine Beachtung. Deshalb ist es für Rawls auch moralisch unerheblich, daß die Ergebnisse von Kooperationsanstrengungen einzelner die Resultate der Ausübung ihrer Freiheitsrechte sind. Denn der Idee individueller Freiheit wird in der Grundstruktur von vorneherein nur ein begrenzter Rang eingeräumt; lediglich eine abschließende Liste von persönlichen Freiheiten genießt den lexikalischen Vorrang gleicher Grundfreiheiten und die wirtschaftliche Freiheit zählt nicht zu dieser Liste prioritärer Freiheiten.[177] Da „Freiheit als solche" für Rawls also kein für die Grundstruktur relevantes Gerechtigkeitsmerkmal ist,[178] jenseits der Grundstruktur aber keine Kriterien für eine gerechte Verteilung bestehen,[179] können im Rahmen dieses Theoriedesigns im Ideal individueller Autonomie gründende wirtschaftliche Freiheitsrechte auch kein Gegengewicht gegen die

[176] *J. Rawls*, Gerechtigkeit als Fairneß (2001), 2006, S. 120ff.

[177] *J. Rawls*, Gerechtigkeit als Fairneß (2001), 2006, S. 80. Das Recht auf Privateigentum an Produktivkräften schließt Rawls explizit aus, ebenda, S. 204, 216. Zu den Grundfreiheiten gehören für Rawls nur die Freiheiten, die erforderlich sind, um die beiden moralischen Vermögen zu entwickeln.

[178] *J. Rawls*, Gerechtigkeit als Fairneß (2001), 2006, S. 80; *ders.*, Der Vorrang der Grundfreiheiten (1983), in: ders., Die Idee des politischen Liberalismus, 1994, S. 159 (161).

[179] *J. Rawls*, Gerechtigkeit als Fairneß (2001), 2006, S. 88f.

Gleichheitspräsumtion bilden. Individuellem wirtschaftlichen Erfolg kommt der Schutz legitimer Ansprüche ausschließlich deshalb und nur insoweit zu, als und wie auf diese Weise zu redistributierende Effizienzgewinne hervorgelockt werden können. Das talentierte Subjekt wird so ganz in den Dienst der gerechtigkeitstheoretischen Ambitionen gestellt, die moralische Willkür der Natur durch eine gerechte Wohlordnung zu ersetzen. Verdienst ist dann kein Ausdruck von Leistungsgerechtigkeit, sondern höchstens das zu ertragende Restprodukt der kollektiven Instrumentalisierung der vorhandenen Talente. Eine Rechtfertigung von Ungleichverteilungen aus Gründen der Leistungsgerechtigkeit scheidet damit bei Rawls aus. Die Anerkennung des individuellen Einsatzes bei der Erwirtschaftung wesentlicher Grundgüter erfolgt ausschließlich aus prudentiellen, nicht aber aus moralischen Gründen.

Zwar sieht Rawls, daß, wenn schon nicht das Talent und sozialisationsvermittelte Gaben, so doch zumindest die persönlichen Anstrengungen und die absichtsvoll vollzogenen Handlungen einer Person einen möglichen Anknüpfungspunkt für die Begründung von Ungleichverteilungen bieten können.[180] Gleichwohl vermag er selbst diesen Aspekten keinen differenzlegitimierenden moralischen Selbststand zugestehen. Die Gründe hierfür sind in der Theorieanlage Rawls' begründet. In seiner Theorie der Gerechtigkeit dominiert die Grundstruktur der Gesellschaft. Alle Rechte, Pflichten und Ansprüche gründen in dem institutionellen Gefüge der Gesellschaft;[181] Individualität und Persönlichkeit sind hingegen moraltheoretisch irrelevant, weil sie im Urzustand, in dem die Grundstruktur verhandelt wird, hinter dem Schleier des Nichtswissens verschwinden. Rawls stattet sein fiktives Personal zwar mit zwei moralischen Vermögen aus,[182] nämlich der Anlage zum Gerechtigkeitssinn und der Fähigkeit, sich eine Vorstellung vom Guten zu machen, nicht jedoch mit individuellen, jeder Konstitutionalisierung vorgängigen Rechten und individuellen Eigenschaften. Die Vergesellschaftung aller Talente ist in der Rawlsschen Fassung des Urzustandes mithin schon eingebaut. Die Idee des Urzustandes gewinnt ihren Charme aus dem Umstand, daß sie Unparteilichkeit als Fairneßbedingung sichern soll. Sie ist in diesem Sinne ein heuristisches Instrument. Doch in der personentheoretischen Konzeption Rawls wird sie letztlich zu einer normative Determinante, die zu erheblichen Schieflagen führt: Die Natur wird haftbar gemacht für ein moralisches Versagen der ungleichen Verteilung von Begabungen und Sozialisationschancen, obwohl doch die Natur kaum sinnvoll einer solchen moralischen Betrachtung ausgesetzt werden kann, und die einzelne Person wird ob ihrer Abhängigkeit von Genen und Sozialisationsbedingungen jeder Verantwortung für ihr Sosein enthoben. Damit entfällt aber die

---

180 *J. Rawls,* Gerechtigkeit als Fairneß (2001), 2006, S. 124.

181 *W. Kersting*, Politische Solidarität statt Verteilungsgerechtigkeit, in: ders. (Hrsg.), Politische Philosophie des Sozialstaats, 2000, S. 202 (215).

182 *J. Rawls*, Gerechtigkeit als Fairneß (2001), 2006, S. 44.

autonomieethische Grundlage für die Freiheit der Person und die Zuschreibung moralischer Begabungen, auf denen unsere normative Selbstverständigung – zu einem Gutteil wohlbegründet kontrafaktisch – beruht.[183] Das Grundgesetz bringt dieses Freiheitsverständnis in seinem System der auf der Freiheit und Würde des Individuums aufruhenden Grundrechte zum Ausdruck. In diesem System sind auch die wirtschaftlichen Grundrechte, insbesondere die Berufsfreiheit und die ausdrücklich nicht auf das persönliche Eigentum beschränkte Eigentumsgarantie,[184] keine Rechte zweiter Klasse, die nur aus prudentiellen Gründen gewährt werden, sondern wurzeln in einer die Grundrechte insgesamt umfassenden Freiheitskonzeption, der personale Individualität und Integrität ein Eigenwert ist – und kein gerechtigkeitstheoretisches Problem.

6. Ambitionsgerechtigkeit bei Ronald Dworkin

Rawls kann also Leistungsgerechtigkeit lediglich aus instrumentellen, nicht aber aus moralischen Gründen anerkennen, weil jede Leistung letztlich unverdient ist. Diese starke Annahme ist inkongruent mit wesentlichen normativen Grundannahmen, die unser soziales Zusammenleben ausmachen. Denn wer sich besonders anstrengt, findet hierfür in der Regel Achtung und Anerkennung – und zwar nicht, weil diese Bemühungen allen zugute kommen, sondern weil sie als wesentlicher Ausdruck der Person dieser zugeschrieben und von dessen Achtungsanspruch geschützt werden.

Moderne Verfassungen reflektieren solche starken moralischen Wertungen der Personalität des Individuums durch die Garantie fundamentaler Rechte, das Grundgesetz etwa besonders ausgeprägt durch den ersten Abschnitt mit der Spitzenbestimmung von der Würde des Menschen. Wer dem Sozialstaatsprinzip hingegen ein Rawlssches Egalitätsverständnis einzeichnet, stellt dieses in diametralen Gegensatz zum freiheitlichen Rechtsstaat, erzeugt also genau die Inkompatibilität von Rechts- und Sozialstaat, die Ernst Forsthoff diagnostizierte. Freiheit wird so zur Restgröße unter dem Auspizium einer starken Gleichheitspräsumtion. Eine solche Zuordnung von Gleichheit und Freiheit entspricht jedoch nicht dem System der Grundrechte, wie es das Grundgesetz kennt – so schwierig die Verhältnisbestimmung sich im Detail auch erweisen mag.

---

[183] Cf. näher *W. Kersting*, Theorien der sozialen Gerechtigkeit, 2000, S. 118 ff.; *ders.*, Kritik der Gleichheit, 2002, S. 63 ff.; *ders.*, Politische Solidarität statt Verteilungsgerechtigkeit, in: ders. (Hrsg.), Politische Philosophie des Sozialstaats, 2000, S. 202 (206 ff.).

[184] Eine Einschränkung des Eigentumsschutzes auf den Bereich der persönlichen Lebenshaltung und eigenen Arbeit war bei der Entstehung des Grundgesetzes erwogen, aber verworfen worden; cf. *J. Wieland*, in: H. Dreier (Hrsg.), GG, 2. Aufl. 2004, Art. 14 Rdnr. 11; anders etwa Art. 11 der Verfassung der DDR vom 6. April 1968.

Um dem moralischen bzw. verfassungsrechtlichen Impuls, „Leistungsgerechtigkeit" anzuerkennen, Genüge zu tun, zugleich aber an der Annahme einer ungerechten Natur festhalten zu können, stellt der amerikanische Rechtsphilosoph *Ronald Dworkin* das egalitaristische Programm von einer strukturtheoretischen Basis um auf eine individualzentrierte Betrachtung. Auf dieser Grundlage schlägt er vor, bei der Anerkennung von Gründen für Ungleichverteilungen zwischen Ambition und Ausstattung zu unterscheiden. Die Verteilung von Ressourcen solle „ambition-sensitive" und „endowment-insensitive" erfolgen.[185]

Doch bei näherer Betrachtung wird sich diese Unterscheidung kaum realisieren lassen. Denn es fehlen uns schlicht die Erkenntnismöglichkeiten;[186] in der Logik des Ausgleichs unverdienter Vorteile der Natur lassen sich Ambition und Talent nicht sinnvoll voneinander trennen, weil man annehmen darf, daß sie sich wechselseitig beeinflussen. Zudem verlangt die Trennung von Ambition und Ausstattung eine dezidierte Theorie der Willensfreiheit, die Egalitaristen aber in der Regel nicht liefern.[187] Im Extremfall schlägt die „diskriminatorische Ätiologie" Dworkins sogar in blanken Rassismus um, wie *Wolfgang Kersting* zutreffend anprangert:

> „Welch merkwürdige Blüten dieser Versuch den kompensationspflichtigen Anteil günstiger Umstände von den kompensationsfreien Auswirkungen der eigenen Leistung zu unterscheiden, treiben kann, zeigt die von Roemer mitgeteilte Diskussion zwischen ihm und Brian Barry über die Frage, ob bei einem ‚typ of child whom we shall call ‚Asian', der sich durch großen schulischen Fleiß und großen karrierepolitischen Ehrgeiz auszeichnet, der aber auch aufgrund des Ehrgeizes der Eltern unter starkem Leistungsdruck gestellt worden ist und infolge der autoritätsfixierten asiatischen Lebensweise die ihm auferlegten Leistungsverpflichtungen sich zu eigen macht, das ‚Asian' zu den redistributiv zu bewirtschaftenden Umständen gehört. ... Eine Theorie, die zu dem Ergebnis kommen kann, daß das Asiatisch-Sein aus gerechtigkeitsethischen Gründen steuerpflichtig ist, kann nicht richtig sein."[188]

---

[185] *R. Dworkin*, What is Equality Part 2, in: Philosophy & Public Affairs 10 (1981), 185 (311); auf die zahlreichen Unterschiede zwischen Rawlschem und Dworkinschen Egalitarismus in der Theorieanlage (z.B. im Verfahren der Verteilung der Ressourcen [Auktion], dem Einbezug Kooperationsgehandicapter und der differierenden Lösung im Umgang mit ungleichen Begabungen [Versicherungslösungen]) ist an dieser Stelle nicht weiter einzugehen. Cf. im Überblick etwa *U. Steinvorth*, Gleiche Freiheit, 1999, S. 83 ff., 183 ff.; *W. Kersting*, Theorien der sozialen Gerechtigkeit, 2000, S. 68 ff., 172 ff.; kritisch zu Dworkin in unserem Zshg. ferner *W. Chwaszcza*, Vorpolitische Gleichheit?, in: W. Kersting (Hrsg.), Politische Philosophie des Sozialstaats, 2000, S. 159 ff.

[186] *W. Kersting*, Theorien der sozialen Gerechtigkeit, 2000, S. 240 ff.; *ders.*, Kritik der Gleichheit, 2002, S. 75 ff.; *ders.*, Politische Solidarität statt Verteilungsgerechtigkeit, in: ders. (Hrsg.), Politische Philosophie des Sozialstaats, 2000, S. 202 (224 f.).

[187] *T. Schramme*, Zur Währungskrise der egalitären Gerechtigkeit (Teil 1), in: Zeitschrift für philosophische Forschung 57 (2003), 612 (616) mit Verweis auf *G. Cohen*, On the Currency of Egalitarian Justice, in: Ethics 99 (1989), 906 (934). Zur Willensfreiheit etwa *P. Bieri*, Das Handwerk der Freiheit, 2001.

[188] *W. Kersting*, Kritik der Gleichheit, 2002, S. 76 mit Verweis auf *J. Roemer*, Equality of Opportunity, 1998, S. 22.

Rawls und Dworkin verdienen natürlich Zustimmung, wenn sie betonen, daß niemand sich berühmen kann, seine Schönheit, Intelligenz oder natürlich veranlagten körperlichen Fähigkeiten moralisch verdient zu haben, ebenso wie niemand es moralisch verdient hat, häßlich, dumm oder körperlich behindert zu sein. Doch nur weil solche Eigenschaften unverdient sind, sind sie nicht eo ipso auch zu egalisieren und zu gemeinschaftlichem Guthaben zu erklären. Der Rückschluß von der Aussage, eine bestimmte Eigenschaft einer Person sei moralisch nicht selbst verdient, zur Aussage, die Eigenschaft ist deshalb zu neutralisieren, ist schlicht unstatthaft. Denn auch solche „unverdienten" Eigenschaften machen die konkreten Personen aus, die sich dem normativen Programm freiheitlicher Gesellschaften gemäß als mit moralischen Begabungen ausgestattete Freie und Gleiche anerkennen. Eine Theorie der Verteilungsgerechtigkeit hat deshalb konkrete Individualität zu achten. Aus, wie es in der Philosophie heißt, kohärenzphilosophischen Gründen haben Überlegungen zur Verteilungsgerechtigkeit genau den autonomieethischen Personenbegriff zugrunde zu legen, der sich auch in der Ausgangsfigur der reziproken Achtung der Freien und Gleichen widerspiegelt. Autonomieethisch aber ist die Verantwortlichkeit für das eigene Sein und Tun ebenso unabdingbar wie die Anerkennung der Berechtigung und des Eigenwerts von Individuationsmerkmalen. Wer an den Grundfiguren des normativen Individualismus,[189] der Idee der gerade als freie auch gleichen Individuen festhalten will, wird deshalb die Differenzen in den natürlichen Begabungen der Menschen aus dem Versuch moraltheoretisch begründeter Dekontigenzierungen heraushalten müssen.

Ein freiheitlich gesonnener Egalitarismus kann also schwerlich die Kategorie des individuellen Verdienstes als guten Grund für Ungleichverteilungen eliminieren. Die Kategorie des Verdienstes im Sinne einer Zuschreibung bestimmter Ergebnisse sozialen Handelns zu einer Person ist dabei aus autonomieethischen Gründen denkbar weit zu fassen: Verdienst ist das Produkt der freiheitsgeschützten Persönlichkeitsentfaltung.[190] Auf deren Wert für die Gesellschaft kann es dabei ebensowenig ankommen wie darauf, daß jemand sich über dem seiner Person entsprechenden Standard anstrengt, seine Erfolge also, gemessen an seinen „unverdienten" Talenten, überdurchschnittlich sind. Autonomieethischen Schutz verdient eben auch das unterdurchschnittliche Bemühen, soweit es in Kooperationssystemen erfolgreich war, und sogar das pure Glück in diesen. Die Anstrengung als solche stellt hingegen in dieser Perspektive kein Differenzierungskriterium dar. Die Möglichkeit ihrer Wahrnehmung ist schutzwürdig, nicht jedoch die Garantie ihres Erfolges. Wenn der Markt zuweilen den

[189] *D. von der Pfordten*, Normativer Individualismus, in: Zeitschrift für philosophische Forschung 58 (2004), 321 ff.; *ders.*, Normativer Individualismus und das Recht, in: JZ 2005, 1069 ff.; *ders.*, Paternalismus und die Berücksichtigung des Anderen, in: M. Anderheiden u.a. (Hrsg.), Paternalismus und Recht, 2006, S. 93 (96 ff.).

[190] Cf. in diesem Zshg. *H. Arendt*, Vita activa (1958), 5. Aufl. 2007, S. 16 ff., 98 ff.

Glücklichen und nicht den Tüchtigen belohnt, löst dieser Umstand eben nicht sogleich ein gerechtigkeitstheoretisches Korrekturbedürfnis aus.

Mit diesen Grundsätzen, dies sei nochmals hervorgehoben, korrespondiert auch das freiheitliche Wirtschaftsverständnis des Grundgesetzes, soweit es sich aus den Grundrechten, der Berufsfreiheit, der Eigentumsgarantie, der freien Entfaltung der Persönlichkeit und der allgemeinen Handlungsfreiheit ergibt. Individuelle Freiheitswahrnehmung und das Produkt der Freiheitsausübung werden freiheitsrechtlich geschützt ohne unter einem pauschalen Kompensations- oder Egalisierungsvorbehalt zu stehen. Das Sozialstaatsprinzip als einen solchen Vorbehalt zu verstehen, hieße hingegen, ihn zu einem Metavorbehalt der Freiheitsrechte zu machen und damit die programmatisch gewählte systematische Anlage des Grundgesetzes ad absurdum zu führen.

7. Allgemeinheit und Gleichheit

Ein Egalitarismus, der aus den genannten Gründen Leistungsgerechtigkeit als Differenzierungskriterium anerkennt, muß zu einem weitreichenden Verzicht auf ausgreifende Kompensationsbemühungen führen. Verteilungsvorsprünge, die aus eigenen „Leistungen" resultieren, wären anzuerkennen und unterlägen nicht dem moralischen Gebot einer Nivellierung nach unten.[191]

Damit stellt sich aber zugleich die Frage, ob die Anerkennung des Leistungsgesichtspunktes nicht auch den Kompensationsverzicht unter umgekehrten Vorzeichen impliziert, also ein *Nachteil* im Leistungsvermögen gleichfalls keinen Ausgleichsgrund bildet. Ein solcher Verzicht auf positive Kompensationen wirkt auf den ersten Blick problematisch. Eine starke moralische Intuition sagt uns, daß nicht sich selbst überlassen bleiben darf, wer aus eigenem Vermögen am gesellschaftlichen Kooperationssystem nicht oder nur eingeschränkt teilnehmen kann. Dem ist schwerlich zu widersprechen. Zahlreiche Gründe streiten für eine solche Annahme: Ideen der Würde, der Nächstenliebe, der realen Freiheitschancen. Ob die Egalität gleichfalls zu diesen Gründen zu zählen ist, erscheint hingegen zweifelhaft. Denn der Kranke, der Behinderte, der Lern-

[191] Zum Problem des levelling down auch *J. Raz*, Strenger und rhetorischer Egalitarismus (1986), in: A. Krebs (Hrsg.), Gleichheit oder Gerechtigkeit, 2000, S. 50 (61, 69); *D. Parfit*, Gleichheit und Vorrangigkeit (1998), ebenda, S. 81 (93); *T. Schramme*, Zur Währungskrise der egalitären Gerechtigkeit (Teil 1), in: Zeitschrift für philosophische Forschung 57 (2003), 612 (619). Welche Extreme diese Idee einer gerechtigkeitsgebotene Nivellierung nach unten ausbilden kann, zeigt Wolfgang Kersting am Beispiel einer Science Fiction Erzählung von Kurt Vonnegut Jr., die im Jahr 2081 spielt und in der ein Protagonist zum Ausgleich seiner überdurchschnittlichen Intelligenz ein metal handicap radio in sein Ohr implantiert bekommt, das alle zwanzig Sekunden einen scharfen Ton erzeugt, um ihn davon abzuhalten, ungerechtfertigte Vorteile aus seiner Intelligenz zu ziehen (*W. Kersting*, Kritik der Gleichheit, 2002, S. 84.).

schwache, der von den Lebensumständen wenig Begünstigte soll eigentlich nicht Hilfe erfahren, *weil* er ungleich ist, sondern weil den Lebensbeeinträchtigungen, die von der Krankheit, Behinderung Lernschwäche etc. ausgehen, entgegengewirkt werden soll. In der Egalitarismusdebatte wird diese Frage als Verwechselung von „Allgemeinheit" und „Gleichheit" thematisiert.[192] Gleichheit, so das plausible Argument der Egalitarismuskritiker, bildet in vielen Fragen der Verteilungsgerechtigkeit keinen moralisch erstrebenswerten Primärwert, sondern sei häufig ein bloßes Nebenprodukt anderweitiger moralischer Forderungen. Wenn wir individualethisch wie sozialstaatlich postulieren, daß der Starke dem Schwachen helfen soll, liegt der normative Grund dafür nicht in der Distributionslogik des Egalitarismus, sondern in einer normativen Konzeption gleicher Achtung, die den Menschen in seiner Individualität erfaßt.

> „Wenn nun ein Mensch unter Hunger oder Krankheit leidet, ist ihm zu helfen, weil Hunger und Krankheit für jeden Menschen schreckliche Zustände sind, und nicht deswegen, weil es anderen schließlich besser geht als ihm. Ob andere Menschen auch unter Hunger oder Krankheit leiden, ist für die Frage, was man diesem einen Menschen schuldet, zunächst einmal nicht von Belang. Das Übel des Hungers oder der Krankheit sagt einem vielmehr direkt, was man zu tun hat. ... Die Gleichheitsrelation, die sich einstellt, wenn allen Hilfsbedürftigen geholfen ist und alle tatsächlich menschenwürdig leben können, ist nichts als das Nebenprodukt der Erfüllung der absoluten Gerechtigkeitsstandards für alle. Gleichheit sitzt hier auf Allgemeinheit auf."[193]

8. Zynismus, Reduktionismus, Simplifizierung des Egalitarismus

Dem Vorwurf, Universalität mit distributiver Egalität zu verwechseln, gesellen sich in der neueren Egalitarismuskritik weitere hinzu. Diese seien an dieser Stelle nur kurz benannt. Sie lassen sich zusammenfassen als Vorwurf des Zynismus, Reduktionismus und der Simplifizierung.[194]

---

[192] Cf. *A. Krebs*, Einleitung, in: dies. (Hrsg.), Gleichheit oder Gerechtigkeit, 2000, S. 7 (17 ff.); *H. Frankfurt*, Gleichheit und Achtung, ebenda, S. 38 (43, 47); *J. Raz*, Strenger und rhetorischer Egalitarismus (1986), ebenda, S. 50 (51 ff., 62 ff.); *D. Parfit*, Gleichheit und Vorrangigkeit (1998), ebenda, S. 81 (97 ff.); *P. Westen*, Speaking of Equality, 1990, S. 71 ff.; *H. Pauer-Studer*, Autonom leben, 2000, S. 40 ff.; *T. Schramme*, Zur Währungskrise der egalitären Gerechtigkeit (Teil 1), in: Zeitschrift für philosophische Forschung 57 (2003), 612 (614 ff.); *ders.*, Die Anmaßung der Gleichheitsvoraussetzung, in: Deutsche Zeitschrift für Philosophie 51 (2003), 255 (260).

[193] *A. Krebs*, Einleitung, in: dies. (Hrsg.), Gleichheit oder Gerechtigkeit, 2000, S. 7 (18).

[194] Hierzu *A. Krebs*, Einleitung, in: dies. (Hrsg.), Gleichheit oder Gerechtigkeit, 2000, S. 7 (17 ff.); *dies.*, Arbeit und Liebe, 2002, S. 95 ff. An dieser Stelle mache ich mir, dies sei ausdrücklich hervorgehoben, die Egalitarismuskritik zu eigen, ohne den nonegalitaristischen Humanismus, wie ihn zahlreiche Nonegalitaristen vertreten, gleichfalls zu übernehmen. Vorzugswürdig gegenüber solchen stark anthropologisch eingefärbten Ansätzen, die auf Bedingungen des guten Lebens abstellen, scheint mir für Zwecke einer Verfassungstheorie eine autonomieethische Entfaltung der Gerechtigkeit. Diese ist mit der Egalitarismuskritik kom-

a) Zynismus

Zynisch wird der Egalitarismus, wenn er Menschen ihrem Elend überläßt, weil sie an diesem selbst schuld sind.[195] Hält man sich strikt an die Grundregel des Egalitarismus, der zufolge unverdiente Vor- und Nachteile auszugleichen sind, wäre es nicht geboten, jemandem Hilfe zu leisten, der eine Notsituation selbst verschuldet hat. Selbst eine Minimalversorgung wäre dann von den egalitaristischen Gerechtigkeitsgrundsätzen her nicht geboten. Zynisch wird der Egalitarismus aber auch, wenn er Menschen aus den falschen Gründen hilft und hierdurch stigmatisiert. So gesteht der Egalitarismus den „Opfern reinen Pechs" Hilfe zu,

> „weil sie schlechter dran sind als die anderen, und nicht, weil sie schlecht dran sind. ... Der Erhalt einer solchen Hilfeleistung läuft damit auf eine offizielle Bescheinigung von Minderwertigkeit hinaus."[196]

Anschaulich wird dies anhand eines fiktiven Briefes einer „Entschädigungsbehörde", den *Elisabeth Anderson* entworfen hat:

> „An die Behinderten: Wegen Ihrer mangelhaften natürlichen Ausstattung oder Ihrer gegenwärtigen Behinderungen ist Ihr Leben weniger lebenswert als das Leben normaler Menschen. Um Sie für dieses Unglück zu entschädigen, werden wir, die wir uns im Vollbesitz unserer körperlichen und geistigen Kräfte befinden, Ihnen zusätzliche Ressourcen zur Verfügung stellen, und zwar gerade genug, um den Wert ihres Lebens so weit anzuheben, daß es wenigstens einen Menschen gibt, der der Ansicht ist, es hält dem Vergleich mit dem Leben irgendeines anderen stand.
>
> An den Dummen und Untalentierten: Unglücklicherweise wissen andere Menschen das Wenige, was Sie beizutragen haben, nicht zu schätzen. Ihre Talente sind zu spärlich, um einen Marktwert zu erzielen. Da Sie das Pech hatten, mit so wenigen Talenten geboren zu werden, möchten wir Leistungsfähigen Sie dafür entschädigen: Wir werden Sie am Reichtum teilhaben lassen, den wir mit unseren weit überlegenen und hoch geschätzten Fähigkeiten geschaffen haben.
>
> An die Häßlichen und sozial Ungeschickten: Wir schade, daß Sie die Menschen in Ihrer Nähe so sehr abstoßen, daß niemand Ihr Freund oder Lebensgefährte sein möchte. Wir können das nicht wieder gutmachen, indem wir Ihr Freund oder Ehepartner werden – wir müssen selbst frei entscheiden, welche Bindungen wir eingehen wollen –, aber Sie können sich in Ihrer traurigen Einsamkeit mit dem Konsum dieser materiellen Güter trösten, die wir, die Schönen und Charmanten, Ihnen geben. Und

---

patibel, weil sie von reziproker Anerkennung ausgeht und Freiheitsbedingungen in den Blick nimmt, die auch als Bedingungen des gelingenden Lebens verstanden werden können. Der wesentliche Vorzug des freiheitstheoretischen Ansatzes scheint mir der zu sein, daß er neben dem Grund zugleich den Modus und Grenzen sozialstaatlicher Transferpolitiken benennen kann – das Primat der Selbstrealisation ist nämlich Teil des liberalen Gerechtigkeitsprogramms – hierzu infra C.VI.

[195] *E. S. Anderson*, Warum eigentlich Gleichheit? (1999), in: A. Krebs (Hrsg.), Gleichheit oder Gerechtigkeit, 2000, S. 117 (121 ff.); cf. a. *T. Schramme*, Zur Währungskrise der egalitären Gerechtigkeit (Teil 1), in: Zeitschrift für philosophische Forschung 57 (2003), 612 (616) mit weit. Nachw. zu Reaktionen auf Anderson.

[196] *A. Krebs*, Einleitung, in: dies. (Hrsg.), Gleichheit oder Gerechtigkeit, 2000, S. 7 (22).

wer weiß? Vielleicht werden Sie in Liebensdingen nicht mehr so ein Verlierer sein, wenn Ihre potentiellen Liebhaber sehen, wie reich Sie sind."[197]

In der Focussierung auf Fragen materieller Verteilungsgerechtigkeit vernachlässigen Egalitaristen zudem den Modus der Hilfe, weil Distributionsgerechtigkeit rein ergebnisbezogen gedacht wird. Zum Zynismus des Egalitarismus ist schließlich auch seine Neigung zum paternalisierenden Etatismus zu zählen. Die egalitäre Kompensationsgerechtigkeit lebt von der Identifizierung unverdienter Vor- und Nachteile. Implementiert in eine administrative Praxis des Umverteilungsstaates müßte eine staatliche Behörde die Lebensführung und Chancennutzung aller Bürger bewerten – eine mit den Idealen der freiheitlichen Gesellschaft kaum verträgliche Vorstellung.[198]

b) Reduktionismus

Reduktionistisch wird der Egalitarismus, wenn er Gleichheit zum moralischen Grundwert schlechthin erklärt und die Komplexität der Gerechtigkeit aus dem Blick verliert. Denn für sehr unterschiedliche Lebensbereiche lassen sich mit guten Gründen sehr unterschiedliche Gerechtigkeitsmaßstäbe geltend machen. Eine hinreichend komplexe Theorie der Gerechtigkeit reflektiert diese Spezifika von Gerechtigkeitssphären, wie *Michael Walzer* herausgearbeitet hat.[199] Entsprechend differieren Gleichheitsmaßstäbe, die zu fordern sind – Anwendungs- und Setzungsgleichheit im Recht, strenge Differenzierungsfeindlichkeit im Bereich des politischen Wettbewerbs,[200] Diskriminierungsfreiheit durch die öffentliche Gewalt und in bestimmten Bereichen des Publikumsverkehrs,[201] faire Wettbewerbsbedingungen im wirtschaftlichen Verkehr. Da eine freie Gesellschaft angesichts der Unterschiedlichkeit der Menschen Differenzen in diesen Sphären notwendig evoziert, kommt es für eine sphärensensible Theorie der Gerechtigkeit vor allem darauf an zu verhindern, daß die Dominanz in einem Bereich ungehindert auf andere Bereiche durchschlägt, sich wirtschaftliche Macht etwa nicht ohne weiteres in politische Macht übersetzt. Ein solches Gewebe differenzierter Gerechtigkeitsmaßstäbe läßt sich gleichheitstheoretisch

---

[197] *E. S. Anderson*, Warum eigentlich Gleichheit? (1999), in: A. Krebs (Hrsg.), Gleichheit oder Gerechtigkeit, 2000, S. 117 (140f.).

[198] Man überlege in diesem Zusammenhang ernsthaft, ob man in einer perfekt egalitaristisch organisierten Welt leben möchte – eine Welt, in der eine ubiquitäre Taxonomie der Distribution durchgesetzt wird, in der individueller Verdienst und unverdienter Nachteil aufs genaueste vermessen und durch Redistributionsapparate korrigiert werden und in der die erfolgreiche Stilisierung einer Benachteilung mehr Aussicht auf gesellschaftliche Anerkennung bietet als die unspektakuläre Entfaltung der vorhandenen Talente.

[199] Cf. *M. Walzer*, Sphären der Gerechtigkeit (1983), 1998, insb. S. 46ff.

[200] Cf. etwa *M. Morlok*, Parteienrecht als Wettbewerbsrecht, in: Festschrift für D. Th. Tsatsos, 2003, S. 408ff.

[201] Schon diese Frage ist natürlich höchst umstritten; cf. näher *H. M. Heinig*, Art. Diskriminierung, in: Ev. Soziallexikon, Neuausgabe, 2001, Sp. 283ff.

rekonstruieren; es läßt sich aber mit guten Gründen auch rein autonomieethisch aufbauen. Denn es geht bei der Sicherung komplexer Gleichheit weniger um die Durchsetzung einer Gleichheitspräsumtion als vielmehr um die Sicherung individueller Freiheit.

Für die Sphäre der „Sicherheit und Wohlfahrt" präferiert Walzer übrigens ein Modell, bei dem die Gleichheit staatlicher Versorgung und Fürsorge aus der Gleichheit der Mitglieder in der politischen Gemeinschaft folgt. Seine Gleichheitstheorie ist damit explizit partikularistisch. Sie verlangt zudem keine Distributionsgleichheit. Vielmehr richten sich das Ausmaß und der Umfang von Versorgung und Fürsorge nach politisch von allen anerkannten Bedürfnissen. Die Egalität schlägt sich bei Walzer vor allem in der Form nieder: sie soll, unabhängig von der Verteilung des Wohlstands, „für alle Mitglieder unterschiedslos die gleiche" sein.[202]

c) Simplifizierung

Simplizistisch wird der Egalitarismus schließlich, wenn er sich den Problemen seiner Implementation entzieht. Zum einen spricht viel dafür, daß die Totalität der Kompensationslogik stets neue Kompensationsbedürfnisse produziert.[203] Denn unter der Prämisse der Gleichheitspräsumtion ist Autoviktimisierung eine aussichtsreiche Erfolgsstrategie zur Verbesserung der eigenen Lebensposition. Zum anderen muß man überlegen, wie die Ideale des Egalitarismus sub conditio humana nur annäherungsweise realisiert werden sollen. Selbst ein so hehres Ziel wie die auch im Zusammenhang mit dem Sozialstaat immer wieder beschworene Chancengleichheit[204] läßt sich schwerlich verwirklichen, wenn man seine Bedeutung vorrangig im Moment der Gleichheit sieht.[205] Denn realistischerweise lassen sich die natürlichen und sozialisationsbedingten Wettbewerbsvorteile und -nachteile der einzelnen Individuen selbst bei Anstrengung aller Kräfte weder durch Finanztransfers noch durch edukative Zuwendung ernsthaft kompensieren. Sinnvollerweise kann Chancengleichheit deshalb nur bedeuten, daß jeder seinen Potentialen gemäß die Chance bekommt, sich zu entfalten, seine Talente zu entwickeln und seine Lebenspläne zu verwirklichen (sowie im engeren Sinne verstanden diskriminierungsfrei Zugang zu öffent-

---

[202] *M. Walzer*, Sphären der Gerechtigkeit (1983), 1998, S. 126; cf. a. *W. Reese-Schäfer*, Kommunitaristisches Sozialstaatsdenken, in: S. Blasche/D. Döring (Hrsg.), Sozialpolitik und Gerechtigkeit, 1998, S. 75 (78 ff.).

[203] Siehe supra B.III.2.

[204] *H.-J. Papier*, Zur Zukunft des Sozialstaates, in: Gewerbemiete und Teileigentum 2005, 241 (244); *K.-P. Sommermann*, in: v. Mangoldt/Klein/Starck, GG, Bd. 2, 5. Aufl. 2005, Art. 20 Rdnr. 105; *R. Herzog*, in: Maunz-Dürig, GG, Art. 20 VIII Rdnr. 40 (18. Lfg. 1980); *H. D. Jarass*, in: ders./B. Pieroth, GG, 9. Aufl. 2007, Art. 20 Rdnr. 118; *C. Starck*, in: v. Mangoldt/Klein/Starck, GG, 5. Aufl. 2005, Art. 3 Rdnr. 33 ff.

[205] Zum Problem der Chancengleichheit etwa auch *T. Schramme*, Verteilungsgerechtigkeit ohne Verteilungsgleichheit, in: Analyse & Kritik 21 (1999), 171 (184 ff.).

lichen Positionen zu bekommen).[206] Auch Chancengleichheit folgt deshalb einer universalen, nicht aber eine egalitären Logik.

9. Sekundäre Relationalität

Steht man dem Egalitarismus aus den genannten Gründen skeptisch gegenüber, bedeutet dies allerdings nicht, relationalen Gesichtspunkten jeden Wert für eine Theorie der Gerechtigkeit absprechen zu müssen. Die Bedingungen der Knappheit etwa können dazu führen, daß bei der Erfüllung non-relationaler Gerechtigkeitsforderungen gewisse Abstriche gemacht werden müssen. In einer Situation der Konkurrenz solcher Forderungen lassen sich Vorrang- und Gleichordnungsbestimmungen nur unter Einschluß relationaler Gesichtspunkte vornehmen.[207] Ebenso lassen sich Kriterien des sozialen Minimums kaum ohne Berücksichtigung der üblichen Lebensverhältnisse bestimmen. Dies zeigt sich etwa bei der Festsetzung des Existenzminimums, welches die Sozialhilfe garantieren soll.[208] Sobald Minima über die rein physische Reproduktion hinausreichen, lassen sie sich nur unter Inblicknahme der Lebensumstände anderer konkretisieren, da die kulturellen Umstände dann zugleich das Minimum definieren.[209] Die In-Relationstellung nimmt hierbei jedoch entgegen den Grundannahmen des Egalitarismus, nicht die Position eines moraltheoretischen Primärzwecks ein, sondern ihr kommt ausschließlich ein dienender, mithin sekundärer Charakter zu.[210]

---

[206] Im diesem Sinne auch *R. Gröschner*, in: H. Dreier (Hrsg.), GG, Bd. 2, 2. Aufl. 2006, Art. 20 (Sozialstaat) Rdnr. 40; wohl auch *T. Ramm*, Der Wandel der Grundrechte und der freiheitliche soziale Rechtsstaat (1972), in: ders., Zum freiheitlichen sozialen Rechtsstaat, 1999, S. 153 (173).

[207] *S. Gospath*, Gleiche Gerechtigkeit, 2004, S. 183 ff.; *H. Pauer-Studer*, Autonom leben, 2000, S. 52 ff.; zum Fragenkreis instruktiv auch *P. Dabrock*, Befähigungsgerechtigkeit als Kriterium zur Beurteilung von Grundversorgungsmodellen im Gesundheitswesen, in: O. Rauprich/G. Marckmann/J. Vollmann (Hrsg.), Gleichheit und Gerechtigkeit in der modernen Medizin, 2005, S. 213 ff.; anders *T. Schramme*, Die Anmaßung der Gleichheitsvoraussetzung, in: Deutsche Zeitschrift für Philosophie 51 (2003), 255 (268 f.).

[208] Näher hierzu infra F.II.

[209] *A. Sen*, Inequality Reexamined, 1993, S. 81 ff.; *S. Schlothfeldt*, Zur Relevanz sozialer Vergleiche für normative Gerechtigkeitstheorien, in: S. Liebig/H. Lengfeld (Hrsg.), Interdisziplinäre Gerechtigkeitsforschung, 2002, S. 155 ff.; zur Unterscheidung von absoluten und relativen Bedürfnissen in diesem Zshg. auch *R. E. Goodin*, Relative Needs, in. A. Ware/R. E. Goodin (Hrsg.), Needs and Welfare, 1990, S. 12 ff.

[210] Zu einem abgeleiteten Stellenwert der Gleichheit auch *A. Krebs*, Arbeit und Liebe, 2002, S. 138 f. mit weit. Nachw.; *dies.*, Warum Gerechtigkeit nicht als Gleichheit zu begreifen ist, in: Deutsche Zeitschrift für Philosophie 51 (2003), 235 ff.; *T. Schramme*, Zur Währungskrise der egalitären Gerechtigkeit (Teil 1), in: Zeitschrift für philosophische Forschung 57 (2003), 612 (615, 618 und öfter).

10. Conclusio für eine Verfassungstheorie des Sozialstaates

Nach gängigen Vorstellungen soll der Sozialstaat für Chancengleichheit und Verteilungsgerechtigkeit sorgen.[211] Diese Annahme entspricht sozialphilosophisch der Position des Egalitarismus: Herkunft, zufällig mitgegebene Talente oder biologische Konstitution sollen demnach nicht über die sozialen Chancen in einer Gesellschaft entscheiden, unverdiente Vor- und Nachteile sollen ausgeglichen werden. Jeder Bürger hat nach dieser Logik der Umverteilung Anspruch auf egalitäre distributive Gerechtigkeit, soweit nicht gute Gründe für eine differenzierende Verteilung von Ressourcen, Wohlfahrtschancen etc. streiten.

Bei näherer Betrachtung sehen sich die Grundannahmen des Egalitarismus jedoch durchgreifenden Bedenken ausgesetzt. Sie führen autonomieethisch in die Irre, wenn sie den Begriff der Person mit seinen Individualität stiftenden Merkmalen und der Verantwortlichkeit für sein Handeln in Frage stellen. Egalitaristen stehen zudem, wie gezeigt, in der Gefahr, in letzter Konsequenz zynisch, reduktionistisch und simplifizierend zu argumentieren. Als wesentliche Erkenntnis der Egalitarismuskritik bleibt, daß die Forderung nach moralischer Gleichheit, d.h. reziproker Anerkennung, kein generelles Gebot der Verteilungsgleichheit nach sich zieht.[212] Die Gleichheitspräsumtion bietet keine sinnvolle Grundlage für eine normative Theorie sozialer Aktivitäten des Staates. Deshalb ist im Rahmen dieser Arbeit nach alternativen Fundierungen für eine Verfassungstheorie des Sozialstaates Ausschau zu halten.

Mit der Egalitarismuskritik korrespondiert aus verfassungsrechtlicher Sicht, daß im Grundgesetz das Freiheitsmoment gegenüber dem Gleichheitsmoment deutlich stärker profiliert ist.[213] Ausgehend von der Idee der Menschenwürde

---

[211] Aus sozialwissenschaftlicher Sicht *C. U. Ullrich*, Soziologie des Wohlfahrtsstaates, 2005, S. 157 ff. (auch mit Daten zur Umverteilungswirkung); mit einer Problemanalyse *M. Prisching*, Bilder des Wohlfahrtsstaates, 1996, S. 267 ff.; sozialphilosophisch neben den genannten Autoren etwa *N. Fraser*, Die halbierte Öffentlichkeit (1997), 2001, S. 23 ff., *dies.*, Soziale Gerechtigkeit im Zeitalter der Identitätspolitik, in: dies./A. Honneth (Hrsg.), Umverteilung oder Anerkennung?, 2003, S. 13 ff.; *A. Giddens*, Der dritte Weg, 1999, S. 119 ff.; *ders.*, Die Frage der sozialen Ungleichheit, 2001, S. 96 ff. mit der Pointe, investitative Umverteilung an die Stelle reaktiver Umverteilung zu setzen; aus ökonomischer Sicht zur Umverteilung durch den Sozialstaat (kritisch) *F. Breyer/W. Buchholz*, Ökonomie des Sozialstaats, 2007, S. 13 ff. (mit Daten und zahlreichen Rechenbeispielen); aus Sicht einer politischen Ökonomie (affirmativ) etwa *H. Ganßmann*, Politische Ökonomie des Sozialstaats, 2000; aus rechtswissenschaftlicher Sicht *J. Neuner*, Privatrecht und Sozialstaat, 1999, S. 90 ff.; *O. Depenheuer*, Solidarität im Verfassungsstaat, Habilitationsschrift Bonn, 1992; *H. F. Zacher*, Das soziale Staatsziel, in: HStR, Bd. 2, 3. Aufl. 2004, S. 659 (685 ff.); kritisch hiergegen *G. Haverkate*, Verfassungslehre, 1992, S. 258 ff.

[212] *T. Schramme*, Zur Währungskrise der egalitären Gerechtigkeit (Teil 1), in: Zeitschrift für philosophische Forschung 57 (2003), 612 (626); s.a. (schon des kongenialen Buchtitels wegen) *G. A. Cohen*, If You're an Egalitarian, How Come You're So Rich?, 2000.

[213] *H. M. Heinig*, Paternalismus im Sozialstaat, in: M. Anderheiden u.a. (Hrsg.), Paternalismus und Recht, 2006, S. 157 (162 f.).

kommt der Entfaltung der Persönlichkeit durch die Ausübung grundrechtlicher Freiheiten ein überragender Wert zu. Der gleichfalls in der Menschenwürde angelegte Schutzgedanke kann diese Freiheitsimprägnierung nicht durchdringen, sondern verstärkt sie bei rechtem Verständnis.[214] Wer das Sozialstaatsprinzip als Ausdruck eines streng egalitären Redistributionsgebotes verstehen will, muß deshalb, anders als etwa in Rawls' Gerechtigkeitskonzeption, den normativen Selbststand der Freiheit hinreichend berücksichtigen. Dies kann im Ergebnis nur auf eine Antinomie von Freiheit und Sozialstaatlichkeit unter einer „Präponderanz der Freiheit“ hinauslaufen.[215] Gerade eine streng egalitaristische Lesart des Sozialstaatsgebots befördert also Vorstellungen der Inkompatibilität von Sozialstaat und freiheitlichem Rechtsstaat und führt damit zu den oben im Hinblick auf *Ernst Forsthoffs* Sozialstaatsverständnis dargelegten Problemen. Zudem bleibt für eine Sozialstaatstheorie die Egalitarismuskritik mit ihren Mahnungen vor den dem Egalitarismus inhärenten Zynismen, Reduktionismen und Simplifizierungen normativ zu berücksichtigen. Vor diesem Hintergrund empfiehlt es sich, für eine Verfassungstheorie des Sozialstaates von der Idee distributiv-egalitärer Gerechtigkeit Abstand zu nehmen und statt dessen die Universalität der Freiheit und ihrer Voraussetzungen in den Blick zu nehmen. Genau dies ist das Ziel einer Theorie des *der Freiheit dienenden Sozialstaates*, deren Konturen im Folgenden näher erläutert werden sollen.

VI. Der freiheitsfunktionale Sozialstaat – Freiheit als normative Fundierung und Limitierung des Sozialstaates

Ein freiheitsdienliches Sozialstaatsverständnis setzt zunächst voraus, daß Freiheit (im politischen und rechtlichen Sinne)[216] und Sozialstaatlichkeit überhaupt sinnvoll in einen positiven Bezug zueinander gesetzt werden können. Eine solche Beziehung versteht sich jedoch keineswegs von selbst. Seit Kant und Humboldt (cf. supra C.I.) wurde immer wieder vor der Bedrohung individueller Freiheit durch einen entfesselten Wohlfahrtsstaat gewarnt: Den Sozialstaat eigne ein erhebliches paternalistisches Potential.[217] Er ist so gesehen eher die Antithese zur als eine Ausformung der Freiheit; diese Annahme liegt ja auch

---

[214] *H. M. Heinig*, Art. Menschenwürde (J), in: Ev. Staatslexikon, Neuausgabe, 2006, Sp. 1516 (1523).

[215] *G. Dürig*, in: Maunz/Dürig, GG, Art. 3 Rdnr. 135 (1. Lfg.).

[216] Das Nachdenken über menschliche Freiheit gehört zum Kernbestand abendländischen Denkens; entsprechend viele Nuancierungen und Facetten haben sich in den politischen, psychologischen, religiösen, gesellschaftlichen und naturwissenschaftlichen Debatten über Freiheit ausgebildet. Die folgenden Ausführungen beschränken sich auf die hier verfassungstheoretisch relevante politisch-juridische Dimension der Freiheit.

[217] *H. M. Heinig*, Paternalismus im Sozialstaat, in: M. Anderheiden u.a. (Hrsg.), Paternalismus und Recht, 2006, S. 157 ff.

Forsthoffs Ausführungen zur Inkompatibilität von Rechtsstaat und Sozialstaat zugrunde (cf supra. A.III.).

Doch eine produktive Wechselbeziehung zwischen Freiheit und Sozialstaatlichkeit wird nicht schon dadurch ausgeschlossen, daß der Wohlfahrtsstaat ein beachtliches paternalistisches Potential aufweist und man deshalb die Warnungen vor solchen Tendenzen für durchaus berechtigt halten muß (wie ja auch der Staat als Ordnungs- und Sicherheitsmacht die Freiheit des einzelnen ermöglichen und schützen, aber doch zugleich bedrohen kann). Die Frage der Freiheitsbefähigung durch den Sozialstaat sollte deshalb zunächst gesondert vom Problem der Freiheitsbedrohung durch den Sozialstaat in den Blick genommen werden, wiewohl beide Aspekte spätestens im Rahmen anwendungstheoretischer Überlegungen und der Reflexion institutioneller Realisierungsbedingungen zusammengeführt werden müssen.

Auch über die „blanke" These, daß Freiheit einer gewissen materiellen Basis bedarf, herrscht freilich kein Konsens. So insistiert *Gerd Roellecke* in einer Untersuchung zum Unterschied von Gerechtigkeit und sozialer Gerechtigkeit etwa darauf, daß auch „ein armer Mann ein freier Mann sein" kann.[218] Sozialstaatliche Aktivitäten könne man deshalb nicht mit dem normativen Ideal der Freiheit begründen. Im transzendentalphilosophischen Sinne hat Roellecke natürlich recht, wenn er Freiheit unabhängig von empirischen Bedingungen definiert. Denkt man Freiheit apriorisch, als reinen Vernunftbegriff, bestimmt sie sich unabhängig von Sinnlichkeit und Erfahrung. Auch muß man im Sinne Roelleckes die politische Errungenschaft herausstreichen, die in dem Umstand begründet liegt, daß das Freiheitsrecht des einzelnen, die Abwehr staatlichen Zwangs bei der Verwirklichung jeweiliger individueller Lebenspläne, gerade nicht von seinem Stand und Wohlstand abhängt. Und doch wirkt die Aussage Roelleckes in gewisser Weise auch zynisch. Sie erinnert ungewollt an das ironische Bonmot von *Anatole France*, daß das Recht in seiner majestätischen Gleichheit Reichen wie Armen verbietet, Brot zu stehlen oder unter Brücken zu schlafen.[219] Immer wieder wurde deshalb in der Philosophiegeschichte, der politischen Geschichte und der Genese des Verfassungsrechts herausgestrichen, daß die Idee der Freiheit eben auch die Verheißung umfaßt, eigene Lebensvorstellungen tatsächlich realisieren zu können.[220]

---

[218] *G. Roellecke*, Gerechtigkeit und soziale Gerechtigkeit, in: Zeitschrift für Rechtsphilosophie 2004, 17 (21).

[219] *A. France*, Die rote Lilie, 1925, S. 116 (zitiert nach *M. Kriele*, Einführung in die Staatslehre, 5. Aufl. 1994, S. 229): „Das Gesetz in seiner erhabenen Majestät verbietet es Armen und Reichen gleichermaßen, unter Brücken zu schlafen, Brot zu stehlen und an Ecken betteln zu gehen".

[220] Nach *G. Vobruba*, Freiheit: Autonomiegewinne der Leute im Wohlfahrtsstaat, in: S. Lessenich (Hrsg.), Wohlfahrtsstaatliche Grundbegriffe, 2003, S. 137 (141) wurde der Zusammenhang von Freiheit und Bedingungen ihrer Realisierung in der Tradition der Freiheitsphilosophie lange Zeit marginalisiert und Freiheit mit den Garantien des formellen

Eine Freiheitskonzeption, die so strukturiert ist, daß Freiheit keiner materiellen Basis bedarf, kann deshalb durchaus *zugleich* Zustimmung wie Ablehnung erfahren. Die Diskrepanz zwischen beiden Reaktionen liegt dann darin begründet, daß unterschiedliche Sinndimensionen von Freiheit angesprochen werden. Was sich als Aussage über die eine Ebene von Freiheit als richtig erweist, ist möglicherweise auf der anderen Ebene doch unzutreffend. Die für eine Verfassungstheorie des Sozialstaates interessante Frage lautet deshalb, ob das Grundgesetz auf ein bestimmtes (negativ-ausgrenzendes) Freiheitsverständnis in dem von Roellecke angedeuteten Sinne, beschränkt ist oder ob sich nicht vielmehr unterschiedliche Ebenen des Freiheitsdenkens im Grundgesetz abbilden, z.B. in den Grundrechten einerseits und dem Sozialstaatsprinzip andererseits[221] oder auch in unterschiedlichen Grundrechtsdimensionen.[222]

Die damit aufgeworfene Fragestellung ist natürlich nicht neu. Sie war immer wieder Gegenstand intensiver Debatten der Verfassungsdogmatik und Verfassungstheorie.[223] Eine besondere Verdichtung fand diese Debatte in den 1970er Jahren im Gefolge der Numerus-clausus-Entscheidung des Bundesverfassungsgerichts vom 18. Juli 1972.[224] Teilhabe- und leistungsrechtliche Dimensionen der in das Grundgesetz aufgenommenen Grundrechte standen dabei im Mittelpunkt.[225] Dieser grundrechtsdogmatische Streit wurde eine Zeitlang mit hoher

Rechtsstaates gleichgesetzt. Erst die Politisierung und Soziologisierung des Freiheitsdiskurses wirkte dem entgegen. In dieser Pauschalität ist die Aussage jedoch überaus zweifelhaft. Zudem implizierte eine solche Wirkungsgeschichte nicht, daß der philosophische Freiheitsbegriff obsolet geworden ist. Vielmehr ist die Verzahnung von Freiheit und Freiheitsbedingungen im normativen Freiheitsideal selbst angelegt. Dies verkennt *G. Vobruba*, ebenda, S. 141 ff., im Schwunge seiner soziologischen Reformulierung des Freiheitsthemas im Sozialstaat. Deshalb verliert er die freiheitsbedrohende Seite des Wohlfahrtsstaates dann aber auch gänzlich aus dem Blick.

221 Cf. etwa *H. H. Klein*, Die Grundrechte im demokratischen Staat, 1972.

222 Cf. *D. Grimm*, Rückkehr zum liberalen Grundrechtsverständnis? (1988), in: ders., Die Zukunft der Verfassung, 2. Aufl. 1994, S. 221 ff.

223 Cf. infra E.II.2.

224 BVerfGE 33, 303 (329 ff.); ferner E 43, 291 (313).

225 Cf. etwa *E.-W. Böckenförde*, Grundrechtstheorie und Grundrechtsinterpration (1974), in: ders., Staat, Verfassung, Demokratie, 1991, S. 115 (136 ff.); *E. Grabitz*, Freiheit und Verfassungsrecht, 1976, S. 37 ff. und öfter; *R. Breuer*, Grundrechte als Anspruchsnormen, in: Festgabe 25 Jahre Bundesverwaltungsgericht, 1978, S. 89 ff.; *ders.*, Grundrechte als Quelle positiver Ansprüche, in: Jura 1979, 401 ff.; *H.-U. Erichsen*, Freiheit-Gleichheit-Teilhabe, in: DVBl. 1983, 289 ff.; *P. Häberle*, „Leistungsrecht" im sozialen Rechtsstaat (1972/1978), in: ders., Verfassung als öffentlicher Prozeß, 3. Aufl. 1998, S. 445 ff.; *ders.*, Das Bundesverfassungsgericht im Leistungsstaat, in: DÖV 1972, 729 ff.; *ders.*, Grundrechte im Leistungsstaat, in: VVDStRL 30 (1972), S. 43 ff.; *W. Martens*, Grundrechte im Leistungsstaat, ebenda, S. 7 ff.; *G. Haverkate*, Rechtsfragen des Leistungsstaats, 1983, S. 206 ff.; *A. v. Mutius*, Grundrechte als „Teilhaberechte", in: VerwArch 64 (1973), 183 ff.; *W. Rüfner*, Grundrechtliche Leistungsansprüche, in: Festschrift für G. Wannagat, 1981, S. 379 ff.; *U. Scheuner*, Die Funktion der Grundrechte im Sozialstaat (1971), (1971), in: ders., Staatstheorie und Staatsrecht, 1978, S. 737 ff.; *D. Wiegand*, Sozialstaatsklausel und soziale Teilhaberechte, in: DVBl. 1974, 617 ff.

Intensität geführt. Er hat in letzter Zeit aber deutlich an Interesse verloren.[226] Gleichwohl blieb die verfassungsrechtliche Verankerung einer freiheitsdienlichen Tätigkeit des Staates in den Debatten des öffentlichen Rechts virulent, so in der wissenschaftlichen Begleitung der Verwaltungsmodernisierung, also etwa in den Diskussionen um Verantwortungsteilung bei der Erfüllung öffentlicher Aufgaben zwischen Staat und Privaten[227] und um unterschiedliche Formen der Privatisierung staatlicher Aufgabenerfüllung.[228] Sie verlagerte sich damit aber weg von den Spezifika des Sozialstaates und hin zu den allgemeinen verfassungsrechtlichen Mindestanforderungen für den staatlichen Leistungs- und Infrastruktursektor,[229] wobei Wechselwirkungen mit einem sich wandelnden Sozialstaatsverständnis durchaus intendiert waren, so z.B. im Rahmen der Konzeption eines „aktivierenden Staates".[230]

Wenn hier gleichwohl das normative Modell eines freiheitsfunktionalen Sozialstaates noch einmal in sehr grundsätzlicher Weise in enger Orientie-

---

[226] Der Schwerpunkt der Debatte verlagerte sich zudem nach der Wiedervereinigung Deutschlands von der Ebene der Verfassungsauslegung auf die Ebene der Verfassungspolitik, also auf die Frage, ob besondere soziale Grundrechte in die Verfassung aufgenommen werden sollen.

[227] *M. Heintzen*, Beteiligung Privater an der Wahrnehmung öffentlicher Aufgaben und staatliche Verantwortung, in: VVDStRL 62 (2003), S. 220 ff.; *A. Voßkuhle*, Beteiligung Privater an der Wahrnehmung öffentlicher Aufgaben und staatliche Verantwortung, ebenda, S. 266 ff.; *M. Schmidt-Preuß*, Verwaltung und Verwaltungsrecht zwischen gesellschaftlicher Selbstregulierung und staatlicher Steuerung, in: VVDStRL 56 (1997), S. 160 ff.; *U. Di Fabio*, Verwaltung und Verwaltungsrecht zwischen gesellschaftlicher Selbstregulierung und staatlicher Steuerung, ebenda, S. 235 ff.; *H.-H. Trute*, Die Verwaltung und das Verwaltungsrecht zwischen gesellschaftlicher Selbstregulierung und staatlicher Steuerung, in: DVBl. 1996, 950 ff.; *H. Schulze-Fielitz*, Grundmodi der Aufgabenwahrnehmung, in: W. Hoffmann-Riem/E. Schmidt-Aßmann/A. Voßkuhle (Hrsg.), Grundlagen des Verwaltungsrechts, Bd. 1, 2006, S. 761 (779 ff.).

[228] *M. Burgi*, Privatisierung, in: HStR, Bd. 4, 2006, S. 205 ff.; *ders.*, Funktionale Privatisierung und Verwaltungshilfe, 1999; *F. Schoch*, Privatisierung von Verwaltungaufgaben, in: DVBl. 1994, 962 ff.; *H. Bauer*, Privatisierung von Verwaltungsaufgaben, in: VVDStRL 54 (1995), S. 243 ff.; *C. Gamm*, Privatisierung und notwendige Staatsaufgaben, 2001; *C. Gusy* (Hrsg.), Privatisierung von Staatsaufgaben, 1998; *J. A. Kämmerer*, Privatisierung, 2001; *W. Weiß*, Privatisierung und Staatsaufgaben, 2002.

[229] *E. Schmidt-Aßmann*, Das allgemeine Verwaltungsrecht als Ordnungsidee, 2. Aufl. 2006, S. 146 ff. und öfter.

[230] Hierzu mit weit. Nachw. generell *A. Voßkuhle*, Neue Verwaltungsrechtswissenschaft, in: W. Hoffmann-Riem/E. Schmidt-Aßmann/A. Voßkuhle (Hrsg.), Grundlagen des Verwaltungsrechts, Bd. 1, 2006, S. 1 (51 f.); *G. F. Schuppert*, Aktivierender Staat und Zivilgesellschaft, in: G. Winter (Hrsg.), Das Öffentliche heute, 2002, S. 101 ff.; speziell auf den Sozialstaat bezogen *T. Kingreen*, Rechtliche Gehalte sozialpolitischer Schlüsselbegriffe: vom daseinsvorsorgenden zum aktivierenden Staat, in: SDSRV 52 (2004), S. 7 ff.; *N. Wohlfahrt*, Der aktivierende Sozialstaat, in: NDV 2001, 82 ff. *E.-W. Luthe*, Der aktivierende Sozialstaat im Recht, in: NDV 2003, 167 ff.; *K.-H. Ladeur*, „Deliberative Demokratie" und „Dritter Weg – eine neue Sackgasse?, in: Der Staat 41 (2002), 3 ff.; *I. Ebsen*, Der Arbeitslose als Sozialbürger und Klient, in: Festschrift 50 Jahre Bundessozialgericht, 2004, S. 725 ff.; cf. zur Hintergrundtheorie insb. *A. Giddens*, Der dritte Weg, 1998; *ders.*, Die Frage der sozialen Ungleichheit, 2001.

rung an einschlägigen sozialphilosophischen Debatten entwickelt werden soll, ist dieses Vorgehen durch folgende Überlegungen motiviert: Läßt man die älteren Debatten über einen freiheitsbefähigenden Sozialstaat noch einmal Revue passieren, fällt auf, daß sie sich überwiegend auf grundrechtsdogmatische Fragestellungen konzentrieren. Zugleich bzw. deshalb entbehren sie einer sich der Freiheitsfunktionalität als Fundament *und* Korrektiv bedienenden eigenständigen Sozialstaatstheorie (und -dogmatik).[231] Im Vordergrund stand vielmehr auf der einen Seite die positive, auf der anderen Seite die negative Affirmation eines leistungsstaatlichen Grundrechtsverständnisses. Um das Ordnungs- und Orientierungspotential des normativen Leitbilds eines freiheitsdienlichen Sozialstaates voll entfalten zu können, scheint es deshalb sinnvoll, die alten Fronstellungen der Grundrechtsdogmatik und Grundrechtstheorie zu meiden und sich der normativen Grundlagen für ein freiheitsdienliches Sozialstaatsverständnis neu zu versichern.

Ein solches Vorgehen ist aber auch deshalb geboten, weil sowohl die älteren Debatten um ein sozialstaatliches Grundrechtsverständnis als auch die neuere Diskussion um freiheitsfunktionale Grenzen der Modernisierung staatlicher Verwaltungsstrukturen jeweils von kontingenten gesellschaftsstrukturellen Überlegungen geprägt sind. So wird nicht selten ein leistungsstaatliches Grundrechtsverständnis mit dem Argument der besonderen Lebensbedingungen der Industriegesellschaft, also der in den sozialen Lebens- und Wirtschaftsformen angelegten Abhängigkeit der Freiheitsausübung von der staatlichen Leistungs- und Infrastrukturverwaltung begründet. Mit ähnlichen Argumenten, etwa der Unterscheidung von beherrschtem und effektivem Lebensraum, warb schon *Ernst Forsthoff* für seine Konzeption der Daseinsvorsorge.[232] Die Focussierung des gesellschaftlichen Wandels und seine Bedeutung für das Sozialstaatsverständnis läßt aber die freiheitstheoretischen Tiefengrundierungen des Sozialstaates, die gerade prinzipieller Natur sind, unbeachtet. So kommt gar nicht in den Blick, daß ganz unabhängig von jeweiligen Transformationen des Sozialen und dem hierdurch erzeugten Anpassungsdruck einer Autonomietheorie inhärente Überlegungen für ein gewisses Moment und Modell von Sozialstaatlichkeit streiten. Eine normativ angelegte Verfassungstheorie des freiheitsdienenden Sozialstaates, die aus den oben aufgezeigten Gründen sich darum bemüht, ein pragmatisches Sozialstaatsverständnis teils zu ergänzen, teils hinter sich zu lassen, ist darauf angewiesen, gerade solche von den jeweiligen Zeitumständen abgesetzte Schichten des Sozialstaatsgebots offenzulegen. In einem zweiten Schritt können dann nochmals die diesem Ansatz eigenen oder doch zumindest auch von ihm nicht vermiedenen Aporien und Paradoxien benannt werden.

---

[231] Cf. etwa *G. Haverkate*, Rechtsfragen des Leistungsstaats, 1983, S. 36ff., der um der sauberen Trennung von Freiheits- und Teilhabedimensionen des Rechts willen auf eine positive Bestimmung wie auf eine freiheitsfunktionale Eingrenzung des Sozialstaats verzichtet.

[232] Cf. *E. Forsthoff*, Die Verwaltung als Leistungsträger, 1938, S. 4ff.

Eine freiheitsfunktionale Sozialstaatskonzeption kann zwar nicht im Sprachspiel der politischen Philosophie des 17. und 18. Jahrhunderts verharren, sondern muß sich der jeweiligen Realisierungsbedingungen und der (gelungenen und gescheiterten) Realisierungsformen des Sozialstaates bewußt bleiben. Solche Erkenntnisse lassen sich in vielfältigster Weise abrufen: in der Sozialtheorie, der Sozialpsychologie, der Ökonomik oder den Politikwissenschaften. Doch bleibt vorrangige Aufgabe einer Verfassungstheorie des Sozialstaates, dies sei nochmals herausgestrichen, überhaupt erst einmal tragfähige Fundamente für eine normativ gehaltvolle Konzeption des Sozialstaates des Grundgesetzes zu gießen. Für eine solche Selbstvergewisserung ist der Rückgriff auf relativ basale Sprachformen und Theoriefiguren unabdingbar.

Vor dem Hintergrund der Debatten um eine sozialstaatliche Aufladung der Grundrechte sei schließlich aber auch darauf verwiesen, daß die im Folgenden entwickelten Leitlinien und Begründungsstrukturen einer normativen Verfassungstheorie des freiheitsdienlichen Sozialstaates keine direkten Implikationen für bestimmte verfassungsdogmatische Fragestellungen enthält. Wenn man Grund und Grenze des Sozialstaates in der Freiheit seiner Bürger sieht, ist damit z.B. noch keine Entscheidung für oder gegen ein leistungsstaatliches Grundrechtsverständnis gefallen. Die normstrukturellen Unterschiede zwischen Abwehrrechten und Leistungsrechten können deshalb nicht als Argument gegen ein freiheitsfunktionales Sozialstaatsverständnis in Anschlag gebracht werden.[233] Vielmehr stellt die Übersetzung einer normativen Verfassungstheorie des Sozialstaates in die Verfassungsdogmatik eine eigenständige, in einem zweiten Schritt zu erbringende Leistung dar. Auch um der Scheidung von normativer Theorie und juristischer Dogmatik willen soll deshalb im Folgenden nach einer Begründungstheorie des freiheitsdienlichen Sozialstaates gesucht werden, während die dogmatischen Konsequenzen, die aus einer solchen Begründungstheorie zu ziehen sind, an dieser Stelle noch bewußt offengelassen werden können.

1. Komplexe Freiheit – Freiheit und Freiheitsbefähigung

a) Freiheit und Freiheitsdimensionen

Der klassische Freiheitsbegriff im Verfassungsrecht versteht Freiheit als Schutz der Freiheitssphäre des Individuums durch die Abwesenheit von staatlichem Zwang.[234] In diesem Freiheitsbegriff spiegelt sich ein wesentliches Bezugspro-

[233] Den Kontrast zwischen rechtsstaatlichen Abwehrrechten und sozialstaatlichen Leistungsrechten bemühte, wie oben gezeigt, schon *E. Forsthoff*, Begriff und Wesen des sozialen Rechtsstaates (1954), in: ders., Rechtsstaatlichkeit und Sozialstaatlichkeit, 1968, S. 165 ff.; zustimmend *G. Haverkate*, Rechtsfragen des Leistungsstaats, 1983, S. 61.

[234] Cf. nur *B. Schlink*, Freiheit durch Eingriffsabwehr, in: EuGRZ 1984, 457 ff.; *R. Poscher*,

blem der Konstitutionalisierung wider: die Bändigung des Leviathan.[235] Diese Form von Freiheit ist unabhängig von den ökonomischen Verhältnissen, der Bildung oder sonstigen persönlichen Lebensumständen des Freiheitsberechtigten – insoweit ist Roelleckes Diktum, auch der arme Mensch könne frei sein, zuzustimmen. Der Schutz vor politischer Drangsalierung und willkürlichen Verhaftungen, vor staatlichen Übergriffen auf Leib und Leben, Hab und Gut kommt Menschen als Menschen zu und ist in seinem Wert unabhängig vom konkreten Leben, das der einzelne führt, und den materiellen Verhältnissen, in denen er es führt.[236] Doch das spezifische Thema des verfassungsrechtlichen Freiheitsdiskurses, das Verhältnis von staatlicher Gewalt und individueller Freiheit, läßt sich auch vielgestaltiger durchdeklinieren als es im Postulat eines status negativus[237] anklingt (cf. auch infra F.II.2.). So gehört zur konstitutionellen Freiheitstradition neben der Freiheit von staatlicher Ingerenz zumindest auch eine positive Komponente: die Teilhabe an der staatlichen Willensbildung.[238] Individuelle Selbstbestimmung und demokratische Selbstregierung wurden bereits in der Einleitung als zentrale Wesensmerkmale des Verfassungsdenkens identifiziert, die nicht etwas jeweils Isoliertes bilden, sondern einen gemeinsamen Bezugspunkt kennen: die Idee des freien Individuums, das zur eigenen Urteilsbildung in der Lage ist und das auf dieser Basis sein Schicksal selbst gestalten kann, darf und will.

In der politischen Philosophie bildet diese Bedeutung wiederum jedoch nur einen Aspekt einer komplexer angelegten Freiheitsstruktur, die insbesondere nicht nur eine Freiheit *von* äußeren, hindernden Einflüssen kennt, sondern auch die Freiheit *zu* einem bestimmten Tun unterstreicht. Diese Tradition reicht bis zu Paulus zurück. Freiheit meint „neben dem Freisein von Beschränkungen … auch einen Bereich von Handlungsmöglichkeiten, einen Bereich der Wahlfreiheit."[239] Üblicherweise bezeichnet man diese beiden Freiheitsdimensionen als *negative und positive Freiheit*. Die beiden Dimensionen lassen sich in einem harten Kontrast zeichnen, wofür ideengeschichtliche (und politische) Gründe

---

Grundrechte als Abwehrrechte, 2003; zum Komplex auch *W. Krebs*, Rechtliche und reale Freiheit, in: D. Merten/H.-J. Papier (Hrsg.), Handbuch der Grundrechte, Bd. 2, 2006, S. 291 ff.

[235] In der deutschen Tradition ist die rechtsstaatliche Bindung geradezu das wesentliche Bezugsproblem der Konstitutionalisierung. Freilich kennt das Verfassungsdenken daneben eine weitere Dimension: die demokratische Politisierung des Rechts; cf. näher *C. Möllers*, Verfassunggebende Gewalt – Verfassung – Konstitutionalisierung, in: A. von Bogdandy (Hrsg.), Europäisches Verfassungsrecht, 2003, S. 1 (4 ff.).

[236] Cf. nachdrücklich *I. Berlin*, Zwei Freiheitsbegriffe (1958), in: ders., Freiheit. Vier Versuche, 1995, S. 197 (204); *W. Kersting*, Der liberale Liberalismus, 2006, S. 23.

[237] Grundlegend zum Begriff *G. Jellinek*, System der subjektiven öffentlichen Rechte, 2. Aufl. 1905, S. 87.

[238] Cf. wiederum *G. Jellinek*, System der subjektiven öffentlichen Rechte, 2. Aufl. 1905, S. 159 ff.

[239] *H. Pauer-Studer*, Autonom leben, 2004, S. 11.

sprechen (hierzu sogleich). Doch strukturell lassen sich beide Dimensionen auch in einem Modell komplexer Freiheit zusammenfassen. Negative und positive Freiheit bilden dann nicht zwei unterschiedliche Freiheiten, sondern unterschiedliche Schwerpunktsetzungen innerhalb eines Modells, das drei Anknüpfungspunkte kennt.[240] Freiheit ist in dieser Perspektive ein dreistelliges Prädikat, das einen *Träger* der Freiheit, einen *Gegenstand* der Freiheit und *Hindernisse*, derer der Träger in Bezug auf den Gegenstand frei ist, umfaßt.[241] Während die negative Freiheit nun die Abwesenheit von staatlichen Hindernissen betont, streicht die positive Freiheit einerseits die Bedeutung des Freiheitsgegenstandes heraus und focussiert andererseits ein anderes Hindernis: Nicht rechtliche Verbote und Erlaubnisse, sondern faktische Hemmnisse der Freiheitsausübung werden thematisiert. In dieser Tradition kommt der effektiven Freiheitsbefähigung eine freiheitsinhärente Bedeutung zu.

Auch in der Grundrechtsdogmatik haben sich um den Kerngehalt der Grundrechte als freiheitsschützende Abwehrrechte unterschiedlichste andere Grundrechtsdimensionen angelagert. So werden Grundrechte zugleich als objektiv-rechtliche Grundentscheidungen, als Schutzpflichten bei Grundrechtsbeeinträchtigungen durch Dritte, als Einrichtungsgarantien, als Leistungs-, Teilhabe- und Verfahrensrechte verstanden.[242] In der Grundrechtstheorie ist der Vorrang der Abwehrdimension zudem immer wieder in Frage gestellt worden.[243] Diese verfassungsrechtspezifische Dimension der Suche nach einem angemessenen Freiheitsverständnis soll hier zunächst zurücktreten zugunsten einer stärker sozialphilosophisch angeleiteten Betrachtung einer möglichen freiheitstheoretischen Fundierung des Sozialstaates. Direkte Implikationen für die Grundrechtsdogmatik sind einer solchen freiheitsdienlichen Begründung der wohlfahrtsstaatlichen Tätigkeit des Staates nicht zu entnehmen. Eine normative Verfassungstheorie des freiheitsfunktionalen Sozialstaates wäre vielmehr in einem zweiten Schritt in eine adäquate Dogmatik des sozialen Staates zu übersetzen. Solchen Fragen wird im zweiten Teil dieser Arbeit nachzugehen sein – zuvor aber ist die „eigentliche", theoretische Begründungsarbeit für ein freiheitsfunktionales Sozialstaatsmodell zu leisten.

---

[240] *H. Pauer-Studer*, Autonom leben, 2004, S. 19.

[241] *G. C. MacCallum*, Negative and Positive Freedom, in: The Philosophical Review 76 (1967), 312 ff.; ihm folgend *M. Morlok*, Selbstverständnis als Rechtskriterium, 1993, S. 375 ff.; *R. Poscher*, Art. Freiheit (J), in: Ev. Staatslexikon, Neuausgabe, 2006, Sp. 633 (633); *ders.*, Grundrechte als Abwehrrechte, 2003, S. 110 ff.; *R. Alexy*, Theorie der Grundrechte, 2. Aufl. 1994, S. 194 ff.; *R. E. Goodin*, Reasons for Welfare, 1988, S. 307 ff.; *C. Bumke*, Der Grundrechtsvorbehalt, 1998, S. 99 f.; *W. Heun*, Freiheit und Gleichheit, in: D. Merten/H.-J. Papier (Hrsg.), Handbuch der Grundrechte, Bd. 2, 2006, S. 437 (447 f., mit weit. Nachw. aus der amerikanischen Sozialphilosophie).

[242] Cf. näher infra F.II.2.

[243] Cf. im Überblick *E.-W. Böckenförde*, Grundrechtstheorie und Grundrechtsinterpretation (1974), in: ders., Staat, Verfassung, Demokratie, 1991, S. 115 ff.; zu einzelnen grundrechtstheoretischen Ansätzen auch *M. Jestaedt*, Grundrechtsentfaltung im Gesetz, 1999, S. 72 ff.

b) Zu einer freiheitsadäquaten Terminologie: Zwei Freiheitsdimensionen oder Freiheit und Freiheitsbefähigung?

aa) Die Schattenseite positiver Freiheit

Die positive und negative Freiheit haben in der politischen Ideengeschichte sehr unterschiedliche Ausgestaltungen erfahren. Entsprechend divergente Bedeutungen werden mit den Begriffen verbunden. Dabei überschneiden sich gerade bei der positiven Freiheit zwei Sinnkreise. Die eine Bedeutungsschicht betont, wie oben skizziert, die individuelle Freiheit *zu* einem bestimmten Handeln und fragt nach den ihr entgegenstehenden Hindernissen, die andere fragt hingegen nach einem „richtigen" Freiheitsgebrauch und der Autorität, hierüber zu befinden. So verstanden sind positive und negative Freiheit dann kaum mehr auf dieselbe Struktur zurückzuführen, sondern unterschiedlicher Art. *Isaiah Berlin* hat den hieraus erwachsenden Unterscheid zwischen negativer und positiver Freiheit einmal so umschrieben: Während im Hinblick auf die negative Freiheit zu fragen ist, in „welchem Ausmaß" ich regiert werde, berührt das positive Freiheitsverständnis die Frage: „Von wem werde ich regiert?".[244] In radikaler Zuspitzung lassen sich die positive und negative Freiheit dann zwei Freiheitstraditionen zuordnen, die miteinander gänzlich inkompatibel sind. *Görg Haverkate* hat den Kontrast zwischen solchen Idealtypen des Freiheitsdenkens nachdrücklich betont. Eine liberal-verfassungsstaatliche Individualfreiheit steht hier einer totalitär-sozialistischen Teilhabefreiheit gegenüber.[245] Erstere zeichnet sich durch einen gerichtlich durchsetzbaren Schutz des Individuums gegenüber dem Staat aus, zweitere durch eine doppelte Kollektivität (als Subjekt und Gegner der Menschenrechte).[246] Mit einer solchen Bedeutung versehen ist der Begriff der positiven Freiheit für eine freiheitliche Verfassungstheorie allenfalls als Negativfolie brauchbar. Haverkate insistiert deshalb darauf, streng zwischen Freiheit, die er ausschließlich als negative Freiheit verstanden wissen will, und der Förderung tatsächlicher Möglichkeiten der Freiheitsausübung zu unterscheiden.[247] Freiheitsförderung sei nicht mit Freiheit gleichzusetzen, sondern stelle umgekehrt ein freiheitsrechtliches Problem dar, da sie mit Freiheitseingriffen verbunden sei. Die freiheitsbedrohende Dimension der Freiheitsförde-

---

[244] *I. Berlin*, Einleitung (1969), in: ders., Freiheit. Vier Versuche, 1995, S. 9 (45).

[245] *G. Haverkate*, Rechtsfragen des Leistungsstaats, 1983, S. 65 ff.; *ders.*, Verfassungslehre, 1992, S. 231 ff.; hierzu auch *D. Murswiek*, Grundrechte als Teilhaberechte, soziale Grundrechte, in: HStR, Bd. 5, 2. Aufl. 2000, S. 243 (257 ff.). Dieser Kontrast prägte auch den zeitgeschichtlichen Kontext der Berlinschen Überlegungen, der seine Kritik des positiven Freiheitsbegriffs vor dem Hintergrund der Erfahrungen mit den Totalitarismen seiner Zeit formulierte; cf. a. *M. Ignatieff*, Isaiah Berlin – Ein Leben, 2000.

[246] *G. Haverkate*, Verfassungslehre, 1992, S. 165.

[247] *G. Haverkate*, Rechtsfragen des Leistungsstaats, 1983, S. 65 ff.; *ders.*, Verfassungslehre, 1992, S. 155 ff.

rung werde verschleiert, wenn man reale Bedingungen zur Ausübung von Freiheitsrechten in den Freiheitsbegriff selbst aufnimmt.

bb) Eine klassisch liberale Perspektive – Freiheitsvoraussetzungen bei Isaiah Berlin

In vergleichbarer Weise verlangt auch *Isaiah Berlin* in seinem berühmten Aufsatz „Zwei Freiheitsbegriffe", zwischen Freiheit und sonstigen Wertvorstellungen zu unterscheiden.

> „Freiheit ist Freiheit – und nicht Gleichheit oder Fairneß oder Gerechtigkeit oder Kultur oder menschliches Glück oder gutes Gewissen. ... Wir müssen uns einen Bereich persönlicher Freiheit bewahren, wenn wir uns nicht selbst erniedrigen und verleugnen wollen. ... Freiheit in diesem Sinne ist immer Freiheit *von* etwas".[248]

Gerade Isaiah Berlin zeigt aber auch gute Gründe dafür auf, eine negativ verstandene Freiheit nicht absolut zu setzen, sondern einzuhegen und freiheitsfördernd zu unterfüttern. Denn die „Freiheit der Wölfe bedeutet oft genug den Tod der Schafe".[249] Die entscheidende Frage ist dann aber, ob solche guten Gründe ihrerseits freiheitstheoretisch oder nur freiheitsextern bestimmbar sind. Nach Berlin kennt Freiheit „angemessene Voraussetzungen zu ihrem Gebrauch"[250] – doch wird bei ihm nicht ganz klar, ob diese Voraussetzungen selbst aus der Idee der Freiheit heraus erfaßt werden können oder ob ein solches Unterfangen nur zur „Begriffsverwirrung"[251] führen würde. Während Berlin in „Zwei Freiheitsbegriffe" durchgängig auf einer Purifizierung des Konzepts negativer Freiheit von allen Aspekten der Freiheitsvoraussetzungen besteht,[252] heißt es in der später entstandenen Einleitung zu dem Sammelband „Freiheit. Vier Versuche":

> „Sehr vieles spricht für Eingriffe des Staates oder anderer geeigneter Körperschaften, um die Voraussetzungen ... für ein Mindestmaß an negativer Freiheit der Individuen zu sichern. ... Argumente für eine Sozialgesetzgebung, für gesellschaftliche Planung, für den Wohlfahrtsstaat und den Sozialismus lassen sich aus Erwägungen über die Ansprüche der negativen Freiheit mit ebenso großer Gültigkeit ableiten wie aus Erwägungen über die positive Freiheit; und wenn dies im Laufe der Geschichte seltener geschah, so deshalb, weil das Übel, gegen daß das Konzept der negativen Freiheit sich richtete, nicht das laisser-faire, sondern der Despotismus war. Aufstieg und Niedergang der

---

[248] *I. Berlin*, Zwei Freiheitsbegriffe (1958), in: ders., Freiheit. Vier Versuche, 1995, S. 197 (205 ff.); cf. hierzu auch die Kritik bei *C. Taylor*, Der Irrtum der negativen Freiheit (1979), in: ders., Negative Freiheit?, 1988, S. 118 ff.

[249] *I. Berlin*, Einleitung (1969), in: ders., Freiheit. Vier Versuche, 1995, S. 9 (48); ähnlich ders., Zwei Freiheitsbegriffe (1958), in: ders., Freiheit. Vier Versuche, 1995, S. 197 (204): „Die Freiheit der Wölfe ist der Tod der Lämmer".

[250] *I. Berlin*, Zwei Freiheitsbegriffe (1958), in: ders., Freiheit. Vier Versuche, 1995, S. 197 (204).

[251] *I. Berlin*, Zwei Freiheitsbegriffe (1958), in: ders., Freiheit. Vier Versuche, 1995, S. 197 (205).

[252] *I. Berlin*, Zwei Freiheitsbegriffe (1958), in: ders., Freiheit. Vier Versuche, 1995, S. 197 (201 ff.).

beiden Konzepte lassen sich im wesentlichen mit den spezifischen Gefahren in Verbindung bringen, von denen eine Gruppe oder eine Gesellschaft zu einem bestimmten Zeitpunkt bedroht wurde: einerseits ein Übermaß an Kontrolle und Unterdrückung, andererseits die unkontrollierte Marktwirtschaft. Jedes der beiden Konzepte kann sich anscheinend in jenes Übel verkehren, dem es eigentlich abhelfen sollte."[253]

Es steht für Berlin also außer Frage, daß im Rahmen einer Theorie der Freiheit die grundlegenden realen Bedingungen für die Möglichkeit, seine individuellen Freiheitsrechte zu nutzen, auf irgendeine Weise mitbedacht sein wollen. Berlins Freiheitsvorstellungen sind also, um mit *Charles Taylor* zu sprechen, nicht nur von einem „Möglichkeitsbegriff" geprägt, der lediglich die Abwesenheit von Hindernissen erfaßt, sondern auch von einem „Verwirklichungsbegriff", der die Freiheit als Selbsterfüllung, als Selbstverwirklichung begreift.[254] Die Schaffung realer Freiheitsbedingungen setzt aber in der Regel Umverteilung und damit Freiheitseingriffe voraus. Berlin betont deshalb die Bedeutung eines Kernbestandes negativer Freiheit, die auch bei der Verfolgung anderer, noch so hehrer Ziele, die sich z.T. auch als Realisierungsbedingungen für die Freiheit Dritter beschreiben lassen, unantastbar bleiben muß, um noch von einer freiheitlichen Gesellschaft sprechen zu können.

„Ein bestimmtes Minimum an Freiraum für Entscheidungen … muß gewährleistet sein, sonst könnte man das Handeln der Menschen nicht mehr sinnvoll als frei bezeichnen. … Man darf nicht vergessen: zwar ist Freiheit ohne ausreichende materielle Sicherheit, ohne Gesundheit und Wissen in einer Gesellschaft, der es an Gleichheit, Gerechtigkeit, gegenseitigem Vertrauen fehlt, fast nutzlos, doch auch das Umgekehrte kann sich als verhängnisvoll erweisen. Man erweitert jedenfalls nicht [s.c.: notwendig; Verf.] die Freiheit, indem man materielle Bedürfnisse erfüllt, Bildung, Gleichheit und Sicherheit fördert."[255]

Denn die Bedingungen der Freiheit lassen sich auch protektieren, ohne die Freiheit selbst zu befördern. Deshalb bleibt die Idee der Freiheit an das Primat der negativen Freiheit gebunden.

„Die Grundbedeutung von Freiheit ist Freiheit von Ketten, von Eingesperrtsein, von Versklavung durch andere. Alles andere ist eine Erweiterung dieser Bedeutung oder Metaphorik."[256]

Gleichwohl könne es geschehen, daß

„eine Freiheit eine andere untergräbt; eine Freiheit kann die Entstehung von Bedingungen behindern oder verhindern, die andere Freiheiten oder ein größeres Maß an Freiheit oder Freiheit für eine größere Zahl von Menschen ermöglichen würde; positive und negative Freiheit können in Konflikt geraten; die Freiheit des einzelnen oder

253 *I. Berlin*, Einleitung (1969), in: ders., Freiheit. Vier Versuche, 1995, S. 9 (49).

254 *C. Taylor*, Der Irrtum der negativen Freiheit (1979), in: ders., Negative Freiheit?, 1988, S. 118 (121 ff.).

255 *I. Berlin*, Einleitung (1969), in: ders., Freiheit. Vier Versuche, 1995, S. 9 (54, 57).

256 *I. Berlin*, Einleitung (1969), in: ders., Freiheit. Vier Versuche, 1995, S. 9 (58).

der Gruppe ist mit den Ansprüchen der Gemeinschaft auf Kooperation, Solidarität, Brüderlichkeit möglicherweise nicht immer völlig vereinbar. Aber darüber hinaus besteht ein noch schwierigeres Problem: das übergeordnete Bedürfnis, die Ansprüche anderer, nicht weniger endgültiger Werte zu erfüllen: Gerechtigkeit, Glück, Liebe, die Ausübung der Fähigkeit, neue Dinge, neue Erfahrungen, neue Ideen hervorzubringen, die Entdeckung von Wahrheit. Nichts ist damit gewonnen, wenn man die Freiheit gleichgültig in welcher ihrer verschiedenen Bedeutungen, mit diesen Werten oder mit den Voraussetzungen von Freiheit identifiziert oder wenn man die verschiedenen Arten von Freiheit in einen Topf wirft."[257]

Die mäandernde Argumentation Berlins, die auf harten Unterscheidungen beharrt, die negative Freiheit aber auch in Beziehung setzt zu den Chancen der Realisierung von Freiheitsmöglichkeiten und sonstigen politischen Idealen wie Gleichheit oder Gerechtigkeit, kommt wohl nicht von ungefähr. Er ist Ausdruck einer grundlegenden Spannung, die in jeder freiheitstheoretischen Reflexion des sozial aktiven Staates angelegt ist. Einerseits sieht Berlin durchaus, daß die Ausübung der Freiheit des einen die faktische Möglichkeit des anderen zur Realisierung seiner Freiheitsrechte in Frage stellen kann und Freiheit auch Freiheitsvoraussetzungen kennt. Einschränkungen der Freiheit des einen können deshalb um der Freiheit des anderen willen, aber auch der realen Freiheitsvoraussetzungen des anderen willen legitim sein. Andererseits sucht Berlin der Gefahr einer Verunklarung des Freiheitsbegriffs und einer Überlagerung der Freiheit durch sonstige Wertbegriffe zu begegnen, indem er das klassische negative Freiheitsverständnis in seiner hohen Relevanz und Klarheit verteidigt.

cc) Konsequenzen für ein freiheitsfunktionales Sozialstaatsverständnis und seine semantische Selbstbeschreibung

Für eine freiheitsorientierte Verfassungstheorie des Sozialstaates sind diese Grundeinsichten gleich in mehrerlei Hinsicht von Bedeutung. Zum einen zeigt Berlin, daß es mit einer liberalen Denkungsart keineswegs in Widerspruch steht, Sinn für reale Freiheitsbedingungen aufzuweisen. Freiheit und Sozialstaat stehen jedenfalls nicht *nur* im Widerspruch zueinander, sondern lassen sich in der Figur der Freiheitsfunktionalität auch in eine positive Beziehung setzen.[258] Folgt man der in dieser Arbeit weiter oben dargelegten Skepsis gegenüber anderen normativen Sozialstaatsbegründungen, wird man sogar sagen können, daß *nur* der Dienst an der Freiheit dem Sozialstaatsgebot hinreichende Orientierung zu geben vermag.

Zum zweiten weist Berlin – mit beachtlichen Gründen – auf die Gefahr hin, daß über die Figur der Freiheitsvoraussetzungen der eigentliche Kern der Frei-

---

[257] *I. Berlin*, Einleitung (1969), in: ders., Freiheit. Vier Versuche, 1995, S. 9 (59).

[258] Aus verfassungstheoretischer Sicht hierzu etwa *K. Hesse*, Bemerkungen zur heutigen Problematik und Tragweite der Unterscheidung von Staat und Gesellschaft, in: DÖV 1975, 437 (439 ff.).

heitsidee verkannt zu werden droht. Diese Gefahr verschärft sich zudem, wenn über diesen Weg weitere Wertbegriffe wie Gleichheit oder Gerechtigkeit in die Freiheitsidee „hineingeschmuggelt" werden. Aus diesem Grunde beharrt Berlin auf der Distinktion zwischen Freiheit einerseits und ihren Voraussetzungen sowie sonstigen Prinzipien andererseits.[259] In einer freiheitlichen Sozialstaatsbegründung sind deshalb zumindest solche alternativen Wertbegriffe in ihrer Alternativität zu identifizieren und auf ihre Tragfähigkeit hin zu befragen. Umgekehrt ermöglicht dieses Vorgehen aber auch, freiheitsdienliche sozialstaatliche Förderung und Umverteilung von sonstigen Zielverfolgungen, etwa egalisierender Umverteilung, strikt zu unterscheiden. Wenn vorstehend konkurrierende Sozialstaatsteleologien verworfen wurden, ist damit auch den Bedenken derjenigen Rechnung getragen, die fürchten, daß sich im Gefolge einer freiheitlichen Sozialstaatstheorie gerade antiliberale Zielsetzungen Bahn brechen können, der Begriff der Freiheitsvoraussetzung also gleichsam als trojanisches Pferd fungiert, durch das totalitäre wohlfahrtsstaatliche Vorstellungen die Barrieren der negativen Freiheit überwinden.[260]

Zum dritten erinnert Berlin daran, daß sowohl gegenüber den Bemühungen um die Herstellung freiheitsadäquater Lebensbedingungen als auch bei der Verfolgung sonstiger Prinzipien das klassische, negative Freiheitsverständnis in hinreichendem Maße als Korrektiv und Grenze in Ansatz gebracht werden muß. Kritiker eines freiheitsfunktionalen Sozialstaatsverständnisses bezweifeln, daß die Freiheitsrechte noch eine sinnvolle Begrenzungsfunktion gegenüber staatlichen Machtprätentionen entfalten können, wenn sie über das Argument sozialstaatlicher Freiheitsbefähigung zugleich als Rechtfertigung für Eingriffe herangezogen werden können.[261] Doch in dieser Schlichtheit formuliert greift das Konfusionargument zu kurz, denn wenn individuelle Freiheitssphären sich wechselseitig begrenzen und deshalb staatliche Freiheitseingriffe mittels der Freiheitsrechte Dritter gerechtfertigt werden können,[262] dann kann auch ein wechselseitig begrenzendes Verhältnis zwischen der Freiheit des einen

---

[259] Ebenso *G. Haverkate*, Rechtsfragen des Leistungsstaats, 1983, S. 65 ff.; *ders.*, Verfassungslehre, 1992, S. 155 ff., 258 ff.

[260] Cf. *G. Haverkate*, Verfassungslehre, 1992, S. 258 ff., für den allerdings auch freiheitsfördernde Umverteilung stets auf Egalisierung und die Durchsetzung von politischen Idealen „wahrer" Freiheit hinausläuft.

[261] So bereits *E. Forsthoff*, Der Staat in der Industriegesellschaft, 2. Aufl. 1971, S. 154; ferner *G. Roellecke*, in: D. C. Umbach/T. Clemens (Hrsg.), GG, 2002, Art. 20 Rdnr. 181 f.; ähnlich *G. Haverkate*, Verfassungslehre, 1992, S. 270, der allerdings Freiheitsförderung mit Egalisierung gleichsetzt: „Die Umverteilung ist von ihrem eigentlichen Anliegen, gleiche Freiheit für alle zu bewirken, nicht immanent zu steuern." Eine intelligente Problemskizze bei *T. Blanke/C. Sachße*, Wertwandel in der Sozialarbeit?, in: T. Olk/H.-U. Otto (Hrsg.), Soziale Dienste im Wandel 1, 1987, S. 251 (276 f.).

[262] *I. Berlin*, Zwei Freiheitsbegriffe (1958), in: ders., Freiheit. Vier Versuche, 1995, S. 197 (207).

und der Freiheitsbefähigung des anderen gezeichnet werden[263] – wenn denn begründet werden kann, daß gewisse staatliche Bemühungen um Freiheitsvoraussetzungen freiheitstheoretisch durchaus gefordert sind (worauf sogleich näher einzugehen sein wird). Die Korrektivfunktion der negativen Freiheit als solche wird durch ein freiheitsdienliches Sozialstaatsmodell also mitnichten in Frage gestellt. Als eigentliche Herausforderung erweist sich vielmehr, das rechte Maß zwischen negativer Freiheitssicherung und positiver Freiheitsbefähigung, also eine Art sozialstaatliche Verhältnismäßigkeit zu bestimmen. Diese Aufgabe stellt sich verfassungstheoretisch jedoch auch, und zwar in ganz anderer und für die Freiheit prekärerer Weise, wenn man den Sozialstaat nicht auf den Gedanken der Freiheitsbefähigung zurückführt – das pragmatische Sozialstaatsverständnis zeigt dies deutlich. Gerade das normative Ideal des Dienstes an der Freiheit bietet hingegen bei rechtem Verständnis im Grundsatz die Möglichkeit, eine für das Korrektiv der negativen Freiheit erforderliche Relation zwischen Zweck (Freiheitsförderung) und Mittel (staatlicher Intervention) herzustellen. Der Gedanke der sozialstaatlichen Freiheitsbefähigung stellt somit die freiheitliche Begrenzung staatlicher Tätigkeiten nicht in Frage, sondern bietet umgekehrt Ansätze, der freiheitlich gebotenen Kontrolle und Einhegung des Sozialstaates gerade Kontur zu verleihen.

Und schließlich sensibilisiert Berlin für die Schattenseite der positiven Freiheit, wenn diese verstanden wird als eine von den tatsächlichen Präferenzen des einzelnen abgelöste „wahre" Freiheit, über deren Inhalt ein Kollektiv – das Volk, die Arbeiterklasse, eine technokratische Elite – im vermeintlichen Interesse des Betroffenen zu bestimmen hat. Soweit der Begriff der positiven Freiheit im Rahmen einer im Horizont des Grundgesetzes stehenden freiheitsdienlichen Sozialstaatstheorie Verwendung findet, kann dieser selbstredend nur in einem streng individualistischen Sinne als Einbezug von realen Freiheitshemmnissen in das liberale Freiheitsmodell verstanden werden, nicht aber in der kollektivistisch-paternalistischen Tradition.[264]

Trägt man in der beschriebenen Weise den von Berlin formulierten Bedenken gegen eine Gleichsetzung von Freiheit und Freiheitsbefähigung in der Sache Rechnung, erweisen sich die mit der normativen Konzeption eines freiheitsdienlichen Sozialstaatsverständnisses aufgeworfenen terminologischen Fragen als nachrangig. Begriffsfragen lassen sich bekanntermaßen nicht in den Kategorien von richtig und falsch beantworten, sondern sind pragmatischer Natur. Für eine klare terminologische Trennung von Freiheit und Freiheitsbefähigung und gegen jede sich in der Redeweise niederschlagende sozialstaatliche Aufladung des Freiheitsbegriffs streiten die Mißbrauchs- und Mißverständnisanfäl-

[263] Skeptisch demgegenüber *W. Kersting*, Der liberale Liberalismus, 2006, S. 24 f.

[264] Näher zum Paternalismus, der auch dem individualzentrierten Freiheitsverständnis nicht fremd ist, infra C.IV.5.

ligkeit eines komplexen Freiheitsverständnisses, das Aspekte der negativen und positiven Freiheit in sich vereint. Andererseits bietet ein dreigliedriger Freiheitsbegriff mit den Elementen Träger, Gegenstand, Hindernis der Freiheit, wie er oben vorgestellt wurde, die Basis dafür, Freiheit und Freiheitsbefähigung (oder negative und positive Freiheit) in ein kohärentes, aufeinander bezogenes und d.h. auch sich wechselseitig kontrollierendes Verhältnis setzen zu können. Erst dieser innere Bezug ermöglicht es dann aber, Freiheit zugleich als Grund und Grenze des Sozialstaates zu denken und auf dieser Grundlage den verfassungstheoretischen Schwächen eines rein pragmatischen Sozialstaatsverständnisses abzuhelfen.

c) Verantwortung als Kriterium eines angemessenen Verständnisses politisch-juridischer Freiheit

Doch auch wenn man den weiteren Überlegungen einen solchen dreigliedrigen Freiheitsbegriff zugrunde legt und auf eine prinzipiell motivierte, durchgängige *terminologische* Unterscheidung zwischen Freiheit und realen Freiheitsvoraussetzungen verzichtet, ist die entscheidende *Sachfrage*, ob ein verfassungstheoretischer Freiheitsbegriff auch faktische Freiheitshemmnisse umfaßt und nicht nur rechtliche Hemmnisse thematisiert, noch keineswegs beantwortet. Aus der Struktur der Freiheit heraus läßt sich diese Frage auch nicht klären. Denn die aufgezeigte Dreigliedrigkeit ist rein formal gedacht, kennt also keine inhaltlichen Implikationen hinsichtlich des freiheitsrelevanten Gegenstandes und Hindernisses. Auch Definitionen (etwa: rechtliche Freiheit bezieht sich qua definitionem auf die Abwesenheit rechtlicher Hindernisse)[265] führen nur zu argumentativ nicht weiter entfalteten Tautologien, sind bei der Suche nach Gründen für einen angemessenen Freiheitsbegriff also nicht hilfreich. Ebenso hilft der Verweis auf den konkreten Verfassungstext kaum weiter. Das Postulat des „sozialen" Staates als solches wirkt auf den Betrachter wie eine blinde Scheibe; die dahinterliegenden freiheitstheoretischen Grundannahmen scheinen nicht durch. Vielmehr ist die Frage, welches Freiheitsverständnis verfassungstheoretisch zugrundezulegen ist, von starken Wertungen abhängig. Wer eine freiheitstheoretische Begründung des Sozialstaates vornimmt und damit Freiheit und

[265] So *R. Alexy*, Theorie der Grundrechte, 2. Aufl. 1994, S. 202 bei der Unterscheidung von rechtlicher und faktischer Freiheit. Alexy kennt in seiner Theorie der Grundrechte gleichwohl eine leistungsrechtliche Dimension der Grundrechte, stellt diese aber in keinen freiheitsfunktionalen Bezug, sondern betont deren besonderen verfassungsrechtlichen Schutz vor demokratisch motivierten Abänderungen (Art. 79 Abs. 3 GG) als Identifikationsmerkmal; ebenda, S. 410: „Jeder befindet sich aufgrund von Grundrechtsnormen in den leistungsrechtlichen Positionen, die vom Standpunkt des Verfassungsrechts aus so wichtig sind, daß ihre Gewährung oder Nichtgewährung nicht der einfachen parlamentarischen Mehrheit überlassen werden kann."

soziale Freiheitsbedingungen in einen Zusammenhang zieht, wird deshalb gute Gründe für entsprechende Wertungen aufzeigen müssen.

Eine hilfreiche Kategorie zur Aufschlüsselung solcher Wertungen ist die der *Verantwortung*. Legt man einen dreistelligen Freiheitsbegriff zugrunde, gehört die Frage nach Freiheitshemmnissen notwendig zur Freiheit. Von daher liegt es nahe, mit Isaiah Berlin zu fragen, welche Freiheitshemmnisse eigentlich einer politisch-rechtlichen Verantwortung unterliegen und deshalb für eine politische Philosophie (und weitergehend für unseren Kontext verfassungstheoretisch) relevant sind.

> „Politische Unfreiheit herrscht nur dort, wo man von Menschen daran gehindert wird, ein Ziel zu erreichen. Bloßes Unvermögen, ein Ziel zu erreichen, ist nicht politische Unfreiheit. Deutlich wird das in unserem Gebrauch von modernen Ausdrücken wie ‚ökonomische Freiheit' oder ihrem Gegenteil ‚ökonomische Knechtschaft'. Durchaus einleuchtend wird argumentiert, wenn ein Mensch zu arm sei, sich etwas, das gesetzlich nicht verboten ist, zu beschaffen – ein Laib Brot, eine Weltreise, gerichtliches Gehör –, dann sei er genausowenig frei, wie wenn ihm diese Dinge durch das Gesetz verboten wären. Wäre meine Armut eine Krankheit, die mich daran hindert, Brot zu kaufen, eine Weltreise zu bezahlen oder meiner Klage Gehör zu verschaffen, so wie eine Lähmung mich am Gehen hindert, dann würde man dieses Unvermögen natürlich nicht als Unfreiheit und schon gar nicht als politische Unfreiheit bezeichnen. Nur wenn ich annehme, daß mein Unvermögen eine bestimmte Sache zu erlangen, daher rührt, daß andere Menschen Abmachungen oder Maßnahmen getroffen haben, durch die mir, im Unterschied zu anderen, das Geld vorenthalten bleibt, mit dem ich zahlen könnte – nur dann betrachte ich mich als ein Opfer von Zwang und Knechtschaft."[266]

Soziale Unfreiheit setzt politische Verantwortung für die Freiheitsverwirklichung voraus, so könnte man Berlins Überlegungen reformulieren. Von Unfreiheit aufgrund materieller und sonstiger sozialer Lebensumstände kann man, wenn überhaupt, nur sinnvoll sprechen, wenn ein bestimmtes Maß effektiver Freiheitsbefähigung normativ in die Sphäre politischer Verantwortung fällt.[267] Damit rückt in das Zentrum eines freiheitsdienlichen Sozial-

---

[266] *I. Berlin*, Zwei Freiheitsbegriffe (1958), in: ders., Freiheit. Vier Versuche, 1995, S. 197 (202).

[267] *P. Van Parijs*, Real Freedom For All, 1995, S. 21 ff. hingegen betrachtet alle Umstände, die einen Menschen daran hindern, „to do whatever one might want to do", als für die politische Philosophie relevante Freiheitshindernisse. Damit sind nicht nur alle sozialen, sondern auch alle biologischen und physikalischen Lebensumstände freiheitsrelevant, z.B. solche natürlichen Rahmenbedingungen, die der Fortbewegung des Menschen in Lichtgeschwindigkeit entgegenstehen. Ein solcher Freiheitsbegriff ist für den hiesigen Kontext schlicht untauglich. Nur auf der Basis eines solchen grotesken Freiheitsverständnisses kann Van Parijs postulieren, daß ein bedingungsloses Grundeinkommen notwendige Bedingung realer Freiheit sei; cf. a. *ders.*, Why Sufers Should Be Fed, in: Philosophy & Public Affairs 20 (1991), 101 ff.; *ders.*, Basic Income Capitalism, in: Ethics 102 (1992), 465 ff.; hierzu näher *U. Steinvorth*, Gleiche Freiheit, 1999, S. 157 ff.; *W. Kersting*, Theorien der sozialen Gerechtigkeit, 2000, S. 266 ff.; *A. Krebs*, Arbeit und Liebe, 2002, S. 218 ff.

staatsverständnisses die Frage, ob, warum und wie weit eine solche Verantwortung des Staates anzunehmen ist.

Aus *verfassungsrechtlicher Sicht* kann man sich die Antwort auf diese Frage zunächst denkbar leicht machen, indem man auf eine konstitutive Verantwortungsbegründung durch Aufnahme des Sozialstaatsprinzips in die Verfassung abstellt: Durch die Grundrechte wird dem Staat eine Verantwortung für *rechtliche* Hemmnisse der Freiheit seiner Bürger auferlegt, durch demokratische Bürgerrechte wird dem Staat eine Verantwortung für die Hinderungen *politischer* Handlungsmöglichkeiten und durch soziale Grundrechte bzw. das Sozialstaatsprinzip wird dem Staat Verantwortung für *ökonomische* Realisierungsbedingungen der Freiheit auferlegt – so könnte man dann schlußfolgern. Doch bliebe die Begründung eines freiheitsdienlichen Sozialstaatsverständnisses dann wiederum tautologisch angelegt, gilt es doch gerade den freiheitsdienenden Charakter des Sozialstaates erst näher darzulegen. Gefragt ist deshalb, den eigentlichen Gründen für oder gegen ein das Moment der realen Freiheitsbefähigung einschließendes Freiheitsverständnis nachzuspüren, schon weil nur durch Offenlegung der normativen Fundamente auch die Belastungsfähigkeit einer solchen Verantwortung betrachtet, sprich: das Maß der Verantwortung naher bestimmt werden kann. Gefordert ist deshalb eine weitergehende Begründung für eine solche Verantwortlichkeit, als sie eine rein positivistische Betrachtung der Verfassung bieten kann.

Zur näheren Begründung eines verfassungstheoretischen Modells der „positiven“, sozialstaatlich unterfangenen Freiheit kommen vor dem Hintergrund der politischen Philosophie des Sozialstaates vor allem zwei normative Ansätze in Betracht: a) die Philosophie des Eigentums und b) Implikationen des Begriffs der autonomen Person. Beide Ansätze sollen im Folgenden näher betrachtet werden. Dabei wird in einem ersten Schritt auf *Robert Nozicks* radikale Sozialstaatskritik einzugehen sein, die gerade auf einer Theorie des absoluten Eigentums aufruht und damit den maßgeblichen Kontrapunkt zur hier favorisierten Perspektive setzt. Von der Kritik an Nozick ausgehend wird dann zu zeigen sein, daß normative Theorien der Eigentumsbegründung zugleich Theorien der Begründung gewisser sozialstaatlicher Aktivitäten darstellen. In einem dritten Schritt schließlich wird auf die sozialstaatlichen Implikationen eines autonomieethischen Personenbegriffs einzugehen sein.

In diesem Argumentationsgang manifestiert sich sicherlich keine umfassende Sozialstaatstheorie; manche Aussagen zum Status der Freiheit oder zur Vorstellung von Autonomie bleiben holzschnittartig und bedürften philosophisch einer eingehenderen Begründung. Doch für das hier verfolgte Programm einer normativen Verfassungstheorie des Sozialstaates mögen die Darlegungen genügen, um nachvollziehbar werden zu lassen, warum in einer Verfassung der Freiheit gute Gründe für ein bestimmtes Sozialstaatsverständnis, eben das hier präferierte freiheitsfunktionale, streiten.

2. *Zum Zusammenhang von Freiheitsvoraussetzungen und Eigentumsphilosophie*

a) Besteuerung als Zwangsarbeit? – Freiheitsfundiertes absolutes Eigentum bei Robert Nozick in der Nachfolge von John Locke

aa) Eigentumstheorie als Sozialstaatsverbot

In der Sozialphilosophie finden sich nur sehr vereinzelt Stimmen, die sich kategorisch gegen jedwede sozialstaatlichen Aktivitäten aussprechen. Selbst libertären Autoren wie *Friedrich von Hayek* ist ein Minimum sozialer Aktivitäten eine moralische Selbstverständlichkeit.[268] Auch rationale Nutzenkalküle streiten in libertärer Sicht dafür, in einem gewissen Umfang sozialstaatliche Umverteilung zu akzeptieren, wie etwa *James M. Buchanan* herausgearbeitet hat.[269] Um so größere Prominenz hat *Robert Nozick* mit seinem Buch „Anarchie, Staat, Utopia" erlangt, der als einziger Libertärer einen Entwurf von Format vorgelegt hat, der jedwede Form von Wohlfahrtsstaatlichkeit, von zwangsbewehrter, sozial motivierter Umverteilung als illegitim brandmarkt. Nozick will belegen, daß aus einem Naturzustand der vollkommenen Freiheit heraus über die Konstruktion freiwilliger Schutzvereinigungen legitimerweise ein Minimalstaat entstehen kann, wenn man diejenigen moralischen Nebenbedingungen akzeptiert, die aus der kantischen Forderung resultieren, daß „die Menschen Zwecke und nicht nur Mittel sind". Zugleich aber sind, so Nozick, über den Schutz individueller Rechte hinausgehende Staatsaktivitäten nicht zu rechtfertigen. Staatslegitimierung und Staatslimitierung gehen bei Nozick also Hand in Hand. Denn wohlfahrtsstaatliche Maßnahmen ließen sich nicht legitim finanzieren.

> „Die Besteuerung von Arbeitsverdiensten ist mit Zwangsarbeit gleichzusetzen. Manche finden diese Behauptung offensichtlich richtig: Entzieht man jemandem den Verdienst von n Arbeitsstunden, so ist das als nähme man ihm n Stunden; es ist, als zwänge man ihn, n Stunden für andere zu arbeiten. Manche finden die Behauptung absurd. Doch auch diese, sofern sie etwas gegen Zwangsarbeit haben, wären dagegen, daß man beschäftigungslose Hippies zur Arbeit zugunsten Bedürftiger zwingt. Und sie wären dagegen, jeden zu zwingen, jede Woche zusätzlich fünf Stunden zugunsten der Bedürftigen zu arbeiten. ... Wenn nun ein Steuersystem kein Recht hat, um der Bedürftigen willen jemandem einen Teil seiner Freizeit wegzunehmen (Zwangsarbeit), wie

[268] *F. A. von Hayek*, Die Verfassung der Freiheit (1971), 4. Aufl. 2005, S. 386 ff.; cf. *R. Zintl*, Die libertäre Sozialstaatskritik bei von Hayek, Buchanan und Nozick, in: W. Kersting (Hrsg.), Politische Philosophie des Sozialstaats, 2000, S. 95 (103 ff.).

[269] *J. M. Buchanan*, Die Grenzen der Freiheit (1975), 1984, S. 252 ff. und öfter; cf. *R. Zintl*, Die libertäre Sozialstaatskritik bei von Hayek, Buchanan und Nozick, in: W. Kersting (Hrsg.), Politische Philosophie des Sozialstaats, 2000, S. 95 (102 f.).

könnte es dann das Recht haben, ihm zu diesem Zweck einen Teil seiner Güter wegzunehmen?"[270]

Für Umverteilung aus Gründen der Verteilungsgerechtigkeit sieht Nozick keinen Raum. Denn gerechtigkeitstheoretisch müsse der Chronologie legitimer Aneignung und Übertragung von Besitz Vorrang vor der diachronen Betrachtung des Status quo zukommen. Wenn Besitztum auf gerechte Weise angeeignet und übertragen wurde, sei der hierdurch entstandene Verteilungszustand gerecht, ohne daß dieser selbst in seiner gegenwärtigen Struktur dann noch einmal einer eigenen Bewertung unterzogen werden könne.[271]

„1. Wer ein Besitztum im Einklang mit dem Grundsatz der gerechten Aneignung erwirbt, hat Anspruch auf dieses Besitztum.

2. Wer ein Besitztum im Einklang mit dem Grundsatz der gerechten Übertragung von jemandem erwirbt, der Anspruch auf das Besitztum hat, der hat Anspruch auf das Besitztum.

3. Ansprüche auf Besitztümer entstehen lediglich durch (wiederholte) Anwendung der Regeln 1 und 2."[272]

Das Problem der Verteilungsgerechtigkeit verschiebt sich damit von der z.B. bei Rawls vorherrschenden Frage nach gerechten Strukturen in der Gegenwart zur Frage nach den Bedingungen legitimer Aneignung und Übertragung. Denn ungerecht zustande gekommene Besitzverhältnisse sind nach Nozick durchaus zu korrigieren.[273] Dies soll sogar unabhängig davon gelten, wie lange die ungerechte Aneignung oder Übertragung zurückliegt; die Eigentumsordnung unterliegt nach Nozick also einem Totalvorbehalt des Revirements ohne Rücksicht auf Gesichtspunkte des Vertrauensschutzes.[274]

bb) Einseitige und mehrseitige Eigentumsbegründung bei Locke

Zur Beschreibung der Bedingungen legitimer Aneignung greift Nozick auf ein spezifisches Moment der Eigentumstheorie *John Lockes* zurück, der Rechtfertigung einer einseitigen Eigentumsbegründung. Nach dem Lockeschen Szenario stehen alle Gaben der Natur ursprünglich in Gemeineigentum. Aus diesem können sie jedoch durch Bearbeitung herausgelöst werden. Denn bei der Verwandlung einer Sache von seinem naturgegebenen in einen bearbeiteten Zustand investiere der Mensch seinen Körper und damit das Eigentum an seiner Person in diese Sache. Lockes Eigentumstheorie stellt damit eine Art säkulare, aber doch mystische Transsubstantionslehre dar: Durch Arbeit wandele sich

[270] *R. Nozick*, Anarchie, Staat, Utopia (1974), 2006, S. 225f.
[271] *R. Nozick*, Anarchie, Staat, Utopia (1974), 2006, S. 202ff.
[272] *R. Nozick*, Anarchie, Staat, Utopia (1974), 2006, S. 203.
[273] *R. Nozick*, Anarchie, Staat, Utopia (1974), 2006, S. 205.
[274] Man halte sich die Konsequenzen vor dem Hintergrund der europäischen und amerkanischen Kolonialgeschichte vor Augen.

gemeinsamer Besitz in persönliches Eigentum, d.h. in ein Ausschlußrecht gegenüber Dritten. Das Recht am eigenen Körper fließe gleichsam in den bearbeiteten Gegenstand ein.[275]

Doch zugleich kennt Locke Grenzen der legitimen Aneignung: es muß noch „genug und ebenso gutes den anderen gemeinsam“ verbleiben.[276] Zudem darf sich jeder nur so viel aneignen, „wie jemand zu irgendeinem Vorteil seines Lebens gebrauchen kann, bevor es verdirbt. ... Was darüber hinausgeht, ist mehr als sein Anteil und gehört anderen.“[277] Lockes Theorie der einseitigen Aneignung durch Arbeit steht also unter der doppelten Bedingung der eigenen Mäßigung und des fortbestehenden Überflusses für die anderen.

Dieses Eigentumskonzept modifiziert Nozick in zwei Punkten. Zum einen stehen die natürlichen Ressourcen für ihn nicht mehr in einem ursprünglichen Gemeinbesitz, sondern sie sollen „herrenlos“ sein.[278] Eine Begründung für diese kontraintuitive Annahme bleibt Nozick schuldig, obwohl sich damit doch Argumentationslasten bei der Rechtfertigung von Aneignungen verschieben. Zum anderen schwächt Nozick die „Lockesche Provisio“, die sowohl die Bedürfnisse des Aneignenden als auch die Situation der anderen als ursprüngliche Mitbesitzer berücksichtigt, entscheidend ab. Das dietätische Moment entfällt nach Nozick ganz. Dabei nimmt dieses bei Locke gerade einen interessanten Selbststand ein. Die Grenzen legitimer Aneignung werden bei ihm eben nicht nur relational in Rücksicht auf Dritte bestimmt, sondern auch durch die faktischen Möglichkeiten der Realisierung eigener Bedürfnisse – die Früchte des Bodens dürfen nicht angeeignet werden, wenn sie anschließend doch nur verderben. Nozick konzentriert sich hingegen ganz auf die Situation der durch die Aneignung Ausgeschlossenen,[279] schwächt dabei aber die Lockesche Bedingung, daß „genug und ebenso gutes den anderen gemeinsam verbleibt“, auf ihre minimal denkbare Bedeutung ab: Ihr sei schon dann genüge getan, wenn die „Aneignung eines herrenlosen Gegenstandes die Lage anderer nicht ver-

---

[275] Dieser körpertheoretische Ansatz ist keineswegs metaphorisch gemeint, sondern beim Wort zu nehmen; cf. *W. Kersting*, Theorien der sozialen Gerechtigkeit, 2000, S. 322 f.

[276] *J. Locke*, Zwei Abhandlungen über die Regierung (1690), hrsg. v. W. Euchner, 5. Aufl. 1992, S. 217 (§ 27).

[277] *J. Locke*, Zwei Abhandlungen über die Regierung (1690), hrsg. v. W. Euchner, 5. Aufl. 1992, S. 219 (§ 31).

[278] *R. Nozick*, Anarchie, Staat, Utopia (1974), 2006, S. 234; cf. a. *W. Kersting*, Theorien der sozialen Gerechtigkeit, 2000, S. 329 f.

[279] Nochmals: Das Verbot der Gier (pleonexia) ist bei Locke nicht nur Mittel zur Sicherung der Bedingung, daß anderen genug verbleibt, sondern als selbständige Bedingung der occupatio ausgestaltet, die im Kontext des Lockeschen Werkes eigentlich nur schöpfungstheologisch zu erklären ist. Nozick vermeidet solche Anklänge politischer Theologie in „Anarchie, Staat, Utopia“ konsequent, während sich sein zweites großes Werk (*R. Nozick*, Vom richtigen, guten und glücklichen Leben [1989], 1991) ganz auf Fragen des guten Lebens konzentriert und dabei stark vulgärtheologisch aufgeladen ist.

schlechtert".[280] Zur Anwendung dieses Kriteriums unterscheidet Nozick zwischen Nutzung und Aneignung. Die Etablierung des Privateigentums führe zwar zum Verlust eigener Möglichkeiten der Aneignung, nämlich bei den Gegenständen, die Dritte sich aneignen. Doch vervielfältige es wegen der Effizienzgewinne der Marktwirtschaft die individuellen Nutzungsmöglichkeiten, die auf dem freien Markt erworben werden können.[281] Deshalb verschlechtere die einseitige Aneignung auch nicht die Positionen der anderen. Nozick glaubt deshalb ganz pauschal sagen zu können:

> „Ich meine, daß durch das freie Funktionieren eines Marktsystems die Lockesche Bedingung nicht verletzen wird."[282]

Freilich verfehlt Nozick mit dieser Rekonstruktion eine wesentliche Dimension der Lockeschen Eigentumsphilosophie: die Zweistufigkeit dessen Argumentation. Denn Lockes Theorie der einseitig durch Arbeit begründeten prima occupatio ist ausschließlich auf archaische Wirtschaftsformen zugeschnitten; sein Referenzkontext ist das indianische Amerika des 17. Jahrhunderts.[283] Unter Bedingungen der Geldwirtschaft verliert die Lockesche Provisio hingegen als wirksames Korrektiv im Rahmen einer Lehre zur Begründung absoluten Eigentums an Plausibilität, weil sich in dem Moment die Aneignung über den eigenen Bedarf hinaus lohnt und dadurch auf Dauer der von Locke unterstellte natürliche Überfluß in künstlich erzeugten Mangel umschlägt.[284] Die Bedingungen für die einseitige Begründung absoluter Eigentumsrechte sind damit nicht mehr erfüllt. Die Provisio führt deshalb letztendlich zu einem Verbot der Geldwirtschaft. Um dieser Konsequenz zu entkommen, sucht Locke für die mit der Geldwirtschaft verbundenen Formen exzessiver Aneignung eine alternative Rechtfertigung und findet diese im Kontraktualismus. Er stellt nun nicht mehr auf die einseitige Eigentumsbegründung durch Arbeit als Investition des eigenen Körpers in eine Sache ab, sondern auf *Konsens* der an der Geldwirtschaft Beteiligten. Die Umstellung der Wirtschaft von einer naturalen Subsistenzsicherung auf eine geldbasierte Verkehrswirtschaft erfolge „durch stillschweigende und freiwillige Zustimmung".[285] Diese Dimension der

---

280 *R. Nozick*, Anarchie, Staat, Utopia (1974), 2006, S. 234; ähnlich *D. Schmidtz*, Taking Resposibility, in: ders./R. E. Goodin, Social Welfare and Individual Responsibility, 1998, S. 1 (24 ff.).

281 Cf. in diesem Zshg. auch *J. Rifkin*, The Age of Access, 2000.

282 *R. Nozick*, Anarchie, Staat, Utopia (1974), 2006, S. 242.

283 Cf. *J. Locke*, Zwei Abhandlungen über die Regierung (1690), hrsg. v. W. Euchner, 5. Aufl. 1992, S. 223, 225 (§§ 37, 41).

284 *J. Locke*, Zwei Abhandlungen über die Regierung (1690), hrsg. v. W. Euchner, 5. Aufl. 1992, S. 228 (§ 45); näher *B. Ludwig*, „Regierungen entstehen wieder auf die althergebrachte Art, nämlich durch Erfindung und Übereinkunft der Menschen" – John Lockes Eigentumstheorie, in: A. Eckl/B. Ludwig (Hrsg.), Was ist Eigentum?, 2005, S. 88 (94).

285 *J. Locke*, Zwei Abhandlungen über die Regierung (1690), hrsg. v. W. Euchner, 5. Aufl. 1992, S. 230 (§ 50), ferner S. 228 ff. (§§ 45–47).

Eigentumstheorie John Lockes ist weniger bekannt als die Eigentum-durch-Arbeit-Hypothese. Doch tatsächlich ist nicht die erste Stufe, die unter der Bedingung der Lockeschen Provisio steht, sondern die zweite Stufe, eine kontraktualistische Geldtheorie, entscheidend zur Verteidigung des Eigentums unter Bedingungen moderner Wirtschaftsformen, zumal inzwischen auch die Möglichkeit des „Ausstiegs" verbaut ist, die Flucht in den Naturzustand durch Auswanderung in urwüchsige Gegenden der Welt also nicht mehr möglich ist. Das Fundament einer für unsere Zeiten relevanten Eigentumstheorie ist, nimmt man Locke beim Wort, deshalb nicht die Arbeitstheorie, sondern eine Vertragstheorie.

Beruht die Begründung von Eigentum aber auf Vertragsschluß, geraten eo ipso die Vertragsbedingungen in den Blick. Da Menschen in Begabungen, Antrieb und Glück verschieden sind, führt eine freie Eigentumsordnung a long dure zu sehr unterschiedlichen Verteilungsergebnissen. Die am wenigsten Begünstigten werden sinnvollerweise diesen Umstand bei der Übereinkunft zur Begründung des Eigentums berücksichtigt wissen wollen. Es liegt deshalb nahe, daß sie, folgt man dem Lockeschen Szenario, die im Zustand natürlicher Aneignungsverhältnisse gesicherten Existenzrechte, die Rechte auf Selbsterhaltung und Selbstbestimmung,[286] auch unter den Bedingungen der Geldwirtschaft aufrecht erhalten wissen wollen. Hierdurch wird die Provisio gleichsam unter kontraktualistischen Bedingungen fortgeschrieben. In der Konsequenz der Lockeschen Theorie läge es dann, daß der Staat als Garant der Eigentumsordnung auch zur Sicherung dieser Rechte berufen ist. Die kontraktualistische Eigentumsbegründung bei Locke führt deshalb konsequent zu Ende gedacht zumindest zu einem minimalen Sozialstaat, der sich damit von Nozicks antisozialem Minimalstaat unterscheidet.[287]

cc) Zur Insuffizienz der einseitigen Eigentumsbegründung bei Nozick

Nozick macht sich aber nicht nur der mangelnden Werktreue gegenüber John Locke schuldig, sondern sein Versuch, freiheitstheoretisch absolute, einseitig begründete Eigentumsrechte zu konstruieren, ist überhaupt zum Scheitern verurteilt.[288] Damit entfällt zugleich die Basis für die historische Anspruchstheorie, die Nozick favorisiert, mithin die Grundlage seiner Ablehnung jeder Wohlfahrtsstaatlichkeit. Denn jede normative Eigentumstheorie muß sich zwei Her-

[286] Zu dieser Deutung *A. J. Simmons*, The Lockean Theory of Rights, 1992, S. 293 f.; *W. Kersting*, Theorien der sozialen Gerechtigkeit, 2000, S. 323 ff.

[287] *B. Ludwig*, „Regierungen entstehen wieder auf die althergebrachte Art, nämlich durch Erfindung und Übereinkunft der Menschen" – John Lockes Eigentumstheorie, in: A. Eckl/B. Ludwig (Hrsg.), Was ist Eigentum?, 2005, S. 88 (98 ff.); *W. Kersting*, Theorien der sozialen Gerechtigkeit, 2000, S. 327 ff. und öfter.

[288] *H. M. Heinig*, Antagonisten im Kontext der politischen Philosophie des Sozialstaates: Lorenz von Stein und Robert Nozick, in: D. Klesczewski/S. Müller/F. Neuhaus (Hrsg.), Die Idee des Sozialstaates, 2006, S. 45 (56 f.).

ausforderungen stellen: dem rechtstheoretischen Problem des Inkraftsetzens des Eigentumsrechts und dem ethischen Problem der Rechtfertigung der Verteilungsstruktur. Eine Theorie einseitiger Begründung absoluter Eigentumsrechte, wie sie Nozick entwirft, kann beide Probleme aber, wie im Folgenden skizziert werden soll, nicht befriedigend bearbeiten.

Zunächst zum ersten, dem geltungstheoretischen Problem: Wer einseitige Akte für geeignet hält, Eigentum zu begründen, muß darlegen, wie aus einer empirischen Handlung, der Aneignung, ein Sollen, ein Recht auf Nutzung und Ausschluß anderer folgen kann. Die Arbeitstheorie versucht die Kluft dadurch zu schließen, daß vom Freiheitsrecht der Person auf ein absolutes Eigentumsrecht an den Produkten der Arbeit der Person geschlossen wird. Deshalb setzt Nozick Besteuerung mit Zwangsarbeit gleich. Doch von der Freiheit der Person her gedacht bestehen durchgreifende Zweifel an dieser Äquivokation, weil sie zu einem halbierten Autonomieverständnis führt. Wenn die Freiheit des einzelnen bei Locke und anderen Autoren als Eigentum an der eigenen Person beschrieben wird, hatte dies ursprünglich eine sklavereikritische Spitze. Autonomie bedeutet jedoch mehr als der Besitz an sich selbst, nämlich das gleiche Recht jedes einzelnen auf Selbstbestimmung, Unabhängigkeit, Möglichkeiten zur Verwirklichung eigener Lebenspläne.[289] Dieses ist an ein gewisses materielles Substrat gebunden. Deshalb kann sich eine Eigentumstheorie nicht darauf beschränken, die Aneignung selbst als Freiheitsakt zu deuten, sondern sie muß sich immer auch der Aufgabe stellen, autonomieethisch gebotene Grenzen der Aneignung im Hinblick auf die Freiheit Dritter mitzudenken. Freiheitstheoretisch dient das Eigentum der Freiheit der Person, ist mit ihr aber nicht gleichzusetzen. Vor diesem Hintergrund läßt sich der Überschritt vom Selbstbesitz zum Dingbesitz nicht einfach als ein einseitiger Transfer mit der Person verbundener Freiheitsrechte in ein Objekt eigener Anstrengungen darstellen.[290]

Ebensowenig vermag die Theorie einseitiger Begründung absoluten Eigentums das mit dem Ausschluß ursprünglich gleich Berechtigter verbundene Gerechtigkeitsproblem hinreichend zu lösen. Privateigentum ist qua definitionem exklusiv. Dritte, im unter der Prämisse gleicher Freiheit einzig plausiblen Szenario eines ursprünglichen Gemeinbesitzes zunächst gleich berechtigt, werden nach der Aneignung von den Nutzungen einer Sache ausgeschlossen. Die Scheidung von Mein und Dein verlangt deshalb nach einer Rechtfertigung. Vertragstheorien sehen diese in der – fiktiven – Einigung über die Begründung von Privateigentum. Umstritten sind dann lediglich die Bedingungen eines solchen Vertrages. Einseitige Aneignungstheorien müssen hingegen an dieser Stelle scheitern.

---

[289] Cf. die entsprechende Kritik an Nozick bei *G. A. Cohen*, Self-Ownership, World-Ownership, and Equality, in: F. Lucash (Hrsg.), Justice and Equality Here and Now, 1986, S. 108 ff.; *ders.*, Self-Ownership,World-Ownership, and Equality, Part 2, in: Social Philosophy and Policy 1986, 77 ff.

[290] Cf. insg. *W. Kersting*, Theorien der sozialen Gerechtigkeit, 2000, S. 323 ff., 336 ff.

Zwar versuchte sich Lockes Provisio an der gerechtigkeitstheoretischen Rechtfertigung der Aneignung. Doch die in ihr enthaltenen Konditionen berücksichtigten die Interessen anderer hinreichend nur in einer Situation des Überflusses. Sobald hingegen die Bedürfnisse die vorhandenen Ressourcen übersteigen, ist auch nach Locke ein stärkeres kontraktualistisches Moment von Nöten; denn einseitige Eigentumstheorien können die Berücksichtigung der Interessen Dritter strukturell nicht hinreichend sichern.

Nozick hingegen will es ausreichen lassen, daß infolge der Aneignung niemand materiell schlechter gestellt ist als unter Bedingungen archaischer Subsistenzwirtschaft. Gegebenenfalls wäre jemand zu entschädigen, um dieser Bedingung Genüge zu tun. Auf die potentielle Zustimmung des einzelnen bzw. die vernünftigerweise anzunehmende individuelle Zustimmungsfähigkeit soll es hingegen nicht ankommen. Doch autonomieethisch befriedigt diese rein pekuniäre Gewinn- und Verlustrechnung nicht, da ihr ein verkürzter Freiheitsbegriff zugrunde liegt. Sie stellt primär auf die Freiheit des Aneignenden ab, vernachlässigt dabei aber legitime Interessen der durch die Aneignung Exkludierten. So stellt Privateigentum nicht nur einen Freiheitsgewinn des Eigentümers dar, sondern kann auch zu strukturellen Abhängigkeiten Dritter führen. Die hieraus bedingten unfreiwilligen Freiheitsverluste lassen sich nur bedingt monetär kompensieren. Gut dotierte Sklaverei ist eben keine Freiheit.[291] Eine freiheitliche Eigentumsordnung setzt deshalb allgemeine Zustimmungsfähigkeit zu den Eigentumsregeln voraus. Monetäre Entschädigungen können diese nicht ersetzen, sondern nur promovieren. Neben materiellen Kompensationen wären dann aber auch Rechte auf Befähigung zu einer selbstbestimmten Lebensführung, Rechte auf Ausbildung von Potentialen zu einer erfolgreichen Erwerbswirtschaft, auf Aufbau von eigenem Humankapital zu berücksichtigen und nicht, wie bei Nozick, einseitig eine Gewinn- und Verlustrechnung des individuellen Wohlstands aufzustellen.

Nozick streicht mithin zu recht die Freiheitsdimension des Eigentums heraus, vereinseitigt sie aber auch. Nozicks Postulat einseitig begründeter absoluter Eigentumsrechte erweist sich bei näherer Betrachtung als unhaltbar. Damit entfällt aber die Basis für Nozicks Theorie gerechter Aneignung, die wiederum im Verbund mit dem Postulat gerechter Eigentumsübertragung die radikale Absage an jedwede Form von Sozialstaatlichkeit begründen soll. Vielmehr hat sich bei Locke gezeigt, daß eine kohärente, auf dem Freiheitsideal aufruhende Eigentumstheorie von der gleichen Berechtigung aller an allen Gütern ausgehen muß. Daher vermögen unter Bedingungen moderner Verkehrswirtschaften nur Theorien konsensualer Eigentumsbegründung hinreichend zu überzeugen.

[291] Anschaulich zur Insuffizienz des Kompensationsgrundsatzes bei einseitig begründeten, absoluten Eigentumsrechten *W. Kersting*, Theorien der sozialen Gerechtigkeit, 2000, S. 331 ff. mit der Geschichte von Adam und Bedam; ferner *G. A. Cohen*, Self-Ownership, Freedom and Equality, 1995, S. 79 ff.

Diese aber nehmen notwendig nicht nur die Perspektive des Habenden in den Blick, sondern, ohne deshalb im strengen Sinne egalitaristisch zu werden, auch die desjenigen, dem weniger Glück, Chancen und Talente mit auf den Weg gegeben wurden.

b) Die Anti-Nozicksche These: Freiheitliche Eigentumstheorien als Sozialstaatstheorien

Ausgangspunkt der vorstehenden Überlegungen war die Frage nach einem angemessenen Freiheitsbegriff. Begreift man den Sozialstaat als vorrangig der Freiheit verpflichtet, muß man plausibel machen, daß ein komplexes Freiheitsverständnis bis zu einem gewissen Grad auch die juridisch-politische Verantwortung der staatlich verfaßten Gemeinschaft für soziale und materielle Hindernisse des einzelnen zu einem bestimmten Handeln umfaßt. Einen zentralen Schauplatz im Streit um eine solche Verantwortung bilden normative Theorien der Eigentumsbegründung. Auf der Grundlage einer Theorie einseitiger Eigentumsbegründung könnte man jedwede über polizeiliche Sicherheit hinausgehende Mitverantwortung des einen für die Freiheitsrealisierung des anderen bestreiten. Dieser Nozicksche eigentumstheoretische Ansatz läßt sich jedoch, wie gezeigt, nicht kohärent begründen. Ein eigentumstheoretisch fundiertes Sozialstaats*verbot* vermag deshalb nicht zu überzeugen. Folgt man der Argumentation bis zu diesem Punkt, ist das eigentliche Ziel der vorliegenden Überlegungen, die Plausibilisierung eines freiheitsfunktionalen Sozialstaatsverständnisses, freilich noch nicht erreicht. Um diesem näherzukommen, soll im Folgenden gerade konträr zu Nozick die *These* vertreten werden, *daß eine sinnvolle freiheitsbasierte Theorie des Eigentums den Sozialstaat nicht ver-, sondern geradezu gebietet.* Im Grundgesetz (Art. 14 Abs. 2 S. 1 GG) heißt es eben nicht zufällig: „Eigentum verpflichtet."[292]

Um diese These zu entfalten, soll noch einmal an die Idee eines ursprünglichen Gemeinbesitzes angeknüpft und die Frage aufgeworfen werden, warum dieser eigentlich zugunsten der Einrichtung von Privateigentum aufgelöst werden sollte. Zwei Argumente spielen hier in der Philosophiegeschichte eine maßgebliche Rolle. Zum einen läßt sich mit dem volkswirtschaftlichen Nutzen individueller Nutzungs- und Verfügungsrechte argumentieren, der allen zugute kommt. Zum anderen kann man auf das Ideal der freien Person verweisen, das eben nach einem materiellen Substrat verlangt.

In beiden Dimensionen zeigt sich, daß Theorien zur Begründung des Eigentums stets auch Elemente der Sozialstaatsbegründung enthalten. Denn von einem Nutzen für alle kann redlicherweise nur gesprochen werden, wenn tatsächlich ein Minimum der Kooperationsgewinne einer privatwirtschaflichen

---

[292] Wenngleich Art. 14 Abs. 2 GG sich nicht nur auf sozialstaatliche Belange, sondern auf Gemeinwohlverpflichtungen im weiteren Sinne bezieht.

Lebensform gesichert jeden einzelnen selbst dann erreicht, wenn seine eigenen Anstrengungen um wirtschaftlichen Erfolg scheitern sollten. Und Eigentum als Forderung persönlicher Freiheit zu verstehen, führt zu einer doppelbödigen Konstruktion. Einerseits verlangt die Autonomieidee die Einrichtung von Privateigentum, doch andererseits ist gerade der Verweis auf die materiellen Bedingungen der Freiheit das Standardargument für soziale Rechte des einzelnen, zu deren Erfüllung Eigentumseinschränkungen bei anderen erforderlich sind. Eigentum als materielles Substrat der Freiheit zu verstehen, führt deshalb zu einer doppelten Forderung: nach Anerkennung und Schutz individuellen Eigentums, aber auch nach einem Mindestmaß an materieller Absicherung (und edukativ vermittelter Befähigung) als Bedingung sinnvoll wahrgenommener Freiheit.

c) Nützlichkeit des Eigentums – Sozialpflichtigkeit des Eigentums

aa) Der Nutzen des Eigentums und die Frage des Vergleichsmaßstabs

In der Geschichte normativer Theoriebildung wurde auf die Frage, warum Menschen aus einem angesonnenen Status des Gemeinbesitzes in einen Status individuellen Eigentums überwechseln sollten, stets u.a. auf den vom Privateigentum ausgehenden wirtschaftlichen Nutzen verwiesen. Selbst ausgemachte Skeptiker gegenüber dem Individualeigentum wie *Jean-Jacques Rousseau* anerkannten den vom Eigentum ausgehenden Leistungsanreiz.[293] Die Fundierung des Eigentums im Nutzen baut auf eine dialektische Wirkung des Egoismus. Indem jeder seine eigenen Zwecke und wirtschaftlichen Interessen verfolgt, sollen alle am Ende besser dastehen.

Um diese Hypothese in der Praxis überprüfen zu können, bedarf es freilich einer sinnvollen komparativen Größe. Wer Verteilungsergebnisse nicht anhand ihrer aktuellen Struktur, sondern anhand ihres gerechten Zustandekommens, also genealogisch bewertet, für den bietet sich als Vergleichsgröße der ursprüngliche Status vor der prima occupatio an. So verglich *John Locke* die Ergebnisse der Eigentumswirtschaft seiner Zeit mit den im Naturzustand verharrenden Ureinwohnern Amerikas und kam zu dem Ergebnis, daß diese „reich an Land und doch arm an allen Bequemlichkeiten des Lebens sind. … Und der König eines großen und fruchtbaren Gebietes wohnt, nährt und kleidet sich dort schlechter als ein Tagelöhner in *England*."[294] Alternativ läßt sich aber auch auf jeden beliebigen Punkt vor unserer Zeit abstellen. So streitet *David Schmidtz* gegen soziale Wohlfahrtsstrukturen und für ein Maximum individueller Verantwortung mit dem Argument, daß es uns dank der Einrichtung einer eigentumsbasierten Marktwirtschaft stetig besser ginge, schließlich würden wir

---

[293] *J.-J. Rousseau*, Diskurs über die Ungleichheit, (1755), hrsg. v. H. Meier, 4. Aufl. 1997, S. 172 ff.

[294] *J. Locke*, Zwei Abhandlungen über die Regierung (1690), hrsg. v. W. Euchner, 5. Aufl. 1992, S. 225 (§ 41).

nicht mehr in Höhlen geboren, fielen uns nicht mehr die Zähne nach 30 Lebensjahren heraus, auch stürben wir nicht mehr kurz danach; ebenso hätten wir in den letzten dreißig Jahren doch einen erheblichen Wohlstandszuwachs erlebt.[295]

Folgt man dieser Argumentation, gibt es keine potentiellen Verlierer der auf Eigentum basierenden Verkehrswirtschaft; selbst im Manchesterkapitalismus würde sich keine soziale Frage stellen, weil es den Menschen doch materiell besser ginge als in der Bronzezeit. Im Rahmen einer kontraktualistischen Eigentumsbegründung stellt sich nun aber die Frage, ob der Verweis auf den abstrakten ökonomischen Mehrwert des Privateigentums wirklich ausreicht, um die für den Überschritt vom Gemeinbesitz zum Privateigentum vor dem Hintergrund ursprünglicher gleicher Berechtigung geforderte allgemein Zustimmungsfähigkeit konstatieren zu können. Es sprechen wohl gute Gründe dafür, daß das Vertragsarrangement komplexer ausfallen und zumindest drei Komponenten enthalten muß: die Überführung des im Naturzustand bestehenden Subsistenzrechts in die eigentumsbezogenen Wirtschaftsformen, die Befähigung zur Teilhabe an den neuen Wirtschaftsformen (Bildung und Ausbildung) sowie eine gewisse demokratische Kontrolle der Nutzungsbedingungen durch die Ausgestaltung des Eigentums (Inhalts- und Schrankenbestimmung).

Denn wer in Kategorien des historischen Vergleichs für eine Auflösung des ursprünglichen Gemeinbesitzes zugunsten einer auf Privateigentum ruhenden Verteilung argumentiert, kann vor dem Hintergrund der Erfahrungen der zweiten Hälfte des 20. Jahrhunderts zweifelsohne geltend machen, daß eine auf Privateigentum basierende Wirtschaftsordnung sich als ausgesprochen effektiv und produktiv erwiesen hat und alternative Wirtschaftsformen, insbesondere kommunistische und genossenschaftliche, im Vergleich dazu sehr viel schlechtere Leistungsbilanzen aufweisen; doch zugleich wird er berücksichtigen müssen: eigentumsbasierte Marktwirtschaften stellen nicht von sich aus sicher, daß tatsächlich alle Menschen in einer Weise von ihren Produktivitätsgewinnen profitieren, die Not vermeidet und halbwegs würdige Lebensbedingungen für alle sichert. Wer heutige ökonomische Zustände mit denen vor 30, 500 oder 5000 Jahren vergleicht, kann zwar ein veritables Argument für die Vorzugswürdigkeit des Privateigentums auf institutioneller Ebene vorbringen. Damit ist aber noch nichts über kontraktualistisch begründete Arrangements der Verteilungsgerechtigkeit *innerhalb* des institutionellen Rahmens einer Eigentumsordnung gesagt. Denn im gedachten Zustand des Gemeinbesitzes wird sich der einzelne in der Situation der vertraglichen Begründung von Privateigentum kaum mit der Aussicht zufrieden geben, daß aus der prima occupatio alle cum grano salis zwar Vorteile ziehen, diese aber schon wegen der unterschiedlichen

---

[295] *D. Schmidtz*, Taking Resposibility, in: ders./R. E. Goodin, Social Welfare and Individual Responsibility, 1998, S. 1 (3 ff.).

Fähigkeiten und Antriebe sehr unterschiedlich ausfallen. Vielmehr sind im Rahmen einer kontraktualistischen Begründung des Eigentums unter Wahrung des Primats der vom Eigentum ausgehenden Anreizwirkungen bestimmte Konditionen hinzuzudenken, die Aspekte des Naturzustandes unter veränderten Bedingungen prolongieren und die auf den jeweils erreichten Verteilungszustand Bezug nehmen. Eine rein genealogisch argumentierende Theorie gerechter Eigentumsverteilung vermag somit ebensowenig zu überzeugen wie ausschließlich auf den Status quo der Verteilung abstellende Theorien, die Entstehung und Fortgang von Wohlstand und den individuellen Beitrag hierzu ausblenden. Vielmehr werden beide Dimensionen von sozialer Verteilungsgerechtigkeit zusammenzudenken sein.[296]

bb) Kontraktualistische Instrumente zur Absicherung individueller Nützlichkeit

Zu den Kautelen, die man sich für den imaginierten Gründungsvertrag einer Eigentumsordnung denken muß, gehört zuvörderst das Recht auf Sicherung der eigenen Subsistenz.[297] Nach den großen philosophischen Erzählungen der Neuzeit von Hobbes bis Locke hat jeder im Naturzustand zur Erhaltung des eigenen Lebens das Recht auf Nutzung der natürlichen Ressourcen. Unter den Bedingungen des wechselseitigen Nutzungsausschlusses ist die Subsistenzerhaltung des einzelnen aber nicht mehr ohne weiteres gesichert. Sinnvollerweise würde man deshalb vereinbaren, daß an die Stelle des ursprünglichen, „natürlichen“ Nutzungsrechts eine *subsidiäre Existenzsicherung* tritt, die greift, wenn der einzelne bei den Bemühungen, seinen Lebensunterhalt im Rahmen der freien Tauschbeziehungen in einer Eigentümergemeinschaft zu erwirtschaften, scheitert. Finanziert würde diese Hilfe aus einem Teil des in dieser Wirtschaftsform insgesamt erzielten Kooperationsgewinns. Wenn sich die Höhe solcher – nachrangigen – Transfers zudem nicht nur an den nackten Bedürfnissen des Überlebens orientiert, sondern sich relativ zu den obwaltenden soziokulturellen Bedingungen verhält, würde die Einführung des Eigentums sich gesichert als eine Situation darstellen, in der im Vergleich zum Naturzustand keiner etwas verlieren kann, aber alle etwas zu gewinnen haben.

Damit die im Rahmen des Subsistenzrechts geforderten Bemühungen des einzelnen um seine Selbsterhaltung tatsächlich Aussichten auf Erfolg haben, ist zudem eine gewisse Befähigung zur Teilnahme an der eigentumsbasierten Wirtschaftsform erforderlich. Dies bedingt Bildung, Ausbildung und ggf. auch Weiterbildung. Nimmt man den subsidiären Charakter des Subsistenzerhal-

---

[296] Für eine komplexe Theorie gerechter Verteilung, die Aspekte historischer Gerechtigkeit und der Endzustandsgerechtigkeit aus anthropologischen Gründen gleichermaßen berücksichtigt, auch *W. Brugger*, Anthropologie und die Gerechtigkeit, in: ARSP 92 (2006), 149 (154 ff.).

[297] *W. Kersting*, Theorien der sozialen Gerechtigkeit, 2000, S. 325.

tungsrechts ernst, kommt der im Staat politisch organisierten Gemeinschaft der eigentumsberechtigten Individuen deshalb aus eigentumstheoretischen Gründen ein gewisser sozialer Bildungsauftrag zu; sie kann sich deshalb entgegen Nozicks Theorem vom Minimalstaat gerade nicht auf die Gründung eines reinen Eigentumssicherungsstaates beschränken.

Schließlich ist zu bedenken, daß dem ursprünglichen Gemeinbesitz ein gewisses demokratisches Moment eignet. Denn die gleiche Teilhaberschaft bedingt einen Anspruch auf gleiche Berücksichtigung der Interessen bei der Nutzung des Besitzes. Der Sozialphilosoph *Hillel Steiner*, dessen Theorie des Gemeineigentums sich zwischen Nozick und Rawls anzusiedeln sucht, zeigt anhand des Beispiels einer kleinen Gruppe Schiffbrüchiger, daß unter den Bedingungen von Knappheit der gleiche Zugang zu den natürlichen Ressourcen zugleich die gleichberechtigte Entscheidung über die Verwendung der Ressourcen verlangt.[298] Unter der Bedingung von Knappheit entsprechen sich Gemeinbesitz und demokratische Mitbestimmung bei der Nutzung des Gemeinbesitzes (unter Achtung des Selbsterhaltungsrechts des einzelnen). Das hierin begründete Moment der Absicherung allgemeiner Interessen bei der Nutzung des Gemeinbesitzes wird man im Rahmen einer kontraktualistischen Eigentumsbegründung sinnvollerweise in den Status der Gemeinschaft der Eigentümer hinüberzuziehen trachten, ohne dabei allerdings, dies verkennt Steiner in seiner Theorie, die Privatnützigkeit, d.h. die freie Verwendungs- und Verfügungsbefugnis unbotmäßig einschränken zu wollen. Das im Eigentum begründete Recht, mit einer Sache nach Belieben zu verfahren, wird deshalb innerhalb eines eigentumsbegründenden kontraktualistischen Szenarios eingeschränkt durch einen im Lichte plausibler Allgemeinwohlerwägungen wohl begründeten, demokratisch legitimierten gesetzgeberischen Zugriff auf die Nutzungsbedingungen, der zudem den Kern des Eigentums, das exklusives Verwendungs- und Verfügungsrecht zu achten hat.[299] Damit sind zugleich Grundlinien der Eigentumsdogmatik im Rahmen des Art. 14 Abs. 1 und 2 GG benannt. Das im Grundgesetz begründete Wechselspiel von Privatnützigkeit und Sozialpflichtigkeit bewährt sich verfassungstheoretisch in der hier skizzierten, mit einer sozialstaatlichen Hypothek belasteten kontraktualistischen Theorie des Eigentums.

---

[298] *H. Steiner*, Liberty and Equality, in: Political Studies 29 (1981), 555 (563 ff.); näher hierzu *U. Steinvorth*, Gleiche Freiheit, 1999, S. 123 ff.

[299] Ähnlich auf der Grundlage der Lockeschen Eigentumsphilosophie *B. Ludwig*, „Regierungen entstehen wieder auf die althergebrachte Art, nämlich durch Erfindung und Übereinkunft der Menschen" – John Lockes Eigentumstheorie, in: A. Eckl/B. Ludwig (Hrsg.), Was ist Eigentum?, 2005, S. 88 (98 ff.).

cc) Sozialstaatliche Eigentumstheorie und die Berücksichtigung nachfolgender Generationen

Die drei genannten kontraktualistischen Bedingungen für den Überschritt vom Zustand des Gemeinbesitzes zum Eigentum ergeben sich auch, wenn man bedenkt, daß die heuristische Idee des ursprünglichen Gemeinbesitzes sich nicht nur auf eine bestehende, sondern auch auf alle nachfolgenden Generationen bezieht. Nachdem die prima occupatio vollzogen ist, fehlt es aber für die Nachkommenden an der Möglichkeit der ursprünglichen Appropriation. Aus Gründen der Generationengerechtigkeit ist ihnen deshalb Ersatz zuzubilligen. Die Frage ist nur, wie dieses Surrogat aussehen soll. Für *Hillel Steiner* kann es nur in einer materiellen Kompensation bestehen.[300] Hierzu will Steiner die „Überaneignung" natürlicher Ressourcen besteuern und den Ertrag dieser Steuer unter den Nachgeborenen distributieren; zudem soll das Erbrecht abgeschafft werden. Doch es bleibt unklar, wie eine solche „Überaneignung" sinnvoll bestimmt werden kann.[301] Denn der Wert der Naturschätze bemißt sich stets neu unter den Bedingungen bereits erfolgter Aneignungen, also nach dem Beginn des mit dem Privateigentum einhergehenden Nutzenmehrungsprogramms, in das der einzelne ökonomisch produktiv seine Talente, seine Arbeits- und seine Erfindungskraft einbringt. Dies führt dazu, daß der Wert der natürlichen Ressourcen mit den höheren Verwertungs- und Nutzungsaussichten einer expandierenden Wirtschaft und dem technischen Fortschritt wächst. Spätere Generationen haben deshalb zwar den Nachteil, daß sie von der ursprünglichen Aneignung ausgeschlossen sind, dafür aber auch den Vorteil, daß sie am ökonomischen Fortschritt im Sog der Einführung des Privateigentums partizipieren. Beide Aspekte lassen sich weder pauschal aufeinander verrechnen, noch auseinander dividieren. Plausibel erscheint es deshalb, nicht nach materiellen Kompensationen der nachgeborenen Generationen zu fragen, sondern auf funktionale Äquivalente zur vollzogenen ursprünglichen Appropriation abzustellen. Als solche Äquivalente drängen sich wiederum die drei oben genannten Konditionen auf.

dd) Zwischenresümee

Auf der Grundlage einer kontraktualistischen Theorie der Eigentumsbegründung streitet der vom Privateigentum ausgehende Gesamtnutzen für einen Überschritt von einem gedachten Zustand des Gemeinbesitzes aller in einen Zustand des Eigentums. Zugleich aber lassen sich innerhalb des Vertragsszenarios gute Gründe dafür ausmachen, daß das Nutzenargument nicht hinreicht,

---

[300] Cf. *H. Steiner*, Liberty and Equality, in: Political Studies 29 (1981), 555 ff.; *ders.*, An Essay on Rights, 1994, S. 270 ff.; *ders.*, Just Taxation and International Redistribution, in: I. Shapiro/L. Brilmayer (Hrsg.), Global Justice, 1999, S. 171 ff.

[301] *U. Steinvorth*, Gleiche Freiheit, 1999, S. 130 ff.; *W. Kersting*, Kritik der Gleichheit, 2002, S. 23 (51).

um die Begründung von Privateigentum allgemein akzeptabel erscheinen zu lassen, so daß der Vertragsschluß nur unter der Bedingung zustande kommt, daß aus dem wirtschaftlichen Nutzen, der durch eine Eigentumsordnung evoziert wird, bei Achtung der Logik und Funktionsbedingungen dieser Ordnung ein staatlicher Bildungsauftrag anerkannt, eine sozialstaatliche Subsistenzsicherung garantiert und ein gewisser gesetzgeberischer Einfluß auf die Nutzungsbedingungen des Eigentums gewährleistet wird. Zum gleichen Ergebnis kommt man, wenn man die Belange der von der Erstapprobiation ausgeschlossenen Nachgeborenen bedenkt.

Nun kann man über die Details der durch das Gedankenexperiment einer kontraktualistischen Begründung des Eigentums rekonstruierten Vertragsbedingungen lange streiten. Philosophische Vertragstheorien, die mit ursprünglichen Zuständen und dem Wechsel in einen Vertragszustand argumentieren, sind notwendig reduktionistisch-konstruktivistischer Art. Da sich die Komplexität sozialer Wirklichkeit immer nur unzureichend in solchen Modellen abbilden läßt, bleiben ihre Aussagen zwangsläufig recht abstrakt und auch unscharf. Die Stärke des Kontraktualismus liegt deshalb nicht darin, minutiöse Vorgaben für eine freiheitsgerechte politische und rechtliche Praxis zu liefern, sondern Leitlinien einer normativen Gerechtigkeitstheorie plausibel zu machen. Das vorstehend bemühte gesellschaftsvertragliche Denken ist auf der Ebene der *Begründungstheorie* verortet, ihre Ergebnisse bedürfen stets einer *anwendungstheoretischen* Flankierung, die kontextsensibel ist und mit zunehmender Konkretisierung spezifische Realdaten und soziale Funktionsbedingungen berücksichtigt. Deshalb kann eine Vertragstheorie keine umfassende Theorie des Sozialstaates liefern, sondern nur Gründe für eine bestimmte normative Grundausrichtung des Staates aufzeigen.

An dieser Stelle kann es dabei aber auch sein Bewenden haben, denn Ziel der vorstehenden Ausführungen war es nicht, eine umfassende sozialstaatliche Theorie des Eigentums aufzustellen, sondern lediglich aufzuzeigen, daß eine freiheitstheoretische Begründung des Eigentums nicht zu einem pauschalen Sozialstaatsverbot, sondern im Gegenteil geradezu zu einem freiheitsfunktional ausgerichteten Sozialstaatsgebot führt. Damit ist zugleich die eingangs dieses Abschnitts aufgestellte These untermauert, daß autonomieethisch gute Gründe dafür streiten, den einer Verfassungstheorie des Sozialstaates zugrundezulegenden politisch-juridischen Freiheitsbegriff[302] so zu fassen, daß er neben der Dimension der Abwehr gegenüber staatlichem Zwang auch eine gewisse staatliche Verantwortung der politischen Gemeinschaft für die materiellen Bedingungen der Wahrnehmung von Freiheitsrechten kennt.

---

[302] Nota bene: über verfassungsdogmatische Konsequenzen ist damit noch keine Aussage gemacht.

d) Die kantianische Tradition kontraktualistischer Eigentumsbegründung und ihre Bedeutung für eine normative Theorie des Sozialstaates

aa) Kant und der Sozialstaat

Neben der aufgezeigten nutzenorientierten Rekonstruktion einer Korrespondenz von Eigentum und sozialer Verpflichtung streitet auch die freiheitstheoretische Zentralfigur des autonomen Individuums für die doppelte Begründung sowohl des Eigentums als auch seiner Sozialpflichtigkeit. Von besonderem Interesse sind in diesem Zusammenhang die kantische Eigentumstheorie und ihre Bedeutung für eine Theorie des Sozialstaates.

Kant hat bekanntlich keine explizite Sozialstaatstheorie entworfen und ob seiner Rechts- und Staatsphilosophie eine implizite Idee von Sozialstaatlichkeit entnommen werden kann, ist Gegenstand einer anhaltenden schulphilosophischen Kontroverse.[303] In Kants Schriften findet sich eine Vielzahl von Stellen, die eine tiefgreifende Skepsis gegenüber dem wohlfahrtsstaatlichen Programm zum Ausdruck bringen. Im Wohlfahrtsstaat sah Kant die Gefahr einer despotischen Herrschaft begründet.[304] Er warnte vor einem Staat, in dem Untertanen

> „wie folgsame Schafe, von einem gütigen und verständigen Herren geleitet, wohlgefüttert und kräftig beschützt, über nichts was ihrer Wohlfahrt abginge, zu klagen hätten. Denn mit Freiheit begabten Wesen genügt nicht der Genuß der Lebensannehmlichkeiten, die ihm auch von anderen (und hier von der Regierung) zu Teil werden kann; sondern auf das Prinzip kommt es an, nach welchem es sich solche verschafft. Wohlfahrt aber hat kein Prinzip, weder für den, der sie empfängt, noch der sie austeilt (der eine

---

[303] Die Betonung liegt dabei auf dem Wort „explizit"; cf. *W. Kersting*, Kant und die politische Philosophie der Gegenwart, in: ders., Wohlgeordnete Freiheit, Taschenbuchausgabe, 1993, S. 11 (58 ff.); einen Überblick zum „Meinungsstand" bietet *P. Unruh*, Die Herrschaft der Vernunft, 1993, S. 183 ff.

[304] „Eine Regierung, die auf dem Prinzip des Wohlwollens gegen das Volk als eines Vaters gegen seine Kinder errichtet wäre, d. i. eine väterliche Regierung (imperium paternale), wo also die Untertanen als unmündige Kinder, die nicht unterscheiden können, was ihnen wahrhaftig nützlich oder schädlich ist, sich bloß passiv zu verhalten genötigt sind, um, wie sie glücklich sein sollen, bloß von dem Urteile des Staatsoberhaupts, und, daß dieser es auch wolle, bloß von seiner Gütigkeit zu erwarten: ist der größte denkbare Despotismus (Verfassung, die alle Freiheit der Untertanen, die alsdann gar keine Rechte haben, aufhebt). Nicht eine väterliche, sondern eine vaterländische Regierung (imperium, non paternale, sed patrioticum) ist diejenige, welche allein für Menschen, die der Rechte fähig sind, zugleich in Beziehung auf das Wohlwollen des Beherrschers, gedacht werden kann.", *I. Kant*, Über den Gemeinspruch: Das mag in der Theorie richtig sein, taugt aber nicht für die Praxis (1793), in: ders., Werke, hrsg. v. W. Weischedel, Bd. 6, 1998, S. 125 (145 f.); zum Antipaternalismus bei Kant näher *T. Gutmann*, Paternalismus – eine Tradition deutschen Rechtsdenkens?, in: Zeitschrift der Savigny-Stiftung für Rechtsgeschichte. Germ. Abt. 122 (2005), 150 (164 ff.); *S. Kirste*, Idealismus und Paternalismus, in: M. Anderheiden u.a. (Hrsg.), Paternalismus und Recht, 2006, S. 29 (32 ff.).

setzt sie hierin, der andere darin); weil es dabei auf das Materiale des Willens ankommt, welches empirisch, und so der Allgemeinheit einer Regel unfähig ist."[305]

Kants antipaternalistische Parteinahme schließt freilich nicht von vornherein aus, daß ein rechtsstaatlichen Anforderungen entsprechender Sozialstaat auch dem kantischen Ideal einer „republikanischen Verfassung"[306] genügen kann. Während willkürliche Regierungsentscheidungen über staatliche Wohltaten mit dem kantischen Freiheitsprinzip offenkundig nicht vereinbar sind, hat gleiches für prinzipiengeleitete, demokratisch legitimierte Entscheidungen über gesetzlich festgelegte sozialstaatliche Leistungen nicht ohne weiteres zu gelten.[307]

Deshalb sahen sich Philosophen auch immer wieder herausgefordert, auf der Grundlage kantischer Denkfiguren über die Begründung des Sozialstaates nachzudenken.[308] Mehrere Ansatzpunkte für eine solche kantisch inspirierte Annäherung an den Sozialstaat bieten sich an: der Rechtsbegriff,[309] die Auto-

---

305 *I. Kant*, Der Streit der Fakultäten (1798), in: ders., Werke, hrsg. v. W. Weischedel, Bd. 6, 1998, S. 261 (359 f.).

306 Cf. *I. Kant*, Zum ewigen Frieden (1795), in: ders., Werke, hrsg. v. W. Weischedel, Bd. 6, 1998, S. 191 (204 ff.).

307 Cf. *S. Kirste*, Idealismus und Paternalismus, in: M. Anderheiden u.a. (Hrsg.), Paternalismus und Recht, 2006, S. 29 (36); *B. Ludwig*, Kants Verabschiedung der Vertragstheorie – Konsequenzen für eine Theorie sozialer Gerechtigkeit, in: Jahrbuch für Recht und Ethik 1 (1993), 221 (239).

308 Cf. u.a. *G. Süchting*, Eigentum und Sozialhilfe, 1995, S. 79 ff.; *M. Schmidt-Klügmann*, Überlegungen zum modernen Sozialrecht auf der Grundlage der praktischen Philosophie Kants, in: ARSP 71 (1985), 378 ff.; *C. Langer*, Reform nach Prinzipien, 1986, S. 158 ff.; *S. W. Holtman*, Kantian Justice and Poverty Relief, in: Kant-Studien 95 (2004), 86 ff.; kritisch zu solchen Überlegungen *F. Zotta*, Kant und der Sozialstaat, in: M. Kühnel (Hrsg.), Modell und Wirklichkeit, 2001, S. 67 ff.; *ders.*, Legitimität und Recht, 2000, S. 20 ff.

309 *K. Larenz*, Die rechtsphilosophische Problematik des Eigentums, in: Th. Heckel (Hrsg.), Eigentum und Eigentumsverteilung als theologisches, rechtsphilosophisches und ökonomisches Problem, 1962, S. 21 (30); *A. Kaufman*, Welfare in the Kantian state, 1999, S. 4 ff.; cf. a. *G. Luf*, Freiheit und Gleichheit, 1978, S. 145 Fn. 36 a.E.; *K. Kühl*, Eigentumsordnung als Freiheitsordnung, 1984, S. 260 ff.; *ders.*, Zur Aktualität der Prinzipien der Kantischen Rechts- und Eigentumslehre, in: Festschrift für E. A. Wolff, 1998, S. 273 ff.; *ders.*, Welche sozialstaatlichen Elemente verträgt eine freiheitliche Eigentumsordnung, in: Gedächtnisschrift für W. Blomeyer, 2004, S. 789 (800 f.); *A. Wildt*, Zum Verhältnis von Recht und Moral bei Kant, in: ARSP 83 (1997), 159 (169 ff.). Problematisch ist bei diesem Ansatz allerdings, daß Kants Rechtsbegriff auf die vernunft- und freiheitsgemäße Kompatibilisierung von Willkür abstellt, also sinnliche Bestimmungsgründe, wie sie materielle Handlungsvoraussetzungen darstellen, gerade ausblendet und zudem dezidiert nur das wechselseitige Verhältnis von Willkür, also gerade nicht „das Verhältnis der Willkür auf den Wunsch (folglich auch auf das bloße Bedürfnis) des Anderen, wie etwa in den Handlungen der Wohltätigkeit", umfaßt (*I. Kant*, Metaphysische Anfangsgründe der Rechtslehre (1797), hrsg. v. B. Ludwig, 1986, S. 38 [§ B]). Eine sozialstaatliche Rekonstruktion des Rechtsbegriffs Kants kann deshalb allenfalls in Anspruch nehmen, „kantisch" zu erfolgen, nicht aber, der Intention Kants zu entsprechen – cf. *M. Schmidt-Klügmann*, Überlegungen zum modernen Sozialrecht auf der Grundlage der praktischen Philosophie Kants, in: ARSP 71 (1985), 378 (390 ff.); *A. Kauf-*

nomie der Person, der kategorische Imperativ,[310] das Kriterium der Selbständigkeit[311] und eben die Eigentumstheorie.[312] Insbesondere der Hamburger

---

man, a.a.O. sucht deshalb eine kantianische Bestimmung des Wohlfahrtsstaates, im Gefolge Hannah Arendts Kant-Interpretation, über den Umweg der Kritik der Urteilskraft (*I. Kant*, Kritik der Urteilskraft [1790], in: ders., Werke, hrsg. v. W. Weischedel, Bd. 5, 1998, S. 235 ff.) und die politische Teleologie Kants (cf. *I. Kant*, Über den Gebrauch teleologischer Prinzipien in der Philosophie [1788], in: ders., Werke, hrsg. v. W. Weischedel, Bd. 5, 1998, S. 137 ff.) zu gewinnen; cf. zu einer solchen Annäherung an die Kantische Moralphilosophie über die Kritik der Urteilskraft grundsätzlich *H. Arendt*, Das Urteilen, 1985; *B. Recki*, Ästhetik der Sitten, 2001.

[310] *C. Starck*, Ist der kategorische Imperativ ein Prinzip des Sozialstaats?, in: ZRP 1981, 97 ff.; philosophisch kann die Antwort nur „nein" lauten, wie Starck selbst einräumt. Ihm geht es tatsächlich auch nicht um den kategorischen Imperativ, sondern um Kriterien der Verallgemeinerung.

[311] *W. Brugger*, Grundlinien der Kantischen Rechtsphilosophie (1991), in: ders., Liberalismus, Pluralismus, Kommunitarismus, 1999, S. 143 (156 ff.); *R. Keil*, Kants Demokratieverständnis und Ausländerwahlrechte heute, 2006, S. 232 ff.; *W. Schild*, Freiheit – Gleichheit – „Selbständigkeit" (Kant): Strukturmomente der Freiheit, in: J. Schwartländer (Hrsg.), Menschenrechte und Demokratie, 1981, S. 135 (152); cf. a. *R. A. Lorz*, Modernes Grund- und Menschenrechtsverständnis und die Philosophie der Freiheit Kants, 1993, S. 164 f., 228 ff. und öfter. Wie bei der sozialstaatlichen Aufladung des Rechtsbegriffs streitet auch hier freilich der Textbefund gegen eine unmittelbare Berufung auf Kant. Das Kriterium der Selbständigkeit ist bei Kant exkludierend, nicht inkludierend angelegt: Kinder, Frauen und abhängig Beschäftigte werden durch das Kriterium der Selbständigkeit gerade vom Stimmrecht ausgeschlossen; *I. Kant*, Über den Gemeinspruch: Das mag in der Theorie richtig sein, taugt aber nicht für die Praxis (1793), in: ders., Werke, hrsg. v. W. Weischedel, Bd. 6, 1998, S. 125 (150 f.); *I. Kant*, Metaphysische Anfangsgründe der Rechtslehre (1797), hrsg. v. B. Ludwig, 1986, S. 131 (§ 47). Kant postuliert zwar die im Freiheits- und Gleichheitsprinzip verwurzelte, mit rechtlichen Privilegien unverträgliche Möglichkeit zum sozialen Aufstieg, nicht aber die darüber hinausgehende aktive Förderung einer solchen Chance zur Erlangung der Selbständigkeit; ebenda, S. 132.

[312] Wenig aussichtsreich erscheint demgegenüber der Versuch, über eine materiale Aufladung der kantischen Vorstellung von Gleichheit eine Sozialstaatstheorie zu rekonstruieren (so aber *G. Luf*, Freiheit und Gleichheit, 1978, S. 147). „Gleichheit" meint in den metaphysischen Anfangsgründen der Rechtslehre formale Rechtsgleichheit; cf. *I. Kant*, Metaphysische Anfangsgründe der Rechtslehre (1797), hrsg. v. B. Ludwig, 1986, S. 130; wie hier *W. Brugger*, Grundlinien der Kantischen Rechtsphilosophie (1991), in: ders., Liberalismus, Pluralismus, Kommunitarismus, 1999, S. 143 (158); *W. Kersting*, Wohlgeordnete Freiheit, 1993, S. 377 ff. Nicht von ungefähr schreibt Kant in seiner Theorie/Praxis-Schrift: „Diese durchgängige Gleichheit der Menschen in einem Staat, als Untertanen desselben, besteht aber ganz wohl mit der größten Ungleichheit, der Menge, und den Graden ihres Besitztums, es sei an körperlicher oder Geistesüberlegenheit über andere, oder an Glücksgütern außer ihnen und an Rechten überhaupt (deren es viele geben kann) respektiv auf andere; so daß des einen Wohlfahrt sehr vom Willen des anderen abhängt (des Armen vom Reichen), daß der eine gehorsamen muß (wie das Kind den Eltern; oder das Weib dem Mann) und der andere ihm befiehlt, daß der eine dient (als Taglöhner) der andere lohnt, u.s.w. Aber dem Rechte nach (welches als Ausspruch des allgemeinen Willens nur ein einziges sein kann, und welches die Form Rechtens, nicht die Materie oder das Objekt, worin ich ein Recht habe betrifft) sind sie dennoch, als Untertanen, alle einander gleich"; *I. Kant*, Über den Gemeinspruch: Das mag in der Theorie richtig sein, taugt aber nicht für die Praxis (1793), in: ders., Werke, hrsg. v. W. Weischedel, Bd. 6, 1998, S. 125 (147).

Rechtsphilosoph *Michael Köhler* ist mit Gewinn den letzteren Weg gegangen.[313] Im Zentrum stehen dabei wiederum die kontraktualistische Begründung des Eigentums und die Frage nach den allgemeinen Vertragsbedingungen.

Ausgerechnet die kantische Eigentumstheorie als Grundlage einer normativen Theorie des Sozialstaates heranzuziehen, mag auf den ersten Blick überraschen. Kant gilt schließlich nicht wenigen als Repräsentant eines gediegenen „Besitzindividualismus“,[314] als Smithianer,[315] dessen Moralphilosophie, so Nietzsche, „eine Theorie wie die vom Freihandel“ ist.[316] Daß diese von vielen libertären Theoretikern wie Nozick und Hayek aufgenommene und verstärkte Perspektive Kant nicht hinreichend gerecht wird, zeigt sich, wenn man die folgenden Argumentationsschritte einer kantischen Eigentumstheorie als Grundlage einer freiheitlichen Sozialstaatstheorie verfolgt.

bb) Eigentum als Vernunfts- und Freiheitsgebot

Im Rahmen des transzendentalphilosophischen Ansatzes Kants stellt die Anerkennung eines privatnützigen, durch exklusive Benutzungs- und Verfügungsrechte charakterisierten Eigentums ein „rechtliches Postulat der praktischen Vernunft“ dar.[317] Eigentum ist „eine vernunftnotwendige Institution, nämlich unabdingbarer Bestandteil jeder Rechtsordnung als einer a priori gültigen Freiheitsordnung.“[318] Als Bestandteil der Rechtsordnung gründet Eigentum bei Kant nicht in dem empirischen Moment des faktischen Innehabens oder Bearbeitens einer Sache, sondern in der als synthetischen Rechtssatz a priori begründeten Annahme eines intelligiblen Besitzes. Die bloß empirische Besitznahme führt nach Kant lediglich zu einer sehr flüchtigen Rechtsposition. Denn

---

313 *M. Köhler*, Kants Begriff des ursprünglichen Erwerbs in seiner Bedeutung für eine Theorie gesellschaftlicher Vermögensteilhabe, in: D. Klesczewski/S. Müller/F. Neuhaus (Hrsg.), Die Idee des Sozialstaates, 2006, S. 19 ff.; *ders.*, Freiheitliches Rechtsprinzip und Teilhabegerechtigkeit in der modernen Gesellschaft, in: G. Landwehr (Hrsg.), Freiheit, Gleichheit, Selbständigkeit, 1999, S. 103 ff.; *ders.*, Ursprünglicher Gesamtbesitz, ursprünglicher Erwerb und Teilhabegerechtigkeit, in: Festschrift für E. A. Wolff, 1998, S. 247 ff.; s. aber auch *K. Kühl*, Von der Art, etwas Äußeres zu erwerben, insbesondere vom Sachenrecht, in: O. Höffe (Hrsg.), Immanuel Kant – Metaphysische Anfangsgründe der Rechtslehre, 1999, S. 117 (126); *ders*, Eigentumsordnung als Freiheitsordnung, 1984, S. 264 ff.; kritisch gegenüber einer eigentumstheoretischen Rekonstruktion des Sozialstaates bei Kant etwa *P. Baumann*, Zwei Seiten der Kantschen Begründung von Eigentum und Staat, in: Kant-Studien 85 (1994), 147; *H.-G. Deggau*, Die Aporien der Rechtslehre, 1983, S. 248 ff.

314 Begriffsprägend *C. B. Macpherson*, Die politische Theorie des Besitzindividualismus (1962), 2. Aufl. 1980.

315 Cf. Belege bei *W. Kersting*, Kant und die politische Philosophie der Gegenwart, in: ders., Wohlgeordnete Freiheit, Taschenbuchausgabe, 1993, S. 11 (60).

316 *F. Nietzsche*, Menschliches, Allzumenschliches, Kritische Studienausgabe Bd. 2, 2. Aufl. 1988, S. 46.

317 *I. Kant*, Metaphysische Anfangsgründe der Rechtslehre (1797), hrsg. v. B. Ludwig, 1986, S. 59 (§ 6).

318 *O. Höffe*, Immanuel Kant, 2. Aufl. 1988, S. 219.

nur im Moment des tatsächlichen Innehabens nimmt ein Gegenstand Anteil an der durch das Rechtsprinzip bestimmten Koordinierung der Willkürsphären – Kant erläutert diese Wirkung am Beispiel eines Apfels, der jemandem aus der Hand gerissen wird.[319] Sobald die unmittelbare Herrschaftsbeziehung zu einem Gegenstand beendet wird, kann in Bezug auf sie ein Rechtsverhältnis zwischen Personen nur unter der Voraussetzung des intelligiblen Besitzes bestehen. Denn das Recht als Inbegriff der Bedingungen, unter denen die Willkür des einen mit der Willkür des anderen nach einem allgemeinen Gesetze der Freiheit zusammen vereinigt werden kann, berührt zunächst nur das innere Mein und Dein. Die wechselseitige Unabhängigkeit von eines anderen nötigender Willkür erstreckt sich gerade nicht auf wechselseitige Rechtsbeziehungen im Hinblick auf exklusive Nutzungsrechte an Gegenständen. Ein äußeres Mein und Dein läßt sich transzendentalphilosophisch deshalb nur im Rahmen eines intelligiblen Besitzes denken.

Der Einbezug der Dinge in das System der Befugnis zu zwingen (Recht) erfolgt bei Kant auf der Grundlage einer mehrgliedrigen Argumentationskette, die nachzuweisen sucht, daß Eigentum – also ein rechtlicher Zustand zwischen den Personen, der die Verwendung und den Verwendungsausschluß bei einzelnen Gegenständen regelt – ein Gebot der praktischen Vernunft, mithin freiheitsgemäß ist. Wenn die Idee des Eigentums vernunftgemäß ist, folgt daraus auch der intelligible Besitz als Bedingung der Möglichkeit von Eigentum, so Kant. Seine Argumentation entspricht also im Gegensatz zu den vorherrschenden Eigentumstheorien seiner Zeit weder einem anthropologischen noch einem pragmatischen oder teleologischen Muster, sondern ist streng transzendentalphilosophisch aufgebaut.

Zu dem synthetischen Rechtssatz des äußeren Mein und Dein führen Kant drei ineinander greifende Überlegungen (die hier nur sehr komprimiert wiedergegeben werden können).[320] Willkür besteht nach Kant, wenn ein Begehrungsvermögen verbunden ist mit dem Bewußtsein des Vermögens der Realisierung; Freiheit ist deshalb denknotwendig angewiesen auf den Gebrauch von Gegenständen. Aus Gründen der praktischen Vernunft ist freilich zugleich verlangt, daß ein solcher Gebrauch mit der Freiheit von jedermann nach einem allgemeinen Gesetz zusammen bestehen kann. Ein rechtliches Postulat der Herrenlosigkeit und damit der Außergebrauchstellung würde hingegen auf eine Selbstverkürzung der Freiheit, „ein Widerspruch der Freiheit mit sich selbst",[321] hinauslaufen.

---

[319] *I. Kant*, Metaphysische Anfangsgründe der Rechtslehre (1797), hrsg. v. B. Ludwig, 1986, S. 57 (§ 6). Wer mit einer Sache physisch verbunden ist und diese dann ohne Einwilligung entwendet bekommt, ist in seinem Recht, das ihm kraft Personsein zukommt, unmittelbar berührt. Die Maxime des Gewalttäters steht mit dem Axiom des Rechts, der wechselseitigen Freiheitskompatibilität, in Widerspruch. Gleiches kann ohne die physische Verbindung der Sache mit einer Person hingegen nicht ohne weiteres angenommen werden.

[320] Cf. näher etwa *W. Kersting*, Wohlgeordnete Freiheit, 1993, S. 225 ff.; *K. Kühl*, Eigentumsordnung als Freiheitsordnung, 1984, S. 130 ff.

[321] *I. Kant*, Metaphysische Anfangsgründe der Rechtslehre (1797), hrsg. v. B. Ludwig, 1986, S. 58 (§ 6).

Aus der Vernunftwidrigkeit eines Eigentumsverbots folgert Kant umgekehrt, daß auch nicht einzelne Gegenstände vom Eigentum ausgenommen werden können. Denn der praktischen Vernunft entsprechend können „keine anderen als formale Gesetze des Gebrauchs der Willkür zum Grunde" gelegt werden, d.h. die Gebrauchsregelungen haben unter Absehung der konkreten empirischen Umstände, der Beschaffenheit etc. zu erfolgen. Damit scheiden spezifische und partikulare Gebrauchsgesetze und -verbote aus.

In einem weiteren, dem entscheidenden Schritt schließlich stellt Kant zur Begründung des intelligiblen Besitzes darauf ab, daß es „zumindest möglich ist, sich einen Gegenstand als im weiteren Sinne in meiner Macht und nicht nur unmittelbar in meiner physischen Gewalt zu denken".[322] Kant folgert hieraus: „Also ist es eine Voraussetzung a priori der praktischen Vernunft, einen jeden Gegenstand meiner Willkür als objektiv-mögliches Mein oder Dein anzusehen und zu behandeln."[323]

Wenn Eigentum mithin ein Gebot der praktischen Vernunft ist, stellt sich die Anschlußfrage, wie sich diese Vernunftsidee ihrerseits freiheitsgemäß praktisch realisieren läßt. Mit dem Nachweis, daß das Eigentum als solches einem Vernunftsgebot entspringt, ist schließlich zunächst nur eine Aussage über das Ob, nicht über das Wie verbunden. Kants Antwort auf die Frage nach dem Wie führt nun zu einer eigentümlichen Spannung zwischen dem einseitigen Bemächtigen eines Gegenstandes als Moment des ursprünglichen Eigentumserwerbs und der Idee eines ursprünglichen Gemeinbesitzes als Ausdruck der kantischen Anforderung, daß sich das Rechtsprinzip, d.h. der Abgleich von Willkürsphären nach einem allgemeinen Gesetz, auch in der Eigentumstheorie widerspiegeln muß. Genau diese Spannung zwischen Einseitigkeit und Gegenseitigkeit in der kantischen Eigentumsbegründungslehre nimmt Michael Köhler für eine sozialstaatliche Relektüre der kantischen Eigentumslehre auf.

cc) Ursprünglicher Eigentumserwerb und das Korrektiv der Idee eines ursprünglichen Gesamtbesitzes

Im Hintergrund dieser Überlegungen steht das generelle Problem jeder autonomietheoretischen Eigentumstheorie, daß sie auf die Frage nach gerechten Verteilungsstrukturen stets auch genealogisch argumentieren muß, da die Verteilung von Eigentum im Rahmen einer freiheitlichen Wirtschaftsordnung naturgemäß dynamischer Natur ist und diese Dynamik gerade Ausdruck des freiheitlichen Gebrauchs von Eigentum ist. Eigentumstheorien müssen deshalb um des Freiheitsgehalts des Eigentums willen eine Art legitimen Startpunkt für die freiheitsgemäßen Erwerbsprozesse im Rahmen einer Eigentumsordnung definieren können. Das Eigentumsprogramm bedarf eines als gerecht gedachten Anfangs. Diesem Problem stellt sich auch Kant.

---

322 *P. Unruh*, Die vernunftrechtliche Eigentumsbegründung bei Kant, in: A. Eckl/B. Ludwig (Hrsg.), Was ist Eigentum?, 2005, S. 133 (137).

323 *I. Kant*, Metaphysische Anfangsgründe der Rechtslehre (1797), hrsg. v. B. Ludwig, 1986, S. 58 (§ 6).

Sollen die Eigentumsverhältnisse dem Rechtsgebot gleicher Freiheit entsprechen, kann es nach Kant kein immer schon vorgängiges, ursprüngliches Mein und Dein geben; der ursprüngliche Erwerb muß vielmehr nach allgemeinen Regeln erfolgen. Kants Theorie der ursprünglichen Eigentumsbegründung kennt deshalb zwar das einseitige Moment der Bemächtigung (occupatio). Dieser einseitige Willkürakt kann jedoch „eine äußere Erwerbung nicht anders berechtigen, als nur sofern er in einem a priori vereinigten (d.i. durch die Vereinigung der Willkür Aller, die in ein praktisches Verhältnis gegeneinander kommen können) absolut gebietenden Willen enthalten ist".[324] Die Eigentumsbegründung ruht bei Kant deshalb letztlich nicht auf einem einseitigen Akt der Ergreifung, sondern auf einem kontraktualistischen Arrangement, in dem die einseitige Bemächtigung nur ein Zwischenelement darstellt, das unter dem Vorbehalt des allseitigen, notwendig vereinigten und darum allein gesetzgebenden Willens steht. Die ursprüngliche Aneignung erfolgt bei Kant nicht als ein Wettlauf, in dem das Faustrecht des Stärkeren gilt, sondern geht von einem ursprünglichen Zustand gleicher Berechtigung aus. Diese gleiche Berechtigung spiegelt sich bei Kant in der Idee eines ursprünglichen Gesamtbesitzes wider. Ausgangspunkt des ursprünglichen kantischen Aneignungsszenarios ist also „eine existentiell-vernunftsursprüngliche Besitzgemeinsamkeit der Menschheit an der zugänglichen Weltsubstanz ... zusammen mit der Freiheitsnotwendigkeit subjektiv-privater Gebrauchrechte an Produktions- und Konsummitteln." Beides zusammen „begründet ein ursprüngliches (originäres, d.h. nicht vom Belieben anderer abgeleitetes – derivatives), grundgleiches subjektives Erwerbs- oder Teilhaberecht jeder Person in Form ihrer selbständigen Besitznahme nach allgemeinen Erwerbsgesetzen."[325]

In dieser Zuspitzung gedacht, verliert die kantische Vorstellung einer ursprünglichen gleichen Berechtigung auf Teilhabe an der Weltsubstanz nach dem Prozeß eines ursprünglichen Eigentumserwerbs nicht seine Bedeutung, sondern wirkt als Korrektiv innerhalb einer vernunftsgemäßen Eigentumsordnung fort. Damit ist der Nucleus einer kantischen Theorie der Teilhabe- und Befähigungsgerechtigkeit angelegt, die das Vernunftgebot privater Gebrauchsbefugnisse ebenso betont wie deren auf Dauer gestellte Begrenzung durch allgemeine Erwerbsgesetze.[326] Prolongiert man die auf einem wechsel-

---

[324] *I. Kant*, Metaphysische Anfangsgründe der Rechtslehre (1797), hrsg. v. B. Ludwig, 1986, S. 72 f. (§ 14).

[325] *M. Köhler*, Kants Begriff des ursprünglichen Erwerbs in seiner Bedeutung für eine Theorie gesellschaftlicher Vermögensteilhabe, in: D. Klesczewski/S. Müller/F. Neuhaus (Hrsg.), Die Idee des Sozialstaates, 2006, S. 19 (22).

[326] *M. Köhler*, Kants Begriff des ursprünglichen Erwerbs in seiner Bedeutung für eine Theorie gesellschaftlicher Vermögensteilhabe, in: D. Klesczewski/S. Müller/F. Neuhaus (Hrsg.), Die Idee des Sozialstaates, 2006, S. 19 (28 ff.); *ders.*, Freiheitliches Rechtsprinzip und Teilhabegerechtigkeit in der modernen Gesellschaft, in: G. Landwehr (Hrsg.), Freiheit,

seitigen Anerkennungsverhältnis beruhenden Erwerbsgesetze in den Zustand der aufgeteilten Welt, bleibt die in der Idee des ursprünglichen Gesamtbesitzes reflektierte gleichberechtigte Teilhabe als Metabedingung einer privatrechtlichen Eigentumsordnung erhalten. Auf dieser Grundlage läßt sich dann ein kantisches Modell der freiheitsadäquaten Teilhabegerechtigkeit rekonstruieren, das den freiheitstheoretischen Selbststand der eigentumsbasierten Tauschbeziehungen unberührt läßt, aber um der der Eigentumsordnung zugrundeliegenden Freiheitlichkeit willen zugleich den Einbezug jeder Person in den gesellschaftlichen Erwerbsprozeß anmahnt, dann wiederum aber jeder Person für diesen Einbezug ihrerseits eigene Erwerbsanstrengungen abverlangt. Dieser Einbezug kann auf der Konkretisierungsebene die unterschiedlichste Gestalt nehmen (Erwerbsgrundrechte sowie ein Recht auf Bildung und Ausbildung und ein Recht auf systematischen Zugang zu einer produktiven Tätigkeit sowie subsidiär ein Recht auf Existenzsicherung),[327] wobei über die genaue Ausgestaltung eines Rechts auf produktive Tätigkeit im einzelnen noch nachzudenken wäre – Köhlers Bemühungen auf dieser Detailebene wirken nicht durchgängig plausibel. Aber darauf kommt es an dieser Stelle auch gar nicht an. Die Köhlersche Rekonstruktion eines Modells kantischer Teilhabegerechtigkeit ist für eine normative Theorie des Sozialstaates nicht interessant, weil sie eine Blaupause für die konkrete Ausgestaltung des Sozialstaates bildet, sondern weil sie eine kohärente Begründungsstruktur für eine freiheitsbegründete, freiheitsverpflichtete und freiheitsbegrenzte Idee von Sozialstaatlichkeit bietet. Der Sozialstaat realisiert sich in dieser Perspektive nicht als prinzipienloser Interventionsstaat, sondern nach Maßgabe eines normativen Leitbilds, das den Staat auf autonomieethisch angeleitete Teilhabegerechtigkeit unter Beachtung des Primats der Freiheit und d.h. der freiheitlichen Selbstrealisierung, der Substanzaneignung und des nachfolgenden Vermögenserwerbs verpflichtet.

dd) Das Manko: eine demokratietheoretische Unterbilanz

Der Charme des Modells liegt sicherlich auch in der engen Koppelung eines naturrechtlichen Eigentumsverständnisses, also des Privatrechts, mit der öffentlich-rechtlichen Dimension des Sozialstaates, während andere Interventions-

---

Gleichheit, Selbständigkeit, 1999, S. 103 (113 ff.); *ders.*, Ursprünglicher Gesamtbesitz, ursprünglicher Erwerb und Teilhabegerechtigkeit, in: Festschrift für E. A. Wolff, 1998, S. 247 (257 ff.).

[327] *M. Köhler*, Kants Begriff des ursprünglichen Erwerbs in seiner Bedeutung für eine Theorie gesellschaftlicher Vermögensteilhabe, in: D. Klesczewski/S. Müller/F. Neuhaus (Hrsg.), Die Idee des Sozialstaates, 2006, S. 19 (34 ff.); *ders.*, Freiheitliches Rechtsprinzip und Teilhabegerechtigkeit in der modernen Gesellschaft, in: G. Landwehr (Hrsg.), Freiheit, Gleichheit, Selbständigkeit, 1999, S. 103 (117 ff.); *ders.*, Ursprünglicher Gesamtbesitz, ursprünglicher Erwerb und Teilhabegerechtigkeit, in: Festschrift für E. A. Wolff, 1998, S. 247 (268 ff.).

theorien in der Hobbeschen Tradition das in der Verbindung von Privatrecht und Staatsrecht begründete Korrektiv entbehren. Zugleich aber zeigt sich in dieser Engführung die größte Schwäche einer eigentumsbegründeten Sozialstaatstheorie im Gefolge Kants: Sie hat notwendigerweise Anteil an dem ungeklärten Verhältnis zwischen Naturrecht und positivem Recht bei Kant.[328] Kant betont in den metaphysischen Anfangsgründen der Rechtslehre einerseits, daß der Übertritt in einen staatlichen Zustand nur der Sekurisierung bestehender Rechtsverhältnisse dient, also aus provisorischen peremtorische Rechte werden. Der bürgerliche Zustand enthält, so Kant, „nicht mehr, oder andere Pflichten der Menschen unter sich, als in jenem Gedacht werden können".[329] Nicht zuletzt deshalb gründet die von Köhler vorgestellte Theorie einer kantischen Teilhabegerechtigkeit in der Idee des ursprünglichen Gemeinbesitzes und damit in einer naturrechtlichen Figur. Andererseits aber bietet Kant im Rahmen seiner Staatstheorie mit der im vereinigten Willen des Volkes ruhenden Gesetzgebungsgewalt eine demokratietheoretisch angelegte Gestaltungsoption an,[330] die sich im zweiten, dem öffentlichen Recht gewidmeten Teil der Rechtslehre durchaus in staatlichen Zugriffsmöglichkeiten auf die Eigentumsordnung niederschlägt.[331] Einer eigentumsbasierten Theorie des freiheitsfunktionalen Sozialstaates gerät das hierin begründete Potential einer demokratietheoretischen Unterfütterung des freiheitsfunktionalen Sozialstaates hingegen allzu schnell aus dem Blick.[332] Deshalb wird im Anschluß an die hier angestellte freiheitstheoretische Reflexion des Sozialstaates gesondert auf den demokratietheoretischen Zusammenhang von Freiheit und Sozialstaatlichkeit einzugehen sein.

ee) Zwischenresümee

Neben pragmatisch argumentierenden Eigentumstheorien streiten auch freiheitstheoretisch angelegte Eigentumsbegründungen wie die kantische zugleich für ein Element sozialer Verpflichtung des Eigentums. Die Anerkennung von Eigentum als Gebot der Freiheit zu verstehen, führt also nicht zu einem Sozialstaatsverbot, sondern bei rechtem Verständnis im Gegenteil zum Gebot eines freiheitsfunktionalen Sozialstaates. Ausgangspunkt der vorstehenden Überlegungen war die Frage nach einem verfassungstheoretisch angemessenen Freiheitsverständnis. Im Mittelpunkt steht dabei die Überlegung, daß ein normativ anspruchsvolles Freiheitskonzept nicht nur als Abwesenheit von staatlichem

---

328 Cf. *A. Wildt*, Zum Verhältnis von Recht und Moral bei Kant, in: ARSP 83 (1997), 159ff.

329 *I. Kant*, Metaphysische Anfangsgründe der Rechtslehre (1797), hrsg. v. B. Ludwig, 1986, S. 124 (§ 41).

330 Cf. etwa *I. Maus*, Zur Aufklärung der Demokratietheorie, 1994.

331 *I. Kant*, Metaphysische Anfangsgründe der Rechtslehre (1797), hrsg. v. B. Ludwig, 1986, S. 147 (Allg. Anm. B).

332 Eine Ausnahme bildet insoweit Hillel Steiner, cf. supra C.VI.2.c.

Zwang verstanden werden kann, sondern soziale Hemmnisse der Freiheitsverwirklichung mit in den Blick nimmt. Ein Begründungsstrang für ein solches Freiheitsverständnis wurde über den Umweg normativer Eigentumstheorien offengelegt. Ein wesentlicher Vorzug dieses Vorgehens liegt darin, das Freiheitsgebot privatnützigen Eigentums mit der Vorstellung sozialer Bindung von Eigentum in ein kohärentes begründungstheoretisches Zuordnungsverhältnis stellen zu können.

Der eigentumstheoretische Ansatz bildet freilich nur einen Begründungsstrang für ein freiheitsfunktionales Sozialstaatsmodell. Es wurde hier einführend auch deshalb so ausführlich behandelt, weil es nicht nur die Konkretisierung des der Freiheitsidee inhärenten Sinnzusammenhangs zwischen Freiheit und Freiheitsförderung offenlegt, sondern zugleich eine Widerlegung eigentumstheoretisch begründeter Fundamentalkritik am Sozialstaat enthält. Daneben und vielleicht sogar zuvörderst streitet aber auch das autonomieethische Ideal der freien Person für eine gewisse sozialstaatliche Unterfütterung des einer liberalen politischen Ordnung zugrundezulegenden Freiheitskonzepts, wie im Folgenden zu zeigen sein wird.

3. Das normative Ideal der autonomen Person als Grundlage einer sozialstaatlichen Sorge um materielle Freiheitsbedingungen

a) Autonomie des Individuums als gehaltvolle Freiheitskonzeption

Freiheitstheorien sind eng an Menschenbilder und Konzeptionen von Personalität angebunden. Deshalb sind Menschenbilddiskussionen auch im rechtlichen Kontext von so fundamentaler Bedeutung.[333] Sie reflektieren die Verwiesenheit jeder Freiheitstheorie auf bildliche, symbolische und metaphorische Repräsentation. Hinter dem starken Schutz individueller Freiheit, der dem modernen Verfassungsstaat zugrundeliegt, steht das – möglicherweise kontrafaktische,

[333] Cf. etwa *P. Häberle*, Das Menschenbild im Verfassungsstaat, 2. Aufl. 2001; *J. Kraetzer* (Hrsg.), Das Menschenbild des Grundgesetzes, 1996; *U. Becker*, Das „Menschenbild des Grundgestzes" in der Rechtsprechung des Bundesverfassungsgerichts, 1996; *W. Brugger*, Das Menschenbild der Menschenrechte (1995), in: ders., Liberalismus, Pluralismus, Kommunitarismus, 1999, S. 74 ff.; kritisch *S. Huster*, Die ethische Neutralität des Staates, 2002, S. 293 ff.; speziell zur Menschenwürde etwa *H. Dreier*, in: ders., GG, Bd. 1, 2. Aufl. 2004, Art. 1 Abs. 1 Rdnr. 168 ff.; zu den konstruktiven Paradoxien eines menschenwürdefundierten Bilderverbots *M. Moxter*, Unterwegs zum Recht, in: P. Bahr/H. M. Heinig (Hrsg.), Menschenwürde in der säkularen Verfassungsordnung, 2006, S. 73 (88 ff.); *H. M. Heinig*, Menschenwürde und Sozialstaat, ebenda, S. 251 (280 ff.); *ders.*, Art. Menschenwürde (J), in: Ev. Staatslexikon, Neuausgabe, 2006, Sp. 1516 (1520 f.); cf. zur verwandten Diskussion um Staatsbilder auch *A. Voßkuhle*, Der „Dienstleistungsstaat". Über Nutzen und Gefahren von Staatsbildern, in: Der Staat 49 (2001), 495 ff.

aber normativ wohlbegründete – Leitbild einer autonomen Person, die zur reflexiven Urteilskraft befähigt und auf dieser Grundlage zu einer selbständigen als selbstbestimmten Lebensführung in der Lage ist.[334] Dieses Leitbild der autonomen Person streitet, so die Grundthese einer normativen Verfassungstheorie des freiheitsfunktionalen Sozialstaates, nicht nur für eine menschen- und bürgerrechtlich abgesicherte Begrenzung des staatlichen Einflusses auf die Lebensführung des einzelnen und für gleichberechtigte politische Mitwirkungsrechte, sondern auch für eine bestimmte, freiheitsgemäße und hierdurch aber auch begrenzte Form gesellschaftlich vermittelter und staatlich organisierter Sorge um die Realisierungsbedingungen individueller Freiheit.[335]

Das Ideal der autonomen Person läßt sich mit *Herlinde Pauer-Studer* näher beschreiben als Möglichkeit

> „autonom die Art und Form des Lebens, welches man führen will, zu bestimmen, sofern dies mit der gleichen Freiheit von anderen verträglich ist."[336]

Das Autonomieideal verweist damit auf eine Form gehaltvoller Freiheit, die ein gewisses Maß an reflexiver Steuerung der Gelingensbilder und Zielvorstellungen für das eigene Leben voraussetzt.[337] Als so verstandene „soziale Freiheit" bildet es die Basis für die weitere Ausformung des Autonomieideals in den Dimensionen der *moralischen* Autonomie, die die selbstbestimmte Entscheidung über präferierte Konzepte des Guten zum Gegenstand hat, der *politischen* Autonomie, die zu einer starken Vorstellung politischer Freiheit führt und deshalb grundlegende politische Freiheitsrechte des einzelnen fordert, sowie der *wirtschaftlichen* Autonomie, die das Gebot freier ökonomischer Zweckverfolgung begründet.[338] Diese drei Dimensionen von Autonomie, die ethisch-kulturelle, politische und wirtschaftliche Autonomie, lassen sich freiheitstheoretisch weder isolieren noch

---

[334] Cf. *V. Gerhardt*, Selbstbestimmung. Das Prinzip der Individualität, 1999.

[335] Ähnlich aus philosophisch-ökonomischer Sicht *M. Schefczyk*, Umverteilung als Legitimationsproblem, 2003, S. 246 ff.; eine im weiteren Sinne freiheitsfunktionale Begründung auch bei *R. E. Goodin*, Reasons For Welfare, 1988, S. 123 ff.; zahlreiche autonomieethische Rekonstruktionen des Sozialstaates weisen hingegen ein stark egalitäres Moment auf und/oder verzichten auf eine freiheitsrechtliche Einhegung, ignorieren also die autonomietheoretische Problematik, daß vor dem Geben ein Nehmen steht; so etwa *J. Habermas*, Faktizität und Geltung, 1992, S. 154 ff., 490 ff. in seinem Plädoyer für die Sicherung der *chancengleichen* Nutzung von Freiheitsrechten und der Ersetzung eines sozialstaatlichen durch ein prozedurales Rechtsparadigma; ebenso mit dem letztlich reichlich nebülos bleibenden Programm einer Sozialstaatstheorie, die Theorien des sozialen Wettbewerbs mit normativen Geboten sozialer Wertschätzung verbindet, *F. Nullmeier*, Politische Theorie des Sozialstaats, 2000, S. 400 ff.

[336] *H. Pauer-Studer*, Autonom leben, 2000, S. 15.

[337] Nota bene: es geht an dieser Stelle nicht um eine kompakte Philosophie individueller Autonomie, die Ansprüchen theoretischer Letztbegründung genügt, sondern um die Entfaltung des zentralen Normativs des Verfassungsstaates in verfassungstheoretischer Absicht.

[338] *H. Pauer-Studer*, Autonom leben, 2000, S. 15 ff.

gegeneinander ausspielen oder gar in eine vorgegebene Rangstufe der Bedeutsamkeit stellen, sondern sie sind gleichursprünglich auf die Idee der autonomen Person zurückzuführen und bedingen sich von daher gegenseitig.

Aus der personentheoretischen Vorstellung einer selbstbestimmten Lebensführung des einzelnen lassen sich zugleich Folgerungen für die soziale Interaktion ziehen. Denn eine autonome ist nicht mit einer monadischen Existenz gleichzusetzen. Dem normativen Ideal der Autonomie steht die wechselseitige Verwiesenheit von Menschen vor Augen, die in Prozessen der Arbeitsteilung ebenso zum Ausdruck kommt wie in der Familie oder in sonstigen Sozialformen.[339] Individuelle Selbstbestimmung ist sub conditione sociale deshalb nur im Plural zu denken. Divergierende Autonomieansprüche sind als gleichberechtigte in einen Ausgleich zu bringen. Hieraus resultieren wechselseitige Ansprüche auf Achtung und Respekt.[340] Individuelle Freiheit impliziert, wie oben bereits gesehen, gleiche Freiheit und reziproke Anerkennung gleicher Berechtigung.

---

[339] Individuelle Autonomie bedeutet in solchen Zusammenhängen immer die Freiheit zur sozialen und rechtlichen Bindung, aber auch das Recht, diese aus eigenem Willen wieder zu lösen. Ehe und Familie stehen beispielhaft hierfür. Ein kollektives Bestimmungsrecht der Familie (oder eines Oberhauptes) über die Lebensführung ihrer Mitglieder kennt der freiheitliche Verfassungsstaat nicht. Vielmehr garantiert dieser eine exit-Option, die ihre Grenzen lediglich im legitimen Interesse Dritter findet, die insbesondere in Unterhaltspflichten zum Ausdruck kommen. Der Sozialstaat ist in dieses Doppelsystem der Freiheit zur sozialen Bindung, aber auch zur Auflösung solcher Bindungen tief involviert, so etwa durch soziale Familienförderung (cf. näher etwa *C. Seiler*, Entwicklung der Bevölkerung und Familienpolitik, in: HStR, Bd. 4, 3. Aufl. 2006, S. 507 [511 ff.]), aber ebenso durch die durch soziale Sicherungssysteme vermittelte Unabhängigkeit von familiären Solidarbeziehungen (hierzu näher auch infra C.V.3.bb).

[340] Diese autonomieethische Rückverweisung der Achtungsansprüche wird von *H. Pauer-Studer*, Autonom leben, 2000, S. 37 ff., 54 ff. m.E. verkannt, wenn sie die universelle Achtung axiomatisch stellt und der Freiheit im Anschluß an die von *C. M. Korsgaard* (Creating the Kingdom of Ends, 1996, S. 249 ff.) eingeführte Unterscheidung zwischen intrinsischen und extrinsischen Gütern einen rein „extrinsischen" Charakter zuschreibt. Bei Pauer-Studer hat diese Weichenstellung zur Konsequenz, daß der *nachgeordnete* Charakter relationaler Gerechtigkeitsstandards (zum Problem supra C.V.9.) nicht hinreichend herausgearbeitet wird und ihr Modell eines freiheitsfunktionalen Liberalismus deshalb trotz Aufnahme der Egalitarismuskritik an einem egalitaristischen Überschuß leidet. Ähnliche Probleme finden sich im Rahmen der Rezeption Pauer-Studers bei *P. Dabrock*, Capability-Approach und Decent minimum, in: ZEE 46 (2001), 202 ff.; *ders.*, Befähigungsgerechtigkeit als Kriterium zur Beurteilung von Grundversorgungsmodellen im Gesundheitswesen, in: O. Rauprich/G. Marckmann/J. Vollmann (Hrsg.), Gleichheit und Gerechtigkeit in der modernen Medizin, 2005, S. 213 ff.; *ders.*, Befähigungsgerechtigkeit als Ermöglichung gesellschaftlicher Inklusion, in: H.-U. Otto/H. Ziegler (Hrsg.), Capabilities – Handlungsbefähigung und Verwirklichungschancen in der Erziehungswissenschaft, 2008, i.E.

b) Autonome Lebensführung und ihre Abhängigkeit von sozialen Ressourcen

aa) Autonomie und Kontingenz des individuellen Lebens

Wenn Autonomie Selbstbestimmung meint, führt dies zwanglos dazu, daß der freiheitsrechtliche Kern des Autonomieprinzips den einzelnen in seinem Recht schützt, ein Leben nach seinen Vorstellungen zu leben. „Der Freiheitsbegriff ist", um mit dem Philosophen *Charles Taylor* zu sprechen, „ein Verwirklichungsbegriff" und nicht nur ein „Möglichkeitsbegriff".[341] Doch um ein Leben nach eigenen Vorstellungen führen zu können, bedarf der einzelne entsprechender Mittel. Er muß seine vorhandenen physischen und geistigen Potentiale ausbilden können und er bedarf gewisser ökonomischer Grundlagen. Zur Realisierung des anspruchsvollen personentheoretischen Ideals einer eigenverantwortlichen und selbstbestimmten Lebensführung ist der einzelne von sozialen Ressourcen abhängig, die nicht ohne weiteres zur Verfügung stehen, sondern erst beschafft werden müssen. Sich emanzipativ verstehende Sozialtheorien haben das Erbe der Aufklärung immer wieder so gedeutet, daß wahre Autonomie bedeute, von der Last der Beschaffung solcher Ressourcen befreit zu werden.[342] Die Qualität der Sozialstaatlichkeit bemißt sich demzufolge nach dem Grad der durch sie erreichten Dekommodifizierung, d.h. der Reduzierung des Warencharakters von Arbeit.[343] Ein solches Verständnis von Emanzipation ist, anders

---

[341] *C. Taylor*, Der Irrtum der negativen Freiheit (1979), in: ders., Negative Freiheit?, 1988, S. 118 (121 ff.).

[342] Cf. kritisch hierzu *U. Di Fabio*, Die Kultur der Freiheit, 2005, S. 79. Diese Befreiungsvorstellungen können entweder darauf zielen, die „Last" zu mindern, indem der „Entfremdungscharakter" der Arbeit überwunden wird (poetisch ausgedrückt durch *K. Marx*, Die deutsche Ideologie, in: MEAW, Bd. 1, 1970, S. 227: Unter den Bedingungen der kapitalistischen Arbeitsteilung ist der Mensch entweder Jäger, Fischer oder Hirte oder kritischer Kritiker, „während in der kommunistischen Gesellschaft, wo jeder nicht einen ausschließlichen Kreis der Tätigkeit hat, sondern sich in jedem beliebigen Zweige ausbilden kann, die Gesellschaft die allgemeine Produktion regelt und mir eben dadurch möglich macht, heute dies, morgens jenes zu tun, morgens zu jagen, nachmittags zu fischen, abends Viehzucht zu betreiben und nach dem Essen zu kritisieren, wie ich gerade Lust habe".) oder gleich die Reproduktionslast ganz abgenommen wird und Arbeit einen rein freiwilligen Charakter bekommt, so die Verfechter eines unkonditionierten Grundeinkommens, cf. *P. Van Parijs*, Real Freedom for all, 1995, S. 25 ff.; *ders.*, Why Sufers Should Be Fed, in: Philosophy & Public Affairs 20 (1991), 101 ff.; *ders.*, Basic Income Capitalism, in: Ethics 102 (1992), 465 ff.; *Y. Vanderborght/P. Van Parijs*, Ein Grundeinkommen für alle?, 2006; *M. Füllsack*, Leben ohne zu arbeiten? Zur Sozialtheorie des Grundeinkommens, 2002; *G. W. Werner*, Einkommen für alle, 2006, mit weit. Nachw.; wohl auch *G. Frankenberg*, Die Verfassung der Republik, 1997, S. 202 f.; Überlegungen zu Vorstufen bei *C. Offe*, Der deutsche Wohlfahrtsstaat, in: Berliner Journal für Soziologie 8 (1998), 359 ff.; eine Schrumpfstufe dazu stellt die Forderung nach maximal möglicher Arbeitszeitverkürzung dar, so bei *G. Vobruba*, Freiheit: Autonomiegewinne der Leute im Wohlfahrtsstaat, in: S. Lessenich (Hrsg.), Wohlfahrtsstaatliche Grundbegriffe, 2003, S. 137 (147).

[343] *G. Esping-Andersen*, The Three Worlds of Welfare Capitalism, 1990.

als Forderungen nach einer „Humanisierung der Arbeitswelt", autonomieethisch jedoch verfehlt. Denn der Modus der Beschaffung der zur selbstbestimmten Lebensführung erforderlichen Ressourcen ist durch das Autonomieprogramm selbst präfiguriert: *Die Kehrseite der Selbstbestimmung ist Selbstverantwortung.* Das erforderliche soziale und materielle Substrat hat das freie Individuum deshalb im Austausch mit anderen grundsätzlich selbst zu erwirtschaften.[344] Es ist aufgefordert, unter gebotener Aufbietung seiner Kräfte und Fähigkeiten für sich selbst zu sorgen.[345] Selbstverwirklichung bedingt Selbstverantwortung, Selbständigkeit Selbstsorge. Deshalb bilden die sozialen Verkehrsformen der Freiheit (Märkte, Familien, Assoziationen) den entscheidenden dezentralen und nonhierarchischen Koordinationsmechanismus der beschriebenen wechselseitigen Abhängigkeiten und sozialen Verflechtungen der Gleichen und Freien. Freiheitstheoretisch gedacht, ist die Befreiung von der Notwendigkeit eigenverantworteter Subsistenzsicherung kein „Traum", wie Befürworter eines bedingungslosen Grundeinkommens propagieren,[346] sondern ein Alptraum.

Zugleich aber ist unschwer festzustellen, daß Menschen bei der Erwirtschaftung ihrer Daseinsmittel mehr oder weniger erfolgreich sein können. Bis zu einem gewissen Punkt wird die hierdurch bedingte fehlende Realisierungsmöglichkeit eigener Lebenspläne als Schicksal hinzunehmen sein. Freiheit steigert eben Kontingenzen des Lebens. Wenn jemand seine Selbstentwürfe nicht verwirklichen kann, weil ihm Talent oder Glück hierzu fehlen, dann realisiert sich bei ihm das einer freiheitlichen sozialen Ordnung inhärente Risiko.[347] Freilich ergibt sich aus der Dynamik der freien Verkehrswirtschaft auch, daß diese trotz aller individuellen Anstrengung keine hinreichende Absicherung dafür bietet, daß jeder zumindest über ein Mindestmaß an sozialen Ressourcen, d.h. an finanziellen Mitteln, aber auch an talentgerechter Bildung und Ausbildung, verfügen kann. Der Ressourcenmangel kann im äußersten Fall so gravierend sein, daß von einer selbstbestimmten Lebensführung nicht mehr ernsthaft gesprochen werden kann. Ein solcher Mangel hindert Selbstbestimmung und damit

---

[344] *M. Borowski*, Grundrechte als Prinzipien, 2. Aufl. 2007, S. 343 mit Verweis auf *E. Tugendhat*, Vorlesungen über Ethik, 1993, S. 355; cf. auch bis heute lesenswert *G. Dürig*, in: ders./Maunz, GG, Art. 3 Abs. 1 Rdnr. 120 ff., hier Rdnr. 151 (1. Lfg.).

[345] Cf. *R. Pitschas*, Soziale Sicherungssysteme im „europäisierten" Sozialstaat, in: Festschrift 50 Jahre Bundesverfassungsgericht, Bd. 2, 2001, S. 827 (828 ff.): „Vorrang der sozialen Eigenverantwortung".

[346] So *G. W. Werner*, Einkommen für alle, 2006.

[347] Das Ideal personaler Autonomie speist sich eben aus grundlegenden Vorstellungen über die angemessene Art des sozialen Zusammenlebens in dieser Welt, bietet aber keine Basis für innerweltliche Erlösungsphantasien. In diesem Sinne zielt es nicht darauf, als Begrenzungen wahrgenommene grundlegende Bedingungen des menschlichen Lebens zu überwinden.

die Verwirklichung von Freiheit,[348] so daß in diesem Falle das Autonomieideal selbst gebietet, Mindestbedingungen der Autonomiewahrung durch die staatlich organisierte Gemeinschaft sicherzustellen.

Auch können sich aus dem Zwang zur Reproduktion Abhängigkeitsverhältnisse ergeben, die in den tatsächlichen Machtverhältnissen so asymmetrisch strukturiert sind, daß von autonomen Entscheidungen des „Unterlegenen" kaum mehr gesprochen werden kann. Die über den freien Austausch regulierte wechselseitige Dependenz der Bürger schlägt hier um in eine Form von Einseitigkeit, die nur dialektisch gedacht wieder als Wechselbeziehung verstanden werden kann.[349] Auch hier ist die im Staat akkumulierte Macht der Freien und Gleichen um der Allgemeinheit der Freiheit willen aufgefordert, geeignete freiheitsschützende Vorkehrungen zu treffen.

bb) Institutionalisierte Autonomiesicherung

Der positive Zusammenhang von individueller Freiheit und sozialen Freiheitsvoraussetzungen ist jedoch nicht nur auf durch Fürsorgemaßnahmen zu sichernde Mindestbedingungen autonomer Lebensführung begrenzt, sondern läßt sich auch in einem weiteren Sinne beschreiben. So verstanden begegnete er uns bereits im Kontext des oben angesprochenen Zusammenhangs von Freiheit und Sicherheit (cf. supra C.I.). Der Sozialstaat reagiert auf die Kontingenzen der individuellen Selbsterhaltung auch dadurch, daß er Vorsorge für die „Wechselfälle des Lebens"[350] betreibt. Die durch den Wohlfahrtsstaat organisierte Einhegung besonderer Lebensrisiken wie Krankheit, Pflegebedürftigkeit oder altersbedingte Erwerbslosigkeit läßt sich (zumindest auch)[351] als Freiheitsgewinn beschreiben,[352] als institutionelle Sicherung individueller Handlungsfreiheit.[353] Nicht von ungefähr streichen modernisierungstheoretische Deutungen des Sozialstaates den engen Zusammenhang zwischen dem Aufbau sozialer Sicherungssysteme und den Prozessen der Individualisierung heraus. Sozialstaatlich institutionalisierte Sicherheit bewirkt individuelle Freiheitsgewinne; evolutionstheoretisch kommt ihr für die Auflösung traditionaler Abhängigkeitsstrukturen und die Pluralisierung individueller Lebensstile entscheidende Bedeutung zu (cf. supra B.III.2.). Sie wird deshalb auch normativ von einem freiheitsfunktionalen Sozialstaatsverständnis erfaßt, wobei auf einer zweiten Ebene allerdings

---

348 *W. Kersting*, Kritik der Gleichheit, 2002, S. 44 ff.

349 Cf. insoweit die Beschreibung des Verhältnisses von Herr und Knecht bei Hegel; *G.W.F. Hegel*, Phänomenologie des Geistes (1807), in: ders., Hauptwerke Bd. 2, 1999, S. 109 ff.

350 BVerfGE 28, 324 (348).

351 Auf freiheitstheoretische Ambivalenzen wird sogleich noch einzugehen sein.

352 Cf. *M. Pirsching*, Bilder des Wohlfahrtsstaates, 1996, S. 297.

353 Cf. *G. Vobruba*, Freiheit: Autonomiegewinne der Leute im Wohlfahrtsstaat, in: S. Lessenich (Hrsg.), Wohlfahrtsstaatliche Grundbegriffe, 2003, S. 137 (137); *ders.*, Autonomiegewinne, 1997, S. 77 ff.

die Frage nach einer freiheitsgerechten Ausgestaltung zu stellen ist.[354] Auch hier zeigt sich gleichwohl, daß ein freiheitsfunktionales nicht notwendig mit einem minimalistischen Sozialstaatsverständnis gleichzusetzen ist.

cc) Reale Autonomie„fähigkeit" als Voraussetzung für den Einbezug in einen freiheitsfunktionalen Sozialstaat?

Auch in einer zweiten Hinsicht gilt es Bedenken gegenüber dem freiheitsfunktionalen Ansatz und einem ihm vermeintlich inhärenten Reduktionismus zu begegnen: Sie beziehen sich auf die zutreffende Vorstellung, daß der Wohlfahrtsstaat gerade für die Schwächsten der Gesellschaft einzustehen hat, denen es im äußersten Fall, z.B. bei schwersten Behinderungen, an den elementarsten Voraussetzungen für eine selbstbestimmte Lebensweise fehlt. Vor diesem Hintergrund stellt sich die Frage, ob ein auf das Leitbild einer autonomen Persönlichkeitsentfaltung abstellendes Sozialstaatsverständnis diese originäre Sinndimension sozialstaatlicher Tätigkeit hinreichend erfassen kann.[355]

Freilich ist zwischen der Begründungs- und Anwendungsebene zu unterscheiden. Das Autonomieideal ruht in der Tat wesentlich auf der Vorstellung kooperations- und interaktionsfähiger Personen auf. Diese müssen in ihren Potentialen nicht unbedingt dem durchschnittlich vernunftbegabten Erwachsenen entsprechen; Selbstbestimmung als reflexive Haltung ist auch jenseits solcher Normalitätserwartungen zu konstatieren. Ab einem gewissen Maß an Einschränkung rational kontrollierten Verhaltens jedoch, dies sei zugestanden, kann von einer eigenverantwortlichen Lebensführung nicht mehr sinnvoll gesprochen werden. Doch kommt auch Menschen mit einem solchen Schicksal im normativen Sinne der gleiche individuelle Achtungsanspruch zu wie erwachsenen und gesunden Personen. Denn mit dem Anspruch auf Achtung der individuellen Selbstbestimmung geht ein Anspruch auf Achtung der Selbstzweckhaftigkeit menschlicher Existenzformen Hand in Hand. Dieser bleibt bei Personen, die zur Selbstbestimmung im anspruchsvollen Sinne nicht in der Lage sind, unberührt.[356] Das begründungstheoretisch in Stellung gebrachte Autonomieideal führt auf der Anwendungsebene zu einem normativ überschießenden Gehalt. Denn das freiheitstheoretisch begründete Achtungsgebot ist in seinem normativen Status, genauer: in seiner Geltung, nicht von empirischen Voraus-

[354] Wie sozialtheoretisch auch nach Aporien der Modernisierung, etwa nach neuen Abhängigkeiten zu fragen ist; cf. infra C.VI.5.

[355] Cf. grundlegend etwa *M. Nussbaum*, Frontiers of Justice, 2007, S. 96 ff.; zum Problem auch *P. Dabrock*, Rationierung von Gesundheitsleistungen aus Altersgründen?, in: Jahrbuch für christliche Sozialwissenschaften 47 (2006), 241 (258); *F. Nullmeier*, Paradoxien der Eigenverantwortung, in: ZeS-Report 10, 1 (2005), 1 ff.; *G. Frankenberg*, Die Verfassung der Republik, 1997, S. 199.

[356] Ähnlich *J. Habermas*, Replik auf Beiträge zu einem Symposion der Cardozo Law School, in: ders., Die Einbeziehung des Anderen, 1999, S. 309 (383) auf einen Einwand von G. Frankenberg.

setzungen abhängig, sondern der Status fordert vielmehr gerade, wie gezeigt, umgekehrt, daß solche Voraussetzungen in den Blick gesellschaftlicher Verantwortung im Medium staatlicher Organisation kommen. Der Gehalt der Norm regiert die Normvoraussetzungen, nicht umgekehrt. Zudem wird man die Kritiker einer freiheitstheoretischen Sozialstaatsbegründung zurückfragen müssen, ob sie ihrerseits den Sozialstaat auf Hilfe für Hilflose wie schwerst und mehrfach behinderte Menschen und bestimmte Gruppen von Sozialhilfeempfängern beschränkt wissen wollen. Dann aber wäre die „Normalität des Sozialstaates", wie sie uns heute in Gestalt einer ausgreifenden Sozialverwaltung begegnet, von vornherein ausgeklammert.

Gleichwohl ist zuzugestehen, daß die *motivationale* Dimension für die sozialstaatlich vermittelte Sorge um den Nächsten, gerade wenn dieser zur Selbstbestimmung nicht in der Lage ist, über den rational-freiheitstheoretischen Ansatz hinausgeht und auf Aspekte der Empathie, der schlichten Mitmenschlichkeit, der starken religiösen Überzeugungen usw. hinausweist. Solche individuellen Motive sind jedoch unter den Bedingungen der Moderne eine fragile Grundlage, die zum einen ihrerseits faktisch gepflegt, zum anderen jedoch in allgemein akzeptabler Weise normativ unterfangen werden müssen. Dies kann nur der freiheitstheoretische Ansatz in einer Weise leisten, die zugleich hinreichende Kriterien für Grund und Grenzen sozialstaatlicher Fremdsorge benennt.

dd) Zur wechselseitigen Verwiesenheit von positiver und negativer Freiheit

Eine dritte Klarstellung schließlich: Kritiker eines rein negativen Freiheitsverständnisses haben immer wieder nach dem Wert liberaler Abwehrrechte für denjenigen gefragt, der sie faktisch nicht nutzen kann. Wenn die Bedeutung negativer Freiheit hierbei selbst in Frage gestellt wird, gerät die Debatte um ein angemessenes Freiheitsverständnis jedoch in eine eigentümliche Schieflage. Eine autonomieethische Konzeption selbstbestimmter Lebensführung wird deshalb Freiheit im Sinne des „Freiseins von" und im Sinne des „Freiseins zu" nicht gegeneinander stellen, sondern die Abwesenheit von Fremdbestimmung und die Anwesenheit der Bedingungen von Selbstbestimmung als komplementär begreifen. Der grundrechtliche Schutz der Informationsfreiheit etwa ist wegen des normativen Ideals politischer Autonomie wichtig, deshalb aber ist auch der Zugang zu Medien vonnöten. Der grundrechtliche Schutz von Eigentum und freier Berufswahl ist vom normativen Ideal ökonomischer Autonomie her gedacht unverzichtbar, deshalb aber sind auch die realen Chancen zur Eigentumsbildung und die Möglichkeit, tatsächlich einen Beruf zu ergreifen, von so fundamentaler Bedeutung. Die Liste solcher autonomieethischen Verweisungen von negativen Freiheiten auf positive Freiheiten ließe sich beliebig fortsetzen.

ee) Konsequenz: Autonomietheoretischer Einbezug von Freiheitsvoraussetzungen

Wenn aber die sozialen Realisierungsbedingungen autonomer Lebensführung um der Freiheitlichkeit willen einer forcierten Kontingenz unterliegen, kann die autonomieethisch angemessene Reaktion hierauf weder darin bestehen, den Wert negativer Freiheit in Frage zu stellen oder zu relativieren (so aber die totalitäre Liberalismuskritik) noch darin, einem auf die negative Dimension verkürzten Freiheitsbegriff das Wort zu reden (so aber die libertäre Tradition), sondern schlicht darin, ein bestimmtes Maß der Autonomiesicherung unter Wahrung der autonomiegebundenen Freiheitlichkeit reflexiv in die Freiheitskonzeption einzubeziehen. Im Verfassungsrecht wird diese Grundeinsicht unter den Stichworten „reale Freiheit" und „soziale Grundrechte" diskutiert; ihre verfassungsdogmatische Bedeutung wird noch eingehender zu betrachten sein (cf. infra F.I.); die verfassungstheoretische Engziehung von individueller Freiheit und Freiheitsvoraussetzungen, dies sei nochmals herausgestrichen (cf. supra C.VI.), definiert nicht ihre verfassungsdogmatische Aufarbeitung. Doch bestimmte Argumentationsmuster ähneln sich in den grundrechtsdogmatischen, grundrechtstheoretischen und philosophisch-freiheitstheoretischen Überlegungen zum Problem. So betonte das Bundesverfassungsgericht in der Numerus-clausus-Entscheidung überspitzt, daß „das Freiheitsrecht ... ohne die tatsächliche Voraussetzung, es in Anspruch nehmen zu können, wertlos" sei.[357] Nun ist der Begriff der Wertlosigkeit an dieser Stelle, folgt man dem soeben aufgezeigten wechselseitigen Verweisungscharakter negativer und positiver Freiheit, fehl am Platze. Deshalb argumentiert *Ernst-Wolfgang Böckenförde* nicht im Sinne einer Strategie der Abwertung eines negativen Freiheitsverständnisses, sondern positiv werbend:

> „Soll rechtliche Freiheit zur realen Freiheit werden können, bedarf ihr Träger eines Grundanteils an den sozialen Lebensgütern; ja dieser Anteil an den sozialen Lebensgütern ist selbst Teil der Freiheit, weil er notwendige Voraussetzung ihrer Realisierung ist. ... Die Idee sozialer Grundrechte erscheint, so gesehen, zur Freiheitsgewährleistung des bürgerlich-liberalen Rechtsstaats nicht gegenläufig, sondern als deren sachlogische Konsequenz in einer veränderten gesellschaftlichen Lage. Auch in ihr geht es um Freiheitssicherung, nicht um Freiheitsüberwindung zugunsten kollektiver Lebensformen. Sie ist der Ausdruck dafür, daß die Freiheit nicht mehr vor sozialen Einbindungen und Rechtsbeziehungen, als Bereich von Autarkie, sondern in solchen Einbindungen und Rechtsbeziehungen ihre Wirklichkeit hat und erhält."[358]

Wolfgang Kersting schließlich faßt diesen Befund aus sozialphilosophischer Sicht in der ihm eigenen Diktion wie folgt zusammen:

---

[357] BVerfGE 33, 303 (331).

[358] *E.-W. Böckenförde*, Die sozialen Grundrechte im Verfassungsgefüge (1981), in: ders., Staat, Verfassung, Demokratie, 1991, S. 146 (149).

> „Wenn der Wert des Freiheitsrechts im Zustand der Mittellosigkeit verschwindet, wird aus der Grammatik unserer ethisch-politischen Selbstverständigung das menschenrechtliche Herzstück herausgebrochen. Angesichts dieser operationalen Abhängigkeit des Freiheitsrechts von hinreichendem materiellen Güterbesitz muß eine freiheitsverpflichtete Gesellschaft ihre Bürger im Falle einer wie auch immer verursachten Erwerbsunfähigkeit auch mit einem entsprechenden Ersatzauskommen ausstatten. Die menschenrechtliche Verpflichtung zur Rechtsstaatlichkeit treibt aus sich selbst die Verpflichtung zur Sozialstaatlichkeit hervor. ... Selbständigkeit wird damit zu einem Rechtsgut, das zu schützen Aufgabe des Staates ist. Und da aufgrund ungünstiger Umstände Bürger ökonomisch unselbständig werden können, zur Selbsterhaltung nicht mehr fähig sind, muß in solchen Fällen die Bereitstellung des Rechtsguts Selbständigkeit auch eine sozialstaatliche Surrogat- und Subsidiärversorgung in einem hinreichenden, exklusionsverhindernden Maße umfassen."[359]

Die autonomie- als personentheoretische Rückbindung des freiheitsfunktionalen Sozialstaates hat drei Konsequenzen. Zum einen geht eine solche Freiheitssicherung über die unmittelbare Subsistenzsicherung hinaus, sie bezieht sich eben nicht nur auf die biologische Lebenserhaltung, die Sicherstellung der rein physischen Existenz, sondern auf die soziokulturellen Mindestbedingungen, die erforderlich sind, um noch sinnvoll von einer dem Autonomieideal entsprechenden Lebensform sprechen zu können.[360]

Legitimiert durch das Postulat politischer Autonomie mag die demokratische Selbstverständigung ggf. auch darüber hinausgehende freiheitsfunktionale sozialstaatliche Aktivitäten beschließen (hierauf wird sogleich noch einmal näher einzugehen sein). Um es noch einmal zu wiederholen: Der freiheitsfunktionale Sozialstaat ist nicht mit einem minimalen Sozialstaat gleichzusetzen, sondern kann in den Bahnen legitimer politischer Gestal-

---

[359] *W. Kersting*, Kritik der Gleichheit, 2002, S. 49.

[360] Kritiker, diesen Hinweis verdanke ich *Stefan Huster*, mögen nun einwenden, daß die vom Sozialstaat geschützten Rechtsgüter über den Aspekt individueller Autonomie hinausgehen, also etwa Gesundheit um des Werts der Gesundheit und nicht um der Freiheit des Betroffenen willen wiederhergestellt werden soll; umgekehrt werde Krankheit als solche von den Betroffenen als Übel empfunden, und nicht als Autonomieeinschränkung. Deshalb bräuchte man für eine Sozialstaatstheorie eine Theorie sozialer Gerechtigkeit, die eine Pluralität von Gütern erfaßt. Dem ist entgegenzuhalten, daß sich für eine Sozialstaatstheorie beachtenswerte Güter (wie Ernährung, Behausung, Abwesenheit von Schmerzen etc.) in eine Autonomietheorie übersetzen lassen, der es gerade um bestimmte *reale* Bedinungen der Freiheitsausübung zu tun ist. Auch läßt sich kaum bestreiten, daß der Verlust an Lebensqualität infolge bestimmter Mängel wie Hunger, Schmerz oder Krankheit von den Betroffenen ganz wesentlich als Fehlen der Bedingungen eines selbstbestimmten Lebens erlebt wird. Schließlich ist hervorzuheben, daß das Autonomieparadigma Fragen des Sozialstaates in eine normative Perspektive einstellt, die einer Theorie der Güterpluralität als solche fehlt und die deshalb nur unter Einführung weiterer Prämissen entwickelt werden kann (bei Martha Nussbaum z.B., die sogleich Gegenstand weiterer Überlegungen sein wird, ist es der Zweck, ein „gutes" bzw. würdiges Leben zu ermöglichen). Eine freiheitliche Rekonstruktion des Sozialstaates kommt ohne solche Zusatzannahmen aus und bietet doch zugleich – abermals sei dies herausgestrichen – hinreichende Kriterien für den Modus der Hilfeleistung sowie Grenzen der Inpflichtnahme der anderen. Damit erweist sie sich insgesamt als leistungsfähiger.

tung extensiver angelegt werden; er kennt aber zugleich ein freiheitstheoretisch gefordertes soziales Minimum und Maximum.

Zum zweiten lassen sich aus der freiheitstheoretischen Rückbindung nicht nur quantitative, sondern auch qualitative Anforderungen an staatliche Maßnahmen zur Herstellung selbstbestimmungsadäquater Lebensbedingungen herauspräparieren – sie müssen dem Autonomiepostulat in seiner moralischen, politischen und wirtschaftlichen Ausgestaltung genügen, d.h. sie müssen die Freiheit zur eigenen Präferenzbildung bei Konzepten des Guten und bei der Verfolgung eigener Vorstellungen von einem gelungenen Leben unberührt lassen (antieudämonistische Dimension), sie müssen die Freiheit zur eigenen politischen Präferenzbildung achten und dürfen nicht als Prämien für politisches Wohlverhalten bestimmter Bevölkerungsgruppen ausgestaltet werden (antikorruptive Dimension) und sie müssen größtmögliche Freiheit zur eigenverantworteten ökonomischen Lebensführung gewährleisten (antipaternalistische Dimension). Alle drei Dimensionen legen es nahe, soziale Hilfe und Sicherheit in Form individueller Rechte und nicht nur als staatliche Obligationen auszugestalten.

Schließlich aber folgt aus der autonomieethischen Fundierung des freiheitsfunktionalen Sozialstaates, daß dieser als Subsidium, als Befähigung zur Selbstbefähigung und damit zumindest tendenziell auf seine Selbstüberwindung angelegt ist. Insoweit ist auch die Reichweite, der gebotene Leistungsumfang eines freiheitsfunktionalen Sozialstaates angesprochen. Die hier vorgestellte Lesart eines die Freiheitsbedingungen seiner Bürger mitreflektierenden Staates läuft darauf hinaus, das der öffentlichen Hand auferlegte *Pflicht*programm der Freiheitssorge zurückhaltend durchzubuchstabieren und zugleich die Grenzen fakultativer Aktivitäten annäherungsweise zu konturieren. So verstanden ist die autonomieethische Rückbindung des Sozialstaates, entgegen anderslautenden Vorwürfen, nicht auf seine Selbstentgrenzung angelegt. Zwar wohnt der positiven Freiheit „kein natürliches Maß inne".[361] Sub conditione humana ist Mangel bei der Verwirklichung des Selbst unvermeidbar. Menschen sind „Mängelwesen" (Arnold Gehlen)[362] und deshalb einer ad infinitum gehenden Mängelkompensation bedürftig. Doch entspricht es keineswegs dem personaltheoretischen Autonomieideal, die Verantwortung für eine solche Devianzbearbeitung vollständig auf die staatlich verfaßte Gemeinschaft zu übertragen. Zugleich reflektiert eine freiheitsfunktionale Sozialstaatstheorie, daß Geben ein Nehmen und damit Freiheitseingriffe voraussetzt, die um der Freiheitlichkeit der Gesellschaftsordnung willen selbst dann der Eingrenzung bedürfen, wenn sie freiheitsdienlich ausgerichtet sind. Der freiheitsfunktionale Ansatz

[361] *W. Kersting*, Der liberale Liberalismus, 2006, S. 24.

[362] *A. Gehlen*, Der Mensch, 14. Aufl. 2004, S. 20, 33, 83, 354; zur Kritik an der Gehlenschen Anthropologie etwa *R. Karneth*, Anthropo-Biologie und Biologie, 1991.

erfährt deshalb aus seiner autonomieethischen Verpflichtung heraus eine doppelte Begrenzung. Zu einer staatlichen Handlungs*pflicht* verdichtet er sich nur für die Förderung von Mindestbedingungen individueller Selbstbestimmung. Die Festlegung solcher Mindestbedingungen ist im Detail zugegebenermaßen schwierig. Sie ist kontextabhängig und kulturrelativ. Sie bemißt sich zudem jenseits eines sehr basalen Minimums auch an den vorhandenen Ressourcen. Sie ist auf Evidenzen angewiesen, die sich im Konfliktfall allzu schnell verflüchtigen. Doch sie bietet gerade im Vergleich zu anderen normativen Begründungsfiguren des Sozialstaates gleichwohl ein der Fundierungsfigur selbst inhärentes Korrektiv.

Die freiheitstheoretische Sozialstaatsbegründung setzt sich damit zugleich von zwei anders gelagerten, um das Normativ der Freiheit herum gruppierten Sozialstaatstheorien ab, die im Ansatz gleichfalls als freiheitsfunktional verstanden werden können, nämlich *liberal-egalitaristische Theorien* sowie *neoaristotelische Sozialstaatsbegründungen*, die aber beide von der Theorieanlage für ein deutlich extensiveres Sozialstaatsverständnis plädieren.

c) Gleiche Freiheit und Freiheitsfunktionalität des Sozialstaates

Egalitaristische Ansätze einer Sozialstaatsbegründung wurden oben (C.V.) bereits einer ausführlichen Analyse unterzogen. Zur Vermeidung von Redundanzen soll deshalb darauf verzichtet werden, nochmals ausführlich auf gleichheitsorientierte Sozialstaatstheorien einzugehen. So mag es an dieser Stelle damit sein Bewenden haben, daran zu erinnern, daß auch egalitaristische Verteilungstheorien freiheitsfunktionale Begründungen finden können. Ausgangspunkt ist dann, wie oben beschrieben (C.IV.), das starke Normativ gleicher Freiheit, das sich, so die Folgerung des Egalitarismus, auch in Fragen der Verteilung des materiellen Substrats der Freiheitswahrnehmung niederschlagen soll. Dieser Vorstellung wird in der vorliegenden Arbeit unter Rückgriff auf Argumente der philosophischen Egalitarismuskritik entgegengetreten.

Gleiche Freiheit verlangt vor allem Gleichheit vor dem Gesetz (Art. 3 Abs. 1 GG), gleichen Schutz vor staatlicher Ingerenz in Form einer egalitären Geltung der Grundrechte sowie demokratische Egalität. Das der gleichen Freiheit als Ausdruck wechselseitiger Anerkennung personaler Autonomieansprüche inhärente Egalitätsgebot läßt sich jedoch unbefangen keineswegs ebenso in Stellung bringen, wenn man nach Grund und Umfang staatlich organisierter Sorge um Freiheitsvoraussetzungen des einzelnen fragt. Die Egalität der Freiheit bildet sich nicht eins zu eins in Pflichten des Staates zur Schaffung gleicher Realisierungsbedingungen positiver Freiheit ab. Denn zum einen überzeugt die mit solchen extensiven Egalisierungsforderungen verbundene starke Gleichheitspräsumtion nicht. Weiterhin ist aus autonomieethischen Gründen die hinter solchen Vorstellungen totaler Entdifferenzierung stehende Verkollektivierung der Talente und Sozialisationsergebnisse abzulehnen. Ferner kollidierte ein Gebot umfassender Angleichung der Bedingungen der Freiheitsausübung wiederum mit dem Schutz der Freiheitsausübung selbst, die aus sich heraus notwendig soziale Differenzen erzeugt.[363] Autonomiegerechte Verteilungsgerechtigkeit ist ohne freiheitsadäquate Leistungsgerechtigkeit, und d.h. Marktgerechtigkeit im Sinne eines Verzichts auf permanente Delegitimierung der Marktergebnisse, nicht denkbar. Und schließlich unterliegt die Position des liberalen Egalitarismus dem Irrtum, Gleichstellungsforderungen mit Forderungen nach Herstellung „würdiger Lebensbedingungen" für jedermann zu verwechseln, die aus dem wechselseitigen Achtungsgebot sich als frei und gleich anerkennender Individuen resultieren. Diese verlangen jedoch Freiheitssuffizienz, nicht Egalität.[364]

d) Befähigungsgerechtigkeit statt Freiheitsfunktionalität?

Eine mit der hier präferierten freiheitsfunktionalen Sozialstaatstheorie eng verwandte Konzeption stellen hingegen normative Theorien der Befähigungsgerechtigkeit dar. Sie werden in unterschiedlichen Facetten etwa von *Martha Nussbaum* und *Amartya Sen* oder in Deutschland von *Herlinde Pauer-Studer* und *Peter Dabrock* vertreten.[365] Sowohl dem auf Befähigungsgerechtigkeit als auch dem auf Freiheitsfunktionalität abstellenden Ansatz liegt ein Freiheitsentwurf zugrunde, der auch Elemente der Sicherstellung bestimmter Bedingungen der Realisierung von Freiheit einschließt. In beiden Konzeptionen kommt dem Sozialstaat eine dem Individuum und seiner Lebensverwirklichung dienende Funktion zu. Doch es differieren die Referenztheorien und damit zugleich der Zuschnitt der dem Staat aufgegebenen sozialen Aktivitäten. Der Befähigungsgerechtigkeit fehlt es in der Regel an der für eine kompakte Freiheitstheorie notwendigen autonomieethischen Rückbindung. Sie weist damit gegenüber

---

363 Cf. auch *C. Tommuschat*, Güterverteilung als rechtliches Problem, in: Der Staat 12 (1973), 433 (462).

364 Cf. zu nonegalitaristischen Sozialstaatsbegründungen auch *M. Schefczyk*, Soziale Sicherheit im Transformationsstaat, in: B. Priddat (Hrsg.), Der bewegte Staat, 2000, S. 83 ff.

365 Cf. *M. C. Nussbaum*, Der aristotelische Sozialdemokratismus (1990), in: dies., Gerechtigkeit oder Das gute Leben, 1999, S. 24 ff.; *dies.*, Die Natur des Menschen, seine Fähigkeiten und Tätigkeiten: Aristoteles über die distributive Aufgabe des Staates (1988), ebenda, S. 86 ff.; insg. näher *D. Sturma*, Universalimus und Neoaristotelismus, in: W. Kersting (Hrsg.), Politische Philosophie des Sozialstaats, 2000, S. 257 ff.; mit Modifikationen nunmehr *M. C. Nussbaum*, Frontiers of Justice, 2007 mit weit. Nachw.; *A. Sen*, Ökonomie für den Menschen, 2000; *H. Pauer-Studer*, Autonom leben, 2000; *P. Dabrock*, Capability Approach und Decent Minimum, in: ZEE 46 (2001), 202 ff.; *ders.*, Befähigungsgerechtigkeit als Ermöglichung gesellschaftlicher Inklusion, in: H.-U. Otto/H. Ziegler (Hrsg.), Capabilities – Handlungsbefähigung und Verwirklichungschancen in der Erziehungswissenschaft, 2008, i.E.; mit einer Variantenbildung auch *E. Naß*, Der humangerechte Sozialstaat, 2006, S. 212 ff.; ein Anwendungsbeispiel bei *J.-H. Heinrichs*, Grundbefähigungsgleichheit im Gesundheitswesen, in: Ethik in der Medizin 17 (2005), 90 ff.

dem hier präferierten freiheitsfunktionalen Ansatz einen entscheidenden Nachteil auf.

aa) Martha Nussbaums „sozialdemokratischer Aristotelismus“

Gemeinsamkeiten und Unterschiede zwischen beiden Ansätzen lassen sich besonders gut anhand der früheren Schriften der wohl prominentesten Vertreterin des Modells der Befähigungsgerechtigkeit, *Martha Nussbaum*, aufzeigen. Während die Parteinahme für den freiheitsfunktionalen Sozialstaat weitgehend neokantisch argumentiert, rekurriert die Befähigungstheorie Nussbaums auf Aristoteles.[366] Leitend sind in den älteren Untersuchungen Nussbaums vor allem zwei Aspekte der Aristotelischen „Politik“: das *Herrschaftsmodell*, auf das sich die weiteren Überlegungen beziehen, ist das einer Herrschaft der Freien und Gleichgestellten.[367] Innerhalb einer solchen Herrschaftsstruktur hat der Staat Infrastrukturverantwortung,[368] aber auch eine *Verantwortung* für die Versorgung seiner Bürger, auf daß nicht „irgendein Staatsbürger an Lebensunterhalt Mangel“ leide.[369] Jeder Bürger müsse zu jedem Zeitpunkt mit dem Lebensnotwendigen versorgt sein.

Dieses Lebensnotwendige korreliert nach Nussbaum nicht mit einem kulturell definierten Existenz*minimum*, sondern orientiert sich „kontextabhängig“ an den Vorstellungen vom guten Leben und Handeln der Menschen.[370] Dem Staat komme es zu, die Realisierungsbedingungen des Guten sicherzustellen. Die eudämonistische Staatsteleologie Aristoteles[371] wird so in die pluralistischen Verhältnisse des 20. Jahrhunderts übersetzt. Um die Bedingungen guten Lebens näher bestimmen zu können, erstellt Nussbaum im Zusammenspiel mit *Amartya Sen*[372] eine Liste von miteinander zusammenhängenden Fähigkeiten

[366] Cf. *M. C. Nussbaum*, Der aristotelische Sozialdemokratismus (1990), in: dies., Gerechtigkeit oder Das gute Leben, 1999, S. 24 ff.; *dies.*, Die Natur des Menschen, seine Fähigkeiten und Tätigkeiten: Aristoteles über die distributive Aufgabe des Staates (1988), ebenda, S. 86 ff.; *dies.*, Menschliches Tun und soziale Gerechtigkeit, in: M. Brumlik/H. Brunkhorst (Hrsg.), Gemeinschaft und Gerechtigkeit, 1995, S. 323 ff.; so auch noch in *dies.*, Frontiers of Justice, 2007, S. 159 f. und öfter, wiewohl dort in stärkerem Maße auch Bezug auf Kant genommen wird.

[367] *M. C. Nussbaum*, Der aristotelische Sozialdemokratismus (1990), in: dies., Gerechtigkeit oder Das gute Leben, 1999, S. 24 (25) mit Verweis auf *Aristoteles*, Politik, 1255b 20.

[368] *M. C. Nussbaum*, Der aristotelische Sozialdemokratismus (1990), in: dies., Gerechtigkeit oder Das gute Leben, 1999, S. 24 (25) mit Verweis auf *Aristoteles*, Politik, 1330b 11.

[369] *M. C. Nussbaum*, Der aristotelische Sozialdemokratismus (1990), in: dies., Gerechtigkeit oder Das gute Leben, 1999, S. 24 (25) mit Verweis auf *Aristoteles*, Politik, 1329b 39 ff.

[370] *M. C. Nussbaum*, Der aristotelische Sozialdemokratismus (1990), in: dies., Gerechtigkeit oder Das gute Leben, 1999, S. 24 (35).

[371] Cf. *Aristoteles*, Nikomachische Ethik, 1097a 15 ff.; *ders.*, Politik, 1280b 8 und öfter; cf. näher *E.-W. Böckenförde*, Geschichte der Rechts- und Staatsphilosophie, 2002, S. 116 ff.

[372] Siehe *A. Sen*, Capability and Well-Being, in: M. Nussbaum/A. Sen (Hrsg.), Quality of Life, 1993, S. 30 ff.; *ders.*, Ökonomie für den Menschen, 2002, S. 36 ff. und öfter; zum Befähigungsmodell näher *J.-H. Heinrichs*, Grundbefähigungen, 2006.

(capabilities) des Menschen, auf der eine „starke vage Konzeption des Guten" aufbaut. Diese Fähigkeiten umfassen typische menschliche Grundbedürfnisse, die zumindest das Leben der meisten Menschen prägen. Demnach strebt der Mensch u.a. danach, möglichst lange zu leben, „sich guter Gesundheit zu erfreuen", „Möglichkeiten zur sexuellen Befriedigung zu haben", „unnötigen Schmerz zu vermeiden", seine Sinne zu benutzen, enge emotionale Bindungen mit anderen Menschen einzugehen, „für andere und bezogen auf andere zu leben", „in Verbundenheit mit Tieren, Pflanzen und der ganzen Natur zu leben", „zu lachen, zu spielen und Freude an erholsamen Tätigkeiten zu haben", kurz: „sein eigenes Leben zu leben."[373] Der Staat habe nun alles zu unternehmen, damit „ein fähiger Mensch die Chance hat, entsprechend dieser Fähigkeit zu leben und zu handeln."[374]

Nussbaums aristotelischer Sozialdemokratismus formuliert insbesondere eine Kritik des egalitären Liberalismus Rawlscher und Dworkinscher Provenienz, richtet sich zugleich aber auch gegen antiegalitär ansetzende neokantische Theorien sozialer Gerechtigkeit. Sie beharrt gegenüber dem liberalen Grundaxiom vom Vorrang des Rechten vor den Konzepten des Guten auf einer „Priorität des Guten". Das Programm der liberalen Egalitaristen, die Gleichverteilung von Grundgütern zu sichern, ohne den kontextspezifischen Bedarf zu berücksichtigen, der von Ideen des Guten hervorgerufen wird, ist aus der Sicht des Neoaristotelismus abzulehnen. Denn jede Entscheidung über Allokationen und (Re)Distributionen setze implizit eine Theorie des Guten voraus. Jede Konzeption von Verteilungsgerechtigkeit komme also nicht umhin, eine solche Theorie des Guten zu entwickeln. Eine auf der Idee der Freien und Gleichen aufruhende Theorie reflektiere diesen Umstand darin, daß sie eine offene Liste darüber aufstellt, was das gute Leben bedeuten könne. Im vagen Charakter einer solchen starken vagen Konzeption des Guten sieht Nussbaum den freiheitlichen Charakter ihres sozialtheoretischen Ansatzes bewahrt; zugleich aber betont der neoaristotelische Ansatz, daß erst unter Einbezug der Funktionen und Fähigkeiten wiederum Bedingungen definiert werden können, auf deren Grundlage Personen in die Lage versetzt werden,

> „in ihrer Lebensführung Optionen wahrnehmen oder ausschlagen [zu] können, denn nur unter dieser Voraussetzung ist es überhaupt möglich, in wirkliche Entscheidungssituationen einzutreten. Die Freiheit von Personen bemißt sich danach, welche Fähigkeiten sie im sozialen Raum ausüben können. Genau aus diesem Grunde ist es verkürzt, allein Einkommen, Wohlstand und Eigentum bei der Bewertung des Lebensstandards heranzuziehen. Der Wert des menschlichen Lebens hängt ganz ent-

---

[373] *M. C. Nussbaum*, Der aristotelische Sozialdemokratismus (1990), in: dies., Gerechtigkeit oder Das gute Leben, 1999, S. 24 (57 f.); cf. leicht modifiziert *M. C. Nussbaum*, Frontiers of Justice, 2007, S. 76 f.

[374] *M. C. Nussbaum*, Der aristotelische Sozialdemokratismus (1990), in: dies., Gerechtigkeit oder Das gute Leben, 1999, S. 24 (63).

scheidend davon ab, ob Personen in der Lage sind, ihre Lebensweise selbst wählen zu können."[375]

bb) Würde und Achtung als Grundlagen der Befähigungsgerechtigkeit

In den neueren Publikationen von Nussbaum hat sich die Begründungsarchitektur für die Konzeption der Befähigungsgerechtigkeit leicht verschoben.[376] Dem Staat bleibt zwar weiterhin die Aufgabe zugewiesen, für die Bedingungen zu sorgen, in denen jeder Mensch in die Lage versetzt ist, zentrale Befähigungen des menschlichen Lebens realisieren zu können. Doch die starke vage Konzeption des Guten verliert in der Argumentation nunmehr an Bedeutung; statt dessen rückt die aristotelisch verstandene menschliche Würde in die Zentralstelle der Theorie ein.[377] Der beste Ansatz zur Sicherung des sozialen Minimums, welches mit Rücksicht auf die menschliche Würde erforderlich ist,

> „is provided by an approach that focuses on human capabilities, that is, what people are actually able to do and to be, in a way informed by an intuitive idea of life that is worthy of the dignity of human being."[378]

Nussbaum ermäßigt mit der teilweisen Abschwächung der metaphysischen Gehalte ihres Theorieansatzes, der mit der Umstellung des Leitparadigmas vom guten Leben zur menschlichen Würde einhergeht, ein Manko des aristotelischen Sozialdemokratismus, das darin liegt, einen blinden Fleck gegenüber der Problematik des Pluralismus zu haben (Vorwurf des Essentialismus);[379] denn ob Nussbaums ursprüngliche Begründungsstruktur tatsächlich die Freiheit umfaßt, sich *nicht* für das gute Handeln zu entscheiden, wie sie postuliert,[380] darf bezweifelt werden (Vorwurf des Perfektionismus). Dem zunächst vertretenen Befähigungsprogramm Nussbaums wohnt ohne autonomieethische Rückbindung ein erhebliches Potential zu paternalistischen Bevormundungen im Sinne eines Beglückungszwangs inne (Vorwurf des Paternalismus).[381]

---

375 *D. Sturma*, Universalimus und Neoaristotelismus, in: W. Kersting (Hrsg.), Politische Philosophie des Sozialstaats, 2000, S. 257 (279).

376 *M. C. Nussbaum*, Frontiers of Justice, 2007, S. 70 ff. mit Verweis auf *dies.*, Women and Human Development, 2000; hierzu insg. *P. Dabrock*, Befähigungsgerechtigkeit als Ermöglichung gesellschaftlicher Inklusion, in: H.-U. Otto/H. Ziegler (Hrsg.), Capabilities – Handlungsbefähigung und Verwirklichungschancen in der Erziehungswissenschaft, 2008, i.E.

377 *M. C. Nussbaum*, Frontiers of Justice, 2007, S. 159 f.

378 *M. C. Nussbaum*, Frontiers of Justice, 2007, S. 70.

379 Cf. etwa *C. Scherer*, Das menschliche und das gute menschliche Leben, in: Deutsche Zeitschrift für Philosophie 41 (1993), 905 ff.

380 *M. C. Nussbaum*, Der aristotelische Sozialdemokratismus (1990), in: dies., Gerechtigkeit oder Das gute Leben, 1999, S. 24 (78); *dies.*, Menschliches Tun und soziale Gerechtigkeit, in: M. Brumlik/H. Brunkhorst (Hrsg.), Gemeinschaft und Gerechtigkeit, 1995, S. 323 (342 ff.).

381 *H. M. Heinig*, Antagonisten im Kontext der politischen Philosophie des Sozialstaates: Lorenz von Stein und Robert Nozick, in: D. Klesczewski/S. Müller/F. Neuhaus (Hrsg.), Die

Mit der gebotenen autonomieethischen Rückbindung per se unverträglich ist zudem die von Nussbaum in „Der aristotelische Sozialdemokratismus" pointiert immer wieder hervorgehobene Annahme, daß eine unkonditionierte institutionelle republikanische Gesamtverantwortung dafür bestehen soll, daß jeder Bürger befähigt wird, „gut zu leben und zu handeln". Im Rahmen eines normativen Konzeptes der staatlichen Herrschaft unter Freien und Gleichen, an die Nussbaums Neoaristotelianismus anknüpft, sprechen unter den Bedingungen der Moderne, in der die Gesetzmäßigkeiten der Gesellschaft die überkommenen Vergemeinschaftungsformen überlagern, gute Gründe für eine schärfere Akzentuierung der Selbstsorge des einzelnen, zu der sich das Gebot der solidarischen Fürsorge (nur) komplementär bzw. subsidiär verhält.[382] So nachvollziehbar die Kritik am Egalitarismus bei Nussbaum deshalb ist, so problematisch ist die Zuweisung von Verantwortungssphären für das Gelingen des eigenen Lebens, wie sie Nussbaum zunächst vornimmt. Wenn sie als Conclusio ihrer Überlegungen gar den skandinavischen Wohlfahrtsstaat der 1980er Jahre zum Idealstaat erklärt, überspannt sie die einer freiheitsgerechten Sozialstaatstheorie entnehmbaren Anforderungen an staatliche Sozialaktivitäten und blendet zugleich systematisch die Reproduktionsbedingungen des Sozialstaates aus. Beides vermag nicht zu überzeugen.

Den ersten Einwand schaltet Nussbaum nun mit der Umstellung der Leitorientierung des Theorieprogramms von „gutem Leben" auf „Würde" in gewisser Weise aus. Es geht ihr nunmehr um das gerechtigkeitsethisch zu fordernde Minimum an Lebensbedingungen für jeden Bürger, das sie unter Rückgriff auf den capability approach zu bestimmen sucht.

Doch es bleibt das Problem, daß die achtungs- und würdefundierten Forderungen gegen den Staat auf Gestaltung der Lebensbedingungen aller Bürger bei ihr nicht, wie in der neokantischen Konzeption eines freiheitsfunktionalen Sozialstaates, hinreichend an das freiheitstheoretische Programm, das dem Achtungs- und Würdetitel ja (zumindest auch) zugrunde liegt, rückgebunden wird. Zwar erkennt sie suffizienzorientierte Schwellenwerte für den befähigungsgerechten Umverteilungsbedarf an und setzt sich damit vom Egalitarismus ab.[383] Doch kann sie den cut off point aus dem menschenwürdefundierten Konzept der Befähigungsgerechtigkeit selbst heraus nicht kohärent begründen und nicht präzise genug benennen, weil die capabilities teils mit dem Postulat der Menschenwürde zusammenfallen, teils aber doch nicht alle Befähigungen vorhanden sein müssen, um (z.B. bei Schwerstbehinderten) von einem menschenwür-

---

Idee des Sozialstaates, 2006, S. 45 (53); zum Problem auch, nachsichtiger *T. Steinforth*, Selbstachtung im Wohlfahrtsstaat, 2001, S. 249 ff.

382 *H. M. Heinig*, Zur Normativität des Sozialstaates, in: J. Bung/B. Valerius/S. Ziemann (Hrsg.), Normativität und Rechtskritik, 2007, S. 138 ff.

383 *M. C. Nussbaum*, Frontiers of Justice, 2007, S. 71, 75, 179 f., 291 ff., 401 f.

digen Leben sprechen zu können.[384] Vor allem aber wird die geforderte würderelevante Suffizienz von befähigungssichernden staatlichen Maßnahmen zwar relativ zu den Lebensumständen der anderen definiert (und damit auch limitiert), sie findet aber kein hinreichend konturiertes Korrektiv in deren Eigenrechten. Grenzen des legitimen Nehmens im Rahmen des geforderten Gebens lassen sich so allenfalls indirekt rekonstruieren: wenn hinreichende Befähigungsgerechtigkeit hergestellt ist. Als gerechtigkeitsrelevanter Gesichtspunkt werden solche Grenzen jedoch nicht eigens thematisiert. Hierin liegt aus der Perspektive einer Verfassungstheorie des Sozialstaates ein wesentlicher Mangel begründet, hat diese doch sowohl die Seite des Nehmens wie die des Gebens im Blick zu behalten.[385] Dabei kennt die normative Idee der Menschenwürde selbst neben der Schutz- auch eine Freiheitsdimension. Beide Komponenten im Zusammenspiel machen erst die Würde des Menschen aus.[386] Wer sozialstaatliche Minima von der Idee der menschlichen Würde her definieren will, muß deshalb zumindest das autonomieethisch gebotene Primat der Selbstrealisierung würdiger Lebensbedingungen in das Begründungsprogramm mit verankern. Daran fehlt es bei Nussbaum.

Im Ergebnis liegen der würdefundierte Befähigungsansatz und der autonomiefundierte freiheitsfunktionale Ansatz häufig nah beieinander. Beide fordern staatliche Maßnahmen gegen entwürdigende Lebensbedingungen; beide vertreten das normative Ziel, daß jedem Menschen qua Menschsein ein Minimum an sozialen Ressourcen zur Verfügung stehen soll, damit dieser ein selbstbestimmtes oder zumindest in seiner Selbstzweckhaftigkeit geschütztes Leben

---

[384] Zum Problem auch *P. Dabrock*, Befähigungsgerechtigkeit als Ermöglichung gesellschaftlicher Inklusion, in: H.-U. Otto/H. Ziegler (Hrsg.), Capabilities – Handlungsbefähigung und Verwirklichungschancen in der Erziehungswissenschaft, 2008, i.E.

[385] Die von Nussbaum für ihren Ansatz in Anspruch genommenen besonderen Vorzüge ihres Ansatzes wiegen für eine Verfassungstheorie des Sozialstaates dagegen weniger schwer. Sie sieht die Stärke des capability approach darin, daß dieses Gerechtigkeitsparadigma ermöglicht, Behinderte, Tiere und Fremde in den Begründungszusammenhang mit einzubeziehen. Der besondere soziale Schutz von Behinderten läßt sich, wie oben gezeigt, jedoch durchaus auf der Grundlage eines selbstbestimmungstheoretisch begründeten Sozialstaats verankern und Gerechtigkeit für Tiere und internationale Verteilungsgerechtigkeit sind keine Themen des Sozialstaates; verfassungsrechtlich sind diese Fragen nicht in Art. 20 Abs. 1 GG, sondern in Art. 20a GG und Art. 25, 59 i.V.m. den einschlägigen internationalen Vereinbarungen sowie Art. 73 Abs. 1 Nr. 1 GG angesprochen. Zudem muß sich der Befähigungsansatz darauf hin befragen lassen, ob er die besondere Schutzbedürfigkeit Schwerstbehinderter adäquat zu verarbeiten vermag; hierzu *P. Dabrock*, Befähigungsgerechtigkeit als Ermöglichung gesellschaftlicher Inklusion, in: H.-U. Otto/H. Ziegler (Hrsg.), Der Capability-Ansatz in sozial-, jugend- und bildungstheoretischer Perspektive, 2007, i.E. Die Stärke der Nussbaumschen Gerechtigkeitstheorie liegt denn wohl eher in der Anschaulichkeit, die wiederum in ihrer offenen Anthropologie begründet liegt, als in der besonderen Fähigkeit, Tieren und Behinderten besonders gerecht zu werden.

[386] Cf. *H. M. Heinig*, Art. Menschenwürde (J), in: Ev. Staatslexikon, Neuausgabe, 2005, Sp. 1516ff.

führen kann. Dieses Minimum läßt sich durch Nussbaums Befähigungsansatz lebensnah konkretisieren. Doch der freiheitsfunktionale Ansatz ist zudem in der Lage, normative Orientierung für über einen solchen menschenrechtlichen Sockel hinausgehende politisch zu definierende soziale Aktivitäten bieten zu können. Auf beiden Ebenen, dem Minimum wie der darüber hinausgehenden freiheitsförderlichen Solidarität, entfaltet das Konzept des freiheitsfunktionalen Sozialstaates zudem eine Prägekraft für den Modus der Befähigungshilfe, die dem Nussbaumschen Ansatz zunächst fremd ist und nur über weitere normative Prämissen entfaltet werden kann.[387] So nah sich deshalb auch der hier vertretene Ansatz und der capability approach sind, so gravierend fällt an der einen Stelle dann doch der Unterschied zwischen beiden aus. Normativen Theorien der Befähigungsgerechtigkeit fehlt es gemeinhin am Moment der Reflexivität, daß das Ziel der Autonomiesicherung und Freiheitsförderung noch einmal in den Modus der staatlichen Zielerwirkung einstellt und so kritisch gegen sich selbst wendet. Für eine normative Theorie des Sozialstaates können sie deshalb nur unter Vorbehalt herangezogen werden.

e) Sicherung von Inklusion als sozialtheoretische „Außenseite" der Freiheitsfunktionalität

Das freiheitsfunktionale Sozialstaatsmodell korrespondiert in gewisser Weise auch mit einer nicht-normativen Betrachtung des Sozialstaates, wie sie die Systemtheorie *Niklas Luhmanns* nahelegt.[388] Eine systemtheoretische Rekonstruktion der Evolution des Wohlfahrtsstaates wurde oben bereits skizziert (cf. supra B.III.2.a.aa.). Zur Erinnerung: Der Wohlfahrtsstaat bearbeitet Probleme personaler Inklusion, die mit funktional ausdifferenzierten Gesellschaften zwangsläufig einhergehen. Mit der Ausdifferenzierung ist die einzelne Person[389] auf die Inklusion, den Einbezug in die Kommunikationsformen der gesellschaftlichen Teilsysteme in elementarer Form angewiesen, ohne diese jedoch, da außerhalb der funktionalen Systeme stehend, garantieren zu können. Die Inklusion und Exklusion erscheint unter diesen Umständen gleichsam urwüchsig, da es der modernen Gesellschaft an einer zentralen Steuerungsinstanz fehlt.[390] „Sozialpolitik und die Institutionen des Wohlfahrtsstaates" bilden vor diesem Hintergrund eine „explizite ‚Inklusionspolitik', d.h. eine Politikform,

---

387 Ähnliche Bedenken bestehen gegenüber den anderen Ansätzen, die den Sozialstaat im Lichte der Befähigungsgerechtigkeit deuten. So legt auch *Herlinde Pauer-Studer* die staatliche Pflicht zu sozialaktiven Maßnahmen des Staates im Anschluß an *Avishai Margalits* Theorie der Achtung (*A. Margalit*, Politik der Würde, 2. Aufl. 1997) allzu extensiv an, weil die dem hier präferierten neokantischen Sozialstaatsmodell inhärente Korrektivfunktion der Freiheit ihr nicht mehr in den Blick kommt; cf. *H. Pauer-Studer*, Autonom leben, 2000, S. 53 und öfter.

388 Cf. auch *H. Wilke*, Stand und Kritik der neueren Grundrechstheorie, 1975, S. 216 ff.

389 Zum Personenbegriff in der Systemtheorie supra B.II. Fußn. 213.

390 *N. Luhmann*, Die Gesellschaft der Gesellschaft, 1997, S. 625 ff.

die für kollektiv bindende Entscheidungen darüber sorgt, wie jene gesamtgesellschaftlich prinzipiell unkoordinierte Form der Inklusion in die moderne Gesellschaft zwar nicht durch die Gesellschaft, so aber zumindest in der Gesellschaft gesteuert (oder wenigstens: positiv irritiert) werden kann."[391]

Einer Verfassungstheorie freiheitsfunktionaler, sozialstaatlicher „Inklusionsvorsorge", die sich der oben (supra B.III.2.a.) als Aporie des demokratischen Wohlfahrtsstaates beschriebenen Autodynamisierung zumindest auf der Ebene normativer Theoriebildung zu entziehen sucht, entspricht – in die nicht-normative Semantik der Systemtheorie übersetzt – eben dieses von der Systemtheorie umschriebene Bemühen um die Sicherstellung der Bedingungen, die der einzelnen Person Zugang zu den Kommunikationsformen der ausdifferenzierten Gesellschaft ermöglichen und ihr Absinken auf ein Phänomen reiner, vulnerabler Körperlichkeit verhindern.[392] Die staatliche Absicherung der Chancen erfolgreicher, d.h. anschlußfähiger Kommunikation einer Person erfolgt nach Luhmann *grundrechtlich* durch den Schutz der Nichtdeterminiertheit und damit die Zurechenbarkeit von Selbstdarstellung[393] und *sozialstaatlich* durch den Versuch, über die generalisierten Kommunikationsmedien Recht und Geld systemübergreifende Bedingungen autonom begriffener Selbstdarstellung sicherzustellen.[394] In ihrer minimalsten Form sorgt sozialstaatliche Inklusionsvorsorge neben der Sicherung der physischen Existenz für eine Unterbrechung der Kettenreaktion multipler Exklusionen, wie sie Luhmann anschaulich für Indien oder Brasilien beschreibt.[395] Im Idealfall gelingt sogar so etwas wie eine „Vollinklusion", d.h. „Zugang zu allen Funktionskreisen ... je nach Bedarf, nach Situationslagen, nach funktionsrelevanten Fähigkeiten oder sonstigen Relevanzgesichtspunkten".[396] Doch bleibt diese umfassende Form von Inklusion stets prekär, schon deshalb, weil Inklusion nicht ohne Exklusion gedacht werden kann und diese deshalb stets möglich bleibt.[397]

Von besonderem Interesse für den Zusammenhang dieser Arbeit ist nun, daß sich das systemtheoretische Inklusions-/Exklusionsschema vom (zuweilen

[391] *A. Nassehi*, Inklusion, in: S. Lessenich (Hrsg.), Wohlfahrtsstaatliche Grundbegriffe, 2003, S. 331 (337).

[392] Zu letzterem *N. Luhmann*, Inklusion und Exklusion, in: ders., Soziologische Aufklärung 6, 2. Aufl. 2005, S. 226 (245).

[393] *N. Luhmann*, Grundrechte als Institution, 1965, S. 45 ff.

[394] Cf. zu dieser Doppelperspektive *H. M. Heinig*, Menschenwürde und Sozialstaat, in: P. Bahr/H. M. Heinig (Hrsg.), Menschenwürde in der säkularen Verfassungsordnung, 2006, S. 251 (257 ff.).

[395] *N. Luhmann*, Die Gesellschaft der Gesellschaft, 1997, S. 631; *ders.*, Das Recht der Gesellschaft, 1993, S. 583 f.; *ders.*, Inklusion und Exklusion, in: ders., Soziologische Aufklärung 6, 2. Aufl. 2005, S. 226 (243).

[396] *N. Luhmann*, Gesellschaftsstruktur und semantische Tradition, in: ders., Gesellschaftstruktur und Semantik Bd. 1, 1993, S. 9 (31).

[397] *N. Luhmann*, Die Gesellschaft der Gesellschaft, 1997, S. 621 ff.

gleichfalls mit der Inklusions-/Exklusionskategorie erfaßten)[398] Ideal „sozialer Integration" in ähnlicher Weise unterscheidet wie das freiheitsfunktionale und das egalitäre Sozialstaatsmodell differieren.[399] Normativ gewendet setzt das Inklusionsideal auf *Allgemeinheit* der Zugänge zu den funktionalen Teilsystemen, nicht auf ein egalitär bestimmtes Minimum sozialer Integration.[400] Es definiert sich dezidiert non-relational. Es wird – insoweit dem egalitätskritischen Ansatz von *Michael Walzers* Modell der komplexen Gleichheit und der Verhinderung multipler Ungleichbehandlungen ähnlich – zudem eher der Ausdifferenzierung der modernen Gesellschaft gerecht als ein monistisches Konzept zentral gesteuerter und holistisch zu verwirklichender sozialer Integration, zumal der Adressat aus solchen Konzepten abgeleiteter Integrationsforderungen nebulös bleibt. Und es ist in der Lage, in ausdifferenzierten Gesellschaften graduelle Abstufungen zu beschreiben, also zu fragen, in „welcher Hinsicht gehört wer wo dazu?",[401] während die Bewertung von sozialer Integration in der Regel einem Plus/Minus bzw. 0/1–Schema folgt und zudem ein „Geselligkeitsapriori"[402] unterstellt, das der modernen Gesellschaft kaum angemessen ist.

Die hier skizzierte Nähe zwischen einer von der Leitunterscheidung zwischen Inklusion und Exklusion geleiteten systemtheoretischen Perspektive auf den Sozialstaat und dem verfassungstheoretischen Modell eines freiheitsfunktionalen, der individuellen Freiheit verpflichteten und durch diese eingehegten Sozialstaatsmodells nobilitiert letzteres zwar nicht normativ, indiziert aber zumindest seine Kompatibilität mit theoretischen Beschreibungsversuchen moderner Gesellschaftsstrukturen. Die normative Figur des freiheitsfunktionalen Sozialstaates bildet mithin die semantische Innenseite einer modernitätstheoretisch aufgeklärten Verfassungstheorie.

---

[398] Cf. *M. Kronauer*, Exklusion, 2002; *H. Bude/A. Willisch* (Hrsg.), Das Problem der Exklusion, 2006.

[399] Cf. *P. Dabrock*, Inklusion und soziale Gerechtigkeit, in: G. Thomas/A. Schüle (Hrsg.), Luhmann und die Theologie, 2006, S. 129 (131 ff.).

[400] *H. M. Heinig*, Menschenwürde und Sozialstaat, in: P. Bahr/H. M. Heinig (Hrsg.), Menschenwürde in der säkularen Verfassungsordnung, 2006, S. 251 (257 ff.; 273).

[401] *A. Bora*, Wer gehört dazu?, in: K. U. Hellmann/R. Schmalz-Bruns (Hrsg.), Theorie der Politik, 2002, S. 60 (72).

[402] *A. Nassehi*, Inklusion, in: S. Lessenich (Hrsg.), Wohlfahrtsstaatliche Grundbegriffe, 2003, S. 331 (337).

4. Aporien in der „Wirklichkeit der konkreten Freiheit" – freiheitsfunktionale Sozialstaatlichkeit bei Hegel

a) Die Hegelsche Rechtsphilosophie als mögliche Folie eines freiheitsfunktionalen Sozialstaatsverständnisses

Das Programm des freiheitsfunktionalen Sozialstaates wurde bisher in gewisser Anlehnung an die kantische Sozialphilosophie, ergänzt um eine systemtheoretische Komponente, entwickelt. Die zugrundegelegte Autonomieethik ist kantisch inspiriert und die Eigentumstheorie Kants wurde ganz dezidiert herangezogen, um dem Wechselbezug von Eigentum und Sozialpflichtigkeit in den Begründungsfiguren nachzugehen. Grund für die bis hierhin erfolgte Anlehnung an Kant im Rahmen der Suche nach einer normativen Theorie des Sozialstaates war allerdings nicht, daß eine besondere Nähe zwischen dem Grundgesetz und der Rechtsphilosophie Kants unterstellt werden soll, sondern die Annahme, daß das Freiheitsthema in seiner produktiven Spannung zum Sozialstaat im kantischen Sprachspiel sinnvoll thematisiert werden kann. In der Tradition kantischer Theoriebildung läßt sich besonders anschaulich nachzeichnen, was es heißt, Freiheit als Grund und Grenze des Sozialstaates zu begreifen.

Im Rahmen der verfassungstheoretischen Grundlegungen (cf. supra B.II.) wurde aber auch bereits betont, daß es vorliegend nicht auf Werkgenauigkeit und Treueschwüre im philosophischen Schulenstreit ankommt, sondern es um die Befragung klassischer, für die normative Theoriebildung relevanter Grundfiguren auf ihre Tragfähigkeit für eine verfassungstheoretische Begründung des Sozialstaates geht. Für die Plausibilisierung des freiheitsfunktionalen Sozialstaatsmodells lassen sich deshalb ohne weiteres auch andere Theorietraditionen heranziehen. So wird etwa die „Hegelsche" Linie der Staats- und Rechtsphilosophie in der deutschen Auseinandersetzung mit dem Sozialstaat immer wieder bemüht. Von besonderer Bedeutung ist hierbei natürlich das Werk *Lorenz von Steins.* Dessen auf *Georg Wilhelm Friedrich Hegels* Staatslehre aufruhende Leitideen haben sich, wie gezeigt, in der Tat in das kollektive Gedächtnis des Sozialstaates eingebrannt; von Stein ist einer der wenigen Klassiker der politischen Philosophie des Sozialstaates (cf. supra B.I.2.b.). Doch auch Hegels Konzeption des sittlichen Staates hat unterschiedliche Autoren, gerade aus dem Bereich des deutschen Staatsrechts, immer wieder inspiriert, die Idee des Sozialstaates von Hegel aus zu rekonstruieren,[403] so etwa im Rahmen der Frage nach dem Staat als sittlichem Staat,[404] einer Begriffs- und Ideengeschichte der „Da-

---

[403] Zur Hegel-Rezeption bis 1930 cf. *U. Scheuner*, Hegel und die deutsche Staatslehre des 19. und 20. Jahrhunderts, in: ders., Staatstheorie und Staatsrecht, 1978, S. 81 ff.

[404] *E.-W. Böckenförde*, Der Staat als sittlicher Staat, 1978.

seinsvorsorge“[405] oder der Erinnerung an den Begriff der Korporation im Kontext des Sozialstaates.[406] Im Zentrum steht dabei stets die Hegelsche Staatsidee als „Wirklichkeit der konkreten Freiheit“.[407]

Über die *Gründe* der Attraktivität der Hegelschen Rechtsphilosophie für das deutsche Staatsrecht läßt sich trefflich streiten. Immer wieder wurde Hegel als Apologet eines Obrigkeitsstaates verstanden. Seiner Rechtsphilosophie wird man damit kaum gerecht.[408] Doch die zentrale Bedeutung, die der Staat in seiner Rechtsphilosophie einnimmt, dürfte auf die Profession der Deuter des Staates und seines Rechts durchaus anziehend gewirkt haben. Die Attraktivität Hegels für eine Rekonstruktion des *Sozial*staates ist allerdings anderen Gründen zuzuschreiben. So hatte wohl gerade in der Frühphase der Bundesrepublik, in der das antipositivistische, aber auch antiformalistische Naturrechtsdenken eine gewisse Renaissance erfuhr, Hegels Kritik am Formalismus der kantischen Moraltheorie[409] anziehend gewirkt; positiv gewendet könnte man auch sagen, daß einige Autoren gerade in der Hegelschen Ausformung der Freiheitsidee, in der nicht das Individuum als Solitär seiner eigenen Autonomie, sondern eine sozial vermittelte Freiheit im Vordergrund steht, eine Stärke gesehen haben. Einen maßgeblichen historischen Hintergrund für diese antikantische Ausrichtung Hegels bildet die Erfahrung der französischen Revolution, die Hegel ausführlich kommentiert;[410] doch er verarbeitet nicht nur singulär diese geschichtliche Erfahrung, sondern er bettet seine Sozialphilosophie insgesamt in die Bewegungen der Geschichte ein und so bleibt es nicht aus, daß er auch zur auf-

[405] *E. R. Huber*, Vorsorge für das Dasein, in: Festschrift für E. Forsthoff, 2. Aufl. 1974, S. 139 ff.

[406] *T. Kingreen*, Das Sozialstaatsprinzip im europäischen Verfassungsverbund, 2003, S. 74 ff.

[407] *G.W.F. Hegel*, Grundlinien der Philosophie des Rechts (1821), 1970, § 260.

[408] Zur Problematik etwa *K. Popper*, Die offene Gesellschaft und ihre Feinde, Bd. 2, 7. Aufl. 1992, S. 34 ff.; früh bereits *R. Hayms*, Vorlesungen über Hegel und seine Zeit, 1857, S. 359: Hegel habe die Philosophie zur „wissenschaftlichen Behausung des Geistes preußischer Restauration“ gemacht. Gegen diesen Vorwurf entschieden *J. Ritter*, Hegel und die französische Revolution (1956), in: ders., Metaphysik und Politik, 2003, S. 183 ff.; im Kontrast zur Ritterschen Interpretationslinie wiederum *J. Habermas*, Theorie und Praxis, 1978, S. 128 ff.; zur Debatte ferner etwa *R. P. Horstmann*, Über die Rolle der bürgerlichen Gesellschaft in Hegels politischer Philosophie, in: M. Riedel (Hrsg.), Materialien zu Hegels Rechtsphilosophie, Bd. 2, 1975, S. 276 ff.; *W. Maihofer*, Hegels Prinzip des modernen Staates (1967), in: I. Fetscher (Hrsg.), Hegel in der Sicht der neueren Forschung, 1973, S. 352 ff.; *C. Taylor*, Hegel, 2. Aufl. 1993, S. 599 ff.; *H. Schnädelbach*, Die Verfassung der Freiheit, in: L. Siep (Hrsg.), G.W.F. Hegel – Grundlinien der Philosophie des Rechts, 1997, S. 243 (258 ff.); *A. von Bogdandy*, Hegel und der Nationalstaat, in: Der Staat 30 (1991), 513 ff.; *W. Pauly*, Hegel und die Frage nach dem Staat, in: Der Staat 39 (2000), 381 ff. mit weit. Nachw.

[409] Hierzu etwa *J. Ritter*, Moralität und Sittlichkeit (1966), in: ders., Metaphysik und Politik, 2003, S. 281 ff.

[410] Etwa *G.W.F. Hegel*, Phänomenologie des Geistes (1807) in: ders., Hauptwerke Bd. 2, 1999, S. 316 ff. („Die absolute Freyheit und der Schrecken“).

kommenden sozialen Frage und zu den Folgewirkungen der Industrialisierung Stellung bezieht.[411]

Weitgehend unbeachtet bleibt im Rahmen der hegelianischen Rekonstruktionen des vorsorgenden und intervenierenden Staates allerdings, daß sich Hegel nicht nur selbst immer wieder solchen Folgen und Dynamiken der aufkommenden bürgerlichen Gesellschaft gewidmet hat, die einen engen Bezug zur Sozialstaatsidee aufweisen,[412] sondern daß die Problematik der sozialen Verwerfungen, der Armut und der Subsistenzsicherung in Hegels Rechtsphilosophie eine durchaus eigentümliche Stellung einnimmt. Die Gesamtanlage der Hegelschen Staatstheorie legt es nahe, dem Staat als sittlichen Staat auch abzuverlangen, die „notwendigen Rahmenbedingungen der Freiheit zu schaffen bzw. zu erhalten", wozu auch „ein gewisses Maß an sozialer Sicherheit" gehört.[413] Deshalb sind sozialstaatliche Aktivitäten notwendig einem solchen „sittlichen Staat" Hegelscher Provenienz eingeschrieben; *der sittliche Staat ist gleichsam per se ein freiheitsfunktionaler Sozialstaat.* Doch auch jenseits der Armutsproblematik finden sich starke Anhaltspunkte für ein Hegelsches Ideal intervenierender und vorsorgender Staatstätigkeit.[414]

Zugleich aber hat Hegel, geleitet von der Grundfigur des Changierens zwischen Realität und Idealität,[415] einen bemerkenswerten *Sinn für Aporien des Sozialstaates* ausgebildet. Man wirft Hegel zuweilen vor, er sei eine konkrete Antwort auf die soziale Frage schuldig geblieben. Deshalb müsse man ihn quasi im Sinne der sozialstaatlichen Tradition „fortschreiben". Liest man aber manche Passagen aus seiner Rechtsphilosophie, aber auch aus früheren Schriften aufmerksam, wird augenfällig, wie intensiv und präzise Hegel lange vor Marx die gesellschaftlichen Kräfte und kulturellen Wandlungen, die die soziale Frage im Umbruch von der ständischen zur bürgerlichen Gesellschaft auf die Tagesord-

---

[411] Den realgeschichtlichen Hintergrund bildete dabei vor allem die soziale Entwicklung in England, der Hegel große Aufmerksamkeit widmete.

[412] Früh bereits in *G.W.F. Hegel*, System der Sittlichkeit (1801/02), in: ders., Sämtliche Werke Bd. VII, Hegels Schriften zur Politik und Rechtsphilosophie, hrsg. v. G. Lasson, 1913, S. 415 ff., *ders.*, Jenenser Realphilosophie II (1805/1806), hrsg. v. J. Hoffmeister, 1931, ferner *ders.*, Grundlinien der Philosophie des Rechts (1821), 1970, bis hin zu *ders.*, Über die englische Reformbill (1831), in: ders., Politische Schriften, hrsg. v. J. Habermas, 1966, S. 277 ff. In diesem Zusammenhang erscheint es schlicht nicht nachvollziehbar, wie Habermas in der Schrift über die Reformbill den Versuch sieht, „sich unverholen auf die Seite der Restauration zu stellen" (*J. Habermas*, Der philosophische Diskurs der Moderne, 3. Aufl. 1991, S. 54); zur Sozialkritik in der Reformbill näher *S. Avineri*, Hegels Theorie des modernen Staates, 1976, S. 247 ff.

[413] *E.-W. Böckenförde*, Der Staat als sittlicher Staat, 1978, S. 22; ähnlich *S. Kirste*, Idealismus und Paternalismus, in: M. Anderheiden u.a. (Hrsg.), Paternalismus und Recht, 2006, S. 44 ff.

[414] *G.W.F. Hegel*, Grundlinien der Philosophie des Rechts (1821), 1970, § 188; hieran knüpft Lorenz von Stein bei seiner Konzeption des „socialen" Staates an; cf. supra B.I.2.b.

[415] Hierzu etwa *A. Eckl*, Der Begriff des „Eigentums" in der Rechtsphilosophie Hegels, in: ders./B. Ludwig (Hrsg.), Was ist Eigentum?, 2005, S. 101.

nung bringen, sezierte. Auch war er sich durchaus der möglichen, bis heute diskutierten und praktizierten Lösungsansätze bewußt. Zugleich hatte er aber – geraume Zeit vor den ersten Ansätzen zur Implementierung eines sozialstaatlichen Programms – einen ausgeprägten Sinn dafür, daß jeder dieser Ansätze kaum über die Bekämpfung von Symptomen hinausgehen wird und/oder nichtintendierte, aber unvermeidbare Folgewirkungen mit sich bringt, die sowohl die Gesetzmäßigkeit der bürgerlichen als freien Gesellschaft als auch die Idee des Staates als „Verwirklichung der Freiheit"[416] in Frage stellen können und darum ihrerseits wiederum mit einer gewissen Skepsis zu betrachten sind.[417]

Diese eigentümliche Spannung in der Hegelschen Rechtsphilosophie bleibt innerhalb der philosophischen wie staatsrechtlichen Hegelinterpretation häufig unbedacht oder jedenfalls nicht hinreichend gewürdigt. Schon dieser Umstand sollte es rechtfertigen, diese Spannung im Folgenden genauer herauszuarbeiten. Zugleich kommen uns die von Hegel z.T. nur skizzierten, z.T. luzide herausgearbeiteten Dilemmata intervenierender Staatstätigkeit nur allzu bekannt vor – Hegel hat die vieldiskutierte Steuerungskrise moderner Wohlfahrtsstaatlichkeit quasi vorweggenommen. Dies macht seine Analysen bis in die heutigen Tage interessant und relevant.

Hegel bietet – bei allen bestehenden Unterschieden mit seinen Begründungsfiguren – für eine freiheitsfunktionale Sozialstaatstheorie kaum mehr, als eine (neo)kantische Rekonstruktion leisten kann. Doch Hegel geht einen Schritt weiter, indem er auf grundlegende, aber nicht auflösbare Aporien jeder Form von Sozialstaatlichkeit, also auch der auf Freiheitsfunktionalität verpflichteten, aufmerksam macht. Gerade deshalb lohnt es, im Rahmen dieser Arbeit auch den Hegelschen Zugriff auf das Sozialstaatsthema nachzuzeichnen.

Nun kann die Hegelsche Rechtsphilosophie an dieser Stelle nicht en detail behandelt werden. Auch soll hier auf eine längere Diskussion der hinlänglich bekannten, aus dem Wechselspiel zwischen Rechtsphilosophie und Logik[418] resultierenden begründungstheoretischen Probleme sowie der in der Architektur politischer Institutionen erkennbaren und im Widerspruch zu eigenen Prämissen stehenden demokratietheoretischen Defizite verzichtet werden. Statt dessen gehen die folgenden Ausführungen von der Annahme aus, daß eine „Reaktualisierung"[419] der Texte Hegels zur Rechtsphilosophie ungeachtet ihrer epi-

[416] *G.W.F. Hegel*, Grundlinien der Philosophie des Rechts (1821), 1970, § 248 Z.

[417] So nachdrücklich *G. Roellecke*, Eine Apologie des Sozialstaates, in: M. Anderheiden u.a. (Hrsg.), Paternalismus und Recht, 2006, S. 189 (196 ff.); s.a. *T. Blanke*, Sozialer Rechtsstaat, in: C. Sachße/H. T. Engelhardt (Hrsg.), Sicherheit und Freiheit, 1990, S. 133 (145 ff.).

[418] Hierzu *R.-P. Horstmann*, Art. Hegel, Georg Wilhelm Friedrich, in: E. Craig (Hrsg.), Routledge Encyclopedia of Philosophy, Bd. 2, S. 259 ff., insb. 273 ff.; auch *A. Honneth*, Leiden an Unbestimmtheit, 2001, S. 11 ff.

[419] Zu einem solchen Programm auch *A. Honneth*, Leiden an Unbestimmtheit, 2001, S. 13.

stemologischen Verankerung und ihrer offensichtlichen normativen Schwächen immer wieder lohnt. Deshalb soll im Folgenden versucht werden, in einer Art *close reading* Hegel beim Wort zu nehmen und auf der Grundlage seiner sehr anschaulichen Aussagen zur ökonomischen Dynamik der bürgerlichen Gesellschaft[420] eine hegelianische Rekonstruktion des Sozialstaates (und seiner Grenzen) zu zeichnen.[421] Insbesondere wird näher zu beschreiben sein, aus welchem Szenario heraus sich für Hegel die soziale Frage stellt und wieso sie in der bürgerlichen Gesellschaft quasi zwangsläufig aufgeworfen wird, welche Lösungsstrategien Hegel diskutiert und allerdings allesamt als insuffizient qualifiziert, ohne sie zugleich zu verwerfen, und welche Perspektiven schließlich eine hegelianische Rekonstruktion des Sozialstaates gleichwohl bieten kann.

b) Das Armutsproblem in der bürgerlichen Gesellschaft

aa) Die bürgerliche Gesellschaft

Die Hegelsche Rechtsphilosophie spannt sich bekanntermaßen zwischen den drei – freilich in einem dynamischen, genauer: dialektischen Verhältnis zueinander stehenden – Haltepunkten Familie, bürgerliche Gesellschaft und Staat auf.[422] Diese drei Sphären des Sozialen zeichnen sich durch drei unterschiedliche Modi zwischenmenschlicher Beziehungen aus: den partikularen Altruismus, den universellen Egoismus und den universellen Altruismus (*Shlomo Avineri*).[423] Die Familie beschreibt Hegel als den „unmittelbaren oder *natürlichen* sittlichen Geist",[424] die bürgerliche Gesellschaft ist ihm der Sozialbereich, in der „jeder sich Zweck, alles andere … ihm nichts" ist.[425] Dem Staat als sittlichem Staat schließlich kommt die Aufgabe zu, die Prinzipien der Familie und der bürgerlichen Gesellschaft, die ihnen jeweils eigentümliche Gestalt des Besonderen, im Allgemeinen zu vereinen; er ist der Idee nach „das sittliche Ganze, die Verwirklichung der Freiheit".[426]

---

420 Zur Figur der Dynamik in diesem Zshg. *C. Taylor*, Hegel, 2. Aufl. 1993, S. 598 und öfter.

421 Die Probleme, die eine solche thematisch orientierte Annäherung an Hegel aufwirft, hat bereits *S. Avineri*, Hegels Theorie des modernen Staates, 1976, S. 7 ff. eindrücklich beschrieben.

422 *G.W.F. Hegel*, Grundlinien der Philosophie des Rechts (1821), 1970, § 157 ff.; s.a. *ders.*, Enzyklopädie der philosophischen Wissenschaften III (1830), 2. Aufl. 1992, § 487 ff.

423 *S. Avineri*, Hegels Theorie des modernen Staates, 1976, S. 162.

424 *G.W.F. Hegel*, Grundlinien der Philosophie des Rechts (1821), 1970, § 157; s.a. *ders.*, Enzyklopädie der philosophischen Wissenschaften III (1830), 2. Aufl. 1992, § 518.

425 *G.W.F. Hegel*, Grundlinien der Philosophie des Rechts (1821), 1970, § 182 Z.; s.a. *ders.*, Enzyklopädie der philosophischen Wissenschaften III (1830), 2. Aufl. 1992, §§ 523 ff.

426 *G.W.F. Hegel*, Grundlinien der Philosophie des Rechts (1821), 1970, § 258 Z; s.a. *ders.*, Enzyklopädie der philosophischen Wissenschaften III (1830), 2. Aufl. 1992, §§ 35 f.; daß es ihm gerade um den „gedachten Begriff" des Staates geht und nicht um eine Apologetik des bestehenden Staates, umschreibt Hegel am Ende der Passage in den Grundlinien ebenso pla-

Zur Dramaturgie der Hegelschen Rechtsphilosophie gehört es, die bürgerliche Gesellschaft zunächst einmal in dunklen Farben zu zeichnen:[427] sie ist als Bereich des universellen Egoismus ein Produkt der „Entzweiung", des Verlustes an Einheit sittlicher Substantialität[428] und als solche „die Differenz, welche zwischen die Familie und den Staat tritt, wenn auch die Ausbildung derselben später als die des Staates erfolgt".[429] Zugleich aber ist die bürgerliche Gesellschaft als „die relative Totalität der relativen Beziehungen der Individuen als selbständiger Personen aufeinander in einer formellen Allgemeinheit" Teil der „sittlichen Substanz"[430] und als solche eine Objektivierung der Idee der Freiheit.[431] Die Hegelsche Rechtsphilosophie zielt deshalb nicht auf eine Aufhebung im Sinne einer Abschaffung der bürgerlichen Gesellschaft, sondern nur auf ihre Einhegung durch den sittlichen Staat.

Grundlegendes Charakteristikum der bürgerlichen Gesellschaft ist, daß zwar jeder sich selbst Zweck ist, er aber „ohne Beziehung auf andere ... den Umfang seiner Zwecke nicht erreichen" kann;

> „diese anderen sind daher Mittel zum Zweck des Besonderen. Aber der besondere Zweck gibt sich durch die Beziehung auf andere die Form der Allgemeinheit und befriedigt sich, indem er zugleich das Wohl des anderen mit befriedigt."[432]

Die bürgerliche Gesellschaft ist also listigerweise so eingerichtet, daß zwar das Besondere des einzelnen für diesen zum bestimmenden Faktor wird und damit dieses das Bestimmende *scheint*, der einzelne aber gerade dadurch der Allgemeinheit dient.[433] Weniger abstrakt formuliert: der Mensch hat nicht nur basale natürliche, sondern ad infinitum vervielfältig- und spezifizierbare Bedürfnisse.[434] Um diese besonderen Bedürfnisse zu befriedigen, muß er arbeiten; besonders produktiv wird die Arbeit durch Spezialisierung und Teilung. Durch diese Abhängigkeit und Gegenseitigkeit der Arbeit und der Befriedigung der Bedürfnisse

---

stisch wie drastisch: „übles Benehmen kann ihn (den Staat; Verf.) nach vielen Seiten defigurieren. Aber der häßlichste Mensch, der Verbrecher, ein Kranker oder Krüppel ist immer noch ein lebender Mensch; das Affirmative, das Leben, besteht trotz des Mangels, und um dieses Affirmative ist es hier zu tun."

[427] Cf. auch *S. Avineri*, Hegels Theorie des modernen Staates, 1976, S. 160 ff.; *C. Taylor*, Hegel, 2. Aufl. 1993, S. 566 ff.; *W. Pauly*, Hegel und die Frage nach dem Staat, in: Der Staat 39 (2000), 381 (384 ff.).

[428] *G.W.F. Hegel*, Grundlinien der Philosophie des Rechts (1821), 1970, § 157.

[429] *G.W.F. Hegel*, Grundlinien der Philosophie des Rechts (1821), 1970, § 182 Z.

[430] *G.W.F. Hegel*, Enzyklopädie der philosophischen Wissenschaften III (1830), 2. Aufl. 1992, § 17.

[431] Zu dieser Doppelperspektive auch *J. Habermas*, Der philosophische Diskurs der Moderne, 3. Aufl. 1991, S. 51: die bürgerliche Gesellschaft als „*Sphäre des Zerfalls* substiantieller Sittlichkeit" und zugleich „als ein *notwendiges Moment der Sittlichkeit*."

[432] *G.W.F. Hegel*, Grundlinien der Philosophie des Rechts (1821), 1970, § 182 Z.

[433] *G.W.F. Hegel*, Grundlinien der Philosophie des Rechts (1821), 1970, § 181 Z.

[434] *G.W.F. Hegel*, Grundlinien der Philosophie des Rechts (1821), 1970, § 189 ff.

„schlägt die subjektive Selbstsucht in den Beitrag zur Befriedigung der Bedürfnisse aller anderen um – in der Vermittlung des Besonderen durch das Allgemeine als dialektische Bewegung, so daß, indem jeder für sich erwirbt, produziert und genießt, er eben damit für den Genuß der Übrigen produziert und erwirbt."[435]

bb) Markt, Armut, Staat

Nun sieht auch Hegel, ganz in Übereinstimmung mit der politischen Philosophie seit Hobbes und Locke, daß dieser Zustand der Kooperation, auch wenn dieser wechselseitige Abhängigkeiten erzeugt, ausgesprochen prekär ist; seiner Absicherung dient deshalb der *Not- und Verstandesstaat* als „Mittel der Sicherheit der Personen und des Eigentums und ... äußerliche Ordnung für" die „besonderen und gemeinsamen Interessen" der in der bürgerlichen Gesellschaft verbundenen selbständigen einzelnen.[436] Doch neben einem System der Bedürfnisbefriedigung durch Arbeitsteilung und dem Schutz von allgemeiner Freiheit und Eigentum entdeckt Hegel schon in der bürgerlichen Gesellschaft ein Moment der „Vorsorge gegen die in jenen Systemen zurückbleibenden Zufälligkeiten und die Besorgung des besonderen Interesses als eines Gemeinsamen, durch die Polizei und Korporation".[437] Sie markieren zugleich den Übergang zum sittlichen Staat.

Hegel konzediert, daß im großen und ganzen die berühmte „unsichtbare Hand"[438] des Marktes für einen fruchtbaren Ausgleich der Interessen zwischen den einzelnen, insbesondere zwischen Produzenten und Konsumenten sorgt. Zugleich steht er einer umfassenden Selbststeuerung der Märkte aber skeptisch gegenüber. Er sucht, gerade dies machte ihn in der frühen Bundesrepublik als Hintergrundtheoretiker des Sozialstaates interessant,[439] einen Mittelweg zwischen Staatswirtschaft und entfesselter Marktwirtschaft.

„Hier sind nun zwei Hauptansichten herrschend. Die eine behauptet, daß der Polizei die Aufsicht über alles gebühre, die andere, daß die Polizei hier nichts zu bestimmen habe, indem jeder sich nach dem Bedürfnis des anderen richten werde. Der Einzelne muß freilich ein Recht haben, sich auf diese oder jene Weise sein Brot zu verdienen, aber auf der anderen Seite hat auch das Publikum ein Recht zu verlangen, daß das Nötige auf gehörige Weise geleistet werde. Beide Seiten sind zu befriedigen, und die Gewerbefreiheit darf nicht von der Art sein, daß das allgemeine Beste in Gefahr kommt."[440]

[435] *G.W.F. Hegel*, Grundlinien der Philosophie des Rechts (1821), 1970, § 199.

[436] *G.W.F. Hegel*, Grundlinien der Philosophie des Rechts (1821), 1970, § 157; zum Not- und Verstandesstaat siehe auch *E.-W. Böckenförde*, Der Staat als sittlicher Staat, 1978, S. 21 ff.

[437] *G.W.F. Hegel*, Grundlinien der Philosophie des Rechts (1821), 1970, § 188.

[438] *A. Smith*, Der Wohlstand der Nationen (1776), 1974, S. 371.

[439] Siehe etwa *W. Maihofer*, Hegels Prinzip des modernen Staates (1967), in: I. Fetscher (Hrsg.), Hegel in der Sicht der neueren Forschung, 1973, S. 352 ff.

[440] *G.W.F. Hegel*, Grundlinien der Philosophie des Rechts (1821), 1970, § 236 Z.

Die polizeiliche Aufsicht und Vorsorge ist nach Hegel nicht auf die Gefahrenabwehr im Sinne des modernen Polizeirechts beschränkt; vielmehr umfaßt sie so unterschiedliche Bereiche wie die Sorge für „Straßenbeleuchtung, Brückenbau, Taxation der täglichen Bedürfnisse sowie ... für die Gesundheit".[441] In der Terminologie *Ernst Forsthoffs*: Der Staat betreibt Daseinsvorsorge.[442]

Für eine Hegelianische Rekonstruktion des Sozialstaates stellt sich nun eo ipso die Frage, auf welchen Umfang diese Vorsorge und Leitung nach Hegel angelegt ist. Die soeben zitierte Sorge um die „Gesundheit" etwa läßt sich als allgemeine polizeiliche Vorsorge im Sinne der „Sozialmedizin" verstehen,[443] aber auch als ein System der staatlichen Gesundheitsfürsorge und medizinischen Betreuung der Bevölkerung im Krankheitsfall. Das Interessante und vielleicht auch Moderne an Hegels Antwort auf die Frage nach der Extension staatlicher Vorsorge ist, daß sie teils widersprüchlich, teils mehrdeutig ausfällt. So betont Hegel, daß die bürgerliche Gesellschaft gegenüber dem Individuum in dem Maße in der Pflicht stehe, wie wegen der mit ihrer Ausbildung einhergehenden tektonischen Verschiebungen in der Sozialstruktur die alten Versorgungsstrukturen der Familie aufgelöst werden. Die bürgerliche Gesellschaft wird zur Ersatzfamilie in Fragen der Versorgung und Subsistenz, das Individuum wird „Sohn der bürgerlichen Gesellschaft".[444]

> „Die Familie hat allerdings für das Brot der Einzelnen zu sorgen, aber sie ist in der bürgerlichen Gesellschaft ein Untergeordnetes und legt nur den Grund; sie ist nicht mehr von so umfassender Wirksamkeit. Die bürgerliche Gesellschaft ist vielmehr eine ungeheure Macht, die den Menschen an sich reißt, von ihm fordert, daß er für sie arbeite und daß er alles durch sie sei und vermittels ihrer tue. Soll der Mensch so ein Glied der bürgerlichen Gesellschaft sein, so hat er ebenso Rechte und Ansprüche an sie wie er sie in der Familie hat."[445]

Hieraus erwächst auch ein Recht auf Subsistenzsicherung; die bürgerliche Gesellschaft schuldet dem einzelnen zumindest die Sicherung eines relativ zum gesellschaftlichen Wohlstand zu bestimmenden Existenzminimums[446] – man fühlt sich nicht von ungefähr an die Debatten um die Höhe der Sozialhilfe erin-

---

441 *G.W.F. Hegel*, Grundlinien der Philosophie des Rechts (1821), 1970, § 236 Z; siehe auch *G.W.F. Hegel*, System der Sittlichkeit (1801/02), in: ders., Sämtliche Werke Bd. VII, Hegels Schriften zur Politik und Rechtsphilosophie, hrsg. v. G. Lasson, 1913, S. 415 (497); siehe näher *W. Kersting*, Polizei und Korporation in Hegels Darstellung der bürgerlichen Gesellschaft, in: Hegel-Jahrbuch 1986, S. 373 (376 ff.).

442 Zu Forsthoff cf. supra A.III.

443 Im Sinne von *M. Foucault*, Die Geburt der Sozialmedizin, in: ders., Dits et Ecrits, Bd. 3, 2003, S. 272 ff.; siehe hierzu infra C.VI.6.

444 *G.W.F. Hegel*, Grundlinien der Philosophie des Rechts (1821), 1970, § 238.

445 *G.W.F. Hegel*, Grundlinien der Philosophie des Rechts (1821), 1970, § 238 Z.

446 Zur Relativität des Minimums *G.W.F. Hegel*, Grundlinien der Philosophie des Rechts (1821), 1970, § 255.

nert.[447] Umgekehrt folgt aus der die Familie ersetzenden Beziehung zugleich ein Pflichtenverhältnis, denn

> „insofern jeder Mensch von ihr (der bürgerlichen Gesellschaft; Verf.) das Recht hat, die Subsistenz zu verlangen, muß sie ihn auch gegen sich selbst schützen. Es ist nicht allein, das Verhungern, um was es zu tun ist, sondern der weitere Gesichtspunkt, daß kein Pöbel entstehen soll. Weil die bürgerliche Gesellschaft schuldig ist, die Individuen zu ernähren, hat sie auch das Recht, dieselben anzuhalten, für ihre Subsistenz zu sorgen."[448]

Die Regelform der Subsistenzsicherung ist in der bürgerlichen Gesellschaft die Arbeit; auf ihrer funktional differenzierten Erscheinung beruht ja gerade die Dynamik der Bedürfnisextension wie -befriedigung der bürgerlichen Gesellschaft; sie sichert das Einkommen, aber auch, wie Hegel eindringlich beschreibt, die weitere Inklusion in die Gesellschaft. Zugleich jedoch ergibt sich aus der Sozialform der bürgerlichen Gesellschaft, dem universellen Egoismus, daß die Ressourcen der Inklusion nicht allen im gleichen Maße zur Verfügung stehen. Im Gegenteil sieht Hegel, lange vor Marx, wie sich unter der Prämisse der individuellen Nutzenmaximierung alsbald Reichtum und Armut wechselseitig bedingen und sich durch den Prozeß der Arbeitsteilung ein tiefgreifendes Gefühl der Entfremdung und „Abstumpfung" bei den Arbeitern einstellt.[449]

> „Durch die Verallgemeinerung des Zusammenhangs der Menschen durch ihre Bedürfnisse und der Weisen, die Mittel für diese zu bereiten und herbeizuführen, vermehrt sich die Anhäufung der Reichtümer … auf der einen Seite, wie auf der andern Seite die Vereinzelung und Beschränktheit der besonderen Arbeit und damit die Abhängigkeit und Not der an diese Arbeit gebundenen Klasse, womit die Unfähigkeit der Empfindung und des Genusses der weiteren Freiheiten und besonders der geistigen Vorteile der bürgerlichen Gesellschaft zusammenhängt."[450]

Die Folgewirkungen dieser Not und Unfähigkeit der Betroffenen wirkt sich auch auf die Gesellschaft insgesamt aus. Aus den Reproduktionszusammenhängen der Familie herausgerissen, gehen sie, hier nimmt Hegel Luhmanns Beschreibung multipler Exklusionen (cf. supra B.III.2.a.aa.) quasi vorweg, „aller Vorteile der Gesellschaft, Erwerbsfähigkeit von Geschicklichkeit und Bildung

---

[447] Siehe hierzu mit weiteren Nachweisen *H. M. Heinig*, Menschenwürde und Sozialstaat, in: P. Bahr/H. M. Heinig (Hrsg.), Menschenwürde in der säkularen Verfassungsordnung, 2006, S. 251 ff.; infra F.II.1.

[448] *G.W.F. Hegel*, Grundlinien der Philosophie des Rechts (1821), 1970, § 240 Z.

[449] Zur Krisenstruktur der bürgerlichen Gesellschaft bei Hegel auch *D. Henrich*, Einleitung, in: G.W.F. Hegel, Philosophie des Rechts. Die Vorlesungen von 1819/1820, hrsg. v. D. Henrich, 1983, S. 18 ff.; *J. Habermas*, Der philosophische Diskurs der Moderne, 3. Aufl. 1991, S. 52; *C. Taylor*, Hegel, 2. Aufl. 1993, S. 572 ff.; *S. Avineri*, Hegels Theorie des modernen Staates, 1976, S. 103 ff. und 160 ff.

[450] *G.W.F. Hegel*, Grundlinien der Philosophie des Rechts (1821), 1970, § 243; siehe auch § 195: „Die Richtung des gesellschaftlichen Zustandes auf die unbestimmte Vervielfältigung und Spezifizierung der Bedürfnisse, Mittel und Genüsse, welche … keine Grenzen hat, – der Luxus, ist eine ebenso unendliche Vermehrung der Abhängigkeit und Not".

überhaupt, auch der Rechtspflege, Gesundheitssorge, selbst oft des Trostes der Religion usf. mehr oder weniger verlustig".[451] Zugleich führt das „Herabsinken einer großen Masse unter das Maß einer gewissen Subsistenzweise ... zum Verlust des Gefühls des Rechts, der Rechtlichkeit und der Ehre, durch eigene Tätigkeit und Arbeit zu bestehen" und bringt „die Erzeugung des Pöbels hervor, die hinwiederum zugleich die größere Leichtigkeit, unverhältnismäßige Reichtümer in wenige Hände zu konzentrieren, mit sich führt."[452]

Hegel antizipiert hier – zu einer Zeit, in der die Industrialisierung in Deutschland erst allmählich Gestalt gewinnt –, die ökonomischen und in dessen Folge die weiteren sozialen Prozesse, die die gesellschaftliche Entwicklung des 19. Jahrhunderts prägen sollten und auf die das politische System zum Ende des 19. Jahrhunderts hin mit der Ausbildung sozialstaatlicher Strukturen reagierte. Vor dem Hintergrund der sozialgeschichtlichen Entwicklung des 19. Jahrhunderts wirkt seine Analyse bis heute plausibel: Die Industrialisierung bringt eine Erweiterung der Produktionsmöglichkeiten mit sich, die wiederum den Prozeß der Bedürfniserzeugung beschleunigt. Doch nicht alle Bevölkerungsteile haben die Möglichkeit, diese gewachsenen Bedürfnisse auch zu befriedigen; vielmehr führen die Organisationsprinzipien der bürgerlichen Gesellschaft im Gegenteil dazu, daß bei ungehindertem Fortgang der Dynamik der bürgerlichen Gesellschaft die Akkumulation des Kapitals auf der einen Seite die multiple Exklusion einer zunehmenden Zahl an Armen sowie eine durchgreifende Bewußtseinsänderung der an der Produktion Beteiligten (Entwurzelung; Entfremdung; Materialisierung der Bedürfnisse) mit sich bringt. So brechen „im System der Bedürfnisse und der Arbeit Antagonismen auf, „die durch die Selbstregulierung der bürgerlichen Gesellschaft alleine nicht aufgehoben werden können".[453]

Diese Schattenseiten der „rapidisierenden" Epoche[454] zwingen die politische Philosophie des 19. und 20. Jahrhunderts, nach Alternativen zum „Riß der Moderne" zu fragen. Hegel, dem als erster „die Moderne zum Problem geworden ist",[455] stellt sich dieser Aufgabe in bemerkenswerter Weise. Während die linke und rechte Kulturkritik des 19. Jahrhunderts das ideologische Zeitalter einläutet, entfaltet Hegel eine Modernisierungskritik, die zugleich die Errungenschaften der Moderne verteidigt und sich gewahr ist, nicht wieder hinter die Umbrüche der Gesellschaftsstruktur und ihres Bewußtseins zurückkommen zu können. Den Weg zurück zur antiken Formation der Sittlichkeit sieht Hegel

---

[451] *G.W.F. Hegel*, Grundlinien der Philosophie des Rechts (1821), 1970, § 241; cf. auch §§ 190, 194; ferner *G.W.F. Hegel*, Die Philosophie des Rechts. Vorlesung von 1821/22, hrsg. v. H. Hoppe, 2005, § 241.

[452] *G.W.F. Hegel*, Grundlinien der Philosophie des Rechts (1821), 1970, § 244, cf. zur Beschleunigung der materiellen Ungleichheit auch § 243.

[453] *J. Habermas*, Der philosophische Diskurs der Moderne, 3. Aufl. 1991, S. 52.

[454] Siehe in diesem Zshg. *R. Koselleck*, Gibt es eine Beschleunigung in der Geschichte? (1976), in: ders., Zeitschichten, 2003, S. 150 ff.; *H. Rosa*, Beschleunigung, 2005.

[455] *J. Habermas*, Der philosophische Diskurs der Moderne, 3. Aufl. 1991, S. 57.

verbaut;[456] ihm bleibt nur eine an die Moderne angepaßte Neuvermessung des Sittlichen. Ebenso steht für ihn eine Rückkehr zu den Reproduktionsformen der ständischen Gesellschaft nicht zur Debatte. Statt dessen sucht er nach Möglichkeiten, die Folgelasten der gesellschaftlichen Dynamik abzumildern.

c) Sechs Lösungsstrategien: insuffizient, und doch nicht entbehrlich

Hierzu diskutiert er verschiedene Lösungen, die ihm allesamt jeweils auf ihre Weise mit eigenen Problemen behaftet scheinen, ohne deshalb aber verworfen werden zu müssen. Die bis heute aktuellen Stichworte dieser Debatte sind: die Einforderung individueller Wohltätigkeit, die Umverteilung des Wohlstands, die Sicherung des Existenzminimums durch staatliche Sozialtransfers, die staatliche Schaffung und Zuweisung von Arbeitsmöglichkeiten, Selbsthilfe innerhalb von Korporationen sowie die generellen Möglichkeiten und Grenzen staatlicher Interventionen. Hegels Position zu diesen Instrumenten soll im Folgenden etwas näher beleuchtet werden.

aa) Eigentum und Eigentumsverteilung

(a) Die Eigentumstheorie in den „Grundlinien der Rechtsphilosophie“. Die Eigentumstheorie Hegels erfährt im Laufe der Zeit, wie seine Theorie der Sittlichkeit insgesamt, durchgreifende Wandlungen. Zugleich bleibt die für unser Thema erhebliche Grundaussage konstant: Hegel lehnt eine aus dem Institut des Eigentums selbst begründete Redistribuierung oder gar die Abschaffung des Privateigentums[457] kategorisch ab.

In seinen frühen Schriften steht das Eigentum explizit im Zeichen des „Kampfes um Anerkennung“[458]; ihm liegt eine „soziale Prämisse zugrunde“.[459] Aus der Sozialität des Eigentums heraus lassen sich konsequenterweise auch Grenzen des Eigentums definieren: begreift man das Eigentum als Teil der Prozesse reziproker Anerkennung, sind die Rahmenbedingungen des Eigentums gleichfalls der Verständigung zugänglich; Eigentum definiert sich dann nicht vom Individuum und seinem Handeln her (wie etwa bei Locke von der in eine

---

[456] So jedenfalls in den späteren Schriften; siehe *R. P. Horstmann*, Über die Rolle der bürgerlichen Gesellschaft in Hegels politischer Philosophie, in: M. Riedel (Hrsg.), Materialien zu Hegels Rechtsphilosophie, Bd. 2, 1975, S. 279 ff.; *C. Menke*, Tragödie im Sittlichen, 1996, S. 9 und öfter.

[457] Wie sie Marx vorschwebte, cf. *K. Marx*, Zur Judenfrage, in: K. Marx/F. Engels, Studienausgabe, hrsg. v. I. Fetscher, 2004, S. 36 ff.

[458] Näher generell *A. Honneth*, Kampf um Anerkennung, 1994, S. 11 ff., der die Eigentumstheorie aber weitgehend ausspart, obwohl er sich doch gerade zur moralischen Grammatik sozialer Konflikte äußert (so der Untertitel); ferner *C. Menke*, Anerkennung im Kampfe, in: ARSP 72 (1991), 493 ff.

[459] *S. Avineri*, Hegels Theorie des modernen Staates, 1976, S. 111.

Sache investierten Arbeit her; cf. supra C.VI.2.a.), sondern aus der sozialen Interaktion, genauer: der Idee ihrer Prämissen.[460]

In den „Grundlinien“ hingegen tritt die Idee der Person in den Vordergrund der Eigentumstheorie; im Lichte der Idee der Person postuliert Hegel in Abgrenzung zu Platon eine „Lehre von der Notwendigkeit des Privateigentums.“[461] Diese Notwendigkeit erschließt sich, wenn man die Eigentumstheorie als Teil der Freiheitskonzeption Hegels begreift, die wiederum zwischen der individuellen Freiheit zur Verfolgung besonderer Interessen und der „Wirklichkeit der konkreten Freiheit“,[462] also der durch den Staat institutionalisierten Freiheit, in der das Besondere und das Allgemeine zusammenfinden, aufgespannt wird. Die Schnittfläche zwischen beiden Freiheitsbegriffen bildet in gewisser Weise die Figur der Person, die die Rechtsfähigkeit des einzelnen markiert. Zugleich aber bleibt über die Idee der Person das reziproke Element der wechselseitigen Anerkennung als Hintergrundfolie der Eigentumstheorie erhalten.

> „Die Persönlichkeit enthält überhaupt die Rechtsfähigkeit und macht den Begriff und die selbst abstrakte Grundlage des abstrakten und daher formellen Rechts aus. Das Rechtsgebot ist daher: sei eine Person und respektiere die anderen als Person.“[463]

Als Person steht der einzelne „im Recht der Verfügung über Sachen und mit diesem Verfügen im rechtlichen Verhältnis zu anderen Freien als Person.“[464] Damit wurzelt das Eigentum in tieferen Sphären als in der Ausbildung und Satisfaktion individueller Bedürfnisse; das Eigentum wird Ausdruck der Idee der Person an sich.[465] Privateigentum ist keine Frage der Zweckmäßigkeit, sondern „das Vernünftige“.[466] Vom Standpunkt der Freiheit aus ist das Eigentum nicht Mittel zur Bedürfnisbefriedigung, sondern „wesentlicher Zweck für sich.“[467]

> „Die Person muß sich selbst eine äußere Sphäre der Freiheit geben, um als Idee zu sein ... Das Vernünftige des Eigentums liegt nicht in der Befriedigung der Bedürfnisse, sondern darin, daß sich die bloße Subjektivität der Persönlichkeit aufhebt.“[468]

Deshalb ist das Eigentum für Hegel ein abstraktes Recht, d.h. es wird gerade unter Absehung der Besonderheiten des Willens (§ 37) und der konkreten Bedürfnisse examiniert.[469] Dies hat, wie wir sogleich sehen werden, weitreichende

---

[460] Cf. *G.W.F. Hegel*, System der Sittlichkeit (1801/02), in: ders., Sämtliche Werke Bd. VII, Hegels Schriften zur Politik und Rechtsphilosophie, hrsg. v. G. Lasson, 1913, S. 415 (438).

[461] *G.W.F. Hegel*, Grundlinien der Philosophie des Rechts (1821), 1970, § 46 Z.

[462] *G.W.F. Hegel*, Grundlinien der Philosophie des Rechts (1821), 1970, § 257.

[463] *G.W.F. Hegel*, Grundlinien der Philosophie des Rechts (1821), 1970, § 36.

[464] *J. Ritter*, Person und Eigentum (1961), in: ders., Metaphysik und Politik, 2003, S. 256.

[465] Zu dieser siehe insb. *G.W.F. Hegel*, Grundlinien der Philosophie des Rechts (1821), 1970, § 35.

[466] *G.W.F. Hegel*, Grundlinien der Philosophie des Rechts (1821), 1970, § 49.

[467] *G.W.F. Hegel*, Grundlinien der Philosophie des Rechts (1821), 1970, § 45.

[468] *G.W.F. Hegel*, Grundlinien der Philosophie des Rechts (1821), 1970, § 41.

[469] Näher *A. Eckl*, Der Begriff des „Eigentums“ in der Rechtsphilosophie Hegels, in: ders./B. Ludwig (Hrsg.), Was ist Eigentum?, 2005, S. 163.

Konsequenzen für die Bedeutung einer gerechten Verteilung von Eigentum im Rahmen der Eigentumstheorie.

Ausgangspunkt der Überlegungen Hegels ist das absolute Zueignungsrecht des Menschen auf alle Sachen. Jeder Mensch habe das Recht, seinen Willen in eine Sache zu legen und diese dadurch zur seinigen zu machen.

> „Sich zueignen heißt im Grunde ... nur die Hoheit meines Willens gegen die Sache manifestieren und aufweisen, daß diese nicht an und für sich, nicht Selbstzweck ist. Diese Manifestation geschieht dadurch, daß ich in die Sache einen anderen Zweck lege, als sie unmittelbar hatte; ... ich gebe ihm meine Seele."[470]

In der im Zueignungsakt nach außen manifestierten Betätigung des individuellen Willens als *individuellem* Akt ist zugleich die Notwendigkeit des Privateigentums im Sinne des *Individual*eigentums und die grundsätzliche Auflösbarkeit von gemeinschaftlichem Eigentum begründet.

Da Hegel das Eigentum als abstraktes Recht abhandelt, ist die Ausübung des Zueignungsrechts auch nicht durch ein ursprüngliches Aneignungsrecht der anderen begrenzt, sondern nur durch eine bereits erfolgte Zueignung;[471] Fragen der Verteilungsgerechtigkeit und der Chancengleichheit im Zueignungsprozeß sind hingegen „eine rechtliche Zufälligkeit" und als solche für die abstrakte Bestimmung des Eigentums unerheblich.[472] Als abstrakte Personen sind alle gleich, „aber nur als Personen, das heißt rücksichtlich der Quellen ihres Besitzes."; alle haben deshalb ein Recht auf Eigentum in dem Sinne, daß sie Eigentümer sein dürfen. Hieraus folgt für Hegel jedoch kein Anspruch auf ein Mindestmaß an individuellem Eigentum oder gar auf gleiche Eigentumsverteilung. Denn die Freiheit zur Verfolgung des Besonderen generiere notwendigerweise Ungleichheit. Begabungen und Talente, Fleiß und Antrieb seien von Natur her unterschiedlich verteilt. Dies aber stelle keine Ungerechtigkeit dar, denn „die Natur ist nicht frei und darum weder gerecht noch ungerecht."[473] Und selbst wenn in einer Art Urzustand eine vollständige Gleichheit der Eigentumsverteilung bestehen würde, wäre dieser Zustand wegen der Unterschiede zwischen den Menschen nicht von langer Dauer. Deshalb sei er per se nicht anzustreben.

> „Die Gleichheit, die man etwa in Beziehung auf die Verteilung der Güter einführen möchte, würde, da das Vermögen vom Fleiß abhängt, ohnehin in kurzer Zeit wieder zerstört werden. Was sich aber nicht ausführen läßt, soll auch nicht ausgeführt werden. Denn die Menschen sind freilich gleich, aber nur als Personen, das heißt rücksichtlich

---

[470] *G.W.F. Hegel*, Grundlinien der Philosophie des Rechts (1821), 1970, § 44 Z.

[471] *G.W.F. Hegel*, Grundlinien der Philosophie des Rechts (1821), 1970, § 50: „Daß die Sache dem in der Zeit zufällig Ersten, der sie in Besitz nimmt angehört, ist, weil ein Zweiter nicht in Besitz nehmen kann, was bereits Eigentum eines anderen ist, eine sich unmittelbar verstehende, überflüssige Bestimmung. Unterschied der Zeit – Nicht weil er der Erste ist, sondern weil er es in Besitz genommen hat – Kommt ein Anderer so ist dieser freilich Zweiter und jener Erster – äußerliche Bestimmungen – jener ist Eigentümer."

[472] *G.W.F. Hegel*, Grundlinien der Philosophie des Rechts (1821), 1970, § 49.

[473] *G.W.F. Hegel*, Grundlinien der Philosophie des Rechts (1821), 1970, § 49.

der Quellen ihres Besitzes. Demzufolge müßte jeder Mensch Eigentum haben. Will man daher von Gleichheit sprechen, so ist es diese Gleichheit, die man betrachten muß. Außer derselben fällt aber die Bestimmung der Besonderheit, die Frage, wieviel ich besitze. Hier ist die Behauptung falsch, daß die Gerechtigkeit fordere, das Eigentum eines jeden solle gleich sein; denn diese fordert nur, daß jeder Eigentum haben solle. Vielmehr ist die Besonderheit das, wo gerade die Ungleichheit ihren Platz hat und die Gleichheit wäre hier Unrecht."[474]

Hegel postuliert somit in den „Grundlinien" zwar das Recht jeder Person, Eigentümer zu sein; er entwickelt aus der Eigentumstheorie selbst heraus aber keine Verteilungsregeln jenseits des Prioritätsprinzips der Zueignung. Ebenso kennt er keine Grenzen für die Ausübung des Eigentumsrechts außer der Achtung fremden Eigentums.

(b) Die Eigentumstheorie in den frühen Schriften. Zu ähnlichen Ergebnissen kam Hegel bereits in seinen früheren Schriften unter stärker intersubjektivitätstheoretischen Prämissen.[475] Diesen zufolge führt nicht der Besitz, sondern die Anerkennung zum Eigentum als rechtliche Kategorie; denn das „Anerkennen ist das Recht." Der Prozeß der rechtserzeugenden Anerkennung ist aber kein Zufall, sondern begriffsnotwendig.

„Das Anerkannte ist anerkannt als unmittelbar geltend, durch sein Sein, aber eben dies Sein ist erzeugt aus dem Begriffe; es ist anerkanntes Sein. Der Mensch wird notwendig anerkannt und ist notwendig anerkennend."[476]

Zugleich nimmt Hegel an, daß jeder Mensch das Recht hat, „in Besitz zu nehmen, was er als Einzelner kann."[477] Dies liege in seinem Begriff, selbst zu sein.

Dieses Recht bestimme freilich nur die Beziehung zur Sache, nicht die zu einem Dritten. Durch die Besitznahme werde aber auch dieser tangiert, denn er werde durch die Besitznahme vom Gebrauch der Sache ausgeschlossen. Damit stellt sich die Frage: „Was darf ich in Besitz nehmen ohne Unrecht des Dritten?" Hegels Antwort ist die gleiche wie in den „Grundlinien": „Solche Fragen eben können nicht beantwortet werden." Denn die konkrete Besitznahme ist ein Produkt des Zufalls, damit aber könne man „nicht an sich" hierüber bestimmen. Deshalb lassen sich nach Hegel nur Aussagen über das Verhältnis von Besitzergreifung und Eigentum als solche treffen: Jede Besitzergreifung ist zunächst nichts anderes als eine rein sinnliche Bemächtigung. Eine Rechtsbeziehung zum Anderen entsteht hierdurch nicht. Doch weil der Andere mich anzuerkennen hat, hat er auch meine Inbesitznahme als Eigentum anzuerken-

---

474 *G.W.F. Hegel*, Grundlinien der Philosophie des Rechts (1821), 1970, § 49 Z.

475 Hierzu *J. Habermas*, Der philosophische Diskurs der Moderne, 3. Aufl. 1991, S. 34 ff.; *A. Honneth*, Kampf um Anerkennung, 1994, S. 20 ff.

476 *G.W.F. Hegel*, Jenenser Realphilosophie II (1805/1806), hrsg. v. J. Hoffmeister, 1931, S. 206.

477 *G.W.F. Hegel*, Jenenser Realphilosophie II (1805/1806), hrsg. v. J. Hoffmeister, 1931, S. 207.

nen. Maßgeblich für das Eigentum wird damit die erfolgte, nach außen manifestierte Inbesitznahme. Interessen Dritter, die sich möglicherweise gleichfalls auf den Besitz der Sache erstrecken, sind hingegen für Hegel irrelevant.

> „Der Inhalt" des Eigentums „geht also von meinem Besitze aus. Kann ich nun haben, was und soviel ich will? Ich kann es nicht einem Dritten nehmen um des Anerkennens willen, denn was er hat, ist ja anerkannt. Aber indem ich es unmittelbar, d.h. als ein solches, das keinem angehört, in Besitz nehmen, schließe ich ihn an sich aus, und so kommt wieder bei der Besitznahme die Frage nach dem Anerkennen hervor: Ich nehme das, was sein Besitz werden könnte. Es könnte nur aber erst sein Besitz werden, der meinige aber ist es wirklich; seine Möglichkeit steht meiner Wirklichkeit nach. Er hat mich, der ich wirklich bin, anzuerkennen."[478]

(c) Eine sozialstaatliche Kritik der Hegelschen Eigentumstheorie. Wie beschrieben, sieht Hegel durchaus, daß mit einer extremen Ungleichverteilung des Eigentums besondere Probleme einhergehen. Diese will er jedoch nicht auf der Ebene der abstrakten Rechte verhandelt wissen, sondern im Rahmen der bürgerlichen Gesellschaft. Innerhalb der Eigentumstheorie läßt er Gerechtigkeitsargumente nicht gelten. Sogar eine subsidiäre und in der Höhe von der Leistungskraft der Gesellschaft abhängige Minimalsicherung ist seiner Ansicht nach nicht als Voraussetzung des Privateigentums zugrunde zu legen.

> „Daß alle Menschen ihr Auskommen für ihre Bedürfnisse haben sollen, ist teils ein moralischer und, in dieser Unbestimmtheit ausgesprochen, zwar wohlgemeinter, aber wie das bloß Wohlgemeinte überhaupt, nichts Objektives seiender Wunsch, teils ist Auskommen etwas anderes als Besitz und gehört einer anderen Sphäre, der bürgerlichen Gesellschaft an."[479]

Zwingend ist dieser Schluß nicht. Sowohl im Anerkennungsprozeß als auch im Postulat des Eigentums als Kernstück der Hegelschen Personentheorie liegen von Hegel nicht genutzte Potentiale, die Eigentumstheorie um eine soziale Komponente zu ergänzen.

So eröffnet das Anerkennungsparadigma Raum für Überlegungen, welche Bedingungen den „Kampf um Anerkennung" in die geordneten Bahnen des privaten Eigentums lenken. Daß solche Bedingungen auch unter Abschattung des Besonderen und Individuellen eruiert werden können, zeigt die Figur des „Schleiers des Nichtwissens" *John Rawls'*. Nun wendet sich Hegel dezidiert gegen das Programm der vertragsbasierten Rechts- und Staatsphilosophie; direkte Anleihen an Rawls Urzustandstheorie verbieten sich deshalb für eine sozialstaatliche Rekonstruktion der Hegelschen Eigentumstheorie, die mit Hegel ge-

---

[478] *G.W.F. Hegel*, Jenenser Realphilosophie II (1805/1806), hrsg. v. J. Hoffmeister, 1931, S. 207. Der Gedanke wird später in den „Grundlinien" wie folgt variiert: Es ist richtig, daß die Menschen häufig nach den Gütern der anderen Lust bekommen; dies ist aber eben das Unrecht, denn das Recht ist das, was gleichgültig gegen die Besonderheit bleibt." *G.W.F. Hegel*, Grundlinien der Philosophie des Rechts (1821), 1970, § 49 Z.

[479] *G.W.F. Hegel*, Grundlinien der Philosophie des Rechts (1821), 1970, § 49.

gen Hegel argumentieren würde. Doch die Grundfigur der Eigentumsbegründung durch Anerkennung ist offen für die Berücksichtigung sozialer Bedingungen der Anerkennung, die auch unter Absehung des Besonderen formuliert werden können. Hegel versucht ein solches Ansinnen abzuwehren, indem er insinuiert, ein solches Element münde eo ipso in ein Gebot gleicher Eigentumsverteilung. Dieses verwirft Hegel mit durchaus überzeugenden Gründen. Der Alternative einer freiheitsverpflichteten und freiheitssichernden Basissicherung widmet sich Hegel hingegen nicht. Dabei streicht er im Kontext der Personenkonzeption die Bedeutung des Eigentums für jede Person explizit heraus: „Demzufolge müßte jeder Mensch Eigentum haben." Die Gerechtigkeit fordere, „daß jeder Eigentum haben solle."

Von daher läge es nahe, in die Eigentumstheorie selbst die Sicherstellung des materiellen Substrats der Person einzuzeichnen und sich nicht mit dem abstrakten Recht des einzelnen, Eigentümer sein zu dürfen, zu begnügen.

(d) Grenzen des Eigentums. Gleichwohl sieht Hegel, daß der Ausübung der Eigentumsrechte im Interesse der Allgemeinheit Grenzen gesetzt werden müssen. Doch folgen diese für ihn nicht aus der Konzeption des Eigentums selbst, sondern sie werden aufgrund höherer Güter, Interessen etc. extern gesetzt. Hierzu berufen ist nach Hegel ausschließlich der Staat.

> „Aber die Bestimmungen, die das Privateigentum betreffen, können höheren Sphären des Rechts, einem Gemeinwesen, dem Staate, untergeordnet werden müssen ... . Jedoch können solche Ausnahmen nicht im Zufall, in Privatwillkür, Privatnutzen, sondern nur in dem vernünftigen Organismus des Staats begründet sein."[480]

Zu den höheren Sphären des Rechts kann für Hegel grundsätzlich auch die Moderation der aus dem Gegensatz von Reichtum und Armut resultierenden Spannung in der bürgerlichen Gesellschaft gehören. Wenn er das Eigentum als absolutes Recht rekonstruiert, folgt hieraus also kein Verbot staatlicher Interventionen in die Prozesse des Austausches von Eigentum.

(e) Zwischenresümee. Wir können bis hierhin festhalten: Das Privateigentum ist für Hegel ein Gebot der Freiheit und Vernünftigkeit. Das Recht auf Aneignung wird nur durch das Eigentum Dritter begrenzt; insoweit kennt Hegels Eigentumstheorie ein Moment der Reziprozität. Gerechtigkeitsfragen werden hingegen aus dem Begriff des Eigentums und seiner theoretischen Entfaltung ausgeschlossen. Sie sind Fragen der Sittlichkeit in der bürgerlichen Gesellschaft bzw. des sittlichen Staates und damit im Rahmen der Philosophie des Eigentums nicht zu beantworten. So bleibt im Rahmen der Eigentumstheorie offen, ob und in welchem Umfang, in welcher Art und Weise die Austauschprozesse der bürgerlichen Gesellschaft gesteuert oder jedenfalls beeinflußt werden sollten. Diese Frage soll uns im Folgenden näher beschäftigen.

---

[480] *G.W.F. Hegel*, Grundlinien der Philosophie des Rechts (1821), 1970, § 46.

bb) Die Sittlichkeit sozialstaatlicher Interventionen

In seinen frühen Schriften fordert Hegel ohne Abstriche staatliche Interventionen in die bürgerliche Gesellschaft. Eine prästabile Harmonie der Austauschbeziehungen existiere nicht; vielmehr laufe der Güteraustausch in der industriellen Gesellschaft auf eine extreme Ungleichverteilung des Eigentums hinaus. Diese aber zeitige in jeder Hinsicht abträgliche Folgen (s.o.):

> „die Bestialität der Verachtung alles Hohen tritt ein. Das Weisheitslose, rein Allgemeine, die Masse des Reichtums ist das Ansich; und das absolute Band des Volkes, das Sittliche, ist verschwunden und das Volk aufgelöst."[481]

Deshalb sieht Hegel die Regierung in der Pflicht, dieser „Ungleichheit ... und der allgemeinen Zerstörung ... auf das höchste entgegenzuarbeiten."[482] Zugleich habe der Staat jedoch die Gesetzmäßigkeit der bürgerlichen Gesellschaft, das Prinzip der individuellen Nutzenmaximierung durch den freien Austausch von Waren zu achten und zu schonen.

> „Freiheit des Gewerbes bleibt notwendig; das Eingreifen muß so unscheinbar als möglich sein – denn es ist das Feld der Willkür; der Schein der Gewalt muß vermieden werden und man soll nichts retten wollen, was nicht zu retten ist".[483]

Als Ausweg schlägt Hegel eine Fülle staatlicher Maßnahmen vor: Erschwerung allzu hoher Gewinne, Förderung des Exports, staatliche Arbeitsbeschaffung, Förderung der Selbsthilfe in den Korporationen sowie die Schaffung von „Armentaxen" und „Anstalten".

Während sich Hegel in den frühen Schriften damit begnügt, diese potentiellen Maßnahmen stichwortartig aufzuzählen, geht er in den „Grundlinien" dazu über, sie in ihrer Berechtigung oder gar Notwendigkeit sowie hinsichtlich der Folgewirkungen für die bürgerliche Gesellschaft näher auszuleuchten. Dies führt Hegel dazu, für die soziale Frage keine wirklich befriedigende Antwort zu finden. Sie bleibt letztlich – notwendig – ungelöst.

Die Spannung zwischen dem geforderten Bemühen um die Lösung der sozialen Probleme in der bürgerlichen Gesellschaft und der Insuffizienz der Lösungsmöglichkeiten zeigt sich besonders anschaulich an der Frage, ob und in welchem Maße zumindest allen Bürgern ein Existenzminimum durch staatliche Maßnahmen zu sichern ist.

---

[481] *G.W.F. Hegel*, System der Sittlichkeit (1801/02), in: ders., Sämtliche Werke Bd. VII, Hegels Schriften zur Politik und Rechtsphilosophie, hrsg. v. G. Lasson, 1913, S. 415 (496).

[482] *G.W.F. Hegel*, System der Sittlichkeit (1801/02), in: ders., Sämtliche Werke Bd. VII, Hegels Schriften zur Politik und Rechtsphilosophie, hrsg. v. G. Lasson, 1913, S. 415 (496).

[483] *G.W.F. Hegel*, Jenenser Realphilosophie II (1805/1806), hrsg. v. J. Hoffmeister, 1931, S. 233.

cc) Die Zufälligkeit individueller Wohltätigkeit

Die individuell verantwortete Wohltätigkeit schien Hegel zur Sicherung eines solchen Minimums jedenfalls unzureichend. Man müsse sich der Armutsproblematik in systematischer und d.h. allgemeiner Weise annehmen, um das „Zufällige des Almosens" hinter sich zu lassen. Dabei sieht er – die Debatte um die Stellung der freien Wohlfahrtspflege in Deutschland gleichsam vorwegnehmend – durchaus, daß eine staatlich organisierte Wohlfahrtspflege Spannungen zu den Organisationen und Initiativen erzeugen kann, die sich der Armut aus einer spezifischen *Moralität* heraus annehmen.[484] Diese sollten sich aber nicht „verletzt und gekränkt fühlen". Der besonderen Mildtätigkeit bleibe schließlich genug zu tun, denn der in Not geratene Mensch bedürfe immer auch der individuellen Ansprache und der auf seine Person zugeschnittenen Anteilnahme. Und doch indiziere die möglichst geringe Inanspruchnahme der besonderen Hilfsinstitutionen infolge einer allgemeinen Veranstaltung der Armutshilfe einen vollkommeneren „öffentlichen Zustand".[485]

dd) Subsistenzsicherung als Recht der Armen und Pflicht der bürgerlichen Gesellschaft

Die Subsistenzsicherung kann deshalb nicht der individuellen Moralität überlassen werden, sondern ist in der Sphäre der Sittlichkeit zu verankern. Zuvörderst steht für Hegel die bürgerliche Gesellschaft in der Pflicht. Da deren Ausbildung zur Erosion des alten subistenzsichernden Oikos geführt habe, müsse sie in die vorherige Stellung der Familie einrücken (supra). Zugleich bekommt die bürgerliche Gesellschaft die Zugriffsposition des pater familiae eingeräumt. Wie in der Familie korrelieren auch im Verhältnis des einzelnen zur bürgerlichen Gesellschaft Rechte und Pflichten.

> „Soll der Mensch so ein Glied der bürgerlichen Gesellschaft sein, so hat er ebenso Rechte und Ansprüche an sie, wie er sie in der Familie hatte. Die bürgerliche Gesellschaft muß ihrer Mitglieder schützen, seine Rechte verteidigen, so wie der Einzelne den Rechten der bürgerlichen Gesellschaft verpflichtet ist."[486]

Zu diesen Rechten der Gesellschaft gehört vor allem, den einzelnen zur Arbeit anzuhalten und ihn zu verpflichten, sich nach Kräften für die Erhaltung seiner Subsistenz einzusetzen.

---

[484] Zur Unterscheidung zwischen Moralität und Sittlichkeit bei Hegel (insb. *G.W.F. Hegel*, Grundlinien der Philosophie des Rechts (1821), 1970, §§ 105 ff.) siehe in diesem Zshg. etwa *B. Liebrucks*, Recht, Moralität und Sittlichkeit bei Hegel, in: M. Riedel (Hrsg.), Materialien zu Hegels Rechtsphilosophie, Bd. 2, 1975, S. 13 ff.; *J. Ritter*, Moralität und Sittlichkeit. Zu Hegels Auseinandersetzung mit der kantischen Ethik (1966), in: ders., Metaphysik und Politik, 2003, S. 281 ff.

[485] *G.W.F. Hegel*, Die Philosophie des Rechts (1821/22), hrsg. v. H. Hoppe, 2005, § 242.

[486] *G.W.F. Hegel*, Grundlinien der Philosophie des Rechts (1821), 1970, § 238 Z; *ders.*, Philosophie des Rechts (1821/22), § 240.

„Weil die bürgerliche Gesellschaft schuldig ist, die Individuen zu ernähren, hat sie auch das Recht, dieselben anzuhalten, für ihre Subsistenz zu sorgen.“[487]

Insbesondere habe die Gesellschaft das Recht, sich „der Gesinnung der Arbeitsscheu, Bösartigkeit und der weiteren Laster anzunehmen“[488] und den einzelnen so „gegen sich selbst zu schützen“.[489] Denn Hegels große Sorge gehört der Entstehung von „Pöbel“, d.h. der Ausbildung einer Gesinnung unter den Armen, die von Neid und Mißgunst gegenüber den Reichen, aber auch vom Anspruchsdenken geprägt ist. Dies veranlaßt ihn, einerseits einen Anspruch auf Subsistenzsicherung anzuerkennen, andererseits aber diejenigen, die dieses Recht in Anspruch nehmen, skeptisch zu beäugen, da sie aus den Reproduktionsmechanismen der bürgerlichen Gesellschaft fallen.[490]

„Somit entsteht im Pöbel das Böse, daß er die Ehre nicht hat, seine Subsistenz durch seine Arbeit zu finden, und doch seine Subsistenz als sein Recht anspricht. Gegen die Natur kann kein Mensch ein Recht beanspruchen, aber im Zustand der Gesellschaft gewinnt der Mangel sogleich die Form eines Unrechts, was dieser oder jener Klasse angetan wird. Die wichtige Frage, wie der Armut abzuhelfen sei, ist eine vorzüglich die modernen Gesellschaften bewegende und quälende.“

In einer wohlwollenden Lesart läßt sich diese Stelle so verstehen, daß Hegel zwei sowohl in ethischer wie in ökonomischer Hinsicht zentrale Folgeprobleme des modernen Wohlfahrtsstaates antizipiert: die Inflation von – durch die Politik evozierten und zu befriedigenden – Leistungsansprüchen (cf. supra B. III.2.a.) sowie die fehlende Durchsetzung des der bürgerlichen Gesellschaft entsprechenden Vorrangs der Selbsthilfe und der Subsidiarität staatlicher Transferleistungen, deren Nichteinhaltung sich subjektiv als „Mißbrauch“ von Transferleistungen darstellt. Zugleich ist aber nicht zu verkennen, daß bei Hegel zwischen der Anerkennung eines Rechts des einzelnen auf Subsistenzsicherung und ihrer Einlösung eine Spannung besteht, die zumindest in der Performanz über die Verteidigung des Primats der Selbstsorge hinausgeht. Gerade weil Hegel die durchgreifende Dynamik der bürgerlichen Gesellschaft, der der einzelne ausgesetzt ist, so trefflich analysiert, darf man mehr Sensibilität für die Differenzen zwischen den Ursachen von Armut und ihren Wirkungen, zwischen primärer Not und sekundären Dilemmata bei den Bemühungen, diese Not zu beheben, erwarten. Zu diesen Folgeproblemen gehört dann auch, daß Anreize geschaffen werden, sich den Mühen der primären Selbstsorge zu entziehen.

Doch Hegel ist nicht nur besorgt, daß durch die staatliche Subsistenzsicherung Fehlanreize gesetzt werden. Ihn beschäftigt auch das damit verbundene

[487] *G.W.F. Hegel*, Grundlinien der Philosophie des Rechts (1821), 1970, § 240 Z.

[488] *G.W.F. Hegel*, Grundlinien der Philosophie des Rechts (1821), 1970, § 241.

[489] *G.W.F. Hegel*, Grundlinien der Philosophie des Rechts (1821), 1970, § 240 Z.

[490] Cf. a. *G.W.F. Hegel*, Die Philosophie des Rechts (1821/22), hrsg. v. H. Hoppe, 2005, § 244 f.

Element der Deprivation, daß bis heute viele von staatlichen Transferleistungen Abhängige ja in der Tat als besonders bedrückend erleben. Eine Existenzsicherung, die nicht durch Arbeit vermittelt ist, verstoße gegen „das Prinzip der bürgerlichen Gesellschaft und des Gefühls ihrer Individuen von ihrer Selbständigkeit und Ehre". Die Integration der arbeitslosen, aber -fähigen Bevölkerung in die Arbeitsprozesse der bürgerlichen Gesellschaft ist deshalb in hegelianischer Perspektive gegenüber anderen Formen der sozialen Unterstützung vorzuziehen.

ee) Das Problem der Arbeitsbeschaffung

Diese Präferenz zu realisieren, kann sich freilich überaus schwierig gestalten. Jeder Lösung, die die Gesetze des Marktes und damit der bürgerlichen Gesellschaft gänzlich außer Kraft setzten, steht Hegel skeptisch gegenüber, denn am Freiheitsprinzip dieser Sphäre will er grundsätzlich festhalten. Entsprechend lehnt er einen künstlich geschaffenen zweiten Arbeitsmarkt ab; dieser würde das Problem der Armut auf Dauer nur verschärfen. Denn einer Überproduktion an Waren stünde hier ein Mangel an selbst produktiven Konsumenten gegenüber.[491] Fast resignierend stellt Hegel fest:

> „Es kommt hierin zum Vorschein, daß bei dem Übermaß des Reichtums die bürgerliche Gesellschaft nicht reich genug ist, d.h. an dem ihr eigentümlichen Vermögen nicht genug besitzt, dem Übermaß an Armut und der Erzeugung des Pöbels zu steuern."[492]

ff) Die schottische Lösung

Hegel empfiehlt deshalb die „scottish solution"[493] – „die Armen ihrem Schicksal zu überlassen und sie auf den öffentlichen Bettel anzuweisen." Auf den ersten Blick ist nicht recht einsichtig, inwieweit ein solches Vorgehen ein probates Mittel „gegen Armut sowohl als insbesondere gegen die Abwerfung der Scham und Ehre ... und gegen die Faulheit und Verschwendung" darstellen soll.[494] Nachvollziehbarer wird Hegels Vorschlag, wenn man sich den konkreten sozialgeschichtlichen Hintergrund vergegenwärtigt, auf den er sich bezieht.[495] Denn Schottland hatte eine eigenständige Armenfürsorge geschaffen, die sich vom Armenrecht in England unterschied. Insbesondere kannte Schottland für die sogenannten able-bodied poor, also die arbeitsfähigen Armen eine Art Lizenzierungsverfahren, das sie zur öffentlichen Bettelei berechtigte. Durch ein solches Konzessionssystem konnte einerseits der Umfang der Bettelei öffent-

---

[491] *G.W.F. Hegel*, Die Philosophie des Rechts (1821/22), hrsg. v. H. Hoppe, 2005, § 246.

[492] *G.W.F. Hegel*, Grundlinien der Philosophie des Rechts (1821), 1970, § 245.

[493] Die nach Bernard Cullen „no solution at all" ist; *B. Cullen*, Hegel's Social and Political Thought, 1979, S. 107.

[494] *G.W.F. Hegel*, Grundlinien der Philosophie des Rechts (1821), 1970, § 245.

[495] Hierzu, aber auch zu den Quellen, die Hegel konsultiert haben dürfte *N. Waszek*, Hegels Schottische Bettler, in: Hegel-Studien 1984, 311 ff.

lich kontrolliert werden, andererseits wurde der Bettler amtlich legitimiert; er konnte seine Bedürftigkeit nachweisen.[496] Die Bettelei in Schottland wurde Quellen zufolge „a profitable occupation".[497] Auch die demütigende Wirkung der Bettelei minderte sich – so jedenfalls die damalige Vorstellung – auf diese Weise. Hegel dürfte mit der „schottischen Lösung" deshalb die Vorstellung verbunden haben, daß die auf Zuwendungen Dritter Angewiesenen sich selbst aktiv um ihren Lebensunterhalt haben bemühen müssen, dies aber auch erfolgreich konnten. (Ein heutiges Pendant könnte man in den Projekten sehen, die die Erstellung und den Verkauf von Obdachlosenzeitschriften organisieren.)

Gleichwohl mangelt es Hegels Empfehlung an Konsistenz. Denn die Bettelei verweist die Bedürftigen eben auf jene Zufälligkeiten individueller Mildtätigkeit, die Hegel in der „Rechtsphilosophie" von 1821 drei Paragraphen vorher noch entschieden kritisiert hat. Auch die Hilfe für die deserving poor wurde in Schottland gerade nicht „auf allgemeine Weise", wie von Hegel empfohlen, veranstaltet, sondern durch die Kirche organisiert und vorrangig durch die freiwilligen sonntäglichen Kollekten finanziert.[498] Hegels schottische Lösung bleibt somit unbefriedigend.

gg) Die Sittlichkeit der Korporation

Allerdings muß ein den Anforderungen des Allgemeinen entsprechendes Unterstützungssystem nicht notwendig staatlich organisiert werden. Es kann vielmehr nach Hegels Vorstellung auch durch Korporationen getragen werden. Diese fungieren in der Hegelschen Soziallehre als zwischen der Sphäre des Besonderen und des Allgemeinen vermittelnde Integrationsfaktoren, als „intermediäre Institutionen". In diesen sah Hegel „das Sittliche als ein Immanentes in die bürgerliche Gesellschaft" zurückkehren.[499]

Mit dem historisch überkommenen Zunftwesen ist das von Hegel entworfene Ständesystem nicht identisch; sein Modell der bürgerlichen Gesellschaft folgt dem Primat der Freiheit, kennt also vertikale Mobilität. Die drei von Hegel konstruierten Stände – Ackerbau, Gewerbe und Staatsdiener – spiegeln in einer solchen Gesellschaft der „carrière ouverte aux talents"[500] „die besonderen

---

[496] *N. Waszek*, Hegels Schottische Bettler, in: Hegel-Studien 1984, 311 (313).

[497] *R. A. Cage*, The Scottish Poor Law 1745–1845, 1981, S. 4.

[498] *N. Waszek*, Hegels Schottische Bettler, in: Hegel-Studien 1984, 311 (312).

[499] *G.W.F. Hegel*, Grundlinien der Philosophie des Rechts (1821), 1970, § 249; näher zur Korporationslehre §§ 201 ff.; bereits früh *G.W.F. Hegel*, System der Sittlichkeit (1801/02), in: ders., Sämtliche Werke Bd. VII, Hegels Schriften zur Politik und Rechtsphilosophie, hrsg. v. G. Lasson, 1913, S. 415 (475 ff.); *ders.*, Jenenser Realphilosophie II (1805/1806), hrsg. v. J. Hoffmeister, 1931, S. 254 ff.; näher zur Korporationslehre etwa *S. Avineri*, Hegels Theorie des modernen Staates, 1976, S. 128 ff., 187 ff.; *W. Kersting*, Polizei und Korporation in Hegels Darstellung der bürgerlichen Gesellschaft, in: Hegel-Jahrbuch 1986, S. 373 ff.; *F. Müller*, Korporation und Assoziation, 1965, S. 146 ff.

[500] *S. Avineri*, Hegels Theorie des modernen Staates, 1976, S. 188.

Systeme der Bedürfnisse, ihrer Mittel und Arbeiten, der Arten und Weisen der Befriedigung und der theoretischen und praktischen Bildung"[501] wider und führen, indem sich in ihnen in ihrer Besonderheit Gleiche versammeln, zu einem jeweiligen Allgemeinen.[502]

Ihrem Charakter als Zwischenstufe im System der Sittlichkeit folgend, kommt den Korporationen insbesondere die Aufgabe zu, als eine „zweite Familie einzutreten".[503] Sie bilden ein System der selbstverwalteten, aber unter staatlicher Aufsicht stehenden[504] kollektiven Selbsthilfe – Parallelen zu den heutigen Sozialversicherungsträgern drängen sich auf.[505] Ihre sittliche Wirkung entfalten die Korporationen in zweierlei Richtung. Sie ermöglichen dem „sittlichen Menschen außer seinem Privatzwecke eine allgemeine Tätigkeit zu gewähren"[506] und dem notleidenden Korporationsmitglied, der Wechselseitigkeit des Solidaritätsverbundes geschuldet, Hilfe ohne die oben beschriebenen Negativeffekte anzunehmen.

> „In der Korporation verliert die Hilfe, welche die Armut empfängt, ihr Zufälliges und ihr mit Unrecht (sic!, Verf.) Demütigendes und der Reichtum in seiner Pflicht gegen seine Genossenschaft den Hochmut und den Neid, den er, und zwar jenen in seinem Besitzer, diesen in den anderen erregen kann; die Rechtschaffenheit erhält ihre wahre Anerkennung und Ehre."

In der Sekundärliteratur nicht unumstritten ist, ob die Gruppierung, deren Notlage nach dem Hegelschen Szenario der bürgerlichen Gesellschaft am größten ist und deren kommende Pressionen innerhalb der Dynamik der Industrialisierung von ihm auf das trefflichste analysiert wurden, die Arbeiterschaft, dem gewerblichen Stand zuzurechnen und dadurch in das korporative Selbsthilfesystem integriert ist. In den frühen Schriften finden die Arbeiter in diesem Zusammenhang, im Gegensatz zu den kleinen Handwerkern, keine Erwähnung;[507] in den „Grundlinien" lassen sich einzelne Passagen so deuten, als ob alle an der „Gesamtmasse der Arbeit für einzelne Bedürfnisse, aber eines allgemeineren Bedarfs" Beteiligten zum „Fabrikantenstand" zu zählen sind.[508]

---

[501] *G.W.F. Hegel*, Grundlinien der Philosophie des Rechts (1821), 1970, § 201.

[502] *G.W.F. Hegel*, Grundlinien der Philosophie des Rechts (1821), 1970, § 251.

[503] *G.W.F. Hegel*, Grundlinien der Philosophie des Rechts (1821), 1970, § 252.

[504] *G.W.F. Hegel*, Grundlinien der Philosophie des Rechts (1821), 1970, § 255 Z: „Freilich muß über dieser die höhere Aufsicht des Staates sein, weil sie sonst verknöchern, sich in sich verhausen und zu einem elenden Zunftwesen herabsinken würden."

[505] Diese betont insbesondere *T. Kingreen*, Das Sozialstaatsprinzip im europäischen Verfassungsverbund, 2003, S. 81 ff.

[506] *G.W.F. Hegel*, Grundlinien der Philosophie des Rechts (1821), 1970, § 255 Z.

[507] Kritisch deshalb *S. Avineri*, Hegels Theorie des modernen Staates, 1976, S. 134.

[508] Cf. zur Abgrenzung des agrarischen Standes vom Fabrikantenstand *G.W.F. Hegel*, Grundlinien der Philosophie des Rechts (1821), 1970, § 203 Z sowie § 204, wo sich auch das Zitat findet.

Selbst wenn man die Arbeiterschaft jedoch als korporationsfähig ansieht, sind ihren Kapazitäten kollektiver Selbsthilfe Grenzen gesetzt. Denn in jedem System der kollektiven Solidarität werden die Grenzen seiner Leistungsfähigkeit durch die Leistungskraft des Kollektivs bestimmt. Um diese ist es aber im Hegelschen Szenario besonders schlecht bestellt; die korporative Selbsthilfe kann die aufkommende soziale Frage folglich nicht hinreichend beantworten. Schließlich lassen sich in der bürgerlichen Gesellschaft die immer elaborierteren Bedürfnisse dank der sich ausbreitenden industriellen Produktionsweise mit einem immer geringer werdenden Bedarf an Arbeitskräften befriedigen. Mit der Produktivität der Bedürfniserzeugung hält also zwar die Produktivität der Herstellung von Waren Schritt, nicht aber die Möglichkeit des einzelnen, sich durch Arbeit seine Subsistenz zu sichern und so an die Inklusionsmechanismen der bürgerlichen Gesellschaft Anschluß zu finden. Mit der Industrialisierung geht für Hegel notwendig Überproduktion einher, die gerade die Arbeiter in ihrer Möglichkeit trifft, ihre Arbeitskraft feilbieten zu können. Ein System kollektiver Solidarität wie das der Korporationen stößt schon deshalb schnell an seine Grenzen.

hh) Staatlich geförderte Exportwirtschaft

Um der drohenden Negativspirale (auf weniger Erwerbstätige in der Industrie folgt eine Drosselung der Produktion, der folgen weniger Erwerbstätige ...) entgegenzuwirken, empfiehlt Hegel eine Strategie, die auch heute noch gerade in Deutschland als sinnvoll gilt, um den heimischen Arbeitsmarkt zu beleben: Handel mit anderen Ländern zu treiben[509] und die Exportbedingungen staatlicherseits nach Möglichkeit zu verbessern.[510]

> „Durch diese Dialektik wird die bürgerliche Gesellschaft über sich hinausgetrieben, zunächst diese bestimmte Gesellschaft, um außer ihr in anderen Völkern, die ihr an den Mitteln, woran sie Überfluß hat, oder überhaupt an Kunstfleiß usf. nachstehen, Konsumenten und damit die nötigen Subsistenzmittel zu suchen."[511]

---

[509] Am Rande sei in diesem Zusammenhang notiert, daß Hegel – wie vorher schon Kant in der Schrift zum Ewigen Frieden, *I. Kant*, Zum ewigen Frieden (1796), in: ders., Werke, hrsg. v. W. Weischedel, Bd. 6, 1998, S. 193 (226) – in der internationalen Verflechtung durch Handel auch ein probates Instrument zur Verrechtlichung und Pazifizierung der internationalen Beziehungen sah.

[510] So bereits in *G.W.F. Hegel*, Jenenser Realphilosophie II (1805/1806), hrsg. v. J. Hoffmeister, 1931, S. 233: „Die Staatsgewalt ... muß ... ins Mittel treten, Auswege, neue Kanäle des Verkaufs in andern Ländern aufsuchen usf." Auf die von Hegel gleichfalls empfohlene Kolonisation (*G.W.F. Hegel*, Grundlinien der Philosophie des Rechts [1821], 1970, § 248) wird heute hingegen gemeinhin verzichtet; an ihre Stelle ist zumindest teilweise funktional der „gesteuerte" Freihandel getreten, in dem Märkte nach nationalökonomischen Interessen geöffnet werden oder eben verschlossen bleiben.

[511] *G.W.F. Hegel*, Grundlinien der Philosophie des Rechts (1821), 1970, § 246. Den Prozeß des „Hinaustreibens" versteht Hegel aber auch in einem anthropologischen Sinne. Der Mensch wird durch die wirtschaftlichen Möglichkeiten des internationalen Handels in den

Freilich führt diese Lösung auf Kosten Dritter in der Gesamtbilanz unter Hegels Prämissen zu einer weiteren Beschleunigung der zentrifugalen Kräfte wirtschaftlichen Wachstums.

d) Der intervenierende Staat als sittlicher Staat – oder: die Tragödie im Sittlichen

Das sozioökonomische Dilemma der bürgerlichen Gesellschaft wird von Hegel damit konstatiert, nicht aber aufgelöst.[512] Er zeichnet unter Rückgriff auf konstruktivistische, gesellschaftsstrukturelle, nationalökonomische und geschichtsphilosophische Argumentationen nach, wie durch die gesellschaftliche Eigendynamik bestimmte soziale Probleme generiert werden und welche Instrumente zur Behebung dieser im Raum stehen. Insbesondere der Staat – schon als Not- und Verstandesstaat, erst recht aber als sittlicher Staat – steht für Hegel hier in der Pflicht. Zugleich aber zeigt er, die Debatte um die Steuerungskrise des Staates gleichsam vorwegnehmend, die Grenzen von dessen Handlungsmöglichkeiten auf.

Der sittliche Staat wird Hegel zwar zur verwirklichten objektiven Freiheit.[513] Er dient deshalb nicht nur der Absicherung der Möglichkeit zur Verfolgung von Einzelinteressen – „Der Staat ist kein Kunstwerk"[514], sondern soll eine „substantielle Einheit" bilden, in der das Allgemeine und das Besondere zur Deckung kommen.[515] Die subjektive Freiheit zur Verfolgung individueller Zwecke wird hierdurch nach dem Hegelschen Szenario jedoch nicht eliminiert. Der sittliche Staat führt zu einer dialektischen, nicht aber zu einer substantiellen Aufhebung der bürgerlichen Gesellschaft. Der die objektive Freiheit verwirklichende sittliche Staat ist für Hegel deshalb der in die bürgerliche Gesellschaft intervenierende, nicht aber der die subjektive Freiheit beseitigende Staat. Er begrenzt und lenkt die bürgerliche Gesellschaft, doch er bringt sie nicht zum Verschwinden. Deshalb entwirft Hegel für den sittlichen Staat keine sozial-

---

Kampf mit dem ihm fremden Element, das Meer, getrieben (*G.W.F. Hegel*, Grundlinien der Philosophie des Rechts [1821], 1970, § 247; auch *ders.*, Philosophie des Rechts [1821/22], § 247). Lange vor *Carl Schmitt* (Land und Meer, 4. Aufl. 2001) finden wir bei Hegel an dieser Stelle eine knappe, aber luzide Kulturgeschichte des Landes und des Meeres, die übrigens gleichfalls bei Kant Anleihen nimmt, *I. Kant*, Zum ewigen Frieden (1796), in: ders., Werke, hrsg. v. W. Weischedel, Bd. 6, 1998, S. 193 (217 ff.) zur Bedeutung des Meeres.

512 *R.-P. Horstmann*, Hegels Theorie der bürgerlichen Gesellschaft, in: L. Siep (Hrsg.), G.W.F. Hegel – Grundlinien der Philosophie des Rechts, 1997, S. 193 (210).

513 Dieses Moment der Prospektion kommt in den Grundlinien nicht hinreichend zum Ausdruck – anders als in der Vorlesung von 1819/20: „Was vernünftig ist, *wird* wirklich, und das Wirkliche *wird* vernünftig" (*G.W.F. Hegel*, Philosophie des Rechts. Die Vorlesungen von 1819/1820, hrsg. v. D. Henrich, 1983, S. 51) im Gegensatz zur berühmten und vielkritisierten Vorrede der Grundlinien, wo statt „wird" ein „ist" steht (*G.W.F. Hegel*, Grundlinien der Philosophie des Rechts [1821], 1970, S. 24).

514 *G.W.F. Hegel*, Grundlinien der Philosophie des Rechts (1821), 1970, § 258 Z.

515 *G.W.F. Hegel*, Grundlinien der Philosophie des Rechts (1821), 1970, § 261.

staatliche Vision, die über den von ihm im Abschnitt zur bürgerlichen Gesellschaft skizzierten, oben dargestellten Rahmen zur Bearbeitung der Folgelasten der Modernisierung grundlegend hinausreicht. Der Staat hat allgemeine Vorsorge zu betreiben und den Zugang zu basaler Infrastruktur sicherzustellen, er ergreift, wo nötig, Maßnahmen der Marktregulation, die sich von der gewerbepolizeilichen Aufsicht bis hin zu Preiskontrollen und sonstigen Interventionen bei Waren des täglichen Bedarfs bewegen, er stimuliert und beaufsichtigt korporativ organisierte kollektive Selbsthilfesysteme der Stände, er fördert das wirtschaftliche Wachstum durch das Setzen optimaler Rahmenbedingungen, insbesondere durch die Förderung des Exportes und er steht als Garant für die Pflicht der Gesellschaft auf Subsistenzsicherung des einzelnen ein, einer Pflicht, die freilich durch die Pflicht des einzelnen zur Subsistenzsicherung durch Arbeit ein beachtliches Gegengewicht erfährt.

Doch auch dem sittlichen Staat steht nach Hegel kein „Allheilmittel" für die sozialen Folgelasten der Moderne zur Verfügung. Diese von Hegel selbst eingestandene Schwäche der Staatswirksamkeit spielt in der Hegelforschung kaum eine Rolle. Während demokratie- und freiheitstheoretische Fehlstellungen, werkimmanente Fehlschlüsse und verfassungsarchitektonische Fehlgriffe in beeindruckender Weise traktiert werden,[516] bleibt das bei Hegel selbst offen zu Tage tretende Mißlingen der angestrebten „Versöhnung mit der Wirklichkeit"[517] weitgehend unbeachtet. Dabei deckt dieses Dilemma des sittlichen Staates nicht nur, gemessen an den Ansprüchen Hegelscher Rechtsphilosophie, eine systematische Schwäche auf, sondern es wirft vor allem ein Licht auf die seit Jahren diskutierte „Krise des Sozialstaates". Hegels Programm staatlicher Aktivitäten koinzidiert erkennbar mit dem normativen und sozialen Komplex, den man landläufig unter den Topos „Sozialstaat" faßt. Zwar fehlt es in seinem Modell an einer Durchdringung demokratischer Teilhabe und ihrer Bedeutung für die soziale Gestaltung.[518] Seine Analyse der ökonomischen, kulturellen und mentalen Transformationen vermitteln gleichwohl – auch unter den gewandelten Bedingungen globaler Interaktion – tiefe Einsichten in die Prozesse der Modernisierung und ihrer Folgewirkungen auf das Individuum und seine sich lösende Verbundenheit in traditionellen Sozialformen. Der Staat tritt hier in zunehmendem Maße ein, hat hierbei jedoch, will er nicht die sittlich zwar für sich unzu-

---

[516] Siehe etwa *C. Menke*, Tragödie im Sittlichen, 1996, passim; *A. Honneth*, Kampf um Anerkennung, 1994, passim; *M. Riedel* (Hrsg.), Materialien zu Hegels Rechtsphilosophie, Bd. 2, 1975; *J. Habermas*, Nachwort, in: G.W.F. Hegel, Politische Schriften, hrsg. v. J. Habermas, 1966, S. 343 ff. mit weit. Nachw.

[517] *G.W.F. Hegel*, Grundlinien der Philosophie des Rechts (1821), 1970, Vorrede, S. 27.

[518] Erwähnenswert scheint in diesem Zshg., daß *Hegel* sich in seiner Schrift „Über die englische Reformbill (1831)" (in: ders., Politische Schriften, 1966, S. 277 ff.) gegen eine soziale Reform ausspricht, die nur die rein formellen Partizipationschancen verbessert, die ökonomische Basis dieser aber nicht erfaßt; *S. Avineri*, Hegels Theorie des modernen Staates, 1976, S. 247 ff.

längliche, aber doch berechtigte Eigendynamik der bürgerlichen Gesellschaft zerstören, die Freiheitssphäre der Bürger nach Möglichkeit unangetastet zu lassen; die Grundsätze der Subsidiarität und Freiheitsverpflichtung staatlicher Aktivitäten sowie der Vorrang der Selbstvorsorge und Selbsthilfe zeugen hiervon. Der Staat bleibt auf ein insuffizientes, aber deshalb keineswegs entbehrliches Repertoire an Instrumenten verwiesen, mit dem er als „sittlicher Staat" sozialpolitisch aktiv wird. Er kann auch als sittlicher Staat die aus den Reproduktionsbedingungen der bürgerlichen Gesellschaft herausgetriebenen Aporien seiner eigenen Tätigkeit nicht aufheben. Der Sozialstaat erweist sich damit unhintergehbar eingebunden in die „Tragödie im Sittlichen"[519], die auch der freiheitsfunktionale Sozialstaat als „sittlicher Staat" im Hegelschen Sinne nicht in eine Komödie verwandeln kann.

5. Aporien II: Freiheitsbefähigung und Freiheitsbedrohung: die paternalistische Seite des Sozialstaates

Kein Sozialstaat ohne Aporien, kein Sozialstaat ohne nichtintendierte Folgeeffekte und Risiken seiner selbst – so lautet die Quintessenz der vorstehenden hegelianischen Rekonstruktion des Sozialstaates. Auch ein freiheitsfunktionales Sozialstaatsverständnis hat deshalb mit den Grenzen seiner selbst zu rechnen. Auch ein freiheitsfunktionales Sozialstaatsverständnis kennt blinde Flekken. Diese Erkenntnis stellt das Modell jedoch nicht grundlegend in Frage. Denn auch der Verzicht auf eine sich um Kohärenz zumindest bemühende normative Sozialstaatskonzeption enthebt uns nicht des Aporieproblems. Die in der Einleitung skizzierte Problemanzeige gegenüber dem pragmatischen Sozialstaatsverständnis hat dies hinreichend gezeigt. Jedwede Sozialstaatskonzeption, aber auch der Verzicht auf eine solche, kennt also notwendig abgeschattete Risiken ihrer selbst. Das freiheitsfunktionale Sozialstaatsmodell aber ist unter diesen Umständen dasjenige, das die hierdurch aufgeworfenen Probleme durch Figuren normativer Reflexivität zumindest bis zu einem gewissen Punkt adäquat zu bearbeiten vermag. Diese Fähigkeit zeigt sich etwa, wenn man das paternalistische Potential des Sozialstaates betrachtet und nach der freiheitsbedrohenden Seite des Sozialstaates – auch des freiheitsfunktionalen – fragt.

---

[519] *G.W.F. Hegel*, Wissenschaftliche Behandlungsarten des Naturrechts (1803), in: ders., Jenaer Kritische Schriften II, hrsg. v. H. Brockard/H. Buchner, 1983, S. 146. Die Tragödie im Sittlichen besteht in der fortdauernden Abfolge tragischer Kollisionen zwischen individueller Selbstverwirklichung und öffentlicher Gerechtigkeit; grundlegend hierzu *C. Menke*, Tragödie im Sittlichen, 1996, insb. S. 202 ff.

a) Die Gefahr der Verselbständigung freiheitsfunktionaler Aktivitäten

Rekonstruiert man den Sozialstaat als Einrichtung, die der Herstellung von sozialen Mindestbedingungen der Freiheitsrealisation verpflichtet ist und zugleich durch den Freiheitsgrundsatz selbst limitiert wird, gewinnt man Prinzipien, von denen sich die konkrete Ausgestaltung des Sozialstaates auf der Makro-, Meso- und Mikroebene leiten lassen kann und an denen sich diese Ausgestaltung zugleich messen lassen muß. Ein freiheitsverpflichteter Sozialstaat ist genötigt, jeweils auszuweisen, weshalb und inwieweit eine sozialrechtliche Einfluß- und Maßnahme zur realen Freiheitsverwirklichung der Bürger beiträgt. Der Sozialstaat gerät so in das Fahrwasser einer komplexen Freiheitstheorie, die ihre Wurzeln im Diskurs der liberalen politischen Philosophie findet. Im Zentrum dieses Diskurses stehen die Reichweite individueller Freiheit und die Legitimation staatlicher Eingriffe in diese Freiheit. Recht verstanden gesellen sich jedoch, wie gezeigt, in freiheitsfunktionaler Perspektive staatliche Flankierungen zur Schaffung freiheitsförderlicher Lebensbedingungen hinzu.

Allerdings läuft der freiheitsfunktionale Sozialstaat stets Gefahr, daß sich in ihm die freiheitsergänzende Funktion verselbständigt.[520] Wenn der Staat Verantwortung für soziale Mindestbedingungen trägt, in denen autonomes Leben überhaupt erst möglich ist, wenn der Staat also in diesem Sinne positive Freiheitspflege betreibt, ist der Weg zu einem sozialstaatlichen Paternalismus, in dem der Staat besser als die Bürger zu wissen meint, wie sie ihre Freiheit auszuüben haben, nicht allzu weit.[521] Freiheitsförderung kann schnell in Freiheitsbedrohung umkippen.[522]

An mehreren Stellen dieser Arbeit wurde bereits das paternalistische Potential des Sozialstaates angesprochen. Für eine freiheitsfunktionale Verfassungstheorie des Sozialstaates scheint es jedoch geboten, das Paternalismusproblem an dieser Stelle noch einmal etwas genauer zu beleuchten, gilt es doch darzulegen, warum das paternalistische Potential des Sozialstaates dessen normative Grundierung durch den Gedanken der Freiheitsbefähigung nicht durchgreifend in Frage stellt.[523]

---

520 Jürgen Habermas spricht insoweit von einer „dilemmatischen Struktur", die dem Verrechtlichungstypus des sozialen und demokratischen Rechtsstaates eigen ist, *J. Habermas*, Theorie des kommunikativen Handelns, Bd. 2, 1988, S. 534. Dieser Diagnose läßt sich auch zustimmen, wenn man die kapitalismuskritische Frontstellung, die Habermas in der Theorie des kommunikativen Handelns einnimmt, hinter sich läßt. Zu den späteren Versuchen Habermas', diese dilemmatische Struktur durch Prozeduralisierung zu überwinden infra C.VII.2.c.bb.

521 Nachdrückliche Warnungen hiervor etwa, mit unterschiedlichen Akzenten bei *J. Habermas*, Theorie des kommunikativen Handelns, Bd. 2, 1988, S. 510 ff.; *ders.*, Faktizität und Geltung, 1992, S. 468 ff.; *C. Enders*, Sozialstaatlichkeit im Spannungsfeld von Eigenverantwortung und Fürsorge, in: VVDStRL 64 (2005), S. 7 (17 ff.).

522 Cf. *I. Berlin*, Zwei Freiheitsbegriffe, in: ders., Freiheit, 1995, S. 197 (211 ff.).

523 Der folgende Abschnitt folgt meinen Überlegungen in *H. M. Heinig*, Paternalismus

b) Zum Begriff des Paternalismus

Wer den Sozialstaat als paternalistisch bezeichnet, kann damit zunächst zweierlei meinen. Er kann einen in der Sozialphilosophie im Anschluß an *John Stuart Mill* klar profilierten Begriff verwenden; Paternalismus ist demnach, verkürzt gesagt, die unmittelbare Einschränkung der Freiheit einer Person im Interesse dieser Person (also gerade nicht im Interesse Dritter oder der Allgemeinheit). Wer von einem paternalistischen Sozialstaat spricht, kann aber auch auf das metaphorische Potential des Wortes abzielen und den Wohlfahrtsstaat insgesamt als eine Einrichtung bewerten, die nicht, wie vom freiheitsfunktionalen Ideal her zu verlangen, individuelle Selbstbestimmung stärkt, sondern zu bürokratischer Fremdbestimmung führt.

aa) Vater Staat: legitimatorisches und herrschaftskritisches Potential einer Metapher

Dabei ist das mit dem Paternalismusbegriff eingespielte Vaterbild keineswegs ausschließlich pejorativ besetzt. Der Paternalismusbegriff eröffnet vielmehr einen breiten Assoziationsraum. Schließlich eignet der Umschreibung staatlichen als väterlichen Handelns ein signifikantes und bis heute wirkmächtiges mythotheologisches Potential,[524] das seinen Grund in der Verschiebung ursprünglich Gottvater *zugeschriebener Eigenschaften* (Gott als gleichermaßen gerecht und streng; sorgend und liebend; strafend und omnipotent) auf die säkulare Hoheitsgewalt findet. Der obrigkeitliche Wohlfahrtsstaat fand in der Vatermetapher und dem damit verbundenen Sekuritätsversprechen und Sorgerecht ein veritables Moment der Legitimierung seiner Herrschaftsansprüche. Heilstheologische Anklänge lassen sich dabei von den Ursprüngen der Policeykonzeption bis zur kontingenznegierenden Politrhetorik der modernen Sozialpolitik („Die Rente ist sicher") ausmachen. Gleichwohl ist der Paternalismusbegriff, im weiteren Sinne verstanden, überwiegend negativ besetzt. Der paternalistische Staat entmündigt seine Bürger und behandelt sie wie kleine Kinder. Mit der Selbstbeschreibung des Wohlfahrtsstaates als sorgendem Vater wird diese Rollenverteilung auf Dauer gestellt. Der Idee nach ist staatliche Ordnung eben nicht auf Wandel, sondern auf Stabilität der Herrschaftsform angelegt. Damit aber fehlt es im „familiären" Zusammenspiel von Vater Staat und den Bürgerskindern an einem intergenerativen Biozyklus. Pubertät und Auszug aus dem gemeinsamen Haus finden nicht statt; der Zögling wird kleingehalten. *Alexis de Tocqueville*

---

im Sozialstaat, in: M. Anderheiden u.a. (Hrsg.), Paternalismus und Recht, 2006, S. 157 (164 ff.).

[524] Hierzu instruktiv *J. von Soosten*, Neubau der Sittlichkeit, in: P. Bahr/H. M. Heinig (Hrsg.), Menschenwürde in der säkularen Verfassungsordnung, 2006, S. 297 ff. mit weit. Nachw.

hat dieses Problem des wohlfahrtsstaatlichen Paternalismus sehr hellsichtig beschrieben:

> „Ich will entwerfen, unter welchen neuen Zügen der Despotismus sich in der Welt einstellen könnte: Ich sehe eine unübersehbare Menge ähnlicher und gleicher Menschen, die sich rastlos um sich selbst drehen, um sich kleine und gewöhnliche Freuden zu verschaffen, die ihr Herz ausfüllen. ... Über diesen Bürgern erhebt sich eine gewaltige Vormundschaftsgewalt, die es allein übernimmt, ihr Behagen sicherzustellen und über ihr Schicksal zu wachen. Sie ist absolut, ins einzelne gehend, pünktlich, vorausschauend und milde. Sie würde der väterlichen Gewalt gleichen, hätte sie – wie diese – die Vorbereitung der Menschen auf das Mannesalter zum Ziel; sie sucht aber, im Gegenteil, die Menschen unwiderruflich in der Kindheit festzuhalten; sie freut sich, wenn es den Bürgern gut geht, vorausgesetzt, daß diese ausschließlich an ihr Wohlergehen denken. Sie arbeitet gern für ihr Glück; aber sie will allein daran arbeiten und allein darüber entscheiden; sie sorgt für ihre Vergnügungen, führt ihre wichtigsten Geschäfte, leitet ihre gewerblichen Unternehmungen, regelt ihre Erbfolge und teilt ihren Nachlaß; könnte sie ihnen nicht vollends die Sorge, zu denken, abnehmen und die Mühe, zu leben?“[525]

In diesem pauschalen Sinne wird der mit der staatlich organisierten Fremdsorge einhergehenden Wohlfahrtsbürokratie immer wieder vorgeworfen, im vermeintlichen Interesse der Hilfeempfänger diese in Abhängigkeitsverhältnisse zu verstricken, von Eigeninitiative zu entwöhnen, zu apathisieren und zu bevormunden.[526] Solche nichtintendierten Folgeeffekte des Sozialstaates könnte man als eine erste Schicht von sozialstaatlichem Paternalismus bezeichnen. Sie lassen sich aus unterschiedlichen Weltbildern heraus formulieren.[527] In konservativen und neoliberalen Argumentationsmustern führt der Paternalismusvorwurf zur Forderung nach einem Rückbau des Wohlfahrtsstaates zugunsten individueller Selbst- oder traditionaler Kollektivsorge; in einer sich progressiv gebenden Sozialstaatskritik verbindet sich der Paternalismusvorwurf mit einer im Gestus der Entlarvung daherkommenden Analyse der sozialdisziplinierenden Momente und der Bürokratisierung und Verrechtlichung sozialer Hilfe. Sie resultiert in der Forderung nach einem anderen Sozialstaat, der im Zweifel nicht weniger extensiv, sondern in der sozialen und normativen Dichte deutlich intensiver angelegt ist.

Ernsthaft bestreiten lassen sich solche paternalistischen Wirkungen nicht, wenn auch ihr Ausmaß recht unterschiedlich bewertet wird. Ebenso unterscheiden sich die Rückschlüsse auf die Legitimität wohlfahrtsstaatlicher Maßnahmen.

---

525 *A. de Tocqueville*, Über die Demokratie in Amerika (1835/1840), hrsg. v. J. P. Mayer, 1985, S. 343.

526 Cf. etwa mit unterschiedlichem Subtext *H.-M. Sass*, Zielkonflikte im Wohlfahrtsstaat, in: C. Sachße/H. T. Engelhardt (Hrsg.), Sicherheit und Freiheit, 1990, S. 71 ff.; *J. Habermas*, Die Krise des Wohlfahrtsstaates und die Erschöpfung utopischer Energien (1985), in: ders., Die neue Unübersichtlichkeit, 1985, S. 141 (150 ff.); zum Problem auch *A. Margalit*, Politik der Würde, 2. Aufl. 1997, S. 258 f., 271 ff.

527 Im Überblick *G. Frankenberg*, Die Verfassung der Republik, 1997, S. 168 ff.

Die Urväter des Liberalismus etwa wandten sich gerade gegen diese paternalistische Seite des Wohlfahrtsstaates, indem sie die „Grenzen der Autorität der Gesellschaft über das Individuum" zu bestimmen suchten[528] und den despotischen Charakter paternalistischer Wohlfahrtspolitik anprangerten (*I. Kant*, *W. von Humboldt*).[529] Libertäre Kritiker des Sozialstaates knüpfen hieran erneut an und fordern einen weitreichenden Rückbau der sozialstaatlichen Strukturen. Die Argumentation zur Begründung des Sozialstaates scheint sich damit im Kreis zu drehen: der Entwurf eines freiheitsfunktionalen Sozialstaates reagiert auf die oben ausgemachten Defizite einer rein negativen Freiheitsbestimmung, indem er die Bedeutung von Realisierungsbedingungen der Freiheit herausstreicht. Er endet aber doch in dem Eingeständnis, daß mit jeder sozialstaatlichen Aktivität des Staates zugleich Gefahren eines Freiheitsverlustes einhergehen. Der Sozialstaat steht in einem klassischen Dilemma, indem er seine eigene freiheitsfunktionale Leistungsbilanz immer wieder zu gefährden droht. Gleichwohl führt kein Weg zurück. Die Lösung kann nicht darin liegen, den freiheitsfunktionalen Ansatz gleich ganz zu verwerfen und wieder zu einem altliberalen Freiheitsverständnis zurückzukehren. Denn so bliebe der blinde Fleck des negativen Freiheitsverständnisses unbearbeitet. Verfassungstheoretisch ist diese Ausflucht zudem durch Art. 20 Abs. 1 GG versperrt. Die Negation des Sozialstaates kann deshalb keine sinnvolle Antwort auf die für die vorliegende Arbeit erkenntnisleitende Frage nach einem normativen Kern des Sozialstaates sein.

Jeder Versuch, das normative Grundanliegen des Sozialstaates zu rekonstruieren, wird also nicht um die Einsicht herumkommen, daß ein bestimmtes Maß an Widersprüchlichkeit im Sozialstaat unhintergehbar auf Dauer gestellt ist. *Niklas Luhmann* hat diesen Befund auf seine Weise kongenial dargelegt (cf. supra B.III.2.a.). Doch schon Hegel wußte, wie gesehen, um die Grenzen der im Sozialstaat konkretisierbaren Freiheit (cf. supra C.VI.4.). Nur im Idealfall führt die Dynamik des Sozialstaates zu der von dialektischen Theorien unterstellten Bildung von Synthesen. Der Sozialstaat ist eben aporieanfällig. Deshalb gibt es keine einfachen Strategien, die vom Sozialstaat bearbeiteten alten und *dabei* von ihm erzeugten Dilemmata aufzulösen.[530]

---

528 *J. S. Mill*, On Liberty (1859), 1985.

529 Cf. supra C.I.1./C.VI.1; *T. Gutmann*, Paternalismus – eine Tradition deutschen Rechtsdenkens?, in: Zeitschrift der Savigny-Stiftung für Rechtsgeschichte. Germ. Abt. 122 (2005), 150ff.

530 Cf. *M. Pirsching*, Bilder des Wohlfahrtsstaates, 1996, S. 307, der die „Vertracktheit der Beziehungen zwischen Freiheit und Wohlfahrtsstaat" in vier Merksätzen zusammenfaßt, die sich widersprechen und doch alle vier richtig sind: „Höhere Wohlfahrtsniveaus fördern die Freiheit. ... Ein höheres Freiheitsniveau in einer Gesellschaft hat höhere Wohlfahrtsausgaben zur Folge. ... Höhere Sozialleistungen vermindern die Freiheit. ... Ein geringeres Freiheitsniveau führt zu höheren Sozialausgaben."

Auch mit einem freiheitsfunktional verstandenen Sozialstaat bleibt mithin ein gewisses Maß an sozialstaatlichem Paternalismus verbunden. Er bleibt als Bedingung von Freiheit zugleich eine Bedrohung für Freiheit, also ein Ambivalenzphänomen.[531] Allerdings läßt sich der paternalistische Effekt des Sozialstaates auf zwei Wegen auch bis zu einem gewissen Maße einhegen: durch die demokratische Artikulation politischer Präferenzen der Begünstigten (und der als Zahler Betroffenen) bei der Ausgestaltung des vom Sozialstaat erzeugten Spannungsverhältnisses zwischen individueller Freiheit und individueller Freiheitsbefähigung (hierzu sogleich noch näher) sowie durch ein reflexives Verständnis der Freiheitsfunktionalität, d.h. einer permanenten Rückbindung der rechtlichen Praxis des freiheitsfunktionalen Sozialstaates an seine eigenen normativen Ideale. Im Zentrum einer solchen *in der recht verstandenen freiheitsfunktionalen Verpflichtung schon angelegten Selbstmäßigung des freiheitsverzehrenden Potentials jeden Sozialstaates* steht die Bindung der sozialstaatlichen Leistungen an die Formen des freiheitsschützenden Rechtsstaates. Diese enge Verbindung von Sozial- und Rechtsstaatlichkeit garantiert ein Mindestmaß an Anhörungs- und Mitwirkungsrechten und sonstigen Verfahrensrechten der Betroffenen in den Sozialverwaltungsverfahren, an Selbstbestimmungsrechten (z.B. Wahl- und Wunschrechte) im Rahmen sozialstaatlicher Leistungsverwaltung, an individualschützender Bindung der Sozialverwaltung an Recht und Gesetz, an Rechtsschutz gegenüber der Sozialverwaltung, etc. Auf einige Aspekte der verfassungsrechtlichen Ausgestaltung wird unten noch weiter einzugehen sein.

bb) Paternalismus im engeren Sinne

Neben dem metaphorischen Gebrauch gibt es aber auch noch ein enges Verständnis von Paternalismus, wie wir es in der Sozialphilosophie finden. Auch in diesem strengen Sinne verstanden weist der Sozialstaat paternalistische Erscheinungen auf, die mit der hier vertretenen These seiner normativen Verpflichtung auf Freiheitsfunktionalität nicht ohne weiteres konform gehen. Der Ahnherr der Paternalismusforschung, *John Stuart Mill*, hat dieses enge Verständnis geprägt. Ihm zufolge ist eine Einmischung in Angelegenheiten eines Menschen nur legitim, um Schaden von Dritten abzuwenden. Solange hingegen nur die eigenen Belange des Individuums betroffen sind, sei dieses der Gemeinschaft gegenüber nicht für seine Handlungen verantwortlich.[532] Die zeitgenös-

---

[531] Cf. *K. Hesse*, Bemerkungen zur heutigen Problematik und Tragweite der Unterscheidung von Staat und Gesellschaft, in: DÖV 1975, 437ff.

[532] „The object of this essay is to assert one very simple principle, as entitled to govern absolutely the dealings of society with the individual in the way of compulsion and control, whether the means used be physical force in the form of legal penalties or the moral coercion of public opinion. That principle is that the sole end for which mankind are warranted, individually or collectively, in interfering with the liberty of action of any of their number is self-

sische Paternalismusdebatte knüpft nun an Mill an, indem die starke Freiheitspräsumtion übernommen und der Freiheitseingriff, der auf den Nutzen des Betroffenen, und nicht auf Rechte Dritter abstellt, unter einen besonderen Rechtfertigungszwang gestellt wird.[533] Als *paternalistisch* sind dann solche staatlichen Regelungen und Maßnahmen zu bezeichnen, die a) zum Wohl eines Bürgers oder zur Abwendung von Selbstschädigung und zwar b) gegen seinen Willen oder jedenfalls unabhängig von seinem Einverständnis getroffen werden. Kurz: es geht um den Schutz des einzelnen vor sich selbst.

c) Beispiele für paternalistische Erscheinungen des Sozialstaates

Betrachtet man vor diesem Hintergrund die im Sozialrecht festgelegte Praxis des Sozialstaates, lassen sich zumindest zwanglos zwei Formen paternalistischer Maßnahmen im Millschen Sinne identifizieren: zum einen solche mit originärem Zwangscharakter wie etwa die Sozialversicherungspflicht, zum anderen solche mit indirektem Zwangscharakter – hier wird ein bestimmtes Verhalten des Hilfebegehrenden in seinem eigenen Interesse zur Voraussetzung für die soziale Leistung gemacht. Der Verfasser hat diese Form an anderer Stelle „paternalistisches Fallmanagement" genannt.[534] So können Arbeitslosen, die

---

protection. That the only purpose for which power can be rightfully exercised over any member of a civilized community, against his will, is to prevent harm to others. His own good, either physical or moral, is not a sufficient warrant. He cannot rightfully be compelled to do or forbear because it will be better for him to do so, because it will make him happier, because, in the opinions of others, to do so would be wise or even better. These are good reasons for remonstrating with him, or reasoning with him, or persuading him, or entreating him, but not for compelling him or visiting him with any evil in case he do otherwise. To justify that, the conduct from which it is desired to deter him must be calculated to produce evil to someone else. The only part of the conduct of anyone for which he is amenable to society is that which concerns others. In the part which merely concerns himself, his independence is, of right, absolute. Over himself, over his own body and mind, the individual is sovereign." *J. S. Mill*, On Liberty (1859), 1985, S. 68. Zur Bedeutung Mills für eine sozialphilosophische Betrachtung des Paternalismus auch *R. J. Arneson*, Mill versus Paternalism, in: Ethics 90 (1980), 470 ff.; *I. Berlin*, John Stuart Mill und die Ziele des Lebens (1959), in: ders., Freiheit, 1995, S. 257 ff.; *T. Gutmann*, Paternalismus – eine Tradition deutschen Rechtsdenkens?, in: Zeitschrift der Savigny-Stiftung für Rechtsgeschichte. Germ. Abt. 122 (2005), 150 (153 ff.); *J.-C. Wolf*, Die liberale Paternalismuskritik von John Stuart Mill, in: M. Anderheiden u.a. (Hrsg.), Paternalismus und Recht, 2006, S. 55 ff. mit weit. Nachw.

[533] Cf. etwa *D. van de Veer*, Paternalistic Interventions, 1986; *R. Sartorius* (Hrsg.), Paternalism, 1983; *J. Kleinig*, Paternalism, 1983; *J. Feinberg*, Harm to Self, 1986; *G. Dworkin*, The Theory and Practice of Autonomy, 1988; *ders.*, Paternalism, in: R. Sartorius (Hrsg.), Paternalism, 1983, 19 ff.; *ders.*, Paternalism. Some Second Thoughts, ebenda, S. 105 ff.; *E. G. Valdès*, Kann Rechtspaternalismus gerechtfertigt werden?, in: Rechtstheorie 18 (1987), 273 ff.; *J.-C. Wolf*, Paternalismus, in: Studia Philosophica 49 (1990), 49 ff.; *W. Enderlein*, Rechtspaternalismus und Vertragsrecht, 1996; *K. Möller*, Paternalismus und Persönlichkeitsrecht, 2005; *M. Anderheiden*, Gemeinwohl in Republik und Union, 2006, S. 441 ff.

[534] *H. M. Heinig*, Paternalismus im Sozialstaat, in: M. Anderheiden u.a. (Hrsg.), Paternalismus und Recht, 2006, S. 157 (173).

ihren Pflichten nicht nachkommen, sich um eine Wiedereingliederung in den Arbeitsmarkt zu bemühen und etwa die Teilnahme an Qualifikationsmaßnahmen verweigern, nach dem SGB II die Hilfen zum Lebensunterhalt gekürzt werden (infra F.II.1.). Ähnlich gelagert ist die gesetzlich vorgesehene Möglichkeit, bei Suchtkranken die Grundsicherung durch Natural- statt Geldleistungen sicherzustellen, um so von weiterem Drogenmißbrauch abzuhalten (§ 20 Abs. 2 SGB II).

d) Fragen der Rechtfertigung

In einer freiheitlichen Gesellschaft sind freiheitseinschränkende Maßnahmen des Staates grundsätzlich verdächtig. Sie stehen als Eingriffe in die Freiheitssphäre des Bürgers unter Rechtfertigungszwang. Dies gilt auch bzw. gerade, wenn sie im Interesse des Betroffenen erfolgen. Die entscheidende Frage ist, ob und unter welchen Umständen dann Paternalismus gerechtfertigt werden kann.

Relativ unproblematisch erscheint eine paternalistische Intervention noch, wenn der Protektor kraft überlegenen Wissens handelt und sich darauf beschränkt, ein Wissensgefälle zwischen dem Intervenierenden und dem Betroffenen zu reduzieren. Die Autonomieeinschränkung liegt hier im retardierenden Moment, das zur Aufklärung nötig ist. Mill selbst liefert ein schönes Beispiel für diesen sog. soft paternalism: Wenn jemand über eine baufällige Brücke geht, ohne den Zustand des Bauwerks zu kennen, so darf diese Person auch mit Gewalt aufgehalten werden, um sie mit den notwendigen Informationen zu versorgen.[535] Unwissenheit erscheint hier als ein Autonomiemangel, den zu beheben sich nicht gegen die Selbstbestimmung des Individuums richtet, sondern geradezu Ausdruck dieses Selbstbestimmungsgedankens ist. Wenn der wohlverstandene, wahre Wille des Paternalisierten und sein aktueller Wille auseinanderfallen und sich durch Sachaufklärung wieder in Deckung bringen lassen, so ist das hierin zum Ausdruck kommende paternalistische Moment durch das anzunehmende Einverständnis des Betroffenen gerechtfertigt, so Mill.

Freilich lassen sich neben Wissensmängeln auch noch andere Autonomiedevianzen ausmachen, die möglicherweise paternalistische Interventionen rechtfertigen, so etwa, wenn es einer Entscheidung an der wohlverstandenen Ver-

---

[535] *J. S. Mill*, On Liberty (1859), 1985, S. 166: „If either a public officer or anyone else saw a person attempting to cross a bridge which had been ascertained to be unsafe, and there were no time to warn him of his danger, they might seize him and turn him back, without any real infringement of his liberty; for liberty consists in doing what one desires, and he does not desire to fall into the river. Nevertheless, when there is not a certainty, but only a danger of mischief, no one but the person himself can judge of the sufficiency of the motive which may prompt him to incur the risk; in this case therefore (unless he is a child, or delirious, or in some state of excitement or absorption incompatible with the full use of reflecting faculty), he ought, I conceive, to be only warned of the danger; not forcibly prevented from exposing himself to it."

nünftigkeit mangelt[536] oder sie mittelfristig die eigene Selbstbestimmung eher in Frage stellt, sie also „wirkliche Freiheit" nicht steigert, sondern vermindert.[537]

Der amerikanische Strafrechtswissenschaftler und Rechtsphilosoph *Joel Feinberg* hat gegenüber solchen Rechtfertigungsstrategien eingewandt, daß ein Zwang zu vernünftigem Verhalten dem Selbstbestimmungsgedanken gerade zuwiderlaufe. Er folgert hieraus, daß das Vernünftigkeitskriterium als Rechtfertigungstitel für paternalistisches Verhalten ungeeignet sei.[538] Abzustellen sei statt dessen auf die Freiwilligkeit bzw. Unfreiwilligkeit des Handelns. Paternalismus dürfe mangelnder Freiwilligkeit vorbauen. Ausgehend von der kontrafaktischen Annahme einer „perfectly voluntary choice" stellt Feinberg an die Freiwilligkeit um so höhere Anforderungen, je wahrscheinlicher eine Selbstschädigung und je höher das Schadensausmaß ist.[539] In Fällen des sog. harten Paternalismus, d.h. wenn keine Defizite bei der Entscheidungsfindung vorliegen, diese also freiwillig erfolgt, scheidet eine Rechtfertigung demnach per se aus.

Aus verfassungstheoretischer Sicht scheinen, wie an anderer Stelle ausführlicher dargelegt,[540] gute Gründe dafür zu streiten, ein etwas extensiveres Maß an staatlichem Paternalismus zuzulassen, als von Feinberg skizziert.

Ausgehend von dem dem modernen Verfassungsdenken zugrundeliegenden normativen Individualismus[541] kommt der Annahme der Selbstbefähigung des einzelnen zur Selbstsorge und damit der autonomen, selbstverantworteten und selbstgewählten Entscheidung

---

536 Paternalismus ist demnach gerechtfertigt, wenn ein Verhalten unvernünftig ist bzw. genauer: wenn die Einwilligung in den Paternalismus vernünftig ist. Vertreter dieses Ansatzes knüpfen in der Regel implizit oder explizit an Begründungsfiguren des Rawlsschen Liberalismus an. Menschen wissen, so das argumentative Arrangement, das sie zuweilen unwissend, irrational oder sonstwie defizitär handeln. Dieser anthropologischen Schwäche begegnen sie vernünftigerweise dadurch, dass sie unter näher definierten, autonomieschonenden Voraussetzungen paternalistischen Interventionen zustimmen. In dieser potentiellen, von der Vernunft gebotenen Zustimmung wiederum findet der Paternalismus dann seine Rechtfertigung. *J. Rawls*, Ein Theorie der Gerechtigkeit (1971), 7. Aufl. 1993, S. 281 f. und öfter; *G. Dworkin*, The Theory and Practice of Autonomy, 1988, S. 19 ff.; *D. Brock*, Paternalism and Promoting the Good, in: R. Sartorius (Hrsg.), Paternalism, 1983, S. 237 ff.; *J. G. Murphy*, Incompetence and Paternalism, ARSP 70 (1974), 465 ff.; im Überblick *D. Scoccia*, Paternalism and Respect for Autonomy, in: Ethics 100 (1990), 318 (319 ff.).

537 Für eine Rechtfertigung von Paternalismus aus dem Gedanken der Freiheitsmaximierung heraus mit unterschiedlichen Facetten *D. H. Regan*, Paternalism, Freedom, Identity, and Commitment, in: R. Sartorius (Hrsg.), Paternalism, 1983, S. 113 ff.; *J. Kleinig*, Paternalism, 1983, passim; *W. Enderlein*, Rechtspaternalismus und Vertragsrecht, 1996, S. 52 ff.

538 *J. Feinberg*, Harm to Self, 1986.

539 Cf. näher *J. Feinberg*, Harm to Self, 1986, S. 113 ff., 344 ff.; ähnlich, wenn auch mit einem schwächeren Freiwilligkeitsbegriff operierend *R. J. Arneson*, Mill versus Paternalism, in: Ethics 90 (1980), 470 ff.

540 *H. M. Heinig*, Paternalismus im Sozialstaat, in: M. Anderheiden u.a. (Hrsg.), Paternalismus und Recht, 2006, S. 157 (164 ff.).

541 Cf. supra C. Fußn. 189.

natürlich ein in höchstem Maße beachtlicher Eigenwert zu. Das Grundprinzip individueller Freiheit setzt jedem Paternalismus enge Grenzen.

So verwandelt sich eine heteronome Entscheidung nicht dadurch in eine autonome, daß sie nach dem Urteil Dritter dem Wohle des Betroffenen dienen und dessen „wirkliche“, langfristige Freiheit maximieren soll. Die von einigen Autoren vorgeschlagene Rechtfertigung paternalistischer Maßnahmen durch den Gedanken der Freiheitsoptimierung findet in dem Eigenwert der Selbstentscheidung deshalb zumindest ein belangvolles Gegengewicht. In der Kollision von formaler Freiheit (von äußeren Zwängen) mit einer materiellen Freiheit (zu „wertvollem“ Handeln) kommt um der Freiheitlichkeit der Staats- und Gesellschaftsordnung willen im staatlichen Bereich ersterer ein relativer Vorrang zu. Dieser Prima-facie-Vorrang stützt sich zudem auf philosophiegeschichtlich erprobte, schon von Mill und Kant hervorgehobene pragmatische Erwägungen wie die Gefahr des Mißbrauchs und der anthropologisch begründeten Schwierigkeiten, individuelle Wohlfahrt durch Fremdbestimmung zu fördern. Für ein freiheitsfunktionales Sozialstaatsverständnis hat dies zur Folge, daß dem Angebotscharakter grundsätzlich Vorrang vor paternalistischen Zwangsmaßnahmen zuzukommen hat.[542] Ob sich hingegen paternalistische Freiheitseingriffe durch den Sozialstaat mit dem Gedanken der Maximierung der Freiheit des Betroffenen rechtfertigen lassen, erscheint zweifelhaft. Aus der die individuelle Freiheit flankierenden Freiheitsbefähigung würde nämlich sonst unter der Hand ein Zwang zur bestmöglichen Wahrnehmung der Freiheitschancen.

Gute Gründe streiten zudem dafür, zwischen unterschiedlichen Problemkonstellationen des Paternalismus zu unterscheiden und das Rechtfertigungsschema nicht zu pauschal zuzuschneiden. Ein nachvollziehbares Argument zur Rechtfertigung von Paternalismus betrifft ungewollte Rationalitätsanomalien. Die moderne Verhaltensforschung belehrt uns darüber, daß diese kontextabhängig sind.[543] Hiermit korrespondiert, Konzeptionen legitimer Freiheitsentfaltung gleichfalls kontextsensibel auszugestalten. Das Verbot, Rauschgift zu konsumieren, ist mit einem Sozialversicherungszwang gegen die Risiken des täglichen Lebens eben nicht ohne weiteres zu vergleichen.

Das im Konkreten „richtige“ Mischverhältnis zwischen antipaternalistischer Freiheitsbewahrung und paternalistischer Freiheitssicherung ist zudem durch geschichtliche Erfahrungen, politische Traditionen und kulturelle Bewährungen geprägt. Es ist insoweit immer auch der demokratischen Selbstverständigung zugänglich. Das Prinzip der demokratischen Selbstregierung bildet dabei einen eigenen Legitimationstitel, der die Bandbreite zulässiger paternalistischer Maßnahmen graduell erweitert.[544] Deren legitime Reichweite ist aber auch davon abhängig, inwieweit man Aspekte des guten und gelungenen Lebens als einer demokratisch legitimierten Herrschaftsentscheidung zugänglich ansieht.[545] Die für den Paternalismusdiskurs besonders bedeutsamen hart cases, etwa die Frage nach der Zulässigkeit von Selbstmord, körperlicher Selbstschädigung oder freiwilliger „Entwürdigung“, in denen Fragen des guten Lebens eine Rolle spielen, sind Grenzfragen. Die Grenzverläufe entsprechen dabei auch in (hinsichtlich der institutionellen Strukturen) liberalen Gesellschaften selten der reinen Lehre liberaler politischer Philosophie. Dies kommt nicht von ungefähr. Offensichtlich besteht ein weit verbreitetes Bedürfnis,

---

542 Siehe aber zur Rechtfertigung von staatlichem Zwang in Fällen des gemischten Paternalismus sogleich.

543 *A. van Aaken*, Begrenzte Rationalität und Paternalismusgefahr, in: M. Anderheiden u.a. (Hrsg.), Paternalismus und Recht, 2006, S. 109ff.

544 *B. New*, Paternalism and Public Policy, in: Economics and Philosophy 15 (1999), 63 (75ff., insb. 81).

545 Cf. *C. Wolfe*, Liberalism and Paternalism, in: The Review of Politics 56 (1994), 615ff.

eine Art ordre public auch dann zu verteidigen, wenn unmittelbare Rechte Dritter nicht betroffen sind. Mit anderen Worten: Movens für paternalistische Maßnahmen ist häufig nicht (nur) die Sorge um den anderen, sondern auch eine flickernde Unruhe hinsichtlich der Konsequenzen von Selbstschädigungen für das allgemeine Zusammenleben. Dieser Wille zur Verteidigung bestimmter Vorstellungen von öffentlicher Ordnung kann sich auch auf das Sozialmodell erstrecken. Es scheint deshalb – folgt man einem Rawlsianischen Konstruktivismus – durchaus plausibel, daß sich Bürger im fiktiven Zustand der Unwissenheit darauf einigen würden, in begrenztem Maße hart paternalistische Regelungen zuzulassen. Solche sind der Praxis des liberalen Verfassungsstaates vertraut.[546] Doch unterscheidet sich dieser von anderen politischen Ordnungen dadurch, daß er die rechtlich-politische Durchsetzung solcher wertaffektiven Intuitionen limitiert und die paternalistischen Maßnahmen, ihre grundsätzliche Zulässigkeit einmal unterstellt, auf ihre konkrete Geeignetheit, Erforderlichkeit und Angemessenheit hin befragt.[547]

Paternalismus kann also unter bestimmten Voraussetzungen gerechtfertigt sein, wobei die nähere Charakterisierung dieser Voraussetzungen vom Freiheitsbegriff abhängt, so könnte ein kurzes Resümee der bisherigen Überlegungen lauten. Wenn man von einem Freiheitsbegriff ausgeht, der dafür offen ist, reale Freiheitsvoraussetzungen mitzureflektieren, steht man allerdings stets in der Gefahr, paternalistische Freiheitseingriffe im Interesse „optimierter" Freiheit allzu leichthängig zu rechtfertigen.[548] Dieser Gefahr kann der freiheitsfunktionale Sozialstaat nur durch eine reflexive Einhegung paternalistischer Interventionen begegnen. Diese Selbstkontrolle wird im Bereich des sozialstaatlichen Paternalismus dadurch geprägt, daß der Paternalismus hier in der Regel einen *gemischten Charakter* hat, d.h. Ziel der Intervention nicht ausschließlich das Interesse des Betroffenen ist, sondern zugleich Rechte Dritter oder sonstige Gemeinwohlbelange verfolgt werden. So dient der in der Sozialversicherung verankerte Zwang zur Vorsorge nicht nur dem Schutz vor sich selbst (genauer: vor der menschlichen Neigung zur Diskontierung der Lebenszeit), sondern auch dem Interesse der staatlich organisierten Gemeinschaft daran, etwaigem Vorsorgemangel nicht durch Fürsorgeleistungen begegnen zu müssen. Oder, um ein anderes Beispiel wieder aufzugreifen: „Paternalistisches Fallmanagement" im Fürsorgerecht sichert die Freiheitsfunktionalität staatlicher Unterstützungsleistungen (Stichwort: Fördern und Fordern). Es dient zugleich aber der Schonung finanzieller Ressourcen und verfolgt damit legitime fiskalische Interessen.[549]

---

546 *B. New*, Paternalism and Public Policy, in: Economics and Philosophy 15 (1999), 63 ff.

547 *M. Eifert*, Menschenwürde im Medienrecht, in: P. Bahr/H. M. Heinig (Hrsg.), Menschenwürde in der säkularen Verfassungsordnung, 2006, S. 321 ff.

548 *C. Enders*, Sozialstaatlichkeit im Spannungsfeld von Eigenverantwortung und Fürsorge, in: VVDStRL 64 (2005), S. 7 (27 ff.).

549 Daß das „paternalistische Fallmanagement" überhaupt einen Fall des Paternalismus darstellt, bedarf in diesem Zusammenhang allerdings einer näheren Begründung. Denn um hier von Paternalismus sprechen zu können, müßte der Zwang zum Schutz vor sich selbst innerhalb eines Transfersystems freiheitsrechtlich bewehrt sein. Für die Urväter des Liberalis-

Solche Erscheinungen des *gemischten Paternalismus* passen sich in das generelle Instrumentarium zur Bestimmung eines freiheitsadäquaten Verhältnisses von individueller Freiheit und sozialer Verpflichtung, von Erfordernissen staatlicher Interventionen und Verboten eben dieser, ein.[550] Sozialstaatlicher Paternalismus in einem engen Sinne verstanden steht deshalb unter der für den Verfassungsstaat charakteristischen Kontrolle von Freiheitseingriffen. Auch freiheitsfördernde Maßnahmen müssen eben, soweit mit ihnen paternalistischer Zwang verbunden ist, zumindest auf eine gesetzliche Grundlage zurückzuführen und verhältnismäßig sein. Hinreichend konturiert vermag die Rechtfertigungspflicht für paternalistische Maßnahmen deshalb auch den freiheitsdienlichen Charakter des Sozialstaates gegen seine Tendenz zu einem übermäßigen Freiheitsverbrauch sicherstellen.[551] Das paternalistische Potential des Sozialstaates stellt seine freiheitsfunktionale Verpflichtung deshalb nicht durchgreifend in Frage, sondern belegt im Gegenteil die Richtigkeit eines Ansatzes, in dem die Freiheitsbindung reflexiv gestellt wird. Nur der freiheitsfunktional verstandene Sozialstaat kann in diesem Sinne sein stets latentes, manchmal aber auch manifestes freiheitsbedrohendes Potential permanent selbst bändigen.

---

mus war dies alles andere als selbstverständlich. Für John Stuart Mill etwa waren Personen, die öffentliche Unterstützung erhalten, der Freiheit zum „Müßiggang" enthoben; *J. S. Mill*, On Liberty (1859), 1985, S. 167 f. Die paternalistischen Komponenten des aktivierenden Sozialstaates mit seinen Repressalien bei Nichtannahme zumutbarer Arbeit oder Verstößen gegen Eingliederungspflichten bedürfte demnach per se keiner besonderen Rechtfertigung. Dem modernen Freiheitsverständnis entspricht diese pauschale Herausnahme der Sozialtransfers aus dem Garantiebereich individueller Freiheit nicht mehr. Wenn man eine liberale Rekonstruktion des Sozialstaates zugrundelegt, nach der die Idee der Freiheit dem Sozialstaat Grund und Grenze gibt, hat dies notwendige Konsequenzen für die rechtliche Situation der Betroffenen: Die sozialstaatliche Unterstützung, als Freiheitsbefähigung verstanden, bildet kein Almosen, sondern wird in gesetzlich festgelegten sozialen Rechten gewährt, denen objektiv-rechtliche Verpflichtungen zu einem hinreichenden sozialstaatlichen Tätigwerden entsprechen. Der freiheitsrechtlichen Durchdringung des Sozialstaates entspricht es, auch die Ausgestaltung der sozialstaatlichen Förderungs- und Forderungsarrangements auf paternalistische Effekte hin in den Blick zu nehmen. Das zu fordernde Rechtfertigungsniveau dürfte dabei freilich gegenüber klassischen Freiheitseingriffen deutlich abzusenken sein. Näher *H. M. Heinig*, Paternalismus im Sozialstaat, in: M. Anderheiden u.a. (Hrsg.), Paternalismus und Recht, 2006, S. 157 (179 f.).

[550] Ausführlich *H. M. Heinig*, Paternalismus im Sozialstaat, in: M. Anderheiden u.a. (Hrsg.), Paternalismus und Recht, 2006, S. 157 (175 ff.); zum gemischten Paternalismus auch *D. VanDeVeer*, Autonomy Respecting Paternalism, in: Social Theory and Practice 6 (1980), 187 (204 f.).

[551] Kritischer *C. Enders*, Sozialstaatlichkeit im Spannungsfeld von Eigenverantwortung und Fürsorge, in: VVDStRL 64 (2005), S. 7 (37 ff.).

6. *Aporien III: Supplemente zum freiheitsfunktionalen Sozialstaatsverständnis*

Gleichwohl wird auf diese Weise das über das generelle „große Wagnis“[552] der Freiheit hinausgehende freiheitstheoretische Problem des Sozialstaates nicht völlig beherrschbar. Hieran erinnern zwei diesen Abschnitt zur Begründung eines freiheitsfunktionalen Sozialstaates abschließende, dezidiert nichtnormative theoretische Inblicknahmen des Sozialstaates, die als Supplement[553] einer liberalen Lesart des Sozialstaates herangezogen werden können, ohne erstere freilich – wegen des Mangels an Normativität – ersetzen zu können. Sie dienen im Rahmen dieser Arbeit heuristischen Zwecken, führen in ihrer Gesamtanlage aber zugleich zu einem verfassungstheoretischen Wechselspiel aus nichtnormativer Aufklärung über die Grenzen normativer Modellbildungen und normativer Aufklärung über die Unverzichtbarkeit solcher Modellbildungen (so ja die These supra B.), das sich grundsätzlich unbegrenzt weiterspinnen läßt. Aus solchen Rekursivitätsschleifen hilft dann nur der wohlbedachte Ausbruch durch Abbruch, der in dem Moment geboten ist, in dem weitergehende Erkenntnisse nicht mehr zu erwarten sind. Dies scheint mir für diese Arbeit der Fall, wenn – in der Reihenfolge (!) – a) eine normative Grundlegung des Sozialstaates erarbeitet und b) seine Paradoxien und Aporien redlicherweise benannt sind.

a) Der freiheitliche Sozialstaat als Imagination des Politischen

Ein erster Angang an eine Selbstaufklärung über die immanenten Grenzen einer freiheitstheoretischen Sozialstaatstheorie führt uns in die kulturwissenschaftlich informierte Verfassungstheorie, wie sie in den USA *Paul W. Kahn* vertritt und wie sie in Deutschland etwa von *Ulrich Haltern* betrieben wird. In dieser Perspektive bildet das Recht einen Teil unseres kulturellen Selbstverständnisses. „Das Recht (…) ist Teil des kulturellen Bedeutungs- und Symbolgewebes, in das der Mensch verstrickt ist“.[554] Im Anschluß an *Ernst Cassirer* könnte man auch sagen: das Recht bildet eine symbolische Form,[555] in der sich

---

[552] Im Sinne von *E.-W. Böckenförde*, Die Entstehung des Staates als Vorgang der Säkularisation (1967), in: ders., Recht, Staat, Freiheit, 1991, S. 92 (112).

[553] Zum Konzept des theoretischen Supplements grundlegend *G. Teubner*, Im blinden Fleck der Systeme, in: Soziale Systeme 3 (1999), 312 ff.; für Supplements zum freiheitsfunktionalen Ansatz cf. bereits *H. M. Heinig*, Paternalismus im Sozialstaat, in: M. Anderheiden u.a. (Hrsg.), Paternalismus und Recht, 2006, S. 157 (181 ff.); für den Kontext des Religionsverfassungsrechts *H. M. Heinig*, Öffentlich-rechtliche Religionsgesellschaften, 2003, S. 48 ff.

[554] *U. Haltern*, Europarecht und das Politische, 2005, S. 18; cf. a. *P. W. Kahn*, The Cultural Study of Law, 1999.

[555] Cf. *E. Cassirer*, Versuch über den Menschen (1944), 1996; *Cassirer* selbst hat das Recht als symbolische Form zwar nicht ausdrücklich in den Blick genommen, seine Untersuchung von Religion und Mythos, Sprache, Kunst, Geschichte und Wissenschaft will *Cassirer* aber nicht als abschließende Aufzählung symbolischer Formen verstanden wissen.

bestimmte Erfahrungen und Geschichte(n) in spezifischer Weise ablagern. Das Recht wird so zu einer Art „Sinnspeicher".[556] Im Recht bilden sich diskursive und konfliktiöse Austragungsprozesse über die Frage, wie wir leben, wie wir unser Zusammenleben organisieren wollen, wie wir dieses Zusammenleben verstehen und welche starken Wertungen uns dabei leiten sollen, ab. Als kulturelle Form ist das Recht damit Bestandteil des komplexen, teils hochdynamischen, teils recht statischen Geflechts menschlicher Sinnkonstruktion. Zugleich begründet die Spezifik des Rechts aber einen i.d.R. als Autonomie beschriebenen Selbststand in der modernen Gesellschaft, der dazu führt, daß sich das Recht nicht einfach auf andere Sinnformen verrechnen läßt.

Für eine kulturtheoretische Rekonstruktion des *Verfassungs*rechts liegt es nun nahe, als „Marker" für diese Dimension des Rechts auf die heikle Kategorie des „Politischen"[557] zurückzugreifen. Denn im Spannungsfeld von Verfassungsrecht und politischen Vorstellungswelten manifestiert sich ganz augenscheinlich eine durch kulturtheoretische Analysen offenlegbare wechselbezügliche Prägekraft, die einerseits der Positivierung und damit Politisierbarkeit des Rechts geschuldet ist, andererseits aber auch aus der besonderen Funktion der Verfassung in modernen Gesellschaften (strukturelle Koppelung zwischen Recht und Politik[558]) resultiert.

Das Recht läßt sich so gesehen (auch) als „Imagination des Politischen" beschreiben, als symbolische Verdichtung einer spezifisch politischen Vorstellung des Sozialen, als Repräsentation einer eigengearteten kollektiven Identität.[559] Diese kann, muß aber nicht zu einer äußersten Zuspitzung von Inklusion und Exklusion in Form der existentiellen Unterscheidung von Freund und Feind führen. Als Imagination des Politischen verstanden ist die Verfassung mehr als die Statuierung von Rechten der Bürger sowie eines institutionellen Gefüges, also mehr als ihr normativer Gehalt. Sie ist Ausdruck einer historisch gesättigten Form ultimativer Bedeutung, die sich nach Kahn und Haltern nicht nur über die beiden Zentralfiguren der liberalen Gesellschafts- und Herrschaftstheorie – Vernunft und Interessen –, sondern ebenso über den Willen konstitu-

---

[556] *U. Haltern*, Gestalt und Finalität, in: v. Bogdandy (Hrsg.), Europäisches Verfassungsrecht, 2003, S. 803 (815 ff.); *ders.*, Recht als kulturelle Existenz, in: E. Jayme (Hrsg.), Kulturelle Identität und Internationales Privatrecht, 2003, S. 15 (28 ff.).

[557] Cf. *C. Schmitt*, Der Begriff des Politischen, 3. Aufl. der Ausgabe von 1963, 1991.

[558] *N. Luhmann*, Das Recht der Gesellschaft, 1993, S. 470 f.; *ders.*, Verfassung als evolutionäre Errungenschaft, in: Rechtshistorisches Journal 6 (1990), 178 ff.

[559] *U. Haltern*, Europarecht und das Politische, 2005, S. 17 ff. und öfter; dies ist freilich nur eine Perspektive auf das Recht, die insbesondere das Verfassungsrecht betrifft. Das Recht als kulturelle Erscheinung ist aber nicht nur eine Imagination des Politischen; es prägt als Zivil- und Handelsrecht etwa auch unsere Vorstellungen des institutionell-ideellen Komplexes, den man gemeinhin als Ökonomie bezeichnet, und wird umgekehrt von diesem geprägt. Grundlegend zum Imaginationsbegriff in diesem Zshg. *B. Andersen*, Die Erfindung der Nation (1983), 2. Aufl. 2005.

iert. Die Verbundenheit mit der politischen Ordnung wird von ihnen im Prisma unterschiedlichster Theorien des politischen Körpers und Eros denn auch weniger als Rechts- denn als Liebesbeziehung verstanden.[560] Vor dem Hintergrund der Trias Wille, Liebe und ultimative Bedeutung streicht Kahn heraus, daß die eigentlich entscheidende Kategorie des Politischen – zumindest aus US-amerikanischer Sicht – das *Opfer* ist: „No theory of the political is adequate if it fails to confront and explain the phenomena of sacrifice and killing."[561]

Betrachtet man Kahns Rekonstruktion der US-amerikanischen Imagination des Politischen, liegt es in gewisser Weise nahe, im deutschen – vielleicht kann

---

[560] *P. W. Kahn*, Putting Liberalism in its Place, 2005, S. 228.

[561] *P. W. Kahn*, Putting Liberalism in its Place, 2005, S. 230 f. Wegen des permanent durchscheinenden latenten (häufig auch manifesten) Schmittianismus hat *Ulrich Halterns* Übersetzung des Kahnschen Ansatzes in den Kontext des Europarechts in Deutschland viel Widerspruch erfahren; cf. etwa *C. Schönberger*, Besprechung U. Haltern, Was bedeutet Souveränität?, 2007, in: JZ 2007, 628. M.E. sprechen jedoch gute Gründe dafür, das Potential des Politischen zur äußersten Zuspitzung nicht zu negieren und zu ignorieren, sondern auf seine Ursache und Wirkung hin zu befragen; normativ gilt es dann, dieses Potential – etwa durch die Begründung eines bestimmten Ensembles demokratischer Verfahrensregeln – einzuhegen. Ohne eine realistische Vorstellung vom Politischen allerdings dürften die normativen Postulate, die die destruktiven Kräfte des Politischen zu neutralisieren suchen, schon wegen ihrer systematischen Fehlstellungen ihr Ziel notwendig verfehlen. Von einer so begründeten Offenheit für das Grundanliegen ausgehend wurde eine konstruktive Kritik des Ansatzes von Kahn und Haltern in *H. M. Heinig*, Offene Staatlichkeit oder Abschied vom Staat?, in: Philosophische Rundschau 52 (2005), 191 (209 ff.) formuliert. So fehlt es bei ihnen an einer Inblicknahme der Differenzen zwischen unterschiedlichen Imaginationen des Politischen. Kahn und Haltern sind in ihrer polemischen Frontstellung gegen den politischen Liberalismus gefangen, so daß sie permanent Gefahr laufen, so verstanden zu werden, als ob sie den normativen Kern des Liberalismus verabschieden wollen. Um die Anmutung des Freiheitsversprechens als Kernstück modernen Verfassungsdenkens herausstreichen zu können, wäre deshalb zwischen totalitären und freiheitlich geprägten Imaginationen des Politischen zu unterscheiden. So käme in den Blick, dass nicht nur die Bewahrung des Opfers im zur Verfassung geronnenen Mythos, sondern auch eine politische Ästhetik der Sachlichkeit auf eigentümliche Weise Bindungskräfte evozieren kann, wie die Debatte um den deutschen „Verfassungspatriotismus" (als dezidiert affektive Einstellung) gezeigt hat. Im Anschluss an ein Verständnis des Rechts als Imaginationsform des Politischen wäre dann zu eruieren, welche kulturellen Begleitumstände eine auf Freiheit, Gleichheit und Demokratie zielende Imagination befördern. In diesem Zusammenhang wären etwa religiöse Gelingensbilder der jüdisch-christlichen Tradition wie die Exoduserzählung und die Überwindung des Opfers im Bundesmodell, aber auch historische Erfahrungen des Scheiterns wie der jakobinische Terror in Frankreich und das Erlebnis kollektiver Scham (wie in Deutschland durch den Holocaust veranlaßt) näher zu betrachten. Folgt man dem grundsätzlichen Anliegen, die Purifizierung der politischen Theorie von allen Momenten sinnlich-symbolischer Repräsentation der Verheißung auf Freiheit und Gleichheit im Raum des Politischen hinter sich zu lassen, dürfte eine Konzeption politischer Theorie, die im Anschluß an Ernst Cassirer das eigentümliche Oszillieren zwischen der Persistenz des politischen Mythos und legitimer Entmythologisierung in der Moderne nachvollziehen kann, interessante Forschungsperspektiven bieten. Dies verkennen die Kritiker, die auf eine substantielle Auseinandersetzung mit jedweder Form politischer Theologie aus Gründen politischer Korrektheit meinen verzichten zu können.

man auch sagen: europäischen[562] – Sozialstaatsmodell eine Art antibelligranten Gegenentwurf zum von Kahn präsentierten US-amerikanischen Selbstentwurf zu verstehen.[563] Auch im Sozialstaatsmodell sind die beiden für Kahn zentralen Momente des Politischen – *Opfer* und *Liebe* – eingezeichnet, doch sie begegnen uns auf den ersten Blick modifiziert und entdramatisiert. An die Stelle des *eros* tritt die *caritas*. An die Stelle des auf Schlachtfeldern zu entrichtenden Blutzolls tritt eine hohe, umverteilungsbedingte Steuer- und Abgabenlast.[564] Auch dieses Modell generiert eine eigene Form ultimativer Bedeutung, wie sich etwa an der Mentalitätsgeschichte Westdeutschlands zwischen 1950 und 1989 ablesen läßt.[565] Die Versöhnung von Kapital und Arbeit im rheinischen Kapitalismus und das Versprechen einer „nivellierten Mittelstandsgesellschaft"[566] wurden hier zum Identifikationspunkt eines ganzen Landes. Die Gerechtigkeits- und Fortschrittsversprechen der „sozialen Marktwirtschaft" („Wohlstand für alle!") ersetzten den durch den Nationalsozialismus diskreditierten Nationalchauvinismus im Geflecht kollektiver Identitätsbildungsprozesse. Mit dem sozialpolitischen Pazifismus nach innen korrespondierte dabei außenpolitisch das Konzept der Selbstbindung und Kooperation. Auch eine solche Imagination vermag starke Bindungen und Identifikationen mit einer bestimmten politischen Formation zu evozieren; gerade diese Imagination beschränkt sich nicht auf ein rationales Kalkül der atomisierten Interessen, sondern schöpft aus dem alteuropäischen Bilderfundus der Liebe und Nächstenliebe sowie der solidarischen Gemeinschaft, in der der einzelne aufgehoben ist.[567]

Und doch ist davor zu warnen, allzu unbekümmert einer Kontraststellung zwischen einer sozialstaatlichen, „postheroischen" deutschen und einer belligranten US-amerikanischen Imagination des Politischen das Wort zu reden.

---

[562] Hierzu etwa *Th. Blanke/J. Hoffmann*, Auf dem Weg zu einem Europäischen Sozialmodell, in: Kritische Justiz 39 (2006), 134 ff.

[563] Hierzu näher *H. M. Heinig*, Das Sozialstaatsprinzip des Grundgesetzes als Imagination des Politischen, in: StudZR 2007, 3 (7 ff.).

[564] Wobei zuzugestehen ist, daß der Opferbegriff hier nur im metaphorischen Sinne gebraucht wird; Sozialabgaben ist eine reziproke Solidaritätsstruktur eigen, gerade darin unterscheiden sie sich von der Einseitigkeit des Opfers im Sinne der Selbstlosigkeit des Sich-Opferns oder der Unfreiwilligkeit des Opferwerdens. Cf. in diesem Zshg. a. *K. Fischer*, Between sacrification and victimization, in: U. Ewald/K. Turkovic (Hrsg.), Large-Scale Victimization due to Protracted Conflicts as a Potential Source of Terrorist Activities, 2006, S. 67 ff.; *H. Münkler/K. Fischer*, „Nothing to kill or die for…", in: Leviathan 28 (2000), 343 ff.; *P. Stoellger*, Gabe und Tausch als Antinomie religiöser Kommunikation, in: K. Tanner (Hrsg.), Religion und symbolische Kommunikation, 2004, S. 185 ff.

[565] Nach Josef Isensee ersetzt der Sozialstaat in der „politischen Gemütsverfassung der Deutschen" gar den Nationalstaat; *J. Isensee*, Tabu im freiheitlichen Staat, 2003, S. 53.

[566] *H. Schelsky*, Die Bedeutung des Schichtungsbegriffs für die Analyse der gegenwärtigen deutschen Gesellschaft (1953), in: ders., Auf der Suche nach der Wirklichkeit, 1965, S. 311 ff.

[567] Zu solchen Narrativen des Sozialstaates auch *T. Meyer*, Theorie der sozialen Demokratie, 2005, S. 362 ff.

Denn hierbei käme der Sozialstaat allzu gut weg. Der Leviathan wandelt sich als Sozialstaat nicht unter der Hand zum Schoßhund, sondern behält sein genetisches Potential, zur Bestie zu mutieren. Schon die Geschichte des deutschen Sozialstaates erinnert uns stets aufs Neue an seine dunkle Seite, die mit der Schattenseite des Nationalstaates eng verbunden ist.[568] Als Stichworte seien nur die Extensionen des Sozialstaates durch den Kriegssozialismus und durch die NS-Volksstaatskonzeption (cf. supra B.I.2.e.) genannt. Auch der enge Zusammenhang von Reichsgründung und Gründung des deutschen Sozialversicherungswesens (supra B.I./III.) markiert einen Zug des Sozialstaates, der bis heute aktuell geblieben ist und in gemäßigter Form bei Wahlkämpfen unserer Tage (allzu) schnell wieder zum Schwingen gebracht werden kann:[569] Er ist ein ganz wesentliches Medium zur Evozierung und Instrumentalisierung kollektiver politischer Identität, die sich gerade jenseits von Interesse und Vernunft und damit auch jenseits der Begründungsfiguren eines freiheitsfunktionalen Sozialstaatsverständnisses aufspannt.

Das normative Modell eines freiheitsfunktionalen, der Freiheitsidee verpflichteten und von ihr limitierten Sozialstaates vermag diese ebenso kraftvolle wie zuweilen eben auch bedrohliche Dimension des Wohlfahrtsstaates *im Rahmen der Bindungswirkungen des Verfassungsrechts* zwar einhegen. Doch der dem unmittelbaren Zugriff des Verfassungsrechts entzogene Bereich des Politischen, mit *Roman Herzog* gesprochen: der Bereich des politischen Sozialstaates,[570] bleibt hiervon zunächst unberührt. Verfassungstheoretische oder gar verfassungsdogmatische Konstruktionen schlagen eben nicht ohne weiteres auf die transnormative, aber doch konstitutionalisierte Schicht der in der Verfassung zum Ausdruck gebrachten Imaginationen des Politischen durch, wenn auch Rückwirkungen auf Dauer nicht ausgeschlossen sind.

b) Sozialstaatlichkeit als Machtdispositiv

Die von einem normativ angelegten Sozialstaatsmodell tendenziell abgeblendeten Schattenseiten jedweder Form von Sozialstaatlichkeit zeigen sich auch, wenn man *Michel Foucaults* Analysen zur Einbettung des Sozialstaates in eine lange Tradition der Bio- als Bevölkerungspolitik heranzieht.[571] Sie zeigen, daß

---

568 *S. Kott*, Der Sozialstaat, in: E. François/H. Schulze (Hrsg.), Deutsche Erinnerungsorte – Eine Auswahl, 2005, S. 258 (259 ff.).

569 Anschaulich war dies zuletzt im Bundestagswahlkampf 2005 zu erleben.

570 *R. Herzog*, in: Maunz/Dürig, GG, Art. 20 VIII Rdnr. 25 (18. Lfg. 1980); cf. infra H.1.c.

571 *M. Foucault*, Leben machen und sterben lassen, in: S. Reinfeldt/R. Schwarz/M. Foucault, Bio-Macht, 1992, S. 27 ff.; zum Gesamtkomplex auch *T. Lemke*, Eine Kritik der politischen Vernunft, 1997; cf. in diesem Zusammenhang auch *G. Agamben*, Homo sacer (1995), 2002; zur Rezeption des Foucaultschen Paradigmas der Biopolitik bei Agamben siehe *E. Geulen*, Giorgio Agamben, 2005, S. 129 ff.

die von ihm sezierte „Gouvernementalität" des Sozialen[572] dem Sozialstaat vorgängig und mit seiner liberalen Einhegung auch nicht von selbst erledigt ist,[573] sondern an die überkommene „Pastoralmacht" des Staates anknüpft.[574]

Gängige Kommentierungen des Sozialstaatsprinzips betonen den radikalen Bruch des freiheitlichen Sozialstaates mit dem tradierten polizeilichen Wohlfahrtsstaat des 17. und 18. Jahrhunderts.[575] Foucaults Genealogie des Wohlfahrtsstaates zeigt hingegen, daß der moderne Sozialstaat zwar nicht normativ-programmatisch, aber doch zu einem Gutteil in Struktur und Form auf den Entwicklungen des 16. bis 19. Jahrhunderts aufruht.[576] So hat die Postulierung eines Rechts auf Gesundheit als zentrale sozialpolitische Forderung des 20. Jahrhunderts im Lichte der damit verbundenen Politisierung und Vergesellschaftung von Gesundheit, Krankheit und Körper lange zurückreichende Wurzeln bis hin zu den epistemischen Veränderungen im ausgehenden 16. Jahrhundert. Für Foucault schuf erst die Medizinierung der Gesellschaft die Kategorie des „Körpers" als Ziel staatlicher Eingriffe. Die medizinische Praxis etablierte sich im Wandel des Spitals vom Ort des Sterbens zum Ort der Heilung und mit der Etablierung der staatlichen Sozialmedizin von vornherein als Machtpraxis.[577] Foucault spricht in diesem Zusammenhang in Anlehnung an Fichtes geschlossenen Handelsstaat[578] vom „offenen Medizinalstaat".[579] Im Lichte einer politischen Ökonomie der Medizin zeigt Foucault, wie ein der (wehr)technischen Entwicklung geschuldeter, steigender Wert des Körpers die Medizinierung

---

572 Cf. *M. Foucault*, Die „Gouvernementalität" (1978), in: ders., Dits et Ecrits – Schriften Bd. 3, 2003, S. 769 ff.; *ders.*, Geschichte der Gouvernementalität, 2 Bde., 2004; a. *U. Bröckling/S. Krasmann/T. Lemke* (Hrsg.), Gouvernementalität der Gegenwart, 2000.

573 Hierzu und zum Folgenden bereits *H. M. Heinig*, Paternalismus im Sozialstaat, in: M. Anderheiden u.a. (Hrsg.), Paternalismus und Recht, 2006, S. 157 (183 f.); *ders.*, Das Sozialstaatsprinzip des Grundgesetzes als Imagination des Politischen, in: StudZR 2007, 3 (13 f.).

574 Cf. *M. Foucault*, Geschichte der Gouvernementalität Bd. 1, 2004, S. 173 ff.; näher *R. Schieder*, Die Pastoralmacht des Staates und die Notwendigkeit der Selbstsorge, in: F. Schweitzer (Hrsg.), Religion, Politik und Gewalt, 2006, S. 712 ff.

575 *R. Gröschner*, in: H. Dreier (Hrsg.), GG, Bd. 1, 2. Aufl. 2004, Art. 20 (Sozialstaat) Rdnr. 4; auf subkutane Kontinuitäten weisen hingegen *M. Stolleis*, Geschichte des Sozialrechts in Deutschland, 2003; *C. Enders*, Sozialstaatlichkeit im Spannungsfeld von Eigenverantwortung und Fürsorge, in: VVDStRL 64 (2005), S. 7 (17 ff.); *K.-P. Sommermann*, Staatsziele und Staatszielbestimmungen, 1997, S. 22; *W. Conze*, Art. Sicherheit, Schutz, in: O. Brunner/W. Conze/R. Koselleck (Hrsg.), Geschichtliche Grundbegriffe, Bd. 5, 1984, S. 831 (855 f.) hin.

576 *M. Foucault*, Die Gesundheitspolitik im 18. Jahrhundert (1976), in: ders., Dits et Ecrits – Schriften Bd. 3, 2003, S. 19 ff.; *ders.*, Die Geburt der Klinik (1963), 7. Aufl. 2005 sowie die Hinweise in den folgenden Fußnoten.

577 *M. Foucault*, Die Einbindung des Krankenhauses in die moderne Technologie (1978), in: ders., Dits et Ecrits – Schriften Bd. 3, 2003, S. 644 ff.; cf. in diesem Zshg. a. *T. Szasz*, Cruel Compassion, 1994.

578 *J. G. Fichte*, Der geschlossene Handelsstaat, 1800.

579 *M. Foucault*, Krise der Medizin oder Krise der Antimedizin (1976), in: ders., Dits et Ecrits – Schriften Bd. 3, 2003, S. 54 (71).

motiviert und wie diese mit der Disziplinierung des Individuums verzahnt ist.[580] Er verfolgt das Übergreifen der Medizin über das eigentliche Feld der Krankheit hinaus, das in Deutschland zur Etablierung einer medizinischen Polizei und Gesundheitsverwaltung als Staatsmedizin führte, in Frankreich zu einer urbanen, auf Umweltinterventionen und Infrastrukturpolitik ausgerichteten Medizin und in England zu einer Medizin der Arbeitskraft, zu einer Verzahnung von Armen- als Fürsorgemedizin, allgemeiner Gesundheitskontrolle und privater Medizin.[581]

Diese knappen Verweise mögen genügen, um zu zeigen, daß auch eine freiheitsfunktionale Sozialstaatskonzeption das dem Politischen insgesamt inhärente Potential zur freiheitstheoretischen Abgründigkeit nicht ohne weiteres los wird. Studien zur Einbindung des modernen Wohlfahrtsstaates in die Prozesse sozialer Disziplinierung zeigen dies.[582] Will man das aufklärerische Potential des liberalen Diskurses gerade gegen die freiheitsbedrohende Seite des Sozialstaates in Stellung bringen, ist man zugleich gut beraten, sich über die historische Tiefendimension der Medizinisierung der Gesellschaft, des staatlichen Zugriffs auf den Körper und des Zusammenhangs mit der Disziplinierung des Individuums aufzuklären. Dabei dürfte sich zeigen, daß das dem Freiheitsdiskurs eigene, auf das Individuum und sein Verhältnis zum Staat zugeschnittene Autonomie-/Heteronomieschema nicht hinreicht, die Dispositive sozialstaatlicher Macht und die dem Sozialstaat eigene Gouvernementalität in ihrer vollen Wirkweise zu erschließen. Zugleich freilich, und dies bildet das unhintergehbare Dilemma einer freiheitsfunktionalen Verfassungstheorie des Sozialstaates, stehen unter den Bedingungen moderner Verfassungsstaatlichkeit für eine normative Verfassungstheorie keine Alternativen hierzu zu Gebote, will man nicht, wie manche Bilderstürmer in ihrem Furor gegen das „alteuropäische Weltbild" mit seinen Kompositionselementen (wie Individuum und Person, Ichbewußtsein und normativ davon abgeleitet Freiheit als individuelle Selbstbestimmung und Demokratie als demokratische Selbstregierung, die eben eine *Herrschafts*form der Freien und Gleichen darstellt) den normativen Kern der Verfassung selbst aufgeben.

---

580 *M. Foucault*, Die Einbindung des Krankenhauses in die moderne Technologie (1978), in: ders., Dits et Ecrits – Schriften Bd. 3, 2003, S. 644 (644 ff., 650 ff.).

581 *M. Foucault*, Die Geburt der Sozialmedizin (1977), in: ders., Dits et Ecrits – Schriften Bd. 3, 2003, S. 272 ff.

582 *U. Rödel u.a.*, Sozialpolitik als soziale Kontrolle, 1978; *C. Sachße/F. Tennstedt* (Hrsg.), Soziale Sicherheit und soziale Disziplinierung, 1986.

7. Zwischenresümee

Ausgangspunkt der vorstehenden Überlegungen war die Suche nach einer kohärenten normativen Sozialstaatskonzeption, die als Grundlage einer Verfassungstheorie des Sozialstaates herangezogen werden kann. Während Sicherheit, Solidarität, Gerechtigkeit und Gleichheit als fundierende Normative jeweils keine hinreichende Basis für eine solche Verfassungstheorie bieten können, erweist sich ein freiheitsfunktionales Sozialstaatsverständnis als grundsätzlich geeignet, Grund und Grenze sozialer Aktivitäten des Staates zu markieren. In zwei Argumentationssträngen, einem eigentumstheoretischen und einem autonomietheoretischen wurde dies vorstehend näher erläutert. Am Beispiel des Paternalismusproblems wurde zudem dargelegt, wie ein reflexiv-freiheitsfunktionales Sozialstaatsdenken bestimmte Aporien des Wohlfahrtstaates einhegen kann.

Gleichwohl wird auch ein liberales Sozialstaatsmodell die mit dem modernen Sozialstaat in jedweder normativen Grundierung verbundenen Paradoxien, normativen Selbstwidersprüche und praktischen Unzulänglichkeiten[583] nicht völlig los. Auch hängt die normative Rekonstruktion des Sozialstaates über den Weg der Erinnerung an Klassiker der politischen Philosophie in ihrer theorieimmanenten Validität an deren epistemischen Stand – und dieser wird unter postmodernen Bedingungen von nicht wenigen als unzureichend betrachtet. Gerade solche Bruchkanten sind nun für eine theoretische Annäherung an den Sozialstaat faszinierend. Zugleich aber können sie kaum befriedigend in eine Ultrakomplexitäten bewußt meidende normative Theorie eingefangen werden. Diese Insuffizienz jedweder normativen Verfassungstheorie ist der Preis, der für eine programmatisch normative Rekonstruktion der verfassungsrechtlichen Verankerung des sozialen Staates zu zahlen ist. Art. 20 Abs. 1 GG bringt zum Ausdruck, daß er verfassungspolitisch gewollt ist. Er ist verfassungsfest gestellt. Für eine Verfassungstheorie scheiden drei Optionen deshalb von vornherein aus: seine rechtsstaatlich-abwehrrechtlich befeuerte Petitisierung,[584] die emanzipativ oder sozialtechnologisch aufgeklärt sich gebende Forderung nach seiner Überwindung durch neue Formen gesellschaftlicher Selbstorganisation[585] sowie schließlich ein Sichgenügen mit deskriptiv-analytischen Zugängen zu den Problemzonen des Sozialstaates in Theorie und Praxis.[586]

---

[583] *T. Blanke*, Paradoxien und Zukunft des deutschen Sozialstaats, in: S. Blasche/D. Döring (Hrsg.), Sozialpolitik und Gerechtigkeit, 1998, S. 172 ff.; siehe auch *K.-H. Ladeur*, Risiko Sozialstaat, in: Der Staat 47 (2007), 61 (80 ff.).

[584] So tendenziell *H. Sodan*, Die Zukunft der sozialen Sicherungssysteme, in: VVDStRL 64 (2005), S. 144 ff.

[585] *G. Frankenberg*, Die Verfassung der Republik, 1997, S. 150 ff.

[586] Neigungen hierzu bei *P. Zumbansen*, Ordnungsmuster im modernen Wohlfahrtsstaat, 2000.

VII. Demokratisch-partizipative Sozialstaatsbegründungen – zwischen Freiheitsfunktionalität und rousseauistischem Überschwang

Wenn man den Sozialstaat des Grundgesetzes normativ freiheitsfunktional versteht, beschränkt sich die sozialstaatliche Funktion der Autonomiesicherung selbstredend nicht auf den Bereich des Privaten. Stimmt die eingangs formulierte These (cf. supra A.V.3.), daß das Grundgesetz individuelle Selbstbestimmung und demokratische Selbstregierung als zwei grundsätzlich gleichberechtigte Modi verfassungsstaatlicher Autonomiesicherung vorsieht, dann gewinnt der freiheitsfunktionale Sozialstaat automatisch auch eine öffentliche Dimension. Denn der Sozialstaat ist so eingelassen in den Wechselbezug von privater und öffentlicher Autonomie.[587] Soziale Autonomie wurde oben (supra C.VI.3.) näher bestimmt als Grundlagenbegriff, auf dem weitere Auffächerungen des Selbstbestimmungsgedankens aufruhen, so etwa moralische, wirtschaftliche und politische Autonomie. Diese sind als Teil sozialer Autonomie gleich ursprünglich. Das Grundgesetz bringt diese Gleichwertig- und Gleichrangigkeit etwa dadurch zum Ausdruck, daß es politische Teilhaberechte und deren Vorfeldfreiheiten nicht in besonderer Weise nobilitiert[588] und persönliche, wirtschaftliche und politische Grundrechte in gleicher Weise, durch die Verfassungsbeschwerde, bewehrt (Art. 93 Abs. 1 Nr. 4 a GG). Wenn Autonomie im anspruchsvollen Sinne sich zugleich durch das Moment „privater“ sozialer Zweckverfolgung und öffentlicher Interessens- und Willensartikulation aufspannt, kann ein freiheitsfunktionales Sozialstaatsverständnis sich nicht auf die Sicherung der erstgenannten Freiheit beschränken. Folgt man dem Leitgedanken, daß dem Sozialstaat des Grundgesetzes die Aufgabe zukommt, soziale Mindestbedingungen autonomer Lebensführung (unter dem Primat der Selbstrealisation und dem Vorbehalt des Möglichen) zu sichern, erstreckt sich diese Aufgabe auch auf die Sphäre politischer Teilhabe. Freiheitsfunktionalität des Sozialstaates meint deshalb immer auch Demokratiefunktionalität. Anders als in Kants Rechtslehre ist Selbständigkeit im sozialen und demokratischen Rechtsstaat nicht mehr Voraussetzung für poli-

---

[587] Zu diesen beiden Ausformungen *J. Habermas*, Faktizität und Geltung, 1992, S. 112 ff.

[588] Nicht unstreitig. Das Bundesverfassungsgericht betont in Bezug auf die Kommunikationsgrundrechte deren für eine freiheitliche Demokratie schlechthin konstituierende Bedeutung (BVerfGE 7, 198 [208]; 62, 230 [247]; 76, 196 [208]). Hieraus kann jedoch nicht geschlossen werden, daß die auf die öffentlichen Angelegenheiten bezogenen Grundrechte gegenüber einer bloß privaten Grundrechtsausübung privilegiert seien; cf. *H. Schulze-Fielitz*, in: H. Dreier (Hrsg.), GG, Bd. 2, 2. Aufl. 2004, Art. 5 I, II Rdnr. 43 ff.; zum Problem auch *T. Vesting*, Soziale Geltungsansprüche in fragmentierten Öffentlichkeiten, in: AöR 122 (1997), 337 (350 ff.).

tische Partizipationsrechte,[589] sondern umgekehrt gilt, daß nicht nur aus dem menschenrechtlichen, sondern auch aus dem staatsbürgerlichen Status der politischen Gemeinschaft der Freien und Gleichen normative Pflichten auf Sicherung der Bedingungen der Ausübbarkeit mit dem Staatsbürgerstatus verbundener Rechte erwachsen.

Die verfassungstheoretisch entscheidende Frage ist nur, wie weit diese Pflichten reichen und in welches Verhältnis sie zum oben skizzierten komplexen Autonomiemodell zu setzen sind. Denn so naheliegend einerseits eine Mitverankerung des sozialen Staates in der Idee der Selbstgesetzgebung des Volkes ist, so umstritten erweist sich bei näherem Hinsehen die Konturierung des Wechselverhältnisses von Sozialstaatlichkeit, individueller Selbstbestimmung und Demokratie.

1. Demokratie und der gewollte Sozialstaat

Eine erste Abschichtung des Problems läßt sich vornehmen, indem man zwischen dem aus demokratietheoretischen Gründen *gesollten* und dem politisch *gewollten* Sozialstaat unterscheidet. Soweit die soziale Dimension des Staates Ausdruck der demokratischen Selbstregierung der Freien und Gleichen ist, bedarf sie, wie jedes andere staatliche Handeln auch, unter den Bedingungen der Volkssouveränität („*Alle* Staatsgewalt ... – Art. 20 Abs. 2 GG) einer hinreichenden demokratischen Durchformung. Die administrativ-technokratische Erfüllung bestimmter Sekuritäts- und Umverteilungsfunktionen als solche reicht insoweit nicht aus. Der demokratische Wille zum Sozialstaat kann sich eben nicht als „out-put-Legitimation“[590] artikulieren. Vielmehr ist der demokratisch gewollte Sozialstaat auf die formalisierten willensbildenden Verfahren, wie sie das Grundgesetz in Art. 20 Abs. 2 S. 2 und Art. 38 Abs. 1 GG vorsieht, angewiesen.

Als Ausdruck demokratischer Selbstgesetzgebung des Volkes verstanden, wirft der gewollte Sozialstaat die Frage nach den Grenzen demokratischer Selbstregierung im Horizont des teils gleich-, teils aber auch gegenlaufenden Prinzips individueller Selbstbestimmung auf. Dieses Problem stellt freilich kein Spezifikum des Sozialstaates dar, sondern führt zu dem ganz grundsätzlichen Problem des Wechselbezugs und der jeweiligen Grenzen von individuellen Freiheitsrechten und den der Volkssouveränität entspringenden Gestaltungs-

---

[589] *I. Kant*, Über den Gemeinspruch: Das mag in der Theorie richtig sein, taugt aber nicht für die Praxis (1793), in: Werke, hrsg. v. W. Weischedel, Bd. 6, 1998, S. 125 (150 f.); *ders.*, Metaphysische Anfangsgründe der Rechtslehre (1797), hrsg. v. B. Ludwig, 1986, S. 131 (§ 47); zum Problemkreis auch supra C.VI.2.d.

[590] Zu dieser *C. Möllers*, Gewaltengliederung, 2005, S. 35 ff.; *H. M. Heinig*, Offene Staatlichkeit oder Abschied vom Staat?, in: Philosophische Rundschau 52 (2005), 191 (218 f.); näher infra G.III.

möglichkeiten durch die Herstellung kollektiv bindender Entscheidungen.[591] Wo diese Linien unter dem Grundgesetz im Hinblick auf den Sozialstaat zu ziehen sind, wird noch näher darzulegen sein. Für unseren Kontext festzuhalten bleibt aber, daß der demokratisch gewollte Sozialstaat per se deutlich extensiver angelegt sein kann als ein freiheitsfunktionales sozialstaatliches Minimum, das sich im Modus des Abgleichs von freiheitstheoretisch zu rekonstruierenden Rechtssphären und Rechtsbeziehungen der Individuen definiert. Dem gewollten Sozialstaat eignet demokratische Legitimität und diese bietet gemeinhin einen Eingriffstitel in Freiheitsrechte der Bürger, der über den Abgleich gleichberechtigter Freiheitssphären der Bürger, selbst wenn diese als komplexe Verwebungen negativer und positiver Freiheit bestimmt werden, hinausführt.[592]

2. Demokratie und der gesollte Sozialstaat

Deutlich schwieriger gestaltet sich hingegen die Verhältnisbestimmung von politischer Selbstbestimmung und Sozialstaatlichkeit, wenn man danach fragt, inwieweit die Demokratie nicht nur Sozialstaatlichkeit ermöglicht, sondern ihrerseits geradezu fordert.

a) Sozialstaatliche Egalisierung als Demokratieschutz?

Ein erster Ansatz führt uns zurück zur Egalisierungsdebatte. Das Wechselspiel von Demokratie und Sozialstaatlichkeit wird von einigen Autoren vor dem Horizont des Gleichbehandlungsanspruchs formuliert. In einer starken, vor allem in der Gründungsphase der Bundesrepublik formulierten Fassung des Dreiklangs von Demokratie, Sozialstaat und Gleichheit (Art. 20 Abs. 1 GG und Art. 3 Abs. 1 GG) kommt sozialstaatlicher Umverteilung dann eine geradezu demokratieschützende Funktion zu, da Demokratie eine Ähnlichkeit der Lebensverhältnisse voraussetze.[593] Ungleiche Wohlstandsverteilungen sollen demnach der Demokratie abträglich, die demokratische Staatsform auf eine gewisse Nivellierung der individuellen ökonomischen Bedingungen angewiesen sein.

Die empirische Basis für diese Annahme ist freilich denkbar dünn. Die komparatistische Analyse der Wohlfahrtswelten zeigt, daß gerade umverteilungsaverse Wohlfahrtsstaaten starke Demokratien darstellen.[594] Die These, soziale Gleichheit sei eine Voraussetzung von Demokratie, erweist sich bei genauer Betrachtung als eine materialistische Version des Schmittschen Demokratieden-

---

[591] Näher etwa *C. Möllers*, Gewaltengliederung, 2005.

[592] Rechtstechnisch gilt dies jedenfalls dann, wenn ein Grundrecht mit einem Gesetzesvorbehalt versehen ist.

[593] Cf. supra A.IV.2. zu Wolfgang Abendroth.

[594] Cf. *G. Esping-Andersen*, The Three Worlds of Welfare Capitalism, 1990.

kens, demzufolge Demokratie eben Homogenität bedeutet.[595] Sie teilt mit diesem das Manko des Antipluralismus. Gemessen an den Standards moderner Demokratietheorien ist sie schlicht unhaltbar.

b) Demokratie- oder Freiheitsbefähigung?

aa) Demokratietheoretische Nobilitierung der politische Autonomie ermöglichenden Dimension im Sozialstaat

Ein zweiter Ansatz wendet die Freiheitsfunktionalität des Sozialstaates exklusiv in das Politische. Sozialstaatlichkeit ist demnach nicht Autonomie-, sondern Partizipationsfürsorge und -vorsorge.[596] Seinen Sinn gewinnt der Sozialstaat in dieser Perspektive weder durch die Herstellung distributiver Gerechtigkeit noch durch die Sicherung eines das Private und Öffentliche umfassenden Autonomieideals, sondern durch die materielle Befähigung zur Verwirklichung der freien und gleichen Teilhabe aller Bürger an den Prozessen demokratischer Selbstverständigung, die Sicherung effektiver Partizipationschancen und Mitwirkungsmöglichkeiten in einer plural gestalteten Zivilgesellschaft.[597] In den Niederungen der sozialpolitischen Ebene münden solche Modelle, den Traum der Emanzipation von abhängiger, „entfremdeter" Arbeit fortsetzend, gemeinhin in der Forderung nach einer bedarfsunabhängigen Grundsicherung für alle, einem von den marktförmigen Reproduktionsmechanismen und ihrem Mißlingenspotential unabhängigen Bürgergeld.[598]

Ob ein solches utopisches Modell nach der Erschöpfung der wohlfahrtsstaatlichen Energie überhaupt aufrecht zu halten ist, erscheint schon aus globalökonomischen und fiskalischen Gründen fraglich. Auch wirft der unterstellte normative Nexus von Sozialstaat und Demokratie mit Blick auf die historischen Erfahrungen in Deutschland Fragen auf. Zu recht betont *Jürgen Habermas* deshalb, daß „Rechtsstaat und Sozialstaat ... im Prinzip auch ohne Demokratie möglich" sind.[599] Erinnert sei an *Götz Alys* Analyse eines durch selektive Egalität gekennzeichneten NS-„Volksstaates"[600] oder an *Bismarcks* Modell des autoritären

[595] Cf. *C. Schmitt*, Die geistesgeschichtliche Lage des heutigen Parlamentarismus (1923), 8. Aufl. 1996; *ders.*, Der Begriff des Politischen, 3. Aufl. der Ausgabe von 1963, 1991, S. 37 ff.

[596] Zum Folgenden cf. bereits *H. M. Heinig*, Zur Normativität des Sozialstaates, in: J. Bung/B. Valerius/S. Ziemann (Hrsg.), Normativität und Rechtskritik, 2007, S. 138 ff.; *ders.*, Paternalismus im Sozialstaat, in: M. Anderheiden u.a. (Hrsg.), Paternalismus und Recht, 2006, S. 157 (161 f.).

[597] Cf. *S. Lessenich/M. Möhring-Hesse*, Ein neues Leitbild für den Sozialstaat, in: S. Lessenich u.a., Den Sozialstaat neu denken, 2005, S. 87 (115 ff.); *U. Rödel/G. Frankenberg/H. Dubiel*, Die demokratische Frage, 1989, S. 187 ff.; hierzu kritisch *W. Kersting*, Kritik der Gleichheit, 2002, S. 54 ff.

[598] Näher hierzu im Überblick *M. Opielka*, Sozialpolitik, 2004, 281 ff.; *C. Butterwegge*, Krise und Zukunft des Sozialstaates, 2. Aufl. 2005, S. 295 ff.

[599] *J. Habermas*, Faktizität und Geltung, 1992, S. 104.

[600] *G. Aly*, *Hitlers* Volksstaat, 2005.

„Staats-Socialismus" (cf. supra B.I.). Diese Erfahrungen sprechen nicht per se gegen eine normative Neuorientierung des Sozialstaates hin zu einer demokratiebefähigenden Funktion, mahnen aber zumindest zu Differenzierungen.

Eine Rekonstruktion des Sozialstaates vom Telos der Demokratieermöglichung her wirft aber vor allem Fragen nach seiner moraltheoretischen Proportionalität auf. Insbesondere die angesonnene Entkoppelung von Grundsicherung und Bedarfssituationen sieht sich durchgreifenden Fragen ausgesetzt. Mit dem demokratietheoretischen Überschwang in der Deutung des Sozialstaates geht allzu schnell ein halbierter Selbstbestimmungsbegriff einher, der sich ganz auf die Sphäre des Politischen konzentriert, die Generierung des materiellen Substrats solcher Selbstbestimmung aber nicht ihrerseits an die Semantik der Autonomie rückbindet. Damit gerät das Konzept der Selbstbestimmung in eine grundsätzliche Schieflage. Der der Idee der Freiheit inhärente autonomieethische Vorrang der Selbst- vor der Fremdversorgung wird aufgehoben; zugleich reduziert die exklusive Nobilitierung des Politischen unbotmäßig das unsere politischen Basisüberzeugungen prägende Konzept eines „normativen Individualismus", das Freiheit im umfassenden Sinne als Recht zur selbstbestimmten Lebensgestaltung anhand eigener Präferenzen, Interessen und Normative versteht.[601] In der dem modernen Verfassungsstaat angemessenen autonomieethisch-demokratietheoretischen Doppelperspektive findet der Sozialstaat deshalb nicht in der Ermöglichung politischer Teilhabe seine höchste Erfüllung, sondern diese ist lediglich Ausfluß einer breiter angelegten Freiheitsfunktionalität sozialstaatlicher Aktivitäten. Kurz: Dem demokratisch-partizipativen Modell des Sozialstaates gebricht es gleichermaßen an Sinn für die ökonomischen Realitäten wie für die Bedeutung individueller Freiheit als formal zu bestimmende Freiheit eines selbstbestimmten Lebens. So berechtigt die Erinnerung daran ist, daß die Ausübung politischer Freiheiten auch von einer entsprechenden materiellen Basis abhängig ist und politische Gleichheit auch eine gewisse Gleichheit in den gesellschaftlichen „Würdedistributionen"[602] und Waffengleichheit in der politischen Auseinandersetzung verlangt,[603] so verfehlt scheint

[601] Zum normativen Individualismus cf. supra C. Fußn. 189. Zum Problem des sozialstaatlichen Schutzes einer „unpolitischen" Lebensführung auch *G. Frankenberg*, Die Verfassung der Republik, 1997, S. 203; *J. Habermas*, Faktizität und Geltung, 1992, S. 504.

[602] Reziproke Anerkennung ist deshalb stets Teil der politischen Auseinandersetzungen und doch zugleich auch diesen vorausliegend; zum Problem der Anerkennung im Kontext sozialstaatlicher Verteilungsdebatten in der Demokratie cf. näher auch *A. Honneth*, Kampf um Anerkennung, 1994; *ders./N. Fraser*, Umverteilung oder Anerkennung?, 2003; *F. Nullmeier*, Politische Theorie des Sozialstaats, 2000, S. 393 ff.; *ders.*, Anerkennung, in: C. Lessenich (Hrsg.), Wohlfahrtsstaatliche Grundbegriffe, 2003, S. 395 ff.

[603] Die direkte staatliche Parteienfinanzierung findet hierin eine wesentliche Rechtfertigung; cf. *M. Morlok*, in: H. Dreier (Hrsg.), GG, 2. Aufl. 2006, Art. 21 Rdnr. 43 f., 98 ff.; *H. M. Heinig/T. Streit*, Die direkte staatliche Parteienfinanzierung, in: Jura 2000, 393 ff. mit weit. Nachw.

es doch, den Sozialstaat ausschließlich oder vorrangig als große Apparatur zur Ermöglichung politischer Diskurse zu deuten. Das demokratietheoretisch begründete Sozialstaatsmodell ist deshalb einerseits zu eng, andererseits zu weit gefaßt. Es leidet an seinem idealistischen Überschuß, der zugleich einen unbotmäßigen Reduktionismus darstellt.

bb) Der Sozialstaat als Staatsbürgerqualifikationsmaßnahme?

Eine interessante Variante der Nobilitierung der politische Autonomie fördernden Dimension des Sozialstaates findet sich bei *Ulrich K. Preuß*. Für ihn muß eine

> „universalistische Rechtfertigung des Wohlfahrtsstaates ... bei den Qualifikationen ansetzen, die den staatsbürgerlichen Status konstituieren und als Voraussetzung dafür angesehen werden, daß die Staatsbürger auch aktiv an der Gestaltung des Gemeinwesens teilhaben und zu seinem Reichtum beitragen."[604]

Doch der Grund hierfür ist nach Preuß nicht in den Achtungsansprüchen des Individuums selbst zu suchen, sondern in den objektiven Wirkungen für das Gemeinwesen. Indirekt nimmt er ein Motiv von *Lorenz von Stein* auf, der betonte, daß die Qualität des Staates von Bildung und Entfaltungschancen jedes einzelnen Bürgers abhängen, weshalb der Staat ein Interesse an der Wohlfahrt seiner Bürger haben müsse (cf. supra B.I.2.b.). Diese Einsicht wendet Preuß in den demokratischen Verfassungsstaat. Sozialpolitik wird ihm so zu einer „Staatsbürgerqualifikationspolitik". Die Qualität politischer Prozesse sei unter der Bedingung gleicher politischer Freiheiten entscheidend von der „guten Qualität der Staatsbürger" abhängig. Der Sozialstaat rechtfertigt sich demnach normativ als Instrument zur Qualitätssicherung des Outputs des politischen Systems.

> „Nun hat die Demokratieforschung eine Vielzahl überzeugender Beweise dafür beigebracht, daß das Maß der politischen Beteiligung und damit des Beitrags zur Gestaltung des Gemeinwesens in hohem Maß von statusprägenden Qualifikationen wie Einkommen, Bildung und beruflicher Position abhängt und daß die in dieser Hinsicht am wenigsten Begünstigten auch am wenigsten von ihren Rechten Gebrauch machen. Die ungleiche Verteilung von Lebensgütern mindert m.a.W. die Qualität der staatsbürgerlichen Gütermerkmale und damit im Ergebnis auch die erreichbare Rationalität kollektiver Entscheidungen. Eine Politik des Ausgleichs der ungleichen Verteilung der der Gesellschaft verfügbaren Güter läßt sich daher als ‚Staatsbürgerqualifikationspolitik' rechtfertigen."[605]

---

[604] *U. K. Preuß*, Verfassungstheoretische Überlegungen zur normativen Begründung des Wohlfahrtsstaates, in: C. Sachße/H. T. Engelhardt (Hrsg.), Sicherheit und Freiheit, 1990, S. 106 (124).

[605] *U. K. Preuß*, Verfassungstheoretische Überlegungen zur normativen Begründung des Wohlfahrtsstaates, in: C. Sachße/H. T. Engelhardt (Hrsg.), Sicherheit und Freiheit, 1990, S. 106 (126).

Dem Staat komme deshalb kein Auftrag zur Sicherung individueller Wohlfahrt zu, wohl aber eine dem gleichen staatsbürgerlichen Status entspringende Pflicht zu wohlfahrtsstaatlichem Handeln.[606]

Verankert man den Sozialstaat in der von Preuß vorgeschlagenen Weise im Demokratieprinzip, ist die soziale Tätigkeit des Staates freilich weniger eine Frage normativer Verbindlichkeit, als vielmehr der politischen Klugheit. Denn eine „Staatsbürgerqualifikationspolitik" läßt sich vor dem Hintergrund des unkonditionierten Wahlrechts aller erwachsener Staatsbürger (Art. 38 Abs. 1, 2 GG) gerade nicht als verbindliche Verfassungsvorgabe konstruieren, sondern nur als eine Option prudentieller Ausgestaltung des Sozialstaates. Zudem begibt man sich mit der Preußschen Charakterisierung des Sozialstaates als Instrument der Qualitätssicherung politischer Prozesse auf ein abschüssiges Gleis. Die Verfassung unterstellt in der Egalität des Wahlrechts und der politischen Artikulationsgarantie (Meinungs- und Pressefreiheit, Versammlungsfreiheit, Vereinigungsfreiheit, Parteienfreiheit) – vielleicht kontrafaktisch – die gleiche Befähigung jedes Staatsangehörigen zur Teilnahme an den politischen Selbstverständigungen der Gesellschaft. Diese demokratietheoretisch wohlbegründete Unterstellung droht der Preußsche Ansatz zu unterlaufen, zumal eine wohlfahrtsstaatliche Staatsbürgerqualifikationspolitik nur eine Möglichkeit bildet, um einem empirischen Mangel der Staatsangehörigen zur Mitwirkung an den politischen Prozessen zu begegnen. Alternativ bietet sich de constitutione ferenda die Rückkehr zur kantischen Tradition der Selbständigkeit als Voraussetzung für politische Teilhabe an. Ein autonomietheoretisch ausbalanciertes Modell sozialstaatlicher Freiheitsfunktionalität vermeidet solche Fehlstellungen, indem es nicht beim qualitativen Output demokratischer Willensbildungsprozesse ansetzt (den zu messen es zudem Indikatoren bedarf, die den Bedingungen weltanschaulicher Pluralität der Bürger und Neutralität des Staates entsprechen müßten), sondern beim Individuum selbst und seinen mit dem Status als Freier und Gleicher verbundenen Rechten.

c) Modelle der Überwindung des Sozialstaates durch eine demokratietheoretische Neubegründung sozialer Rechte

aa) Zivilgesellschaftliche Überwindung des Sozialstaates: Günter Frankenberg

Während Preuß den Sozialstaat institutionell erhalten, aber normativ neu fundieren will, sucht *Günter Frankenberg* in gewisser Weise seine demokratietheoretische Überwindung durch eine nicht-funktionale Begründung sozialer Grundrechte. Frankenberg will die unterschiedlichsten Formen von Krise und

---

606 *U. K. Preuß*, Verfassungstheoretische Überlegungen zur normativen Begründung des Wohlfahrtsstaates, in: C. Sachße/H. T. Engelhardt (Hrsg.), Sicherheit und Freiheit, 1990, S. 106 (127).

Kritik des Sozialstaates mit einer Zivilisierungsstrategie, genauer: durch eine kommunitaristische Konzeption ziviler Solidarität, transzendieren. Preuß, aber auch *Jürgen Habermas*, auf den gleich noch näher einzugehen sein wird, wirft er vor, sozialen Grundrechten keinen normativen Primärwert zukommen zu lassen[607] und sich deshalb „die Solidarbeiträge, d.h. die Eingriffe in die private Autonomie anderer mit einem funktionalistischen Argument erschleichen zu wollen."[608] Sie blieben damit dem klassischen Sozialstaatsmodell verhaftet, nach dem soziale Grundrechte, anders „als Freiheitsrechte und Gleichheitsprinzipien ... nur als relativ" erscheinen, „d.h. bezüglich anderer Garantien begründete Rechte zweiter Klasse".[609] Dieses Sozialstaatsmodell aber sei zur Erzeugung zeitstabilen Gemeinsinns ungeeignet. Eine probate Alternative sucht Frankenberg in zivilgesellschaftlichen Arrangements der Solidaritätsgenerierung. Ausgangspunkt seiner Überlegungen ist hierfür die Annahme einer immer schon erfolgten Vergesellschaftung von Individuen. Private und politische Autonomie erhielten ihren Sinn immer nur aus der Interaktion mit anderen. Hieraus ließen sich gegenseitige Achtungs- und Einstandspflichten ableiten, die gleich ursprünglich zu Freiheitsrechten *und* sozialen Grundrechten führen.

> „Soziale Grundrechte erhalten damit eine gewiß anspruchsvolle, aber zugleich politisch folgenreiche Begründung. Soweit sie der grundlegenden Existenzsicherung dienen, fließen sie weder aus einem unbestimmten, an den Staat adressierten Verfassungsauftrag, noch werden soziale Leistungen von vornherein externalisiert und auf den Sozialstaat als den ‚moralischen Agenten' oder als System eines institutionalisierten Altruismus abgewälzt. Im Sinne ziviler Solidarität nehmen sich die Mitglieder einer Gesellschaft wechselseitig in die Pflicht, die zur Unterstützung und Ermächtigung aller Benachteiligten oder Hilfsbedürftigen erforderlichen Ressourcen bereitzustellen."[610]

Mit der Aufnahme in das politische Gemeinwesen erwerbe deshalb jede Person ein Anrecht auf Unterstützung, die sie zur Teilnahme am öffentlichen Leben befähige. Soziale Grundrechte sollen dabei von den Reproduktionszwängen unabhängig formuliert werden. Sie werden von Frankenberg dezidiert so konzipiert, daß sie keine autonomieethisch begründete Reaktion auf Ausfallerscheinungen und Defizite einer freien Verkehrswirtschaft darstellen, sondern sich von diesem Bezugsrahmen ganz ablösen. „Notwendige Hilfe wäre daher nicht Hilfe zur Arbeit und damit grundsätzlich immer auch abhängig von der Arbeitsbereitschaft". Ein „mit ziviler Solidarität begründetes Mindesteinkommen" wäre auch „nicht mehr an bürokratisch kontrollierte Bedürftigkeitsnachweise, sondern allein an die Zugehörigkeit zur politischen Gemeinschaft" gebunden.[611]

---

[607] *G. Frankenberg*, Die Verfassung der Republik, 1997, S. 196 ff.
[608] *G. Frankenberg*, Die Verfassung der Republik, 1997, S. 201.
[609] *G. Frankenberg*, Die Verfassung der Republik, 1997, S. 186.
[610] *G. Frankenberg*, Die Verfassung der Republik, 1997, S. 201 f.
[611] *G. Frankenberg*, Die Verfassung der Republik, 1997, S. 202 f.

Habermas, auf dessen frühere Überlegungen sich Frankenberg dezidiert beruft,[612] hält dieser Konzeption umfassender unmittelbarer bürgerlicher Einstandspflichten, die an die Stelle (oder in Ergänzung – dies bleibt unklar bei Frankenberg) der für den Sozialstaat typischen rechtsmediatisierten wechselseitigen Solidaritätsbeziehungen treten sollen, vor, „eine Wiederbelebung der *ethischen* Substanz des Gemeinwesens" anzustreben und ergänzt:

> „Ich halte dieses Konzept nicht nur für unrealistisch, sondern für problematisch, weil es dem Recht als dem einzigen Medium, über das in komplexen Gesellschaften eine ‚Solidarität mit Fremden' gesichert werden könnte, zu wenig an Integrationskraft, den vorpolitischen Bindungen informeller Gemeinschaften zu viel an universalistischem Potential zutraut. Vielleicht spiegelt sich in diesen Gewichtungen noch das Erbe des frühen Sozialismus, der mit seinem janusköpfigen Blick gleichzeitig nach vorn, in eine emanzipierte Zukunft, und zurück, in eine idealisierte Vergangenheit schaute und die sozialintegrativen Kräfte der aufgeriebenen korporativen, großfamilialen und nachbarschaftlichen Solidargemeinschaften aufheben, unter den veränderten Bedingungen einer industriellen Gesellschaft transformieren und retten wollte."[613]

Dem ist nur der Verweis auf die oben bereits skizzierten Bedenken gegen eine demokratietheoretische Exposition des Sozialstaates, die auf eine Rückbindung der Umverteilungslogik an die faktischen wie moralischen Bedingungen freiheitsgemäßer Reproduktionsprozesse verzichtet, hinzuzufügen. Die von Frankenberg postulierten zivilgesellschaftlichen (aber doch letztlich wohl mit staatlichem Zwang bewehrten) Einstandspflichten, die dezidiert auf Korrektive wie Bedarfsrelevanz oder die innere Bereitschaft, sich so helfen zu lassen, daß Hilfe entbehrlich wird, verzichtet, lassen sich auf der Grundlage eines Modells reziproker Freiheit nicht begründen. Als Verfassungstheorie des Sozialstaates ist ein solches Modell deshalb angesichts des mangelnden autonomietheoretischen Selbststands des Individuums untauglich.

bb) Demokratietheoretische Überwindung des Sozialstaates: Jürgen Habermas

Wie gesehen, lehnt Habermas den Frankenbergschen Versuch, den Sozialstaat mittels einer bürgerethischen Zivilisierung zu überwinden, strikt ab. Gleichwohl sucht auch er in den neueren rechtsphilosophischen Arbeiten, den Sozialstaat herkömmlicher Façon hinter sich zu lassen.

(a) Frühere Sozialstaatskritik. Hierzu knüpft er an seine älteren Sozialstaatsanalysen an, die vorrangig als Krisendiagnose aufgebaut waren. Ihre Prägung fanden diese durch die traditionelle marxistische Sozialstaatskritik, der das sozialreformistische Projekt wohlfahrtsstaatlicher Umverteilung stets suspekt

---

[612] *G. Frankenberg*, Die Verfassung der Republik, 1997, S. 200 mit Verweis auf *J. Habermas*, Gerechtigkeit und Solidarität, in: ders., Erläuterungen zur Diskursethik, 1991, S. 49 ff.

[613] *J. Habermas*, Replik auf Beiträge zu einem Symposion der Cardozo Law School, in: ders., Die Einbeziehung des Anderen, 1999, S. 309 (384).

war, weil sie darin ein Instrument zur Verschleierung des antagonistischen Charakters der kapitalistischen Gesellschaft sah.[614] So ist in der „Theorie des kommunikativen Handelns" zu lesen:

> „Die sozialstaatliche Massendemokratie ist ein Arrangement, welches den ins Wirtschaftssystem nach wie vor eingebauten Klassenantagonismus unter einer Bedingung unschädlich macht, nämlich der, daß die staatsinterventionistisch gehütete kapitalistische Wachstumsdynamik nicht erlahmt. Nur dann steht eine Entschädigungsmasse zur Verfügung, die nach stillschweigend konsentierten Maßstäben in ritualisierten Auseinandersetzungen verteilt und so in Konsumenten- und Klientenrollen kanalisiert werden kann, daß die Strukturen von entfremdeter Arbeit und entfremdeter Mitbestimmung keine Explosivkraft entfalten."[615]

Mit den für den Sozialstaat typischen Verrechtlichungstendenzen leiste dieser einen maßgeblichen Beitrag zur „Kolonialisierung der Lebenswelt".

> „In dem Maße, wie der Sozialstaat über die Pazifierung des unmittelbar in der Produktionssphäre auftretenden Klassenkonflikts hinausgreift und ein Netz von Klientenverhältnissen über die privaten Lebensbereiche ausbreitet, um so stärker treten die erwarteten pathologischen Nebeneffekte einer Verrechtlichung hervor, die gleichzeitig eine Bürokratisierung und Monetarisierung von Kernbereichen der Lebenswelt bedeutet. Die *dilemmatische Struktur dieses Verrechtlichungstyps* besteht darin, daß die sozialstaatlichen Verbürgungen dem Ziel der sozialen Integration dienen sollen und gleichwohl die Desintegration derjenigen Lebenszusammenhänge fördern, die durch eine rechtsförmige Sozialintervention vom handlungskoordinierenden Verständigungsmechanismus abgelöst und auf Medien wie Macht und Geld umgestellt werden."[616]

(b) Neujustierungen. Aus dem diagnostizierten Dilemma sozialstaatlicher Verrechtlichung will Habermas in seiner 1992 vorgelegten Schrift „Faktizität und Geltung" ausbrechen, indem er das Machtmedium „Recht" selbst auf den Modus der Verständigung umpolt. Er bleibt dem klassischen Sozialstaat gegenüber distanziert. Die anwachsenden staatlichen Bürokratien seien unempfindlich „gegenüber Beschränkungen der individuellen Selbstbestimmung ihrer Klienten" und gäben damit das Gegenbild zum rein formal-bürgerlichen Rechtsverständnis ab, das gegenüber der sozialen Frage blind sei.[617] In Abgrenzung sowohl vom bürgerlichen Rechtsparadigma wie vom sozialstaatlichen Paradigma will Habermas deshalb ein prozedurales Rechtsverständnis entwickeln, daß die

---

[614] Cf. *J. Habermas*, Die Krise des Wohlfahrtsstaates und die Erschöpfung utopischer Energien (1985), in: ders., Die neue Unübersichtlichkeit, 1985, S. 141 (150 ff.); *R. Geulen*, Kann man mit einer bürgerlichen Verfassung seine sozialistische Praxis legitimieren?, in: G. Stuby, Disziplinierung der Wissenschaft, 1970, S. 191 ff.; *W. Müller/C. Neusüß*, Die Sozialstaatsillusion und der Widerspruch von Lohnarbeit und Kapital, in: Sozialistische Politik 6/7 (1970), 4 ff.; im Überblick *D. Miller*, What's Left of the Welfare State, in: Social Philosophy & Policy 2003, 92 ff.

[615] *J. Habermas*, Theorie des kommunikativen Handelns, Bd. 2, 1988, S. 515.

[616] *J. Habermas*, Theorie des kommunikativen Handelns, Bd. 2, 1988, S. 534.

[617] *J. Habermas*, Faktizität und Geltung, 1992, S. 470.

Autonomie aller vom Sozialstaat Betroffenen gleichermaßen achtet und soziale Grundrechte auf eine neue Grundlage stellt.

(c) Anfrage. Hierbei tun sich freilich zwei gravierende Probleme auf, die im Folgenden zu erläutern sind: Zum einen operiert Habermas bei der Bestimmung des Status sozialer Rechte ohne Not auf der Basis einer unausgewiesenen, aber doch rekonstruierbaren starken Gleichheitspräsumtion. Seine Kritik am sozialstaatlichen Paternalismus gerät so in das Fahrwasser der egalisierenden Umverteilung, die sich zwar nunmehr nicht auf materielle Aspekte beschränkt, sondern Kommunikationschancen als Grundlage wechselseitiger Anerkennung mit einbezieht, aber doch unter einem egalitaristischen Überschuß leidet, der in der Architektur der von Habermas zugrundegelegten Autonomietheorie freilich angelegt ist. Zum anderen hängen für Habermas sämtliche theoretischen Begründungs- und praktischen Legitimationslasten des Sozialstaates an der Ausgestaltung seiner prozeduralen Dimension. Dieses Gewicht wiegt schwerer, als daß die Verfahrensarrangements des demokratischen Verfassungsstaates sie alleine tragen können.

(d) Private und öffentliche Autonomie. Habermas' Rechtsphilosophie ist im Kern eine Legitimationstheorie. Seine Ausgangsfrage lautet, wie legitime Herrschaft unter Bedingungen des nachmetaphysischen, positiven Rechts denkbar ist. Seine Antwort knüpft an Kant an: indem sich der einzelne auch als Autor und nicht nur als Adressat des Rechts verstehen kann. Mit dieser Rollenteilung verbunden sind zwei Autonomiedimensionen: die private und die öffentliche. Habermas' Pointe besteht nun darin, diese beiden Formen von Autonomie nicht dichotomisch zuzuordnen – solche Dichotomien scheinen ihm etwa in den Gegenübersetzungen von Liberalismus und Republikanismus[618] oder eben bürgerlichem und sozialstaatlichem Sozialstaatsverständnis[619] durch. Vielmehr sieht Habermas öffentliche und private Autonomie in einem Verhältnis wechselseitiger Voraussetzung, „ohne daß die Menschenrechte vor der Volkssouveränität oder diese vor jenen einen Primat beanspruchen können."[620]

Dieses Wechselverhältnis ergibt sich daraus, daß der Legitimationsmodus der Volkssouveränität auf demokratische Verfahren angewiesen ist, die bestimmten Bedingungen der Diskursivität genügen, also insbesondere politische Freiheits- und Teilhaberechte vorsehen. Menschenrechte werden so zu einer Bedingung, die die Ausübung von Volkssouveränität ermöglichen, also nicht als Beschränkung dieser begriffen werden können. Andererseits erfolgt die demokratische Selbstgesetzgebung notwendig im Medium des Rechts, setzt Recht und damit auch Rechtspersonen also voraus. Private Autonomie von Rechts-

618 *J. Habermas*, Über den internen Zusammenhang von Rechtsstaat und Demokratie (1994), in: ders., Die Einbeziehung des Anderen, 1999, S. 293 (299).

619 *J. Habermas*, Faktizität und Geltung, 1992, S. 472 ff.

620 *J. Habermas*, Über den internen Zusammenhang von Rechtsstaat und Demokratie (1994), in: ders., Die Einbeziehung des Anderen, 1999, S. 293 (301); cf. auch *ders.*, Der demokratische Rechtsstaat – eine paradoxe Verbindung widersprüchlicher Prinzipien?, in: ders., Zeit der Übergänge, 2001, S. 133 ff.

personen sei für die Idee des Rechts konstitutiv. „Mithin gäbe es ohne Grundrechte, die die private Autonomie der Bürger sichern, auch kein Medium für die rechtliche Institutionalisierung jener Bedingungen, unter denen die Bürger in ihrer Rolle als Staatsbürger von ihrer öffentlichen Autonomie Gebrauch machen können."[621]

(e) Der Status sozialer Grundrechte. Auf der Grundlage dieses Modells gleich ursprünglicher privater und öffentlicher Autonomie der Bürger rekonstruiert Habermas vier Arten von Grundrechten, die den Status von Rechtspersonen festlegen, denen er funktional ergänzend soziale Grundrechte zur Seite stellt:

> „(1) Grundrechte, die sich aus der politisch autonomen Ausgestaltung des Rechts auf das größtmögliche Maß gleicher subjektiver Handlungsfreiheiten ergeben. ... (2) Grundrechte, die sich aus der politisch autonomen Ausgestaltung des Status eines Mitgliedes in einer freiwilligen Assoziation von Rechtsgenossen ergeben; (3) Grundrechte, die sich unmittelbar aus der Einklagbarkeit von Rechten und der politisch autonomen Ausgestaltung des individuellen Rechtsschutzes ergeben. ... (4) Grundrechte auf die chancengleiche Teilnahme an Prozessen der Meinungs- und Willensbildung, worin Bürger ihre politische Autonomie ausüben und wodurch sie legitimes Recht setzen." [622]

Diese Rechte schließlich implizieren nach Habermas „(5) Grundrechte auf die Gewährung von Lebensbedingungen, die in dem Maße sozial, technisch und ökologisch gesichert sind, wie dies für eine chancengleiche Nutzung der (1) bis (4) genannten bürgerlichen Rechte unter gegebenen Verhältnissen jeweils notwendig ist."[623]

Vergleicht man dieses Modell sozialer Rechte mit der oben skizzierten autonomietheoretischen Begründung des Sozialstaates, decken sich die Überlegungen im Hinblick auf die Zielsetzung des Sozialstaates, wenn Habermas soziale Rechte in Abhängigkeit von den Freiheitsrechten definiert. Insbesondere ist ihm zuzustimmen, daß die Autonomiesicherung sich auch auf die Staatsbürgerrolle und damit auf die vierte Gruppe an Grundrechten erstreckt, ohne allerdings in dieser aufzugehen. Soziale Rechte sind auch bei Habermas in einem umfassenden Sinne freiheitsfunktional zu verstehen.[624]

(f) Das Problem der Chancengleichheit. Näher zu betrachten ist allerdings, was Habermas unter „chancengleicher Nutzung" versteht. Das hier entwickelte verfassungstheoretische Modell eines freiheitsfunktionalen Sozialstaates geht davon aus, daß die formale Egalität der Freiheit, verstanden als staatliche Eingriffe abwehrende und politische Teilhabe garantierende Grundrechte, nicht

---

621 *J. Habermas*, Über den internen Zusammenhang von Rechtsstaat und Demokratie (1994), in: ders., Die Einbeziehung des Anderen, 1999, S. 293 (301); ausführlich *J. Habermas*, Faktizität und Geltung, 1992, S. 112 ff.

622 *J. Habermas*, Faktizität und Geltung, 1992, S. 155 f.

623 *J. Habermas*, Faktizität und Geltung, 1992, S. 156.

624 Demgegenüber gerade kritisch *F. Nullmeier*, Politische Theorie des Sozialstaats, 2000, S. 382 ff.

mit demselben Rang auf freiheitsermöglichende Ansprüche übertragen werden kann, weil diese rückgebunden werden müssen an die Freiheitsrechte derjenigen, die zu ihrer Realisierung materiell beizutragen haben. Soziale Rechte sind deshalb zwar ihrerseits nichtdiskriminierend zu gewähren, in ihrer gleichheitsrechtlichen Dimension treten sie ihrerseits jedoch mit klassischen Freiheitsrechten ebensowenig in Konkurrenz wie mit politischen Teilhaberechten. Dies folgt aus ihrer freiheitsfunktionalen Bestimmung. Deshalb ist die Rede von der „Chancengleichheit", wie sie Habermas einführt, zumindest mißverständlich. Autonomietheoretisch ist nicht die *Gleichheit* der Chancen das entscheidende Argument dafür, der negativen eine ergänzende und dienende Dimension zur Seite zu stellen, sondern das in der Person und ihrem Autonomieanspruch begründete Recht auf eine *hinreichende Chance* zur Nutzung wirtschaftlicher wie politischer Autonomie. Das Merkmal des Hinreichenden wiederum läßt sich nicht unter Verweis auf den Gleichheitssatz anreichern; nicht die Egalität, sondern die Allgemeinheit oder Universalität von Achtungsansprüchen im Prozeß reziproker Anerkennung als Freie und Gleiche sind insoweit, wie gesehen, von Relevanz. Bei Habermas bleibt hingegen zunächst unklar, ob sich der Gehalt sozialer Grundrechte ungeachtet aller Abgrenzung von der sozialstaatlichen Reduktion auf distributive Gerechtigkeit nicht letztlich doch nach egalitären Prämissen bestimmt. Vordergründig schwebt ihm, dem Leitmotiv des diskurstheoretischen Rechtsparadigmas entsprechend, vor, diese Frage selbst in den Prozeß prozeduraler Rechtsetzung einzustellen. Es müsse eben

> „von Fall zu Fall entschieden werden, ob und in welchen Hinsichten für die rechtliche Gleichstellung der zugleich privat und öffentlich autonomen Bürger eine faktische Gleichstellung geboten ist. Das prozeduralistische Rechtsparadigma betont normativ genau diesen doppelten Bezug des Verhältnisses von rechtlicher und faktischer Gleichheit zu privater und öffentlicher Autonomie."[625]

Private Autonomie bringe notwendig faktische Differenzen mit sich; rechtliche Gleichheit könne deshalb nicht mit faktischer Gleichstellung zusammenfallen.

> „Andererseits widerstreiten diejenigen faktischen Ungleichheiten dem Gebot rechtlicher Gleichbehandlung, die bestimmte Personen oder Gruppen diskriminieren, indem sie die Chancen zur Nutzung gleichverteilter subjektiver Handlungsfreiheiten tatsächlich beeinträchtigen."[626]

Gleichwohl drängt sich bei Habermas' Rekonstruktion sozialer Grundrechte der Eindruck auf, daß ohne als solche ausgewiesen zu werden, letztlich doch eine starke Gleichheitspräsumtion maßgeblich ist, die zweierlei miteinander zusammenhängenden Umständen geschuldet ist: Es fehlt bei Habermas an einer hinreichenden Rangunterscheidung in der Egalität der vier Freiheitsgrundrechte und den diesen dienenden sozialen Grundrechten; dies wiederum liegt

---

[625] *J. Habermas*, Faktizität und Geltung, 1992, S. 500.
[626] *J. Habermas*, Faktizität und Geltung, 1992, S. 501.

darin begründet, daß er das Verhältnis von Geben und Nehmen, das mit sozialen Rechten zwangsweise verbunden ist, nicht noch einmal autonomietheoretisch durchdekliniert, sondern auf den Prozeß der Prozeduralisierung verweist. Die Frontstellung von bürgerlichem und sozialstaatlichem Rechtsparadigma versucht Habermas somit zu überwinden, indem er ihre entscheidende Streitfrage vordergründig ungeklärt läßt.

An anderer Stelle wird Habermas insoweit jedoch deutlicher: Wer die mit sozialen Rechten verbundene Umverteilung als Einschränkung der Autonomie des einen zugunsten des anderen versteht, sei einem Denken verhaftet, das von einem „Nullsummenspiel privater Freiheiten" ausgeht. Seinem intersubjektivistischen Ansatz sei hingegen ganz ursprünglich eingezeichnet, daß nur diejenigen Regelungen legitim sind,

> „die Gleiches gleich und Ungleiches ungleich behandeln, also auch *gleiche* subjektive Freiheiten effektiv sichern; und solche legitimen Regelungen sind nur zu erwarten, wenn die Bürger von ihren kommunikativen Freiheiten gemeinsam in der Weise Gebrauch machen, daß alle Stimmen die gleiche Chance haben, Gehör zu finden."[627]

Hier zeigen sich nochmals die zwei Probleme, die mit Habermas' sozialstaatskritischer Rekonstruktion sozialer Grundrechte verbunden sind:

Zum einen geht er wohl doch von einer als solche nicht offengelegten egalitaristischen Agenda aus, die in seiner autonomietheoretischen Fundierung sozialer Grundrechte keinen hinreichenden Anhalt findet. Die formale Dimension gleicher Grundrechte wird mit der grundrechtsdienenden Funktion sozialer Grundrechte über die Figur der Chancengleichheit kurzgeschlossen, gerade weil die Wechselwirkungen von Nehmen und Geben unbeachtet bleiben. Ein möglicher Grund für diese Fehlstellung in der Theorieanlage könnte sein, daß die Diagnose der Gleichursprünglichkeit der privaten und öffentlichen Autonomie intuitiv dazu verleitet, angesichts der die politischen Teilhaberechte charakterisierenden strengen Egalität den in der privaten Autonomie selbst angelegten Bedarf nach einem begrenzenden Korrektiv für sozialstaatliche Interventionen aus dem Blick zu verlieren. Dieses einer autonomietheoretischen Sozialstaatsbegründung selbst inhärente Gebot einer Limitierung sozialstaatlicher Umverteilung ist aber autonomietheoretisch konstitutiver Natur, läßt sich also nicht einfach prozeduralisieren.

Zum anderen offenbart sich in dem Versuch Habermas', die Frontstellung zwischen bürgerlichem und sozialstaatlichem Rechtsparadigma durch Prozeduralisierung aufzulösen, wie die Leistungsfähigkeit der Prozedere demokratischer Selbstverständigung tendenziell überschätzt wird. Im Hinblick auf die Spannungen, Paradoxien und Aporien, die dem Sozialstaat inhärent sind, verspricht die Diskurstheorie des Rechts geradezu alchemistische Fähigkeiten, wenn durch eine

---

[627] *J. Habermas*, Replik auf Beiträge zu einem Symposion der Cardozo Law School, in: ders., Die Einbeziehung des Anderen, 1999, S. 309 (385) – Hervorhebung nur hier.

intersubjektive Neubestimmung sozialer Grundrechte das „Nullsummenspiel" von Geben und Nehmen überwunden werden soll. Die diskurstheoretisch bestimmten Verfahren der Selbstgesetzgebung tragen sowohl die gesamte Begründungslast für das angesonnene Wechselspiel von Volkssouveränität und Menschenrechten als auch die komplette Legitimationslast für die Entscheidungen, die aus dem Verfahren resultieren. Auf eine Entlastung durch materielle Entscheidungsvorgaben wird demgegenüber programmatisch verzichtet. Dies gilt, sieht man von einem latenten egalisierenden Überschuß ab, auch für die Bestimmung des Gehalts sozialer Grundrechte. Ausgangspunkt dieser Arbeit ist aber gerade der Befund, daß das Sozialstaatsprinzip irgendeines inhaltlich bestimmten Maßes bedarf, sein Gehalt also gerade nicht im Sinne des pragmatischen Sozialstaatsverständnisses ausschließlich der Konkretisierung durch den Gesetzgeber überlassen werden sollte. Zu einer Verfassungstheorie, die einer so verstandenen Neudefinition des sozialen Staates des Grundgesetzes auf der Spur ist, kann die demokratietheoretisch angelegte Diskurstheorie des Rechts, gerade indem sie den Sozialstaat klassischer Façon zu überwinden sucht, keinen Beitrag leisten.

3. *Zwischenresümee*

Der freiheitsfunktionale Sozialstaat zielt auf die Sicherung von personaler Autonomie, und die umfaßt immer auch politische Autonomie. Der freiheitsfunktionale Sozialstaat weist somit einen unabdingbaren Bezug zum demokratischen Verfassungsstaat auf: als freiheitsfunktionaler ist er immer auch ein demokratiefunktionaler. Freilich kommt der Sphäre der öffentlichen Autonomie und ihrer Sekurisierung keine besondere Nobilität zu. Deshalb stellt er auch nicht zuvörderst eine Staatsbürgerqualifizierungsmaßnahme dar. Ebenso erweisen sich unterschiedliche demokratietheoretische Ansätze zur (Neu)Bestimmung sozialer Grundrechte zwecks Überwindung klassischer Problemlagen des Sozialstaates als wenig hilfreich für eine Verfassungstheorie des Sozialstaates.

VIII. Resümee des verfassungstheoretischen Teils

Die Formel vom sozialen Staat verlangt nach einer Interpretation, die sich weder in Tautologien ergeht (die Verfassungsnorm des sozialen Staates besagt, daß der Staat sozial aktiv sein soll), noch zur Inhaltsbestimmung ausschließlich auf den demokratischen Gesetzgeber verweist (denn dann ist der soziale nichts anderes als der demokratische Staat). Eine verfassungstheoretische Annäherung an das Problem der inhaltlichen Anreicherung des Sozialstaatsprinzips zeigt, daß aus der Genese des Sozialstaates sowie der Entstehungsgeschichte der Formel vom sozialen Staat allenfalls heuristisch hilfreiche Erkenntnisse zu gewinnen sind. Zur Problemlösung tragen sie unmittelbar nur wenig bei. Dazu ist die Genese des Wohlfahrtsstaates zu vielgestaltig und die Entstehungsgeschichte des Grundgesetzes zu aussagenarm.

Deshalb wurde im vorstehenden Abschnitt der Arbeit der Versuch unternommen, unter Rückgriff auf Großbegriffe wie Sicherheit, Solidarität, Gleichheit, Freiheit und Demokratie den normativen Gehalt der Verfassungsformel vom sozialen Staat aufzuschließen. Dabei zeigte sich, daß der normative Kern des konstitutionellen Sozialstaatsverständnisses in der Freiheitsidee selbst zu finden ist. Der Sozialstaat des Grundgesetzes ist wesentlich freiheitsfunktional zu verstehen. Er flankiert die starke Freiheitspräsumtion des modernen Verfassungsstaates, die wiederum eine private und eine öffentliche Dimension kennt, also sowohl den Bereich der privaten Lebensführung tangiert als auch den der Teilhabe an der Willensbildung des Gemeinwesens. Der freiheitsfunktionale Sozialstaat wirkt in diesem Sinne immer auch demokratiefunktional. Er findet in der Freiheitsidee aber auch sein normatives Korrektiv.

Unter den Bedingungen des demokratischen Verfassungsstaates ist diese Korrektivfunktion allerdings eingebunden in das komplexe Wechselspiel zwischen zwei Dimensionen verfassungsrechtlicher Freiheit: der individuellen Selbstbestimmung und der demokratischen Selbstregierung. Dies führt dazu, daß sich die freiheitstheoretische Autokorrektur im Sozialstaat verfassungstheoretisch pronunciert in Fragen des sozialstaatlich gebotenen Minimums nachzeichnen läßt, jenseits dessen jedoch, also im Bereich der „normalen" sozialpolitischen Selbstverständigung der Gesellschaft, nur im Zusammenspiel mit weiteren normativen Komponenten des Verfassungsstaates zur Geltung kommt. Beispielhaft läßt sich dieses Problem an der Unterscheidung von „Staat und Gesellschaft" zeigen. Die freiheitstheoretische Korrektivfunktion streitet für die Aufrechterhaltung der Unterscheidbarkeit von Staat und Gesellschaft im freiheitsfunktionalen Sozialstaat. Die Unterscheidung selbst vermag aber den konkreten Grenzverlauf zwischen Staat und Gesellschaft nicht zu dirigieren. Dieser Effekt wird in der folgenden Zwischenbetrachtung näher zu behandeln sein.

D. Zwischenbetrachtung: Die Unterscheidung von Staat und Gesellschaft als Subtext des freiheitsfunktionalen Sozialstaates des Grundgesetzes

I. „Staat und Gesellschaft" als Kristallisationspunkt eines sozialstaatlichen Vorverständnisses

Geht man vom Wortsinn aus, mag die Formel vom sozialen Staat in Art. 20 Abs. 1 GG zunächst paradox wirken. Versteht man „sozial" als „gesellschaftlich",[1] scheint sie zwei gegensätzliche Komposita zusammenzuführen – jedenfalls wenn man von der traditionellen Unterscheidung von Staat und Gesellschaft her denkt, die das Staatsrechtsverständnis lange geprägt hat. Ebenso problematisch erscheint dann die Idee der Freiheitsfunktionalität des Sozialstaates: Freiheit ist im Lichte dieser Unterscheidung gerade die andere Seite des Staates, also nicht diesem selbst – und sei es freiheitsfunktional – zuzuschreiben. So drängt sich vor dem Hintergrund der oben entwickelten freiheitsfunktionalen Theorie des Sozialstaates die Frage auf, welchen Wert die Unterscheidung von Staat und Gesellschaft unter den Bedingungen des modernen Wohlfahrtsstaates hat: Ist sie obsolet oder gilt gerade umgekehrt, daß sie den Aktionsradius des freiheitsfunktionalen Sozialstaates definiert?

Nun bildet die Differenz und Zuordnung von „Staat" und „Gesellschaft" schon traditionell einen, wenn nicht *den* zentralen Gesichtspunkt theoretischer Reflexionen über den Sozialstaat.[2] Die Sozialstaatsdebatte wird damit in zwei ebenso schillernde wie anspruchs- und voraussetzungsvolle Begriffsfelder ein-

---

[1] Cf. hierzu *H. F. Zacher*, Sozialpolitik und Verfassung im ersten Jahrzehnt der Bundesrepublik Deutschland, 1980, S. 18 f.; *ders.*, Das soziale Staatsziel, in: HStR, Bd. 2, 3. Aufl. 2004, S. 659 (675); *F.-X. Kaufmann*, Sozialpolitisches Denken, 2003, S. 13 ff.

[2] Siehe etwa *H. F. Zacher*, Das soziale Staatsziel, in: HStR, Bd. 2, 3. Aufl. 2004, S. 659 (678 ff.); *E.-W. Böckenförde*, Die Bedeutung der Unterscheidung von Staat und Gesellschaft im demokratischen Sozialstaat der Gegenwart (1972), in: ders., Recht, Staat, Freiheit, 1991, S. 209 ff.; *D. Grimm*, Die sozialgeschichtliche und verfassungsrechtliche Entwicklung zum Sozialstaat (1983), in: ders., Recht und Staat der bürgerlichen Gesellschaft, 1987, S. 138 (158 ff.).

gebunden.[3] Wer über die Unterscheidung von Staat und Gesellschaft spricht, meint mitunter sehr verschiedenes.[4] Die normativen Implikationen, die jeweilig mit der Leitunterscheidung von Staat und Gesellschaft verbunden sind,[5] bestimmen dann auch den verfassungsrechtlichen Zugriff auf das Sozialstaatsthema maßgeblich mit. Wer etwa in der Tradition des deutschen Konstitutionalismus von einer scharf akzentuierten Abgrenzung von Staat und Gesellschaft ausgeht, wird dazu neigen, jedwede Aktivitäten des Sozialstaates unter erhöhten Rechtfertigungszwang zu stellen. Ausdruck findet dieses Vorverständnis in einem „rechtsstaatlichen Verteilungsprinzip", das die Zuordnung von Staat und Gesellschaft anleiten soll.[6] Wer hingegen die Durchlässigkeit und wechselseitige Verzahnung von Staat und Gesellschaft sowie die demokratische Gestaltungskraft des Staates als Ausdruck gesellschaftlicher Selbstbestimmung betont, wird tendenziell geneigt sein, bei entsprechender demokratischer Legitimation eine raumgreifendere Sozialstaatskonzeption zu billigen. Schon diese Problemlage läßt es angezeigt erscheinen, einige grundsätzliche Anmerkungen zum Topos „Staat und Gesellschaft" und seinem Bezug zu einer freiheitstheoretischen Rekonstruktion des Sozialstaatsthemas zu machen.

II. Aufkommen und Infragestellung der Trennung von Staat und Gesellschaft

1. Eine sehr kurze Geschichte der Trennung von Staat und Gesellschaft

Die Idee einer Differenzierung von Staat und Gesellschaft als zwei Kreisen des Gemeinwesens ist in der Geschichte der Herrschaftsgewalt jüngeren Datums.[7] Die Unterscheidung von Staat und Gesellschaft ist ein Produkt der funktionalen Ausdifferenzierung der Gesellschaft, also eine Erscheinung des modernen politischen Denkens, das die Erfahrungen und Eindrücke gesellschaftlicher

---

[3] Siehe etwa im Überblick die Beiträge in *E.-W. Böckenförde* (Hrsg.), Staat und Gesellschaft, 1976.

[4] Einen instruktiven Überblick zum Meinungsstand bei *W. Kahl*, Die rechtliche Bedeutung der Unterscheidung von Staat und Gesellschaft, in: Jura 2002, 721 (722 f.).

[5] *C. Möllers*, Staat als Argument, 2000, S. 228 ff. mit weit. Nachw.

[6] *C. Schmitt*, Verfassungslehre, 8. Aufl. 1993, S. 126; hierzu etwa *J. Isensee*, Staat und Verfassung, in: HStR, Bd. 2, 3. Aufl. 2004, S. 3 (89 ff.). Auch der ethische Liberalismus wird übrigens maßgeblich von einer so bestimmten Unterscheidung zwischen Staat und Gesellschaft geprägt: *S. Huster*, Die ethische Neutralität des Staates, 2002, insb. S. 93 ff.

[7] Cf. etwa *M. Riedel*, Art. Gesellschaft, bürgerliche, in: O. Brunner/W. Conze/R. Koselleck, Geschichtliche Grundbegriffe, Bd. 2, 1975, S. 719 ff. (insb. 720 f., 779 ff.); *ders.*, Art. Gesellschaft, Gemeinschaft, ebenda, S. 801 (836 ff.).

Entwicklung zunehmend in der Leitkategorie der Differenz zu erfassen sucht;[8] spätestens im 18. Jahrhundert etablierte sich das Auseinandertreten von societas civilis und res publica in der politischen Praxis und Philosophie.[9]

Als theoretische Figur prominent gemacht wurde die Trennung von Staat und Gesellschaft vor allem durch *Georg Wilhelm Friedrich Hegel*.[10] Als praktische Errungenschaft ist sie im Sinne eines strikten Dualismus zunächst eng mit der Tradition rechtsstaatlichen Denkens im deutschen Konstitutionalismus verbunden,[11] die eine Sphäre gleichsam „unpolitischer" Freiheitsbetätigung und Eigentumssicherung, in der sich die Dynamik der bürgerlichen Erwerbswirtschaft ohne staatliche Interferenzen entfalten konnte, von der staatlichen Sphäre abzusetzen suchte.[12] Im Prisma der so profilierten Trennungsthese steht ein freiheitsverpflichteter Staat dem freiheitsberechtigten Bürger ohne das durchgreifende Korrektiv der Selbstregierung in Form demokratischer Rückkopplung gegenüber.[13]

---

[8] *N. Luhmann*, Die Unterscheidung von Staat und Gesellschaft (1987), in: ders., Soziologische Aufklärung 4, 3. Aufl. 2005, S. 69 ff.

[9] *H. H. Rupp*, Die Unterscheidung von Staat und Gesellschaft, in: HStR, Bd. 2, 3. Aufl. 2004, S. 879 (881 ff.); zur Entwicklung auch *U. Volkmann*, Solidarität, 1998, S. 93 ff.

[10] *G.W.F. Hegel*, Grundlinien der Philosophie des Rechts (1821), 1970; daran anschließend *L. v. Stein*, Geschichte der sozialen Bewegung in Frankreich von 1789 bis auf unsere Tage (1849), 3. Bde., 1959.

[11] Hierzu etwa *E.-W. Böckenförde*, Der deutsche Typ der konstitutionellen Monarchie im 19. Jahrhundert, in: ders., Recht, Staat, Freiheit, 1991, S. 273 ff.; *C. Schönberger*, Das Parlament im Anstaltsstaat, 1997; zur von der deutschen abweichenden anglo-amerikanischen Tradition etwa *G. Leibholz*, Staat und Gesellschaft in England, in: E.-W. Böckenförde (Hrsg.), Staat und Gesellschaft, 1976, S. 241 ff.; *C. Walter*, Religionsverfassungsrecht, 2006, S. 10 ff.

[12] Eine etwas andere und zugleich spätere Lesart betont innerhalb der Differenzierung von Staat und Gesellschaft hingegen die Objektivität des Staates. Dieser stehe als zur homogenen Einheit geformter Bereich über den Partikularismen und Individualinteressen des Parteienbetriebes; *E. Forsthoff*, Der Staat der Industriegesellschaft, 2. Aufl. 1971, S. 25 ff. unter erkennbarem Einfluß von *C. Schmitt*, Der Hüter der Verfassung, 9. Aufl. 1985, S. 71 ff.

[13] Eine Einschränkung erfährt dieses Postulat freilich sogleich durch die Idee des Gesetzesvorbehaltes, also das Erfordernis, für staatliche Eingriffe in Freiheit und Eigentum eine legislative Ermächtigung zu haben; hierzu *E.-W. Böckenförde*, Die Bedeutung der Unterscheidung von Staat und Gesellschaft im demokratischen Sozialstaat der Gegenwart (1972), in: ders., Recht, Staat, Freiheit, 1991, S. 209 (218); grundlegend *D. Jesch*, Gesetz und Verwaltung, 1961, S. 123 ff.

2. *Versozialstaatlichung und Demokratisierung als Infragestellung der Trennung von Staat und Gesellschaft*

Das Aufkommen sozialstaatlicher Strukturen ruht nun auf dieser Dichotomie von Staat und Gesellschaft, die das rechtsstaatliche Denken im Anstaltsstaat des 19. Jahrhunderts geprägt hat, auf,[14] stellt sie zugleich aber in Frage. Die freie Entfaltung der Marktkräfte, das Wirken der berühmten „unsichtbaren Hand"[15] führt offensichtlich entgegen den Verheißungen liberaler Wirtschaftstheorien nicht zu einer allseits befriedigenden Allokation von Gebrauchsgütern sowie effektiven Freiheits- und Teilhabechancen; die in die Freiheit gesetzte, von Standes- und Zunftschranken entbundene Gesellschaft wirft deshalb alsbald die soziale Frage auf, auf die der „sociale" Staat zu antworten sucht (cf. supra B.I./III.). Mit ihm tritt in gewisser Weise an die Stelle der Separierung der Sphären der in die Gesellschaft in vielfältiger Weise intervenierende Staat; gerade die im ausgehenden 19. Jahrhundert einsetzenden und zu Beginn des 20. Jahrhunderts sich schnell dynamisierenden sozialen Aktivitäten bilden hierbei eine zentrale Rolle. Aus dem *liberalen Nachtwächterstaat* wird der *sozial aktive Wohlfahrtsstaat*[16] – mit Konsequenzen für die Deutung der Verhältnisbestimmung: „Die Trennung von Staat und Gesellschaft, die dem liberalen Sozialmodell zugrundelag ..., ist überholt."[17]

Zugleich rückt die demokratische Idee in das Zentrum des Denkens über den Staat ein – gleichfalls mit Folgen für die Vorstellung einer Trennung von Staat und Gesellschaft: Versteht man unter „Gesellschaft" einen territorial radizierten Interaktionszusammenhang von Individuen (Gesellschaft = Nation), bildet sich die „Gesellschaft" (überwiegend) als „Staatsvolk" ab.[18] Wenn aber vom Volk zugleich die Staatsgewalt ausgeht, staatliches Regieren also Selbstregierung (self-governance) ist, welchen Sinn macht dann noch die Unterscheidung von Staat und Gesellschaft?[19] Vor diesem Hintergrund einer intervenierenden und kooperierenden Staatspraxis und einer umfassenden Demokratisierung staatlicher Herrschaftsgewalt (Art. 20 Abs. 2 S. 1 GG) gibt es heute nicht we-

[14] *F.-X. Kaufmann*, Sozialpolitisches Denken, 2003, S. 13 ff.: Die Geburt der Social-Politik als Vermittlung zwischen „Staat" und „bürgerlicher Gesellschaft".

[15] *A. Smith*, Der Wohlstand der Nationen (1776), 1974, S. 371.

[16] *J. Isensee*, Subsidiaritätsprinzip und Verfassungsrecht, 2. Aufl. 2001, S. 116 ff.

[17] *D. Grimm*, Der Wandel der Staatsaufgaben und die Krise des Rechtsstaats (1990), in: ders., Die Zukunft der Verfassung, 2. Aufl. 1994, S. 159 (170); cf. aber auch *W. Henke*, Die Rechtsformen der sozialen Sicherung und das allgemeine Verwaltungsrecht, in: VVDStRL 28 (1970), 149 (166 ff.).

[18] Gegen eine solche Parallelisierung *J. Isensee*, Staat und Verfassung, in: HStR, Bd. 2, 3. Aufl. 2004, S. 3 (81).

[19] Cf. *H. Ehmke*, „Staat" und „Gesellschaft" als verfassungstheoretisches Problem, in: Festschrift für R. Smend, 1962, S. 23 ff.

nige, die die Unterscheidung von Staat und Gesellschaft für wenig instruktiv halten.[20]

3. *Der Staat – und damit die Unterscheidung von Staat und Gesellschaft – als unzeitgemäße Kategorie?*

Die Anfragen an die vormalige Leitunterscheidung des deutschen Konstitutionalismus sind aber auch durch Entwicklungen veranlaßt, die in keinem unmittelbaren Bezug zum Sozialstaat stehen. Diese lassen sich gleichermaßen auf einer sehr grundsätzlichen Ebene ausmachen wie in der rechtswissenschaftlichen Detailarbeit. Sollte sich aber im Generellen erweisen, daß die Unterscheidung von Staat und Gesellschaft obsolet geworden ist, braucht über die besondere Rolle des Sozialstaates in diesem Arrangement der feinen Unterscheidung nicht groß räsoniert werden.

a) Der (post)moderne Zersetzungsbetrieb

Ganz allgemein läßt sich gegen das Denken in der Dichotomie von „Staat und Gesellschaft" einwenden, daß im Zuge des von *Jean-Francois Lyotard* ausgerufenen Endes der „großen Erzählungen" auch die Heroen dieser Erzählungen ihren Status verlieren; sie werden fragwürdig, wirken antiquiert, ja lächerlich, und büßen dramatisch an theoretischer Strahlkraft ein. Solche gefallenen Heroen sind am Anfang des 21. Jahrhunderts etwa das „Subjekt", die „Autonomie", aber eben auch der „Staat" und die „Gesellschaft".[21] Jeder dieser Begriffe läßt sich im Säurebad der Begriffsgeschichte und historischen Semantik, der Sprachkritik, der theorie- und kulturevolutionären Relativierung zersetzen. Was dann bleibt, sind Erinnerungen. Mit Erinnerungen aber kann die Rechtswissenschaft nur begrenzt operieren. Auch der Verzicht auf die rechtswissenschaftliche Arbeit mit Großbegriffen wie „Staat" und „Gesellschaft" scheint nicht zielführend. Denn dieses Vorgehen führt zu einem bemerkenswerten Verlust an Sprachfähigkeit. Politische und verfassungsrechtliche Theoriebildung drängt auf die Makroebene. Die durch genealogische und strukturelogische Studien aufgedeckte Insuffizienz von Großbegriffen machen solche nicht entbehrlich. Der Entlarvungsgestus ist hier deshalb unangemessen; der postnaive Zugriff auf die Sprache der Tradition bleibt – um der Sprach-

---

[20] *H. Ehmke*, Wirtschaft und Verfassung, 1961, S. 5 f. und öfter; *C. Graf von Krockow*, Staat, Gesellschaft, Freiheitswahrung, in: E.-W. Böckenförde (Hrsg.), Staat und Gesellschaft, 1976, S. 432 ff.; *E. Grabitz*, Freiheit und Verfassungsrecht, 1976, S. 187 ff.; zur Debattenlage insg. etwa *C. Möllers*, Staat als Argument, 2000, S. 228 ff. mit weit. Nachw.

[21] Eine Verteidigung der Unterscheidung von „Staat" und „Gesellschaft" unter Zugrundelegung postmoderner Denkfiguren aber bei *K.-H. Ladeur*, Der Staat gegen die Gesellschaft, 2006.

und Erkenntnisfähigkeit willen – erlaubt, solange wir nicht über eine bessere lingua nova verfügen.

b) Der Staat als Selbstbeschreibung eines gesellschaftlichen Teilsystems

Gleich ein ganzes Bündel an Anlässen, die Trennung von Staat und Gesellschaft als verfassungstheoretische Leitunterscheidung in Frage zu stellen, gruppiert sich zudem um den Staatsbegriff und seine Transformationen. So läßt sich etwa auf gesellschaftstheoretische Entwürfe zurückgreifen, die im „Staat" lediglich die Selbstbeschreibung des politischen Systems als eines Teilsystems der funktional differenzierten, zugleich aber innerhalb der Ordnung der Teilsysteme hierarchielosen Gesellschaft sehen.[22] „Staat" und „Gesellschaft" bilden in dieser Perspektive kein Kontrastschema, sondern beschreiben eine spezifisch aggregierte[23] Teilmenge und die Menge insgesamt. Sah Hegel noch den sittlichen „Staat" als Hegemon der zentrifugalen Kräfte der modernen Gesellschaft, rückt nun die „Gesellschaft" in die Stellung des Oberbegriffes ein;[24] der „Staat" depotenziert zu einem semantischen Phänomen der Selbstexpression im politischen System. Freilich verbleiben diesem spezifische, klassischerweise mit dem Staat verbundene Attribute, wenn die Funktion des politischen Systems in der Herstellung kollektiv bindender Entscheidungen besteht. Auch bleibt die Rede vom Staat für die Systemtheorie ein sozialwissenschaftlich zu beobachtendes Moment, das sich nicht durch definitorische Neuarrangements zum Verschwinden bringen läßt[25] und das seinen normativen Eigenwert durch solche auch nicht in Abrede gestellt sehen muß. Für den Kontext des Sozialstaates und seiner Verortung in der Spannung zwischen Staat und Gesellschaft ist mit dem systemtheoretischen Perspektivwechsel deshalb zunächst einmal ebensowenig gewonnen wie verloren. Auch die Systemtheorie konzediert, daß das sich als Staat beschreibende politische System einer Umwelt gegenübersteht, zu der es *faktisch* wie *normativ* in Beziehung steht. Wie dieses Verhältnis ausgestaltet *ist*, läßt sich soziologisch beschreiben. Darüber, wie es ausgestaltet sein *soll*, ist da-

---

[22] *N. Luhmann*, Staat und Politik (1984), in: ders., Soziologische Aufklärung 4, 3. Aufl. 2005, S. 77 ff.

[23] Spezifisch aggregiert, weil eben nicht jede asymmetrische Hierarchie als moderner Staat zu verstehen ist.

[24] *P. Zumbansen*, Ordnungsmuster im modernen Wohlfahrtsstaat, 2000, S. 118 ff.

[25] So ausdrücklich *N. Luhmann*, Die Politik der Gesellschaft, 2000, S. 191: „Man könnte nun der Meinung sein, wenn nicht ausgemacht werden könne, was genau der Staatsbegriff bezeichnet, sei er entbehrlich … . Aber dann bleibt, gerade für eine Soziologie, zu erklären, weshalb dieser Begriff in der Kommunikation verwendet wird; und offensichtlich: ohne allzugroße Verständigungsschwierigkeiten." Nicht von ungefähr verwendet Luhmann deshalb gehörige Aufmerksamkeit auf Evolution und Semantik des Staates, cf. etwa *N. Luhmann*, Staat und Staatsräson im Übergang von traditioneller Herrschaft zu moderner Politik, in: ders., Gesellschaftsstruktur und Semantik Bd. 3, 1993, S. 65 ff.; *ders.*, Metamorphosen des Staates, in: ders., Gesellschaftsstruktur und Semantik Bd. 4, 1999, S. 101 ff.

mit jedoch, dies versteht sich für eine Theorie der Beobachtung von Differenzen gleichsam von selbst, nichts gesagt.[26] Zwar lassen sich ggf. aus der funktionalen Analyse der Wechselbeziehung zwischen dem politischen System und seiner Umwelt heuristische Rückschlüsse für eine soziologisch aufgeklärte Normierungspraxis gewinnen.[27] Doch ist für die Gewinnung solcher Erkenntnisse die Unterscheidung von System und Umwelt zu abstrakt angesiedelt. Erforderlich ist insoweit eine deutlich präzisere Beschreibung der Wechselwirkungen zwischen dem Wohlfahrtsstaat und seiner Umwelt.

c) Das Ende des Staates und der Beginn der Weltgesellschaft?

Der Unterscheidung von Staat und Gesellschaft liegt naturgemäß eine Vorstellung von dem zu Unterscheidenden zugrunde, von „Staat" und „Gesellschaft". Unter dem Eindruck der Internationalisierung und Pluralisierung der Rechtsordnungen mehren sich freilich die Stimmen, die den Staat in seiner überlieferten Form an sein Ende gekommen sehen – mit der Folge, daß die Unterscheidung von Staat und Gesellschaft implodiere.[28] Der Staat als Organisation und Chiffre für territorial gegliederte Rechtsordnungen löse sich auf in lose gekoppelte, polyzentrische, heteromorphe, heterarchisch strukturierte Netzwerke[29] und Governenceregime.[30] Das Parlament weiche Arenen der Politikformulierung. Transnationale Konstitutionalisierungsprozesse generierten Global- oder Zivilverfassungen.[31] Die Liste ließe sich beliebig fortsetzen; freilich wäre es zu

[26] Zum Problem einer mißglückten Rezeption der Systemtheorie in der Rechtswissenschaft auch *O. Lepsius*, Steuerungsdiskussion, Systemtheorie und Parlamentarismuskritik, 1999.

[27] So etwa der Anspruch in *N. Luhmann*, Politische Theorie im Wohlfahrtsstaat, 1981, S. 143 ff.

[28] Dieser Befund ist nicht ganz neu. Schon Carl Schmitt und Ernst Forsthoff sahen den Staat in der Gefahr, sich unter dem Einfluß der Wirtschaft zur Gesellschaft hin aufzulösen; *C. Schmitt*, Der Begriff des Politischen, 3. Aufl. der Ausgabe von 1963, 1991, S. 10: „Die Epoche der Staatlichkeit geht jetzt zu Ende. Darüber ist kein Wort mehr zu verlieren."; *E. Forsthoff*, Der Staat der Industriegesellschaft, 2. Aufl. 1971, S. 25: „Der Staat ist tot." An diesen Befund knüpfen diejenigen, die den Staat aus der Perspektive der Weltgesellschaft (und das heißt insb. der weltwirtschaftlich forcierten Globalisierung) für erledigt erklären, in bemerkenswerter Weise an; cf. im Überblick mit weit. Nachw. *H. M. Heinig*, Abschied vom Staat oder offene Staatlichkeit?, in: Philosophische Rundschau 52 (2005), 191 ff.; zur langen Tradition des sterbenden Staates auch *C. Möllers*, Art. Staat, in: Ev. Staatslexikon, Neuausgabe, 2006, Sp. 2272 (2275).

[29] Cf. zum Diskussionsstand insb. *S. Boysen* u.a. (Hrsg.), Netzwerke, 2007; *S. Gießmann*, Netze und Netzwerke, 2006; *C. Möllers*, Netzwerk als Kategorie des Organisationsrechts, in: J. Oebbecke (Hrsg.), Nicht-normative Steuerung in dezentralen Systemen, 2005, S. 285 ff.

[30] *C. Joerges/I.-J. Sand/G. Teubner* (Hrsg.), Transnational Governance and Constitutionalism, 2004; *C. Franzius*, Governance und Regelungsstrukturen, in: VerwArch 97 (2006), 186 ff.; *C. Möllers*, European Governance, in: CMLR 32 (2006), 313 ff.; *C. Joerges/M. Zürn* (Hrsg.), Law and Governance in Postnational Europe, 2005.

[31] *A. Fischer-Lescano*, Globalverfassung, 2002; *ders.*, Die Emergenz der Globalverfassung, in: Zeitschrift für ausländisches öffentliches Recht und Völkerrecht 63 (2003), 717 ff.;

kurz gegriffen, diesen Jargon nur zu persiflieren. Denn es bedarf sinnvoller Kategorien zur Analyse und Beschreibung neuerer Rechtsentwicklungen und Herrschaftsformen; doch machen sie (bisher) das Denken und Argumentieren in Kategorien wie „Demokratie" oder eben „Staat" und „Gesellschaft" keineswegs entbehrlich – weder auf der Alltagsebene, auf der das politisch-rechtliche Selbstverständnis nach wie vor vorwiegend in den alteuropäischen Sprachschablonen formuliert wird, noch auf der Ebene der Theoriebildung, auf der sich in tradierten Begriffen spezifische, weiterhin relevante Sinnkomplexe abbilden und die deshalb nicht ohne weiteres substituiert werden können.

Das Aufkommen einer „Weltgesellschaft" bedeutet deshalb keineswegs das Ende der Staatlichkeit – und damit der Unterscheidung von Staat und territorial definierter, sozialer Umwelt, die man mit der Tradition dann als „Gesellschaft" im Sinne einer Nationalgesellschaft bezeichnen kann. Die Systemtheorie, auf die sich die Apologeten des Abschieds vom Staat gerne berufen, hat diesen Befund nachdrücklich herausgestellt: Staaten sind in dieser Perspektive überaus sinnvolle „segmentäre Zweitdifferenzierungen" innerhalb des politischen Systems.[32] Sie ermöglichen Inklusion (Demokratie) bei hinreichender, zu Anpassungsleistungen befähigender Varianz und sichern zugleich die „Eigendynamik anderer Funktionssysteme" ab, „ohne damit regionale Effekte unterschiedlicher politischer Förderung oder Behinderung auszuschließen."[33]

d) Normative Anfragen an die Unterscheidung von Staat und Gesellschaft

Zwingt uns die Empirie und ihre Reflexion in Gestalt der Sozialtheorie folglich nicht dazu, die – recht verstandene – Unterscheidung von Staat und Gesellschaft als eine verfassungstheoretische Leitdifferenz aufzugeben, so könnten gleichwohl normative Argumente gegen diese streiten. Wiederum schon traditionell wird insoweit auf die deutsche Tradition einer demokratieblinden Fehlstellung der Unterscheidung verwiesen; mit diesem Makel behaftet erscheine sie für den freiheitlich-demokratischen Verfassungsstaat fragwürdig.[34]

Hinzu tritt in letzter Zeit die Beobachtung, daß die Rechtsordnung selbst die Unterscheidung nicht sonderlich klar abbildet; auf die Binnendifferenzierung der Rechtsordnung in Privatrecht und öffentliches Recht läßt sich inso-

---

G. Teubner, Globale Zivilverfassungen, in: Zeitschrift für ausländisches öffentliches Recht und Völkerrecht 63 (2003), 1 ff.

[32] *N. Luhmann*, Die Politik der Gesellschaft, 2000, S. 220 ff.

[33] *N. Luhmann*, Die Politik der Gesellschaft, 2000, S. 223.

[34] Hiergegen wendet sich Böckenförde mit dem Verweis, daß die demokratieaverse Ausrichtung der Lehre von der Unterscheidung von Staat und Gesellschaft nur eine bestimmte historische Phase berühre, nicht aber das Prinzip der Zuordnung als solche; *E.-W. Böckenförde*, Die Bedeutung der Unterscheidung von Staat und Gesellschaft im demokratischen Sozialstaat der Gegenwart (1972), in: ders., Recht, Staat, Freiheit, 1991, S. 209 (218).

weit jedenfalls nicht zurückgreifen, ist der Staat doch nicht an die Handlungs- und Organisationsformen des öffentlichen Rechts gebunden.[35]

Ebensowenig trägt ein abstrakt bestimmter Begriff der Staatsaufgaben in Absetzung von nichtstaatlichen Aufgaben dazu bei, die Unterscheidung von Staat und Gesellschaft zu profilieren. Denn zum einen kennt gerade die herkömmliche Aufgabenlehre das Zwischenreich der öffentlichen Aufgaben, das sich in besonderer Weise einer apriorischen Grenzziehung zwischen Staat und Gesellschaft entzieht.[36] Zum anderen können vor dem Hintergrund der Kreationsfunktion der konkreten Verfassungen alle Versuche, eine allgemeingültige Staatsaufgabenlehre zu bestimmen, als gescheitert gelten. „Gleichsam natürliche Staatsaufgaben ... existieren nicht."[37] Auch verwischen bzw. verfransen im Zuge der Modernisierungsbewegungen staatlicher Verwaltungen (Aufgaben- und Organisationsprivatisierungen, neue Formen der Einbindung Privater zur Erfüllung öffentlicher Aufgaben, etc.) die klassischen Vorstellungen von den Verantwortungs- und Organisationsgrenzen des Staates.[38] All dies führt dazu, daß man, soll die Unterscheidung von Staat und Gesellschaft präzise nachgezeichnet werden, schon sehr ins Detail gehen muß, um im Konkreten die Grenzverläufe zu benennen.

Freilich entwerten all diese Entwicklungen nicht den Wert der Unterscheidung von Staat und Gesellschaft; diese wird ja eben durch den Neuzuschnitt von Organisationsformen und Aufgaben nicht aufgehoben, sondern zunächst einmal nur sehr viel unübersichtlicher. Gleichwohl bleibt die Unterscheidung von Staat und Gesellschaft eine *Kurzchiffre* für zwei von der Verfassung selbst geforderte, nicht substituierbare Differenzierungen: zwischen grundrechtsberechtigten und grundrechtsverpflichteten Personen einerseits[39] sowie zwischen

---

[35] Im Überblick *O. Lepsius*, Art. Öffentliches Recht, in: Ev. Staatslexikon, Neuausgabe, 2006. Sp. 1648 ff.; so aber *W. Kahl*, Die rechtliche Bedeutung der Unterscheidung von Staat und Gesellschaft, in: Jura 2002, 721 (722 f.) mit weit. Nachw.

[36] Grundlegend *A. Rinken*, Das Öffentliche als verfassungstheoretisches Problem, 1971; *U. K. Preuß*, Zum staatsrechtlichen Begriff des Öffentlichen, 1969; s.a. *H. H. Klein*, Zum Begriff der öffentlichen Aufgabe, in: DÖV 1965, 755 ff.; aus neuerer Zeit *U. Di Fabio*, Privatisierung und Staatsvorbehalt, in: JZ 1999, 585 ff.

[37] *E. Schmidt-Aßmann*, Das allgemeine Verwaltungsrecht als Ordnungsidee, 2. Aufl. 2006, S. 155.

[38] Zum Problemkreis *M. Schmidt-Preuß*, Verwaltung und Verwaltungsrecht zwischen gesellschaftlicher Selbstregulierung und staatlicher Steuerung, in: VVDStRL 56 (1997), S. 160 ff.; *U. Di Fabio*, Verwaltung und Verwaltungsrecht zwischen gesellschaftlicher Selbstregulierung und staatlicher Steuerung, ebenda, S. 235 ff.; *M. Heintzen*, Beteiligung Privater an der Wahrnehmung öffentlicher Aufgaben und staatliche Verantwortung, in: VVDStRL 62 (2003), S. 220 ff.; *A. Voßkuhle*, Beteiligung Privater an der Wahrnehmung öffentlicher Aufgaben und staatliche Verantwortung, ebenda, S. 266 ff.; *H. Schulze-Fielitz*, Grundmodi der Aufgabenwahrnehmung, in: W. Hoffmann-Riem/E. Schmidt-Aßmann/A. Voßkuhle (Hrsg.), Grundlagen des Verwaltungsrechts, Bd. 1, 2006, S. 761 (790 ff.); *T. Groß*, Die Verwaltungsorganisation als Teil organisierter Staatlichkeit, ebenda, S. 841 (865 ff.).

[39] *R. Poscher*, Grundrechte als Abwehrrechte, 2003, S. 144 ff.; anders *R. Christensen/A. Fischer-Lescano*, Das Ganze des Rechts, 2007.

der demokratischen Legitimationsbedürftigkeit spezifischen Handelns und der Freihaltung von entsprechenden Erfordernissen andererseits.[40] Denn üblicherweise ist *staatliches* Handeln demokratisch legitimationsbedürftig, nicht aber das nichtstaatliche, also das der Gesellschaft zuzuordnende Handeln. Dieses steht abstrakt gesprochen nur unter einem im Bürger-Staat-Verhältnis durch Gesetz konstituierten Schädigungsverbot. Alleine die durch die staatliche Rechtsordnung bestimmte Grenze gesellschaftlichen Handelns, nicht aber dieses selbst muß sich also auf den Willen des Souveräns zurückführen lassen. Hiermit korreliert die grundsätzliche Verteilung von Grundrechtsberechtigung und Grundrechtsbindung zwischen Staat und Gesellschaft.[41]

III. Der freiheitsfunktionale Sozialstaat des Grundgesetzes und die Unterscheidung von Staat und Gesellschaft oder: eine Erinnerung an eine alte Kontroverse

Wenn vorstehend die Unterscheidung von Staat und Gesellschaft als sinnvolle Kategorie verfassungsrechtswissenschaftlicher Argumentation verteidigt wurde, ist damit freilich noch nichts über ihre Bedeutung für den freiheitsfunktionalen Sozialstaat gesagt. Bisher wurde nur gezeigt, daß weder gesellschaftliche noch rechtliche Entwicklungen uns nötigen, auf die Unterscheidung von Staat und Gesellschaft selbst zu verzichten. Welche Relevanz der Unterscheidung im Kontext einer freiheitstheoretischen Fundierung des Sozialstaates aber zukommt, gilt es noch zu beantworten.

Eine instruktive Annäherung an diesen Fragenkreis ermöglicht ein Rückblick auf eine schon länger zurückliegende Debatte zwischen *Ernst-Wolfgang Böckenförde* und *Konrad Hesse* über Problematik und Tragweite der Unterscheidung von Staat und Gesellschaft. Die beiden Protagonisten repräsentieren einen für ihre Zeit typischen Unterschied im Zugriff auf staatstheoretische Grundsatzfragen, die sich insbesondere um das Verhältnis von Staat und Verfassung, um die Reichweite und Dimensionen der Grundrechte sowie um die Bedeutung des Demokratieprinzips drehten. Damit ist zugleich an den Sitz im Leben dieser Disputation erinnert; manche Details der Frontstellung zwischen Hesse und Böckenförde lassen sich im Rückblick nur verstehen, wenn man sich das geistige Klima und die politische Großwetterlage der damaligen Zeit verge-

[40] Cf. *W. Kahl*, Die rechtliche Bedeutung der Unterscheidung von Staat und Gesellschaft, in: Jura 2002, 721 (726 f., 729).

[41] *J. Isensee*, Subsidiaritätsprinzip und Verfassungsrecht, 2. Aufl. 2001, S. 155 ff.; zu relativierenden Tendenzen *C. Möllers*, Braucht das öffentliche Recht einen neuen Methoden- und Richtungsstreit?, in: VerwArch 90 (1999), 187 (197 ff.).

genwärtigt.[42] Blendet man den den Umständen geschuldeten Kolorit aus, bleiben folgende Einsichten allerdings bis heute unvermindert aktuell:

1.) Wer über das Heute redet, sollte über das Gestern informiert sein. In diesem Sinne ist die Kenntnis von der verfassungsgeschichtlichen Ausprägung der Unterscheidung von Staat und Gesellschaft als Spiegel der Entwicklung moderner Staatlichkeit unverzichtbar. Zu dieser historischen Erfahrung gehört insbesondere, daß im Zuge einer scharfen Trennung von spätabsolutistischem und frühkonstitutionalistischem Staat einerseits und bürgerlicher Gesellschaft andererseits „es die Gesellschaft selbst" ist, „die aus sich heraus (neue) soziale Ungleichheit und Unfreiheit hervorbringt und den Staat mit dem Problem der ‚sozialen Frage' konfrontiert." Hierauf antwortet der Staat mit der Ausbildung einer Sozialverwaltung; an „die Stelle einer strikten Trennung im Sinne des vielberufenen ‚Dualismus' von Staat und Gesellschaft trat eine verfahrensmäßige und institutionell ausgeformte Wechselbeziehung zwischen Staat und Gesellschaft auf der Grundlage ihrer organisatorisch-institutionellen Unterscheidung."[43]

2.) Der sich im Laufe der Zeit ausbildende *Typus des modernen Verfassungsstaates* zeichnet sich dadurch aus, daß er zu seiner sozialen Umwelt in mannigfachen Wechselbeziehungen steht, von dieser aber gleichwohl „organisatorisch und funktional unterschieden und gesondert" ist.[44] Als so konstruierte Erscheinung ist der Staat Produkt menschlichen Handelns und damit sozialer Kontingenz. „Vorstellungen vom Staat als einer vorfindlichen, über- oder außerhalb der Gesellschaft stehenden substanzhaften Einheit" verfehlen deshalb „die Wirklichkeit des modernen Staates".[45]

---

[42] So auch *C. Walter*, Religionsverfassungsrecht, 2006, S. 9. Spürbar ist die geistige Spannung der damaligen Zeit immer noch bei *H. H. Rupp*, Die Unterscheidung von Staat und Gesellschaft, in: HStR, Bd. 2, 3. Aufl. 2004, S. 879 (881 ff.). Inzwischen jedoch haben Traditionsabbrüche individuelle Freiheitsräume geschaffen, während zugleich die Idee einer durchgreifenden Demokratisierung der Gesellschaft, der Einsicht in funktionale Notwendigkeiten moderner Gesellschaften folgend, von der Tagesordnung genommen wurde. Ein die totale Gesellschaft propagierender Sozialismus ohne Sinn für individuelle Freiheit und den Wert der parlamentarischen Demokratie hat spätestens mit dem Zusammenbruch des real existierenden Sozialismus jedwede Attraktivität eingebüßt und die Fähigkeiten des Staates zu einer umfassenden wirtschaftlichen Steuerung (hierzu *E.-W. Böckenförde*, Die Bedeutung der Unterscheidung von Staat und Gesellschaft im demokratischen Sozialstaat der Gegenwart [1972], in: ders., Recht, Staat, Freiheit, 1991, S. 209 [237 ff.]) sehen sich im Wandel vom geschlossenen Handelsstaat zur offenen Welthandelsgesellschaft, also von Fichte zu Friedman, durchgreifend in Frage gestellt.

[43] *E.-W. Böckenförde*, Die Bedeutung der Unterscheidung von Staat und Gesellschaft im demokratischen Sozialstaat der Gegenwart (1972), in: ders., Recht, Staat, Freiheit, 1991, S. 209 (217 f.).

[44] *E.-W. Böckenförde*, Die Bedeutung der Unterscheidung von Staat und Gesellschaft im demokratischen Sozialstaat der Gegenwart (1972), in: ders., Recht, Staat, Freiheit, 1991, S. 209 (220).

[45] *K. Hesse*, Bemerkungen zur heutigen Problematik und Tragweite der Unterscheidung von Staat und Gesellschaft, in: DÖV 1975, 437 (439).

Dies hat Konsequenzen für das Verhältnis von Staat und Verfassung: Normativ konstituiert sich der Verfassungsstaat über die Verfassung. Durch sie wird ein konkreter Staat als Zurechnungssubjekt Adressat bestimmter Rechte und Pflichten. Dem in der deutschen Staatslehre nicht selten anzutreffenden romantischen Faible für so etwas wie eine vorverfassungsrechtliche Staatssubstanz, ist deshalb aus verfassungsrechtlicher Sicht mit Skepsis zu begegnen. Denn die beschworene „Substanz" wird hier nicht in der politischen Selbstorganisation der Gesellschaft gefunden, sondern an eine ordotheologisch oder staatsmetaphysisch grundierte Staatsfunktionen- als Staatswesenslehre gebunden.

Der Typus des modernen, demokratischen Verfassungsstaates zeichnet sich aber auch dadurch aus, daß die durch die Verfassung im Rechtssinne begründete funktionale und organisatorische Differenz des Staates zu seiner gesellschaftlichen Umwelt nicht dadurch obsolet wird, daß die Willensbildung im Staat sich am Demokratieprinzip auszurichten hat, also an die Gesellschaft strukturiert rückgebunden wird. Denn Demokratie hebt die Unterscheidung von Staat und Gesellschaft nicht auf, sondern organisiert ihre Gestaltung.[46]

3.) Zu den Grenzen dieser Gestaltung gehört das verfassungsverbürgte Moment individueller Freiheit. Die zwei Seiten der Freiheit als individuelle Selbstbestimmung und als demokratische Selbstregierung (cf. supra A.V.3.) geraten so in ein dialektisches Spannungsverhältnis.

> „Die Freiheit wird also ‚doppelt genäht'; zur politischen Freiheit der Mitwirkung und Mitbeteiligung aller an den Entscheidungen der Staatsgewalt tritt hinzu die bürgerliche Freiheit der einzelnen und der Gesellschaft vor bestimmten Zugriffen der Staatsgewalt überhaupt".[47]

Zugleich aber setzt sich im 20. Jahrhundert die Einsicht durch, daß sich in der modernen Verkehrswirtschaft die Realisierungsbedingungen individueller Freiheit dramatisch verändert haben. *Ernst Forsthoff* brachte dies plastisch in der Unterscheidung vom „beherrschten" und „effektiven Lebensraum" zum Ausdruck (cf. supra A.III.). Im Zuge der Industrialisierung und Verstädterung schrumpft der beherrschte Lebensraum, während zugleich durch die Technisierung der Lebenswelt, die sich in der Daseinsvorsorge staatlich abbildet, der effektive Lebensraum als derjenige, „in dem sich das Dasein des Einzelnen tatsächlich abspielt", ausweitet.[48] Der effektive wird zum „sozialen Lebensraum"[49], der sich ebenso durch eine erhöhte Regulierungsdichte wie durch eine hohe Abhängigkeit des einzelnen von staatlichen Aktivitäten zur Verwirklichung individueller Freiheit auszeichnet. Freiheit bestimmt sich

---

[46] *M. Jestaedt*, Demokratieprinzip und Kondominialverwaltung, 1993, S. 183; *J. Isensee*, Subsidiaritätsprinzip und Verfassungsrecht, 2. Aufl. 2001, S. 151 ff.

[47] *E.-W. Böckenförde*, Die Bedeutung der Unterscheidung von Staat und Gesellschaft im demokratischen Sozialstaat der Gegenwart (1972), in: ders., Recht, Staat, Freiheit, 1991, S. 209 (226).

[48] *E. Forsthoff*, Verfassungsprobleme des Sozialstaats (1954), in: ders. (Hrsg.), Rechtsstaatlichkeit und Sozialstaatlichkeit, 1968, S. 145 (146 f.).

[49] *D. Suhr*, Rechtsstaatlichkeit und Sozialstaatlichkeit, in: Der Staat 9 (1970), 67 (83 ff.).

hierdurch nicht mehr nur als Abwesenheit staatlicher Ingerenz, sondern sie wird in ihrer Qualität zugleich von staatlich mitgeprägten Verwirklichungsbedingungen abhängig. Sozialstaatliche Aktivitäten werden vor diesem Hintergrund dann auch als Bemühungen gedeutet,

> „die Freiheit der einzelnen und der Gesellschaft nunmehr *in* den immer dichter gewordenen Sozialbezügen und Sozialleistungen, statt wie früher ihnen voraus, wirksam zu erhalten."[50]

Das oben entwickelte Paradigma des freiheitsfunktionalen Sozialstaates zeichnet genau diesen Befund auf der Grundlage einer Relektüre klassischer Überlegungen der Sozialphilosophie nach.

4.) Das so skizzierte Wechselspiel zwischen einer altliberalen „Freiheit von" und wohlfahrtsstaatlichen „Freiheit zu" prägt die Suche nach einem angemessenen Verfassungs-, insb. Grundrechtsverständnis in den letzten Jahrzehnten. Der Sozialstaat des Grundgesetzes ist von Beginn an in diese Spannung eingelassen – er ist ein Ambivalenzphänomen (cf. supra C.VI.), das sich zugleich „als Bedingung und Bedrohung von Freiheit zeigt."[51] Der soziale Aktivitäten entfaltende und so die Gesellschaft mitgestaltende Staat setzt eine Unterscheidbarkeit von Staat und Gesellschaft voraus und hebt zugleich deren Trennung in stricto sensu auf: Unter „dem Aspekt der Wahrnehmung menschlicher Freiheit" kommt es „über die Unterscheidung hinaus wesentlich auch auf eine Verbindung von Staat und Gesellschaft" an.[52] Der soziale Auftrag des Staates oszilliert gleichsam zwischen Staat und Gesellschaft. Diese Form interpenetrierender Trennung erstreckt sich auch auf das Geben und Nehmen im Sozialstaat. Denn indem der Sozialstaat den Steuerstaat voraussetzt (infra H.II.) und dadurch in seiner Leistungsfähigkeit von der seiner Bürger abhängt, begründet und verfestigt er zugleich die freiheitsermöglichende und -schützende Differenz von Sozial- und Steuerstaat einerseits sowie Gesellschaft andererseits.[53]

Eine verfassungstheoretische Aufarbeitung der Unterscheidung von Staat und Gesellschaft und ihrer Bedeutung für den Sozialstaat kann deshalb nicht von Modellen der Dichotomie und hermetischen Abschottung ausgehen, sondern muß sich *Zuordnungsfragen* stellen.[54] Eine Debatte entlang der Alterna-

---

[50] *E.-W. Böckenförde*, Die Bedeutung der Unterscheidung von Staat und Gesellschaft im demokratischen Sozialstaat der Gegenwart (1972), in: ders., Recht, Staat, Freiheit, 1991, S. 209 (235) mit Verweis auf *D. Suhr*, Rechtsstaatlichkeit und Sozialstaatlichkeit, in: Der Staat 9 (1970), 67 (85 f.); durchaus ähnlich *K. Hesse*, Bemerkungen zur heutigen Problematik und Tragweite der Unterscheidung von Staat und Gesellschaft, in: DÖV 1975, 437 (440 ff.).

[51] *K. Hesse*, Bemerkungen zur heutigen Problematik und Tragweite der Unterscheidung von Staat und Gesellschaft, in: DÖV 1975, 437 (441).

[52] *K. Hesse*, Bemerkungen zur heutigen Problematik und Tragweite der Unterscheidung von Staat und Gesellschaft, in: DÖV 1975, 437 (441).

[53] *C. Waldhoff*, Grundzüge des Finanzverfassungsrecht, in: HStR, Bd. 5, 3. Aufl. 2007, S. 813 (884).

[54] *K. Hesse*, Bemerkungen zur heutigen Problematik und Tragweite der Unterscheidung

tive Identität oder Trennung führt in die Irre. Sie dient erkennbar argumentationsstrategisch dazu, bestimmte Modelle der Zuordnung als totalitäre Gesellschaftsentwürfe zu denunzieren und so unter der Hand sehr spezifische Ordnungsideen zu nobilitieren.

5.) Fragt man nach Maßstab und Richtschnur für die Zuordnung von Staat und Gesellschaft, wird man in der Unterscheidung selbst, will man einen klassischen Fehlschluß (petitio principi) vermeiden, keine Antwort finden. Zur entscheidenden Frage nach der Zuordnung beider Sphären kann die Unterscheidung als solche kaum etwas beitragen. Sie wirkt allenfalls insoweit normativ instruktiv, als sie impliziert, die Zuordnung nicht als Auflösung auszugestalten. Weitergehende Annahmen wie die, daß „die Gesellschaft den Charakter des an sich Vorausliegenden"[55] behalten muß oder daß die Zuordnung entlang eines „rechtsstaatlichen Verteilungsprinzips" zu erfolgen habe, werden von der Unterscheidung von Staat und Gesellschaft jedoch nicht getragen. Die Differenz als solche ist hierfür zwar eine notwendige, aber eben keine hinreichende Annahme.

6.) Vielmehr müssen zur Bestimmung der rechten Zuordnung weitere normative Prämissen bemüht werden, die einer weiteren Begründung bedürfen. Solche Begründungen können sich bis zu einem gewissen Grad aus typusprägenden normativen Merkmalen des modernen Verfassungsstaates ergeben. So streiten in einem sozialstaatsadäquaten Freiheitsverständnis selbst angelegte Argumente für eine autonomietheoretische Autokorrektur des Sozialstaates. Das Postulat der Freiheit wird auf diese Weise nicht nur zum Grund, sondern auch zu einer Grenze des freiheitsfunktionalen Sozialstaates, prägt also die Scheidelinie zwischen staatlicher Sozialintervention und gesellschaftlicher Selbstorganisation des Sozialen. Zugleich aber ist die Freiheitskonzeption des Grundgesetzes von der Polarität individueller Selbstbestimmung und Teilhabe an der demokratischen Selbstregierung geprägt. Diese verflüssigt die im Modell komplexer Freiheit konturierten Grenzverläufe jenseits eines freiheitsfunktional gebotenen Minimums bis zu einem gewissen Maße wieder. Da das Freiheitsmodell des Grundgesetzes individuelle Selbstbestimmung und Teilhabe an demokratischer Selbstregierung gleichrangig konstituiert, verbietet sich eine Grenzziehung zwischen Staat und Gesellschaft, die sich einsinnig am Modell des bürgerlichen Rechtsstaats im 19. Jahrhundert orientiert und die die im de-

---

von Staat und Gesellschaft, in: DÖV 1975, 437 (439). Dies gilt zumal, wenn man berücksichtigt, daß sowohl der Staat wie die nichtstaatlichen Rechtspersonen, deren Summe die Gesellschaft im rechtlichen Sinne bildet, durch die Rechtsordnung als Rechtssubjekte konstituiert werden; cf. *R. Poscher*, Grundrechte als Abwehrrechte, 2003, S. 151.

[55] *E.-W. Böckenförde*, Die Bedeutung der Unterscheidung von Staat und Gesellschaft im demokratischen Sozialstaat der Gegenwart (1972), in: ders., Recht, Staat, Freiheit, 1991, S. 209 (235); in diesem Sinne auch *ders.*, Die verfassungstheoretische Unterscheidung von Staat und Gesellschaft als Bedingung individueller Freiheit, 1973.

mokratischen Regierungsmodus angelegte gesellschaftliche Reflexivität einer Herrschaft der Beherrschten außer Betracht läßt.

7.) Zudem bliebe man damit auf einer Abstraktionshöhe, in der die konkrete verfassungsrechtliche Ausgestaltung der Trennung von Staat und Gesellschaft gerade nicht in den Blick kommt. Eine angemessene Antwort auf die Frage nach der Zuordnung von Staat und Gesellschaft läßt sich aber nicht auf der Grundlage von Leitprinzipien des Verfassungsstaates an sich, also unter Absehung der Spezifika einer Verfassungsordnung, finden. Denn ein solches Vorgehen unterliefe die grundlegende Einsicht, daß die Unterscheidung von Staat und Gesellschaft sich in einer konkreten und differenzierten Zuordnung realisiert. Die Zuordnung von Staat und Gesellschaft liegt in diesem Sinne der Rechtsordnung nicht voraus, sondern ist maßgeblich Resultat ihrer Ausgestaltung.[56]

8.) Auch wenn man die Unterscheidung von Staat und Gesellschaft als Kurzchiffre für die Unterscheidung Grundrechtsberechtigung/Grundrechtsverpflichtung sowie demokratisch legitimationsbedürftiges Handeln/demokratisch legitimationsfreies Handeln versteht, ist hiermit noch keine feste Platzzuweisung sozialer Staatstätigkeit im Oszillationsfeld von Staat und Gesellschaft verbunden. Sowohl der aus der Gesellschaft heraus zu befriedigende Legitimationsbedarf des Staates als auch dessen Bindung an die gesellschaftsschützenden Grundrechte sind letztlich in den besonderen staatlichen Befugnissen zur Ausübung spezifisch aggregierter Macht begründet, systemtheoretisch gesprochen: in der Funktion der Herstellung kollektiv bindender Entscheidungen. Zu dieser besonderen Befugnis des Staates gehört jedoch auch die sozialstaatlich motivierte Sozialgestaltung, d.h. die Interferenz zwischen Staat und Gesellschaft, um deren Ausgestaltung es gerade geht. Will man nun das Demokratie- und Freiheitsprinzip in dieser Konstellation fruchtbar machen, bedarf es weiterer Zusatzannahmen zum normativen Gehalt des Sozialstaates, aber auch zu den Wirkweisen von Demokratie und Freiheitsgebot in diesem Gesamtgefüge, die sich vom Ausgangspunkt, der Unterscheidung von Staat und Gesellschaft immer weiter entfernen und mit dieser nur noch lose verbunden sind.

Eine solche Untersuchung soll im Folgenden versucht werden. Für sie ist die Unterscheidung von Staat und Gesellschaft ein maßgeblicher Ausgangspunkt. Hinreichend konkretisiert und durch mit der Unterscheidung verbundenes normatives Material angereichert, bietet sie immer auch Orientierungspunkte. Den archimedischen Punkt für den Sozialstaat des Grundgesetzes schlechthin stellt die Unterscheidung jedoch nicht dar.

---

[56] *C. Möllers*, Staat als Argument, 2000, S. 244 f.

IV. Resümee

So wenig im Grundsätzlichen Anlaß besteht, auf die Unterscheidung von Staat und Gesellschaft zu verzichten, so problematisch erweist es sich, diese Leitdifferenz zu einer eigenständigen normativen Bewertungsgrundlage für die Ausgestaltung des Sozialstaates zu erheben. Die entscheidende Frage im Kontext des freiheitsfunktionalen Sozialstaates des Grundgesetzes ist deshalb nicht die nach Trennung oder Identität von Staat und Gesellschaft, sondern nach der konkreten, und daß heißt immer auch differenzierten Zuordnung im Detail. Diese läßt sich anhand transkonstitutioneller Kriterien wie Freiheit und Demokratie bewerten, nicht aber in ihrer verfassungsrechtlichen Spezifik erfassen. Hierzu bedarf es vielmehr der im Folgenden darzulegenden Inblicknahme des Verfassungsrechts im Detail.

Teil 2:

Ausgewählte Probleme einer Verfassungsdogmatik des freiheitsdienlichen Sozialstaates

E. Einführende Überlegungen zum verfassungsdogmatischen Teil

Der Sozialstaat des Grundgesetzes läßt sich verfassungstheoretisch sinnvoll als ein normatives Programm zur Schaffung und Sicherung bestimmter sozialer Bedingungen individueller Freiheit verstehen – so lautet die Spitzenthese des ersten Teils dieser Arbeit. Mit anderen Worten: Der Sozialstaat des Grundgesetzes ist freiheitsfunktional ausgerichtet. Das Normativ der Freiheit des Menschen gibt dem Sozialstaat Grund, markiert zugleich aber eine in der Sozialstaatsidee selbst angelegte Grenze. Freilich kollidiert dieses einer freiheitlichen Sozialstaatsidee inhärente Grenzregime, auch dies hat sich in den Grundlegungen bereits gezeigt, innerhalb des verfassungsrechtlichen Gesamtgefüges mit einem zweiten wesentlichen Aspekt des Selbstbestimmungsgedankens: der demokratischen Selbstregierung der Freien und Gleichen als einer spezifischen Form der Herrschaft durch die Beherrschten. Für den freiheitsfunktionalen Sozialstaat des Grundgesetzes hat das im Demokratieprinzip verbürgte Entscheidungs- und Gestaltungsrecht des Souveräns zur Konsequenz, daß er eingelassen ist in die generelle wechselseitige *Ergänzung von*, aber auch *Spannung zwischen* individuellen Grundrechten und Volkssouveränität.

Fragt man nach der freiheitsdienenden Funktion des Sozialstaates, kommt die Dimension individueller politischer Autonomie, wie gesehen, ganz selbstverständlich mit in den Blick (supra C.VII.1. und 2.). Die Befähigung zur Wahrnehmung politischer Teilhaberechte ist ein „natürlicher“ Bestandteil des argumentativen Arrangements einer freiheitsverpflichteten Sozialstaatstheorie, die darlegt, warum es einen Sozialstaat geben *soll* und welche Anforderungen im Spannungsfeld kollidierender Freiheitsansprüche an diesen zu stellen sind. Damit ist dieser Aspekt sozialstaatlicher Befähigung aber immer auch schon in die autonomietheoretischen Autokorrekturmechanismen des freiheitsfunktionalen Sozialstaates eingebunden (Primat der Selbstrealisation, Vorbehalt des Möglichen).

Anders justiert sich hingegen das Zuordnungsverhältnis zwischen individueller Selbstbestimmung und demokratischer Selbstregierung, wenn es nicht um den der gesellschaftlichen Selbstverständigung gerade entzogenen und ihr vorgelagerten Bereich des Sozialstaates geht, sondern wenn die *Grenzen der demokratischen Gestaltung* des Sozialstaates gezeichnet werden sollen. Denn der Grund für die Rechtfertigung der mit einer sozialstaatlichen „Freiheitsförderungspolitik" zwangsläufig verbundenen Freiheitseingriffe liegt hier nicht mehr alleine in einem freiheitstheoretisch rekonstruierten Mindestanspruch eines jeden Bürgers auf bestimmte faktische Voraussetzungen eines selbstbestimmten Lebens, sondern ganz wesentlich tritt der politische *Wille* zur sozialen Staatsaktivität und Gesellschaftsgestaltung hinzu.

Wie bei jeder demokratischen Mehrheitsentscheidung stößt freilich auch die Herstellung bindender sozialstaatlicher Entscheidungen auf verfassungsrechtliche Grenzen. Diese können die *Art und Weise* des sozialen Staates betreffen, also bei vorhandenem Willen zum sozialen Staat dessen Ausgestaltung präfigurieren (etwa durch die Bindung an den Gleichheitssatz – Art. 3 GG – oder durch besondere Förderpflichten für Ehe und Familie – Art. 6 GG –, die zugleich als Benachteiligungsverbote fungieren). Sie können sich aber auch ebenso aus dem *abwehrrechtlichen Mindestschutz individueller Freiheit* ergeben, der durch die Grundrechte garantiert wird. Auch der demokratisch gewollte Sozialstaat findet deshalb in der Freiheit des Individuums seine Grenze – nur liegt diese jenseits der Grenzen, die einer rein individualzentrierten autonomietheoretischen Rekonstruktion des Sozialstaates selbst inhärent sind.

Diesen verfassungstheoretischen Ausgangsbefund gilt es nun im zweiten Teil der Arbeit in die Spezifika des verfassungsdogmatischen Sprachspiels zu übersetzen. Bereits im Rahmen der Grundlegungen einer Verfassungstheorie des Sozialstaates (supra B.II.) wurde auf den Selbststand der Dogmatik hingewiesen. Verfassungstheoretische Überlegungen lassen sich nicht ohne weiteres in die Verfassungsdogmatik überführen. Sie helfen allerdings bei der dogmatischen Erkenntnisgewinnung. Sie liefern Kriterien für die der Dogmatik abverlangten Systematisierungs-, Gliederungs-, Sortierungs- und Konkretisierungsleistungen. Der Verfassungstheorie kommt somit zwar nicht selbst verfassungsrechtliche Dignität zu, doch bietet sie ein heuristisches Instrument zur Rationalitätssteigerung bei der rechtswissenschaftlichen Aufarbeitung des geltenden konstitutionellen Rechtsbestandes (cf. supra B.II.1.).

Für die anstehende Übersetzungsleistung bietet es sich an, die aus der verfassungstheoretischen Aufarbeitung gewonnenen normativen Abschichtungen und Stufungen aufzunehmen. Dann wäre in einem ersten Schritt nach dem dogmatischen Stand eines freiheitsfunktionalen sozialen Minimums zu fragen (infra F.), welches der Sozialstaat von Verfassungs wegen bereitzustellen hat, wobei zwischen subjektiven Rechten und objektiven Verpflichtungen nochmals unterschieden werden kann. In einem zweiten Schritt wäre dann nach den verfassungsrechtlichen Gestaltungsräumen zu fragen, die einem der individuellen Freiheit verpflichteter, demokratisch legitimierter Sozialstaat über die Minima hinaus eröffnet (infra G.). In einem dritten Schritt schließlich wären die freiheitsrechtlichen Grenzen der demokratischen Gestaltung des freiheitsfunktionalen Sozialstaates zu konturieren (infra H.). Dabei wird insbesondere auf Fragen des einer legitimen, sozialstaatlichen Umverteilung notwendig vorausliegenden Nehmens einzugehen sein. Ebenso wird die verfassungstheoretische Distinktion zwischen einem normativ-freiheitsdienenden Sozialstaat und einem politisch verstandenen, sonstige Ziele verfolgenden Sozialstaat in die Verfassungsdogmatik übersetzt werden.

Der verfassungsdogmatische Teil der Untersuchung ist mit diesem Arbeitsprogramm bewußt selektiv angelegt und nimmt nicht für sich in Anspruch, kompendiumartig sämtliche Verfassungsfragen des Sozialstaates abzuarbeiten. Er geht insbesondere, der theoretischen Grundlegung folgend, von einem individualzentrierten Ansatz aus. Die Planungs-, Organisations- und Implementationsproblematik kommt deshalb nur insoweit in den Blick, als sie in einem unmittelbaren Zusammenhang mit einer freiheitsorientierten Begründung und Ausrichtung des Sozialstaates steht. Diese perspektivische Verengung ist eine zwangsläufige Folge des freiheitsfunktionalen Paradigmas, das der Arbeit insgesamt zugrunde gelegt wird. Teilt man die Diagnose aus der Einleitung, daß ein rein pragmatisches Sozialstaatsverständnis verfassungstheoretisch und -dogmatisch nicht zureicht, folgt man zugleich aber der in der verfassungstheoretischen Grundlegung dargelegten Einsicht, daß ein genealogisch-strukturtheoretischer Ansatz zur Überwindung seiner Schwächen wenig beizutragen hat, verbleibt als Alternative nur eine auf klassische Normative aufruhende Konzeption des Sozialstaates des Grundgesetzes. Dem individuell-freiheitlichen Gesamtgefüge des Grundgesetzes entspricht dann ein freiheitstheoretisches und damit individualzentriertes Sozialstaatsmodell am ehesten. Ein solches Verständnis eines freiheitsfunktionalen Sozialstaates führt insbesondere dazu, unter dem Topos des sozialen Staates nicht sämtliche Gemeinwohlfragen verhandelt wissen zu wollen.[1] Der Sozialstaat ist keine Verfassungschiffre für die Idee eines vom Staat zu hegenden und zu schützenden Allgemeinen, das über die Summe der Individualinteressen hinausgeht, sondern als freiheitsverpflichtet verstanden an die Individuen und ihre Interessen, Belange, Wünsche und Bedürfnisse zurückgebunden. Die mit dem sozialen Staat notwendig verbundene gemeinschaftliche Einbindung der Freiheit des einzelnen[2] wird so zugleich rückgekoppelt an die Freiheit der Individuen und damit antitotalitär imprägniert.

Verfahrens-, organisations- und planungsrechtliche Fragen, wie sie in der neueren Verwaltungsrechtslehre in den letzten Jahren traktiert wurden[3] und

---

[1] Cf. hierzu auch *M. Anderheiden*, Gemeinwohl in Republik und Union, 2006, S. 218 ff.

[2] Cf. BVerfGE 4, 7 ff.

[3] Cf. im Überblick etwa *A. Voßkuhle*, Neue Verwaltungswissenschaft, in: W. Hoffmann-Riem/E. Schmidt-Aßmann/A. Voßkuhle (Hrsg.), Grundlagen des Verwaltungsrechts, 2006, S. 1 ff.; *G. F. Schuppert*, Verwaltungsorganisation und Verwaltungsorganisationsrecht als Steuerungsfaktoren, ebenda, S. 995 ff. mit weit. Nachw.; *E. Schmidt-Aßmann*, Das allgemeine Verwaltungsrecht als Ordnungsidee, 2. Aufl. 2006, S. 124 ff. und öfter, der das Sozialrecht als Referenzgebiet für die Systembildung und dogmatische Entwicklung des allgemeinen Verwaltungsrechts heranzieht.

von dort aus auch auf die Bearbeitung verfassungsrechtlicher Fragestellungen zurückwirkten, geraten somit in dieser Arbeit ein wenig in den Hintergrund. Zwar lassen sich auch aus einer freiheitstheoretischen Position heraus Anforderungen an das sozialstaatliche Verwaltungsverfahrens-, Organisations- und Planungsrecht formulieren;[4] doch haben Organisation und Verfahren im Sozialstaat – wie im freiheitsverpflichteten und im Dienst der Menschenwürde stehenden Staat überhaupt – dienenden und damit sekundären Charakter. Um ihre verfassungsrechtliche Einbindung ergründen zu können, bedarf es gerade einer genaueren Analyse des Rechtsguts – der Rechtsidee –, auf das bzw. die sich Organisation und Verfahren beziehen. Diese Zweckbestimmung jedoch ist beim Sozialstaat des Grundgesetzes in hohem Maße ungewiß. Deshalb gilt ihr das Hauptaugenmerk.

Nicht explizit wird auch auf aktuelle Herausforderungen des Sozialstaates eingegangen, wie sie aus der Internationalisierung und Globalisierung wirtschaftlicher und politischer Prozesse, dem demographischen Wandel, den Veränderungen der Arbeitsgesellschaft etc. resultieren. Denn zum einen nimmt das freiheitsfunktionale Sozialstaatsparadigma für sich in Anspruch, über die Problemwahrnehmungen des Jetzt und Hier hinaus angelegt zu sein. Zum anderen aber wird implizit unterstellt, daß gerade deshalb eine Dogmatik des freiheitsdienlichen Sozialstaates (auch) für die Gegenwartsfragen des Wohlfahrtsstaates, soweit dies dem Recht möglich ist, paßgenaue Antworten bereithält.

---

[4] Grundlegend *R. Pitschas*, Formelles Sozialstaatsprinzip, materielle Grundrechtsverwirklichung und Organisation sozialer Dienstleistungen, in: VSSR 5 (1977), 141 ff.; ferner *ders.*, Organisationsrecht als Steuerungsressource in der Sozialverwaltung, in: E. Schmidt-Aßmann/W. Hoffmann-Riem (Hrsg.), Verwaltungsorganisationsrecht als Steuerungsressource, 1997, S. 151 ff.; *ders.*, Soziale Sicherungssysteme im „europäisierten" Sozialstaat, in: Festschrift 50 Jahre Bundesverfassungsgericht, Bd. 2, 2001, S. 827 (847 ff.); *ders.*, Das sozialrechtliche Verwaltungsverfahren im „aktivierenden" Sozialstaat, in: Festschrift 50 Jahre Bundessozialgericht, 2004, S. 765 ff. Zu Organisation und Verfahren der Sozialverwaltung auch *P. J. Tettinger*, Verwaltungsrechtliche Instrumente des Sozialstaates, in: VVDStRL 64 (2005), S. 199 (210 ff.).

F. Die Bestimmung des sozialen Minimums im freiheitsdienenden Sozialstaat

I. Bestandsaufnahme

1. Normbestand des Grundgesetzes

Auf der rechtstextuellen Ebene ist der Sozialstaat des Grundgesetzes nur schwach konturiert (cf. supra A.). Neben der Formel vom sozialen Staat in Art. 20 Abs. 1 GG, Art. 28 Abs. 1 S. 1 GG und den sozialen Grundsätzen (Art. 23 Abs. 1 S. 1 GG) finden sich wenige unmittelbare Anhaltspunkte für die verfassungsrechtliche Ausgestaltung des Sozialstaates. Die Gesetzgebungskompetenzen zählen Bereiche auf, die üblicherweise dem materiellen Sozialrecht[1] zugeordnet werden, so z.B. Art. 73 Abs. 1 Nr. 13 (Versorgung der Kriegsbeschädigten und Kriegshinterbliebenen und die Fürsorge für die ehemaligen Kriegsgefangenen), Art. 74 Abs. 1 Nr. 7 (öffentliche Fürsorge), Nr. 9 Alt. 2 (Wiedergutmachung), Nr. 12 (Sozialversicherung einschließlich der Arbeitslosenversicherung), Nr. 13 Alt. 1 (Ausbildungsbeihilfen), Nr. 19a GG (wirtschaftliche Sicherung der Krankenhäuser und die Regelung der Krankenhauspflegesätze). Art. 87 Abs. 2 GG enthält eine Sonderregelung zur Verbandszuordnung (Bund oder Land) bei sozialen Versicherungsträgern und Art. 120 Abs. 1 S. 4 GG sieht Bundeszuschüsse für die Sozialversicherungen vor.

Konkrete subjektive Rechte auf bestimmte soziale Leistungen oder detaillierte objektive Verpflichtungen des Staates zur Erbringung solcher Leistungen sind dem Textbestand des Grundgesetzes augenscheinlich fremd. Lediglich Art. 6 Abs. 1 und 4 GG lassen sich ohne größeren interpretatorischen Aufwand Schutz- und Fürsorgepflichten (zugunsten der Ehe, der Familie und den Müttern) entnehmen. Art. 3 Abs. 3 GG enthält zudem ein Benachteiligungsverbot bei Behinderungen. Ob die Allgemeinwohlverpflichtung in Art. 14 Abs. 2 GG hingegen einen herausgehobenen Bezug zum Sozialstaatsprinzip aufweist, darf schon bezweifelt werden – zumindest, wenn man Gemeinwohlbelange nicht schlicht mit dem Sozialstaatsgedanken gleichsetzt, wofür Wortlaut und Tradition streiten (cf. auch infra H.I.1.d.).

---

[1] Hierzu näher *S. Muckel*, Sozialrecht, 2. Aufl. 2007, S. 19 ff.

Auf die Aufnahme besonderer sozialer Grundrechte und anderweitiger Bestimmungen zur Gestaltung der Sozial- und Wirtschaftsordnung haben die Väter und Mütter des Grundgesetzes hingegen, sieht man von der Koalitionsfreiheit in Art. 9 Abs. 3 GG ab,[2] bewußt und in Absetzung von der Allgemeinen Erklärung der Menschenrechte[3] und zahlreichen vorkonstitutionellen Landesverfassungen[4] verzichtet. Später stand zweimal in der Geschichte der Bundesrepublik eine Novellierung des Grundgesetzes mit dem Ziel, soziale Grundrechte in die Verfassung aufzunehmen, ernsthaft auf der politischen Tagesordnung: Zu Beginn der 1980er Jahre löste eine Absichtsklausel im Koalitionsvertrag von SPD und FDP eine breite staatsrechtliche Diskussion über Sinn und Zweck sozialer Grundrechte aus;[5] mit dem Auseinanderbrechen der rot-gelben Koalition erledigte sich jedoch auch das Vorhaben einer Neuordnung des Grundrechtskataloges unter Aufnahme sozialer Rechte. Im Zuge der Wiedervereinigung Deutschlands schließlich befaßte sich die Gemeinsame Verfassungskommission von Bundestag und Bundesrat intensiv mit der Frage, ob die Sozialstaatlichkeit konkretisierende und ergänzende Vorschriften in das Grundgesetz aufgenommen werden sollen. Mehrheitlich lehnte man dies ab.[6]

2. Die Frage nach dem gebotenen Minimum

Ungeachtet dieses dürftigen Textbefundes stehen Rechtspraxis und Rechtswissenschaft in der Herausforderung, gehaltvolle Aussagen über die verfassungsrechtliche Bedeutung des „sozialen" Staates nach Art. 20 Abs. 1 GG zu machen. So drängt sich zwangsläufig die Frage auf, ob die Ausgestaltung und Durchformung des Sozialstaates mangels näherer verfassungsrechtlicher Vorgaben

[2] Zu Verbindungen zwischen der Koalitionsfreiheit und dem sozialen Staat (auf der Grundlage eines hier nicht geteilten Sozialstaatsverständnisses – supra A.IV.2.) *H. Ridder*, Zur verfassungsrechtlichen Stellung der Gewerkschaften im Sozialstaat nach dem Grundgesetz für die Bundesrepublik Deutschland, 1960; *H. Lenz*, Die unbehagliche Nähe der Koalitionsgarantie zum Sozialstaat, in: Festschrift für W. Abendroth, 1968, S. 203 ff.; allgemein zum Charakter des Art. 9 Abs. 3 GG als soziales Grundrecht *H. Bauer*, in: H. Dreier (Hrsg.), GG, Bd. 1, 2. Aufl. 2004, Art. 9 Rdnr. 66 ff., 87 ff., 101 ff.; *C. Kannengießer*, in: B. Schmidt-Bleibtreu/F. Klein (Hrsg.), GG, 10. Aufl. 2004, Art. 9 Rdnr. 3, 20 ff.; *M. Kemper*, in: v. Mangoldt/Klein/Starck, GG, 5. Aufl. 2005, Art. 9 Abs. 3 Rdnr. 82 ff., 171 ff., 177 ff.

[3] Cf. Art. 22 und 25 AEMR.

[4] Hierzu umfassend *A. Brenne*, Soziale Grundrechte in den Landesverfassungen, 2003.

[5] Cf. *E.-W. Böckenförde/J. Jekewitz/T. Ramm* (Hrsg.), Soziale Grundrechte, 1981; *J. Lücke*, Soziale Grundrechte als Staatszielbestimmungen und Gesetzgebungsaufträge, in: AöR 107 (1982), 15 ff.; *J. Isensee*, Verfassung ohne soziale Grundrechte, in: Der Staat 19 (1980), 367 ff.

[6] BT-Dr. 12/6000, S. 75 ff., ohne sich freilich von den sozialen Politikzielen zu distanzieren (S. 77 f.).

schlicht in das Ermessen des Gesetzgebers sowie der durch die Legislative programmierten Verwaltung gestellt ist oder ob dem Grundgesetz nicht doch bestimmte verbindliche Vorgaben zur Gestalt des sozialen Staates entnommen werden können. Solche konstitutionellen Präfigurierungen könnten sich ganz allgemein auf den von einer demokratischen Mehrheit getragenen Sozialstaat erstrecken – etwa, wenn man im Hinblick auf die paternalistische „Versuchung" des Sozialstaates grundgesetzliche Standards für eine freiheits- und rechtsstaatsadäquate Ausgestaltung formuliert – mit entsprechenden Folgen für die Art der Leistungserbringung, für Verfahrensrechte Betroffener, aber auch für die Organisation der Sozialverwaltung. Die Frage nach den Verfassungsbindungen des Sozialstaates richtet sich aber auch auf dessen *Mindestgehalt*. Wenn der Verfassunggeber schon die Formel vom sozialen Staat in eine der wichtigsten Normen des Grundgesetzes, den durch Art. 79 Abs. 3 GG zum normativen Hochadel der Verfassung erhobenen Art. 20 Abs. 1 GG, aufgenommen hat,[7] wird man davon auszugehen haben, daß mit der Norm auch ein bestimmter *Sollensgehalt* verbunden ist, der Statuierung des „sozialen" Staates also nicht lediglich der Charakter eines Programmsatzes zukommt (cf. supra A.II.–V.). Das Grundgesetz sucht sich schließlich von der Weimarer Reichsverfassung durch ein hohes Maß an rechtlicher Verbindlichkeit abzusetzen; in den Verfassungsberatungen kam dieser Wille immer wieder zum Ausdruck. Die ausdrücklichen Bindungsklauseln in Art. 1 Abs. 3 GG und Art. 20 Abs. 3 GG legen von diesem Willen textuell eindeutig Zeugnis ab. Auch das Sozialstaatsprinzip ist von diesem Grundsatz normativer Verbindlichkeit erfaßt. Der Sollensgehalt Art. 20 Abs. 1 GG kann sich dann aber wohl kaum nur auf den politisch *gewollten* Sozialstaat erstrecken. Denn sonst stünde der soziale Staat des Grundgesetzes unter dem Vorbehalt entsprechender parlamentarischer Mehrheiten, hätte also keinen jeder politischen Entscheidung vorgelagerten verfassungsrechtlichen Gehalt. *Deshalb stellt sich zwangsläufig die Frage nach dem verfassungsrechtlich gebotenen sozialen Minimum*, für das der Staat als Sozialstaat einzustehen hat. Wenn Art. 20 Abs. 1 GG einen echten Rechtssatz bildet und nicht nur eine unverbindliche Programmerklärung, muß er auch einen Mindestgehalt haben, dem Staat also gewisse Vorgaben zu Maß und Form seiner sozialen Aktivitäten machen. Diese aber angesichts des spärlichen Textbefundes de lege artis zu eruieren, erweist sich als eine zentrale Herausforderung der verfassungsrechtlichen Aufarbeitung des Sozialstaates.

Drei Wege wurden unter dem Grundgesetz hierzu durch Rechtsprechung und Rechtswissenschaft beschritten. 1.) Bereits früh wurden Art. 20 Abs. 1 und Art. 1 Abs. 1 GG in einen Dialog gebracht, das sozialstaatliche Minimum also durch Rückgriff auf den Menschenwürdetitel näher zu bestimmen versucht.

---

[7] Zur Frage, ob der Sozialstaat am „Ewigkeitsgebot" der Verfassung teilhat, cf. supra A. Fußn. 29.

2.) Ferner wurden die einzelnen Freiheitsrechte herangezogen, um den Gehalt des Sozialstaates zu konkretisieren – die zunächst als Abwehrrechte des Bürgers gegenüber dem Staat verstandenen Grundrechte wurden also sozialstaatlich aufgeladen. 3.) Schließlich ist daran zu denken, objektiv-rechtliche Mindestgehalte aus dem Zusammenspiel mit anderen Verfassungsbestimmungen zu gewinnen, z.B. den Kompetenzverteilungskatalogen der Art. 73 f. GG.

Alle drei Ansätze bieten für eine Verfassungsdogmatik, die ein freiheitliches Sozialstaatsverständnis widerzuspiegeln sucht, Chancen. Alle drei Ansätze weisen aber auch, jeder auf seine Weise, beachtliche Probleme auf, wie im Folgenden zu zeigen sein wird. In einem ersten Abschnitt soll nun zunächst der Wechselbeziehung von Art. 20 Abs. 1 und Art. 1 Abs. 1 GG nachgegangen werden. Hierbei wird Rückschau auf die dogmengeschichtliche Entwicklung gehalten und anschließend die konstitutive Unbestimmtheit der Menschenwürde beleuchtet sowie nach den Implikationen dieser Unbestimmtheit für die Frage des verfassungsgebotenen sozialen Minimums gefragt. Hieran anschließend sollen drei Strategien vorgestellt werden, das Unbestimmtheitsproblem bei der Quantifizierung einer verfassungsrechtlich gebotenen Mindestunterstützung zu umgehen. Schließlich wird nach dem verfassungsdogmatischen Ort für die Berücksichtigung fiskalischer und anderer pragmatischer Belange bei der Verankerung des sozialstaatlichen Leistungsminimums in Art. 20 Abs. 1 GG i.V.m. Art. 1 Abs. 1 GG gefragt. Zusammengenommen führen diese Überlegungen, dies sei an dieser Stelle bereits ausgewiesen, zu deutlicher Skepsis gegenüber dem Ansatz, in der Menschenwürde einen subjektiv-rechtlichen Bestimmungsgrund des sozialstaatlichen Minimums zu sehen.

II. Das sozialstaatliche Minimum in subjektivrechtlicher Hinsicht

1. Menschenwürde als Bestimmungsgrund des sozialstaatlichen Minimums

a) Rückschau: Zur Verzahnung von Menschenwürde und Sozialstaatlichkeit

aa) Später Wechselbezug in der Ideengeschichte der Würde

Zieht man die Idee der Menschenwürde als Bestimmungsgrund für ein vom Grundgesetz gefordertes sozialstaatliches Minimum heran, unterstellt man eo ipso, daß beide Normative in einem sinnvollen Zusammenhang stehen. Dieser Konnex ist jedoch ideen-, verfassungs- und dogmengeschichtlich keineswegs selbstverständlich. Der Rechtstitel der Menschenwürde kennt bekanntlich eine kurze Verfassungs- und eine lange Ideengeschichte. Verfolgt man die Entwicklung hin zur Etablierung der Menschenwürde als „oberstes Konstruktionsprinzip der Verfassung"[8], so zeigt sich, daß der Würdetopos lange Zeit für Fragen sozialer Gerechtigkeit ohne größere Bedeutung war.[9] Noch Kant blieb die ökonomiekritische Pointe seiner eigenen Würdebestimmung – Würde als Prädikat, das über jeden *Preis* erhaben ist[10] – verschlossen.[11] Erst bei *Friedrich Schiller* finden, dezidiert gegen Kant gerichtet, die Emphase der Würde und der sozialen Gerechtigkeit zusammen:

> „Würde des Menschen. Nichts mehr davon, ich bitt euch. Zu essen gebt ihm, zu wohnen. Habt ihr die Blöße bedeckt, gibt sich die Würde von selbst".[12]

Mit dem Aufkommen der sozialen Frage in Deutschland im 19. Jahrhundert (cf. supra B.I.2.) wird dann auch der Begriff der Menschenwürde zum sozialpolitischen Schlagwort.[13] Das Verlangen nach „menschenwürdigen Zuständen" und die Forderung nach einem „menschenwürdigen" Dasein bilden zentrale Anliegen der frühen Sozialisten.[14] Die Arbeiter, so etwa *Ferdinand Lassalle*, hätten gegenüber dem Staat den Anspruch, daß

> „er sein ganzes Sinnen und Trachten darauf richte, wie die kummervolle und notbeladene materielle Lage der arbeitenden Klassen zu verbessern, und wie auch ihnen ... zu einem wahrhaft menschenwürdigen Dasein zu verhelfen sei".[15]

Die hier angedeutete Amalgamierung von Würdeverpflichtung und sozialer Verpflichtung des Staates wurde von Teilen des Christentums rezipiert, beim Gebot der Nächstenliebe kontextualisiert, in christliche Würdevorstellungen aufgenommen und wohlfahrtsstaatlich übersetzt.[16] Schließlich fand sie mit der Durchsetzung des Anspruchs der Sozialdemokratie auf demokratische Teil-

---

[8] BVerfGE 36, 174 (188).

[9] Cf. ausführlich *H. M. Heinig*, Menschenwürde und Sozialstaat, in: P. Bahr/H. M. Heinig (Hrsg.), Menschenwürde in der säkularen Verfassungsordnung, 2006, S. 251 (253 ff.) mit weit. Nachw.

[10] *I. Kant*, Grundlegung zur Metaphysik der Sitten (1785), in: ders., Werke, hrsg. v. W. Weischedel, Bd. 4, 1998, S. 11 (67 f., 72); *ders*, Metaphysik der Sitten. Zweiter Teil (1797), in: ders., Werke, hrsg. v. W. Weischedel, Bd. 4, 1998, S. 301 (562 ff., 568 ff., 600 ff.).

[11] Hierzu *J. von Soosten*, Neubau der Sittlichkeit, in: P. Bahr/H. M. Heinig (Hrsg.), Menschenwürde in der säkularen Verfassungsordnung, 2006, S. 297 ff. Zu Kant und dem Sozialstaat supra C.III.2.d.

[12] *F. Schiller*, Epigramme (1796 ff.), in: ders., Werke, Bd. 1, 1973, S. 248.

[13] *R. P. Horstmann*, Art. Menschenwürde, in: J. Ritter u.a. (Hrsg.), Historisches Wörterbuch der Philosophie, Bd. 5, 1980, Sp. 1124 (1126); *K. Bayertz*, Die Idee der Menschenwürde, in: ARSP 81 (1995), 465 (470).

[14] Cf. *V. Pöschl/P. Kondylis*, Art. Würde, in: Brunner/Conze/Koselleck (Hrsg.), Geschichtliche Grundbegriffe, Bd. 7, 1992, S. 637 (670 ff.).

[15] *F. Lassalle*, Das Arbeiterprogramm. Ges. Reden und Schriften, hrsg. v. E. Bernstein, Bd. 2, 1919, S. 173 f.

[16] Zu Einspeisungen aus der Kultur- und Theologiegeschichte des Christentums in moderne Konzepte des Sozialstaates cf. bereits oben B.II.3.e. Speziell zur Menschenwürde *J. von*

habe an der politischen Macht in Deutschland 1919 auch den Weg in den Verfassungstext. Art. 151 S. 1 WRV nahm den von den Sozialisten und Teilen der christlichen Soziallehre angesonnenen Konnex zwischen Würde und sozialer Gestaltung auf:

> „Die Ordnung des Wirtschaftslebens muß den Grundsätzen der Gerechtigkeit mit dem Ziele der Gewährleistung eines menschenwürdigen Daseins für alle entsprechen".

Gleichwohl bleibt die Verbindung von Sozialstaat und Menschenwürde prekär. Nicht von ungefähr weist *Ernst Bloch* in „Naturrecht und menschliche Würde" auf die grundlegenden Unterschiede zwischen sich auf Würde beziehenden Naturrechtslehren einerseits und auf die Überwindung sozialer Mißstände zielenden Sozialutopien andererseits hin:

> „Die Sozialutopien gehen überwiegend auf Glück, mindestens auf Abschaffung der Not und der Zustände, die diese erhalten oder produzieren. Die Naturrechtstheorien gehen ... auf Würde, auf Menschenrechte, auf juristische Garantien der menschlichen Sicherheit oder Freiheit, als Kategorien des humanen Stolzes. Demgemäß richtet sich die Sozialutopie vor allem auf Abschaffung des menschlichen Elends, das Naturrecht auf Abschaffung menschlicher Erniedrigung. Die Sozialutopie will wegräumen, was der Eudämonie aller, das Naturrecht, was der Autonomie und Eunomie im Wege steht."[17]

Die Lösung der sozialen Frage und der Schutz der menschlichen Würde sind so gesehen zweierlei und entsprechend disparat zu behandeln.

bb) Widerstrebende Anfänge in der Rechtsprechung

Die enge verfassungsdogmatische Verzahnung von Art. 1 Abs. 1 GG und Art. 20 Abs. 1 GG, die sich in Rechtsprechung und wissenschaftlichem Schrifttum schließlich durchsetzte, war deshalb anfangs keineswegs vorgezeichnet.[18] Der Normtext selbst legt sie nicht unbedingt nahe. Die Verbindung zwischen Menschenwürde und Sozialstaat ist vielmehr – verfassungstypisch – ebenso

---

Soosten, Neubau der Sittlichkeit, in: P. Bahr/H. M. Heinig (Hrsg.), Menschenwürde in der säkularen Verfassungsordnung, 2006, S. 297 ff.

[17] *E. Bloch*, Naturrecht und menschliche Würde, 1972, S. 234 f.; cf. a. *V. Neumann*, Menschenwürde und Existenzminimum, in: NVwZ 1995, 426 (427).

[18] Cf. wiederum *H. M. Heinig*, Menschenwürde und Sozialstaat, in: P. Bahr/H. M. Heinig (Hrsg.), Menschenwürde in der säkularen Verfassungsordnung, 2006, S. 251 (262 ff.) mit weit. Nachw.; s.a. *W. Cremer*, Freiheitsgrundrechte, 2003, S. 382 ff.; rechtsvergleichend näher *R. Hofmann*, Verfassungsrechtliche Rahmenbedingungen und Vorkehrungen gegen Armutsrisiken, in: ders. u.a. (Hrsg.), Armut und Verfassung, 1998, S. 3 ff.; *F. Merli*, Rechtliche Grenzen für den Umbau und Abbau des Sozialstaates, ebenda, S. 13 (20 ff.); *J. Martinéz Soria*, Das Recht auf Sicherung des Existenzminimums, in: JZ 2005, 644 (646 f.); eine intensive Auseinandersetzung mit einem Grundrecht auf Existenzsicherung findet sich im Schweizer Schrifttum zu Art. 12 der totalrevidierten Bundesverfassung; cf. *K. Amstutz*, Das Grundrecht auf Existenzsicherung, 2002 mit weit. Nachw.

klar wie vage strukturiert: Art. 1 Abs. 1 GG verpflichtet die Staatsgewalt die Menschenwürde bei jedweder staatlichen Tätigkeit zu achten und zu schützen. Dieses Gebot bindet selbstredend auch den in Art. 20 Abs. 1 GG erwähnten sozialen Staat. Eine besondere Affinität des Sozialstaatsprinzips zur Menschenwürde ist im Verfassungstext aber – anders als in der Weimarer Reichsverfassung mit den Zielvorgaben für die Wirtschaftsordnung in Art. 151 Abs. 1 WRV (cf. supra aa.) – nicht angelegt. Welche Gestalt des Sozialstaates würdegeboten und würdegemäß ist, läßt sich der Verfassung somit nicht ohne weiteres entnehmen.

Wohl nicht zuletzt deshalb zeigte sich das *Bundesverfassungsgericht* von Postulaten einer an der Menschenwürde orientierten Neuausrichtung des überkommenen Wohlfahrtsstaates zunächst unbeeindruckt. Es stellte sich in seiner ersten Entscheidung zu Art. 1 Abs. 1 GG vielmehr ganz in die von Bloch benannte Tradition, Würde und Sozialschutz strikt zu trennen. Die Verpflichtung des Staates zum Schutz der Menschenwürde meine

> „nicht den Schutz vor materieller Not, sondern Schutz gegen Angriffe auf die Menschenwürde durch andere, wie Erniedrigung, Brandmarkung, Verfolgung, Ächtung usw.".[19]

Auch das Recht auf Leben und körperliche Unversehrtheit (Art. 2 Abs. 2 S. 1 GG) räume dem einzelnen kein Grundrecht auf angemessene Versorgung ein.[20] Zuvörderst sei der Gesetzgeber aufgefordert, über Art und Ausmaß sozialer Aktivitäten des Staates zu entscheiden und sich um einen „erträglichen Ausgleich der widerstreitenden Interessen" zu bemühen.[21] Ein in der Verfassung begründeter *Anspruch auf Fürsorge* käme allenfalls in Betracht, wenn der Gesetzgeber seine Pflicht zur Verwirklichung des Sozialstaates willkürlich verletze.

Einen anderen Grundton schlug dagegen das *Bundesverwaltungsgericht* mit einer Entscheidung aus dem Jahre 1954 an.[22] Das Urteil bestätigte höchstrichterlich einen durch die Verwaltungsgerichtsbarkeit in der Nachkriegszeit eingeleiteten, grundlegenden Paradigmenwandel im Sozialrecht. Ursprünglich stand die öffentliche Fürsorge als Armenpflege ganz im Zeichen der öffentlichen

---

[19] BVerfGE 1, 97 (104).

[20] Zur – unergiebigen – Entstehungsgeschichte des Grundgesetzes für ein Verfassungsrecht auf Existenzminimum näher *W. Cremer*, Freiheitsgrundrechte, 2003, S. 378 ff.; mit etwas anderen Akzenten *B. Könemann*, Der verfassungsunmittelbare Anspruch auf das Existenzminimum, 2005, S. 39 ff. und öfter. Die Aufnahme eines expliziten Schutzes des Existenzminimums wurde nach einigem Hin und Her zwar abgelehnt (cf. mit weit. Nachw. *W. Cremer*, ebenda, S. 379 f.; *C. Enders*, Sozialstaatlichkeit im Spannungsfeld von Eigenverantwortung und Fürsorge, in: VVDStRL 64 (2005), S. 7 [11 f.]), doch läßt sich hieraus nicht folgern, daß dem Sachanliegen als solchem eine Absage erteilt wurde (*W. Cremer*, ebenda, S. 380 f.); ebenso *W. G. Leisner*, Existenzsicherung im Öffentlichen Recht, 2007, S. 153 f.

[21] BVerfGE 1, 97 (105).

[22] BVerwGE 1, 159 ff.; hierzu auch *H. Goerlich/J. Dietrich.*, Fürsorgerisches Ermessen, Garantie des Existenzminimums und legislative Gestaltungsfreiheit, in: Jura 1992, 134 ff.

Ordnung; sie war also „policeylich" indiziert und insoweit eine Aufgabe des Staates, nicht aber ein Recht der Empfänger.[23] Auf Hilfe durch Fürsorge bestand deshalb kein Anspruch. Diese Auffassung hielt sich bis in die Weimarer Zeit (und selbstredend den Nationalsozialismus) hinein. In scharfem Kontrast zu dieser Tradition betonte das Bundesverwaltungsgericht: „Soweit das Gesetz dem Träger der Fürsorge zugunsten des Bedürftigen Pflichten auferlegt, hat der Bedürftige entsprechende Rechte".[24]

Die Leitgedanken des Grundgesetzes haben – so das Bundesverwaltungsgericht – zu einer Neuinterpretation des (damals noch geltenden, im Wortlaut unveränderten, traditionellen) Fürsorgerechts zu führen.

> „Der Einzelne ist zwar der öffentlichen Gewalt unterworfen, aber nicht Untertan, sondern Bürger. Darum darf er in der Regel nicht lediglich Gegenstand staatlichen Handelns sein. Er wird vielmehr als selbständige sittlich verantwortliche Persönlichkeit und deshalb als Träger von Rechten und Pflichten anerkannt."

Insbesondere die

> „unantastbare, von der staatlichen Gewalt zu schützende Würde des Menschen (Art. 1) verbietet es, ihn lediglich als Gegenstand staatlichen Handelns zu betrachten, soweit es sich um die Sicherung des ‚notwendigen Lebensbedarfs' ..., also des Daseins überhaupt, handelt."[25]

Das Fürsorgerecht sei also mit Rücksicht auf die grundgesetzlichen Vorgaben, u.a. die Menschenwürde, trotz des unveränderten Wortlautes nicht mehr rein objektiv-rechtlich als Verpflichtung des Staates zu verstehen, sondern als Katalog vom Gesetzgeber geschaffener, derivativer subjektiver Rechte der Hilfsbedürftigen.

Das Bundesverwaltungsgericht widersetzte sich mit dieser Entscheidung nicht dem Diktum des Verfassungsgerichts, daß der Gesetzgeber zur Konkretisierung des Sozialstaatsprinzips berufen sei, verfassungsunmittelbare Ansprüche auf soziale Transfers in der Regel also nicht bestünden.[26] Es betonte aber, daß der Gesetzgeber von Verfassungs wegen seinen Gestaltungsauftrag im Normalfall dergestalt zu verfolgen habe, daß dem Betroffenen eigene Rechte eingeräumt werden, er also nicht nur reflexartig begünstigt wird.[27]

---

[23] Mit weit. Nachw. *C. Sachße/F. Tennstedt*, Geschichte der Armenfürsorge in Deutschland, 1980, S. 85 ff.; *M. Stolleis*, Geschichte des Sozialrechts in Deutschland, 2003, S. 17 ff.

[24] BVerwGE 1, 159 (Ls.); die Entwicklung läutete der Bay.VGH unter Verweis auf Art. 125 und Art. 168 Abs. 3 Bay.Verf. ein; Bay.VGH, DÖV 1949, 375; cf. a. zur nachfolgenden Rechtsprechung *H. Gottschick*, Öffentliche Fürsorge und Verwaltungsgerichtsbarkeit, in: DÖV 1963, 435 ff.; insg. *M. Stolleis*, Geschichte des Sozialrechts in Deutschland, 2003, S. 216 ff.

[25] BVerwGE 1, 159 (161).

[26] Cf. a. *E. Schmidt-Aßmann*, Verfassungsprinzipien für den Europäischen Verwaltungsverbund, in: W. Hoffmann-Riem/E. Schmidt-Aßmann/A. Voßkuhle (Hrsg.), Grundlagen des Verwaltungsrechts, 2006, S. 241 (298).

[27] Zum „Recht auf Ansprüche" auch *G. Lübbe-Wolff*, Soziale Grundrechte und Verfassungsaufträge, in: JöR n.F. 53 (2005), 1 (20).

cc) Wirkmächtige Umschreibung im Schrifttum

Im Gegensatz zum Bundesverfassungsgericht stand das rechtswissenschaftliche Schrifttum in der frühen Bundesrepublik einer sozialstaatlichen Aufladung des Art. 1 Abs. 1 GG ausgesprochen aufgeschlossen gegenüber. In der – inzwischen geradezu legendären –[28] Kommentierung zu Art. 1 Abs. 1 GG von *Günter Dürig* (aus dem Jahre 1958) findet man als Resümee der entsprechenden Debatte:

> „Die Menschenwürde als solche ist auch getroffen, wenn der Mensch gezwungen ist, ökonomisch unter Lebensbedingungen zu existieren, die ihn zum Objekt erniedrigen."[29]

Ohne ein Minimum an äußeren materiellen Lebensbedingungen habe der Mensch als solcher nicht das, was Würde ausmache, „nämlich die Fähigkeit, sich in freier Entscheidung über die unpersönliche Umwelt" zu erheben.[30]

Ausgehend von dieser Prämisse wird die eben zitierte Grundentscheidung des Bundesverwaltungsgerichts in der Kommentierung Dürigs wirkungsmächtig umgeschrieben[31] und der Wechselbezug zwischen Sozialstaatsgebot und Menschenwürde umbesetzt. Diente dem Bundesverwaltungsgericht Art. 1 Abs. 1 GG noch zur Begründung einer Verpflichtung des Staates zur Einräumung subjektiver Rechte zugunsten der Bürger (auch) im Bereich der Leistungsverwaltung, ohne daß es auf den sedes materiae, die sozialrechtliche Prägung der Rechte, besonders angekommen wäre, postuliert Dürig im Hinblick auf

> „die Sozialstaatsentscheidung des Grundgesetzes (Art. 20, 28, 79 III) in Verb. mit Art. 1 I eine … Staatspflicht auf Verschaffung mindestens des Existenzminimums."

---

[28] Cf. *E.-W. Böckenförde*, Die Würde des Menschen war unantastbar, in: FAZ vom 3.9.2003, Nr. 204, S. 34, 36.

[29] *G. Dürig*, in: Maunz/Dürig, GG, Art. 1 I Rdnr. 43 (1. Lfg. 1958) mit weit. Nachw.; zur Würdediskussion in den 1950er Jahren cf. etwa *E. Wolf*, Die Freiheit und Würde des Menschen, in: H. Wandersleb (Hrsg.), Recht, Staat, Wirtschaft Bd. IV, 1953, S. 27 ff.; *H. v. Mangoldt*, GG, 1. Aufl. 1953, Art. 1 Tz. 2; *G. Dürig*, Der Grundsatz von der Menschenwürde, AöR 81 (1956), 117 ff.; *H.-C. Nipperdey*, Die Würde des Menschen, in: F. Neumann u.a. (Hrsg.), Die Grundrechte, Bd. II, 1954, S. 1 ff. (insb. S. 6 zu BVerfGE 1, 97 [104]); *F. Münch*, Die Menschenwürde als Grundforderung unserer Verfassung, 1952; *W. Wertenbruch*, Grundgesetz und Menschenwürde, 1958.

[30] *G. Dürig*, in: Maunz/Dürig, GG, Art. 1 I Rdnr. 43 (1. Lfg. 1958).

[31] Die Entscheidung des BVerwG (BVerwGE 1, 159 ff.) wird heute ganz im Dürigschen Sinne stets als Gründungsdokument eines vom Grundrecht der Menschenwürde ausgehenden, subjektiven Rechts auf Sicherung eines Existenzminimums zitiert (cf. etwa *R. Breuer*, Grundrechte als Anspruchsnormen, in: Festschrift 25 Jahre Bundesverwaltungsgericht, 1978, S. 89 [95 ff.]; *K.-J. Bieback*, Verfassungsrechtlicher Schutz gegen Abbau und Umstrukturierung von Sozialleistungen, 1997, S. 31 Fußn. 130). Dem Urteil selbst ist eine *solche* Aussage nicht unmittelbar zu entnehmen. Derartige Kanonisierungen infolge Umschreibungen und nicht wirklich zutreffende Zitationen (zwecks Autoritätsgewinn) sind für das Recht typisch und lohnen eigene literatur- und kulturwissenschaftlich angeleitete Untersuchungen.

Zugleich sieht er „insoweit dem unverschuldet Hilfsbedürftigen ein einklagbares subjektives öffentliches Recht auf Fürsorge“ garantiert.[32]

dd) Rezeption der Menschenwürdeklausel im einfachen Sozialrecht

Wie erfolgreich die rezeptive Umschreibung der ursprünglichen Rechtsprechung war, zeigte sich schließlich in der Novellierung des Fürsorgerechts 1962 durch das Bundessozialhilfegesetz. Dieses löste das alte Fürsorgerecht aus den 1920er Jahren ab und führte ganz explizit einen subjektiven Anspruch auf Hilfsleistungen ein. Dabei ging der Gesetzgeber (bemerkenswert) selbstverständlich davon aus, daß die Sozialhilfe „dem in seiner Menschenwürde durch Not bedrohten Hilfesuchenden“[33] dient. So heißt es in der amtlichen Gesetzesbegründung:

> „Die Bundesrepublik Deutschland ist nach ihrem Grundgesetz ein sozialer Rechtsstaat (Art. 20, 28). Damit gehört es zu ihren Aufgaben, sich der Menschen anzunehmen, die wegen ihrer besonderen sozialen Lage der Hilfe der Allgemeinheit bedürfen … . Der Entwurf geht dabei von den Bestimmungen des Grundgesetzes aus, nach denen jeder das Recht auf Leben hat (Art. 2) und die Würde des Menschen zu achten und zu schützen ist (Art. 1). So bezeichnet er es im § 1 als die Aufgabe der Sozialhilfe, dem Empfänger der Hilfe die Führung eines Lebens zu ermöglichen, das der Würde des Menschen entspricht.“[34]

Diese gesetzliche Aufgabenumschreibung übernahm der Gesetzgeber 2003 unverändert bei der Überführung des BSHG in das Sozialgesetzbuch als SGB XII.

Spätestens mit der Verabschiedung des BSHG waren die Menschenwürdedimension des Sozialstaates und die sozialstaatliche Dimension der Menschenwürde in den Kanon bundesrepublikanischer Verfassungsselbstverständlichkeiten aufgenommen. Man war sich einig: Menschenwürdetitel und Sozialstaatspostulat fordern eine staatliche Gewährleistung des Existenzminimums, wobei sich die genaue Begründung im Schrifttum in Nuancen unterscheidet[35] und vereinzelt auch entweder auf die Heranziehung von Art. 20 Abs. 1 GG oder von Art. 1 Abs. 1 GG verzichtet wird.[36] Die Betonung von Wechselbeziehun-

---

[32] *G. Dürig*, in: Maunz/Dürig, GG, Art. 1 I Rdnr. 43 (1. Lfg. 1958).

[33] So die Formulierung in BVerwG, FEVS 13, 201.

[34] Zitiert nach *G. Dauber*, in: O. Mergler/G. Zink, BSHG, § 1 Rdnr. 5 (33. Lfg. 2001).

[35] Cf. zum gegenwärtigen Meinungsstand nur *H. Dreier*, in: ders. (Hrsg.), GG, Bd. 1, 2. Aufl. 2004, Art. 1 I Rdnr. 158; *M. Herdegen*, in: Maunz/Dürig, GG, Art. 1 I Rdnr. 114 (44. Lfg. 2005); *M. Höfling*, in: M. Sachs (Hrsg.), GG, 4. Aufl. 2007, Art. 1 Rdnr. 24 ff.; *R. Bieritz-Hardes*, Menschenwürdig leben, 2001; *W. Cremer*, Freiheitsgrundrechte, 2003, S. 386 ff. jeweils mit weit. Nachw.; eine interessante Variante, bei der Art. 1 Abs. 1 GG und Art. 20 Abs. 1 GG jeweils im Ausgang ein eigenständiges Existenzsicherungsgebot zugewiesen wird, welches wechselseitig durch die jeweils andere Norm versubjektiviert wird bei *B. Könemann*, Der verfassungsunmittelbare Anspruch auf das Existenzminimum, 2005, S. 112.

[36] Ohne Sozialstaatsbezug *P. Kunig*, in: v. Münch/Kunig, GG, Bd. 1, 5. Aufl. 2000, Art. 1 Rdnr. 30; *C. Starck*, in: v. Mangoldt/Klein/Starck, GG, 5. Aufl. 2005, Art. 1 I Rdnr. 36, 40;

gen zwischen Art. 1 Abs. 1 GG und Art. 20 Abs. 1 GG wurde zur stehenden Redewendung.[37] Dies bringen auch § 1 des am 11. Dezember 1975 verabschiedeten Allgemeinen Teils des SGB (SGB I) und die dazu ergangenen Kommentierungen[38] zum Ausdruck. Die Norm schreibt für das gesamte formelle Sozialrecht fest, daß dieses dazu beitragen solle, „ein menschenwürdiges Dasein zu sichern".[39] Dieser vor die Klammer gezogenen Generalklausel ist dann wohl zuzuschreiben, daß die Menschenwürdeformel in den novellierten und in das SGB eingegliederten Bestimmungen zur gesetzlichen Kranken-, Unfall- und Arbeitslosenversicherung, zur Kinder- und Jugendhilfe sowie zur Rehabilitation und Teilhabe behinderter Menschen, anders als im BSHG und dann im SGB XII, nicht abermals aufgenommen wurde. Nur eine Norm zur Pflegeversicherung, 1994 als SGB XI vom Gesetzgeber auf den Weg gebracht, führt den Würdebegriff nochmals explizit in das SGB ein. So heißt es in § 2 SGB XI:

> „Die Leistungen der Pflegeversicherung sollen den Pflegebedürftigen helfen, trotz ihres Hilfebedarfs ein möglichst selbständiges und selbstbestimmtes Leben zu führen, das der Würde des Menschen entspricht."

Signifikant scheint aber auch, daß der Gesetzgeber 2003 bei der Neugliederung der Grundsicherungssysteme im SGB II, der Grundsicherung für Arbeitsuchende, auf eine Aufnahme der Menschenwürdeklausel verzichtet hat, obwohl die Regelungen zur Sicherung des Lebensunterhalts, zu Unterkunft und Heizung, zum Mehrbedarf und zu einmaligen Bedarfen mit der Sozialhilfe strukturell verwandt sind (cf. §§ 19 ff. SGB II, §§ 27 ff. SGB XII). Hier zeigt sich, wie sehr sich die sozialpolitische „Großwetterlage" inzwischen verändert hat und wie sensibel der Symbolwert der Menschenwürde, auf den wir gleich noch einmal zu sprechen kommen, darauf reagiert.

ee) Neujustierung der verfassungsgerichtlichen Rechtsprechung

Nachdem sich die These von der im Fürsorgerecht zum Ausdruck kommenden sozialstaatlichen Dimension der Menschenwürde durch die Rechtsprechung des Bundesverwaltungsgerichts und dessen Um- im Sinne einer Neuschreibung

T. M. Spranger, Der sozialhilferechtliche Anspruch auf das Existenzminimum aus verfassungsrechtlicher Sicht, in: Verwaltungsrundschau 1999, 242 (insb. 244, 245); *W. G. Leisner*, Existenzsicherung im Öffentlichen Recht, 2007, S. 158 f. und öfter; ohne Bezug zu Art. 1 Abs. 1 GG *C. Enders*, Sozialstaatlichkeit im Spannungsfeld von Eigenverantwortung und Fürsorge, in: VVDStRL 64 (2005, S. 7 (39 f.) mit weit. Nachw.

[37] *M. M. Meinke*, In Verbindung mit, 2006, S. 36 ff.

[38] *R. Steinbach*, in: Hauck/Haines, SGB I, § 1 Rdnr. 17 (15. Lfg. 1996); *P. Mrozynski*, SGB I, 2. Aufl. 1995, § 1 Rdnr. 24; *V. Wahrendorf*, in: D. Giese/U. Krahmer, SGB I, § 1 Tz. 6 ff. (22. Lfg. 2000); *P.* § 1 Tz. 6 ff.; *P. Trenk-Hinterberger*, Sozialhilferecht, in: B. v. Maydell/F. Ruland (Hrsg.), Sozialrechtshandbuch, 3. Aufl. 2003, S. 1223 (1229 f.); *B. v. Maydell*, in: GK-SGB I, 3. Aufl. 1996, § 1 Rdnr. 11 f.; *O. Fichner*, in: ders./G. Wenzel (Hrsg.), BSHG, 2. Aufl. 2003 § 1 Rdnr. 12 f.

[39] § 9 SGB I wiederholt zudem die Menschenwürdeformel aus § 1 BSHG bzw. SGB XII.

durch die Staatsrechtslehre fest etabliert hatte, hielt auch das Bundesverfassungsgericht nicht mehr an der zunächst verfolgten Linie einer strikten Trennung zwischen Menschenwürdegebot und Sozialstaatsprinzip fest. Beginnend mit einer Rechtsprechungsänderung im 40. Band der amtlichen Entscheidungssammlung sah fortan auch das Verfassungsgericht den Staat in der Pflicht, „die Mindestvoraussetzungen für ein menschenwürdiges Dasein zu sichern".[40] Art. 20 Abs. 1 i.V.m. Art. 1 Abs. 1 GG begründeten eine objektive Pflicht des Gesetzgebers zum Schutz und zur Achtung des würdegebotenen Existenzminimums.[41] Hieraus erwachse die Pflicht, ein System sozialer Transferleistungen zu organisieren, das dieses Minimum für jeden Bürger gewährleistet.

Ebenso „entdeckte" das Verfassungsgericht aber auch in Art. 20 Abs. 1 GG i.V.m. Art. 1 Abs. 1 GG radizierte Abwehransprüche des Bürgers gegen den Staat, sobald letzterer in das existenzsichernde Vermögen des Bürgers eingreift. Diese Abwehrdimension wird etwa bei den Regelungen zum Pfändungsschutz (cf. §§ 850 ff. ZPO), insbesondere aber bei der Freihaltung eines bestimmten Einkommensanteils von der Besteuerung relevant.[42] Versteht man den Sozialstaat des Grundgesetzes freiheitsfunktional, erscheint diese Abwehrdimension eines würdegebotenen Minimumsschutzes in der Tat unverzichtbar. Denn mit dem freiheitlichen Leitbild personaler Selbstbestimmung ist es schwer verträglich, daß der Staat über die Besteuerung der Bürger erst nimmt, was er ihnen anschließend über die verfassungsgebotene Grundsicherung wieder zukommen lassen muß. Zugleich zeigt sich aber bereits in der abwehrrechtlichen Bedeutung des Existenzminimums, wie schwer dessen Quantifizierung fällt und wie sehr tatsächliche und rechtsbereichstypische Spezifika diese im einzelnen beeinflussen.[43]

---

[40] BVerfGE 40, 121 (133); so auch E 44, 353 (357); ähnlich E 45, 187 (228): „Aus Art. 1 I GG in Verbindung mit dem Sozialstaatsprinzip ist ... die Verpflichtung des Staates herzuleiten, jenes Existenzminimum zu gewähren, das ein menschenwürdiges Dasein überhaupt erst ausmacht." Näher zur späteren Rspr. *W. G. Leisner*, Existenzsicherung im Öffentlichen Recht, 2007, S. 121 ff.

[41] BVerfGE 100, 271 (284); 82, 60 (80); 44, 353 (375); cf. *E.-W. Luthe/F. Dittmar*, Das Existenzminimum der Gegenwart, SGb 2004, 272 ff.; *U. Sartorius*, Das Existenzminimum im Recht, 2000, S. 54 ff.; *R. Bieritz-Harder*, Menschenwürdig leben, 2001, S. 166 ff.; *D. O'Sullivan*, Verfassungsrechtliche Fragen des Leistungsrechts der Grundsicherung für Arbeitssuchende, in: SGb 2005, 369 (370) mit weit. Nachw.

[42] BVerfGE 82, 60 (85); 91, 93 (111); 99, 216 (233); 99, 246 ff.; die dogmatischen Konstruktionen des abwehrrechtlich bestimmten Existenzminimums differieren; ohne Bezug zu Art. 1 Abs. 1 GG etwa BVerfGE 87, 153 (169); im Überblick *W. Cremer*, Freiheitsgrundrechte, 2003, S. 384 ff.; zum Gesamtkomplex grundlegend *M. Lehner*, Einkommensteuerrecht und Sozialhilferecht, 1993; eine kritische Würdigung bei *E.-W. Luthe*, Optimierende Sozialgestaltung, 2001, S. 27 ff., der auf die Besonderheiten von abwehr- und leistungsrechtlichen Begründungen des Existenzminimums aufmerksam macht.

[43] So erweist sich etwa die verfassungsgerichtliche Rechtsprechung zur Besteuerung des Existenzminimums als durchaus wandlungsfähig; cf. *U. Sartorius*, Das Existenzminimum im Recht, 2000, S. 166 ff. mit weit. Nachw.

Neben dieser abwehrrechtlichen Dimension des Existenzminimums erkannte das Bundesverfassungsgericht im Grundsatz auch die staatliche Verpflichtung zu einem leistungsstaatlichen Minimalschutz durch Art. 20 Abs. 1 GG i.V.m. Art. 1 Abs. 1 GG an, ließ die Frage nach der *Art und Weise* der gebotenen Pflichterfüllung indes dezidiert offen.[44] Insbesondere zur *Höhe* etwaiger Transferansprüche äußerte sich das Gericht nur sehr vorsichtig, indem es erkennen ließ, daß nicht nur das zum physischen Überleben Notwendige von Verfassungs wegen zu leisten sei, sondern ausgehend vom Leitprinzip der Menschenwürde, dem Existenzminimum auch eine soziokulturelle Dimension eigen ist. Angesichts „der Weite und Unbestimmtheit" lasse sich aus dem Sozialstaatsgrundsatz aber

> „regelmäßig kein Gebot entnehmen, soziale Leistungen in einem bestimmten Umfang zu gewähren. Zwingend ist lediglich, daß der Staat die Mindestvoraussetzungen für ein menschenwürdiges Dasein seiner Bürger schafft."[45]

Ebenso vermied das Gericht, zur Frage einer in der Menschenwürde begründeten, originären Berechtigung des einzelnen auf „angemessene staatliche Versorgung", also der *subjektiv-rechtlichen* Bewehrung des Existenzminimums, Stellung zu beziehen.[46]

b) Verfassungstheoretischer Mehrwert und verfassungsdogmatische Fruchtlosigkeit einer Verankerung des sozialstaatlichen Minimums in der Menschenwürde

Nimmt man die vorstehende Rückschau auf die Entwicklung der verfassungsrechtlichen Verankerung eines soziokulturellen Existenzminimums unter dem Grundgesetz als Ganzes in den Blick, lassen sich zwei für die weitere Untersuchung entscheidende Beobachtungen formulieren:

1.) Unter dem Gesichtspunkt einer „Ökonomie der Rechtsdogmatik" dürfte der Charme einer Zusammenschau von Menschenwürdeschutz und Sozialstaatsgebot in den 1950er Jahren u.a. darin gelegen haben, zur Spezifizierung des Sozialstaates des Grundgesetzes zwei dogmatische „Abnormitäten"[47] zu-

---

[44] Cf. *K.-J. Bieback*, Verfassungsrechtlicher Schutz gegen Abbau und Umstrukturierung von Sozialleistungen, 1997, S. 32; *W. Rüfner*, Verfassungs- und europarechtliche Grenzen bei der Umgestaltung des Sozialstaats im Bereich des Sozialhilferechts, VSSR 1997, 59 (61) u.a. mit Verweis auf zwei unveröffentlichte Kammerentscheidungen: BVerfG, Beschluß vom 30.6.1986, 1 BvR 1124/85 und Beschluß vom 27.3.1985, 1 BvR 1380/84.

[45] BVerfGE 82, 60 (80); ebenso BVerfG, 3. Kammer des 1. Senats, Beschluß vom 12. Juni 1991, Az. 1 BvR 540/91 – juris = info also 1991, 154.

[46] BVerfGE 75, 348 (360); cf. *D. O'Sullivan*, Verfassungsrechtliche Fragen des Leistungsrechts der Grundsicherung für Arbeitsuchende, in: SGb 2005, 369 (370); *M. M. Meinke*, In Verbindung mit, 2006, S. 36 ff.

[47] Zur verfassungsdogmatischen Sonderstellung der Menschenwürde *P. Häberle*, Die Menschenwürde als Grundlage der staatlichen Gemeinschaft, in: HStR, Bd. 2, 3. Aufl. 2004, S. 317 (348); *H. M. Heinig*, Art. Menschenwürde, in: Evangelisches Staatslexikon, Neuaus-

sammenführen und so zugleich den sonstigen Bereich der Verfassungsdogmatik, insbesondere das Grundrechtsverständnis, (zunächst einmal) sozialstaatlich „irritationsfrei" halten zu können.

2.) Wer freilich die Unbestimmtheit der Sozialstaatsformel mit dem Menschenwürdetitel transzendieren will, sieht sich vor das Problem gestellt, daß Art. 1 Abs. 1 GG in puncto Vagheit dem Art. 20 Abs. 1 GG kaum nachsteht. So melangieren in der Idee des verfassungsgebotenen soziokulturellen Existenzminimums zwei „bestimmte Unbestimmtheiten".

Aus einer Perspektive jenseits der Technizität des Rechts heraus betrachtet erweist sich diese Kreuzung durchaus als produktiv;[48] in der auf Vereindeutlichung drängenden Rechtspraxis jedoch wird die Begründungspluralität und Sinnvielfalt der Menschenwürde zu einem Problem. Denn die Gerichte stehen unter Entscheidungszwang. Sie müssen Recht von Unrecht, in diesem Fall also verfassungsgemäße von verfassungswidrigen Ausgestaltungen der vom Grundgesetz gebotenen Mindestsicherung unterscheiden. Dieser Zwang zur Klarheit bereitet der Praxis erhebliche Schwierigkeiten, weil sich aus dem Gebot der Menschenwürde selbst ebensowenig wie aus dem Sozialstaatsprinzip heraus Kriterien entwickeln lassen, die eine solche Distinktion mit der gebotenen Klarheit erlauben. Dies führt zu dem paradoxen Effekt, daß gerade der Ausschnitt des Sozialstaates, der dem demokratischen Willensbildungsprozeß als verpflichtend vorgelagert ist, in besonderer Weise auf die Konkretisierung durch den Gesetzgeber angewiesen ist.

Dieses Problem lohnt vor dem Hintergrund der hier zu verhandelnden Frage, wie ein sozialstaatliches Minimum verfassungsdogmatisch zu verankern ist, einer eingehenderen Betrachtung.

aa) Menschenwürde als Oszillidox zwischen Bestimmtheit und Unbestimmtheit

(a) Flüchtige Evidenz der Objektformel. Wie das Sozialstaatsprinzip ist auch die Garantie der Menschenwürde in Art. 1 Abs. 1 GG von anmutiger Unbestimmtheit gekennzeichnet, die über das für das Verfassungsrecht typische Maß noch hinausgeht. Hierin liegt gleichermaßen Leistungsfähigkeit wie Schattenseite der Norm begründet.[49] Zur Umschreibung ihres normativen Gehaltes hat das Bundesverfassungsgericht wiederholt auf die von *Günter Dürig* im An-

---

gabe, 2006, Sp. 1516 (1520); *H. Dreier*, in: ders. (Hrsg.), GG, 2. Aufl. 2004, Art. 1 Rdnr. 39 ff., 124 ff.; *G. Dürig*, in: Maunz/Dürig, Art. 1 Abs. 1 Rdnr. 4 ff. (1. Lfg. 1958); *C. Starck*, in: v. Mangoldt/Klein/Starck (Hrsg.), GG, 5. Aufl. 2005, Art. 1 Rdnr. 14 ff., 27 ff.; *W. Höfling*, in: M. Sachs (Hrsg.), GG, 4. Aufl. 2007, Art. 1 Rdnr. 5 ff., 9 ff., 13 ff.

[48] Cf. *H. M. Heinig*, Menschenwürde und Sozialstaat, in: P. Bahr/H. M. Heinig (Hrsg.), Menschenwürde in der säkularen Verfassungsordnung, 2006, S. 251 (278 ff.).

[49] Cf. *H. M. Heinig*, Art. Menschenwürde, in: Evangelisches Staatslexikon, Neuausgabe 2006, Sp. 1516 (1518 ff.).

schluß an die kantische Würdeethik entwickelte „Objektformel“[50] zurückgegriffen.[51] Der Ansatz verzichtet bekanntermaßen auf eine positive Umschreibung der Menschenwürde und setzt beim Verletzungsvorgang an: die Menschenwürde statuiere ein Verbot, den Menschen zum bloßen Objekt der Staatsgewalt zu machen. Das Gericht räumt jedoch zugleich ein, daß der Überzeugungskraft der ex negativo operierenden Objektformel in der modernen Massengesellschaft Grenzen gesetzt sind, da der Mensch in dieser nahezu zwangsläufig nicht immer als Zweck an sich in den Blick des Staates kommt. Letztlich sieht Karlsruhe sich deshalb genötigt, fallbezogene Konkretisierungen des Rechtssatzes von der Menschenwürde vorzunehmen. Hierzu zieht es Regelbeispiele und bereichsspezifische Erwägungen heran. Der Gehalt der Menschenwürde bemißt sich dann anhand von Plausibilitäten, die sich durch geschichtliche Erfahrungen (Mißhandlung und Diskriminierung in der NS-Zeit) und Philosopheme (imago dei, Autonomiepostulat) sättigen. Die Verletzung der Menschenwürde erweist sich somit anhand von Evidenzen. Diese können sich jedoch im Konfliktfall schnell verflüchtigen[52] – gerade das sozialstaatlich zu gewährende Existenzminimum legt hiervon beredtes Zeugnis ab.[53]

(b) Supplementtheorien der Menschenwürde. Der juristische Diskurs über die Menschenwürde ist deshalb in besonderem Maße auf *verfassungstheoretische Annäherungen* an den Würdetitel angewiesen, die die „Niederungen“ einer ausschließlich auf Falllösungen zielenden Rechtsdogmatik hinter sich läßt. Als solche Reflexionen mittlerer theoretischer Reichweite haben sich etwa natur- und vernunftrechtliche,[54] sowie kommunikationstheoretische[55] und relations-

---

[50] *G. Dürig*, Der Grundsatz von der Menschenwürde, in: AöR 81 (1956), 117 (127).

[51] BVerfGE 9, 89 (95); 27, 1 (6); 28, 386 (391); 109, 279 (312 f.) – st. Rspr., cf. *G. Robbers*, in: D. C. Umbach/Th. Clemens (Hrsg.), GG, 2002, Art. 1 Rdnr. 13.

[52] Man denke nur an die Debatten um Folter in Ausnahmesituationen; hierzu etwa *W. Brugger*, Würde gegen Würde, in: VWBlBW 1995, 414 ff.; *ders.*, Darf der Staat ausnahmsweise foltern?, in: Der Staat 35 (1996), 67 ff.; *ders.*, Vom unbedingten Verbot der Folter zum bedingten Recht auf Folter?, in: JZ 2000, 165 ff.; in der Sache überzeugend m.E. *R. Poscher*, „Die Würde des Menschen ist unantastbar“, in: JZ 2004, 756 ff.

[53] Es ist deshalb wenig hilfsreich, aus dem „Fundamentalwert der Menschenwürde“ ein umfassendes System der sozialen Menschenrechte herleiten zu wollen und auf dieser Grundlage dann das Sozialstaatsprinzip näher zu bestimmen (so *J. Neuner*, Privatrecht und Sozialstaat, 1999, S. 94 ff., Zitat S. 98). Natürlich läßt sich auch der soziale Staat auf die Leitidee menschlicher Würde zurückführen. Damit ist für die Frage, was dem sozialen Staat normativ aufgegeben ist, aber wenig gewonnen. Auch die Menschenwürdebasis sozialer Menschenrechte hilft hier wenig; die Plausibilität solcher Konstruktionen bleibt stets höchst prekär.

[54] Im Überblick *P. Häberle*, Die Menschenwürde als Grundlage der staatlichen Gemeinschaft, in: HStR, Bd. 2, 3. Aufl. 2004, S. 317 (339 ff.); *H. Dreier*, in: ders. (Hrsg.), GG, Bd. 1, 2. Aufl. 2004, Art. 1 I Rdnr. 5 ff. mit weit. Nachw.

[55] *N. Luhmann*, Grundrechte als Institution, 1965, S. 55 ff.; hierzu kritisch *H. Dreier*, in: ders. (Hrsg.), GG, 2. Aufl. 2004, Art. 1 I Rdnr. 56; *H. Hofmann*, Die versprochene Menschenwürde, in: AöR 118 (1993), 353 (362); *G. Frankenberg*, Autorität und Integration, 2003, S. 288 f.; *P. Häberle*, Die Menschenwürde als Grundlage der staatlichen Gemeinschaft, in:

theoretische[56] Menschenwürderekonstruktionen fest etabliert. Jeder dieser jeweils an einen spezifischen geistesgeschichtlichen Fundus anknüpfenden verfassungstheoretischen Menschenwürdeentwürfe ist durch gewisse Axiome, blinde Flecken und eigensinnige Aporien gekennzeichnet. Deshalb erscheint es für eine Verfassungstheorie der Menschenwürde durchaus empfehlenswert, sie nicht nur in kontrastierender Alternativität, sondern auch in supplementierender Komplementarität heranzuziehen. So lassen sich denn auch in allen drei Theoriesträngen für eine sozialstaatliche Aufladung der Menschenwürde gute Gründe finden, die eine jeweils eigene Akzentsetzung erlauben.

(c) Menschenwürde und Menschenbild. Für eine solche verfassungstheoretische Diversifizität streitet übrigens auch die Menschenwürde selbst. Denn diese führt bei rechtem Verständnis eine sich definitiver Festlegungen entziehende Paradoxie in das Grundgesetz ein: die Bestimmung des Menschen als selbstbestimmtes und deshalb unbestimmbares Wesen.[57] Ausgehend von der Erfahrung, daß ideologisch gesteuerte Diktaturen ein bestimmtes – z.B. völkisches oder sozialistisches – Menschenbild propagieren und mit Gewalt durchsetzen, bleibt die Ewigkeitsfrage, was der Mensch ist und was ihn im Kern ausmacht,[58] dem durch das Grundgesetz aufgerichteten Staat wegen Art. 1 Abs. 1 GG verschlossen und dem einzelnen Bürger zur Beantwortung überlassen.[59] Gerade in

HStR Bd. 2, 3. Aufl. 2004, S. 317 (341, 343); diese Kritik beruht freilich durchgängig auf einem Fehlverständnis; näher *H. M. Heinig*, Menschenwürde und Sozialstaat, in: P. Bahr/H. M. Heinig (Hrsg.), Menschenwürde in der säkularen Verfassungsordnung, 2006, S. 251 (260 f.); cf. zu einer adäquaten rechtswissenschaftlichen Rezeption a. *A. Podlech*, AK-GG, 3. Aufl., Art. 1 I Rdnr. 11, 15 (Grundwerk 2001); *T. Geddert-Steinacher*, Menschenwürde als Verfassungsbegriff, 1990, S. 119.

[56] *H. Hofmann*, Die versprochene Menschenwürde, in: AöR 118 (1993), 353 ff.

[57] Näher hierzu – im Anschluß an *G. Gamm*, Der unbestimmte Mensch, 2004, S. 40 ff. – *H. M. Heinig*, Menschenwürde und Sozialstaat, in: P. Bahr/H. M. Heinig (Hrsg.), Menschenwürde in der säkularen Verfassungsordnung, 2006, S. 251 (280 ff.); *ders.*, Art. Menschenwürde, in: Ev. Staatslexikon, Neuausgabe 2006, Sp. 1516 (1520 f.).

[58] Cf. schon Hiob 7,17 „Was ist der Mensch, daß du ihn groß achtest und dich um ihn bekümmerst?". Ferner Hiob 15,14; Ps 8,5; Heb 2,6; Ps 144,3; Sir 18,7 „Aber was ist der Mensch? Wozu taugt er? Was kann er nutzen oder schaden?". Hierzu näher *P. Stoellger*, Fremdwahrnehmung, in: P. Bahr/H. M. Heinig (Hrsg.), Menschenwürde in der säkularen Verfassungsordnung, 2006, S. 365 (365 f.).

[59] Das Grundgesetz steht damit quer zu der Beobachtung Carl Schmitts, daß man „alle Staatstheorien und politische Ideen auf ihre Anthropologie überprüfen und danach einteilen" könne, „ob sie bewußt oder unbewußt einen ‚von Natur bösen' oder einen ‚von Natur guten' Menschen voraussetzen." *C. Schmitt*, Der Begriff des Politischen, 3. Aufl. der Ausgabe von 1963, 1991, S. 59; ebenso *ders.*, Politische Theologie (1922), 3. Aufl. 1979, S. 72. Die Verfassung macht sich vielmehr die staatsphilosophische Erkenntnis zu eigen, ein Staatswesen müsse so konstruiert sein, daß es unerheblich ist, ob das Volk eines von Engeln oder Teufeln darstellt. Cf. zu der Frage *B. de Spinoza*, Tractatus politicus, 1. Kap. § 6 (in: Abhandlung über die Verbesserung des Verstandes/Abhandlung vom Staate, übers. v. C. Gebhardt, 5. Aufl. 1977, S. 58); *J. Madison*, 51. Artikel der Federalist Papers, in: A. Hamilton/J. Madison/J. Jay, Die Federalist-Artikel, hrsg. v. A. Adams/W. P. Adams, 1994, S. 314; *I. Kant*, Zum ewigen

diesem Recht auf einen eigenen Selbstentwurf schützt die Würde.[60] Eine sozialstaatliche Unterfütterung der in dieser Weise verstandenen Menschenwürde, so habe ich an anderer Stelle näher darzulegen versucht, besteht dann gerade darin, den einzelnen in diesem Recht ggf. materiell abzusichern.[61]

Das der Menschenwürde inhärente antitotalitäre Verbot geschlossener Staatsanthropologien mahnt deshalb auch zur Vorsicht bei der vom Bundesverfassungsgericht mit Blick auf die Menschenwürde präferierten Rede vom „Menschenbild des Grundgesetzes". Die Verfassung enthält kein spezifisches, klar umrissenes Menschenbild, sondern schützt mit der Menschenwürde die Summe der Menschenbilder aller Bürger, in freiheitlicher Offenheit. Zur Paradoxie der Menschenwürde gehört freilich, daß man gerade diesen Schutz als Menschenbild fassen kann.

(d) Menschenwürde als Horizont. Die Menschenwürde oszilliert damit als Rechtsbegriff in Form und Inhalt zwischen Bestimmtheit und Unbestimmtheit. Ihr ist per se etwas Uneinholbares, Überschüssiges, nicht im Konkreten Aufgehendes eigen. Die juridische Spezifikation der Menschenwürde im Besonderen lebt immer auch von der Imagination des Allgemeinen der Würde. In diesem Sinne fungiert die Menschenwürde als Horizont des Grundgesetzes, ja sogar als Horizont der gesamten Rechtsordnung. An dieser permanenten Überschüssigkeit der Menschenwürde hat auch der Bezug zwischen Art. 20 Abs. 1 GG und Art. 1 Abs. 1 GG Anteil. Auch in ihm legt sich ein starkes Narrativ des Verfassungsstaates ab: das Ideal „würdiger" Lebensbedingungen (supra F. II.1.a.), die Idee würderealisierender sozialer Gerechtigkeit und würdegebotener Sorge um den Nächsten, die Beschwörung würde- und freiheitsbegründeter Solidarität.

(e) Menschenwürde als Hypercodierung. Der Menschenwürde ist gleichsam eine Klammerfunktion eigen. Sie versieht die disparaten Rechtsbereiche (sowohl der Verfassung selbst, aber auch der einfach-gesetzlichen Rechtsordnung) in ihren systemischen Eigenlogiken mit einer Art ideeller Hypercodierung und macht sie so einer eigenen Systematisierung zugänglich. Die Menschenwürde belegt das Recht mit einer aus dem Recht hinausweisenden Matrix[62] und wird zu einem Ordnungssystem 2. Ordnung, welche zugleich als ihr angenommener

Frieden (1765), Erster Zusatz, 1., A 60, (in: ders., Werke, hrsg. v. W. Weischedel, Bd. VI, 1964, S. 24.

[60] *M. Moxter*, Unterwegs zum Recht, in: P. Bahr/H. M. Heinig (Hrsg.), Menschenwürde in der säkularen Verfassungsordnung, 2006, S. 73 (89): „hominem definire non licet."

[61] *H. M. Heinig*, Menschenwürde und Sozialstaat, in: P. Bahr/H. M. Heinig (Hrsg.), Menschenwürde in der säkularen Verfassungsordnung, 2006, S. 251 (278 ff.).

[62] Ernst-Wolfgang Böckenförde hat hierfür den Terminus „Schleusenbegriff" in den rechtwissenschaftlichen Sprachgebrauch eingebracht; cf. *E.-W. Böckenförde*, Entstehung und Wandel des Rechtsstaatsbegriffs (1969), in: ders., Recht, Staat, Freiheit, 1990, S. 143 (143); *ders.*, Gesetz und gesetzgebende Gewalt, 2. Aufl. 1981, S. 388; kritisch zu dieser Figur *M. Jestaedt*, Demokratieprinzip und Kondominialverfassung, 1993, S. 150 ff.

Fixpunkt auch der Imagination der Einheit der Rechtsordnung dient. Für den Zusammenhang von Menschenwürde und Sozialrecht folgt hieraus, daß die ausdrückliche Zitation der Menschenwürde in Gesetzestexten des einfachen Rechts, etwa im Sozialgesetzbuch, am Ort der Kodifizierung an die Horizontsetzung durch Art. 1 Abs. 1 GG erinnern kann. Sie kann allerdings ebenso, der Normenpyramide und den Interpretationsregeln des Rechts geschuldet, dysfunktional wirken. Denn als Zitat im einfachen Recht läuft die Menschenwürde Gefahr, ihre im Verfassungsrecht durch Art. 79 Abs. 3 GG begründete Zugehörigkeit zum „konstitutionellen Hochadel" zu verlieren. Sie wird eine Norm unter vielen und ist im systematischen Zusammenhang mit diesen auszulegen. Ihre Dignität, ihre Funktion als Metanarrativ des Rechts droht zu verblassen, sobald sie unmittelbar in ein Geflecht von Bestimmungen zu allen möglichen Technika und Petitessen eingebunden ist. Die sozialrechtliche Praxis spiegelt beide Möglichkeiten wider. Zum Teil kennt sie eine Marginalisierung des Würdezitates in seinem einfach-gesetzlichen Kontext und bewahrt so die besondere verfassungstheoretische Funktion der Menschenwürde. Für diesen Weg steht § 1 Abs. 1 SGB I, dem für die Entscheidung konkreter Fälle praktisch keine Bedeutung zukommt. Der Würdesatz kann jedoch durch den Zwang zur Konkretion auch banalisiert werden, wie im Folgenden am Beispiel des § 1 Abs. 1 BSHG bzw. SGB XII näher dargelegt werden soll.

bb) Menschenwürde im Sozialhilferecht: von der Metanorm zur „kleinen Münze"

Als für starke Erzählungen der mannigfachen Würdetraditionen offene Hypercodierung der Rechtsordnung ist die Menschenwürde für die unterschiedlichsten Rechtsgebiete relevant, zugleich aber auf bereichsspezifische Konkretisierungen angewiesen. Tendenziell jeder Individuen betreffende Rechtsstreit läßt sich in ein Würdeproblem konvertieren. Insbesondere der mit der Menschenwürde verbundene Assoziationsraum der jeder Verfassungsänderung entzogenen Höchstrelevanz lädt zu einer solchen Instrumentalisierung der Würde ein. Zugleich läßt sich in der auf Vereindeutigung drängenden Rechtspraxis die Herausforderung der Traditionsvielfalt der Menschenwürde nur bis zu einem bestimmten Punkt mit dem Postulat der offenen und wechselseitigen Ergänzung unterschiedlicher Menschenwürdekonzepte bearbeiten. Der fallbezogene Konkretisierungsbedarf der Menschenwürde ist dann anderweitig zu decken.

Eine Möglichkeit hierfür bietet die Zusammenschau der Menschenwürde mit anderen Normen des Grundgesetzes. Das allgemeine Persönlichkeitsrecht (Art. 2 Abs. 1 GG i.V.m. Art. 1 Abs. 1 GG), aber auch die Konstruktion eines in Art. 20 Abs. 1 GG i.V.m. Art. 1 Abs. 1 GG gründenden Existenzminimums zeugen davon. Gleichwohl können solche Verbundrechte[63] nur einen ersten

[63] Cf. *M. M. Meinke*, In Verbindung mit, 2006.

Ansatz der Spezifizierung der Menschenwürde bieten, gerade wenn sie aus zwei bestimmten Unbestimmtheiten bestehen. Zugleich aber läuft der Titel der Menschenwürde mit jeder weiteren Konkretisierung immer auch Gefahr, der Trivialisierung und Inflationierung würdebasierter Rechte Vorschub zu leisten. Dies zeigt sich gerade am Beispiel der vor den Gerichten ausgetragenen Rechtsstreitigkeiten über Leistungsansprüche in der Sozialhilfe.

Während das verfassungsrechtliche Großpostulat des sozialen Staates in weiten Bereichen gesetzesmediatisiert und in fachgesetzliche Begrifflichkeiten übersetzt, auf diese Weise kleingearbeitet und mit anderen normativen Aspekten wie der gebotenen Wirtschaftlichkeit verbunden wird,[64] bedarf es zur Bestimmung des verfassungsgebotenen sozialstaatlichen Minimums natürlich unmittelbar aus der Verfassung heraus entwickelter Kriterien. Die Gesetzesmediatisierung läuft zudem ins Leere, wenn ein verfassungsrechtlich derart vager Begriff wie die Menschenwürde auch das einfachgesetzlich festgelegte Zielprogramm sozialer Hilfsleistungen dominiert, wie dies bei der Sozialhilfe der Fall ist. Hier wird die Menschenwürde unvermittelt in Stellung gebracht, wenn über die genaue Quantifizierung sozialer Minima gestritten wird. Die Menschenwürde wird so zur ganz „kleinen Münze",[65] wie sich an Rechtsstreitigkeiten über einmalige Bedarfe – die würdegebotene Anschaffung von Fernsehern,[66] Waschmaschinen,[67] Kühlschränken,[68] Kaffeemaschinen,[69] Fahrradhelmen,[70] Schultüten[71] und vieles mehr[72] – unschwer ablesen läßt. Das diesen Fällen zugrundeliegende Problem, festlegen zu müssen, welche Haushaltsgegenstände für ein menschenwürdiges Leben unverzichtbar sind, ist seit 2004 durch die Erhöhung des Regelsatzes und die Neufassung der Bestimmungen zu einmaligen Bedarfen im SGB XII (gleichfalls übertragen auf das SGB II) zwar gemildert,

---

[64] *E. Schmidt-Aßmann*, Verfassungsprinzipien für den Europäischen Verwaltungsverbund, in: W. Hoffmann-Riem/E. Schmidt-Aßmann/A. Voßkuhle (Hrsg.), Grundlagen des Verwaltungsrechts, 2006, S. 241 (298); *ders.*, Die Bedeutung des Sozialstaatsprinzips für das Verwaltungsrecht, in: Festschrift für R. Mußgnug, 2005, S. 33 (37).

[65] Genau hiervor warnte *G. Dürig*, in: Maunz/Dürig, GG, Art. 1 I Rdnr. 29 (1. Lfg. 1958) eindringlich, verleugnete die Gefahr jedoch im Kontext des Existenzminimums (ebenda, Rdnr. 43). Zur Gefahr der „Trivialisierung" und „Inflationierung" der Menschenwürde auch *H. Dreier*, in: ders. (Hrsg.), GG, 2. Aufl., Art. 1 I Rdnr. 45 ff.; mit anschaulichen Beispielen *ders.*, Menschenwürde in der Rechtsprechung des Bundesverfassungsgerichts, in: Festgabe 50 Jahre Bundesverwaltungsgericht, 2003, S. 201 (208 ff.); ferner *M. Herdegen*, in: Maunz/Dürig, Art. 1 I Rdnr. 41 (44. Lfg. 2005).

[66] BVerwGE 80, 349 ff.

[67] BVerwG, FEVS 49, 49.

[68] OVG Berlin, NDV 1986, 423; OVG Münster, FEVS 35, 80; Bay.VGH, FEVS 28, 445 ff.; VG Berlin, ZfSH/SGB 1985, 42.

[69] VG Hannover, Zeitschrift für das Fürsorgewesen 1989, 14.

[70] OVG Lüneburg, FEVS 42, 227.

[71] BVerwG, NJW 1993, 2192 ff.

[72] Cf. etwa *A. Hofmann*, in: J. Münder u.a., SGB XII, 7. Aufl. 2005, § 27 Rdnr. 23; *J. Falterbaum*, in: Hauck/Noftz, SGB XII, § 31 Rdnr. 8 mit weit. Nachw.

stellt sich bei der gesetzlich nach wie vor vorgesehenen Erstausstattung (§ 31 Abs. 1 Nr. 1 SGB XII, § 23 Abs. 3 Nr. 1 SGB II) aber grundsätzlich weiterhin.

Als ebenso schwierig erweist sich die verfassungsunmittelbare Kontrolle der Regelsätze in der Sozialhilfe (§ 28 SGB XII) bzw. Regelleistungen in der Grundsicherung für Arbeitssuchende (§ 20 SGB II), die den laufenden Lebensunterhalt sichern sollen. Auch hier tut sich eine grundlegende Aporie auf: Die verfassungsgebotene Leistungshöhe einer sozialen Grundsicherung läßt sich mit dem Kriterium der Menschenwürde kaum fixieren.[73]

> „Was über die Festsetzung des notwendigen Lebensbedarfs erreicht werden soll, das Ziel menschenwürdiger Existenz, setzt voraus, was in seiner Funktion als ‚negativer Interventionspunkt' bereits bekannt sein muß, um jene Festsetzung zu ermöglichen."[74]

So bleibt die Frage, wie aus der Verzahnung von Sozialstaatlichkeit und Menschenwürde resultierende Rechtsstreitigkeiten über die *Quantifizierung* würdegebotener Leistungen angesichts der Vagheit des Normmaterials eigentlich sinnvoll entschieden werden sollen, zumal freihändige Entscheidungen der Gerichte unter Rückgriff auf die Menschenwürde dazu führen, jeglicher demokratischen Selbstverständigung über Detailfragen der Spezifizierung des sozialen Minimums unüberwindbare Hürden (Art. 79 Abs. 3 GG) in den Weg zu stellen.

Angesichts dieser ebenso grundsätzlichen wie unlösbaren Probleme einer in Art. 20 Abs. 1 GG i.V.m. Art. 1 Abs. 1 GG verankerten Garantie des soziokulturellen Existenzminimums haben Judikatur und Rechtswissenschaft *Ausweichstrategien* entwickelt. Drei solche Strategien sollen am Beispiel der Regelsätze und einmaligen Bedarfe im Folgenden näher vorgestellt und einer kritischen Würdigung unterzogen werden: die Prozeduralisierung des Problems, die Konstitutionalisierung von Grundsätzen der Sozialhilfe sowie die Übersetzung des Würdeproblems in eine Gleichstellungsfrage.

c) Prozeduralisierung des Problems der Quantifizierung des würdegebotenen Minimums am Beispiel der Hilfe zum Lebensunterhalt

aa) Verfahrensmäßige Flankierung der landesrechtlichen Regelsatzfestlegung

So naheliegend die verfassungsrechtliche Verankerung eines sozialen Minimums im Zusammenspiel von Sozialstaatsprinzip und Menschenwürdegarantie zunächst ist, als so schwierig erweist es sich in der Rechtspraxis, aus Art. 1 Abs. 1 GG griffige und operationable Kriterien für die Bestimmung der Höhe abzulei-

[73] Zum Problem auch *E.-W. Luthe*, Optimierende Sozialgestaltung, 2001, S. 201 f.; *ders./ F. Dittmar*, Das Existenzminimum der Gegenwart, in: SGb 2004, 272 ff.; ohne rechten Sinn für dieses Fundamentalproblem des Existenzminimums hingegen *U. Sartorius*, Das Existenzminimum im Recht, 2000; *R. Bieritz-Harder*, Menschenwürdig leben, 2001.

[74] *M. Stolleis*, Die Rechtsgrundlagen der Regelsätze, NDV 1981, 99 (99).

ten. Allerdings gibt es in der Rechtsordnung zahlreiche Konstellationen, die sich durch ähnliche Schwierigkeiten auszeichnen. Sie sind, bei allen normativen und tatsächlichen Unterschieden im Detail, dadurch geprägt, daß sich wegen der Komplexität von Prognose-, Einschätzungs-, Abwägungs- und Bewertungsprozessen materiell-rechtliche Mindeststandards nicht ohne weiteres fixieren lassen. Das Verfassungsrecht hat auf derartige Problemlagen u.a. durch die Stärkung prozeduraler Anforderungen reagiert.[75] Wenn die rechtlichen Vorgaben für den Entscheidungsinhalt wegen der benannten Besonderheiten schwächer ausfallen müssen, können, pauschal gesprochen, erhöhte Anforderungen an das Verfahren der Entscheidungsfindung kompensierend wirken.

Diese rechtsschützende Idee der Prozeduralisierung haben sich Rechtsprechung und Schrifttum auch für die Überprüfung der Rechtsverordnungen, die die sozialhilferechtlichen Regelsätze in der genauen Höhe festlegen, zu eigen gemacht.[76] Die Strategie der Verflüssigung des „harten" Problems der Quantifizierung des würdegebotenen Minimums durch seine Prozeduralisierung hat sich rückblickend sogar als besonders wirkmächtig erwiesen. Denn sie hat das Arrangement der sozialgesetzlichen Regelungen, die die Festsetzungen der Hilfe zum Lebensunterhalt im Sozialhilferecht und nun auch im SGB II betreffen, nachhaltig verändert, wie im Folgenden kurz gezeigt werden soll.

(a) Arten der Hilfe zum Lebensunterhalt. Hilfe zum Lebensunterhalt nach dem Sozialhilferecht, nunmehr geregelt in §§ 27 ff. SGB XII, wird bekanntlich insbesondere in drei Formen gewährt: als pauschalierter Geldtransfer in Form der schon erwähnten *Regelsätze* (zuzüglich der Aufwendungen für Unterkunft und Heizung), als prozentual fixierte Aufschläge zum Regelsatz für bestimmte, im Gesetz einzeln benannte Personengruppen (*Mehrbedarf* – § 30 SGB XII) sowie durch die gleichfalls schon erwähnten Leistungen für *einmalige Bedarfe*. Solche besonderen Bedarfe werden im Sozialhilferecht durch Generalklauseln näher umschrieben, während der Regelsatz durch landesrechtliche Rechtsverordnungen festgeschrieben wird.

(b) Die frühere Rechtslage. Im zunächst fortgeltenden Fürsorgerecht aus der Vorkriegszeit und dann im Bundessozialhilfegesetz waren einfachgesetzliche Vorgaben für die Festsetzung der Regelsätze lange Zeit nur rudimentär vorhan-

---

[75] Cf. etwa BVerfGE 35, 79 (120 ff.); 53, 30 (59 f.); 90, 60 (96); *P. Lerche/W. Schmitt Glaeser/E. Schmidt-Aßmann*, Verfahren als staats- und verwaltungsrechtliche Kategorie, 1984; *E. Denninger*, Staatliche Hilfe zur Grundrechtsausübung durch Verfahren, Organisation und Finanzierung, in: HStR, Bd. 5, 2. Aufl. 2000, S. 291 ff.; *W. Cremer*, Freiheitsgrundrechte, 2003, S. 293 ff.; *M. Dolderer*, Objektive Grundrechtsgehalte, 2000, S. 23 ff.; *W. Kahl*, Grundrechtsschutz durch Verfahren in Deutschland und der EU, in: VerwArch 95 (2004), 1 ff.; *H. Dreier*, in: ders. (Hrsg.), GG, 2. Aufl. 2004, Vorb. Rdnr. 105 ff.; *E. Schmidt-Aßmann*, Grundrechte als Organisations- und Verfahrensgarantien, in: D. Merten/H.-J. Papier (Hrsg.), Handbuch der Grundrechte, Bd. 2, 2006, S. 993 ff. mit weit. Nachw.

[76] Generell zur Verfahrensdimension im Sozialrecht in diesem Zshg. *T. Simons*, Verfahren und verfahrensäquivalente Rechtsformen im Sozialrecht, 1985, S. 27 ff.

den. Neben der Festlegung der Kompetenzen fanden sich allenfalls vage Bestimmungen zur Ausgestaltung. Hauptsächlich wurden, ähnlich §27 Abs. 1 SGB XII, einzelne Gegenstände des notwendigen Lebensunterhalts bezeichnet. Auch die bundesrechtliche Regelsatzverordnung, die die landesrechtlichen Entscheidungsverfahren unter dem BSHG näher ausgestalten sollte, kannte keine substantiellen Vorgaben zur Ermittlung der Höhe der von den Ländern festzulegenden Regelsätze. In der Praxis wurden die erforderlichen Daten seit 1955 (mit wechselnden Nuancierungen im Detail) durch ein vom Deutschen Verein für öffentliche und private Vorsorge entwickeltes *Warenkorbmodell* ermittelt.[77] Aus den Preisen für die Waren, die den Mindestbedarf decken, wurde auf das soziale Minimum gleichsam zurückgeschlossen.

(c) Der Stand heute. Dieses Verfahren stieß im Laufe der 1980er Jahre zunehmend auf rechtspolitische und verfassungsrechtliche Kritik; den Anstoß gab paradoxerweise die partielle Aussetzung einer streng an der Preisentwicklung von Bedarfswaren orientierten Ermittlung, also gerade ein Abweichen vom Procedere, das kritisiert wurde.[78] Vor dem Hintergrund einer anhaltenden Forderung nach die Sachentscheidung steuernden gesetzlichen Vorgaben zum Verfahren der Regelsatzbestimmung wurden 1996 schließlich grundlegende Prinzipien hierzu in das Bundessozialhilfegesetz aufgenommen, wie sie sich auch heute noch in §28 SGB XII finden. Dabei wurde das Bedarfsermittlungs- und Festsetzungsverfahren grundlegend neu gestaltet. Bundesgesetzlich verpflichtend wurde das sog. *Statistikmodell* eingeführt, nach dem die statistische Erfassung des Verbraucherverhaltens die Basis für die Festlegung der Regelsätze bilden muß.[79] Im Laufe der Zeit hat die prozedurale Seite der Quantifizierung des sozialen Minimums damit eine profilierte Ausgestaltung erfahren, die bis dato weitgehend unbekannt war.

Nach der gegenwärtigen Regelung sind die Regelsätze stets so zu bemessen, daß sie den gesetzlich bestimmten Bedarf tatsächlich decken können (§28 Abs. 3 S. 1 SGB XII); Grundlage für die landesrechtliche Festsetzung des Regelsatzes sind die tatsächlichen, statistisch ermittelten Verbrauchsausgaben von Haushalten in unteren Einkommensgruppen (§28 Abs. 3 S. 3 SGB XII); hierfür sind die Daten der Einkommens- und Verbrauchsstichprobe des Statistischen Bundesamtes heranzuziehen (§28 Abs. 3 S. 4 SGB XII). Die Festsetzung unterliegt einer Beobachtungs- und Anpassungspflicht, wenn eine neue Einkommens- und Verbrauchsstichprobe vorliegt (§28 Abs. 3 S. 5 SGB XII); zwischen zwei

---

[77] Cf. *B. Könemann*, Der verfassungsunmittelbare Anspruch auf das Existenzminimum, 2005, S. 137ff.; *F. Roscher*, in: J. Münder u.a., SGB XII, 7. Aufl. 2005, §28 Rdnr. 6ff. mit weit. Nachw.

[78] Cf. insb. *K.-J. Bieback/G. Stahlmann*, Existenzminimum und Grundgesetz, in: Sozialer Fortschritt 1987, 1ff. mit weit. Nachw.

[79] Cf. *F. Roscher*, in: J. Münder u.a., SGB XII, 7. Aufl. 2005, §28 Rdnr. 6ff.; *V. Wahrendorf*, in: C. Grube/V. Wahrendorf (Hrsg.), SGB XII, 2005, §28 Rdnr. 19ff.; *J. Falterbaum*, in: Hauck/Noftz, SGB XII, §28 Rdnr. 7, 30ff.; *B. Könemann*, Der verfassungsunmittelbare Anspruch auf das Existenzminimum, 2005, S. 137ff. mit weit. Nachw.

Proben ist für etwaige Veränderungen der Regelsätze die Rentenentwicklung maßgeblich (§ 4 RSV).

(d) Vorarbeit durch die Rechtsprechung. Bis zu dieser inzwischen relativ engmaschigen gesetzlichen Ausgestaltung des Festsetzungsverfahrens der Regelsätze hat insbesondere die verwaltungsgerichtliche Rechtsprechung für eine prozedurale Einhegung der Materie gesorgt.[80] Sie billigte dem Gesetzgeber zwar eine gewisse Einschätzungsprärogative in Wertungsfragen zu und zog sich selbst auf eine Vertretbarkeitsprüfung zurück,[81] legte zugleich aber auf der Grundlage der im BSHG zum Ausdruck kommenden gesetzgeberischen Zwecksetzung drei wesentliche Eckpunkte fest:

„– Die den Bedarf bestimmenden Faktoren müssen auf ausreichenden Erfahrungswerten beruhen;
– sie müssen in einem ordnungsgemäßen, dem zu regelnden Sachbereich angepaßten transparenten Verfahren zustande gekommen sein;
– trotz aller Möglichkeiten zur Typisierung und Pauschalierung müssen notwendige Differenzierungen in den Bedarfslagen berücksichtigt werden."[82]

(e) Verfassungsrechtliche Mindestforderungen. Nun ist ein Mindestmaß an gesetzlicher Vorsteuerung für die Festsetzung von sozialhilferechtlichen Regelsätzen durch Rechtsverordnungen schon gemäß Art. 80 Abs. 1 S. 2 GG gefordert. Der parlamentarische Gesetzgeber ist deshalb von Verfassungs wegen gezwungen, für eine gewisse Regelungsdichte selbst Sorge zu tragen,[83] wenn er die Höhe von Sozialleistungen durch Rechtsverordnungen festlegen läßt. Sieht man zudem das verfassungsgebotene Existenzminimum durch das Grundgesetz subjektiv-rechtlich unterfangen, erfolgt die Festsetzung der Regelsätze in einem grundrechtlich relevanten Bereich. Der Vorbehalt des Gesetzes findet deshalb nicht nur in seiner demokratischen, sondern auch in seiner individualschützenden Ausformung Anwendung. Dies zwingt den Gesetzgeber nicht, selbst den sozialhilferechtlichen Regelsatz festzusetzen. Aber er kann sich auch nicht mit einer Art Blankoermächtigung des Problems entledigen, sondern muß von Verfassungs wegen seinerseits Grundstrukturen eines angemessenen Festsetzungsverfahrens vorgeben.

Zu solchen vom Gesetzgeber selbst vorzunehmenden Festlegungen gehört zumindest, daß die Bedürfnisse, die durch den Regelsatz abgedeckt werden sollen, näher umschrieben werden (cf. heute § 28 Abs. 1 S. 1 SGB XII: Ernährung, Kleidung, Körperpflege, Hausrat, Haushaltsenergie, Bedarfe des täglichen Lebens sowie in vertretbarem Umfang auch Beziehungen zur Umwelt und eine

80 Cf. BVerwGE 25, 307 (308 ff.); 35, 178 (178 ff.); 94, 326 (328 ff.).
81 BVerwGE 94, 326 (331 f.); 108, 221 (227); cf. a. *R. Rothkegel.*, in: A. Gagel, SGB III, Vorb. §§ 19 ff. SGB II Rdnr. 25 (28 Lfg. 2006).
82 *K.-J. Bieback*, Probleme des SGB II, in: NSZ 2005, 337 (338).
83 Cf. infra G.II.1./2.

Teilnahme am kulturellen Leben), so daß der landesrechtliche Verordnungsgeber sich an einem parlamentsgesetzlich definierten, die sehr vagen verfassungsrechtlichen Vorgaben des Art. 20 Abs. 1 GG i.V.m. Art. 1 Abs. 1 GG bereits spezifizierenden Zweckprogramm orientieren kann.

Von diesen einfachgesetzlich konkretisierten Zielen der Hilfe zum Lebensunterhalt ausgehend hat die Rechtsprechung weitere Verfahrensvorgaben entwickelt: Demnach muß der Verordnungsgeber ausreichende Erfahrungswerte zugrundelegen, ein sachangemessenes und transparentes Verfahren durchführen und bedarfsangemessene Differenzierungsformen bei der Regelsatzfestlegung finden.

Diese Forderungen sind verfassungsrechtlich durchaus berechtigt. Da der Verordnungsgeber an die Vorgaben des ermächtigenden Gesetzgebers gebunden ist und diese adäquat umzusetzen hat, muß er geeignete Prozedere der Wissensgenerierung und -verarbeitung entwickeln, soweit solche nicht bereits, wie mit der jetzt geltenden Regelsatzverordnung, bundesrechtlich verbindlich vorgegeben werden.[84] Auch muß der Verordnungsgeber im Blick behalten, daß eine Deckung der gesetzlich aufgezählten Einzelbedarfe durch die festgelegte Höhe der Regelsätze hinreichend wahrscheinlich ist.[85] Das Statistikmodell ist deshalb zwar in den Worten des Bundesverwaltungsgerichts ein „geeignetes Bedarfsbemessungssystem".[86] Doch muß zugleich in geeigneter Weise ein Prüfposten eingebaut werden, der sicherstellt, daß die gesetzlich definierten Bedürfnisse tatsächlich hinreichend abgedeckt werden können.[87]

bb) Gleiche Bindungen des parlamentarischen Gesetzgebers?

(a) Gesetzesunmittelbare Festlegung der Regelleistung im SGB II. Durchaus fraglich ist jedoch, ob der parlamentarische Gesetzgeber selbst in gleicher Weise an derartige Verfahrensstandards zur Festsetzung des Existenzminimums gebunden ist. Das Problem stellt sich praktisch seit der Neugliederung der Systeme der Grundsicherung 2003. In der neuen Grundsicherung für Arbeitssuchende hat der Gesetzgeber einerseits auf zahlreiche Regelungselemente der Sozialhilfe zurückgegriffen. So finden sich auch hier regelmäßige Pauschalzahlungen zur Sicherung des Lebensunterhalts (sog. Regelleistung), unterschiedliche Mehrbedarfe sowie einmalige Bedarfe. § 20 Abs. 1 S. 1 SGB

---

[84] Zur früheren Rechtslage *K.-J. Bieback/G. Stahlmann*, Existenzminimum und Grundgesetz, in: Sozialer Fortschritt 1987, 1 ff.

[85] Insoweit im Ansatz zutreffend *R. Rothkegel*, in: A. Gagel, SGB III, § 20 SGB II Rdnr. 42, 44 (28 Lfg. 2006).

[86] BVerwGE 102, 366 (369).

[87] Dies muß allerdings nicht zwangsläufig in Form einer Gegenprobe durch eine Warenkorbanalyse erfolgen, wie *R. Rothkegel*, in: A. Gagel, SGB III, § 20 SGB II Rdnr. 44 (28 Lfg. 2006) meint. Auch eine genauere Analyse des Verbraucherverhaltens der zur Bestimmung herangezogenenen Referenzgruppen kommt in Betracht.

II umschreibt zudem, der Regelung in § 27 Abs. 1 SGB XII vergleichbar, beispielhaft die einzelnen Bedürfnisse, die durch die Regelleistung gedeckt werden sollen. Doch die genaue Höhe der Regelleistung hat der Gesetzgeber im SGB II selbst festgelegt (§ 20 Abs. 2 SGB II). Auf die im Sozialhilferecht praktizierte Normierungstechnik der Rechtsverordnung wurde also verzichtet.

(b) Kritik im Schrifttum. Dieses Vorgehen ist auf massive Kritik im Schrifttum gestoßen. Dabei wird ohne weiteres davon ausgegangen, daß der parlamentarische Gesetzgeber an die von der verwaltungsgerichtlichen Rechtsprechung entwickelten (und im SGB XII inzwischen aufgenommenen) prozeduralen Mindeststandards gleich einem landesrechtlichen Verordnungsgeber gebunden ist.[88] Unter dieser Voraussetzung sei an der Verfassungsmäßigkeit des § 20 Abs. 2 S. 1 SGB II ernstlich zu zweifeln.[89] Denn der Gesetzgeber habe nicht hinreichend transparent offengelegt, wieso er die Regelleistung auf ursprünglich 345 € West und 331 € Ost festgelegt hat; zudem seien die herangezogenen Daten (aus der auch für die Sozialhilfe maßgeblichen Einkommens- und Verbrauchsstichprobe) veraltet und methodisch nicht hinreichend abgesichert, bzw. von der Rechtsprechung zuletzt auf ihre Eignung nicht hinreichend überprüft.[90] Deshalb seien auch die seit 2003 beschlossenen sozialhilferechtlichen Regelsätze in verfassungsrechtlich bedenklicher Weise zustandegekommen. Diese Mängel führten im Ergebnis zu einer erheblichen Bedarfsunterdeckung in der Grundsicherung für Arbeitssuchende.[91]

(c) Keine Bedenken in der Sozialgerichtsbarkeit. Die Sozialgerichtsbarkeit hat sich solchen Bedenken nicht angeschlossen.[92] Vielmehr strich das Bundessozialgericht heraus, daß der Gesetzgeber sich bei der Kodifizierung des SGB II erkennbar an den Erfahrungswerten der damaligen Sozialhilfe orientiert habe.

---

[88] *W. Däubler*, Transparenz auch für den Gesetzgeber?, in: NJW 2004, 993 f.; *ders.*, Das Verbot der Ausgrenzung einzelner Bevölkerungsgruppen, in: NZS 2005, 225 (228); *E. Ockenga*, Regelleistung des SGB II und Verfassungswidrigkeit, in: ZfSH/SGB 2006, 143 (143 f.); *R. Rothkegel*, Sozialhilferecht im Umbruch, in: ZfSH/SGB 2004, 396 (405); *F. Brünner*, in: J. Münder (Hrsg.), SGB II, 2. Aufl. 2007, § 20 Rdnr. 19 ff.

[89] *U. Berlit*, Zusammenlegung von Arbeitslosen- und Sozialhilfe, in: info also 2003, 195 ff.; *U. Krahmer*, Verfassungsrechtliche Bedenken gegen die Hartz IV-Gesetze, ZfF 2004, 178 ff.; *J. Münder*, Das SGB II – Die Grundsicherung für Arbeitssuchende, in: NJW 2004, 3209 ff.; *R. Rothkegel*, Sozialhilferecht im Umbruch, in: ZfSH/SGB 2004, 396 (403 f.); *ders.*, in: A. Gagel, SGB III, § 20 SGB II Rdnr. 39 ff. (28 Lfg. 2006); *K.-J. Bieback*, Probleme des SGB II, in: NZS 2005, 337 (338 f.); *F. Brünner*, in: J. Münder (Hrsg.), SGB II, 2. Aufl. 2007, § 20 Rdnr. 7 ff.; differenzierend *P. Mrozynski*, Grundsicherung für Arbeitssuchende, in: ZfSH/SGB 2004, 198 ff.

[90] Cf. im Hinblick auf die Regelsatzverordnung auch *M. Frommann*, Warum nicht 627 Euro?, in: NDV 2004, 246 ff.; *R. Rothkegel*, Sozialhilferecht im Umbruch, in: ZfSH/SGB 2004, 396 (403 ff.).

[91] *H. Lang*, in: W. Eicher/W. Spellbrink (Hrsg.), SGB II, 2005, § 20 Rdnr. 26 ff., 112 ff.

[92] Cf. etwa BSG, Urteil vom 23.11.2006, Az. B 11b AS 1/06 R – juris; Urteil vom 21.03.2007, B 11a AL 43/06 R – juris; LSG Rheinland-Pfalz, Urteil vom 29.11.2005, Az. L 3 AS 5/05 – juris; SG Aachen, Urteil vom 22.06.2005, Az. S 11 AS 6/05 – juris.

Gegen die Hochrechnung der 1998 vorgenommenen letzten Einkommens- und Verbrauchsstichprobe auf den Stand 2003 sei nicht zu erinnern. Für Zweifel an der Tauglichkeit des vom Statistischen Bundesamt erstellten Materials sah das Gericht gleichfalls keinen Anlaß. Angesichts

> „der offenkundigen Schwierigkeiten, die Mindestvoraussetzungen für ein menschenwürdiges Dasein auch unter Einbeziehung eines ‚soziokulturellen Existenzminimums' sachgerecht zu bestimmen, können Meinungsverschiedenheiten hinsichtlich der Angemessenheit und Gewichtung einzelner Größen keine entscheidende Rolle spielen."[93]

Das Bundessozialgericht läßt zudem erkennen, daß die von der Verwaltungsgerichtsbarkeit entwickelten Kontrollmaßstäbe für die Regelsatzfestsetzung im Sozialhilferecht nicht auf die Bestimmung der Regelleistung nach dem SGB II übertragen werden können.[94] Sie dürften schon

> „denknotwendigerweise nicht gleichermaßen für die Überprüfung des § 20 Abs. 2 SGB II gelten. Denn hierin hat der parlamentarische Gesetzgeber, der allein an das GG gebunden ist, die Höhe der Regelleistung unmittelbar bestimmt".[95]

(d) Verfahrensmäßige Mindestanforderungen für die gesetzesunmittelbare Festlegung. Gleichwohl wird man, wenn man mit der Rechtsprechung und vorherrschenden Meinung im Schrifttum von einem durch Art. 20 Abs. 1 GG i.V.m. Art. 1 Abs. 1 GG verfassungsunmittelbar garantierten Existenzminimum ausgeht, auch dem parlamentarischen Gesetzgeber gegenüber für die Festsetzung der Leistungshöhe gewisse Mindestanforderungen benennen können. Solche Kriterien ergeben sich jedenfalls aus dem *Rechtsstaatsprinzip* in Gestalt des Gebots hinreichender Normklarheit sowie des Verbots der Widersprüchlichkeit.[96] Wenn der Gesetzgeber, wie im SGB II, Bedarfe der Grundsicherung zunächst näher umschreibt und anschließend konkret beziffert, dürfen Beschreibung und Bezifferung nicht in einem offensichtlichen Widerspruch stehen. So wäre eine Regelleistung bzw. ein Regelsatz von 50 € evident ungeeignet, die gesetzlich vorgesehene Bedarfsdeckung tatsächlich zu bewirken.

Aus dem angesichts der Vagheit der verfassungsrechtlichen Verankerung notwendigen Gestaltungsauftrag, den das *Sozialstaatsprinzip* im Wechselspiel mit dem Rechtssatz der *Menschenwürde* dem Gesetzgeber zur Sicherung des existentiellen Minimums aufgibt, wird man zudem folgern können, daß der Gesetzgeber

– grundsätzlich eine nachvollziehbare Vorstellung davon entwickeln muß, was er als Mindestbedarf verstanden wissen will,

---

93 BSG, Urteil vom 23.11.2006, B 11b AS 1/06 R.

94 Hierzu auch LSG Rheinland-Pfalz, Urteil vom 29.11.2005, Az. L 3 AS 5/05 – juris.

95 BSG, Urteil vom 23.11.2006, B 11b AS 1/06 R.

96 BVerfGE 108, 169 (181); *K.-P. Sommermann*, in: v. Mangoldt/Klein/Starck, GG, 5. Aufl. 2005, Art. 20 Abs. 3 Rdnr. 298; *B. Grzeszick*, in: Maunz/Dürig, GG, Art 20 VII Rdnr. 51 ff. (48 Lfg. 2006); *H. Schulze-Fielitz*, in: H. Dreier (Hrsg.), GG, Band 2, 2. Aufl. 2006, Art. 20 (Rechtsstaat) Rdnr. 141 ff. mit weit. Nachw.

– Erfahrungswerte heranziehen muß, die zur begründeten Vermutung Anlaß geben, realitätstauglich zu sein – auch was die Bedarfsdeckungskapazität betrifft

– und Wertungen bei der Konkretisierung so vornimmt, daß sie nicht gegen sonstige Bestimmungen des Grundgesetzes verstoßen.[97]

Die in der Literatur teilweise angemahnte extrem hohe verfassungsgerichtliche Kontrolldichte gegenüber dem parlamentarischen Gesetzgeber findet in der Verfassung hingegen keinen Anhalt. So manche Stimme in der Literatur fordert die sozial- und verfassungsgerichtliche Rechtsprechung letztlich dazu auf, sich zum Ersatzgesetzgeber aufzuschwingen und dem Gesetzgeber bei der Formulierung sämtlicher Details des Ermittlungs- und Quantifizierungsverfahrens die Hand zu führen. Dies würde darauf hinauslaufen, vom demokratisch legitimierten Gesetzgeber vorgenommene Prognosentscheidungen und Wertungen, die zwangsläufig mit der näheren Bestimmung eines Existenzminimums einhergehen, durch solche der Gerichte zu ersetzen. Hiergegen streitet die Gewaltengliederung des Grundgesetzes ebenso wie das Demokratieprinzip. Man mag deshalb sozialpolitisch andere als die z.Zt. praktizierten Methoden der Erkenntnis- und Entscheidungsfindung vorziehen. Die verfassungsrechtlich gebotene Einschätzungsprärogative des Gesetzgebers, die sich auch auf die Tauglichkeit von Quantifizierungsverfahren selbst erstreckt, läßt sich hierdurch aber nicht überwinden. Für eine generelle Ungeeignetheit des vom Gesetzgeber beim SGB II gewählten Vorgehens fehlt es wiederum an hinreichenden Anhaltspunkten.

cc) Zwischenresümee: Bindungen des Gesetzgebers bei der Konkretisierung eines menschenwürdegebotenen sozialen Minimums

Was *verfassungsrechtlich* von der in der Sozialhilfe forciert betriebenen Prozeduralisierung des Problems der Quantifizierung des sozialen Minimums bleibt, ist somit – lediglich, aber immerhin – eine Art justizielle *Evidenzkontrolle*. Sieht man im Sinne des freiheitsfunktionalen Sozialstaatsverständnisses den Zweck der gegenwärtig bestehenden unterschiedlichen Grundsicherungsformen nach dem SGB II und SGB XII darin, daß für Menschen, die aus eigener Kraft hierzu nicht in der Lage sind, Mindestbedingungen für ein selbstbestimmtes Leben gesichert werden, bis sie hierzu selbst wieder in der Lage sind, so darf der Gesetzgeber zumindest *keine offensichtlich ungeeigneten Maßnahmen* zur Verfolgung dieses Ziels treffen. Sieht er besondere Verfahren zur Quantifizierung des Minimums vor, hat sich deren Ausgestaltung an der verfassungsrechtlichen Zielsetzung des Sozialstaates zu orientieren. Der *Eignungs-*

[97] Insoweit zutreffend *R. Rothkegel*, in: A. Gagel, SGB III, Vorb. zu §§ 19ff. SGB II Rdnr. 24f. (28 Lfg. 2006).

maßstab wird durch die Verfassung selbst vorgegeben. Das soziale Minimum im freiheitsdienenden Sozialstaat soll als eine Art Ausfallbürgschaft die materiellen Mindestvoraussetzungen eines selbstbestimmten Lebens sichern. Damit erstreckt sie sich nicht nur auf das zur physiologischen Lebenserhaltung Notwendige, sondern auf die *Sicherung einer sozio-kulturellen Existenz*.[98] Hieraus ergeben sich zumindest schwache Anforderungen an die Spezifizierungsprozesse, die dem Gesetzgeber verfassungsrechtlich aus dem garantierten Ob einer Mindestsicherung aufgegeben sind. Ein so umschriebenes Kontrollprogramm schließt es jedoch von vorneherein aus, die gesetzgeberischen Entscheidungen zur Festlegung der Leistungshöhe in Mindest- und Grundsicherungssystemen „auf Euro und Cent" genau überprüfen zu können.[99]

Mit dieser Zurücknahme reagiert die Rechtsdogmatik freilich nur auf die hochgradige Vagheit, die den verfassungsrechtlichen Vorgaben selbst eigen ist. Eine konkret bezifferbare Mindesthöhe für Sozialleistungen läßt sich eben weder aus dem Sozialstaatsprinzip noch aus dem Menschenwürdesatz ableiten. Die sozialstaatlich geforderte Solidarität kann schwerlich apodiktisch quantifiziert werden (cf. supra C.II.2.) und auch das von Art. 1 Abs. 1 GG gebotene sozio-kulturelle Existenzminimum läßt sich kaum konkret beziffern. Diese der verfassungsrechtlichen Verpflichtung zur Sicherung des Existenzminimums notwendig eingeschriebene Unbestimmtheit läßt sich durch Mindestkriterien für die Verfahren der konkretisierenden Ausgestaltung zwar in gewisser Weise einhegen, aber keineswegs vollständig kompensieren.

Hierin bildet die Festsetzung der Leistungshöhe in Grundsicherungssystemen jedoch keinen Sonderfall. Auch im Hinblick auf staatliche Schutzpflichten prüft das Bundesverfassungsgericht lediglich, ob staatliche Maßnahmen ein gewisses Mindestmaß an Eignung und zu erwartender Effektivität aufweisen, also nicht gegen eine Art „*Untermaßverbot*" verstoßen.[100] Wer eine strengere

---

[98] BVerwGE 21, 208; 87, 212 (214) mit weit. Nachw., st. Rspr.; cf. auch *G. Dauber*, in: O. Mergler/G. Zink, Handbuch der Grundsicherung und Sozialhilfe, Teil I (SGB II), § 20 Rdnr. 7 ff. (6. Lfg. 2006), Teil II/Bd. 1 (SGB XII), § 1 Rdnr. 11 ff. (6. Lfg. 2006); *P. Trenk-Hinterberger*, Sozialhilferecht, in: B. v. Maydell/F. Ruland (Hrsg.), Sozialrechtshandbuch, 3. Aufl. 2003, S. 1223 (1229); *R. Rothkegel*, in: A. Gagel, SGB III, Vorb. zu §§ 19 ff. SGB II Rdnr. 18 (28 Lfg. 2006). Wenig sinnvoll scheint demgegenüber der Ansatz bei *J. Martinéz Soria*, Das Recht auf Sicherung des Existenzminimums, in: JZ 2005, 644 ff., nur das physiologische Minimum durch Art. 1 Abs. 1 GG gesichert zu sehen, während der sozio-kulturelle Bereich dem Schutz durch das Sozialstaatsprinzip zugewiesen wird. Ähnlich auch *B. Könemann*, Der verfassungsunmittelbare Anspruch auf das Existenzminimum, 2005. Durch diese Unterscheidung lassen sich aber weder die begründungs- noch anwendungstheoretischen Probleme des Existenzminimums sinnvoll in den Griff bekommen.

[99] *H. Lang*, in: W. Eicher/W. Spellbrink, SGB II, 2005, § 20 Rdnr. 112.

[100] Cf. zum Untermaßverbot ursprünglich *C.-W. Canaris*, Grundrechte und Privatrecht, in: AcP 184 (1984), 201 (228); näher BVerfGE 88, 203 (262); *J. Isensee*, Das Grundrecht als Abwehrrecht und als staatliche Schutzpflicht, in: HStR, Bd. 5, 2. Aufl. 2000, S. 143 (232); *W. Cremer*, Freiheitsgrundrechte, 2003, S. 291 ff., 310 ff.; *L. Jaeckel*, Schutzpflichten im deutschen

verfassungsrechtliche Einhegung der gesetzgeberischen Realisation des sozialstaatlich gebotenen Minimums fordert, verkennt ganz grundsätzlich die Grenzen, die der verfassungsgerichtlichen Kontrolle durch die Materie der sozialen Gestaltung selbst gezogen sind und die auch auf Fragen der Mindestsicherung und das Procedere ihrer Festlegung durchschlagen.

d) Materielle Konstitutionalisierung der Grundsätze des Sozialhilferechts?

Neben der Prozeduralisierungsstrategie findet sich im Schrifttum auch der Versuch, Aporien bei der Quantifizierung eines würdegebotenen Existenzminimums zu vermeiden, indem den vom Bundesverwaltungsgericht herausgearbeiteten tragenden Grundsätzen des überkommenen Sozialhilferechts gleichsam Verfassungsrang zugesprochen wird. Sie sollen deshalb auch als Maßstab für neuartige Regelungen des Gesetzgebers herangezogen werden können. Zu diesen Prinzipien zählen insbesondere der Bedarfsdeckungs-, der Individualisierungs-, der Faktizitäts-, der Kenntnis-, der Gegenwärtigkeits-, der Nachrang- und der Selbsthilfegrundsatz.[101]

Virulent wurde die Frage, ob zumindest diese Prinzipien des Sozialhilferechts von Verfassungs wegen zu beachten sind, wiederum bei der Neufassung der Grundsicherung für Arbeitssuchende. Denn der Gesetzgeber hat, obwohl die Bestimmungen zur Hilfe zum Lebensunterhalt weitgehend parallel laufen, signifikante Abweichungen in das SGB II eingebaut. Es wurde soeben schon darauf hingewiesen, daß die Regelleistung durch den Gesetzgeber selbst beziffert wird. Anders als das SGB XII kennt die Grundsicherung für Arbeitssuchende zudem nur ein eingeschränktes Individualisierungsprinzip. Während § 3 Abs. 1 S. 2, § 28 Abs. 1 S. 2 SGB XII erlauben, im Einzelfall von den Regelsätzen abzuweichen, wenn ein Bedarf „unabweisbar seiner Höhe nach erheblich von einem durchschnittlichen Bedarf abweicht",[102] kennen § 3 Abs. 1 S. 2, § 23 Abs. 1 SGB II eine Deckung solchen besonderen Bedarfs nur auf Darlehensbasis.[103] Denn der Gesetzgeber ging davon aus, daß durch die Anhebung

und europäischen Recht, 2001, S. 92 ff.; kritisch gegenüber der Figur des Untermaßverbots *H. Dreier*, in: ders. (Hrsg.), GG, 2. Aufl. 2004, Vorb. Rdnr. 103; *P. Unruh*, Zur Dogmatik der grundrechtlichen Schutzpflichten, 1996, S. 83 ff.; *K.-E. Hain*, Der Gesetzgeber in der Klemme zwischen Übermaß- und Untermaßverbot, in: DVBl. 1993, 982 ff.; *ders.*, Das Untermaßverbot in der Kontroverse, in: ZG 1996, 75 ff.; zur Kontroverse auch *E. Denninger*, Vom Elend des Gesetzgebers zwischen Übermaßverbot und Untermaßverbot, in: Festschrift für G. Mahrenholz, 1994, S. 561 ff.

[101] Cf. *R. Rothkegel*, Die Strukturprinzipien des Sozialhilferechts, 2000; *ders.*, Ist die Rechtsprechung des Bundesverwaltungsgerichts zur Sozialhilfe durch Hartz IV überholt?, in: SGb 2006, 74 ff.; *J. Martinez Soria*, Das Recht auf Sicherung des Existenzminimums, in: JZ 2005, 644 (650 ff.); *E.-W. Luthe*, in: Hauck/Noftz, SGB XII, Einführung Rdnr. 24 ff.; speziell zur Selbsthilfe *M.-E. Geis*, Die öffentliche Förderung sozialer Selbsthilfe, 1997.

[102] Näher hierzu *J. Falterbaum*, in: Hauck/Noftz, SGB XII, § 28 Rdnr. 20 ff.

[103] *A. Schmidt*, in: Oestreicher, SGB XII/SGB II, § 20 SGB II Rdnr. 20 (48. Lfg. 2005).

der Regelsätze und die Streichung zahlreicher besonderer Bedarfe im SGB XII, die auf die Grundsicherung für Arbeitssuchende übertragen wurde, der Hilfeempfänger einen gewissen finanziellen Spielraum zum Ansparen für besondere Bedarfslagen hat.[104]

In der Literatur ist auch diese Regelung des SGB II auf massive verfassungsrechtliche Bedenken gestoßen.[105] § 23 Abs. 1 SGB II führe dazu, daß der Bedarf durch die Grundsicherung entweder nicht mehr vollständig gedeckt werde (Verstoß gegen das Bedarfsprinzip) – dabei kann der Bedarf doch gerade durch das Darlehen befriedigt werden – oder sich Art, Form und Maß der Sozialhilfe nicht mehr hinreichend nach der Besonderheit des Einzelfalls richte (Verstoß gegen das Individualprinzip) – dabei sind die Darlehensbestimmungen doch gerade auf diese singulären Umstände zugeschnitten. Zumindest decke das SGB II, wenn ein besonderer Bedarf darlehensfinanziert wird, nicht mehr den *gegenwärtigen* Bedarf. Hierdurch entstehe eine verschobene Unterdeckung. Die aus der laufenden Hilfe zum Lebensunterhalt zu bestreitende Darlehenstilgung sanktioniere zudem, daß eine Notlage durch die individuelle Lebensführung entstanden ist (Versäumen der eigentlich gebotenen finanziellen Vorsorge aus der Regelleistung). Darin sei ein Verstoß gegen das Faktizitätsprinzip zu sehen. Auch könne es vom Existenzminimum per se keine Abstriche geben.

Aus verfassungsrechtlicher Sicht sind diese Angriffe auf die Neuregelung der Grundsicherung durch das SGB II weitgehend verfehlt. Denn sie unterstellen als gegeben, was zunächst zu beweisen wäre: daß die festgelegte Regelleistung nach § 22 SGB II *genau* dem verfassungsgebotenen Existenzminimum entspricht, der Gesetzgeber also verfassungswidrig handeln würde, wenn dem Hilfsbedürftigen auch nur ein Cent weniger zur Verfügung stünde. Für eine solche Annahme bedürfte es klarer verfassungsrechtlicher Kriterien, nach denen die Leistungshöhe festzusetzen ist. An solchen fehlt es jedoch gerade. Dem Grundgesetz läßt sich eben nicht genau entnehmen, wie hoch der Mindesttransfer ist, um in unserer Gesellschaft den notwendigen Lebensunterhalt bestreiten zu können. Auch der soeben (supra c) näher behandelte verfahrensrechtlich angeleitete Zwang zu einer Mindestrationalität im Gesetzgebungsverfahren ändert hieran nichts.

Wer gegen das Sicherungssystem der §§ 19 ff. SGB II das *Bedarfsprinzip als Verfassungsgrundsatz* in Stellung bringt, argumentiert deshalb tautologisch.

---

[104] Kritisch hierzu etwa *R. Rothkegel*, Sozialhilferecht im Umbruch, in: ZfSH/SGB 2004, 396 (403 ff.).

[105] *H. Spindler*, Die neue Regelsatzverordnung, in: info also 2004, 147 ff.; *U. Berlit*, Zusammenlegung von Arbeitslosen- und Sozialhilfe, in: info also 2003, 195 ff.; *J. Münder*, Das SGB II – Die Grundsicherung für Arbeitssuchende, in: NJW 2004, 3209 (3212); *K.-J. Bieback*, Probleme des SGB II, in: NZS 2005, 337 (338); *E. Ockenga*, Regelleistung des SGB II und Verfassungswidrigkeit, in: ZfSH/SGB 2006, 143 ff.; *R. Rothkegel*, in: A. Gagel, SGB III, § 23 SGB II Rdnr. 3 ff., 38 ff. (28 Lfg. 2006); *F. Brünner*, in: J. Münder (Hrsg.), SGB II, 2. Aufl. 2007, § 20 Rdnr. 23 ff.; *J. Münder*, ebenda, § 23 Rndr. 5 ff.

Wenn man mit der herrschenden Meinung in Rechtsprechung und Schrifttum davon ausgeht, daß das Grundgesetz durch Art. 20 Abs. 1 GG i.V.m. Art. 1 Abs. 1 GG eine Art Existenzminimum garantiert, ist die Befriedigung eines Mindestbedarfs zweifelsohne durch die Verfassung geboten. Dies ist ja gerade Sinn des Existenzminimums. Doch ist damit nicht gesagt, daß die Grundsicherung für Arbeitssuchende dieser Aufgabe nicht gerecht wird, man also als Empfänger der Regelleistung diesen Bedarf nicht decken kann.

Gute verfassungsrechtliche Gründe sprechen wohl auch dafür, das würdegebotene Existenzminimum u.a. von den konkreten Umständen des Einzelfalls abhängig zu machen (Individualisierungsprinzip).[106] Zugleich aber darf der Gesetzgeber generalisieren, typisieren und pauschalieren.[107] Auch kann er die regelmäßige Leistung so bemessen, daß sie über den Bedarf hic et nunc hinaus finanzielle Spielräume für gelegentlich anfallende Anschaffungen (besondere Bedarfe) eröffnet. Sieht man das Ziel der Grundsicherung darin, Mindestbedingungen eines selbstbestimmten Lebens zu ermöglichen, ist eine solche Regelungstechnik sogar eine diesem Ziel in besonderem Maße entsprechende Hilfsform.[108] Sie bildet gleichsam ein optimiertes Individualisierungsprinzip.

Da die Regelleistung nach § 20 Abs. 2 SGB II einen solchen Aufschlag für besondere Bedarfe enthält, ist nicht ersichtlich, warum dieser Aufschlag nicht auch zu einem gewissen Teil (nach § 23 Abs. 1 S. 3 SGB II maximal 10 v. H. der Regelleistung) zur Tilgung eines Darlehens herangezogen werden soll, welches wegen außergewöhnlicher Umstände zur Deckung eines besonderen Bedarfs erforderlich wurde.[109] Äußerstenfalls kennt das SGB II zudem mit § 44 SGB II eine Auffangklausel, die in Fällen grober Unbilligkeit den Erlaß der Schuld ermöglicht.[110] Verfassungswidrig wäre diese Gesamtregelung wiederum nur, wenn die im SGB II gegenwärtig festgelegte Höhe der Regelleistung apodiktisch und per se verfassungsgeboten ist.

Das Bedarfs- und das Individualisierungsprinzip lassen sich deshalb durchaus als verfassungsgebotene Ausgestaltungsvorgaben für das Existenzminimum rekonstruieren. Sie geben aber gleichwohl nur sehr ungenaue Anhaltspunkte für die geforderte Leistungshöhe. Man kann deshalb gegen die Höhe

---

106 *W. Cremer*, Freiheitsgrundrechte, 2003, S. 388; *A. Busse*, Fürsorge zwischen Gleichheit und Freiheitsverwirklichung, in: NDV 2004, 339 (342) mit weit. Nachw.

107 BVerwGE 25, 307 (314); 94, 326 (330 ff.). Cf. zur Pauschalierung auch *A. Schmidt*, in: Oestreicher, SGB XII/SGB II, § 20 SGB II Rdnr. 18 (48. Lfg. 2005) mit weit. Nachw.

108 Ebenso *D. O Sullivan*, Verfassungsrechtliche Fragen des Leistungsrechts der Grundsicherung für Arbeitssuchende, in: SGB 2005, 369 (370); *H. M. Heinig*, Paternalismus im Sozialstaat, in: M. Anderheiten (Hrsg.), Paternalismus und Recht, 2006, S. 157 (173); cf. auch BVerwGE 72, 354 (357).

109 Cf. a. *D. O Sullivan*, Verfassungsrechtliche Fragen des Leistungsrechts der Grundsicherung für Arbeitssuchende, in: SGB 2005, 369 (371); *M. Gerenkamp*, in: Mergler/Zink, Handbuch der Grundsicherung und Sozialhilfe, Vorb. §§ 19 ff. SGB II Rdnr. 6 (2. Lfg. 2006).

110 *A. Schmidt*, in: Oestreicher, SGB XII/SGB II, § 20 SGB II Rdnr. 20 (48. Lfg. 2005).

der Regelleistung nach dem SGB II zwar je nach Standpunkt allerlei sozialpolitische Einwände erheben; ebenso mag man für höhere Regelsätze in der Sozialhilfe streiten. Moralische Gründe und Emphatie können hier ebenso ins Feld geführt werden wie pragmatische Aspekte (public health; Folgekosten von Armut etc.). Offensichtlich verfassungswidrig ist das bestehende Leistungsregime der Grundsicherung im Hinblick auf Art. 20 Abs. 1 GG i.V.m. Art. 1 Abs. 1 GG jedoch keineswegs.

Andere Prinzipien des Sozialhilferechts dürften hingegen allenfalls eine schwache Verankerung in der Verfassung haben. So wird der Grundsatz der Verschuldensunabhängigkeit der Sozialhilfe durchaus Stufungen zulassen. Im Grundsatz ist das Existenzminimum sicherlich unabhängig davon zu gewähren, ob jemand seine Notlage selbst verschuldet hat. Das Fürsorgerecht unter dem Grundgesetz kennt keine deserving poors. Gleichwohl bietet das freiheitsfunktionale Sozialstaatsverständnis des Grundgesetzes Raum für unterschiedliche Ausgestaltungen. Denn die Grundsicherung kann von Verfassungs wegen als Hilfe zur Selbsthilfe ausgestaltet werden – gute Gründe sprechen sogar dafür, daß sie so ausgestaltet werden muß.[111] Hierin kommt das im verfassungstheoretischen Teil beschriebene Primat der Selbstrealisation zum Ausdruck. Aus dem Gedanken der Hilfe zur Selbsthilfe lassen sich dann aber auch Pflichten des Hilfsbedürftigen formulieren – er kann im Rahmen des Zumutbaren darauf verpflichtet werden, sich so zu verhalten, daß Aktivierung tatsächlich stattfinden kann („Fördern und Fordern").[112] Ist er hierzu nicht bereit, hat er auch die gesetzlich bestimmten Konsequenzen zu tragen (cf. § 31 SGB II, § 39 SGB XII). Diese rechtfertigen sich durch die Zwecksetzung der Hilfe, die ihrerseits die Basis ihrer Legitimität ist. Fordern ist so gesehen eine *Form* des Förderns.[113] Im äußersten Fall kann dies bis zur Absenkung der Hilfe auf das Niveau des rein physiologischen Existenzminimums führen.[114]

e) Zur Bestimmung des menschenwürdegebotenen Minimums über egalitaristische Erwägungen

Als dritte Strategie zur Umgehung des Konstruktionsdilemmas bei der Bezifferung würdebegründeter originärer Leistungsansprüche wird in Rechtsprechung und Literatur schließlich vorgeschlagen, sich dem verfassungsgebotenen Leistungsniveau mittels Gleichstellungserwägungen zu nähern, da die Sozialhilfe doch sozialer Ausgrenzung vorbauen wolle.[115] Hilfsbedürftige müßten

---

[111] Cf. *M.-E. Geis*, Die öffentliche Förderung sozialer Selbsthilfe, 1997, S. 83 ff.

[112] Freiheitstheoretisch liegt ein Fall des gerechtfertigten Paternalismus vor – cf. supra C.VI.5.

[113] Dies verkennt etwa *A. Busse*, Die Fürsorge zwischen Gleichheit und Freiheitsverwirklichung, in: NDV 2004, 339 (344 ff.); sehr skeptisch gegenüber dem Konzept des Forderns und Förderns auch *C. Enders*, Sozialstaatlichkeit im Spannungsfeld von Eigenverantwortung und Fürsorge, in: VVDStRL 64 (2005), S. 7 (37 ff.): „der Staat ist keine Besserungsanstalt" (S. 47); dagegen klassisch *G. Dürig*, in: ders./Maunz, GG, Art. 3 Abs. 1 Rdnr. 151 ff. (1. Lfg.).

[114] Zu den verfassungsrechtlichen Grenzen auch *A. Wunder/A. Diehm*, Sind Kürzungen des Arbeitslosengeldes II um bis zu 100 Prozent verfassungswidrig?, in: Soziale Sicherheit 2006, 195 ff.

[115] Im Überblick insb. *V. Neumann*, Menschenwürde und Existenzminimum, in: NVwZ 1995, 426 (429 ff.); *ders.*, Sozialstaatsprinzip und Grundrechtsdogmatik, in: DVBl. 1997, 92

deshalb in der Umgebung von Nichthilfeempfängern ähnlich wie diese leben.[116] Als verfassungsrechtliche Meßlatte für den sozialen Mindesttransfer wird hier nicht unmittelbar die Menschenwürde, sondern ein allgemeiner Gleichstellungsgedanke herangezogen.[117] Hilfsbedürftige sollen demnach so leben wie es der herrschenden Lebensgewohnheit in den unteren Bevölkerungsschichten entspricht. In den Blick kommen so die dort üblichen Konsumausgaben und die übliche Ausstattungsdichte in Haushalten mit einem Einkommen niederer Lohngruppen.[118]

Eine solche komparatistische Bestimmung des Existenzminimums kann mittlerweile insoweit an das geltende einfache Sozialhilferecht anknüpfen, als § 28 SGB XII, § 2 RSV dem für die Regelsatzfestsetzung zuständigen Landesgesetzgeber mit dem Statistikmodell Vorgaben machen, die auf eine gewisse Gleichstellung von Sozialhilfeempfängern und anderen Haushalten in unteren Einkommensgruppen hinauslaufen. Die für das Verfassungsrecht entscheidende Frage ist nur, ob diese Form der (durch Festlegung der Bezugsgruppe und Lohnabstandsgebot konditionierten)[119] Egalisierung selbst verfassungsgeboten ist oder ob der Gesetzgeber hierbei schlicht den ihm zukommenden politischen Spielraum bei der Ausgestaltung sozialer Leistungen genutzt hat.

aa) Egalitaristischer oder nonegalitaristischer Schutz vor Ausgrenzung und Demütigungen?

(a) Was ist würdegeboten: Gleichstellung oder Suffizienz? Gegen eine verfassungsrechtliche Dignität der gesetzgeberischen Regelungstechnik streitet *aus verfassungstheoretischer Sicht*, daß dem Grundgesetz eine starke Gleichheitspräsumtion nicht zu entnehmen ist, weshalb, wie gezeigt, ein freiheitliches Verständnis des Sozialstaates weit angemessener erscheint als ein egalitaristisches. Folglich ist auch Versuchen, das verfassungsunmittelbar gebotene sozialstaatliche Minimum der Existenzsicherung mittels Gleichstellungskriterien näher zu bestimmen, mit Vorsicht zu begegnen. Denn so wird ohne nähere Begrün-

---

(94); *U. Sartorius*, Das Existenzminimum im Recht, 2000, S. 68 ff.; *W. Rüfner*, Verfassungs- und europarechtliche Grenzen bei der Umgestaltung des Sozialstaates im Bereich der Sozialhilfe, in: VSSR 1997, 59 (62); *B. Könemann*, Der verfassungsunmittelbare Anspruch auf das Existenzminimum, 2005, S. 119 ff. mit weit. Nachw.; aus grundrechtstheoretischer Perspektive cf. a. *R. Alexy*, Theorie der Grundrechte, 2. Aufl. 1994, S. 388 (Existenzminimum als Vorrang des Prinzips faktischer Gleichheit vor gegenläufigen Prinzipien); grundsätzlich zustimmend *S. Huster*, Rechte und Ziele, 1993, S. 424.

[116] Grundlegend BVerwGE 36, 256 (258).

[117] Ähnlich auch *R. Alexy*, Theorie der Grundrechte, 2. Aufl. 1994, S. 388 f.

[118] Cf. etwa BVerwGE 69, 146 (154); 92, 6 (7); 92, 112 (114); 107, 234 (236); im Überblick *E.-W. Luthe*, in: Hauck/Noftz, SGB XII, K § 1 Rdnr. 14 ff. (9. Lfg. 2007); kritisch hingegen gegenüber diesem Ansatz BVerwGE 80, 349 (352 ff.), hiergegen wiederum VGH Kassel, NJW 1993, 550 f.

[119] § 28 Abs. 2 bis 4 SGB XII, § 2 RSV. Hierzu supra g).

dung dem Sozialstaatsprinzip über den Umweg des Menschenwürdetitels ein Programm materieller Egalisierung eingezeichnet. Die Egalität der Würde verlangt wie die Gleichheit in der Freiheit jedoch nicht *gleiche* Lebensbedingungen. Vielmehr begründet der Würdesatz *allgemeine* soziale Mindestniveaus. Die sozialphilosophische Debatte um den Egalitarismus (cf. supra C.V.) hat gezeigt, daß man gut beraten ist, zwischen Postulaten *gleicher* und *allgemeiner*, d.h. für jedermann, geforderter Lebensbedingungen zu differenzieren. Diese Erkenntnis läßt sich auch für das Verfassungsrecht fruchtbar machen. Zieht man die Menschenwürde als rechtliche Grundlage für ein staatlich zu garantierendes Existenzminimum heran, hat sich die Höhe der Leistung nach dem zu richten, was Menschen als Menschen – kraft ihres Menschseins – zukommen soll. Es geht um die Abwendung menschenunwürdiger Lebensbedingungen. Eingespielt sind damit Kriterien der Allgemeinheit: *jedem* Menschen soll ein hinreichendes Maß an Nahrung und Kleidung zukommen, *jeder* Mensch soll einen hinreichenden privaten Rückzugsraum als Behausung haben, *jeder* Mensch soll in die Lage versetzt sein, mit seiner Umwelt ein Mindestmaß an sozialen Kontakt zu pflegen. Gerade ein menschenwürdefundiertes Existenzminimum zielt deshalb auf *Autonomiesuffizienz*, nicht *Egalität*.[120] Nun wird das Maß des Hinreichenden immer auch relativ zum Kontext zu bestimmen sein. Insoweit kennt auch ein verfassungsgebotenes Existenzminimum ein relationales Moment. Doch hat dieses selbst nur sekundär-indikatorischen Charakter und bleibt notwendig unscharf, da das Relationat nicht klar fixiert ist (cf. supra C.V.9.), sondern einer Konkretisierung bedarf, die mittels des Menschenwürdetitels selbst nicht zu leisten ist.

Das würdegebotene Existenzminimum kann deshalb nicht einfach mit herrschenden Lebensgewohnheiten bei bescheidener Lebensführung gleichgesetzt werden. Systemtheoretisch gesprochen zielt die Inklusion durch einen sozialstaatlichen Menschenwürdeschutz auf die Chance zur Berücksichtigung der Person in funktionalen Teilsystemen, nicht jedoch auf weitergehende faktische Nivellierungen gesellschaftlicher Ungleichheit.[121] Übersetzt in die Sprache verfassungsrechtlicher Normativität heißt dies: Im freiheitsfunktionalen Sozialstaat kommt es entscheidend darauf an, das Existenzminimum so zu bemessen, daß es Lebensumstände sichert, in denen autonomes, selbstbestimmtes Leben noch möglich ist.[122] Dies kann im Ergebnis dazu führen, daß eine weitgehende Angleichung an die Lebensumstände von Bevölkerungsgruppen mit relativ niedrigem Einkommen zu erfolgen hat; der Suffizienzansatz kann jedoch

---

[120] Insoweit ähnlich *W. G. Leisner*, Existenzsicherung im Öffentlichen Recht, 2007, S. 166 f.

[121] Hierzu ausführlich *H. M. Heinig*, Menschenwürde und Sozialstaat, in: P. Bahr/H. M. Heinig (Hrsg.), Menschenwürde in der säkularen Verfassungsordnung, 2006, S. 251 (256 ff.).

[122] So auch *B. Könemann*, Der verfassungsunmittelbare Anspruch auf das Existenzminimum, 2005, S. 123 und öfter.

ebenso, je nach sozioökonomischer Ausgangslage, einen erheblichen sozialpolitischen Spielraum freihalten oder aber weitergehende soziale Interventionen erfordern. In einer Gesellschaft, die nur aus Euro-Millionären und Multimillionären besteht, bedarf es (unter den Bedingungen des heutigen Kaufwertes) keiner Umverteilung zugunsten des unteren Fünftels der Gesellschaft; bei extremer Ungleichverteilung der materiellen Ressourcen hingegen könnte die Orientierung an der Versorgungslage der unteren Bevölkerungsschicht unzureichend sein, weil das untere Fünftel insgesamt eklatant unterversorgt ist. Das Programm der Gleichstellung würde dann eine Fehlsteuerung bewirken und das Existenzminimum gerade nicht sichern helfen. Das Existenzminimum muß deshalb stets zumindest *auch* bedarfsorientiert festgesetzt, darf also nicht *nur* vergleichsorientiert vorgenommen werden. Die vom Gesetzgeber vorgenommenen Bedarfskonkretionen in §20 Abs. 1 SGB II, §27 Abs. 1 SGB XII sind deshalb auch verfassungsrechtlich geboten. Sie reflektieren aber zugleich, daß der Egalisierungsansatz für sich keinen Verfassungsrang hat.

(b) Menschenwürde als Schutz vor Ausgrenzung. Auch ein durch Art. 1 Abs. 1 GG garantierter, würdegebotener Schutz vor sozialer Ausgrenzung zwingt nicht zu inzidenter Egalisierung. Zwar umfaßt die Garantie der Menschenwürde auch den Schutz vor Erniedrigungen und Demütigungen. Doch folgt hieraus nicht, daß das Existenzminimum sich von Verfassungs wegen an Gleichstellungszwecken auszurichten hat. Dies sieht man schon daran, daß das Bundesverfassungsgericht den Schutz vor Erniedrigung durch Art. 1 Abs. 1 GG in seiner ersten Entscheidung zu den Fürsorgepflichten des Staates herausgehoben und zugleich gerade materielle Not nicht hiervon erfaßt gesehen hat (cf. supra a.bb.).[123] Zwingend ist diese Sicht natürlich nicht, die Änderung in der verfassungsgerichtlichen Rechtsprechung legt hiervon Zeugnis ab. Aber bereits diese Reminiszenz zeigt, daß auch der Zusammenhang von Ausgrenzung und sozialen Mindestleistungen nur schwach konturiert ist.

Um ein klareres Bild über diesen Zusammenhang zu gewinnen, lohnt sich abermals ein transdisziplinärer Seitenblick: Insbesondere die Sozialphilosophie hat sich, ausgehend von *Avishai Margalits* Untersuchung zur „Politik der Würde“,[124] intensiv der Frage gewidmet, was es heißt, die Menschenwürde als Demütigungs- und Erniedrigungsverbot zu verstehen, und welche Achtungsformen eine „anständige Gesellschaft“ einzuhalten hat. Begreift man Menschenwürde als Recht, nicht erniedrigt zu werden, kann ein Leben in absoluter Armut grundsätzlich als ebenso unwürdig begriffen werden wie Folter.[125]

---

[123] BVerfGE 1, 97 (105).

[124] *A. Margalit*, Politik der Würde, 2. Aufl. 1997.

[125] *P. Schaber*, Menschenwürde als Recht, nicht erniedrigt zu werden, in: R. Stoecker (Hrsg.), Menschenwürde, 2003, S. 119 (124 f.). Vorbedingung für eine solche Gleichsetzung von Armut und Folter ist allerdings, daß nicht nur menschliche Handlungen erniedrigenden Charakter haben können, sondern auch soziale Verhältnisse, wenn diese durch menschliches

Gleichwohl ist eine „anständige Gesellschaft", die Demütigungen und Ausgrenzungen zu meiden sucht, nicht primär zu materieller Gleichstellung gezwungen.

Nach Margalit müssen rationale Gründe dafür vorliegen, um von einer Demütigung als Verletzung der Achtung im normativen Sinne sprechen zu können.[126] Das bloße Gefühl einer Demütigung reicht deshalb ebensowenig aus wie der Mangel an einem solchen Gefühl bereits Demütigungen ausschließt. Die entscheidende – und mit Margalits dichten Assoziationen nicht hinreichend zu beantwortende – Frage ist deshalb, welcher Qualität diese Gründe im Fall von Armut sein müssen.[127] Margalit selbst geht es vor allem um den *Modus* der Vermeidung evident skandalöser Armut,[128] das Problem der Höhe einer würdegemäßen Grundsicherung läßt er damit ungelöst. Einen möglichen Ansatzpunkt zur Lösung bietet Margalits Axiom, daß der Schutz vor Demütigungen auf die *Selbstachtung* der Person zielt. Diese Selbst-Achtung ist zunächst ganz wörtlich zu nehmen: „Selbstachtung hat, wer auf sich selbst achtet".[129] So verstanden setzt sie ein Selbst voraus, das sich als individuelle *persona* auszeichnet. Der Schutz der Selbstachtung führt zum Schutz individueller Personalität.

> „In dem Anrecht auf eine eigene Rolle als Mensch, ein Selbst liegt unsere Menschenwürde. Jemanden daran zu hindern, ein solches Selbst aufzubauen oder beizubehalten, ist das Kennzeichen menschenunwürdiger Behandlungen. Wer so weit erniedrigt wird, daß er keine Möglichkeit mehr zu einer Identität hat, zu der er stehen kann, dessen Menschenwürde wird verletzt."[130]

(c) Ausgrenzung und Menschenwürde als Schutz der Selbstbestimmung. Ein Menschenwürdeverständnis, daß den Schutz vor Ausgrenzung, Demütigung und Entwürdigung in den Mittelpunkt stellt, deckt sich deshalb mit autonomiefundierten Menschenwürdekonzeptionen. Das Gebot der Menschenwürde schützt die Integrität von Selbstdarstellungen und Selbstvorstellungen.[131] In ih-

---

Handeln verursacht sind. Diese Frage ist durchaus umstritten. *Julian Nida-Rümelin* etwa bezweifelt, daß Verhältnisse als solche demütigenden Charakter haben können; *J. Nida-Rümelin*, Über menschliche Freiheit, 2005, S. 132 f.; so auch *W. Heun*, Humangenetik und Menschenwürde, in: P. Bahr/H. M. Heinig (Hrsg.), Menschenwürde im säkularen Verfassungsstaat, 2006, S. 197 (210). Zugleich aber ist das Problem recht akademischer Natur, da auch die Kritiker Margalits zugestehen, daß eine bestimmte soziale Lage Menschen so exponieren kann, daß sie sich zwangsläufig demütigenden Handlungen ausgesetzt sehen.

[126] *A. Margalit*, Politik der Würde, 2. Aufl. 1997, S. 23 ff.

[127] Cf. *H. Joas*, Die Politik der Würde und die Sakralität der Person, in: ders., Braucht der Mensch Religion?, 2004, S. 130 (136 ff.).

[128] *A. Margalit*, Politik der Würde, 2. Aufl. 1997, S. 260 ff.

[129] *R. Stoecker*, Menschenwürde und das Paradox der Entwürdigung, in: ders. (Hrsg.), Menschenwürde, 2003, S. 133 (141).

[130] *R. Stoecker*, Menschenwürde und das Paradox der Entwürdigung, in: ders. (Hrsg.), Menschenwürde, 2003, S. 133 (150).

[131] Cf. auch *H. M. Heinig*, Menschenwürde und Sozialstaat, in: P. Bahr/H. M. Heinig (Hrsg.), Menschenwürde in der säkularen Verfassungsordnung, 2006, S. 251 (260 ff., 278 ff.).

rer sozialstaatlichen Dimension führt dieser Ansatz dann dazu, auf materielle Mindestbedingungen personaler Integrität aufmerksam zu machen.

Das Modell der decent society läßt sich auch intersubjektiv ausgestalten: Menschenwürde ist so verstanden ein Achtungsbeweis durch wechselseitige Anerkennung.[132] Auch dann zählen bestimmte Minimalformen der Solidarität zum in der Anerkennung zum Ausdruck gebrachten Respekt vor dem anderen.[133]

Wie auch immer man nun hier im Detail die Akzente setzen mag: Grundlegend für ein philosophisches Menschenwürdeverständnis, das Würdeverletzungen als Form der Mißachtung und Demütigung versteht, ist jeweils ein nichtegalitaristischer Ansatz. Es korrespondiert also mit der hier präferierten Perspektive auf den Zusammenhang von Menschenwürde und sozialer Ausgrenzung und gibt ihr zusätzliches Gewicht: Eine menschenwürdewidrige soziale Ausgrenzung wird nicht durch eine fehlende Gleichstellung mit bestimmten Vergleichsgruppen, sondern durch eine insuffiziente Versorgungslage mit für eine selbständige Lebensführung unverzichtbaren Gütern indiziert.[134] Vergleiche zwischen Bevölkerungsgruppen können Anhaltspunkte für eklatante Mängel liefern; einen Verteilungsalgorithmus bieten sie jedoch nicht. Kritiker des Statistikmodells für die Ermittlung des Regelsatzes in der Sozialhilfe und der Regelleistung in der Grundsicherung für Arbeitssuchende betonen deshalb zu recht, daß die Festsetzungen nicht unter jeglicher Absehung des Bedarfs und der Bedarfsdeckungswahrscheinlichkeit erfolgen dürfen (supra c./d.). Sie ziehen hieraus aber fälschlicherweise nicht den Schluß, daß der auf Gleichstellung ausgerichtete Ausgrenzungsansatz insgesamt als verfassungsrechtlicher Prüfmaßstab für die Grundsicherung verfehlt ist.

bb) Die Komplexität sozialer Interventionslagen und der Reduktionismus relational-egalitärer Minimumsbestimmungen

Zu dieser Kritik an einer relational-egalisierenden Bestimmung des Existenzminimums gesellt sich der oben im Rahmen der verfassungstheoretischen Auseinandersetzung mit dem Egalitarismus (supra C.V.8.) näher dargestellte Vorwurf, die normativ zu bewältigende Komplexität sozialer Gerechtigkeit unbotmäßig zu reduzieren.

(a) Probleme der Grenzziehung. Begreift man soziale Ausgrenzung nicht als bloßen Reflex freiheitsfunktional unzureichender Lebensbedingungen, son-

---

132 *P. Baumann*, Menschenwürde und das Bedürfnis nach Respekt, in: R. Stoecker (Hrsg.), Menschenwürde, 2003, S. 19 ff.; grundlegend *H. Hofmann*, Die versprochene Menschenwürde, in: AöR 118 (1993), 353 ff.

133 Zum Anerkennungsparadigma auch supra C. Fußn. 602.

134 In Bezug auf die Menschenwürde im Ergebnis ähnlich *B. Könemann*, Der verfassungsunmittelbare Anspruch auf das Existenzminimum, 2005, S. 132 ff. und öfter, die aber (ohne hinreichende Begründung) über das Sozialstaatsprinzip ein egalisierendes Minimum zu gewinnen sucht.

dern als unmittelbaren Ausdruck einer dichotomisch angelegten Vergleichsrelation, muß man Grenzen ziehen – zwischen den Ausgegrenzten und den anderen. Diese Grenzziehung zur Markierung von Ausgrenzung ist jedoch überaus problematisch, denn die Anknüpfung an untere Lohngruppen erscheint keineswegs zwingend. Eine signifikante gesellschaftliche Unterscheidung in der Prestige- und Chancenverteilung kann man ebenso zwischen anderen Einkommensgruppen feststellen. Der Gleichstellungsgedanke selbst vermag deshalb nicht zu begründen, wo soziale Ausgrenzung beginnt. Auch relative Armutsbestimmungen sind hierfür grundsätzlich untauglich.[135] Deshalb ist die in der momentanen gesetzlichen Ausgestaltung vorgesehene Anknüpfung an unteren Einkommensgruppen bei der Regelsatzbestimmung nach dem SGB XII auch nicht darin begründet, daß die Gleichstellung ein eigenständiges Ziel ist. Vielmehr ist diese als Mittel eingesetzt, um den eigentlichen Zweck, die verfassungsrechtlich geforderte Suffizienz staatlicher Grundsicherung, zu verfolgen. Die einfache Gleichung Menschenwürde = Verbot sozialer Ausgrenzung = Lebensgewohnheiten unterer Einkommensschichten = Existenzminimum überzeugt also nicht.

(b) Komplexität der Ausgrenzung. Hinzu kommt, daß man das soziale Phänomen sogenannter Ausgrenzung verkürzt, wenn man es ausschließlich zu einer Frage der würdeverpflichteten pekuniären (Um)Verteilung deklariert. Die individuellen Problemlagen, welche soziale Interventionen zur Existenzsicherung verlangen, lassen sich nachhaltig kaum durch isolierte ökonomische Interventionen beseitigen. Die Exklusion in einem Teilsystem (etwa Wirtschaft) zieht zwar schnell andere Exklusionen nach sich (etwa Bildung – cf. supra B. III.2.a.aa.), doch behebt umgekehrt die punktuelle Inklusion nicht notwendig andere Exklusionen. Geldtransfers sichern eben noch keine gerechte Verteilung von Bildungschancen. Die Ergebnisse der Bildungsforschung belegen dies nachdrücklich.[136] Multiple gesellschaftliche Benachteiligungen verlangen komplexe gesellschaftspolitische Instrumente zu ihrer Bekämpfung. Das SGB XII reflektiert diesen Umstand, indem es mannigfache andere Leistungen neben der Zahlung eines Regelsatzes vorsieht. Doch auch diese reichen effektiv kaum aus. Ohne begleitende strukturelle bildungs- und arbeitspolitische Maßnahmen wird die Sozialhilfe immer wieder Gefahr laufen, über Einzelfälle hinaus mehr-

[135] *H. M. Heinig*, Menschenwürde und Sozialstaat, in: P. Bahr/H. M. Heinig (Hrsg.), Menschenwürde in der säkularen Verfassungsordnung, 2006, S. 251 (277 ff.); *E.-W. Luthe*, Optimierende Sozialgestaltung, 2001, S. 14; anders wohl *W. Rüfner*, Grundsätze einer verfassungsmäßigen und familiengerechten Ausgestaltung der Sozialhilfe, in: NDV 1992, 363 (365). Zu Armutsbegriffen und ihrer Bedeutung für die Sozialhilfe auch *U. Sartorius*, Das Existenzminimum im Recht, 2001, S. 38 ff.

[136] Cf. *A. Schleicher*, Bildung auf einen Blick, 2003; *Deutsches PISA-Konsortium* (Hrsg.), PISA 2000. Basiskompetenzen von Schülerinnen und Schülern im internationalen Vergleich, 2001; *dass.* (Hrsg.), PISA 2000. Ein differenzierter Blick auf die Länder der Bundesrepublik Deutschland, 2003; cf. auch *T. Meyer*, Theorie der sozialen Demokratie, 2005, S. 355 ff.

generative Abhängigkeiten von Transfereinkommen (bei relativ kommoder Ausstattung mit Konsumgütern) zu generieren statt die geforderte effektive Hilfe zur Selbsthilfe zu leisten. Weil die Bekämpfung sozialer Ausgrenzung sich nicht auf einfache Berechnungen zu Transfereinkommen reduzieren läßt, geht die übliche Heranziehung eines würdegebotenen Schutzes vor sozialer Ausgrenzung zur Bestimmung des Existenzminimums deshalb einerseits, was die Höhe von Transferleistungen angeht, zu weit, andererseits, was die sozialpolitisch zur nachhaltigen Bekämpfung sozialer Ausgrenzung erforderlichen Maßnahmen angeht, nicht weit genug. Die verfassungsrechtliche Ableitung von Mindesthöhen der Sozialhilfeansprüche durch Gleichstellungserwägungen aus dem Gesichtspunkt der Verhinderung sozialer Ausgrenzung ist deshalb schlicht unterkomplex.[137]

f) Zwischenresümee

Ausgangspunkt der vorstehenden Überlegungen war die Frage, ob mittels Art. 1 Abs. 1 GG nähere Aussagen über den sozialstaatlich gebotenen Mindestschutz gewonnen werden können. Ein in der Rechtsprechung und Literatur zur Sozialhilfe verbreiteter Ansatz sucht, vermittelt durch den Gedanken, daß die Menschenwürde vor sozialer Ausgrenzung schütze, über Gleichstellungserwägungen Mindestniveaus der Existenzsicherung zu bestimmen. Anhaltspunkte für eine solche Strategie finden sich zwar im einfach-gesetzlichen Sozialhilferecht; dem Verfassungsrecht ist ein Programm der gezielten Mindestegalisierung aber fremd. Die im SGB XII und SGB II gewählte Regelungstechnik, den notwendigen Lebensunterhalt (neben den Kosten für Unterkunft und Heizung) vor allem durch Regelsätze zu decken, deren Höhe sich an den Verbrauchsausgaben von Haushalten in unteren Einkommensgruppen bemißt, ist also keineswegs „verfassungsfest".

Auch die beiden anderen vorgestellten Ausweichstrategien zur Vermeidung von Aporien, die bei der Quantifizierung würdegebotener sozialer Mindestleistungen drohen, sind nur von begrenztem Nutzen, wenn es um die Spezifizierung des gebotenen Existenzminimums geht. Würdefundierte *Prinzipien* der Sozialhilfe wie das Bedarfs- und Individualprinzip bieten keinen festen Anhalt für die Konkretisierungsleistungen, die vom Gesetzgeber zu erbringen sind. Und auch die *Prozeduralisierung* des Problems vermag lediglich gewisse Rationalitätszwänge in die zuvörderst dem Gesetzgeber obliegende Entscheidungsfindung einzubauen. In diesem begrenzten Effekt aber hat sich diese Strategie als ausgesprochen erfolgreich erwiesen.

Der bisherige Befund stimmt in gewisser Weise bedenklich: Rechtsprechung und Schrifttum ziehen zwar den Rechtstitel der Menschenwürde als Bestim-

---

[137] Ähnlich in der Problemanalyse *E.-W. Luthe*, Optimierende Sozialgestaltung, 2001, S. 199 ff.

mungsgrund eines sozialstaatlich gebotenen Minimums heran. Zugleich aber bietet die Zusammenschau von Art. 20 Abs. 1 GG i.V.m. Art. 1 Abs. 1 GG verfassungsdogmatisch wenig Anhaltspunkte, das Minimum näher zu bestimmen.

g) *Vorbehalt des Möglichen als legitimer Gesichtspunkt der Quantifizierung?*

aa) Fiskalaversion des Art. 20 Abs. 1 GG i.V.m. Art. 1 Abs. 1 GG

Die verfassungsdogmatische Konstruktion eines sozio-kulturellen Existenzminimums über Art. 1 Abs. 1 GG führt aber noch zu einem weiteren Problem, das aus den dogmatischen Spezifika der Menschenwürde selbst resultiert. Folgt man der vorherrschenden Interpretationslinie, sind Eingriffe in Art. 1 Abs. 1 GG anders als bei anderen Grundrechten nicht zu rechtfertigen. Die Menschenwürde bietet demnach keinen Raum für Abwägungsentscheidung.[138] Verankert man das soziale Minimum im Sozialstaat des Grundgesetzes in Art. 1 Abs. 1 GG, stellt sich jedoch die Frage, ob fiskalische Gesichtspunkte bei der quantifizierenden Kleinarbeitung durch den Sozialgesetzgeber Berücksichtigung finden können. Wenn denn das Existenzminimum würdegeboten ist, bietet die Standarddogmatik zur Menschenwürde eigentlich keinen Raum für einen „Vorbehalt des Möglichen", wie er oben in den verfassungstheoretischen Grundlegungen für eine autonomietheoretische Rekonstruktion des Sozialstaates angenommen wurde. Der Staat hätte zwar einen weiten Spielraum zur Ausgestaltung des sozialen Minimums – auch im Hinblick auf seine Quantifizierung. Er dürfte diesen aber gerade nicht nutzen, um die Ausgaben hierfür gezielt zu senken.[139] Bezogen auf die originäre Leistungspflicht des Staates gälte dann: „Geld hat man zu haben". Wirtschaftliche Gesichtspunkte könnten in die Festsetzung des Existenzminimums durch den Gesetzgeber nur insoweit eingehen, als dieses zu einem gewissen Maße auch „kulturrelativ" zu bestimmen ist und so das allgemeine Wohlstandsniveau einer Gesellschaft Berücksichtigung findet.

---

[138] Cf. *R. Poscher*, „Die Würde des Menschen ist unantastbar", in: JZ 2004, 756 ff.; *C. Walter*, Menschenwürde im nationalen Recht, Europarecht und Völkerrecht, in: P. Bahr/H. M. Heinig (Hrsg.), Menschenwürde in der säkularen Verfassungsordnung, 2006, S. 127 (132) mit weit. Nachw.; zur Diskussion auch *M. Nettesheim*, Die Garantie der Menschenwürde zwischen metaphysischer Überhöhung und bloßem Abwägungstopos, in: AöR 130 (2005), 71 ff.; *J. Isensee*, Menschenwürde: die säkulare Gesellschaft auf der Suche nach dem Absoluten, AöR 131 (2006), 173 ff.

[139] So *W. Cremer*, Freiheitsgrundrechte, 2003, S. 391; *R. Rothkegel*, Die Strukturprinzipien des Sozialhilferechts, 2000, S. 24 f.; *V. Wahrendorf*, in: C. Grube/V. Wahrendorf (Hrsg.), SGB XII, 2005, § 28 Rdnr. 33 (fiskalische Belange nur, soweit Bedarfsdeckung unberührt bleibt – also gerade oberhalb des eigentlich verfassungsgebotenen Minimums); *F. Hufen*, Gesetzesgestaltung und Gesetzesanwendung im Leistungsrecht, in: VVDStRL 47(1989), S. 142 (163): „Der ‚Menschenwürdesockel' des Leistungsrechts steht für Sparmaßnahmen und Umverteilung … nicht zur Verfügung".

Die Lage der Staatsfinanzen wäre hingegen per se irrelevant.[140] Schließlich werden leistungsrechtlich definierte Ansprüche gemäß dem finanzverfassungsrechtlichen System des Grundgesetzes durch den Haushaltsplan nicht beschränkt.[141] Sind Ausgaben, die durch gesetzlich festgelegte Leistungsansprüche entstehen, nicht vom Haushaltsplan gedeckt, berührt dieser Umstand nicht den Anspruch und seine außenrechtliche Realisierung.[142] Um den finanzverfassungsrechtlichen Verpflichtungen aus Art. 110 GG (Vollständigkeit, Ausgleichsgebot, Wahrheit und Klarheit) genügen zu können, ist der Gesetzgeber im Falle höherer Ausgaben als Einnahmen deshalb eigentlich gezwungen, seine materiell-rechtlich begründeten Ausgabenverpflichtungen zu reduzieren.[143] Darf er aber fiskalische Gesichtspunkte bei der näheren Ausgestaltung seiner verfassungsrechtlichen Pflicht auf Sicherung des Existenzminimums nicht berücksichtigen, stünde ihm dieser Weg insoweit gerade nicht offen. Der Gesetzgeber müßte vielmehr vorrangig jedwede andere Staatstätigkeit einschränken. Existenzsichernde konsumtive Ausgaben hätten gegenüber Investitionen in Infrastruktur (Bildungs- und Kultureinrichtungen, Verkehrswege) nicht nur relative,[144] sondern *absolute* Priorität.

Auch über die Gesetzesanwendung ließe sich hier kaum nachsteuern.[145] Zwar sind durch den Individualisierungsgrundsatz im Grundsicherungsrecht in weiten Bereichen Ermessensspielräume der Verwaltung eröffnet. Von den Regelsätzen kann deshalb gemäß § 28 Abs. 1 S. 2 SGB XII grundsätzlich nach unten (und oben) abgewichen werden (die Regelleistung nach § 20 Abs. 2 SGB II kennt hingegen keine entsprechende Bestimmung; das in § 3 Abs. 1 Nr. 2 SGB II statuierte Individualisierungsprinzip ist insoweit suspendiert). Auch unbestimmte Rechtsbegriffe, wie sie sich bei den einmaligen Bedarfen finden, eröffnen theoretisch Raum für einen knappheitsgesteuerten Gesetzesvollzug. Ebenso sind einige Hilfsleistungen im SGB II und XII als Ermessensvorschriften ausgestaltet.

Doch muß Ermessen eben auch ermessensgerecht ausgeübt werden. Wirtschaftlichkeitsgesichtspunkte können ohne besondere Aufnahme in das Geset-

---

140 Cf. generell zur Bedeutung der Leistungsfähigkeit für Staatsleistungen *A. Leisner*, Die Leistungsfähigkeit des Staates, 1998.

141 Cf. *H. D. Jarass*, in: ders./P. Pieroth, GG, 9. Aufl. 2007, Art. 110 Rdnr. 15 f.; *C. Hillgruber*, in: v. Mangoldt/Klein/Starck, GG, 5. Aufl. 2005, Art. 110 Rdnr. 66; cf. a. § 3 Abs. 2 BHO.

142 BAGE 46, 394 (400 f.); *W. Heun*, in: H. Dreier, GG, 1. Aufl. 2000, Art. 110 Rdnr. 31 mit weit. Nachw.

143 *W. Heun*, Staatshaushalt und Staatsleitung, 1989, S. 167 ff.

144 *E.-W. Luthe/F. Dittmar*, Das Existenzminimum der Gegenwart, SGb 2004, 272 (275).

145 Cf. in diesem Zusammenhang zum potentiellen Einfluß des Haushaltsrechts auf die Gesetzesanwendung im Verwaltungsrecht *H.-J. Papier*, Der Wandel der Lehre von Ermessens- und Beurteilungsspielräumen als Reaktion auf die staatliche Finanzkrise, in: E. Schmidt-Aßmann/W. Hoffmann-Riem (Hrsg.), Effizienz als Herausforderung an das Verwaltungsrecht, 1998, S. 231 ff.

zesprogramm im Rahmen der Ermessensausübung aus rechtsstaatlichen Gründen allenfalls als „Zweitmotiv" Berücksichtigung finden, sind also gegenüber den gesetzgeberischen Direktiven zur Ermessensausübung prinzipiell zweitrangig.[146] Wegen dieses Vorrangs des Sachgesetzes scheidet im Rahmen des sozialhilferechtlichen Individualisierungsgrundsatzes eine fiskalisch geleitete Entscheidungspraxis von vornherein aus, da Individualisierung gerade bedeutet, daß nur in der Person und den Lebensumständen des Hilfsbedürftigen begründete Aspekte Berücksichtigung finden dürfen. Und auch bei den sonstigen Ermessensvorschriften im SGB XII erscheint es zweifelhaft, ob fachgesetzlich tatsächlich Raum für die Berücksichtigung fiskalischer Belange bleibt. Zumindest darf über die Ebene des Gesetzesvollzuges die finanzverfassungsrechtliche „Subordination"[147] des Haushaltsrechts unter das Sachgesetz nicht ad absurdum geführt werden. Somit bliebe auf den ersten Blick also wegen der Abwägungsfeindlichkeit der Menschenwürde die fiskalische Perspektive bei der Bestimmung des sozialen Minimums von Verfassungs wegen weitestgehend ausgespart.

Sonderlich realitätsnah wirkt dieses Ergebnis nicht. Denn generell hängt die Befriedigung von Bedürfnissen im sozialen Bereich natürlich auch von dem Vorhandensein zuvor erwirtschafteter öffentlicher Mittel ab; das Maß, welches der einzelne von der Gemeinschaft vernünftigerweise erwarten kann, bestimmt sich zwangsläufig durch die Finanzierbarkeit der in Anspruch genommenen Leistungen.[148] Das Existenzminimum kann in seiner Quantifizierung von solchen faktischen Abhängigkeiten kaum losgekoppelt werden. Faktisch dürfte das Postulat der Fiskalaversion des Art. 20 Abs. 1 GG i.V.m Art. 1 Abs. 1 GG deshalb dazu führen, daß die Quantifizierungsspielräume des Gesetzgebers clandestin um ausgabenorientierte Erwägungen angereichert werden.

Ebenso blieben übrigens weitere klassischerweise abwägungsrelevante Gesichtspunkte gesperrt, denen neben fiskalischen noch weitere pragmatische Überlegungen zugrunde liegen, wie das *Lohnabstandsgebot* in § 28 Abs. 4 SGB XII. Demnach gewährleistet die Regelsatzbemessung, daß bei einem Ehepaar mit drei Kindern die Regelsätze zusammen mit Kosten für Unterkunft und Heizung sowie den einmaligen Bedarfen unter den erzielten monatlichen durchschnittlichen Nettoeinkommen (zzgl. Kinder- und Wohngeld) eines vollbeschäftigten Alleinverdieners in den unteren Lohn- und Gehaltsgruppen blei-

---

[146] Cf. *P. Kirchhof*, Die Steuerung des Verwaltungshandelns durch Haushaltsrecht und Haushaltskontrolle, in: NVwZ 1983, 505 ff.; *E.-W. Luthe*, Optimierende Sozialgestaltung, 2001, S. 333 ff.

[147] *R. Mußgnug*, Der Haushaltsplan als Gesetz, 1976, S. 307, 309; *ders.*, Gesetzesgestaltung und Gesetzesanwendung im Leistungsrecht, in: VVDStRL 47 (1989), 113 (126 ff., 134 ff.).

[148] BVerwGE 72, 113 (115); *J. Martinez Soria*, Das Recht auf Sicherung des Existenzminimums, in: JZ 2005, 644 (649); *E.-W. Luthe*, in: Hauck/Noftz, SGB XII, Einführung Rdnr. 11.

ben.[149] Mit dieser Deckelung zielt der Gesetzgeber weniger auf Einspareffekte als auf die Sicherung der politischen Akzeptanz der Sozialhilfe sowie insbesondere die Schaffung von Arbeitsanreizen, d.h. die Durchsetzung des Primats der Selbstrealisation in der Substistenzsicherung, die im SGB II nun eine besondere Betonung erfahren hat. Ist das Existenzminimum würdegeboten, bleibt für solche politischen Zielsetzungen jedoch kaum Raum.

bb) Rationale Abwägungsöffnung: Menschenwürde als Grundprinzip

Freilich ist die Position rigider Abwägungsresistenz der Menschenwürde bei einem extensiven Verständnis des sachlichen und personellen Schutzbereichs des Art. 1 Abs. 1 GG ganz generell kaum konsequent durchzuhalten.[150] Die von lebenspraktischer Klugheit zeugenden Entscheidungen des Bundesverfassungsgerichts zum Abtreibungsrecht belegen dies, da Prämissen und Ergebnis bei ihnen nicht bruchlos zueinanderpassen; auch die Möglichkeit von Würdekollisionen, die zu abwägungsangeleiteten Vorrangbestimmungen nötigen, läßt sich kaum leugnen.[151] In mannigfachen Konfliktlagen wird die Berücksichtigung anderer Rechtsgüter im Rahmen des Art. 1 Abs. 1 GG deshalb tatsächlich in den Bereich der Bestimmung einer Verletzungshandlung vorverlagert. Wertungen und Abwägungen werden so invisibilisiert. Solchen verdeckten Abwägungsentscheidungen mangelt es jedoch stets an einer hinreichenden Kontrollierbarkeit und rationalen Nachvollziehbarkeit. Hinzu tritt die demokratietheoretische Brisanz der Menschenwürde – die versteckten Wertungen werden gerade nicht durch den demokratisch unmittelbar legitimierten Gesetzgeber vorgenommen, sondern durch den Rechtsanwender.

Deshalb sprechen gute Gründe dafür, den Rechtssatz der Menschenwürde nicht als normales Individualgrundrecht zu verstehen, sondern als oberstes Verfassungsprinzip.[152] Kritiker dieses Ansatzes sehen bei einer solchen objektiv-rechtlichen Lesart der Menschenwürde die Gefahr ihrer Depotenzierung.

---

149 Cf. näher *U. Sartorius*, Das Existenzminimum im Recht, 2000, S. 122ff.; *R. Bieritz-Harder*, Menschenwürdig leben, 2001, S. 17ff., 278ff., die die Vorgängervorschrift des BSHG zu § 28 Abs. 4 SGB XII für verfassungswidrig halten; kritisch auch *F. Roscher*, in: J. Münder u.a., SGB XII, 7. Aufl. 2005, § 28 Rdnr. 28ff.; differenzierend *V. Wahrendorf*, in: C. Grube/V. Wahrendorf (Hrsg.), SGB XII, 2005, § 28 Rdnr. 34f.

150 *H. M. Heinig*, Art. Menschenwürde, in: Evangelisches Staatslexikon, Neuausgabe 2006, Sp. 1516 (1519).

151 Zum Problem H. Dreier, in: ders. (Hrsg.), GG, 2. Aufl. 2004, Art. 1 I Rdnr. 133; näher auch Nachw. Supra F.II. Fußn. 52.

152 Zur Debatte umfassend *C. Enders*, Die Menschenwürde in der Verfassungsordnung, 1997, S. 92ff., 378ff.; siehe auch *C. Starck*, in: v. Mangoldt/Klein/Starck, GG, 5. Aufl. 2005, Art. 1 I Rdnr. 28ff.; für einen Grundnormcharakter *Enders*, a.a.O.; *H. Dreier*, in: ders. (Hrsg.), GG, 2. Aufl. 2004, Art. 1 I Rdnr. 123ff.; *W. Brugger*, Menschenwürde, Menschenrechte, Grundrechte, in: ders., Liberalismus, Pluralismus, Kommunitarismus, 1999, S. 381 (389ff.); *T. Geddert-Steinacher*, Menschenwürde als Verfassungsbegriff, 1990, S. 167ff. mit weit. Nachw.; für den Grundrechtscharakter etwa *W. Höfling*, in: Sachs, GG, 4. Aufl. 2007,

Die Fundamentalnorm des Individualschutzes im Staat müsse auch ihrerseits als subjektives Recht fungieren. Zwingend ist diese Folgerung jedoch nicht. Die Eigenschaft der Menschenwürde als auslegungsprägender Horizont bzw. als Interpretament der Verfassung streitet für eine Charakterisierung als objektive Grundnorm, die die Grundrechte fundiert (Art. 1 Abs. 2 GG), aber nicht selbst ein Grundrecht bildet. Ihr individualschützender Charakter wird vielmehr mittels der klassischen Grundrechte aktiviert.

Auch lassen sich so Gefahren einer politisch tendenziösen Menschenwürdeinterpretation und ihrer antidemokratischen Instrumentalisierung mildern. Denn der erste Zugriff auf die Konkretisierung grundrechtlicher Kollisionslagen gebührt dem unmittelbar demokratisch legitimierten parlamentarischen Gesetzgeber. Weltanschauliche Prägungen und Präferenzen können bei der Auslegung der Grundrechte eher neutralitätskompatibel übersetzt werden als bei der Menschenwürde. Zudem spiegelt ein anwendungstheoretischer (heißt: rechtsdogmatischer) Vorrang der Grundrechte vor der Menschenwürde bei der Beleuchtung konkreter Rechtsfragen den (metaphorisch, nicht substanzontologisch zu verstehenden) Menschenwürdekern der Grundrechte angemessen wider.

Folgt man dieser Lesart der Menschenwürde, hat das für die Bestimmung des sozialen Minimums, welches zu leisten der freiheitsfunktionale Sozialstaat von Verfassungs wegen verpflichtet ist, zwei Konsequenzen. Zum einen ist durch den Rückbezug der Menschenwürde auf die Grundrechte Raum für eine moderate und im einzelnen noch genau zu justierende Berücksichtigung fiskalischer Interessen und sonstiger „pragmatischer" Belange, wie sie beim Lohnabstandsgebot zum Tragen kommen. Zum anderen aber ist noch einmal ganz grundsätzlich über die Frage nach der angemessenen dogmatischen Struktur eines sozialen Minimums nachzudenken.

h) Zwischenresümee

Die in der Frühphase der Bundesrepublik vorgenommene Engziehung von Sozialstaatsgebot und Menschenwürde schien auf den ersten Blick attraktiv, weil mit beiden Normen eine Höchstrelevanz verbunden wird, die gerade auch ein verfassungsgebotenes soziales Minimum auszeichnen soll. In der Kombination von Art. 20 Abs. 1 GG i.V.m. Art. 1 Abs. 1 GG fügt sich gleichsam ein Doppeltes ein: die Dimension des Unverzichtbaren, jeder sozialpolitischen Selbstverständigung der Gesellschaft Vorgelagerten, aber auch die Begrenzung auf das absolut notwendige, das für ein Leben in Würde unentbehrliche materielle Mindestmaß.[153] So plausibel dieser Ansatz auf den ersten Blick im Grundsätzlichen ist, so problematisch ist jedoch seine verfassungsdogmatische Operationalisierbarkeit.

Art. 1 Rdnr. 5 ff.; *M. Herdegen*, in: Maunz/Dürig, Art. 1 I Rdnr. 26 (44. Lfg. 2005); *W. Cremer*, Freiheitsgrundrechte, 2003, S. 323 ff. mit weit. Nachw.

[153] Ähnlich *M. M. Meinke*, In Verbindung mit, 2006, S. 42.

Die Kreuzung aus Würde und Sozialstaat führt zu einer verdoppelten „bestimmten Unbestimmtheit". Sie läßt den emphatischen Überschuß, der mit einer verfassungsunmittelbaren Garantie des soziokulturellen Existenzminimums einhergeht, in Quantifizierungsfragen im Zweifelsfall hohl klingen. Doch auch die drei näher untersuchten, mehr oder weniger aus dem Menschenwürdeansatz selbst herausgetriebenen Ausweichstrategien zur genaueren Bestimmung des sozialen Minimums haben sich als wenig erfolgreich erwiesen. Deshalb drängt sich die Frage auf, ob nicht die verfassungsdogmatische Verankerung eines sozialen Minimums normativ anzureichern wäre. Sie wiese darin Parallelen zu einem als Grundprinzip verstandenen Menschenwürdegebot auf. In den Blick kommen so nahezu zwangsläufig die Grundrechte.

Ob diese tatsächlich einen sinnvollen Beitrag zu einer Verfassungsdogmatik des sozialen Minimums leisten können und welcher dies wäre, soll deshalb im Folgenden näher behandelt werden.

2. *Grundrechte als Bestimmungsgrund sozialstaatlicher Minima*

a) Terminologische Vorklärung

Fragt man nach einer grundrechtlichen Fundierung sozialstaatlicher Minima, berührt man ein heikles Thema, hat es in der Vergangenheit, insbesondere in den 1970er Jahren, hierum doch eine intensive, häufig von ideologischen Grundsatzüberzeugungen überlagerte und durch diese blockierte Auseinandersetzung gegeben. Sie wurde auf dem akademischen Parkett im Streit über eine angemessene Grundrechtstheorie geführt und hat in der Grundrechtsdogmatik gleichfalls ihre Spuren hinterlassen.

Zusätzlich wird der Topos durch terminologische Unschärfen belastet; die Unterscheidung zwischen Leistungsrechten, Teilhaberechten und sozialen Grundrechten ist nicht immer klar.[154] So sei noch einmal daran erinnert, daß an dieser Stelle der vorliegenden Untersuchung im Zentrum der Aufmerksamkeit die Frage steht, ob dem Grundgesetz subjektive, den Rechtssatz vom sozialen Staat konkretisierende Rechte des einzelnen auf bestimmte staatliche Mindestleistungen entnommen werden können.

Angesprochen ist damit die Frage nach *originären Leistungsrechten.* Diese sind dadurch charakterisiert, daß sie subjektiv-rechtliche Verfassungsansprüche enthalten. Gleichwohl können sie, wie Eingriffsabwehrrechte, unter Vorbehalten stehen und durch Kautelen geprägt sein sowie in ihrem effektiven Garantiebereich durch gegenläufige Verfassungspositionen eingeschränkt werden (hierzu infra d.cc.).

---

[154] So die zutreffende Diagnose bei *D. Murswiek*, Grundrechte als Teilhaberechte, soziale Grundrechte, in: HStR, Bd. 5, 2. Aufl. 2000, S. 243 (245 ff.).

Teilhaberechte fragen demgegenüber nach der Verteilung von und dem Zugang zu bestehenden Einrichtungen und Leistungen. Sie sind reflexiver Natur, weil sie auf vorhandene staatliche Aktivitäten reagieren und nach den Bedingungen des Zugangs zu und der Partizipation an diesen fragen. Hierdurch sind sie im wesentlichen gleichheitsrechtlich imprägniert. Freiheitsrechtliche Begründungen für sie sind nur insoweit beachtlich, als über die Frage gleicher Berechtigung hinaus die Ausschöpfung vorhandener Kapazitäten verfassungsrechtlich thematisch wird.[155]

Soziale Grundrechte schließlich fügen sich nicht in die beiden vorgestellten Rechtskategorien ein, sondern stehen zu weiten Teilen quer zu ihnen.[156] Denn soziale Grundrechte wirken in der Regel gerade nicht als subjektive Rechte, sondern als Staatzielbestimmungen und Gesetzgebungsaufträge.[157] Ihre Bezeichnung als „Grundrechte" ist wegen der damit verbundenen Assoziationen irreführend.[158] Gleichwohl hat sie sich eingebürgert. Für eine verfassungsrechtliche Untersuchung des Sozialstaates des Grundgesetzes kann die Kategorie der „sozialen Grundrechte" jedoch nur eine untergeordnete Rolle spielen. Denn im Verfassungsgefüge de lege lata finden sich nur sehr vereinzelt Normen, die als soziale Grundrechte betrachtet werden können.[159] In den Blick kommen sie deshalb eigentlich nur, soweit man das Feld der Rechtspolitik betritt, nach der Bedeutung landesverfassungsrechtlich festgelegter sozialer Grundrechte für die Interpretation der grundgesetzlichen Formel vom sozialen Staat fragt oder

---

[155] Sie gehören deshalb nicht *nur* in den Kontext der Gleichheitsrechte, wie etwa *H. Dreier*, in: ders. (Hrsg.), GG, 2. Aufl. 2004, Vorb. Rdnr. 89 annimmt; wie hier hingegen *W. Cremer*, Freiheitsgrundrechte, 2003, S. 373.

[156] Anders *M. Borowski*, Grundrechte als Prinzipien, 2. Aufl. 2007, S. 341 f. auf der Grundlage der Prinzipientheorie des Rechts; hierzu sogleich näher.

[157] *J. Lücke*, Soziale Grundrechte als Staatszielbestimmungen und Gesetzgebungsaufträge, in: AöR 107 (1982), 15 ff.; zur Problematik näher etwa *L. Wildhaber*, Soziale Grundrechte, in: P. Saladin/L. Wildhaber (Hrsg.), Gedenkschrift für M. Imboden, 1972, S. 371 ff.; *J. P. Müller*, Soziale Grundrechte in der Verfassung?, in: Zeitschrift für Schweizerisches Recht (ZSR) 92 (1973), 686 ff.; *W. Schmidt*, Soziale Grundrechte im Verfassungsrecht der Bundesrepublik Deutschland, in: Der Staat 20 (1981) – Beiheft 5, 9 ff.; *E.-W. Böckenförde*, Die sozialen Grundrechte im Verfassungsgefüge (1981), in: ders., Staat, Verfassung, Demokratie, 1991, S. 146 ff.; *J. Isensee*, Verfassung ohne soziale Grundrechte, in: Der Staat 19 (1980), 367 ff.; *P. Badura*, Das Prinzip der sozialen Grundrechte und seine Verwirklichung im Recht der Bundesrepublik Deutschland, in: Der Staat 14 (1975), 17 ff.; *G. Brunner*, Die Problematik sozialer Grundrechte, 1971, S. 8 ff.; *A. Brenne*, Soziale Grundrechte in den Landesverfassungen, 2003, S. 7 ff.; *H.-J. Papier*, Grundrechte und Sozialordnung, in: D. Merten/H.-J. Papier (Hrsg.), Handbuch der Grundrechte, Bd. 2, 2006, S. 253 (257 ff.); *H. F. Zacher*, Art. Soziale Grundrechte, in: Lexikon des Rechts, 5/660, 1 (3 ff.) (124. EL April 2005).

[158] Cf. a. *D. Murswiek*, Grundrechte als Teilhaberechte, soziale Grundrechte, in: HStR, Bd. 5, 2. Aufl. 2000, S. 243 (266): „keine Grundrechte im juristisch exakten Sinne".

[159] *G. Lübbe-Wolff*, Soziale Grundrechte und Verfassungsaufträge, in: JöR n.F. 53 (2005), 1 (3) versteht vor allem grundrechtliche Schutzpflichten als de lege lata gewonnene soziale Grundrechte. Man sollte jedoch um der Klarheit willen zwischen dem Begriff und den funktionalen Äquivalenten zu dem mit dem Begriff bezeichneten Komplex unterscheiden.

unter dem Gesichtspunkt „offener Staatlichkeit“ den Einfluß internationaler Pakte zum Schutz sozialer Grundrechte beleuchtet (infra F.II.4.).

Im Zentrum der Untersuchung eines im Spannungsfeld von Sozialstaatsgrundsatz und Grundrechtsschutz verankerten Verfassungsgebots sozialer Minima stehen deshalb nicht soziale Grundrechte, sondern Möglichkeiten und Grenzen einer „sozialstaatlichen“ Aufladung der in das Grundgesetz aufgenommenen Freiheitsrechte.

Überlegungen zu diesem Thema haben ihre eigene Geschichte, die hier kurz erzählt werden soll,[160] weil sie die mit der Frage verfassungsunmittelbarer sozialer Leistungsrechte verbundenen Herausforderungen einzuordnen hilft und durch die relativierende Kraft geschichtlicher Betrachtungen vielleicht auch manche ideologische Spitze kappt.

b) „Sozialstaatliche“ Grundrechtstheorie und -dogmatik im Wandel der Zeit

Am Anfang einer dogmengeschichtlichen Rückschau zur „sozialstaatlichen“ Grundrechtstheorie und -dogmatik steht die sozialstaatliche Relevanz der Grundrechte für das Arbeitsrecht. Sie hat Anfang der 1950er Jahre die Debatte um die Drittwirkung der Grundrechte maßgeblich geprägt. Nicht die leistungsrechtliche, sondern die abwehr- und objektivrechtliche Dimension der Grundrechte des Sozialstaates standen also zunächst im Blickpunkt des Interesses.[161] In der Debatte um die Drittwirkung der Grundrechte verbanden sich Fragen nach dem angemessenen Sozialstaatsverständnis (grundrechtliche Bindung nichtstaatlicher Akteure wegen ihrer Machtpotenz und ihrer Relevanz für reale Freiheitsverwirklichung) mit der Naturrechtsdiskussion der damaligen Zeit (antipositivistischer Affekt; Bedarf normativer Vergewisserung; Bedürfnis einer transdemokratischen Bindung des Gesetzgebers). Im Laufe der Diskussionen etablierte sich die Figur der „mittelbaren Drittwirkung“[162] und damit die „objektiv-rechtliche“ Grundrechtsfunktion jenseits der seit Weimarer Tagen anerkannten Einrichtungsgarantien in der bundesrepublikanischen Grundrechtsdogmatik.[163]

---

[160] Ralf Poscher hat die Entwicklung prägnant historisiert und periodisiert; cf. *R. Poscher*, Grundrechte als Abwehrrechte, 2003, S. 48 ff.

[161] Cf. etwa *H. C. Nipperdey*, Gleicher Lohn der Frau für gleiche Leistung, in: RdA 1950, 121 ff.; *ders.*, Rechtsgutachten über den Rechtssatz: Gleicher Lohn der Frau für gleiche Leistung, 1951; *W. Leisner*, Grundrechte und Privatrecht, 1960, S. 249 ff.

[162] Grundlegend *G. Dürig*, Grundrechte und Zivilrechtsprechung, in: Festschrift für H. Nawiasky, 1956, S. 157 ff.; einen neuen, auf theoretischen Hochglanz polierten, aber wenig überzeugenden Anlauf gegen den mainstream in dieser Frage unternehmen *R. Christensen/A. Fischer-Lescano*, Das Ganze des Rechts, 2007.

[163] Zur Entwicklung von Einrichtungsgarantien im Verfassungsrecht umfassend *U. Mager*, Einrichtungsgarantien, 2003; ferner *C. Mainzer*, Die dogmatische Figur der Einrichtungsgarantien, 2003; im Überblick *H. M. Heinig*, Art. Institutionelle Garantie, Einrichtungsgarantie, in: Ev. Staatslexikon, 2006, Sp. 1014 ff.

In den 1960er Jahren trat dann jedoch der Streit um ein verfassungsadäquates Freiheitsverständnis in den Vordergrund.[164] Dem Ausgrenzungsmodell, das von einem rechtsstaatlichen Verteilungsprinzip ausgeht, wurden alternative, teils auch komplexere Freiheitskonzeptionen entgegengestellt. Zu nennen ist insbesondere *Peter Häberles* institutionelles Grundrechtsparadigma, das die rechtliche Vermittlung der Freiheit herausstreicht. Freiheit verwirklicht sich demnach nicht als Freiheit *vom* Staat, sondern *in den Formen* des staatlichen Rechts.[165] An diese Grundkonzeption knüpfte Häberle Anfang der 1970er Jahre in der Frage einer leistungsrechtlichen Aufladung der Grundrechte an[166] und fand hierfür ebenso Zustimmung wie Kritik. Die realen Möglichkeiten der Freiheitswahrnehmung gerieten in den Focus der grundrechtstheoretischen Aufmerksamkeit.

Geradezu katalysatorisch wirkte dabei die erste Numerus-clausus-Entscheidung des Bundesverfassungsgerichts vom 18. Juli 1972, die im Ergebnis die Frage grundrechtsfundierter leistungsrechtlicher Ansprüche des einzelnen zwar offen-, aber doch erkennen läßt, daß solche grundsätzlich in Betracht kommen.[167] Denn je

> „stärker der moderne Staat sich der sozialen Sicherung und kulturellen Förderung der Bürger zuwendet, desto mehr tritt im Verhältnis zwischen Bürger und Staat neben das ursprüngliche Postulat grundrechtlicher Freiheitssicherung vor dem Staat die komplementäre Forderung nach grundrechtlicher Verbürgung der Teilhabe an staatlichen Leistungen."[168] Letztlich könne aber dahingestellt bleiben, „ob ‚Teilhaberechte' in gewissem Umfang bereits daraus hergeleitet werden könnten, daß der soziale Rechtsstaat eine Garantenstellung für die Umsetzung des grundrechtlichen Wertesystems in die Verfassungswirklichkeit einnimmt."[169] Denn auch „soweit Teilhaberechte nicht von

---

164 Im Überblick *C. Gusy*, Freiheitssicherung im Sozialstaat, in: Neue Politische Literatur 25 (1980), 281 ff.; cf. a. *U. Scheuner*, Die Funktion der Grundrechte im Sozialstaat (1971), in: ders., Staatstheorie und Staatsrecht, 1978, S. 737 ff.

165 *P. Häberle*, Die Wesensgehaltsgarantie des Art. 19 Abs. 2 Grundgesetz, 3. Aufl. 1983, S. 150 ff.

166 *P. Häberle*, Grundrechte im Leistungsstaat, in: VVDStRL 30 (1972), S. 43 ff.; *ders.*, Das Bundesverfassungsgericht im Leistungsstaat, in: DÖV 1972, 729 ff.; *ders.*, Leistungsrecht im sozialen Rechtsstaat (1972/1978), in: ders., Verfassung als öffentlicher Prozeß, 3. Aufl. 1998, S. 445 ff.

167 BVerfGE 33, 303 (329 ff.); unmittelbar zu dieser Entscheidung z.B. *A. v. Mutius*, Grundrechte als „Teilhaberechte", in: VerwArch 64 (1974), 183 ff.; *T. Maunz*, Urteilsanmerkung, in: BayVerwBl. 1972, 470 f.; *O. Kimminich*, Urteilsanmerkung, in: JZ 1972, 696 ff.; *P. Häberle*, Das Bundesverfassungsgericht im Leistungsstaat, in: DÖV 1972, 729 ff.; *E. Bethge*, Zur Problematik von Grundrechtskollisionen, 1977, S. 239 ff.; *S. Hirtschulz*, Numerus clausus und Verfassungsverwirklichung, 1979; *G. Haverkate*, Rechtsfragen des Leistungsstaats, 1983, S. 87 ff., 206 ff.; aus jüngster Zeit etwa *W. Cremer*, Freiheitsgrundrechte, 2003, S. 369 ff.

168 BVerfGE 33, 303 (330 f.).

169 BVerfGE 33, 303 (331) mit Verweis auf die Rechtsprechung des BVerwG zur Pflicht des Staates, Privatschulen zu subventionieren (BVerwGE 27, 360 ff.); hierzu auch BVerfGE 75, 40 (62 ff.); 90, 107 (114 f.); zu dieser näher *W. Rüfner*, Leistungsrechte, in: D. Merten/H.-J. Papier (Hrsg.), Handbuch der Grundrechte, 2006, Bd. 2, S. 679 (701); cf. a. infra F.II.2.e.jj.

vornherein auf das jeweils Vorhandene beschränkt sind, stehen sie doch unter dem Vorbehalt des Möglichen im Sinne dessen, was der Einzelne vernünftigerweise von der Gesellschaft beanspruchen kann. Dies hat in erster Linie der Gesetzgeber in eigener Verantwortung zu beurteilen, der bei seiner Haushaltswirtschaft auch andere Gemeinschaftsbelange zu berücksichtigen und nach der ausdrücklichen Vorschrift des Art. 109 Abs. 2 GG den Erfordernissen des gesamtwirtschaftlichen Gleichgewichts Rechnung zu tragen hat."[170]

Zugespitzt formulierte *Helmut Wilke*:

„In einer hochkomplexen Industriegesellschaft sind Grundrechte Teilhaberechte oder sie sind nicht".[171]

Die Diskussion kulminierte schließlich in *Eberhard Grabitz'* Postulat eines Verfassungsprinzips der Freiheit, welches als Basis für rechtsfortbildende Rekonstruktionen der Grundrechte als Teilhabe- und Abwehrrechte dienen sollte.[172]

Doch die sozialstaatliche Aufladung der Grundrechte stieß von Anfang an auch auf Skepsis. Freilich verschob sich die Debattenlage gegenüber den 1950er Jahren in markanter Weise – insbesondere was das Verhältnis von rechtsstaatlichem Freiheitsschutz und sozialstaatlicher Freiheitsförderung angeht. *Ernst-Wolfgang Böckenförde* und *Hans Hugo Klein* etwa anerkannten in ihrer Kritik einer sozialstaatlichen Grundrechtstheorie ausdrucklich den freiheitstheoretischen Sinn der Frage nach sozialen Voraussetzungen einer effektiven Grundrechtsverwirklichung. Sie wollten dieses Problem jedoch nicht als eines der Grundrechte verhandelt wissen, sondern verwiesen insoweit auf das Sozialstaatsprinzip.[173] So lesen wir bei Böckenförde:

Das Grundgesetz „hat ... das zentrale Problem der liberalen Grundrechtstheorie und der hinter ihr stehenden Staatsauffassung: die relative Blindheit gegenüber den sozialen Voraussetzungen der Realisierung grundrechtlicher Freiheit, aufgenommen und durch die Festlegung des Sozialstaatsauftrags als eines verbindlichen, dem Rechtsstaat nebengeordneten Verfassungsprinzips einer positiven Lösung zugeführt. Dem Staat ist damit von Verfassungs wegen eine Verantwortung für die Schaffung und Sicherung der notwendigen sozialen Voraussetzungen grundrechtlicher Freiheit zuerkannt. ... Der Staat ist zur Intervention in die ‚freien' gesellschaftlichen Abläufe gehalten .... Für die Grundrechtsgewährleistung bedeutet dies, daß dem Staat insoweit entsprechende Regelungs- und Eingriffsbefugnisse zuwachsen. Der Sozialstaat erweist sich damit als Rechtstitel, um die grundrechtliche Freiheit des einen nicht nur mit der gleichen rechtlichen Freiheit des anderen, sondern auch mit deren Realisierungsmöglichkeit kompatibel zu halten und ihrer Ausdehnung von daher Maß und Grenze zu setzen. Darin liegt keine Außerkraftsetzung der liberal-rechtsstaatlichen Grundrechtstheorie, wohl

---

170 BVerfGE 33, 303 (333).

171 *H. Wilke*, Stand und Kritik der neueren Grundrechstheorie, 1975, S. 216.

172 *E. Grabitz*, Freiheit und Verfassungsrecht, 1976, S. 137 ff.; *ders.*, Freiheit als Verfassungsprinzip, in: Rechtstheorie 8 (1977), 1 ff.

173 *H. H. Klein*, Die Grundrechte im demokratischen Staat, 1972, S. 53 ff.; *E.-W. Böckenförde*, Grundrechtstheorie und Grundrechtsinterpretation (1974), in: ders., Staat, Verfassung, Demokratie, 1990, S. 115 (136 ff.).

> aber ihre soziale Einbindung – und damit eine deutliche Modifikation. ... Eine Erweiterung des einzelgrundrechtlichen Freiheitsrechts zu grundrechtlichen Teilhabe- und Leistungsansprüchen kann dem Sozialstaatsauftrag hingegen nicht entnommen werden."[174]

Die 1970er Jahre brachten aber auch eine verstärkte Aufmerksamkeit für die Notwendigkeit einer dogmatischen Unterfütterung der grundrechtstheoretischen Auseinandersetzung mit sich. In diesem Zusammenhang brachten die Verteidiger eines rein abwehrrechtlichen Grundrechtsverständnisses Modifikationen an, die auf manche Einwände der Kritiker dieses Paradigmas reagieren; Fragen der Kollision von Freiheitsansprüchen konnten so z.B. plausibler in eine abwehrechtliche Grundrechtsdogmatik eingebaut werden.[175] Auch wurde der konstruktivistische Charakter einer negatorischen Grundrechtsdeutung zugestanden und damit Abstand von einem direkten Rückgriff auf quasi-naturrechtliche Freiheitsvorstellungen in der Grundrechtsdogmatik genommen.[176] Eine interessante Wendung finden wir schließlich bei *Gertrude Lübbe-Wolff*, die das abwehrrechtliche Grundrechtsverständnis selbst um eine leistungsstaatlich ausgerichtete Variante bereichert, indem sie ein eingriffsabwehrendes Modell des grundrechtlichen Normbestandsschutzes entwickelt, d.h. die Abänderung derivativer Leistungsrechte einer grundrechtlichen Abwehrkontrolle unterstellen will, wenn solche Rechte ihrerseits Ausfluß verfassungsrechtlicher Schutzgebote und Handlungspflichten sind.[177]

Allen Einreden zum Trotz setzten sich in der Rechtspraxis gleichwohl neben der abwehrrechtlichen weitere Grundrechtsdimensionen durch.[178] Die Wissenschaft bereitete diese Entwicklung teils konstruktiv vor, teils vollzog sie sie auch nur nach. Dabei verschob sich die Aufmerksamkeit allerdings von leistungsrechtlichen Fragen, die in den frühen 1970er Jahren zunächst noch domi-

---

[174] *E.-W. Böckenförde*, Grundrechtstheorie und Grundrechtsinterpretation (1974), in: ders., Staat, Verfassung, Demokratie, 1990, S. 115 (143 ff.).

[175] Cf. *D. Suhr*, Entfaltung des Menschen durch den Menschen, 1976; *ders.*, Freiheit durch Geselligkeit, in: EuGRZ 1984, 529 ff.; näher insg. *R. Poscher*, Grundrechte als Abwehrrechte, 2003, S. 61 ff.

[176] *B. Schlink*, Freiheit durch Eingriffsabwehr, in: EuGRZ 1984, 457 ff.

[177] *G. Lübbe-Wolff*, Die Grundrechte als Eingriffsabwehrrechte, 1988, S. 144 ff.

[178] Cf. im Überblick etwa *K. Hesse*, Bestand und Bedeutung der Grundrechte in der Bundesrepublik Deutschland, in: EuGRZ 1978, 427 (430 ff.); *ders.*, Bedeutung der Grundrechte, in: E. Benda/W. Maihofer/H.-J. Vogel (Hrsg.), Handbuch des Verfassungsrechts, 2. Aufl. 1994, S. 127 (134 ff.); *E. Schmidt-Aßmann*, Grundrechtswirkungen im Verwaltungsrecht, in: Festschrift für K. Redeker, 1993, S. 225 ff.; *H. D. Jarass*, Funktionen und Dimensionen der Grundrechte, in: D. Merten/H.-J. Papier (Hrsg.), Handbuch der Grundrechte, Bd. 2, 2006, S. 625 ff.; *ders.*, Grundrechte als Wertentscheidungen bzw. objektiv-rechtliche Prinzipien in der Rechtsprechung des Bundesverfassungsgerichts, in: AöR 110 (1985), 363 ff.; *ders.*, Bausteine einer umfassenden Grundrechtsdogmatik, in: AöR 120 (1995), 346 ff.; *M. Cornils*, Die Ausgestaltung der Grundrechte, 2005, S. 35 ff.; *M. Droege*, Staatsleistungen an Religionsgemeinschaften im säkularen Kultur- und Sozialstaat, 2004, S. 336 ff.

nierten, hin zu grundrechtlichen Schutzpflichten[179] und zum Grundrechtsschutz durch Organisation und Verfahren.[180] Der Wechsel gesellschaftlicher und gesellschaftstheoretischer Großparadigmen – vom Wohlfahrtsstaat zur Risikogesellschaft – sedimentiert eben auch in der Grundrechtsdogmatik.

Eine wirkmächtige theoretische Bündelung der unterschiedlichsten Grundrechtsdimensionen suchte schließlich *Robert Alexy* mittels der bei *Ronald Dworkin* entlehnten Prinzipientheorie des Rechts[181] zu erreichen.[182] Insbesondere die immer wieder skeptisch beäugte Abwägungsbedürftigkeit im Rahmen der Rechtfertigung staatlicher Grundrechtseingriffe[183] läßt sich so auf eine rechtstheoretisch anspruchsvolle Grundlage stellen. Wegen dieses (augenscheinlichen) Seriositätsgewinns fand die Rede vom Prinzipiencharakter der Grundrechte denn auch schnell breitere Aufnahme, ohne daß allerdings immer auch die damit verbundene Grundrechtstheorie in ihrer feinzissilierten Ausgestaltung rezipiert wurde.[184]

c) Sozialstaatliches Grundrechtsverständnis – eine kurze Skizze zur Debattenlage heute

Für unser Thema – die Frage nach grundrechtsfundierten Bestimmungen eines leistungsstaatlichen Minimums – führt diese kurze tour d'horizont zunächst zu dem auf den ersten Blick etwas ernüchternden Befund, daß die leistungsrechtliche Dimension der Grundrechte in den *gegenwärtigen* grundrechtstheo-

[179] BVerfGE 39, 1; 46, 160; 49, 89; 53, 30; 56, 54; 88, 203; *G. Hermes*, Das Grundrecht auf Schutz von Leben und Gesundheit, 1987; *J. Dietlein*, Die Lehre von den grundrechtlichen Schutzpflichten, 2. Aufl. 2005; *J. Isensee*, Das Grundrecht als Abwehrrecht und als Schutzpflicht, in: HStR, Bd. 5, 2. Aufl. 2000, S. 143 ff. (§ 111); *P. Unruh*, Zur Dogmatik der grundrechtlichen Schutzpflichten, 1996; *M. Dolderer*, Objektive Grundrechtsgehalte, 2000, S. 177 ff.; *P. Szczekalla*, Die sogenannten grundrechtlichen Schutzpflichten im deutschen und europäischen Recht, 2002, S. 92 ff.; *C. Calliess*, Schutzpflichten, in: D. Merten/H.-J. Papier (Hrsg.), Handbuch der Grundrechte, Bd. 2, 2006, S. 963 ff.; *C. Starck*, in: v. Mangoldt/Klein/Starck (Hrsg.), GG, 5. Aufl. 2005, Art. 1 Rdnr. 193 ff.; *H. Dreier*, in: ders. (Hrsg.), GG, Bd. 1, 2. Aufl. 2004, Vorb. Rdnr. 101 ff.; *M. Sachs*, in: ders. (Hrsg.), GG, 4. Aufl. 2007, vor Art. 1 Rdnr. 35 ff.

[180] Hierzu bereits die Nachw. F. Fußn. 75.

[181] *R. Dworkin*, Bürgerrechte ernstgenommen (1977), 1990, S. 54 ff. und öfter; cf. auch *ders.*, A Matter of Principle, 1985.

[182] *R. Alexy*, Theorie der Grundrechte, 2. Aufl. 1994; cf. a. *ders.*, Zum Begriff des Rechtsprinzips, in: Rechtstheorie Beiheft 2 (1981), 177 ff.

[183] Cf. etwa *B. Schlink*, Abwägung im Verfassungsrecht, 1976; *ders.*, Der Grundsatz der Verhältnismäßigkeit, in: Festschrift 50 Jahre Bundesverfassungsgericht, 2001, Bd. 2, S. 445 (458 ff.); *W. Leisner*, Der Abwägungsstaat, 1997; *K.-H. Ladeur*, Kritik der Abwägung in der Grundrechtsdogmatik, 2004.

[184] Eine Aufnahme und Fortentwicklung des Alexyschen Ansatzes bei *M. Borowski*, Grundrechte als Prinzipien, 2. Aufl. 2007; *J.-R. Siekmann*, Regelmodelle und Prinzipienmodelle des Rechtssystems, 1990; *ders.*, Zur Begründung von Abwägungsurteilen, in: Rechtstheorie 26 (1995), 45 ff.

retischen und -dogmatischen Auseinandersetzungen keine prominente Rolle spielt.

Drei Grundpositionen kennzeichnen die grundrechtsdogmatische „Großwetterlage“: die Alexysche Variante der Prinzipientheorie des Rechts, die Verteidigung eines rein abwehrrechtlichen Verständnisses der Grundrechte sowie ein mehrdimensionales Grundrechtsverständnis, das sich teils sehr pragmatisch präsentiert, teils sich aber auch um Systematisierungen der einzelnen Funktionen bemüht. Solche Untergliederungen verlaufen in der Regel im Raster Abwehrrechte/Schutzpflichten[185] oder subjektive/objektiv-rechtliche Grundrechtsgehalte.[186] Zwischen diesen drei genannten Lagern läßt sich, was die sozialstaatliche Relektüre der „klassischen“ Grundrechte angeht,[187] im einzelnen differenzieren: Die Prinzipientheorie kennt ausdrücklich Grundrechte als Leistungsrechte im engeren Sinne. Sie sind, wie könnte es bei einer Prinzipientheorie anders sein, Ergebnis einer Abwägung von Prinzipien. Klassische Grundrechte bilden demnach dann Leistungsansprüche, wenn dem Prinzip der faktischen Freiheit ein größeres Gewicht als gegenläufigen formellen und materiellen Prinzipien zusammengenommen zukommt.[188] Diese Bedingungen sieht Alexy, und das macht seinen Ansatz für unser Thema besonders interessant, nur bei „Minimalrechten“ als gegeben. Beispielhaft nennt Alexy das Recht auf ein Existenzminimum, auf eine einfache Wohnung, auf eine Schulbildung, auf eine Berufsausbildung und auf einen Mindeststand ärztlicher Versorgung, wobei deren definitiver Bereich von den abwägungsprägenden Umständen abhängig ist.

Auch im Rahmen plural gedachter Grundrechtsfunktionen findet die Möglichkeit, daß freiheitsschützende Grundrechte zugleich Ansprüche auf soziale Minima begründen können, weitgehend Anerkennung.[189] Freilich spielen sie

---

[185] *J. Isensee*, Das Grundrecht als Abwehrrecht und als Schutzpflicht, in: HStR, Bd. 5, 2. Aufl. 2000, S. 143 ff.

[186] Cf. etwa *H. D. Jarass*, Die Grundrechte: Abwehrrechte und objektive Grundsatznormen, in: Festschrift 50 Jahre Bundesverfassungsgericht, 2001, Bd. 2, S. 35 ff.; *B. Jeand'Heur*, Grundrechte im Spannungsverhältnis zwischen subjektiven Freiheitsgarantien und objektiven Grundsatznormen, in: JZ 1995, 161 ff.; *H. Dreier*, in: ders. (Hrsg.), GG, 2. Aufl. 2004, Vorb. Rdnr. 82 ff.; *ders.*, Dimensionen der Grundrechte, 1993, S. 27 ff.; *ders.*, Subjektiv-rechtliche und objektiv-rechtliche Grundrechtsgehalte, in: Jura 1994, 505 ff.

[187] Zur Erfindung einer grundrechtlichen Klassik *D. Grimm*, Rückkehr zum liberalen Grundrechtsverständnis? (1988), in: ders., Die Zukunft der Verfassung, 2. Aufl. 1994, S. 221 (224 ff.); *W. Krebs*, Rechtliche und reale Freiheit, in: D. Merten/H.-J. Papier (Hrsg.), Handbuch der Grundrechte, Bd. 2, 2006, S. 291 (302 ff.); cf. a. *R. Poscher*, Grundrechte als Abwehrrechte, 2003, S. 15 ff.

[188] *R. Alexy*, Theorie der Grundrechte, 2. Aufl. 1994, S. 465 ff.; cf. a. *M. Borowski*, Grundrechtliche Leistungsrechte, in: JöR n.F. 50 (2002), 301 ff.; *ders.*, Grundrechte als Prinzipien, 2. Aufl. 2007, S. 341 ff.

[189] Cf. etwa *H. D. Jarass*, in: ders./B. Pieroth, GG, 9. Aufl. 2007, Vorb. vor Art. 1 Rdnr. 10; *C. Bumke*, Der Grundrechtsvorbehalt, 1998, S. 69 ff.; skeptisch hingegen *H. Dreier*, in: ders. (Hrsg.), GG, 2. Aufl. 2004, Vorb. Rdnr. 82 ff.

zugleich auch keine herausragende Rolle.[190] Angesichts des hohen Niveaus sozialgesetzlich festgelegter staatlicher Leistungen in Deutschland fehlt es weitgehend an „harten" Fällen, in denen sich die Kategorie der Grundrechte als verfassungsunmittelbare Leistungsrechte bewähren muß und auch dogmatisch Profil gewinnen kann. Die Diskussion wird deshalb weitgehend im Modus der Hypothese geführt. Ähnlich stellt sich die Situation dar, wenn man die Rechtsprechung des Bundesverfassungsgerichts betrachtet. Dieses hat von der in der ersten Numerus-clausus-Entscheidung skizzierten Linie, Grundrechte fungierten möglicherweise auch als originäre Leistungsrechte, nicht dezidiert Abstand genommen, zugleich aber auch von einer weiteren Profilierung des leistungsrechtlichen Ansatzes Abstand genommen. Im in der Literatur zumeist etwas nebulös beschriebenen „äußersten Fall" erscheint eine leistungsstaatliche, subjektiv-rechtliche Verdichtung objektiv-rechtlicher Verpflichtungen des Staates zur Sorge um Freiheitsentfaltungsmöglichkeiten der Bürger zwar denkbar; weitere Annäherungen an einen solchen status exceptionalis finden sich aber selten.

Rein abwehrrechtliche Grundrechtsdeutungen hingegen schließen eine sozialstaatliche Aufladung der Grundrechte kategorisch aus (eine Ausnahme bildet insoweit die erwähnte Untersuchung von Lubbe-Wolff). In elaborierter Ausgestaltung vermag zwar auch eine abwehrzentrierte Grundrechtsdogmatik verschiedene Grundrechtsdimensionen zu integrieren, wie *Ralf Poschers* Arbeit zu Grundrechten als Abwehrrechte zeigt. Poscher legt seinen Überlegungen ausdrücklich ein komplexes, negative, positive, reale und politische Freiheit umfassendes Freiheitsmodell zugrunde; doch die positive und reale Freiheit will er nur indirekt im Kontext der Grundrechte verhandelt wissen – indem negative Freiheit wie „jede staatliche Ordnung rechtlicher Freiheit, die Voraussetzung jeder realen Freiheit ist, an bestimmte inhaltliche und prozedurale Bedingungen" anknüpft „und so eine in realer, positiver und politischer Perspektive freiheitliche Gesellschaft" fördert.[191] Grundrechte sind

[190] *H. D. Jarass*, Funktionen und Dimensionen der Grundrechte, in: D. Merten/H.-J. Papier (Hrsg.), Handbuch der Grundrechte, Bd. 2, 2006, S. 625 ff. Eine Ausnahme stellt *W. Krebs*, Rechtliche und reale Freiheit, in: D. Merten/H.-J. Papier (Hrsg.), Handbuch der Grundrechte, Bd. 2, 2006, S. 291 ff. dar, der einen ambitionierten Versuch unternimmt, Grundrechte in ihrer Mehrdimensionalität in einem nichtabwehrrechtlichen Grundschema einzufangen. Dessen Schutzmodell zur Sicherung realer Freiheit (S. 328 ff.) greift jedoch zu weit, weil der Staat pauschal und umfassend für das Handeln-Können der Individuen in die Verantwortung genommen wird. Krebs' Überlegungen fehlt es an einem freiheitstheoretischen Korrektiv wie dem hier entwickelten Primat der Selbstrealisierung. Seine „sozialstaatliche Legitimation der Theorie der realen Freiheit" (S. 329) geht von einem freiheitstheoretisch verfehlten Sozialstaatsverständnis aus, in dem Pflichtigkeit und Grenzen des Sozialstaates nicht hinreichend ausbalanciert sind und die angesonnene Begrenzung realer Freiheit durch das Charakteristikum menschlicher Gemeinschaft (S. 330) aus der hiesigen Perspektive einer *freiheitsfunktionalen Sozialstaatstheorie* allzu schwach ausgeprägt ist.

[191] *R. Poscher*, Grundrechte als Abwehrrechte, 2003, S. 416.

nach Poscher ausschließlich staatsgerichtet, zugleich aber total und reflexiv angelegt. Auf diese Weise leiten sie die staatliche Regelung multipolarer Interessenskonflikte an. Ausgehend von einer solchen Grundrechtskonzeption lassen sich Drittwirkungsfragen ebenso wie die Schutzpflichtenproblematik (im weiteren Sinne verstanden) in hoher systemimmanenter Kohärenz abhandeln. Somit streitet die grundlegende dogmatische Bauanleitung, im Einsatz dogmatischer Sonderfiguren sparsam zu verfahren („Ockham's razor"), für ein abwehrmonistisches Grundrechtsverständnis.[192] Doch bleibt die Problematik sozialer Minima auf diese Weise gänzlich ausgeklammert. Vorsorglich spricht Poscher diese in seiner Habilitationsschrift auch gar nicht weiter an. Selbst die Frage eines grundrechtlich geschützten Existenzminimums, von *Wolfram Cremer* etwa trotz einer gewissen Skepsis gegenüber freiheitsgrundrechtlich fundierten originären Leistungsrechten dezidiert als ein Fall bereichsspezifisch verbürgter verfassungsunmittelbarer Ansprüche anerkannt,[193] bleibt bei Poscher unthematisiert. Inzident optiert er damit für eine verfassungsdogmatische Gesamtkonstruktion, die schon *Ernst-Wolfgang Böckenförde* und *Hans Hugo Klein* zielführend schien. Sie mündet in einer einfachen Alternative: Fragen sozialstaatlicher Teilhabe lassen sich entweder abwehrrechtlich abarbeiten oder sind grundrechtsdogmatisch nicht anschlußfähig, sondern Gegenstand anderer normativer Regelungen des Grundgesetzes, insbesondere des Sozialstaatsprinzips.[194] Als Bestimmungsgrund für sozialstaatliche Minima schieden die Grundrechte demnach aus.

Orientiert man sich an den Bedürfnissen einer rationalen, die Rechtsanwendung steuernden und möglichst einfach handhabbaren Grundrechtsdogmatik, hat diese Lösung zweifelsohne ihren Charme. Zwar läßt sich ein rein abwehrrechtliches Grundrechtsverständnis nicht ernsthaft *freiheitstheoretisch* begründen; entsprechende Versuche aus den 1950er und 1960er Jahren dürfen getrost als überholt bewertet werden. Ein Freiheitsverständnis, das die soziale Frage nach den Bedingungen der Realisierung von Freiheit unberücksichtigt läßt, bleibt einem unzureichenden Freiheitsbegriff verhaftet und einem „halbierten" Freiheitsverständnis verpflichtet. Doch in *grundrechtsdogmatischer* Hinsicht erweist sich der Abwehrmonismus gegenüber einem Synkretismus der Grundrechtsdimensionen in seiner dichten und kohärenten systematischen Struktur sicherlich als überlegen.[195] Die Prinzipientheorie, die

---

192 Hierzu in anderem Zusammenhang etwa *M. Morlok/M. Heinig*, Parität im Leistungsstaat – Körperschaftsstatus nur bei Staatsloyalität?, in: NVwZ 1999, 697 ff.

193 *W. Cremer*, Freiheitsgrundrechte, 2003, S. 360 ff., 378 ff.

194 Ebenso auch *M. Ruffert*, Vorrang der Verfassung und Eigenständigkeit des Privatrechts, 2001, S. 265 ff.; *C. Steinbeiß-Winkelmann*, Grundrechtliche Freiheit und staatliche Freiheitsordnung, 1986, S. 75 ff.

195 Ein strukturelles Gesamtgefüge läßt sich freilich auch jenseits des abwehrmonistischen Grundrechtsverständnisses entwickeln, so etwa *C. Bumke*, Der Grundrechtsvorbehalt, 1998, S. 98 ff. mit der Figur des Gewährleistungsplans.

ihrerseits gleichfalls einheitstheoretisch fundiert ist und sich deshalb gleichfalls als geschlossenes System präsentiert, sieht sich hingegen einigen durchgreifenden Einwänden ausgesetzt, etwa daß die Unterscheidung zwischen Regeln und Prinzipien nicht kategorialer, sondern nur gradueller Natur ist,[196] die Prinzipientheorie wegen der Präponderanz der Abwägung nur wenig Raum für dogmatische Binnenstrukturen und entsprechend wenig Orientierung für richtiges Entscheiden bietet, kurz: prinzipiengestützte Optimierungsgebote letztlich bloß auf eine Forderung nach vernünftigen Begründungen für Entscheidungen hinauslaufen.[197]

Gleichwohl hat auch der abwehrmonistische Ansatz seinen Preis. Denn er nimmt ausschließlich das System der Grundrechte in den Blick; sein Bezugsfeld ist nur das dogmatische Gefüge der einzelnen Freiheitsgrundrechte. Für die aus der Einheit der Verfassung resultierende Einheit verfassungsdogmatischer Problemkonstellationen, auf die es eine Antwort zu finden gilt, fehlt es hingegen am rechten Sinn. Die Grundrechtsdogmatik isoliert sich auf diese Weise zur solipsistischen Dogmatik einer Teilverfassung, bei der die Purifizierung der Grundrechtsdogmatik von systemreinheitsstörenden Einflüssen im Vordergrund steht. Dabei wird leider übersehen, daß gerade die Normen, die die Bewältigungslast der in andere Sphären der Verfassung abgeschobenen Probleme tragen sollen – wie etwa die Menschenwürde oder das Sozialstaatsprinzip –, ihrerseits für eine rationale und kohärente dogmatische Unterfütterung in hohem Maße auf eine materielle Verzahnung mit den Einzelgrundrechten angewiesen sind. Fragt man nach einer Verfassungsdogmatik des freiheitsfunktionalen Sozialstaates, genügt es deshalb nicht, Sinn für die Problematik realer Freiheitsverwirklichung zu bekunden, die Lösung dieser Problematik dann aber ohne weitere Folgenbewertung an die außergrundrechtlichen Normbestände zu delegieren.[198] Denn das Sozialstaatsprinzip in seinem vorherrschenden Verständnis bewältigt auf sich alleine gestellt, wie gesehen, diese Aufgabe in dogmatischer Hinsicht nicht sonderlich überzeugend. Dieses Ergebnis mag man aus verfassungsdogmatischer Sicht hinnehmen, wenn jede andere Lösung höhere „Kosten" verursacht. Doch kommt dem Argument der Klarheit und Schlichtheit des Systems einer teilverfassungsrechtlichen Dogmatik – der maßgebliche Grund, der für eine abwehrmonistische Grundrechtsbetrachtung spricht – keine automatische Sperrwirkung zu. Vielmehr sind alternative Konzeptionen ebenso in den Blick zu nehmen und auf ihre Vor- und Nachteile hin zu befragen. Die abwehrmonistische Grundrechtslehre mag somit Abwägun-

---

[196] Gleichwohl bleibt die Unterscheidung heuristisch ertragreich.

[197] Cf. etwa *R. Poscher*, Grundrechte als Abwehrrechte, 2003, S. 73 ff. mit weit. Nachw.

[198] So aber schon *W. Martens*, Grundrechte im Leistungsstaat, in: VVDStRL 30 (1972), S. 7 (29); ferner *E.-W. Böckenförde*, Grundrechtstheorie und Grundrechtsinterpretation (1974), in: ders., Staat, Verfassung, Demokratie, 1991, S. 115 (143 ff.); zuletzt etwa *R. Poscher*, Grundrechte als Abwehrrechte, 2003, S. 107 ff.

gen mit Skepsis betrachten[199] – auf einer sekundären Ebene entkommt sie ihnen nicht. Vielmehr wird sie im rechtswissenschaftlichen Ringen um angemessene Antworten auf die Verfassungsfragen unserer Zeit selbst zum Gegenstand von Entscheidungen, die Für und Wider gegeneinander wägen.[200]

Hinzu kommt aber noch ein Weiteres. Delegiert man, wie Böckenförde, Klein oder Poscher, die verfassungsrechtliche Thematisierung der Problematik realer Freiheit an das Sozialstaatsprinzip, ist die Frage der Zuordnung unterschiedlicher Freiheitsdimensionen keineswegs gelöst. Vielmehr kommt sie als Erfordernis, grundrechtliche Grenzen des Sozialstaates zu markieren, in die Grundrechtsdogmatik zurück. Je weniger dogmatische Konturen dann aber das Sozialstaatsprinzip aufweist, desto weniger vermögen auch die Grundrechte die ihnen zukommende Funktion als Abwehrrechte im sozialen Leistungsstaat wahrnehmen zu können.

Gleichwohl sei an dieser Stelle ausdrücklich betont: Daß eine sozialstaatliche Imprägnierung der Freiheitsrechte neben den Chancen, die sie für eine Konkretion des Sozialstaatsprinzips bietet, ihrerseits auch problembehaftet ist, wird von niemandem ernsthaft bestritten. Selbst die engagiertesten Verfechter einer leistungsstaatlichen Relektüre der Grundrechte in den 1960er und 1970er Jahren betonten stets zugleich die fortbestehende Bedeutung der abwehrrechtlichen Dimension der Grundrechte und die Notwendigkeit einer klaren Begrenzung ihrer leistungsstaatlichen Ergänzungen. Man lese nur *Peter Häberles* Referat auf der Staatsrechtslehrertagung 1971. Chancen und Grenzen einer sozialstaatlichen Grundrechtstheorie lassen sich hieran besonders anschaulich zeigen.

d) Extensionen und Restriktionen in Peter Häberles Konzept der „Grundrechte im Leistungsstaat“

aa) Grundanliegen

Der Beitrag Häberles beschreibt eindringlich die Fülle leistungsstaatlicher Aktivitäten. Für die staats- und verfassungstheoretische Einordnung dieser Phänomene, also auf der deskriptiv-analytischen Ebene, sieht Häberle insbesondere bei *Hermann Heller* und *Ernst Forsthoff* Anknüpfungspunkte.[201] Doch Forsthoff dient (verdeckt) noch in einer zweiten Hinsicht als Referenz. Wie weiland Forsthoff die Daseinsvorsorge als vernachlässigte Kategorie des Verwaltungsrechts ausmachte und auf der Grundlage dieses (vermeintlichen) Defizits eine grundlegende Neuorientierung der Verwaltungsrechtswissenschaft an den Erscheinungen der leistenden Verwaltung forderte (supra A.III.), so sieht Häberle in der

---

[199] Siehe Nachw. oben F. Fußn. 183.

[200] Cf. *M. Morlok*, Selbstverständnis als Rechtskriterium, 1993, S. 382.

[201] *P. Häberle*, Grundrechte im Leistungsstaat, in: VVDStRL 30 (1972), S. 43 (45 ff.) – Erster Teil.

Qualität und Quantität des Leistungsstaates Anlaß, auf diese mit einer Neujustierung der Grundrechtsdogmatik zu reagieren. Die grundrechtliche Statuslehre sei „von ihrem spätabsolutistischen Kopf auf demokratische Füße zu stellen."[202] Häberle plädiert für ein geschichtlich bedingtes, dynamisches Grundrechtsverständnis, das die Grundrechte „in den Sozialstaat hinein" umschreibt.[203] Umgekehrt sei aber auch die Sozialstaatsdogmatik vor allem als Grundrechtsdogmatik zu begreifen.[204] Die individualrechtliche und institutionelle Seite der Grundrechte müsse um eine leistungsstaatliche und -rechtliche ergänzt werden. Dies veranlaßt Häberle, alle Grundrechte zu sozialen Grundrechten „in einem weiteren" Sinne zu erklären; der besondere Begriff „soziale Grundrechte" sei überhaupt „ein Offenbarungseid ‚bürgerlichen' Grundrechtsverständnisses".

bb) Zeitgemäß Unzeitgemäßes

Liest man diese Philippika Häberles heute, kommt man nicht umhin festzustellen, in welch starkem Maße Zeitkolorit – die Planungs- und Steuerungseuphorie[205] sowie die Emanzipations- und Fortschrittsverheißungen der damaligen Zeit – seine Ausführungen prägen; diese Nähe zum Puls der Zeit war ja geradezu Programm: Dogmatik „lebt nicht von Reprisen der Klassik oder Postglossatoren".[206] Doch wer auf der Welle des Zeitgeistes surft, strandet auch schnell. Den heutigen Leser müssen die jargongesättigten Affirmationen leistungsstaatlicher Aktivitäten jedenfalls befremden. Daß der Leistungsstaat reale Freiheit *aller* vermehren könne[207] – so als ob die realen Bedingungen für die Wahrnehmung von Freiheitschancen beliebig „optimiert" werden könnten –, dürfte heutzutage auf weitverbreitete Skepsis stoßen. Selbst wenn in der Gesamtbetrachtung eine Freiheitsförderungspolitik kein reines Nullsummenspiel ist, sondern einen freiheitlichen Bilanzüberschuß aufweisen sollte,[208] so lebt sie doch vom Zugleich von Nehmen und Geben und bringt deshalb immer auch Freiheitsverluste mit sich. Sogar auf der Seite der eigentlich Begünstigten des Wohlfahrtsstaates sind, wie gesehen (supra C.VI.5. und öfter), stets Freiheitsbedrohungen zu besorgen. Eine Analyse möglicher Funktionen der

---

[202] *P. Häberle*, Grundrechte im Leistungsstaat, in: VVDStRL 30 (1972), S. 43 (80).

[203] *P. Häberle*, Grundrechte im Leistungsstaat, in: VVDStRL 30 (1972), S. 43 (74).

[204] *P. Häberle*, Grundrechte im Leistungsstaat, in: VVDStRL 30 (1972), S. 43 (92).

[205] *P. Häberle*, Grundrechte im Leistungsstaat, in: VVDStRL 30 (1972), S. 43 (58): „Der leistende Staat lenkt, plant, steuert, (um)verteilt, subventioniert und programmiert."

[206] *P. Häberle*, Grundrechte im Leistungsstaat, in: VVDStRL 30 (1972), S. 43 (71).

[207] *P. Häberle*, Grundrechte im Leistungsstaat, in: VVDStRL 30 (1972), S. 43 (68) und öfter.

[208] Gesamtgesellschaftlich lassen sich solche Effekt wohl nicht ernsthaft quantifizieren. Die Rede von Gewinn und Verlust bleibt auf dieser Ebene notwendig metaphorisch. Auch der Rückgriff auf Raumbilder (Freiheitssphären) hilft hier nicht weiter, denn die Qualität von Freiheit, die bei der Mehrwertthese ja angesprochen ist, läßt sich auf gesellschaftsstruktureller Ebene nicht bilanztechnisch erfassen.

„Grundrechte im Leistungsstaat" bedarf deshalb des Sinns für die grundlegende dilemmatische Struktur, die den Sozialstaat auch dann auszeichnet, wenn er freiheitsfunktional ausgerichtet ist. Hieran gebricht es Häberles Analyse zuweilen.

Mehr als zweifelhaft erscheint vor dem Hintergrund einer freiheitsfunktionalen Sozialstaatstheorie zudem die Fundierung einer leistungsstaatlichen Grundrechtsförderung in einem materialistisch gewendeten Gleichheitspostulat. Folgt man der in dieser Arbeit gelegten freiheitstheoretischen Spur, scheiden forcierte sozialstaatliche Egalisierungspostulate, die materielle Gleichstellung als Selbstzweck betrachten, als Grundlage einer leistungsstaatlichen Rekonstruktion von Grundrechten aus. Der freiheitsfunktionale Sozialstaat muß eben keineswegs „Voraussetzungen und Bedingungen dafür schaffen, daß *alle* tatsächlich von der Freiheit gleichen Gebrauch machen können".[209] Denn diese Forderung in strictu senso verstanden machte das Freiheitsprinzip insgesamt notleidend. Dies sieht auch Häberle, ohne jedoch hieraus die notwendigen Konsequenzen zu ziehen.

> „Die grundrechtliche Freiheit darf jedoch nicht von der Gleichheit her ‚buchstabiert' werden; ihre *negatorische* Seite ist gegenüber unverhältnismäßigen Zugriffen des um der Gleichheit willen leistenden Staats zu intensivieren".[210]

cc) Inhärente Grenzen des leistungsrechtlichen Überschwangs

Leistungsstaatlichkeit meint für Häberle „keine Nivellierung nach unten".[211] Und so werden von ihm zur leistungsstaatlichen Begeisterung immer wieder Kontrapunkte gesetzt (die freilich in der Performanz des Textes untergehen). Lange vor dem berühmten Diktum *Helmut Kohls*, daß sich Leistung wieder lohnen müsse, betont Häberle das Erfordernis hinreichender individueller Leistungsanreize.[212] Auch das freiheitstheoretische Grundproblem des Leistungsstaates findet Beachtung:

> „Gefahren bestehen im Umschlag zum totalen Wohlfahrtsstaat, der den status negativus dort verdrängt, wo das prekäre Verhältnis von Freiheit und Gleichheit zur Verabsolutierung letzterer pervertiert und der Bürger die Sicherheit der Freiheit vorzieht. … Mittel, einer solchen sozial- und leistungsstaatlichen ‚Verfremdung' grundrechtlicher Freiheit entgegenzutreten, sind die Grundrechte und ihre leistungsrechtliche Kompo-

---

[209] *P. Häberle*, Grundrechte im Leistungsstaat, in: VVDStRL 30 (1972), S. 43 (96) zur „Hebelwirkung des materiellen Gleichheitssatzes zugunsten sozialer Freiheit".

[210] *P. Häberle*, Grundrechte im Leistungsstaat, in: VVDStRL 30 (1972), S. 43 (98).

[211] *P. Häberle*, Grundrechte im Leistungsstaat, in: VVDStRL 30 (1972), S. 43 (65).

[212] *P. Häberle*, Grundrechte im Leistungsstaat, in: VVDStRL 30 (1972), S. 43 (65, 113). So heißt es: „Den Abbau sachlicher Qualifikationserfordernisse kann sich das Gemeinwesen als ‚Luxus' nicht leisten. … Es gibt eine Grenze, von der ab ein Mehr an Leistungs- und Gefälligkeitstaat ein Zuviel wird, das nicht nur sozial-ethisch korrumpiert, sondern auch die grundrechtseffektivierende Demokratie selbst gefährdet." (S. 65).

nente. Der ‚Wachstumsprozeß' des Sozialstaatsprinzips darf nicht auf Kosten des Rechtsstaats gehen."[213]

Ebenso sieht Häberle die ökonomisch definierten Grenzen des Leistungsstaates. Er warnt ausdrücklich davor,

> „‚grundrechtliche Wunschvorstellungen' als Verfassungsaufträge zu deklarieren, in der Hoffnung, sie seien juristisch ein Ersatz für das, was eigentlich der politische Prozeß ergeben sollte. ... Verfassungsaufträge sind kein ‚Tischlein-deck-dich' für leistungsstaatliche Grundrechtseffektivierung, das die Realität des Bruttosozialprinzips beiseite schieben könnte."[214]

Dogmatische Konsequenzen im eigentlichen Sinne werden von Häberle deshalb durchaus bedächtig gezogen. Die Grundsatzprobleme sozialer Leistungsrechte sind ihm wohlbewußt. „Grundrechte im Leistungsstaat" führen bei ihm gerade nicht zu weitreichenden definitiven Ansprüchen des einzelnen auf staatliche Leistungen. Vielmehr hebt er hervor, daß die Diskussion um Grundrechte als Teilhaberechte zu sehr auf materielle Ansprüche fixiert sei.[215] Die zentrale grundrechtsdogmatische Neuerung ist ihm deshalb nicht ein Gefüge definitiver Leistungsansprüche, sondern ein sogenannter „status activus processualis", der eine Stärkung der verfahrensrechtlichen Stellung im Leistungsstaat bewirken soll. Aus diesem heraus und neben diesem entwickelt Häberle die Vorstellung, daß die Grundrechte im Leistungsstaat Vorgaben unterschiedlichster normativer Dichte machen, von Verfassungszielen und gestuften sozialen Schutzaufträgen über Auslegungsmaximen bis hin zu subjektiven Leistungsrechten.[216] Letztere blieben jedoch die Ausnahme.

> „Die Grundrechte entfalten neben ihrer Abwehrfunktion über den status activus eine sozialstaatliche Teilhabeseite. Der Teilhabecharakter der Grundrechte ‚verdichtet' sich auf *Verfassungs*ebene grundsätzlich nicht zu subjektiven Ansprüchen, als ‚steuernde Reaktion auf staatliche Leistungsgewähr' können sie aber zu Leistungsgrundrechten werden."[217]

Häberle sieht die Grundrechte in ihrer leistungsstaatlichen Dimension insoweit unter einem „Maßgabevorbehalt".[218] Im Ergebnis liegt Häberle damit nicht sehr weit von dem entfernt, was an normativen Vorgaben klassischerweise dem Sozialstaatsprinzip entnommen wird – mit dem kleinen, aber feinen Unterschied, daß die multiplen Ziele, die dem Sozialstaatsgrundsatz in der Regel eingezeichnet werden, in die normative Semantik der Grundrechte übersetzt und so enger an die Verfassung angebunden werden.

---

213 *P. Häberle*, Grundrechte im Leistungsstaat, in: VVDStRL 30 (1972), S. 43 (102).
214 *P. Häberle*, Grundrechte im Leistungsstaat, in: VVDStRL 30 (1972), S. 43 (111).
215 *P. Häberle*, Grundrechte im Leistungsstaat, in: VVDStRL 30 (1972), S. 43 (89).
216 *P. Häberle*, Grundrechte im Leistungsstaat, in: VVDStRL 30 (1972), S. 43 (73).
217 *P. Häberle*, Grundrechte im Leistungsstaat, in: VVDStRL 30 (1972), S. 43 (112).
218 *P. Häberle*, Grundrechte im Leistungsstaat, in: VVDStRL 30 (1972), S. 43 (113).

Über Details wie Grundschnitt der Häberleschen Grundrechtslehre läßt sich natürlich trefflich streiten. Einige Bedenken aus sozialstaatstheoretischer Perspektive wurden vorstehend formuliert. Aber redlicherweise wird man auch zu würdigen haben, daß Häberles Ansatz zumindest zu einer den Idealen wirklichkeitswissenschaftlich aufgeklärter Verfassungstheorie entsprechenden dichten Beschreibung des Leistungsstaates führt, die die Realitäten abbildet, in die hinein das Verfassungsrecht seine Steuerungsleistungen zu entfalten hat.

Auch bleibt es verdienstvoll, daß Häberle auf den konstruktivistischen Charakter abwehrrechtlicher Freiheitsvorstellungen aufmerksam macht. Grundrechtliche Freiheit ist stets sozial vermittelte Freiheit.[219] Häberle schärft hierdurch zugleich den Sinn für die Bedeutung multipolarer Grundrechtskonflikte.

Wenig konturiert bleibt hingegen die dogmatische Konkretion seiner leistungsstaatlichen Grundrechtstheorie. Insbesondere die ebenso vagen wie umfangreichen Bindungswirkungen, die die Grundrechte im Rahmen einer staatlichen Grundrechtspolitik entfalten sollen, bedürften einer eingehenderen Betrachtung. Doch soll auf diese Frage erst später im Kontext der verfassungsrechtlichen Vorgaben für die demokratische Ausgestaltung des freiheitsfunktionalen Sozialstaates eingegangen werden (infra G.V.).

An dieser Stelle bleibt zunächst unter Bezug auf den Ausgangspunkt der vorstehenden Überlegungen festzuhalten, daß selbst eine Deutung der Freiheitsrechte als soziale Grundrechte im weiteren Sinne, wie sie Häberle leistungsstaatlich inspiriert vornimmt, nur in sehr begrenztem Maße zu originären Leistungsansprüchen führt.

e) Standardeinwände gegen originäre soziale Leistungsrechte

Diese Zurückhaltung bei der Anerkennung von subjektiven sozialen Rechten aus der Verfassung hat seine guten Gründe. Denn eine Fülle von Standardeinwänden lassen sich gegen soziale Leistungsverfassungsrechte in Stellung bringen.[220] Diese Einwände sind in ihrer Berechtigung auch völlig unbestritten. In

---

[219] Ralf Poscher zeigt, daß diese Einsicht ja keineswegs gegen die verfassungsrechtliche Verankerung einer kraftvollen Freiheitskonzeption spricht, die die Abwehr staatlicher Interferenzen ganz in den Mittelpunkt stellt; *R. Poscher*, Grundrechte als Abwehrrechte, 2003.

[220] Im Überblick etwa *D. Murswiek*, Grundrechte als Teilhaberechte, soziale Grundrechte, in: HStR, Bd. 5, 2. Aufl. 2000, S. 243 (280 ff.); *W. Rüfner*, Leistungsrechte, in: D. Merten/H.-J. Papier (Hrsg.), Handbuch der Grundrechte, 2006, Bd. 2, S. 679 (684 ff.); *C. Starck*, Gesetzgeber und Richter im Sozialstaat, in: DVBl. 1978, 937 (943); cf. a. *L. Wildhaber*, Soziale Grundrechte, in: P. Saladin/L. Wildhaber (Hrsg.), Gedenkschrift für M. Imboden, 1972, S. 371 (379 ff.); *K. Hesse*, Bedeutung der Grundrechte, in: E. Benda/W. Maihofer/H.-J. Vogel (Hrsg.), Handbuch des Verfassungsrechts, 2. Aufl. 1995, S. 127 (140 ff.); *G. Lübbe-Wolff*, Soziale Grundrechte und Verfassungsaufträge, in: JöR n.F. 53 (2005), 1 (5 ff.); *M. Cornils*, Die Ausgestaltung der Grundrechte, 2005, S. 514 f.; *W. Streuer*, Die positiven Verpflichtungen des Staates, 2003, S. 172 ff.; *F. E. Schnapp*, Soziale Grundrechte aus verfassungsrecht-

Frage steht am Ende nicht, ob es selbstverständlich ist, dem Grundgesetz interpretativ originäre Leistungsrechte einzuzeichnen, sondern welches Gewicht den Bedenken im Abgleich mit den Gründen, die für eine die Abwehrdimension ergänzende, sozialstaatlich orientierte Grundrechtsinterpretation sprechen, zukommt.

aa) Kostenintensität und funktionale Gewaltengliederung

Originäre Leistungsrechte sind kostenträchtig. Ansprüche auf staatliche Leistungen lassen sich nur verwirklichen, wenn der Staat sie sich leisten kann. Einfach-gesetzliche soziale Rechte sind deshalb wie oben gesehen (supra F.II.1.g.) von Verfassungs wegen an die Kassenlage anzupassen; andernfalls wäre das den Haushaltsplan festlegende Haushaltsgesetz verfassungswidrig. Verfassungsunmittelbare Leistungsrechte hingegen lassen sich nicht ohne weiteres abändern. Der erhöhte Bestandsschutz ist ja gerade eine typische Funktion von Verfassungsnormen. Wegen der Gleichrangigkeit von originären Leistungsrechten und Finanzverfassung ließen sich aus dem Haushaltsrecht des Grundgesetzes selbst auch verfassungsrechtliche Anpassungspflichten des verfassungsändernden Gesetzgebers schwerlich ableiten.

Doch jede staatliche Tätigkeit steht unter den Bedingungen materieller Knappheit. Die Ressourcen des Staates sind nicht unendlich. Staatsverschuldung und Steuerlast lassen sich schon von Rechts wegen nur begrenzt erhöhen (infra H.II.), von der politischen Unklugheit immer drückenderer Lasten für die gegenwärtige und erst recht für die künftige Generation ganz abgesehen. Da der Staat zudem nur sehr begrenzt eigenwirtschaftlich tätig wird, muß die Gesellschaft das, was der Staat in Erfüllung von Leistungsansprüchen verteilt, erst einmal erwirtschaften. Zudem ist die Bedienung sozialer Rechte ja nicht die einzige Aufgabe des Staates, die er zu erfüllen hat. Der mit „Aufgaben des Staates“ überschriebene Band IV des Handbuchs des Staatsrechts etwa zählt programmatisch alleine 18 Bereiche staatlichen Handelns auf, von den klassischen Feldern der Verteidigung und inneren Sicherheit über die Entwicklung der Bevölkerung und Familienpolitik, Sport und Freizeit bis hin zu unterschiedlichsten Formen der Infrastrukturpflege und dem Schutz der natürlichen Lebensgrundlagen.[221] Da gilt es, Prioritäten zu setzen. Funktional-rechtlich ist hierfür

---

licher Sicht, in: B. von Maydell (Hrsg.), Soziale Rechte in der EG, 1990, S. 5 (10 ff.); *B. Jeand'Heur*, Verfassungsrechtliche Schutzgebote zum Wohle des Kindes und staatliche Interventionspflicht aus der Garantienorm des Art. 6 Abs. 2 Satz 2 GG, 1993, S. 88 ff.; *R. Dörfler*, Die Vereinbarkeit sozialer Grundrechte mit dem Grundgesetz der Bundesrepublik Deutschland, Diss. Erlangen-Nürnberg o.J., S. 134 ff. Zum Argument des Selbstwiderspruchs eines Grundrechtsverständnisses, das Freiheitsschutz als Abwehr und Leistung begreift, bereits supra C.VI.1.

[221] *J. Isensee/P. Kirchhof* (Hrsg.), Handbuch des Staatsrechts, Bd. 4, 3. Aufl. 2006, S. 507 ff.

primär der parlamentarische Gesetzgeber zuständig. Er verabschiedet den Haushaltsplan, das „politische Handlungsprogramm des Staates in Zahlen."[222] Er koordiniert die unterschiedlichen finanzwirksamen Gesetzesprogramme und paßt sie ggf. nach Kassenlage an. Hierzu ist er nicht nur wegen der Komplexität der Aufgabe und der Bündelungsfunktion, die ihm durch die Gesetzgebungszuständigkeit zukommt, prädestiniert. Er besitzt vor allem die unmittelbare demokratische Legitimation durch den Souverän, das Volk. Bei definitiven verfassungsunmittelbaren Ansprüchen hingegen würde den Gerichten die Letztentscheidung über den Gehalt und die Einhaltung von Ansprüchen auf soziale Leistungen zukommen. Diese würden den Gesetzgeber also aus der Rolle desjenigen, der in puncto Geben und Nehmen des Staates das letzte Wort hat, ein Stück weit verdrängen, was Fragen im Hinblick auf den demokratischen Grundsatz und damit verbunden auf eine angemessene funktionale Gewaltengliederung aufwirft.[223]

bb) Maßlosigkeit und Unbestimmtheit

Die Problematik der Justiziabilität wird noch verschärft, wenn man bedenkt, daß Grundrechte als soziale Leistungsrechte sich durch ein hohes Maß an Unbestimmtheit auszeichnen. Wertungen und Präferenzen des Rechtsanwenders sind damit Tür und Tor geöffnet. Auch wird man nach dem „Maßstab für den Umfang der Gewährleistung der sozialen Voraussetzungen grundrechtlicher Freiheit" zu fragen haben:

> „Ist nur ein Mindestmaß, ein Mittelmaß oder das volle Maß solcher Voraussetzungen gewährleistet"?[224]

cc) Verfügungsgewalt des Staates

Was der Staat von Verfassungs wegen schuldet, sollte er auch effektiv leisten können. Soziale Leistungsrechte bedingen, daß der Staat über das zu Leistende in hinreichendem Maße faktisch verfügt. Er darf aber auch rechtlich nicht anderweitig gehindert sein. Ein breites Programm originärer und definitiver Leistungsrechte würde jedoch zu weitreichenden Verschiebungen in der Wirtschaftsord-

---

[222] BVerfGE 79, 311 (329, 340); *W. Heun*, in: H. Dreier (Hrsg.), GG, Bd. 3, 1. Aufl. 2000, Art. 110 Rdnr. 29, der als Urheber dieses bonmots *G. Jèze*, Allgemeine Theorie des Budgets, 1927, S. VII, 38 ff. nennt.

[223] Zum Problemkomplex etwa *J. Isensee,* Verfassung ohne soziale Grundrechte, in: Der Staat 19 (1980), 367 (381); *E.-W. Böckenförde*, Grundrechtstheorie und Grundrechtsinterpretation (1974), in: ders., Staat, Verfassung, Demokratie, 1991, S. 115 (138 ff.); *ders.*, Die sozialen Grundrechte im Verfassungsgefüge (1981), ebenda, S. 146 (153 ff.); *D. Murswiek*, Grundrechte als Teilhaberechte, soziale Grundrechte, in: HStR, Bd. 5, 2. Aufl. 2000, S. 243 (267 f.); *P. Kirchhof*, Mittel staatlichen Handelns, in: HStR, Bd. 3, 1988, S. 121 (155 ff.).

[224] *E.-W. Böckenförde*, Grundrechtstheorie und Grundrechtsinterpretation (1974), in: ders., Staat, Verfassung, Demokratie, 1991, S. 115 (138 f.); ebenso *ders.*, Die sozialen Grundrechte im Verfassungsgefüge (1981), ebenda, S. 146 (154).

nung führen und wäre mit massiven Markteingriffen verbunden. Vielbeschworen ist das Beispiel eines „Rechts auf Arbeit" im Sinne eines Anspruchs gegen den Staat auf Verschaffung eines Arbeitsplatzes.[225] Zur Realisierung eines solchen Rechts müßte dem Staat eine umfassende Entscheidungsbefugnis über die Einrichtung und Besetzung von Arbeitsplätzen zukommen – ein im Lichte des Art. 12 Abs. 1 und 2 GG und Art. 2 Abs. 1 GG offensichtlich verfassungswidriges und im Hinblick auf eine freiheitsfunktionale Begründung sozialer Leistungsrechte absurdes Ergebnis.

dd) Sozialpolitik als Verfassungsvollzug?

Faßt man soziale Leistungsrechte extensiv, so erscheint Sozialpolitik schnell begrenzt auf eine Art Verfassungsvollzug. Die grundlegenden Gestaltungsoptionen und Verteilungsentscheidungen sind dann vollständig konstitutionell präfiguriert. Den zur Politikformulierung berufenen Organen bliebe nur noch die Nachzeichnung der in der Verfassung selbst angelegten Vorgaben.

Vor allem eine prinzipientheoretische Fundierung sozialer Grundrechte sieht sich dem Anwurf ausgesetzt, kein angemessenes Politikverständnis zu haben – und zwar, wie mir scheint, mit Recht, wenn formelle und materielle Prinzipien sich in Abwägungsprozessen wechselseitig aufheben und einschränken können sollen (also formale Prinzipien wie der Vorrang des Gesetzgebers bei der Bewertung von Rechtsgüterkollisionen oder bei der Prioritätensetzung angesichts begrenzter Ressourcen ihre strukturierende Kraft immer nur eingeschränkt entfalten) und zugleich die prima-facie-Ansprüche extensiv gefaßt werden und auch nicht bereichsspezifisch zwischen unterschiedlichen Grundrechten unterschieden wird. Alle Gesichtspunkte, die für die Entscheidung über die Gewährung sozialer Rechte von Relevanz sind, müssen nach der Prinzipientheorie in Prinzipien übersetzt und in ein optimierendes Zuordnungsverhältnis gestellt werden. Um demokratische Willensbildung als kontingentes Ringen zwischen konkurrierenden Interessen überhaupt ermöglichen und Spielraum für Politik eröffnen zu können, mißt die Prinzipientheorie dann dem demokratischen Prinzip ein besonderes Gewicht in der Abwägung bei. Im Er-

---

[225] Cf. zum Problemkreis aus der Rechtsprechung BVerfGE 85, 360 (373); 97, 169 (175); *J. Isensee*, Verfassung ohne soziale Grundrechte, in: Der Staat 19 (1980), 367 (376 f.); *W. Schmidt*, Soziale Grundrechte im Verfassungsrecht der Bundesrepublik Deutschland, in: Der Staat 20 (1981) – Beiheft 5, 9 (24 f.); *J. Wieland*, Arbeitsmarkt und staatliche Lenkung, in: VVDStRL 59 (1999), S. 13 ff.; *ders.*, in: H. Dreier (Hrsg.), GG, Bd. 1, 2. Aufl. 2004, Art. 12 Rdnr. 39; *O. Depenheuer*, Freiheit des Berufs und Grundfreiheiten der Arbeit, in: Festschrift 50 Jahre Bundesverfassungsgericht, Bd. 2, 2001, S. 241 (257 f.); *R. Breuer*, Freiheit des Berufs, in: HStR, Bd. 6, 2. Aufl. 2001, S. 877 (884); *W. Brugger*, Freiheit des Berufs und Recht auf Arbeit im Verfassungsrecht, in: H. Ryffel/J. Schwartländer (Hrsg.), Das Recht des Menschen auf Arbeit, 1983, S. 111 (115 ff.); *R. Scholz*, Das Recht auf Arbeit, in: E.-W. Böckenförde/J. Jekewitz/T. Ramm (Hrsg.), Soziale Grundrechte, 1981, S. 75 ff.; *M. Kittner*, Das Recht auf Arbeit, ebenda, S. 91 ff.

gebnis führt dies zu wenig plausiblen Konstruktionen. So sieht *Martin Borowski,* ähnlich wie Alexy, in den Grundrechten „bindende, umfassend subjektivierte prima facie-Rechte auf staatliche Leistungen im Interesse faktischer Freiheit des einzelnen".[226] Der Tatbestand wird bewußt weit angelegt; jede Vorenthaltung eines solchen „Rechts auf alles"[227] steht demgegenüber unter Rechtfertigungszwang. Erst auf der Ebene der Abwägung können dann Gründe in Stellung gebracht werden, die gegen einen effektiven Leistungsanspruch streiten. Freiheitstheoretisch führt dies zu Verzerrungen und Fehlstellungen. Während ein solches dogmatisches Abschichtungsmodell, in dem der prima facie-Schutz äußerst weit zugeschnitten ist und erst auf einer zweiten und dritten Prüfungsstufe dann limitiert wird, in der abwehrrechtlichen Dimension sinnvoll ist, weil es dem Anliegen des Schutzes individueller Freiheit in besonderer Weise entgegenkommt, kann gleiches für die leistungsrechtliche Dimension nicht gelten. Denn prima facie-Rechte „auf alles" entsprechen nicht dem verfassungsunmittelbare Ansprüche begründenden Anliegen der Sicherung freiheitsfunktionaler Suffizienz. Folgt man hingegen dem Prinzipienansatz, würde etwa das Primat der Selbstrealisierung erst auf der letzten Prüfungsstufe Berücksichtung finden und seinerseits im Lichte der „Optimierungsgebote" Einschränkungen erfahren. Um zu halbwegs sinnvollen Ergebnissen zu kommen, muß die prinzipientheoretische Rekonstruktion zahlreiche – zutreffende, aber nicht weiter begründete – Zusatzannahmen machen, die die Gewichtung der in der Abwägung zu berücksichtigenden Belange betreffen.[228] Nur so kann sich die auch bei Alexy und Borowski leitende Intuition, definitive soziale Verfassungsansprüche müßten auf Minima beschränkt werden, Bahn brechen. Solche Eigentümlichkeiten einer prinzipientheoretischen Rekonstruktion sozialer Leistungsrechte lassen am Ende (fälschlicherweise) die Normkategorie als solche pauschal verdächtig erscheinen.

ee) Beschädigung des Abwehrgehalts der Grundrechte

Soziale Leistungsrechte unterscheiden sich in vielerlei Hinsicht von Abwehrrechten. Abwehrrechte sind grundsätzlich unbedingt angelegt; mittels ihrer kann sich der Bürger unmittelbar gegen staatliche Eingriffe zur Wehr setzen. Mit sozialen Grundrechten hingegen sind in der Regel mannigfache Vorbehalte verbunden („Maßgabevorbehalte" [Häberle], „Vorbehalt des Möglichen", gesetzgeberische Ausgestaltungsbedürftigkeit etc.). Wenn Grundrechte aber zugleich als Leistungs- und Abwehrrechte dienen sollen, sehen manche Autoren die Gefahr, daß die Unterschiede zwischen beiden Dimensionen verschliffen

---

[226] *M. Borowski*, Grundrechte als Prinzipien, 2. Aufl. 2007, S. 367.

[227] So der Vorwurf von *S. Huster*, Rechte und Ziele, 1993, S. 116 Fußn. 237 mit Verweis auf *D. Murswiek*, Grundrechte als Teilhaberechte, soziale Grundrechte, in: HStR, Bd. 5, 2. Aufl. 2000, S. 243 (282).

[228] So auch die Kritik bei *M. Cornils*, Die Ausgestaltung der Grundrechte, 2005, S. 607 f.

werden und das Profil der Grundrechte als Eingriffsabwehrrechte hierunter leidet, diese also ihre Effektivität als Instrumente des Schutzes bürgerlicher Freiheit einbüßen.[229]

ff) Entgegenstehender Wille des Verfassunggebers

Wie schon mehrfach erwähnt, hat der Parlamentarische Rat sehr bewußt davon abgesehen, individuelle soziale Ansprüche in die Verfassung aufzunehmen und sich, von wenigen Ausnahmen abgesehen, in bewußter Absetzung von der Weimarer Reichsverfassung darauf beschränkt, einen Katalog „klassischer" Grundrechte zu formulieren. Dem Parlamentarischen Rat stand die Ungewißheit der weiteren wirtschaftlichen Entwicklung vor Augen, so daß die Verfassung keine Versprechungen machen sollte, die der Staat aus Gründen der wirtschaftlichen Knappheit nicht einhalten kann; ebenso spielte eine Rolle, daß das Grundgesetz zunächst als Provisorium gedacht war und man deshalb meinte, daß sich die Verfassung nicht umfassend zur Wirtschafts- und Sozialordnung zu verhalten brauche. Doch auch später, nachdem die Bundesrepublik Deutschland zu einer der führenden Wirtschaftsnationen der Welt und aus dem Provisorium längst ein Erfolgsmodell geworden war, sah der verfassungsändernde Gesetzgeber keinen Anlaß, das Grundgesetz um soziale Grundrechte, sei es als Staatszielbestimmungen, sei es als originäre Ansprüche, zu ergänzen. Wer die de constitutione lata vorhandenen Grundrechte als Grundlage für subjektive Rechte auf soziale Aktivitäten des Staates verstehen will, hat somit die Last der gegen dieses Vorgehen streitenden Genese zu tragen. Aufgeworfen ist damit die Frage nach den Grenzen der Interpretation. Peter Häberle spricht deshalb auch ganz bewußt von einer „grundrechtssichernden Geltungsfortbildung"[230], ohne allerdings klar zu benennen, ob seine Lesart der Grundrechte im Leistungsstaat sich technisch nun als Interpretation oder als Rechtsfortbildung versteht. Die leistungsstaatliche Dimension der Grundrechte changiert am Ende wohl zwischen beiden Polen; gerade dieses „betwixt and between" (*Victor Turner*) aber setzt sie einer scharfen Befragung nach ihrer Vereinbarkeit mit den herkömmlichen Interpretationsmethoden aus.

f) Relativierungen und Klarstellungen

Die benannten Einwände gegen verfassungsunmittelbare soziale Rechte fallen schwer ins Gewicht. Allerdings kann man manchem Einwand auch genügen, ohne kategorisch auf eine leistungsrechtliche Dimension der Grundrechte ver-

---

[229] *E.-W. Böckenförde*, Grundrechtstheorie und Grundrechtsinterpretation (1974), in: ders., Staat, Verfassung, Demokratie, 1991, S. 115 (136 ff.); ebenso *ders.*, Die sozialen Grundrechte im Verfassungsgefüge (1981), ebenda, S. 146 (153 ff.).

[230] *P. Häberle*, Grundrechte im Leistungsstaat, in: VVDStRL 30 (1972), S. 43 (69); hierzu auch *ders.*, Die Wesensgehaltsgarantie des Art. 19 Abs. 2 Grundgesetz, 3. Aufl. 1983, S. 356 ff.

zichten zu müssen; zudem wird man die Bedeutung manches Grundes, der gegen verfassungsunmittelbare Leistungsrechte streitet, im Lichte der weiteren Überlegungen zu relativieren haben.

aa) Kostenintensität

So wäre zunächst im Blick zu behalten, daß nicht nur aus den Grundrechten extrahierte soziale Leistungsansprüche kostenintensiv sind, sondern auch andere Individualrechte sich haushaltsrelevant auswirken können. Die Justizgrundrechte etwa führen automatisch zu finanziellen Folgelasten[231] und auch grundrechtlich basierte Schutzpflichten sind häufig mit finanziellen Verpflichtungen verbunden.[232] Gleiches gilt für die von Rechtsprechung und Literatur zu weiten Teilen anerkannte Verpflichtung des Staates aus Art. 20 Abs. 1 GG i.V.m. Art. 1 Abs. 1 GG, für die Sicherung des Existenzminimums jedes einzelnen einzustehen. Auch Art. 6 Abs. 1 und 4 GG haben sich in der Praxis des Bundesverfassungsgerichts (z.T. im Zusammenspiel mit weiteren Bestimmungen des Grundgesetzes) zu Normen entwickelt, die fiskalische Interessen in nicht unerheblichem Umfang berühren (wobei die Wirkungen sich vor allem im Abgabenrecht entfalten).[233]

Der „Sündenfall“ kostenträchtiger verfassungsunmittelbarer Rechte ist mit der Anerkennung von Schutzpflichten und eines subjektiven Rechts auf Sicherung des Existenzminimums jedenfalls bereits vollzogen.[234] Wer nicht konsequent beides ablehnt, kann redlicherweise nur noch über Extensionen und Graduierungen streiten. Dann aber hängt der weitere Diskussionsverlauf entscheidend davon ab, wie Grundrechte als soziale Leistungsrechte genauer verstanden werden. Dabei kann manchen Bedenken, auch zur Problematik der finanziellen Selbstfesselung des Staates durch originäre Leistungsansprüche, Rechnung getragen werden, ohne von der Kategorie als solcher ablassen zu müssen. Denn mit der Anerkennung einer leistungsrechtlichen Dimension von Grundrechten im Sozialstaat ist ja keineswegs zugleich impliziert, daß diese in ihrem Gehalt nicht einschränkbar sowie nicht ausgestaltungsfähig und -bedürftig sind. Vielmehr wird man angesichts des Gewichts der Gegengründe gerade vom Gegenteil auszugehen haben.

---

[231] *R. Wahl*, Die bürokratischen Kosten des Rechts- und Sozialstaats, in: Die Verwaltung 13 (1980), 273 ff.

[232] *M. Borowski*, Grundrechte als Prinzipien, 2. Aufl. 2007, S. 364 f.; cf. a. *V. Neumann*, Sozialstaatsprinzip und Grundrechtsdogmatik, in: DVBl. 1997, 92 (97).

[233] *G. Lübbe-Wolff*, Soziale Grundrechte und Verfassungsaufträge, in: JöR n.F. 53 (2005), 1 (5 ff.).

[234] *E. Schmidt-Aßmann*, Grundrechtspositionen und Legitimationsfragen im öffentlichen Gesundheitswesen, 2001, S. 29.

bb) Konditionierungen und Begrenzungen: Minimum als Maß

So wäre in Reaktion auf Böckenfördes Frage nach dem grundrechtsgebotenen Maß staatlicher Freiheitsfürsorge zunächst zu betonen, daß ein unter Verweis auf den sozialen Staat an den Grundrechten aufgehängter *Leistungsanspruch nur auf ein freiheitsbefähigendes Minimum gerichtet* sein kann.[235] Zur Begründung sei auf die obenstehende verfassungstheoretische Entfaltung des freiheitsfunktionalen Sozialstaates verwiesen. Der im Staat politisch verfaßten Gesellschaft kommt mit der Formel vom sozialen Staat von vornherein nur eine *begrenzte* Verantwortung für die positive Freiheitsentfaltung seiner Bürger zu. Der Sozialstaatsgrundsatz statuiert in seiner individuell-freiheitlichen Ausformung gerade keine republikanische Gesamtverantwortung des Staates für die Ausstattung der Bürger mit allen sozialen und materiellen Ressourcen, die ihren individuellen Wünschen und Lebensplänen entsprechen.

Auf der Ebene originärer Leistungsrechte spielt das *Selbstverständnis des Grundrechtsträgers* deshalb, anders als in der Abwehrdimension der Grundrechte, keine dominante Rolle bei der näheren Bestimmung des „Bruttogehalts" eines Grundrechts. Versteht man den Sozialstaat freiheitsfunktional, sind die Freiheitsbelange derjenigen, von denen genommen wird, auf mehreren Strukturebenen in Ansatz zu bringen, u.a. bereits ganz am Anfang bei der Bestimmung dessen, was positive Freiheit und seine staatliche Förderung im verfassungsrechtlichen Sinne bedeuten. Deshalb kennt der freiheitsfunktionale Sozialstaat schon im Eingang jeder weiteren Überlegung kein „Recht auf alles". Dies hat unmittelbare Konsequenzen für die grundrechtsdogmatischen Konstruktionsbedingungen. Die von Borowski und anderen Vertretern der Prinzipientheorie favorisierte weite Tatbestandstheorie kann in einer interpretativ gewonnenen Leistungsdimension allgemeiner Grundrechte (anders als bei expliziten Leistungsrechten und in der Abwehrdimension)[236] keinen

---

[235] Cf. *H. Sendler*, Teilhaberechte in der Rechtsprechung des Bundesverwaltungsgerichts, in: DÖV 1978, 581 (589); *D. Wiegand*, Sozialstaatsklausel und soziale Teilhaberechte, in: DVBl. 1974, 657 (661 ff.); *R. Breuer*, Grundrechte als Anspruchsnormen, in: Festschrift 25 Jahre Bundesverwaltungsgericht, 1978, S. 89 (93 f., 113); *ders.*, Grundrechte als Quelle positiver Ansprüche, in: Jura 1979, 401 (404); *D. Murswiek*, Grundrechte als Teilhaberechte, soziale Grundrechte, in: HStR, Bd. 5, 2. Aufl. 2000, S. 243 (284 ff.) – mit der notwendigen Klarstellung, daß die Kategorie des Minimums auch ernst zu nehmen ist. Nicht alles, was unter dem Topos verhandelt wird, ist tatsächlich als freiheitsfunktionales Minimum zu werten. Solcher „Mißbrauch" stellt die Kategorie selbst jedoch nicht in Frage. Zumindest auf objektiv-rechtlicher Ebene will *M. Dolderer*, Objektive Grundrechtsgehalte, 2000, S. 299 ff. hingegen aus dem Zusammenspiel von Sozialstaatsprinzip und Grundrechten Pflichtenstandards entnehmen, die über Minima hinausgehen. Er greift hierzu auf die schillernde Kategorie der „staatskonstitutierenden Wertfunktion" der Grundrechte zurück (S. 305). Am Ende wird man so weder den Grundrechten noch der Formel vom sozialen Staat gerecht.

[236] Cf. hierzu insb. *M. Morlok*, Selbstverständnis als Rechtskriterium, 1993, S. 393 ff. einerseits, *J. Isensee*, Wer definiert die Freiheitsrechte?, 1980, andererseits. Meine eigene, Mor-

Bestand haben, da das „Prinzip" faktischer oder realer Freiheit selbst, soweit es über den freiheitsfunktional verstandenen sozialen Staat in die Verfassungsordnung eingespeist wird, als normative *Verpflichtung* des Staates auf die Herstellung bestimmter *Mindest*bedingungen beschränkt ist (in der Ermöglichungsdimension hingegen mag sein Gehalt weiterreichen – hierzu infra G.V.1./H.I.1.). Eine solche freiheitsrechtlich gewonnene materielle Vorrang*regel* ist dem „Säurebad der Abwägung" in der dogmatischen Struktur vorgelagert, läßt sich also auch nicht durch gegenläufige Prinzipien welcher Natur und welchen Inhalts auch immer zersetzen.

cc) Primat der Selbstrealisierung

Ebenso jedem Abwägungsprozedere bei der Bestimmung sozialer grundrechtlicher Ansprüche vorgelagert ist das Primat der Selbstrealisierung.[237] Folgt man dem Modell eines freiheitsfunktionalen Sozialstaatsverständnisses, hat sich im Rahmen einer verfassungsrechtlich garantierten Mindestsicherung jeder nach Kräften selbst zu bemühen, die seinen Lebensentwürfen entsprechenden materiellen und sozialen Bedingungen für den Gebrauch von Freiheitsrechten herbeizuführen.

Einfachgesetzlichen Ausdruck findet dieser Grundsatz etwa in §§ 9 ff. SGB II. Hilfsbedürftig ist nur, wer seinen Lebensunterhalt nicht selbst sichern kann; jede Arbeit ist grundsätzlich zumutbar (§ 10 Abs. 1 SGB II.); vorhandene Vermögensgegenstände sind zu verwerten (§ 12 Abs. 1 SGB II). Die in §§ 9 ff. SGB II vorgesehenen Ausnahmen zur Zumutbarkeit und zum zu berücksichtigenden Vermögen sind nur teilweise auch verfassungsrechtlich geboten.

Auch dieser Vorrang der Selbsthilfe ist „abwägungsfest" und nicht etwa nur ein zum Prinzip faktischer Freiheit gegenläufiges Prinzip.

---

lok nahestehende Position habe ich in *H. M. Heinig*, Öffentlich-rechtliche Religionsgesellschaften, 2003, S. 52 ff. näher dargelegt. Am Beispiel der Religionsfreiheit läßt sich allerdings zeigen, daß sich beide Ansätze im Ergebnis nicht sonderlich unterscheiden; cf. *C. Walter*, Religionsverfassungsrecht, 2006, S. 506 ff. Die Unterschiede sind gleichwohl als Ausdruck eines bestimmten staatsrechtlichen Vorverständnisses beachtlich.

[237] Dies wird bei *M. Borowski*, Grundrechte als Prinzipien, 2. Aufl. 2007, S. 341 ff. nicht hinreichend herausgearbeitet, wenn auch in der Sache wohl eingestanden; ebenso bei *C. Enders.*, Sozialstaatlichkeit im Spannungsfeld von Eigenverantwortung und Fürsorge, in: VVDStRL 64 (2005), S. 7 (37 ff.).

dd) Vorbehalt des Möglichen

Gleiches gilt schließlich für den Vorbehalt des Möglichen, wie ihn auch das Bundesverfassungsgericht in seiner ersten Numerus-clausus-Entscheidung skizziert hat.[238] Dieser Vorbehalt nimmt jedoch eine Doppelfunktion ein, weil er seine Wirkungen auf unterschiedlichen Allokationsstufen entfaltet.[239]

Einerseits bildet er – im engeren Sinne verstanden – eine absolute Grenze. Dies betrifft den Gesamtrahmen öffentlicher Einnahmen und Ausgaben.[240] Es kann nur das Vorhandene verteilt werden, weshalb Grundrechte als Leistungsrechte *keine mittelbaren Steuererhöhungs- und Verschuldungsgebote* sind. So bleibt gesichert, daß die Staatsausgaben trotz Anerkennung in den klassischen Grundrechten verankerter verfassungsunmittelbarer Leistungsrechte den Staatseinnahmen folgen und nicht umgekehrt. Über die Steuerpolitik kann der Gesetzgeber dann zwar indirekt auf die Extension des Leistungsanspruchs Einfluß nehmen, doch dürfte dieser Effekt angesichts der Fülle typischer Staatsaufgaben und den damit verbundenen Einnahmeerfordernissen zu vernachlässigen sein. Zudem hält Art. 109 Abs. 2 GG diese indirekte Wirkung der Steuerpolitik auf die effektive Beanspruchung sozialer Minima unter Kontrolle.

Andererseits stehen Leistungsrechte unter dem Vorbehalt des Möglichen „im Sinne dessen, was der Einzelne vernünftigerweise von der Gesellschaft beanspruchen kann."[241] Ähnlich der dogmatischen Konstruktion des Rechts auf ein Existenzminimum mittels der Menschenwürde (supra F.II.) ist auch der „sozialstaatlich-grundrechtliche" Mindestschutz in seinem Gehalt von den sozio-ökonomischen Gesamtumständen geprägt und damit immer auch kontextrelativ zu bestimmen. Was der einzelne „vernünftigerweise" beanspruchen kann, variiert mit den Rahmenbedingungen einer Gesellschaft. Anfang der

---

[238] BVerfGE 33, 303 (333); hierzu auch *D. Murswiek*, Grundrechte als Teilhaberechte, soziale Grundrechte, in: HStR, Bd. 5, 2. Aufl. 2000, S. 243 (267 f. und 287); *P. Kirchhof*, Mittel staatlichen Handelns, in: HStR, Bd. 3, 1988, S. 121 (155 f.) „Verhältnismäßigkeitsprinzip des Finanzstaates".

[239] Cf. zum Modell der Allokationsstufen in der Gesundheitsethik und -ökonomie *H. T. Engelhardt*, Zielkonflikte in nationalen Gesundheitssystemen, in: H. M. Sass (Hrsg.), Ethik und öffentliches Gesundheitswesen, 1988, S. 35 ff.; ähnlich *B. Schöne-Seifert*, Verantwortungsprobleme in der medizinischen Mikroallokation, ebenda, S. 135 ff.; *C. Fuchs*, Probleme der Makro- und Mikroallokation, in: J. Mohr/C. Schubert (Hrsg.), Ethik der Gesundheitsökonomie, 1992, S. 67 ff.; *ders.*, Allokationsprobleme bei knappen Ressourcen, in: E. Nagel/C. Fuchs (Hrsg.), Soziale Gerechtigkeit im Gesundheitswesen, 1993, S. 6 ff.; *K.-D. Henke*, Beitragssatzstabilität und Allokationswirklichkeit, ebenda, S. 51 ff.; *S. Herb*, Die Verteilungsgerechtigkeit in der Medizin, 2002, S. 51 ff.; *C. F. Gethmann u.a.*, Gesundheit nach Maß, 2004, S. 152 ff. und öfter; *W. Höfling*, Rationierung von Gesundheitsleistungen im grundrechtsgeprägten Sozialstaat, in: G. Feuerstein/E. Kuhlmann (Hrsg.), Rationierung im Gesundheitswesen, 1998, S. 143 (145 ff.).

[240] Cf. *A. Leisner*, Die Leistungsfähigkeit des Staates, 1998.

[241] BVerfGE 33, 303 (333).

1950er Jahre waren diese andere als heute, in Somalia sind sie andere als in Deutschland.

Doch läßt sich dieser Effekt der Relativierung der gebotenen Standards sozialer Minima noch genauer bestimmen: In diesem weiten Verständnis bildet der Vorbehalt des Möglichen keine absolute Begrenzung, sondern er spricht die Zuordnung und Gewichtung gegenläufiger legitimer Interessen bei der Verwendung vorhandener Ressourcen an. In dieser Funktion wirkt der Vorbehalt des Möglichen auf drei Allokationsstufen. 1.) Er ist zunächst von Bedeutung bei der Verteilung des Vorhandenen auf die einzelnen Aufgabenbereiche (Makroallokation). Diese ist so zu bemessen, daß die von Ansprüchen sozialer Minima geprägten Aufgaben angemessen berücksichtigt werden. Eine prioritäre Bedienung solcher Bereiche ist hingegen verfassungsrechtlich nicht gefordert, da die Konstruktion grundrechtlicher Ansprüche auf soziale Minima die verfassungsrechtliche Freiheit des Staates, seine eigenen Aufgaben zu definieren, nicht berührt; sozialstaatliche Pflichten schließen die Kreierung weiterer Staatsaufgaben selbstredend nicht aus. 2.) Der Vorbehalt des Möglichen wirkt sich ferner auf die Festlegung des gebotenen Finanzvolumens aus, welches für Belange des sozialen Minimums innerhalb eines bestimmten Aufgabenbereichs zur Verfügung steht (Mesoallokation). Auch hier gilt, daß den Minima kein absoluter Vorrang vor der Finanzierung sonstiger Politikinstrumente zukommt, doch sind sie in ihrem besonderen Gewicht (Stichwort: Grundrechtsfundierung und ggf. Menschenwürdebezug) auf dieser Ebene hinreichend, d.h. mit einem relativen Vorrang, zu berücksichtigen. Die öffentliche Hand ist auf dieser Allokationsstufe also in höherem Maße gebunden als auf der der Verteilung der Gesamtmittel. Denn der Vorbehalt des Möglichen ist kein Instrument zur Konterkarierung, sondern nur zur Einpassung des freiheitsfunktionalen Anliegens des Sozialstaates in das Gesamttableau staatlicher Aufgabenwahrnehmung unter den Bedingungen der Begrenztheit staatlicher Ressourcen. 3.) Auf der Ebene der Mikroallokation schließlich führt der Vorbehalt des Möglichen dazu, daß der Anspruch auf soziale Minima sich bei Knappheit zu einem gleichberechtigten Teilhabeanspruch an dem durch die vorherstehenden Allokationsstufen jeweils bestimmten Gesamtvolumen wandelt. Er unterscheidet sich von reinen Teilhabeansprüchen allerdings durch die verfassungsrechtlichen Bindungseffekte, die auf der Ebene der Mesoallokation entfaltet werden. Insoweit geht es ihm eben nicht nur um einen Anspruch auf gleichberechtigte Teilhabe am Status quo staatlicher Leistungen und Einrichtungen (unter Ausschöpfung der jeweiligen spezifischen Ressourcen), sondern auch um eine moderate Steuerung der Bereitstellung dieser Kapazitäten. Auf der Individualebene, beim einzelnen, kann dieser Effekt jedoch wegen des Vorbehalts des Möglichen nur vermittelt – d.h. im Lichte der Summe aller individuellen Ansprüche auf soziale Minima – durchschlagen.

ee) Zur Rolle des Gesetzgebers

Der Vorbehalt des Möglichen hat also sowohl eine definitive Begrenzungsfunktion als auch eine Abwägungsfunktion. Letztere ist nach der Rechtsprechung des Bundesverfassungsgerichts zugleich durch das formelle Arrangement des *Vorrangs des Gesetzgebers* eingebunden: Was der einzelne vernünftigerweise von der Gesellschaft beanspruchen kann,

> „hat in erster Linie der Gesetzgeber in eigener Verantwortung zu beurteilen, der bei seiner Haushaltswirtschaft auch andere Gemeinschaftsbelange zu berücksichtigen und nach der ausdrücklichen Vorschrift des Art. 109 Abs. 2 GG den Erfordernissen des gesamtwirtschaftlichen Gleichgewichts Rechnung zu tragen hat."[242]

Dem prinzipientheoretischen Ansatz wird man demnach zuzustimmen haben, daß im Rahmen sozialer Leistungsrechte (im engeren Sinne) entgegenlaufende Rechtsgüter zu berücksichtigen sind; Grundrechte begründen als Leistungsrechte auf ein soziales Minimum keine definitiven Rechte, sondern, wie es bei Alexy heißt, „prima-facie"-Rechte.[243] Ihr „Netto"-Gehalt[244] als effektiver Gewährleistungsgehalt ergibt sich erst aus der Inbeziehungsetzung mit anderen belangvollen Rechtspositionen. Mit anderen Worten: auch grundrechtliche Leistungsrechte als Konkretisierungen eines sozialstaatlichen Minimums sind einschränkbar. Zu einem solchen Abgleich involvierter Rechtsgüter funktionalrechtlich berufen ist, dies ist beim „Vorbehalt des Möglichen" bereits angesprochen worden, der unmittelbar demokratisch legitimierte Gesetzgeber. Die auf Minimalansprüche begrenzte Leistungsdimension der Grundrechte steht also unter einem zusätzlichen *Ausgestaltungs- und Abwägungsvorbehalt*.[245] Mit Häberle könnte man auch von einem „Maßgabevorbehalt" sprechen.[246]

Hieraus läßt sich zugleich folgern, daß die Grundrechte in einer sozialstaatlich fundierten, leistungsrechtlichen Dimension in der Regel *keine unmittelbaren Anspruchsgrundlagen* für bestimmte Leistungen bilden, auf die sich der Grundrechtsträger im Rahmen einer Leistungsklage berufen kann. Aus dem Grundgesetz abgeleitete soziale Leistungsrechte sind, dies betonen die Kritiker

---

[242] BVerfGE 33, 303 (333).

[243] *R. Alexy*, Theorie der Grundrechte, 2. Aufl. 1994, S. 456 ff.; ebenso *M. Borowski*, Grundrechte als Prinzipien, 2. Aufl. 2007, S. 341 ff.

[244] In Anlehnung an *M. Morlok*, in: H. Dreier (Hrsg.), GG, Bd. 2, 2. Aufl. 2004, Art. 4 Rdnr. 62, 111.

[245] Zur Ausgestaltung in diesem Zshg. *M. Gellermann*, Grundrechte im einfachgesetzlichen Gewande, 2000, S. 243 ff. (insb. 254); *M. Cornils*, Die Ausgestaltung der Grundrechte, 2005, S. 511 ff., 559 ff.

[246] *P. Häberle*, Grundrechte im Leistungsstaat, in: VVDStRL 30 (1972), S. 43 (113); auch ebenda, S. 91 ff., 139 Ls. 41; *E.-W. Böckenförde*, Grundrechtstheorie und Grundrechtsinterpretation (1974), in: ders., Staat, Verfassung, Demokratie, 1991, S. 115 (139); *ders.*, Die sozialen Grundrechte im Verfassungsgefüge (1981), ebenda, S. 146 (155); *W. Rüfner*, Leistungsrechte, in: D. Merten/H.-J. Papier (Hrsg.), Handbuch der Grundrechte, 2006, Bd. 2, S. 679 (700): „Maßgabegrundrecht".

eines leistungsrechtlichen Grundrechtsverständnisses immer wieder, „leges imperfectae".[247] Sie verpflichten primär den Gesetzgeber zu einer näheren Ausgestaltung der Bedingungen und des Leistungsumfangs. Grundrechte als soziale Leistungsrechte bleiben auf ihre Gesetzesmediatisierung angewiesen, um effektiv werden zu können. Sie sind mangels eines selbstexekutiven Charakters deshalb in ihrer Schutzwirkung nicht so durchschlagend wie klassische Grundrechte zur Verteidigung individueller Freiheitssphären. Bei der Eingriffsabwehr können Gerichte dem klägerischen Begehren entsprechen, ohne auf eine gesetzliche Konkretisierung angewiesen zu sein (soweit nicht das Grundrecht selbst auf eine gesetzliche Ausgestaltung hin ausgelegt ist). Bei Leistungsrechten hingegen wird in der Regel der Gesetzgeber zu verpflichten sein, für eine verfassungsadäquate Ausgestaltung sozialer Mindestansprüche Sorge zu tragen. Eng begrenzte Ausnahmen werden von dieser Regel nur zu machen sein, wenn die Effektivität des Rechtsschutzes dies zwingend verlangt, z.B. wenn in evident verfassungswidriger Weise das zum blanken Überleben Erforderliche vorenthalten wird.

Doch dieser Unterschied zwischen der Abwehr staatlicher Eingriffe und verfassungsoriginären Ansprüchen auf ein positives staatliches Tätigwerden kompromittiert letztere nicht. Es gibt keinen Grund, die auf der Ebene der Grundrechtsstrukturen verortete Differenz zu verwischen (so aber tendenziell das Prinzipienmodell). Vielmehr führen gerade die Unterschiede zwischen beiden Normtypen dazu, Bedenken gegen grundrechtsbasierten Leistungsansprüchen, die im Hinblick auf die Gewaltengliederung und den Demokratiegrundsatz geäußert werden, Rechnung tragen zu können. Denn der demokratisch unmittelbar legitimierte Gesetzgeber wird, folgt man dem hier vertretenen Ansatz, von der dritten Gewalt gerade nicht aus seiner zentralen Position bei der Formulierung der Sozialpolitik verdrängt, Politik wird nicht auf einen bloßen Verfassungsvollzug reduziert. Auch geben grundrechtlich fundierte soziale Leistungsansprüche in dieser Konstruktion keineswegs zu der Befürchtung Anlaß, daß andere Gemeinwohlbelange vernachlässigt werden müssen, weil soziale Leistungsansprüche a priori prioritär zu bedienen wären. Vielmehr ist dem Gesetzgeber auch im Rahmen des grundgesetzlich gebotenen sozialen Minimums an staatlichen Aktivitäten ein gewisser Gestaltungsspielraum erhalten.

Gleichzeitig verbleibt die Ausgestaltung des Sozialstaates aber auch nicht in der Sphäre reiner politischer Opportunität. Der Sollenscharakter der Formel vom sozialen Staat wird ernstgenommen. Die Beliebigkeit des pragmatischen Sozialstaatsverständnisses, das zur Pflichtendimension eigentlich nichts Substantielles zu sagen weiß, sondern sich in einem Gewebe aus normativen Wünschbarkeiten, faktischen Realisationen und fiktiven Alternativitäten, aus multiplen Zielsetzungen und Traditionsnennungen, aus einfach-gesetzlichen

247 *W. Martens*, Grundrechte im Leistungsstaat, in: VVDStRL 30 (1972), S. 7 (30).

Konkretionen und rechtspolitischen Innovationen verfängt, wird durch eine klarer konturierte Dogmatik des sozialstaatsgebotenen sozialen Minimums ersetzt.

ff) Bindungen des Gesetzgebers

Folgt man dem sozialstaatlichen Grundrechtsmodell als Bestandteil einer mehrdimensionalen Grundrechtskonzeption, ergeben sich verfassungsrechtliche Bindungen des Gesetzgebers bei der ihm auferlegten Ausgestaltung sozialer Mindestleistungen vor allem aus der Grundstruktur des sozialstaatlichen Freiheitsdienstes, wie er oben skizziert wurde. Die Legislative hat im Rahmen der faktischen und rechtlichen Möglichkeiten und im Abgleich mit konkurrierenden Belangen der res publica dafür Sorge zu tragen, das soziale und materielle Mindestbedingungen eines selbstbestimmten Lebens auch für diejenigen garantiert sind, die diese aus eigener Kraft nicht sichern können. Vorrangiges Ziel jedweder Bemühungen hat dabei zu sein, Selbsterhaltungs- und -befähigungskompetenzen herzustellen oder zu erneuern.

Bei der erforderlichen Abwägung ist aber auch das besondere Gewicht zu berücksichtigen, welches das (als objektive Verpflichtung des Staates verstandene) Grundgebot des Menschenwürdeschutzes nach Art. 1 Abs. 1 GG der Forderung nach sozialen Minimalstandards verleiht (cf. supra F.II.1.).

Eine spezifische dogmatische Verdichtung erfährt der in Form verfassungsunmittelbarer sozialer Leistungsrechte zum Ausdruck gebrachte sozialstaatliche Belang schließlich in der aus der Schutzpflichtendogmatik bekannten Figur des „Untermaßverbotes“,[248] welches als Schwester des Übermaßverbotes die unvermeidbaren Abwägungsprozesse steuert und präfiguriert. Im Vergleich zur abwehrrechtsdogmatischen Bestimmung einer Verhältnismäßigkeit im engeren Sinne kennt das Untermaßverbot bei Schutzpflichten bekanntlich Modifikationen, die sich aus den größeren gesetzgeberischen Spielräumen ergeben. Der grundrechtlich geforderte Rechtsgüterschutz läßt sich zumeist auf verschiedenen Wegen realisieren.[249] Ähnliches gilt auch für grundrechtlich fundierte soziale Leistungsrechte. Dem Gesetzgeber bleibt häufig die Wahl zwischen unterschiedlichen Mitteln zur Zielerreichung, ihm kommt bei der Einschätzung komplexer Sachlagen ein Einschätzungs- und Bewertungsspielraum zu und er hat schließlich auch ein Prä bei der Gewichtung und Zuordnung der Rechtsgüter. Auf allen drei Ebenen muß der Gesetzgeber lediglich verfassungsrechtlich vertretbare Lösungen finden, hat in der Regel also selbst auf dieser Ebene, die die höchste normative Durchprägung der gesetzgeberischen Entscheidungen über soziale Aktivitäten des Staates kennt, einen beachtlichen

---

[248] Cf. Nachw. Abschnitt F. Fußn. 100.

[249] Cf. etwa *M. Borowski*, Grundrechte als Prinzipien, 2. Aufl. 2007, S. 191 ff.

Handlungsspielraum, der sich durch die konkreten Umstände nur selten „auf Null" reduziert.

gg) Strukturelle Verwandtschaft von grundrechtlich fundierten Leistungsrechten auf soziale Minima und grundrechtlich begründeten Schutzpflichten

Der Verweis auf das Untermaßverbot zeigt bereits an, daß sich das Problem grundrechtlich fundierter Leistungsrechte nicht adäquat behandeln läßt, wenn man nicht zugleich die dogmatische Kategorie der grundrechtlichen Schutzpflichten in den Blick nimmt. Diese sind Gegenstand einer bis heute lebhaften Debatte im Schrifttum[250] und haben sich in der verfassungsgerichtlichen Rechtsprechung im Vergleich mit grundrechtlich fundierten sozialen Leistungspflichten als sehr viel bedeutsamer erwiesen.

Verfassungsdogmatisch ist es sinnvoll, zwischen Leistungsrechten und Schutzpflichten möglichst genau zu unterscheiden.[251] Auch sind die lebensweltlichen Probleme, auf die beide Dimensionen der Grundrechte reagieren, andere. Einerseits geht es um Freiheitsgefährdungen, die aus dem Verhalten Dritter resultieren (Schutzpflichten), andererseits um Freiheitsgefährdungen, die der Kontingenz der sozialen Selbstorganisation der Gesellschaft geschuldet sind. Beide Gefährdungen können gleichermaßen abstrakt bleiben oder sehr konkret werden. Sie unterscheiden sich jedoch in der Individualisierung der Gefahrenquelle.

> „Der Widersacher, gegen den sich der sicherungsgewährende Staat richten soll, ist bei der Schutzpflicht eine konkret definier- und bestimmbare Gefahrenquelle ..., bei der Grundrechtsvoraussetzung hingegen ein abstraktes, nicht näher zu bestimmendes, nicht einer konkreten Person oder Personengruppe oder sonstigen Gefahrenquelle zuzurechnendes Hindernis im Umfeld. Die Gefahr erscheint in diesem Fall wesentlich sublimer, denn sie läßt sich nicht als individuelles Unrecht deuten, sondern mehr als Systemdefekt."[252]

Die Kategorie der Schutzpflichten hat im Schrifttum breitere Anerkennung gefunden als die der originären Leistungsrechte. Jedenfalls wird sie in der Praxis häufiger bemüht. Gleichwohl wird auch ihr gegenüber immer wieder ein Unbehagen artikuliert. Denn ähnlich wie bei einer leistungsrechtlichen Interpretation erfahren die Grundrechte, versteht man sie als Schutzpflichten des Staates

---

[250] Cf. supra F. Fußn. 179.

[251] Cf. *H. M. Heinig*, Hüter der Wohltaten?, in: NVwZ 2006, 771 (773); *J. Isensee*, Verwaltung des Mangels im Gesundheitswesen – verfassungsrechtliche Maßstäbe der Kontingentierung, in: Gedächtnisschrift für M. Heinze, 2005, S. 417 (428); *S. Huster*, Anmerkung, in: JZ 2006, 466ff.; *G. Hermes*, Das Grundrecht auf Schutz von Leben und Gesundheit, 1987, S. 119f.

[252] *T. Kingreen*, Das Sozialstaatsprinzip im europäischen Verfassungsverbund, 2003, S. 134.

gegenüber dem Bürger, eine Schubumkehr. Aus Abwehrrechten des Bürgers gegen den Staat werden Eingriffspflichten des Staates gegen den Bürger. Diese Grundproblematik der Schutzpflichten verlangt als Konsequenz eine dogmatische Einrahmung der Schutzpflichten, die einen gehaltvollen Schutz negativer Freiheit durch die Grundrechte sicherstellt. Hierzu bieten sich mehrere Lösungsmöglichkeiten an: die Einbindung der Schutzpflichten in eine Dogmatik der Eingriffsabwehr, die Kreierung bestimmter Voraussetzungen und Hindernisse auf der Ebene des Normprogramms, die Feinsteuerung über eine Verzahnung von Eingriffs- und Schutzpflichtendimension auf der Ebene der Abwägung, etc. Doch auch die vorgelagerte Frage, ob das Grundgesetz überhaupt Schutzpflichten kennt, ist Gegenstand der Kontroversen.

Das Bundesverfassungsgericht verfolgt hierbei keine einheitliche Linie, sondern stützt sich in der Begründung teils auf die „objektive Werteordnung", teils auf Art. 1 Abs. 1 S. 2 GG, teils auf Art. 2 Abs. 2 GG. In der Literatur finden sich zudem Verweise auf den Wortlaut einzelner Grundrechte[253] – die wiederum als Grundlage eines Schutzprinzips herangezogen werden, auf die Freiheitskonzeption des Grundgesetzes,[254] auf Schutzfunktionen der Grundrechte,[255] auf historische und teleologische Überlegungen zur Sicherheit als Staatszweck und Grundrecht[256] sowie zum Gewaltmonopol des Staates.[257]

Die genaue dogmatische Struktur von Schutzpflichten soll uns an dieser Stelle jedoch nicht weiter beschäftigen, spielt doch das Sozialstaatsprinzip hierfür keine größere Rolle.[258] Die Themenstellung dieser Arbeit verlangt deshalb keine Klärung von Detailfragen der Schutzpflichtendogmatik. Die grundrechtsdogmatische Dimension der Schutzpflichten erlaubt jedoch Rückschlüsse für die hier im Zentrum stehende Problematik, ob Grundrechte Grundlage für verfassungsunmittelbare Leistungsrechte bilden können. Denn die grundlegenden Argumentationsregeln der Redlichkeit und des Verbots eklatanter Selbstwidersprüche verlangen eine konsistente Argumentation. Wer die Kategorie der Schutzpflichten nicht schlankweg ablehnt, ist deshalb dazu verpflichtet, Argumente gegen soziale Leistungsrechte nur in der Weise geltend zu machen, daß sie mit der Befürwor-

---

253 *P. Unruh*, Zur Dogmatik der grundrechtlichen Schutzpflichten, 1996, S. 26 ff.

254 *G. Krings*, Grund und Grenzen grundrechtlicher Schutzansprüche, 2003, S. 82 ff.

255 *J. Dietlein*, Die Lehre von den grundrechtlichen Schutzpflichten, 2. Aufl. 2005, S. 34 ff.

256 *J. Isensee*, Das Grundrecht als Abwehrrecht und als Schutzpflicht, in: HStR, Bd. 5, 2. Aufl. 2000, S. 143 (186 ff., 218 ff.); *G. Hermes*, Das Grundrecht auf Schutz von Leben und Gesundheit, 1987, S. 145 ff.

257 *J. Isensee*, Das Grundrecht als Abwehrrecht und als Schutzpflicht, in: HStR, Bd. 5, 2. Aufl. 2000, S. 143 (196 f.)

258 Ansätze hierzu bei *O. Seewald*, Zum Verfassungsrecht auf Gesundheit, 1981, S. 79 ff.; *A. Roßnagel*, Grundrechte und Kernkraftwerke, 1979, S. 51 f.; versteht man Schutzpflichten als staatlichen Schutz gegen Beeinträchtigungen durch Dritte, wirkt eine Verankerung im Sozialstaatsprinzip allerdings sehr bemüht.

tung von Schutzpflichten einhergehen können. Eine pauschale Negation der einen bei gleichzeitiger Postulierung der anderen Dimension der Grundrechte läßt sich dann kaum vertreten. Denn nahezu alle gegen grundrechtliche Leistungsrechte vorgebrachten Gründe streiten ebenso gegen Schutzpflichten: sie verursachen Kosten und schränken deshalb die Budgethoheit des Parlaments ein; sie reduzieren die Handlungsspielräume des unmittelbar demokratisch legitimierten Gesetzgebers; sie sind in der Kontur des sachlich Gebotenen unscharf und bedürfen einer gesetzlichen Konkretisierung; sie sind jeweils Ergebnis interpretatorischer Bemühungen, die im Normtext nur relativ schwache Anhaltspunkte finden; und sie tragen beide eine besondere Begründungslast, die aus der Entstehungsgeschichte des Grundrechtskataloges resultiert (auf diese wird denn auch jeweils gleich reagiert, indem man zeigt, daß die Entscheidungen des Verfassunggebers gegen eine bestimmte Regelungstechnik – explizite Individualrechte auf Schutz und Sicherheit hier, explizite soziale Leistungsrechte da – nicht mit einer definitiven Absage an das Sachanliegen gleichzusetzen sind und der Genese deshalb keine Sperrwirkung zukommt).[259]

Angesichts dieser Nähe von grundrechtlichen Schutzpflichten und Leistungsrechten auf der Ebene grundsätzlicher Erwägungen zu den Grundrechtsdimensionen überrascht es ein wenig, wenn manche Stimme in der Literatur sich als ebenso klarer Befürworter von Schutzpflichten wie Gegner originärer Leistungsrechte präsentiert.[260] Die Unterschiede zwischen beiden Kategorien rechtfertigen dies jedenfalls nicht.

Zwar unterscheiden sich die Staatsfunktionen, die in Anspruch genommen werden.[261] Auch spielt im leistungsrechtlichen Grundrechtsdiskurs der Gesichtspunkt des staatlichen Gewaltmonopols und seine Bedeutung für die Begründung staatlicher Pflichten zu einem bestimmten positiven Verhalten (als eine Art Kompensation auferlegter Duldungspflichten) keine Rolle. Doch ist gerade der Verweis auf das Gewaltmonopol in diesem Zusammenhang das schwächste Argument für Schutzpflichten. Denn es ist genau zu unterscheiden, welche Ebene betroffen ist: Schutzpflichten auf der Ebene der Regelung von Konflikten zwischen Bürgern oder auf der Ebene der Durchsetzung entsprechender Konfliktbearbeitungsnormen.[262] Ein Bezug zum Gewaltmonopol besteht nur auf der zweiten, der Vollzugsebene. Soweit jedoch Schutzpflichten als Bestimmungen verstanden werden, die die Kompatibilisierung von Freiheitssphären selbst betreffen, also den

---

[259] Cf. zur Nähebeziehung von Schutzpflichten und Leistungsrechten auch *M. Gellermann*, Grundrechte im einfachgesetzlichen Gewande, 2000, S. 252; *F. Kopp*, Grundrechtliche Schutz- und Förderpflichten der öffentlichen Hand, in: NJW 1994, 1753 ff. Es ist deshalb unverständlich, wenn *H. Dreier*, in: ders. (Hrsg.), GG, Bd. 1, 2. Aufl. 2004, Vorb. Rdnr. 101 meint, so gut wie keine Parallele zwischen Schutzpflichten und Leistungsrechten ausmachen zu können.

[260] So etwa *J. Isensee*, Das Grundrecht als Abwehrrecht und als Schutzpflicht, in: HStR, Bd. 5, 2. Aufl. 2000, S. 143 (215 ff.).

[261] *D. Murswiek*, Die staatliche Verantwortung für die Risiken der Technik, 1985, S. 125 (soziale Umverteilungsfunktion vs. rechtsstaatliche Gewährleistungsfunktion).

[262] In der Analyse überzeugend *R. Poscher*, Grundrechte als Abwehrrechte, 2003, S. 192 ff.

Gesetzgeber bei der Zuordnung kollidierender Interessen anleiten und binden, sind Aspekte der Rechtsdurchsetzung für sie ohne Belang.[263] Damit nähert sich das Begründungsprogramm für Schutzpflichten dem von Leistungsrechten wieder an. Beide gebieten dem Staat positiv eine bestimmte Ausgestaltung. In diesem Sinne verstanden kann man auch nicht sagen, Schutzpflichten hätten, anders als Leistungsrechte, am negatorischen Charakter der Grundrechte Anteil.[264] Es geht zwar bei Schutzpflichten um Abwehr – die Abwehr von Gefahren durch Dritte. Doch auch Leistungsrechte lassen sich im Ziel als Abwehrprogramm formulieren: als Abwehr von Gefahren für eine positiv verstandene Freiheit. In der für die Grundrechte entscheidenden Staat-Bürger-Perspektive steht jedoch jeweils ein staatliches Tätigwerden im Vordergrund und nicht das Verhindern eines solchen.

Als wesentlicher Unterschied zwischen grundrechtlichen Schutzpflichten und Leistungsrechten bleibt damit neben dogmatischen Details der Konstruktion lediglich, daß in der einen Konstellation Dritte als konkrete Störungs- und Gefährdungsquelle in Erscheinung treten, in dem anderen Fall aber der Schutzbedarf nicht nur durch einzelnen Individuen zurechenbares Verhalten induziert ist, sondern auf strukturelle Gründe, die Bedingungen moderner Gesellschaften und ihrer konkreten Ausprägungen in der Sozialstruktur einer Gesellschaft, zurückzuführen ist.[265] Doch ist nicht recht einsichtig, warum diesem Unterschied entscheidende Bedeutung für die Anerkennung von Schutzpflichten und Ablehnung von Leistungsrechten als Sinndimensionen der Grundrechte zukommen soll.[266]

Für *Thorsten Kingreen* hingegen ist gerade diese Differenz konstitutiv. Er bemüht in diesem Zusammenhang im Rückgriff auf die juristische Methodik *Friedrich Müllers* die *Unterscheidung von endogen und exogenen Wirklichkeitssegmenten.*[267] Schutzpflichten seien in Bezug auf den Grundrechtstatbestand endogen begründet, faktische Grundrechtsvoraussetzungen hingegen normexogen wirkende Faktoren, weil die Gefährdungsquelle sich unterschiedlich konkretisiere. Das Argument Kingreens geht jedoch fehl. Legt man den

---

[263] Diese wesentliche Distinktion läßt sich nicht, wie in der Literatur häufig anzufinden, durch allgemeine Erwägungen zur Ideengeschichte des Schutzgedankens überspielen; so etwa bei *T. Kingreen*, Das Sozialstaatsprinzip im europäischen Verfassungsverbund, 2003, S. 135 f.; zur Ideengeschichte auch G. *Hermes*, Das Grundrecht auf Schutz von Leben und Gesundheit, 1987, S. 145 ff.; *J. Isensee*, Das Grundrecht auf Sicherheit, 1983, S. 3 ff.; *G. Robbers*, Sicherheit als Menschenrecht, 1987. Im übrigen lassen sich vertragstheoretische Begründungen staatlicher Schutzpflichten auch sozialstaatlich wenden.

[264] So aber *D. Murswiek*, Die staatliche Verantwortung für die Risiken der Technik, 1985, S. 107 f., 123 f., 216 f.; *J. Schwabe*, Probleme der Grundrechtsdogmatik, 1997, S. 213 ff.; zum Problem auch *M. Sachs*, in: K. Stern, Das Staatsrecht der Bundesrepublik Deutschland, Bd. III/1, 1988, S. 729, 730 ff.; anders hingegen *R. Poscher*, Grundrechte als Abwehrrechte, 2003, S. 192 ff. und 380 ff., insb. 395 ff.

[265] *G. Hermes*, Das Grundrecht auf Schutz von Leben und Gesundheit, 1987, S. 118 f.

[266] Cf. a. *V. Neumann*, Sozialstaatsprinzip und Grundrechtsdogmatik, in: DVBl. 1997, 92 (97).

[267] *T. Kingreen*, Das Sozialstaatsprinzip im europäischen Verfassungsverbund, 2003, S. 133 ff. mit Verweis auf *F. Müller*, Juristische Methodik, 6. Aufl. 1995, S. 266 ff.

normtheoretischen Ansatz Müllers zugrunde, ist es (in einem schlechten Sinne, d.h. nicht hinreichend entfaltet) zirkulär. Denn Kingreen müßte näher darlegen, warum Aspekte realer Freiheit nicht zum Schutzgegenstand der Grundrechte zu zählen sind und deshalb aus dem „Normbereich" im Sinne Müllers herausfallen, mithin als exogen zu werten sind.[268] Der Ursprung einer Freiheitsgefährdung ist hierfür eigentlich unbeachtlich. Entscheidend für die Verdichtung zu einer (prima facie-) Rechtspflicht des Staates, die ihm ein bestimmtes Verhalten abverlangt, dürfte vielmehr sein, ob Freiheitsgefährdungen soweit bestimmt werden können, daß gebotene Mittel zu ihrer potentiellen Beseitigung hinreichend eindeutig identifiziert werden können. Ob die Gefährdung nun von Dritten oder „der Gesellschaft" ausgeht, ist unter dem Gesichtspunkt des Rechtsgüterschutzes hingegen gleichgültig.

Nochmals: Mit diesen Überlegungen zur strukturellen Verwandtschaft von grundrechtlich fundierten Leistungsrechten auf soziale Minima und grundrechtlich begründeten Schutzpflichten soll die Unterscheidbarkeit zwischen beiden dogmatischen Figuren nicht in Abrede gestellt werden. Diese kann sich gerade entlang der Gefährdungsquelle orientieren (Schutzpflichten als Schutz vor Dritten; Leistungsrechte als Schutz vor sozial diffus verursachtem, freiheitserheblichem Mangel). Doch dürfte hinlänglich deutlich geworden sein, daß die Zustimmung zu einer forcierten Schutzpflichtendogmatik Konsequenzen für die Argumentation im Hinblick auf soziale Leistungsrechte haben muß. Die Anerkennung der einen Grundrechtsdimension zwingt nicht *automatisch* zur Anerkennung der anderen. Doch verbieten sich auch gesinnungsstarke Simplifizierungen und argumentative Widersprüchlichkeiten.

hh) Verfassungsgenese als Veto-Argument?

Ein auf den ersten Blick gleichfalls ausgesprochen beachtliches Argument gegen verfassungsunmittelbare soziale Leistungsrechte bietet schließlich die Entstehungsgeschichte. Der Verfassunggeber hat bewußt von der Regelungstechnik der Weimarer Reichsverfassung Abstand genommen und keine umfassende

[268] Kein Argument ist in diesem Zusammenhang übrigens, daß Grundrecht und Grundrechtsvoraussetzungen zu unterscheiden sind. Zwar ist in der Tat zwischen dem dogmatischen Rechtsgehalt einer Verfassungsnorm und der verfassungstheoretischen Analyse von Verfassungsvoraussetzungen zu differenzieren (cf. supra C.VI.1.). So können etwa Aspekte, die die Akzeptanz der Verfassungsordnung betreffen, nicht ohne Anhalt im Verfassungstext unmittelbar als dogmatisches Korrektiv für Rechte einzelner wirken; die verfassungstheoretische Notwendigkeit einer wehrhaften Demokratie rechtfertigt eben für sich keine Einschränkungen von Grundrechten. Bei der grundrechtlichen Einbindung von Freiheitsvoraussetzungen geht es jedoch um „Voraussetzungen" in einem anderen Sinne. Es werden nicht Geltungsbereich und soziale Geltungsvoraussetzungen vermengt, sondern die grundrechtliche Mindestsicherung von Grundrechtsvoraussetzungen als eigenständige Normkategorie entfaltet. Zu dieser Differenz auch *M. Cornils*, Die Ausgestaltung der Grundrechte, 2005, S. 513.

konstitutionelle Durchnormierung der Wirtschafts- und Sozialordnung vorgenommen. Entsprechend fehlt es an einem Katalog sozialer Grundrechte wie ihn manche Landesverfassungen kennen. Doch auch hier sind Relativierungen angebracht.

Zunächst: Auch auf die Aufnahme der zunächst als Art. 2 Abs. 3 S. 1 GG vorgesehenen Bestimmung zur Sicherung des Existenzminimums („Keinesfalls darf das Mindestmaß der zum Leben notwendigen Nahrung, Kleidung und Wohnung verweigert werden") wurde im Parlamentarischen Rat verzichtet,[269] ohne daß dies Rechtsprechung und Schrifttum davon abhalten würde, das Existenzminimum jedes Menschen in Deutschland als geschützt anzusehen (supra F.II.1.).

Sodann: Das Gewicht historisch-genetischer Argumente für die Interpretation der Verfassung hängt entscheidend davon ab, wie präzise die Zielsetzungen, die der Verfassunggeber mit einer bestimmten Norm verbindet, in den einschlägigen Quellen ihren Ausdruck finden. Was den Verfassunggeber aber bei der Aufnahme der Formel vom sozialen Staat bewogen hat, bleibt mangels aussagekräftiger Überlieferungen aus den entsprechenden Verhandlungen im Dunkeln. Die Verfassung sollte „irgendwie" dem sozialen Anliegen gerecht werden, aber keinen programmatischen Katalog des Guten, Schonen und Begehrenswerten enthalten. Ob darüber hinaus jede Form sozialer Fundamentalrechte (also auch interpretativ oder durch Rechtsfortbildung gewonnene, relativ präzise als Gewährleistungen sozialer Minima bestimmte Ansprüche) dezidiert ausgeschlossen werden sollten oder solche nur nicht aufgenommen wurden, läßt sich hingegen nicht mit Gewißheit sagen. Die Konkretisierung der Formel vom sozialen Staat wurde Rechtsprechung und Rechtswissenschaft zur weiteren Entwicklung überlassen, ohne diesen beiden Zentralakteuren des Rechtssystems brauchbare Anhaltspunkte mit auf den Weg zu geben. Vor dem Hintergrund dieses genetischen Befundes, der die entscheidenden Fragen offen und vieles im Nebel läßt, kommt der Entstehungsgeschichte mangels eines hinreichend erkennbaren „Willens des Gesetzgebers" zumindest keine Veto-Position gegenüber systematischen und teleologischen Gründen für ein bestimmtes Grundrechtsverständnis zu.

---

[269] Cf. supra F. Fußn. 20.

g) Bereichsspezifik einer grundrechtlichen Bestimmung des sozialen Minimums

aa) Vorrede

Wenn man das verfassungsgebotene soziale Minimum unter Rückgriff auf die Grundrechte zu bestimmen sucht, kann dies allerdings nicht unter Absehung bereichsspezifischer Besonderheiten der einzelnen Grundrechte geschehen.[270] Erst diese können einer Konzeption von Minimalgarantien die nötige Kontur geben.[271] So gilt es zu bedenken, welche Grundrechte angesichts der im Topos des freiheitsfunktionalen Sozialstaates angelegten Begrenzung überhaupt in Betracht kommen.[272] Eine sozialstaatlich inspirierte Inblicknahme von Freiheitsvoraussetzungen erfaßt nicht jedes Grundrecht in gleichem Maße. Für die Sicherung von Mindestbedingungen eines selbstbestimmten Lebens sind manche Grundrechte belangvoller als andere.

In die Überlegungen einzubeziehen sind aber auch die Bedenken gegen soziale Leistungsrechte, die unter dem Stichwort „Grenzen staatlicher Verfügungsgewalt" oben angesprochen wurden. So schließt der Grundsatz des freiheitsfunktionalen Sozialstaates einen verfassungsunmittelbaren individuellen Anspruch eines jeden Bürgers auf Verschaffung eines Arbeitsplatzes schon deshalb aus, weil ein solcher Anspruch mit einer freiheitlichen Sozial- und Wirtschaftsordnung unverträglich wäre[273] und Festlegungen implizieren würde, die entweder der vielbeschworenen Offenheit des Grundgesetzes in Fragen des Wirtschaftssystems oder der gebotenen Freiheitlichkeit zuwiderlaufen würden.

Es sprengte den Rahmen dieser Arbeit, die sozialstaatsrelevante Dimension jedes einzelnen Grundrechtes im Detail zu untersuchen und näher zu beschreiben. Das hier verfolgte Anliegen ist auf eine Neuvermessung des Grundsatzes vom sozialen Staat begrenzt. Deshalb kann es nicht darum gehen, der kaum überschaubaren Anzahl an Untersuchungen zu Grundlagen und Detailfragen der Grundrechtsdogmatik eine weitere Studie mit einem grundrechtstheoretischen bzw. leistungsdogmatischen Schwerpunkt hinzuzufügen. Vielmehr soll es dabei sein Bewenden haben, mögliche Grundpositionen im Zusammenspiel von Sozialstaatsprinzip und Grundrechten für die Bestimmung verfassungsgebotener

---

[270] *V. Neumann*, Sozialstaatsprinzip und Grundrechtsdogmatik, in: DVBl. 1997, 92 (97); *L. Wildhaber*, Soziale Grundrechte, in: P. Saladin/L. Wildhaber (Hrsg.), Gedenkschrift für M. Imboden, 1972, S. 371 (389); *F. Müller/B. Pieroth/L. Fohmann*, Leistungsrechte im Normbereich einer Freiheitsgarantie, 1982, S. 118 ff.

[271] Deshalb ist es mißverständlich, wenn *W. Rüfner*, Leistungsrechte, in: D. Merten/H.-J. Papier (Hrsg.), Handbuch der Grundrechte, 2006, Bd. 2, S. 679 (705) schreibt, Leistungen des Sozialstaates hätten „nicht das Ziel, den Gebrauch bestimmter Grundrechte zu fördern", müßten also zur beliebigen Verwendung überlassen werden. Im Sinne einer gemäßigten Paternalismusfeindlichkeit des freiheitsfunktionalen Sozialstaates ist Rüfner zuzustimmen. Gleichwohl wird durch den Sozialstaat nur die Ausübung *spezifischer* Freiheiten geschützt.

[272] Cf. a. *D. Murswiek*, Grundrechte als Teilhaberechte, soziale Grundrechte, in: HStR, Bd. 5, 2. Aufl. 2000, S. 243 (287).

[273] Cf. supra F. Fußn. 223.

sozialer Minima nachzuzeichnen und die eigenen Präferenzen mit guten Gründen zu setzen. Dabei ist natürlich der Anschluß an die grundrechtsdogmatischen Generaldebatten zu wahren. Doch sind die hier angestellten Überlegungen nicht von dem Ehrgeiz getrieben, eine umfassende eigene grundrechtsdogmatische Konzeption zu entwerfen oder eine ganz bestimmte Position in der Auseinandersetzung um eine dem Grundgesetz angemessene Grundrechtstheorie zu verteidigen. Statt dessen geht es darum, ein konkretes Problem, nämlich die Frage nach dem richtigen Verständnis der Formel vom sozialen Staat in unserer Verfassung, einer sinnvollen Lösung zuzuführen. Die damit eingenommene Betrachtungsweise ist also symptom-, nicht systembezogen. Erkenntnisleitend ist nicht der Versuch, das Besondere einem vorgegebenen Grundraster des Allgemeinen einzuverleiben, sondern den Besonderheiten einer konkreten Frage gerecht zu werden.

bb) In Frage kommende Grundrechte

Zur sozialstaatlichen Bereichsspezifik einzelner Grundrechte seien deshalb nur einige kursorische Bemerkungen gemacht: Bei der ins Auge gefaßten sozialstaatlich inspirierten Relektüre der Grundrechte handelt es sich nach dem bisher skizzierten Ansatz im Kern um eine verfassungsdogmatische Spezifizierung des generell anerkannten Rechts auf ein soziokulturelles Existenzminimum, indem auf einzelne Grundrechte zurückgegriffen wird und diese sozialstaatlich „aufgeladen“ werden.[274] Nicht alle Grundrechte sind dabei für eine sozialstaatliche Rekonstruktion als Leistungsrechte gleich geeignet und gleich relevant. Vielmehr kommen insbesondere das Recht auf physische Selbsterhaltung (Art. 2 Abs. 2 GG), die allgemeine Handlungsfreiheit (Art. 2 Abs. 1 GG), die Informationsfreiheit (Art. 5 Abs. 1 S. 1 Alt. 2 GG) und die Freiheit der Berufswahl (Art. 12 Abs. 1 und 2 GG) nach Maßgabe staatlicher Bildungsverantwortung (Art. 7 Abs. 1, Art. 5 Abs. 3 GG) als Kandidaten für eine sozialstaatliche Grundrechtsinterpretation in den Blick. Keiner über den Grundsatz des sozialen Staates konstruierten Sonderdogmatik bedarf hingegen der Schutz von Ehe und Familie, da dieser durch Art. 6 Abs. 1 GG ausdrücklich im Grundgesetz hervorgehoben ist.[275]

---

[274] Zur sachlichen Nähe von menschenwürdefundiertem Existenzminimum und grundrechtsfundiertem sozialen Minimum auch *W. Rüfner*, Leistungsrechte, in: D. Merten/H.-J. Papier (Hrsg.), Handbuch der Grundrechte, 2006, Bd. 2, S. 679 (700).

[275] Zu den aus Art. 6 Abs. 1 und 4 GG erwachsenden Schutzwirkungen cf. *U. Di Fabio*, Der Schutz von Ehe und Familie, in: NJW 2003, 993 ff.; *G. Kirchhof*, Der besondere Schutz der Familie, in: AöR 129 (2004), 542 ff.; *P. Tettinger*, Der grundgesetzlich gewährleistete besondere Schutz von Ehe und Familie, in: Essener Gespräche zum Thema Staat und Kirche 35 (2001), S. 117 ff.; *T. Kingreen*, Das Grundrecht von Ehe und Familie, in: Jura 1997, 401 ff.; *C. Seiler*, Entwicklung der Bevölkerung und Familienpolitik, in: HStR, Bd. 4, 3. Aufl. 2006, S. 507 (513 ff.); *R. Gröschner*, in: H. Dreier (Hrsg.), GG, 2. Aufl. 2004, Art. 6 Rdnr. 39 ff., 140 ff.; *G. Robbers*, in: v. Mangoldt/Klein/Starck, GG, 5. Aufl. 2005, Art. 6 Rdnr. 8, 20, 241;

cc) Kein Leistungsanspruch auf Eigentumsverschaffung

Das Grundrecht auf Eigentum nach Art. 14 Abs. 1 und 2 GG scheidet als Anknüpfungspunkt für eine leistungsstaatliche Aufladung aus. Dies mag auf den ersten Blick überraschen, wurde das freiheitsfunktionale Sozialstaatsparadigma verfassungstheoretisch doch gerade auch unter Rückgriff auf eine Sozialphilosophie des Eigentums begründet. Doch zeigt sich hier abermals, daß verfassungstheoretische Erkenntnisse behutsam in den Kontext dogmatischer Überlegungen zu überführen sind. Eigentum stellt in sozialstaatlicher Perspektive keinen Selbstzweck dar, sondern bildet das materielle Substrat für persönliche Freiheit. Deren soziale und materielle Mindestabsicherung erfolgt jedoch, folgt man dem hier vorgestellten Ansatz einer sozialstaatlich-leistungsrechtlichen Grundrechtsinterpretation, bereits über die anderen Einzelgrundrechte. Dann aber bleibt kein Raum für in Art. 14 Abs. 1 und 2 GG verankerte sozialstaatlich begründete „Eigentumsverschaffungsansprüche".

dd) Kein Anspruch auf das materielle Substrat beliebiger „Selbstverwirklichung"

Aus dem freiheitsfunktionalen Sozialstaatsverständnis abgeleitete Ansprüche auf soziale Minima sind zudem nicht mit einem „Recht auf umfassende individuelle Selbstverwirklichung" zu verwechseln. Mindestbedingungen eines selbstbestimmten Lebens richten sich (auch) nach sozialer Üblichkeit. Eine sozialstaatliche Rekonstruktion der Grundrechte sichert deshalb nicht das materielle Substrat eines *jeden* Grundrechts.[276]

Wer z.B. einen Verlag oder Rundfunksender betreiben will, ist hierin abwehrrechtlich geschützt; er hat aber keinen aus dem Gedanken des freiheitsfunktionalen Sozialstaats abgeleiteten Subventionsanspruch. Die materiellen Bedingungen für ein Leben als freier Künstler, als Privatgelehrter, als Verleger oder Journalist gehören gerade nicht zum verfassungsgebotenen sozialen Minimum, weil dieses eben kein prima facie-Recht „auf alles" enthält (cf. supra F.II.2.f.). Eine leistungsstaatliche Aufladung des Art. 5 Abs. 1 S. 2 GG sowie Art. 5 Abs. 3 GG über das Sozialstaatsprinzip scheidet deshalb aus. Allenfalls wäre an eine (bescheidene) sozialstaatliche Flankierung der Rezipientenrolle

---

A. Schmitt-Kammler, in: M. Sachs (Hrsg.), GG, 4. Aufl. 2007, Art. 6 Rdnr. 17, 30 ff., 50, 66 ff.; speziell zu Wirkungen im und für das Sozialrecht *T. Kingreen*, Familie als Kategorie des Sozialrechts, in: JZ 2004, 938 ff.; *P. Krause*, Ehe und Familie im sozialen Sicherungssystem, in: Essener Gespräche zum Thema Staat und Kirche 21 (1986), S. 72 ff.; zu den Wirkungen im und für das Steuerrecht *D. Felix*, Die Familie zwischen Privatrecht, Sozialrecht und Steuerrecht, in: DStJG 29 (2006), S. 149 ff.; *P. Axer*, Die Familie zwischen Privatrecht, Sozialrecht und Steuerrecht, ebenda, S. 175 ff.; *P. Kirchhof*, Ehe und Familie im staatlichen und kirchlichen Steuerrecht, in: Essener Gespräche zum Thema Staat und Kirche 21 (1986), S. 117 ff.

[276] *W. Rüfner*, Leistungsrechte, in: D. Merten/H.-J. Papier (Hrsg.), Handbuch der Grundrechte, 2006, Bd. 2, S. 679 (697).

zu denken, wie sie der Begriff des soziokulturellen Existenzminimums widerspiegelt.

ee) Kein soziales Grundrecht auf Mitgliedschaftskosten

Auch Art. 9 Abs. 1 und 3 GG scheiden aus dem Kreis über Art. 20 Abs. 1 GG leistungsrechtlich erschließbarer Grundrechte aus. Der freiheitsfunktionale Sozialstaat ist streng individualbezogen. Ein Recht auf materielle Sicherung einer Vereinigung selbst ist ihm deshalb fremd; das individuelle Freiheitsrecht der Gründung einer oder des Beitritts zu einer Vereinigung bedarf hingegen keines besonderen materiellen Substrats; durch Art. 9 Abs. 1 GG geschützt ist schließlich nicht der Gegenstand der Betätigung im Verein – dieser ist vielmehr durch andere Freiheitsrechte gedeckt, sondern nur das Spezifikum der Vereinsmäßigkeit dieser Betätigung.[277] Entsprechendes hat für ein sozial- als leistungsstaatliches Verständnis zu gelten. Um es plastisch auszudrücken: Die Mitgliedschaft im Golfverein gehört nicht zum sozialen Minimum, da Golfen nicht dazuzuzählen ist.

ff) Zum Problem eines Grundrechts auf Wohnung

Bei einigen Grundrechten bildet der Wortlaut eine besondere Hürde für eine leistungsstaatliche Lesart. Während die Formulierung „X hat das Recht, Y zu tun" Raum für die Konstruktion eines Leistungsanspruchs läßt, sind zwei Grundrechte, Art. 10 Abs. 1 und Art. 13 Abs. 1 GG, schon vom Wortlaut her durch die Formulierung „X ist unverletzlich" *explizit* abwehrrechtlich angelegt. Die Argumentationslast für eine sozialstaatliche Reinterpretation zur Bestimmung eines verfassungsgebotenen sozialen Minimums ist angesichts dieses Wortlautes besonders hoch.

Zugleich wäre es jedoch ein merkwürdiges Ergebnis, ausgerechnet die Verfügbarkeit eines privaten Rückzugsraumes nicht zum sozialen Minimum zu zählen. Die Zielsetzung gesunden Wohnraums hat eine lange sozialstaatliche Tradition;[278] zum menschenwürdegebotenen Existenzminimum wird üblicherweise auch das Recht auf eine Behausung gezählt (cf. supra F.II.1.). Die Grundsicherungssysteme im SGB II und XII sehen deshalb die Übernahme der Kosten für angemessenen Wohnraum vor. Die besondere grundrechtliche Brisanz von Obdachlosigkeit wird aber auch in der verwaltungsgerichtlichen Rechtsprechung zu Wohnungseinweisungen auf der Grundlage des Polizei- und Ordnungsrechts deutlich.[279]

---

[277] BVerfGE 70, 1 (25); 54, 237 (251); 30, 227 (243); *H. D. Jarass*, in: ders./B. Pieroth, GG, 9. Aufl. 2007, Art. 9 Rdnr. 9 mit weit. Nachw.

[278] *M. Stolleis*, Geschichte des Sozialrechts in Deutschland, 2003, S. 143 ff.

[279] *K. Reitzig*, Die polizeiliche Beschlagnahme von Wohnraum zur Unterbringung Obdachloser, 2004; *K.-H. Ruder*, Polizei- und Ordnungsrechtliche Unterbringung Obdachloser, 1999; *H.-U. Erichsen/C. Biermann*, Obdachlosigkeit als gefahrenabwehrrechtliches Pro-

Gleichwohl ist von einem über Art. 13 Abs. 1 GG sozialstaatlich begründeten „Grundrecht auf Wohnraumverschaffung" Abstand zu nehmen. Neben dem Wortlautargument streitet hiergegen ähnlich wie beim „Recht auf Arbeit" der Gedanke der mangelnden Verfügbarkeit. Zwar kann der Staat grundsätzlich Wohnungsbauförderung betreiben und auch selbst in einem gewissen Maß Wohnraum vorhalten – kommunale Wohnungsbaugesellschaften zeugen hiervon. Doch ein vom Staat einzulösender verfassungsunmittelbarer Anspruch jedermanns auf Wohnraumverschaffung schließt eine freie Wohnraumbewirtschaftung effektiv aus, entspräche also nicht den Grundsätzen eines freiheitlichen, positive und negative Freiheitsdimension in ein selbstbestimmungsadäquates Zuordnungsverhältnis setzenden Sozialstaatsverständnisses. Nicht von ungefähr schuldet der Staat nach dem bestehenden Grundsicherungsrecht keine unmittelbare Verschaffung von Wohnraum, sondern sichert nur finanziell die Möglichkeit, sich selbst eine Unterkunft zu beschaffen.

Zur Verfolgung des Ziels, die menschenwürdige Unterkunft und Behausung aller Bürger sicherzustellen, steht dem Gesetzgeber grundsätzlich eine breite Palette an Instrumenten zur Verfügung. Sie reicht von der Förderung von Wohnungseigentum, über die Zahlung von Wohngeld, die sozialhilferechtliche Übernahme von Mietkosten bis hin zur Vorhaltung von Mietraum und die Bereitstellung von Notunterkünften. Den grundrechtlich fundierten Anspruch auf ein soziales Minimum wird man dagegen enger fassen müssen. Seine konkrete Gestalt richtet sich wiederum nach den sozioökonomischen Gesamtumständen. Gefordert ist ein freiheitsfunktionales Minimum, nicht aber eine Anpassung an ein sozialübliches Medium. Folgt man dem oben skizzierten allgemeinen Modell über die Grundrechte gewonnener sozialer Leistungsansprüche, gälte auch hier der Vorbehalt des Möglichen; Einschränkungen wären rechtfertigungsfähig. Dies führt im Ergebnis dazu, daß als eine Art Kernbereich im Rahmen des gebotenen Minimums zumindest für eine Notunterkunft Sorge zu tragen ist, in der Regel darüber hinaus aber auch Kosten für bescheidenen, zweckmäßigen Wohnraum zu übernehmen oder solcher zu stellen ist. Wegen der Eigenart des Art. 13 Abs. 1 GG dürfte als grundrechtlicher Anknüpfungspunkt für ein solches originäres Leistungsrecht auf eine zur selbstbestimmten Lebensführung erforderliche Behausung allerdings eher Art. 2 Abs. 1 GG als Art. 13 Abs. 1 GG in Betracht kommen.

---

blem, in: Jura 1998, 371 ff.; *C. Enders*, Die Exmittierung von Obdachlosen als Problem der Folgenbeseitigung, in: Die Verwaltung 30 (1997), 29 ff.; *W. Ewer/K. v. Detten*, Ausgewählte Rechtsfragen bei der Beschlagnahme von Wohnraum zur Obdachloseneinweisung, in: NJW 1995, 353 ff.; *C. Eckstein*, Polizeirechtliche Aspekte der Obdachlosigkeit, in: VBlBW 1994, 306 ff.; *J.-M. Günther/E. Traumann*, Aktuelle Probleme der Wohnraumbeschlagnahme zur Unterbringung Obdachloser, in: NVwZ 1993, 130 ff.; *C. Gusy*, Polizeirecht, 6. Aufl. 2006, S. 165 ff.; *T. Würtenberger/D. Heckmann*, Polizeirecht in Baden-Württemberg, 6. Aufl. 2005, S. 224 ff..

gg) Freiheitsfunktionales Sonderregime für die Religionsfreiheit

Bereichsspezifika finden sich schließlich auch im Bereich des Grundrechts auf Religionsfreiheit. Denn das Grundgesetz enthält ein besonderes religionsverfassungsrechtliches Regime, das u.a. der Förderung und Effektivierung der Religionsfreiheit dient. Der Körperschaftsstatus für Religionsgesellschaften nach Art. 140 GG i.V.m. Art. 137 Abs. 5 und 6 WRV, der Religionsunterricht nach Art. 7 Abs. 3 GG, die Anstaltsseelsorge nach Art. 140 GG i.V.m. Art. 141 WRV sowie die Paradoxie eines Bestandsschutzes für Staatsleistungen durch das Gebot ihrer Ablösung (Art. 140 GG i.V.m. Art. 138 Abs. 1 WRV) sind jeweils auch in ihrer Bedeutung für die Ausübung des Grundrechts auf Religionsfreiheit zu sehen.[280] Die effektive Nutzung des Grundrechts auf Religionsfreiheit ist damit durch das Grundgesetz bereits ausdrücklich leistungsstaatlich unterfangen.[281] Ein dieses Arrangement ergänzendes, aus Art. 4 Abs. 1 und 2 GG abgeleitetes soziales Minimum stößt deshalb an bereichsspezifische Grenzen. Die genannten originären Förder- und Leistungsrechte wurden unter Absehung jedweder sozialstaatlichen Bezugnahme in die Verfassung aufgenommen. Sie bilden für sich ein kohärentes Rechtssystem der Freiheit, Gleichheit, Öffentlichkeit und Differenz. Selbst wenn man die Religionsausübungsfreiheit weit als eine Art religiöse Handlungsfreiheit versteht (wofür gute Gründe streiten),[282] sind ihrer sozialstaatlichen Aufladung somit aus systematischen Gründen besondere Hindernisse entgegen gesetzt.

Sozialstaatlich steht deshalb nicht die Gewährleistung eines „religiösen Existenzminimums" im Vordergrund, sondern die aus den Grundsätzen der Religionsfreiheit und Parität erwachsenden Anforderungen an die Ausgestaltung vorhandener sozialer Leistungssysteme.

So kann Art. 4 Abs. 1 und 2 GG etwa für die Frage von Bedeutung sein, welche Arbeit im Sinne des § 10 Abs. 1 SGB II zumutbar ist (bzw. wann ein wichtiger Grund für die Nichtannahme einer angebotenen Beschäftigungsmöglichkeit nach § 144 Abs. 1 Nr. 2 SGB III vorliegt)[283] oder welche Bestattungskosten „erforderlich" im Sinne des § 74 SGB XII sind.[284] Grundrechtsdogmatisch ist in diesen Fällen aber nicht die leistungsrechtliche Dimension des Art. 4 Abs. 1 und 2 GG angesprochen, sondern die Abwehrdimension und die objektiv-rechtlich begründete „Ausstrahlungswirkung" auf die einfach-rechtliche Rechtsordnung. Sie bilden keine Frage des sozialen Minimums.

---

[280] Cf. *H. M. Heinig*, Öffentlich-rechtliche Religionsgesellschaften, 2003; *C. Walter*, Religionsverfassungsrecht, 2006; *H. M. Heinig/C. Walter* (Hrsg.), Staatskirchenrecht oder Religionsverfassungsrecht?, 2007 mit weit. Nachw. auch zur Gegensicht.

[281] Cf. *M. Morlok/M. Heinig*, Parität im Leistungsstaat, in: NVwZ 1999, 697 ff.; zum Themenkomplex auch *M. Droege*, Staatsleistungen an Religionsgemeinschaften im säkularen Kultur- und Sozialstaat, 2004.

[282] Cf. *H. M. Heinig/M. Morlok*, Von Schafen und Kopftüchern, in: JZ 2003, 777 ff.

[283] *M. Morlok*, in: H. Dreier (Hrsg.), GG, 2. Aufl. 2004, Art. 4 Rdnr. 128.

[284] VG Berlin, NVwZ 1994, 617 f.; näher *G. Britz*, Der Einfluß christlicher Tradition auf die Rechtsauslegung als verfassungsrechtliches Gleichheitsproblem?, in: JZ 2000, 1127 ff.

hh) Bildung und Ausbildung in sozialstaatlich-grundrechtlicher Perspektive

Ein gehaltvoller Gebrauch der Freiheitschancen in der modernen Gesellschaft ist von sozialen Bedingungen abhängig, um die der einzelne sich bemühen muß, die er jedoch nicht garantieren kann. Dies ist das „Wagnis" des Lebens an sich, das sich in der freien und offenen Gesellschaft nochmals intensiviert.[285] Die oben stehende verfassungstheoretische Annäherung an die Problematik „realer Freiheit" hat bereits durchscheinen lassen, daß zu solchen Bedingungen der effektiven Freiheitsnutzung nicht nur materielle Ressourcen gehören, sondern in ganz erheblichem Maße auch edukative Befähigungen. Der der Freiheit verpflichtete Sozialstaat zielt darauf, daß der einzelne seine Talente tatsächlich entfalten und seine Begabungen wirklich nutzen kann. Hierzu bedarf es der Bildung und Ausbildung der Person. Das für den freiheitsfunktionalen Sozialstaat konstitutive Primat der Selbstrealisierung korrespondiert mit einer öffentlichen Bildungsverantwortung, die das Grundgesetz in Art. 7 Abs. 1 GG zum Ausdruck bringt. Selbstverantwortung setzt die Befähigung zur Führung eines selbstbestimmten Lebens voraus.

Gleichwohl kennt das Grundgesetz, anders als zahlreiche internationale Menschenrechtskataloge[286] und Landesverfassungen[287] kein ausdrückliches „*Recht auf Bildung*", sondern mit Art. 7 Abs. 1 bis 6 GG nur eine unvollständige Regelung, die unterschiedliche institutionelle und grundrechtliche Elemente enthält. Einen Anspruch auf Beschulung weist das Grundgesetz hingegen nicht explizit aus. Auch ein ausdrückliches Leistungsrecht auf Ausbildung kennt die Verfassung nicht.[288] Dies hat das Bundesverfassungsgericht in der bereits erwähnten Numerus-clausus-Entscheidung mit Blick auf das Grundrecht der freien Wahl der Ausbildungsstätte (Art. 12 Abs. 1 S. 1 Mod. 3 GG) zu der Erwägung veranlaßt,

> „ob aus den grundrechtlichen Wertentscheidungen und der Inanspruchnahme des Ausbildungsmonopols ein objektiver sozialstaatlicher Verfassungsauftrag zur Bereitstellung ausreichender Ausbildungskapazitäten für die verschiedenen Studienrichtungen folgt."[289]

---

[285] Zum „großen Wagnis" der Freiheit klassisch *E.-W. Böckenförde*, Die Entstehung des Staates als Vorgang der Säkularisation (1967), in: ders., Recht, Staat, Freiheit, 1990, S. 92 (112).

[286] Art. 26 AEMR, Art. 13 IPwskR.

[287] Art. 11 Abs. 1 BadWürttVerf., Art. 128 Abs. 1 BayVerf., Art. 20 Satz 1 BerlVerf., Art. 29 Abs. 1 BrbgVerf., Art. 18 Satz 1 BremVerf., Art. 4 Abs. 1 NdsVerf., Art. 8 Abs. 1 Satz 1 NRWVerf., Art. 31 Satz 1 RhPfVerf., Art. 25 Abs. 1 VerfLSA, Art. 20 Satz 1 ThürVerf.

[288] Aus rechtspolitischer Sicht zu einem Recht auf Bildung und Ausbildung cf. *I. Richter*, Überlegungen zur Kodifikation von Grundrechten auf Bildung, in: E.-W. Böckenförde/J. Jekewitz/T. Ramm (Hrsg.), Soziale Grundrechte, 1981, S. 119 ff.; *B. Schlink*, Überlegungen zur Kodifikation von Grundrechten auf Bildung, ebenda, S. 129 ff.

[289] BVerfGE 33, 303 (333).

Auf den *Bereich der Schulbildung* läßt sich dieser Ansatz nicht übertragen, da die Schulbildung als Vermittlung allgemeiner Bildung der Ausbildung vorgelagert ist, also nicht vom Schutzbereich des Art. 12 Abs. 1 S. 1 GG erfaßt ist[290] und scheinbar auch sonst nicht als Individualgrundrecht ausgestaltet ist.[291] Wenn aber dem Sozialstaat ein edukatives Kernanliegen inhärent ist (wofür gerade unter dem Gesichtspunkt der Nachrangigkeit materieller Hilfe durch den Staat und dem Vorrang der Hilfe zur Selbsthilfe manches spricht), liegt es auch nahe, dieses in einem Spektrum sozialer Minima abzubilden. Auf der Ebene einer subjektiv-rechtlichen Bewehrung könnte dies über die allgemeine Handlungsfreiheit (Art. 2 Abs. 1 GG) geschehen.

Soweit hingegen soziale Minima des *Grundrechts auf Ausbildung* im Raum stehen, ist ein leistungsstaatlicher Rückgriff auf Art. 12 Abs. 1 GG grundsätzlich denkbar. Allerdings hat der Staat keinen Einfluß auf die Besetzung von Arbeitsplätzen, also auch nicht von betrieblichen Ausbildungsplätzen. In Frage steht damit auch hier, ähnlich wie beim Recht auf Arbeit oder Wohnung, inwieweit der Staat von Verfassungs wegen eigene Ausbildungskapazitäten aufzubauen hat. Dabei wird man wohl kaum zwischen Lehrberufen und Berufen, die ein akademisches Studium erfordern, unterscheiden können. Das vom Bundesverfassungsgericht in Numerus clausus-Fragen herausgestrichene Ausbildungsmonopol im Universitätsbereich jedenfalls kann nur in der Frage der Teilhabe an vorhandenen Kapazitäten eine Rolle spielen, nicht aber für die Schaffung neuer Kapazitäten von Bedeutung sein. Eine Alleinstellung des Staates in einem bestimmten Ausbildungssegment verpflichtet diesen möglicherweise, vorhandene Plätze effektiv zu nutzen, nicht jedoch, neue zu schaffen. Auch wäre in Abgrenzung zur Entscheidung des Verfassungsgerichts noch einmal zu fragen, welche konkreten Pflichten aus dem Gebot einer effektiven Nutzung vorhandener Kapazitäten vor dem Hintergrund der Multipolarität der involvierten grundrechtlich geschützten Interessen tatsächlich folgen. Das Interesse an der Funktionsfähigkeit der Universität wäre jedenfalls hinreichend zu berücksichtigen.[292]

---

[290] BVerwGE 47, 330 (332); *H. D. Jarass*, in: ders./B. Pieroth, GG, 7. Aufl. 2006, Art. 12 Rdnr. 71; *J. Wieland*, in: H. Dreier, GG, Bd. 1, 2. Aufl. 2004, Art. 12 Rdnr. 61; *G. Manssen*, in: v. Mangoldt/Klein/Starck, GG, 5. Aufl. 2005, Art. 12 Rdnr. 61; *J. Tettinger*, in: M. Sachs (Hrsg.), GG, 4. Aufl. 2007, Art. 12 Rdnr. 67 ff.; a.A. *H. Hofmann*, in: B. Schmidt-Bleibtreu/F. Klein (Hrsg.), GG, 10. Aufl. 2004, Art. 12 Rdnr. 38.

[291] Art. 7 Abs. 4 GG garantiert nur die Errichtungsfreiheit von privaten Schulen, nicht aber den Besuch dieser; hierzu sogleich näher.

[292] In dem Mangel, den kollidierenden Interessen der Universität, der Forschenden und Lehrenden, aber auch der Studierenden hinreichendes Gewicht beizumessen, ist denn auch wohl die entscheidende Schwäche der Numerus-clausus-Rechtsprechung des Bundesverfassungsgerichts zu sehen, nicht hingegen in dem Versuch, den Interessen der Studienplatzbewerber mit Hilfe eines Rückgriffs auf deren Freiheits- und Gleichheitsrechte gerecht zu werden (auch wenn man im Detail hier manches kritisieren mag).

Doch auch bei der sozialstaatlichen Aufladung der für die Schul- und Ausbildung einschlägigen Grundrechte greifen, dies hat das Bundesverfassungsgericht nicht weiter thematisiert, sämtliche oben benannten *Vorbehalte und Konkretisierungsbedingungen*. Für den Komplex der Ausbildung ergeben sich zudem besondere Probleme bei der genaueren Bestimmung, weil das Handlungsspektrum des Staates besonders breit ist. Während man in Fragen des gebotenen Existenzminimums nur um die genaue Höhe von Transferleistungen streiten kann, aber Ziel und z.T. auch die Instrumente eines Mindestanspruchs relativ klar zu bestimmen sind, gestaltet sich die Sachlage deutlich anders, wenn man nach den sozialen Mindestbedingungen für die individuelle Nutzung der Ausbildungsfreiheit fragt. Am Beispiel der Bereitstellung von Studienplätzen zeigt sich, daß ein mikrotheoretischer Ansatz, der nach individuellen Rechten auf Leistungen fragt, hier an Grenzen stößt. Denn sinnvolle Lösungen finden sich für solche Fragen weniger in Gestalt von Sozialtransfers an den einzelnen als vielmehr in der Schaffung einer bestimmten Infrastruktur. Art. 12 Abs. 1 GG läßt sich in Verbindung mit dem Sozialstaatsprinzip deshalb zwar so verstehen, daß der Staat für soziale Bedingungen angemessener Ausbildungsmöglichkeiten des einzelnen eine gewisse Sorge zu tragen hat. Diese verfassungsrechtliche Verpflichtung führt jedoch nicht zu einem individuellen Anspruch auf Verschaffung eines konkreten Ausbildungsplatzes. Vielmehr stehen auch hier hinsichtlich des sozialen Minimums eine Fülle von Instrumenten zur Verfügung, mit denen der Staat einer solchen Verpflichtung nachkommen kann: von unterschiedlichen Förderungsformen der Ausbildung (BAföG, Qualifizierungsmaßnahmen nach dem SGB II und III, Maßnahmen im Bereich der betrieblichen Aus- und Weiterbildung) bis hin zu Stipendienprogrammen und Kapazitätserweiterungen an staatlichen Hochschulen.[293]

Die *Schutzwirkung* eines sozialstaatlich-grundrechtlichen Verständnisses von Art. 2 Abs. 1 GG und Art. 12 Abs. 1 GG dürfte deshalb nicht über ein vage konturiertes *Untermaßverbot* hinausgehen. Subjektiv-rechtlich ließe sich dieses nur aktivieren, wenn der soziale Staat seiner edukativen und ausbildungssichernden Funktion evidenterweise nicht nachkommt.

ii) Exkurs I: Studiengebühren und der soziale Staat des Grundgesetzes

Die Einführung von Studiengebühren an staatlichen Hochschulen ist hingegen keine Frage eines leistungsstaatlichen Verständnisses von Art. 12 Abs. 1 GG. Sozialstaatlich beachtlich ist im Zusammenwirken mit seiner abwehrrechtlichen Dimension aber eine Bewehrung hinreichender Sozialverträglichkeit. Das Sozialstaatsprinzip gebietet nicht, daß das Hochschulstudium gebührenfrei zu sein

[293] Cf. in diesem Zusammenhang etwa BVerfGE 96, 330 (339), wonach der Staat ein bestehendes Förderkonzept für Studierende (BAföG) für diese nachteilig ändern kann, wenn er Gemeinwohlgründe plausibel geltend macht.

hat. Auch wenn Studierende wegen der Vermögensverhältnisse der Unterhaltsverpflichteten Gebühren über Darlehen finanzieren müssen und ihnen deshalb, anders als Kommilitonen aus besser situierten Verhältnissen, finanzielle Belastungen erwachsen, ist aus der Perspektive eines freiheitsfunktionalen Sozialstaatsverständnisses hiergegen von Verfassungs wegen nichts zu erinnern. Denn der freiheitsdienende Sozialstaat verlangt gerade keine Gleichheit in den Ausgangsbedingungen, sondern die tatsächliche Gelegenheit, die eigenen Potentiale zur Entfaltung bringen zu können. Sozialstaatlich bedenkenswert wäre es deshalb, wenn Gebühren so gestaltet wären, daß sie trotz vorhandener Bereitschaft, in die eigene Ausbildung (bzw. die der Kinder) zu investieren, prohibitiv wirken würden.[294]

jj) Exkurs II: Verfassungsunmittelbare Subventionsansprüche aus Art. 7 Abs. 4 GG?

Zuletzt sei im Zusammenhang mit sozialstaatlichen Förderungsansprüchen im Bereich von Bildung und Ausbildung noch eine Bemerkung zu Privatschulen und deren Subventionierung gemacht. Die verfassungsrechtliche Pflicht des Staates, solche Schulen zu unterstützen, ist bemerkenswerterweise einer der wenigen von Rechtsprechung und weiten Teilen der Literatur ausdrücklich anerkannten Fälle verfassungsunmittelbarer Leistungsrechte.[295] Begründet wird diese besondere staatliche Verantwortung damit, daß die Privatschulfreiheit aus Art. 7 Abs. 4 GG sonst leerzulaufen drohe. Doch bei näherer Betrachtung ist gerade Art. 7 Abs. 4 GG *kein Fall des sozialstaatlich gebotenen sozialen Minimums*. Denn die Gründung und der Betrieb einer privaten Schule sind mit der Gründung und dem Betrieb einer Fernsehanstalt oder eines Verlages durchaus zu vergleichen. Auch hier läuft für den Mittellosen das Grundrecht auf Gründung entsprechender Einrichtungen leer. Gleichwohl ist deren Subventionierung nicht sozialstaatlich geboten, da sie nicht zu den Mindestbedingungen eines selbstbestimmten Lebens zählen.

Der *Besuch* einer Privatschule hingegen ist nicht durch Art. 7 Abs. 4 GG, sondern durch das Elternrecht aus Art. 6 Abs. 2 GG und die allgemeine Handlungsfreiheit des Kindes (Art. 2 Abs. 1 GG) geschützt. Diese Grundrechte führen ihrerseits ggf. zu einem sozialstaatlichen Unterstützungsanspruch der El-

[294] Zu völkerrechtlichen Aspekten des Problems – mit ähnlichem Ergebnis – *E. Riedel/S. Söllner*, Studiengebühren im Lichte des UN-Sozialpakts, in: JZ 2006, 270 ff.; a.A. *S. Lorenzmeier*, Völkerrechtswidrigkeit der Einführung von Studienbeiträgen, in: NVwZ 2006, 759 ff.

[295] BVerfGE 75, 40 (65); 90, 107 (114 f.); *W. Rüfner*, Leistungsrechte, in: D. Merten/H.-J. Papier (Hrsg.), Handbuch der Grundrechte, 2006, Bd. 2, S. 679 (701); *R. Breuer*, Grundrechte als Anspruchsnormen, in: Festschrift 25 Jahre Bundesverwaltungsgericht, 1978, S. 89 (99); *F. Müller/B. Pieroth/L. Fohmann*, Leistungsrechte im Normbereich einer Freiheitsgarantie, 1982, S. 132 ff. Deutlich zurückhaltender nun BVerfGE 112, 74 (84).

tern (aus Art. 6 Abs. 1 GG) oder des Schülers (aus Art. 2 Abs. 1 GG). Doch die Schule selbst wird dadurch nicht unmittelbar berechtigt. Auch die institutionelle Dimension des Art. 7 Abs. 4 GG führt letztlich zu keinem anderen Ergebnis. Institutionelle Garantien schützen die Rechtsform mit ihren typusprägenden Merkmalen, nicht aber ihre empirische Realisierung. Verfassungssystematisch besteht für die Begründung von inzidenten Leistungsansprüchen zur Realisierung von Freiheitschancen *außerhalb des Sozialstaatsprinzips* somit eigentlich kein Raum. Leistungsansprüche, die nicht von Art. 20 Abs. 1 GG erfaßt werden, müssen also ausdrücklich im Grundgesetz ausgewiesen werden (so bei Art. 7 Abs. 3 GG oder Art. 140 GG i.V.m. Art. 137 Abs. 5 WRV). Ein aus dem Grundgesetz abgeleiteter Verfassungsanspruch auf Privatschulsubventionierung scheidet damit aus, so wünschenswert er politisch auch sein mag.[296]

h) Nochmals: Sollten Grundrechte als Bestimmungsgrund sozialer Minima herangezogen werden?

Auch wenn die bisherigen Überlegungen dieses Abschnitts darauf zulaufen, Grundrechte im Lichte des Sozialstaatsprinzips als Grundlagen originärer Ansprüche auf soziale Minima heranzuziehen, so wurden bislang doch endgültige Festlegungen zu diesem Thema vermieden. Ebenso wurden die konkreten Modelle für eine dogmatische Herleitung leistungsrechtlicher Ansprüche bisher nicht näher behandelt. Vielmehr wurde eingangs betont, daß die Argumente für und gegen originäre Leistungsrechte ganz maßgeblich von der näheren Ausgestaltung abhängen. Hierzu wurden vorstehend einige Ausführungen gemacht. Demnach gilt: Verfassungsrechtliche Ansprüche, die aus dem Wechselspiel von Grundrechten und Sozialstaatsgrundsatz erwachsen, wären beschränkt auf soziale Minima. Grundrechtliche Sozialansprüche wären bereichsspezifisch zu definieren; nicht alle Grundrechte kommen in gleichem Maße hierfür in Frage. Sie wären keine definitiven Rechte, sondern stünden unter dem Vorbehalt des Möglichen und der näheren gesetzlichen Konkretisierung, wären also primär *Ansprüche auf gesetzgeberisches Handeln*. Der Gesetzgeber dürfte gegenläufige Belange bei der Ausgestaltung berücksichtigen, hätte dem Gewicht des sozialen Minimums jedoch hinreichend Rechnung zu tragen (Untermaßverbot). Verfassungsunmittelbare Ansprüche auf soziale Minima wären zudem konditioniert durch den Vorrang der Selbstrealisation, so daß sie sich in die freiheitsbegründete Selbstverantwortung für die eigenen Lebensvollzüge einfügten.

---

[296] Allerdings kennen einige Landesverfassungen entsprechende Regelungen; cf. Art. 30 Abs. 6 S. 2 BrandVerf.; Art. 8 Abs. 4 S. 3 NRWVerf.; Art. 28 Abs. 3 S. 1 SaarlVerf.; Art. 26 Abs. 2 S. 2 ThürVerf.

Legt man bei der Bestimmung von aus den Grundrechten abgeleiteten Ansprüchen auf ein soziales Minimum ein solches Verständnis zugrunde,[297] scheinen die Einwände gegen eine Überwindung des Abwehrmonismus der Grundrechte nicht so schwer ins Gewicht zu fallen, daß sie die in Aussicht gefaßten Vorteile aufwiegen würden:

Im Vergleich zur Begründung eines Existenzminimums durch eine Engziehung von Menschenwürdeschutz und Sozialstaatsprinzip gewinnt man an Präzision bei der Bestimmung dessen, was das Minimum ausmacht, zugleich aber auch rechtskonstruktiv die Möglichkeit, die Vielgestaltigkeit der involvierten schützenswerten Interessen angemessen zu berücksichtigen. Gegenüber einem rein würdebasierten Modell des verfassungsrechtlich garantierten Existenzminimums bietet die bereichsspezifische sozialstaatliche Bezugnahme auf die Grundrechte bei aller weiterhin bestehenden Gestaltungsvarianz die Basis für eine präzisere und problemadäquatere Begründung und dogmatische Operationalisierung.

Wenig sinnvoll scheint fernerhin, dem Grundsatz vom sozialen Staat jedweden Pflichtengehalt hinsichtlich eines sozialen Minimums abzusprechen. Die Formel vom sozialen Staat wäre dann begrenzt auf eine reine Ermöglichungsfunktion: Der Staat darf sozialen Aktivitäten nachgehen, muß dies aber nicht. Gegen einen solchen Ansatz streiten die bereits gegen ein rein pragmatisches Sozialstaatsverständnis vorgebrachten Einwände. Doch auch dem für das Grundgesetz schlechthin konstitutiven Freiheitsgedanken, der in seinen Dimensionen der negativen und „realen" Freiheit (also mit dem Bezug zu gewissen sozialen Freiheitsvoraussetzungen) und damit als Figur von einer gewissen Komplexität in der Formel vom sozialen Staat im Grundgesetz Anklang findet, würde der Verzicht auf ein verfassungsrechtliches Gebot sozialer Minima kaum gerecht werden.

So bleibt schließlich als Alternative noch, lediglich auf die subjektiv-rechtliche Aufladung eines verfassungsgebotenen Minimums zu verzichten. Das stärkste Argument hiergegen dürfte im freiheitlichen Sozialstaatsverständnis selbst liegen: Wenn denn schon der soziale Staat in der Idee der Freiheit gründet (und hierdurch limitiert wird), dann liegt es nahe, die verfassungstheoretisch rekonstruierte Beziehung von negativer und positiver Freiheit auch im dogmatischen Wechselspiel von Sozialstaatsgrundsatz und Grundrechten abzubilden. Es wäre zumindest eigentümlich, wenn das Verfassungsgebot der staatlichen

---

[297] Daran fehlt es aber bei denjenigen, die in den Grundrechten keine geeignete Grundlage für die Bestimmung eines sozialen Minimums sehen, so etwa trotz verfassungstheoretischer Nähen zu einem solchen Modell *K. Hesse*, Bestand und Bedeutung der Grundrechte in der Bundesrepublik Deutschland, in: EuGRZ 1978, 427 (433 f.); *ders.*, Bedeutung der Grundrechte, in: E. Benda/W. Maihofer/H.-J. Vogel (Hrsg.), Handbuch des Verfassungsrechts, 2. Aufl. 1994, S. 127 (139 ff.); *K.-J. Bieback*, Sozialstaatsprinzip und Grundrechte, in: EuGRZ 1985, 657 (664).

Sorge um Mindestbedingungen realer Inanspruchnahme individueller Freiheitsrechte nicht seinerseits individualrechtlich bewehrt wäre.[298] Aus dem Schutzzweck des Individualschutzes folgt gleichsam der Charakter einer subjektiven Berechtigung (Schutznormtheorie). Zugegeben: „zwingend" ist diese Lösung nicht – aber was ist im Zusammenhang der Formel vom sozialen Staat schon „zwingend". Ein sinniger Austausch über diese Norm hat sich eben auf Plausibilitäten und die Vorzugswürdigkeit der einen oder anderen Deutung unter Berücksichtigung der jeweiligen Vor- und Nachteile zu konzentrieren. Interpretationen der Formel vom sozialen Staat kommen um das Eingeständnis von Aporien und Dilemmata nicht herum. Der lebensweltliche Bezug der Norm – der Sozialstaat als institutionelle Realisierung eines bestimmten politisch-ethischen Normativs – und die Norm selbst korrelieren genau hierin. Doch wenn der Verfassunggeber schon eine in ihrer Bedeutung so prekäre Norm wie das Sozialstaatsprinzip in das Grundgesetz aufgenommen hat, bleibt der Verfassungsinterpret aufgerufen, aus dem vorhandenen Normbefund im Rahmen der methodischen Regeln und anerkannten Argumentationsfiguren das Beste zu machen, was in diesem Fall heißt: Von einem aus dem Wechselspiel von Grundrechten und dem Grundsatz des sozialen Staates herausgetriebenen subjektiven Verfassungsrecht auf freiheitsfunktional bestimmte soziale Minima auszugehen.

i) Dogmatischer Satzbaukasten

Es bleibt die Frage nach rechtsdogmatischen Konkretionen. Mehrere „Bauweisen" kommen in Betracht: der direkte und isolierte Zugriff auf einzelne Grundrechte, eine Sammelfunktion der allgemeinen Handlungsfreiheit, die Bildung von Verbundrechten mit Art. 20 Abs. 1 GG sowie ein Einbezug des Art. 1 Abs. 1 S. 2 GG. Auch hier läßt sich über Details lange streiten, ohne daß Grund für besondere Leidenschaft in dieser Frage bestünde.

aa) Nachrang einer leistungsrechtlichen Dimension

Eine auch für unseren Kontext sinnvolle Grundregel der Rechtsdogmatik lautet: „Normalität vor Kuriosität". Rechtsdogmatik ist innovationsavers. Sie zielt auf Rationalität und Verläßlichkeit der Rechtsanwendung. Diese Funktion kann sie nur erfüllen, wenn sie sich nicht als allzu „fluide" erweist.

Fragestellungen, die mit dem etablierten Bestand dogmatischer Figuren adäquat bewältigt werden können, bedürfen keiner Sonderdogmatik. Die Abweichung von der Routine ist in dogmatischen Fragen kein Selbstzweck, sondern

[298] Das Problem ähnelt auf den ersten Blick der oben angesprochenen Frage, ob die Menschenwürde Grundrecht oder Grundnorm ist. Allerdings bleibt die Menschenwürde über die Einzelgrundrechte subjektiv-rechtlich auch dann bewehrt, wenn man Art. 1 Abs. 1 GG selbst nur als objektives Verfassungsgebot versteht.

stets begründungsbedürftig. Wenn Rechtsprobleme unter Rückgriff auf ein abwehrrechtliches Verständnis der Grundrechte befriedigend gelöst werden können, sollte es deshalb dabei sein Bewenden haben. Allerdings hat sich gezeigt, daß gerade die Frage sozialer Minima abwehrmonistisch nicht sinnvoll eingefangen werden kann. Insoweit steht das Verfassungsrecht unter Problemlösungszwang. Gleichwohl gilt es, die Grundregel „im Zweifel für die dogmatische Konvention" im Hinterkopf zu behalten.

bb) Multiple normative Anbindung

Sucht man nun nach einer tragfähigen rechtsdogmatischen Konstruktion für Ansprüche auf soziale Minima, sind die oben skizzierten Kernelemente solcher Rechte zu berücksichtigen: tatsächliche Begrenzung auf ein Minimum; Bereichsspezifik; subjektiv-rechtliche Bewehrung; Vorbehalte des Möglichen und der gesetzlichen Ausgestaltung. Vor diesem Hintergrund empfiehlt sich folgende dogmatische Aufbaustruktur:

(a) Objektiv-rechtliche Verpflichtung des sozialen Staates nach Art. 20 Abs. 1 GG. Das objektiv-rechtliche Gebot der Gewährung eines sozialen Minimums ist dem Grundsatz des sozialen Staates nach Art. 20 Abs. 1 GG selbst zu entnehmen; versteht man den Sozialstaat in seiner normativen Prägung freiheitsfunktional, verlangt die in Art. 20 Abs. 1 GG verankerte Rechtspflicht zu einer sozialen Staatstätigkeit vorrangig, soziale Mindestbedingungen für ein selbstbestimmtes Leben herzustellen.

Den Grundrechten selbst ist hingegen in ihrer objektiv-rechtlichen Dimension keine „dem Staat aufgetragene allgemeine Grundrechtsverwirklichungspflicht als grundrechtliche Staatsaufgabe eigener Art" zu entnehmen.[299]

(b) Versubjektivierung durch Einzelgrundrechte. Eine subjektiv-rechtliche Aufladung des so verstandenen Sozialstaatsgebots kann hingegen nur grundrechtlich erfolgen. Dem Grundsatz des sozialen Staates sind für sich betrachtet keine subjektiven Rechte zu entnehmen.[300] Da aus dem Grundgesetz abgelei-

---

[299] So aber *M. Dolderer*, Objektive Grundrechtsgehalte, 2000, S. 306; gegen die von Dolderer propagierte werttheoretische Rekonstruktion der Grundrechte schon *E.-W. Böckenförde*, Grundrechtstheorie und Grundrechtsinterpretation (1974), in: ders., Staat, Verfassung, Demokratie, 1991, S. 115 (129 ff.); *ders.*, Grundrechte als Grundsatznormen, (1990), ebenda, S. 159 ff.

[300] *E. Schmidt-Aßmann*, Die Bedeutung des Sozialstaatsprinzips für das Verwaltungsrecht, in: Festschrift für R. Mußgnug, 2005, S. 33 (37); (nur) insoweit wie hier *G. Wiedenbrüg*, Der Einfluß des Sozialstaatsprinzips auf die Zuerkennung subjektiver öffentlicher Rechte, 1978; der rein objektiv-rechtliche Charakter des Art. 20 Abs. 1 GG gilt entgegen *W. Rüfner*, Leistungsrechte, in: D. Merten/H.-J. Papier (Hrsg.), Handbuch der Grundrechte, 2006, Bd. 2, S. 679 (692); *E. Denninger*, Staatliche Hilfe zur Grundrechtsausübung durch Verfahren, Organisation und Finanzierung, in: HStR Bd. 5, 2. Aufl. 2000, S. 291 (316); *U. Scheuner*, Die Funktion der Grundrechte im Sozialstaat (1971), in: ders., Staatstheorie und Staatsrecht, 1978, S. 737 (756); *E. Benda*, Industrielle Herrschaft und sozialer Staat, 1966, S. 68 auch in Fällen evidenter Pflichtverletzung.

tete leistungsrechtliche Ansprüche, wie gesehen, dem Grundsatz der Bereichsspezifik folgen, verbietet sich allerdings eine pauschale Versubjektivierung des sozialstaatlich gebotenen freiheitsfunktionalen Minimums über die allgemeine Handlungsfreiheit nach Art. 2 Abs. 1 GG. Es bleibt dann als Lösung nur der Weg über die Einzelgrundrechte.[301] Ansprüche auf soziale Minima ergeben sich somit verfassungsdogmatisch aus Art. 20 Abs. 1 GG i.V.m. dem sachlich einschlägigen Einzelgrundrecht. Wenn der Wortlaut eine sozialstaatliche Aufladung sperrt, kann ggf. auf die allgemeine Handlungsfreiheit als Auffanggrundrecht zurückgegriffen werden.

(c) Zur Bedeutung der Menschenwürde nach Art. 1 Abs. 1 GG. Zur verfassungsdogmatischen Herleitung verfassungsunmittelbarer Ansprüche auf soziale Minima bedarf es damit keines Rückgriffs auf die Schutzformel in Art. 1 Abs. 1 S. 2 GG, die in der Diskussion um Schutzpflichten des Staates (supra F. II.2.c.) und in der menschenwürdeabgeleiteten Begründung des Existenzminimums (supra F.II.1.f.gg.) eine wichtige Rolle spielt. Gleichwohl bleibt das objektiv-rechtliche Gebot der Menschenwürde für die Bestimmung sozialer Minima von Relevanz. Sie markiert einerseits nochmals die Beschränkung auf Notwendiges (Limitierungsfunktion). Sie konkretisiert andererseits aber auch das Untermaßverbot. Kollidierende Belange haben um so stärker zurückzutreten, je intensiver der Menschenwürdegehalt des sozialen Minimums berührt ist. Diese Anleitungsfunktion findet ihre höchste Verdichtung im Bereich der Aufrechterhaltung eines physiologischen Existenzminimums, bei dem es um die Sicherung des reinen Überlebens durch Essen, Trinken und medizinische Minimalversorgung als notwendige Voraussetzung jedes weiteren Freiheitsgebrauchs geht. Vorbehalte des Möglichen können hier allenfalls in staatsnotstandsähnlichen Situationen greifen. Gleichwohl bleiben auch in diesem Bereich Grenzziehungsprobleme, wie gleich am Beispiel harter Rationierungen medizinischer Leistungen noch näher zu zeigen sein wird.

Vorher soll jedoch noch kurz einigen weiteren Fragen allgemeinerer Natur rund um verfassungsgebotene soziale Minima nachgegangen werden, nämlich der personalen und territorialen Erstreckung, der Rolle des allgemeinen Gleichheitssatzes sowie der Begründung sozialer Mindestansprüche über Art. 1 Abs. 2 GG.

j) Personale und territoriale Erstreckung des Minimaschutzes

Adressat der sozialstaatlich fundierten Leistungsrechte ist die deutsche Staatsgewalt im Sinne des Art. 1 Abs. 1 GG. *Geschützt und berechtigt* sind bereichsspezifisch je nach personalem Schutzbereich des einschlägigen Grundrechts

[301] Insoweit ähnlich *W. Streuer*, Die positiven Verpflichtungen des Staates, 2003, S. 69ff., die zur Begründung positiver Verpflichtungen allerdings auf Art. 1 Abs. 1 S. 2 GG zurückgreift.

Deutsche oder auch Ausländer. Die Auffangwirkung des Art. 2 Abs. 1 GG wirkt der Unterscheidung zwischen In- und Ausländern jedoch in der Leistungsdimension wie in der Abwehrdimension entgegen.[302] Freilich bedarf der Schutz der territorialen Begrenzung. Das gleiche Problem stellt sich übrigens bei einem würdefundierten Existenzminimum und bei grundrechtlichen Schutzpflichten.[303] Soll nicht die Welt am deutschen „Grundrechtsgeist" genesen müssen, ist die sozialstaatliche Schutzdimension territorial zu radizieren. Diese Beschränkung wird gemeinhin damit begründet, daß der staatliche Rechtsgüterschutz auf eine Tätigkeit der deutschen Staatsgewalt hin ausgerichtet sei, was wiederum die Erstreckung der Schutzdimension der Grundrechte auf den territorialen Bereich einer anderen Staatsgewalt nicht zuläßt.[304] Ob diese Begründung bei grundrechtlichen Schutzpflichten überzeugt, kann hier dahingestellt bleiben. In sozialstaatlicher Hinsicht jedenfalls ist die territoriale Begrenzung in Art. 20 Abs. 1 GG selbst eingezeichnet. Ein sozialer Staat ist Deutschland in den Grenzen seines Staatsgebietes. In der leistungsrechtlichen Dimension entfalten die Grundrechte ihre Wirkungen deshalb nur auf das Territorium der Bundesrepublik bezogen. Ansprüche auf soziale Minima aus dem Gebot des sozialen Staates in seiner bereichsspezifischen Wechselwirkung mit Grundrechten sind *reine Inlandsrechte*. Differenzierungen zwischen Deutschen und Ausländern können dabei in den einschlägigen Grundrechten angelegt sein, sie können sich aber auch aus legitimen kollidierenden Belangen ergeben, wie sie § 23 SGB XII und dem Asylbewerberleistungsgesetz zugrunde liegen.[305]

Die Formel vom sozialen Staat enthält hingegen kein Exportgebot deutscher Sozialstaatlichkeit in das Ausland. Seine Wirkrichtung ist rein introspektiv. Deshalb haben weder Deutsche noch Ausländer im Ausland sozialstaatlich be-

---

302 Cf. BVerfGE 35, 382 (399); 78, 179 (196 f.); 104, 337 (346); *H. D. Jarass*, in: ders./B. Pieroth, GG, 9. Aufl. 2007, Art. 2 Rdnr. 10 mit weit. Nachw.

303 Zum Problem auch *E. Klein*, Diplomatischer Schutz und grundrechtliche Schutzpflicht, DÖV 1977, 704 ff.; *H. Treviranus*, Nochmals: Diplomatischer Schutz und grundrechtliche Schutzpflicht, DÖV 1979, 35 ff.; *M. Heintzen*, Auswärtige Beziehungen privater Verbände, 1988, S. 140; *M. Kötter/J. Nolte*, Staatliche Verpflichtung zur Befreiung deutscher Geiseln im Ausland?, in: DÖV 2007, 186 (190 f.); zu militärischen Einsätzen zum Schutz deutscher Staatsangehöriger *F. Schorkopf*, Grundgesetz und Überstaatlichkeit, 2007, S. 129 ff.; *C. Kreß*, Die Rettungsoperation der Bundeswehr in Albanien am 14. März 1997 aus völker- und verfassungsrechtlicher Sicht, in: ZaöRV 57 (1997), 329 ff.

304 *M. Kötter/J. Nolte*, Staatliche Verpflichtung zur Befreiung deutscher Geiseln im Ausland?, in: DÖV 2007, 186 (190).

305 Cf. zu § 23 SGB XII näher *V. Wahrendorf*, in: C. Grube/V. Wahrendorf (Hrsg.), SGB XII, 2005, § 23 Rdnr. 3; zum AsylbewerberleistungsG etwa *ders.*, in: C. Grube/V. Wahrendorf (Hrsg.), SGB XII, 2005, Einleitung zum AsylbLG, Rdnr. 4; *J. Bast*, Menschenwürde und der Umgang mit Fremden, in: P. Bahr/H. M. Heinig (Hrsg.), Menschenwürde in der säkularen Verfassungsordnung, 2006, S. 353 ff.; *M. Wollenschläger*, Der sozialrechtliche Schutz von Asylbewerbern, in: Festschrift 50 Jahre Bundessozialgericht, 2004, S. 317 ff. jeweils mit weit. Nachw.

gründete Ansprüche auf soziale Minima. Vielmehr ergibt sich der verfassungsrechtlich gebotene soziale Mindestschutz für *Deutsche im Ausland* aus dem der Staatsangehörigkeit folgenden Anspruch auf konsularische Betreuung.[306] § 24 SGB XII, der in eng begrenzten Fällen Sozialhilfeleistungen für Deutsche im Ausland vorsieht, ist deshalb nicht zum verfassungsgebotenen sozialen Minimum zu zählen.[307] Auch soziale Hilfen für *Ausländer im Ausland* sind verfassungssystematisch nicht dem Art. 20 Abs. 1 GG zugeordnet, sondern finden ihre verfassungsrechtlichen Grundlagen im Normkomplex des offenen Verfassungsstaates. Sie werden als Entwicklungshilfe und in anderen Formen im Rahmen völkerrechtlich geregelter Zusammenarbeit geleistet.[308] Art. 24, Art. 59 und Art. 73 Abs. 1 Nr. 1 GG bieten hierfür den maßgeblichen verfassungsrechtlichen Rahmen. Ausländer im Ausland werden deshalb selbst dann nicht durch Jedermann-Grundrechte in Verbindung mit dem Sozialstaatsprinzip leistungsberechtigt, wenn sie dort der deutschen Staatsgewalt (z.B. in Gestalt der diplomatischen Vertretungen oder der Bundeswehr) begegnen. Diese ist zwar auch im Ausland vollumfänglich grundrechtsgebunden, jedoch fehlt es an dem (durch Art. 20 Abs. 1 GG auf das Inland beschränkten) die abwehrrechtliche Grundrechtsdimension ergänzenden Normbefehl, Mindestbedingungen eines selbstbestimmten Lebens auch im Ausland sicherzustellen.

Gleichermaßen überlagert und unterfüttert wird dieser verfassungsrechtliche Ansatz der territorialen Wirkung des Sozialstaatsprinzips durch das internationale Sozialrecht, das Europarecht (infra G.VI.) und das einfachgesetzliche Sozialrecht, die Durchbrechungen des Territorialprinzips kennen.[309] Auf den verfassungsrechtlichen Gehalt des Art. 20 Abs. 1 GG schlägt diese Transterritorialität jedoch nicht durch. Denn Art. 20 Abs. 1 GG verbietet transterritoriale soziale Aktivitäten nicht; er gebietet sie aber auch nicht.

---

[306] Cf. einfachgesetzlich § 5 Konsulargesetz; verfassungsrechlich BVerfGE 6, 290 (299); 37, 217 (241); 40, 141 (177); 41, 126 (182); 55, 349 (364); *M. Kötter/J. Nolte*, Staatliche Verpflichtung zur Befreiung deutscher Geiseln im Ausland?, in: DÖV 2007, 186 (191 ff.); *K. Doehring*, Die Pflicht des Staates zur Gewährung diplomatischen Schutzes, 1959; *D. Blumenwitz*, Die deutsche Staatsangehörigkeit und die Schutzpflicht der Bundesrepublik Deutschland, in: Festschrift für M. Ferid, 1978, S. 439 ff.; *A. Randelzhofer*, in: Maunz/Dürig, GG, Art. 16 Rdnr. 61 (22. Lfg. 1983); *F. Schorkopf*, Grundgesetz und Überstaatlichkeit, 2007, S. 129 ff. mit weit. Nachw.

[307] Zur Norm näher *C. Schoenfeld*, in: C. Grube/V. Wahrendorf (Hrsg.), SGB XII, 2005, § 24 Rdnr. 8 ff.; *V. Schlette*, in: Hauck/Noftz, SGB XII, § 28 Rdnr. 8 ff. mit weit. Nachw.; *F. Baur*, Sozialhilfe für Deutsche im Ausland (§ 24 SGB XII), in: NVwZ 2004, 1322 ff.; zu besonderen Facetten der Norm in alter Fassung etwa OVG Lüneburg, NJW 2003, 3289 f.; *G. Thüsing*, „Florida-Rolf" – Von der Macht der Medien und dem Sinn der Sozialhilfe, in: NJW 2003, 3246 ff.

[308] Zur Feinstruktur auf verwaltungsrechtlicher Ebene *P. Dann*, Grundfragen eines Entwicklungsverwaltungsrechts, in: C. Möllers u.a. (Hrsg.), Internationalisierung des Verwaltungsrechts, 2007, S. 7 ff.

[309] *E. Eichenhofer*, Sozialrecht, 5. Aufl. 2004, S. 41 ff. mit weit. Nachw.

3. Der allgemeine Gleichheitssatz und die Bestimmung des sozialen Minimums

Im Rahmen der verfassungstheoretischen Grundlegungen (supra C.V.) und der Analyse eines auf der Menschenwürde beruhenden Rechts auf Existenzsicherung (supra F.II.1.e.) wurde bereits intensiv auf die Bedeutung egalisierender Zielsetzungen für den Sozialstaat des Grundgesetzes eingegangen. Die Quintessenz der Überlegungen lautete: Der freiheitsfunktionale Sozialstaat sieht in der materiellen Egalisierung durch Umverteilung keinen Selbstzweck,[310] sondern ein nur unter bestimmten Umständen legitimes Mittel zur Verfolgung des eigentlichen Kernanliegens des sozialen Staates – der Sicherung von sozialen Bedingungen für ein selbstbestimmtes Leben jeden Bürgers. Eine Frontstellung zwischen rechtsstaatlicher Freiheit und sozialstaatlicher Gleichheit ist dem Grundgesetz somit fremd. Diese dezidiert nonegalitaristische Ausrichtung des freiheitlichen Sozialstaates des Grundgesetzes schlägt auf die Ebene der Bestimmung grundrechtlich gebotener sozialer Minima unmittelbar durch: Der allgemeine Gleichheitssatz scheidet als Grundlage für die Bestimmung solcher Minima per se aus. Da das Verfassungsgebot des sozialen Staates keine Mindestegalisierung, sondern nur ein freiheitsfunktional-suffizienzorientiertes soziales Minimum fordert, kann auch aus dem Zusammenspiel von Art. 3 Abs. 1 GG und Art. 20 Abs. 1 GG keine Verfassungspflicht zur Schaffung einer Mindestegalität erwachsen. Vielmehr stellt sich eine gewisse Sockelegalität automatisch als Reflex des freiheitsfunktionalen Minimums ein. Sie ist jedoch selbst kein Primärziel des sozialen Staates.

Auch der allgemeine Gleichbehandlungsgrundsatz kann isoliert betrachtet die nonegalitaristische Sozialstaatsbegründung des Grundgesetzes nicht überwinden. Art. 3 Abs. 1 GG gebietet lediglich eine Behandlung „als Gleiche ..., d.h. daß jeder auf dieselbe Weise mit Achtung und Rücksicht (‚with equal concern and respect‘)“ zu behandeln ist,[311] ohne selbst bereits festzulegen, ob dies im Einzelfall eine streng formale Rechtsgleichheit oder gerade im Gegenteil tatsächliche Ungleichbehandlungen (z.B. die Besserstellung sozial Schwächerer) fordert. Denn das Gleichheitsrecht hat einen rein „modalen Charakter“ (*Stefan Huster*).[312] Der allgemeine Gleichheitssatz begründet relationale Rechtsverhält-

---

310 Cf. bereits *G. Dürig*, in: ders./Maunz, GG, Art. 3 Abs. 1 Rdnr. 120 ff. (1. Lfg.).

311 *S. Huster*, Rechte und Ziele, 1993, S. 42 mit Verweis auf *R. Dworkin*, Bürgerrechte ernstgenommen (1977), 1990, S. 298 ff., 439 ff.

312 Cf. *S. Huster*, Rechte und Ziele, 1993; *ders.*, Gleichheit und Verhältnismäßigkeit, in: JZ 1994, 541 ff.; *ders.*, in: K. H. Friauf/W. Höfling (Hrsg.), Berliner Kommentar zum GG, Art. 3 I Rdnr. 42 ff. (7. Lfg. 2002); eng an Husters Konzeption angelehnt etwa *H. M. Heinig*, Öffentlich-rechtliche Religionsgesellschaften, 2003, S. 185 ff., wo ein gleichheitsdogmatisches Modell unter Einbezug der Diskriminierungsverbote skizziert wird; *ders.*, Die Staffelung des IHK-Beitrags und der allgemeine Gleichheitssatz, in: NVwZ 2004, 1087 ff.; *ders./M. Morlok*, Konkurrenz belebt das Geschäft – Zur Problematik der 5 %- Klausel im Kommunalwahlrecht, in: ZG 2000, 371 ff.

nisse, ohne die materiellen Kriterien für die Ausgestaltung der Relation mitzuliefern. Er schließt faktische Ungleichbehandlungen also nicht per se aus, sondern kann diese gerade fordern.[313] Entscheidend für die jeweils maßgebliche Gleichheits„graduierung" sind in einem ersten Schritt die weitere verfassungsrechtliche Einbettung des jeweiligen Sachverhaltes, in einem zweiten Schritt sodann vom Gesetzgeber implizit herangezogene oder ausdrücklich festgelegte Gerechtigkeitskonzeptionen. Aus beiden erfährt Art. 3 Abs. 1 GG die maßgeblichen Anreicherungen seiner normativen Direktiven, insb. hinsichtlich zu berücksichtigender Differenzierungsverbote, -gebote und -erlaubnisse.[314]

Da jedoch Art. 20 Abs. 1 GG selbst kein finales Egalisierungsgebot enthält, das Programm materieller Gleichstellung also durch ihn gerade nicht als sozialstaatsgebotene Gerechtigkeitskonzeption in das Verfassungsrecht eingeführt wird, kann auch Art. 3 Abs. 1 GG durch ihn keine entsprechende Konkretisierung erfahren.[315] Die Formel vom sozialen Staat reichert Art. 3 Abs. 1 GG gerade nicht um eine Komponente gleichheitsgebotener Umverteilung an. Sozialstaatlich veranlaßte Ungleichbehandlungen finden mithin im allgemeinen Gleichheitssatz keine besondere Begründung. Sie werden nicht ihrerseits eigens durch Art. 3 Abs. 1 GG legitimiert. Zur Frage sozialer Minima hat der allgemeine Gleichheitssatz folglich nichts beizutragen. Art. 3 Abs. 1 GG verlangt isoliert, aber auch im Zusammenspiel mit Art. 20 Abs. 1 GG keine materielle Mindestegalisierung zwischen den Bürgern. Der allgemeine Gleichheitssatz wirkt als Korrektiv bei der Ausgestaltung des freiheitsfunktionalen Sozialstaates, indem er teils Differenzierungen bei der Schaffung sozialer Rechte verlangt, teils verbietet (cf. infra G.V.2.).[316] Ihm kommt seinerseits jedoch keinerlei Begründungsfunktion für verfassungsgebotene soziale Minima zu.[317]

---

[313] Cf. näher *H. M. Heinig*, Öffentlich-rechtliche Religionsgesellschaften, 2003, S. 186 mit weit. Nachw.

[314] Cf. *C. Starck*, in: v. Mangoldt/Klein/Starck, GG, 5. Aufl. 2004, Art. 3 Rdnr. 38 ff.; *W. Heun*, in: H. Dreier (Hrsg.), GG, Bd. 1, 2. Aufl. 2004, Art. 3 Rdnr. 24 ff.; *P. Kirchhof*, Der allgemeine Gleichheitssatz, in: HStR, Bd. 5, 2. Aufl. 2000, S. 837 (878 ff.).

[315] *C. Starck*, in: v. Mangoldt/Klein/Starck, GG, 5. Aufl. 2005, Art. 3 Rdnr. 6; anders auf der Grundlage eines an der Stelle dezidiert egalitaristischen Sozialstaatsverständnisses *S. Huster*, in: K. H. Friauf/W. Höfling (Hrsg.), Berliner Kommentar zum GG, Art. 3 I Rdnr. 103 ff. (11. Lfg. 2004), der gleichwohl in Art. 3 Abs. 1 GG i.V.m. Art. 20 Abs. 1 GG keine Anspruchsgrundlage für soziale Minima sieht; cf. auch *ders.*, Rechte und Ziele, 1993, S. 408 ff.

[316] Cf. mit weit. Nachw. *S. Huster*, in: K. H. Friauf/W. Höfling (Hrsg.), Berliner Kommentar zum GG, Art. 3 I Rdnr. 142 ff. (7. Lfg. 2002).

[317] Anders teilweise das BVerfG, so etwa, wenn die Prozeßkostenhilfe auf Art. 3 Abs. 1 GG gestützt wird (E 92, 122 [124]). Nach dem hier verfolgten Ansatz geht es bei der Prozeßkostenhilfe zunächst *sozialstaatlich* um die Sicherstellung des Minimums, das erforderlich ist, um seine Rechte überhaupt effektiv wahrnehmen zu können, und erst in zweiter Hinsicht – rechtsstaatlich – um Waffengleichheit im Prozeß.

Von Relevanz ist der allgemeine Gleichheitssatz im Kontext sozialer Minima allenfalls dann, wenn aufgrund des Vorbehalts des Möglichen unter Bedingungen der Knappheit das Niveau staatlicher Hilfe unterhalb des prima-facie gebotenen freiheitsfunktional-suffizienzorientierten Minimums für ein selbstbestimmtes Leben liegt. Das freiheitsfunktionale Paradigma bietet in solchen Konstellation seinerseits keine Anknüpfungen für Differenzierungen. Sollten sich solche nicht aus anderen belangvollen Rechtsgütern (z.B. Art. 6 GG) ergeben, ist aus Gleichheitsgründen eine strikte Gleichbehandlung in der Reduktion unter dem eigentlich geforderten Standard geboten. Dies führt zu Schwierigkeiten, wenn die staatliche Leistung nicht teilbar ist. Aus dem freiheitsfunktional begründeten Leistungsanspruch wird dann ein Anspruch auf gerechte Teilhabe in Form eines Auswahl- und Verteilungsverfahrens, das den jeweils involvierten grundrechtlichen Belangen hinreichend gerecht wird.

4. Soziales Minimum durch den sozialen Menschenrechtsschutz

Im Gegensatz zum Grundgesetz kennen internationale Menschenrechtspakte und Grundrechtskataloge eine Fülle ganz explizit gefaßter sozialer Grundrechte. Man denke nur an die Allgemeine Erklärung der Menschenrechte, den Internationalen Pakt über wirtschaftliche, soziale und kulturelle Rechte, die Europäische Sozialcharta oder zuletzt die Charta der Grundrechte der Europäischen Union.[318] Auch die Internationale Arbeitsorganisation setzt interna-

[318] Art. 22, 25 AEMR, Art. 6 ff. Internationaler Pakt über wirtschaftliche, soziale und kulturelle Rechte, Art. 11–13 Europäische Sozialcharta, Art. 27 ff. EU-Grundrechtecharta cf. auch zahlreiche Übereinkommen der IAO (z.B. Nr. 102, 118, 130); insg. *E. Eichenhofer*, Sozialrecht, 5. Aufl. 2004, S. 42 ff.; *ders.*, Reform der sozialen Sicherheit und das Recht, in: JZ 2000, 1029 ff.; *ders.*, Menschenrecht auf Sicherheit, in: VSSR 2007, 87 ff.; *D. Schiek*, in: AK-GG, 3. Aufl., Art. 20 Abs. 1–3 V Rdnr. 38 ff. (Grundwerk 2001); *A. Nußberger*, Das Sozialrecht der internationalen Organisationen, in: B. v. Maydell/F. Ruland (Hrsg.), Sozialrechtshandbuch, 3. Aufl. 2003, S. 1677 ff.; *dies.*, Sozialstandards im Völkerrecht, 2005; *B. v. Maydell/A. Nußberger*, Social Protection by Way of International Law, 1996; zur Ausbildung eines globalen Sozialrechts aus sozialtheoretischer Sicht in diesem Zshg. *L. Leisering*, Gibt es einen Weltwohlfahrtsstaat?, in: M. Albert/R. Stichweh (Hrsg.), Weltstaat und Weltstaatlichkeit, 2007, S. 185 (200 ff.). Speziell zur Europäischen Grundrechtecharta cf. *E. Riedel*, in: J. Meyer (Hrsg.), Charta der Grundrechte der Europäischen Union, 2. Aufl. 2006, Vor Kapitel IV Rdnr. 26 ff.; *R. Pitschas*, Europäische Grundrechte-Charta und soziale Grundrechte, in: VSSR 2000, 207 ff.; *N. Bernsdorff*, Soziale Grundrechte in der Charta der Grundrechte der EU, in: VSSR 2001, 1 ff.; *R. Geesmann*, Soziale Grundrechte im deutschen und französischen Verfassungsrecht und in der Charta der Grundrechte der Europäischen Union, 2005; *T. Marauhn*, Recht auf soziale Sicherheit und Unterstützung, in: S. M. Heselhaus/C. Nowak (Hrsg.), Handbuch der Europäischen Grundrechte, 2006, S. 631 ff.; *T. Winner*, Die Europäische Grundrechtscharta und ihre soziale Dimension, 2005; *C. Langenfeld*, Gehören soziale Grundrechte in die Grundrechtecharta?, in: Festschrift für G. Ress, 2005, S. 599 ff.; *K.-J. Bieback*, Die Bedeutung der sozialen Grundrechte für die

tional soziale Rechtsstandards.[319] All diesen Rechtskatalogen läßt sich in der Gesamtschau eine Art System der sozialen Menschenrechte entnehmen, welches materielle Leistungsrechte (Existenzminimum, Unterstützung bei besonderer Hilfsbedürftigkeit), Rechte auf Bildung und Kultur, Rechte auf angemessene Arbeits- und Wohnbedingungen, aber auch Rechte auf Schutz der Familie und der Verbindung zu Koalitionen enthält.[320]

Fragt man nun nach verfassungsrechtlich gebotenen sozialen Minima, drängt sich die Überlegung auf, daß internationale Verpflichtungen eines gewissen Sozialschutzes auf die Ebene des Verfassungsrechts durchschlagen. *Jörg Neuner* argumentiert in diese Richtung. Folgt man seiner Untersuchung zum Verhältnis von „Privatrecht und Sozialstaat", richtet sich das von Verfassungs wegen gebotene Leistungs- und Schutzniveau maßgeblich nach Standards des sozialen Menschenrechtsschutzes. Er stützt dieses Ergebnis vor allem auf Art. 1 Abs. 2 GG, dem er eine Inkorporationsfunktion für soziale Menschenrechte in das Verfassungsgefüge entnimmt.

> „Über Art. 1 Abs. 2 GG werden die Menschenrechte zum Bestandteil des Verfassungsgesetzes. Diese Inkorporation ist in ihrem Umfang keineswegs auf die in den Art. 2 ff. GG bereits positivierten Einzelausprägungen beschränkt, sondern erstreckt sich insbesondere auch auf die gesamten sozialen Menschenrechte."[321]

Durch die völkerrechtliche Hintertür gelangt so ein umfassender Bestand an sozialen Grundrechten in das Grundgesetz. Der wesentliche Vorteil dieses Vorschlags liegt darin, den mit einer unmittelbaren sozialstaatlichen Indienstnahme der Einzelgrundrechte des Grundgesetzes verbundenen Begründungsaufwand umgehen zu können. Doch wird er, und dieser Nachteil wiegt deutlich schwerer, dem ausgewogenen System offener Verfassungsstaatlichkeit,[322] das das Grundgesetz mit Art. 23 und Art. 24 GG, Art. 25 GG sowie Art. 59 Abs. 2 GG aufstellt, nicht gerecht. Art. 1 Abs. 2 GG führt gerade „nicht zu einer normativen Festschreibung von völkerrechtlichen Menschenrechtskatalogen."[323] Durch die Norm bindet sich der grundgesetzlich verfaßte Staat (un-

---

Entwicklung der EU, in: ZfSH/SGB 2003, 579 ff.; *M. Blank* (Hrsg.), Soziale Grundrechte in der Europäischen Grundrechtscharta, 2002.

[319] *E. Eichenhofer*, Sozialrecht, 5. Aufl. 2004, S. 42 ff.

[320] *J. Neuner*, Privatrecht und Sozialstaat, 1999, S. 98 ff.

[321] *J. Neuner*, Privatrecht und Sozialstaat, 1999, S. 129.

[322] Näher *F. Schorkopf*, Grundgesetz und Überstaatlichkeit, 2007; *V. Röben*, Außenverfassungsrecht, 2007; *U. Di Fabio*, Das Recht offener Staaten, 1998.

[323] *H. D. Jarass*, in: ders./B. Pieroth, GG, 9. Aufl. 2007, Art. 1 Rdnr. 29; ebenso *J. Isensee*, Positivität und Überpositivität der Grundrechte, in: D. Merten/H.-J. Papier (Hrsg.), Handbuch der Grundrechte, Bd. 2, 2006, S. 41 (93 ff., 103 ff.); *H. Dreier*, in: ders. (Hrsg.), GG, Bd. 1, 2. Aufl. 2004, Art. 1 II Rdnr. 19; *C. Starck*, in: v. Mangoldt/Klein/Starck, GG, 5. Aufl. 2005, Art. 1 Rdnr. 108; *P. Kirchhof*, Verfassungsrechtlicher Schutz und internationale Menschenrechte, in: EuGRZ 1994, 16 (27); *K.-P. Sommermann*, Völkerrechtlich garantierte Menschenrechte als Maßstab der Verfassungskonkretisierung, in: AöR 114 (1989), 391 (406 f.); unklar *E.*

verbrüchlich – Art. 79 Abs. 3 GG) an einen gehaltvollen Menschenrechtsschutz; Art. 1 Abs. 2 GG bewirkt ihn aber nicht seinerseits. Art. 1 Abs. 2 GG enthält kein Surrogat für einen vom Normgehalt abweichenden Grundrechtsschutz.[324] Die Norm erlaubt keinen unmittelbaren Durchgriff auf überstaatliche Menschenrechte, damit diese an die Stelle eines grundgesetzlichen Grundrechtsschutzes treten. Deshalb bildet sie gerade keine Inkorporationsnorm.[325] Die innerstaatliche Geltung der in internationalen Vereinbarungen fixierten Menschenrechte bemißt sich vielmehr nach den Regeln, die das Grundgesetz ganz grundsätzlich für das Völkerrecht kennt. Die allgemeinen Regeln des Völkerrechts werden nach Art. 25 GG Bestandteil des Bundesrechts; erfaßt ist hierdurch insbesondere das universelle Völkergewohnheitsrecht (ius cogens).[326] Soziale Menschenrechte bilden hingegen keine allgemeinen Regeln des Völkerrechts,[327] sondern Völkervertragsrecht, mit dem im übrigen auch keine gewohnheitsrechtlichen Regelungen korrespondieren. Bindungswirkung entfalten sie deshalb ausschließlich über Art. 59 Abs. 2 GG, stehen folglich mittels der Ratifizierung durch den Bundesgesetzgeber im Rang eines einfachen Gesetzes.

Auch der verfassungsrechtliche Grundsatz der „Völkerrechtsfreundlichkeit"[328] vermag keine Konstitutionalisierung der sozialen Menschenrechtspakte zu bewirken. Zwar bilden diese – im Rahmen ihres Geltungsbereichs – nach der Ratifizierung bindendes Recht. Doch sind sie, wie andere völkerrechtliche Verträge auch, nur zu beachten, soweit nicht das Grundgesetz oder sonstiges vorrangiges Recht eindeutig entgegensteht.[329] Und auch eine völkerrechtsfreundliche Auslegung des Grundgesetzes[330] führt für sich genommen nicht dazu, vor dem Hintergrund der durch die Bundesrepublik Deutschland eingegangenen sozialen Menschenrechtsverpflichtungen die das Schutzgebot aus Art. 1 Abs. 2 GG ausfüllenden Grundrechte des Grundgesetzes in soziale

Denninger, in: AK-GG, 3. Aufl., Art. 1 Abs. 2, 3 Rdnr. 6 (Grundwerk 2001); zum Problemkreis auch *Ph. Frhr. von Hodenberg*, Das Bekenntnis des deutschen Volkes zu den Menschenrechten in Art. 1 Abs. 2 GG, 1997; *V. Röben*, Außenverfassungsrecht, 2007.

[324] *H. Dreier*, in: ders. (Hrsg.), GG, Bd. 1, 2. Aufl. 2004, Art. 1 II Rdnr. 15.

[325] So aber für den Kern des menschenrechtlichen Völkerrechtsstandards *M. Herdegen*, in: Maunz/Dürig, GG, Art. 1 Abs. 2 Rdnr. 39 (46. Lfg. 2006).

[326] *H. Steinberger*, Allgemeine Regeln des Völkerrechts, in: HStR, Bd. 7, 1992, S. 525 ff.; *P. Kunig*, Völkerrecht und staatliches Recht, in: W. Vitzthum (Hrsg.), Völkerrecht, 4. Aufl. 2007, S. 81 ff.; *ders.*, Die Quellen des Völkerrechts aus der Sicht des Grundgesetzes, in: Jura 1989, 667 ff.; *M. Silagi*, Die allgemeinen Regeln des Völkerrechts als Bezugsgegenstand in Art. 25 GG und Art. 26 EMRK, in: EuGRZ 1980, 632 ff.

[327] *J. Neuner*, Privatrecht und Sozialstaat, 1999, S. 127.

[328] BVerfGE 18, 112 (121); 31, 58 (75 f.); 111, 307 (328); 112, 1 (25); *R. Streinz*, in: M. Sachs (Hrsg.), GG, 4. Aufl. 2007, Art. 25 Rdnr. 9.

[329] BVerfGE 111, 307 (329).

[330] Cf. BVerfGE 63, 1 (20); *R. Hofmann*, in: D. C. Umbach/T. Clemens (Hrsg.), GG, Bd. 1, 2002, Art. 25 Rdnr. 20.

Grundrechte umzudeuten.[331] Da soziale Menschenrechte in ihrem Gehalt zudem kaum weitergehen als das traditionelle Verständnis des Sozialstaatsprinzips nach Art. 20 Abs. 1 GG,[332] ist für eine besondere – eben völkerrechtskonforme – Auslegung auch kein Bedarf erkennbar. Der soziale Menschenrechtsschutz ist deshalb für die Frage nach *verfassungsgebotenen* sozialen Minima ohne Belang. Selbst wenn eine introspektive Interpretation des Grundgesetzes zu dem Ergebnis kommen würde, die verfassungsrechtlichen Pflichten genügten den von der Bundesrepublik eingegangenen völkerrechtlichen Bindungen nicht, bietet das Grundgesetz doch keinen Raum dafür, letztere ihrerseits in Verfassungsrang zu heben. Vielmehr fielen das von der Verfassung und das völkerrechtlich Gebotene schlicht auseinander.

5. Hard case: Das soziale Minimum im Gesundheitsbereich

Bei den meisten Grundrechten wirft die Abgrenzung zwischen verfassungsgebotenen freiheitsfunktionalen Minima und den der demokratischen Selbstverständigung überlassenen höheren Sozialleistungsstandards trotz aller Tücken im Detail keine besonderen Probleme auf. Die entsprechenden Differenzierungen verstehen sich im Grunde von selbst. *Verfassungsgeboten* sind lediglich freiheitsfunktional bestimmte Suffizienzstandards, also weder Luxus noch die Teilhabe an den üblichen Konsumgewohnheiten der breiten Mittelschicht (mag auch die sozialpolitische Ausgestaltung dann letztlich deutlich über diese Minima hinausgehen).

Im Anwendungsbereich des Art. 2 Abs. 2 S. 1 sind solche Unterscheidungen hingegen weit schwieriger zu treffen.[333] Denn hier scheiden auf den ersten Blick aus der Idee des freiheitsfunktionalen Minimums abgeleitete Graduierungen entweder per se aus (so im Hinblick auf das Rechtsgut „Leben"). Oder sie sind ausgesprochen heikel (so im Hinblick auf das Rechtsgut „Gesundheit").[334] Ausgehend von der Grundidee, daß die sozialstaatliche Aufladung der Einzel-

---

[331] *K.-P. Sommermann*, in: v. Mangoldt/Klein/Starck, GG, 5. Aufl. 2005, Art. 20 Abs. 1 Rdnr. 136 ff.

[332] *J. Neuner*, Privatrecht und Sozialstaat, 1999, S. 138.

[333] Cf. *E. Schmidt-Aßmann*, Verfassungsfragen der Gesundheitsreform, in: NJW 2004, 1689 (1691); *C. F. Gethmann u.a.*, Gesundheit nach Maß?, 2004, S. 147 ff.; Einen Anspruch auf medizinische Mindestversorgung lehnen *H. D. Jarass*, in: ders./B. Pieroth, GG, 9. Aufl. 2007, Art. 2 Rdnr. 94; *P. Kunig*, in: v. Münch/Kunig, GG, Bd. 1, 5. Aufl. 2000, Art. 2 Rdnr. 60 ab. Anders hingegen *U. Di Fabio*, in: Maunz/Dürig, GG, Art. 2 Rdnr. 94 (43. Lfg. 2004); *R. Wiedemann*, in: D. C. Umbach/T. Clemens (Hrsg.), GG, Bd. 1, 2002, Art. 2 Rdnr. 376.

[334] Art. 2 Abs. 1 S. 1 GG spricht zwar lediglich von der „körperlichen Unversehrtheit", Schutzgut sind jedoch sowohl die körperliche Integrität als auch die Gesundheit im biologisch-physiologischen und (auf Pathologien eingeschränkten) psychischen Sinne; cf. *H. Schulze-Fielitz*, in: H. Dreier (Hrsg.), GG, Bd. 2, 2. Aufl. 2004, Art. 2 II Rdnr. 33 ff. mit weit. Nachw.

grundrechte zu einem prima facie-Recht auf das zur Grundrechtsverwirklichung notwendige Minimum führt, scheinen bei Art. 2 Abs. 2 S. 1 GG eigentlich alle lebens- und gesundheitserhaltenden bzw. -wiederherstellenden medizinischen Maßnahmen dem Bereich des Minimums zuzurechnen zu sein.

Die Bestimmung sozialer Minima erweist sich bei Art. 2 Abs. 2 S. 1 GG deshalb in zweierlei miteinander verbundener Hinsicht als problematisch: als suffizienzorientierte Graduierung des Schutzgutes und als suffizienzorientierte Graduierung der gebotenen Leistung. Im Hinblick auf das sozialstaatlich gewährleistete Schutzgut wird man wohl kaum nur von einer „minimalen" Gesundheit sprechen können, die alleine es bei Unvermögen des einzelnen staatlicherseits aufrecht zu erhalten gilt. Zwar ist die Definition des Gesundheits- bzw. Krankheitsbegriffs eine ausgesprochen intrakte Angelegenheit; Kernbestand eines jeden Definitionsversuchs ist jeweils ein psychischer und physiologischer Regelzustand (Gesundheit) und die näher bestimmte und konditionierte Abweichung von diesem (Krankheit).[335] Solche Abweichungen können unterschiedlich gravierend sein, so daß man umgangssprachlich sagen kann, ein Mensch sei mehr oder weniger krank. Gleichwohl hätte es mit der freiheitsfunktionalen Verpflichtung, ein selbstbestimmtes Leben zu sichern, wenig gemein, würde man die sozialstaatliche Dimension des Art. 2 Abs. 2 S. 1 GG so fassen, daß dieser lediglich einen Zustand des „sich noch im Leben Befindens" schützt.[336] Darin zeigt sich, daß Art. 2 Abs. 2 S. 1 GG eine gewisse Sonderstellung einnimmt. Er sichert einerseits freiheitsrechtlich die Selbstbestimmung über den eigenen Körper und fungiert insoweit wie jedes andere Freiheitsrecht als Recht zur Abwehr staatlicher Eingriffe in die geschützte Freiheitssphäre.[337] Andererseits sind Leben und Gesundheit nicht nur Gegenstand von Freiheitssphären, sondern *transzendentale Güter.*[338] Sie bilden in gewisser Weise Bedingungen der Möglichkeit von Freiheit,

---

[335] Cf. *V. Neumann/J. Nicklas-Faust/M. H. Werner*, Wertimplikationen von Allokationsregeln, -verfahren und -entscheidungen im deutschen Gesundheitswesen, Gutachten im Auftrag der Enquête-Kommission „Ethik und Recht der Modernen Medizin" des Deutschen Bundestages, 2005, S. 83 ff. mit weit. Nachw.

[336] So aber wohl letztlich *D. Murswiek*, in: M. Sachs (Hrsg.), GG, 4. Aufl. 2007, Art. 2 Rdnr. 224; *R. Gröschner*, in: H. Dreier, Bd. 2, 2. Aufl. 2006, Art. 20 Rdnr. 27: geschützt sei nur das „Leben in seiner schlicht physischen Existenz"; konsequent hingegen *G. Haverkate*, Verantwortung für Gesundheit als Verfassungsproblem, in: H. Häfner (Hrsg.), Gesundheit – unser höchstes Gut?, 1999, S. 119 (120 f.), der jedwedes grundrechtlich fundierte Leistungsrecht, auch im Bereich der Gesundheit, ablehnt.

[337] *H. D. Jarass*, in: ders./B. Pieroth, GG, 9. Aufl. 2007, Art. 2 Rdnr. 86 ff.; *D. Lorenz*, Das Recht auf Leben und körperliche Unversehrtheit, in: HStR, Bd. 6, 2. Aufl. 2001, S. 3 (16 ff.); *H. Schulze-Fielitz*, in: H. Dreier (Hrsg.), GG, Bd. 1, 2. Aufl. 2004, Art. 2 II Rdnr. 42; *S. Stratmann*, Der Anspruch auf das medizinisch Machbare, 2000, S. 66 ff.

[338] *N. Daniels*, Just Health Care, 1985, S. 36 ff.; *W. Kersting*, Kritik der Gleichheit, 2002, S. 144; *ders.*, Gerechtigkeitsprobleme sozialstaatlicher Gesundheitsversorgung, in: ders. (Hrsg.), Politische Philosophie des Sozialstaats, 2000, S. 467 ff.; *O. Höffe*, Demokratie im

da mit dem Tod *jede* irdische Freiheit endet und eine schwere Erkrankung die Verwirklichung erstrebter Lebensformen weit mehr hindern kann als jede materielle Not.

Zwar gibt es auch medizinische „Luxus"behandlungen, z.B. kosmetische Eingriffe ohne medizinischen Mehrwert oder „Arzneimittel, bei denen die Erhöhung der Lebensqualität im Vordergrund steht", wie es in § 34 Abs. 1 S. 7 SGB V heißt. Die Norm schließt Viagra, Potenzmittel, Appetitzügler und ähnliche „lifestyle"-Produkte vom Leistungskatalog der gesetzlichen Krankenversicherung aus. Gleichwohl scheint Art. 2 Abs. 2 S. 1 GG, ausgehend von der Grundidee sozialstaatlicher Freiheitsfunktionalität, ein sehr weitreichendes Leistungsrecht zu bilden. Soziales Minimum bedeutet dann, daß all die medizinischen Leistungen gewährleistet sind, die zur Erhaltung und Wiederherstellung der Gesundheit erforderlich sind. Das Ziel selbst ist hier also, anders als bei anderen Grundrechten, notwendig maximal definiert (volle Gesundheit), nur das Mittel limitiert (begrenzt auf das Erforderliche).

Zugleich machen wir jedoch in unserer Gesellschaft durchgehend – vielleicht sogar zunehmend – die Erfahrung, daß Gesundheit im doppelten Wortsinne ein kostbares Gut ist. Ihr kommt nicht nur hohe individuelle Präferenz zu (wer will schon nicht gesund sein), sondern ihre Wiederherstellung ist häufig auch ausgesprochen teuer. Seit geraumer Zeit bildet die Begrenztheit der vorhandenen Mittel deshalb eine echte Herausforderung für unser Gesundheitssystem. Ihr versuchte der Gesetzgeber mit unzähligen Reformbemühungen zu begegnen, die allesamt das Ziel verfolgten, Rationalisierungsreserven im öffentlichen Gesundheitssystem zu „heben".[339] Doch ungeachtet der in schneller Folge sich wiederholenden Gesundheitsreformen sorgt schon der medizinische Fortschritt für einen anhaltend hohen Kostendruck. Deshalb wird von ganz unterschiedlicher Seite, akademisch etwa aus der Medizin, Jurisprudenz, Gesundheitsökonomie und praktischen Philosophie, (seit Ende der 1990er Jahre verstärkt) die Frage aufgeworfen, in welchem Rahmen und Maß denn eigentlich medizinisch sinnvolle Behandlungen in einem durch Mitgliedschafts- und Beitragszwang charakterisierten gesetzlichen Krankenversicherungssystem zu erbringen sind. Dabei gerät auch in den Blick, welchen Raum das Grundgesetz

---

Zeitalter der Globalisierung, 2002, S. 58; *S. Huster,* Soziale Sicherung als Zukunftsbewältigung und -gestaltung, in: SDSRV 55 (2007), S. 15 (22); *V. Neumann/J. Nicklas-Faust/M. H. Werner,* Wertimplikationen von Allokationsregeln, -verfahren und -entscheidungen im deutschen Gesundheitswesen, Gutachten im Auftrag der Enquête-Kommission „Ethik und Recht der Modernen Medizin" des Deutschen Bundestages, 2005, S. 19, 52, 54, 65, 99; *V. Neumann,* Das medizinische Existenzminimum, in: NZS 2006, 393 (397).

[339] Im Überblick *T. Kopetsch,* Zur Rationierung medizinischer Leistungen im Rahmen der Gesetzlichen Krankenversicherung, 2001, S. 22 ff.; *S. Herb,* Die Verteilungsgerechtigkeit in der Medizin, 2002, S. 34 ff.; cf. a. *U. Steiner,* Das Bundesverfassungsgericht und die Volksgesundheit, in: MedR 2003, 1 (4).

für Rationierungen in diesem System läßt.[340] Als besonders brisant erweist sich in diesem Zusammenhang die Überlegung, solche Rationierungen nach Alterskriterien vorzunehmen.[341] Daß es sich bei solchen Rationierungsvorschlägen

[340] Aus der Fülle der sozialphilosophischen und gesundheitswissenschaftlichen Literatur zu Rationierungen im Gesundheitswesen etwa *N. Daniels*, Just Health Care, 1985; *ders.*, Rationing fairly, in: Bioethics 7 (1993), 224 ff.; *E. Nagel/Ch. Fuchs* (Hrsg.), Rationalisierung und Rationierung im deutschen Gesundheitswesen, 1998; *T. Kopetsch,* Zur Rationierung medizinischer Leistungen im Rahmen der Gesetzlichen Krankenversicherung, 2001; *W. Kersting*, Kritik der Gleichheit, 2002, S. 143 ff.; *H. Kliemt*, Gerechtigkeit und Bürgergleichheit im Gesundheitswesen des demokratischen Rechtsstaates, in: J. Taupitz/M. Brewe (Hrsg.), Biomedizin im Zeitalter der Globalisierung und medizinische Versorgung in Zeiten knapper Kassen, 2001, S. 31 ff.; *Th. Gutmann/V. Schmidt* (Hrsg.), Rationierung und Allokation im Gesundheitswesen, 2002; *G. Marckmann u.a.* (Hrsg.), Gerechte Gesundheitsversorgung, 2003; *F. Breyer/H. Kliemt/T. Thiele* (Hrsg.), Rationing in Medicine, 2002; *E. Wille* (Hrsg.), Rationierung im Gesundheitswesen und ihre Alternativen, 2003; *ders.*, Rationalisierung und Rationierung aus ökonomischer, insbesondere wohlfahrtstheoretischer Sicht, in: H. Häfner (Hrsg.), Gesundheit – unser höchstes Gut?, 1999, S. 331 ff.; *M. H. Werner*, Die Eingrenzung des Leistungsspektrums des solidarfinanzierten Gesundheitssystems als Herausforderung liberaler Konzeptionen politischer Ethik, in: Zeitschrift für medizinische Ethik 48 (2002), 125 ff.; *P. Dabrock*, Befähigungsgerechtigkeit als Kriterium zur Beurteilung von Grundversorgungsmodellen im Gesundheitswesen, in: O. Rauprich/G. Marckmann/J. Vollmann (Hrsg.), Gleichheit und Gerechtigkeit in der modernen Medizin, 2005, S. 213 ff.; die juristische Literatur ist hingegen durchaus überschaubar, z.B. *W. Uhlenbruck*, Rechtliche Grenzen einer Rationierung der Medizin, MedR 1996, 427 ff.; *W. Höfling*, Rationierung von Gesundheitsleistungen im grundrechtsgeprägten Sozialstaat, in: G. Feuerstein/E. Kuhlmann (Hrsg.), Rationierung im Gesundheitswesen, 1998, S. 143 ff.; *J. Taupitz*, Ressourcenknappheit in der Medizin, in: J. Wolter/E. Riedel/J. Taupitz (Hrsg.), Einwirkungen der Grundrechte auf das Zivilrecht, Öffentliches Recht und Strafrecht, 1999, S. 113 ff.; *K. Vorsteen*, Rationierung im Gesundheitswesen und Patientenschutz, 2001; *M. Nettesheim*, Rationierung in der Gesundheitsversorgung, VerwArch 93 (2002), 315 ff.; *S. Herb*, Die Verteilungsgerechtigkeit in der Medizin, 2002; *R. Francke*, Begrenzung der Leistungen der gesetzlichen Krankenversicherung, in: GesR 2003, 97 ff.; *S. Huster*, Medizinische Versorgung im Sozialstaat, in: N. Mazouz/M. H. Werner/U. Wiesing (Hrsg.), Krankheitsbegriff und Mittelverteilung, 2004, S. 157 ff.; *ders.*, Grundversorgung und soziale Gerechtigkeit im Gesundheitswesen, in: O. Rauprich/G. Marckmann/J. Vollmann (Hrsg.), Gleichheit und Gerechtigkeit in der modernen Medizin, 2005, S.187 ff.; *V. Neumann*, Prioritätensetzung und Rationierung in der gesetzlichen Krankenversicherung, in: NZS 2005, 617 ff.; *J. Isensee*, Verwaltung des Mangels im Gesundheitswesen – verfassungsrechtliche Maßstäbe der Kontingentierung, in: Gedächtnisschrift für M. Heinze, 2005, S. 417 ff.

[341] Speziell hierzu *P. Dabrock*, Rationierung von Gesundheitsleistungen aus Altersgründen?, in: Jahrbuch für christliche Sozialwissenschaften 47 (2006), 241 ff.; *K. Fleischhauer*, Altersdiskriminierung bei der Allokation medizinischer Leistungen, in: Jahrbuch für Wissenschaft und Ethik 4 (1999), 195 ff.; *D. Callahan*, Setting Limits, 1987; *N. Daniels*, Am I My Parent's Keeper?, 1988; *W. Kersting*, Kritik der Gleichheit, 2002, S. 143 (183 ff.); *A. A. Kollwitz*, Verteilungsgerechtigkeit und Generationenkonflikt, 1999; *F. Breyer/C. Schultheiß*, „Alter" als Kriterium bei der Rationierung von Gesundheitsleistungen, in: Th. Gutmann/V. Schmidt (Hrsg.), Rationierung und Allokation im Gesundheitswesen, 2002, S. 121 ff.; *H. M. Heinig*, Menschenwürde und Sozialstaat, in: P. Bahr/H. M. Heinig (Hrsg.), Menschenwürde im säkularen Verfassungsstaat, 2006, S. 251 (290 ff.); *S. Huster*, Sozialstaat oder soziale Gerechtigkeit?, in: Alexy (Hrsg.), Juristische Grundlagenforschung, 2005,

nicht bloß um akademische Planspiele handelt, zeigt ein Seitenblick in das europäische Ausland. Viel bemüht ist etwa das Beispiel Großbritanniens, bei 55jährigen bzw. über 65jährigen Nierenkranken grundsätzlich keine Behandlung mit einer künstlichen Niere mehr einzuleiten.[342] Zugleich wissen einschlägige Untersuchungen zu berichten, daß auch schon momentan informelle und intransparente Rationierungen im Gesundheitssystem stattfinden.[343] Das Gesundheitssystem steht wie alle gesellschaftlichen Institutionen unter dem Diktat der Ressourcenknappheit. Als Verteilungskriterien fungieren dabei neben Aspekten medizinischer Notwendigkeit[344] – verdeckt – auch das Alter und der soziale Status. Befürworter von Rationierungskonzepten plädieren nicht zuletzt vor diesem Hintergrund für eine förmliche und offene Streichung bestimmter Leistungen aus dem Leistungskatalog der gesetzlichen Krankenversicherung und eine Übertragung der Vorsorgeverantwortung auf den einzelnen.

Mit der Debatte um Allokationen, Präferenzen und Rationierungen werden eine Fülle ethischer, politischer und verfassungsrechtlicher Fragen aufgeworfen, die in ihrer ganze Breite im Rahmen dieser Arbeit nicht angemessen bearbeitet werden können. Für die Fragestellung dieser Untersuchung soll es genügen, die grundsätzliche Problematik eines „medizinischen Existenzminimums"[345] aufzuwerfen, um an diesem sensiblen Thema den hier entwickelten Ansatz eines freiheitsfunktional-sozialstaatlich begründeten verfassungsrechtlichen Anspruchs auf soziale Minima einer Bewährungsprobe zu unterziehen. Einerseits sind dabei die aufgezeigten bereichsspezifischen Schwierigkeiten zu bewältigen, Minima im Gesundheitsbereich zu bestimmen. Andererseits kann sich vor dem Hintergrund der Ressourcenknappheit als Grundbedingung eines öffentlichen Gesundheitssystems das vorgestellte Modell sozialer Minima auch noch einmal profilieren als eines, welches zugleich dem sozialen Schutzanliegen

S. 202 ff.; *ders.*, Soziale Sicherung als Zukunftsbewältigung und -gestaltung, in: SDSRV 55 (2007), S. 15 (27 ff.).

[342] *J. Prottas/M. Segal/H. M. Sapolsky*, Cross-National Differences in Dialysis Rates, in: Health Care Financing Revue 1983, 91 (97 f.); *W. Uhlenbruck*, Rechtliche Grenzen einer Rationierung der Medizin, MedR 1996, 427 (430); *C. F. Gethmann u.a.*, Gesundheit nach Maß?, 2004, S. 157; weitere Beispiele bei *M. Nettesheim*, Rationierung in der Gesundheitsversorgung, in: VerwArch 93 (2002), 315 ff.; *V. Neumann*, Prioritätensetzung und Rationierung in der gesetzlichen Krankenversicherung, in: NZS 2005, 617 ff., insb. mit Hinweisen auf die Diskussion in Skandinavien; *T. Kopetsch*, Zur Rationierung medizinischer Leistungen im Rahmen der Gesetzlichen Krankenversicherung, 2001, S. 131 ff.

[343] Cf. kritisch zu solchen impliziten Rationierungen *T. Kopetsch*, Zur Rationierung medizinischer Leistungen im Rahmen der Gesetzlichen Krankenversicherung, 2001, S. 76 ff.; zur Informalität im Sozialstaat generell in diesem Zshg. *V. Neumann*, Der informelle Sozialstaat, in: VSSR 1993, 119 ff.

[344] *C. F. Gethmann u.a.*, Gesundheit nach Maß?, 2004, S. 154 f.; zum Verteilungskriterium medizinischer Dringlichkeit auch *H.-J. Schreiber*, Rechtliche Kriterien der Verteilungsgerechtigkeit im Sozialstaat, in: E. Nagel/Ch. Fuchs (Hrsg.), Soziale Gerechtigkeit im Gesundheitswesen, 1993, S. 302 (308).

[345] Cf. *V. Neumann*, Das medizinische Existenzminimum, in: NZS 2006, 393 ff.

des einzelnen wie gegenläufigen Belangen durch Vorbehalte und rechtstechnische Konditionierungen gerecht zu werden vermag.

a) Negativfolie: Die sog. Nikolausentscheidung des Bundesverfassungsgerichts

Fast sämtliche mit verfassungsunmittelbaren Ansprüchen auf medizinische Leistungen verbundene besondere Probleme kristallisieren sich in einer Entscheidung des Bundesverfassungsgerichts, die ob ihres Veröffentlichungsdatums (6. Dezember 2005) als „Nikolausentscheidung" firmiert.[346] Da sich Plausibilitätsgewinne für einen bestimmten Ansatz zuweilen auch erzielen lassen, indem man aufzeigt, daß andere Lösungen sich als ausgesprochen ungeeignet erweisen, soll uns diese Entscheidung im Folgenden zunächst ein wenig näher beschäftigen. Denn es handelt sich um eine der gravierendesten Fehlentscheidungen des Verfassungsgerichts aus den letzten Jahren.

aa) Sozial- und verfassungsrechtliche „Vorgeschichte"

(a) Die ältere Rechtsprechung des Bundesverfassungsgerichts. Das Bundesverfassungsgericht war in der Frage verfassungsrechtlicher Ansprüche auf Versicherungsleistungen in der gesetzlichen Krankenversicherung lange Zeit äußerst zurückhaltend.[347] Man beschränkte sich auf sehr allgemeine Feststellungen wie die, daß der „Schutz in Fällen von Krankheit ... in der sozialstaatlichen Ordnung des Grundgesetzes eine der Grundaufgaben des Staates" darstellt.[348] Das Gericht sah deshalb den Staat objektiv-rechtlich verpflichtet, ein funktionstüchtiges Krankenhauswesen vorzuhalten.[349] Doch individuelle Verfassungsrechte auf eine bestimmte Krankenbehandlung wurden lange Zeit nicht anerkannt.[350] Zwar schütze Art. 2 Abs. 2 S. 1 GG die Selbstbestimmung

---

[346] BVerfGE 115, 25 (41 ff.); zu einer Würdigung der Entscheidung aus verfassungsrechtlicher Sicht siehe auch *S. Huster*, Anmerkung, in: JZ 2006, 466 ff.; *T. Kingreen*, Verfassungsrechtliche Grenzen der Rechtfertigungsbefugnis des Gemeinsamen Bundesausschusses im Gesundheitsrecht, in: NJW 2006, 891 ff.; *H. M. Heinig*, Hüter der Wohltaten?, in: NVwZ 2006, 771 ff.; zu möglichen Konsequenzen aus der Entscheidung näher etwa *P. Gödicke*, Erweiterte Leistungsansprüche auf Kosten der Erforschung künftiger Behandlungsmöglichkeiten?, in: NVwZ 2006, 774 ff.; *K. Goecke*, Verfassungsrechtliche Vorgaben für die Leistungspflicht der Krankenkassen beim Off-Label-Use von Arzneimitteln, in: NZS 2006, 774 ff.; *U. Wenner*, Kassen müssen jetzt bei Schwerstkranken auch für nicht anerkannte Behandlungsverfahren aufkommen, in: Soziale Sicherheit 2006, 174 ff.; *R. Francke/D. Hart*, Die Leistungspflicht der gesetzlichen Krankenversicherung für Heilversuche, in: MedR 2006, 131 ff.; *J. Langhals*, Umfang des Behandlungsanspruchs bei lebensbedrohlichen oder regelmäßig tödlich verlaufenden Erkrankungen, in: NZS 2007, 76 ff.

[347] Cf. *U. Steiner*, Das Bundesverfassungsgericht und die Volksgesundheit, in: MedR 2003, 1 (2 f.).

[348] BVerfGE 68, 193 (209).

[349] BVerfGE 57, 70 (99).

[350] So ausdrücklich BVerfG (K), NJW 1997, 3085; ebenso NJW 1998, 1775 (1776); ebenso

des Patienten über ärztliche Heileingriffe. Dem Patienten stehe deshalb die Letztentscheidung über die in seinem Fall anzuwendende Therapie zu.

> „Jedoch ergibt sich daraus kein verfassungsrechtlicher Anspruch gegen die Krankenkassen auf Bereitstellung entsprechender medizinischer Versorgung oder auf Gewährung finanzieller Leistungen hierfür. Ein mit der Verfassungsbeschwerde durchsetzbarer Anspruch auf Bereithaltung spezieller Gesundheitsleistungen, die der Heilung von Krankheiten dienen ..., kann aus Art. 2 II 1 GG nicht hergeleitet werden."

Aus dem Grundrecht auf Leben und körperliche Unversehrtheit folge lediglich

> „eine objektivrechtliche Pflicht des Staates, sich schützend und fördernd vor das Rechtsgut des Art. 2 II 1 GG zu stellen. ... Der mit einer solchen Schutzpflicht verbundene grundrechtliche Anspruch ist jedoch im Hinblick auf die den zuständigen staatlichen Stellen eingeräumte weite Gestaltungsfreiheit bei der Erfüllung der Schutzpflichten nur darauf gerichtet, daß die öffentliche Gewalt Vorkehrungen zum Schutz des Grundrechts trifft, die nicht völlig ungeeignet oder unzulänglich sind."[351]

Ausdrücklich strich das Gericht in diesem Zusammenhang heraus, daß gegen das sozialrechtlich festgelegte Wirtschaftlichkeitsgebot (§ 12 Abs. 1 SGB V) im Lichte des Verfassungsrangs der finanziellen Stabilität der gesetzlichen Krankenversicherung nicht zu erinnern ist.

In einigen Kammerentscheidungen aus den letzten Jahren zeichnete sich dann jedoch schon ab, daß das Verfassungsgericht Bedarf für eine höhere verfassungsrechtliche Kontrolldichte sah.[352] Allerdings betrafen diese Entscheidungen unmittelbar nur den verwaltungsprozeßrechtlich zugrunde zu legenden Prüfungsmaßstab in Verfahren des einstweiligen Rechtsschutzes. Begründet waren sie also mit dem Gebot des effektiven Rechtsschutzes (Art. 19 Abs. 4 GG). Erst mit dem Beschluß vom 6. Dezember 2005 nahm das Verfassungsgericht dann in einer Senatsentscheidung ausführlich zu den materiell-rechtlichen Fragen Stellung und vollzog hierbei zumindest für bedeutsame Teilbereiche der medizinischen Versorgung eine radikale Abkehr von der bisherigen restriktiven Position.

(b) Die sozialrechtliche und sozialgerichtliche Einkleidung. In der Sache geht es in der Entscheidung des Bundesverfassungsgerichts um ein altbekanntes Problem: Welche Anforderungen können an den Nachweis der Wirksamkeit einer Behandlung gestellt werden und wer entscheidet letztverbindlich hier-

---

die h.M. in der Literatur, cf. *A. Hänlein*, Festlegung der Grenzen der Leistungspflicht der Krankenkassen, in: SGb 2003, 301 (304); *H. Sodan*, Zur Verfassungsmäßigkeit der Ausgliederung von Leistungsbereichen aus der gesetzlichen Krankenversicherung, in: NZS 2003, 393 (394); *H. Schulze-Fieltz*, in: Dreier (Hrsg.), GG, 2. Aufl. 2004, Art. 2 II Rdnr. 96; *H. D. Jarass*, in: ders./B. Pieroth, GG, 9. Aufl. 2007, Art. 2 Rdnr. 69; jeweils mit weit. Nachw.; und selbst wenn man, wie *G. Seewald*, Gesundheit als Grundrecht, 1982, einen grundrechtlichen Anspruch auf geeignete gesundheitsschützende Leistungen des Staates annimmt, folgt hieraus noch kein Recht auf *konkrete* Leistungen, ebenda S. 86.

351 BVerfG (K), NJW 1997, 3085 mit weit. Nachw.

352 Cf. z.B. BVerfG (K), NJW 2003, 1236; NJW 2004, 3100.

über.[353] Oder anders formuliert: Welche Leistungen hat die gesetzliche Krankenversicherung von Rechts wegen zu finanzieren – nur solche, die dem „allgemein anerkannten Stand der medizinischen Erkenntnisse“ entsprechen, wie es in § 2 Abs. 1 S. 3 SGB V heißt, oder schuldet die gesetzliche Krankenversicherung auch die Kosten für Behandlungen, die bisher nicht von dem sozialversicherungsrechtlich zuständigen Gremium, dem Gemeinsamen Bundesausschuß, als Bestandteil einer ausreichenden, zweckmäßigen und wirtschaftlichen Versorgung nach §§ 92 Abs. 1 Nr. 5, 135 SGB V gutgeheißen wurden und deren Nutzen (noch) in Frage steht?

Der Gesetzgeber hatte diese Frage mit der Einführung des § 2 Abs. 1 S. 3 SGB V durch das Gesundheitsreform-Gesetz 1988 restriktiv beantwortet wissen wollen. Die Versicherten sollten am medizinischen Fortschritt teilhaben, dieser sollte jedoch nicht durch die gesetzliche Krankenversicherung finanziert werden müssen. Deshalb sollten nach der Konzeption des Gesetzgebers in der gesetzlichen Krankenversicherung nur solche Leistungen erbracht werden, die ausreichend erprobt sind und sich bewährt haben.[354] Ob diese Voraussetzungen bei einer bestimmten Behandlungsmethode vorliegen, sollte der (heute so genannte) Gemeinsame Bundesausschuß (§ 91 SGB V) entscheiden.

Bis zu dieser Novellierung des SGB V aus dem Jahre 1988 hatte die gesetzliche Krankenversicherung nach der Rechtsprechung des Bundessozialgerichts bei lebensbedrohlichen Erkrankungen, für die eine anerkannte Behandlungsmethode nicht zur Verfügung stand, eine anderweitige Behandlung gleichwohl zu finanzieren, wenn „eine Besserung nach ärztlichem, an dem jeweiligen Erkenntnisstand orientierten Ermessen ... mit einer nicht nur ganz geringen Erfolgsaussicht möglich“ erschien.[355]

Diese Rechtsprechung gab das Bundessozialgericht nach der Neufassung des SGB V auf.[356] Zugleich sah es sich aber alsbald veranlaßt, bei besonderen Umständen des Einzelfalls ein Hintertürchen jenseits des in § 135 SGB V vorgesehenen Verfahrens zur Prüfung neuer Behandlungsmethoden durch den Bundesausschuß offen zu halten; die gesetzliche Krankenversicherung treffe auch ohne positives Votum des Bundesausschusses jedenfalls dann eine Kostentragungspflicht, wenn der Bundesausschuß über eine neue Methode ohne sachlichen Grund nicht oder nicht zeitgerecht entschieden habe und die Wirksamkeit der Methode feststehe. In dem nun vom Bundesverfassungsgericht aufgehobenen Urteil strich das Bundessozialgericht zudem heraus, daß in *Fällen des Systemversagens*, in denen zugleich die Seltenheit einer Erkrankung objektive Wirksamkeitsnachweise deutlich erschwert, an solche Nachweise geringere

[353] Cf. *C. Rolfs*, Neue Untersuchungs- und Behandlungsmethoden, in: Festschrift 50 Jahre Bundessozialgericht, 2004, S. 475 ff.

[354] Cf. BT-Dr. 11/2237, S. 157.

[355] BSGE 63, 102 ff.

[356] BSGE 76, 194 ff.

Anforderungen zu stellen seien. Insbesondere könne dann auf die Durchsetzung einer Methode in der Praxis abgestellt werden.[357] In einer Fülle an Folgeentscheidungen hielt das Bundessozialgericht an dieser Grundkonzeption fest und entwickelte sie mit durchaus unterschiedlicher Akzentsetzung weiter. Grundtenor des Bundessozialgerichts blieb dabei, daß ein Leistungsanspruch nach § 27 Abs. 1 SGB V bzw. ein Kostenerstattungsanspruch nach § 13 Abs. 3 SGB V gegenüber der gesetzlichen Krankenversicherung nur bestehe, wenn der Bundesausschuß die Behandlungsmethode positiv bewertet und festgestellt hat, daß diese dem allgemein anerkannten Stand der medizinischen Erkenntnisse entspricht; lediglich ausnahmsweise, bei Vorliegen ebenso seltener wie besonderer Umstände (willkürliche Nichtbefassung des Gemeinsamen Bundesausschusses, Unerforschbarkeit der Erkrankung oder besondere Schwierigkeiten beim Wirksamkeitsnachweis), könnte auf die Durchführung des Verfahrens nach § 135 SGB V verzichtet sowie die Anforderungen an den Nachweis der Wirksamkeit ermäßigt werden.[358]

bb) Trendwende durch die Nikolausentscheidung

Diese Rechtsprechung des Bundessozialgerichts verwarf das Bundesverfassungsgericht nun mit seinem Beschluß vom 6. Dezember 2005 als verfassungswidrig, da sie zu restriktiv sei; das Regelungsgefüge des SGB V und damit auch die Vorschaltung einer Überprüfung neuer Behandlungsmethoden durch den Bundesausschuß halte zwar grundsätzlich einer verfassungsrechtlichen Überprüfung stand, gleichwohl müsse das SGB V in bestimmten Fällen besonders grundrechtsorientiert ausgelegt werden. Es sei

> „mit den Grundrechten aus Art. 2 Abs. 1 GG in Verbindung mit dem Sozialstaatsprinzip und aus Art. 2 Abs. 2 GG nicht vereinbar, einen gesetzlich Krankenversicherten, für dessen lebensbedrohliche oder regelmäßig tödliche Erkrankung eine allgemein anerkannte, medizinischem Standard entsprechende Behandlung nicht zur Verfügung steht, von der Leistung einer von ihm gewählten, ärztlich angewandten Behandlungsmethode auszuschließen, wenn eine nicht ganz entfernt liegende Aussicht auf Heilung oder auf eine spürbare positive Einwirkung auf den Krankheitsverlauf besteht“.[359]

Als Prüfungsmaßstab zieht das Bundesverfassungsgericht also einerseits die allgemeine Handlungsfreiheit heran, andererseits Art. 2 Abs. 2 GG. Da beide Begründungsstränge die Frage des medizinischen Existenzminimums unmittelbar betreffen, seien sie auch beide vorgestellt und näher beleuchtet.[360]

---

357 BSGE 81, 54 ff.

358 Cf. etwa BSGE 86, 54 ff.; 89, 184 ff.

359 BVerfGE 115, 25 (Ls.).

360 Art. 14 Abs. 1 GG wird hingegen als denkbarer Prüfungsmaßstab nicht erwähnt und zwar zu Recht, da die Rechtsprechung des Verfassungsgerichts zum Eigentumsschutz von sozialrechtlichen Rentenansprüchen und Rentenanwartschaften (BVerfGE 64, 87 [104]; 76, 220 [224 f.]; hierzu näher infra G.V.3.) nicht auf die Leistungen aus der gesetzlichen Kranken-

cc) Medizinisches Existenzminimum als Angemessenheit der Relation von Beitragsleistung und Gegenleistung?

Im Vordergrund der verfassungsgerichtlichen Überlegungen steht zunächst einmal, daß die allgemeine Handlungsfreiheit im Rahmen einer öffentlich-rechtlichen Pflichtversicherung vor „einer Unverhältnismäßigkeit von Beitrag und Leistung" schütze. Diese Schutzfunktion entfalte die Norm im Zusammenspiel mit dem grundgesetzlichen Sozialstaatsprinzip, welches dem Staat den Schutz des einzelnen in Fällen von Krankheit aufgebe. Mit der gesetzlichen Krankenversicherung komme der Staat dieser „Grundaufgabe" nach. Dabei „geht der Gesetzgeber", so das Bundesverfassungsgericht weiter, „davon aus, daß den Versicherten regelmäßig erhebliche finanzielle Mittel für eine zusätzliche selbständige Vorsorge im Krankheitsfall und insbesondere für die Beschaffung von notwendigen Leistungen der Krankenbehandlung außerhalb des Leistungssystems der gesetzlichen Krankenversicherung nicht zur Verfügung stehen."[361] Dann aber bedürfe es einer besonderen Rechtfertigung, „wenn dem Versicherten Leistungen für die Behandlung einer Krankheit … durch gesetzliche Bestimmungen … vorenthalten werden."[362]

Bedenkt man die bis dahin an den Tag gelegte Zurückhaltung des Bundesverfassungsgerichts bei der Anerkennung verfassungsunmittelbarer Leistungsansprüche – insbesondere, wenn es um subjektive Verfassungsrechte auf bestimmte medizinische Behandlungsmethoden geht –, wählt das Gericht einen bemerkenswerten Einstieg in die Begründung. In letzter Konsequenz soll die gesetzliche Krankenversicherung *von Verfassungs wegen* als Vollversicherung auszugestalten und *jede* Nichtübernahme von Behandlungskosten per se rechtfertigungspflichtig sein.[363] Nimmt man das Verfassungsgericht beim Wort, wäre für die vielbeschworene Ausgestaltungsfreiheit des Gesetzgebers kaum noch Raum.[364] Schon diese Kontrollüberlegung zeigt an, daß die Begründung des Gerichts mißraten ist.

(a) Nicht alle Pflichtversicherten sind vorsorgeunfähig. So versäumt die Entscheidung zu erwähnen, daß der Kreis der Versicherungspflichtigen sich nach der ständigen Rechtsprechung des Bundesverfassungsgerichts nicht nur nach

---

versicherung übertragbar sind; cf. *A. Hänlein*, Festlegung der Grenzen der Leistungspflicht der Krankenkassen, in: SGb 2003, 301 (304); *J. Isensee*, Verwaltung des Mangels im Gesundheitswesen – verfassungsrechtliche Maßstäbe der Kontingentierung, in: Gedächtnisschrift für M. Heinze, 2005, S. 417 (429) mit weit. Nachw.; offengelassen in BVerfGE 97, 378 (385, 338) für das Krankengeld.

[361] BVerfGE 115, 25 (43 f.).

[362] BVerfGE 115, 25 (44); ähnlich zu Art. 2 Abs. 1 GG als Prüfungsmaßstab für Leistungskürzungen vorher bereits BVerfGE 97, 271 (286); 106, 275 (304 f.).

[363] *H. M. Heinig*, Hüter der Wohltaten?, in: NVwZ 2006, 771 (772).

[364] Welchen eigenen Dynamiken die Politik dabei im Gesundheitsbereich unterliegt, zeigt anschaulich *N. Luhmann*, Anspruchsinflation im Krankheitssystem, in: P. Herder-Dorneich/A. Schuller (Hrsg.), Die Anspruchsspirale, 1983, S. 28 ff.

der Schutzbedürftigkeit des Pflichtversicherten, sondern auch nach dem Finanzbedarf der gesetzlichen Krankenversicherung richtet.[365] Denn die finanzielle Stabilität als „überragend wichtiger Gemeinwohlbelang"[366] rechtfertigt nach der ständigen Rechtsprechung des Gerichts nahezu jede Ausweitung der Versicherungspflicht, soweit sie nur „zur Bildung einer leistungsfähigen Solidargemeinschaft" erforderlich ist.[367] Die Ausgangsthese des Verfassungsgerichts, nur besonders schutzbedürftige Bürger ohne Mittel für eigene Vorsorge seien Mitglieder der gesetzlichen Krankenversicherung, ist also schon ausweislich der eigenen Rechtsprechung schlicht falsch. Sie trifft allenfalls auf einen Teil der Versicherten – immerhin 90 v.H. der Bevölkerung – zu. Wenn das Verfassungsgericht suggeriert, nur die wegen ihrer schwachen sozialen Position in der Gesellschaft besonders schutzbedürftigen Empfänger unterer und mittlerer Einkommen versammelten sich in der gesetzlichen Krankenversicherung,[368] hat dies in der Realität nur begrenzt Anhalt.

---

[365] Zur verfassungsrechtlichen Bewertung dieser Rechtsprechung infra H.II.4.

[366] BVerfGE 68, 193 (218); 70, 1 (26, 30); 77, 84, (107); 103, 172 (186); BVerfG (K), NJW 1997, 3085 – st. Rspr.; laut Bundesverfassungsgericht ist die Sicherung der finanziellen Stabilität der gesetzlichen Krankenversicherung „eine Gemeinwohlaufgabe, welche der Gesetzgeber nicht nur verfolgen darf, sondern der er sich nicht einmal entziehen dürfte" (E 68, 193, 218); cf. a. *U. Steiner*, Das Bundesverfassungsgericht und die Volksgesundheit, in: MedR 2003, 1 (6); *R. Jaeger*, Welches System der gesetzlichen Krankenversicherung wird durch das Grundgesetz geschützt?, in: S. Empter/H. Sodan (Hrsg.), Markt und Regulierung, 2003, S. 15 (37 ff.); kritisch zur Rspr. *W. Leisner*, Finanzielle Stabilität der gesetzlichen Krankenversicherung – ein grundgesetzliches Gebot?, in: H. Sodan (Hrsg.), Finanzielle Stabilität der gesetzlichen Krankenversicherung und Grundrechte der Leistungserbringer, 2004, S. 15 ff.; *N. Schaks*, Der Grundsatz der finanziellen Stabilität der gesetzlichen Krankenversicherung, 2007.

[367] Zuletzt BVerfGE 113, 165 (218 f.) mit weit. Nachw. zur Rspr.; cf. auch *U. Steiner*, Versicherungsfreiheit und Versicherungszwang, in: Stiftung Gesellschaft für Rechtspolitik/Institut für Rechtspolitik an der Universität Trier (Hrsg.), Bittburger Gespräche 2004/II, 2005, S. 139 ff.; zum Problem *J. Isensee*, Umverteilung durch Sozialversicherungsbeiträge, 1973, S. 13 ff.; *D. Merten*, Die Ausweitung der Sozialversicherungspflicht und die Grenzen der Verfassung, in: NZS 1998, 545 ff.; *F. Hase*, Versicherungsprinzip und sozialer Ausgleich, 2000, S. 105 ff., 254 ff.; *H. Butzer*, Fremdlasten in der Sozialversicherung, 2001, S. 180 ff., 368 ff.; *F. E. Schnapp/M. Kaltenborn*, Verfassungsrechtliche Fragen der „Friedensgrenze" zwischen privater und gesetzlicher Krankenversicherung, 2001; *F. Reuther*, Verfassungsrechtliche Determinanten für die Beitragsbemessung in der sozialen Kranken- und Pflegeversicherung, in: O. Depenheuer u.a. (Hrsg.), Nomos und Ethos, 2002, S. 435 (437 ff.); *J. Isensee*, Verwaltung des Mangels im Gesundheitswesen – verfassungsrechtliche Maßstäbe der Kontingentierung, in: Gedächtnisschrift für M. Heinze, 2005, S. 417 (419); *M. Wollenschläger, J. M. Krogull*, Zur Verfassungsmäßigkeit der Erhöhung der Versicherungspflichtgrenze in der gesetzlichen Krankenversicherung durch das Beitragssicherungsgesetz, in: NZS 2005, 237 ff.; *H. Sodan*, Das Beitragssicherungsgesetz auf dem Prüfstand des Grundgesetzes, in: NJW 2003, 1761 (1764 ff.), jeweils mit weit. Nachw.

[368] BVerfGE 103, 172 (185); BVerfG, NZS 2005, 479 (482); so auch *R. Jaeger*, Welches System der gesetzlichen Krankenversicherung wird durch das Grundgesetz geschützt?, in: S. Empter/H. Sodan (Hrsg.), Markt und Regulierung, 2003, S. 15 (17); *dies.*, Die Reformen in der gesetzlichen Sozialversicherung im Spiegel der Rechtsprechung des Bundesverfassungsgerichts, in: NSZ 2003, 225 (226).

Nicht von ungefähr, könnte man mit einer gehörigen Portion Zynismus sagen, wurde im Ausgangsverfahren sozialgerichtlich um Kostenerstattungsansprüche nach § 13 Abs. 3 SGB V gestritten, die der Natur der Sache nach voraussetzen, daß die Versicherten in Vorleistung gegangen sind, also die begehrten Leistungen irgendwie finanzieren konnten (ebenso könnte man aber natürlich auch einwenden, daß gerade infolge der Heranziehung eines Teils der Versicherten zum Zwecke des sozialen Ausgleichs auch die Nettozahler im System wegen ihrer hohen Beitragsbelastung letztlich ebenfalls keine Mittel mehr für eigene Vorsorge haben).[369] Doch selbst wenn man annimmt, daß alle Versicherten eine besondere Schutzbedürftigkeit infolge ihrer (z.T. durch die Beitragslast erst geschaffenen) Einkommens- und Vermögenssituation aufwiesen, bliebe der Ansatz des Verfassungsgerichts verfehlt.

(b) Kein Zwang zur Leistungsausweitung als Folge eines disproportionalen Verhältnisses von Leistung und Gegenleistung. Denn Art. 2 Abs. 1 GG schützt sicherlich „den beitragspflichtigen Versicherten vor einer Unverhältnismäßigkeit von Beitrag und Leistung" (so das Verfassungsgericht), doch folgt aus einem Ungleichgewicht kein Anspruch auf Extension beitragsfinanzierter Leistungen, wären doch Beitragsminderungen ein ebenso probates Mittel zur Wiederherstellung verfassungsgemäßer Zustände, finanzrechtlich wäre die Kürzung der Abgabenpflicht wohl sogar die Regelfolge einer übermäßigen Beitragsbelastung.[370] Art. 2 Abs. 1 GG verlangt nur eine angemessene Relation zwischen Leistung und Gegenleistung (cf. infra H.II.4.), fixiert aber eben nicht einen materiellen Leistungsstandard.

(c) Keine Modifikation und Verstärkung der freiheitsrechtlichen Beitragskontrolle durch Art. 20 Abs. 1 GG. Auch das Sozialstaatsprinzip bewirkt keine materielle Aufladung des Art. 2 Abs. 1 GG dahingehend, daß die gesetzliche Krankenversicherung von Verfassungs wegen eine Behandlung zu finanzieren habe, die gerade *nicht* dem allgemein anerkannten Stand der medizinischen Erkenntnis entspricht und deren Wirksamkeit fraglich ist. Denn der Formel vom sozialen Staat ist – ebenso wie dem an Art. 2 Abs. 1 GG bzw. Art. 3 Abs. 1 GG angebundenen Äquivalenzprinzip – gerade kein verfassungsgebotenes Maß staatlicher Gesundheitsleistungen zu entnehmen. Selbst wenn man nicht das hier entwickelte freiheitsfunktionale Sozialstaatsverständnis heranzieht, sondern das vorherrschende pragmatische oder auch ein ausgesprochen extensives wie das in der Tradition von Abendroth zugrundelegte – nach keinem Modell ge-

---

369 So letztlich *J. Isensee*, Verwaltung des Mangels im Gesundheitswesen – verfassungsrechtliche Maßstäbe der Kontingentierung, in: Gedächtnisschrift für M. Heinze, 2005, S. 417 (433).

370 Dies verkennt auch *M. Nettesheim*, Rationierung in der Gesundheitsversorgung, in: VerwArch 93 (2002), 315 (330 ff.), wenn er Rationierungen am Maßstab des Art. 14 Abs. 1 GG (sic!) mißt und dabei auf das angemessene Verhältnis von Leistung und Gegenleistung abstellt.

bietet Art. 20 Abs. 1 GG die Übernahme *aller* Krankheitsrisiken durch eine gesetzliche Krankenversicherung. Vielmehr wird man auf der Grundlage des üblicherweise Art. 20 Abs. 1 GG unterstellten diffusen objektiv-rechtlichen Gehalts allenfalls sagen können, der Sozialstaat habe geeignete Vorkehrungen dafür zu treffen, daß jeder Bürger Zugang zu einem Gesundheitssystem hat, welches den verbreiteten Gefahren für Leben und Gesundheit wirksam zu begegnen vermag. Das Sozialstaatsprinzip gebietet in diesem herkömmlichen Sinne verstanden jedoch weder, daß sämtliche in einem solchen System erbrachten medizinischen Leistungen aus öffentlichen Abgaben finanziert werden, noch, daß eine öffentlich-rechtlich organisierte Krankenversicherung sämtliche medizinisch überhaupt in Frage kommenden Behandlungsmöglichkeiten abdeckt.

(d) Keine indirekte Pflicht zur Vollversicherung über die Rechtfertigung der Versicherungspflicht. Auch die Rechtfertigung der Versicherungspflicht durch die soziale Schutzbedürftigkeit der Versicherten (cf. infra H.II.4.) führt zu keinem anderen Ergebnis. Denn dieser kann bereits dadurch entsprochen werden, daß durch die gesetzliche Krankenversicherung typisierte Teilrisiken effektiv abgedeckt werden.[371] Erinnert sei in diesem Zusammenhang etwa an die rechtspolitischen Debatten um die Herausnahme von Zahnersatzleistungen aus dem Leistungskatalog der gesetzlichen Krankenversicherung oder die Privatisierung des Unfallsrisikos im Haushalt oder beim Sport.[372] Solche Vorschläge mögen sich als unpraktikabel erweisen, sie scheitern jedoch nicht schon daran, daß dann die Rechtfertigung der Versicherungspflicht wegfiele (zumal eine solche bezogen auf den privaten Versicherungsmarkt gleichwohl beibehalten werden könnte).

Vorliegend betroffen ist schließlich auch nicht eine besondere Form des Vertrauensschutzes, der geboten ist, wenn der Gesetzgeber Leistungen reduziert oder streicht, auf deren Erbringung durch die gesetzlichen Sozialversicherungen der Versicherte zu Recht vertrauen durfte, so daß er deshalb eigene Dispositionen zur Vorsorge unterließ.[373] Denn auf die Übernahme der Kosten für Therapieformen, deren Wirksamkeit in Frage steht, durfte der Beschwerdeführer angesichts der seit 1988 bestehenden sozialgesetzlichen Ausgangslage nicht vertrauen.

---

[371] Strenger *I. Ebsen*, Verfassungsrechtliche Implikationen der Ressourcenknappheit im Gesundheitswesen, in: NDV 1997, 71 (77 ff.); *J. Isensee*, Verwaltung des Mangels im Gesundheitswesen – verfassungsrechtliche Maßstäbe der Kontingentierung, in: Gedächtnisschrift für M. Heinze, 2005, S. 417 (433).

[372] *H. Sodan*, Zur Verfassungsmäßigkeit der Ausgliederung von Leistungsbereichen aus der gesetzlichen Krankenversicherung, in: NZS 2003, 393 ff.

[373] Cf. BVerfGE 78, 320 (329); 89, 365 (376); 92, 53 (68); *H. Steiner*, Das Sozialversicherungsrecht in der Rechtsprechung des Bundesverfassungsgerichts, in: Speyerer Sozialrechtsgespräche, 2002, S. 525 (537); näher infra G.V.3.

Das Bundesverfassungsgericht hingegen will jede Form der Leistungsbegrenzung in der gesetzlichen Krankenversicherung auf ihre Rechtfertigung hin prüfen und unterstellt damit indirekt, daß nur eine am maximal denkbaren medizinischen Leistungsspektrum orientierte staatlich organisierte Vollversorgung dem verfassungsrechtlichen Normalzustand entspricht und jede Abweichung hiervon eine besonders zu legitimierende „Schrumpfstufe“ darstellt. Diese Grundannahme läßt sich durch Art. 2 Abs. 1 GG i.V.m. dem Sozialstaatsprinzip aber gerade nicht begründen, da weder der Schutz vor einer übermäßigen Beitragslast nach Art. 2 Abs. 1 GG noch die Verfassungspflicht zum sozialen Staat nach Art. 20 Abs. 1 GG eine nähere Quantifizierung verfassungsgebotener medizinischer Leistungen in einem öffentlich-rechtlich organisierten Krankenversicherungssystem erlauben. Vielmehr ist hierfür der Normbestand des Grundgesetzes in den Blick zu nehmen, dem materielle Aussagen zur einfachrechtlichen Festlegung des Leistungsumfangs der gesetzlichen Krankenversicherung zu entnehmen sind, also Art. 2 Abs. 2 S. 1 GG i.V.m. dem Sozialstaatsprinzip.

dd) Keine Ansprüche aus Art. 2 Abs. 2 Satz 1 GG auf medizinische Behandlungsformen, deren Wirksamkeit nicht hinreichend gesichert ist

(a) Zum Problem der Zweiteilung verfassungsgebotener Standards. Art. 2 Abs. 2 S. 1 GG wird in der Entscheidungsbegründung des Verfassungsgerichts jedoch erst in einem zweiten Begründungsschritt herangezogen. Auch diesem Grundrecht widmet sich das Bundesverfassungsgericht in eigentümlicher Weise. Das Grundrecht auf Leben und körperliche Unversehrtheit begründe, so das Gericht in Aufnahme seiner bisherigen Rechtsprechung, zwar regelmäßig keinen verfassungsrechtlichen Anspruch gegen die gesetzliche Krankenversicherung „auf Bereitstellung bestimmter und insbesondere spezieller Gesundheitsleistungen“. Doch habe sich der Staat bei der Ausgestaltung der gesetzlichen Krankenversicherung an seiner Pflicht zu orientieren, „sich schützend und fördernd vor die Rechtsgüter des Art. 2 Abs. 2 S. 1 GG zu stellen.“[374] Insbesondere in Fällen der Behandlung einer lebensbedrohlichen oder regelmäßig tödlichen Erkrankung seien die Gerichte zu einer „grundrechtsorientierten“ Auslegung der sozialgesetzlich definierten Leistungsrechte verpflichtet.[375] Deshalb sei gegen die Regelungstechnik des SGB V zwar nicht grundsätzlich zu erinnern; das Wirtschaftlichkeitsgebot (§ 12 SGB V), der Arztvorbehalt (§ 15 SGB V), finanzwirtschaftlich motivierte Zuzahlungen und Ausschlüsse bestimmter Standardleistungen (§§ 33 Abs. 1 S. 3 und 34 Abs. 1 SGB V) sowie die Einrichtung eines besonderen Verfahrens zur Überprüfung des diagnostischen und therapeuti-

---

[374] BVerfGE 115, 25 (44 f.) mit Verweis auf BVerfGE 46, 160 (164); BVerfG (K), NJW 1997, 3085; NJW 2003, 1236 (1237); NJW 2004, 3100 (3101).

[375] BVerfGE 115, 25 (45) mit Verweis auf BVerfG (K), NJW 1999, 857 f.

schen Nutzens sowie der medizinischen Notwendigkeit und Wirtschaftlichkeit neuer Untersuchungs- und Behandlungsmethoden (§§ 92 Abs. 1 Nr. 5, 135 SGB V) hielten einer verfassungsgerichtlichen Überprüfung also durchaus stand.

In „der extremen Situation einer krankheitsbedingten Lebensgefahr" jedoch habe ein *anderer Maßstab* zu gelten. Weiter heißt es wörtlich:

> „Übernimmt der Staat mit dem System der gesetzlichen Krankenversicherung Verantwortung für Leben und körperliche Unversehrtheit der Versicherten," (wobei doch gerade der pflichtige Umfang dieser Übernahme vom Gericht zu klären wäre; Verf.) „so gehört die Vorsorge" (deren Umfang gleichfalls eigentlich noch zu bestimmen wäre) „in Fällen einer lebensbedrohlichen oder regelmäßige tödlichen Erkrankung ... zum Kernbereich der Leistungspflicht und der von Art. 2 Abs. 2 S. 1 GG geforderten Mindestversorgung."[376]

Deshalb dürfe bei lebensbedrohlichen Erkrankungen, wenn eine allgemein anerkannte, medizinischen Standards entsprechende Behandlung nicht zur Verfügung steht, eine vom Patienten gewählte, ärztlich angewandte Behandlungsmethode nicht aus dem Leistungsspektrum der gesetzlichen Krankenversicherung ausgeschlossen werden, „wenn eine nicht ganz entfernt liegende Aussicht auf Heilung oder auf eine spürbare positive Einwirkung auf den Krankheitsverlauf besteht".[377] Ob eine solche Prognose abgegeben werden könne, hätten im Einzelfall die Sozialgerichte zu entscheiden. Eine weitere Begründung wird nicht geboten. Die verfassungsrechtliche Subsumtion fällt damit ausgesprochen dürftig aus. Das Postulat ersetzt die fehlenden Argumente, die Dezision tritt an die Stelle einer an den üblichen methodischen Standards orientierten Begründung.[378]

In der Sache etabliert das Bundesverfassungsgericht, folgt man strikt den die Entscheidung tragenden Überlegungen, eine *Zweiteilung der gebotenen Gesundheitsstandards*. Unterhalb der Schwelle regelmäßig tödlicher oder lebensbedrohender Erkrankungen soll den Staat nur eine vage konturierte Schutzpflicht treffen – die mangels Vorhandenseins eines das grundrechtliche Schutzgut gefährdenden Dritten nicht an die übliche Dogmatik grundrechtlicher Schutzpflichten angebunden ist.[379] Die getroffenen Vorkehrungen dürften nur

[376] BVerfGE 115, 25 (49).

[377] BVerfGE 115, 25 (49).

[378] Nur am Rande sei auch auf weitere handwerkliche Mängel in der Begründung hingewiesen, die dem höchsten deutschen Gericht eigentlich nicht unterlaufen sollten: Die Rechtsprechung des BSG zu Systemmängeln wird sinnentstellt wiedergegeben (wie das LSG NRW, Urteil vom 16.3.2006, L 16 KR 306/04 süffisant vermerkt) und Fachtermini wie „schulmedizinische Behandlung" werden in sozialrechtlich unzutreffender Weise als Kriterien herangezogen – gemeint ist hingegen eine standardmäßige Behandlung, die gemäß § 2 Abs. 1 S. 2 SGB V eben auch einer *besonderen* Therapierichtung folgen kann; cf. *R. Francke/D. Hart*, Die Leistungspflicht der gesetzlichen Krankenversicherung für Heilversuche, in: MedR 2006, 131 (136).

[379] Kritisch zu dieser Schutzpflichtenkonstruktion *S. Huster*, Anmerkung, in: JZ 2006, 467 (468); grundsätzlich *J. Isensee*, Verwaltung des Mangels im Gesundheitswesen, in: Ge-

nicht „völlig ungeeignet oder völlig unzulänglich sein", wie es in einer älteren Kammerentscheidung heißt.[380] Innerhalb der weiten Gestaltungsfreiheit des Gesetzgebers können dann auch Wirtschaftlichkeits- und Effizienzgesichtspunkte Berücksichtigung finden. Sobald jedoch eine lebensbedrohende Erkrankung vorliegt, setzt nach dem Bundesverfassungsgericht eine Dynamik nahezu vollständiger Entgrenzung verfassungsbasierter Leistungsansprüche ein. Das vom Gesetzgeber vorgesehene, einer Kostenübernahme vorgeschaltete Verfahren zur Bewertung neuer Untersuchungs- und Behandlungsmethoden (§ 135 SGB V) wird zur Makulatur erklärt; effektive Bedarfs-, Wirksamkeits- und Nutzenbewertungen sollen nicht verlangt werden dürfen, wenn keine anderweitigen allgemein anerkannten, medizinischem Standard entsprechenden Behandlungsmethoden zur Verfügung stehen.[381] Als einziger Vorbehalt verbleiben das Erfordernis einer ärztlichen Behandlung und einer vom einzelnen Sozialgericht zu prüfenden, „nicht ganz entfernt liegenden" Möglichkeit eines individuellen Therapieerfolges.

(b) Das medizinische Minimum: nur das evident Erforderliche und Nützliche. Damit überspannt das Bundesverfassungsgericht die Art. 2 Abs. 2 GG i.V.m. dem Sozialstaatsprinzip zu entnehmenden Anforderungen an eine staatlich organisierte Gesundheitsvorsorge. Wenn es um Leben und Tod geht, soll laut Karlsruhe nicht nur ein freiheitsfunktionales Minimum, sondern das Maximum medizinischen Schutzes verfassungsgeboten sein; einen solchen Anspruch begrenzende Faktoren werden nicht anerkannt. Für eine solche leistungsrechtliche Höchstaufladung bietet die Formel vom sozialen Staat im Zusammenspiel mit Art. 2 Abs. 2 S. 1 GG jedoch keine Handhabe.[382] Dabei hatte das Bundesverfassungsgericht in einer früheren Entscheidung klar herausgearbeitet, daß ein „unbegrenztes subjektives Anspruchsdenken auf Kosten der Allgemeinheit unvereinbar mit dem Sozialstaatsgedanken ist."[383]

Sicherlich sind die Rechtsgüter „Leben" und „Gesundheit" im Koordinatensystem des Grundgesetzes von besonderer Bedeutung.[384] Auch ist die Bestimmung sozialer Minima, wie eingangs dieses Abschnitts bereits erwähnt, im Bereich von Leben und Gesundheit mit besonderen Problemen behaftet, weil Graduierungen sofort das Rechtsgut als solches in Frage stellen und nicht nur die Extensionen eines individuellen Freiheitsgebrauchs betreffen. Gleichwohl wäre es verfehlt, die sozialstaatlich vermittelten Leistungsansprüche gegenüber

---

dächtnisschrift für M. Heinze, 2005, S. 417 (428); ebenso *M. Nettesheim*, Rationierung in der Gesundheitsversorgung, in: VerwArch 93 (2002), 315 (324).

380 BVerfG (K), NJW 1997, 3085.

381 § 135 SGB V läuft damit in maßgeblichen Bereichen ins Leere.

382 Cf. auch *F. E. Schnapp*, Untergesetzliche Rechtsquellen im Vertragsarztrecht – am Beispiel der Richtlinien, in: Festschrift 50 Jahre Bundessozialgericht, 2004, S. 497 (511 ff.).

383 BVerfGE 33, 203 (334).

384 Cf. *U. Di Fabio*, in: Maunz/Dürig, GG, Art. 2 Abs. 2 Rdnr. 1–8, 54–56 (43. Lfg. 2004).

der gesetzlichen Krankenversicherung so extensiv zu zeichnen, daß sie überhaupt keine sinnvollen Begrenzungen mehr kennen, wenn das Leben eines Patienten bedroht ist.

Soll die Korrektivfunktion des sozialen Minimums nicht ins Leere laufen, kann eine über Art. 20 Abs. 1 GG vermittelte leistungsrechtliche Rekonstruktion des Art. 2 Abs. 2 S. 1 GG nicht zu einem nahezu *unbedingten* und *unbegrenzten verfassungsrechtlichen Lebens- und Gesundheitserhaltungsanspruch* des einzelnen führen. Vielmehr fordert das Grundrecht auf Leben und körperliche Unversehrtheit im Zusammenspiel mit dem Sozialstaatsprinzip vom Staat objektiv-rechtlich, für einen gewissen Gesundheitsschutz Sorge zu tragen, also mittels der ihm zur Verfügung stehenden mannigfachen Instrumente eine sachgerechte Ausgestaltung des Gesundheitssystems zu bewirken, damit dieses den von ernsthaften Erkrankungen ausgehenden Bedrohungen für Leib und Leben effektiv zu begegnen vermag.[385] Folgt man dem hier entwickelten Modell eines freiheitsfunktionalen Sozialstaates, das im Wechselspiel von Art. 20 Abs. 1 GG und einzelnen Grundrechten auch (mit Kautelen versehene) verfassungsunmittelbare Ansprüche begründet sieht, ist eine solche Verpflichtung auch *subjektiv-rechtlich* bewehrt, also als Leistungsrecht ausgestaltet.[386]

Bestimmte organisatorische und institutionelle Konsequenzen sind damit freilich noch nicht verbunden. Ob der Staat selbst einen Gesundheitsdienst für Bedürftige betreibt, Zuschüsse für privatwirtschaftlich abzuschließende Krankenversicherungen gewährt oder eine körperschaftlich organisierte öffentlich-rechtliche Krankenversicherung mit mehr oder weniger weit reichenden Versicherungspflichten verankert, läßt das auf Art. 2 Abs. 2 S. 1 i.V.m. Art. 20 Abs. 1 GG aufruhende Postulat einer staatlichen Sorge um ein hinreichendes medizinisches Versorgungsniveau offen.[387]

Doch welches institutionelle Design der Staat für die Wahrnehmung seiner Pflichten aus Art. 20 Abs. 1 i.V.m. Art. 2 Abs. 2 S. 1 GG auch immer wählt, jeweils fordert das sozialstaatlich gebotene medizinische Minimum allenfalls die

---

[385] *U. Di Fabio*, in: Maunz/Dürig, GG, Art. 2 Abs. 2 Rdnr. 94 (43. Lfg. 2004); *D. Murswiek*, in: M. Sachs (Hrsg.), GG, 4. Aufl. 2007, Art. 2 Rdnr. 225; vgl. a. BVerfGE 57, 70 (99): Gebot der sachgerechten Ausgestaltung der staatlichen Krankeneinrichtungen. Zu den vielfältigen gesetzlichen Maßnahmen zur Umsetzung dieser Pflicht – weit über das SGB V hinaus – etwa *E. Jung*, Das Recht auf Gesundheit, 1982, S. 107 ff.

[386] So i.E. wohl auch *D. Lorenz*, Das Recht auf Leben und körperliche Unversehrtheit, in: HStR, Bd. 6, 2. Aufl. 2001, S. 3 (30); *A. Hollenbach*, Grundrechtsschutz im Arzt-Patienten-verhältnis, 2003, S. 53 ff.; *R. Wiedemann*, in: D. C. Umbach/T. Clemens (Hrsg.), GG, 2002, Art. 2 II Rdnr. 376 mit weit. Nachw.; für ein subjektives Recht im Rahmen eines „eng bemessenen Existenzmininums" *C. Starck*, in: v. Mangoldt/Klein/Starck (Hrsg.), GG, 5. Aufl. 2005, Art. 2 Abs. 2 Rdnr. 231; skeptisch hingegen *P. Kunig*, in: v. Münch/Kunig (Hrsg.), GG, 5. Aufl. 2000, Art. 2 Rdnr. 60; *G. Haverkate*, Verantwortung für Gesundheit als Verfassungsproblem, in: H. Häfner (Hrsg.), Gesundheit, 1999, S. 119 ff.

[387] Ebenso *M. Nettesheim*, Rationierung in der Gesundheitsversorgung, in: VerwArch 93 (2002), 315 (326).

Sicherstellung solcher medizinischen Leistungen, *die evident medizinisch erforderlich und sinnvoll sind*, die also Anforderungen wie denen des § 2 Abs. 1 S. 3 SGB V entsprechen, nicht hingegen die Kostenübernahme für medizinische Leistungen, die bloß nicht evident ungeeignet sind.[388] Wie immer man den Bereich des verfassungsgebotenen sozialen Minimums im einzelnen zu definieren hat, er beginnt zumindest nicht schon unmittelbar jenseits des esoterischen Gesundpendelns und Auflegens von Heilsteinen, sondern frühestens mit dem, was gemessen an den üblichen Standards medizinischer Erkenntnisse gesichert (d.h. erfahrungsbasiert) erforderlich ist. Deshalb ist der Gesetzgeber entgegen dem Bundesverfassungsgericht durch das Grundgesetz nicht gehindert, auch bei lebensbedrohenden und in der Regel tödlich verlaufenden Krankheiten einen hinreichender Wirksamkeitsnachweis, wie ihn das geltende Sozialversicherungsrecht kennt, für die Kostenübernahme durch das öffentliche Gesundheitssystem zu verlangen.

Die Qualität dieses Nachweises wird je nach Eigenart der Erkrankung zu variieren haben, wie auch die Verfahrensordnung des Gemeinsamen Bundesausschusses zum Ausdruck bringt.[389] Das vom Verfassungsgericht pauschal herangezogene Kriterium einer „nicht ganz entfernt liegenden Aussicht auf Heilung oder auf eine spürbare positive Einwirkung auf den Krankheitsverlauf" im jeweiligen Einzelfall wird den Bedingungen der Medizin als Erfahrungswissenschaft hingegen nicht gerecht.[390] Denn einen individuellen Wirkungszusammenhang wird man jenseits offensichtlicher Scharlatanerie so gut wie nie sicher ausschließen können, wie die Erfahrungen mit Spontanheilungen und Placeboeffekten zeigen. Eine *hinreichende* Plausibilisierung des angenommenen Wirkungszusammenhangs ist für die Festlegung von verfassungsrecht-

---

388 *H. M. Heinig*, Hüter der Wohltaten?, in: NVwZ 2006, 771 (773); *M. Nettesheim*, Rationierung in der Gesundheitsversorgung, in: VerwArch 93 (2002), 315 (336).

389 Cf. § 20 Abs. 2 der Verfahrensordnung des GBA (BAnz. Nr. 242, S. 16 998 vom 24.12.2005): „(1) Das Beschlussgremium bewertet in einem umfassenden Abwägungsprozess unter Einbeziehung der wissenschaftlichen Erkenntnisse, insbesondere der nach Evidenzkriterien ausgewerteten Unterlagen. (2) Der Nutzen einer Methode ist durch qualitativ angemessene Unterlagen zu belegen. Dies sollen, soweit möglich, Unterlagen der Evidenzstufe 1 mit patientenbezogenen Endpunkten (z.B. Mortalität, Morbidität, Lebensqualität) sein. Bei seltenen Erkrankungen, bei Methoden ohne vorhandene Alternative oder aus anderen Gründen kann es unmöglich oder unangemessen sein, Studien dieser Evidenzstufe durchzuführen oder zu fordern. Soweit qualitativ angemessene Unterlagen dieser Aussagekraft nicht vorliegen, erfolgt die Nutzen-Schaden-Abwägung einer Methode aufgrund qualitativ angemessener Unterlagen niedrigerer Evidenzstufen. Die Anerkennung des medizinischen Nutzens einer Methode auf Grundlage von Unterlagen einer niedrigeren Evidenzstufe bedarf jedoch – auch unter Berücksichtigung der jeweiligen medizinischen Notwendigkeit – zum Schutz der Patienten umso mehr einer Begründung, je weiter von der Evidenzstufe 1 abgewichen wird. Dafür ist der potenzielle Nutzen einer Methode insbesondere gegen die Risiken der Anwendung beim Patienten abzuwägen, die mit einem Wirksamkeitsnachweis geringerer Aussagekraft einhergehen."

390 *S. Huster*, Anmerkung, in: JZ 2006, 466 (467).

lichen Mindestansprüchen deshalb unverzichtbar. Sie bildet das Minimum, das zur Minimumsbestimmung ihrerseits zugrundezulegen ist, soll das Sozialstaatsgebot nicht zu einer sachfremden, die Bindungskräfte des Verfassungsrechts letztlich überfordernden Selbstentgrenzung medizinischer Leistungsansprüche führen.

(c) Einhegungen durch die Sozialgerichtsbarkeit. Entsprechend bemüht sich die Sozialgerichtsbarkeit nach Kräften und im Rahmen der ihr durch § 31 Abs. 1 BVerfGG verbliebenen Möglichkeiten, die vom Verfassungsgericht ausgelöste Dynamisierung von Leistungsansprüchen gegenüber den Krankenkassen rational einzuhegen.[391] So werden die Begriffe „lebensbedrohliche oder regelmäßig tödliche Krankheit" von der Sozialgerichtsbarkeit restriktiv interpretiert; die Rechtsprechung des Verfassungsgerichts wird dezidiert nicht auf Krankheiten, die die Lebensführung deutlich beeinträchtigen – ein in der Rechtsprechung zum off-label-use und zum Import von Arzneimitteln ohne hiesige Zulassung gebräuchliches Kriterium[392] – übertragen.[393] Ebenso werden Abstufungen im erforderlichen Wahrscheinlichkeitsgrad je nach Schwere und Stadium der Erkrankung etabliert nach dem Grundsatz

> „je schwerwiegender die Erkrankung und hoffnungsloser die Situation, desto geringer sind die Anforderungen an die ernsthaften Hinweise auf einen nicht ganz entfernt liegenden Behandlungserfolg".[394]

Zugleich bildet die Sozialgerichtsbarkeit im Rahmen der erforderlichen Konkretisierung der verfassungsgerichtlichen Vorgaben, also gleichsam rechtsfortbildend, verfahrensmäßige Vorgaben wie Dokumentationspflichten aus,[395] die eine hinreichende gerichtliche Kontrolle in Fragen der Kostentragungspflicht

---

[391] Cf. etwa BSGE 96, 153 ff.; 96, 170 ff.; BSG, Bericht zum Vergleich vom 27.3.2006, Az. B 1 KR 28/05 R; BSG, Beschluß vom 31.5.2006, Az. B 6 KA 53/05 B – juris; LSG NRW, Urteil vom 16.3.2006, Az. L 16 KR 306/04 – juris; LSG Berlin-Brandenburg, Urteil vom 28.3.2006, Az. L 24 39/05 – juris; Hess. LSG, Beschluß vom 23.1.2006, Az. L 8 KR 128/05 – juris; Urteil vom 19.1.2006, Az. L 4 KR 85/03 – juris; im Überblick *C. Padé*, Anspruch auf Leistungen der gesetzlichen Krankenversicherung bei Lebensgefahr und tödlich verlaufenden Krankheiten – Umsetzung des „Nikolaus"-Beschlusses des Bundesverfassungsgerichts durch die Rechtsprechung des Bundessozialgerichts, in: NZS 2007, 352 ff.

[392] Cf. BSGE 89, 184 (191 f.); BSGE 93, 236 ff.; zu den hierbei aufgeworfenen Rechtsfragen etwa *M. v. Wulffen*, Die Leistungspflicht der gesetzlichen Krankenversicherung beim „off label-use" von Arzneimitteln, in: Festschrift für B. Wiegand, 2003, S. 161 ff.; *F. Wölk*, „Off-label-use" in der ambulanten Versorgung in der Gesetzlichen Krankenversicherung, in: Zeitschrift für das gesamte Medizin- und Gesundheitsrecht, 2006, 3 ff.; *K. Goecke*, Verfassungsrechtliche Vorgaben für die Leistungspflicht der Krankenkassen beim Off-Label-Use von Arzneimitteln, in: NZS 2006, 774 ff.; *F. Niemann*, Die Verordnung eines Arzneimittels außerhalb der zugelassenen Indidaktion: „Off-Label-Use", in: NZS 2004, 254 ff.; *J. Becker*, Off-Label-Use: Arzneimittelversorgung in der gesetzlichen Krankenversicherung nur bei Todesgefahr?, in: SGb 2004, 594 ff.

[393] Cf. BSGE 96, 153 (160).

[394] BSG, Bericht zum Vergleich vom 27.3.2006, Az. B 1 KR 28/05 R; BSGE 119, 170 (178).

[395] BSG, Bericht zum Vergleich vom 27.3.2006, Az. B 1 KR 28/05 R; BSGE 119, 170 (181).

der Krankenkassen bei nicht vom Gemeinsamen Bundesausschuß anerkannten Behandlungsmethoden überhaupt erst ermöglichen. Auch die allgemeinen Regeln der Beweislastverteilung bleiben anwendbar.[396]

(d) Weiterreichende Konsequenzen des Nikolausbeschlusses. Betrifft der „Nikolausbeschluß" des Bundesverfassungsgerichts unmittelbar nur die Frage, welche Anforderungen an Wirksamkeitsnachweise verfassungsrechtlich zulässig sind, geht seine generelle Bedeutung doch deutlich darüber hinaus. Dies zeigt sich etwa anhand einer Neuregelung der Gesundheitsreform 2007. Erstmalig ist mit der Neufassung von § 35b SGB V nun eine Norm in das SGB V aufgenommen worden, die *dezidiert* Kosten-Nutzen-Analysen für Arzneimittel vorsieht (zu den legitimationsrechtlichen Problemen infra G.III.3.). Sie zielt darauf, daß der Gemeinsame Bundesausschuß trotz erwiesenen medizinischen Mehrwerts eines Arzneimittels dessen Aufnahme in das Leistungsspektrum der gesetzlichen Krankenversicherung ablehnen können soll.[397]

Zur näheren Erläuterung: Nach der Rechtslage bis zur Gesundheitsreform hatten die Versicherten einen „Rahmenanspruch" auf Krankenbehandlung aus §§ 11 Abs. 1 Nr. 4, 27 ff. SGB V, der unter Beachtung des Wirtschaftlichkeitsgebotes (§ 12 SGB V) und moderater Eigenverantwortung (einkommensabhängig gedeckelte Zuzahlungen – §§ 61, 62, 43b SGB V, Ausschluß von Bagatellbehandlungen und Lifestylemitteln – § 34 SGB V, Leistungsbeschränkungen bei Selbstverschulden – § 52 SGB V) zu einer umfassenden Abdeckung des Krankheitsrisikos führte. Das komplexe Regelwerk des Leistungserbringungsrechts, welches den Rahmenanspruch des Versicherten ausfüllt,[398] war so zugeschnitten, daß *alle medizinisch erforderlichen* Leistungen auch innerhalb des gesetzlichen Krankenversicherungssystems erbracht wurden. In Frage stand freilich, ob das Wirtschaftlichkeitsgebot ausschließlich unterhalb der Vorgaben einer ausreichenden und zweckmäßigen Versorgung wirkte oder auch gleichrangig als Kollisionsregel Kosten-

---

[396] LSG NRW, Urteil vom 16.3.2006, Az. L 16 KR 306/04 – juris.

[397] BT-Dr.16/3100, S. 102 f.; vorgenommen wird die Bewertung des Kosten-Nutzen-Verhältnisses durch das Institut für Qualität und Wirtschaftlichkeit im Gesundheitswesen (§ 139a SGB V); der Gemeinsame Bundesausschuß als für die Beschlußfassung zuständiges Organ ist an die Empfehlungen des IQWiG allerdings nicht gebunden (§ 139b Abs. 4 SGB V); cf. auch *S. Seeringer*, Der Gemeinsame Bundesausschuss nach dem SGB V, 2007, S. 47 ff.; cf. zu § 35b SGB V auch *R. A. Lorz*, Verfassungs- und europarechtliche Probleme des geplanten GKV-WSG, in: Pharma Recht 2007, 20 ff.; *H. Sodan*, Das GKV-Wettbewerbsstärkungsgesetz, in: NJW 2007, 1313 (1315); *T. Kingreen,* Gerichtliche Kontrolle von Kriterien und Verfahren im Gesundheitsrecht, in: MedR 2007, 457 ff.

[398] Zu diesem Wirkungsgefüge BSGE 78, 70 (83 f.); 81, 54, (58); *P. Axer*, Normsetzung der Exekutive in der Sozialversicherung, 2000, S. 391 ff.; die Verzahnung von Leistungs- und Leistungserbringungsrecht ist nicht unumstritten; hiergegen etwa *V. Neumann*, Der Anspruch auf Krankenbehandlung – ein Rahmenrecht?, in: SGb 1998, 609 ff.; *ders.*, Das Verhältnis des Leistungsrechts zum Leistungserbringungsrecht, in: F. E. Schnapp/P. Wigge (Hrsg.), Handbuch des Vertragsarztrechts, 2. Aufl. 2006, S. 378 ff.; *C. Rolfs*, Neue Untersuchungs- und Behandlungsmethoden, in: Festschrift 50 Jahre Bundessozialgericht, 2004, S. 475 (489 ff.); cf. a. *I. Ebsen*, Der Behandlungsanspruch des Versicherten in der gesetzlichen Krankenversicherung und das Leistungserbringungsrecht, in: Festschrift für O. E. Krasney, 1997, S. 81 ff.; zur Problematik der demokratischen Legitimation der Richtlinien des Gemeinsamen Bundesausschusses als wesentlicher Teil des Leistungserbringungsrechts infra G.III.3.

Nutzen-Analysen umfaßte.[399] Richtigerweise waren §§ 12, 135 SGB V so zu verstehen, daß Kostenüberlegungen, wenn ein medizinischer Mehrwert gegenüber bereits in das Leistungsspektrum der gesetzlichen Krankenversicherung aufgenommenen Methoden und Mitteln nachgewiesen werden konnte, nachrangig waren.[400] Was wirklich hilft und erforderlich ist, sollte *stets* auch finanziert werden. Diese durchgängige Vorrangigkeit medizinischer Nutzenerwägungen vor Kostenüberlegungen ist nun durch § 35b SGB V aufgebrochen (ohne daß der Gesetzgeber sich allerdings dazu durchringen konnte, eine klare und transparente Regelung zu schaffen). Gleichwohl ist damit ein erster Schritt in Richtung einer *offenen Rationierung* im öffentlichen Krankenversicherungssystem in Deutschland getan.

Mit den vom Verfassungsgericht vorgenommenen Wertungen ist eine offene Rationierung im Bereich lebensbedrohlicher Erkrankungen jedoch kaum zu vereinbaren. Die Bedeutung der Entscheidung reicht also über die konkrete Fallkonstellation weit hinaus – Grund genug, im Folgenden Fragen anzusprechen, die im Beschluß des Verfassungsgerichts unthematisiert bleiben. In einem zweiten Schritt wird dann zu überlegen sein, wie das Problem der Rationierung medizinischer Leistungen sich aus verfassungsrechtlicher Sicht darstellt, wenn man sich von den Fehlstellungen des Bundesverfassungsgerichts löst (infra b).

ee) Das medizinische Minimum und der Gesetzesvorbehalt in Art. 2 Abs. 2 Satz 3 GG

Gänzlich unbeachtet blieb in den Entscheidungsgründen zunächst einmal, daß das Grundrecht auf Leben und körperliche Unversehrtheit unter Gesetzesvorbehalt steht. Nun spielte auch in den bisherigen Überlegungen dieser Untersuchung die Frage des Gesetzesvorbehaltes für die Bestimmung eines freiheitsfunktionalen Minimums keine Rolle, was dem Umstand geschuldet war, daß eben nur Minima definiert wurden, d.h. die Begrenzung etwaiger Ansprüche auf ein Basalmaß der Grundkonzeption verfassungsbasierter Individualansprüche inhärent war. Art. 2 Abs. 2 S. 1 GG weist demgegenüber das Spezifikum auf, daß eine schutzgutorientierte Bestimmung im Bereich von Leben und Gesundheit es nahelegt, Minima mit Maxima gleichzusetzen. Dann aber kann die Frage der Einschränkbarkeit des Freiheitsrechts bei der Bestimmung von Mindestbedingungen seiner effektiven Realisierung nicht außen vor bleiben. Denn mit dem Gesetzesvorbehalt in Art. 2 Abs. 2 S. 3 GG bringt die Verfassung

---

[399] Cf. BSGE 52, 70 (75); *K. Höfler*, in: KassKomm, SGB V, § 12 Rdnr. 40; *C. Rolfs*, Neue Untersuchungs- und Behandlungsmethoden, in: Festschrift 50 Jahre Bundessozialgericht, 2004, S. 475 (484 ff.) mit weit. Nachw.

[400] Cf. BSGE 81, 182 (187); *V. Neumann*, Prioritätensetzung und Rationierung in der gesetzlichen Krankenversicherung, in: NZS 2005, 617 (617); *J. Kruse*, in: ders./A. Hänlein (Hrsg.), SGB V, 2. Aufl. 2003, § 12 Rdnr. 8 f.; *W. Noftz*, in: Hauck/Noftz, SGB V, § 12 Rdnr. 23 (46. Lfg. 2000); *Käsling*, in: D. Krauskopf (Hrsg.), Soziale Krankenversicherung, Pflegeversicherung, § 12 SGB V Rdnr. 7 (28. Lfg. 1996); *T. Clemens*, Honorarkürzungen wegen Unwirtschaftlichkeit, in: B. Schulin (Hrsg.), Handbuch des Sozialversicherungsrechts, Bd. 1, Krankenversicherungsrecht, 1994, S. 910 (915 f.) mit weit. Nachw.

zum Ausdruck, daß selbst in Fragen von Leben und Tod, Gesundheit und Krankheit eine gewisse demokratische Selbstverständigung zugelassen ist. Auch höchstrangige Rechtsgüter sind also der allgemeinen Grundrechtsdogmatik, dem Doppelklang von Schutz- und Gewährleistungsbereich einerseits sowie Schranken und Begrenzung dieses Bereiches andererseits, nicht entzogen.[401] Art. 2 Abs. 2 S. 1 GG ist mithin einer gewissen Relativierung durch in der demokratischen Willensbildung sich durchsetzende gegenläufige Interessen ausgesetzt. Äußerstenfalls sind auch die vorsätzliche Tötung durch staatliche Amtsträger (finaler Rettungsschuß)[402] oder die Inkaufnahme einer Tötung (Hochrisikotechnologie, Kampfeinsätze Wehrpflichtiger)[403] verfassungsrechtlich gerechtfertigt. Diese Einschränkbarkeit des Grundrechts auf Leben und körperliche Unversehrtheit in seiner Dimension als Eingriffsabwehrrecht ist konsequenterweise auch auf die über Art. 20 Abs. 1 GG vermittelte Bestimmung freiheitsfunktionaler Minima, für die der Staat einzustehen hat, zu übertragen. Konkret für den Gesundheitssektor bedeutet dies, daß dem Gesetzgeber durch Art. 2 Abs. 2 S. 3 GG bei der Bestimmung von Leistungsarten und -dichte in der gesetzlichen Krankenversicherung auch im Bereich lebensbedrohender oder regelmäßig tödlich verlaufender Erkrankungen nicht von vorneherein jeder Entscheidungsspielraum über das Zuordnungsverhältnis von Eigenverantwortung und staatlicher Fürsorge,[404] von Gesundheitsschutz und anderen Gemeinwohlbelangen abgesprochen werden kann.

ff) Das medizinische Minimum im Widerstreit mit kollidierenden Rechtsgütern

Doch auch ohne die spezifischen Fragen rund um den Gesetzesvorbehalt sind, folgt man der in dieser Arbeit entworfenen dogmatischen Konzeption sozialstaatsbasierter Leistungsansprüche (F.II.2.), kollidierende verfassungsrechtlich geschützte Belange in gebotenem Umfang bei der konkreten Bestimmung des im Einzelfall grundgesetzlich geforderten effektiven Leistungsniveaus zu berücksichtigen.[405] Das Bundesverfassungsgericht hat die einschlägigen Rechts-

---

[401] *H. Schulze-Fielitz*, in: H. Dreier (Hrsg.), GG, Bd. 1, 2. Aufl. 2004, Art. 2 II Rdnr. 52 ff.; *D. Murswiek*, in: M. Sachs (Hrsg.), GG, 4. Aufl. 2007, Art. 2 Rdnr. 164 ff.

[402] Hierzu *H. Schulze-Fielitz*, in: H. Dreier (Hrsg.), GG, Bd. 1, 2. Aufl. 2004 Art. 2 II Rdnr. 62; *P. Kunig*, in: v. Münch/Kunig, GG, Bd. 1, 5. Aufl. 2000, Art. 2 Rdnr. 85.

[403] Cf. BVerfGE 12, 45 (50 f.); 77, 170 (221).

[404] Zu dieser Grundspannung des Sozialrechts etwa C. *Enders*, Sozialstaatlichkeit im Spannungsfeld von Eigenverantwortung und Fürsorge, in: VVDStRL 64 (2005), S. 9 ff. und *F. Wiederin*, Sozialstaatlichkeit im Spannungsfeld von Eigenverantwortung und Fürsorge, ebenda, S. 53 ff.; *F. E. Schnapp*, Sozialstaatlichkeit im Spannungsfeld von Eigenverantwortung und Fürsorge, in: DVBl. 2004, 1053 ff.; *R. Pitschas*, Soziale Sicherungssysteme im „europäisierten" Sozialstaat, in: Festschrift 50 Jahre Bundesverfassungsgericht, Bd. 2, 2001, S. 827 ff.

[405] Zum Problemkreis auch O. *Seewald*, Gesundheit als Grundrecht, 1982, S. 75 ff.

güterkollisionen im Bereich des öffentlichen Gesundheitswesens in den für die konkrete Entscheidung relevanten Passagen hingegen unerwähnt gelassen. Deshalb fehlt es auch an einer eigens herausgearbeiteten Angemessenheitsprüfung und damit an einer an den involvierten Rechtsgütern orientierten, ausdrücklich ausgewiesenen Abwägung.

(a) Medizinischer Verbraucherschutz. So zählt zum Kernbestand des aus Art. 2 Abs. 2 S. 1 GG folgenden Schutzauftrages des Gesetzgebers, den einzelnen nicht nur vor untragbaren Belastungen durch Krankheit zu bewahren, sondern zugleich gegen die aus medizinischen Behandlungsmethoden und Arzneimitteln ihrerseits erwachsenden Gefahren Vorsorge zu treffen. So ist das Bewertungsverfahren nach § 135 SGB V nicht nur vom Gedanken der Wirtschaftlichkeit (§ 12 SGB V) geprägt, sondern es dient auch dem medizinischen Verbraucherschutz, der durch das Arzneimittelgesetz (AMG) alleine nicht umfassend gewährleistet ist, wie die Rechtsprechung des Bundessozialgerichts zum komplexen Verhältnis von AMG und § 135 SGB V anschaulich belegt.[406] Nach dieser Rechtsprechung ersetzt die Zulassung nach dem AMG eine gesonderte Bewertung durch den Gemeinsamen Bundesausschuß nach §§ 92, 135 SGB V nur, soweit die Prüfung nach dem AMG tatsächlich reicht (Stichworte: individuelle Arzneimittel, off-label-use) und nur, wenn nicht der Art der Behandlung und Anwendung ein besonderes Gewicht zukommt.[407] Das Bundessozialgericht hatte in seiner restriktiven Rechtsprechung zur Durchbrechung des sozialgesetzlichen Regelungsgefüges in §§ 92, 135 SGB V, also zu Ansprüchen der Versicherten auf solche Behandlungsmethoden, die vom Gemeinsamen Bundesausschuß (noch) nicht gutgeheißen wurden, die Belange der Arzneimittelsicherheit und des medizinischen Verbraucherschutzes ausdrücklich hervorgehoben. Das Bundesverfassungsgericht hingegen hat diesen Aspekt schlicht unerwähnt gelassen.

(b) Vorbehalt des Möglichen. Unter Rückgriff auf Art. 20 Abs. 1 GG begründete grundrechtliche Leistungsrechte stehen ferner unter dem Vorbehalt des Möglichen (supra F.II.2.f.ee.). Vom Vorbehalt hinreichender Ressourcen ist auch Art. 2 Abs. 2 S. 1 GG nicht frei. Der Vorbehalt des Möglichen entfaltet seine Wirkungen, wie gezeigt, auf unterschiedlichen Allokationsebenen. Er schließt einerseits aus, daß Leistungsrechte einen indirekten Zwang zur Erhöhung der Staatsausgaben und damit (wegen des von Art. 110 Abs. 1 S. 5 GG geforderten Ausgleichs von Ausgaben und Einnahme) auch der Staatseinnahmen erzeugen. Andererseits beeinflußt er auf der Makro- und Mesoebene in gestufter Weise die Präferenz beim Einsatz der vorhandenen fiskalischen Ressourcen, ohne jedoch zu absoluten Vorrangrelationen zu führen. Diese Wirkungen des Vorbehalts bringen es in der Frage des verfassungsrechtlich geschützten medi-

[406] Cf. BSGE 89, 184 ff.; 93, 236 ff.; näher auch *R. Francke*, Die regulatorischen Strukturen der Arzneimittelversorgung nach dem SGB V, in: MedR 2006, 683 (684 ff.).

[407] BSGE 86, 54 ff.; 89, 184 ff.; 93, 236 ff.

zinischen Existenzminimums mit sich, daß auf der Makroebene die staatlichen Einnahmen trotz des hohen verfassungsrechtlichen Wertes von Leib und Leben keineswegs vorrangig für einen staatlich organisierten Gesundheitssektor auszugeben sind, sondern sämtliche pflichtigen und freiwilligen Staatsaufgaben eine angemessene Berücksichtigung finden können, und daß auf der Mesoebene der Behandlung lebensbedrohender oder regelmäßig tödlich verlaufender Erkrankungen zwar ein besonderes Gewicht, ihrer Finanzierung jedoch kein unbedingter Vorrang vor der Behandlung weniger gravierender Krankheiten zukommt.[408] Deshalb besteht auf der Ebene der Mikroallokation schließlich kein ressourcenblinder Individualanspruch auf alle überhaupt nur in Frage kommenden medizinischen Behandlungsformen und zwar auch dann nicht, wenn eine Krankheit lebensbedrohend oder regelmäßig tödlich verlaufend ist.

Betrachtet man vor diesem Hintergrund das Regelungssystem der §§ 92, 135 SGB V, hat der Gesetzgeber mit diesem ein – nach der Rechtsprechung des Bundesverfassungsgerichts – legitimes verfassungsrechtliches Ziel verfolgt, nämlich die Erhaltung der finanziellen Stabilität der gesetzlichen Krankenversicherung. Der Gesetzgeber wollte ausweislich der Gesetzesbegründung nicht hinreichend erprobte Verfahren aus dem Leistungskatalog der gesetzlichen Krankenversicherung ausschließen.[409] Die gesetzliche Krankenversicherung sollte zwar gezwungen werden, ihre Versicherten am medizinischen Fortschritt teilhaben zu lassen (supra F.II.5.a.aa.). Die Krankenkassen sollten diesen Fortschritt jedoch selbst gerade nicht in Form erprobender Behandlungsversuche mit in ihrer Wirksamkeit nicht hinreichend untersuchten Therapieformen finanzieren müssen – und zwar selbst dann, „wenn neue Methoden im Einzelfall zu einer Heilung der Krankheit oder Linderung der Krankheitsbeschwerden führen."[410]

Eingedenk des binnengegliederten Vorbehalts des Möglichen ist gegen dieses Regelungskonzept von Verfassungs wegen nicht zu erinnern, bleibt doch der in Art. 2 Abs. 2 S. 1 GG i.V.m. Art. 20 Abs. 1 GG eingezeichnete Anspruch auf ein medizinisches Existenzminimum unberührt. Vielmehr wird man im Gegenteil davon ausgehen müssen, daß der Gesetzgeber, wenn *nur* die Kosten für Behandlungen, deren Wirksamkeit ausgesprochen ungewiß und gegenwärtig nicht hinreichend medizinisch erforscht ist, von der gesetzlichen Krankenversicherung nicht übernommen werden, den von der Verfassung eingeräumten Spielraum, auch bei lebensbedrohlichen und regelmäßig tödlich verlaufenden Erkrankungen bestimmte Leistungen aus dem Katalog der gesetzlichen Krankenversicherung auszuschließen, gerade nicht ausgeschöpft hat.

---

408 So aber *V. Neumann*, Prioritätensetzung und Rationierung in der gesetzlichen Krankenversicherung, in: NZS 2005, 617 (623).

409 BT-Dr. 11/2237, S. 157.

410 Ebenda. Die Regel bestätigende Sonderreglungen zur Weiterentwicklung der Versorgung finden sich in §§ 63 ff. SGB V.

Der hohe Wert des Lebens verpflichtet nicht zu einem Lebensschutz um jeden Preis. Eine solche Aussage mag auf den ersten Blick ungeheuerlich klingen. Doch sie reflektiert nur den Umstand der Begrenztheit vorhandener Ressourcen. Diese bildet ebenso wie der Tod selbst eine unverrückbare conditio humana. Das Verfassungsrecht hat der Sterblichkeit des Menschen als solcher eben nichts entgegenzusetzen. Es kann lediglich für den staatlich verfaßten Bereich der Gesellschaft eine Rechtspflicht statuieren, nach Kräften zu verhindern, daß Menschen früher sterben müssen als es uns allen dann doch letztlich und unvermeidbar bestimmt ist. Doch diese einzusetzenden Kräfte sind eben nicht unbegrenzt; sie werden zudem auch für andere Aktivitäten gebraucht. Eine verständige Verfassungsinterpretation wird entgegen dem Bundesverfassungsgericht deshalb nicht umhinkommen, derartige Grundeinsichten zu beherzigen. Eine Verfassungsinterpretation, die eine Berücksichtigung konkurrierender belangvoller Rechtsgüter im Rahmen von verfassungsrechtlichen Leistungsrechten nicht zuläßt, verfehlt diese notwendige Einsicht in die Begrenztheit des Rechts. So verständlich es ist, daß der von einer tödlichen Krankheit Betroffene sich an jede Hoffnung klammert, die sich ihm bietet – verfassungsunmittelbare Leistungsansprüche auf Ausschöpfung auch noch der allerkleinsten Chance zur Verlängerung der ihm gegebenen Lebenszeit hat der einzelne angesichts des Vorbehalts des Möglichen und der hieraus resultierenden Gestaltungsoptionen des Gesetzgebers und Ausgestaltungsbedürftigkeit durch den Gesetzgeber nicht.

(c) Verfassungsrechtliche Leistungsrechte und der Schutz der Ausgestaltungskompetenz des parlamentarischen Gesetzgebers. Mit dem zuletzt erwähnten Gesichtspunkt ist zugleich ein weiteres Manko der Entscheidung des Bundesverfassungsgerichts angesprochen: Es ignoriert und negiert die Ausgestaltungskompetenz des parlamentarischen Gesetzgebers bei der Bestimmung sozialer Minima. Die materiell-rechtlich erforderliche Feinsteuerung der sozialen Leistungsansprüche und deren Abgleich mit kollidierenden, schutzwürdigen Belangen ist nach der gewaltengliedernden Funktionenordnung des Grundgesetzes dem demokratisch unmittelbar legitimierten Gesetzgeber aufgegeben. Dieser hat die einfachgesetzlichen Grundlagen zu schaffen, derer die praktische Realisierung verfassungsfundierter Rechte auf soziale Minima bedarf, damit sie effektiv werden können. Ein verfassungsgerichtlicher Durchgriff auf die Ebene verwaltungsorganisatorischer Realisation hat demgegenüber die Ausnahme zu bleiben, die nur dann in Frage kommt, wenn andernfalls ein effektiver Rechtsschutz nicht zu gewährleisten ist. Ob eine solche Bedingung bei schweren Erkrankungen im Einzelfall gegeben ist, hängt im Rahmen des bestehenden Gesundheitssystems insbesondere von den Vermögensverhältnissen des Versicherten sowie von der Bereitschaft der gesetzlichen Krankenversicherung, Leistungen unter Vorbehalt zu erbringen, ab.

(d) Vorrang der Selbstrealisierung. Der Aspekt der Vermögensverhältnisse erinnert zugleich an einen weiteren Gesichtspunkt, der in der Entscheidung

des Bundesverfassungsgerichts unbeachtet bleibt: den Primat der Selbstrealisation. Dieser greift auch im Rahmen des verfassungsgebotenen medizinischen Existenzminimums. Dem Gesetzgeber mag es freistehen, diesen Vorrang zu modifizieren oder sogar ganz aufzuheben (infra G.V.), auf der Ebene der jeder demokratischen Selbstverständigung der Gesellschaft vorgelagerten Verfassungspflichten ist er hingegen konstitutiv. Entsprechend können sozialstaatlich begründete Leistungsgebote im Gesundheitssektor erst dann greifen, wenn der einzelne nicht in der Lage ist, aus eigener Kraft Vorsorge zu betreiben und seine Versorgung sicherzustellen.[411] Das medizinische Existenzminimum ist Teil der sozialen Minima, nicht ihnen vorgelagert.[412] Den Staat trifft deshalb keine Verpflichtung, seine Bürger von den Kosten für eine Erkrankung vollständig frei zu halten. Das Grundgesetz schließt Krankheit als Armutsrisiko nicht aus, sondern schützt *im* Armutsfall: „Die Verfassung verpflichtet den Staat dazu, den in Existenznot geratenen Bürger zu unterstützen, gebietet aber keine staatlichen Maßnahmen, durch die der Einzelne vor der Gefahr der Existenznot bewahrt würde."[413]

Die gesetzliche Krankenversicherung ist hingegen so aufgebaut, daß die Behandlungskosten im Krankheitsfall kein Armutsrisiko in sich bergen. Die Sozialversicherungsbeiträge hängen von der individuellen finanziellen Leistungsfähigkeit ab (§§ 220 ff., 241 ff. SGB V; bei Arbeitnehmern etwa einkommensabhängig), nicht aber vom individuellen Risiko. Die Leistungen der Versicherung hingegen sind unabhängig von der Höhe der geleisteten Beiträge.

Diese Ausgestaltung ist, so sinnvoll sie sozialpolitisch ist, verfassungsrechtlich jedoch nicht geboten. Denn der Gesetzgeber könnte zur Sicherung des medizinischen Existenzminimums auch andere Wege gehen,[414] z.B. sozial Bedürftigen Zuschüsse für Prämien in einem privatwirtschaftlich organisierten Versicherungssystem gewähren oder für diesen Bevölkerungskreis die erforderlichen Sachleistungen durch eigene Einrichtungen, etwa in Form eines staatlichen Gesundheitsdienstes, erbringen.[415] Ob eine solche gesundheitspolitische Weichenstellung wünschenswert wäre, mag man bezweifeln. Sie kolli-

---

[411] *J. Taupitz*, Ressourcenknappheit in der Medizin, in: J. Wolter/E. Riedel/J. Taupitz (Hrsg.), Einwirkungen der Grundrechte auf das Zivilrecht, Öffentliches Recht und Strafrecht, 1999, S. 113 (122); *C. F. Gethmann u.a.*, Gesundheit nach Maß?, 2004, S. 151.

[412] *V. Neumann*, Das medizinische Existenzminimum, in: NZS 2006, 393 (394).

[413] *M. Nettesheim*, Rationierung in der Gesundheitsversorgung, in: VerwArch 93 (2002), 315 (341); zum Problem auch *I. Ebsen*, Verfassungsrechtliche Implikationen der Ressourcenknappheit im Gesundheitswesen, in: NDV 1997, 71 (76).

[414] An dieser Stelle geht es nur um die Frage grundrechtlich gestützter Ansprüche auf soziale Minima. Ob andere Verfassungsnormen wie Art. 87 Abs. 2 GG oder Art. 20 Abs. 1 GG als Institutsgarantie eine bestimmte institutionelle Ausgestaltung verlangen, wird später (infra F.II) noch zu thematisieren sein.

[415] *M. Nettesheim*, Rationierung in der Gesundheitsversorgung, in: VerwArch 93 (2002), 315 (326).

dierte aber jedenfalls nicht mit dem sozialstaatlichen Gebot, jedem ein gewisses, bereichspezifisch zu bestimmendes soziales Minimum als Bedingung der Möglichkeit zu Realisierung belangvoller Freiheitschancen zu garantieren.

Die gesetzliche Krankenversicherung ist deshalb auch nicht der „geborene" Träger für die Erbringung öffentlich-rechtlich organisierter Sozialleistungen im Bereich der Krankenbehandlung, wie das Bundesverfassungsgericht selbstverständlich voraussetzt. Vielmehr deuten die Ausgestaltungskompetenz des Gesetzgebers und das Primat der Selbstrealisation darauf hin, daß es 1.) primär Sache des Gesetzgebers ist, den zuständigen Leistungsträger für das medizinische Existenzminimum zu bestimmen, und 2.) es nicht systemfremd erscheint, entsprechende Fragen nicht als solche des Krankenversicherungs-, sondern des Grundsicherungsrechts zu behandeln.[416]

gg) Zwischenresümee

Das Bundesverfassungsgericht schießt mit seiner Entscheidung zu verfassungsrechtlichen Ansprüchen auf medizinische Behandlungsmethoden, deren Wirksamkeit in Frage steht, weit über das grundgesetzlich vorgegebene Ziel hinaus. Es faßt den verfassungsrechtlichen Pflichtgehalt des Grundgesetzes allzu extensiv und versäumt zudem, gegenläufige verfassungsrechtliche Belange wie den medizinischen Verbraucherschutz, den Vorbehalt des Möglichen oder den Primat der Selbstrealisation auch nur im Ansatz zu berücksichtigen. Für eine Dogmatik sozialstaatlicher Minima vermag es deshalb keine positiven Akzente zu setzen.

b) Das soziale Minimum im Gesundheitsbereich als Rationierungsverbot?

Löst man sich für die weitere Betrachtung der Probleme eines sozialen Minimums im Bereich von Art. 2 Abs. 2 S. 1 GG von der mißglückten Entscheidung des Bundesverfassungsgerichts, bleibt die Frage nach verfassungsrechtlichen Möglichkeiten von und Grenzen für Leistungseinschränkungen in der gesetzlichen Krankenversicherung virulent. Sie wird seit Jahren intensiv rechtspolitisch diskutiert. Immer wieder findet sich dabei der Vorschlag, durch die öffentliche Hand nur noch eine medizinische Basisversorgung sicherzustellen und wegen des nicht mehr abgedeckten Risikos auf den privaten Versicherungsmarkt zu verweisen.[417] Die praktische Realisation solcher Vorschläge erweist sich jedoch als ausgesprochen diffizil,[418] weil es an klaren und praktikablen Kriterien dafür

---

[416] So geht *S. Huster*, Medizinische Versorgung im Sozialstaat, in: N. Mazouz/M. H. Werner/U. Wiesing (Hrsg.), Krankheitsbegriff und Mittelverteilung, 2004, S. 157 (161 ff.) von einer Maßstabsfunktion der Sozialhilfe für die Bestimmung sozialer Minima aus; zur Frage auch *V. Neumann*, Das medizinische Existenzminimum, in: NZS 2006, 393 (394).

[417] Hierzu etwa *E. Eichenhofer*, Grund- und Zusatzsicherung in der gesetzlichen Krankenversicherung, in: SGb 2001, 600 ff.

[418] Auf mit der Rationierungsproblematik verbundene organisationsrechtliche Fragen

fehlt, welche Leistungen in eine solche Grundversicherung aufzunehmen sind.[419]

Zudem stellt sich das Problem, wie bei den Menschen zu verfahren ist, die sich eine Aufstockung ihres Versicherungsschutzes über die Grundversorgung hinaus finanziell nicht leisten können. Sollte ihnen in diesem Fall keine staatliche Unterstützung zukommen, ist erneut in drängender Weise die Frage nach dem medizinischen Existenzminimum als dem Versorgungsniveau, das von Verfassungs wegen zumindest gewährleistet sein muß, aufgeworfen. Dieses könnte dann zugleich maßstabsetzend für eine Unterscheidung von Grund- und Zusatzversorgung sein.[420]

aa) Gleichheitsgebote als Rationierungsverbote?

Zur Bestimmung des medizinischen Existenzminimums haben sich im Schrifttum recht unterschiedliche Positionen herausgebildet, denen jedoch weitgehend gemein ist, daß sie egalitaristisch argumentieren.

Für *Paul Kirchhof* etwa besteht verfassungsrechtlich kaum Raum, einem Menschen medizinisch sinnvolle und notwendige Leistungen vorzuenthalten, weil hierdurch die „Gleichheit aller Menschen in der Unverletzlichkeit ihrer Menschenwürde“ berührt wäre.[421] „Der Schutz der Menschenwürde fordert die medizinische Wiederherstellung eines heilbaren Zustandes bei jedem Patienten“.[422] Die normative Anbindung an die Menschenwürde führt Kirchhof dazu, dem Gesetzgeber nur einen geringen Gestaltungsspielraum einzuräu-

---

(Gesetzesvorbehalt, Legitimationsanforderungen) wird später noch einzugehen sein; an dieser Stelle soll der Focus ausschließlich auf die Quantifizierung sozialer Minima gerichtet sein.

[419] Technisch unproblematisch realisierbar ist die Herausnahme klar definierter Leistungssegmente aus dem Versicherungsschutz, also Rationierungen ex negativo; sie wird auch schon momentan praktiziert (§§ 33 Abs. 2 für Sehhilfen, § 34 Abs. 1 S. 1 für nicht verschreibungspflichtige Arzneimittel – also unter Rückgriff auf eine eigentlich gefahrenrechtlich begründete Klassifizierung, § 34 Abs. 1 S. 6 und 7 für Bagatellerkrankungen und Lifestyle-Medikamente). Als ausgesprochen schwierig erweist sich hingegen die Erstellung einer Positivliste, die alle zu erbringenden Leistungen aufzählt und alle anderen indirekt aus dem Leistungsspektrum ausschließt.

[420] Zwingend wäre dies nicht; wer leistungsfähig ist, könnte auch darauf verwiesen werden, seine Vorsorge in höherem Maße oder sogar ganz privat abzudecken; cf. *M. Nettesheim*, Rationierung in der Gesundheitsversorgung, in: VerwArch 93 (2002), 315 (336). Freilich würden von einem medizinischen Grundsicherungsniveau, welches höher liegt als das einer solidarisch finanzierten gesetzlichen Pflichtversicherung, erhebliche Verhaltensfehlanreize ausgehen.

[421] *P. Kirchhof*, Gerechte Verteilung medizinischer Leistungen im Rahmen des Finanzierbaren, Münchener Medizinische Wochenschrift 1998, 200 (201); mit leicht anderen Nuancen in den Ergebnissen, aber gleicher Grundstruktur der Argumentation auch *ders.*, Das Recht auf Gesundheit, in: Stimmen der Zeit 2004, 3 ff.

[422] *P. Kirchhof*, Gerechte Verteilung medizinischer Leistungen im Rahmen des Finanzierbaren, Münchener Medizinische Wochenschrift 1998, 200 (201).

men. Die Pflichtaufgaben einer beitragsfinanzierten Medizin beschränkten sich zwar auf „die Verhinderung des vermeidbaren Todes, die Heilung und Linderung von Krankheiten sowie des damit verbundenen Schmerzes". In diesem Rahmen bestünde dann jedoch „ein Individualanspruch auf Gesundheit um jeden Preis."[423] Nur medizinisch nicht gebotene Leistungen könnten deshalb aus der Grundversorgung ausgeklammert werden.[424]

Erwägungen zur Gleichheit und Menschenwürde sind auch für *Ingwer Ebsen* entscheidend, um Leistungsverknappungen aus Kostengründen ausgesprochen reserviert gegenüber zu stehen. Er geht dabei von dem oben (supra C.V.) bereits skizzierten egalitaristischen Modell der Bestimmung des sozialen Existenzminimums aus. Eine medizinische Mindestversorgung habe zu gewährleisten, daß Hilfsbedürftige in ihrer Bedürftigkeit nicht erkannt werden. Sie müßten ein Leben wie jeder andere führen können. Deshalb dürften Stufungen in Grund- und Zusatzversicherungen nicht dazu führen, daß Menschen, die ihr soziales Existenzminimum nicht aus eigenem Vermögen sichern könnten, vom Normalstandard ausgeschlossen würden. Ergo verlange das Gebot sozialer Gleichheit, daß niemand von als notwendig und wirtschaftlich anerkannten Gesundheitsleistungen ausgeschlossen werde. Ebenso seien Stigmatisierungen zu vermeiden, die etwa entstünden, wenn sich bei Hilfsmitteln oder Zahnersatz eine Art Sozialhilfestandard etablieren würde.[425]

Stefan Huster schließlich nimmt den Gleichstellungsgedanken auf, wendet ihn jedoch gegen die Vertreter einer Position, die die Bereitstellung *aller* medizinisch notwendigen Maßnahmen verfassungsrechtlich abgesichert sehen.[426] Er

---

[423] *P. Kirchhof*, Gerechte Verteilung medizinischer Leistungen im Rahmen des Finanzierbaren, Münchener Medizinische Wochenschrift 1998, 200 (203).

[424] Durchaus Raum sieht Kirchhof hingegen für eine Stärkung des Wirtschaftlichkeitsprinzips durch organisatorische Maßnahmen (gegen Doppelbehandlungen, etc.) und durch mehr finanzwirtschaftliche Eigenverantwortung durch Zuzahlungen; *P. Kirchhof*, Das Recht auf Gesundheit, in: Stimmen der Zeit 2004, 3 (8 ff.); auch plädiert er für eine ars moriendi, eine Kultur des Sterbenlassens.

[425] *I. Ebsen*, Verfassungsrechtliche Implikationen der Ressourcenknappheit im Gesundheitswesen, in: NDV 1997, 71 (77 ff.); cf. auch *V. Neumann*, Der Grundrechtsschutz von Sozialleistungen in Zeiten der Finanznot, NSZ 1998, 401 (411); skeptisch gegenüber einem direkten Rückgriff auf die Menschenwürde hingegen mit überzeugenden Gründen *ders.*, Prioritätensetzung und Rationierung in der gesetzlichen Krankenversicherung, in: NZS 2005, 617 (622); gleichheitsrechtliche Grenzen bei Rationierungen sieht auch *B. Schulin*, Verfassungsrechtliche Grenzen bei der Umgestaltung des Sozialstaats, im Bereich der Gesundheitssicherung, in: VSSR 1997, 43 (51 f.), der eine grundsätzliche Gleichstellung mit Privatversicherten verlangt.

[426] *S. Huster*, Medizinische Versorgung im Sozialstaat, in: N. Mazouz/M. H. Werner/U. Wiesing (Hrsg.), Krankheitsbegriff und Mittelverteilung, 2004, S. 157 ff.; *ders.* Grundversorgung und soziale Gerechtigkeit im Gesundheitswesen, in: O. Rauprich/G. Marckmann/J. Vollmann (Hrsg.), Gleichheit und Gerechtigkeit in der modernen Medizin, 2005, S. 187 ff.; *ders.*, Sozialstaat oder soziale Gerechtigkeit, in: R. Alexy (Hrsg.), Juristische Grundlagenforschung, 2005, S. 202 (203 ff.); *ders.*, Soziale Sicherung als Zukunftsbewältigung und -gestal-

betont die gesellschaftliche Grundbedingung ökonomischer Knappheit, weshalb man davon absehen solle anzunehmen, daß jede medizinisch-technisch mögliche Behandlung allen von Verfassungs wegen zur Verfügung gestellt werden müsse. An der Idee des Mindeststandards sei festzuhalten, jeder habe

> „einen Anspruch auf eine angemessene medizinische Versorgung, aber die Frage, was angemessen ist, läßt sich nicht absolut (d.h. unter ausschließlicher Bezugnahme auf den Gesundheitsstandard des Betroffenen und die entsprechende medizinische Erforderlichkeit oder Zweckmäßigkeit der Behandlung) definieren, sondern nur im Verhältnis zu den Ausgaben für die Gesundheit, die – in Abwägung mit anderen Gütern – allgemein für angemessen gehalten werden."

Zur Ermittlung der Präferenzen sei, im Anschluß an einen entsprechenden Vorschlag *Ronald Dworkins*,[427] darauf abzustellen, inwieweit die Bürger üblicherweise eine minimale Grundversorgung freiwillig durch Zusatzversicherungen aufstocken würden. Dieses Modell führt insbesondere im hohen Alter im Bereich der medizinischen Leistung nach Husters Vermutung zu Einschränkungen.

> „Angesichts des Umstandes, daß ein erheblicher Teil der Gesundheitskosten auf die letzten Lebensmonate entfällt und die Intensivmedizin im Bereich der Lebensverlängerung noch enormes Entwicklungspotential besitzt, kann sich sehr ernsthaft die Frage stellen, ob ein rational Handelnder entsprechende Leistungen auch dann noch versichern würde, wenn ihm diese Leistungen mit hoher Sicherheit nur noch ein kurzes Weiterleben mit sehr eingeschränkter Lebensqualität einbringen, die entsprechenden Kosten aber die Verwirklichung anderer Bedürfnisse massiv behindern. … Vermutlich wird ein großer Teil der Bürger, wenn er über diese Zusammenhänge aufgeklärt wird, auf die Dauer nicht bereit sein, erhebliche Summen in die Absicherung derartiger Leistungen zu investieren."[428]

Huster sieht verfassungsrechtlich damit den Weg zu Leistungseinschränkungen in der gesetzlichen Krankenversicherung gebahnt, die sich an den Präferenzen der Bevölkerung orientieren und damit dem Autonomiegedanken genügen. Zur Mindestsicherung gehörten nach diesem Modell dann nur die Leistungen, die die Bevölkerung im Durchschnitt auf eigene Kosten zu versichern bereit ist. Denn wenn große Teile der Bevölkerung das Problem der individuellen Knappheit der Ressourcen lieber durch Abstriche an einer optimalen medizinischen

---

tung, in: SDSRV 55 (2007), S. 15 (24 ff.); eine feinsinnge Kritik des Husterschen Ansatzes bei *P. Dabrock*, Befähigungsgerechtigkeit als Kriterium zur Beurteilung von Grundversorgungsmodellen im Gesundheitswesen, in: O. Rauprich/G. Marckmann/J. Vollmann (Hrsg.), Gleichheit und Gerechtigkeit in der modernen Medizin, 2005, S. 213 ff.

[427] *R. Dworkin*, Justice and the High Costs of Health, in: ders., Souvereign Virtue, 2002, S. 318.

[428] *S. Huster*, Medizinische Versorgung im Sozialstaat, in: N. Mazouz/M. H. Werner/U. Wiesing (Hrsg.), Krankheitsbegriff und Mittelverteilung, 2004, S. 157 (167); aufgeschlossen für diesen Ansatz *E. Schmidt-Aßmann*, Verfassungsfragen der Gesundheitsreform, in: NJW 2004, 1689 (1691); *ders.*, Grundrechtspositionen und Legititmationsfragen im öffentlichen Gesundheitswesen, 2001, S. 31 f.

Versorgung als durch anderweitigen Ausgabenverzicht lösen, sei eine entsprechende Regelung der Probleme kollektiver Ressourcenknappheit unter Gesichtspunkten der Gleichbehandlung nicht zu beanstanden.

bb) Rationierungen im Lichte eines Verfassungsgebots des freiheitsfunktional-suffizienzorientierten Minimums

Alle drei Ansätze kranken aus der Perspektive einer freiheitsfunktionalen Sozialstaatsdogmatik an ihrem egalitaristischen Überschuß. Dies gilt auch für das autonome Entscheidungen über das Ausmaß des Krankenversicherungsschutzes integrierende Modell, das Huster vorlegt. Denn die Simulation von Marktentscheidungen ist bei ihm nur das heuristische Mittel zum normativen Zweck, Mindeststandards mit Hilfe von Gleichstellungsgeboten zu definieren.[429]

Huster ist zuzustimmen, wenn er den Focus auf individuelle Präferenzbildungen lenkt und so mittelbar an die freiheitsrechtliche Fundierung verfassungsrechtlicher Ansprüche auf soziale Minima erinnert (deren Kehrseite, wie herausgestrichen, Eigenverantwortung ist).[430] Wenn verfassungsrechtliche Mindeststandards so hoch ansetzen und so rigide gefaßt werden, daß sie unter den Bedingungen der Knappheit freiheitliche Präferenzbildungen – seien es demokratische, seien es individuelle – ausschließen, drohen sie ihren freiheitsdienenden Charakter zu verlieren und zu Instrumenten paternalistischer Zwangsbeglückung zu werden (hierzu supra C.VI.5.).

Huster ruft auch in Erinnerung, daß das Verfassungsrecht keine absoluten Leistungsstandards sub eternitate zu definieren hat, sondern der Gehalt sozialer Rechte kontextabhängig ist. Dogmatische Bestimmungen sozialer Minima müssen so angelegt sein, daß sie hinreichend Raum für der Rechtsmaterie geschuldete Anpassungsleistungen lassen. Wenn unter Bedingungen der Knappheit die Teilhabe aller Bürger am weiteren, besonders kostentreibenden medizinischen Fortschritt zu einem Problem für die Ressourcen der öffentlichen Hand sowie – wegen der erforderlichen Beitragssatzsteigerungen – für die Nettoeinkommenssituation der Versicherten wird, kann das Verfassungsrecht sich nicht blind stellen und auf die Einhaltung eines verfassungsrechtlichen Gesundheitsschutzes „um jeden Preis" beharren.

---

[429] Ein hier nicht weiter zu behandelndes Problem stellt sich ferner unter dem Gesichtspunkt der Revisionsoffenheit in fundamentalen Fragen der Lebensführung, die der Sozialstaat eigentlich gerade sicherstellen soll (cf. *J. Neuner*, Privatrecht und Sozialstaat, 1999, S. 104 ff.: „Schutz vor Hoffnungslosigkeit); näher dazu *H. M. Heinig*, Menschenwürde und Sozialstaat, in: P. Bahr/H. M. Heinig (Hrsg.), Menschenwürde in der säkularen Verfassungsordnung, 2006, S. 249 (294); *V. Neumann*, Das medizinische Existenzminimum, in: NZS 2006, 393 (396).

[430] In diesem Sinne auch *E. Schmidt-Aßmann*, Grundrechtspositionen und Legitimationsfragen im öffentlichen Gesundheitswesen, 2001, S. 30 f.; *ders.*, Verfassungsfragen der Gesundheitsreform, in: NJW 2004, 1689 (1691); *C. F. Gethmann*, Gesundheit nach Maß?, 2004, S. 150 f.

Gerade deshalb aber erweist sich der freiheitsfunktionale Ansatz zur Bestimmung sozialer Minima gegenüber egalitatistischen Konstruktionen als überlegen. Zwar ist zuzugeben, daß für Art. 2 Abs. 2 S. 1 GG eine sozialstaatliche Relektüre der Norm unter den Normalitätsbedingungen unserer Tage einem *prima facie-Anspruch auf Sicherstellung aller medizinischen Therapieformen, die evident notwendig und sinnvoll sind*, recht nahe kommt. Befürworter einer sehr restriktiven Fassung des medizinischen Existenzminimums werden in dieser recht weiten Ausgangsbestimmung einen Makel sehen. Doch spiegelt er lediglich die überragende Bedeutung der involvierten Rechtsgüter wider. Argumentiert man streng freiheitsfunktional, ist es nur konsequent, das medizinische Existenzminimum weiter zu fassen als andere bereichsspezifische Minima.

Zugleich steht der auf Art. 2 Abs. 2 S. 1 GG i.V.m. Art. 20 Abs. 1 GG gestützte Anspruch jedoch unter einigen aus der Freiheitsverpflichtung des Sozialstaates abgeleiteten Bedingungen. Erinnert sei insbesondere an den *Vorrang der Selbstrealisation* (supra F.II.6.a.ff.). Als Grundsicherungskomponente ist der verfassungsrechtlich begründete Anspruch auf Gesundheitsleistungen nachrangig; der einzelne hat zunächst alles in seinen Kräften stehende zu unternehmen, um dem Krankheitsrisiko selbst wirksam zu begegnen.

Von Relevanz für den „Netto"-Anspruch ist ferner die *Ausgestaltungskompetenz des Gesetzgebers*. Dieser kann gegenläufige verfassungsrechtlich geschützte Belange bei der Konkretisierung des sozialstaatlichen Anspruchs angemessen berücksichtigen. Da im Bereich des Art. 2 Abs. 2 S. 1 GG die Idee des Minimums selbst nur eine sehr begrenzte Korrektivfunktion entfaltet, ist zudem der *Gesetzesvorbehalt* in Art. 2 Abs. 2 S. 3 GG dergestalt zu berücksichtigen, daß er die Ausgestaltungsspielräume tendenziell erweitert und umgekehrt den Gewährleistungsgehalt des Anspruchs begrenzt (supra F.II.6.a.ee.).

Schließlich sei der *Vorbehalt des Möglichen* mit seiner gestuften Wirkung auf den unterschiedlichen Allokationsebenen erwähnt (supra F.II.6.a.ff.). Die Rationierungsproblematik wird durch eine verschärfte Ressourcenknappheit aufgeworfen – ohne Knappheit gäbe es keinen Grund, den Anspruch auf ein soziales Minimum einzuschränken. Der Vorbehalt des Möglichen bietet das erforderliche Instrument, Knappheitsprobleme im Rahmen verfassungsunmittelbar begründeter Leistungsrechte adäquat (d.h.: in der dogmatischen Struktur abgeschichtet) zu bearbeiten. Er führt dazu, daß der Staat weder vorrangig seine Einnahmen zu erhöhen hat, bevor medizinische Leistungen rationiert werden, noch andere staatliche Aufgabenbereiche vernachlässigen muß, noch ausnahmslos und prioritär die für den Gesundheitssektor zur Verfügung stehenden Mittel zur Bekämpfung schwerster und lebensbedrohender Erkrankungen verwenden muß.[431] Der

[431] In diesem Zusammenhang sind auch die Erkenntnisse der Public-Health-Forschung zu berücksichtigen, nach denen öffentliche Investitionen in andere Bereiche als der medizinischen Versorgung, etwa in gesunde Wohnverhältnisse, in Bildung, in Aufklärung über Ernährungs- und Bewegungsfragen usw., für die Gesundheit der Bevölkerung insgesamt von

Anspruch auf das medizinisch Notwendige vermag vorhandene Mangelsituationen also nicht qua Rechtsbefehl zu beseitigen.[432] Der Mangel wird durch den Vorbehalt des Möglichen nur „moderiert". Der unter diesem Vorbehalt stehende Anspruch verlangt jedoch, daß angemessene, d.h. an Stelle der wegen einer Knappheitssituation nicht realisierbaren absolut eigentlich erforderlichen Ausgabenanteile, immerhin relativ zu den anderen Ausgaben als hinreichend zu bewertende Ressourcen zur Erfüllung der jeweiligen sozialen Ansprüche zur Verfügung gestellt werden.

Auf der Ebene der Mikroallokation wirkt sich der Vorbehalt des Möglichen schließlich dahingehend aus, daß in einer Mangelsituation nicht alle Ansprüche zeitgleich bedient werden können und müssen. Dann stellt sich die hochsensible Frage nach Regeln für die individuelle Zuteilung. Orientierung können etwa bewährte einfachgesetzliche Regelungen und Praktiken aus dem Bereich der Transplantationsmedizin bieten.[433] Von Verfassungs wegen dürfen die Verteilungsregeln jedenfalls keinen diskriminierenden Charakter haben.[434] Eine Allokation nach „sozialer Wertigkeit" der Patienten, wie immer diese auch bestimmt werden soll, scheidet deshalb von vornherein aus. Zulässig sind hingegen fachlich-medizinische Kriterien,[435] aber auch „statusblinde"[436] soziale Kriterien (Wartezeit, Los, Prioritätsprinzip), wenngleich diese im Detail jeweils ihre eigenen Tücken haben.[437] Von anhaltender Brisanz ist zudem die Frage, ob auf der Ebene der Mikroallokation auch Kosten-Nutzen-Bewertungen berücksichtigt werden können. Soweit diese den Patienten selbst betreffen, wird man dies kategorisch auszuschließen haben. Wegen des Diskriminierungsverbots darf nicht auf eine unterschiedlich hohe Bedeutung des einzelnen für das Gemeinwohl abgestellt werden. Doch auch die Berücksichtigung der zukünftigen Lebensqualität des Patienten in Form „qualitätsbereinigter Jahre" (Qualys)

---

sehr viel größerem Nutzen sein können, als eine Konzentration auf die rein medizinische Versorgung.

[432] Pointiert *J. Isensee*, Verwaltung des Mangels im Gesundheitswesen, in: Gedächtnisschrift für M. Heinze, 2005, S. 417 (431): „Gegen Finanzengpässe läßt sich nicht juristisch anargumentieren. Wo nichts ist, da hat auch der Sozialstaat sein Recht verloren."

[433] Cf. *E. Schmidt-Aßmann*, Grundrechtspositionen und Legitimationsfragen im öffentlichen Gesundheitswesen, 2001, S. 22 und öfter.

[434] *J. Taupitz*, Ressourcenknappheit in der Medizin, in: J. Wolter/E. Riedel/J. Taupitz (Hrsg.), Einwirkungen der Grundrechte auf das Zivilrecht, Öffentliches Recht und Strafrecht, 1999, S. 113 (128 f.).

[435] Cf. *H.-L. Schreiber*, Rechtliche Kriterien der Verteilungsgerechtigkeit im Sozialstaat, in: E. Nagel/Ch. Fuchs (Hrsg.), Soziale Gerechtigkeit im Gesundheitswesen, 1993, S. 302 ff.; *C. F. Gethmann u.a.*, Gesundheit nach Maß?, 2004, S. 154 f. mit weit. Nachw.

[436] *J. Taupitz*, Ressourcenknappheit in der Medizin, in: J. Wolter/E. Riedel/J. Taupitz (Hrsg.), Einwirkungen der Grundrechte auf das Zivilrecht, Öffentliches Recht und Strafrecht, 1999, S. 113 (125 f.).

[437] Cf. *S. Herb*, Die Verteilungsgerechtigkeit in der Medizin, 2002, S. 139 ff.; *C. F. Gethmann u.a.*, Gesundheit nach Maß?, 2004, S. 155 ff. mit weit. Nachw.

sieht sich Bedenken ausgesetzt.[438] Aus verfassungsrechtlicher Sicht wird unter dem Gesichtspunkt des Schutzes individueller Selbstbestimmung daran zu erinnern sein, daß solche Qualitätsbewertungen ganz wesentlich von der Selbsteinschätzung des Patienten abhängen.

Statusblinde Kosten-Nutzen-Erwägungen wird man hingegen als Teil der „tragic choices"[439], die es im medizinischen Alltag zu treffen gilt, unter Bedingungen forcierter Knappheit nicht vermeiden können. Sie sind allerdings so weit wie möglich bereits auf höheren Allokationsstufen einzustellen. So ist ein grundsätzlicher Ausschluß von Behandlungsmethoden und Arzneimitteln, deren Wirksamkeit ausgesprochen fraglich ist, einer Einzelfallentscheidung vorzuziehen, weil Kosten-Nutzen-Analysen auf dieser Ebene rationaler, transparenter, demokratischer und effektiver durchgeführt werden können.

Im Ergebnis ist es *verfassungsrechtlich* im freiheitsdienenden Sozialstaat damit nicht geboten, daß unter Bedingungen forcierter Knappheit Hilfsbedürftigen der *gleiche* Gesundheitsschutz zukommt wie denjenigen, die aus eigenem Vermögen Vorsorge betreiben können. Der Sozialstaat des Grundgesetzes verbietet nicht die vielgescholtene „Zweiklassenmedizin".[440] Moderate Differenzierungen im medizinischen Versorgungsniveau sind in einer freiheitlichen Gesellschaft bei Knappheit der Ressourcen unvermeidlich, will man nicht flächendeckend einer superharten Rationierung das Wort reden und die Selbstbeschaffung medizinischer Leistungen (wie teilweise bei Organen – § 9 ff. TPG) schlicht verbieten. Doch die materielle Nivellierung nach unten ist kein Ziel des freiheitlichen Sozialstaates des Grundgesetzes[441] und eine Angleichung der Lebensverhältnisse aller auf das Niveau derjenigen, die keine individuelle Knappheit kennen, ist – selbst wenn es um Leben und Tod geht – weder verfassungsgeboten noch in der Sache praktikabel.

Das Grundgesetz garantiert deshalb nur, aber immerhin ein medizinisches Existenzminimum, das sich am medizinisch Notwendigen orientiert, durch gesellschaftliche Üblichkeiten mitgeprägt wird und das zugleich durch den Vorrang der Eigenleistung und den Vorbehalt des Möglichen begrenzt ist.[442] Sozialpolitisch mag man sich auf ein Leistungsniveau einigen, das weit über diesem vom Grundgesetz verlangten Standard angesiedelt ist;[443] freiheitsfunktional geboten ist jedoch lediglich dieses soziale Minimum.

---

[438] *C. F. Gethmann u. a.*, Gesundheit nach Maß?, 2004, S. 155 f. mit weit. Nachw.

[439] *G. Calabresi/P. Bobbitt*, Tragic choices, 1978.

[440] *K. Lauterbach*, Der Zweiklassenstaat, 2007.

[441] *K. Doehring*, Sozialstaat, Rechtsstaat und freiheitlich-demokratische Grundordnung, 1978, S. 29.

[442] Cf. *K. Vorsteen*, Rationierung im Gesundheitswesen und Patientenschutz, 2001, S. 268.

[443] Das SGB V zeugt davon.

6. Sozialstaatliches Rückschrittsverbot und soziale Minima

Begründet man soziale Minima bereichsspezifisch unter Rückgriff auf einzelne Freiheitsrechte, ist das jeweilige Leistungsniveau des einfachen Sozialrechts für die Bestimmung des verfassungsrechtlich Gebotenen irrelevant. Der soziale Staat des Grundgesetzes kennt somit kein „soziales Rückschrittsverbot".[444] Das einmal Erreichte steht stets zur Disposition des Gesetzgebers.[445] In diesem Sinne ist der Sozialstaat tatsächlich, wie *Hans F. Zacher* betont, ein offener Prozeß (cf. supra A.IV.1.). Selbst typische Rechtsinstitute des Sozial- und Arbeitsrechts sind nicht per se „verfassungsfest".[446] Dem Gesetzgeber ist durch Art. 20 Abs. 1 GG auch keine Darlegungslast für die gemeinwohlbedingte Erforderlichkeit einer Veränderung des sozialstaatlichen Status quo auferlegt[447] (politisch ergibt sich diese aus der Mechanik der parlamentarischen Demokratie von selbst). Ebenso ist eine „ersatzlose Demontage" nicht verfassungsrechtlich verboten, soweit eben nicht die Sphäre sozialer Minima berührt ist.[448] Deshalb ist die zuweilen im Schrifttum anzutreffende Aussage, die Vorsorgesysteme für die klassischen sozialen Risiken müßten in jedem Fall erhalten bleiben[449] und dürften nicht ersatzlos gestrichen werden, dahingehend zu präzisieren, daß nur eine Mindestsicherung von Verfassungs

---

[444] Zur Frage insb. *R.-U. Schlenker*, Soziales Rückschrittsverbot und Grundgesetz, 1986; *V. Neumann*, Grundrechtsschutz von Sozialleistungen in Zeiten der Finanznot, in: NZS 1998, 401 ff.; *K.-J. Bieback*, Verfassungsrechtlicher Schutz gegen Abbau und Umstrukturierung von Sozialleistungen, 1997; *E. Schmidt-Aßmann*, Grundrechtspositionen und Legitimationsfragen im öffentlichen Gesundheitswesen, 2001, S. 31 ff.; cf. in diesem Zshg. zu einem aus dem Internationalen Pakt über wirtschaftliche, soziale und kulturelle Rechte abgeleiteten Rückschrittsverbot am Beispiel von Studiengebühren *E. Riedel/S. Söllner*, Studiengebühren im Lichte des UN-Sozialpakts, in: JZ 2006, 270 (271 f.); *S. Lorenzmeier*, Völkerrechtswidrigkeit der Einführung von Studienbeiträgen, in: NVwZ 2006, 759 (760).

[445] BVerfGE 39, 302 (314); BSGE 15, 71 (76); *R. Scholz*, Sozialstaat zwischen Wachstums- und Rezessionsgesellschaft, 1981, S. 32 f.; *J. Isensee*, Der Sozialstaat in der Wirtschaftskrise, in: Festschrift für J. Broermann, 1982, S. 365 (366 ff.); *ders.*, Verwaltung des Mangels im Gesundheitswesen, in: Gedächtnisschrift für M. Heinze, 2005, S. 417 (431); *K.-P. Sommermann*, in: v. Mangoldt/Klein/Starck, GG, 5. Aufl. 2005, Art. 20 Abs. 1 Rdnr. 122; *R. Gröschner*, in: H. Dreier (Hrsg.) GG, Bd. 2, 2. Aufl. 2006, Art. 20 Rdnr. 44; anders hingegen *P. Lerche*, Übermaß und Verfassungsrecht, 1961, S. 231; *J. Burmeister*, Vom staatsbegrenzenden Grundrechtsverständnis zum Grundrechtsschutz für Staatsfunktionen, 1971, S. 21 ff., 97 ff.; *M. Kittner*, in: AK-GG, 2. Aufl. 1989, Art. 20 Abs. 1–3 IV Rdnr. 29, 79; *D. Schiek*, in: AK-GG, 3. Aufl., Art. 20 Abs. 1–3 V Rdnr. 54 f., 73 (Grundwerk 2001).

[446] So aber *M. Kittner*, in: AK-GG, 2. Aufl. 1989, Art. 20 Abs. 1–3 IV Rdnr. 29.

[447] So aber etwa *I. Ebsen*, Verfassungs- und europarechtliche Vorgaben, in: B. Schulin (Hrsg.), Handbuch des Sozialversicherungsrechts, Bd. 3 – Rentenversicherungsrecht, 1999, S. 133 (144); ebenso *F. Hase*, Versicherungsprinzip und sozialer Ausgleich, 2000.

[448] A.A. *M. Kittner*, in: AK-GG, 2. Aufl. 1989, Art. 20 Abs. 1–3 IV Rdnr. 79; *D. Schiek*, in: AK-GG, 3. Aufl., Art. 20 Abs. 1–3 V Rdnr. 54 (Grundwerk 2001).

[449] *I. Ebsen*, Verfassungs- und europarechtliche Vorgaben, in: B. Schulin (Hrsg.), Handbuch des Sozialversicherungsrechts, Bd. 3 – Rentenversicherungsrecht, 1999, S. 133 (144).

wegen gefordert ist. Die am jeweiligen Lebensstandard orientierte Form „gehobener“ sozialer Sicherung, wie sie die Sozialversicherung lange Zeit dargestellt hat, ist durch den Sozialstaatsgrundsatz hingegen nicht verfassungsfest gemacht.[450] Denn der Sozialstaat des Grundgesetzes verlangt lediglich die Absicherung von Mindestbedingungen für ein selbstbestimmtes Leben. Er kennt jedoch kein Petrifizierungsgebot. Eine Versteinerung des jeweiligen sozialpolitischen Status quo wäre demokratietheoretisch höchst problematisch, da sie die Zukunftsoffenheit und Neubestimmbarkeit demokratischer Entscheidungen konterkarierte. Sie würde auch der Gesamtanlage des Sozialstaatsgebotes im Verfassungsgefüge in keiner Weise gerecht;[451] ein soziales Rückschrittsverbot ist deshalb weder verfassungstheoretisch noch mit den „konventionellen“ Instrumenten der Verfassungsauslegung zu begründen.[452]

7. *Zwischenresümee*

Sucht man nach einer schärfer konturierten Verfassungsdogmatik des sozialen Staates als sie das pragmatische Sozialstaatsverständnis bieten kann, könnte eine solche in einer dreigliedrigen Struktur zu finden sein: der Ebene des verfassungsgebotenen sozialen Minimums, der Gestaltungsebene, die weitgehend der demokratischen Selbstverständigung in der Gesellschaft überlassen ist, sowie der „Tabuzone“, die der Mehrheitsentscheidung um der Freiheit derjenigen willen, denen der Sozialstaat nimmt, Grenzen setzt. Während in der mittleren Zone die Freiheitsdimension der demokratischen Selbstregierung dominiert, sind die beiden äußeren Ränder durch die Freiheitsdimension der individuellen Selbstbestimmung bestimmt: Einerseits als Recht auf ein materielles und edukatives Minimum, ohne das kein selbstbestimmtes Leben möglich ist, andererseits als Sicherung vor übermäßigen Freiheitseinschränkungen durch den sozialen Staat bei der demokratischen Entscheidung über die Extension des wohlfahrtsstaatlichen Arrangements.

Betrachtet man sich nun auf der ersten Ebene mögliche Begründungsstrukturen für verfassungsunmittelbare Ansprüche auf soziale Minima näher, erweist sich der im Schrifttum weit verbreitete Weg über den Schutz der Menschenwürde durch Art. 1 Abs. 1 GG als durchaus problembehaftet. Quantifizierungsprobleme lassen sich kaum in den Griff kriegen, wenn man von den

---

450 So dann letztlich auch *I. Ebsen*, Verfassungs- und europarechtliche Vorgaben, in: B. Schulin (Hrsg.), Handbuch des Sozialversicherungsrechts, Bd. 3 – Rentenversicherungsrecht, 1999, S. 133 (145).

451 *I. Ebsen*, Verfassungs- und europarechtliche Vorgaben, in: B. Schulin (Hrsg.), Handbuch des Sozialversicherungsrechts, Bd. 3 – Rentenversicherungsrecht, 1999, S. 133 (144).

452 Zur Frage des Eigentums- und Vertrauensschutzes im Rahmen der grundsätzlichen Gestaltungsbefugnis des Gesetzgebers infra G.V.3.

Grundaxiomen der Unbedingtheit, Unverfügbarkeit und Unabwägbarkeit der Menschenwürde ausgeht. Auch in der Sache sinnvolle Vorbehalte und Konditionierungen existenzsichernder Ansprüche fügen sich nicht ohne weiteres ein. Eine tragfähige Alternative zu dieser „klassischen" Konstruktion einer sozialen Mindestsicherung des einzelnen durch die Verfassung bietet demgegenüber eine „sozialstaatliche" Relektüre der Einzelgrundrechte im Lichte des Art. 20 Abs. 1 GG. Die Formel von den „Grundrechten als sozialen Leistungsrechten" aus den 1970er Jahren ist behutsam zu repristinieren. Geht man von einer sozialstaatlichen *Minimal*aufladung einzelner Grundrechte aus, gehen die meisten der verbreiteten Argumente gegen Grundrechte als Leistungsrechte ins Leere. Wer kein rein abwehrmonistisches Grundrechtskonzept verfolgt, kann der hier entwickelten Linie einer Engziehung von freiheitsdienendem Sozialstaatsgebot und freiheitsgewährenden Grundrechten schwerlich grundsätzliche, grundrechts- und staatstheoretisch fundierte Bedenken entgegenstellen. Wer hingegen auf einem abwehrmonistischen Verständnis der Grundrechte beharrt, läuft Gefahr, einer teilverfassungsfixierten Blickverengung zu erliegen. Redlicherweise wird man Nutzen und Nachteile unterschiedlicher Grundrechtskonzeptionen unter der Perspektive der Einheit der Verfassung zu berücksichtigen haben. Wiegt man diese Vor- und Nachteile gegeneinander auf, bietet ein mehrdimensionales Grundrechtsverständnis auch unter Einbezug seiner Folgeprobleme eine höhere Problemlösungskapazität als der Abwehrmonismus. Somit streiten gute Gründe für die These, daß einzelne Grundrechte in Verbindung mit Art. 20 Abs. 1 GG in den Status von Anspruchsrechten auf freiheitsfunktionale soziale Minima hineinwachsen können – allerdings konditioniert durch den Vorrang der Selbstrealisation sozialer Grundrechtsvoraussetzungen, unter dem Vorbehalt des Möglichen und mit der Bedingung weiterer gesetzlicher Ausgestaltung versehen, bei der gegenläufige verfassungsrechtlich schützenswerte Interessen Berücksichtigung finden können.

III. Objektiv-rechtliche Bestimmungen des sozialen Minimums

1. Kein objektiv-rechtlicher Überschuß zur Bestimmung sozialer Minima

Über die gezeigte subjektiv-rechtliche Bestimmung sozialer Minima hinausgehende objektiv-rechtliche Mindestgebote zu sozialen Staatsaktivitäten sind Art. 20 Abs. 1 GG nicht zu entnehmen. Die Formel vom sozialen Staat statuiert mithin auch keine objektiv-rechtlichen Garantien etablierter sozialrechtlicher

Institutionen.[453] Bereits im Zusammenhang mit der Frage eines sozialen Rückschrittsverbots durch Art. 20 Abs. 1 GG wurde herausgestellt, daß das Grundgesetz über die freiheitsgebotenen sozialen Minima hinaus die Ausgestaltung des Sozialstaates der demokratischen Selbstverständigung der Gesellschaft überläßt (F.II.6.). Die Formel vom sozialen Staat enthält kein Petrifizierungsgebot. Weder ist ein historisch erreichter konkreter Sozialrechts-Acquis geschützt noch sind einzelne sozialrechtliche Einrichtungen wie die altetablierten Zweige der Sozialversicherung durch eine Art. 20 Abs. 1 GG zu entnehmende Institutsgarantie in ihrem Bestand von Verfassungs wegen auf Dauer gestellt. Denn die Formel vom sozialen Staat bietet in ihrer gleichzeitigen Über- und Untercodierung für eine solche Annahme schlicht keinen Anhalt. Mindestgehalte lassen sich, wie geschehen, über den Umweg spezifischer Freiheitsrechte rekonstruieren; in diesem Zusammenhang ist dann auch jeweils konkret nach der freiheitsgemäßen Ausgestaltung zu fragen; für darüber hinaus gehende Mindestforderungen fehlt es hingegen an gesicherten Haltepunkten.[454]

2. *Keine Minimagebote aus den Gesetzgebungskompetenzen und Art. 87 Abs. 2 GG*

Ein anderes Ergebnis sucht man in der Literatur zuweilen für die Sozialversicherungszweige durch Rückgriff auf die Kompetenztitel in Art. 74 Abs. 1 GG sowie auf Art. 87 Abs. 2 GG zu begründen. Doch lassen sich Kompetenztitel schwerlich zu Rechtspflichten auf Erhalt der unter Nutzung der Kompetenz geschaffenen und geregelten Einrichtungen umdefinieren.[455] Die sozialstaatsrelevanten Kompetenzbestimmungen in Art. 70 ff. GG verfolgen als primären Normzweck, die Kompetenzverteilung zwischen Bund und Ländern in der Gesetzgebung zu bestimmen. Darüber hinaus läßt sich ihnen *bei* Ausübung der Kompetenz unter Umständen ein materiell-rechtlicher Gehalt entnehmen (infra G.III.2.i./j./H.II.4.). Sie gebieten jedoch nicht, *daß* der Gesetzgeber Kompetenzen wahrnimmt. Verfassungsrechtlich wird die Frage der staatlichen Pflicht-

---

[453] *R. Jaeger*, Welches System der gesetzlichen Krankenversicherung wird durch das Grundgesetz geschützt?, in: S. Empter/H. Sodan (Hrsg.), Markt und Regulierung, 2003, S. 15 (16); *W. Leisner*, Grundgesetz und gesetzliche Krankenversicherung, ebenda, S. 43 (45); anderer Ansicht etwa *W. Weber*, Der verfassungsrechtlichen Grenzen sozialstaatlicher Forderungen, in: Der Staat 4 (1965), 409 (416) mit Verweis auf *H. Rohwer-Kahlmann*, Zur Rechtsnatur der Rentenversicherung der Arbeiter, in: Festschrift für F. Lenz, 1961, S. 339 (363, 366).

[454] A.A. wohl *S. Oeter*, in: v. Mangoldt/Klein/Starck, GG, 5. Aufl. 2005, Art. 74 Rdnr. 117; zur Problematik cf. näher nochmals G.V.1.

[455] So aber tendenziell *F. E. Schnapp*, Die Selbstverwaltung in der Sozialversicherung, in: Festschrift für G. C. von Unruh, 1983, S. 881 (888): es sei ein Widerspruch in sich, in der normativen Grundordnung eines Gemeinwesens Kompetenzen auszuweisen, ihre Wahrnehmung aber nicht zu wollen.

aufgaben und Mindestaktivitäten durch Staatszielbestimmungen und Grundrechte, nicht jedoch durch die Kompetenztitel beantwortet.

Wenn der Bund etwa das bestehende System der gesetzlichen Krankenversicherungen durch einen staatsunmittelbaren, steuerfinanzierten Gesundheitsdienst ersetzen will, wird er eine entsprechende Gesetzgebungskompetenz auf seiner Seite wissen müssen; die Kompetenz für die Sozialversicherungen aus Art. 74 Abs. 1 Nr. 12 kommt hierfür nicht in Frage, da diese einen gewissen Versicherungscharakter voraussetzt.[456] Doch materiellrechtlich steht die bestehende Gesetzgebungskompetenz des Bundes für Sozialversicherungen deren Abschaffung durch den Bund keineswegs entgegen. Zu beachten wären lediglich Aspekte des Vertrauensschutzes und das grundrechtlich fundierte Gebot sozialer Minima als verfassungsrechtliche Positionen der Versicherten.[457] Rechtspolitisch läßt sich nach mehr oder weniger freiheitsgemäßen Ausgestaltungen der sozialen Sicherungssysteme fragen; möglicherweise sprechen gute Gründe dafür, daß kleinere Selbstverwaltungseinheiten im Vergleich zur unmittelbaren Staatsverwaltung die sinnvollere, „freiheitsschonendere" und solidaritätsfreundlichere Organisationsform bilden.[458] Eine normative Verdichtung solcher Klugheitserwägungen hin zu einem verfassungsrechtlichen Zwang, an bestehenden Sozialversicherungssystemen festzuhalten, wird man gleichwohl nicht konstatieren können.

Auch Art. 87 Abs. 2 GG läßt sich als Vorschrift, die Einrichtungen der mittelbaren Staatsverwaltung in das föderale Gefüge einordnet, nicht in eine konkrete Bestandsschutzgarantie umdefinieren.[459] Die Norm besagt, daß soziale Versicherungsträger als bundesunmittelbare Körperschaften des öffentlichen Rechts geführt werden, wenn ihr Zuständigkeitsbereich sich über das Gebiet eines Landes hinaus erstreckt. Wenn die Zuständigkeit höchstens drei Länder erfaßt, kann jedoch auch die Rechtsform einer landesunmittelbaren Körper-

---

[456] *I. Ebsen*, Verfassungs- und europarechtliche Vorgaben, in: B. Schulin (Hrsg.), Handbuch des Sozialversicherungsrechts, Bd. 3 – Rentenversicherungsrecht, 1999, S. 133 (137); *H. Egger*, Verfassungsrechtliche Grenzen einer Gesundheitsreform, in: SGb 2003, 76 (76 f.). Zum Begriff der Sozialversicherung i.S.d. Art. 74 Abs. 1 Nr. 12 GG näher infra G.III.2.i.

[457] Dem betroffenen Sozialversicherungsträger selbst wird über Art. 19 Abs. 3 GG kein Grundrechtsschutz vermittelt, da keine grundrechtstypische Gefährdungslage besteht und sie keinem grundrechtlich geschützten Bereich unmittelbar zugeordnet sind; cf. BVerfGE 21, 262 (366 ff.); 39, 302 (312 ff.); *H. Dreier*, in: ders. (Hrsg.), GG, Bd. 1, 2. Aufl. Art. 19 III Rdnr. 55 ff., insb. 65. Teilweise wird vorgebracht, es wäre sinnvoll, die Sozialversicherung als Treuhänder der grundrechtlichen Belange der Sozialversicherten gegen Reformvorhaben des Gesetzgebers in Stellung zu bringen; die verfassungsgemäße Lösung besteht jedoch nicht in der grundrechtlichen Nobilitierung parfiskalisch operierender Personen des öffentlichen Rechts, sondern in der Aktivierung des Grundrechtsschutzes der Betroffenen; cf. zur Diskussion insg. *G. Haverkate*, Verfassungslehre, 1992, S. 302 ff. mit weit. Nachw.

[458] In diesem Sinne wohl *O. Depenheuer*, Solidarität im Verfassungsstaat, Habilitationsschrift Bonn, 1992, passim.

[459] BVerfGE 39, 302 (315); *M. Sachs*, in: ders. (Hrsg.), GG, 4. Aufl. 2007, Art. 87 Rdnr. 57; *F. E. Schnapp*, Die Selbstverwaltung in der Sozialversicherung, in: Festschrift für G. C. von Unruh, 1983, S. 881 ff.; *W. Kluth*, Funktionale Selbstverwaltung, 1997, S. 520; *M. Jestaedt*, Demokratieprinzip und Kondominialverwaltung, 1993, S. 537 (insb. Fußn. 516), 552; *ders.*, in: D. C. Umbach/Th. Clemens (Hrsg.), GG, 2002, Art. 87 Rdnr. 92; *K. Stern*, Das Staatsrecht der Bundesrepublik Deutschland, Bd. 2, 1980, S. 824.

schaft gewählt werden, wenn die beteiligten Länder ein aufsichtsführendes Land bestimmen.

Diese Regelung greift ersichtlich nur, wenn entsprechende Körperschaften bestehen. Sie setzt diese voraus, garantiert sie jedoch nicht.[460] Die Norm läuft zwar ohne Sozialversicherungsträger ins Leere, so *Peter Lerche*.[461] Doch gälte dieser Einwand für jede Kompetenznorm, ohne daß man aus Kompetenznormen sogleich Kompetenzausübungspflichten ableiten würde. Art. 87 Abs. 2 GG greift im übrigen auch dann nicht, wenn die aufgestellten Tatbestandsmerkmale (Erstreckung des Zuständigkeitsbereichs über das Gebiet eines Landes bzw. dreier Länder hinaus) nicht vorliegen, ohne daß Lerche ihr deshalb die Pflicht des Bundes entnehmen würde, solche länderübergreifenden Versicherungsträger zu schaffen.

Vor diesem Hintergrund ist auch die Einordnung der Vorschrift als Teil der „obligatorischen Bundesverwaltung" problematisch.[462] Denn der Bund entscheidet durch die Wahrnehmung (und auch durch die Nichtwahrnehmung) seiner Gesetzgebungskompetenz für Sozialversicherungen selbst darüber, ob er gemäß Art. 87 Abs. 2 GG zuständig wird oder nicht.[463]

Der Gesetzgeber ist durch Art. 87 Abs. 2 GG also nicht gehindert, bestehende Sozialversicherungsträger zu reformieren, zu fusionieren oder abzuschaffen. Das Grundgesetz schreibt, wie das Bundesverfassungsgericht in ständiger Rechtsprechung betont,

> „die Organisation der Sozialversicherung, insbesondere der gesetzlichen Krankenversicherung, nicht vor. Aus Art. 74 Abs. 1 Nr. 12 GG und Art. 87 Abs. 2 GG ergibt sich weder ein Änderungsverbot noch ein bestimmtes Gestaltungsgebot."[464]

Ebenso hat der einzelne keinen Anspruch auf ein in bestimmter Weise ausgestattetes Sozialversicherungssystem oder auf den Fortbestand einer einzelnen Krankenkasse.[465] Das Bundesverfassungsgericht geht sogar so weit festzustellen, daß der Verfassung keine „Garantie des bestehenden Systems der Sozialversicherung oder seiner tragenden Organisationsprinzipien" zu entnehmen

---

[460] Cf. *M. Jestaedt*, in: D. C. Umbach/Th. Clemens (Hrsg.), GG, 2002, Art. 87 Rdnr. 92; *M. Burgi*, in: v. Mangoldt/Klein/Starck, GG, 5. Aufl. 2005, Art. 87 Abs. 2 Rdnr. 82.

[461] So der Einwand von *P. Lerche*, in: Maunz/Dürig, GG, Art. 87 Rdnr. 152 (30. Lfg. 1992).

[462] *S. Broß*, in: v. Münch/Kunig, GG, Bd. 2, 5. Aufl. 2001, Art. 87 Rdnr. 18; *B. Pieroth*, in: H. D. Jarass/B. Pieroth, GG, 9. Aufl. 2007, Art. 87 Rdnr. 10.

[463] *G. Hermes*, in: H. Dreier, GG, Bd. 3, 1. Aufl. 2000, Art. 87 Rdnr. 60; cf. auch *H.-J. Papier*, Die Regionalisierung der gesetzlichen Rentenversicherung aus verfassungsrechtlicher Sicht, in: NZS 1995, 241 (242); *I. Ebsen*, Art. 87 Abs. 2 GG – ein Fremdkörper im System bundesstaatlicher Kompetenzzuordnung des Grundgesetzes, in: O. Seewald (Hrsg.), Organisationsprobleme der Sozialversicherung, 1992, S. 231 (238).

[464] BVerfGE 89, 365 (377).

[465] BVerfGE 89, 365 (377).

ist.[466] Ob diese Aussage wirklich für sämtliche Organisationsprinzipien zutreffend ist, wird im Schrifttum bezweifelt. Denn Art. 87 Abs. 2 GG stellt nicht nur eine Kompetenz-, sondern auch eine Organisationsnorm dar. Für den Fall, daß es Sozialversicherungsträger im Sinne des Art. 74 Abs. 1 Nr. 12 GG gibt, sind diese gemäß Art. 87 Abs. 2 GG auf Bundesebene als „Körperschaften des öffentlichen Rechts" zu organisieren. Der Bund darf sich deshalb nicht selbst unmittelbar zum Träger einer Sozialversicherung machen.[467] Man könnte deshalb überlegen, ob Sozialversicherungen als Körperschaften nicht zumindest einen Kernbestand an funktionaler Selbstverwaltung aufweisen müssen. Doch ist damit der Problemkreis des gebotenen sozialen Minimums verlassen und die Frage der näheren verfassungsgemäßen Ausgestaltung des freiheitsdienenden Sozialstaates aufgeworfen. Dieser soll in den folgenden beiden Abschnitten nachgegangen werden.

[466] BVerfGE 113, 167 (201).

[467] BVerfGE 63, 1 (36); *G. Hermes*, in: H. Dreier, GG, Bd. 3, 1. Aufl. 2000, Art. 87 Rdnr. 60; *M. Sachs*, in: ders. (Hrsg.), GG, 4. Aufl. 2007, Art. 87 Rdnr. 53; *H.-J. Papier*, Die Regionalisierung der gesetzlichen Rentenversicherung aus verfassungsrechtlicher Sicht, in: NZS 1995, 241 (242); *D. Merten*, Juristische Personen im Sinne von Art. 87 Abs. 2 und 3 GG, in: Festschrift für F. Knöpfle, 1996, S. 219 (220).

G. Zwischen Minimum und Maximum: Die demokratische Ausgestaltung des freiheitsfunktionalen Sozialstaates

I. Freiheitsschutz durch den demokratischen Sozialstaat

In der Einleitung des verfassungsdogmatischen Teils dieser Untersuchung (supra F.) wurde vorgeschlagen, zur Gliederung einschlägiger Verfassungsfragen des sozialen Staates drei Sphären zu unterscheiden: Der erste Bereich definiert sich durch die Frage nach dem *verfassungsgebotenen Minimum*. Er wurde soeben genauer vermessen und kartographiert. Der zweite Bereich wird spiegelbildlich hierzu durch das *verfassungsrechtliche Maximum* markiert. Dieses bildet die Grenze, ab der soziale Aktivitäten des Staates verfassungswidrig werden, weil sie mit den Bedingungen des freiheitlichen Verfassungsstaates unvereinbar sind. Der *Bereich dazwischen* schließlich findet seine Prägung durch legitime politische Ausgestaltung. Seine Gestalt und Konkretion ist der demokratischen Selbstverständigung anheim gegeben.

Entsprechend dieser Dreigliedrigkeit differenzieren die Modi des Freiheitsschutzes im Sozialstaat. Knüpft man an die Überlegung aus der Einführung (supra A.V.3.) an, daß der Sozialstaat eingelassen ist in die Grundspannung des freiheitlichen Verfassungsstaates zwischen individueller Selbstbestimmung und demokratischer Selbstregierung, so werden Minima und Maxima durch den Schutz individueller Selbstentfaltung definiert. Minima begründen sich als soziale Mindestanforderungen für ein selbstbestimmtes Leben des einzelnen; Maxima bestimmen sich durch den freiheitlich gebotenen Schutz des einzelnen vor staatlicher – und damit auch sozialstaatlicher – Ingerenz. Der sozialstaatliche Bereich dazwischen hingegen findet seine innere Berechtigung (wie die Minima auch) in der dem Sozialstaat des Grundgesetzes eingezeichneten Idee der Freiheitsfunktionalität – Bedingungen für die Chance zur gehaltvollen Nutzung von Freiheit können über die Minima hinaus „optimiert“ werden –, er hängt in seinem rechtlichen Gehalt jedoch zugleich von der Freiheit zur demokratischen Selbstregierung ab.[1] Denn das Maß der sozialstaatlichen Freiheits-

[1] *W. G. Leisner*, Existenzsicherung im Öffentlichen Recht, 2007 ignoriert diese demokratische Dimension des freiheitsfunktionalen Sozialstaates. Demokratie kommt als normativ

sorge bestimmt sich jenseits von Verfassungsgebot und -verbot durch die und in der Gemeinschaft der Freien und Gleichen, also nach der dem Staatsvolk zukommenden Freiheit zur politischen Gestaltung des Gemeinwesens. Freiheitlicher Sozialstaat und demokratischer Sozialstaat bedingen sich hier gleichsam.

Der Freiheitsschutz im Sozialstaat und bei der Ausgestaltung des Sozialstaates wird also nicht nur berechtigend (Minima) und abwehrend (Maxima) durch die klassischen Grundrechte gewährleistet, sondern auch durch die Spielregeln der Demokratie – durch das Verfassungsgebot der Volksherrschaft, ergo die grundsätzliche Notwendigkeit hinreichender demokratischer Legitimation jedweder staatlichen Emanation – sowie durch die politischen Teilhaberechte eines jeden Bürgers. Dieser hat nicht nur ein Recht *auf* den und *vor* dem Sozialstaat, sondern auch auf Beeinflussung der Gestalt *des* Sozialstaates. Deshalb kommt der demokratischen Ausgestaltung des sozialen Staates für dessen freiheitliche Imprägnierung eine zentrale Bedeutung zu. Sie ist Teil des dem freiheitsfunktionalen Sozialstaat des Grundgesetzes eigenen Dreiklangs: soziale Mindestbefähigung zur individuellen Freiheit; mögliche, aber nicht notwendige Ausgestaltung und Ergänzung dieser Funktion durch gemeinsam ausgeübte politisch-partizipative Freiheit; Begrenzung dieser demokratischen Freiheit durch die primäre Dimension individueller Freiheit – die Abwehr unbotmäßigen staatlichen Zwangs.

Durch die freiheitsschützende Dimension demokratischer Ausgestaltung gewinnt eine Verfassungsdogmatik des freiheitsfunktionalen Sozialstaates Anschluß an klassisch staatsorganisationsrechtliche Fragestellungen. Drei Themen sind dabei zu verhandeln. 1.) Zunächst gilt es, der Rolle des Gesetzes und damit Rechtsaspekten der Gesetzgebung im Sozialstaat nachzugehen (G. II.). 2.) Eng damit verbunden ist die Frage nach der demokratischen Legitimation im freiheitsfunktionalen Sozialstaat (G.III). Besonders virulent stellt sich diese Frage im Rahmen der gesetzlichen Sozialversicherungen. 3.) Die Antwort hängt wiederum auch davon ab, welchen verfassungsrechtlichen Stellenwert man der Sozialversicherung als Selbstverwaltungskörperschaft insgesamt einräumt (G.IV.2).

Neben diesen organisationsrechtlichen Fragen sollen in dem folgenden Abschnitt im Rahmen des Generalthemas der demokratischen Ausgestaltung auch kurz inhaltliche Vorgaben für diese Ausgestaltung angeschnitten werden (G.V.). Angesprochen sind damit 1.) die von Art. 20 Abs. 1 GG ausgehenden Direktiven jenseits des verfassungsgebotenen Minimums. 2.) die Bedeutung des allgemeinen Gleichheitssatzes, 3.) der Schutz eines bestimmten sozialrechtlichen Status quo durch Art. 14 Abs. 1 und 2 GG und den Grundsatz des Vertrauens-

---

relevanter Faktor für die freiheitsgerechte Ausgestaltung des Sozialstaates in seiner Untersuchung schlicht nicht vor (cf. etwa S. 162).

schutzes sowie 4.) die durch Art. 23 Abs. 1 GG verfassungsrechtlich ausgesteuerten Vorgaben des Europarechts (G.VI.).[2]

II. Gesetz und Gesetzgebungszuständigkeiten im freiheitsfunktionalen Sozialstaat des Grundgesetzes

1. *Zur freiheitsschützenden Rolle des Gesetzes im Sozialstaat*

a) Das Gesetz im Leistungsstaat

Der Sozialstaat präsentiert sich zu weiten Teilen als intervenierender „Leistungsstaat".[3] Er zielt auf die Veränderung sozialer Verhältnisse durch reale Leistungsbewirkung.[4] Seine wichtigste Handlungsform scheint deshalb auf den ersten Blick der Realakt zu sein.[5] Doch jede real bewirkte sozialstaatliche Veränderung der lebensweltlichen Wirklichkeit bedarf im demokratischen Rechtsstaat rechtlicher Grundlagen. Aus rechtlicher Perspektive betrachtet ist der Sozialstaat des Grundgesetzes deshalb an die Formen des Rechts gebunden. Er ist per se „sozialer Rechtsstaat" und damit in erheblichem Maße immer auch so-

---

[2] Auf allen diesen Feldern gilt abermals, daß jedes Thema für sich genommen monographisch abgehandelt werden könnte. Für diese Arbeit kommt es jedoch weniger auf enzyklopädische Fülle bei der Abhandlung von Detailfragen als auf eine prägnante und präzise Einordnung typischer verfassungsrechtlicher Fragen rund um den Sozialstaat in die Gesamtkonzeption einer Verfassungstheorie und Verfassungsdogmatik des freiheitsfunktionalen Sozialstaates an. Um der Lesbarkeit dieser Untersuchung willen sind zahlreiche Fragen, denen man sich sehr viel intensiver widmen könnte, nur kursorisch abgehandelt.

[3] Zum auf den Begriff der Leistungsverwaltung aufbauenden Begriff etwa *W. Martens*, Grundrechte im Leistungsstaat, in: VVDStRL 30 (1972), S. 7 ff.; *P. Häberle*, Grundrechte im Leistungsstaat, in: VVDStRL 30 (1972), S. 43 ff.

[4] Selbstredend fördert der freiheitsdiendende Sozialstaat die Bedingungen selbstbestimmten Lebens auch durch den berühmten Tropfen „sozialen Öls" (Otto von Gierke) in der Zivilrechtsordnung. In manchen Bereichen wie dem Miet- und Arbeitsrecht ist aus dem Tropfen gar eine Kanne geworden. Auch wirkt der Sozialstaat als sozialer Steuerstaat durch sozial motivierte Steuerbegünstigungen – hierzu im Überblick im Hinblick auf das Gebot einer menschen- als bedarfsgerechten Besteuerung *M. Lehner*, Einkommenssteuerrecht und Sozialhilferecht, 1993; im Hinblick auf sozial motivierte Lenkungssteuern *H. Weber-Gellert*, Steuern im modernen Verfassungsstaat, 2001, kritisch zu diesen *P. Kirchhof*, Die Steuern, in: HStR, Bd. 5, 3. Aufl. 2007, S. 813 (983 ff.); zumindest typusprägend für den Sozialstaat ist gleichwohl die bewirkte Leistung.

[5] Zu den Handlungsformen des Sozialstaates insg. *W. Rüfner*, Die Rechtsformen der sozialen Sicherung und das Allgemeine Verwaltungsrecht, VVDStRL 28 (1970), S. 187 (204 ff.); *D. Felix*, Verwaltungsrechtliche Instrumente des Sozialstaates, in: DVBl. 2004, 1070 (1070 ff.).

zialer Gesetzesstaat.[6] In den Bahnen des Rechtsstaates ist der Sozialstaat auf seine gesetzliche Ausgestaltung angewiesen.[7]

Zwar kennt das Grundgesetz für staatliche Leistungen nach vorherrschender Ansicht keinen sogenannten Totalvorbehalt, d.h. die Bedingungen und Umstände staatlicher Leistungen sind nicht in jedem Fall eigens gesetzlich zu regeln, sondern nur, wenn Grundrechte unmittelbar oder eingriffsäquivalent mittelbar betroffen sind.[8] Doch bildet das Gesetz, das in der Regel selbst ein Parlamentsgesetz ist oder auf ein solches zurückzuführen ist,[9] praktisch die zentrale Steuerungsressource für jede Form staatlichen Handelns,[10] also auch der Leistungsbewirkung. Schließlich bedarf jede staatliche Leistung *irgendeiner* rechtlichen und d.h. schlußendlich parlamentsgesetzlichen Grundlage – und sei es bloß in Form eines Haushaltsgesetzes.[11]

---

[6] Cf. *F. Hufen*, Gesetzesgestaltung und Gesetzesanwendung im Leistungsrecht, in: VVDStRL 47(1989), S. 142 (152 und öfter); *P. Häberle*, „Leistungsrecht" im sozialen Rechtsstaat (1972/1978), in: ders., Verfassung als öffentlicher Prozeß, 3. Aufl. 1998, S. 445 ff.; grundlegend *U. Scheuner*, Die Funktion des Gesetzes im Sozialstaat, in: Festschrift für H. Huber, 1981, S. 127 ff.

[7] Zur Terminologie: der Terminus „Gesetz" wird hier als Oberbegriff für Normierungsprodukte der funktional definierten Gesetzgebung verstanden – neben formellen Gesetzen zählen deshalb z.B. Rechtsverordnungen und Satzungen dazu. Zu den unterschiedlichen Bedeutungsgehalten des Gesetzesbegriffs im Grundgesetz *C. Starck*, Der Gesetzesbegriff des Grundgesetzes, 1970; zu Art. 20 Abs. 3 GG etwa *E. Schmidt-Aßmann*, Der Rechtsstaat, in: HStR, Bd. 3, 3. Aufl. 2004, S. 541 (560 f.) mit weit. Nachw.

[8] Zum Problem etwa *G. Haverkate*, Gesetzesgestaltung und Rechtsanwendung im Leistungsrecht, in: NVwZ 1988, 769 ff.; *ders.*, Rechtsfragen des Leistungsstaats, 1983, S. 196 f.; *W. Clement*, Der Vorbehalt des Gesetzes, insbesondere bei öffentlichen Leistungen und öffentlichen Einrichtungen, 1987; *C. Seiler*, Der einheitliche Parlamentsvorbehalt, 2000, S. 106 ff. jeweils mit weit. Nachw.

[9] Art. 80 Abs. 1 GG für Rechtsverordnungen sowie die Errichtungsgesetze für Körperschaften, Anstalten und Stiftungen mit Satzungsrecht garantieren die beschriebene parlamentsrechtliche Anbindung. Durchbrechungen im grundgesetzlichen System des parlamentsgesetzlichen Grundaktes bilden Art. 28 Abs. 2 GG und Art. 137 Abs. 5 WRV, die die öffentlich-rechtliche Rechtsetzungsfähigkeit der Gemeinden und öffentlich-rechtlichen Religionsgemeinschaften für ihre Angelegenheiten verfassungsunmittelbar garantieren; cf. zu Art. 28 Abs. 2 GG *E. Schmidt-Aßmann*, Kommunalrecht, in: ders. (Hrsg.): Besonderes Verwaltungsrecht, 13. Aufl. 2005, S. 1 ff.; zu Art. 137 Abs. 5 WRV *H. M. Heinig*, Öffentlich-rechtliche Religionsgesellschaften, 2003, S. 294 f.

[10] *G. F. Schuppert* (Hrsg.), Das Gesetz als zentrales Steuerungsinstrument des Rechtsstaates, 1998; *E. Schmidt-Aßmann*, Das allgemeine Verwaltungsrecht als Ordnungsidee, 2. Aufl. 2006, S. 183 ff.; *U. Di Fabio*, Gewaltenteilung, in: HStR, Bd. 2, 3. Aufl. 2004, S. 613 (637 ff.).

[11] *R. Mußgnug*, Gesetzesgestaltung und Gesetzesanwendung im Leistungsrecht, in: VVDStRL 47 (1989), S. 113 (123 ff.).

b) Das Gesetz im „Gewährleistungsstaat"

In den letzten Jahren haben sich die Gestaltungs- und Erscheinungsformen des modernen Wohlfahrtsstaates (im weiteren Sinne verstanden) zunehmend verändert. Neben die unmittelbare Veränderung sozialer Realitäten durch reales Handeln treten verstärkt (im Grundsatz immer schon bekannte) Techniken mittelbarer Einflußnahme und indirekter Steuerung. Der Staat bleibt einerseits zwar, um ein klassisches Zitat *Konrad Hesses* zu bemühen, „planender, verteilender, gestaltender, individuelles wie soziales Leben erst ermöglichender Staat",[12] doch er verändert zugleich sein Gesicht und seine Mittel. Diese Entwicklung läßt auch die Sozialverwaltung nicht unberührt. Aus dem Leistungsstaat wird ein Gewährleistungs- und Dienstleistungsstaat.[13] Die Palette an Instrumenten zur gemeinwohlrelevanten Zielverwirklichung nimmt insgesamt zu. Das Bewußtsein für die Vielfalt administrativer Organisations- und Handlungsformen, gerade der Sozialverwaltung, wächst und forciert so zugleich deren abermalige Weiterungen. Planung, vertragliche Kooperation und informelles Verwaltungshandeln gewinnen ebenso an Bedeutung wie neue Organisationsformen zwischen öffentlichem und Privatrecht.[14] Gleichwohl bleibt das Gesetz auch unter den veränderten verwaltungsrechtlichen Bedingungen fundamental für die sozialstaatliche Praxis, schon weil § 31 SGB I über die klassische leistungsrechtliche Dogmatik hinausgehend für den gesamten Anwendungsbereich des formellen Sozialrechts[15] einen Gesetzesvorbehalt begründet („Rechte und Pflichten in den Sozialleistungsbereichen dieses Gesetzbuchs dürfen nur begründet, festgestellt, geändert oder aufgehoben werden, soweit ein Gesetz es vorschreibt oder zuläßt"),[16] aber auch weil das Gesetz die sozialstaatlichen Institutionen (als Sozialleistungsträger) errichtet, die zulässigen Instrumente bestimmt, der Sozialverwaltung vorgegebene sozialpolitische Ziele definiert, Kooperationspartner und Kooperationsbedingungen benennt, usw.

[12] *K. Hesse*, Der Rechtsstaat im Verfassungssystem des Grundgesetzes (1962), in: E. Forsthoff (Hrsg.), Rechtsstaatlichkeit und Sozialstaatlichkeit, 1968, S. 557 (566).

[13] Cf. etwa *U. Di Fabio*, Verwaltung und Verwaltungsrecht zwischen gesellschaftlicher Selbstregulierung und staatlicher Steuerung, in: VVDStRL 56 (1997), S. 235 ff.; *H.-H. Trute*, Die Verwaltung und das Verwaltungsrecht zwischen gesellschaftlicher Selbstregulierung und staatlicher Steuerung, in: DVBl. 1996, 950 ff.; *M. Eifert*, Telekommunikationsdienstleistungen im Gewährleistungsstaat, 1998; *W. Berg u.a.* (Hrsg.), Regulierte Selbstregulierung als Steuerungskonzept des Gewährleistungsstaates, 2001; *A. Voßkuhle*, Der „Dienstleistungsstaat". Über Nutzen und Gefahren von Staatsbildern, in: Der Staat 49 (2001), 495 ff.; *ders.*, Beteiligung Privater an der Wahrnehmung öffentlicher Aufgaben und staatlicher Verantwortung, in: VVDStRL 62 (2003), S. 266 ff.

[14] Cf. nur *E. Schmidt-Aßmann*, Das allgemeine Verwaltungsrecht als Ordnungsidee, 2. Aufl. 2006, S. 239 ff., 284 ff., 297 ff., 324 ff. mit weit. Nachw.; speziell zur Kooperation in der Sozialverwaltung *E. Treutner*, Kooperativer Rechtsstaat, 1998.

[15] Also unter Einbezug der nach § 68 SGB I fingierten Teile des SGB I.

[16] Zur Bedeutung des § 31 SGB I näher *P. Axer*, Normsetzung der Exekutive in der Sozialversicherung, 2000, S. 327 ff.

Kurz: Erst das Gesetz strukturiert und legitimiert den Sozialstaat in seiner täglichen Praxis.[17]

c) Die Zentralstellung des Gesetzes nach dem Grundgesetz

Diese zentrale Bedeutung des Gesetzes für die Ausgestaltung des freiheitsfunktionalen Sozialstaates ist allerdings nicht Produkt einer kontingenten Evolution des einfachgesetzlichen Sozialrechts, sondern folgt rechtlich unmittelbar aus dem Zusammenspiel mehrerer verfassungsrechtlicher Vorgaben, die sich wiederum letztlich auf zwei Grundprinzipien zurückführen lassen: den Schutz individueller Freiheit und demokratischer Mitbestimmung.[18] Das Gesetz, genauer: das formelle, vom unmittelbar demokratisch legitimierten Gesetzgeber verabschiedete Parlamentsgesetz, ist der von Verfassungs wegen berufene Mittler zwischen den beiden Zentralthemen des Verfassungsstaates, der individuellen Selbstbestimmung und der demokratischen Selbstregierung unter den Bedingungen gleicher Freiheit.

aa) Vorrang des Gesetzes

Zur verfassungsrechtlichen Bedeutung des Gesetzes für die Ausgestaltung des freiheitsdienlichen Sozialstaates zwischen Minima und Maxima trägt zunächst die verfassungsrechtliche Bindung von Rechtsprechung und Verwaltung an das Parlamentsgesetz und an das in Form parlamentsrechtlicher Delegation gewonnene und vorgeprägte sonstige Recht bei.[19] Durch den Vorrang des Gesetzes wird zugleich der staatswillensbildende Vorrang des Parlamentes als Repräsentant des Souveräns gegenüber Verwaltung und Rechtsprechung gesichert (Art. 20 Abs. 3 GG als „Anwendungsgebot und Abweichungsverbot“ [20]).[21]

bb) Gesetzgeberische Allkompetenz des Parlaments

Dem Gesetzesvorrang zur Seite steht das Zusammenwirken zweier Verfassungsgrundsätze, nämlich daß a) kein Thema von der Möglichkeit demokratischer Regulierung per se ausgeschlossen ist[22] und b) das Parlament im Rahmen

---

[17] Cf. *E. Schmidt-Aßmann*, Grundrechtspositionen und Legitimationsfragen im öffentlichen Gesundheitswesen, 2001, S. 57 ff.

[18] *C. Möllers*, Gewaltengliederung, 2005, S. 40 ff. und passim.

[19] *H.-J. Papier*, Staatsrechtliche Vorgaben für das Sozialrecht, in: Festsschrift 50 Jahre Bundessozialgericht, 2004, S. 23 (41); zu neueren Tendenzen in der Rechtsbindungslehre *F. Reimer*, Das Parlamentsgesetz als Steuerungsmittel und Kontrollmaßstab, in: W. Hoffmann-Riem/E. Schmidt-Aßmann/A. Voßkuhle (Hrsg.), Grundlagen des Verwaltungsrechts, Bd. 1, 2006, S. 533 (592 ff.).

[20] *E. Schmidt-Aßmann*, Das allgemeine Verwaltungsrecht als Ordnungsidee, 2. Aufl. 2006, S. 185.

[21] Zum Vorrang des Gesetzes näher *F. Ossenbühl*, Vorrang und Vorbehalt des Gesetzes, in: HStR, Bd. 5, 3. Aufl. 2007, S. 183 (185 ff.).

[22] *C. Möllers*, Gewaltengliederung, 2005, S. 51.

der bundesstaatlichen Kompetenzen für die Gesetzgebung allzuständig ist.[23] Kein Sachbereich ist für die Gesetzgebung schlechthin tabu; der demokratische Gesetzgeber kann grundsätzlich jedes beliebige Thema einer gesetzlichen Regelung zuführen. Er bestimmt, welche Materien er gesetzlich durchregulieren will. Deshalb ist auch dem den freiheitsfunktionalen Sozialstaat ausgestaltenden Gesetzgeber kein Lebensbereich per se entzogen. Die Verfassung kennt keinen freiheitsrechtlichen Schutz des Individuums gegen den parlamentarischen Willen zum Gesetz an sich (schon weil die Verwirklichung und der staatliche Schutz der Freiheit selbst auf das Recht angewiesen sind), sondern nur gegen die konkrete Art und Eingriffsintensität einer gesetzlichen Regelung.[24] Auch die grundgesetzliche Gewaltengliederung entzieht dem parlamentarischen Gesetzgeber nicht den Zugriff auf bestimmte Materien schlechthin, sondern begrenzt und modifiziert ihn lediglich.[25]

cc) Vorbehalt des Gesetzes

Die wichtigste Funktionszuweisung im Rahmen der demokratischen Ausgestaltung des Sozialstaates erhält das Gesetz jedoch durch den Gesetzesvorbehalt. Dieser verlangt, daß staatliches Handeln durch Gesetze mit einer gewissen Regelungsdichte vorbestimmt wird. Steht staatliches Handeln unter dem Vorbehalt einer gesetzlichen Grundlage, sind dem Staat die von ihm angesonnenen Aktivitäten ohne ein solches Gesetz schlicht untersagt.[26] Zwei verfassungsrechtliche Begründungsstränge und Erscheinungen prägen den Vorbehalt des Gesetzes im wesentlichen.

(a) Wurzeln des grundrechtlichen Gesetzesvorbehaltes. Zunächst speisen sich Gesetzesvorbehalte aus den Grundrechten. Historisch prägekräftig war die für den Konstitutionalismus typische Vorstellung, staatliche Eingriffe in Freiheit und Eigentum der Bürger bedürften der parlamentarischen Billigung in Form einer generell-abstrakten Regelung. Im Hintergrund stand dabei ein monarchisches bzw. anstaltliches Staatsverständnis, das den Bürger nur partiell (in Form verselbständigter Körperschaften und durch das – dezidiert nicht als Staatsorgan begriffene – Parlament) auf die staatliche Willensbildung und Herrschaftsausübung Einfluß nehmen sah. Nach dieser Vorstellung war der Staat für den Bürger impermeabel; letzterer war Untertan, nicht Mitglied. Vor diesem Hin-

---

[23] *E. Schmidt-Aßmann*, Das allgemeine Verwaltungsrecht als Ordnungsidee, 2. Aufl. 2006, S. 186 f.: „parlamentarisches Zugriffsrecht".

[24] Cf. *A. Janssen*, Über die Grenzen des legislativen Zugriffsrechts, 1990.

[25] Umfassend *C. Möllers*, Gewaltengliederung, 2005; cf. auch *U. Di Fabio*, Gewaltenteilung, in: HStR, Bd. 2, 3. Aufl. 2004, S. 613 (637 ff.).

[26] Cf. nur *E. Schmidt-Aßmann*, Der Rechtsstaat, in: HStR, Bd. 2, 3. Aufl. 2004, S. 541 (575); *C. Seiler*, Der einheitliche Gesetzesvorbehalt, 2000; zu neueren Entwicklungen und Herausforderungen etwa *W. Hoffmann-Riem*, Gesetz und Gesetzesvorbehalt im Umbruch, in: AöR 130 (2005), 5 ff.; *K.-H. Ladeur/T. Gostomzyk*, Der Gesetzesvorbehalt im Gewährleistungsstaat, in: Die Verwaltung 36 (2003), 141 ff.

tergrund suchte sich das Bürgertum mittels des im politischen Ringen um die Verfassungsbindung staatlicher Gewalt durchgesetzten Vorbehalts eines Gesetzes vor der monarchisch geprägten Exekutive zu schützen, indem es selbst durch seine parlamentarische Repräsentanz über die Bedingungen des exekutiven Zugriffs auf die Fundamentalrechte der Bürger entschied.[27]

Unter Bedingungen der Volkssouveränität hingegen hat der Schutz der Bürger vor dem ihnen antagonistisch gegenüberstehenden Staat durch einen Vorbehalt des Gesetzes seine Funktion *politisch* zu einem Gutteil verloren. Die Grundrechte bleiben zwar das zentrale Institut zur Sicherung der individuellen Selbstbestimmung. Doch ist aus der Idee des Freiheitsschutzes des einzelnen nicht mehr hinreichend erklärlich, warum durch (Parlaments)Gesetz deren Einschränkbarkeit näher festgelegt werden muß, zumal die die demokratische Gleichheit widerspiegelnde Allgemeinheit zwar ein typisches, aber kein notwendiges Merkmal des Gesetzes (mehr) ist. Der Schutz des einzelnen durch ein allgemeines Gesetz bleibt zwar von Belang. Deshalb wird der Gesetzesvorbehalt im Schrifttum vielfach dem Rechtsstaatsgrundsatz zugeordnet.[28] Doch treten dem klassischen Gesetzestypus des bürgerlichen Rechtsstaates Maßnahmegesetze, aber auch andere vom Ideal abstrakt-genereller Regelungen abweichende Gesetze zur Seite.[29] Deshalb kann nicht ohne weiteres unterstellt werden, daß das Gesetz wegen der mit ihm verbundenen formbedingten Distanzschaffung und Allgemeinheit einen besonderen Individualschutz entfaltet.

(b) Gesetzesvorbehalt zwischen individuellem Freiheitsschutz und Ermöglichung demokratischer Selbstregierung. Seinen eigentlichen Sinn erfährt der Vorbehalt des Gesetzes deshalb heute durch seine demokratische Dimension. Durch den Gesetzesvorbehalt wird sichergestellt, daß Grundrechtseingriffe als staatliche Freiheitsverkürzungen an den Gesetzgeber und damit an das demokratisch unmittelbar legitimierte Parlament als dem zentralen Organ der politischen Willensbildung rückgebunden bleiben. Der Vorbehalt des Gesetzes bearbeitet somit in ganz fundamentaler Weise das dem Verfassungsstaat eigene Spannungsverhältnis von individueller und demokratischer, oder in den Wor-

---

[27] Cf. insg. etwa *D. Grimm*, Die Grundrechte im Entstehungszusammenhang der bürgerlichen Gesellschaft (1988), in: ders., Die Zukunft der Verfassung, 1991, S. 67 ff.; *R. Wahl*, Rechtliche Wirkungen und Funktionen der Grundrechte im deutschen Konstitutionalismus (1979), in: ders., Verfassungsstaat, Europäisierung, Internationalisierung, 2003, S. 341 ff.

[28] *H. D. Jarass*, in: ders./B. Pieroth, GG, 9. Aufl. 2007, Art. 20 Rdnr. 44; *H. Schulze-Fielitz*, in: H. Dreier (Hrsg.), GG, Bd. 2, 2. Aufl. 2006, Art. 20 (Rechtsstaat) Rdnr. 106; *P. Kunig*, Das Rechtsstaatsprinzip, 1986, S. 319 ff.

[29] Cf. *E. Schmidt-Aßmann*, Zur Gesetzesbindung der verhandelnden Verwaltung, in: Festschrift für W. Brohm, 2002, S. 547 ff.; zur Problematik auch *F. Reimer*, Das Parlamentsgesetz als Steuerungsmittel und Kontrollmaßstab, in: W. Hoffmann-Riem/E. Schmidt-Aßmann/A. Voßkuhle (Hrsg.), Grundlagen des Verwaltungsrechts, Bd. 1, 2006, S. 533 (544 ff.).

ten *Isaiah Berlins* (cf. supra C.VI.1.b.bb.), von negativer und positiver Freiheit. Der grundrechtliche Gesetzesvorbehalt bringt zum Ausdruck, daß von Verfassungs wegen weder dem Schutz der Freiheitssphäre des einzelnen noch dem demokratischen Gestaltungswillen der politischen Gemeinschaft der Bürger ein absoluter Vorrang zukommt. Indem in die Grundrechte eingegriffen werden kann, wird der Schutz individueller Selbstbestimmung relativiert. Indem diese Eingriffe unter Gesetzesvorbehalt stehen, werden sie an die Bedingungen demokratischer Selbstregierung der Freien und Gleichen zurückgebunden. Indem aber dieser Vorbehalt durch Wesensgehaltsgebot,[30] Verbot des Einzelfallgesetzes[31] und Übermaßverbot[32] begrenzt wird, findet die demokratische Willensbildung im Kernanliegen des Grundrechtsschutzes, dem Schutz des Individuums in dessen selbstzweckhaft ausgeübter Freiheit, zugleich ein substantielles Gegengewicht. Dieser Mindestschutz individueller Freiheit wiederum ist unverzichtbar, um überhaupt von einer demokratischen Regierungsform sprechen zu können. Der Gesetzesvorbehalt stellt die Grundspannung des Verfassungsstaates zwischen individueller Selbstbestimmung und demokratischer Selbstregierung also gleichsam auf Dauer, indem er ein allzu dominantes Übergewicht der einen oder der anderen Freiheitsdimension verhindert.

(c) Gesetzesvorbehalt im Leistungsstaat als Folge eines generellen Übermaßverbotes? Im Bereich der Leistungsstaatlichkeit bedarf es für diesen Balanceakt grundsätzlich sinnvoller Zweck-Mittel-Relationen. *Görg Haverkate* fordert deshalb für die gesamte Leistungsverwaltung einen moderaten Gesetzesvorbehalt, der den Gesetzgeber zwingt, zumindest den Zweck staatlicher Leistungen genauer zu bestimmen, da nur so verfassungsrechtlich kontrolliert werden könne, ob staatliche Leistungen „übermäßig" im verfassungsrechtlichen Sinne ausfielen.[33]

Im Hintergrund dieser Forderung steht die Einsicht, daß der grundrechtliche Gesetzesvorbehalt historisch durch die Erscheinungen der Eingriffsver-

---

[30] Cf. *H. Dreier*, in: ders. (Hrsg.), GG, Bd. 1, 2. Aufl. 2004 Art. 19 II Rdnr. 11 ff.; *G. Herbert*, Der Wesensgehalt der Grundrechte, in: EuGRZ 1985, 321 ff.; *M. Schefer*, Die Kerngehalte der Grundrechte, 2001; *M. Middendorf*, Zur Wesengehaltsgarantie des Grundgesetzes, in: Jura 2003, 232 ff.; grundlegend *P. Häberle*, Die Wesengehaltsgarantie des Art. 19 Abs. 2 GG, 3. Aufl. 1983; *M. Hochhuth*, Relativitätstheorie des Öffentlichen Rechts, 2000.

[31] Cf. *P. Kunig*, Einzelfallentscheidungen durch Gesetz, in: Jura 1993, 308 ff.; *H. Dreier*, in: ders. (Hrsg.), GG, Bd. 1, 2. Aufl. 2004, Art. 19 I Rdnr. 9 ff.

[32] Cf. *P. Lerche*, Übermaß und Verfassungsrecht, 1961; *L. Hirschberg*, Der Grundsatz der Verhältnismäßigkeit, 1981; *R. Drechsling*, Das Verhältnismäßigkeitsgebot, 1989; *M. Stelzer*, Das Wesengehaltsargument und der Grundsatz der Verhältnismäßigkeit, 1991, S. 169 ff.; *B. Schlink*, Der Grundsatz der Verhältnismäßigkeit, in: Festschrift 50 Jahre Bundesverfassungsgericht, 2001, S. 445 ff.; *M. Kloepfer*, Die Entfaltung des Verhältnismäßigkeitsprinzips, in: Festgabe 50 Jahre Bundesverwaltungsgericht, 2003, S. 329 ff.

[33] Cf. *G. Haverkate*, Gesetzesgestaltung und Rechtsanwendung im Leistungsrecht, in: NVwZ 1988, 769 ff.; *ders.*, Rechtsfragen des Leistungsstaats, 1983, S. 145 ff.

waltung geprägt ist.[34] Im Bereich der Leistungsverwaltung ist hingegen weniger der Adressat einer staatlichen Maßnahme in seiner individuellen Freiheit zu schützen (wenn auch mit Begünstigungen durchaus Freiheitsgefahren einhergehen können; cf. supra C.VI.) als vielmehr der nichtbegünstigte Dritte (z.B. wirtschaftliche Konkurrenten) sowie insbesondere der leistungsstaatliche Umverteilung überhaupt erst ermöglichende Gebende. Eine freiheitsrechtliche Einhegung des Leistungsstaates hänge, so Haverkate, dann davon ab, daß staatliche Leistungszwecke hinreichend präzisiert sind und so eine Überprüfung der Geeignetheit, Erforderlichkeit und Angemessenheit des leistungsstaatlichen Mitteleinsatzes ermöglichen. Vorrangig zu dieser Präzisierung berufen sei der parlamentarische Gesetzgeber.

Sieht man das „Übermaßverbot“ in den Grundrechten verankert, fällt es allerdings schwer, die Forderung nach einem generellen Gesetzesvorbehalt für die Leistungsverwaltung dogmatisch sauber zu begründen. Gerade bei denjenigen, denen genommen wird, damit der Staat geben kann, erweist sich der Grundrechtsschutz vor sozialstaatlichen Umverteilungslasten, wie noch zu zeigen sein wird (cf. infra H.II.), als schwieriges Unterfangen. Denn staatlich auferlegte Steuerpflichten sind für grundrechtliche Zweck-Mittel-Kontrollen nach herkömmlichem Verständnis weitgehend gesperrt.[35] Schließlich gilt im Haushaltsverfassungsrecht das Prinzip der Non-Affektation.[36] Gegen steuerliche Belastungen kann sich der der Steuergewalt unterworfene Bürger nicht mit dem Argument wehren, die durch die Steuer finanzierten Ausgaben seien ihrerseits verfassungswidrig. Die verfassungsrechtliche Kontrolle der Einnahme ist von der der Ausgaben im Bereich der Steuern also entkoppelt. Anders gestaltet sich die Lage hingegen bei anderen Formen von Abgaben (cf. infra H.II.3.), die etwa für konkrete Gegenleistungen oder Nutzungsmöglichkeiten erhoben werden.

Haverkate schlägt deshalb vor, das „leistungsstaatliche Übermaßverbot“ rein objektiv-rechtlich zu verstehen. Es sei Ausdruck der generellen Rechtfertigungsbedürftigkeit jeden Staatshandelns.[37] Dogmatisch näher läge wohl eine Ableitung aus dem Rechtsstaatsprinzip, wie es das Bundesverfassungsgericht zuweilen vornimmt.[38] So gesehen bestünde Raum für ein generelles „Paradigma“[39] der Güter- und Interessenabwägung, das jeden Bereich staatlichen

[34] Cf. *B. Remmert*, Verfassungs- und verwaltungsrechtsgeschichtliche Grundlagen des Übermaßverbots, 1995.

[35] Anders, jedoch sehr vage, *K. Vogel*, Der Finanz- und Steuerstaat, in: HStR, Bd. 3, 3. Aufl. 2004, S. 843 (876 f.), der ab einer bestimmten Abgabenlast eine besondere Rechtfertigungslast eingreifen sieht.

[36] *C. Waldhoff*, Grundzüge des Finanzverfassungsrechts, in: HStR, Bd. 5, 3. Aufl. 2007, S. 813 (904 ff.).

[37] Cf. *G. Haverkate*, Rechtsfragen des Leistungsstaats, 1983, S. 11 ff.

[38] BVerfGE 57, 250 (270); 59, 275 (278).

[39] *K.-H. Ladeur*, Abwägung – ein neues Paradigma?, in: ARSP 69 (1983), 463 ff.

Handelns erfaßt, mithin auch eine verfassungsrechtliche Kontrolle der Zweck-Mittel-Relation im Leistungsrecht ermöglicht. Konsequenterweise unterlägen dann alle sozialstaatlichen Leistungen einem gesetzlichen Vorbehalt, um die präzise Ausweisung der leistungsrechtlich verfolgten Zwecke sicherzustellen.

So sinnvoll dieser Ansatz grundsätzlich ist, um die diversen Systeme staatlicher Umverteilung genauer verfassungsrechtlich erfassen zu können, so bleiben doch durchgreifende Bedenken: Nicht von ungefähr mehren sich im Schrifttum die Stimmen, die auf eine konkretere normative Rückbindung des Übermaßverbotes drängen,[40] weil das Übermaßverbot als Generalmaxime für jedwedes Staatshandeln verstanden zu einer Art Metaverfassungsrecht wird, das die spezifischeren Instrumente der Verfassung zum Schutz individueller Freiheit durch Grundrechte und ein in sich kohärentes Staatsorganisationsrecht (insbesondere eine austarierte Kompetenzordnung) zu überspielen droht.

Den wesentlichen verfassungsrechtlichen Geltungsgrund der Verhältnismäßigkeit bilden somit die Grundrechte.[41] Dem Finanzverfassungsrecht hingegen ist ein pauschales Übermaßverbot für die leistungsstaatliche Betätigung des Staates fremd, weil es im Zusammenspiel mit den Grundrechten ein eigengeartetes System der Ausgabensteuerung aufweist, das nicht einfach durch ein rein verfassungstheoretisch begründetes Verhältnismäßigkeitsprinzip suspendiert werden kann.

(d) Die zweite demokratische Dimension: der institutionelle Grundrechtsvorbehalt. Neben der individualschützenden treibt der demokratische Grundsatz noch eine weitere Dimension des Gesetzesvorbehaltes heraus, die auch für die demokratische Ausgestaltung des Sozialstaates bedeutsam ist: den institutionellen[42] oder organisationsrechtlichen[43] Gesetzesvorbehalt. Er er-

---

[40] Cf. *F. Ossenbühl*, Maßhalten mit dem Übermaßverbot, in: Festschrift für P. Lerche, 1993, 151 ff.; *M. Kloepfer*, Die Entfaltung des Verhältnismäßigkeitsprinzips, in: Festschrift 50 Jahre Bundesverwaltungsgericht, 2003, 329 (341); *E. Schmidt-Aßmann*, Der Rechtsstaat, in: HStR, Bd. 2, 3. Aufl. 2004, S. 541 (592).

[41] *P. Kunig*, Das Rechtsstaatsprinzip, 1986, S. 350 ff.; *R. Wendt*, Der Garantiegehalt der Grundrechte und das Übermaßverbot, in: AöR 104 (1979), 414 ff.; ob es auch eine staatsorganisationsrechtliche Variante des Übermaßverbotes gibt (so *A. Heusch*, Der Grundsatz der Verhältnismäßigkeit im Staatsorganisationsrecht, 2003), erscheint demgegenüber zweifelhaft. Eher wird man in diesem Bereich von Organtreue- und Rücksichtnahmepflichten sprechen müssen.

[42] *A. Köttgen*, Die Organisationsgewalt, in: VVDStRL 16 (1958), S. 154 (163); *G. C. Burmeister*, Herkunft, Inhalt und Stellung des institutionellen Gesetzesvorbehaltes, 1991; *E. Schmidt-Aßmann*, Das allgemeine Verwaltungsrecht als Ordnungsidee, 2. Aufl. 2006, S. 189 f.; *T. Groß*, Das Kollegialprinzip in der Verwaltungsorganisation, 1999, S. 239 ff., zur Entstehung auch *E.-W. Böckenförde*, Die Organisationsgewalt im Bereich der Regierung, 1964, S. 95 ff.; zuletzt *C. Ohler*, Der institutionelle Vorbehalt des Gesetzes, in: AöR 131 (2006), 336 ff.

[43] BVerfGE 106, 1 (22); *F. Reimer*, Das Parlamentsgesetz als Steuerungsmittel und Kontrollmaßstab, in: W. Hoffmann-Riem/E. Schmidt-Aßmann/A. Voßkuhle (Hrsg.), Grundlagen des Verwaltungsrechts, Bd. 1, 2006, S. 533 (562 f.).

streckt sich insbesondere, aber nicht nur,[44] auf staatliche Tätigkeiten ohne Grundrechtsrelevanz und verlangt, daß Grundstrukturen der Staatsorganisation, insb. Aufbau, Gliederung und Zuständigkeiten der Verwaltung gesetzlich festgelegt werden.

(e) Wesentlichkeitsgrundsatz. Die Verwurzelung des Gesetzesvorbehaltes im Demokratieprinzip erklärt schließlich, warum mit dem Vorbehalt des Gesetzes zugleich ein partielles Delegationsverbot für die Gesetzgebung verbunden ist. Das Parlament als demokratisch unmittelbar legitimiertes Gesetzgebungsorgan kann sich seiner ihm durch den Vorbehalt des Gesetzes zugewiesenen Normierungsaufgaben nicht beliebig durch Übertragung an die Exekutive entledigen. Vielmehr werden Modus und Reichweite solcher Delegationen verfassungsrechtlich durch Art. 80 Abs. 1 GG (bzw. den dahinterliegenden Grundsätzen) sowie den Wesentlichkeitsgrundsatz bestimmt.[45] Dies gilt auch für die Ausgestaltung des Sozialstaates.[46] Von Verfassungs wegen hat je nach Konstellation eine spezifische Regelungsdichte auf der normhierarchischen Ebene des Parlamentsgesetzes selbst zu erfolgen.[47] Der parlamentarische Gesetzgeber selbst muß um so detailliertere Vorgaben machen, je schwerwiegender sich eine Regelung auf die Ausübung von Grundrechten auswirkt. Deshalb wird er die Konkretisierung der sozialstaatlich gebotenen Ansprüche auf soziale Minima nicht vollständig an die Exekutive delegieren können. Freilich kennt das Grundgesetz keinen pauschalen Wesentlichkeitsvorbehalt. Auch haben sich in der verfassungsgerichtlichen Praxis bisher keine die Vorhersehbarkeit rationaler verfassungsgerichtlicher Entscheidungen ermöglichenden Konturen des Wesentlichkeitsgrundsatzes herausgebildet. Ungeachtet daraus resultierender Kritik[48] bleibt der Vorbehalt parlamentsgesetzlicher Regelungen, dessen gebotene

---

[44] BVerfGE 111, 191 (217 f.).

[45] Cf. hierzu etwa *J. Saurer*, Die Funktionen der Rechtsverordnung, 2005; *A. Uhle*, Parlament und Rechtsverordnung, 1999; *W. Cremer*, Art. 80 Abs. 1 S. 2 GG und Parlamentsvorbehalt, in: AöR 122 (1997), 248 ff.; *M. Nierhaus*, Bestimmtheitsgebot und Delegationsverbot des Art. 80 Abs. 1 Satz 2 GG und der Gesetzesvorbehalt der Wesentlichkeitstheorie, in: Festschrift für K. Stern, 1997, S. 717 ff.; *K.-P. Sommermann*, Verordnungsermächtigung und Demokratieprinzip, in: JZ 1997, 434 ff.; *J. Staupe*, Parlamentsvorbehalt und Delegationsbefugnis, 1986; den Abschied von der Wesentlichkeitslehre fordert hingegen (ein wenig vorschnell) *F. Reimer*, Das Parlamentsgesetz als Steuerungsmittel und Kontrollmaßstab, in: W. Hoffmann-Riem/E. Schmidt-Aßmann/A. Voßkuhle (Hrsg.), Grundlagen des Verwaltungsrechts, Bd. 1, 2006, S. 533 (572 ff.).

[46] Zweifel im Hinblick auf eine hinreichende Beachtung des Wesentlichkeitsgebots im Sozialrecht meldete 1990 Hans-Jürgen Papier an: „Der demokratie- und rechtsstaliche Gesetzesvorbehalt mit seiner Präszisierung durch die ‚Wesentlichkeitsjudikatur' des Bundesverfassungsgerichts erscheinen hier (scil.: im Recht der gesetzlichen Krankenversicherung) stellenweise als ‚Phantombilder' aus einer anderen Welt." *H.-J. Papier*, Der Wesentlichkeitsgrundsatz – am Beispiel des Gesundheitsreformgesetzes, in: VSSR 1990, 123 (136 f.).

[47] Cf. *D. Hoemig*, Grundlagen und Ausgestaltung der Wesentlichkeitslehre, in: Festgabe 50 Jahre Bundesverwaltungsgericht, 2003, 273 ff.

[48] Cf. etwa *M. Kloepfer*, Der Vorbehalt des Gesetzes im Wandel, in: JZ 1984, 689 ff.

Dichte und Konkretion sich nach Kriterien grundrechtlicher und demokratisch-organisationsrechtlicher Wesentlichkeit richten, für die Feinsteuerung der Spannung von individueller Selbstbestimmung und demokratischer Selbstregierung unverzichtbar.

2. *Normierungsformen im Sozialstaat*

a) Parlamentsgesetz

Das Zusammenspiel von Vorbehalt und Vorrang des Gesetzes sowie Wesentlichkeitsgrundsatz bewirkt, daß dem Parlamentsgesetz die zentrale Rolle bei der demokratischen Ausgestaltung des Sozialstaates zukommt. In seiner grundrechtlichen und institutionellen Dimension verlangt der Vorbehalt des Gesetzes eine umfassende gesetzliche Durchdringung des Sozialstaates und der Parlamentsvorbehalt sichert dabei dem formellen Gesetz seine demokratietheoretisch gebotene Dominanz. Die hieraus resultierende Gesetzesregulierung geht so weit, daß manche den Sozialstaat in seiner Auftragserfüllung infolge seines hohen Verrechtlichungsgrades substantiell bedroht sehen, weil die Besonderheiten sozialer Betreuung und Hilfe sich einer umfassenden rechtlichen Durchdringung gewissermaßen entziehen, die hohe Regulierungsdichte also dysfunktional wirke. So berechtigt solche Formen der Gesetzgebungskritik im Einzelfall rechtspolitisch auch sein mögen, so ändern sie doch nichts an den de constitutione lata bestehenden Anforderungen an die gesetzliche Ausgestaltung des sozialen Staates, die im übrigen keineswegs eine automatengleiche Programmierung der Verwaltung verlangt, sondern eine Fülle an Techniken zur Erzeugung von administrativer Variabilität im Rahmen gesetzesdirigierter Verwaltung zuläßt.[49] Zudem ist der Kritik an parlamentsgesetzlichen Regulierungstechniken stets deren Mehrwert gegenüberzustellen, der von den besonderen Problemerfassungskapazitäten und Resonanzsensibilitäten parlamentarischer Politikformulierung über die hohe Potenz zur Verarbeitung heterogener Interessen bis hin zu den besonderen Potentialen der Akzeptanzschaffung durch repräsentative Entscheidungsfindungen reicht.[50] Gerade für die demokratische Ausgestaltung des Sozialstaates bilden die Rationalität und Sachangemessenheit politischer Lösungen sichernden parlamentarischen Entscheidungsformen ein wesentliches Element zur Bewahrung des freiheitlichen Charakters des sozialen Staates.

Für ein sozialstaatliches Tätigwerden ist deshalb irgendeine parlamentsgesetzliche Grundlage in jedem Fall notwendig – für die grundrechtlich gebote-

---

[49] Cf. umfassend *E. Schmidt-Aßmann*, Das allgemeine Verwaltungsrecht als Ordnungsidee, 2. Aufl. 2006, S. 198 ff. mit weit. Nachw.

[50] Cf. in diesem Zusammenhang *O. Lepsius*, Steuerungsdiskussion, Systemtheorie und Parlamentarismuskritik, 1999; *ders.*, Die erkenntnistheoretische Notwendigkeit des Parlamentarismus, in: M. Bertschi u.a., Demokratie und Freiheit, 1999, S. 123 ff.

nen sozialen Minima schon deshalb, weil diese der gesetzlichen Ausgestaltung bedürfen und im darüber hinausgehenden Bereich dann, wenn der institutionelle Gesetzesvorbehalt greift oder unmittelbar, respektive eingriffsäquivalent Grundrechte Dritter betroffen sind sowie schließlich zumindest in Form des Haushaltsplans, der die finanziellen Mittel für staatliche Leistungen finanzverfassungsrechtlich bereitstellt.

b) Delegierte Gesetzgebung

Jenseits dieser zwingend parlamentsgesetzlich zu regelnden Grundlagen kann der parlamentarische Gesetzgeber allerdings die gesetzliche Ausgestaltung des freiheitsdienenden Sozialstaates an die Exekutive delegieren. Tatsächlich kommt der delegierten Gesetzgebung im Sozialrecht eine ausgesprochen hohe Bedeutung zu. Die exekutiven Normsetzungsinstrumente gehen dabei über die klassischen Formen der Rechtsverordnung, Satzung und Verwaltungsvorschriften hinaus.[51] So finden sich im Sozialgesetzbuch zahlreiche gesetzliche Grundlagen für eine Normsetzung durch unterschiedlichste Formen von Richtlinien[52] und Normenverträgen.[53] Von besonderer Prominenz sind dabei

---

[51] Einen profunden Überblick am Beispiel des Vertragsarztrechts bietet *P. Axer*, Das Normsetzungsinstrumentarium im Vertragsarztrecht, in: F. E. Schnapp/P. Wigge (Hrsg.), Handbuch des Vertragsarztrechts, 2. Aufl. 2006, S. 274 ff.; näher insg. *ders.*, Normsetzung der Exekutive in der Sozialversicherung, 2000; *F. Becker*, Kooperative und konsensuale Strukturen in der Normsetzung, 2005; *I. Ebsen*, Phänomenologie und Problemfelder der Rechtsquellen, in: F. E. Schnapp (Hrsg.), Probleme der Rechtsquellen im Sozialversicherungsrecht, Teil 1, 1998, S. 13 ff.; *A. Wahl*, Kooperationsstrukturen im Vertragsarztrecht, 2001, S. 346 ff.; umfassend *A. Hänlein*, Rechtsquellen im Sozialversicherungsrecht, 2001.

[52] Der nach § 92 SGB V Richtlinien im gesetzlichen Krankenversicherungssystem erlassende Gemeinsame Bundesausschuß wird gemeinhin auch „kleiner Gesetzgeber" genannt; cf. *T. Kingreen*, Verfassungsrechtliche Grenzen der Rechtsetzungsbefugnis des Gemeinsamen Bundesausschusses im Gesundheitsrecht, in: NJW 2006, 877 (878) mit weit. Nachw.

[53] Cf. *D. Boerner*, Normenverträge im Gesundheitswesen, 2003; *ders.*, Kooperative Normgebung im staatlich gesetzten Rahmen, in: A. Schmehl/A. Wallrabenstein (Hrsg.), Steuerungsinstrumente im Recht des Gesundheitswesens Bd. 2: Kooperation, 2006, S. 1 ff.; *M. Thiel*, Kooperative untergesetzliche Normsetzung im Gesundheitswesens, ebenda, S. 71 ff.; *J. I. Fahlbusch*, Das gesetzgeberische Phänomen der Normsetzung durch oder mit Vertrag, 2004; *J. Castendiek*, Der sozialversicherungsrechtliche Normsetzungsvertrag, 2000; *H. Sodan*, Normsetzungsverträge im Sozialversicherungsrecht, in: NZS 1998, 305 ff.; *T. Rompf*, Die Normsetzungsbefugnis der Partner der vertragsarztrechtlichen Kollektivverträge, in: VSSR 2004, 281 ff.; *K. Engelmann*, Untergesetzliche Normsetzung im Recht der gesetzlichen Krankenversicherung durch Verträge und Richtlinien, in: NZS 2000, 1 ff. (Teil 1), 76 ff. (Teil 2); *F. E. Schnapp*, Untergesetzliche Rechtsquellen im Vertragsarztrecht – am Beispiel der Richtlinien, in: Festschrift 50 Jahre Bundessozialgericht, 2004, S. 497 ff.; *T. Koch*, Normsetzung durch Richtlinien des Bundesausschusses der Ärzte und Krankenkassen, in: SGb 2001, 109 ff. und 166 ff.; *P. Axer*, Selbstverwaltung in der gesetzlichen Krankenversicherung, in: Die Verwaltung 35 (2002), 377 (392 ff.); zur Problematik des Zwangs zu konsensualer Rechtsetzung *F. Schoch/J. Wieland*, Verfassungsrechtliche Probleme sozialrechtlicher Vereinbarungspflichten, in: ZG 2005, 223 ff.

die Richtlinien des Gemeinsamen Bundesausschusses nach § 92 SGB V, auf die sogleich im Zusammenhang mit Fragen der demokratischen Legitimation noch näher einzugehen sein wird (cf. infra G.III.3.). Deren Normcharakter wurde in der Literatur solange angezweifelt, daß der Gesetzgeber diese nun gleich mehrfach gesetzlich verankert hat.[54]

c) Kein verfassungsrechtlicher Typenzwang für die delegierte Gesetzgebung

Auf keinem anderen Gebiet hat der Gesetzgeber wohl so viel Phantasie bei der Schaffung untergesetzlicher Normierungsformen walten lassen, wie in der Sozialverwaltung. Diese Pluralität der exekutiven Rechtsetzungsformen ist nicht ohne verfassungsrechtliche Kritik geblieben.[55] Rechtsverordnung, Satzungen und Verwaltungsvorschriften stellten, so etwa *Fritz Ossenbühl*, einen abgeschlossenen Katalog grundgesetzlich zulässiger exekutiver Normsetzungsformen dar, so daß sich die Kreierung neuer Gestalten der Normsetzung verbiete. Der Typenzwang folge einerseits daraus, daß die traditionellen Rechtsetzungsformen „grundlegende Verfassungsprinzipien über die Gewaltenteilung, die Verantwortung und die Entscheidungslegitimation" zum Ausdruck brächten, die „aufgebrochen oder verletzt werden, wenn man von den verfassungsrechtlich vorgegebenen Rechtsetzungsformen ohne weiteres abweichen könnte oder wollte."[56] Zudem sei funktionalrechtlich nur der verfassungsändernde Gesetzgeber zur Erfindung neuer Formen der Normsetzung befugt, nicht aber der „einfache".

Allerdings läßt sich dem Grundgesetz bei näherer Betrachtung kein geschlossenes System der exekutiven Rechtsquellen entnehmen.[57] Es fehlt an ei-

---

[54] Im Überblick zur Debatte um die Rechtsverbindlichkeit *E. Schmidt-Aßmann*, Grundrechtspositionen und Legitimationsfragen im öffentlichen Gesundheitswesen, 2001, S. 91 ff.; *S. Seeringer*, Der Gemeinsame Bundesausschuss nach dem SGB V, 2006, S. 82 ff. mit umfangreichen Nachw.; zur ausdrücklichen Verbindlichkeitsanordnung (und ihrem deklaratorischen Charakter) näher *P. Axer*, Das Normsetzungsinstrumentarium im Vertragsarztrecht, in: F. E. Schnapp/P. Wigge (Hrsg.), Handbuch des Vertragsarztrechts, 2. Aufl. 2006, S. 274 ff.; zu den (fruchtlosen) Versuchen, Richtlinien typologisch einzuordnen, *F. E. Schnapp*, Untergesetzliche Rechtsquellen im Vertragsarztrecht – am Beispiel der Richtlinien, in: Festschrift 50 Jahre Bundessozialgericht, 2004, S. 497 (500); cf. näher aus der wechselvollen Rspr. des Bundessozialgerichts BSGE 38, 35 (37 f.) – Durchführungsvorschriften; 78, 70 (75) – Satzung; 81, 54 ff. – Teil der Normverträge; aus der Lit. etwa *H. Tempel-Kromminga*, Die Problematik der Richtlinien der Bundesausschüsse der Ärzte und Krankenkassen nach dem neuen Recht des SGB V, 1994.

[55] *F. Ossenbühl*, Richtlinien im Vertragsarztrecht, in: NZS 1997, 497 (499 f.); cf. a. *U. Di Fabio*, Verlust der Steuerungskraft klassischer Rechtsquellen, in: NZS 1998, 449 ff.; einen guten Überblick mit weit. Nachw. bieten *A. Wahl*, Kooperationsstrukturen im Vertragsarztrecht, 2001, S. 389 ff.; *P. Axer*, Normsetzung der Exekutive in der Sozialversicherung, 2000, S. 153 ff.

[56] *F. Ossenbühl*, Richtlinien im Vertragsarztrecht, in: NZS 1997, 497 (500).

[57] Näher *P. Axer*, Normsetzung der Exekutive in der Sozialversicherung, 2000, S. 153 ff.; *ders.*, Das Normsetzungsinstrumentarium im Vertragsarztrecht, in: F. E. Schnapp/P. Wigge

nem entsprechenden, in sich konsistenten und mit substantiellen Aussagen versehenen Regelungskomplex. Statt dessen finden sich lediglich sporadische Nennungen und unsystematisch eingefügte Annexbestimmungen zu anderen Regelungen. Die Satzung etwa wird gar nicht im Grundgesetz erwähnt, sondern nur indirekt durch Art. 28 Abs. 2 GG anerkannt. Die Rechtsverordnung wird im Zusammenhang mit und aus der Perspektive der parlamentarischen Gesetzgebung eingeführt und für Verwaltungsvorschriften finden sich nur im Kontext des Gesetzesvollzugs im Bundesstaat einige Vorgaben. Das Bundesverfassungsgericht hält angesichts dieses Befundes fest:

> „Das Grundgesetz stellt der vollziehenden Gewalt weder einen abschließenden Katalog bestimmter Handlungsformen zur Verfügung noch werden ausdrücklich erwähnte Handlungsformen inhaltlich im Einzelnen definiert."[58]

Mangels eines klar identifizierbaren Rechtsquellensystems kann dem Grundgesetz konsequenterweise auch kein Typenzwang entnommen werden. Die Rechtsetzung ist nach der Verfassung formoffen.[59] Gleichwohl verhält sich das Grundgesetz gegenüber der Formfrage nicht indifferent, da formale und materielle Anforderungen an die Delegation der Normsetzung, insbesondere aus den Grundrechten und dem Demokratieprinzip, zu beachten sind.[60] Freiheitsschutz und das Erfordernis demokratischer Legitimation setzen somit zwar nicht den Formen, aber doch der Art und Weise sowie dem Umfang delegierter Rechtsetzung Grenzen (cf. infra G.III.).

3. *Gesetzgebung im föderalen Sozialstaat*

Der freiheitsfunktionale Sozialstaat ist ein „sozialer Bundesstaat", wie es in Art. 20 Abs. 1 GG heißt. Sein bundesstaatlicher Charakter kommt darin zum Ausdruck, daß er umfassend in die föderalen Regelungsgefüge der Verfassung

---

(Hrsg.), Handbuch des Vertragsarztrechts, 2. Aufl. 2006, S. 274 (290 f.); *ders.*, Zur demokratischen Legitimation in der gemeinsamen Selbstverwaltung, in: F. E. Schnapp (Hrsg.), Funktionale Selbstverwaltung und Demokratieprinzip, 2003, S. 115 (129 ff.); *S. Seeringer*, Der Gemeinsame Bundesausschuss nach dem SGB V, 2006, S. 116 ff.; *A. Hänlein*, Rechtsquellen im Sozialversicherungsrecht, 2001, S. 57 ff. mit weit. Nachw.

[58] BVerfGE 100, 249 (258).

[59] *A. Wahl*, Kooperationsstrukturen im Vertragsarztrecht, 2001, S. 389 ff.; *H. Butzer/M. Kaltenborn*, Die demokratische Legitimation des Bundesausschusses der Ärzte und Krankenkassen, in: MedR 2001, 333 (336); *T. Clemens*, Normstrukturen im deutschen Recht, in: Festschrift für E.-W. Böckenförde, 1995, S. 259 (261 ff.); *M. Plantholz*, Funktionelle Selbstverwaltung des Gesundheitswesens im Spiegel der Verfassung, 1998, S. 226 ff.; *F. E. Schnapp*, Untergesetzliche Rechtsquellen im Vertragsarztrecht – am Beispiel der Richtlinien, in: Festschrift 50 Jahre Bundessozialgericht, 2004, S. 497 (499 f.); *F. Becker*, Kooperative und konsensuale Strukturen in der Normsetzung, 2005, S. 370 ff.

[60] *E. Schmidt-Aßmann*, Grundrechtspositionen und Legitimationsfragen im öffentlichen Gesundheitswesen, 2001, S. 93.

eingelassen ist.[61] Eine besondere Nobilitierung des Wechselspiels von Sozialstaat und Bundesstaat geht mit dem Wortlaut des Art. 20 Abs. 1 GG jedoch ebenso wenig einher wie mit der Formel vom sozialen Rechtsstaat in Art. 28 Abs. 1 S. 1 GG eine Sonderbeziehung von Sozialstaatlichkeit und Rechtsstaatlichkeit begründet wird.[62] Bundesstaatstheoretisch ist es zunächst einmal nicht selbstverständlich, daß sowohl der Gliedstaat wie der Bundesstaat zur gesetzlichen Ausgestaltung des Sozialstaates gleichermaßen berufen sind. Die Föderalisierung des sozialen Staates richtet sich nach den konkreten verfassungsrechtlichen Vorgaben. Art. 20 Abs. 1 GG ist dabei ohne Bedeutung; vielmehr gibt die Kompetenzverteilung durch Art. 70 ff. und Art. 83 ff. GG dem sozialen Bundesstaat verfassungsrechtliche Kontur.

Der Schwerpunkt sozialstaatlicher Gesetzgebung liegt innerhalb des föderalen Gefüges des Grundgesetzes beim Bund, da wesentliche, dem Sozialstaat klassischerweise zugeordnete Materien der konkurrierenden Gesetzgebung unterliegen und vom Bund genutzt wurden. Insbesondere im Bereich der öffentlichen Fürsorge (Art. 74 Abs. 1 Nr. 7 GG), der Sozialversicherung (Art. 74 Abs. 1 Nr. 12 GG), der Ausbildungsbeihilfen (Art. 74 Abs. 1 Nr. 13 GG), des Wohngeldrechts (Art. 74 Abs. 1 Nr. 18 GG) sowie des Krankenhausrechts (Art. 74 Abs. 1 Nr. 19a GG) hat der Bundesgesetzgeber umfangreich von seinen Kompetenzen Gebrauch gemacht.[63]

4. Gesamtstaatliche Verzahnung des freiheitsfunktionalen Sozialstaates durch Art. 28 Abs. 1 Satz 1 GG

Die materielle Verknüpfung von Bundes- und Sozialstaatlichkeit erfolgt trotz des dies suggerierenden Wortlautes („sozialer Bundesstaat") hingegen nicht durch Art. 20 Abs. 1 GG, sondern durch Art. 28 Abs. 1 S. 1 GG. Ohne ihn wäre der soziale Bundesstaat unvollständig. Die Länder sind nicht unmittelbar an die Verpflichtungen des Art. 20 Abs. 1 GG gebunden, da sich die dort festgelegten Prinzipien ersichtlich auf den Bund beziehen. Weil die Formel vom sozialen Staat auch kein Grundrecht ist, greift die gesamtstaatliche Bindungswirkung des Art. 1 Abs. 3 GG ebenfalls nicht. Auch der Ebenenabgleich durch Art. 31 GG und Art. 142 GG führt ohne grundgesetzliche Basisverpflichtung der Länder auf die Ziele des sozialen Staates zu keiner verfassungsrechtlichen Mindest-

---

[61] Cf. *A. Köttgen*, Der Soziale Bundesstaat, in: E. Forsthoff (Hrsg.), Rechtsstaatlichkeit und Sozialstaatlichkeit, 1969, S. 431 ff.; *R. Scholz*, Zum Verfassungsprinzip des „sozialen Bundesstaats", in: Festschrift für R. Mußgnug, 2005, S. 19 ff.

[62] Anders *R. Scholz*, Zum Verfassungsprinzip des „sozialen Bundesstaats", in: Festschrift für R. Mußgnug, 2005, S. 19 ff.

[63] Näher zu den Kompetenzen *H.-J. Papier*, Staatsrechtliche Vorgaben für das Sozialrecht, in: Festsschrift 50 Jahre Bundessozialgericht, 2004, S. 23 (28 ff.).

bindung dieser bei der Ausübung ihrer originären Staatsgewalt.[64] Für den föderalen Sozialstaat ist deshalb Art. 28 Abs. 1 S. 1 GG von entscheidender Bedeutung. Er bewirkt die gesamtstaatliche Verzahnung des freiheitsdienenden Sozialstaates, indem er die Länder zu einer Herabzonung der grundgesetzlichen Sozialstaatsverpflichtung auf die Ebene der Landesverfassungen zwingt.

Bezogen auf die Legislative gebietet die Norm, daß die Länder, durch Art. 28 Abs. 1 S. 1 GG[65] und die landesverfassungsrechtlichen Selbstverpflichtungen gebunden, im Rahmen ihrer im Grundgesetz festgelegten Gesetzgebungskompetenzen das ihre zur erforderlichen gesetzlichen Ausgestaltung des freiheitlichen Sozialstaates beizutragen haben. Dies betrifft insbesondere die Festlegung grundrechtlich bestimmter sozialer Minima. Denn die Staatsgewalt der Länder ist zwar über Art. 1 Abs. 3 GG ohne weiteres an die Grundrechte in ihren Abwehr- und objektiv-rechtlichen Dimensionen, jedoch nicht unmittelbar an deren durch Art. 20 Abs. 1 GG vermittelte sozialstaatliche Dynamisierung zu Minimaansprüchen gebunden. Adressat des Art. 20 Abs. 1 GG ist nun einmal der Bundesstaat. Deshalb ist es verfassungsrechtlich nur konsequent, wenn Art. 28 Abs. 1 S. 1 GG einen Gleichlauf der sozialen Verfassungsverpflichtungen der Staatsgewalt sichert. Art. 28 Abs. 1 GG schützt dann aber nicht nur einen verfassungsfesten Kern an Sozialstaatlichkeit auf Länderebene, wie vielfach angenommen wird,[66] sondern ist im für das Landesverfassungsrecht geforderten sachlichen Regelungsgehalt mit Art. 20 Abs. 1 GG identisch. Beide Normen haben unterschiedliche Adressaten, gleichen sich aber in der auf beiden Rechtsebenen – Bundes- wie Landesverfassungsrecht – geforderten materiellrechtlichen Substanz. Die Bindung an die sozialen Grundsätze nimmt damit innerhalb des Art. 28 Abs. 1 S. 1 GG eine Sonderrolle ein, die aus der differierenden Regelungsrichtung des Sozialstaates resultiert. Art. 20 Abs. 1 und 28 Abs. 1 S. 1 GG legen für den Sozialstaat eben kein Organisationsprinzip, sondern ein materielles Tätigkeitsprinzip fest.[67] Deshalb läßt sich die für die Bindungen an die Grundsätze des republikanischen und demokratischen Rechtsstaates entwikkelte Dogmatik nicht einfach auf die sozialen Grundsätze übertragen. Die in der Literatur zumeist postulierte Depotenzierung der soziale Grundsätze in

---

[64] Zu diesem Ebenenabgleich näher *H. M. Heinig*, Öffentlich rechtliche Religionsgesellschaften, 2003, S. 222 mit weit. Nachw.

[65] Zur Problematik der in die Landesverfassung hineinwirkenden Bundesverfassung in diesem Zshg. BVerfGE 1, 208 (232); 103, 332 (353); *M. Nierhaus*, in: M. Sachs (Hrsg.), GG, 4. Aufl. 2007, Art. 28 Rdnr. 5; kritisch *J. Rozek*, Das Grundgesetz als Prüfungs- und Entscheidungsmaßstab der Landesverfassungsgerichte, 1993, S. 100 ff.; *H. Dreier*, in: ders. (Hrsg.), GG, Bd. 2, 2. Aufl. 2006, Art. 28 Rdnr. 54; *P. J. Tettinger*, in: v. Mangoldt/Klein/Starck, GG, 5. Aufl. 2005, Art. 28 Rdnr. 31 f.

[66] *H. Dreier*, in: H. Dreier (Hrsg.), GG, Bd. 2, 2. Aufl. 2006, Art. 28 Rdnr. 62 f.

[67] *R. Herzog*, Zur Auslegung des Sozialstaatsprinzips, in: BayVBl. 1976, 161 (162).

Art. 28 Abs. 1 S. 1 GG ist folglich aus verfassungssystematischen Gründen abzulehnen.[68]

III. Demokratische Legitimation im freiheitsdienenden Sozialstaat

Wenn die demokratische Ausgestaltung des Sozialstaates sich einerseits der Sicherung der Bedingungen individueller Selbstbestimmung verpflichtet weiß, andererseits aber der Sozialstaat seine freiheitliche Gestalt auch aus dem Moment der Freiheit zur demokratischen Selbstregierung der im Staatsvolk vereinten Freien und Gleichen gewinnt (supra G.I.), so kommt der demokratischen Legitimation der über die verfassungsgebotenen Minima hinausgehenden Ausgestaltung für die Freiheitlichkeit des Sozialstaates entscheidende Bedeutung zu.

Verfassungsrechtlich ist es zunächst einmal schlicht selbstverständlich, für die gesetzgeberische und administrative Konturierung des Sozialstaates eine hinreichende demokratische Legitimation zu fordern. Die Notwendigkeit der demokratischen Rückbindung des gesetzlich ausgeformten Sozialstaates ergibt sich ganz zwanglos aus Art. 20 Abs. 1 S. 1, Abs. 2 GG. Die verfassungsdogmatisch interessante Frage ist nur, welche Anforderungen das Grundgesetz genau für die demokratische Legitimation aufstellt.

Im Kontext der Sozialstaatsthematik läßt sich diese Frage auf drei Stufen betrachten. Zunächst gibt es eine lebhaft geführte Generaldebatte über eine angemessene Dogmatik demokratischer Legitimation. Daneben und damit verbunden hat sich in den letzten Jahren die wissenschaftliche Aufmerksamkeit verstärkt der erforderlichen demokratischen Rückbindung der für unser gegenwärtiges Sozialsystem typischen funktionalen Selbstverwaltung zugewendet. Und schließlich hat das besondere Legitimationsproblem der sogenannten „Gemeinsamen Selbstverwaltung“ nach dem SGB V in den letzten Jahren die akademischen Gemüter (und nicht nur die) erhitzt. Die drei Problemkreise sind ineinander verwoben, ohne daß jedoch einfache „Wenn-dann-Folgerungen“ gezogen werden können. Betrachtet man die unterschiedlichen, im Schrifttum vertretenen Positionen, läßt sich von dem jeweils präferierten generellen Legitimationsmodell nicht ohne weiteres auf eine daraus folgende positive oder negative Bewertung der funktionalen bzw. der „gemeinsamen“ Selbstverwaltung schließen. Deshalb werden im Folgenden alle drei Aspekte in der gebotenen Kürze zu betrachten sein.

---

[68] Die sozialen Grundsätze in Art. 28 Abs. 1 S. 1 GG für mehr oder irrelevant erklären etwa *M. Nierhaus*, in: M. Sachs (Hrsg.), GG, 4. Aufl. 2007, Art. 28 Rdnr. 5; *H. Dreier*, in: ders. (Hrsg.), GG, Bd. 2, 2. Aufl. 2006, Art. 28 Rdnr. 63; *P. J. Tettinger*, in: v. Mangoldt/Klein/Starck, GG, 5. Aufl. 2005, Art. 28 Rdnr. 64 f.; *W. Löwer*, in: v. Münch/Kunig, GG, Bd. 2, 5. Aufl. 2001, Art. 28 Rdnr. 22 (Bindungswirkung gegen Null).

1. Generelle Legitimationsanforderungen des Grundgesetzes

a) Das klassische Modell der Legitimationsketten

Ausgangspunkt jeder weiteren Überlegung zur verfassungsrechtlichen Legitimation der Ausgestaltung des Sozialstaates haben Art. 20 Abs. 1 und Abs. 2 GG und Art. 28 Abs. 1 GG zu sein. Während das Demokratieprinzip für sich betrachtet noch wenig aussagekräftig ist,[69] gewinnt es durch Art. 20 Abs. 2 GG an Konturen. Legitimationsstiftend ist das Volk; als Transformationsriemen dienen Wahlen und Abstimmungen; ausgeübt wird die Staatsgewalt durch besondere Organe der drei Gewalten.[70] Nach Art. 28 Abs. 1 S. 2 GG gilt Entsprechendes für Länder und Kommunen. Kommunen haben ihrerseits zwar kein Staatsvolk, sind im Hinblick auf die in ihnen versammelten Volksteile als für ihre Angelegenheiten allzuständige Gebietskörperschaften jedoch im demokratischen Legitimationsgefüge Bund und Land gleichgestellt.[71]

Das insbesondere von *Ernst-Wolfgang Böckenförde*[72] geprägte und vom Bundesverfassungsgericht in zahlreichen Entscheidungen zugrundegelegte[73] „klassische" Modell demokratischer Legitimation nach dem Grundgesetz folgert aus diesem Normgefüge: „Volk" im Sinne des Demokratieprinzips meint auf Bundesebene stets das Staatsvolk gemäß Art. 116 GG als „‚offene' und in diesem Sinne unbestimmte Allgemeinheit",[74] die sich nicht nach gruppenspezifischen Kriterien oder Interessen definiert;[75] der Zentralakt der Legitimationsgenerierung ist die Wahl.[76] Durch sie wird eine Volksvertretung geschaffen, die ihre Legitimation an die beiden anderen Gewalten in zweierlei Modi weiterver-

---

[69] Zu diversen Konzeptionen von Demokratie cf. nur *G. Sartori*, Demokratietheorie, 1997.

[70] *H. Dreier*, in: ders. (Hrsg.), GG, Bd. 2, 2. Aufl. 2006, Art. 20 (Demokratie) Rdnr. 90 ff., 97 ff.

[71] Näher hierzu BVerfGE 83, 37 (55); *E. Schmidt-Aßmann*, Verwaltungslegitimation als Rechtsbegriff, in: AöR 116 (1996), 329 (380 f.); *E.-W. Böckenförde*, Demokratie als Verfassungsprinzip, in: HStR, Bd. 2, 3. Aufl. 2004, S. 429 (449 f.).

[72] Cf. *E.-W. Böckenförde*, Demokratie als Verfassungsprinzip, in: HStR, Bd. 2, 3. Aufl. 2004, S. 429 ff.; daran angelehnt etwa *M. Jestaedt*, Demokratieprinzip und Kondominialverwaltung, 1993; *E. Schmidt-Aßmann*, Verwaltungslegitimation als Rechtsbegriff, in: AöR 116 (1996), 329 ff.; grundsätzlich zustimmend *H. Dreier*, in: ders. (Hrsg.), GG, Bd. 2, 2. Aufl. 2006, Art. 20 (Demokratie) Rdnr. 113 ff.; modifizierend *H.-G. Dederer*, Korporative Staatsgewalt, 2004, S. 125 ff., insb. 251 ff.

[73] Cf. etwa BVerfGE 98, 60 (71 f.); 89, 155, (182); 93, 37 (67).

[74] BVerfGE 83, 37 (55).

[75] *E.-W. Böckenförde*, Demokratie als Verfassungsprinzip, in: HStR, Bd. 2, 3. Aufl. 2004, S. 429 (445 ff.); *M. Jestaedt*, Demokratieprinzip und Kondominialverwaltung, 1993, S. 204 ff.

[76] *M. Morlok*, Demokratie und Wahlen, in: Festschrift 50 Jahre Bundesverfassungsgericht, Bd. 2, 2001, S. 559 ff.; *H. Dreier*, in: ders. (Hrsg.), GG, Bd. 2, 2. Aufl. 2006, Art. 20 (Demokratie) Rdnr. 98 ff.

mittelt: durch die *sachlich-inhaltliche Legitimation*,[77] die in der parlamentarischen Gesetzgebung wurzelt und an der die anderen beiden Gewalten durch die Gesetzesbindung teilhaben, sowie durch die *personelle Legitimation*,[78] die eine ununterbrochene, auf die parlamentarische Regierungsbildung (und damit letztlich auf das Volk) rückführbare Legitimationskette für jeden Amtswalter („vom Minister bis zum Pförtner") fordert. Mit zunehmender Länge des Ableitungszusammenhangs nimmt die Qualität der demokratischen Legitimation ab.[79] Die spezifischen Funktionsweisen der drei Gewalten schließlich sind durch Art. 20 Abs. 2 S. 2 GG anerkannt. Sie stützen sich auf eine *institutionelle Legitimation*,[80] die jedoch ihrerseits keine Abstriche bei den Erfordernissen der sachlichen und personellen Legitimation erlaubt. Diese beiden Modi der Legitimationsvermittlung sind zudem nicht isoliert zu betrachten, sondern sichern in ihrem Zusammenspiel ein hinreichendes *Legitimationsniveau*, auf das es letztlich für die verfassungsrechtliche Frage, ob ein Akt staatlicher Gewalt demokratisch legitimiert ist, entscheidend ankommt.[81] Die personelle und die sachlich-inhaltliche Legitimation stehen deshalb untereinander auch in keinem hierarchischen Verhältnis, sondern ergänzen sich im Hinblick auf das Ziel der Sicherstellung effektiver Legitimation.[82] Vollständig ersetzen können sie sich wechselseitig allerdings nicht.[83]

---

[77] BVerfGE 83, 60 (72); 93, 37 (67); *E.-W. Böckenförde*, Demokratie als Verfassungsprinzip, in: HStR, Bd. 2, 3. Aufl. 2004, S. 429 (441 ff.)

[78] BVerfGE 47, 253 (275 f.); 68, 1 (88); 77, 1 (40); 83, 60 (73); *E.-W. Böckenförde*, Demokratie als Verfassungsprinzip, in: HStR, Bd. 2, 3. Aufl. 2004, S. 429 (438 ff.); zu den Konsequenzen für Formen der Mitarbeiterbeteiligung im öffentlichen Dienst BVerfGE 93, 37 (66 ff.), für Kollegialorgane *M. Jestaedt*, Demokratieprinzip und Kondominialverwaltung, 1993, S. 369 ff.; *T. Groß*, Das Kollegialprinzip in der Verwaltungsorganisation, 1999 mit weit. Nachw.

[79] *E.-W. Böckenförde*, Demokratie als Verfassungsprinzip, in: HStR, Bd. 2, 3. Aufl. 2004, S. 429 (438).

[80] *E.-W. Böckenförde*, Demokratie als Verfassungsprinzip, in: HStR, Bd. 2, 3. Aufl. 2004, S. 429 (437 f.).

[81] *E. Schmidt-Aßmann*, Verwaltungslegitimation als Rechtsbegriff, in: AöR 116 (1996), 329 (366).

[82] *E.-W. Böckenförde*, Demokratie als Verfassungsprinzip, in: HStR, Bd. 2, 3. Aufl. 2004, S. 429 (443); *M. Jestaedt*, Demokratieprinzip und Kondominialverwaltung, 1993, S. 281 ff.; *P. Axer*, Das Normsetzungsinstrumentarium im Vertragsarztrecht, in: F. E. Schnapp/P. Wigge (Hrsg.), Handbuch des Vertragsarztrechts, 2. Aufl. 2006, S. 274 (292); anders *W. Kluth*, Funktionale Selbstverwaltung, 1997, S. 358 f.; *J. Oebbecke*, Weisungs- und unterrichtungsfreie Räume in der Verwaltung, 1986, S. 76 f., 84.

[83] Str., wie hier BVerwG, NVwZ 1999, 870 (873); *E.-W. Böckenförde*, Demokratie als Verfassungsprinzip, in: HStR, Bd. 2, 3. Aufl. 2004, S. 429 (443); anders *M. Jestaedt*, Demokratieprinzip und Kondominialverwaltung, 1993, S. 283 f.; *P. Axer*, Das Normsetzungsinstrumentarium im Vertragsarztrecht, in: F. E. Schnapp/P. Wigge (Hrsg.), Handbuch des Vertragsarztrechts, 2. Aufl. 2006, S. 274 (292); *M. Plantholz*, Funktionale Selbstverwaltung des Gesundheitswesens im Spiegel der Verfassung, 1998, S. 93.

Die geforderten Legitimationsstrukturen für die Exekutive orientieren sich nach diesem Modell ersichtlich an der hierarchisch strukturierten Ministerialverwaltung.[84] Abweichungen von diesem Regeltypus bedürfen der besonderen Rechtfertigung;[85] ebenso sieht sich jede Form exekutivischer Rechtsetzung einem besonderen Rechtfertigungsbedarf ausgesetzt. Umstritten bleibt unter den Vertretern dieses klassischen Ansatzes freilich, welche Gründe im einzelnen für eine solche verfassungsrechtliche Rechtfertigung anzuerkennen sind (hierzu sogleich näher).

b) Kritik am klassischen Modell

Diese dogmatische Konzeption demokratischer Legitimation ist nicht unwidersprochen geblieben. Die Kritik speist sich aus drei Richtungen.[86] Zum einen sieht sich das Modell Anfragen ausgesetzt, die die internationale Einbindung Deutschlands reflektieren. Insbesondere die Maastricht-Entscheidung des Bundesverfassungsgerichts[87] veranlaßte Mahnungen, daß das Demokratieprinzip der Offenheit des Grundgesetzes für eine Weiterentwicklung der europäischen Demokratie unter Ablösung von einem staatenfundierten Legitimationsmodell nicht entgegenstehen dürfe.[88] Zum anderen wird im Schrifttum der enge Bezug des Demokratieprinzips zum Staatsvolk in Frage gestellt und ausgehend von der Idee, Demokratie bedeute Herrschaft der Beherrschten, ein Modell der Betroffenenteilhabe propagiert. Demokratie meint demnach nicht primär Volksherrschaft, sondern Partizipation an der Willensbildung durch diejenigen, die von den Ergebnissen der Willensbildung unmittelbar tangiert sind.[89] Kritik formiert sich schließlich aus verwaltungsrechtlicher Sicht an der starken Orien-

---

84 *M. Jestaedt*, Demokratieprinzip und Kondominialverwaltung, 1993, S. 302 ff.; 329 ff.; *H. Wißmann*, Verfassungsrechtliche Vorgaben der Verwaltungsorganisation, in: W. Hoffmann-Riem/E. Schmidt-Aßmann/A. Voßkuhle (Hrsg.), Grundlagen des Verwaltungsrechts, 2006, S. 943 (984 f.); cf. zu diesem Typ näher *H. Dreier*, Hierarchische Verwaltung im demokratischen Staat, 1991.

85 *P. Axer*, Zur demokratischen Legitimation in der gemeinsamen Selbstverwaltung, in: F. E. Schnapp (Hrsg.), Funktionale Selbstverwaltung und Demokratieprinzip, 2001, S. 115 (140).

86 Quer zu diesen *U. Volkmann*, in: K. H. Friauf/W. Höfling (Hrsg.), GG, Art. 20 Rdnr. 44 ff., der die Legitimationsanforderungen nach dem Böckenfördeschen Modell für zu technizistisch und feinzissiliert hält. Allerdings vermag er ihm keine rechtlich operationablen Kriterien entgegenzustellen, sondern weicht in generelle Erwägungen über den Sinn der Demokratie aus.

87 BVerfGE 89, 155 ff.

88 Cf. etwa *B.-O. Bryde*, Die bundesrepublikanische Volksdemokratie als Irrweg der Demokratietheorie, in: StWStP 1994, 305 ff.; *A. Peters*, Elemente einer Theorie der Verfassung Europas, 2001; *C. Tietje*, Die Staatslehre und die Veränderung ihres Gegenstandes, in: DVBl. 2003, S. 1081 (1092 ff.); *U. Schliesky*, Souveränität und Legitimität von Herrschaftsgewalt, 2004, S. 389 ff., 588 ff. mit weit. Nachw.

89 Cf. *A. Wallrabenstein*, Das Verfassungsrecht der Staatsangehörigkeit, 1999, S. 124 ff.; *B.-O. Bryde*, Das Demokratieprinzip als Optimierungsaufgabe, in: Redaktion Kritische

tierung des klassischen Legitimationsmodells an der hierarchischen Verwaltung. Intendiert ist mit dieser Kritik insbesondere die Freischaltung neuer Organisations-, Regulierungs- und Steuerungsformen in der Verwaltung von den Bindungen eines restriktiv verstandenen Erfordernisses demokratischer Legitimation.[90] Zum Subtext dieser Kritik gehört die Herausstreichung der funktionalen Selbständigkeit der Verwaltung gegenüber der Legislative. Der Selbststand der Exekutive wird einerseits gegenüber „realitätsfernen" Vorstellungen der Gesetzesbindung betont. Andererseits aber werden auch Möglichkeiten der Autolegitimation der Verwaltung durch Funktionserfüllung angedeutet.

Im Kontext des grundgesetzlichen Sozialstaates sind vor allem die beiden letzten Kritikpunkte von Belang, während die aus der Internationalisierung und Europäisierung der Rechtsordnung herrührenden Fragen an Modelle demokratischer Legitimation an dieser Stelle zurückgestellt werden können.[91] Da sowohl die verwaltungswissenschaftliche wie die demokratietheoretische Kritik die Auseinandersetzung um die demokratische Legitimation der funktionalen Selbstverwaltung in besonderer Weise prägen, soll uns dieses Beispiel zunächst näher beschäftigen. Die dabei gewonnenen Erkenntnisse erlauben dann auch Rückschlüsse für eine allgemeine Dogmatik demokratischer Legitimation im Sozialstaat.

2. Funktionale Selbstverwaltung und demokratische Legitimation

Nach dem klassischen Legitimationsmodell stellt die funktionale Selbstverwaltung, d.h. – sehr verkürzt – die Wahrnehmung bestimmter, sachlich (nicht gebietsbezogen) definierter öffentlicher Aufgaben durch rechtlich verselbständigte Verwaltungseinheiten in Form der Selbstverwaltung unter der Rechtsaufsicht des Staates,[92] in beiden Legitimationssträngen ein Problem dar: sachlich-inhalt-

Justiz (Hrsg.), Demokratie und Grundgesetz, 2000, S. 59 (63); A. *Hanebeck*, Bundesverfassungsgericht und Demokratieprinzip, in: DÖV 2004, 901 (903 ff.) mit weit. Nachw.

[90] Cf. *V. Mehde*, Neues Steuerungsmodell und Demokratie, 2000; *H.-H. Trute*, Die demokratische Legitimation der Verwaltung, in: W. Hoffmann-Riem/E. Schmidt-Aßmann/A. Voßkuhle (Hrsg.), Grundlagen des Verwaltungsrechts, Bd. 1, 2006, S. 307 ff. mit weit. Nachw.

[91] Hierzu mit weit. Nachw. *H. M. Heinig*, Offene Staatlichkeit oder Abschied vom Staat? Staats- und verfassungstheoretische Perspektiven, in: Philosophische Rundschau 52 (2005), 191 ff.; zur Europäisierung des Sozialstaates cf. infra G.VI.

[92] Cf. zur näheren Begriffsbestimmung etwa *E. Th. Emde*, Die demokratische Legitimation der funktionalen Selbstverwaltung, 1991, S. 9; *W. Kluth*, Funktionale Selbstverwaltung, 1997, S. 543; *ders.*, Funktionale Selbstverwaltung, in: Die Verwaltung 35 (2002), 349 (352); *E. Schmidt-Aßmann*, Grundrechtspositionen und Legitimationsfragen im öffentlichen Gesundheitswesen, 2001, S. 73 f.

lich, weil die Selbstverwaltungskörperschaften selbst rechtsetzend tätig werden und personell, weil die Ämter durch den verselbständigten Rechtsträger – selbstverwaltend – besetzt werden. Während nun die inhaltlich-sachliche Legitimation in einem bestimmten Umfang durch parlamentsgesetzliche Vorgaben abgesichert werden kann, also Legitimationsfragen zu einer Frage der Dichte parlamentsgesetzlicher Vorprägung der Selbstverwaltung werden, läßt sich das Problem der personellen Legitimation nicht ohne weiteres beheben. Um diesem demokratischen Grundproblem der funktionalen Selbstverwaltung im Rahmen des klassischen Legitimationsmodells oder gerade außerhalb seiner Limitierungen zu begegnen, werden unterschiedliche Ansätze präferiert.[93]

a) Begrenzt rechtfertigungsfähiges Demokratiedefizit

Bleibt man streng dem Böckenfördeschen Ansatz verpflichtet, leidet die funktionale Selbstverwaltung per se an einem Legitimationsdefizit.[94] Dieses läßt sich möglicherweise in engen Grenzen hinnehmen, etwa weil der Verfassunggeber die historisch tradierten Formen der funktionalen Selbstverwaltung vorgefunden hat und ersichtlich nicht abschaffen wollte (hierzu sogleich) oder weil durch die Selbstverwaltung grundrechtsgebotene Ferne zum Staat organisiert werden kann (so bei staatlichen Universitäten).[95] Auch ist die fehlende personelle Legitimation möglicherweise durch eine erhöhte inhaltlich-sachliche Legitimation wenigstens teilweise substituierbar.[96] Gleichwohl ist nach der Theorie der Legitimationsketten der Makel abgeschwächter demokratischer Legitimation in der funktionalen Selbstverwaltung nicht auszumerzen. Sie kann deshalb nur in eng begrenztem Umfang verfassungsrechtlich hingenommen werden.

b) Kollektive personelle Legitimation

Einen eng an den Böckenfördeschen Ausgangspunkt angelehnten Standpunkt nimmt *Winfried Kluth* ein, der jedoch durch eine umwegige Konstruktion personeller Legitimation zu einem anderen Ergebnis kommt: Ihm zufolge geht vom gesetzgeberischen Akt, der zur Errichtung des Selbstverwaltungsträgers führt, eine Art kollektive demokratische Legitimation aus, die die personalen Auswahlentscheidungen der in der Regel körperschaftlich verfaßten Mitglieder umfaßt.[97] Dabei stellt Kluth insbesondere auf solche Selbstverwaltungskörper-

---

[93] Cf. im Überblick etwa *A. Musil*, Das Bundesverfassungsgericht und die demokratische Legitimation der funktionalen Selbstverwaltung, in: DÖV 2004, 116 (118ff.).

[94] *E.-W. Böckenförde*, Demokratie als Verfassungsprinzip, in: HStR, Bd. 2, 3. Aufl. 2004, S. 429 (450ff.).

[95] Cf. *E. Schmidt-Aßmann*, Verwaltungslegitimation als Rechtsbegriff, in: AöR 116 (1996), 329 (381f.).

[96] *M. Jestaedt*, Demokratieprinzip und Kondominialverwaltung, 1993.

[97] *W. Kluth*, Funktionale Selbstverwaltung, 1997, S. 543; *ders.*, Funktionale Selbstverwal-

schaften ab, in denen spezifische persönliche Merkmale die Mitgliedschaft begründen. Die so definierte Gruppe wird gleichsam kollektiv personell für die weiteren Entscheidungen innerhalb der Selbstverwaltung legitimiert. Ein solches Legitimationsmodell setzt zwangsläufig eine relativ homogene Mitgliederstruktur sowie eine adäquate innerorganisatorische Beteiligungsstruktur voraus. Unter diesen Bedingungen aber vermag Kluth für die funktionale Selbstverwaltung kein Legitimationsdefizit auszumachen.

c) Mitgliedschaftlich-partizipative/autonome neben demokratischer Legitimation

In deutlichem Kontrast zu diesen beiden Ansätzen stehen Konzeptionen, die sich von rein volkszentrierten Vorstellungen demokratischer Legitimation ablösen. So sieht *Ernst Thomas Emde* in der Gesamtheit der Mitglieder einer Selbstverwaltungskörperschaft (als „Verbandsvolk") originäre Legitimationssubjekte.[98] Im Hintergrund steht bei Emde die Überlegung, daß das demokratische Prinzip Raum für unterschiedliche selbstbestimmungsadäquate Organisationsformen der Staatsgewalt lasse, weil es seinerseits im Normativ individueller Selbstbestimmung wurzele.[99]

Im Ergebnis ähnlich argumentieren Modelle, nach denen „*neben* die Legitimation im Sinne des Art. 20 Abs. 2 GG" eine Form autonomer Legitimation tritt, die sich aus dem mitgliedschaftlich-partizipativen Charakter der funktionalen Selbstverwaltung ergeben soll. Nach besonderen Merkmalen definierte Betroffenengemeinschaften bilden demnach in Ergänzung zum Volk ein zweites Legitimationssubjekt.[100]

tung, in: Die Verwaltung 35 (2002), 349 (352); *ders.*, Demokratische Legitimation in der funktionalen Selbstverwaltung, in: F. E. Schnapp (Hrsg.), Funktionale Selbstverwaltung und Demokratieprinzip, 2001, S. 17 (33 f.); zustimmend *P. Unruh*, Demokratie und „Mitbestimmung" in der funktionalen Selbstverwaltung, in: VerwArch 92 (2001), 531 (551 ff.); *H.-G. Dederer*, Organisatorisch-personelle Legitimation der funktionalen Selbstverwaltung, in: NVwZ 2000, 403 (405).

[98] *E. Th. Emde*, Die demokratische Legitimation der funktionalen Selbstverwaltung, 1991, S. 363 ff.

[99] *E. Th. Emde*, Die demokratische Legitimation der funktionalen Selbstverwaltung, 1991, S. 382 ff.; cf. auch bereits *W. Brohm*, Strukturen der Wirtschaftsverwaltung, 1969, S. 249 ff.

[100] *E. Schmidt-Aßmann*, Das allgemeine Verwaltungsrecht als Ordnungsidee, 2. Aufl. 2006, S. 198 ff. *ders.*, Grundrechtspositionen und Legitimationsfragen im öffentlichen Gesundheitswesen, 2001, S. 75 f.; *ders*, Verwaltungslegitimation als Rechtsbegriff, in: AöR 116 (1996), 329 (376 ff.); ebenso *H. Dreier*, in: ders. (Hrsg.), GG, Bd. 2, 2. Aufl. 2006, Art. 20 (Demokratie) Rdnr. 132.

d) Die neuere Rechtsprechung des Bundesverfassungsgerichts zur funktionalen Selbstverwaltung

Noch einen Schritt weiter scheint das Bundesverfassungsgericht nun in seiner neueren Rechtsprechung zur demokratischen Legitimation der funktionalen Selbstverwaltung zu gehen. Die maßgebliche Entscheidung – sie betrifft Wasserverbände – repetiert zwar die von Böckenfördes Ansatz geprägte bisherige Rechtsprechung zur unmittelbaren Staatsverwaltung und zur kommunalen Selbstverwaltung, betont für die funktionale Selbstverwaltung aber zugleich, daß das Demokratieprinzip „offen für andere, insbesondere vom Erfordernis lückenloser personeller demokratischer Legitimation ... abweichende Formen der Organisation und Ausübung von Staatsgewalt" sei.[101] Eine solche Interpretation ermögliche es, „die im demokratischen Prinzip wurzelnden Grundsätze der Selbstverwaltung und der Autonomie ... angemessen zur Geltung zu bringen."[102] Während die Modelle autonomer Legitimation die Betroffenenpartizipation größtenteils noch *neben* – also außerhalb – der demokratischen Legitimation verorteten,[103] rückt das Bundesverfassungsgericht erstere nunmehr in den Demokratiegrundsatz selbst ein. Noch etwas uneindeutig formuliert es in der Wasserverbandsentscheidung:

> „Die funktionale Selbstverwaltung ergänzt und verstärkt insofern das demokratische Prinzip. *Sie kann als Ausprägung dieses Prinzips verstanden werden, soweit sie der Verwirklichung des übergeordneten Ziels der freien Selbstbestimmung aller dient.* Demokratisches Prinzip und Selbstverwaltung stehen unter dem Grundgesetz nicht im Gegensatz zueinander. Sowohl das Demokratieprinzip in seiner traditionellen Ausprägung einer ununterbrochen auf das Volk zurückzuführende Legitimationskette für alle Amtsträger als auch die funktionale Selbstverwaltung als organisierte Beteiligung der sachnahen Betroffenen an den sie berührenden Entscheidungen verwirklichen die sie verbindende Idee des sich selbst bestimmenden Menschen in einer freiheitlichen Ordnung (Art. 1 I GG ...)."[104]

In der Notarkassen-Entscheidung anderthalb Jahre später dokumentiert das Verfassungsgericht dann die Abkehr vom rein volkszentrierten Demokratiekonzept in aller Klarheit, indem „die Einrichtung funktionaler Selbstverwal-

---

[101] BVerfGE 107, 59 (92); hierzu näher *M. Jestaedt*, Demokratische Legitimation – quo vadis?, in: JuS 2003, 649 ff.; *P. Unruh*, Anmerkung, in: JZ 2003, 1061 ff.; *A. Musil*, Das Bundesverfassungsgericht und die demokratische Legitimation der funktionalen Selbstverwaltung, in: DÖV 2004, 116 ff.; *J. Becker*, Das Demokratieprinzip und die Mitwirkung Privater an der Erfüllung öffentlicher Aufgaben, in: DÖV 2004, 910 ff.

[102] BVerfGE 107, 59 (91); so schon BVerfGE 33, 125 (159), wonach „die Prinzipien der Selbstverwaltung und der Autonomie ... ebenfalls im Demokratieprinzip wurzeln."

[103] Cf. auch *S. Muckel*, Die Selbstverwaltung in der Sozialversicherung auf dem Prüfstand des Demokratieprinzips, in: NZS 2002, 118 (125).

[104] BVerfGE 107, 59 (92); Hervorhebung nur hier.

tung als Ausprägung des Demokratieprinzips des Art. 20 Abs. 2 GG mit dem Ziel der Verwirklichung der freien Selbstbestimmung" vorgestellt wird.[105]

e) Plurale Legitimation

Konsequent zu Ende gedacht führen solche Konzeptionen, wie sie das Bundesverfassungsgericht nunmehr skizziert, zu Vorstellungen demokratischer Legitimation, die nicht das Staatsvolk, sondern das Individuum in den Mittelpunkt und an den Anfang jeder Legitimation stellen. So richtig dies im Ansatz ist,[106] so problematisch gestalten sich manche Ausformungen dieses Modells. Denn mit der Atomisierung der Legitimationssubjekte geht in der Regel eine Multiplizierung der Legitimationsmodi einher. Besonders anschaulich läßt sich diese Doppelstrategie bei *Hans-Heinrich Trute* verfolgen, der seine Kritik am klassischen Modell der Verwaltungslegitimation kontrastiert mit einer Konzeption der „Legitimation einer differenzierten und pluralisierten Verwaltung".[107] Bezugspunkt der Demokratie sei das Individuum und seine freie Selbstbestimmung; neben eine durch formale demokratische Gleichheit bedingte „Basislegitimation" könnten zwanglos Mitwirkungsrechte an Verwaltungsentscheidungen aus besonderem „sektoralen oder funktionalen Interesse" heraus eingeräumt werden.[108] Denn solche besondere Teilhabeformen jenseits der demokratischen Allgemeinheit seien gerade Ausdruck des Selbstbestimmungsgedankens, der bei eigenen Angelegenheiten eben auch eine intensivere Form der Beteiligung rechtfertige, um so Selbstbestimmung „konkret erfahrbar und praktisch wirksam" werden zu lassen.[109] Auch komme einer unmittelbaren Legitimation keine höhere demokratische Dignität zu als der entfernten mittelbaren.[110]

Trute wirft der monistischen Legitimationskonzeption vor, ein falsches Verwaltungsverständnis zu haben und daraus resultierend einem „parlamentszentrierten Steuerungsoptimismus"[111] aufzusitzen. Den will er durch „ein je nach

[105] BVerfGE 111, 191 (216).

[106] Cf. *G. Haverkate*, Verfassungslehre, 1992, S. 240 f.

[107] *H.-H. Trute*, Die demokratische Legitimation der Verwaltung, in: W. Hoffmann-Riem/E. Schmidt-Aßmann/A. Voßkuhle (Hrsg.), Grundlagen des Verwaltungsrechts, Bd. 1, 2006, S. 307 (311 ff.).

[108] *H.-H. Trute*, Die demokratische Legitimation der Verwaltung, in: W. Hoffmann-Riem/E. Schmidt-Aßmann/A. Voßkuhle (Hrsg.), Grundlagen des Verwaltungsrechts, Bd. 1, 2006, S. 307 (325).

[109] *H.-H. Trute*, Die demokratische Legitimation der Verwaltung, in: W. Hoffmann-Riem/E. Schmidt-Aßmann/A. Voßkuhle (Hrsg.), Grundlagen des Verwaltungsrechts, Bd. 1, 2006, S. 307 (330) eine Formulierung aus BVerfGE 107, 59 (90) aufnehmend.

[110] *H.-H. Trute*, Die demokratische Legitimation der Verwaltung, in: W. Hoffmann-Riem/E. Schmidt-Aßmann/A. Voßkuhle (Hrsg.), Grundlagen des Verwaltungsrechts, Bd. 1, 2006, S. 307 (337).

[111] *H.-H. Trute*, Die demokratische Legitimation der Verwaltung, in: W. Hoffmann-Riem/E. Schmidt-Aßmann/A. Voßkuhle (Hrsg.), Grundlagen des Verwaltungsrechts, Bd. 1, 2006, S. 307 (328).

Sachbereich unterschiedliches Verhältnis von gesetzlicher Fremd- und exekutivischer Selbststeuerung"[112] ersetzt wissen. Konsequenterweise postuliert Trute *verwaltungsspezifische* Legitimationsmechanismen, die von der über Wahlen vermittelten Willensbildung mehr oder weniger abgekoppelt werden. Personelle Legitimation erfolgt bei ihm maßgeblich funktional – über die Absicherung der Gemeinwohlorientierung des Personals;[113] die Luhmannsche Analyse der Akzeptanzerzeugung und Protestabsorbierung durch Verfahren[114] wendet er normativ mit der Folge, daß Verwaltungsverfahren eine eigene legitimationsstiftende Kraft entfalten.[115] Eng damit verwandt ist eine normativ verstandene out-put-Legitimation, die über Instrumente vermittelt wird, die die „wünschbare Qualität von Entscheidungen" sicherstellen sollen.[116] Die sachlich-inhaltliche Legitimation durch das Parlamentsgesetz schließlich wird relativiert durch die Herausstreichung der Bedeutung exekutiver Selbststeuerungsformen.

f) Probleme pluraler und partizipativer Legitimationsmodelle

In dieser Zuspitzung des partizipativen Ansatzes wird die Pointe der Demokratie als Grundstruktur des politischen Gemeinwesens im Kern verkannt. Trute verortet die demokratische Legitimation der Verwaltung in einer eigentümlichen Spannung zwischen technokratischem Pragmatismus und empathischem, aber apolitisch-solipsistischem Individualismus. Die Eigenart demokratischer Legitimation bleibt jedoch unverstanden, wenn man sie auf die Kapazität der Verwaltung reduziert, für die sich ihr stellenden Probleme und Herausforderungen pragmatische, sachrationale und akzeptanzschaffende Lösungen zu finden und ihr im übrigen ein relativ anspruchsloses Modell von Betroffenenpartizipation entnimmt. Sicherlich müssen Legitimationstheorien die Spezifika administrativer Tätigkeiten hinreichend berücksichtigen. Doch dürfen sie darüber nicht zentrale Charakteristika demokratischer Politikformulierung aus dem Blick verlieren. Demokratie beschränkt sich eben nicht auf das technokratische Abarbeiten von Sachproblemen oder die irgendwie geartete Teilhabe an politischen Entscheidungen, sondern bildet eine sehr kompakte Formation

[112] *H.-H. Trute*, Die demokratische Legitimation der Verwaltung, in: W. Hoffmann-Riem/E. Schmidt-Aßmann/A. Voßkuhle (Hrsg.), Grundlagen des Verwaltungsrechts, Bd. 1, 2006, S. 307 (330).

[113] *H.-H. Trute*, Die demokratische Legitimation der Verwaltung, in: W. Hoffmann-Riem/E. Schmidt-Aßmann/A. Voßkuhle (Hrsg.), Grundlagen des Verwaltungsrechts, Bd. 1, 2006, S. 307 (336 f.).

[114] *N. Luhmann*, Legitimation durch Verfahren (1969), 2005.

[115] *H.-H. Trute*, Die demokratische Legitimation der Verwaltung, in: W. Hoffmann-Riem/E. Schmidt-Aßmann/A. Voßkuhle (Hrsg.), Grundlagen des Verwaltungsrechts, Bd. 1, 2006, S. 307 (337 ff.).

[116] *H.-H. Trute*, Die demokratische Legitimation der Verwaltung, in: W. Hoffmann-Riem/E. Schmidt-Aßmann/A. Voßkuhle (Hrsg.), Grundlagen des Verwaltungsrechts, Bd. 1, 2006, S. 307 (341 ff.).

menschlicher Selbstbestimmung unter Bedingungen gleicher Freiheit, die nicht *notwendig* an den Staat oder an ein Volk gebunden ist, aber doch an den dem Politischen eigenen Sinn.[117]

Demokratische Legitimation in einem anspruchsvollen Sinne kann deshalb nicht einfach durch problembezogene und sachspezifische Partizipation und der prozeduralen und organisatorischen Sicherung einer an materiellen Gemeinwohlbegriffen orientierten Output-Qualität administrativer Vorgänge substituiert werden.[118] Individuelle Selbstbestimmung und demokratische Selbstregierung finden beide ihren normativen Grund im Axiom gleicher Freiheit; sie stellen jedoch grundsätzlich verschiedene Modi der Freiheitsausübung dar, die sich nicht beliebig vermengen und vermischen lassen, ohne nicht zugleich dem Axiom der gleichen Freiheit Schaden zuzufügen. Auf die Ebene der Verfassungsdogmatik übertragen führt diese Grundeinsicht zu der von *Eberhard Schmidt-Aßmann* formulierten These, daß Selbstverwaltung und Demokratie im Grundgesetz zwar gemeinsame ideelle Wurzeln haben, sich in ihren dogmatischen Ausformungen jedoch nicht ineinssetzen lassen.[119]

Dieser demokratietheoretischen Kritik an allzu forcierten Ansätzen einer partizipativ-pluralen Legitimationsdogmatik ist zudem eine von der Rechtstechnè ausgehende Problematisierung an die Seite zu stellen: Ein dogmatisches Modell taugt nur, wenn es die für das Recht grundlegende Unterscheidung von Recht und Unrecht abbilden und praktisch operationalisieren kann.[120] Rechtswissenschaftliche Modelle demokratischer Legitimation müssen auch rechtspraktikabel sein. Doch an dieser Anforderung drohen Konzeptionen pluraler und partizipativer Legitimation schnell zu scheitern, weil sie zu vage konturiert sind und zu viele legitimationsstiftende Variabeln einführen, ohne diesen eine gewisse Binnenhierarchisierung geben zu können. Besonders Modelle pluraler Legitimation weisen mit den für sie typischen Komponenten der ex ante- wie ex post-Bewertung hoheitlichen Handelns anhand von Herrschaftszwecken und Herrschaftszielen sowie des inputbezogenen „Ermächtigungs-, Zurechnungs-, Kontroll- und Verantwortungszusammenhangs“[121] eine Überkomplexität auf, die die juridische Unterscheidbarkeit von Legitimation und fehlender Legitimation in den unendlichen Tiefen legitimationsstiftender Gesichtspunkte zum

---

[117] Cf. *U. Haltern*, Europarecht und das Politische, 2005 – dort freilich ohne demokratietheoretische Grundlegung; *C. Mouffe*, Über das Politische, 2007.

[118] So im Ergebnis trotz Kritik am klassischen Legitimationsmodell auch *U. Volkmann*, in: K. H. Friauf/W. Höfling (Hrsg.), GG, Art. 20 Rdnr. 44 ff.

[119] *E. Schmidt-Aßmann*, Das allgemeine Verwaltungsrecht als Ordnungsidee, 2. Aufl. 2006, S. 95.

[120] Ähnlich der Einwand bei *H. Dreier*, in: ders. (Hrsg.), GG, Bd. 2, 2. Aufl. 2006, Art. 20 (Demokratie) Rdnr. 118 gegen die Kritiker des „Legitimationskettenfetischismus“ (*B.-O. Bryde*, Die bundesrepublikanische Volksdemokratie als Irrweg der Demokratietheorie, in: StWStP 1994, 305 [324]).

[121] *U. Schliesky*, Souveränität und Legitimität von Herrschaftsgewalt, 2004, S. 588 ff.

Verschwinden bringt. Demgegenüber erweist sich das klassische Modell der personellen und sachlichen demokratischen Legitimation gerade in seiner Simplizität mit dem Wahlakt als zentralem Moment demokratischer Rückkopplung und politischer Verantwortungszurechnung als überlegen.

g) Normspezifische verfassungsrechtliche Anbindung der Rechtfertigung funktionaler Selbstverwaltung

Für die weiteren Überlegungen zur demokratischen Legitimation funktionaler Selbstverwaltung im Sozialstaat wird deshalb am „klassischen" Grundmuster demokratischer Legitimation festgehalten. Funktionale Selbstverwaltung ist demnach nicht *Ausdruck* des demokratischen Grundsatzes, sondern bildet eine *rechtfertigungsbedürftige Abweichung* von diesem.[122] Zugleich ist aber zu berücksichtigen, daß der Verfassungsgesetzgeber die heterogenen Erscheinungen der nicht-kommunalen Selbstverwaltung ersichtlich nicht einfach abschaffen, sie zugleich in ihrer Gesamtheit aber auch nicht eigens garantieren wollte. Nun sind die Erscheinungen der funktionalen Selbstverwaltung ausgesprochen vielfältig.[123] Mit der Einrichtung von Selbstverwaltungsträgern bezweckt der Gesetzgeber etwa die Partizipation von Betroffenen, die Organisation von Solidargemeinschaften und von grundrechtlich gebotener Staatsferne oder die Schaffung genossenschaftlicher Strukturen in öffentlich-rechtlicher Form.[124] Jeweils geht es darum, daß die vom Gesetzgeber „beschlossenen Zwecke und Ziele effektiver erreicht werden".[125]

Dem Anliegen hinreichender demokratischer Legitimation wäre gleichwohl nicht bereits dadurch Genüge getan, wenn verfassungsrechtlich jedweder sachliche Grund zur Rechtfertigung der Selbstverwaltung reichen würde. So sind Effizienzsteigerungen nicht im normativen Sinne legitimationsstif-

---

[122] So im Ergebnis auch *E. Schmidt-Aßmann*, Das allgemeine Verwaltungsrecht als Ordnungsidee, 2. Aufl. 2006, S. 96, der ungeachtet der „autonomen Legitimation" für die funktionale Selbstverwaltung „besondere Rechtfertigungsgründe und Sicherungsvorkehrungen" für geboten hält.

[123] *W. Kluth*, Funktionale Selbstverwaltung, 1997, S. 30 ff.; *E. Th. Emde*, Die demokratische Legitimation der funktionalen Selbstverwaltung, 1991, S. 87 ff.; noch vielfältiger sind die Phänomene, die unter „Selbstverwaltung" firmieren; cf. *R. Hendler*, Das Prinzip Selbstverwaltung, in: HStR, Bd. 4, 2. Aufl. 1999, S. 1133 ff.; *M. Jestaedt*, Selbstverwaltung als „Verbundbegriff", in: Die Verwaltung 35 (2002), 293 ff.; *J. Oebbecke*, Selbstverwaltung angesichts von Europäisierung und Ökonomisierung, in: VVDStRL 62 (2003), S. 366 (371 ff.); *M. Burgi*, Selbstverwaltung angesichts von Europäisierung und Ökonomisierung, ebenda, S. 405 ff.; *T. Groß*, Selbstverwaltung angesichts von Europäisierung und Ökonomisierung, in: DVBl. 2002, 1182 ff.

[124] *W. Kluth*, Funktionale Selbstverwaltung, 1997, S. 236 ff.

[125] BVerfGE 107, 59 (92) mit Verweis auf E 37, 1 (26 f.) und *P. Unruh*, Demokratie und „Mitbestimmung" in der funktionalen Selbstverwaltung, in: VerwArch 92 (2001), 531 (536 f., 554).

tend.[126] Denn Demokratie bedeutet nicht bloß Herrschaft für das Volk, sondern immer auch durch das Volk.[127] Die intendierte effektivere öffentliche Aufgabenwahrnehmung rechtfertigt für sich deshalb keineswegs Abstriche von den verfassungsrechtlich gebotenen Legitimationsanforderungen. Vielmehr wird man eine spezifischere *verfassungsrechtliche* Anknüpfung der Begründungsstrukturen verlangen müssen. Diese bietet das Grundgesetz mit Art. 86, Art. 87 Abs. 2 und Abs. 3 Alt. 2 sowie Art. 130 Abs. 3 GG. Eine besondere, grundrechtsbezogene Begründung läßt sich ferner mittels Art. 5 Abs. 3 GG für Universitäten entwickeln.[128]

h) Institutioneller Gesetzesvorbehalt, Delegationsanforderungen, Rechtsaufsicht

Die für Legitimationsanforderungen an die funktionale Selbstverwaltung des Sozialstaates primär einschlägige Norm bildet der oben bereits erwähnte Art. 87 Abs. 2 GG.[129] Er signalisiert, daß die überkommene Organisationsform der Sozialversicherungen durch das Grundgesetz im Grundsatz unberührt bleibt. Doch führt dieser Normzweck lediglich dazu, daß die von Art. 20 Abs. 2 GG ausgehenden Legitimationsanforderungen modifiziert werden, nicht aber, daß diese pauschal obsolet werden.

Für die demokratische Legitimation der sozialen Versicherungsträger gelten deshalb zunächst einmal die Anforderungen, die generell für die funktionale Selbstverwaltung bestehen: Der Träger der Selbstverwaltung muß durch Gesetz errichtet und eingerichtet werden (institutioneller Gesetzesvorbehalt – cf. supra G.I.2.c.cc.), die im Rahmen der Selbstverwaltung stattfindende Normierung muß hinreichend parlamentsgesetzlich vorgeprägt sein – die Normierungsermächtigung sich also an den Prinzipien des Art. 80 Abs. 1 GG orientieren,[130] und diese doppelte gesetzliche Einbindung muß durch eine Rechtsaufsicht flankiert sein, die durch in die klassischen Strukturen personeller Legitimation eingebundene Amtsträger ausgeübt wird.[131]

---

126 *M. Jestaedt*, Demokratische Legitimation – quo vadis?, in: JuS 2004, 649 (652); *P. Unruh*, Anmerkung, in: JZ 2003, 1061 (1063).

127 „Government of the people, by the people, for the people", heißt es in Abraham Lincolns berühmter Gettesburg Adress vom 19. November 1863; näher hierzu *C. Möllers*, Gewaltengliederung, 2005, S. 37.

128 *E. Schmidt-Aßmann*, Wissenschaftsfreiheit als Organisationsgrundrecht, in: Festschrift für W. Thieme, 1993, S. 697 ff.; *ders.*, Verwaltungslegitimation als Rechtsbegriff, in: AöR 116 (1996), 329 (381 f.).

129 Art. 87 Abs. 2 GG betrifft freilich ausschließlich die Sozialversicherungsträger; sonstige Formen funktionaler Selbstverwaltung, die in Bezug zur Ausgestaltung des Sozialstaates stünden, wären am Maßstab des Art. 87 Abs. 3 GG zu messen.

130 Cf. *P. Axer*, Normsetzung der Exekutive in der Sozialversicherung, 2000, S. 339 ff.

131 *E. Schmidt-Aßmann*, Grundrechtspositionen und Legitimationsfragen im öffent-

i) Soziale Versicherungsträger im Sinne des Art. 87 Abs. 2 GG

aa) Begriffsprägende Merkmale

Darüber hinaus bestehen für eine Rechtfertigung der Abweichung von durch Art. 20 Abs. 2 GG gebotene Legitimationsstrukturen durch Art. 87 Abs. 2 GG aus der Norm resultierende Besonderheiten. So setzt Art. 87 Abs. 2 GG zunächst einmal schlicht voraus, daß Träger der funktionalen Selbstverwaltung ein „sozialer Versicherungsträger" ist. Hierunter hat man sich die Rechtsträger der Sozialversicherung im Sinne des Art. 74 Abs. 1 Nr. 12 GG vorzustellen.[132] Die „Sozialversicherung" wiederum bildet einen historisch geprägten, aber entwicklungsoffenen Begriff.[133] Als dessen prägende Merkmale werden gemeinhin gesehen:[134] die rechtliche Verselbständigung,[135] die Zwecksetzung der Absicherung der *Wechselfälle des täglichen Lebens*, d.h. „die gemeinsame Dekkung eines möglichen, in seiner Gesamtheit schätzbaren Bedarfs durch Verteilung auf eine organisierte Vielheit"[136] sowie eine maßgebliche Finanzierung durch *Beiträge*, die von den Mitgliedern (und aus sachlichen Gründen legitimerweise zur Zahlung heranziehbaren Dritten) geleistet werden.[137]

Zum Begriff der Sozialversicherung gehört hingegen nicht die Beschränkung des Versichertenkreises auf Arbeitnehmer oder die Begrenzung des versicherten Risikos auf eine akute Notlage. Auch Trägervielfalt ist nach der Rechtsprechung des Bundesverfassungsgerichts für das Vorliegen einer Sozialversicherung nicht gefordert. Vielmehr wäre es mit dem „Grundgesetz grundsätzlich zu vereinbaren, wenn der Bundesgesetzgeber sämtliche Träger der gesetzlichen Krankenversicherung zusammenfaßte und den nunmehr einzigen Träger nach Art. 87 Abs. 2 GG als bundesunmittelbare Körperschaft des öffentlichen Rechts organisierte."[138]

---

lichen Gesundheitswesen, 2001, S. 75; *H. Dreier*, in: ders. (Hrsg.), GG, Bd. 2, 2. Aufl. 2006, Art. 20 (Demokratie) Rdnr. 132; generell zur Aufsicht *W. Kahl*, Die Staatsaufsicht, 2000.

[132] BVerfGE 63, 1 (35); *M. Burgi*, in: v. Mangoldt/Klein/Starck, GG, 5. Aufl. 2005, Art. 87 Abs. 2 Rdnr. 59.

[133] BVerfGE 75, 108 (111): „Neue Lebenssachverhalte können in das Gesamtsystem ‚Sozialversicherung' einbezogen werden, wenn die neuen Sozialleistungen in ihren wesentlichen Strukturelementen, insbesondere in der organisatorischen Durchführung und hinsichtlich der abzudeckenden Risiken, dem Bild entsprechen, das durch die ‚klassische' Sozialversicherung geprägt ist."

[134] Cf. zu den Herausforderungen definitorischer Annhäherungen an den Begriff der Sozialversicherung näher *F. E. Schnapp*, Sozialversicherung – Begriff ohne Kontur?, in: VSSR 1995, 101 ff.

[135] BVerfGE 75, 108 (111).

[136] BVerfGE 75, 108 (111) mit Verweis auf BSGE 6, 213 (218, 227 f.).

[137] BVerfGE 75, 108 (111); umfassende Würdigung der Rechtsprechung und Kritik im Detail bei *H. Butzer*, Fremdlasten in der Sozialversicherung, 2001, S. 151 ff., wobei sich der Ertrag in den konventionellen Bahnen bewegt.

[138] BVerfGE 113, 167 (201).

Jedes einzelne Merkmal ließe sich nun im Detail problematisieren, worauf an dieser Stelle verzichtet werden soll, da im Focus der vorliegenden Arbeit Art. 20 Abs. 1 GG steht, nicht das Verfassungsrecht der Sozialversicherungen.[139] Gleichwohl berührt der verfassungsrechtliche Begriff der Sozialversicherung selbstredend auch die demokratische Ausgestaltung des Sozialstaates. So stellte sich etwa im Zusammenhang mit der politischen Diskussion um die Einführung einer „Bürgerversicherung" die Frage, ob eine alle Bürger umfassende Versicherung noch eine „organisierte Vielheit" oder nicht vielmehr schlicht „die Allgemeinheit" darstellt – mit der Konsequenz, daß sich der Bund nicht auf die Gesetzgebungskompetenz des Art. 74 Abs. 1 Nr. 12 GG und die Verwaltungskompetenz des Art. 87 Abs. 2 GG berufen könnte.[140] Zutreffenderweise hängt die verfassungsrechtliche Bewertung jedoch weniger vom Sozialversicherungsbegriff an sich ab, als vom grund- und kompetenzrechtlichen Gesamtgefüge (infra F.II.).

bb) Insbesondere: Selbstverwaltung

Die Selbstverwaltung ist hingegen kein konstituierendes Merkmal der Sozialversicherung,[141] wie sich insbesondere aus der Entstehungsgeschichte des Art. 87 Abs. 2 GG ergibt. Der ursprünglich vorgesehene Begriff der „Selbstverwaltungs-

---

[139] Zum Begriff der Sozialversicherung im Überblick *R. Stettner*, in: H. Dreier (Hrsg.), GG, 2. Aufl., Supplement 2007, Art. 74 Rdnr. 69 ff.; *C. Degenhart*, in: M. Sachs (Hrsg.), GG, 4. Aufl. 2007, Art. 74 Rdnr. 56 ff.; *S. Oeter*, in: v. Mangoldt/Klein/Starck, GG, 5. Aufl. 2005, Art. 74 Rdnr. 117 (mit einem sehr weitgehenden Verständnis: alle Systeme sozialer Sicherheit, soweit nur eine teilweise Beitragsfinanzierung vorliegt); näher *H. Butzer*, Fremdlasten in der Sozialversicherung, 2001, S. 109 ff.; *C. Rolfs*, Das Versicherungsprinzip im Sozialversicherungsrecht, 2000, S. 99 ff.; *F. Hase*, Versicherungsprinzip und sozialer Ausgleich, 2000, S. 19 ff.; *K.-J. Bieback*, Begriff und verfassungsrechtliche Legitimation von „Sozialversicherung", in: VSSR 2003, 1 ff.; *ders.*, Sozial- und verfassungsrechtliche Aspekte der Bürgerversicherung, 2005, S. 51 ff.; *R. Pitschas*, Soziale Sicherungssysteme im „europäisierten" Sozialstaat, in: Festschrift 50 Jahre Bundesverfassungsgericht, Bd. 2, 2001, S. 827 (852 ff.); *J. Isensee*, „Bürgerversicherung" im Koordinatensystem der Verfassung, in: NZS 2004, 393 ff.; *S. Storr*, Neuorganisation der Sozialen Sicherungssysteme, in: SGb 2004, 279 (279 ff.).

[140] Hierzu etwa *J. Isensee*, „Bürgerversicherung" im Koordinatensystem der Verfassung, in: NZS 2004, 393 ff.; *H. Sodan*, Die Zukunft der sozialen Sicherungssysteme, in: VVDStRL 64 (2005), S. 144 (150); auch *W. Gitter/V. Nunius*, Verfassungsrechtliche Grundlagen, in: B. Schulin (Hrsg.), Handbuch des Sozialversicherungsrechts Bd. 2 – Unfallversicherung, 1996, S. 69 (70 f.) sehen in einer „Volksversicherung" keine Sozialversicherung i.S.d. Art. 74 Abs. 1 Nr. 12 GG.

[141] So aber *E. Schmidt-Aßmann*, Zum staatsrechtlichen Prinzip der Selbstverwaltung, in: Gedächtnisschrift für W. Martens, 1987, S. 249 ff.; *G. Hermes*, in: H. Dreier, GG, Bd. 3, 1. Aufl. 2000, Art. 87 Rdnr. 61 mit weit. Nachw.; *R. Pitschas*, Soziale Sicherungssysteme im „europäisierten" Sozialstaat, in: Festschrift 50 Jahre Bundesverfassungsgericht, Bd. 2, 2001, S. 827 (848): „Selbstverwaltung ... als verfassungsgewollt"; *M. Burgi*, in: v. Mangoldt/Klein/Starck, GG, 5. Aufl. 2005, Art. 87 Abs. 2 Rdnr. 77 (unter Einbezug von Art. 74 Abs. 1 Nr. 12 GG); ohne Gründe *G. Dörr/F. Francke*, Sozialverwaltungsrecht, 2. Aufl. 2006, S. 114; wie hier *I. Ebsen*, Verfassungs- und europarechtliche Vorgaben, in: B. Schulin (Hrsg.), Handbuch des Sozialversicherungsrechts, Bd. 3 – Rentenversicherungsrecht, 1999, S. 133 (141 f) mit weit. Nachw.; *M. Sachs*, in: ders. (Hrsg.), GG, 4. Aufl. 2007, Art 87 Rdnr. 55; zum Problem auch *F. E. Schnapp*, Die Selbstverwaltung in der Sozialversicherung, in: Festschrift für G. C. von Unruh, 1983, S. 881 (887 ff.); *ders.*, Probleme der Selbstverwaltung, in: SGb 1996, 621 (624).

einrichtungen" wurde im Parlamentarischen Rat bewußt durch den der Körperschaft ersetzt, um hierdurch zum Ausdruck zu bringen, daß Sozialversicherungsträger auch ohne Selbstverwaltungsbefugnisse geführt werden können.[142] Aus der Genese ergibt sich zugleich, daß der Begriff der Körperschaft hier nicht im technisch-organisationsrechtlichen Sinne Verwendung findet, sondern als Sammelbegriff für unterschiedliche Arten der öffentlich-rechtlichen Rechtspersönlichkeit eingeführt wird. Deshalb können Sozialversicherungsträger auch anstaltlich organisiert werden.[143] Doch selbst wenn man den Körperschaftsbegriff in Art. 87 Abs. 2 GG enger versteht und eine im technischen Sinne zumindest körperschaftsartige Organisationsstruktur verlangt, folgt daraus keine implizite Garantie der Selbstverwaltung der Sozialversicherungsträger, da Körperschaften des öffentlichen Rechts zwar die Regelrechtsform der funktionalen Selbstverwaltung bilden,[144] die Selbstverwaltung jedoch nicht konstitutives Merkmal der Körperschaft ist.[145]

j) Mit Art. 87 Abs. 2 GG verbundene Organisationsanforderungen

Gleichwohl läßt sich Art. 87 Abs. 2 GG heranziehen, um Sonderheiten der Selbstverwaltung verfassungsrechtlich zu rechtfertigen. Denn mit der Änderung des Wortlautes von Art. 87 Abs. 2 GG wollte der Parlamentarische Rat die funktionale Selbstverwaltung nicht ausschließen, sondern nur weitere Organisationsformen ermöglichen.[146] Die Rechtfertigungsfunktion von Art. 87 Abs. 2 GG knüpft an einen aus der Weimarer Zeit tradierten Organisationstypus an, der zwar im Nationalsozialismus umgebaut und politisch instrumentalisiert wurde, im grundsätzlichen Bestand aber unangetastet blieb. Art. 82 Abs. 2 GG sollte die Prolongierung dieses Modells unter den Bedingungen der neuen Ver-

---

142 *M. Jestaedt*, Demokratieprinzip und Kondominialverwaltung, 1993, S. 484 ff.; *ders.*, in: D. C. Umbach/Th. Clemens (Hrsg.), GG, 2002, Art. 87 Rdnr. 15 f.; *P. Axer*, Normsetzung der Exekutive in der Sozialversicherung, 2000, S. 282 ff.

143 *P. Axer*, Normsetzung der Exekutive in der Sozialversicherung, 2000, S. 279 f.; *U. Becker*, Organisation und Selbstverwaltung der Sozialversicherung, in: B. von Maydell/F. Ruland (Hrsg.), Sozialrechtshandbuch, 3. Aufl. 2003, S. 225 (229); *E. Th. Emde*, Die demokratische Legitimation der funktionalen Selbstverwaltung, 1991, S. 371; *M. Jestaedt*, in: D. C. Umbach/Th. Clemens (Hrsg.), GG, 2002, Art. 87 Rdnr. 90 mit weit. Nachw., auch zur Gegenansicht.

144 *M.-E. Geis*, Körperschaftliche Selbstverwaltung in der Sozialversicherung, in: F. E. Schnapp (Hrsg.), Funktionale Selbstverwaltung und Demokratieprinzip, 2001, S. 65 (68 ff.).

145 *F. Becker*, Kooperative und konsensuale Strukturen in der Normsetzung, 2005, S. 712 ff.; zur Körperschaft des öffentlichen Rechts umfassend *S. Kirste*, Theorie des Körperschaft des öffentlichen Rechts, Habilitationsschrift Heidelberg, 2004.

146 *E. Th. Emde*, Die demokratische Legitimation der funktionalen Selbstverwaltung, 1991, S. 366 ff.; *M. Burgi*, in: v. Mangoldt/Klein/Starck, GG, 5. Aufl. 2005, Art. 87 Abs. 2 Rdnr. 78; *F. Becker*, Kooperative und konsensuale Strukturen in der Normsetzung, 2005, S. 715.

fassungsordnung ermöglichen.[147] Die durch Art. 87 Abs. 2 GG gerechtfertigten Abstriche vom Grundmodell demokratischer Legitimation sind deshalb nicht beliebig erweiterbar, sondern knüpfen an einen bestimmten historisch geprägten Befund in der Sozialversicherung an.[148]

aa) Selbstverwaltung als eigenverantwortliche Wahrnehmung eigener Angelegenheiten

Die legitimatorische Freischaltung der funktionalen Selbstverwaltung nach Art. 87 Abs. 2 GG – wie auch nach Art. 87 Abs. 3 Alt. 2 GG – setzt dabei voraus, daß tatsächlich *eigene Anlegenheiten* eigenverantwortlich wahrgenommen werden, also ein ab- und ausgrenzbarer Verantwortungsbereich betroffen ist, der sich durch ein ausgliederungsfähiges Sonderinteresse der Betroffen definiert.[149] An das vom Sonderinteresse her bestimmte Homogenitätserfordernis sind keine überzogenen Anforderungen zu stellen; gruppenplurale und gruppenantagonistische Selbstverwaltungskörperschaften sind hierdurch nicht ausgeschlossen. Deshalb ist auch der tradierte Einbezug der Arbeitgeber in die Selbstverwaltungsstrukturen der Sozialversicherung[150] durch Art. 87 Abs. 2 GG nicht in Frage gestellt, sondern im Gegenteil im Grundsatz implizit anerkannt.[151]

---

[147] *P. Axer*, Normsetzung der Exekutive in der Sozialversicherung, 2000, S. 269 ff.; *ders.*, Selbstverwaltung in der gesetzlichen Krankenversicherung, in: Die Verwaltung 35 (2002), 377 (386); *S. Muckel*, Die Selbstverwaltung in der Sozialversicherung auf dem Prüfstand des Demokratieprinzips, in: NZS 2002, 118 (125).

[148] *P. Axer*, Normsetzung der Exekutive in der Sozialversicherung, 2000, S. 269 ff.; cf. a. *F. Becker*, Kooperative und konsensuale Strukturen in der Normsetzung, 2005, S. 715 ff.

[149] *M. Jestaedt*, Demokratieprinzip und Kondominialverwaltung, 1993, S. 545; *W. Kluth*, Funktionale Selbstverwaltung, in: Die Verwaltung 35 (2002), 349 (356).

[150] Cf. grundsätzlich für den Anwendungsbereich des SGB IV (§ 1 Abs. 1 SGB IV) §§ 29 Abs. 2, 44 SGB IV und für die Bundesagentur für Arbeit § 371 Abs. 5 SGB III; *P. Axer*, Selbstverwaltung in der gesetzlichen Krankenversicherung, in: Die Verwaltung 35 (2002), 377 (384); kritisch *A. Wahl*, Kooperationsstrukturen im Vertragsarztrecht, 2001, S. 181 ff.; *G. Haverkate*, Verfassungslehre, 1992, S. 300 f.; *J. Castendiek*, Versichertenbeteiligung und Demokratie im Normenkonzept der Richtlinien der Bundesausschüsse, in: NZS 2001, 71 (73); *B. Schulin*, Rechtliche Grundprinzipien der gesetzlichen Krankenversicherung und ihre Probleme, in: ders. (Hrsg.), Handbuch des Sozialversicherungsrechts Bd. 1: Krankenversicherungsrecht, S. 177 (206 ff.).

[151] *E. T. Emde*, Die demokratische Legitimation der funktionalen Selbstverwaltung, 1991, S. 371 f.; geboten ist diese Beteiligung allerdings nicht; *S. Huster*, Die Beitragsbemessung in der gesetzlichen Krankenversicherung, in: JZ 2002, 371 (376); *U. Becker*, Organisation und Selbstverwaltung der Sozialversicherung, in: B. von Maydell/F. Ruland (Hrsg.), Sozialrechtshandbuch, 3. Aufl. 2003, S. 225 (230); näher zu Gründen, die für und gegen eine solche Beteiligung sprechen *B. Schulin*, Rechtliche Grundprinzipien der gesetzlichen Krankenversicherung und ihre Probleme, in: ders. (Hrsg.), Handbuch des Sozialversicherungsrechts Bd. 1: Krankenversicherungsrecht, S. 177 (206 ff.).

Doch zugleich sind an die sachlich-inhaltliche Legitimation der funktionalen Selbstverwaltung um so höhere Anforderung zu stellen, je stärker sich diese in ihrer Aufgabenstellung einer rein mittelbaren Staatsverwaltung annähert, je weniger also das Charakteristikum der *Selbst*verwaltung im Sinne einer Ausgliederung spezifischer eigener Angelegenheiten zum Tragen kommt.[152] Dies gilt insbesondere, wenn Dritte von der Selbstverwaltung betroffen sind und damit vom sog. „Korrespondenzgebot“[153] abgewichen wird. Eine partielle Drittbetroffenheit ist in der funktionalen Selbstverwaltung nicht per se ausgeschlossen, bedarf jedoch besonderer legitimationssichernder organisatorischer Vorkehrungen innerhalb der Selbstverwaltungsstrukturen (z.B. Repräsentanzvorsorge und partielle Mitentscheidungsrechte) sowie seitens des Gesetzgebers (Vorbehalt einer gesonderten, hinreichend bestimmten Regelung).[154]

bb) Selbstverwaltungsangemessene Binnenstruktur

Gefordert ist weiterhin eine „betroffenheitsbezogene“ Binnenstruktur der inneren Willensbildung mit selbstverwaltungsspezifischen Kontroll- und Verantwortungsmechanismen. Diese müssen, da sie keine demokratische Legitimation vermitteln, nicht notwendig dem Gebot demokratischer Gleichheit entsprechen,[155] doch müssen sie dem funktionalen Grundanliegen der spezifischen Selbstverwaltungskörperschaft gerecht werden.[156] Obwohl also die Binnenstrukturen nicht unmittelbar demokratisch legitimierend wirken, bestehen für sie gleichwohl verfassungsrechtliche Anforderungen, die je nach Subtypus recht unterschiedlich ausfallen können. Jeweils ist eine effektive Interessenvertretung sicherzustellen, die die Pluralität der vorhandenen Interessen angemessen widerspiegelt. Für die Sozialversicherung erlaubt Art. 87 Abs. 2 GG, sich auch insoweit an tradierten Formen zu orientieren, wenngleich gegenläufig zu beachten ist, daß die Anforderungen an die Binnenstrukturen um so strenger zu fassen sind, je geringer die Gruppenhomogenität ausfällt. Das seit 1996 geltende allgemeine Kassenwahlrecht (§ 173 SGB V) schlägt sich legitimationsrechtlich

[152] *E. Schmidt-Aßmann*, Das allgemeine Verwaltungsrecht als Ordnungsidee, 2. Aufl. 2006, S. 96 f.

[153] Hierzu insb. *P. J. Tettinger/T. Mann*, Wasserverbände und demokratische Legitimation, 2000, S. 62.

[154] *E. Schmidt-Aßmann*, Grundrechtspositionen und Legitimationsfragen im öffentlichen Gesundheitswesen, 2001, S. 76 f.

[155] *W. Kuth*, Funktionale Selbstverwaltung, 1997, S. 461 ff., *ders.*, Funktionale Selbstverwaltung, in: Die Verwaltung 35 (2002), 349 (352); anders hingegen *J. Castendiek*, Versichertenbeteiligung und Demokratie im Normenkonzept der Richtlinien der Bundesausschüsse, in: NZS 2001, 71 (73); generell *E. Th. Emde*, Die demokratische Legitimation der funktionalen Selbstverwaltung, 1991, S. 405 ff.

[156] Cf. etwa für das Beispiel universitärer Selbstverwaltung BVerfGE 39, 247 (254); 47, 327 (388); 66, 270 (291); *E. Schmidt-Aßmann*, Wissenschaftsfreiheit als Organisationsgrundrecht, in: Festschrift für W. Thieme, 1993, S. 697 ff.; generell *ders.*, Verwaltungslegitimation als Rechtsbegriff, in: AöR 116 (1996), 329 (381 ff.)

deshalb unmittelbar nieder, da der Effekt einer Homogenisierung der Versichertengruppen infolge unterschiedliche Kassentypen (cf. §§ 143 ff. SGB V) sich verflüchtigt hat.

3. Hard case: Die demokratische Legitimation des Gemeinsamen Bundesausschusses

Diese Anforderungen veranlassen im Schrifttum angesichts der gegenwärtigen Ausgestaltung der Selbstverwaltung in der Sozialversicherung im Detail zu manch kritischer Anfrage. So stößt die Praxis sogenannter Friedenswahlen auf weit verbreitete Skepsis.[157] Im Mittelpunkt der verfassungsrechtlichen Kritik steht jedoch der mit eigener Rechtspersönlichkeit (§ 91 Abs. 1 S. 1 SGB V) ausgestattete Gemeinsame Bundesausschuß, der eine aus den Kassenärztlichen Bundesvereinigungen, der Deutschen Krankenhausgesellschaft, der Bundesverbände der Krankenkassen, der Deutschen Rentenversicherung Knappschaft-Bahn-See sowie der Verbände der Ersatzkassen gebildete „Hybridform"[158] funktionaler Selbstverwaltung darstellt und gleichsam die institutionalisierte Spitze umfassender Kooperationsstrukturen im gesetzlichen Krankenversicherungsrecht bildet.[159]

Während das Bundesverfassungsgericht sorgfältig vermeidet, zur demokratischen Legitimation des Gemeinsamen Bundesausschusses Stellung zu beziehen[160] und gleichsam als Kompensation etwaiger Defizite die oben behandelte Rechtsprechung zu neuen Untersuchungs- und Behandlungsmethoden entwik-

[157] *G. Haverkate*, Die Einheit der Verwaltung als Rechtsproblem, in: VVDStRL 46 (1987), S. 217 (238); *F. E. Schnapp*, Friedenswahlen in der Sozialversicherung – vordemokratisches Relikt oder scheindemokratisches Etikett?, in: Festschrift für K. Ipsen, 2000, S. 807 ff.; *J. Castendiek*, Versichertenbeteiligung und Demokratie im Normenkonzept der Richtlinien der Bundesausschüsse, in: NZS 2001, 71 (73); *ders.*, Der sozialversicherungsrechtliche Normsetzungsvertrag, 2000, S. 130 f.; *P. Axer*, Selbstverwaltung in der gesetzlichen Krankenversicherung, in: Die Verwaltung 35 (2002), 377 (384 f.); *T. Hebeler*, Verfassungsrechtliche Probleme „besonderer" Rechtsetzungsformen funktionaler Selbstverwaltung, in: DÖV 2002, 936 (941); *H. Butzer/M. Kaltenborn*, Die demokratische Legitimation des Bundesausschusses der Ärzte und Krankenkassen, in: MedR 2001, 333 (339 f.); weniger kritisch *S. Muckel*, Friedenswahlen in der Sozialversicherung, in: F. E. Schnapp (Hrsg.), Funktionale Selbstverwaltung und Demokratieprinzip – am Beispiel der Sozialversicherung, 2001, S. 151 ff.; *K. Engelmann*, Untergesetzliche Normsetzung im Recht der gesetzlichen Krankenversicherung durch Verträge und Richtlinien (Teil 2), in: NZS 2000, 76 (77 f.); *G. Borchert*, Normsetzungskompetenzen im Sozialrecht, in: NZS 2004, 287 (291): „kein Manko"; *A. Windels-Pietzsch*, Friedenswahlen in der Sozialversicherung, 2005.

[158] *E. Schmidt-Aßmann*, Grundrechtspositionen und Legitimationsfragen im öffentlichen Gesundheitswesen, 2001, S. 86.

[159] Hierzu ausführlich *A. Wahl*, Kooperationsstrukturen im Vertragsarztrecht, 2001, S. 389 ff.

[160] Cf. das „beredte Schweigen" zu dieser Frage in BVerfGE 106, 275 (297 ff.).

kelt hat (supra F.II.5.), wird im wissenschaftlichen Schrifttum die Legitimationsfrage ganz überwiegend negativ beantwortet.[161] Die Debatte leidet insgesamt allerdings an einem gewissen historischen Ballast – etwa in der Frage, ob die Richtlinien des Gemeinsamen Bundesausschusses Normcharakter haben.[162] Auch werden legitimationsdogmatisch für sich zu betrachtende Fragen nach der sachlich-inhaltlichen Legitimation (Stichwort: Parlamentsvorbehalt) einerseits und der Regelung *eigener* Angelegenheiten, die ein Abweichen vom klassischen Legitimationsschema überhaupt nur rechtfertigt, andererseits zuweilen nicht hinreichend unterschieden. Generell ist in der Diskussion um die Legitimation des Gemeinsamen Bundesausschusses ein recht freihändiger Umgang mit der für die funktionale Selbstverwaltung einschlägigen Legitimationsdogmatik zu beobachten.

a) Dem Gemeinsamen Bundesausschuß vorgelagerte Fragestellungen

Manche verfassungsrechtliche Infragestellung des Gemeinsamen Bundesausschusses betrifft zudem vorrangig die Selbstverwaltung der am Bundesausschuß beteiligten Selbstverwaltungskörperschaften, ist ihm also vorgelagert. So haben aus den Strukturen der Willensbildung innerhalb der gesetzlichen Kran-

---

[161] *G. Schwertdtfeger*, Die Leistungsansprüche der Versicherten im Rechtskonkretisierungskonzept des SGB V, in: NZS 1998, 49 (51 f.); *H. Butzer/M. Kaltenborn*, Die demokratische Legitimation des Bundesausschusses der Ärzte und Krankenkassen, in: MedR 2001, 333 ff.; *E. Schmidt-Aßmann*, Grundrechtspositionen und Legitimationsfragen im öffentlichen Gesundheitswesen, 2001, S. 82 ff.; *S. Rixen*, Sozialrecht als öffentliches Wirtschaftsrecht, 2005, S. 176 ff.; *P. Axer*, Normsetzung der Exekutive in der Sozialversicherung, 2000, S. 119 ff., 153 ff.; *ders.*, Selbstverwaltung in der gesetzlichen Krankenversicherung, in: Die Verwaltung 35 (2002), 377 (391 ff.); *A. Hänlein*, Rechtsquellen im Sozialversicherungsrecht, 2001, S. 453 ff.; *F. E. Schnapp*, Untergesetzliche Rechtsquellen im Vertragsarztrecht – am Beispiel der Richtlinien, in: Festschrift 50 Jahre Bundessozialgericht, 2004, S. 497 ff.; *R. Schimmelpfeng-Schütte*, Richtliniengebung durch den Bundesausschuß der Ärzte und Krankenkassen und demokratische Legitimation, in: NZS 1999, 530 ff.; *G. Borchert*, Normsetzungskompetenzen im Sozialrecht, in: NZS 2004, 287 ff.; *T. Hebeler*, Verfassungsrechtliche Probleme „besonderer" Rechtsetzungsformen funktionaler Selbstverwaltung, in: DÖV 2002, 936 ff.; *T. Kingreen*, Verfassungsrechtliche Grenzen der Rechtsetzungsbefugnis des Gemeinsamen Bundesausschusses im Gesundheitsrecht, in: NJW 2006, 877 (880); *H. A. Wolff*, Die Legitimationsveränderungen des Richtlinienerlasses durch den Gemeinsamen Bundesausschuss auf der Grundlage des GKV-Modernisierungsgesetzes, in: NZS 2006, 281 ff.; *T. Koch*, Normsetzung durch Richtlinien des Bundesausschusses der Ärzte und Krankenkassen, in: SGb 2001, 109 ff. und 166 ff.; *V. Neumann*, Anspruch auf Krankenbehandlung nach Maßgabe der Richtlinien des Bundesausschusses?, in: NZS 2001, 515 (516 f.); *M. Plantholz*, Verfassungsmäßige Wirkung der Richtlinien im Vertragsarztrecht auf Außenseiter?, in: SGb 1997, 549 (555); anders *S. Muckel*, Die Selbstverwaltung in der Sozialversicherung auf dem Prüfstand des Demokratieprinzips, in: NZS 2002, 118 ff.; vor dem Hintergrund der neueren Rspr. des Bundesverfassungsgerichts zur funktionalen Selbstverwaltung nun auch *P. Axer*, Gemeinsame Selbstverwaltung, in: Festschrift 50 Jahre Bundessozialgericht, 2004, S. 339 (358); *S. Seeringer*, Der Gemeinsame Bundesausschuss nach dem SGB V, 2006, S. 149 ff.

[162] Supra G. Fußn. 54.

kenversicherung resultierende Legitimationsdefizite mit dem Bundesausschuß nur mittelbar zu tun. Sie bestünden auch ohne den Bundesausschuß. Solche Legitimationsdefizite beeinträchtigen nur indirekt die Legitimation der Rechtsetzungstätigkeit des Bundesausschusses. Deshalb berühren die Beteiligung von Arbeitnehmern in der Selbstverwaltung[163] und die angemessene Vertretung von Versicherteninteressen in der gesetzlichen Krankenversicherung den Gemeinsamen Bundesausschuß nicht unmittelbar.

Folglich geht der häufig zu lesende Vorwurf, die Patienteninteressen würden im Bundesausschuß nicht angemessen vertreten,[164] bezogen auf Legitimationsfragen grundsätzlich fehl. Die gesetzliche Einführung eines Patientenvertreters mit Beratungs-, aber ohne Stimmrecht (§ 140 f Abs. 2 SGB V) ist kein probates Instrument zur Lösung etwaig bestehender, aus der Binnenstruktur der Krankenversicherungen herrührender Legitimationsdefizite des Bundesausschusses.[165] Diese müssen vielmehr in den Selbstverwaltungsstrukturen der Krankenversicherung selbst gelöst werden. Für eine Vertretung isolierter Patienteninteressen besteht im Rahmen der *Selbst*verwaltung der gesetzlichen Krankenversicherung kein Anlaß, da die für die funktionale Selbstverwaltung der Krankenkassen konstitutiven *eigenen Angelegenheiten* sich nicht auf isolierte Patienteninteressen beziehen, sondern auf Versicherteninteressen. Deshalb ist für eine selbstverwaltungsangemessene Struktur der Repräsentanz dieser Versicherteninteressen in der Krankenversicherung und damit mittelbar auch im Bundesausschuß zu sorgen.[166] Daß Versicherte in ihrer Doppelfunktion als Beitragszahler und Inanspruchnehmende von Versicherungsleistungen nicht ausschließlich die Patientenperspektive einbringen, ist hingegen kein Manko, sondern gerade Ausdruck selbstverwaltungsadäquater Interessenverarbeitung.

Auch die häufig gescholtenen Wahlmodi in den gesetzlichen Sozialversicherungen (Stichwort: Friedenswahlen)[167] betreffen unmittelbar zunächst einmal die Selbstverwaltung *in* der Gesetzlichen Krankenversicherung, nicht den Gemeinsamen Bundesausschuß.

Konzentriert man sich auf die dezidiert den Gemeinsamen Bundesausschuß betreffenden Legitimationsprobleme, sind solche vor allem auf zwei Ebenen

---

[163] Zum Problem supra G.III.2.j.aa.

[164] *T. Hebeler*, Verfassungsrechtliche Probleme „besonderer" Rechtsetzungsformen funktionaler Selbstverwaltung, in: DÖV 2002, 936 (941 f.); *J. Taupitz*, Die Vertretung kollektiver Patienteninteressen, in: MedR 2003, 7 (10 ff.).

[165] So aber *V. Neumann*, Prioritätensetzung und Rationierung in der gesetzlichen Krankenversicherung in: NZS 2005, 617 (620); zur Patientenbeteiligung nach dem SGB V näher *R. Pitschas*, Mediatisierte Patientenbeteiligung im Gemeinsamen Bundesausschuss als Verfassungsproblem, in: MedR 2006, 451 ff.

[166] Insoweit zutreffend *R. Schimmelpfeng-Schütte*, Die Zeit ist reif für mehr Demokratie in der Gesetzlichen Krankenversicherung, in: MedR 2006, 21 ff.

[167] Cf. oben Fußn. 157 in diesem Abschnitt.

anzusprechen. Zum einen ist zu untersuchen, ob die parlamentsgesetzliche Vorprägung der legislativen Tätigkeiten des Gemeinsamen Bundesausschusses den oben skizzierten Anforderungen entspricht – hier sind neben legitimationsrechtlichen dann auch grundrechtliche Erwägungen einzubeziehen. Zum zweiten wird zu fragen sein, ob verfassungsrechtlich eine von mehreren Selbstverwaltungsträgern getragene „Gemeinsame Selbstverwaltung"[168] überhaupt zulässig ist.

b) Parlamentsvorbehalt und delegierte Gesetzgebung durch den Gemeinsamen Bundesausschuß

aa) Medizinisch-wissenschaftlicher Nachvollzug gesetzgeberischer Wertungen

Da es der Rechtsetzung in der funktionalen Selbstverwaltung an der „klassischen" Form personeller Legitimation mangelt, wird das Legitimationsniveau maßgeblich über die sachlich-inhaltliche Legitimation in Form parlamentsgesetzlicher Vorgaben zu Aufgabe und innerer Ausgestaltung des Selbstverwaltungsträgers sowie zu Zweck und Reichweite seiner Normierungstätigkeit bestimmt. Zu beiden Punkten finden sich Regelungen in §§ 91 ff., 135 SGB V. Existenz und organisatorische Struktur des Gemeinsamen Bundesausschusses sowie Sinn und Umfang seiner Rechtsetzungsbefugnis werden hier (inzwischen) näher gesetzlich geregelt. Von Gesetzes wegen hat der Gemeinsame Bundesausschuß die Bestimmungen zu erlassen, die notwendig sind, um im Rahmen des gesetzlichen Sicherstellungsauftrags (§§ 72, 72a SGB V) eine „ausreichende, zweckmäßige und wirtschaftliche Versorgung der Versicherten" (§ 92 Abs. 1 S. 1 SGB V) zu garantieren. Dabei macht das Gesetz genauere Vorgaben zu den einzelnen Normierungsgegenständen, so daß „Inhalt, Zweck und Ausmaß der erteilten Ermächtigung", wie es in Art. 80 Abs. 1 S. 2 GG heißt, bei rechtem Verständnis grundsätzlich erkennbar sind. Die auf dieser Grundlage erfolgende verbindliche Festlegung der in der gesetzlichen Krankenversicherung geschuldeten Leistungen durch den Gemeinsamen Bundesausschuß sieht sich deshalb solange keinen aus der Delegation von Rechtset-

---

[168] Zum Begriff *P. Axer*, Gemeinsame Selbstverwaltung, in: Festschrift 50 Jahre Bundessozialgericht, 2004, S. 339 ff.; *ders.* Zur demokratischen Legitimation in der gemeinsamen Selbstverwaltung, in: F. E. Schnapp (Hrsg.), Funktionale Selbstverwaltung und Demokratieprinzip, 2001, S. 115 ff.; *U. Becker*, Hat die gemeinsame Selbstverwaltung noch eine Zukunft?, in: Münsterische Sozialrechtsvereinigung (Hrsg.), 7. Münsterische Solzialrechtstagung, 2001, S. 122 (124 ff.); *H. Butzer*, Bürgerschaftliches Engagement in der sozialen Selbstverwaltung, in: SDSRV 50 (2003), S. 51 (69); *R. Franke*, Normsetzung durch die „Gemeinsame Selbstverwaltung" nach dem SGB V, in: Festschrift für D. Schefold, 2001, S. 29 ff.; *A. Musil*, Gemeinsame Selbstverwaltung als Kooperationsform, in: A. Schmehl/A. Wallrabenstein (Hrsg.), Steuerungsinstrumente im Recht des Gesundheitswesens Bd. 2: Kooperation, 2006, S. 49 ff. mit weit. Nachw.

zungsbefugnissen erwachsenden Bedenken ausgesetzt, wie die Aufgaben des Bundesausschusses vor allem darin bestehen, auf der Grundlage besonderen Expertenwissens das durch §§ 2 Abs. 1, 12 Abs. 1, 92 Abs. 1 S. 1 SGB V gesetzlich generell vorgegebene Versorgungsniveau *im Hinblick auf den jeweils geltenden medizinischen Erkenntnisstand* nachvollziehend zu konkretisieren und die für die Normierungstätigkeit maßgeblichen *normativen* Entscheidungen vom Gesetzgeber bereits getroffen worden sind;[169] dem Gemeinsamen Bundesausschuß verbleibt dann – cum grano salis – lediglich die sachverständige Anwendung – gleichsam eine Subsumtion, wie sie sonst ein Richter unter Heranziehung von Sachverständigengutachten ebenfalls vornehmen würde.

Zu dieser engen gesetzlichen Bindung des Gemeinsamen Bundesausschusses gesellt sich zudem ein umfangreiches Aufsichtsrecht des Bundesministeriums für Gesundheit nach § 94 SGB V mit Elementen der präventiven Rechtskontrolle und des Selbsteintritts hinzu, das die Einhaltung der von Art. 20 Abs. 3 GG gebotenen Gesetzesbindung sicherstellt.[170] Eine solche Rechtsaufsicht ist wie gesehen für die demokratische Legitimation in der funktionalen Selbstverwaltung unverzichtbar.

Der parlamentarische Gesetzgeber ist von Verfassungs wegen hingegen nicht gezwungen, den Leistungskatalog der gesetzlichen Krankenversicherung selbst abschließend festzulegen. Angesichts der Komplexität der Materie und der Rasanz wissenschaftlicher Erkenntnisfortschritte sähe sich im Gegenteil ein solches Vorgehen angesichts der *gebotenen Dynamik im Grundrechtsschutz*[171] seinerseits Zweifeln ausgesetzt. Um so größere Bedeutung kommt dann aber – nicht nur für die demokratische Legitimation, sondern für den Grundrechtsschutz durch Organisation und Verfahren – der selbstverwaltungsangemessenen Binnenstruktur (cf. supra II.1.j.bb.) sowohl der einzelnen am Gemeinsamen Bun-

[169] Kritisch in der Frage hinreichender gesetzlicher Vorgaben für die Normkonkretisierung hingegen *R. Wimmer*, Grenzen der Regelungsbefugnis in der vertragsärztlichen Selbstverwaltung, in: NZS 1999, 113 ff.; *E. Schmidt-Aßmann*, Grundrechtspositionen und Legitimationsfragen im öffentlichen Gesundheitswesen, 2001, S. 86; *D. Merten*, Zum Richtlinienerlass durch den Gemeinsamen Bundesausschuss, in: NZS 2006, 337 (340); *T. Hebeler*, Verfassungsrechtliche Probleme „besonderer" Rechtsetzungsformen funktionaler Selbstverwaltung, in: DÖV 2002, 936 (942); *H. Butzer/M. Kaltenborn*, Die demokratische Legitimation des Bundesausschusses der Ärzte und Krankenkassen, in: MedR 2001, 333 (341); wie hier etwa *S. Seeringer*, Der Gemeinsame Bundesausschuss nach dem SGB V, 2006, S. 149 ff.

[170] Zur Engmaschigkeit der Rechtsaufsicht nach dem SGB V *P. Axer*, Selbstverwaltung in der gesetzlichen Krankenversicherung, in: Die Verwaltung 35 (2002), 377 (382); speziell zum Bundesausschuß *S. Seeringer*, Der Gemeinsame Bundesausschuss nach dem SGB V, 2006, S. 218 ff.; zu neueren Tendenzen insg. *A. Schmehl*, Zur Kontrolle der Selbstverwaltung im Gesundheitswesen durch die Staatsaufsicht, in: A. Schmehl/A. Wallrabenstein (Hrsg.), Steuerungsinstrumente im Recht des Gesundheitswesens Bd. 3: Kontrolle, 2007, S. 1 ff.

[171] BVerfGE 49, 89 (137); *E. Schmidt-Aßmann*, Grundrechtspositionen und Legitimationsfragen im öffentlichen Gesundheitswesen, 2001, S. 60, 63.

desausschuß beteiligten Selbstverwaltungsträger als auch des Bundesausschusses selbst zu. So wird etwa die konkrete Ausgestaltung der von § 91 Abs. 3 S. 1 Ziff. 1 und 2 SGB V geforderten Verfahrens- und Geschäftsordnung unmittelbar relevant für die Beurteilung der Verfassungsmäßigkeit der Tätigkeit des Bundesschusses.

bb) Eigene normative Wertungen und Entscheidungen über Rationierungen

Grundlegend anders stellt sich die verfassungsrechtliche Lage hingegen dar, wenn der Gemeinsame Bundesausschuß über das für eine rein medizinische Beurteilung erforderliche Maß hinaus normativ *wertend* tätig wird.[172] Sobald die „ausreichende, zweckmäßige und wirtschaftliche Versorgung" nicht mehr im Rahmen medizinischer Erkenntnisse als Ergebnisse einer Natur- und Erfahrungswissenschaft definiert wird, sondern generelle Kosten-Nutzen-Analysen vorzunehmen sind[173] oder weitergehende Rationierungsentscheidungen getroffen werden sollen, sind hierzu präzise parlamentsgesetzliche Ermächtigungen erforderlich, die die grundlegenden Wertungsentscheidungen selbst treffen und klare Vorgaben der Präferenzstrukturen ausweisen.[174]

Das in seiner Bedeutung gezielt unklar gelassene Regelungsgefüge aus § 12 Abs. 1 SGB V (Wirtschaftlichkeitsgrundsatz), § 35b SGB V und §§ 92, 135a und 135b SGB V mit dem versteckten Einbau der Kosten-Nutzen-Analyse in eine das Institut für Qualität und Wirtschaftlichkeit im Gesundheitswesen betreffende Norm (supra F.I.5.) genügt diesen Anforderungen hingegen nicht. § 35b SGB V ist geltungserhaltend verfassungskonform dahingehend zu interpretieren, daß Kosten-Nutzen-Analysen erst bei gleicher Zweckmäßigkeit greifen dürfen. Auch sind darüber hinausgehende Entscheidungen über Rationierungen im Gesundheitswesen, soweit diese grundrechtlich zulässig sind (supra F.I.5.b.), nur in sehr engen Grenzen auf die Exekutive übertragbar. Die Entscheidung darüber, „wer leben soll, wenn nicht alle leben können"[175] hat schon wegen des Grundrechtsbezugs (cf. supra G.II.1.c.cc.) in den wesentlichen Grundzügen der demokratisch unmittelbar legitimierte Gesetzgeber selbst zu treffen. Freilich gelten diese Einschränkungen ganz unabhängig davon, ob Einrichtungen der funktionalen Selbstverwaltung oder die Bundesregierung bzw.

---

[172] *T. Kingreen*, Verfassungsrechtliche Grenzen der Rechtsetzungsbefugnis des Gemeinsamen Bundesausschusses im Gesundheitsrecht, in: NJW 2006, 877 (880); anderer Ansicht implizit *F. Hase*, Verfassungsrechtliche Bewertung der Normsetzung durch den Gemeinsamen Bundesausschuss, in: MedR 2005, 391 (396 f.).

[173] Cf. supra F.I.5. zu damit verbundenen grundrechtlichen Problemen.

[174] Cf. auch *E. Schmidt-Aßmann*, Grundrechtspositionen und Legitimationsfragen im öffentlichen Gesundheitswesen, 2001, S. 59 ff.

[175] So der plakative Titel eines US-amerikanischen Beitrags zur Rationierungsdebatte in der Medizin: *J. E. Childress*, Who shall live when not all can live?, in: T. A. Mappes/J. S. Zembaty (Hrsg.), Biomedical Ethics, 1981, 578 ff.

der zuständige Bundesminister gemäß Art. 80 Abs. 1 GG zur delegierten exekutiven Gesetzgebung in Fragen der öffentlich-rechtlich organisierten medizinischen Versorgung ermächtigt werden.

b) Gemeinsame Selbstverwaltung oder geteilte Fremdverwaltung?

Von der Frage der Reichweite zulässiger Rechtsetzungsdelegation zu trennen ist hingegen die intrakte Frage, ob der Gemeinsame Bundesausschuß überhaupt der *Selbst*verwaltung zuzurechnen ist. Dies wird in der Literatur mit Blick auf den Normierungsgegenstand bezweifelt, also auch im Hinblick darauf, daß mehrere Selbstverwaltungsträger im Gemeinsamen Bundesausschuß vertreten sind.

aa) Krankenversicherungsleistungen als selbstverwaltungsrechtfertigendes Sonderinteresse?

Die Frage des Normierungsgegenstandes berührt allerdings wiederum kein Spezifikum des Gemeinsamen Bundesausschusses, sondern eine generelle Frage: da ca. 90 v.H. der Bevölkerung gesetzlich krankenversichert sind, lassen sich alle Belange in der gesetzlichen Krankenversicherung nur noch schwach als Sonderinteressen einer von der Allgemeinheit abgesetzten homogenen Gruppe identifizieren. Je stärker jedoch der Charakter der mittelbaren Staatsverwaltung gegenüber dem Selbstverwaltungsanliegen hervortritt, desto höher werden auch die Anforderungen an die demokratische Legitimation und desto geringer dürfen die der autonomen Willensbildung überlassenen Befugnisse sein.[176] Der Sozialgesetzgeber folgt diesem Grundsatz, indem die Selbstverwaltungsbefugnisse der Krankenkassen nach dem SGB V ausgesprochen gering ausfallen.[177] Die leistungs- und beitragsrechtlichen Ansprüche und Pflichten der Versicherten (§§ 11 ff. SGB V) sowie das Organisationsrecht der Krankenkassen (cf. §§ 29 ff. SGB IV; §§ 194 ff. SGB V) sind im wesentlichen parlamentsgesetzlich festgelegt.[178] Zudem haben Sozialversicherungsträger kein Aufgabenerfindungsrecht; sie dürften nach § 30 SGB IV ihre Geschäfte nur zur Erfüllung der ihnen gesetzlich vorgeschriebenen oder für sie zugelassenen Aufgaben führen. Die Satzungsautonomie der Krankenversicherung war im Vergleich dazu lange Zeit eine quantité negliable (cf. § 194 SGB V),[179] hat sich

---

[176] Cf. *E. Schmidt-Aßmann*, Das allgemeine Verwaltungsrecht als Ordnungsidee, 2. Aufl. 2006, S. 96 f.

[177] Cf. *F. Welti*, Gibt es noch eine Selbstverwaltung in der gesetzlichen Krankenversicherung?, in: VSSR 2006, 133 ff.; *F. E. Schnapp*, Gibt es noch eine Selbstverwaltung in der Selbstverwaltung?, ebenda, 191 ff.

[178] *P. Axer*, Selbstverwaltung in der gesetzlichen Krankenversicherung, in: Die Verwaltung 35 (2002), 377 (382).

[179] Cf. *P. Axer*, Selbstverwaltung in der gesetzlichen Krankenversicherung, in: Die Verwaltung 35 (2002), 377 (381).

nun allerdings in ihrer Bedeutung durch die Möglichkeit, qua Satzungsbeschluß Wahltarife einzuführen (§ 53 SGB V), ein wenig erhöht. Legitimationsrechtlich sind solche optionalen Leistungsangebote jedoch nur von untergeordneter Bedeutung, da ihre Wahrnehmung in die Entscheidung der Versicherten gestellt ist.

Auch die parlamentsgesetzlichen Vorgaben zur Rechtsetzung im Gemeinsamen Bundesausschuß begegnen keinen Bedenken, wenn man §§ 92 ff. SGB V so versteht, daß sie relativ engmaschige Vorgaben für eine im wesentlichen auf wissenschaftliche Expertise abstellende, technisch geprägte Normkonkretisierung bilden (supra G.III.3.b.bb.).

bb) Gemeinsamer Bundesausschuß: gemischte Selbst- und Fremdverwaltung oder eigenständige Selbstverwaltung?

Damit verbleibt als für den Gemeinsamen Bundesausschuß spezifisches Legitimationsproblem die Frage, ob mehrere Selbstverwaltungsträger zusammen legitimationsrechtlich eine „gemeinsame Selbstverwaltung" ausüben dürfen. Während die Kooperationsbeziehungen zwischen Krankenkassen und kassenärztlicher Vereinigung (sowie den in den Krankenhausgesellschaften vereinigten Krankenhäusern) in der Regel die institutionelle Differenz der Kooperationspartner unberührt läßt, schafft der Gesetzgeber mit dem Gemeinsamen Bundesausschuß eine übergreifende institutionelle Struktur unterschiedlicher Selbstverwaltungsträger. In den vertraglichen Kooperationsformen nach dem SGB V erfolgt die „gemeinsame Selbstverwaltung" sonst dergestalt, daß die Grenzen der jeweiligen Selbstverwaltung klar erkennbar bleiben. Formelle Entscheidungsbefugnisse des einen Selbstverwaltungsträgers über einen anderen bestehen nicht. Eine gänzlich andere Qualität der Zusammenarbeit findet sich im Vergleich dazu im Gemeinsamen Bundesausschuß. Denn dieser führt die jeweiligen von Rechts wegen zu unterscheidenden eigenen Angelegenheiten der am Bundesausschuß beteiligten Selbstverwaltungsträger in eine gemeinsame Entscheidungsstruktur zusammen. Hiergegen läßt sich der Einwand erheben, eine solche Form gemeinsamer Selbstverwaltung führe tatsächlich zu einer wechselseitigen partiellen Fremdverwaltung und sei deshalb unzulässig.[180]

---

[180] *D. Merten*, Zum Richtlinienerlass durch den Gemeinsamen Bundesausschuss, in: NZS 2006, 337 (339); *R. Schimmelpfeng-Schütte*, Bundes- und Landesausschüsse, in: F. E. Schnapp/P. Wigge (Hrsg.), Handbuch des Vertragsarztrechts, 2. Aufl. 2006, S. 208 (230); im Ergebnis auch *H. Butzer/M. Kaltenborn*, Die demokratische Legitimation des Bundesausschusses der Ärzte und Krankenkassen, in: MedR 2001, 333 (339); *B. Schulin*, Rechtliche Grundprinzipien der gesetzlichen Krankenversicherung und ihre Probleme, in: ders. (Hrsg.), Handbuch des Sozialversicherungsrechts Bd. 1: Krankenversicherungsrecht, S. 177 (210); dezidiert a.A. *A. Musil*, Gemeinsame Selbstverwaltung als Kooperationsform, in: A. Schmehl/A. Wallrabenstein (Hrsg.), Steuerungsinstrumente im Recht des Gesundheitswesens Bd. 2: Kooperation, 2006, S. 49 (61 ff.).

Man kann das Regelungsgefüge der §§ 90 ff. SGB V allerdings auch so verstehen, daß eine gänzlich *neue* Selbstverwaltung etabliert wird. Die jeweils eigenen Angelegenheiten der Selbstverwaltungsträger werden überführt in eine Struktur, nach der das, was vorher getrennt war, nun eine neue, eben gemeinsame, aber doch eigene Angelegenheit – des Gemeinsamen Bundesausschusses – bildet. Statt natürlichen Personen werden hier dann juristische Personen in ein funktionales Selbstverwaltungsgefüge eingebunden.[181] Hierzu motivieren den Gesetzgeber für die Erscheinungen der funktionalen Selbstverwaltung typische Gesichtspunkte – Einspannung der „korporativ gebündelten und gefilterten Interessen, Aktivierung besonderen Sachverstandes, Ausgleich partiell gegenläufiger, durch die gesetzlichen Vorgaben aber im Rahmen einer gemeinsamen Aufgabenstellung zusammengebundener Interessen".[182] Mit einem solchen Verständnis des § 91 SGB V als Schaffung einer Art geschachtelter oder gestufter Selbstverwaltung korrespondiert die in der Literatur anzutreffende Bewertung des Gemeinsamen Bundesausschusses als Anstalt des öffentlichen Rechts.[183]

Gleichwohl muß man bezweifeln, daß die dem Gemeinsamen Bundesausschuß zugewiesenen Aufgaben genügen, um von einer hinreichenden spezifischen „Selbstverwaltungssubstanz" sprechen zu können.[184] Auch die Heterogenität der Interessen läßt Bedenken aufkommen, ob tatsächlich eine neue Qualität eigener Angelegenheiten geschaffen wird und der Bundesausschuß nicht nur Angelegenheiten der beteiligten Selbstverwaltungsträger – gemeinsam – behandelt mit der Folge, daß Hybride aus Selbst- und gleichzeitiger Fremdverwaltung entstehen, die sich auf keine hinreichende verfassungsrechtliche Rechtfertigung mehr stützen können, da weder Art. 87 Abs. 2 GG noch Art. 87 Abs. 3 GG eine solche Mischverwaltung rechtfertigen. Zwar bestanden bereits vorkonstitutionell Einbindungen der Vertragsärzte in das System der Leistungsdefinition der Krankenkassen,[185] doch waren diese mit dem Bundes-

[181] Cf zur Problematik auch *F. Becker*, Kooperative und konsensuale Strukturen in der Normsetzung, 2005, S. 695 ff.

[182] *F. Hase*, Verfassungsrechtliche Bewertung der Normsetzung durch den Gemeinsamen Bundesausschuss, in: MedR 2005, 391 (393), der jedoch nicht von einer neuen Stufe der Selbstverwaltung ausgeht.

[183] Zur Bewertung der Rechtsform nach altem und neuem Recht ausführlich mit weit. Nachw. *S. Seeringer*, Der Gemeinsame Bundesausschuss nach dem SGB V, 2006, S. 56 ff,

[184] *E. Schmidt-Aßmann*, Grundrechtspositionen und Legitimationsfragen im öffentlichen Gesundheitswesen, 2001, S. 89 f.

[185] *F. Hase*, Verfassungsrechtliche Bewertung der Normsetzung durch den Gemeinsamen Bundesausschuss, in: MedR 2005, 391 (396 f.); *P. Axer*, Selbstverwaltung in der gesetzlichen Krankenversicherung, in: Die Verwaltung 35 (2002), 377 (391); zur Geschichte näher *G. Hällßig*, Normsetzung durch Richtlinien im Vertragsarztrecht, 2001, S. 56 ff.; *F. E. Schnapp*, Geschichtliche Entwicklung des Kassenarztrechts, in: ders./P. Wigge (Hrsg.), Handbuch des Vertragsarztrechts, 2. Aufl. 2006, S. 1 ff.; *K. Engelmann*, Untergesetzliche Normsetzung im Recht der gesetzlichen Krankenversicherung durch Verträge und Richtlinien (Teil 1), in: NZS

ausschuß in seiner heutigen Rechtsstellung kaum vergleichbar.[186] Ebenso fehlt es an Anhaltspunkten, daß neben der „normalen" funktionalen Selbstverwaltung weitere Sonderformen von Selbstverwaltung durch Art. 87 Abs. 2 GG aus dem grundsätzlich gebotenen demokratischen Legitimationsgefüge herausgenommen werden sollten.[187]

Doch auch wenn man den Bundesausschuß als eigenen, dann auf Art. 87 Abs. 3 GG gestützten Selbstverwaltungsträger betrachtet,[188] bleiben durchgreifende legitimationsdogmatische Bedenken gegen die Schaffung von unterschiedliche Selbstverwaltungsträger übergreifende und diese vereinigende selbstständige Selbstverwaltungsstrukturen. Schließlich bildet die funktionale Selbstverwaltung eine verfassungsrechtlich zu rechtfertigende Ausnahme von den grundsätzlich geforderten Legitimationsmodi. Eine Verschachtelung solcher Ausnahmeerscheinungen führte zu einer verfassungsrechtlich kaum noch hinnehmbaren Verschiebung der Legitimationsstatik. Das auch für die funktionale Selbstverwaltung gebotene Mindestniveau *demokratischer* Legitimation läßt sich angesichts der „homöopathischen Verdünnung"[189] in einer solchen Konstruktion nicht erreichen.

Damit aber tut sich ein grundlegendes Dilemma auf. Die Richtlinien des Gemeinsamen Bundesausschusses regeln Leistungspflichten der Krankenkassen und Leistungserbringungspflichten der Vertragsärzte, berühren also gleichermaßen jeweilige Angelegenheiten. Eine Normierung im Rahmen nur eines Selbstverwaltungsträgers scheidet damit aus. Verfassungsrechtlich verbleiben damit nur zwei Alternativen: Die Konkretisierung des parlamentsgesetzlich in den Grundzügen bereits definierten Leistungsumfangs kann von gemeinsamen Expertengremien vorbereitet werden und durch ministerielle Rechtsverordnungen allgemeine Rechtsverbindlichkeit erlangen.[190] Die Legitimationsproblematik wäre hierdurch deutlich entschärft. Art. 80 Abs. 1 GG böte eine untadelige verfassungsrechtliche Grundlage und einen präzisen Maßstab für die Normsetzungsdelegation. Oder zwischen den jeweils betroffenen Selbstverwaltungsträgern (die dann aber den oben skizzierten verfassungsrechtlichen

---

2000, 1 (4); *P. Axer*, Gemeinsame Selbstverwaltung, in: Festschrift 50 Jahre Bundessozialgericht, 2004, S. 339 (342 ff.).

[186] *T. Kingreen*, Verfassungsrechtliche Grenzen der Rechtsetzungsbefugnis des Gemeinsamen Bundesausschusses im Gesundheitsrecht, in: NJW 2006, 877 (880).

[187] Ebenso *F. Becker*, Kooperative und konsensuale Strukturen in der Normsetzung, 2005, S. 717 ff.

[188] Denn der Gemeinsame Bundesausschuß wäre als eigener Selbtverwaltungsträger nicht „sozialer Versicherungsträger" im Sinne des Art. 82 Abs. 2 GG.

[189] *J. Schwerdtfeger*, Formen der Kooperation und Koordination der Sozialversicherungsträger, in: SDSRV 34 (1991), S. 123 (143).

[190] *R. Schimmelpfeng-Schütte*, Richtliniengebung durch den Bundesausschuß der Ärzte und Krankenkassen und demokratische Legitimation, in: NZS 1999, 530 (536); *E. Schmidt-Aßmann*, Grundrechtspositionen und Legitimationsfragen im öffentlichen Gesundheitswesen, 2001, S. 94 f.

Anforderungen – insbesondere in der Binnenstrukur – entsprechen müßten) wären echte Normenverträge abzuschließen, wie sie das SGB V auch an anderer Stelle kennt. Der Inhalt der Richtlinie würde dann nicht wie bisher durch Mehrheitsbeschluß (§ 92 Abs. 2 S. 9 SGB V) in einem aus den Krankenkassen und unterschiedlichen Leistungserbringern zusammengesetzten Mischgremium Bestandteil des Kooperationsvertragswerks (so z. Zt. durch § 92 Abs. 8 SGB V), sondern durch echten Vertragsschluß.[191] Durch die getrennte Willensbildung in den jeweils zur Entscheidung berufenen Organen hätte dessen Inhalt dann vollumfänglich Anteil an der demokratischen Legitimationsbasis der am Vertrag beteiligten Selbstverwaltungsträger.

c) Ausschluß betroffener Dritter

Zugleich wäre mit beiden Lösungen das Problem entschärft, daß von der Normsetzung des Gemeinsamen Bundesausschusses Dritte betroffen sind, die an der Entscheidungsfindung nicht partizipieren.[192] So sind nichtärztliche Leistungserbringer (cf. §§ 124 ff. SGB V), die pharmazeutische Industrie oder Apotheken nicht im Gemeinsamen Bundesausschuß vertreten, sondern nach § 92 SGB V lediglich zu Stellungnahmen berechtigt. Freilich ist dieser Ausschluß sog. „Außenseiter" verfassungsrechtlich unschädlich, soweit Dritte nur reflexartig von Entscheidungen des Bundesausschusses berührt werden. Denn von der funktionalen Selbstverwaltung sind stets Dritte indirekt mehr oder weniger intensiv betroffen. Es wäre mit der Grundsatzentscheidung des Grundgesetzes, funktionale Selbstverwaltung zu ermöglichen, unvereinbar, wenn schon eine solche mittelbare und in der Regel nicht intendierte Beeinflussung der Lebensbedingungen Dritter dazu führen würde, daß ein Legitimationsdefizit auftritt. Da der Gemeinsame Bundesausschuß aber „weder nationales Gesundheitsforum noch quasi-staatliche Zentralstelle zur Regelung

[191] Ein bloßer Wechsel vom Mehrheits- zum Einstimmigkeitsprinzip im Bundesausschuß würde hingegen den Legitimationsanforderungen wegen der bestehenden Interessenheterogenität im Gremium nicht genügen; cf. *F. Becker*, Kooperative und konsensuale Strukturen in der Normsetzung, 2005, S. 702 ff., der allerdings die kooperative Normsetzung im Bereich der Sozialversicherung insgesamt für nicht legitimierbar hält.

[192] Zur Problematik *H. Butzer/M. Kaltenborn*, Die demokratische Legitimation des Bundesausschusses der Ärzte und Krankenkassen, in: MedR 2001, 333 (339 f.); *T. Hebeler*, Verfassungsrechtliche Probleme „besonderer" Rechtsetzungsformen funktionaler Selbstverwaltung, in: DÖV 2002, 936 (942); *P. Wigge*, Legitimation durch Partizipation – Zur verfahrensrechtlichen Beteiligung der Leistungserbringer im Entscheidungsprozess des Bundesausschusses – (Teil 2), NZS 2001, 623 (629); *H. Sodan*, Die institutionelle und funktionelle Legitimation des Bundesausschusses der Ärzte und Krankenkassen, NZS 2000, 581 (586 ff.); *M. Plantholz*, Verfassungsmäßige Wirkung der Richtlinien im Vertragsarztrecht auf Außenseiter?, in: SGb 1997, 549 (555); cf. a. *S. Muckel*, Die Selbstverwaltung in der Sozialversicherung auf dem Prüfstand des Demokratieprinzips, in: NZS 2002, 118 (125), der weitergehende Beteilungsrechte als sie das SGB V z.Zt. vorsieht, nicht für geboten hält.

allgemeiner gesundheitspolitischer Fragen“[193] ist, sind auch nicht alle politisch interessierten oder nur ganz mittelbar betroffenen Kreise an seiner Entscheidungsfindung zu beteiligen.

Anders stellt sich die verfassungsrechtliche Bewertung jedoch dar, wenn Dritte in gleichem Maße wie die Mitglieder des Selbstverwaltungsträgers unmittelbar an dessen Entscheidungen gebunden sind oder zumindest durch sie in ihren Grundrechten berührt werden (cf. supra G.II.1.cc.). So haben nichtärztliche Leistungserbringer teilweise bestimmte Richtlinien bei ihrer Zulassung, Beteiligung oder durch Vertrag anzuerkennen.[194] Soweit diese Anerkennung gesetzlich vorgeschrieben ist, ist ein bloßes Stellungnahmerecht, wie es das SGB V gegenwärtig kennt, nicht ausreichend.[195] Darüber hinausgehende, je nach Eingriffsintensität abgestufte und differenzierte Lösungen wird man auch für von den Richtlinien ausgehende Grundrechtseingriffe bei Dritten suchen müssen. Solche Lösungen können von einer deutlichen Stärkung der Verfahrensposition bis hin zu partiellen, aber vollwertigen Mitentscheidungsrechten reichen. Freilich ist in diesem Zusammenhang auch zu sehen, daß das Bundesverfassungsgericht sich zuletzt sehr restriktiv in der Frage möglicher Grundrechtseingriffe bei Leistungsanbietern geäußert hat.[196] So sah es in der Festlegung von Arzneimittelfestbeträgen durch die Krankenkassenverbände nach §§ 35, 36 SGB V den Schutzbereich des Art. 12 GG der Pharmaunternehmen nicht berührt, da hierdurch nur von der Berufsfreiheit nicht geschützte Marktchancen betroffen seien und auch keine berufsregelnde Tendenz zu erkennen sei.[197]

---

[193] *F. Hase*, Verfassungsrechtliche Bewertung der Normsetzung durch den Gemeinsamen Bundesausschuss, in: MedR 2005, 391 (394).

[194] *R. Schimmelpfeng-Schütte*, Bundes- und Landesausschüsse, in: F. E. Schnapp/P. Wigge (Hrsg.), Handbuch des Vertragsarztrechts, 2. Aufl. 2006, S. 208 (227).

[195] Cf. a. *E. Schmidt-Aßmann*, Grundrechtspositionen und Legitimationsfragen im öffentlichen Gesundheitswesen, 2001, S. 76; anders *D. Roters*, Die gebotene Kontrolldichte bei der gerichtlichen Prüfung der Richtlinien des Bundesausschusses der Ärzte und Krankenkassen, 2003, S. 94 ff.; cf. auch BVerfGE 106, 275 (308) im Hinblick auf das Festsetzungsverfahren nach §§ 35, 36 SGB V: kein Stimmrecht der mittelbar Betroffenen erforderlich.

[196] Zu den Grundrechtspositionen der Leistungsanbieter in diesem Zshg. generell *E. Schmidt-Aßmann*, Grundrechtsposition und Legitimationsfragen im öffentlichen Gesundheitswesen, 2001; *ders.*, Verfassungsfragen der Gesundheitsreform, in: NJW 2004, 1689 ff.; *H. Sodan*, Private Krankenversicherung und Gesundheitsreform 2007, 2007; *ders.*, Freie Berufe als Leistungserbringer im Recht der gesetzlichen Krankenversicherung, 1997; *ders.*, Finanzielle Stabilität der gesetzlichen Krankenversicherung und Grundrechte der Leistungserbringer, in: ders. (Hrsg.), Finanzielle Stabilität der gesetzlichen Krankenversicherung und Grundrechte der Leistungserbringer, 2004, S. 9 ff.; *F. Hufen*, Grundrechtsschutz der Leistungserbringer und privaten Versicherer in Zeiten der Gesundheitsreform, in: NJW 2004, 14 ff.; *ders.*, Grundrechte der Leistungserbringer in der gesetzlichen Krankenversicherung und Gestaltungsspielraum des Gesetzgebers, in: H. Sodan (Hrsg.), Finanzielle Stabilität der gesetzlichen Krankenversicherung und Grundrechte der Leistungserbringer, 2004, S. 27 ff.; mit anderem Akzent *V. Neumann*, Die Berufsfreiheit der Leistungserbringer zwischen Eingriff und Teilhabe, in: Festschrift 50 Jahre Bundessozialgericht, 2004, S. 245 ff.

[197] BVerfGE 106, 275 (299); hierzu näher *T. Kingreen*, Verfassungsrechtliche Grenzen der

4. Zwischenresümee

Dem verfassungsrechtlichen Erfordernis hinreichender demokratischer Legitimation jedweder rechtlichen Ausgestaltung des freiheitsfunktionalen Sozialstaates kommt eine eigenständige freiheitsschützende Funktion zu.[198] Die demokratische Gleichheit in der Teilhabe an der Staatsgewalt und die typische distanzschaffende Allgemeinheit des Gesetzes sind eigenständige Formen des Freiheitsschutzes, die neben den Schutz der individuellen Selbstbestimmung durch die Grundrechte treten. Im Zentrum der Legitimation der Staatsgewalt steht die Wahl zum Parlament. Hieraus erklärt sich das Erfordernis einer hinreichenden Dichte parlamentsgesetzlicher Regelungen. Im Hinblick auf die Exekutive wird die freiheitsschützende Funktion des Legitimationserfordernisses über die Modi personeller und inhaltlich-sachlicher Legitimation vermittelt. Die Delegation von Normsetzungsbefugnissen ist legitimationsrechtlich nur eingeschränkt möglich. Deshalb hat der parlamentarische Gesetzgeber die wesentlichen Entscheidungen für die Ausgestaltung des Sozialstaates selbst zu treffen.

Besonderem Rechtfertigungsbedarf sieht sich ferner die Ausgliederung von Verwaltungszusammenhängen aus der unmittelbaren Staatsverwaltung ausgesetzt. Das Grundgesetz hat die traditionelle Organisation der Sozialversicherungen als Selbstverwaltungskörperschaften zwar grundsätzlich anerkannt, sie zugleich aber aus dem demokratischen Legitimationszusammenhang nicht entlassen. Deshalb ergeben sich aus dem demokratischen Prinzip für die sozialstaatlichen Formen der Selbstverwaltung Anforderungen, die das gegenwärtige einfache Sozialrecht nicht uneingeschränkt erfüllt. Der für den freiheitsdienenden Sozialstaat des Grundgesetzes verfassungsrechtlich gebotene Freiheitsschutz durch demokratische Teilhabe ist demnach nicht hinreichend umgesetzt.

Rechtsetzungsbefugnis des Gemeinsamen Bundesausschusses im Gesundheitsrecht, in: NJW 2006, 877 (879) „gewagte grundrechtsdogmatische Vollbremsung"; anders *V. Neumann*, Die Berufsfreiheit der Leistungserbringer zwischen Eingriff und Teilhabe, in: Festschrift 50 Jahre Bundessozialgericht, 2004, S. 245 (260 ff.); zur Entscheidung auch *K. Faßbender*, Wettbewerbsrelevantes Staatshandeln und Berufsfreiheit: Quo vadis, Bundesverfassungsgericht?, in: NJW 2004, 816 ff.; *S. Rixen*, Wettbewerb im Gesundheitsschutz zwischen Gewährleistungsstaat und Grundrechtsschutz, in: A. Schmehl/A. Wallrabenstein (Hrsg.), Steuerungsinstrumente im Recht des Gesundheitswesens Bd. 1: Wettbewerb, 2005, S. 109 ff.

[198] Verfehlt deshalb *F. E. Schnapp*, Untergesetzliche Rechtsquellen im Vertragsarztrecht – am Beispiel der Richtlinien, in: Festschrift 50 Jahre Bundessozialgericht, 2004, S. 497 (506 ff.), der das Legitimationsbedürfnis nur so weit reichen läßt, wie ein Grundrechtseingriff besteht.

IV. Funktionale Selbstverwaltung, mittelbare und unmittelbare staatliche Sozialverwaltung – Vorrang oder Gleichrang?

Die hier vorgestellte Interpretation des Art. 20 Abs. 1 und 2 und Art. 87 Abs. 2 und 3 GG hat Konsequenzen für die Frage, ob bei der Ausgestaltung des Sozialstaates zwischen den unterschiedlichen Formen der Verwaltungsorganisation (unmittelbare Staatsverwaltung, mittelbare Staatsverwaltung, funktionale Selbstverwaltung) von Verfassungs wegen ein bestimmtes Rangverhältnis besteht.

Soweit der Sozialstaat sich als Sozialversicherungsstaat organisiert, ist er an die Organisationsnorm des Art. 87 Abs. 2 GG gebunden. Sozialversicherungen im Sinne des Art. 74 Abs. 1 Nr. 12 GG dürfen nur als mittelbare Staatsverwaltung errichtet werden. Eine Garantie der Selbstverwaltung ist damit jedoch nicht verbunden (supra G.III.1.i.bb.). Einer Privatisierung der sozialversicherungsrechtlichen Organisationsform sind durch Art. 87 Abs. 2 GG äußerst enge Grenzen gesetzt.[199] Organisationsrechtlich ist der soziale Staat durch das Grundgesetz jedoch nicht gehindert, an Stelle der Sozialversicherungen andere Organisationsformen zur Absicherung der entsprechenden sozialen Risiken zu wählen,[200] etwa die gesetzlichen Krankenversicherungen durch einen staatlichen Gesundheitsdienst zu ersetzen.

Das Beispiel des staatlichen Gesundheitsdienstes zeigt zugleich, wie sich die Verteilung der sozialstaatlichen Gesetzgebungskompetenzen auf die Wahl der Organisationsformen auswirkt. Denn dem Bund würde für einen staatlichen Gesundheitsdienst die Gesetzgebungskompetenz wie auch die Verwaltungskompetenz fehlen. Diese kompetenzrechtliche Ausgangslage bewirkt de facto – aber eben nicht de jure – eine Bestandsgarantie der Institution „Sozialversicherung", da der Bund sonst ein wesentliches Instrument sozialpolitischer Gestaltung aus der Hand geben würde.[201]

Zur Erläuterung: Als Gesetzgebungskompetenz käme nur Art. 74 Abs. 1 Nr. 7 GG („öffentliche Fürsorge") in Betracht. Die Rechtsprechung neigt zwar zu einer extensiven Auslegung des Begriffs, so daß er jede Form der sozial motivierten Bedarfsdeckung und des

199 Zur Debatte um eine Beleihung in Randbereichen, z.B. privatrechtlicher Verbände der Sozialversicherungsträger *M. Sachs*, in: ders. (Hrsg.), GG, 4. Aufl. 2007, Art. 87 Rdnr. 56; *M. Burgi*, in: v. Mangoldt/Klein/Starck, GG, 5. Aufl. 2005, Art. 82 Abs. 2 Rdnr. 80; *U. Becker*, Organisation und Selbstverwaltung der Sozialversicherung, in: B. von Maydell/F. Ruland (Hrsg.), Sozialrechtshandbuch, 3. Aufl. 2003, S. 225 (228 f.) mit weit. Nachw.; denkbar sind vor allem privatrechtliche Ausgliederungen durch die bundesunmittelbare Körperschaft selbst; cf. hierzu *K.-J. Bieback*, Rechtliche Probleme der Kooperation und Ausgliederung von Funktionsbereichen der Sozialversicherungsträger, in: VSSR 1998, 177 ff.

200 *I. Ebsen*, Verfassungs- und europarechtliche Vorgaben, in: B. Schulin (Hrsg.), Handbuch des Sozialversicherungsrechts, Bd. 3 – Rentenversicherungsrecht, 1999, S. 133 (140).

201 *D. Merten*, Verfassungsrechtliche Grundlagen, in: B. Schulin (Hrsg.), Handbuch des Sozialversicherungsrechts, Bd. 1 – Krankenversicherungsrecht, 1994, S. 145 (174).

sozial motivierten Lastenausgleichs erfaßt.[202] Dieses Verständnis wird dem Regelungsgefüge der Kompetenznormen des sozialen Bundesstaates aber nur eingeschränkt gerecht. Denn der Begriff der öffentlichen Fürsorge ist vom Herkommen her auf bedürftigkeitsabhängige staatliche Hilfe in wirtschaftlichen Notlagen zugeschnitten; darstellen lassen sich vor diesem Hintergrund wohl noch die Bejahung einer Bundeskompetenz für vorbeugende Maßnahmen sowie für Notlagen, die nicht primär ökonomischer Natur sind, mit diesen jedoch vergleichbar sind.[203] Eine völlige Loslösung des Fürsorgetitels von den in der Tradition des Begriffs verankerten Beschränkungen hingegen würde die austarierte sozialstaatliche Kompetenzverteilung des Grundgesetzes konterkarieren. Dies gilt insbesondere im Bereich des Gesundheitswesens, bei dem Art. 74 Abs. 1 GG erkennen läßt, daß für ihn nur eingeschränkte Bundeskompetenzen bestehen sollen.[204] Ebenso fehlte es dem Bund an einer Verwaltungskompetenz, da Art. 87 Abs. 3 GG mangels Gesetzgebungskompetenz des Bundes nicht greifen würde.

Ein aus dem Bundesstaatsprinzip abgeleiteter Regelvorrang für föderale Organisationsstrukturen kann hingegen wegen der spezielleren Bestimmungen des Grundgesetzes zu den Verwaltungskompetenzen nicht abgeleitet werden.[205] Dem Bundesgesetzgeber steht es nach Art. 87 Abs. 2 GG eben frei, die Verwaltungszuständigkeit dem Bund oder den Ländern zuzuweisen.[206]

Auch der Grundsatz „Selbstverwaltung vor Staatsverwaltung" ist dem Organisationsrecht des Grundgesetzes fremd und deshalb für die Ausgestaltung des Sozialstaates verfassungsrechtlich unbeachtlich.[207] Die verfassungsrechtlichen Legitimationsanforderungen schließen im Gegenteil einen Regelvorrang der funktionalen Selbstverwaltung gerade aus. Er bildet deshalb möglicherweise eine sozialpolitische Klugheitsregel, jedoch kein Verfassungsgebot.[208]

---

[202] Cf. die Darstellung bei *I. Ebsen*, Verfassungs- und europarechtliche Vorgaben, in: B. Schulin (Hrsg.), Handbuch des Sozialversicherungsrechts, Bd. 3 – Rentenversicherungsrecht, 1999, S. 133 (138).

[203] BVerfGE 22, 180 (212 f.); 42, 263 (281 f.).

[204] *B. Pieroth*, in: H. D. Jarass/B. Pieroth, GG, 9. Aufl. 2007, Art. 74 Rdnr. 16.

[205] So aber i.E. *R. Pitschas*, Gesundheitsstrukturreform – Einheitsversicherung oder Trägervielfalt?, in: Gesellschaft für Rechtspolitik Trier, Bitburger Gespräche Jahrbuch 1996, S. 15 (26 ff.) mit weit. Nachw.

[206] *H.-J. Papier*, Verfassungsrechtliche Probleme bei der Organisation der Sozialversicherungsträger, in: Festschrift für F. Knöpfle, 1996, S. 273 (277), der dezidiert betont, daß der Idee der Bundesstaatlichkeit bei der Organisation der Sozialversicherungsträger nur „verfassungs*politische*" Bedeutung zukomme (S. 282); zu Fragen der Föderalisierung und Unitarisierung auch *J. Isensee*, Föderalisierung der Sozialversicherung, in: NZS 1993, 281 ff.; *W. Krebs*, Verfassungsrechtliche Zulässigkeit der Organisationsreform der Deutschen Rentenversicherung, 1999; *P. Axer*, Verfassungsrechtliche Fragen einer Organisationsreform in der Rentenversicherung, 2000; zur Organisationsreform der Rentenversicherung in diesem Zshg. *F. Ruland/S. Dünn*, Die Organisationsreform in der gesetzlichen Rentenversicherung, in: NZS 2005, 113 ff.; *F. Frohn*, Verfassungsprobleme der Organisationsreform in der gesetzlichen Rentenversicherung, in: SGb 2007, 129 ff.

[207] *I. Ebsen*, Verfassungs- und europarechtliche Vorgaben, in: B. Schulin (Hrsg.), Handbuch des Sozialversicherungsrechts, Bd. 3 – Rentenversicherungsrecht, 1999, S. 133 (141).

[208] Weitergehend *F. Hufen*, Soziale Selbstverwaltung im demokratischen Rechtsstaat, in: SDSRV 34 (1991), S. 43 ff.

Wenn sich der Gesetzgeber jedoch dafür entscheidet, sozialstaatliche Aufgaben mittels Selbstverwaltungskörperschaften zu verfolgen, ist der Zuschnitt dieser keine Frage der Beliebigkeit. Er muß Personengruppen so zusammenfassen, daß sich interessenspezifische *eigene* Angelegenheiten ausbilden. Der dabei erreichte Grad an Interessenhomogenität beeinflußt unmittelbar die weiteren verfassungsrechtlichen Vorgaben für eine selbstverwaltungsangemessene Binnenstruktur (supra G.III.2.j.bb.). Je stärker sich Selbstverwaltungsträger in ihrer Mitgliedschaftsstruktur der demokratischen Allgemeinheit angleichen, desto weniger kann man von einem spezifisch eigenen Anliegen dieser sprechen und desto höhere Anforderungen sind im Hinblick auf die sachlich-inhaltliche Legitimation zu stellen. Einheitsversicherungen sehen sich deshalb gegenüber einer gruppenspezifischen und pluralen Trägerstruktur (wie sie in der gesetzlichen Krankenversicherung sukzessive verschwunden ist) besonderen Anfragen ausgesetzt, solange die Sozialversicherung in Form von Selbstverwaltungskörperschaften organisiert ist.[209] Mögliche Effizienzgewinne durch größere, aber inhomogenere Träger können Legitimationsdefizite keineswegs kompensieren (supra G.II.2.f.).

V. Materielle Gestaltungsvorgaben „diesseits" des verfassungsrechtlichen Maximums

Neben solche organisations- und legitimationsrechtliche Vorgaben für die Ausgestaltung des sozialen Staates treten materielle Gestaltungsmaximen des Grundgesetzes, die ihrerseits kein Maximum definieren, sondern die Art und Weise der Ausgestaltung inhaltlich mitbestimmen. Zu nennen sind in diesem Zusammenhang der Grundsatz des Vertrauensschutzes, Art. 14 Abs. 1 und 2 GG (der nach der Rechtsprechung des Bundesverfassungsgerichts für bestimmte Sozialversicherungsleistungen dem Gedanken des Vertrauensschutzes eine besondere Ausformung gibt) sowie der allgemeine Gleichheitssatz. Durchaus fraglich erscheint hingegen, ob Art. 20 Abs. 1 GG selbst Gestaltungsvorgaben inhaltlicher Art macht.

[209] Zum Problem auch *R. Pitschas*, Gesundheitsstrukturreform – Einheitsversicherung oder Trägervielfalt?, in: Gesellschaft für Rechtspolitik Trier, Bitburger Gespräche Jahrbuch 1996, S. 15 ff.

1. Die Formel vom sozialen Staat

a) Der soziale Staat als Staatszielbestimmung

Nach anfänglicher Unsicherheit darüber, wie man die Formel vom „sozialen" Staat normtypologisch einordnen soll (supra A.), setzte sich in der Staatsrechtslehre alsbald der Vorschlag von *Hans Peter Ipsen* durch, im sozialen Gehalt des Art. 20 Abs. 1 GG eine „Zielbestimmung" zu sehen.[210] Die genaue Bezeichnung unterschied sich in der Folge in Nuancen, doch etabliert hat sich schließlich ein Verständnis der Norm als „Staatszielbestimmung".[211] Die Einsortierung des Art. 20 Abs. 1 GG in die Kategorie der Staatszielbestimmung erlaubt ihre Verarbeitung in einer breiter angelegten Konzeption verfassungsrechtlich festgelegter Staatsziele[212] bzw. in einer Theorie der Verfassungsprinzipien im weiteren Sinne.[213] Sie begründet zugleich jedoch die Gefahr einer der dogmatischen Systembildung geschuldeten Verselbständigung des Normverständnisses. Das Allgemeine bestimmt dann das Konkrete – der Gehalt der Norm richtet sich primär nach ihrer Charakterisierung als Staatszielbestimmung, nicht nach dem besonderen Gepräge, das überhaupt erst die Zuordnung motiviert hat.

Nach dem gängigen Verständnis des Sozialstaatsgrundsatzes, bildet dieser einen sozialen Gestaltungsauftrag. Der Staat habe, so liest man etwa in der einschlägigen Kommentierung von *Rolf Gröschner*, von Verfassungs wegen für sozialen Ausgleich, soziale Sicherheit, soziale Gerechtigkeit, soziale Hilfe und soziale Entschädigung zu sorgen.[214] Zur Umschreibung dieses Auftrags wird zumeist auf die traditionellen Rechtsformen und Institute des Sozialrechts sowie die vorhandenen Instrumente zur Verfolgung sozialer Ziele im Privatrecht zurückgegriffen. Ähnlich geht das Bundesverfassungsgericht vor, wenn es den Krankenversicherungsschutz,[215] den Ersatz des Lohnausfalls bei Arbeitslosigkeit,[216] die Unfallversicherung,[217] die Rentenversicherung[218] etc. als Konkretisierungen des Sozialstaatsprinzips versteht.[219]

---

[210] *H. P. Ipsen*, Über das Grundgesetz (1950), in: E. Forsthoff (Hrsg.), Rechtsstaatlichkeit und Sozialstaatlichkeit, 1968, S. 16 (23).

[211] Cf. *E. Benda*, Industrielle Herrschaft und sozialer Staat, 1966, S. 63; *P. Badura*, Der Sozialstaat, in: DÖV 1989, 491 (493); *D. Merten*, Verfassungsrechtliche Grundlagen, in: B. Schulin (Hrsg.), Handbuch des Sozialversicherungsrechts, Bd. 1 – Krankenversicherungsrecht, 1994, S. 145 (149) mit weit. Nachw.

[212] Cf. *K.-P. Sommermann*, Staatsziele und Staatszielbestimmungen, 1997; *U. Scheuner*, Staatszielbestimmungen (1972), in: M. Friedrich (Hrsg.), Verfassung, 1978, S. 329 ff.

[213] Cf. *F. Reimer*, Verfassungsprinzipien, 2001.

[214] *R. Gröschner*, in: H. Dreier (Hrsg.), GG, Bd. 2, 2. Aufl. 2006, Art. 20 Rdnr. 37 ff.; ähnlich *H. F. Zacher*, Das soziale Staatsziel, in: HStR, Bd. 2, 3. Aufl. 2004, S. 659 (683 ff.).

[215] BVerfGE 40, 65 (56).

[216] BVerfGE 51, 115 (125).

[217] BVerfGE 45, 376 (387).

[218] BVerfGE 10, 354 ff.; 18, 257 ff.; 44, 70 ff.

[219] Cf. etwa *K-J. Bieback*, Verfassungsrechtlicher Schutz gegen Abbau und Umstruktu-

Konkrete Rechte und Pflichten sollen aus der Staatszielbestimmung jedoch gemeinhin nicht folgen.[220] Zwar wird der Status quo des einfachen Rechts zur Erläuterung des übergeordneten Prinzips üblicherweise herangezogen, um auf diese Weise Subprinzipien in Form einzelner Elemente des Sozialstaatsprinzips zu gewinnen.[221] Doch sei durch Art. 20 Abs. 1 GG kein konkreter sozialrechtlicher Status quo geschützt. Ebenso soll Art. 20 Abs. 1 GG nach der Rechtsprechung des Bundesverfassungsgerichts und dem überwiegenden Schrifttum keine Garantien für bestimmte Institutionen des Sozialstaates wie etwa eine konkrete Sozialversicherung enthalten.[222]

b) Keine Ausgestaltungsvorgaben jenseits des Gebots sozialer Minima

Vor diesem Hintergrund stellt sich dann allerdings die Frage, ob von Art. 20 Abs. 1 GG überhaupt *normative* Vorgaben für die Ausgestaltung des Sozialstaates jenseits des oben bereits eingehend erläuterten freiheitsfunktionalen Minimums ausgehen.[223] Üblicherweise spricht man davon, daß ein gewisses Mindestniveau sozialer Aktivitäten erreicht werden muß, „damit der Verfassungswert als wenigstens in Grundzügen realisiert angesehen werden kann".[224] Zuweilen wird auch verlangt, daß unabhängig von der Frage seiner institutionellen Ausgestaltung ein Mindestschutz gegenüber den von den Sozialversicherungen abgedeckten Risiken besteht.[225] Doch bleibt die nähere Bestimmung dieses Schutzes dann stets mehr als vage. Rechtsdogmatisch ist damit wenig ge-

---

rierung von Sozialleistungen, 1997, S. 34 f.; *R. Pitschas*, Soziale Sicherungssysteme im „europäisierten" Sozialstaat, in: Festschrift 50 Jahre Bundesverfassungsgericht, Bd. 2, 2001, S. 827 (848 f.).

[220] BVerfGE 59, 231 (263); *R. Pitschas*, Soziale Sicherungssysteme im „europäisierten" Sozialstaat, in: Festschrift 50 Jahre Bundesverfassungsgericht, Bd. 2, 2001, S. 827 (833 ff.) mit weit. Nachw.

[221] Zu solchen generell *F. Reimer*, Verfassungsprinzipien, 2001, S. 185 ff. und öfter.

[222] Eine restriktivere Deutung etwa bei *K.-J. Bieback*, Verfassungsrechtlicher Schutz gegen Abbau und Umstrukturierung von Sozialleistungen, 1997, S. 34 ff. mit weit. Nachw.

[223] Zu außerrechtlichen Wirkungen wiederum generell *F. Reimer*, Verfassungsprinzipien, 2001, S. 284 ff.

[224] *F. Reimer*, Verfassungsprinzipien, 2001, S. 342.

[225] *K-J. Bieback*, Verfassungsrechtlicher Schutz gegen Abbau und Umstrukturierung von Sozialleistungen, 1997, S. 35; *ders.*, Begriff und verfassungsrechtliche Legitimation von „Sozialversicherung", in: VSSR 2003, 1 (12, 24): es bestehe eine verfassungsrechtliche Pflicht zur Errichtung von Sozialversicherungen; *R. Pitschas*, Soziale Sicherungssysteme im „europäisierten" Sozialstaat, in: Festschrift 50 Jahre Bundesverfassungsgericht, Bd. 2, 2001, S. 827 (848 f.) mit Verweis auf BVerfGE 40, 65 (75 ff.); 51, 115 (125); 68, 193 (209); mit anderem Akzent (wie hier) hingegen *ders.*, Die Zukunft der sozialen Sicherungssysteme, in: VVDStRL 64 (2005), 109 (135 f.); im Ergebnis für eine institutionelle Schutzwirkung auch *R.-U. Schlenker*, Soziales Rückschrittsverbot und Grundgesetz, 1986, S. 51 ff.; noch weitergehend *W. Gitter/V. Nunius*, Verfassungsrechtliche Grundlagen, in: B. Schulin (Hrsg.), Handbuch des Sozialversicherungsrechts Bd. 2 – Unfallversicherung, 1996, S. 69 (81): die vollständige Abschaffung der Sozialversicherung verstieße „auf jeden Fall" gegen das Sozialstaatsprinzip.

wonnen. Zudem ist zu berücksichtigen, daß in das Grundgesetz im Gegensatz zur Weimarer Reichsverfassung (Art. 161) gerade keine Institutsgarantie zugunsten der Sozialversicherungen aufgenommen wurde. Für eine auf eine solche Garantie hinauslaufende interpretative Anreicherung der Formel vom sozialen Staat besteht auch kein Anlaß. Denn das verfassungsrechtlich gebotene Mindestmaß sozialen Schutzes ergibt sich nicht aus dem Traditionsbestand des bisher realisierten Sozialstaates, sondern funktional aus der Summe der individuell gebotenen Minima. Es wird durch diese selbst – additiv – definiert. Daß jenseits dieser Summation ein zusätzliches Maß sozialer Staatsaktivitäten verfassungsrechtlich gefordert ist, läßt sich Art. 20 Abs. 1 GG hingegen nicht entnehmen (cf. supra F.II.1.). Ein solches Maß ließe sich auch kaum taxieren. In Form einer wertenden Gesamtbetrachtung wäre es nicht zu gewinnen, weil es an operationalisierbaren Kriterien zu seiner Bestimmung fehlt. Denkbar wäre höchstens ein auf Fälle evidenten Staatsversagens reduzierter Schutz. So verstanden bleibt es jedoch hinter einer feingesteuerten Dogmatik sozialer Minima zurück.

Doch auch sektorale Bestimmungen – etwa entlang der typischen Leistungszwecke oder den in der Literatur und Rechtsprechung ausgemachten Einzelelementen des Sozialstaatsprinzips – haben auszuscheiden, da das Sozialstaatsprinzip diese nicht isoliert in besonderer Weise schützt und sie wechselseitig zu Teilen substituierbar sind.

So läßt sich z.B. dem sozialen Risiko der Arbeitslosigkeit durch hohe Kündigungsschutzstandards, durch Vorsorgepflichten, durch vorleistungsunabhängige soziale Hilfen, durch eine „aktivierende" Sozialpolitik, aber auch durch unterschiedlichste – angebots- und nachfrageorientierte – konjunkturpolitische Weichenstellungen begegnen. Über die skizzierten sozialen Minima hinaus wird man vor diesem Hintergrund keine konkreten Maßnahmen als verfassungsgeboten identifizieren können.

c) Kein Optimierungsgebot

Anders stellt sich die Lage nur dar, wenn man mit der Prinzipientheorie des Rechts davon ausgeht, daß Art. 20 Abs. 1 GG ein „Optimierungsgebot" bildet. Doch wurde bereits im Kontext der Untersuchung des verfassungsgebotenen sozialen Minimums darauf aufmerksam gemacht, daß jenseits der Frage, ob das Ziel der Optimierung verfassungsrechtlichen Prinzipien überhaupt gerecht wird,[226] jedenfalls der freiheitsfunktionale Sozialstaat des Grundgesetzes sich über diese Kategorie nicht sinnvoll erschließen läßt. Freiheitsfunktional verstanden verlangt Art. 20 Abs. 1 GG eben keine „optimierende Sozialgestaltung".[227]

---

[226] Hierzu z.B. *F. Reimer*, Verfassungsprinzipien, 2001, S. 329 ff.; cf. auch die grundrechtstheoretischen Überlegungen supra F.II.2.

[227] So aber *E.-W. Luthe*, Optimierende Sozialgestaltung, 2001; Tendenzen in diese Richtung auch bei *R. Pitschas*, Soziale Sicherungssysteme im „europäisierten" Sozialstaat, in:

d) Bereichsspezifische und normtypologische Dogmatik

Der Klarheit halber sei betont, daß mit diesen Überlegungen der normtypologischen Einordnung des Sozialstaatsgrundsatzes als Staatszielbestimmung nicht dezidiert widersprochen werden soll. So lassen sich Art. 20 Abs. 1 GG durchaus für Staatszielbestimmungen und sonstige Verfassungsprinzipien typische Funktionen zuordnen (z.B. eine Garantiefunktion für das soziale Minimum, aber auch eine Steuerungsfunktion bei der Normanwendung – Stichwort: verfassungskonforme Interpretation). Anzumahnen ist jedoch, daß eine dogmatische Durchdringung des Normbestandes hinreichend Raum für Besonderheiten der Einzelnormen in prozeduraler, materialer und institutionell-organisatorischer Hinsicht lassen muß. Normtypologisch arbeitende Dogmatiken und bereichsspezifische Erschließungen bedürfen der wechselseitigen Ergänzung, um ein normangemessenes Verständnis zu ermöglichen. Aus Sicht des freiheitsfunktionalen Sozialstaatsparadigmas lohnt es aus diesem Grunde, sich von den Routinen der Staatszielbestimmungsdogmatik ein Stück weit zu lösen. Was verfassungsrechtlich geboten, verboten oder weder geboten noch verboten ist, läßt sich dann konturierter und präziser herausarbeiten.

e) Die normative Funktion des Art. 20 Abs. 1 GG jenseits konkreter Ansprüche auf soziale Minima: Ermöglichung, nicht Gebot

Mit dem hier zugrundegelegten Modell wird deutlich, wie weit die Garantiefunktion des sozialen Staatsziels reicht und warum dieses jenseits dessen jedweder rechtlich *verpflichtender* Vorgaben für die demokratische Ausgestaltung des Sozialstaates entbehrt. Der Formel vom sozialen Staat kommt jenseits des im Zusammenspiel mit den Grundrechten zu konkretisierenden sozialen Minimums *keine* den Staat *bindende*, sondern lediglich eine die demokratische Gestaltung des Sozialstaats *ermöglichende* Funktion zu. Genauer: Art. 20 Abs. 1 GG beeinflußt das verfassungsrechtlich hinnehmbare Maximum an Sozialstaatlichkeit zugunsten erweiterter demokratischer Gestaltungsmöglichkeiten. Denn er ist bei mit der Ausgestaltung des Sozialstaates verbundenen Grundrechtseingriffen im Rahmen von deren verfassungsrechtlicher Rechtfertigung in Ansatz zu bringen. In dieser Funktion bildet Art. 20 Abs. 1 GG keine Gestaltungsvorgabe, sondern eine Rechtfertigung des demokratisch gewollten und legitimierten Gestaltungswillens. Näher zu behandeln ist diese Dimension des Sozialstaates deshalb im Kontext der Bestimmung des freiheitsfunktionalen Maximums (infra H.I.1.).

Festschrift 50 Jahre Bundesverfassungsgericht, Bd. 2, 2001, S. 827 (848 f.), der einen gewissen sozialstaatlichen Institutionenschutz über das Gebot funktionaler Adäquanz sozialer Sicherheit konstruiert.

2. Der allgemeine Gleichheitssatz

a) Gleichheitssatz kein besonderer Maßstab des Sozialstaates

Da der allgemeine Gleichheitssatz in keinem besonderen Bezug zur Formel vom sozialen Staat steht (supra C.V.), kommt Art. 3 Abs. 1 GG auch für die Ausgestaltung des Sozialstaates keine höhere Bedeutung zu als für die Ausgestaltung des Sicherheitsstaates, des Steuerstaates oder jeder anderen Form von Staatlichkeit.[228]. Gleichheit bildet keinen *besonderen* Maßstab für die Ausgestaltung des Sozialstaates, ergo greifen die „normalen" gleichheitsrechtlichen Bindungen (supra F.II.3.).[229] Das Bundesverfassungsgericht hat diesen Befund in dem Diktum zum Ausdruck gebracht, daß auch „das Sozialstaatsprinzip nicht zu beliebiger Sozialgestaltung (ermächtigt), die das Gebot der Gleichheit auflösen würde".[230]

Im Detail stellen sich gleichwohl zahlreiche Probleme, wie sich an der kaum noch überschaubaren Kasuistik des Bundesverfassungsgerichts zur Gleichheit im Sozialstaat ablesen läßt.[231] Doch sind diese Diffizilitäten nicht primär sozialstaatlicher Natur, sondern erwachsen aus der generellen Schwierigkeit, den

---

[228] *J. Denck*, Sozialstaatsprinzip und Grundrechte im Sozialstaat, in: MDR 1990, 281 (283). Gerade dies beklagte einst *H. F. Zacher*, Soziale Gleichheit, in: AöR 93 (1968), 341 (360 ff.): die Verbindung von Gleichheitssatz und Sozialstaatsgebot habe in der Rechtsprechung des Bundesverfassungsgerichts keine relevante Rolle gespielt; in der Tendenz wie hier *R. Pitschas*, Soziale Sicherungssysteme im „europäisierten" Sozialstaat, in: Festschrift 50 Jahre Bundesverfassungsgericht, Bd. 2, 2001, S. 827 (839 f.).

[229] Zu diesen grundsätzlich mit teils divergierenden Akzenten in der dogmatischen Konstruktion *S. Huster*, Rechte und Ziele, 1993; *ders.*, Gleichheit und Verhältnismäßigkeit, in: JZ 1994, 541 ff.; *ders.*, in: K. H. Friauf/W. Höfling, GG, Art. 3 Rdnr. 78 ff. (7. Lfg. 2002); *P. Kirchhof*, Der allgemeine Gleichheitssatz, in: HStR Bd. 5, 2. Aufl. 2000, S. 837 ff.; *W. Heun*, in: H. Dreier (Hrsg.), GG, Bd. 2, 2. Aufl. 2004, Art. 3 Rdnr. 15 ff.; *C. Starck*, in: v. Mangoldt/Klein/Starck, GG, 5. Aufl. 2005, Art. 3 Rdnr. 1 ff. mit weit. Nachw.

[230] BVerfGE 12, 354 (367).

[231] Im Überblick etwa *H.-J. Papier*, Der Einfluß des Verfassungsrechts auf das Sozialrecht, in: B. von Maydell/F. Ruland (Hrsg.), Sozialrechtshandbuch, 3. Aufl. 2003, S. 81 (120 ff.); *S. Huster*, in: K. H. Friauf/W. Höfling (Hrsg.), GG, Art. 3 Rdnr. 142 ff. (9. Lfg. 2003); *M. Sachs*, Die Auswirkungen des allgemeinen Gleichheitssatzes auf das Sozialrecht in der Rechtsprechung des Bundesverfassungsgerichts, in: VSSR 1994, 33 ff.; *ders.*, Die Auswirkungen des allgemeinen Gleichheitssatzes auf die Teilrechtsordnungen, in: HStR, Bd. 5, 2. Aufl. 2000, S. 1085 (1102 ff.); *D. C. Umbach/Th. Clemens*, Sozialrecht und Verfassungsrecht, in: VSSR 1992, 265 (277 ff.); *W. Rüfner*, in: Bonner Kommentar, GG, Art. 3 Abs. 1 Rdnr. 295 ff. (68 Lfg. 1992); zu den Wirkungen des Gleichheitssatzes im Sozialrecht cf. auch *R. Scholz/R. Pitschas*, Sozialstaat und Gleichheit, in: Festschrift 25 Jahre Bundessozialgericht, Bd. 2, 1979, S. 627 ff.; *K.-J. Bieback*, Gleichheitsgrundsatz und Sozialrecht, in: SGb 1989, 46 ff.; *T. Hsu*, Verfassungsrechtliche Schranken der Leistungsgesetzgebung, 1986, S. 39 ff.; *W. Rüfner*, Der Gleichheitssatz im Sozialrecht und die Aufgabe der Verfassungsrechtsprechung, in: SGb 1984, 147 ff.; *P. Baumeister*, Rechtsetzungsgleichheit im Sozialrecht, in: J. Wolter/E. Riedel/J. Taupitz (Hrsg.), Einwirkungen der Grundrechte auf das Zivilrecht, öffentliche Recht und Strafrecht, 1999, S. 251 ff.

allgemeinen Gleichheitssatz hinreichend präzise zu fassen und auf den Einzelfall anzuwenden. So dominieren in der Praxis Fälle, in denen es um den gleichheitswidrigen Begünstigungsausschluß[232] geht, also um Konstellationen, die sich im sonstigen Leistungsrecht und im Steuerrecht genauso stellen. Betroffen sind zumeist marginale Einzelpunkte,[233] wobei Art. 3 Abs. 1 GG zuweilen unter der Hand zum Instrument einer gleichheitsrechtlich nicht angezeigten verfassungsrichterlichen Perfektionierung der demokratischen Ausgestaltungen des Sozialstaates wird.

b) Grundlinien einer gleichheitsgerechten Ausgestaltung

Auf eine detaillierte Untersuchung einzelner gleichheitsdogmatischer Fallgestaltungen sei an dieser Stelle verzichtet und statt dessen auf das Grundprinzip des Gleichheitssatzes hingewiesen (cf. bereits supra F.II.3.). Art. 3 Abs. 1 GG gebietet in seinem modalen Charakter der öffentlichen Gewalt, jeden Bürger „als Gleichen" zu behandeln.[234] Dieses Gebot läuft in vielen Fällen auf eine formelle Gleichbehandlung hinaus, kann jedoch auch Differenzierungen erfordern. Deshalb bemißt sich unter der Maßgabe, daß wesentlich Gleiches gleich zu behandeln ist, die wesentliche Gleichheit erst durch einen wertenden Vergleich, also nach einem normativen Begriff von Gleichheit. Formale Ungleichbehandlungen können Ausdruck eines verfassungsrechtlich zulässigen, egalitären Gerechtigkeitsideals sein (z.B. Besteuerung nach Leistungsfähigkeit);[235] das Gleichheitsziel wird hier materiell durch einen sachbereichsspezifischen Gerechtigkeitsmaßstab bestimmt; die dadurch bedingte Ungleichbehandlung (unterschiedliche Steuerhöhe) ist ohne weiteres gerechtfertigt.

Durchbrechungen des Gerechtigkeitsideals (Abweichungen von der sog. Systemgerechtigkeit)[236] sowie das Verfolgen außerhalb solcher gerechtigkeitsspezifisch geprägter Gleichheitsrelationen liegender Zwecke (z.B. Typisierun-

---

[232] BVerfGE 6, 257 (264); 12, 354 (367); 23, 135 (143 ff.); 79, 87 (99 ff.); 97, 35 (44 ff.); 102, 68 (87 ff.); 103, 225 (235 ff.); 106, 166 (177); näher *K.-P. Sommermann*, in: v. Mangoldt/Klein/Starck, GG, 5. Aufl. 2005, Art. 20 Abs. 1 Rdnr. 128.

[233] *I. Ebsen*, Verfassungs- und europarechtliche Vorgaben, in: B. Schulin (Hrsg.), Handbuch des Sozialversicherungsrechts, Bd. 3 – Rentenversicherungsrecht, 1999, S. 133 (157).

[234] *S. Huster*, Rechte und Ziele, 1993, S. 42; *S. Huster*, in: K. H. Friauf/W. Höfling (Hrsg.), GG, Art. 3 Rdnr. 142 ff. (9. Lfg. 2003); *H. M. Heinig*, Öffentlich-rechtliche Religionsgesellschaften, 2003, S. 180 ff.; mit anderem Akzent die Rechtsprechung des Bundesverfassungsgerichts, die mit Fallgruppen arbeitet; cf. im Überblick mit weit. Nachw. *H. D. Jarass*, in: ders./P. Pieroth, GG, 9. Aufl. 2007, Art. 3 Rdnr. 17 ff.; *C. Paehlke-Gärtner*, in: D. C. Umbach/Th. Clemens, GG, 2002, Art. 3 I Rdnr. 55 ff.

[235] Näher hierzu *J. Becker*, Transfergerechtigkeit und Verfassung, 2001, S. 137 ff.

[236] Hierzu etwa *H.-J. Papier*, Der Einfluß des Verfassungsrechts auf das Sozialrecht, in: B. von Maydell/F. Ruland (Hrsg.), Sozialrechtshandbuch, 3. Aufl. 2003, S. 81 (121); *U. Becker*, Selbstbindung des Gesetzgebers im Sozialrecht, in: Festschrift 50 Jahre Bundessozialgericht, 2004, S. 77 (82 ff.).

gen, die durch das Streben nach administrativer Effizienz motiviert sind)[237] lösen hingegen den Bedarf nach einer höheren Intensität in der Rechtfertigungsprüfung aus. Sie bilden sog. *externe Zwecke.*[238] Die Gründe für die Ungleichbehandlung liegen hier nicht im angewandten Maßstab selbst, sondern außerhalb. Die Verwirklichung solcher Zwecke ist nicht „eine Eigenschaft der Ungleichbehandlung, sondern deren Folge oder Wirkung"[239] und deshalb einer Prüfung durch einen gleichheitsrechtlich modifizierten Übermaßgrundsatz zugänglich.

Bezogen auf die demokratische Ausgestaltung des Sozialstaates führt dieses gleichheitsdogmatische Modell dazu, daß im Einzelfall zu prüfen ist, ob eine sozialstaatliche Differenzierung bereichsspezifische Maßstäbe „sozialer Gerechtigkeit" abbildet und hierdurch eine Behandlung „als Gleiche" ausdrückt. Als Kriterium zur verfassungsrechtlichen Bewertung solcher Maßstäbe lassen sich Freiheitsrechte und sonstige Rechtsgüter mit Verfassungsrang (wie das Sozialstaatsprinzip) mit heranziehen. Ungleichbehandlungen, die sich aus der Konzeption der sozialstaatlichen Freiheitsfunktionalität gleichsam zwangsläufig ergeben, sind auch im Hinblick auf Art. 3 Abs. 1 GG gerechtfertigt. Etwa bietet der Verteilungsmaßstab der Bedürftigkeit in einem System sozialer Hilfe einen plausiblen, dem freiheitsfunktionalen Sozialstaat angemessenen Gerechtigkeitsmaßstab; gleiche Bedürftigkeit führt zu gleicher Berechtigung, fehlende Bedürftigkeit schließt die Gleichbehandlung mit Bedürftigen per se aus. Für die Prüfung der Angemessenheit einer solchen Unterscheidung besteht kein Raum, weil das Merkmal der Bedürftigkeit den Gleichheitsmaßstab selbst prägt. Umgekehrt bedarf eine ungleiche Behandlung trotz vergleichbarer Bedürftigkeit einer besonderen Rechtfertigung. Als Gleichbehandlungsgebot setzt der Gleichheitssatz der demokratischen Freiheit des Gesetzgebers bei der Ausgestaltung des Sozialstaates somit klare Grenzen.[240]

Da der freiheitsfunktionale Sozialstaat Egalisierung aber nicht als Selbstzweck begreift, sondern nur als Nebenfolge freiheitsfunktionaler Förderung einbezieht, wird soziale Umverteilung als solche durch Art. 20 Abs. 1 GG nicht nobilitiert.[241] Folglich kann Art. 20 Abs. 1 GG auch nicht herangezogen werden, um zu begründen, daß ein materielle Egalisierung bezweckender Gerechtigkeitsmaßstab verfassungsrechtlich legitim ist. Da das Grundgesetz auch außerhalb des Normbereichs von Art. 20 Abs. 1 GG eigentlich keine materiel-

---

[237] Hierzu *H. M. Heinig*, Die Staffelung des IHK-Beitrags und der allgemeine Gleichheitssatz, in: NVwZ 2004, 1087 (1088) mit weit. Nachw.

[238] *S. Huster*, Rechte und Ziele, 1993, S. 408 ff.

[239] *S. Huster*, Rechte und Ziele, 1993, S. 174.

[240] *S. Huster*, in: K. H. Friauf/W. Höfling (Hrsg.), GG, Art. 3 Rdnr. 142 f. (9. Lfg. 2003).

[241] Anders die ganz h.M., die von einem egalitaristischen Sozialstaatsverständnis ausgeht, etwa *C. Starck*, in: v. Mangoldt/Klein/Starck, GG, 5. Aufl. 2005, Art. 3 Rdnr. 27 ff.; *S. Huster*, in: K. H. Friauf/W. Höfling, GG, Art. 3 Rdnr. 78 ff. (7. Lfg. 2002); *W. Heun*, in: H. Dreier (Hrsg.), GG, Bd. 1, 2. Aufl. 2004, Art. 3 Rdnr. 68.

len Gleichstellungsgebote kennt,[242] verfolgen auf Egalisierung zielende Umverteilungen[243] gleichheitsrechtlich in der Regel einen besondere Rechtfertigungslasten auslösenden externen Zweck.

c) Zwei Konkretionen

aa) Kein Mindestabstand zwischen Vorsorge und Fürsorge

Aus diesem gleichheitsrechtlichen Regelungsgefüge folgt etwa, daß bedürftigkeitsabhängige Fürsorgeleistungen, die den Umfang des verfassungsrechtlich gebotenen Minimums haben, nicht zu einem gleichheitsrechtlich gebotenen Mindestabstand zwischen Vorsorge- und Fürsorgeleistungen führen. Denn die Eigenaufwendungen für die Vorsorge sind lediglich das Ergebnis des Primats der Selbstrealisation, während der Bezug von Fürsorgeleistungen Bedürftigkeit, also das Versagen des Primats, voraussetzt und damit zugleich die Ungleichbehandlung (gleiche Leistung trotz unterschiedlicher Vorleistung) rechtfertigt.[244]

bb) Bedürftigkeit auf der Seite des Nehmens

Eine besondere Variante des Beispiels der Bedürftigkeit bilden nach Bedürftigkeit gestaffelte Gebühren.[245] Gebühren bilden die Gegenleistung für die konkrete Möglichkeit der Nutzung einer öffentlichen Einrichtung; ihre Staffelung nach Leistungsfähigkeit bildet eigentlich einen sachfremden Gerechtigkeitsmaßstab, weil in der Gebühr sich das Verhältnis von Leistung und Gegenleistung abbildet (infra H.II.3.a.). Ausgesprochen umstritten ist jedoch, ob andere Maßstäbe gelten, wenn die Gebühren nicht kostendeckend erhoben werden, also die Leistung durch die öffentliche Hand – gestaffelt – subventioniert wird, mithin zwischen den Gebührenschuldnern keine direkte Umverteilung stattfindet. Sinnvollerweise löst man solche Fälle nicht über den Gleichheitssatz, sondern unter-

---

[242] Eine begrenzte Ausnahme bildet das Recht auf politische Chancengleichheit nach Art. 21 Abs. 1 GG; cf. *M. Morlok*, in: H. Dreier (Hrsg.), GG, Bd. 2, 2. Aufl. 2006, Art. 21 Rdnr. 98 ff.; Legitimationsfunktionen für faktische Gleichstellungen entfaltet zudem Art. 3 Abs. 2 S. 2 GG; cf. *L. Osterloh*, in: M. Sachs (Hrsg.), GG, 4. Aufl. 2007, Art. 3 Rdnr. 261.

[243] In Abgrenzung zu rein freiheitsfunktionalen Förderungsmaßnahmen (siehe oben).

[244] Zum Problemkreis *N. Sun*, Das Verhältnis zwischen Sozialversicherung und Sozialhilfe bei der Umstrukturierung des Sozialstaates, 2005.

[245] BVerfGE 97, 332 (346 f.); 108, 1 (18); hierzu *M. Jestaedt*, Staffelgebühren im Steuerstaat, in: DVBl. 2000, 1820 ff.; *C. Behlert*, Staffelung von Leistungsentgelten der Verwaltung nach dem Einkommen der Nutzer, 2002; *V. Schumacher*, Rechtsfragen der sozialen Bemessung von kommunalen Gebühren, 2003; *H. Kube*, Staatsaufgaben und Solidargemeinschaften, in: DStJG 29 (2006), 11 (29); cf. auch *W. Brohm*, Einkommensabhängige Gebühren für Leistungen der öffentlichen Hand?, in: Festschrift für F. Knöpfle, 1996, S. 57 ff.; *B. Kempen*, Gebühren im Dienst des Sozialstaats, in: NVwZ 1995, 1163 ff.; *L. Fischer/H. Mann*, Neuere Rechtsprechung zu den Entgelten für den Besuch eines Kindergartens, in: NVwZ 2002, 794 ff.; BVerfGE 97, 332 (346 f.); 108, 1 (18).

scheidet zwischen dem Gebühren- und dem Sozialleistungstatbestand. Wenn der Gebührengläubiger rechtmäßigerweise (d.h. materiell-, kompetenz- und organisationsrechtlich) einen bedürftigkeitsabhängigen sozialen Zuschuß leisten könnte, für den dann gleichheitsrechtlich das soeben zur Bedürftigkeit Gesagte gälte, wäre es eine bloße Förmelei, ihm die Staffelungen von Gebühren zu verwehren. Denn diese bilden faktisch eine Aufrechnung. Sehr viel komplizierter stellt sich die Gleichheitsthematik allerdings in Vorsorgesystemen dar, auf die im Zusammenhang mit dem verfassungsrechtlich zulässigen Maximum des Nehmens näher einzugehen sein wird (cf. infra H.II.4.).[246]

3. Vertrauensschutz und Eigentumsschutz

a) Drei Grundsatzpositionen zum Eigentumsschutz sozialer Leistungsrechte

Eines der bekanntesten Sondervoten in der Geschichte des Bundesverfassungsgerichts dürfte *Wiltraut Rupp-von Brünnecks* Plädoyer für einen eigentumsrechtlichen Schutz sozialer Leistungsansprüche sein:

> „Wenn der Eigentumsschutz ein Stück Freiheitsschutz enthält, insofern er dem Bürger die wirtschaftlichen Voraussetzungen einer eigenverantwortlichen Lebensgestaltung sichert, so muß er sich auch auf die öffentlich-rechtlichen Berechtigungen erstrecken, auf die der Bürger in seiner wirtschaftlichen Existenz zunehmend angewiesen ist."[247]

Mit anderen Worten: Da die staatlichen Sozialleistungen zunehmend in die Funktion des Eigentums einrücken und das materielle Substrat individueller Freiheit bilden, sollten sie auch wie Eigentum verfassungsrechtlich geschützt werden.[248] Rupp-von Brünneck hatte diese Überlegung eingebettet in die generelle Forderung, das Sozialstaatsprinzip seitens des Verfassungsgerichts stärker in den Vordergrund zu stellen.[249] Der von ihr ins Auge gefaßte pauschale Schutz vermögenswerter öffentlich-rechtlicher Zahlungsansprüche der Bürger durch das Grundrecht auf Eigentum findet bis heute im Schrifttum ebenso energischen Zu- wie Widerspruch.[250] Während die Gegner eine grundstürzende Um-

---

[246] Ein weiteres Beispiel für ein Differenzierungsgebot im Kontext der Verteilung von Beitragslasten bietet die Rechtsprechung des Bundesverfassungsgerichts zur Berücksichtigung der Erziehung und Betreuung von Kindern bei der Bemessung des Beitragssatzes zur Pflegeversicherung: BVerfGE 103, 242 (260ff.); cf. *W. Schmähl/H. Rothgang*, Familie – Pflege – Familienpflege, in: Festschrift für R. Eisen, 2001, S. 273 ff.

[247] BVerfGE 32, 112 (142) – Sondervotum Rupp-von Brünneck.

[248] Ähnlich auch BGHZ 6, 270 (278); näher zu einem solchen funktionalen Eigentumsbegriff *O. Depenheuer*, Wie sicher ist verfassungsrechtlich die Rente, in: AöR 120 (1995), 417 (421 ff.).

[249] Cf. hierzu auch *A. Lenze*, Staatsbürgerversicherung und Verfassung, 2005, S. 41 ff.

[250] Cf. für eine weite Öffnung des verfassungsrechtlichen Eigentumsbegriffs *J. Wieland*, in: H. Dreier (Hrsg.), GG, 2. Aufl. 2004, Art. 14 Rdnr. 63; kritisch hingegen *H.-J. Papier*, in:

wandlung des Eigentumsgrundrechts in ein Maßgabegrundrecht fürchten, sehen andere, dem Petitum Rupp-von Brünnecks folgend, jedwede vermögenswerte Rechtsposition als Eigentum verfassungsrechtlich geschützt, gleich ob diese privat- oder öffentlich-rechtlicher Natur ist. Unantastbar seien Ansprüche auf Sozialleistungen gleichwohl nicht, da die Befugnis zur Inhalts- und Schrankenbestimmung hinreichend Raum für etwaig notwendige Anpassungen biete.[251]

Einig sind sich diese beiden Lager hingegen in der Kritik an der Rechtsprechung des Bundesverfassungsgerichts, das in dieser Frage seit 1980[252] in ständiger Rechtsprechung eine Zwischenposition vertritt und nur solche subjektiven öffentlich-rechtlichen Rechte dem Schutz des Art. 14 Abs. 1 und 2 GG unterstellen will, die „auf nicht unerheblichen Eigenleistungen ruhen",[253] dem Inhaber „nach Art eines Ausschließlichkeitsrechts zugeordnet" sind[254] und der Existenzsicherung dienen.[255]

Die in Rechtsprechung und Schrifttum eingenommenen Positionen zum Eigentumsschutz sozialer Leistungsansprüche[256] spiegeln im Grunde ein typi-

---

Maunz/Dürig, GG, Art. 14 Rdnr. 123 ff. (40. Lfg. 2002); *H. von Ditfurth*, Die Einbeziehung subjektiv-öffentlicher Berechtigungen, insbesondere sozialversicherungsrechtlicher Positionen, in den Schutz der Eigentumsgarantie, 1994 mit weit. Nachw.

[251] *J. Wieland*, in: H. Dreier (Hrsg.), GG, 2. Aufl. 2004, Art. 14 Rdnr. 63; *B.-O. Bryde*, in: v. Münch/Kunig, GG, Bd. 1, 5. Aufl. 2000, Art. 14 Rdnr. 27.

[252] BVerfGE 53, 257 (289 ff.).

[253] BVerfGE 72, 9 (18 f.); 92, 365 (405); 97, 271 (284).

[254] BVerfGE 72, 175 (195); 69, 272 (300).

[255] BVerfGE 69, 272 (301, 304); 76, 220 (235); 92, 365 (405); 112, 368 (396); cf. aus der Formierungsphase dieser Rechtsprechung *H. Schneider*, Der verfassungsrechtliche Schutz von Renten der Sozialversicherung, 1980; *D. Katzenstein*, Die bisherige Rechtsprechung des Bundesverfassungsgerichts zum Eigentumsschutz sozialrechtlicher Positionen, in: Festschrift für H. Simon, 1987, S. 847 ff.; *ders.*, Aspekte einer zukünftigen Rechtsprechung des Bundesverfassungsgerichts zum Eigentumsschutz sozialrechtlicher Positionen, in: Festschrift für W. Zeidler, Bd. 1, 1987, S. 645 ff.; *F. Ossenbühl*, Der Eigentumsschutz sozialrechtlicher Positionen in der Rechtsprechung des Bundesverfassungsgerichts, ebenda, S. 625 ff.; *R. Stober* (Hrsg.), Eigentumsschutz sozialrechtlicher Positionen, 1986; *M. Stolleis*, Der Schutz der Vermögensrechte des Bürgers gegenüber dem Staat – aus verfassungsgeschichtlicher Sicht, in: SDSRV 23 (1982), S. 104 ff.; *ders.*, Möglichkeiten der Fortentwicklung des Rechts der sozialen Sicherheit zwischen Anpassungszwang und Bestandsschutz, in: 55. Deutscher Juristentag, Bd. 2, 1984, S. N 9 ff.; einen Überblick zur Rechtsprechung bis 1990 bieten *N. Brall/S. Dünn/S. Fasshauer*, Zu den Einflussfaktoren der Rentenanpassung und deren verfassungsrechtlichen Grenzen, in: DRV 1990, 460 ff.; *D. C. Umbach/Th. Clemens*, Sozialrecht und Verfassungsrecht, in: VSSR 1992, 265 (286 ff.); für die Zeit danach *H.-J. Papier*, Alterssicherung und Eigentumsschutz, in: Festschrift für W. Leisner, 1999, S. 721 ff.; *F. Ruland*, Verfassungs- und europarechtliche Grenzen bei der Umgestaltung des Sozialstaats im Bereich der Alterssicherung, in: VSSR 1997, 19 ff.; insg. *J. Berkemann*, in: D. C. Umbach/Th. Clemens (Hrsg.), GG, 2002, Art. 14 Rdnr. 480 ff.; *T. Hebeler*, Grundlegende Rechtsfragen der Finanzierungskrise des deutschen Sozialstaates, in: Jura 2005, 17 (22 f.).

[256] Im Überblick *U. Wenner*, Rentenniveau und Grundgesetz, in: Festschrift 50 Jahre Bundessozialgericht, 2004, S. 627 ff. mit weit. Nachw.

sches Schema juristischer Argumentationsformen wider: zwei Extreme und eine Mittellösung, die auf die genaueren Umstände abstellt. Nur ist die mittlere nicht stets die überzeugendere Lösung.

b) Keine sozialstaatliche Begründung für den Schutz durch Art. 14 Abs. 1 und 2 GG

Wie immer man sich im einzelnen zu der Frage eines Einbezuges öffentlich-rechtlicher Ansprüche in den Schutz des Art. 14 Abs. 1 GG grundsätzlich verhalten mag (hierzu sogleich): der von den Befürwortern einer extensiven Inschutznahme öffentlich-rechtlicher Rechtspositionen herangezogene Verweis auf das Sozialstaatsprinzip ist in diesem Zusammenhang per se verfehlt. *Der freiheitsfunktionale Sozialstaat des Grundgesetzes spricht gegen, nicht für den Schutz sozialer Rechtspositionen durch Art. 14 Abs. 1 und 2 GG.* Weder für die Begründung verfassungsunmittelbarer originärer, vom Gesetzgeber auszugestaltender, noch für einen adäquaten Schutz bei der Umgestaltung vom Gesetzgeber geschaffener, also derivativer Sozialleistungsansprüche legt das Verfassungsgebot des sozialen Staates nahe, auf Art. 14 Abs. 1 GG zurückzugreifen. Denn die Absicherung des für jeden Menschen unabdingbaren, ihm qua Menschsein zustehenden materiellen Substrats erfolgt im freiheitsfunktionalen Sozialstaat des Grundgesetzes durch das Zusammenspiel von Art. 20 Abs. 1 GG in Verbindung mit spezifischen Einzelgrundrechten – zu denen Art. 14 Abs. 1 und 2 GG gerade nicht zählt (supra F.II.2.g.cc.); und die Entscheidung über soziale Rechte jenseits der individualschützenden sozialen Minima steht grundsätzlich zur Disposition demokratischer Mehrheitsentscheidungen. Ein besonderer über Art. 20 Abs. 1 GG vermittelter Schutz der bestehenden Ausgestaltung des Sozialstaates gegenüber demokratisch legitimierten Veränderungen würde hingegen dem Grundansatz des freiheitsdienenden Sozialstaates des Grundgesetzes zuwiderlaufen.[257] Er würde die Balance zwischen individuellem Mindestschutz und politischen Gestaltungsmöglichkeiten empfindlich stören, damit zugleich aber zu Verwerfungen in der Grundspannung des Verfassungsgefüges zwischen individueller Selbstbestimmung und demokratischer Selbstregierung, in die der Sozialstaat eingelassen ist, führen. Ein allgemeiner Bestandsschutz sozialer Leistungsrechte ist dem freiheitsfunktionalen Sozialstaat jenseits der verfassungsgebotenen sozialen Minima also geradezu wesensfremd. Der Freiheitsschutz vermittelt sich hier in der Teilhabe an der demokratischen Ausgestaltung des Sozialstaates, nicht durch die grundrechtliche Zementierung einer einmal vom Gesetzgeber festgelegten Ausgestaltung.

---

[257] Cf. auch *D. Grimm*, Eigentumsschutz sozialrechtlicher Positionen und rechtlich-politisches System, in: SDSRV 23 (1982), S. 226 ff.; *H.-J. Papier*, in: Maunz/Dürig, GG, Art. 14 Rdnr. 126 (40. Lfg. 2002).

c) Würdigung der Rechtsprechung des Bundesverfassungsgerichts

Das Bundesverfassungsgericht hat deshalb konsequenterweise davon Abstand genommen, einen besonders sozialstaatlich akzentuierten Ansatz für die Begründung des Einbezugs sozialrechtlicher Leistungsansprüche in den Schutz des Art. 14 Abs. 1 und 2 GG zu verfolgen. Gleichwohl bilden die Leistungsversprechen des Sozialstaates den Hauptanwendungsfall der Rechtsprechung zum Eigentumsschutz öffentlich-rechtlicher Positionen. Bejaht hat das Verfassungsgericht den Schutz durch Art. 14 Abs. 1 und 2 GG für beitragsfinanzierte Renten nach dem SGB VI einschließlich der Anwartschaften[258] sowie für Ansprüche und Anwartschaften auf das Arbeitslosengeld[259] und auf Renten wegen Erwerbsminderung.[260] Offengelassen wurde bisher die Frage, ob die Dynamisierung der Renten gleichfalls von Art. 14 Abs. 1 und 2 GG geschützt ist,[261] was im Schrifttum teilweise mit Verweis auf die Lohnersatzfunktion begründet wird.

Mit dieser Rechtsprechung betreibt das Gericht eine Art säkulare Säkularisierung. Begriffe und Rechtsformen des zivilrechtlich geprägten Eigentumsrechts werden in bewußter Anknüpfung und Ausnützung des Resonanzraums ihrer Herkunft in einen anderen Sinnkontext überführt und dabei partiell überschrieben. Art. 14 Abs. 1 und 2 GG stehen einem solchen Vorgehen nicht von vornherein entgegen; der Eigentumsbegriff der Verfassung wird schließlich nicht durch das Zivilrecht definiert.[262] Die Begründungsfiguren des Bundesverfassungsgerichts bewirken jedoch, daß sich unter dem Dach des Art. 14 Abs. 1 und 2 GG zwei ganz unterschiedliche Eigentumsregime etablieren, die nur auf der Oberfläche betrachtet miteinander zu tun haben, tatsächlich jedoch

---

[258] BVerfGE 53, 164 (175); 53, 257 (290 ff.); 54, 11 (27); 55, 114 (131); 58, 81 (109); 60, 360 (372); 64, 87 (97); 69, 272 (300 f.); 76, 256 (293); 100, 1 (32 ff.).

[259] BVerfGE 74, 203 (213); 92, 365 (405); cf. *R. Jaeger*, Sozialrecht im Spannungsfeld zwischen Besitzstand und Konsolidierungszwang, in: SGb 1994, 111 (115).

[260] BVerfGE 75, 78 (96 f.).

[261] BVerfGE 64, 87 (97); 100, 1 (44); zuletzt BVerfG, 3. Kammer des 1. Senats, Beschluß vom 26. Juli 2007, Az. 1 BvR 824/03, 1 BvR 1247/07; hinsichtlich des Inflationsausgleichs bejaht von BSG, NJW 2003, 1474 (1476 f.); hierzu *A. Lenze*, Rentenreform zwischen Eigentumsschutz und Gleichheitssatz, in: NZS 2003, 505 ff.; *dies.*, Die Rentenanpassung unter dem Eigentumsschutz des Grundgesetzes, in: NJW 2003, 1428 ff.; *E. Gurlit*, Die Reform der Rentenversicherung im Lichte der Eigentumsgarantie des Art. 14 Grundgesetz, in: VSSR 2005, 45 (61); *U. Wenner*, Rentenniveau und Grundgesetz, in: Festschrift 50 Jahre Bundessozialgericht, 2004, 625 (632); *H.-J. Papier*, in: Maunz/Dürig, GG, Art. 14 Rdnr. 148 (40. Lfg. 2002); *U. Becker*, Die alternde Gesellschaft – Recht im Wandel, in: JZ 2004, 929 (933); *S. Bredt*, Eigentumsschutz und Generationengerechtigkeit in der Rentenversicherung, in: DVBl. 2006, 871 (874 ff.) jeweils mit weit. Nachw.; einen Dynamisierungsschutz über Art. 12 Abs. 1 GG sucht *R. Pitschas*, Rentenanpassung oder Rentenreform, in: VSSR 1978, 356 (375 f.); *ders.*, Soziale Sicherungssysteme im „europäisierten" Sozialstaat, in: Festschrift 50 Jahre Bundesverfassungsgericht, Bd. 2, 2001, S. 827 (841).

[262] Cf. generell BVerfGE 89, 1 (5 ff.).

abweichenden Logiken folgen. Denn zur Eröffnung des Schutzbereichs des Art. 14 Abs. 1 und 2 GG für öffentlich-rechtliche Positionen sind Merkmale konstitutiv, die für den Schutz zivilrechtlichen Eigentums unbekannt sind. Die Garantiefunktion des Eigentumsrechts wäre vielmehr weitgehend sinnentleert, würde man sie auf diesen übertragen.

aa) Zweck der Existenzsicherung

So bestimmt sich der Schutz *zivilrechtlicher* Positionen nicht danach, *inwieweit* sie der Existenzsicherung dienen. Vielmehr wird Eigentum geschützt, *weil* es das materielle Substrat persönlicher Freiheit ist. Diese Funktion ist nicht eine unter mehreren Voraussetzungen für den Schutz des Grundrechts, sondern der dem Art. 14 Abs. 1 und 2 GG zugrundeliegende Grund.[263] Wenn nun das Bundesverfassungsgericht öffentlich-rechtliche Positionen in den Schutz des Art. 14 Abs. 1 und 2 GG einbezieht, soweit sie der Existenzsicherung dienen, vermengt es Aspekte der generellen Funktion des Eigentums mit dem sozialstaatlichen Belang der Sicherstellung hinlänglicher materieller Voraussetzungen für einen gehaltvollen Freiheitsgebrauch.

bb) Zuordnung als Ausschließlichkeitsrecht

Auch das vom Bundesverfassungsgericht bemühte Kriterium der ausschließlichen Zuordnung dient einer fragwürdigen Rückbindung an die überkommene Eigentumsdogmatik. Wiederum verschieben sich die Ebenen. Was bei einer vermögenswerten privatrechtlichen Rechtsposition *Rechtsfolge* des Eigentumsschutzes ist, nämlich privatnützig nach eigenem Belieben mit dieser zu verfahren, wird hier (ausschließlich) zur *Voraussetzung* des Eigentumsschutzes. Auch bleibt zweifelhaft, wann eine öffentlich-rechtliche Rechtsposition tatsächlich nach Art eines Ausschließlichkeitsrechts einem Inhaber zugeordnet wird.

Schaut man sich zudem den Hauptanwendungsfall des eigentumsrechtlichen Schutzes sozialversicherungsrechtlicher Leistungsansprüche – die Rente – näher an, ist festzustellen, daß der Inhaber über seinen Rentenanspruch wegen §§ 53 ff. SGB I – gebilligt durch das Bundesverfassungsgericht[264] – nur begrenzt

---

263 Kritisch auch *O. Depenheuer*, Wie sicher ist verfassungsrechtlich die Rente, in: AöR 120 (1995), 417 (433 f.); *R. Stober*, Eigentumsschutz im Sozialrecht, in: SGb 1989, 53 (58 f.); *W.-R. Schenke*, Sozialversicherungsrechtliche Ansprüche und das Eigentumsgrundrecht, in: Festschrift für E. Lorenz, 2004, S. 715 (732 ff.); *B. von Seggern*, Verfassungsrechtliche Grenzen des Sozialabbaus, in: Soziale Sicherheit 1996, 367 (372); anders hingegen *K.-J. Bieback*, Verfassungsrechtlicher Schutz gegen Abbau und Umstrukturierung von Sozialleistungen, 1997, S. 18; *A. von Brünneck*, Eigentumsgarantie, 1984, S. 373 ff.

264 BVerfGE 53, 257 (291).

verfügen und ihn nicht vertraglich ausgestalten kann.[265] Eigentümerbefugnisse hat er im Grunde nicht.[266]

Noch problematischer wird die Handhabung des Kriteriums für die Zeit vor Eintritt des Versicherungsfalls. Man spricht insoweit gemeinhin von einer „Rentenanwartschaft".[267] Tatsächlich verfestigt sich die Rechtsposition des Versicherten jedoch fließend – von der ersten Beitragszahlung über den Ablauf der Wartezeiten (§ 50 SGB VI) bis hin zum Rentenbescheid (§ 117 SGB VI), so daß es schwerfällt, den genauen Zeitpunkt zu benennen, ab dem, wenn überhaupt, tatsächlich im rechtstechnischen Sinne eine Anwartschaft besteht.[268] Verkehrsfähig ist auch diese selbstredend nicht, so daß die Zuordnung als Ausschließlichkeitsrecht hier doppelt fragwürdig bleibt.

cc) Erbringung von Eigenleistungen

Durchgreifenden Zweifeln sieht sich schließlich die Tauglichkeit des vom Verfassungsgericht entwickelten dritten Merkmals der „Eigenleistung" des Versicherten ausgesetzt.[269] Wiederum arbeitet das Gericht mit einem zivilrechtlich geprägten Assoziationsraum: Wer im Rechtsverkehr selbst Leistungen erbringt, erwirbt zumeist einen Anspruch auf Gegenleistungen. Dieser Anspruch ist als vermögenswerte Forderung von Art. 14 Abs. 1 und 2 GG geschützt.[270] Auf dieses lebensweltliche Wirkungsgefüge spielt das Bundesverfassungsgericht mit dem Merkmal der Eigenleistung an. Freilich, hier liegt das erste Problem, sind zivilrechtliche Forderungen auch dann grundrechtlich garantiert, wenn sie nicht auf einem Synallagma beruhen.[271] Mit der schutzbereichseröffnenden

---

[265] *O. Depenheuer*, Wie sicher ist verfassungsrechtlich die Rente, in: AöR 120 (1995), 417 (432); *J. Eschenbach*, Der verfassungsrechtliche Schutz des Eigentums, 1996, S. 268 ff.; *K.-J. Bieback*, Verfassungsrechtlicher Schutz gegen Abbau und Umstrukturierung von Sozialleistungen, 1997, S. 23 f.; *E. Gurlit*, Die Reform der Rentenversicherung im Lichte der Eigentumsgarantie des Art. 14 Grundgesetz, in: VSSR 2005, 45 (55).

[266] *M. Stolleis*, Möglichkeiten der Fortentwicklung des Rechts der sozialen Sicherheit zwischen Anpassungszwang und Bestandsschutz, in: 55. Deutscher Juristentag, Bd. 2, 1984, S. N 9 (N 40).

[267] Näher hierzu *F. Hase*, Hinterbliebenenrente als Eigentum im verfassungsrechtlichen Sinne, in: NZ 2000, 591 (592 ff.).

[268] *F. E. Schnapp*, Eigentumsschutz, in: LVA Rheinland Pfalz (Hrsg.), Zukunft der Rente – Rente mit Zukunft, 2004, S. 47 (67 ff.); *H. D. Jarass*, Sicherung der Rentenfinanzierung und Verfassungsrecht, in: NZS 1997, 545 (545) will konsequenterweise den Schutz des Art. 14 Abs. 1 und 2 GG bereits mit der ersten Beitragsleistung einsetzen lassen.

[269] Anders *W.-R. Schenke*, Sozialversicherungsrechtliche Ansprüche und das Eigentumsgrundrecht, in: Festschrift für E. Lorenz, 2004, S. 715 (723 ff.); *V. Neumann*, Der Grundrechtsschutz von Sozialleistungen in Zeiten der Finanznot, in: NZS 1998, 401 (402 f.).

[270] Zum Schutz privater Vermögensrechte cf. *J. Wieland*, in: H. Dreier (Hrsg.), GG, Bd. 1, 2. Aufl. 2004, Art. 14 Rdnr. 46 ff.; *R. Wendt*, in: M. Sachs (Hrsg.), GG, 4. Aufl. 2007, Art. 14 Rdnr. 22 ff.; *B.-O. Bryde*, in: v. Münch/Kunig, GG, Bd. 1, 5. Aufl. 2000, Art. 14 Rdnr. 11 ff.

[271] *H. P. Bull*, Der Sozialstaat als Rechtsstaat, in: ZSR 34 (1988), 13 (30); *H.-J. Papier*, in: Maunz/Dürig, GG, Art. 14 Rdnr. 131 (40. Lfg. 2002).

Voraussetzung der Eigenleistung wird also abermals ein Merkmal eingeführt, das auf das Zivilrecht nicht angewendet werden kann, soll nicht das Eigentumsgrundrecht gänzlich neu formatiert werden.

Ein zweites Konsistenzproblem in der Argumentation des Gerichts ergibt sich daraus, daß nicht ausschließlich die Eigenleistungen als geschützt angesehen werden, sondern im Falle von Sozialversicherungsansprüchen und -anwartschaften sowohl der Arbeitgeberanteil als auch auf staatlichen Fürsorgeerwägungen beruhende Zuschüsse dem Versicherungsnehmer zugeordnet werden. Lediglich bei Ansprüchen mit reinem Fürsorgecharakter soll demnach ein Eigentumsschutz ausscheiden.

Der *Arbeitgeberanteil* läßt sich aber rentenversicherungstechnisch streng genommen nicht einem einzelnen Arbeitnehmer zuschreiben.[272] Entsprechend erstreckt sich die Beitragserstattung nach §210 Abs. 3 SGB VI grundsätzlich nur auf die Arbeitnehmerbeiträge. Der Arbeitgeberbeitrag ist nicht Entgelt im Sinne von § 14 SGB IV und damit auch nicht Bestandteil der Bemessungsgrundlage nach §§ 161, 162 Abs. 1 S. 1 SGB VI sowie der Entgeltpunkte für Beitragszeiten (§70 SGB VI). Er fungiert zwar ökonomisch als verdeckter weiterer Lohnbestandteil, wird sozialversicherungsrechtlich aber nicht als solcher ausgewiesen.[273] Ebenso ist nicht ersichtlich, warum jede nicht gänzlich zu vernachlässigende Eigenleistung den gesamten öffentlich-rechtlichen Leistungsanspruch einschließlich eines zuweilen erheblichen Fürsorgeanteils unter den Bestandsschutz des Art. 14 Abs. 1 und 2 GG stellen soll.[274]

Vor allem aber ignoriert das Merkmal der Eigenleistung die Spezifika des Umlageverfahrens, die das deutsche Rentenversicherungssystem prägen.[275] Rentenansprüche sind keine Auszahlung vorher angesparten Vermögens, sondern Ergebnis intergenerativer Umverteilung. Der Rentenberechtigte partizipiert an dieser Umverteilung, weil er seinerseits vorher beitragspflichtig war. Ein wirt-

---

[272] *F. E. Schnapp*, Eigentumsschutz, in: LVA Rheinland Pfalz (Hrsg.), Zukunft der Rente – Rente mit Zukunft, 2004, S. 47 (66).

[273] Zu den Details näher *F. E. Schnapp*, Eigentumsschutz, in: LVA Rheinland Pfalz (Hrsg.), Zukunft der Rente – Rente mit Zukunft, 2004, S. 47 (66) mit weit. Nachw.; zu etwaigen Konsequenzen für die Rechtfertigung des Arbeitgeberanteils *ders.*, Die rechtliche Legitimation des Arbeitgeberanteils in der gesetzlichen Krankenversicherung, in: SGb 2005, 1 ff.; allerdings ist die Frage, ob der Rentenversicherte einen aus dem Arbeitnehmerbeitrag abgeleiteten eigentumsrechtlichen Schutz genießt, von der Frage der grund- und finanzverfassungsrechtlichen Rechtfertigung des Arbeitgeberbeitrags zu trennen (hierzu infra H.II.4.).

[274] So bei sonstiger Nähe zur Position des Verfassungsgerichts auch *W.-R. Schenke*, Sozialversicherungsrechtliche Ansprüche und das Eigentumsgrundrecht, in: Festschrift für E. Lorenz, 2004, S. 715 (723 ff.). Das Bundesverfassungsgericht berücksichtigt den Umfang der Fürsorgeleistung allerdings auf der Ebene der Rechtfertigung einer Inhalts- und Schrankenbestimmung in einer „je-desto-Relation“: je geringer die Eigenleistung, desto geringer auch der effektive Schutz durch Art. 14 Abs. 1 und 2 GG.

[275] *F. E. Schnapp*, Sozialstaatlichkeit im Spannungsfeld von Eigenverantwortung und Fürsorge, in: DVBl. 2004, 1053 (1059).

schaftliches Substrat wird durch dieses Finanzierungssystem nicht aufgebaut. Auch ergibt sich aus dem Normgefüge des SGB VI zur Rentenberechnung, daß der im Laufe der Jahre erbrachte Rentenbeitrag in keinem unmittelbaren Zusammenhang mit der Höhe der zu beziehenden Rente steht (cf. §§ 63 ff. SGB VI).[276] Die Höhe der zu erbringenden Beitragsleistungen richtet sich auch nicht nach dem zukünftigen Vorsorgebedarf des Versicherten, sondern nach dem aktuellen Finanzbedarf der Rentenversicherung (§§ 153, 157, 158 Abs. 2 SGB VI). Deshalb erwirbt der Versicherte mit seinen Beiträgen rentenversicherungsrechtlich keinen Anspruch auf eine bestimmte zukünftige Leistungs*höhe*, sondern nur auf einen an seinem Einkommen (und damit mittelbar an den erbrachten Beiträgen) orientierten *relativen Anteil* am Umverteilungsvolumen, das später während seiner eigenen Rentenberechtigung erwirtschaftet wird.[277]

Innerhalb eines solchen auf Gegenseitigkeit im Generationenwechsel aufbauenden Systems wirkt der vom Bundesverfassungsgericht entwickelte, sich an den vorher erbrachten Eigenleistungen orientierte Eigentumsschutz angesichts der demographischen Entwicklung als Aufkündigung des Solidaritätsvertrages zwischen Gebern und Nehmern, da die Belange der heute Gebenden auf der Ebene des Schutzbereiches ausgeblendet werden. Deren Interessen ist nämlich nicht dadurch Genüge getan, daß sie zukünftig bei steigenden eigenen Beitragslasten entsprechend hohe Rentenansprüche erwerben, da absehbar ist, daß die Refinanzierung einer solchen von Generation zu Generation weitergereichten Dynamisierung bei schrumpfender Bevölkerung an unüberwindbare ökonomische Grenzen stößt.[278]

dd) Weitreichende Möglichkeiten zur gesetzgeberischen Inhalts- und Schrankenbestimmung

Dieses Problem hat auch das Bundesverfassungsgericht beizeiten erkannt und deshalb dem Gesetzgeber weite Beurteilungs- und Ermessensspielräume für die Inhalts- und Schrankenbestimmung öffentlich-rechtlicher Eigentumspositionen zugestanden.[279] Die weitgehende Entwertung der durch eine weite

---

[276] Cf. bereits *D. Schewe*, Die Umverteilung durch die soziale Rentenversicherung, in: Festschrift für W. Bogs, 1967, S. 147 (149); *E. Eichenhofer*, Sozialrecht, 5. Aufl. 2004, S. 173.

[277] *O. Depenheuer*, Wie sicher ist verfassungsrechtlich die Rente, in: AöR 120 (1995), 417 (428 ff.); *F. Hase*, Eigentum als Teilhaberecht, in: Festschrift für H. Ridder, 1989, S. 259 ff.; *E. Gurlit*, Die Reform der Rentenversicherung im Lichte der Eigentumsgarantie des Art. 14 Grundgesetz, in: VSSR 2005, 45 (59); *H.-J. Papier*, in: Maunz/Dürig, GG, Art. 14 Rdnr. 136 (40. Lfg. 2002); s.a. BVerfGE 105, 73 (91).

[278] Zur Problematik näher z.B. *U. Becker*, Die alternde Gesellschaft – Recht im Wandel, in: JZ 2004, 929 ff.; *E. Gurlit*, Die Reform der Rentenversicherung im Lichte der Eigentumsgarantie des Art. 14 Grundgesetz, in: VSSR 2005, 45 ff.; *A. Lenze*, Staatsbürgerversicherung und Verfassung, 2005; *S. Bredt*, Eigentumsschutz und Generationenausgleich in der Rentenversicherung, in: DVBl. 2006, 871 ff. jeweils mit weit. Nachw.

[279] Cf. *H.-J. Papier*, Alterssicherung und Eigentumsschutz, in: Festschrift für W. Leisner,

Schutzbereichsbestimmung eröffneten Grundrechtsposition[280] durch ein sehr offenes Schrankenregime ist schon strukturell unvermeidbar. Denn die für die Beurteilung der Verhältnismäßigkeit einer Inhalts- und Schrankenbestimmung erforderliche Abwägung zwischen Privatnützigkeit und Sozialpflichtigkeit muß bei sozialstaatlich motivierten Umlagesystemen zwangsläufig schwach konturiert bleiben, da Aspekte der sozialen Bindung hier auf beiden Seiten der abzuwägenden Rechtsgüter involviert sind und damit die sonst übliche Graduierung des Schutzes nach Maßgabe eines stärker personalen oder sozialen Bezuges des Eigentums entfällt.[281]

Im Rahmen der Verhältnismäßigkeitsprüfung hebt das Bundesverfassungsgericht zudem – in der Sache unvermeidlich – die Prüfung des Übermaßes einer staatlichen Maßnahme im konkreten Fall in der pauschalen Berücksichtigung genereller Allgemeinwohlerwägungen auf. Zugleich bleiben nach der Rechtsprechung des Gerichts strukturelle Alternativen zu Maßnahmen, die in die geschützte Rechtsposition eingreifen, mit Verweis auf die Gestaltungsfreiheit des Gesetzgebers von vornherein unberücksichtigt.[282] Von einer substantiellen Erforderlichkeitsprüfung bleibt damit nicht viel übrig.

Nicht von ungefähr läßt es das Verfassungsgericht deshalb in Zweifelsfällen dahingestellt sein, ob der Schutzbereich des Art. 14 Abs. 1 und 2 GG bei einer bestimmten Sozialleistung eröffnet ist und legt stattdessen gleich dar, warum es sich bei der angegriffenen Maßnahme um eine zulässige Inhalts- und Schrankenbestimmung handelt. Denn die vom Gericht dem Gesetzgeber eingeräumten Gestaltungsmöglichkeiten sind so weitreichend, daß bisher in keinem einzigen Fall eine öffentlich-rechtliche Sozialansprüche berührende Maßnahme wegen des Verstoßes gegen Art. 14 Abs. 1 und 2 GG aufgehoben wurde.

Zusammenfassend kann man deshalb sagen, daß vor dem Hintergrund der in einer demokratischen Gesellschaft sich stets auf ein Neues stellenden Herausforderung, den Sozialstaat zwischen den Polen des verfassungsgebotenen Minimums und verfassungsverbotenen Maximums so auszugestalten, daß er den politischen Präferenzen, moralischen Selbstansprüchen und ökonomischen Bedingungen seiner Zeit entspricht, die Rechtsprechung des Bundesverfas-

---

1999, S. 721 (725); *J. Berkemann*, in: D. C. Umbach/Th. Clemens (Hrsg.), GG, 2002, Art. 14 Rdnr. 485 ff.

[280] Ein solches Vorgehen ist bei selbstverständnisgeprägten Grundrechten durchaus sinnvoll, weil es dem intendierten Schutz subjektiver Bestimmungsmacht entspricht. Bei Art. 14 Abs. 1 und 2 GG hingegen fehlt es an einer solchen Komponente, weil das Grundrecht in hohem Maße ausgestaltungsbedürftig ist.

[281] *K.-J. Bieback*, Verfassungsrechtlicher Schutz gegen Abbau und Umstrukturierung von Sozialleistungen, 1997, S. 20 f.; *O. Depenheuer*, Wie sicher ist verfassungsrechtlich die Rente, in: AöR 120 (1995), 417 (438 – insb. Fußn. 107); cf. zu dieser Wirkung etwa BVerfGE 92, 365 (405 ff.).

[282] Cf. BVerfGE 75, 78 (101 f.); 76, 220 (241); 103, 172 (189); zuletzt BVerfGE 116, 96 (127 f.).

sungsgerichts wegen der weitreichenden Möglichkeiten zur Inhalts- und Schrankenbestimmung in einem doppelten Sinne harmlos ist. Sie ist unschädlich, weil sie veränderten sozialpolitischen Präferenzbildungen und der Anpassung des Sozialsystems an neue Gegebenheiten nicht grundsätzlich entgegensteht; sie ist deshalb aber zugleich für den Grundrechtsinhaber nur von geringem Wert.[283]

Letztlich läuft der Eigentumsschutz von sozialrechtlichen Leistungsansprüchen, wie ihn das Verfassungsgericht konzipiert hat, auf ein Verbot willkürlicher Einschränkungen hinaus, setzt die demokratische Ausgestaltung des Sozialstaates also unter Rationalitätszwang, soweit Art. 14 Abs. 1 und 2 GG berührt sind. Doch die Einhaltung dieses Erfordernisses sollte dem Prozedere demokratischer Willensbildung im Verfassungsstaat eigentlich eine Selbstverständlichkeit sein.[284]

Angesichts der dogmatischen Begründungsschwächen und des geringen Ertrags in der Sache bleibt die Frage, ob der Rückgriff auf Art. 14 Abs. 1 und 2 GG überhaupt einen Mehrwert bietet, wenn es darum geht, legitime Interessen der jeweilig Betroffenen bei der demokratischen Ausgestaltung des Sozialstaates verfassungsrechtlich in Ansatz zu bringen.

d) Die Alternative zu Art. 14 Abs. 1 und 2 GG: Vertrauensschutz im freiheitsfunktionalen Sozialstaat

Daß die dogmatische Figur eines Eigentumsschutzes sozialrechtlicher Positionen Anfang der 1980er Jahre durch das Bundesverfassungsgericht etabliert wurde, dürfte kein Zufall gewesen sein, wurde die „Krise" des Wohlfahrtsstaates (supra B.III.) doch in dieser Zeit angesichts ökonomischer Wachstumsschwächen, aber auch angesichts der sich damals bereits abzeichnenden demographischen Entwicklung für jedermann augenfällig. Entsprechend stieg der Sachzwang zu Reformen. Zugleich entwickelte sich aber auch das Bewußtsein, daß beim Umbau des Sozialstaates legitime Individualinteressen zu berücksichtigen sein werden. Zwei Aspekte treten dabei besonders hervor, die sich untechnisch so formulieren lassen: Wer lange Jahre Sozialbeiträge gezahlt hat, soll seinerseits am Ende nicht mit leeren Händen dastehen.[285] Und: Wer sich – berechtigterweise – auf bestehende öffentlich-rechtliche Systeme der sozialen Si-

---

[283] Ebenso *K.-J. Bieback*, Verfassungsrechtlicher Schutz gegen Abbau und Umstrukturierung von Sozialleistungen, 1997, S. 11 ff.; *R. Pitschas*, Soziale Sicherungssysteme im „europäisierten" Sozialstaat, in: Festschrift 50 Jahre Bundesverfassungsgericht, Bd. 2, 2001, S. 827 (840 f.).

[284] Zur Grundsatzfrage, ob der Gesetzgeber zur Rationalität verfassungsrechtlich verpflichtet ist etwa *C. Waldhoff*, „Der Gesetzgeber schuldet nichts als das Gesetz", in: Festschrift für J. Isensee, 2007, S. 325 ff. mit weit. Nachw.

[285] Cf. *H.-J. Papier*, Verfassungsschutz sozialrechtlicher Rentenansprüche, -anwartschaften und „-erwerbsberechtigungen", in: VSSR 1973, 33 (52 ff.).

cherheit verlassen und deshalb eigene Vorsorge unterlassen hat, kann nicht von heute auf morgen, vor vollendete Tatsachen gestellt und mit einem radikalen Systembruch konfrontiert werden.[286]

Um beiden Belangen verfassungsrechtlich Geltung zu verschaffen, sind rechtsdogmatische Anleihen bei Art. 14 Abs. 1 und 2 GG jedoch nicht erforderlich. Denn zwei andere Rechtsinstitute stehen bereit, um einen hinreichenden verfassungsrechtlichen Schutz des einzelnen im Rahmen der demokratischen Ausgestaltung des Sozialstaates jenseits verfassungsgebotener Minima zu gewährleisten: der freiheitsrechtliche Schutz eines angemessenen Verhältnisses von Leistung und Gegenleistung bei sozialversicherungsrechtlich auferlegten Beitragspflichten sowie das im Rechtsstaatsprinzip verankerte Gebot der Rechtssicherheit. Auf den ersten Aspekt wird sogleich im Zusammenhang mit den „Maxima des Nehmens" im freiheitsfunktionalen Sozialstaat näher einzugehen sein (infra H.II.4.), so daß an dieser Stelle zunächst nur die Wirkungen des rechtsstaatlichen Subprinzips der Rechtssicherheit für die demokratische Ausgestaltung des freiheitsfunktionalen Sozialstaates betrachtet werden sollen.

Das Gebot der Rechtssicherheit gehört zu den Kernelementen des Rechtsstaates[287] – und damit des „sozialen Rechtsstaates" als der verfassungsgebotenen Gestalt des Sozialstaates. Es gewinnt seine Bedeutung aus der dem Rechtsstaat eigenen Spannung „zwischen rechtlicher Stabilisierung und rechtlicher Flexibilisierung".[288] Deshalb läßt es sich nicht einseitig als Verfassungsoption für gesetzgeberischen Immobilismus verstehen. Das objektiv-rechtliche Verfassungsgebot der Rechtssicherheit zielt vielmehr im Rahmen des Staat-Bürger-Verhältnisses auf das Maß an Verläßlichkeit, welches erforderlich ist, um „das eigene Leben nach eigenen Entwürfen zu gestalten".[289] Rechtssicherheit verlangt Orientierungssicherheit für den freiheitsausübenden Bürger. Dieser soll – rechtzeitig – wissen, woran er ist. Systemtheoretisch gesprochen steuert die Idee der Rechtssicherheit das Verhältnis von normativen und kognitiven Erwartungen der Rechtsadressaten.[290]

---

[286] Cf. in diesem Zshg. Görg Haverkates Plädoyer gegen eine ad-hoc-Rentenpolitik, die keinen erkennbaren Prinzipien folgt; *G. Haverkate*, Eigentumsschutz und Weiterentwicklung im Recht der sozialen Sicherheit, in: ZRP 1984, 217 ff.

[287] BVerfGE 7, 194 (196); 49, 148 (164); 60, 253 (267); *K. Sobota*, Das Prinzip Rechtsstaat, 1997, S. 154 ff.; *C. Münch*, Rechtssicherheit als Standortfaktor, in: Festschrift für H. Hahn, 1997, S. 673 (674 ff.); *B. Grzeszick*, in: Maunz/Dürig, GG, Art 20 VII Rdnr. 50 ff. (48. Lfg. 2006); *H. Schulze-Fielitz*, in: H. Dreier (Hrsg.), GG, Bd. 2, 2. Aufl. 2006, Art. 20 (Rechtsstaat) Rdnr. 146 ff.; *M. Sachs*, in: ders. (Hrsg.), GG, 4. Aufl. 2007, Art. 20 Rdnr. 122 ff.

[288] *E. Schmidt-Aßmann*, Der Rechtsstaat, in: HStR, Bd. 2, 3. Aufl. 2004, S. 541 (587).

[289] BVerfGE 60, 253 (268).

[290] Cf. hierzu generell *N. Luhmann*, Rechtssoziologie, Bd. 1, 1972, S. 40 ff., 124 ff.; Bd. 2, 1972, S. 340 ff.

Der angedeutete, der Rechtssicherheit a priori eigene Zusammenhang von Rechtsstaatlichkeit und individueller Freiheit gewinnt eine um so stärkere Bedeutung, je weitreichender individuelle Grundrechte durch eine Rechtsänderung berührt werden. Das Gebot der Rechtssicherheit verdichtet sich dann zu einem *subjektiven Recht auf Vertrauensschutz*.[291] Dessen Schutzwirkung differiert abhängig von den weiteren Umständen.[292] Eine sinnvolle Graduierung der Schutzintensität hat sich etwa in der Unterscheidung von „tatbestandlicher Rückanknüpfung" und „Rückbewirkung von Rechtsfolgen" etabliert.[293]

Die um diese Grundbegriffe herum vom Zweiten Senat des Bundesverfassungsgerichts entwickelte Vertrauensschutzdogmatik erweist sich in der Exaktheit der normspezifischen Anbindung und Vorhersehbarkeit verfassungsgerichtlicher Entscheidungen gegenüber der vom Ersten Senat nach wie vor verwendeten Unterscheidung zwischen echten und unechten Rückwirkungen als überlegen, ohne in der Sache freilich zu grundstürzenden Änderungen zu führen.[294]

Für die Ausgestaltung des freiheitsfunktionalen Sozialstaates ergibt sich aus der Unterscheidung einer objektiv-rechtlichen und einer subjektiv-rechtlichen Dimension der Rechtssicherheit, daß explizite *Abwehransprüche* gegen eine demokratisch gewollte Veränderung sozialer Rechte i.S.d. § 2 SGB I grundsätzlich nur in Frage kommen, soweit hierdurch individuelle Grundrechte betroffen sind. Lehnt man eine Erweiterung des eigentumsrechtlichen Grundrechtsschutzes durch Art. 14 Abs. 1 und 2 GG auf öffentlich-rechtliche Leistungsansprüche ab, ist diese Voraussetzung jenseits des verfassungsrechtlich gebotenen sozialen Minimums nur dann gegeben, wenn mit gesetzlich eingeräumten sozialen Rechten zugleich Rechtspflichten – insbesondere Beitragspflichten – korrespondieren. Denn dann ist der Schutzbereich des Art. 2 Abs. 1 GG eröffnet.[295]

Liegt hingegen eine solche grundrechtlich gebotene Verdichtung zu einem subjektiv-rechtlichen Vertrauensschutz nicht vor, sind in der Regel auch die rein

[291] BVerfGE 18, 429 (439); 30, 367 (386); *B. Weber-Dürler*, Vertrauensschutz im öffentlichen Recht, 1983, S. 47 ff.; *G. Kisker*, Vertrauensschutz im Verwaltungsrecht, in: VVDStRL 32 (1974), S. 149 ff.; *K.-A. Schwarz*, Vertrauensschutz als Verfassungsprinzip, 2002; *H.-J. Blanke*, Vertrauensschutz im deutschen und europäischen Verwaltungsrecht, 2000.

[292] Cf. *S. Muckel*, Kriterien des verfassungsrechtlichen Vertrauensschutzes bei Gesetzesänderungen, 1989.

[293] Grundlegend BVerfGE 72, 200 (242 ff.); aus der Literatur zum Problem *H. Schulze-Fielitz*, in: H. Dreier (Hrsg.), GG, Bd. 2, 2. Aufl. 2006, Art. 20 (Rechtsstaat) Rdnr. 151 ff.; *B. Grzeszick*, in: Maunz/Dürig, GG, Art. 20 VII Rdnr. 76 ff. (48. Lfg. 2006); *M. Stötzel*, Vertrauensschutz und Gesetzesrückwirkung, 2002; *K. Sobota*, Das Prinzip Rechtsstaat, 1997, S. 165 ff.; *S. Muckel*, Kriterien des verfassungsrechtlichen Vertrauensschutzes bei Gesetzesänderungen, 1989; *B. Pieroth*, Rückwirkung und Übergangsrecht, 1981, S. 79 ff.

[294] *B. Grzeszick*, in: Maunz/Dürig, GG, Art. 20 VII Rdnr. 79 (48. Lfg. 2006); *M. Sachs*, in: ders. (Hrsg.), GG, 4. Aufl. 2007, Art. 20 Rdnr. 132.

[295] BVerfGE 116, 96 (130 ff.). Damit ist die Frage Hans-Jürgen Papiers, welches Grundrecht denn für einen von Art. 14 Abs. 1 und 2 GG losgelösten Vertrauensschutz einstehen soll, *H.-J. Papier*, Alterssicherung und Eigentumsschutz, in: Festschrift für W. Leisner, 1999, S. 721 (731), sinnvoll beantwortet.

objektiv-rechtlichen Bindungen des Gesetzgebers durch das Rechtsstaatsprinzip wenig ausgeprägt, da durch die einmal getroffenen sozialgesetzlichen Regelungen gemeinhin keine besonderen Vertrauenstatbestände auf Fortgeltung einer bestehenden Rechtslage geschaffen wurden. Entsprechend geringes Gewicht kommt dann aber einem etwaigen Bestandsinteresse zu.

Anders gestaltet sich die Rechtslage, soweit Beitragspflichten bestehen. Denn dann greift ein in Art. 2 Abs. 1 GG i.V.m. dem Rechtsstaats- und dem Sozialstaatsprinzip (Art. 20 Abs. 1 GG) verankerter Vertrauensschutz.[296] Dieser gewinnt seine sozialstaatliche Besonderheit dadurch, daß er gerade den Verzicht auf bestimmte Dispositionen (nämlich eigene Vorsorgemaßnahmen) schützt, während im Regelfall erst die positive Ausübung von Vertrauen einen besonderen verfassungsrechtlichen Vertrauensschutz auslöst.[297] Sachlich geboten ist diese Sonderform des Vertrauensschutzes, weil die sozialen Pflichtversicherungen im Laufe des 20. Jahrhunderts zu weiten Teilen an die Stelle einer individuellen Vorsorge zur Abdeckung der von Krankheit, Alter, Arbeitslosigkeit und Berufsunfähigkeit ausgehenden Risiken getreten sind. Diese Substitution von freier (aber zu Beginn des sozialstaatlichen Zeitalters unzureichender) Eigen- durch erzwungene Kollektivvorsorge ist, wie gesehen, in ihrem gegenwärtigen Umfang verfassungsrechtlich nicht geboten. Verschiebungen in der Balance von kollektiver Pflichtvorsorge und individueller Eigenvorsorge sind deshalb von Verfassungs wegen nicht ausgeschlossen. Wegen des Grundsatzes des Vertrauensschutzes haben sie jedoch so zu erfolgen, daß sich die Betroffenen darauf sinnvoll einstellen können.[298]

Wer z.B. zeitlebens gesetzlich krankenversichert war, kann im hohen Alter nicht ohne weiteres auf die Möglichkeit eines privaten Versicherungsschutzes verwiesen werden, da er durch die beitragsfinanzierte Pflichtversicherung faktisch davon abgehalten wurde, im Rahmen eines privaten Versicherungsverhältnisses Altersrückstellungen aufzubauen und so den mit zunehmendem Alter steigenden, weil risikokalkulierten Prämien entgegenzuwirken. Vertrauensschützend wirkt sich in dieser Konstellation vor allem aus, daß durch die sozialversicherungsrechtlichen Beitragspflichten das individuelle Vorsorgevermögen signifikant verringert und durch den Versicherungszwang und die damit verbundenen Leistungsversprechen Eigenvorsorge gleichsam verhindert wurde.[299]

Der Vertrauensschutz schließt grundlegende Veränderungen bei der Ausgestaltung des Sozialstaates mithin nicht aus, bewirkt aber mehr oder weniger signifikante Entschleunigungen im Rahmen eines politisch gewollten Wandels.[300]

---

[296] Cf. *H. D. Jarass*, Sicherung der Rentenfinanzierung und Verfassungsrecht, in: NZS 1997, 545 (548 f.).

[297] Für diesen Hinweis danke ich Prof. Dr. *Martin Morlok*, Düsseldorf.

[298] *T. Hebeler*, Grundlegende Rechtsfragen der Finanzierungskrise des deutschen Sozialstaates, in: Jura 2005, 17 (23); rechtsvergleichend hierzu *E. Eichenhofer*, Reform der sozialen Sicherheit und das Recht, in: JZ 2000, 1029 (1033).

[299] Cf. a. BVerfGE 40, 65 (75 f.).

[300] Zu den Details dieser Wirkung *J. Joussen*, Grundsätze sozialrechtlichen Übergangs-

Seine vornehmliche Rechtsfolge ist die Einräumung von Übergangsfristen. Einen darüber hinausgehenden Schutz verspricht aber auch die eigentumsrechtliche Judikatur des Bundesverfassungsgerichts im Kern nicht[301] – ein Grund mehr, auf den unbefriedigenden Umweg über Art. 14 Abs. 1 und 2 GG zu verzichten und Bestandsschutzinteressen verfassungsrechtlich ausschließlich mit den Instrumenten des Rechtsstaates und des abgabenspezifischen Grundrechtsschutzes in die demokratischen Prozesse zur Ausgestaltung des Sozialstaates einfließen zu lassen.

4. Zwischenresümee

In der Zusammenschau ergibt sich somit aus dem Grundgesetz für den Bereich, der zwischen den durch den grundrechtlichen Individualschutz geprägten sozialen Minima und Maxima verortet ist, nur eine sehr schwache Vorprägung der Art und Weite der demokratischen Ausgestaltung des freiheitsfunktionalen Sozialstaates. Das Sozialstaatsprinzip erweitert die demokratischen Gestaltungsmöglichkeiten, enthält jedoch keine weiteren Mindestvorgaben. Der Gleichheitssatz weist keine besondere Affinität zum Sozialstaat auf, prägt aber im Rahmen seiner üblichen Normwirkung dessen Ausgestaltung. Ein eigentumsrechtlicher Schutz sozialrechtlicher Positionen vor der Ausgestaltung ist jenseits des freiheitsfunktionalen Minimums dem Sozialstaat fremd und läßt sich auch eigentumsdogmatisch nicht bruchlos begründen. Legitime Interessen im Übergang zwischen unterschiedlichen Ausgestaltungsformen werden deshalb ausschließlich über den rechtsstaatlich gebotenen Vertrauensschutz vermittelt.

VI. Der freiheitsfunktionale Sozialstaat des Grundgesetzes im europäischen Sozialstaatsverbund

Etwas versetzt zu den soeben abgehandelten Fragen zu verfassungsunmittelbaren Vorgaben für die Ausgestaltung des freiheitsdienenden Sozialstaats des Grundgesetzes steht die Problematik seiner europarechtlichen Einbindung. Die offene Staatlichkeit des Grundgesetzes bezieht die soziale Dimension staat-

rechts, in: SDSRV 55 (2007), S. 59 (67 ff.) mit weit. Nachw.; im Ergebnis ähnlich das Konzept des sozialdynamischen Grundrechtsschutzes bei *R. Pitschas*, Soziale Sicherungssysteme im „europäisierten“ Sozialstaat, in: Festschrift 50 Jahre Bundesverfassungsgericht, Bd. 2, 2001, S. 827 (842); cf. auch *ders.*, Die Zukunft der sozialen Sicherungssysteme, in: VVDStRL 64 (2005), 109 (136 f.) zum Vertrauensschutz als „Maßstabsreserve“.

[301] Cf. BVerfGE 72, 9 (18 ff.); *K.-J. Bieback*, Verfassungsrechtlicher Schutz gegen Abbau und Umstrukturierung von Sozialleistungen, 1997, S. 22 mit weit. Nachw. zur Rechtsprechung; siehe auch *A. Lenze*, Staatsbürgerversicherung und Verfassung, 2005, S. 153 ff.

licher Tätigkeit mit ein. Der Sozialstaat des Grundgesetzes bindet sich durch die europäische Integration in einen europäischen „Sozialstaatsverbund" ein.[302] So bleibt es nicht aus, daß das Europarecht auch Impulse für die Ausgestaltung des Sozialstaates gibt. Für die Fragestellung dieser Arbeit ist es recht unerheblich, welchen Inhalt diese Impulse haben. Auf das europäische Sozialrecht als solches wird deshalb nicht näher einzugehen sein.[303] Näher zu beleuchten ist hingegen, wie das Grundgesetz den Charakter des durch ihn konstituierten Verfassungsstaates als freiheitlichen Sozialstaat bei gleichzeitiger Offenheit für seine Verflechtung in das europäische Aufbauwerk normativ absichert.

1. Zur doppelten Bedeutung des Art. 23 Abs. 1 GG

Verfassungsrechtlich kontrolliert werden die europarechtlich induzierten Transformationen deutscher Sozialstaatlichkeit durch Art. 23 Abs. 1 S. 1 GG. Die Norm bildet einerseits die Grundlage für eine auch die Sozialstaatlichkeit Deutschlands erfassende supranationale Durchformung, konditioniert diese aber gleichzeitig, indem sie als Voraussetzung für die Mitwirkung Deutschlands an der europäischen Integration eine Bindung der Union an bestimmte Grundsätze verlangt. Zu diesen conditio sine qua non einer deutschen Mitgliedschaft in der Europäischen Union gehören auch „soziale Grundsätze". Art. 23 Abs. 1 S. 1 GG spiegelt den durch Art. 20 Abs. 1 GG (i.V.m. Art. 79 Abs. 3 GG) festgelegten Identitätskern deutscher Verfassungsstaatlichkeit wider. Sinnigerweise versteht man die Norm deshalb so, daß die sozialen Grundsätze in Art. 23 Abs. 1 S. 1 GG mit dem sozialen Staat in Art. 20 Abs. 1 GG korrespondieren, ohne freilich mit ihm identisch zu sein.

Vor der Neufassung des Art. 23 GG nach der Wiedervereinigung ergab sich im Grunde ein gleichlautendes Verfassungsgebot aus dem Zusammenspiel von Art. 20 Abs. 1, Art. 79 Abs. 3 und Art. 24 GG (der bis dahin als verfassungsrechtliche Grundlage für die Mitwirkung Deutschlands bei der europäischen Integration fungierte).

---

[302] Cf. *E. Schmidt-Aßmann*, Verfassungsprinzipien für den Europäischen Verwaltungsverbund, in: W. Hoffmann-Riem/E. Schmidt-Aßmann/A. Voßkuhle (Hrsg.), Grundlagen des Verwaltungsrechts, Bd. 1, 2006, S. 241 (300 ff.); aus den Sozialwissenschaften etwa *S. Leibfried/P. Pierson* (Hrsg.), Standort Europa, 1998; *S. Leibfried*, Nationaler Wohlfahrtsstaat, Europäische Union und „Globalisierung", in: J. Allmendiger/W. Ludwig-Mayerhofer (Hrsg.), Soziologie des Sozialstaats, 2000, S. 79 ff.

[303] Hierzu etwa im Überblick *E. Eichenhofer*, Sozialrecht der Europäischen Union, 3. Aufl. 2006; *M. Fuchs* (Hrsg.), Europäisches Sozialrecht, 4. Aufl. 2005; *S. Muckel*, Sozialrecht, 2. Aufl. 2007, S. 524 ff.; *B. Schulte*, Supranationales Recht, in: B. von Maydell/F. Ruland (Hrsg.), Sozialrechtshandbuch, 3. Aufl. 2003, S. 1610 ff.; s.a. *J.-P. Schneider*, Verwaltungsrechtliche Instrumente des Sozialstaates, in: VVDStRL 64 (2005), S. 238 ff. jeweils mit weit. Nachw.

Für eine genaue Analyse der Wechselbeziehungen zwischen dem Europarecht und dem sozialstaatlichen Arrangement in Deutschland in den letzten 20 Jahren würde es sich nun eigentlich empfehlen, auf das „law in context"-Paradigma zurückzugreifen.[304] Denn erst aus der Einbettung in die jeweiligen integrations-, sozial- und wirtschaftspolitischen Kontexte werden die unterschiedlichen europapolitischen und -rechtlichen Zyklen und ihre Wendepunkte verständlich.[305] Eine „Dogmatik im Kontext" verlangt insbesondere Akteursanalysen und die Berücksichtung der kleinen Sinnstiftungen, die die Politikformulierung durch Leitparadigmen erfährt. Für den Gesamtkomplex der sozialen Dimension der europäischen Integration fehlt es bisher an einer solchen Untersuchung. Diesem Defizit kann im Rahmen dieser Arbeit nicht abgeholfen werden. Doch bleibt die Sensibilisierung für den kontextuellen Subtext des Themas wichtig.

Der durch Art. 23 Abs. 1 GG explizit und vor 1990 durch das Grundgesetz bereits implizit geforderten Konditionierung der Mitwirkung Deutschlands an der Europäischen Gemeinschaft bzw. Union durch die „sozialen Grundsätze" kann grundsätzlich in zwei Formen nachgekommen werden. Sie kann rein defensiv erfolgen und auf den Schutz mitgliedstaatlicher Kompetenzreservate in der Sozialpolitik zielen. In diesem Sinne würde sie den Sozialstaat gerade vor seiner Europäisierung schützen. Sie kann aber auch eine Einbindung des Sozialstaates in die Verflechtungsformen der europäischen Politikformulierung nach sich ziehen, so daß der Sozialstaat und die Sozialunion am Ende Komplementärformen einer übergreifenden Sozialverantwortung bilden.

Aus diesen differierenden Modi der Realisierung des Art. 23 Abs. 1 GG folgen zwei zu unterscheidende Bindungswirkungen der Norm.[306] Der *zwingende Mindestgehalt* geht dahin, daß die europäische Integration den freiheitsfunktionalen Sozialstaat des Grundgesetzes in seinen wesentlichen Zügen nicht in Frage stellen darf. Ob Art. 23 Abs. 1 GG darüber hinaus eigene soziale Aktivitäten der Union verlangt, erscheint hingegen fraglich.[307] Denn sozialen Grundsätzen kann die Union bereits dadurch folgen, daß sie die Sozialstaatlichkeit der Mitgliedstaaten ihrerseits unangetastet läßt. Gleichzeitig gestattet Art. 23 Abs. 1 GG soziale Aktivitäten der Union ausdrücklich. Insoweit kommt Art. 23 Abs. 1 GG *neben der Verpflichtungs- auch eine ausdrückliche Ermöglichungsfunktion* zu. Das Grundgesetz ist als Verfassung offener Staatlichkeit permeabel für eine teilweise Hochzonung des freiheitsfunktionalen Sozialschutzes auf die supranationale Ebene, fordert diese jedoch nicht. In diesen unterschiedlichen Bin-

---

[304] Hierzu näher *U. Haltern*, Europarecht, 2. Aufl. 2007, S. 30 ff. mit weit. Nachw.

[305] Zu unterschiedlichen Phasen der Integration insb. *J. H. H. Weiler*, The Transformation of Europe, in: ders., The Constitution of Europe, 1999, S. 10 ff.

[306] In der zumeist sehr kursorischen Auseinandersetzung des Schrifttums mit dem sozialen Gehalt nach Art. 23 Abs. 1 GG wird dessen Doppelfunktion in der Regel übersehen; cf. etwa *R. Streinz*, in: M. Sachs (Hrsg.), GG, 4. Aufl. 2007, Art. 23 Rdnr. 30 f.; *M. Zuleeg*, in: AK-GG, 3. Aufl., Art. 23 Rdnr. 27 f. (Aufbaulfg. 2001); im Ansatz anders *C. D. Classen*, in: v. Mangoldt/Klein/Starck, GG, 5. Aufl. 2005, Art. 23 Abs. 1 Rdnr. 40 f.

[307] So aber *C. D. Classen*, in: v. Mangoldt/Klein/Starck, GG, 5. Aufl. 2005, Art. 23 Abs. 1 Rdnr. 40; *I. Pernice*, in: H. Dreier (Hrsg.), GG, Bd. 2, 2. Aufl. 2006, Art. 23 Rdnr. 64.

dungswirkungen der „sozialen Grundsätze" des Art. 23 Abs. 1 GG kommt zum Ausdruck, daß das Soziale sich (ebenso wie in Art. 20 Abs. 1 GG) von den anderen in beiden Normen genannten Grundsätzen dadurch unterscheidet, daß nicht die Struktur und Organisation öffentlicher Gewalt, sondern deren Wirkrichtung geprägt wird.

2. *Defensive und integrationistische Einbindung des Sozialstaates*

Für die europarechtlichen Einwirkungen auf die Ausgestaltungsmöglichkeiten des Sozialstaates bilden bis heute – wenn auch mit verlagerten Schwerpunkten – beide Dimensionen des Art. 23 Abs. 1 GG, die den nationalen Sozialstaat konservierende wie die integrationistisch-dynamisierende, eine Rolle. Lange Zeit dominierte die Anfangskonzeption der Gemeinschaft, nach der die Sozialpolitik die ureigenste Domäne der Mitgliedstaaten bleiben sollte. Eine Europäisierung der nationalen Wohlfahrtsstaaten wurde dezidiert nicht angestrebt. Freilich entfaltete die Europäische Gemeinschaft als mit den Instrumenten der Supranationalität (Vorrang und unmittelbare Anwendung) ausgestattete Wirtschaftsgemeinschaft unter diesen Umständen zwangsläufig eine rein sektoral bestimmte Dynamik – die der Marktintegration – in den mitgliedstaatlichen Rechtsordnungen, die die von den Mitgliedstaaten sorgsam gehüteten Zuständigkeiten für ihre jeweiligen sozialen Sicherungssysteme wegen der Grundfreiheiten und des Wettbewerbsrechts mittelbar in Frage stellte. Diesem Effekt kam seit den 1990er Jahren in den politischen wie rechtswissenschaftlichen Debatten höchste Aufmerksamkeit zu.[308] So befeuerten Entscheidungen des Europäischen Gerichtshofes zum Brillenkauf im Ausland („Decker")[309] und zum (fehlenden) Unternehmenscharakter von Einrichtungen der sozialen Sicherheit („Poucet et Pistre")[310] die Einbildungskraft der Rechtsdeuter, die das Sachleistungsprinzip in der ge-

[308] Cf. zum Thema Grundfreiheiten etwa *K.-J. Bieback*, Marktfreiheit in der EG und nationale Sozialpolitik vor und nach Maastricht, in: Europarecht 1993, 150 ff.; *R. Pitschas*, Inhalt und Reichweite des Mandats der Europäischen Gemeinschaft auf dem Gebiet der Gesundheitspolitik, in: ZSR 1993, 468 ff.; *G. Haverkate/S. Huster*, Europäisches Sozialrecht, 1999, S. 353 ff. mit weit. Nachw.; zum Wettbewerbsrecht *E. Eichenhofer*, Umbau des Sozialstaats und Europarecht, in: VSSR 1997, 71 ff.; *M. Fuchs*, Die Vereinbarkeit von Sozialversicherungsmonopolen mit dem EG-Recht, in: ZIAS 1996, 338 ff.; *R. Giesen*, Sozialversicherungsmonopol und EG-Vertrag, 1995; *C. Rolfs*, Europarechtliche Grenzen für die Monopole der Sozialversicherungsträger, in: SGb 1998, 202 ff.; *G. Haverkate/S. Huster*, Europäisches Sozialrecht, 1999, S. 299 ff. mit weit. Nachw.

[309] EuGHE 1998, I-1831; hierzu etwa *U. Becker*, Brillen aus Luxemburg und Zahlbehandlung in Brüssel, in: NZS 1998, 359 ff.; *M. Novak*, EG-Grundfreiheiten und Europäisches Sozialrecht, in EuZW 1998, 366 ff.

[310] EuGHE 1993, I-639 ff.; vorher insb. EuGHE 1991, I-1979.

setzlichen Krankenversicherung (§ 2 Abs. 2 SGB V) ebenso in Frage gestellt wie den Parafiskalismus und Korporatismus des deutschen Sozialversicherungssystems durch das Beihilfen- und Kartellrecht aufgesprengt sahen.[311]

Da erfahrungsgemäß in einem Mehrebenensystem sich solche von der einen Ebene (hier: dem Europarecht) ausgehenden indirekten Transformationspotentiale durch Regelungen auf der anderen Ebene (hier: Art. 23 Abs. 1 S. 1 GG) nur höchst unzureichend unter Kontrolle halten lassen,[312] drängte es sich im Laufe der weiteren europäischen Entwicklung auf, von der ursprünglich in den Verträgen angelegten defensiven Strategie der wohlfahrtsstaatlichen Nichtintegration abzuweichen und die Union ihrerseits sozial"staatlich" zu flankieren. Das europäische Vertragswerk wurde seit Ende der 1980er Jahre dementsprechend sukzessive um einige soziale Komponenten ergänzt. Doch auch diese Entwicklung blieb naturgemäß für die Ausgestaltung des deutschen Sozialstaates nicht folgenlos.[313] Je stärker sich die Wirtschaftsgemeinschaft zu einer (partiellen) Sozialunion fortentwickelt,[314] um so größere Rückwirkungen hat die unionale Ebene auf den Sozialstaat des Grundgesetzes.[315] Der durch die europäische Integration angestrebte hohe Verflechtungsgrad läßt den Sozialstaat des Grundgesetzes also so oder so nicht unberührt. Bleibt die Sozialpolitik eine ausschließliche Domäne der Mitgliedstaaten, gerät sie in den Sog des Marktfunktionalismus. Wird Europa sozialpolitisiert, gliedert sich die Sozialpolitik ein in das System europäischer Politikformulierung mit den ihm eigenen Formen der Verflechtung zwischen unionaler und mitgliedstaatlicher Ebene.

Bemerkenswerterweise vermeidet der europäische Sozialstaatsverbund jedoch in seinem gegenwärtigen Entwicklungsstand die beiden skizzierten Extreme. Er kennt vielmehr im Sinne der Aristotelischen Mischverfassung[316] beide Momente einer sozialen Grundsatzverpflichtung der Union: den Schutz mitgliedstaatlicher Gestaltungsspielräume in der Sozialpolitik, aber auch eine Komponente unionaler Sozialpolitik. Diese Mischform erweist sich grosso

---

[311] Zum gesamten Komplex näher *T. Kingreen*, Das Sozialstaatsprinzip im europäischen Verfassungsverbund, 2003, S. 311 ff.

[312] Cf. (am Beispiel des Staatskirchenrechts) *H. M. Heinig*, Das deutsche Staatskirchen- und Religionsrecht im europäischen Rechtsverbund, in: Theologische Literaturzeitschrift 2007, 123 ff. mit weit. Nachw.

[313] *I. Ebsen*, Europarechtliche Gestaltungsvorgaben für das deutsche Sozialrecht, 2000; aus früherer Zeit etwa *B. Schulte/H. F. Zacher* (Hrsg.), Wechselwirkungen zwischen dem Europäischen Sozialrecht und dem Sozialrecht der Bundesrepublik Deutschland, 1991; auf die Ebene des Verwaltungsrechts heruntergebrochen *R. Pitschas*, Strukturen des europäischen Verwaltungsrechts, in: E. Schmidt-Aßmann/W. Hoffmann-Riem (Hrsg.), Strukturen des Europäischen Verwaltungsrechts, 1999, S. 123 ff.

[314] Cf. *G. de Búrca* (Hrsg.), EU Law and the Welfare State, 2005; *O. Schulz*, Grundlagen und Perspektiven einer Europäischen Sozialpolitik, 2003.

[315] *E. Eichenhofer*, Tragweite europäischen Sozialrechts für das deutsche Sozialrecht, in: Festschrift 50 Jahre Bundessozialgericht, 2004, S. 835 ff.

[316] *Aristoteles*, Politik, 1295a, 25 ff.

modo für die Verwirklichung der in Art. 23 Abs. 1 S. 1 GG enthaltenen Verpflichtung als besonders zuträglich. Das im Binnenmarktrecht enthaltene Potential für einen unional erzeugten Transformationsdruck auf die Sozialsysteme der Mitgliedstaaten wird ermäßigt, zugleich aber wird der mit der europäischen Verflechtung generell in Aussicht genommene Mehrwert für die Ausgestaltung des Sozialstaates erschlossen.

3. *Einzelne Einflußfelder des Europarechts auf die Ausgestaltung des Sozialrechts*

Im konkreten Rechtsbestand bildet sich dieses Wirkungsgefüge stichwortartig wie folgt ab:

Die der Union übertragenen sozialpolitischen *Kompetenzen* erweisen sich bei näherer Betrachtung als überschaubar. Mit der *Aufgabe* der Förderung des sozialen Fortschritts und der Stärkung des sozialen Zusammenhalts (Art. 2 EUV) gehen nur schwache sozialpolitische Kompetenzen einher (Art. 136 ff., Art. 152 EGV).[317] Es dominieren Koordinierungs-, Unterstützungs- und Ergänzungsfunktionen. Maßnahmen der Rechtsharmonisierung werden zu weiten Teilen ausgeschlossen. So bleibt die durch den EUV begründete soziale Mitverantwortung der Union in der kompetenziellen Ausgestaltung zumeist darauf begrenzt, komplementäre Maßnahmen zu ergreifen.[318]

Die europarechtlichen Einflüsse werden freilich um so ausgeprägter, je klarer ein unmittelbarer Binnenmarktbezug hergestellt werden kann. So liefe die Arbeitnehmerfreizügigkeit ohne Bestimmungen zur Portabilität von sozialen Sicherungsansprüchen (insb. in der Altersversorgung) weitgehend ins Leere. Art. 42 EGV sieht deshalb ausdrücklich Maßnahmen zur sozialen Flankierung der Freizügigkeit vor; auf dieser Grundlage hat die Union ein komplexes *Koordinierungssozialrecht* geschaffen.[319] Dieses Koordinierungssozialrecht knüpft

---

[317] Zu Art. 136 ff. näher z.B. *T. Kingreen*, Das Sozialstaatsprinzip im europäischen Verfassungsverbund, 2003, S. 295 ff.; zu Art. 152 EGV etwa *M. Kment*, Offene Fragen zu den Gesundheitskompetenzen der EG, in: E. Dujmovits u.a. (Hrsg.), Recht und Medizin, 2006, S. 37 ff.

[318] Eine besondere Form komplementärer Sozialverantwortung der Union stellt der Europäische Sozialfonds dar (Art. 146 ff. EGV). Zu diesem und den sich aus seiner Verwaltung ergebenden besonderen Verbundformen näher *B. Schöndorf-Haubold*, Die Strukturfonds der Europäischen Gemeinschaft, 2005; *dies.*, Gemeinsame Europäische Verwaltung: die Strukturfonds der Europäischen Gemeinschaft, in: E. Schmidt-Aßmann/B. Schöndorf-Haubold (Hrsg.), Der Europäische Verwaltungsverbund, 2005, S. 25 ff.; *J.-P. Schneider*, Verwaltungsrechtliche Instrumente des Sozialstaates, in: VVDStRL 64 (2005), S. 238 ff.

[319] Einen umfassenden Überblick bei *E. Eichenhofer*, Sozialrecht der Europäischen Union, 3. Aufl. 2006, S. 63 ff.; cf. ferner *ders.*, Tragweite europäischen Sozialrechts für das deutsche Sozialrecht, in: Festschrift 50 Jahre Bundessozialgericht, 2004, S. 835 (837 ff.);

an die verschiedenen innerstaatlichen Ausgestaltungen an und harmonisiert sie nicht. Die innerstaatliche Formung des Sozialstaates wird deshalb hierdurch nur peripher beeinflußt.

Von deutlich höherer Relevanz sind hingegen die Wirkungen des Europarechts auf das *soziale Arbeitsrecht*, für das teilweise Mindeststandards vorgegeben werden (cf. Art. 137 Abs. 1 lit. a) – i) i.V.m. Art. 137 Abs. 2 lit. b) EGV), das insbesondere aber einem strengen *Antidiskriminierungsregime* unterworfen wird (cf. Art. 12 EGV, das Sekundärrecht zu Art. 13 EGV, Art. 141 EGV nebst zugehörigem Sekundärrecht). Letzteres greift ebenso für soziale Leistungen.[320]

Starke europarechtliche Bindungen für die Ausgestaltung des Sozialstaates bestehen auch, soweit durch soziale Leistungen die *Dienstleistungs- und Warenverkehrsfreiheit* berührt sind. Beschränkungen der Möglichkeit, in den mitgliedstaatlichen Sozialschutzsystemen vorgesehene soziale Leistung in anderen Mitgliedstaaten zu erbringen und nachzufragen, bedürfen einer besonderen Rechtfertigung. Bezogen auf Gesundheitsleistungen erkennt der Europäische Gerichtshof gewisse rechtliche Einschränkungen der Kostenübernahme von Behandlungen im Ausland bei stationären Diensten an, da es legitim sei, wenn die Mitgliedstaaten eine planbare Auslastung der von ihnen vorgehaltenen Krankenhaussysteme sicherstellen wollten. Anders hingegen gestalte sich die Rechtslage bei Hilfsmitteln und ambulanten Diensten.[321] § 13 Abs. 4 und 5 SGB V spiegeln diese Rechtsprechung im deutschen Sozialrecht wider und gewähren einen entsprechenden Kostenerstattungsanspruch. Insgesamt haben sich dic Auswirkungen der Dienstleistungs- und Warenverkehrsfreiheit auf die Ausgestaltung des freiheitsfunktionalen Sozialstaates, gemessen an der Aufgeregtheit, die die ersten Entscheidungen des Europäischen Gerichtshofs zum Thema ausgelöst haben, allerdings als ausgesprochen unspektakulär erwiesen.[322]

S. Muckel, Sozialrecht, 2. Aufl. 2007, S. 528 ff.; *M. Fuchs* (Hrsg.), Europäisches Sozialrecht, 4. Aufl. 2005.

[320] *E. Eichenhofer*, Sozialrecht der Europäischen Union, 3. Aufl. 2006, S. 193 ff.; *ders.*, Tragweite europäischen Sozialrechts für das deutsche Sozialrecht, in: Festschrift 50 Jahre Bundessozialgericht, 2004, S. 835 (838 ff., 850 f.).

[321] Zuletzt mit weit. Nachw. EuGHE 2004, I-5473 ff.; 2003, I-4509 ff., 1998, I-1831 ff.; cf. a. *U. Becker*, Gesetzliche Krankenversicherung im Europäischen Binnenmarkt, in: NJW 2003, 2272 ff.; *W. Frenz*, Grenzüberschreitende medizinische Leistungen und Grundfreiheiten aus Sicht der Rechtsprechung, in: MedR 2004, 197 ff.; *ders.*, Arztdienstleistungsfreiheit und Sozialversicherungen, in: NVwZ 2003, 947 ff.; *G. Igl/F. Welti*, Sozialrecht, 8. Aufl. 2007, S. 45 ff.; *T. Kingreen*, Das Leistungserbringungsrecht der gesetzlichen Krankenversicherung nach dem EuGH-Urteil Müller-Fauré/van Riet, in: ZESAR 2003, 199 ff.; *U. Wenner*, Nationale Grenzen für ambulante ärztliche Leistungen müssen geöffnet werden, in: Soziale Sicherheit 2003, 201 ff.; *K. Fahlbusch*, Ambulante ärztliche Behandlung in Europa, 2006, S. 253 ff.; zum tatsächlichen Umfang der Inanspruchnahme *Bertelsmann Stiftung* (Hrsg.), Europäisierung des Gesundheitswesens, 2003, S. 82 ff.

[322] Vermehrte Aufmerksamkeit haben in letzter Zeit hingegen Fragen des Vergaberechts und seiner Anwendbarkeit im Rahmen des Leistungsbeschaffungsrechts der gesetzlichen Sozialversicherungen gefunden; näher *V. Neumann/D. Nielandt/A. Philipp*, Erbringung von

Die wichtigsten Folgen der „sozialen Durchsprenkelung“ der Grundlagenverträge der Union dürften vor dem Hintergrund des bisher Geschilderten auch nicht die bestehenden positiven Vorgaben des Europarechts für die Ausgestaltung des sozialen Schutzes in den Mitgliedstaaten sein, sondern das Ausbleiben weiterreichender und anderer Vorgaben. Diese Entwicklung ist paradoxerweise gerade dem Umstand geschuldet, daß die Union selbst den Charakter einer zu den Mitgliedstaaten (schwach) komplementären Sozialunion angenommen hat. Insbesondere die aus der unionalen Rezeption sozialer Politikziele resultierende Feinsteuerung möglicher Durchgriffswirkungen der europäischen Marktlogik auf die sozialstaatlichen Organisationsstrukturen und Sicherungsformen der einzelnen Mitglieder wird in ihrer Bedeutung kaum zu überschätzen sein.

So haben sich die in den 1990er Jahren mit dem *europäischen Wettbewerbsrecht* gleichermaßen verbundenen Hoffnungen[323] und Befürchtungen[324] durchgängig nicht erfüllt, daß dieses als Hebel für eine grundlegende Umgestaltung der Landschaft der Sozialversicherungen und deren kooperativer Verwebung mit korporativ organisierten Leistungsanbietern in Deutschland[325] dienen könne.[326] Die Europäische Kommission als Wettbewerbshüterin wie auch der Europäische Gerichtshof haben sich für eine sehr zurückhaltende Linie in der Frage entschieden.[327] Die Zentralbegriffe des Kartell- und Wettbewerbsrechts

Sozialleistungen nach Vergaberecht?, 2004; *S. Rixen*, Abschied vom Sozialen?, in: VSSR 2006, 333 ff.; *M. Kaltenborn*, Vergaberechtliche Strukturen im Recht der Gesetzlichen Krankenversicherung, ebenda, 357 ff.; *T. Kingreen*, Vergaberecht und Verfahrensgerechtigkeit in der jugend- und sozialhilferechtlichen Leistungserbringung, ebenda, 379 ff.

[323] Nachdrücklich z.B. *G. Haverkate/S. Huster*, Europäisches Sozialrecht, 1999, S. 285 ff.; *G. Haverkate*, Die Zukunft des Sozialstaats in Europa, in: P.-C. Müller-Graff/H. Roth (Hrsg.), Recht und Rechtswissenschaft, 2000, S. 101 ff.; *ders.*, Der Ordnungsrahmen für Wettbewerb innerhalb der gesetzlichen Krankenversicherung, in: VSSR 1999, 177 (179 ff.).

[324] Cf. etwa *K. Ipsen*, Soziale Dienstleistungen und EG-Recht, 1997.

[325] Speziell zur freien Wohlfahrtspflege *C. Benicke*, Die Bedeutung des EG-Rechts für gemeinnützige Einrichtungen, in: EuZW 1996, 165 ff.; *A. von Böttcher*, Die frei-gemeinnützige Wohlfahrtspflege und das europäische Beihilferecht, 2003; *H. M. Heinig*, Öffentlich-rechtliche Religionsgesellschaften, 2003, S. 463 ff.

[326] Zuletzt EuGHE 2004, I-2493 ff. mit weit. Nachw. zur Rspr.; höhere Bedeutung mißt *E. Schmidt-Aßmann*, Verfassungsprinzipien für den Europäischen Verwaltungsverbund, in: W. Hoffmann-Riem/E. Schmidt-Aßmann/A. Voßkuhle (Hrsg.), Grundlagen des Verwaltungsrechts, Bd. 1, 2006, S. 241 (300) dem Wettbewerbsrecht zu.

[327] Zum weiteren Kontext der Wirkungen des Europäischen Wettbewerbsrechts für die sog. Daseinsvorsorge in diesem Zshg. EuGHE 2003, I-7747 ff.; näher aus der Lit. *S. Boysen/M. Neukirchen*, Europäisches Beihilferecht und mitgliedstaatliche Daseinsvorsorge, 2007; *W. Cremer*, in: C. Calliess/M. Ruffert (Hrsg.), EUV/EGV, 3. Aufl 2007, Art. 87 EGV Rdnr. 12 f.; *G. v. Wallenberg*, in: Grabitz/Hilf, Das Recht der Europäischen Union, Art. 87 EGV Rdnr. 18 ff. (24. Lfg. 2004); *A. Barotsch*, Die Kommissionspraxis nach dem Urteil des EuGH in der Rechtssache Altmark, in: EuZW 2004, 295 ff.; *C. Franzius*, Auf dem Weg zu mehr Wettbewerb im ÖPNV, in: NJW 2003, 3029 ff.; aus der Zeit vor der Altmark-Entscheidung *S. Albin*, Daseinsvorsorge und EG-Beihilfenrecht, in: DÖV 2001, 890 ff.; *M. Nettesheim*, Europäische Beihilfeaufsicht und mitgliedstaatliche Daseinsvorsorge, in: EWS 2002, 253 ff.; *J.*

werden, wenn es um Institutionen der Mitgliedstaaten geht, welche soziale Belange verfolgen, restriktiv interpretiert. Dies gilt sowohl für den „Unternehmensbegriff" als auch für das Merkmal der „Beihilfe".[328] Jeweils ist man seitens der europäischen Akteure erkennbar bemüht, soziale Belange angemessen im Rahmen eines grundsätzlich funktional verstandenen Wettbewerbsrechts zu berücksichtigen und größere rechtlich-politische Konflikte mit den Mitgliedstaaten zu vermeiden. Den Schlüssel dazu sieht der Gerichtshof bei der Unternehmenseigenschaft nach Art. 81 und Art. 87 EGV in den Merkmalen der sozialen Zweckverfolgung, dem Zwangscharakter und dem Beruhen auf dem Grundsatz der Solidarität,[329] ohne daß freilich die Merkmale stringent entwickelt würden; entsprechend bleibt unter der Prämisse eines funktionalen Unternehmensbegriffs im europäischen Wettbewerbsrecht die Abgrenzung im Einzelfall wenig vorhersehbar.[330]

Von der Rechtstechné aus betrachtet ist diese Rechtsprechung des Europäischen Gerichtshofs keineswegs evident. Da der Gerichtshof in anderen Lebensbereichen als dem der Sozialsysteme zuweilen eine deutlich zupackendere Spruchpraxis an den Tag legt, steht zu vermuten, daß es gerade der Brisanz des Sozialpolitischen geschuldet ist, wenn sich die Akteure des Europarechts hier besondere Zurückhaltung auferlegen. Erinnert sei an die oben skizzierte Tiefendimension des Politischen, die auf dem Feld der sozialen Sekuritätsversprechen der öffentlichen Gewalt zum Tragen kommt (cf. supra C.VI.6.a.). Einschneidende Maßnahmen zur Durchsetzung der Wettbewerbsfreiheit zulasten der etablierten Systeme sozialer Sicherheit würden die stets prekäre Akzeptanz der europäischen Integration vermutlich so nachhaltig in Frage stellen, daß der Verzicht auf sie zur raison d'etre der Union wird. Gerichtshof und Kommission haben sich entsprechend positioniert und sich nicht in die von Teilen der Literatur angesonnene Rolle des sozialpolitischen bad guys begeben. Wider manche

Schwarze, Daseinsvorsorge im Lichte des europäischen Wettbewerbsrechts, in: EuZW 2001, 334 ff.

[328] Cf. mit weit. Nachw. (mit besonderer Berücksichtigung der freien Wohlfahrtspflege) *H. M. Heinig*, Öffentlich-rechtliche Religionsgesellschaften, 2003, S. 463 ff.; *ders.*, Kirchen und Religionsgemeinschaften in der europäischen Rechtsordnung, in: P.-C. Müller-Graff/H. Schneider (Hrsg.), Kirchen und Religionsgemeinschaften in der Europäischen Union, Baden-Baden: Nomos, 2003, S. 125 ff.; generell *W. Weiß*, in: C. Calliess/M. Ruffert (Hrsg.), EUV/EGV, 3. Aufl. 2007, Art. 81 Rdnr. 25 ff.

[329] EuGHE 1993, I-637 ff.; cf. auch *U. Becker*, Hat die gemeinsame Selbstverwaltung noch eine Zukunft?, in: Münsterische Sozialrechtsvereinigung (Hrsg.), 7. Münsterische Sozialrechtstagung, 2001, S. 122 (151 ff.).

[330] Cf. die Ausführungen zur Bedeutung der Solidarität in EuGHE 1995, I-4013 ff.; 1999, I-5751 ff.; wie hier in der Bewertung *R. P. Schenke*, Reform der gesetzlichen Krankenversicherung zwischen Verfassungs- und Europarecht, in: Die Verwaltung 37 (2004), 475 (500); *ders.*, Die Wettbewerbsposition der gesetzlichen Krankenversicherung im Spiegel des Europarechts, in: A. Schmehl/A. Wallrabenstein (Hrsg.), Steuerungsinstrumente im Recht des Gesundheitswesens Bd. 1: Wettbewerb, 2005, S. 77 ff.

Erwartung blieb somit das europäische Wettbewerbsrecht für die Ausgestaltung des Sozialstaates bisher von untergeordneter Bedeutung.

In den letzten Jahren hat der Europäische Gerichtshof vielmehr gegenläufig zu den Befürchtungen einer wettbewerbsrechtlich bestimmten „antisozialstaatlichen" Rechtsprechung eine ausgesprochen weitgreifende Spruchpraxis in Fragen des Zugangs von Unionsbürgern zu steuerfinanzierten Sozialleistungen in den einzelnen Mitgliedstaaten etabliert. Führte die Unionsbürgerschaft (Art. 17 ff. EGV)[331] zunächst lange Zeit ein Schattendasein, zog der Gerichtshof in den letzten Jahren wie weiland Bismarck die soziale Dimension einer neu geschaffenen Bürgerschaftsbeziehung (der Unionsbürgerschaft) zur Stiftung und Stärkung einer neuen kollektiven – europäischen – Identität heran.[332] Der Gerichtshof hat in einer ganzen Reihe von Entscheidungen festgehalten, daß bestimmte Ausschlußtatbestände von steuerfinanzierten Sozialleistungen bei Unionsbürgern, die vom Recht auf Unionsbürgerfreizügigkeit nach Art. 18 EGV Gebrauch machen, keinen Bestand haben.[333] Einschlägig sind dabei zwei Konstellationen: entweder werden soziale Ansprüche im Aufnahmestaat begehrt oder sie sollen aus dem Herkunftsstaat trotz Ausübung der Freizügigkeit

---

[331] Zur Unionsbürgerschaft insg. näher *F. Wollenschläger*, Grundfreiheit ohne Markt, 2007; *ders.*, Vernetzte Angehörigkeiten, in: S. Boysen u.a. (Hrsg.), Netzwerke, 2007, S. 104 ff.; *C. Schönberger*, Unionsbürger, 2005; *U. Haltern*, Europarecht, 2. Aufl. 2007; *S. Kadelbach*, Unionsbürgerschaft, in: A. von Bogdandy (Hrsg.), Europäisches Verfassungsrecht, 2005, S. 539 ff.; *ders.*, Unionsbürgerrechte, in: D. Ehlers (Hrsg.), Europäische Grundrechte und Grundfreiheiten, 2. Aufl. 2005, S. 553 ff.; *C. Calliess*, Der Unionsbürger, in: A. Hatje/P. M. Huber (Hrsg.), Unionsbürgerschaft und soziale Rechte, 2007, S. 7 ff.

[332] *U. Haltern*, Europarecht, 2. Aufl. 2007, S. 632 ff.; cf. a. *C. Schönberger*, Die Unionsbürgerschaft als Sozialbürgerschaft, in: ZAR 2006, 226 ff.; *F. Wollenschläger*, Grundfreiheit ohne Markt, 2007, S. 272 ff.

[333] EuGHE 1998, I-2691 ff.; 2001, I-6193 ff.; 2002, I-6191 ff.; 2004, I-2703 ff.; 2005, Slg. 2004, I-7573 ff.; 2005, I-2119 ff.; 2005, I-8275 ff.; 2006, I-6947 ff.; 2006, I-10451 ff.; zuletzt EuGH, Urteil vom 23. Oktober 2007, Rs. C-11/06 und Rs. 12/06; hierzu neben den in der vorstehenden Fußn. genannten etwa *K. Hailbronner*, Unionsbürgerschaft und Zugang zu den Sozialsystemen, in: JZ 2005, 1138 ff.; *ders.*, Die Unionsbürgerschaft und das Ende rationaler Jurisprudenz durch den EuGH, in: NJW 2004, 2185 ff.; *I. Niemann*, Von der Unionsbürgerschaft zur Sozialunion, EuR 2004, 946 ff.; *U. Becker*, Unionsbürgerschaft und soziale Rechte, in: ZESAR 2002, 8 ff.; *K.-D. Borchardt*, Der sozialrechtliche Gehalt der Unionsbürgerschaft, in: NJW 2000, 2057 ff.; *E. Eichenhofer*, Unionsbürgerschaft – Sozialbürgerschaft, in: ZIAS 2003, 404 ff.; *D. H. Scheuing*, Freizügigkeit als Unionsbürgerrecht, in: EuR 2003, 744 (799 ff.); *S. Bode*, Von der Freizügigkeit zur sozialen Gleichstellung aller Unionsbürger?, in: EuZW 2003, 552 ff.; *R. Kanitz/P. Steinberg*, Grenzenloses Gemeinschaftsrecht?, in: EuR 2003, 1013 (1017 ff.); *F. Sander*, Die Unionsbürgerschaft als Türöffner zu mitgliedstaatlichen Sozialversicherungssystemen?, in: DVBl. 2005, 1014 ff.; *P. van der Mei*, Free Movement of Persons within the European Community, 2003; *T. Kingreen*, Die Universalisierung sozialer Rechte im europäischen Gemeinschaftsrecht, in: A. Hatje/P. M. Huber (Hrsg.), Unionsbürgerschaft und soziale Rechte, 2007, S. 43 ff.; *W. Cremer*, Negative und positive Integration: Die Europäische Gemeinschaft als Sozial- und Bildungsunion, ebenda, S. 75 ff.; *U. Becker*, Migration und soziale Sicherheit – die Unionsbürgerschaft im Kontext, ebenda, S. 95 ff.

„mitgenommen" werden.[334] Maßgeblicher Grund für die vor dem Europäischen Gerichtshof angegriffenen Leistungsausschlüsse im Recht der Mitgliedstaaten für zuziehende oder wegziehende Unionsbürger ist jeweils, daß die mitgliedstaatlich finanzierten Systeme des sozial motivierten Gebens und Nehmens in ihrem Charakter als mitgliedstaatlich verfaßte Gegenseitigkeitsordnungen unangetastet bleiben sollten. So sieht zum Beispiel § 23 Abs. 3 SGB V vor, daß Ausländer, die eingereist sind, um Sozialhilfe zu erlangen, oder deren Aufenthaltsrecht sich alleine aus dem Zweck der Arbeitssuche ergibt, keinen Anspruch auf Sozialhilfe haben. Es soll mithin kein Anreiz für einen Zuzug bei bereits bestehender Bedürftigkeit geschaffen werden. Art. 18 Abs. 3 EGV bringt zum Ausdruck, daß die „Herren der Verträge" dieses im Grundsatz von allen Mitgliedstaaten geteilte Anliegen durch die Unionsbürgerschaft im Prinzip nicht in Frage gestellt wissen wollten. Entsprechend zurückhaltend ist auch das Regelungsgefüge in der Unionsbürgerfreizügigkeitsrichtlinie 2004/38/EG zugeschnitten (Art. 24 Abs. 2 RL 2004/38/EG).[335] Der Unionsbürger wächst erst mit Ablauf bestimmter Fristen in die Gegenseitigkeitsgemeinschaft des aufnehmenden Mitgliedstaates hinein.

Der Europäische Gerichtshof sieht in der Richtlinie allerdings keinen die Ausübung der Rechte aus Art. 18 EGV erst ermöglichenden Rechtsakt, sondern eine zu rechtfertigende Einschränkung der vertraglich garantierten Freizügigkeit, die ggf. einschränkend auszulegen ist. So anerkennt der Gerichtshof das Interesse der Mitgliedstaaten, durch die freizügigkeitsbedingte Migration nicht „über Gebühr" finanziell belastet zu werden,[336] relativiert jedoch dessen Bedeutung, indem er, teils unter ergänzendem Rückgriff auf Art. 12 EGV, die – genetisch aus der Arbeitnehmerfreizügigkeit entstandene – Idee der freien Wahl des Aufenthalts für alle Angehörigen der Mitgliedstaaten[337] um normativ gewendete kollektive Identitätskonstruktionen anreichert, die insbesondere an Vorstellungen solidarischer Verbundenheit anknüpfen.[338] Dabei spielt das Moment der Solidarität eine eigentümliche Doppelrolle. Einerseits wird den Mitgliedstaaten zugestanden, eine bestimmte innere Verbundenheit mit dem die begehrte Sozialleistung gewährenden Land zu fordern, aus der sich eine solidarische Einstandspflicht begründet. Andererseits wird aus der Unionsbürgerschaft eine „finanzielle Solidarität der Angehörigen (eines Mitgliedstaates) mit

[334] Cf. *U. Haltern*, Europarecht, 2. Aufl. 2007, S. 615 ff. mit weit. Nachw.

[335] Näher *F. Wollenschläger*, Vernetzte Angehörigkeiten, in: S. Boysen u.a. (Hrsg.), Netzwerke, 2007, S. 104 (116); cf. a. *K. Hailbronner*, Neue Richtlinie zur Freizügigkeit der Unionsbürger, in: ZAR 2004, 259 ff.

[336] Cf. EuGHE 2004, I-7573 ff.

[337] Cf. *F. Wollenschläger*, Grundfreiheit ohne Markt, 2007.

[338] Im Detail *U. Haltern*, Europarecht, 2. Aufl. 2007, S. 606 ff.; cf. auch *A. Kemmerer*, Rez. P. van der Mei, Free Movement of Persons within the European Community, in: Yearbook of European Law 23 (2004), 444 ff.

denen der anderen Mitgliedstaaten" abgeleitet.[339] Zieht man ergänzend die Rechtsprechung des Europäischen Gerichtshofs zur Unternehmereigenschaft von Sozialversicherungen hinzu (supra), stellt sich in der Summe der Eindruck ein, daß das Solidaritätsparadigma für den Europäischen Gerichtshof eine relativ beliebig justierbare Stellschraube im Zugriff des Europarechts auf die Ausgestaltung der mitgliedstaatlich verfaßten Sozialsysteme bildet. Die bisherige Bedächtigkeit des Europarechts im Umgang mit den mitgliedstaatlichen Sozialsystemen wäre so gesehen nicht nur einem intelligenten rechtlichen Ebenenabgleich im europäischen Sozialstaatsverbund geschuldet, sondern auch Ausdruck – kontingenter – politischer Opportunität.

4. *Zwischenresümee*

Für die Ausgestaltung des Sozialstaates des Grundgesetzes folgt aus Vorstehendem zunächst einmal, daß das Grundgesetz mit Art. 23 Abs. 1 S. 1 GG auf den Sozialstaat einwirkende und durchgreifende europarechtliche Vorgaben zuläßt, soweit diese den freiheitsfunktionalen Charakter der deutschen Sozialstaatlichkeit nicht in Frage stellen. Welche konkrete Gestalt solche europarechtlichen Vorgaben dann annehmen, hängt hingegen primär vom jeweiligen Stand der europäischen Integration ab, der nicht verfassungsrechtlich,[340] sondern politisch definiert wird, also seinerseits eine Frage der politischen Selbstverständigung ist. Die demokratische Ausgestaltung des freiheitsfunktionalen Sozialstaates verläßt durch Art. 23 Abs. 1 S. 1 GG den Radius des rein Nationalstaatlichen und wird zu einer Angelegenheit zweier Ebenen öffentlicher Gewalt, ohne sein spezifisches freiheitsfunktionales Gepräge hierdurch zu verlieren. Gerade dieser Effekt aber ist ja Sinn einer europäischen „Einheit in Vielheit".

VII. Zwischenresümee

Das Grundgesetz zwingt nicht zur Sozialstaatsprüderie. Der soziale Staat des Grundgesetzes gebietet die Sicherstellung eines freiheitsfunktionalen Minimums. Doch er ist seinerseits nicht notwendig auf dieses Minimum beschränkt. Vielmehr eröffnet das Grundgesetz über die verfassungsgebotenen Minimalstandards hinaus Raum für eine sozialpolitische Selbstverständigung der Gesellschaft, die ganz unterschiedliche Ergebnisse zeitigen kann. Auf die Prozesse der Präferenzenbildung nimmt das Grundgesetz vorrangig indirekt Einfluß,

---

339 EuGHE 2001, I-6193 (Rz 44).

340 Der Verfassungsbegriff wird hier exklusiv für die nationale Rechtsebene verwendet; zu den Gründen hierfür *H. M. Heinig*, Europäisches Verfassungsrecht ohne Verfassung(svertrag)?, in: JZ 2007, 905 ff.

indem es Zuständigkeiten und Legitimationsstandards definiert. Was hingegen die Inhalte, Formen und Instrumente des Sozialen angeht, bestehen Vorgaben jenseits des Bereichs verfassungsgebotener Minima und diesseits verfassungsverbotener Maxima nur in sehr rudimentärer Form. Die Formel vom sozialen Staat stellt weder ein soziales Optimierungsgebot dar, noch sichert sie bestehende sozial(versicherungs)rechtliche Institutionen. Das Niveau sozialen Schutzes und sozialen Ausgleichs jenseits des freiheitsfunktionalen Minimums steht vollständig zur Disposition. Allerdings ist der allgemeine Gleichheitssatz zu achten und auf besondere Belange des Vertrauensschutzes Rücksicht zu nehmen. Ob hingegen ein von Art. 14 Abs. 1 und 2 GG ausgehender Eigentumsschutz sozialrechtlicher Positionen besteht, erscheint entgegen der Rechtsprechung des Bundesverfassungsgerichts und dem vorherrschenden Schrifttum selbst dann zweifelhaft, wenn solche auf Beitragsleistungen beruhen. Vorzugswürdig dürfte es demgegenüber sein, den gebotenen Schutz berechtigter Belange der Beitragszahler über das Rechtsstaatsprinzip (Verläßlichkeit der Rechtsordnung bei berechtigtem Vertrauen) und das finanzverfassungsrechtliche Grundrechtsregime (Mindestäquivalenz von Nehmen und Geben bei Sozialbeiträgen) zu erschließen.

Gerade wegen dieser geringen Dichte materieller Normen sind die formellen Bedingungen für die demokratische Ausgestaltung des Sozialstaates von besonderer Bedeutung. Sie stellen auf eigene Weise sicher, daß der Freiheitsmodus der gleichberechtigten Teilhabe an der demokratischen Selbstbestimmung zum Tragen kommt. Gleiche Freiheit verlangt unter Bürgern gleichen Einfluß auf die demokratische Modulierung des Sozialstaates. Folgerichtig sichert das Grundgesetz demokratische Egalität, indem dem parlamentarischen Gesetzgeber die zentrale Rolle bei der Ausgestaltung des Sozialstaates zugewiesen wird (Vorrang und Vorbehalt des Gesetzes, Wesentlichkeitslehre). Eng damit verzahnt sind aus Art. 20 Abs. 1 und 2 GG abgeleitete Legitimationsanforderungen. Sie führen dazu, daß die egalitäre Teilhabe an der Volkssouveränität nicht einfach durch Betroffenenpartizipation oder out-put-Legitimation ersetzt werden kann. Deshalb sieht sich die sog. funktionale Selbstverwaltung, der u.a. die Sozialversicherungen in ihrer gegenwärtigen Ausgestaltung zuzurechnen sind, verfassungsrechtlich unter besonderen Rechtfertigungsdruck gestellt. Das Grundgesetz ermöglicht zwar aus dem durch freie, gleiche, geheime, allgemeine und unmittelbare Wahlen gestifteten Legitimationsmodus ein Stück weit herausgenommene Normierungs-, Entscheidungs- und Vollzugsformen. Doch markiert die Verfassung zugleich deren Grenzen. Für den Sozialstaat ist insbesondere Art. 87 Abs. 2 GG einschlägig. Der Norm ist jenseits ihres Charakters als Kompetenz- und Organisationsnorm ein objektiv-rechtlicher Gehalt eigen, der die traditionelle Selbstverwaltung in der Sozialversicherung grundsätzlich zu rechtfertigen vermag, dafür aber voraussetzt, daß a) eine Sozialversicherung im kompetenzrechtlichen Sinne auch tatsächlich vorliegt, b) von der Allgemeinheit abgrenzbare *eigene* Angelegenheiten dieses Rechtsträgers behandelt werden und c) die Willensbildung im Rahmen selbstverwaltungsangemessener Binnenstrukturen erfolgt.

Besondere Schwierigkeiten wirft die funktionale Selbstverwaltung im Sozialstaat auf, wenn auf die Normalformen funktionaler Selbstverwaltung aus unterschiedlichen Selbstverwaltungsträgern zusammengesetzte Hybride gesattelt werden. Eine solche Hybridform funktionaler Selbstverwaltung stellt der Gemeinsame Bundesausschuß nach § 92 SGB V dar. Er sieht sich mit seinen jetzigen Normierungsformen durchgreifenden verfassungsrechtlichen Bedenken ausgesetzt.

H. Die Bestimmung des freiheitlichen Maximums

I. Freiheitsschutz vor dem freiheitsfunktionalen Sozialstaat

Zu den hervorstechendsten Merkmalen des Sozialstaates zählt, daß er ebenso der Freiheit der Menschen dienen wie sie in Frage stellen kann (supra C.VI.). Er bedarf des rechten Maßes, damit seine eigentliche verfassungsrechtliche Funktion – die Sicherstellung und Verbesserung der sozialen Bedingungen für ein selbstbestimmtes Leben – weder im Über- noch im Untermaß verschliffen wird.[1] Im Paradigma des freiheitsfunktionalen Sozialstaates bildet sich das verfassungsgemäße Maß an sozialen Aktivitäten des Staates in zweierlei Weise ab: als Mindestmaß, aber auch als Höchstmaß der Gestaltung. Im Sozialstaat des Grundgesetzes ist die sozialstaatliche Inpflichtnahme Dritter keine Frage reiner politischer Beliebigkeit. Vielmehr ist aus der die Sozialstaatlichkeit begründenden Freiheitskonzeption heraus diese zugleich stets als begrenzt zu denken. Der Sozialstaat steht auf einem freiheitsrechtlichen Fundament, weil, aber auch nur soweit er dazu dient, daß der einzelne ein selbstbestimmtes Leben führen kann. Diese oben freiheitstheoretisch rekonstruierte Zielvorgabe ist verfassungsdogmatisch in Art. 20 Abs. 1 GG verortet. Als Freiheitskonzeption ist sie zugleich aber den zwei Modi der Freiheitsausübung im Verfassungsstaat ausgesetzt: der individuellen Selbstbestimmung und der demokratischen Selbstregierung. Nimmt man lediglich den ersten Modus in den Blick, würde sich das Konzept des freiheitsfunktionalen Sozialstaates auf die Pflicht des einzelnen reduzieren, einen minimalen Wohlfahrtsstaat zu unterstützen. Denn die Sozialpflichtigkeit, die in der gleichen Freiheit aller zur individuellen Selbstbestimmung wurzelt (supra C.VI.), ist auf den Schutz sozialer Minima begrenzt. Der einzelne hat es zu dulden, wenn er zur Finanzierung dieser Minima nach seinem Leistungsvermögen herangezogen wird. Jedes über das dafür erforderliche Maß hinausgehende Nehmen könnte der Betroffene hingegen als unzulässigen Übergriff in seine Freiheit abwehren. Damit wäre zugleich das sozialstaatliche Maximum bestimmt.

---

[1] Zu Maß und Übermaß in diesem Zusammenhang *P. Kirchhof*, Gleichmaß und Übermaß, in: Festschrift für P. Lerche, 1993, S. 133 ff.

Kompliziert wird die Vermessung des freiheitsfunktionalen Maximums dadurch, daß der Sozialstaat des Grundgesetzes auch für den zweiten Modus der Freiheitsausübung, die kollektive Entscheidung über die Art und Weise, wie wir miteinander leben wollen, offen ist. Wer die Grenzen des Sozialstaates bestimmen will, muß deshalb nicht nur unterschiedliche freiheitlich begründete Individualansprüche des Bekommens und Nichtgebenmüssens kompatibilisieren, sondern auch das Maß zulässiger demokratischer Ausgestaltung definieren. Dies erweist sich im Konkreten als ein schwieriges Geschäft, zumal, wenn man die verfassungstheoretisch gewonnenen Einsichten in die Verfassungsdogmatik zu überführen hat. Denn dann sind unterschiedlichste Formen der Inpflichtnahme zu berücksichtigen, für die jeweils eigene Subregime der Verfassung gelten.

Gleichwohl sollen zum Abschluß der vorliegenden Untersuchung, dem bisherigen Abstraktionsniveau der Ausführungen folgend, nur Grundlinien nachgezeichnet werden. Zahlreiche verfassungsdogmatisch interessante Einzelprobleme bleiben somit unberücksichtigt. Doch rechtfertigt sich eine solche Reduktion auf das Wesentliche damit, daß in dieser Arbeit vor allem die Leitidee der sozialstaatlichen Freiheitsfunktionalität als Schlüssel zu einem angemessenen Verständnis der Formel vom sozialen Staat begründet werden soll.

1. Der freiheitsdienende Zweck als Grenze der Rechtfertigung sozialstaatlicher Freiheitseingriffe

a) Kernfunktion des Art. 20 Abs. 1 GG neben der Begründung sozialer Minima: verfassungsrechtliche Nobilitierung sozialstaatlich motivierter Freiheitseingriffe

Verfassungsdogmatisch bestimmt sich das freiheitsfunktionale Maximum des Sozialstaates aus dem abwehrrechtlich gebotenen Mindestschutz individueller Freiheitsräume. Jedweder Freiheitseingriff bedarf im freiheitlichen Verfassungsstaat der verfassungsrechtlichen Rechtfertigung. Als Gründe für staatliche Einschränkungen individueller Freiheit kommen generell Rechte Dritter und normative Vorgaben für staatliches Tätigwerden (kollidierende Verfassungsgüter), aber auch der schlichte demokratische Willen zur Verfolgung eines verfassungsrechtlich nicht gesondert ausgezeichneten Zwecks (Gesetzesvorbehalt) in Betracht. Grenzen für beide Eingriffsgründe setzt das – immer wieder kritisierte, aber doch freiheitsrechtlich unverzichtbare – Übermaßverbot, das den Zweck des Eingriffs und den Wert des betroffenen Freiheitsrechts in eine Ausgleichsbeziehung setzt.

Vor diesem Hintergrund besteht die wesentliche dogmatische Funktion des Sozialstaatsprinzips (neben der Begründungsfunktion für Ansprüche auf soziale Minima) darin, im Rahmen der Rechtfertigung von mit der Verfolgung sozialstaatlicher Ziele verbundenen Freiheitseingriffen dem Zweck des Eingriffs besondere verfassungsrechtliche Dignität zu verleihen und damit das relative Gewicht in der Abwägung zugunsten seiner Rechtfertigung zu erhöhen.[2]

Dabei lassen sich zwei Konstellationen unterscheiden: zum einen kann ein Eingriff bei dem einen der Sicherstellung des sozialen Minimums des anderen dienen. Ein solcher Eingriff ist letztlich *individualrechtlich* begründbar. Es liegt eine sonst für das Aufeinandertreffen zweier Freiheitsrechte typische Rechtsgüterkollision vor, in der das in Einzelgrundrechten in Verbindung mit Art. 20 Abs. 1 GG gebotene Minimum *als Minimum* einen relativen Vorrang eingeräumt bekommt und sich deshalb in den die Kollision kleinarbeitenden Abwägungsstufen in der Regel durchsetzt. In diesem Rahmen stellen sich dann lediglich Folgefragen zur Lastengleichheit, die an der grundsätzlichen Rechtfertigung der Inpflichtnahme jedoch nichts ändern.

Zum anderen kann ein sozialstaatlich begründeter Freiheitseingriff sich aus einer *demokratisch* legitimierten Sozialpflichtigkeit ergeben. Auch diese wird durch Art. 20 Abs. 1 GG im Vergleich zu sonstigen politischen Zielen ohne Verfassungsrang mit einem besonderen, abwägungserheblichen Gewicht versehen, der freilich im Vergleich zur individualrechtlich begründeten Sozialpflichtigkeit schwächer ausfällt.

In beiden Konstellationen bildet jedoch *die Freiheitsfunktionalität die äußerste Grenze der verfassungsrechtlichen Rechtfertigung sozialstaatlich begründeter Freiheitseingriffe.* Da Art. 20 Abs. 1 GG streng freiheitsfunktional zu verstehen ist, können mit dem Normativ des Sozialstaates nur solche staatlichen Handlungen eine besondere Rechtfertigung erfahren, die tatsächlich der individuellen Selbstbestimmung des Betroffenen oder eines Dritten dienen.[3] Dies mag auf den ersten Blick banal erscheinen, hat aber eine weitreichende Konsequenz. Die Herstellung „materieller Gerechtigkeit", die „Angleichung der Lebensverhältnisse" oder die aus den Geselligkeitsformen des Menschen resultierenden Verbundenheiten (Solidarität) scheiden für sich genommen aus dem Rechtfertigungstitel des Art. 20 Abs. 1 GG aus. Sie können allenfalls Nebenprodukte oder Mittel, nicht aber Zweck eines sozialstaatlich begründeten Freiheitseingriffs sein.

---

2 Cf. *T. Kingreen*, Das Sozialstaatsprinzip im europäischen Verfassungsverbund, 2003, S. 141 ff.; strikt gegen einen Kollisionsgehalt des Art. 20 Abs. 1 GG hingegen *M. Sachs*, in: K. Stern, Das Staatsrecht der Bundesrepublik Deutschland, Bd. III/2, 1994, S. 577 f.

3 Ähnlich *K.-P. Sommermann*, in: v. Mangoldt/Klein/Starck, GG, 5. Aufl. 2005, Art. 20 Abs. 1 Rdnr. 112; zu eng, da ohne demokratietheoretische Komponente in der Freiheitskonzeption, hingegen *W. G. Leisner*, Existenzsicherung im Öffentlichen Recht, 2007, S. 162.

b) Zur Bedeutung des Subsidiaritätsprinzips

Das vielbemühte *Subsidiaritätsprinzip*[4] bietet hingegen keine *hinreichende* Grundlage, die Maxima des Sozialstaates zu definieren. Denn in stricto sensu verstanden würde es die verfassungsrechtlich durch Art. 20 Abs. 1 GG gerade eröffneten Möglichkeiten der demokratischen Ausgestaltung des Sozialstaates unbotmäßig verkürzen und als Klugheitsregel verstanden kommt ihm keine verfassungsrechtliche Bedeutung zu. Deshalb sind die mit dem Subsidiaritätsprinzip angesprochenen Problemlagen kontextspezifisch am konkreten Normmaterial entlang abzuarbeiten.

So ergibt sich aus den einschlägigen Grundrechten (Art. 2 Abs. 1 GG, Art. 6 GG, Art. 12 Abs. 1 GG) etwa, daß der Staat niemanden so besteuern darf, daß er das zur Lebensführung Erforderliche entbehren muß und fürsorgebedürftig wird. Der Staat darf nicht erst nehmen, was er dann wieder geben muß.[5] Als Ausdruck der Subsidiarität kann man auch den für verfassungsgebotene Minima postulierten Vorrang der Selbstrealisation begreifen (supra F.II.2.f.cc.).

Doch läßt sich aus solchen Beispielen nicht folgern, der freiheitliche Sozialstaat müsse von Verfassungs wegen durchgängig streng subsidiär aufgebaut sein. Denn das Wechselspiel von grundrechtlicher Bindung und demokratischer Formung der Staatsgewalt, wie es im Grundgesetz festgelegt ist, erweist sich als so nuancenreich und vielgestaltig, daß es sich in der einfachen Formel von der Subsidiarität nicht einfangen läßt.

Aus den gleichen Gründen ist auch der *Vorrang der Eigenvorsorge*[6], als Verfassungsgebot verstanden, differenziert zu betrachten. Während er im Rahmen der verfassungsgebotenen Minima seinen unverrückbaren Platz hat, bindet er

---

[4] *M. Heinze*, Grund und Mißbrauch der Solidarität im System der sozialen Gerechtigkeit, in: J. Isensee (Hrsg.), Solidarität in Knappheit, 1998, S. 67 ff.; *J. Isensee*, Solidarität – sozialethische Substanz eines Blankettbegriffs, ebenda, S. 97 ff.; *ders.*, Subsidiaritätsprinzip und Verfassungsrecht, 2. Aufl. 2001; *H. Kube*, Rationalität und Paternalismus im Recht der Staatsfinanzierung, in: M. Anderheiden u.a. (Hrsg.), Paternalismus und Recht, 2006, S. 145 (151); *ders.*, Staatsaufgaben und Solidargemeinschaften, in: DStJG 29 (2006), S. 11 (14 f.); *H. Butzer*, Fremdlasten in der Sozialversicherung, 2001, S. 452 ff.; *M.-E. Geis*, Die öffentliche Förderung sozialer Selbsthilfe, 1997, S. 86 ff.; grundlegend *M. Spieker*, Legitimitätsprobleme des Sozialstaats, 1986, S. 222 ff.; *B. Schulin*, Solidarität und Subsidiarität, in: B. v. Maydell/W. Kannengießer (Hrsg.), Handbuch der Sozialpolitik, 1988, S. 85 ff.; zur organisationsrechtlichen Dimension des Themas (Stichwort: freie Wohlfahrtspflege): BVerfGE 22, 180 (204); *V. Neumann*, Freiheitsgefährdung im kooperativen Sozialstaat, 1992 mit weit. Nachw.; bis heute aktuell in diesem Zusammenhang *T. Rendtorff*, Kritische Erwägungen zum Subsidiaritätsprinzip, in: Der Staat 1 (1962), 405 ff.

[5] BVerfGE 87, 153 (169 f.); 99, 216 (231 ff.); 99, 246 (259 f.); *P. Kirchhof*, Steuergerechtigkeit und sozialstaatliche Geldleistungen, in: JZ 1982, 305 ff.; *M. Lehner*, Einkommenssteuerrecht und Sozialhilferecht, 1993.

[6] Cf. hierzu etwa *R. Pitschas*, Soziale Sicherungssysteme im „europäisierten“ Sozialstaat, in: Festschrift 50 Jahre Bundesverfassungsgericht, Bd. 2, 2001, S. 827 ff.; *F. Hase*, Verfassungsrechtliche Anforderungen an die staatliche Gewährleistung sozialer Sicherheit, in: SDSRV 52 (2004), S. 7 ff.

die demokratische Ausgestaltung nicht in gleicher Weise, sondern wird hier durch die Einzelgrundrechte der Betroffenen mediatisiert und damit im Ergebnis relativiert.

Gleichwohl ist der Gedanke der Subsidiarität dem freiheitsfunktionalen Sozialstaat insoweit nicht fremd, als die die etwaigen Subsidiaritätsvorstellungen verfassungsrechtlich ausformenden Grundrechte und sonstigen Verfassungsnormen die Binnenstrukturen von Abwägungsentscheidungen beeinflussen. Subsidiarität ist dann aber nichts anderes als eine spezifische Ausprägung des Freiheitsprinzips. Der Mehrwert eines sozialstaatlichen Subsidiaritätsparadigmas bleibt deshalb für die Bestimmung der freiheitsrechtlich zulässigen Maxima des Sozialstaates gering.

c) Verfassungsrechtlicher und historisch-politischer Sozialstaatsbegriff

Mit der Begrenzung der Rechtfertigungsfunktion des Art. 20 Abs. 1 GG auf Grundrechtseinschränkungen im Dienste der Freiheitsförderung ist nicht gesagt, daß der öffentlichen Hand verfassungsrechtlich generell verboten wäre, eine forcierte Egalisierungspolitik zu betreiben oder solidarisches Miteinander rechtsverbindlich einzufordern, weil man hofft, auf diese Weise gesellschaftlichen „Fortschritt" zu verwirklichen. Doch von Art. 20 Abs. 1 GG sind solche Maßnahmen eben nicht gedeckt. Sie erfahren keine abwägungserhebliche verfassungsrechtliche Rangerhöhung durch den Grundsatz des sozialen Staates.

Gegen ein solch restriktives Verständnis des Art. 20 Abs. 1 GG könnte man einwenden, es sei unhistorisch. Denn die sozialen Bewegungen hatten sich ja durchaus, wenn auch mit unterschiedlichen ideologischen Begründungen und in unterschiedlichem Zuschnitt, den „Ausgleich der sozialen Gegensätze"[7] auf die Fahnen geschrieben (cf. supra B.III.). Wer, wie *Günter Dürig* oder *Hans F. Zacher* (supra A.IV.1.), dem Sozialstaatsprinzip das den sozialen Bewegungen Gemeinsame zuordnen will, kann deshalb die im verfassungstheoretischen Teil dieser Arbeit im einzelnen zurückgewiesenen Kandidaten für eine Bestimmung des Primärzwecks des Sozialstaates (Sicherheit, Solidarität, Gleichheit, Demokratie) nicht unberücksichtigt lassen. Profilierte verfassungsdogmatische Aussagen über den Sozialstaat lassen sich dann allerdings infolge der Mehrfachcodierung der Geschichte des Sozialstaates kaum noch treffen. Wer darauf besteht, die konsentierten historisch wirksamen Sozialstaatsvorstellungen sämtlich in Verfassungsrang zu heben, wird die Schwächen des pragmatischen Sozialstaatsverständnisses also nicht hinter sich lassen können. Art. 20 Abs. 1 GG erlaubt dann alles und verlangt nichts. Minima und Maxima bleiben verfassungsrechtlich unterbestimmt und unbestimmbar, während zugleich der Bereich der demokratischen Ausgestaltung tendenziell überbestimmt wird (supra A.II.).

---

[7] BVerfGE 22, 180 (204); 100, 271 (284).

Deshalb sollte man in Anlehnung an einen Vorschlag von *Roman Herzog* zwischen einem weiten *historisch-politischen* und einem engeren *verfassungsrechtlichen Sozialstaatsbegriff* unterscheiden.[8] Der historisch-politische Sozialstaatsbegriff umfaßt ein denkbar weites Verständnis von Sozialstaatlichkeit. Er bezieht sich auf die wechselvolle Evolution des Wohlfahrtsstaates und ist offen für gesellschaftstheoretische und politisch-ökonomische Anreicherungen. Als historisch-politischer Terminus verstanden wird der „Sozialstaat" selbst zum Träger politischer Überzeugungen, die unter den Bedingungen einer freiheitlichen Demokratie in die politische Arena eingespeist werden können. Ein auf das Moment der Freiheitsfunktionalität begrenztes Verständnis des Art. 20 Abs. 1 GG hindert deshalb niemanden, im Rahmen der politischen Selbstverständigung der Gesellschaft für seine Lesart des historisch-politischen Sozialstaates zu streiten und um Mehrheiten zu werben. Nur wird, wenn man den verfassungsrechtlichen Sozialstaatsbegriff streng an die beiden normativen Grundfiguren des modernen Verfassungsrechts – die individuelle Selbstbestimmung und die demokratische Selbstregierung – rückbindet und aus dem Wechselspiel dieser beiden Normative heraus entwickelt, nicht jede dieser Vorstellungen verfassungsrechtlich nobilitiert.

d) Zur Abgrenzung sozialstaatlicher Ziele und sonstiger Gemeinwohlbelange

Die skizzierte Einschränkung der Möglichkeit, Grundrechtseingriffe verfassungsrechtlich durch die Formel vom sozialen Staat zu rechtfertigen, setzt allerdings voraus, daß sich die sozialstaatliche Zielverwirklichung zumindest grundsätzlich von der freiheitsförderlichen Verfolgung sonstiger Gemeinwohlbelange unterscheiden läßt. Ein kurzer Blick auf die lange Debatte um das Verhältnis von Daseinsvorsorge und Sozialstaatlichkeit zeigt,[9] wie schwierig dies im Detail ist.[10] Maßnahmen wie der Bau von Straßen, die Vorhaltung von Bil-

---

[8] *R. Herzog*, in: Maunz/Dürig, GG, Art. 20 (VIII.) Rdnr. 25 (18. Lfg. 1980).

[9] Allerdings erlaubt die bloße Schwierigkeit noch nicht die Schlußfolgerung, die Unterscheidung sei unmöglich; cf. *C. Schmitt*, Die Freiheitsrechte und institutionelle Garantien (1931), in: ders., Verfassungsrechtliche Aufsätze, 4. Aufl. 2003, S. 140 (147).

[10] Cf. *H. F. Zacher*, Das soziale Staatsziel, in: HStR, Bd. 2, 3. Aufl. 2004, S. 659 (705 ff.); *ders.*, Sozialpolitik und Verfassung im ersten Jahrzehnt der Bundesrepublik Deutschland, 1980, S. 37 ff., 232 ff., 820 ff.; *ders.*, Grundlagen der Sozialpolitik in der Bundesrepublik Deutschland, in: Bundesministerium für Arbeit und Sozialordnung (Hrsg.), Grundlagen der Sozialpolitik, Geschichte der Sozialpolitik in Deutschland seit 1945, Bd. 1, 2001, S. 333 (389 ff.); *W. Rüfner*, Daseinsvorsorge und soziale Sicherheit, in: HStR, Bd. 4, 3. Aufl. 2006, S. 1049 (1055 ff.); *E. Schmidt-Aßmann*, Verfassungsprinzipien für den Europäischen Verwaltungsverbund, in: W. Hoffmann-Riem/E. Schmidt-Aßmann/A. Voßkuhle (Hrsg.), Grundlagen des Verwaltungsrechts, Bd. 1, 2006, S. 241 (299); *P. J. Tettinger*, Verwaltungsrechtliche Instrumente des Sozialstaates, in: VVDStRL 64 (2005), S. 199 (204 f.), die sämtlich eine Abgrenzung vornehmen, indem sie als besondere Zielsetzung des Sozialstaates, die ihn von der

dungseinrichtungen, die Schaffung von Spielmöglichkeiten für Kinder etc. erweitern sämtlich die Möglichkeiten der Bürger, ihre Freiheitsrechte wahrzunehmen. Doch auch die Wirtschaftsordnung selbst und die auf wirtschaftliche Prozesse bezogene staatliche Infrastruktur dienen der Chance zur Verwirklichung von Freiheit. Ebenso ist jede Form der Subventionierung in gewissem Sinne „freiheitsfördernd". Letztlich steht im freiheitlichen Verfassungsstaat jede staatliche Tätigkeit in der Verpflichtung, um des Menschen willen dazusein (Art. 1 Abs. 1 GG). Soll Art. 20 Abs. 1 GG als Titel zur Rechtfertigung von Grundrechtseingriffen nicht konturlos bleiben, bedarf es somit unterhalb der Leitlinie, daß der Sozialstaat des Grundgesetzes Bedingungen eines selbstbestimmten Lebens sichert und verbessert, noch einmal einer Abschichtung spezifisch sozialstaatlicher Zwecksetzungen von sonstigen staatlichen Zielen.

Zwei Anhaltspunkte bieten sich für die erforderliche Unterscheidung an, um den sozialen Staat einerseits gegenüber der Daseinsvorsorge, andererseits gegenüber sonstigen Formen der „Grundrechtssubventionierung" zu profilieren: zum einen rechtfertigt Art. 20 Abs. 1 GG Grundrechtseingriffe, dem freiheitsfunktionalen Ansatz folgend, nur dann, wenn die ihnen zugrundeliegenden staatlichen Aktivitäten *unmittelbar am Individuum und seinen Bedürfnissen ausgerichtet* sind. Auf diese Weise wurden oben bereits soziale Minima näher bestimmt; die Rechte begründende Funktion des Art. 20 Abs. 1 GG ist auf das Individuum bezogen. Ebenso sind aber auch von der Rechtfertigungsfunktion des Art. 20 Abs. 1 GG nur solche staatlichen Handlungen erfaßt, die unmittelbar auf die Sicherung und Verbesserung der für ein selbstbestimmtes Leben des einzelnen erforderlichen sozialen Bedingungen zielen. Die in Distanz zum Individuum agierende, auf gesellschaftliche Makrostrukturen abstellende Infrastrukturverwaltung genügt diesem Kriterium nicht.

Zum anderen kann man, um die sozialstaatliche Freiheitsförderung von sonstigen Formen der „Grundrechtssubventionierung" zu unterscheiden, in gewissem Rahmen auch die geschichtlichen Umstände der Realisierung des Sozialstaates heranziehen. Die historische Prägung des Sozialstaates ist also für den verfassungsrechtlichen Sozialstaatsbegriff nicht irrelevant. Sie entfaltet für die Begriffsbestimmung auf grundgesetzlicher Ebene ihren heuristischen Wert jedoch ausschließlich innerhalb eines konkreten Normativs: der freiheitsdienenden Verpflichtung des Sozialstaates des Grundgesetzes. Der Erklärungswert der sozialstaatlichen Evolution ist an diese normative Primärzweckbestimmung gebunden und transzendiert sie verfassungsrechtlich nicht. Unter dieser Bedingung bieten die typischen sozialen Problemlagen und die unterschiedlichsten Instrumente der Fürsorge, Vorsorge und Förderung, die zur Aus- und Weiterbildung des Sozialstaates geführt haben, einen prägnanten An-

---

Daseinsvorsorge abhebt, die soziale Gleichstellung heranziehen. Aus der Sicht eines nonegalitaristischen Sozialstaatsverständnisses ist dieser Ansatz verfehlt.

haltspunkt, um sozialstaatliche Formen der Freiheitsförderung von anderen Formen der Grundrechtseffektivierung zu unterscheiden. So bedarf es keiner definitorischen Klügeleien um festzustellen, daß z.B. die staatliche Kunstförderung keine Erscheinung von Sozial-, sondern von Kulturstaatlichkeit ist. Denn obwohl die konkrete Gestalt typischerweise sozialstaatlich bearbeiteter Probleme sich wandelt, bleibt ein allgemein geteiltes, gleichsam vorprädikatives Verständnis vom Besonderen des sozialen Charakters entsprechender Probleme präsent. Gewisse Unschärfen sind zwar gleichwohl angesichts des topischen Überschusses des Sozialen unvermeidbar. So wird im Einzelfall stets neu auszutesten sein, ob sich eine staatliche Aktivität plausibel als sozialstaatlich darstellen läßt. Die beiden genannten typusbildenden Merkmale (Individualbezug und flexible Kontinuität sozialstaatstypischer Herausforderungen und Instrumente) indessen bieten hinreichende Anhaltspunkte, um spezifisch sozialstaatliche Ziele von sonstigen Gemeinwohlbelangen abgrenzen zu können.

2. *Zum Problem der Rechtfertigung unterschiedlicher Eingriffsarten*

Um die Wirkungen der Grundregel, Freiheitsfunktionalität als Grenze der Rechtfertigung sozialstaatlicher Freiheitseingriffe, näher zu untersuchen, lassen sich drei Formen von zu rechtfertigenden Freiheitseingriffen unterscheiden: die sozialstaatliche Inpflichtnahme des einzelnen als Teil der Gesellschaft, die ihn wie jedermann sonst auch trifft, die sozialstaatliche Inpflichtnahme des einzelnen als Teil einer bestimmten Gruppe sowie die sozialstaatliche Inpflichtnahme des einzelnen, die gezielt an individuelle Eigenschaften und Fähigkeiten anknüpft, bei der also der einzelne selbst mit seinen Charakteristika im Zentrum steht. Ein Beispiel für die erste Variante wäre die Heranziehung aller Steuerpflichtigen zur Finanzierung allgemeiner Sozialausgaben des Staates, ein Beispiel für die zweite Variante die Beitragspflicht in einer mit Elementen der Umverteilung versehenen Sozialversicherung, ein Beispiel für die dritte Variante ist schließlich die Sozialversicherungspflicht als solche oder die punktuelle Inpflichtnahme zur Hilfeerbringung für einen Dritten, wie sie einzelnen Leistungserbringern in der Sozialversicherung zuweilen auferlegt wird.

a) Finalität und objektive Eignung der Freiheitsfunktionalität

Nach dem oben Gesagten muß sich in einem ersten Schritt für die Rechtfertigung solcher Eingriffe durch Art. 20 Abs. 1 GG darlegen lassen, daß diese sich dem Anliegen des Sozialstaates, die sozialen Grundlagen für ein selbstbestimmtes Leben sicherzustellen, als dienlich erweisen. Dies setzt *Finalität* und *objektive Eignung* der Freiheitsfunktionalität voraus. Dem Gesetzgeber kommt bei der Eignungsbewertung eine Einschätzungsprärogative zu. Fehlt es jedoch an der Finalität oder an einer hinreichenden Plausibilisierung der Eignung einer Maßnahme, vermag Art. 20 Abs. 1 GG keine rechtfertigende Wirkung für einen etwaigen Freiheitseingriff zu entfalten.

b) Eignungsmangel bei Pflichten gegen sich selbst?

An der objektiven Eignung könnte man z.B. in Bezug auf *Pflichten gegen sich selbst* wie sie Versicherungspflichten darstellen, zweifeln. Freilich läßt das Sozialstaatsprinzip, da es auf die effektive Möglichkeit zur Verwirklichung gehaltvoller Freiheit zielt, auch Formen eines moderaten Paternalismus zu (supra B.VI.5.).[11] Wenn der Staat seinen Bürgern die Pflicht auferlegt, sich gegen Risiken abzusichern, deren Verwirklichung die Chancen, ein selbstbestimmtes Leben zu führen, extrem beeinträchtigt, verfolgt er deshalb damit durchaus ein freiheitsdienendes Anliegen. Er reagiert auf klassische Rationalitätsanomalien, die sich aus der menschlichen Neigung zur Diskontierung von Zukunft ergeben.[12] Für sich genommen würde die pauschale Zwecksetzung, den einzelnen vor sich selbst zu schützen, sozialstaatlich motivierte Grundrechtseingriffe gleichwohl kaum rechtfertigen können. Denn der in solchen Maßnahmen zum Ausdruck kommende „Zwang zur Freiheit“ müßte sich seinerseits freiheitsrechtlich rechtfertigen. Die für den freiheitsrechtlich begründeten Paternalismus konstitutive Paradoxie bedarf der Entfaltung. Diese erfolgt durch die permanente reflexive Selbstermäßigung des paternalistischen Potentials des Sozialstaates unter den Bedingungen der Freiheit (supra C.VI.5.). Ihr grundrechtsdogmatischer Ort ist die Verhältnismäßigkeitsprüfung (hierzu sogleich). Allerdings ist in diesem Zusammenhang zu berücksichtigen, daß durch einen Zwang zur Versicherung gravierender sozialer Risiken auch der dem Schutzgebot sozialer Minima inhärente Vorrang der Selbstrealisation (supra F.II.2.f.cc.) gestärkt wird.[13] Die soziale Versicherungspflicht bildet also stets einen Fall des gemischten Paternalismus (supra C.VI.5.); die staatlich verfaßte Solidargemeinschaft schützt nicht nur den einzelnen vor sich selbst, sondern auch sich vor dem einzelnen (Stichwort: moral hazard).[14] Die Pflicht, sich eine individuelle *Mindest*absicherung für bestimmte typische soziale Risiken wie Krankheit oder Pflegebedürftigkeit zu verschaffen,[15] läßt sich deshalb im Grundsatz, ganz unabhängig davon, wel-

---

[11] Im Überblick *H. M. Heinig*, Paternalismus im Sozialstaat, in: M. Anderheiden (Hrsg.), Paternalismus und Recht, 2006, S. 157ff.

[12] *A. van Aaken*, Begrenzte Rationalität und Paternalismusgefahr, in: M. Anderheiden u.a. (Hrsg.), Paternalismus und Recht, 2006, S. 109ff.

[13] Cf. *E. Schmidt-Aßmann*, Verfassungsfragen der Gesundheitsreform, in: NJW 2004, 1689 (1693); *B. Schulin*, Verfassungsrechtliche Grenzen bei der Umgestaltung des Sozialstaats im Bereich der Gesundheitssicherung, in: VSSR 1997, 43 (49).

[14] Cf. zum Problem *A. Hänlein*, Moral Hazard und Sozialversicherung, in: ZVersWiss 2002, 579ff.

[15] Cf. §23 SGB XI – hierzu BVerfGE 103, 197 (215ff.). Ausgeweitet wurde mit der Ge-

ches Grundrecht man für betroffen hält,[16] generell verfassungsrechtlich rechtfertigen. Dabei wird der Gesetzgeber aus freiheitsrechtlichen Gründen allerdings diejenigen aus einer solchen Pflicht herausnehmen müssen, bei denen kein Schutzbedarf besteht, weil das Risiko anderweitig abgedeckt wird (so etwa bei Beamten, solange für diese das Alimentationsprinzip greift).[17] Eine bestimmte Einkommenshöhe läßt den Schutzbedarf hingegen nicht ohne weiteres entfallen, wie das Bundesverfassungsgericht in seiner Entscheidung zur privaten Pflegeversicherung zutreffend festgestellt hat.[18] Die Vorsorgefreiheit kann deshalb zumindest insoweit eingeschränkt werden, daß die Freiheit (als Abwesenheit) von Eigenvorsorge mit den Mitteln des staatlichen Zwangs verhindert wird. Damit ist allerdings nicht gesagt, daß eine solche Mindestsicherung auch in Form einer *Sozial*versicherung stattzufinden hat oder beliebig über den freiheitsfunktionalen Mindestschutz hinausgehen darf.[19] Die Rechtfertigung der *Sozial*versicherungspflicht bedarf also eines über paternalistische Schutzanliegen hinausgehenden Grundes. Dieser könnte insbesondere im Gedanken des sozialen Ausgleichs zu sehen sein. Wie weit dieser Grund trägt, wird weiter unten näher zu betrachten sein (infra H.II.4.).

c) Das eigentliche Problem: die Belastungsgleichheit und Verhältnismäßigkeit

Das eigentliche Problem bei der Rechtfertigung von sozialstaatlich motivierten Grundrechtseingriffen besteht, dies zeigte sich bereits an dem Beispiel sozialstaatlicher Pflichten gegen sich selbst, in vielen Fällen weniger in der Identifizierung einer freiheitsfunktionalen Zweckbestimmung als vielmehr in der Prüfung der Erforderlichkeit bzw. Angemessenheit. Größere Probleme als eine paternalistische Maßnahme wirft hierbei *die drittnützige Inpflichtnahme* des einzelnen auf, die auch die Sozialversicherungspflicht in ihrer gegenwärtigen einfachgesetzlichen Ausgestaltung prägt.

---

sundheitsreform 2007 nun auch die Versicherungspflicht in der gesetzlichen Krankenversicherung, § 5 Abs. 1 Nr. 13 SGB V.

[16] Cf. *T. Kingreen*, Das Sozialstaatsprinzip im europäischen Verfassungsverbund, 2003, S. 141 ff. mit weit. Nachw.

[17] *J. Isensee*, Finanzverfassung und Sozialrecht, in: SDSRV 35 (1992), S. 7 (21).

[18] BVerfGE 103, 197, (215 ff.); auch in zahlreichen anderen Entscheidungen hat das Bundesverfassungsgericht das Merkmal der Schutzbedürftigkeit relativ großzügig gehandhabt; cf. BVerfGE 92, 221 (235); 10. 354 (369); sehr viel restriktiver *F. Hase*, Versicherungsprinzip und sozialer Ausgleich, 2000, S. 46 ff.

[19] Deshalb argumentiert *B. Schulin*, Die soziale Pflegeversicherung des SGB XI, in: NZS 1994, 433 ff.; *ders.*, Grundstrukturen der sozialen Pflegeversicherung, in: Festschrift für H. F. Zacher, S. 1029 (1032) am Problem vorbei, wenn er die *Sozial*versicherungspflicht damit zu rechtfertigen sucht, daß die Sozialhilfe entlastet werden solle. Cf. *F. Hase*, Versicherungsprinzip und sozialer Ausgleich, 2000, S. 61 f.

Soweit jemand als *Individuum* und als *Teil einer Gruppe* sozialstaatlich mit einer drittnützigen Rechtspflicht belastet wird, ist in einer politischen Gemeinschaft der Freien und Gleichen stets zu begründen, wieso nicht andere herangezogen werden – dieses Problem wird in der Literatur in der Regel als gleichheitsrechtliches beschrieben (Gebot der Lastengleichheit).[20] Es ist im engeren Sinne kein Problem der Verhältnismäßigkeit, weil im Rahmen der Erforderlichkeit von vornherein nur solche Alternativen zu berücksichtigen sind, die Dritte und die Allgemeinheit nicht stärker belasten.[21] Es läßt sich jedoch freiheitsrechtlich reformulieren.[22]

In beiden Konstellationen stellt sich zudem, ebenso wie bei der fremdnützigen Inpflichtnahme des einzelnen als *Teil der Gesellschaft*, das Problem, ob der sozialstaatlich motivierte Grundrechtseingriff nicht übermäßig ausfällt und damit der grundrechtlich gegen jede demokratische Willensbildung garantierte Mindestschutz individueller Freiheit nicht mehr gegeben ist.

Die damit aufgeworfenen Fragen der Belastungsgleichheit und Verhältnismäßigkeit sozialstaatlicher Inpflichtnahme bilden wohl das Kernproblem des freiheitsfunktionalen Sozialstaates. Jede verfassungstheoretische oder -dogmatische Konzeption des freien, demokratischen und sozialen Rechtsstaates hat sich der Aufgabe zu stellen, auf diese Kardinalsfrage eine Antwort zu finden. In den letzten Jahren standen bei ihrer rechtswissenschaftlichen Bearbeitung die Sozialversicherungen im Mittelpunkt. Besondere Aufmerksamkeit wurde dabei dem Problem versicherungsfremder Leistungen,[23] aber auch den politischen

---

[20] Cf. *J. Becker*, Transfergerechtigkeit und Verfassung, 2001; *H. Butzer*, Fremdlasten in der Sozialversicherung, 2001; *F. Hase*, Versicherungsprinzip und sozialer Ausgleich, 2000; *C. Rolfs*, Das Versicherungsprinzip im Sozialversicherungsrecht, 2000; *H. Kube*, Äquivalenz und Solidarität im Sozialversicherungsrecht, in: Der Staat 41 (2002), 452 ff.; *A. Lenze*, Staatsbürgerversicherung und Verfassung, 2005, S. 232 ff.; *W. Heun*, in: H. Dreier (Hrsg.), GG, Bd. 1, 2. Aufl. 2004, Art. 3 Rdnr. 80; *A. Schmehl*, Das Äquivalenzprinzip im Recht der Staatsfinanzierung, 2004, insb. S. 195 ff.

[21] BVerfGE 113, 167 (259); *H. D. Jarass*, in: ders./B. Pieroth, GG, 9. Aufl. 2007, Art. 20 Rdnr. 85; *ders.*, Sicherung der Rentenfinanzierung und Verfassungsrecht, in: NZS 1997, 545 (547); cf. a. BVerfGE 109, 64 (86): Mildere Mittel dürfen die Kostenlast nicht lediglich verschieben. Solche Begrenzungen entspringen dem Bedürfnis der verfassungsgerichtlichen Praxis, die Prüfungstiefe in der Verhältnismäßigkeitsprüfung überschaubar zu halten. Sie sind insoweit richtig, als die Inanspruchnahme der Allgemeinheit oder Dritter aus der Perspektive des Betroffenen stets das mildere Mittel bildet. Deshalb kann eine Maßnahme nicht schon deshalb unverhältnismäßig sein, weil der Staat oder andere Bürger in ebenso geeigneter Weise in die Pflicht genommen werden können. Von dieser Frage zu trennen ist jedoch das von Art. 3 Abs. 1 GG geforderte Gebot der Lastengleichheit. Ein Verstoß gegen diese stellt zugleich eine Verletzung des einschlägigen Freiheitsgrundrechts dar.

[22] *F. Hase*, Versicherungsprinzip und sozialer Ausgleich, 2000, S. 43 ff.

[23] Aus der überbordenden Literatur zum Thema nur *F. Ruland*, Versicherungsfremde Leistungen in der gesetzlichen Rentenversicherung, in: DRV 1995, 28 ff.; *H. Frohn*, Die „versicherungsfremden" Leistungen der gesetzlichen Sozial-, insbesondere Rentenversicherung als Verfassungsproblem, in: SGb 2000, 1 ff.; *C. Rolfs*, Versicherungsfremde Leistungen in der Sozialversicherung, in: NZS 1998, 551 ff.; *W. Leisner*, Fremdlasten in der

Bestrebungen, eine „Bürgerversicherung" zu etablieren,[24] gewidmet. Weniger von Belang waren hingegen vornehmlich in der Sozialphilosophie diskutierte steuerfinanzierte Grundsicherungs-[25] sowie alternative Teilhabemodelle.[26]

Da die Bestimmung freiheitsfunktionaler Maxima des Sozialstaates wesentlich über die Grundrechte gesteuert wird und damit das Ergebnis von Abwägungsprozessen ist, kommt es für die genaue Fixierung der Grenzen verfassungsrechtlich zulässiger Ausgestaltung des Sozialstaates stets auf die näheren Umstände des Einzelfalls an. Doch der Einzelfallbetrachtung vorgelagert ist die Ausbildung bereichsspezifischer verfassungsdogmatischer Figuren, die das verfassungsrechtlich zulässige Maß an sozialstaatlich begründbaren Freiheitseingriffen wesentlich prägt. So lassen sich z.B. für die drei genannten sozialstaatlichen Eingriffstypen auch jeweilige verfassungsdogmatische Besonderheiten ausmachen. Beispielhaft soll dies im folgenden für die Finanzierung des freiheitsfunktionalen Sozialstaates gezeigt werden.

II. Maxima des Nehmens

1. Das sozialstaatliche Leistungsmaximum als finanzstaatliches Belastungsmaximum

Damit der Sozialstaat soziale Lebensbedingungen herstellen kann, die ohne sein Zutun aus dem freien Spiel der Kräfte heraus nicht bestünden, bedarf er geeigneter Instrumente zur sozialen Intervention. Die klassischen Mittel des Wohlfahrtsstaates sind Recht und Geld.[27] Auf ersteres hat der Staat als Gesetzgeber leichten Zugriff, letzteres hingegen muß erwirtschaftet werden.[28] Da der

---

Sozialversicherung, in: NZS 1996, 97 ff.; *H. Butzer*, Fremdlasten in der Sozialversicherung, 2001; *K.-J. Bieback*, Sozialversicherung und versicherungsfremde Leistungen in der Rechtsprechung des Bundessozialgerichts, in: Festschrift 50 Jahre Bundessozialgericht, 2004, S. 117 ff. mit weit. Nachw.

[24] Näher etwa *H. Sodan*, Die „Bürgerversicherung" als Bürgerzwangsversicherung, in: ZRP 2004, 217 ff.; *F. Kirchhof*, Verfassungsrechtliche Probleme einer umfassenden Kranken- und Renten-„Bürgerversicherung", in: NZS 2004, 1 ff.; *J. Isensee*, „Bürgerversicherung" im Koordinatensystem der Verfassung, in: NZS 2004, 393 ff.; *N. Brall./H.-J. Voges*, Modell Bürgerversicherung – Verfassungsrechtliche und europarechtliche Fragen, 2005; *K.-J. Bieback*, Sozial- und verfassungsrechtliche Aspekte der Bürgerversicherung, 2005; *D. Beer/D. Klahn*, Rechtliche und ökonomische Eckpunkte einer Bürgerversicherung, in: SGb 2004, 13 ff.; *P. Axer*, Verfassungsrechtliche Fragen einer Bürgerversicherung, in: Gedächtnisschrift für M. Heinze, 2005, S. 1 ff.

[25] Hierzu bereits supra C.VI./F.II.

[26] *B. Ackerman/A. Alstott*, The Stakeholder Society, 1999; *dies.*, Why Stakeholding?, in: Politics & Society 32 (2004), 41 ff.; *G. Grönzinger/M. Maschke/C. Offe*, Die Teilhabegesellschaft, 2006.

[27] *N. Luhmann*, Politische Theorie im Wohlfahrtsstaat, 1981.

[28] Einer – ihrerseits gegenüber Empfängern von Sozialleistungen höchst problematischen

Staat nur in geringem Maße Eigenwirtschaft betreibt,[29] muß er sich, sieht man von der europa- und verfassungsrechtlich leidlich kontrollierten Möglichkeit der Staatsverschuldung ab,[30] die Mittel bei seinen Bürgern nehmen. Dazu kann er auf unterschiedliche, verfassungsrechtlich etablierte Formen der Einnahmengenerierung wie Steuern, Beiträge, Gebühren oder Sonderabgaben zurückgreifen.[31] Angesichts des Finanzierungsbedarfs des (auch freiheitsfunktional verstanden) auf unmittelbare und mittelbare Umverteilung angelegten Sozialstaats hängt ein effektiver Freiheitsschutz vor dem Sozialstaat somit ganz wesentlich vom Freiheitsschutz vor dem Abgabenstaat ab. *Das sozialstaatliche Leistungsmaximum korreliert mit dem finanzstaatlichen Belastungsmaximum.* Grenzen der abgabenrechtlichen Belastung wiederum ergeben sich einerseits aus den Grundrechten, indirekt aber auch aus der finanzverfassungsrechtlichen Kompetenzordnung, der gleichsam ein individualschützender Reflex eigen ist.[32] Beide Schutzdimensionen werden im finanzverfassungsrechtlichen Schrifttum intensiv durchleuchtet[33] und zu beiden Aspekten entfaltet das Bundesverfassungsgericht eine weitgreifende Rechtsprechung. Zu erinnern ist in diesem Zusammenhang insbesondere an die Debatten um den grundrechtlichen Schutz vor Besteuerung,[34] die kompetenz- und grundrechtliche Einordnung von neu kreierten Abgabenformen (insb. Sonderabgaben)[35] und ihren funktionalen Äquivalenten (sonderabgabengleiche Finanzierungslasten),[36] die grundrechtliche Problematik der Erhebung

– inflationstreibenden Sozialpolitik „mit der Druckerpresse" wirkt das Grundgesetz mit Art. 88 und Art. 109 Abs. 2 GG entgegen.

[29] Hierzu *S. Storr*, Der Staat als Unternehmer, 2001.

[30] *C. Jahndorf*, Grundlagen der Staatsfinanzierung durch Kredite und alternative Finanzierungsformen im Finanzverfassungs- und Europarecht, 2003; *F. Kirchhof*, Der notwendige Ausstieg aus der Staatsverschuldung, in: DVBl. 2002, 1569 ff.; *W. Höfling*, Staatsschuldenrecht, 1993; *H. Pünder*, Staatsverschuldung, in: HStR, Bd. 5, 3. Aufl. 2007, S. 1323 ff.; *P. Kirchhof*, Die Staatsverschuldung als Ausnahmeinstrument, in: Festschrift für R. Mußgnug, 2005, S. 131 ff.

[31] *F. Kirchhof*, Finanzierungsinstrumente des Sozialstaats, in: DStJG 29 (2006), S. 39 ff.

[32] BVerfGE 67, 256 (288 f.); *J. Isensee*, Finanzverfassung und Sozialrecht, in: SDSRV 35 (1992), S. 7 (18 f.); umfassend zuletzt *H. Kube*, Finanzgewalt in der Kompetenzordnung, 2004.

[33] Cf. *K. Vogel*, Die Steuergewalt und ihre Grenzen, in: Festschrift H. Maurer, 2001, S. 297 ff.

[34] *P. Kirchhof*, Der Grundrechtsschutz des Steuerpflichtigen, in: AöR 128 (2003), 1 ff.

[35] BVerfGE 91, 186 (202 f.); 101, 141 (147 f.); 110, 370 (389); 113, 128 (151 f.); *F. Ossenbühl*, Zur Rechtfertigung von Sonderabgaben mit Finanzierungszweck, in: DVBl. 2005, 667 ff.

[36] Cf. *H. Kube/U. Palm/C. Seiler*, Finanzierungsverantwortung für Gemeinwohlbelange, in: NJW 2003, 927 ff.; *H. Kube*, Staatsaufgaben und Solidargemeinschaften, in: DStJG 29 (2006), S. 11 (31 ff.); *C. von Stockhausen*, Gesetzliche Preisintervention zur Finanzierung öffentlicher Aufgaben, 2007; keine verfassungsrechtlichen Probleme sieht hingegen in dieser Konstellation BVerfGE 114, 196 (249 f.); zur Problematik auch *U. Becker*, Arzneimittelrabatte und Verfassungsrecht – zur Zulässigkeit der Preisabschläge nach dem Beitragssatzsicherungsgesetz, in: NZS 2003, 561 ff.

von Gebühren und der Entwicklung angemessener Bemessungsprinzipien[37] oder an die kompetenzrechtliche Herausforderung, die mit einer signifikanten Ausweitung von Entgeltpflichten für staatliche Leistungen einhergeht („Vom Steuerstaat zum Abgabenstaat").[38] Schon an dieser Auflistung zeigt sich, wie komplex sich die Bestimmung der Grenzen des freiheitsfunktionalen Sozialstaates im Hinblick auf die Maxima des Nehmens im Detail gestaltet. Die hieraus resultierenden mittelbaren Verflechtungen aus Finanz- und Sozialverfassungsrecht lohnten eine eingehendere Betrachtung, die angesichts der eigentlichen Fragestellung dieser Arbeit – die Bedeutung der Formel vom sozialen Staat in Art. 20 Abs. 1 GG zu untersuchen – an dieser Stelle nicht geleistet werden kann. Im folgenden soll es deshalb bei einigen grundlegenden Anmerkungen zu den finanzverfassungsrechtlichen Grenzen des sozialstaatlich bedingten Nehmens sein Bewenden haben, wobei insbesondere auf die Problematik der Sozialversicherungsbeiträge einzugehen sein wird.

2. Freiheitsschutz im Steuerstaat

In der finanzverfassungsrechtlichen Ordnung des Grundgesetzes finden sich vorrangig Bestimmungen zur Steuererhebung. Gesetzgebungskompetenzen und Ertragshoheit sowie der horizontale und vertikale Finanzausgleich in Art. 104a ff. GG sind steuerbezogen. Für nichtsteuerliche Abgaben kennt das Grundgesetz hingegen keine vergleichbare Regelungsdichte. Das Bundesverfassungsgericht folgert hieraus, daß der bundesstaatlichen Finanzverfassung eine „Begrenzungs- und Schutzfunktion"[39] zukommt. Die Auferlegung nichtsteuerlicher Abgaben ist durch das Grundgesetz zwar nicht ausgeschlossen, bedarf jedoch einer besonderen Begründung. Denn sonst könnten Bund und Länder unter Rückgriff auf die ihnen zustehenden Sachgesetzgebungskompetenzen die finanzverfassungsrechtlichen Verteilungsregeln unterlaufen. Andernfalls wäre aber auch die Belastungsgleichheit der Bürger in Frage gestellt. Da der Schuldner einer nichtsteuerlichen Abgabe in der Regel zugleich Steuerpflichtiger ist und er schon als solcher zur Finanzierung der die staatliche Gemeinschaft betreffenden Lasten in die Pflicht genommen wird, bedarf die Heranziehung zur nichtsteuerlichen Finanzierung eines besonderen Sachgrundes.

---

[37] *J. Becker*, Transfergerechtigkeit und Verfassung, 2001, S. 144 ff.; *F. Kirchhof*, Die Höhe der Gebühr, 1981; *D. Wilke*, Gebührenrecht und Grundgesetz, 1973; *S. Meyer*, Gebühren für die Nutzung von Umweltressourcen, 1995.

[38] *F. Kirchhof*, Vom Steuerstaat zum Abgabenstaat, Die Verwaltung 21 (1988), 137 ff.; ähnlich *U. Sacksofsky/J. Wieland* (Hrsg.), Vom Steuerstaat zum Gebührenstaat, 2000; *C. Gramm*, Vom Steuerstaat zum gebührenfinanzierten Dienstleistungsstaat, in: Der Staat 36 (1997), 267 ff.; cf. a. BVerfGE 105, 185 ff.; *H. Kube*, Finanzgewalt in der Kompetenzordnung, 2004, S. 418 ff.

[39] BVerfGE 113, 128 (149).

Sowohl das föderale Gefüge als auch der Individualschutz der Bürger legen es somit nahe, aus dem Regelungsgefüge der Art. 104a ff. GG das Leitbild eines „Steuerstaates“ abzuleiten,[40] welcher seinen allgemeinen Finanzbedarf typischerweise durch die besondere Abgabenform der Steuer deckt.

Für die Finanzierung sozialstaatlicher Aktivitäten folgt aus der Steuerstaatlichkeit dreierlei: 1.) Die Steuerstaatlichkeit schafft zwischen der sozialstaatlichen Leistung und ihrer Finanzierung rechtsstaatliche Distanz,[41] da Gebender und Nehmender in keinem unmittelbaren Verhältnis stehen und alle Einnahmen grundsätzlich der Deckung aller Ausgaben dienen (Prinzip der Non-Affektation). Die Zweckbindung des Aufkommens hat demgegenüber die Ausnahme zu bleiben.[42] 2.) Die Steuerstaatlichkeit bewirkt eine sozialstaatlich angemessene Verteilung der Finanzierungslasten, da das grundlegende Bemessungsprinzip der Besteuerung die Leistungsfähigkeit ist.[43] 3.) Die Steuerstaatlichkeit sichert parallel zu den aus Art. 20 Abs. 1 GG abgeleiteten Legitimationsanforderungen (supra G.III.) eine demokratische Kontrolle der Ausgestaltung des Sozialstaates, da ohne Zweckbindung generierte Einnahmen vom Haushaltsgesetzgeber beliebig eingesetzt werden können, in der Finanzierung also die sozialstaatliche Zweckverfolgung mit jedweder anderen Staatsaufgabe konkurriert und die Festlegung der Präferenzen durch die Budgethoheit des Parlamentes dem demokratisch legitimierten Gesetzgeber zugewiesen wird.

Zugleich jedoch führt gerade die steuerstaatliche Flankierung des Sozialstaates dazu, daß ein freiheitsrechtlich angeleiteter und durch das Übermaßver-

[40] *J. Isensee*, Der Steuerstaat als Staatsform, in: Festschrift für H. P. Ipsen, 1977, S. 409 ff.; *K. Vogel*, Der Finanz- und Steuerstaat, in: HStR, Bd. 2, 3. Aufl. 2004, S. 843 (865 ff.); *ders./C. Waldhoff*, in: Bonner Kommentar zum GG, Vorb. Art. 104a-115 GG Rdnr. 267 ff., insb. 327 ff. (81. Lfg. 1997); *P. Kirchhof*, Besteuerungsgewalt und Grundgesetz, 1973, S. 3 ff.; *ders.*, Finanzierung des Leistungsstaates, in: Jura 1983, 505 (506); mit Nachw. zur Kritik an diesem Konzept *J. Wieland*, Finanzverfassung, Steuerstaat und föderaler Ausgleich, in: Festschrift 50 Jahre Bundesverfassungsgericht, 2001, 771 (776 ff.); *W. Heun*, Die Entwicklung des Steuerstaatskonzepts in theoretischer und tatsächlicher Hinsicht, in: U. Sacksofsky/J. Wieland (Hrsg.), Vom Steuerstaat zum Gebührenstaat, 2000, S. 10 ff.

[41] *P. Kirchhof*, Die Widerspruchsfreiheit im Steuerrecht als Verfassungspflicht, in: StuW 2000, 316 (321); *H. Kube*, Staatsaufgaben und Solidargemeinschaften, in: DStJG 29 (2006), S. 11 (16 f.).

[42] Zur Zulässigkeit von Zwecksteuern BVerfGE 49, 343 (353); 93, 319 (348); 110, 274 (294); cf. a. *C. Waldhoff*, Die Zwecksteuer, in: StuW 2002, 285 ff.; zu den Problemen sozialstaatlicher Zweckbindungen bei der Steuererhebung *F. Kirchhof*, Finanzierungsinstrumente des Sozialstaats, in: DStJG 29 (2006), 39 (53); Beispiele finden sich in § 221 SGB V und § 213 Abs. 3 SGB VI.

[43] *J. Becker*, Transfergerechtigkeit und Verfassung, 2001, S. 114 ff.; *J. Isensee*, Finanzverfassung und Sozialrecht, in: SDSRV 35 (1992), S. 7 (15); zum Leistungsfähigkeitsprinzip *R. Wernsmann*, Verhaltenslenkung in einem rationalen Steuersystem, 2005, S. 267 ff.; näher *C. Waldhoff*, Grundzüge des Finanzverfassungsrecht, in: HStR, Bd. 5, 3. Aufl. 2007, S. 813 (879 ff.) mit weit. Nachw.

bot feingesteuerter verfassungsrechtlicher Ausgleich zwischen der demokratisch gewollten sozialstaatlichen Inpflichtnahme des einzelnen und seinem individualrechtlich gebotenen Schutz vor eben dieser Inpflichtnahme ausfällt. Denn die fehlende Zweckbindung der Steuer zieht notwendig nach sich, daß die Relation zwischen einem besonderen sozialstaatlichen Zweck und dem eingesetzten Mittel (hoheitlich auferlegte Finanzierungspflicht) nicht hergestellt werden kann. Hierdurch ist das Gesamtgefüge des freiheitsfunktionalen Sozialstaates des Grundgesetzes, das auf dem Dreiklang des freiheitsrechtlich begründeten Mindestschutzes, der demokratischen Gestaltungsmöglichkeit und dem abwehrrechtlichen Freiheitsschutz des einzelnen aufbaut, zunächst einmal gestört.

Jedoch tritt an die Stelle des Grundrechtsschutzes *vor dem Sozialstaat* der Grundrechtsschutz *vor dem Steuerstaat*. Der Grundrechtsschutz vor Besteuerung bildet damit das funktionale Äquivalent zur im steuerfinanzierten Sozialstaat aufgelösten, eigentlich durch das Übermaßverbot im Rahmen der Grundrechte wirksamen Relation von sozialstaatlicher Inpflichtnahme und abwehrendem Freiheitsschutz. *Ernst Forsthoff* sah 1954 noch in der „rechtlich unbegrenzten Befugnis des Staates, Steuerquellen auszuschöpfen," und damit verbunden in „der scharfen Abgrenzung der Steuerhoheit von dem in den Grundrechten gewährleisteten Schutz des Eigentums" die „verfassungsrechtliche Grundlage" des heutigen Sozialstaates schlechthin.[44] Er brachte damit eine damals allgemein verbreitete Überzeugung zum Ausdruck. Lange Zeit war der grundrechtliche Schutz gegenüber der Steuergewalt entsprechend schwach ausgeprägt.[45] Doch die im Laufe der Jahre steigende Abgabenquote und die noch schneller steigenden Staatsausgaben zeigten, daß der vom wohlfahrtsstaatlichen Ausgabenbedarf getriebene Steuerstaat nach einer hinreichenden grundrechtlichen Einhegung verlangt. Politische Klugheit und demokratische Kontrolle wirken zwar unter normalen Bedingungen einer übermäßigen Steuerlast entgegen. Doch wie auch sonst sollte sich der Verfassungsstaat beim Schutz seines freiheitlichen Charakters nicht alleine darauf verlassen, daß die politische und soziale Entwicklung schon von selbst einen günstigen Verlauf nimmt. Die Ausbildung eines effektiven Grundrechtsschutzes vor einer die Selbstbestimmung des einzelnen seinerseits in Frage stellenden steuerlichen Belastung ist aus der Perspektive einer freiheitlichen Sozialstaatstheorie deshalb unverzichtbar. Andernfalls bliebe der im frei-

---

[44] *E. Forsthoff*, Begriff und Wesen des sozialen Rechtsstaates (1954), in: ders. (Hrsg.), Rechtsstaatlichkeit und Sozialstaatlichkeit, 1968, S. 165 (195); grundsätzlich zustimmend *O. Depenheuer*, in: v. Mangoldt/Klein/Starck, GG, 5. Aufl. 2005, Art. 14 Rdnr. 161; cf. a. *U. K. Preuß*, Rechtsstaat – Steuerstaat – Sozialstaat, in: D. Deiseroth/F. Hase/K.-H. Ladeur (Hrsg.), Ordnungsmacht?, 1981, S. 46 ff.

[45] Zu den Gründen *P. Kirchhof*, Der Grundrechtsschutz des Steuerpflichtigen, in: AöR 128 (2003), 1 (2 ff.); näher auch *H. Butzer*, Freiheitsrechtliche Grenzen der Steuer- und Sozialabgabenlast, 1999, S. 29 ff.; *U. Di Fabio*, Steuern und Gerechtigkeit, in: JZ 2007, 749 (751).

heitsfunktionalen Sozialstaat gebotene Grundrechtsschutz *vor* dem Sozialstaat unvollständig.[46]

Wie sich allerdings der Grundrechtsschutz des Steuerpflichtigen im einzelnen ausgestaltet, ist in der Literatur umstritten[47] und auch die Rechtsprechung unterliegt erheblichen Schwankungen. Als einschlägige Grundrechte in Betracht kommen Art. 14 Abs. 1 und 2 GG, Art. 12 Abs. 1 GG, Art. 9 Abs. 1 GG, Art. 6 GG, Art. 2 Abs. 1 GG und Art. 3 Abs. 1 GG. Um den Grundrechtsschutz im konkreten Einzelfall bestimmen zu können, wird man zwischen den verschiedenen Steuerarten differenzieren müssen. Für Ertragssteuern gestaltet er sich anders als für Aufwandssteuern und Vermögenssteuern. Für den Kontext dieser Arbeit sind jedoch weniger die Details dieses Schutzes relevant als vielmehr die Erkenntnis, daß die aus der freiheitlichen Begründungsfigur des Sozialstaates selbst heraus geforderte Begrenzung seiner selbst indirekt von der Wirksamkeit eines hinreichenden finanzverfassungsrechtlichen Grundrechtsschutzes abhängt. Entgegen verbreiteter Ansicht[48] bieten der Grundsatz des sozialen Staates sowie die demokratische Gestaltungsmacht des Gesetzgebers also *keine* tauglichen Argumente gegen einen über das Erdrosselungsverbot hinausgehenden Grundrechtsschutz gegen Steuerpflichten. Da die Suffizienz des Grundrechtsschutzes vor Steuern die offene Flanke des freiheitlichen Sozialstaates bildet, verlangt der soziale Staat vielmehr geradezu einen hinreichenden Grundrechtsschutz vor Besteuerung. Dieser fällt gleichwohl strukturell stets schwächer aus als der Freiheitsschutz bei einer direkten und nichtpekuniären Inpflichtnahme; denn der Steuerlast stehen keine konkreten Zwecke gegenüber

---

[46] Skeptisch hingegen *H.-J. Papier*, in: Maunz/Dürig, GG, Art. 14 Rdnr. 180 (40. Lfg. 2002): Die Eindämmung des „Superfiskalismus, d.h. des steigenden Anteils des Staates am Sozialprodukt ... als Rechtsgebot ... zu begreifen, dürfte in die ‚Traumfabrik des Staatsrechts' gehören".

[47] Cf. *H. Butzer*, Freiheitsrechtliche Grenzen der Steuer- und Sozialabgabenlast, 1999; *M. Jachmann*, Steuergesetzgebung zwischen Gleichheit und wirtschaftlicher Freiheit, 2000; *dies.*, Freiheitsgrundrechtliche Grenzen steuerlicher Belastungswirkungen, in: Festschrift für H. Schiedermair, 2001, S. 391 ff.; *R. Seer*, Verfassungsrechtliche Grenzen der Gesamtbelastung von Unternehmen, in: DStJG 23 (2000), 87 ff.; *K. Vogel*, Eigentumsgarantie, Handlungsfreiheit und Steuerrecht, in: Festschrift H. Maurer, 2001, S. 297 ff.; *ders.*, Die Steuergewalt und ihre Grenzen, in: Festschrift 50 Jahre Bundesverfassungsgericht, Bd. 2, 2001, S. 527 ff.; *D. Birk*, Rechtfertigung der Besteuerung des Vermögens aus verfassungsrechtlicher Sicht, in: DStJG 22 (1999), 7 ff.; *H. D. Jarass*, Nichtsteuerliche Abgaben und lenkende Steuern unter dem Grundgesetz, 1999, S. 81 ff.; *R. Wernsmann*, Die Steuer als Eigentumsbeeinträchtigung, in: NJW 2006, 1169 ff.; *J. Wieland*, in: H. Dreier (Hrsg.), GG, Bd. 2, 2. Aufl. 2004, Art. 14 Rdnr. 55; *H.-J. Papier*, in: Maunz/Dürig, GG, Art. 14 Rdnr. 165 ff. (40. Lfg. 2002); *O. Depenheuer*, in: v. Mangoldt/Klein/Starck, GG, 5. Aufl. 2005, Art. 14 Rdnr. 163 ff. jeweils mit weit. Nachw.

[48] BVerfGE 93, 121 (163 ff.) – Sondervotum *Böckenförde*; *J. Wieland*, in: H. Dreier (Hrsg.), GG, Bd. 2, 2. Aufl. 2004, Art. 14 Rdnr. 56; *H. Rittstieg*, in: AK-GG, 3. Aufl., Art. 14/15 Rdnr. 259 (Grundwerk 2001).

und die Eingriffsintensität ist bei Abgaben niedriger als bei sonstigen Verhaltenspflichten.[49]

Im Zentrum der Auseinandersetzung um den Grundrechtsschutz vor staatlicher Besteuerung steht Art. 14 Abs. 1 und 2 GG. Dem eigentumsrechtlichen Grundrechtsschutz vor Geldleistungspflichten wird gemeinhin entgegengehalten, Art. 14 Abs. 1 GG schütze nicht das Vermögen als solches, sondern nur einzelne vermögenswerte Rechte.[50] Er richte sich deshalb allenfalls gegen eine erdrosselnde Wirkung der Steuer.[51] Der Erste Senat des Bundesverfassungsgerichts bleibt bis heute bei dieser ursprünglichen Ausrichtung der Rechtsprechung zum Grundrechtsschutz vor Besteuerung.[52] Doch auch wenn man an diesem Axiom des Eigentumsschutzes festhält (und nicht mit *Paul Kirchhof* den Schutz des Eigentums grundrechtsdogmatisch primär von seiner Funktion als materielles Substrat der individuellen Freiheit her definiert),[53] greift Art. 14 Abs. 1 und 2 GG, wie der Zweite Senat des Bundesverfassungsgerichts in seiner jüngst ergangenen Entscheidung zur Einkommens- und Gewerbesteuer zutreffend dargelegt hat, zumindest für solche Steuerarten, die „tatbestandlich an das Innehaben von vermögenswerten Rechtspositionen" anknüpfen „und so den privaten Nutzen der erworbenen Rechtspositionen zu Gunsten der Allgemeinheit" einschränken.[54] Denn Art. 14 Abs. 1 und 2 GG schützt das Innehaben und Nutzen jedweder *konkreten* vermögenswerten Rechtsposition des Privatrechts – und diese sind durch solche Formen der Besteuerung eben betroffen.

Allerdings hat der Senat in der gleichen Entscheidung für den Bereich der Einkommenssteuer vom sog. Halbteilungsgrundsatz[55] Abstand genommen. Aus dem Wortlaut des Art. 14 Abs. 2 S. 2 GG („zugleich") lasse sich „keine allgemein verbindliche absolute Belastungsobergrenze in der Nähe einer hälftigen Teilung (‚Halbteilungsgrundsatz') ableiten."[56] Folgerichtig stellt der Zweite Senat fest, daß die Verhältnismäßigkeitsprüfung, sieht man als Steuerzweck die Einnahmenerzielung als solche, ohne diesen Maßstab „auf besondere Schwierigkeiten" stoße, da Eignung und Gebotenheit kaum greifbare Ansatzpunkte für eine Begrenzung böten. Auch die Angemessenheit entziehe sich einer konturierten Prüfung, da eine wertende Einschränkung des staatlichen Finanzierungsinteresses auf eine im Grundgesetz nicht vorgesehene Ausgabenbegrenzung hinauslaufe, und die Finanzverfassung, von Art. 116 Abs. 3 S. 4 Nr. 2 GG abgesehen, keine materiellen Steuerbelastungsgrenzen kenne, die Relation von Steuersatz und Bemessungsgrundlage zu berücksichtigen sei und das Gebot der Lastengleichheit in vertikaler Richtung Freiräume

---

[49] *H.-J. Papier*, in: Maunz/Dürig, GG, Art. 14 Rdnr. 177 (40. Lfg. 2002): das Verhältnismäßigkeitsprinzip sei gegenüber Steuereingriffen „indolent und ineffizient".

[50] *J. Wieland*, in: H. Dreier (Hrsg.), GG, Bd. 2, 2. Aufl. 2004, Art. 14 Rdnr. 53 ff. mit weit. Nachw.

[51] So bereits BVerfGE 14, 221 (241); 19, 119 (129).

[52] BVerfGE 95, 267 (300 f.); zum Streit zwischen den beiden Senaten *J. Wieland*, Freiheitsrechtliche Vorgaben für die Besteuerung von Einkommen, in: DStJG 24 (2001), 29 (30 ff.); cf. a. BVerfGE 93, 121 (149 ff.) – Sondervotum *Böckenförde*.

[53] Grundlegend *P. Kirchhof*, Besteuerung und Eigentum, in: VVDStRL 39 (1981), S. 213 ff.; ebenso *ders.*, Die verfassungsrechtliche Rechtfertigung der Steuern, in: Festschrift für K. Vogel, 1996, S. 27 ff.; *ders.*, Der Grundrechtsschutz des Steuerpflichtigen, in: AöR 128 (2003), 1 ff.; aus der Rechtsprechung des Verfassungsgerichts insb. BVerfGE 93, 121 (136 ff.).

[54] BVerfGE 115, 97 (138); cf. a. BVerfGE 105, 17 (32). Kritisch demgegenüber *H. D. Jarass*, in: ders./B. Pieroth, GG, 9. Aufl. 2007, Art. 14 Rdnr. 32a mit weit. Nachw.

[55] BVerfGE 93, 121 ff.; *P. Kirchhof*, Der Grundrechtsschutz des Steuerpflichtigen, in: AöR 128 (2003), 1 (20 f.).

[56] BVerfGE 115, 97 (115).

für die Ausgestaltung der Steuersätze schaffe, mit der Folge, daß der demokratische Gesetzgeber über den konkreten Tarifverlauf (insbesondere seinen linearen oder progressiven Verlauf) zu entscheiden habe. Die Obergrenze des Art. 14 Abs. 1 und 2 GG sei deshalb erst erreicht, wenn durch die steuerliche Belastung „der wirtschaftliche Erfolg grundlegend beeinträchtigt wird und damit nicht mehr angemessen zum Ausdruck kommt."[57]

Damit ist das Verfassungsgericht hinter den in der eigenen Rechtsprechung bereits entwickelten Standards eines Individualschutzes gegen übermäßige Steuerbelastungen zurückgefallen. Denn gerade die strukturelle Schwäche eines primär durch das Übermaßverbot angeleiteten Grundrechtsschutzes bei Zugrundelegung eines unbestimmten Steuerzwecks (Einnahmenerzielung)[58] bot Anlaß, den Gewährleistungsgehalt des Eigentumsgrundrechts bei steuerlichen Belastungen der Bürger durch das Verfassungsgericht konkreter zu fassen und aus der Funktion des Eigentums heraus detailliertere Vorgaben für die Steuererhebung zu entwickeln.[59] Ebenso vernachlässigt das Bundesverfassungsgericht nun in seiner neuesten Entscheidung, daß dem verabschiedeten Halbteilungsgrundsatz letztlich die Überlegung zugrundeliegt, in die Prüfung der Verhältnismäßigkeit der Besteuerung als Steuerzweck nicht die generelle Erzielung staatlicher Einnahmen, sondern die staatliche „Teilhabe am Erfolg privaten Wirtschaftens"[60] einzustellen, also Elemente der Steuerrechtfertigungslehre[61] dogmatisch fruchtbar zu machen. Wenig glücklich erscheint es auch, wenn der Grundrechtsschutz des Steuerschuldners nun mit Verweis auf fehlende materielle Steuerbelastungsgrenzen im Finanzverfassungsrecht relativiert wird. Denn diese Grenzen werden ja gerade durch die Grundrechte gesetzt. Die Argumentation führt also zu einem Zirkelschluß.[62]

3. *Freiheitsschutz bei sonstigen Abgaben*

Die für die Steuer vom Verfassungsgericht diagnostizierte Schwäche, im Grundrechtsschutz zwischen Zweck und Mittel keine hinreichend greifbare Relation herstellen zu können, besteht bei anderen Abgabenformen naturgemäß nicht. Denn vor dem Hintergrund der Begrenzungs- und Schutzfunktion der bundesstaatlichen Finanzverfassung unterliegen alle nichtsteuerlichen Abgaben einer besonderen Rechtfertigungspflicht. Für sie müssen über die Einnahmeerzielung hinaus besondere Gründe vorliegen, die dazu führen, daß sie sich ihrer Art nach von der voraussetzungslos auferlegten Steuer hinreichend unterscheiden. Diese Gründe bilden stets zugleich einen Anknüpfungspunkt für eine sinnvolle Verhältnismäßigkeitsprüfung. Das Problem, die Maxima des sozialstaatlichen Nehmens zu bestimmen, liegt dann vor allem darin, verfas-

---

[57] BVerfGE 115, 97 (115).

[58] *U. Di Fabio*, Steuern und Gerechtigkeit, in: JZ 2007, 749 (752); *C. Waldhoff*, Grundzüge des Finanzverfassungsrecht, in: HStR, Bd. 5, 3. Aufl. 2007, S. 813 (881); *P. Kirchhof*, Die Steuern, ebenda, S. 959 (998 ff.).

[59] Cf. insb. BVerfGE 93, 121 ff.; 93, 165 ff.; 99, 246 ff.; 99, 268 ff.; 99, 273 ff.

[60] *P. Kirchhof*, Der Grundrechtsschutz des Steuerpflichtigen, in: AöR 128 (2003), 1 (7).

[61] Hierzu insb. *K. Vogel*, Der Finanz- und Steuerstaat, in: HStR, Bd. 3, 3. Aufl. 2004, S. 843 (870 ff.).

[62] Cf. auch *P. Kirchhof*, Die Steuern, in: HStR, Bd. 5, 3. Aufl. 2007, S. 959 (1022 f.).

sungsgemäße von verfassungswidrigen Begründungen für nichtsteuerliche Abgaben zu unterscheiden.

a) Gebühr: kein Instrument des sozialstaatlichen Nehmens

Vorzugslasten etwa rechtfertigen sich dadurch, daß ihnen eine Gegenleistung gegenübersteht. Die Gebühr ist schon begrifflich dadurch geprägt, daß eine öffentlich-rechtliche Geldleistungspflicht aus Anlaß einer individuell zurechenbaren, öffentlichen Leistung auferlegt wird, die dazu bestimmt ist, in Anknüpfung an diese Leistung deren Kosten zu decken.[63] Dabei ist im einzelnen umstritten, ob die Beitragsbemessung sich strikt an den verursachten Kosten zu orientieren hat oder ob auch an den Nutzen der Verwaltungsleistung für den Bürger bzw. den objektiven Wert der Verwaltungsleistung angeknüpft werden kann.[64] So oder so verbietet die Rechtfertigung der Gebühr als Vorzugslast jedoch, sie so auszugestalten, daß sie sozialstaatliche Umverteilung finanziert.[65] Deshalb finden nach sozialer Leistungsfähigkeit gestaffelte Gebühren ihre Grenze darin, daß auch der höchste Gebührensatz noch dem Äquivalenzgebot entsprechen muß und das Entlastungsvolumen steuerlich ausgeglichen wird.[66] Die Gebühr fällt damit als Instrument des sozialstaatlichen Nehmens per se aus.

b) Sonderabgabe: Einhegung durch strenge Voraussetzungen

Grundsätzlich zur Anwendung kommen können hingegen Sonderabgaben im engeren Sinne. Diese zeichnen sich dadurch aus,

> „dass der Gesetzgeber Kompetenzen außerhalb der Finanzverfassung in Anspruch nimmt, obwohl weder ein Gegenleistungsverhältnis noch ähnlich unterscheidungskräftige besondere Belastungsgründe eine Konkurrenz der Abgabe zur Steuer ausschließen. Sonderabgaben schaffen trotz ihrer Ähnlichkeit mit den ebenfalls ‚voraussetzungslos' erhobenen Steuern neben diesen und außerhalb der Grundsätze steuergerechter Verteilung der Gemeinlasten zusätzliche Sonderlasten und gefährden in den Fällen organisatorischer Ausgliederung des Abgabenaufkommens und seiner Verwendung aus dem Kreislauf staatlicher Einnahmen und Ausgaben zugleich das Budgetrecht des Parlaments. Wegen dieser Gefährdungen der bundesstaatlichen Kompetenzverteilung, der Belastungsgleichheit der Abgabepflichtigen sowie des parlamentarischen Budgetrechts unterliegen Sonderabgaben engen Grenzen und müssen deshalb gegenüber den Steuern seltene Ausnahmen bleiben".[67]

---

[63] Cf. BVerfGE 50 , 217 (226); 97, 322 (345); 108, 1 (13).

[64] *J. Becker*, Transfergerechtigkeit und Verfassung, 2001, S. 147; *S. Meyer*, Gebühren für die Nutzung von Umweltressourcen, 1995, S. 200ff.

[65] *K. Vogel/C. Waldhoff*, in: Bonner Kommentar zum GG, Vorb. Art. 104a-115 GG Rdnr. 420 (81. Lfg. 1997); *P. Kirchhof*, Nichtsteuerliche Abgaben, in: HStR, Bd. 5, 3. Aufl. 2007, S. 1101 (1118ff.); a.A. *P. Helbig*, Soziale Staffelung von Gebühren, in: U. Sacksofsky/J. Wieland (Hrsg.), Vom Steuerstaat zum Gebührenstaat, 2000, S. 85 (91f.).

[66] Nachw. oben G. Fußn. 245.

[67] BVerfGE 113, 128 (149f.) mit Verweis auf BVerfGE 55, 274 (308); 108, 186 (217) mit weit. Nachw. – st. Rspr.

Um den verfassungsrechtlich gebotenen Ausnahmecharakter der Sonderabgabe sicherzustellen, hat das Bundesverfassungsgericht „besonders strenge Anforderungen entwickelt". 1.) Der Gesetzgeber muß einen besonderen Sachzweck verfolgen, der über die bloße Mittelbeschaffung hinausgeht. 2.) Abgabenpflichtig muß eine homogene Gruppe sein, die in einer spezifischen Beziehung (Sachnähe) zu dem mit der Abgabenerhebung verfolgten Zweck steht und der deshalb eine besondere Finanzierungsverantwortung zugerechnet werden kann.[68] 3.) Das Abgabenaufkommen muß gruppennützig verwendet werden. 4.) Im Interesse einer wirksamen parlamentarisch-demokratischen Legitimation und Kontrolle müssen die erhobenen Sonderabgaben haushaltsrechtlich vollständig dokumentiert werden.[69]

Zum sozialstaatlich bedingten Nehmen ist die Sonderabgabe angesichts der vom Bundesverfassungsgericht aufgestellten Voraussetzungen nur begrenzt geeignet.[70] Denn sie dürfte nicht lediglich der Finanzierung sozialstaatlicher Umverteilung dienen, die Abgabenpflichtigen müßten in einer besonderen Sachnähe zur sozialstaatlichen Aufgabe stehen und der mit der Finanzierung einhergehende Vorteil müßte in der durch Homogenitätsmerkmale definierten Gruppe der Abgabenschuldner verbleiben.

Wegen dieser strengen Voraussetzungen spielen Sonderabgaben im Bereich des Sozialstaates praktisch keine Rolle. Dies dürfte nicht zuletzt dem Umstand geschuldet sein, daß mit dem Sozialversicherungsbeitrag eine traditionelle Abgabenform existiert, die zu einzelnen Merkmalen der Sonderabgabe Parallelen aufweist, jedoch traditionell geprägt ist und gemeinhin als Beitragsform eigener Art anerkannt wird.[71] Gerade dieser sui-generis-Charakter jedoch macht die genaue verfassungsrechtliche Beurteilung des Sozialversicherungsbeitrags zur sozialverfassungsrechtlich wohl umstrittensten Frage überhaupt, wie im nächsten Abschnitt darzulegen sein wird.[72]

---

[68] Zu diesen Voraussetzungen etwa BVerfGE 55, 274 (305ff.); 67, 256 (275ff.); 75, 108 (147f.); 82, 159 (179ff.).

[69] BVerfGE 108, 186 (218f.); einen Überblick zur Rspr. insg. bieten *K. Vogel/C. Waldhoff*, in: Bonner Kommentar zum GG, Vorb. Art. 104a-115 GG Rdnr. 436ff. (81. Lfg. 1997).

[70] *H. Kube*, Staatsaufgaben und Solidargemeinschaften, in: DStJG 29 (2006), 11 (30f.).

[71] Cf. zur Abgrenzung des Sozialversicherungsbeitrags von der Sonderabgabe BVerfGE 75, 108 (147); 89, 159 (180f.); *C. Rolfs*, Das Versicherungsprinzip im Sozialversicherungsrecht, 2000, S. 244f.; für eine Übertragung der Kriterien zur Sonderabgabe auf die Sozialversicherungsbeiträge *B. Wegmann*, Transferrechtliche Probleme der Sozialversicherung, 1987, S. 316f.; zum sui-generis-Charakter etwa *K. Vogel/C. Waldhoff*, in: Bonner Kommentar zum GG, Vorb. Art. 104a-115 GG Rdnr. 461 (81. Lfg. 1997).

[72] Im Rahmen dieser Arbeit nicht behandelt wird die gleichfalls problematische Frage des Finanzausgleichs innerhalb der Sozialversicherungen; hierzu grundlegend BVerfGE 113, 167 (194ff.); *W. Heun*, Die Sozialversicherung und das System der Finanzverfassung, in: Festschrift für P. Selmer, 2004, S. 657ff. einerseits; *F. Kirchhof*, Finanzierungsinstrumente des Sozialstaats, in: DStJG 29 (2006), 39 (54ff.) andererseits.

4. Insb. Sozialversicherungsbeitragslast und Freiheitsschutz

a) Drei Grundpositionen zum sozialen Ausgleich

Die Auseinandersetzung um die verfassungsrechtlichen Vorgaben für die Ausgestaltung des Sozialversicherungsbeitrags hat in den letzten Jahren an Intensität und Tiefe gewonnen, sie ist aber gleichwohl bei allen Nuancen im Detail letztlich von drei Grundpositionen geprägt. Im Zentrum steht dabei die Frage, inwieweit das Grundgesetz es grundrechtlich, aber auch kompetenzrechtlich zuläßt, den gesetzlich mit einer Beitragslast Bedachten „solidarisch" in die Pflicht zu nehmen. Diese Inpflichtnahme kann unterschiedlichste Formen annehmen. Im Rahmen des Versicherungsverhältnisses bewegt sich zunächst der auch für privatwirtschaftliche Versicherungen charakteristische Lastenausgleich zwischen der Versichertengemeinschaft und demjenigen, bei dem der Versicherungsfall eingetreten ist. Doch die Sozialversicherungen gehen gerade über dieses Moment hinaus, indem sie Elemente des intertemporalen, interpersonalen und interinstitutionellen sozialen Ausgleichs etablieren.[73] Die Beiträge werden ohne Rücksicht auf das individuelle Risiko erhoben (Umverteilung vom niedrigen zum hohen Risiko)[74] und es findet eine mehr oder weniger stark ausgeprägte Umverteilung von leistungsstärkeren zu leistungsschwächeren Versicherten statt – besonders deutlich ausgebildet in der gesetzlichen Krankenversicherung, in der trotz unterschiedlicher Beitragshöhe für jeden die gleichen Leistungen erbracht werden.[75] Gerade in der Krankenversicherung finden sich zudem weitere Umverteilungen wie die von kinderarmen zu kinderreichen Versicherten und von Alleinstehenden und Doppelverdienern zur Hausfrauenehe (§ 10 SGB V). Ein besonderes verfassungsrechtliches Pro-

---

[73] *W. Rüfner*, Einführung in das Sozialrecht, 2. Aufl. 1991, S. 139 f., cf. a. *G. Haverkate*, Der Gleichheitssatz im Sozialrecht, in: Festschrift für R. Bernhardt, 1995, S. 385 (394 ff.).

[74] Ausnahme: § 157 SGB VII (Gefahrentarif in der gesetzlichen Unfallversicherung); zum Risikoausgleich als Teil sozialer Umverteilung *O. Gebler*, Das Versicherungsprinzip in der gesetzlichen Rentenversicherung, 1995, S. 89; *B. Wegmann*, Transferrechtliche Probleme der Sozialversicherung, 1987, S. 45 f.; *J. Meydam*, Eigentumsschutz und sozialer Ausgleich in der Sozialversicherung, 1973, S. 71 f.; *H.-J. Holzer*, Die unterstaatliche Umverteilung, 1977, S. 86; *W. Bogs*, Grundfragen des Rechts der sozialen Sicherheit und seiner Reform, 1955, S. 25; *J. Isensee*, Umverteilung durch Sozialversicherungsbeiträge, 1973, S. 18; *B. U. Hindrichs*, Zur Problematik der Einkommensumverteilung durch die Sozialversicherung, 1978, S. 21 ff.; teilweise wird die Nichtberücksichtigung der Risikounterschiede auch als Teil des durch die Sozialversicherung abgedeckten Risikos verstanden, so *J. Becker*, Transfergerechtigkeit und Verfassung, 2001, S. 156 ff.; *F. Ruland*, Notwendigkeit und Grenzen einer Reform der Finanzierung der Sozialversicherung, in: DRV 1985, 12 (23) mit weit. Nachw.; richtigerweise wird man zwischen der fehlenden Berücksichtigung individueller Risikounterschiede und anderen Formen der sozialen Umverteilung trennen müssen; beide sind gleichwohl Durchbrechungen des Versicherungsprinzips im engeren Sinne.

[75] Mittelbare Ausnahme: §§ 44 ff. SGB V (Krankengeld). Dessen Höhe bestimmt sich nach dem der Beitragsberechnung unterliegenden Arbeitseinkommen (§ 47 SGB V).

blem der Umverteilung stellt sich zudem bei solchen Regelungen ein, die beitragsmindernd oder leistungserhöhend bestimmte Umstände wie Ausbildungs- oder Kindererziehungszeiten berücksichtigen, da man jeweils fragen kann, ob die damit einhergehenden Lasten nicht eigentlich steuerfinanziert von der Allgemeinheit oder von den Betroffenen selbst zu tragen sind (sog. Fremdlasten).[76]

Schon diese kurze Aufzählung zeigt zugleich, daß man für eine genauere verfassungsrechtliche Bewertung der Beitragslasten in der Sozialversicherung eigentlich zwischen den einzelnen Versicherungsarten unterscheiden müßte, sind sie doch schließlich von sehr unterschiedlichen Strukturen geprägt.[77] Gleichwohl wird in der Diskussion über die verfassungsrechtlichen Grenzen der Sozialversicherungspflicht in der Regel von „der" Sozialversicherung gesprochen. Hinter dieser Abbreviatur steckt das berechtigte Interesse an Komplexitätsreduktion. Ohne diese wäre es schlicht unmöglich, sich über den Sozialstaat des Grundgesetzes auf einer allgemeineren verfassungsrechtlichen Ebene zu verständigen. Die verfassungsrechtliche Betrachtung bedarf eben immer eines Objektivs, das gleichermaßen über Weitwinkel und Zoom verfügt.

aa) Individualäquivalenz oder funktionale Äquivalente

Unter dem verfassungsrechtlichen Grundprinzip des Steuerstaates, daß staatliche Aufgaben in der Regel aus dem Steueraufkommen finanziert werden und nichtsteuerliche Abgaben einer besonderen Rechtfertigungspflicht unterliegen, bedarf es für die Auferlegung von sozialversicherungsrechtlichen Beitragspflichten – ganz unabhängig von ihrer umverteilenden Wirkung – einer besonderen verfassungsrechtlichen Begründung.[78]

---

[76] Siehe die Nachw. in Fußn. 23.

[77] Konsequent aufgezeigt bei *C. Rolfs*, Das Versicherungsprinzip im Sozialversicherungsrecht, 2000, S. 339 ff.

[78] BVerfGE 113, 167 (219); 81, 156 (185); 76, 256 (300); 75, 108 (158); *F. Kirchhof*, Finanzierungsinstrumente des Sozialstaats, in: DStJG 29 (2006), 39 (45); *ders.*, Sozialversicherungsbeitrag und Finanzverfassung, in: NZS 1999, 161 (163 ff.); *ders.*, Finanzierung der Sozialversicherung, in: HStR, Bd. 4, 3. Aufl. 2007, S. 1441 (1454); *R. Wernsmann*, Die Finanzierung der Sozialversicherung durch Beiträge und Steuern, aus der Sicht der deutschen Verfassung, in: DRV 2001, 67 (68); *U. Becker*, Verfassungsrechtliche Vorgaben für die Krankenversicherung der Rentner, in: NZS 2001, 281 (286); dezidiert a.A. *K.-J. Bieback*, Begriff und verfassungsrechtliche Legitimation von „Sozialversicherung", in: VSSR 2003, 1 (22 ff.): der Sozialversicherungsbeitrag stehe außerhalb des finanzverfassungsrechtlichen Abgabengefüges, da er sich auf eine eigene Sachgesetzgebungskompetenz stütze. Das Argument überzeugt schon deshalb nicht, weil gleiches für alle Sonderabgaben gilt. Entscheidend dürfte nach der Biebackschen Argumentation eigentlich sein, daß er – fälschlicherweise (supra F.III./G.V.1.) – eine Verfassungspflicht zur Errichtung von Sozialversicherungen postuliert (12, 24); keinen besonderen Rechtfertigungsbedarf im Hinblick auf den Sonderlastcharakter des Sozialversicherungsbeitrags sieht auch das Bundessozialgericht, BSGE 90, 226 (240) mit weit. Nachw.

Die grundsätzliche Zulässigkeit einer sozialen Pflichtversicherung einmal unterstellt, ergibt sich die finanzverfassungsrechtlich geforderte Abgabenrechtfertigung zunächst einmal aus dem dem Versicherten zufließenden Vorteil eines Versicherungsschutzes.[79] Dieser Zusammenhang von Beitrag und Leistung wird zumeist als „Prinzip der Äquivalenz" oder „Individualäquivalenz" bezeichnet.[80] Ihm zur Seite tritt der beitragsbegrenzend wirkende Grundsatz der Globaläquivalenz, d.h. die Regel, daß Sozialversicherungsbeiträge die voraussichtlichen Ausgaben nicht überschreiten dürfen (§ 21 Nr. 1 SGB IV).

Die entscheidende Frage ist nun, welche weiteren, sozialstaatlich imprägnierten Gründe neben der Äquivalenz zur Rechtfertigung einer bestimmten Beitragshöhe Beachtung finden können. Ein Teil des neueren Schrifttums prüft diese Frage im Ansatz so, daß weitere Gründe in Konkurrenz zum Äquivalenzgrundsatz treten, sich also als Ausnahme von der Rechtfertigung der Ausnahme wiederum zu rechtfertigen haben.[81] Hierdurch wird die Begründungslast so hoch, daß Abweichungen vom Prinzip der Individualäquivalenz weitgehend scheitern müssen.[82] Den Möglichkeiten, dem einzelnen Sozialversicherungspflichtigen auch eine fremdnützige Beitragslast aufzuerlegen, wären demnach

---

[79] Wobei man natürlich fragen kann, warum der Zwang über eine allgemeine Versicherungspflicht hinausgeht, also ein besonderer Bedarf gerade für den Einbezug in die Organisationsform der Sozialversicherung besteht. Typischerweise wird ein möglicher Grund im Charakteristikum der sozialen Umverteilung gesehen. Ob dieser Grund trägt, wird gerade im weiteren näher zu untersuchen sein; zum Problem auch *K. Leube*, Sozialversicherung in Gestalt der Privatversicherung, in: NZS 2003, 449 ff.

[80] *W. Heun*, in: H. Dreier (Hrsg.), GG, Bd. 1, 2. Aufl. 2004, Art. 3 Rdnr. 82; *J. Becker*, Transfergerechtigkeit und Verfassung, 2001, S. 144 ff.; *C. Rolfs*, Das Versicherungsprinzip im Sozialversicherungsrecht, 2000, S. 264 ff.; *W. Rüfner*, in: Bonner Kommentar, GG, Art. 3 Abs. 1 Rdnr. 296 (68 Lfg. 1992); *U. Becker*, Verfassungsrechtliche Vorgaben für die Krankenversicherung der Rentner, in: NZS 2001, 281 (286); aus der Rspr. etwa BVerfGE 92, 53 (68 ff.). Zu aus dem Gebot eines angemessenen Verhältnisses von Beitrag und Leistung erwachsenden Fragen für die Arbeitslosenversicherung *W. Spellbrink*, Ist die Beitragspflicht in der gesetzlichen Arbeitslosenversicherung verfassungsrechtlich noch zu rechtfertigen?, in: JZ 2004, 538 ff. Spellbrink kritisiert, daß nach den Reformen durch die Hartz-IV-Gesetze langjährige Beitragszahler aus der Arbeitslosenversicherung keine adäquaten Gegenleistungen mehr erhielten; er vernachlässigt freilich, daß bei der Bewertung nicht nur auf die Leistungshöhe *im* Versicherungfall, sondern auch auf den *Zeitraum* des Versicherungsschutzes (als durchgehend erbrachte Leistung) selbst abgestellt werden muß. Die Arbeitslosenversicherung ist eine Versicherung, kein Sparvertrag. Deshalb gibt es keinen verfassungsrechtlichen Grund, warum mit zunehmender Dauer des Versicherungsverhältnisses sich auch die Bezugsdauer verlängern müßte. Die Problematik ist seit letztem Jahr auch politisch ausgesprochen umstritten, wobei auch hier in der Regel irreführend argumentiert wird. Allerdings hat der Gesetzgeber einen Gestaltungsspielraum, der ihm auch gestattet, solche Staffelungen in einem gewissen Rahmen einzuführen.

[81] *J. Becker*, Transfergerechtigkeit und Verfassung, 2001, S. 144 ff.; weniger ausgeprägt bei *C. Rolfs*, Das Versicherungsprinzip im Sozialversicherungsrecht, 2000, S. 269 ff.

[82] So insbesondere *J. Becker*, Transfergerechtigkeit und Verfassung, 2001, S. 144 ff.

verfassungsrechtlich enge Grenzen gesetzt, wobei die Grenzbestimmung durchaus unterschiedlich akzentuiert wird.

Eine interessante Abweichung in der Konstruktion trotz vergleichbaren Anliegens in der Sache findet sich bei *Friedhelm Hase*, der den Rückgriff auf die Kategorie der Individualäquivalenz ablehnt,[83] weil sie ein Prinzip der Privatversicherung sei, der aber gleichwohl die Sozialversicherungs- und Beitragspflicht einer strengen freiheits- und gleichheitsrechtlichen Kontrolle unterwerfen will. Dem dient zum einen eine rigide Begrenzung der verfassungsrechtlichen Zulässigkeit öffentlich-rechtlicher Sozialversicherungspflichten auf das zur Deckung bestehender Schutzbedürftigkeit erforderliche Maß.[84] Für das bestehende Sozialversicherungssystem diagnostiziert Hase eine „Überversorgung", die es zurückzuschneiden gelte. Ebenso dürfe niemandem ohne Schutzbedarf nur deshalb eine Sozialversicherungspflicht auferlegt werden, um ihn zur Finanzierung der Sozialversicherung heranzuziehen. Zum anderen will Hase die Beitragsbelastung mit der sozialversicherungsrechtlichen Begünstigung verfassungsrechtlich eng verzahnen. Ohne Beitragsbelastung könne es keine Begünstigung geben, die Beitragslast rechtfertige sich aber wiederum daraus, daß jeder potentieller Begünstigter sei. Der soziale Ausgleich gehört dann insoweit, aber auch nur solange zum versicherten Risiko dazu, wie jeder Versicherte – zumindest über lange Zeit (Stichwort: intertemporaler Ausgleich) – in den Genuß der Vorteile des durch dieses Regelungsmuster geprägten Rechts gelangen kann.[85]

Hase ist sich mit den Vertretern des Primats der Individualäquivalenz allerdings darin einig, daß weder eine generelle sozialstaatlich begründete Umverteilungsverantwortung noch besondere solidarische Bindungen zwischen den Sozialversicherten (aus bestehenden faktischen Solidarbeziehungen, an die der Gesetzgeber anknüpft, aus der materiellen Wirkung der Kompetenz- und Organisationsnormen der Verfassung abgeleitet oder aus verfassungsrechtlich anerkannter Tradition geschlossen) im Endeffekt eine hinreichende verfassungsrechtliche Rechtfertigung für fremdnützige Sozialversicherungsbeiträge bieten können.

---

[83] *F. Hase*, Versicherungsprinzip und sozialer Ausgleich, 2000, S. 71 ff.; cf. auch *K.-J. Bieback*, Sozialversicherung und versicherungsfremde Leistungen in der Rechtsprechung des Bundessozialgerichts, in: Festschrift 50 Jahre Bundessozialgericht, 2004, S. 117 (135 ff.); *ders.*, Begriff und verfassungsrechtliche Legitimation von „Sozialversicherung", in: VSSR 2003, 1 (31 ff.).

[84] *F. Hase*, Versicherungsprinzip und sozialer Ausgleich, 2000, S. 43 ff., 349 ff.

[85] *F. Hase*, Versicherungsprinzip und sozialer Ausgleich, 2000, S. 254 ff.

bb) Soziale Umverteilung als Konstitutivum der Sozialversicherung

Das Bundesverfassungsgericht hingegen sieht einen ziemlich weiten Spielraum für soziale Umverteilung in der Sozialversicherung.[86] Die Begründung dafür ruht auf drei Säulen. 1.) Zunächst betont das Gericht, die Sozialversicherung sei von vornherein dadurch geprägt, daß „das Prinzip des versicherungsrechtlichen Risikoausgleichs sozial modifiziert und mit Elementen der öffentlichen Fürsorge verbunden wird."[87] Das Versicherungsprinzip und das Prinzip des sozialen Ausgleichs seien für die Sozialversicherung gleich konstitutiv und könnten deshalb auch nicht gegeneinander ausgespielt werden.[88] Die Verfassung habe das Sozialversicherungssystem vorgefunden und in ihren Grundlagen durch Art. 74 Abs. 1 Nr. 12 GG anerkannt.[89] Deshalb sei gegen eine Pflichtversicherung, die sich durch die Erhebung von auf sozialen Ausgleich angelegten einkommensbezogenen und damit nicht risikoäquivalenten Beiträgen finanziere, von Verfassungs wegen nicht zu erinnern.

2.) Anders als ein Teil des Schrifttums sieht das Bundesverfassungsgericht auch keine greifbaren verfassungsrechtlichen Grenzen für den Einbezug neuer Bevölkerungsgruppen in die Sozialversicherung. Denn die Leistungsfähigkeit und finanzielle Stabilität der Sozialversicherung bildet nach der Rechtsprechung des Verfassungsgerichts einen eigenständigen Verfassungstopos, dem eine selbständige rechtfertigende Qualität bei Grundrechtseingriffen zukommt (supra F.II.5.a.). Somit ließe sich mit Verweis auf den Finanzbedarf der Sozialversicherung auch die Einbeziehung solcher Personen in die Versicherungspflicht begründen, die einen hinreichenden Versicherungsschutz auf dem privaten Versicherungsmarkt einkaufen könnten, also im strengen Sinne eigentlich gar nicht schutzbedürftig (d.h. hier: nicht auf soziale Umverteilung angewiesen) sind.[90]

---

[86] Cf. BVerfGE 11, 105 ff.; 51, 115 ff.; 53, 313 ff.; 76, 256 ff.; zuletzt 113, 167 ff.; ebenso *K.-J. Bieback*, Begriff und verfassungsrechtliche Legitimation von „Sozialversicherung", in: VSSR 2003, 1 ff.; *A. Lenze*, Staatsbürgerversicherung und Verfassung, 2005, S. 415 ff.

[87] BVerfGE 79, 223 (236 f.); weitergehender BVerfGE 11, 105 (117): in der Sozialversicherung herrsche der Grundsatz des sozialen Ausgleichs, nicht der Abgeltung eines individuellen Vorteils.

[88] BVerfGE 113, 165 (218 f.) mit weit. Nachw. zur Rspr.; ähnlich *M. Fuchs*, Zivilrecht und Sozialrecht, 1992, S. 114; *ders.*, Verfassungsrechtliche Grundlagen, in: B. Schulin (Hrsg.), Handbuch des Sozialversicherungsrechts, Bd. 4 – Pflegeversicherungsrecht, 1997, S. 93 (97 ff.); *J. Wieland*, Verfassungsrechtliche Grenzen der Beitragserhebung in der gesetzlichen Krankenversicherung, in: VSSR 2003, 259 (264 ff.).

[89] Ähnlich insoweit *H.-J. Papier*, Sozialversicherung und Privatversicherung, in ZSR 1990, 344 (350); *ders./J. Möller*, Verfassungsrechtliche Fragen der Festsetzung der Beiträge in der Unfallversicherung, in: SGb 1998, 337 (340); *F. Kirchhof*, Das Solidarprinzip im Sozialversicherungsbeitrag, in: SDSRV 35 (1992), S. 65 (80); *ders.*, Die Verteilung der Finanzverantwortung für die Rentenversicherung zwischen Solidargemeinschaft und Staat, in: DRV 1993, 437 (444).

[90] BVerfGE 113, 167 (218 ff.).

3.) Der Gesetzgeber sei schließlich auch frei in der organisatorischen Zusammenfassung der Versicherten. Da der Gesetzgeber Sozialversicherungen nach Art. 87 Abs. 2 GG als bundesunmittelbare Körperschaften errichten könne, dürfe er auch alle Versicherten in einer einzigen Sozialversicherung zusammenführen oder einen umfassenden finanziellen Lastenausgleich zwischen den einzelnen Trägern organisieren.[91]

Im Ergebnis führt diese Rechtsprechung dazu, daß der Gesetzgeber im „Spannungsverhältnis zwischen dem Schutz der Freiheit des Einzelnen und den Anforderungen einer sozialstaatlichen Ordnung ... eine weite Gestaltungsfreiheit“[92] hat. Das Bundesverfassungsgericht habe „sozialpolitische Entscheidungen des Gesetzgebers anzuerkennen, solange seine Erwägungen weder offensichtlich fehlsam noch mit der Werteordnung des Grundgesetzes unvereinbar sind.“[93]

cc) Gruppenhomogenität als indirekte Forderung der Finanzverfassung

Eine mittlere Position zwischen den Vertretern eines Primats der Individualäquivalenz und der These von der Gleichwertigkeit des Umverteilungsgrundsatzes mit dem Versicherungsgrundsatz nehmen diejenigen ein, die darauf bestehen, daß der Sozialversicherungsbeitrag hinreichend Distanz zum Abgabetypus der Steuer hält.[94] Deshalb müsse innerhalb des einem bestimmten Sozialversicherungsträger zugeordneten Versicherungskreises eine hinreichende Gruppenhomogenität bestehen, die als vorrechtliche Solidaritätsbeziehung einen besonderen Verantwortungszusammenhang begründet, an den der Gesetzgeber mit der Versicherungspflicht anknüpfen kann.[95] Der Gesetzgeber sei jedoch nicht frei, die Versichertenkreise beliebig zuzuschneiden. Zwar stünden dem wegen Art. 87 Abs. 2 GG keine organisationsrechtlichen Hinderungsgründe entgegen, doch seien grundrechtliche und finanzverfassungsrechtliche Grenzen zu beachten. Grundrechtlich bilde die Schutzbedürftigkeit die äußere Grenze der Versicherungspflicht; der Bedarf an einkommensstarken Beitragszahlern sei deshalb kein hinreichender Grund zur Ausweitung der Versicherungspflicht.[96] Ebenso sei

---

[91] BVerfGE 113, 167 (201 ff.).

[92] BVerfGE 113, 167 (215).

[93] BVerfGE 113, 167 (215).

[94] *J. Isensee*, Finanzverfassung und Sozialrecht, in: SDSRV 35 (1992), S. 7 (15); *F. Kirchhof*, Sozialversicherungsbeitrag und Finanzverfassung, in: NZS 1999, 161 (163 ff.); *K. Vogel/C. Waldhoff*, in: Bonner Kommentar zum GG, Vorb. Art. 104a-115 GG Rdnr. 460 (81. Lfg. 1997).

[95] *H. Butzer*, Fremdlasten in der Sozialversicherung, 2001, S. 409 ff.; *J. Isensee*, Umverteilung durch Sozialversicherungsbeiträge, 1973, S. 17 ff., insb. 48 ff.; *O. Depenheuer*, Solidarität im Verfassungsstaat, Habilitationsschrift Bonn, 1992, S. 382 ff.; *W. Leisner*, Sozialversicherung und Privatversicherung, 1974, S. 96 f.

[96] *J. Isensee*, Finanzverfassung und Sozialrecht, in: SDSRV 35 (1992), S. 7 (21); *ders.*, Umverteilung durch Sozialversicherungsbeiträge, 1973, S. 49; *F. Kirchhof*, Sozialversicherungsbeitrag und Finanzverfassung, in: NZS 1999, 161 (166 ff.)

streng darauf zu achten, daß Gruppenlast und Gemeinlast hinreichend unterscheidbar blieben.[97] Denn ansonsten würde die Begrenzungs- und Schutzfunktion der Finanzverfassung unterlaufen.

b) Das sozialstaatliche Maximum im Zusammenwirken von Beitrags- und Steuerfinanzierung

Unmittelbar erheblich sind die vom Grundgesetz gezogenen Grenzen der Sozialversicherungspflicht freilich zunächst einmal nur für den einzelnen Versicherten. Dieser kann sich ggf. gegen die ihm abverlangte Beitragshöhe bzw. gegen gesetzliche Leistungsausweitungen zugunsten Dritter zur Wehr setzen. Auf die Frage, welche Maxima des sozialstaatlichen Nehmens die Verfassung global festlegt, wirkt sich ein ggf. verfassungswidriger Beitragssatz jedoch nicht unmittelbar aus. Denn das Grundgesetz eröffnet mit Art. 120 Abs. 1 S. 4 GG die Möglichkeit, daß der Bund Zuschüsse zu den Sozialversicherungen leistet.[98] Die durch verfassungsrechtliche Vorgaben für die Beitragserhebung gesetzten Grenzen der demokratischen Ausgestaltung des Sozialstaates können deshalb zwanglos durch steuerfinanzierte Sozialversicherungszuschüsse verschoben werden. Verfassungsrechtlichen Bedenken sieht sich ein solcher Bundeszuschuß erst dann ausgesetzt, wenn er den Charakter der Sozialversicherung als beitragsfinanzierte Einrichtung in Frage stellt. Dies dürfte dann der Fall sein, wenn die Steuerfinanzierung der Beitragsfinanzierung gleichwertig zur Seite steht. Unterhalb dieses Schwellenwertes sind die mit der Erhebung der Sozialversicherungsbeiträge verbundenen verfassungsrechtlichen Fragen jedoch ausschließlich für die Belastungsverteilung von Bedeutung, nicht aber für die Bestimmung quantitativer Maxima des freiheitsfunktionalen Sozialstaates. Die intensive Diskussion um die verfassungsrechtlichen Grenzen der sozialversicherungsrechtlichen Beitragslasten führt also zu Weichenstellungen und Rangierverkehr im sozialstaatlichen Verschiebebahnhof; zu den eigentlich wichtigen Fragen, wann welcher Zug mit welcher Beladung den Bahnhof verläßt, kann sie jedoch nichts beitragen.[99] Sie ist deshalb für das Gesamtgefüge des freiheitsfunktionalen Sozialstaates weniger interessant, als man auf den ersten

---

[97] *J. Isensee*, Finanzverfassung und Sozialrecht, in: SDSRV 35 (1992), S. 7 (12 ff.).

[98] Cf. BVerfGE 113, 165 (213 ff.); *G. Lübbe-Wolff*, in: H. Dreier (Hrsg.), GG, Bd. 1, 1. Aufl. 2000, Art. 120 Rdnr. 16; *T. Gössl*, Die Finanzverfassung der Sozialversicherung, 1992, S. 216 f.; *F. Kirchhof*, Finanzierung der Sozialversicherung, in: HStR, Bd. 4, 3. Aufl. 2007, S. 1441 (1458 f.); *J. Isensee*, Umverteilung durch Sozialversicherungsbeiträge, 1973, S. 46 f.; *H. Siekmann*, in: M. Sachs (Hrsg.), GG, 4. Aufl. 2007, Art. 120 Rdnr. 22 ff.; *S. Muckel*, in: v. Mangoldt/Klein/Starck, GG, 5. Aufl. 2005, Art. 120 Rdnr. 23 ff.; *H. Reiter*, Soziallast als Steuerlast, in: Festschrift für F. Klein, 1994, S. 1101 (1105 ff.).

[99] Seinen Sitz im Leben hat die Debatte, weil Sozialversicherungbeiträge den Faktor Arbeit belasten. Sie ist deshalb wesentlich wirtschaftspolitisch motiviert.

Blick angesichts der verbissen geführten Debatten um Fremd-, Generationen- und Solidaritätslasten in der Sozialversicherung vermuten würde.[100]

c) Dreierlei Unbehagen an drei Grundpositionen

Eine Relativierung der Bedeutung dieser Debatte ist aber auch deshalb angebracht, weil man redlicherweise eingestehen muß, daß eine befriedigende Auflösung der verfassungsrechtlichen Gemengelage aus grundrechtlichen Gleichheits- und Freiheitsproblemen sowie finanzverfassungsrechtlichen Beschwernissen, die mit dem gegenwärtigen Sozialversicherungssystem verbunden sind, nur auf rechtspolitischem Wege gelingen kann. Denn jede der drei oben skizzierten Ausgangspositionen erzeugt auf die eine oder andere Weise Unbehagen.

aa) Verfassungsgerichtlicher Grundrechtsschutz nur im statt vor dem Sozialstaat?

So führt die Position des Bundesverfassungsgerichts dazu, daß sich der Grundrechtsschutz vor dem Sozialstaat im Gefolge der Drei-Säulen-Argumentation des Gerichts im Bereich der Sozialversicherungen im wesentlichen auf einen Willkürschutz reduziert. Der Gesetzgeber darf bei der Auferlegung von aus der Sozialversicherung sich ergebenden Pflichten nicht diskriminieren; im Zweifelsfall aktivierbare freiheitsrechtliche Grenzen *gegen* sozialversicherungsrechtlich organisierte Formen der sozialen Umverteilung sind hingegen weitgehend eliminiert.[101] Denn nach dem Verfassungsgericht wird der soziale Ausgleich zu einem nicht eigens begrenzten Element der Sozialversicherung erklärt, der Einbezug in die Sozialversicherung rechtfertigt sich bereits aus deren Finanzierungsbedarf heraus und auch kompetenz- und organisationsrechtliche Grenzen, die eine Art Schutz- und Begrenzungsfunktion ähnlich den Art. 104a ff. GG übernehmen könnten, erkennt das Verfassungsgericht nur insoweit an, als erforderlich ist, daß die Umverteilung in einer Sozialversicherung zugunsten einer vom Gesetzgeber dieser zugewiesenen, sozialversicherungstypischen Aufgabe erfolgen muß.[102] Vor diesem Hintergrund wird die Rechtsprechung

[100] Freilich ist sie von hoher ordnungs*politischer* Bedeutung; cf. *W. Schmähl*, Aufgabenadäquate Finanzierung und der Umfang der Fehlfinanzierung in Deutschland, in: W. Boecken u.a. (Hrsg.), Sozialrecht und Sozialpolitik in Deutschland und Europa, 2002, S. 605 ff. mit weit. Nachw.

[101] Cf. *I. Ebsen*, Soziale Sicherheit im Spannungsverhältnis von Wohlfahrtsstaatlichkeit, Freiheit und Verteilungsgerechtigkeit, in: DVBl. 1992, 1140 (1143 f.); *ders.*, Verfassungs- und europarechtliche Vorgaben, in: B. Schulin (Hrsg.), Handbuch des Sozialversicherungsrechts, Bd. 3 – Rentenversicherungsrecht, 1999, S. 133 (148): die Geeignetheit und Erforderlichkeit der Versicherungspflicht seien im Zusammenspiel von Schutzbedarf und Solidarpflicht praktisch nie zu verneinen.

[102] Cf. auch die Kritik bei *F. Kirchhof*, Finanzierungsinstrumente des Sozialstaats, in: DStJG 29 (2006), 39 (46 ff.); *ders.*, Finanzierung der Sozialversicherung, in: HStR, Bd. 4, 3. Aufl. 2007, S. 1441 (1456 ff.); *F. Reuther*, Verfassungsrechtliche Determinanten für die Bei-

des Verfassungsgerichts zum Eigentumsschutz von Rentenansprüchen und -anwartschaften (supra G.V.3.) und zu verfassungsrechtlichen Leistungsansprüchen in der gesetzlichen Krankenversicherung (supra F.II.5.) auch verständlicher: Das Bundesverfassungsgericht gewährt keinen Grundrechtsschutz *vor* dem, sondern lediglich *im* Sozialstaat.

Aus der Perspektive eines freiheitsverpflichteten Sozialstaatsverständnisses vermag diese Gesamtanlage der Rechtsprechung nicht zu überzeugen. Während der Schutz vor der Inpflichtnahme denkbar schwach ausgestaltet bleibt, wird gleichsam zur Kompensation der grundrechtliche Schutz von sozialrechtlichen Ansprüchen auf Sozialversicherungsleistungen überdehnt. Kriterien wie die sozialstaatlichen Zwang effektiv begrenzende, das Maß sozialversicherungsrechtlicher Leistungen steuernde Schutzbedürftigkeit des einzelnen, die objektive Eignung einer sozialstaatlich begründeten Maßnahme zur Förderung der Bedingungen eines selbstbestimmten Lebens, ihre Erforderlichkeit, etc. sucht man in der Rechtsprechungspraxis des Verfassungsgerichts vergebens oder man findet sie zumindest so stark marginalisiert, daß sie faktisch keine Relevanz besitzen.[103] Damit aber droht das vom Grundgesetz gebotene Mindestmaß an freiheitlichem Individualschutz vor jedweder Form staatlicher Gewaltemanation, und sei sie noch so gut gemeint und noch so sehr von der Bevölkerung akzeptiert und legitimiert, unterschritten zu werden.[104]

bb) Gruppenhomogenität und die Fragmentierung des Sozialen

Das verfassungsdogmatische Modell der vorrechtlichen, wechselseitig solidaritätserzeugenden und -erzeugten Gruppenhomogenität ist auf den ersten Blick hingegen gerade vor dem Hintergrund der Entwicklungsgeschichte der Sozialversicherung überaus plausibel. Es bietet sowohl auf die grundrechtlichen wie auf die finanzverfassungsrechtlichen Anfragen an den Sozialversicherungsbeitrag eine sinnvolle Antwort. Der Versicherungspflichtige wird über den als Steuerzahler zu erbringenden Beitrag zur Gemeinlast hinaus zur Zahlung des Sozialversicherungsbeitrags herangezogen, weil er schutzbedürftig ist, ihm ein Gegenwert in Form des Versicherungsschutzes zukommt und er darüber hinaus in einem besonderen tatsächlichen Näheverhältnis zu den Mitversicherten steht (spartenspezifisches Arbeits- oder Angestelltenverhältnis etc.), das es rechtfertigt, ihn über die Versicherungsäquivalenz hinaus für einen moderaten sozialen

---

tragsbemessung in der sozialen Kranken- und Pflegeversicherung, in: O. Depenheuer u.a. (Hrsg.), Nomos und Ethos, 2002, S. 435 ff.

[103] Cf. für die Schutzbedürftigkeit *F. Hase*, Versicherungsprinzip und sozialer Ausgleich, 2000, S. 46 ff.

[104] Erinnert sei in diesem Zusammenhang auch an die solidaritätstheoretische Einsicht, daß systemische Solidarität lebensweltliche Solidarität verbraucht, also stets Gefahr läuft, überdehnt zu werden (supra C.II.2.h.). Auch diese Einsicht streitet für eine Profilierung des Freiheitsschutzes vor der systemisch-bürokratischen Verpflichtung durch den Sozialstaat.

Ausgleich in die Pflicht zu nehmen. Finanzverfassungsrechtlich hält ein so begründeter Sozialbeitrag zugleich hinreichenden Abstand zur Steuer, weil er einem speziellen Zweck gewidmet ist, gruppennützig verwendet wird und die soziale Umverteilung auf eine bestimmte homogene Versichertengemeinschaft begrenzt bleibt.

Allein: der sich rapidisierende soziale Wandel hat die Überzeugungskraft dieses Ansatzes schwinden lassen. Prozesse der Fragmentierung des Sozialen, der Individualisierung und der Entkorporierung, der Wandel der Arbeitswelt (Erosion des Normalarbeitsverhältnisses, unstete Erwerbsbiographien etc.)[105] haben hergebrachte Sozialstrukturen, auf denen die gruppenbezogenen Versäulungen der Sozialversicherungen ursprünglich aufbauten, unwiederbringlich aufgelöst. Diese Entwicklung hat der Gesetzgeber teils mit der Reorganisation der Sozialversicherungen reflektiert, teils aber auch seinerseits beschleunigt. Gleichwohl gibt es keinen Weg zurück zum status quo ante. Inzwischen wirkt der Gesetzgeber selbst mit der Begründung von Sozialversicherungspflichten solidaritätsstiftend,[106] wobei der Charakter der Solidarität sich freilich verändert hat: aus der organisch gewachsenen wird eine systemisch organisierte Solidarität, die ihrerseits die knappen Ressourcen lebensweltlicher Solidarität verbraucht (cf. supra C.II.2.h.). Es bleibt die Frage, was diese Entwicklung für die Verfassungsmäßigkeit sozialversicherungsrechtlich begründeter, ausschließlich über das generalisierte Kommunikationsmedium Geld operationalisierter Solidaritätszwänge bedeutet – was also die verfassungsrechtliche Konsequenz ist, wenn die ursprünglichen soziokulturellen Voraussetzungen, die der Verfassunggeber als selbstverständlich voraussetzte, als er durch Art. 74 Abs. 1 Nr. 12, Art. 87 Abs. 2 und Art. 120 Abs. 1 S. 4 GG den grundsätzlichen Bestand der Sozialversicherung in ihrem überkommenen Gepräge anerkannte, infolge des sozialen Wandels wegfallen und die soziale Grundlage einer plausiblen Mittellösung zerrieben ist. Es bleibt augenscheinlich nur die Alternative zwischen Skylla und Charybdis.

---

[105] Cf. *H. T. Engelhardt*, Solidarität: postmoderne Perspektiven, in: K. Bayertz (Hrsg.), Solidarität, 1998, S. 430 ff.

[106] So bereits 1974 die Kritik von Michael Kloepfer an der Forderung von Gruppenhomogenität, *M. Kloepfer*, Sozialversicherungsbeiträge und Gruppensolidarität, in: VSSR 1974, 156 (160); ebenso verzichten auf das Merkmal der Gruppenhomogenität *A. Lenze*, Staatsbürgerversicherung und Verfassung, 2005, S. 426; *A. Berne*, Die Aufgaben der Arbeitslosenversicherung aus sozialverfassungsrechtlicher Sicht, 2000, S. 243 ff.; *K.-J. Bieback*, Begriff und verfassungsrechtliche Legitimation von „Sozialversicherung“, in: VSSR 2003, 1 (20 ff.); *T. Gössl*, Die Finanzverfassung der Sozialversicherung, 1992, S. 45; *H.-J. Papier*, Besprechung: J. Isensee, Umverteilung durch Sozialversicherungsbeiträge, in: AöR 100 (1975), 640 (644); zum Fragenkreis auch *T. Kingreen*, Das Sozialstaatsprinzip im europäischen Verfassungsverbund, 2003, S. 260 ff.

cc) Individualäquivalenz und die Last der Tradition sozialen Ausgleichs

Denn so problematisch die Verschiebung des Grundrechtsschutzes als eine Freiheitssicherung vor dem Sozialstaat zu einer Leistungsteilhabe im Sozialstaat durch das Bundesverfassungsgericht auch ist – auch eine allzu strenge Orientierung an der Individualäquivalenz wird dem ursprünglich intendierten und verfassungsrechtlich anerkannten „solidarischen" Charakter der Sozialversicherung innerhalb dessen freiheitsdienender Generalfunktion nicht hinreichend gerecht.[107]

Zwar lassen sich die verfassungsdogmatischen Gründe für eine strenge Äquivalenz durchaus hören: eine sozialstaatliche Umverteilungsverantwortung scheidet als Rechtfertigungsgrund für beitragsfinanzierte Sonderlasten schon deshalb aus, weil eine solche verfassungsrechtlich nicht besteht (supra C.V./F. III./G.V.1.) und im übrigen sachnäher durch Steuern zu finanzieren wäre. Ebenso sieht sich der speziell auf eine solidarische Qualität der Sozialversicherungen aufruhende Begründungsansatz Anfragen ausgesetzt. Die verlorene Homogenität der Versichertengemeinschaft wurde gerade schon beleuchtet. Von der ursprünglich vorhandenen lebensweltlichen Substanz genossenschaftsartiger Solidarität bleibt infolge des sozialen Wandels nur eine vergleichbare Schutzbedürftigkeit der Sozialversicherungspflichtigen. Die aber begründet keine Einstandspflichten der Betroffenen untereinander, die eine fremdnützige Beitragslast rechtfertigen könnten.[108]

Man wird auch entgegen dem Bundesverfassungsgericht kaum sagen können, die soziale Umverteilung werde als traditionelles Charakteristikum der Sozialversicherung *pauschal* und in jedem beliebigen Zuschnitt durch Art. 74 Abs. 1 Nr. 12, Art. 87 Abs. 2 und Art. 120 Abs. 1 S. 4 GG verfassungsrechtlich gerechtfertigt. Denn verfassungsdogmatisch ist das Argument unter dem Stichwort des materiellen verfassungsrechtlichen Gehaltes einer Kompetenz- oder Organisationsnorm des Grundgesetzes zu verhandeln. Ein aus Art. 74 Abs. 1 Nr. 12 GG abgeleiteter materieller Gehalt setzt voraus, daß der Verfassungsgesetzgeber diesen hinreichend deutlich zum Ausdruck gebracht hat.[109] Aus dem Zusammenspiel mit Art. 86 Abs. 2 GG und Art. 120 Abs. 1 S. 4 GG läßt sich ein gewisser materieller Rechtsgehalt des Art. 74 Abs. 1 Nr. 12 GG durchaus begründen; dieser ist jedoch auf die rechtlichen Merkmale der Sozialversicherung zu beschränken, die unverzichtbar sind, um von einer „Sozialversicherung" im kompetenzrechtlichen Sinne sprechen zu können.[110] In welchem Umfang der soziale Ausgleich hierzu zählt, ist gerade fraglich. Dem historischen Verfas-

---

107 *J. Isensee*, Umverteilung durch Sozialversicherungsbeiträge, 1973, S. 48.

108 *F. Hase*, Versicherungsprinzip und sozialer Ausgleich, 2000, S. 308.

109 *J. Becker*, Transfergerechtigkeit und Verfassung, 2001, S. 225 ff.

110 *H. Butzer*, Fremdlasten in der Sozialversicherung, 2001, S. 708; ähnlich *J. Isensee*, Umverteilung durch Sozialversicherungsbeiträge, 1973, S. 44 ff.

sunggeber stand zumindest nicht das durch die wohlfahrtsstaatliche Dynamik inzwischen etablierte Maß an Umverteilung vor Augen. Rechtfertigend kann Art. 74 Abs. 1 Nr. 12 GG nur bezüglich des Mindestbestandes sozialer Umverteilung wirken, der für die Sozialversicherung typusprägend ist.[111] Dieser dürfte seine Entsprechung finden in den heute nicht mehr existenten historisch gewachsenen, homogenen Versichertenkollektiven. So gelangt man abermals zu dem Punkt, daß eine plausible verfassungsrechtliche Konzeption der Begründung und Begrenzung von beitragsfinanzierten Fremdlasten von sozialen Voraussetzungen abhängt, die heute so nicht mehr bestehen.

Hieraus die Konsequenz zu ziehen, der in der Sozialversicherung vollzogene Ausgleich dürfe gar nicht mehr durch Beiträge finanziert werden, schießt allerdings über das Ziel hinaus. Schließlich wird man nach dem soeben Gesagten Art. 74 Abs. 1 Nr. 12 GG nicht jedwede materiell-rechtliche Wirkung absprechen können. Deshalb erscheint es verfehlt, die Beitragsbemessung in der Sozialversicherung verfassungsrechtlich ausschließlich an den Grundsatz der Individualäquivalenz zu binden.

---

[111] In dieser materiell-rechtlichen Wirkung findet auch der Arbeitgeberanteil zum Gesamtsozialversicherungsbeitrag seine grundsätzliche finanzverfassungsrechtliche Rechtfertigung; grundrechtlich tritt dieser Wirkung zur Seite, daß der Arbeitgeberbeitrag zur Sozialversicherung sich generell im Hinblick auf den damit verbundenen Grundrechtseingriff aus Fürsorgepflichten des Arbeitsgebers rechtfertigt (*H. Butzer*, Fremdlasten in der Sozialversicherung, 2001, S. 575 ff. mit weit. Nachw.). Wie weit diese Pflicht reicht, ist im einzelnen schwer zu bestimmen; sie hat aber an der Entwicklungsoffenheit der Sozialversicherung selbst Anteil; *M. Fuchs*, Verfassungsrechtliche Grundlagen, in: B. Schulin (Hrsg.), Handbuch des Sozialversicherungsrechts, Bd. 4 – Pflegeversicherungsrecht, 1997, S. 93 (100 ff.). Grundrechtlich unerheblich ist hingegen, daß der Sozialversicherungsbeitrag funktional im Arbeitnehmer-Arbeitgeber-Verhältnis einen Lohnbestandteil bildet (darauf stellt *J. Becker*, Transfergerechtigkeit und Verfassung, 2001, S. 155 mit weit. Nachw. ab). Denn der in der Beitragspflicht begründete Grundrechtseingriff ist beim Arbeitgeber loziert. Grundrechtlich bildet das Argument, der Grundrechtsträger stünde ohne den Grundrechtseingriff auch nicht besser dar, keinen Rechtfertigungsgrund für diesen Eingriff. Allerdings ist das Argument im Rahmen der Verhältnismäßigkeit zu berücksichtigen. Unerheblich ist in diesem Zusammenhang ferner, daß bei der gegenwärtigen Ausgestaltung des SGB VI sozialversicherungstechnisch der Arbeitgeberbeitrag der Rentenversicherung als solcher zugute kommt, nicht aber unmittelbar dem Arbeitnehmer, dessen Beschäftigungsverhältnis die Beitragspflicht des Arbeitgebers begründet, zugerechnet wird; a.A. *F. E. Schnapp*, Eigentumsschutz, in: LVA Rheinland Pfalz (Hrsg.), Zukunft der Rente – Rente mit Zukunft, 2004, S. 47 (66) mit weit. Nachw., der das Problem durch einen Rückgriff auf die Sozialpflichtigkeit des Eigentums lösen will (*F. E. Schnapp*, Die rechtliche Legitimation des Arbeitgeberanteils in der gesetzlichen Krankenversicherung, in: SGb 2005, 1 ff.). Würde der Arbeitgeberbeitrag sich wie der Arbeitnehmerbeitrag direkt auf die Berechnung von Entgeltpunkten auswirken, würde sich nur nominell etwas ändern: die Zahlen wären höhere. Die relative Position des einzelnen Arbeitnehmers im Gefüge der Versichertengemeinschaft wäre jedoch identisch. Eine Umstellung des Berechnungsmodus ist deshalb verfassungsrechtlich nicht geboten.

Auch stößt der Ansatz der Individualäquivalenz in der Rentenversicherung auf Grenzen, die im Umlageverfahren begründet sind. Denn mangels Kapitaldeckung trägt jede Rentnergeneration das Risiko der von ihr selbst bestimmten demographischen Entwicklung (cf. supra G.V.3.). Eine negative Bevölkerungsentwicklung stört die Geschäftsgrundlage des Umlageverfahrens. Ein streng individualäquivalenter Ansatz der Beitragsermittlung würde darauf hinauslaufen, die Folgekosten einer solchen Entwicklung vollständig zu Lasten der nachrückenden Generation der Beitragszahler oder der Allgemeinheit zu externalisieren. Das Risiko einer demographischen Fehlentwicklung ist jedoch in der umlagefinanzierten Rentenversicherung von Anfang an angelegt gewesen. Deshalb kann sich die Äquivalenz in diesem System von vornherein nur auf den Schutz des relativen Anteils am nachfolgenden Gesamtaufkommen der Versichertengemeinschaft beschränken. Für den einzelnen stellt diese in der Umlagefinanzierung angelegte Vorbelastung des Rentensystems gleichwohl ein grundrechtliches Problem dar, entzieht ihm die Sozialversicherungspflicht doch die notwendigen Mittel, eigene Vorsorge zu treffen.

Ein die Spezifika der Sozialversicherung berücksichtigendes Äquivalenzverständnis wird aber auch Raum für Elemente des Familienleistungsausgleichs zu bieten haben, da die Aufzucht, Umsorgung und Betreuung von Kindern in einem umlagefinanzierten Sozialversicherungssystem mit hohem Versichertenbestand gleichsam eine Beitragserbringung in Form von Naturalleistungen darstellt.[112]

Schließlich ist der Grundsatz der Individualäquivalenz selbst noch einmal kritisch zu betrachten.[113] Durch die Sozialversicherungspflicht fällt der durch Angebot und Nachfrage bestimmte Marktindikator für einen „angemessenen" Gegenwert der Beitragsleistung aus und eine verfassungsrechtliche Lehre vom „gerechten" Preis würde so wenig wie eine entsprechende philosophische überzeugen (supra C.VI.1.b.bb.). Auch die der Sozialversicherung entstandenen Kosten, sonst im Gebührenrecht ein markanter Indikator für Äquivalenz, können zur Bewertung der Höhe von Sozialversicherungsbeiträgen nicht herangezogen werden, da die Globaläquivalenz geteilt durch die Zahl der Mitglieder die zumindest in gewissen Grenzen erlaubte Umverteilung innerhalb der Versichertengemeinschaft mit umfaßt, also keinen von der Umverteilung noch einmal getrennten Maßstab bietet. Als verfassungsrechtliches Bewertungsschema bleibt damit lediglich, daß dem Beitragszahler ein „angemessener" individueller Vorteil zukommen muß, wobei sich die Angemessenheit aus einer wertenden normativen Gesamtschau ergibt. Versicherungsmathematische Exaktheit ist hingegen wegen der Besonderheiten der Sozialversicherung nicht zu erreichen.

d) Perspektiven

Bei der Bewertung der redistributiven Wirkungen der Sozialversicherung steht das Verfassungsrecht vor einem „Dilemma".[114] Die Begründungsstruktur, die den grund- und finanzverfassungsrechtlichen Anforderungen an die Beitragserhebung am ehesten gerecht wird, vermag aufgrund der seit Verabschiedung des Grundgesetzes eingetretenen gesellschaftlichen Veränderungen faktisch

---

[112] *A. Lenze*, Staatsbürgerschaft und Verfassung, 2005, S. 425.

[113] *J. Becker*, Transfergerechtigkeit und Verfassung, 2001, setzt diesen voraus, erläutert seine Wirkungsweise aber nicht. Dabei gründet seine gesamte Argumentation auf einer präzisen Bestimmbarkeit der Äquivalenz.

[114] *T. Kingreen*, Das Sozialstaatsprinzip im europäischen Verfassungsverbund, 2003, S. 268; cf. auch *S. Huster*, in: K. H. Friauf/W. Höfling (Hrsg.), GG, Art. 3 Rdnr. 144 (9. Lfg. 2003).

nicht mehr zu überzeugen. Konnte die Konzeption gruppenhomogener Solidarität ursprünglich Grund und Grenzen fremdnütziger Beitragspflichten sinnvoll benennen, scheint die Erosion ihrer gesellschaftlichen Grundlagen uns heute zu zwingen, entweder auf die Grenzen (so das Bundesverfassungsgericht) oder auf den Grund fremdnütziger Beitragspflichten (so die Vertreter strenger Individualäquivalenz) zu verzichten. Beides erscheint aber angesichts der verfassungsrechtlichen Ausgangslage gleichermaßen inakzeptabel.

In dieser Situation dürfte es ein Gebot der Juris-Prudenz sein, rabulistische Lösungen zu meiden. Zwei Ansätze bieten sich als Ausweg an:

Zum einen kann man das die sozialstaatliche Gestaltungsmacht begrenzende Moment der individuellen Schutzbedürftigkeit verfassungsrechtlich stärker zur Geltung bringen, als dies momentan in der Rechtsprechung des Bundesverfassungsgerichts geschieht. Da eine Versicherungspflicht gegen die großen sozialen Risiken wie Krankheit, Pflege, zeitweilige Arbeitslosigkeit, Erwerbsunfähigkeit dem Grunde nach verfassungsrechtlich durchaus gerechtfertigt werden kann (supra H.I.2.b.), richtet sich das Kriterium des Schutzbedarfes vor allem gegen den sozialrechtlichen Zwang zu einer einheitlichen gehobenen sozialen Sicherung.[115] Verfassungsrechtlich gefordert ist somit eine breitere Auffächerung der sozialen Sicherungsoptionen, wie sie der Gesetzgeber nun ansatzweise in das SGB V eingeführt hat (Wahltarife – § 53 SGB V, hausarztzentrierte Versorgung – § 73b SGV V).[116] Der pflichtige Mindestschutz korreliert mit den verfassungsgebotenen sozialen Minima (supra F.II.); zu einem darüber hinausgehenden Sozialschutz wird man den einzelnen jedoch nicht ohne weiteres zwingen können. Wenn auch die genauere Ausgestaltung dem Gesetzgeber vorbehalten sein muß, so wird man von Verfassungs wegen doch immerhin verlangen können, daß der reale Schutzbedarf eine größere Rolle als bisher bei der Organisation der Sozialversicherung zu spielen hat. Dies kann dadurch realisiert werden, daß entweder der Gesetzgeber selbst das Leistungsspektrum nach Pflicht- und Optionsbereichen auffächert oder die Selbstverwaltungskompetenzen pluraler Sozialversicherungsträger ausgebaut werden und das Leistungsspektrum stärker als bisher kraft Satzungsbeschluß mitbestimmt werden kann. Letzteres würde aber

---

[115] Nachdrücklich *F. Hase*, Versicherungsprinzip und sozialer Ausgleich, 2000, S. 43 ff.; 349 ff.; *ders.*, Verfassungsrechtliche Anforderungen an die staatliche Gewährleistung sozialer Sicherheit, in: SDSRV 52 (2004), 7 ff.; cf. auch *R. Pitschas*, Soziale Sicherungssysteme im „europäisierten" Sozialstaat, in: Festschrift 50 Jahre Bundesverfassungsgericht, Bd. 2, 2001, S. 827 (829 ff.); kritisch hingegen *K.-J. Bieback*, Sozial- und verfassungsrechtliche Aspekte der Bürgerversicherung, 2005, S. 86 f.; *ders.*, Begriff und verfassungsrechtliche Legitimation von „Sozialversicherung", in: VSSR 2003, 1 (18 ff.), der darauf verweist, daß mit der Sozialversicherung über sozialen Schutz und soziale Sicherheit hinaus weitere sozialpolitische Zwecke verfolgt werden.

[116] Diese verfassungsrechtliche Einbettung verkennt *J. Isensee*, Wahltarif „Krankenhauskomfort", in: NZS 2007, 449 ff. im Rahmen der geltend gemachten verfassungsrechtlichen Bedenken gegen bestimmte Wahltarife.

zugleich verlangen, das effektive Legitimationsniveau in der Sozialversicherung zu erhöhen (supra G.III.2.).

Zum zweiten könnte man die gleichheits- und finanzverfassungsrechtlichen Probleme fremdnütziger Sozialversicherungsbeiträge verfassungsrechtlich dadurch abmildern, daß man zwischen der Umverteilungswirkung, die aus dem Prinzip des sozialen Schutzes resultiert, und sonstigen Umverteilungszwecken unterscheidet.[117] Der soziale Schutz des Versicherten realisiert sich im Versicherungszwang, aber auch im Verzicht auf risikoadäquate Prämien.[118] Da Art. 74 Abs. 1 Nr. 12 GG akzessorisch zur gesetzgeberischen Ausübung der Kompetenz ein gewisser materiell-rechtlicher Gehalt zuzusprechen ist, der auch moderate Elemente der sozialen Umverteilung einschließt, deckt dieser zumindest die mit der fehlenden Berücksichtigung individueller Risikounterschiede einhergehenden umverteilenden Wirkungen.[119]

Damit bleibt die Frage, wie darüber hinausgehende Umverteilungen verfassungsrechtlich zu bewerten sind. Eine konsequente Auflösung bestehender Spannungslagen bestünde in einer durchgehenden Steuerfinanzierung äquivalenzfremder Sozialversicherungsleistungen.[120] Zugleich würde es aber dem verfassungsrechtlichen Ausgangsbefund nicht vollständig gerecht, diese Lösung selbst in den Rang eines Verfassungsgebotes zu erheben. Denn der materiellrechtliche Verfassungsgehalt zur Sozialversicherung geht gerade ein Stück weit über die Realisierung des Prinzips des sozialen Schutzes hinaus.

Görg Haverkate hat vor diesem Hintergrund vorgeschlagen, die beitragsfinanzierte Umverteilung zumindest einer strengen Begründungspflicht zu unterwerfen. Eingestellt in die Dogmatik des freiheitsdienenden Sozialstaats führt dieser Ansatz dazu, daß Abweichungen von den verfassungsrechtlichen Geboten der Belastungsgleichheit und des angemessenen Verhältnisses von Beitrag

---

[117] Cf. *G. Haverkate*, Die Zukunft des Sozialstaats in Europa, in: P.-C. Müller-Graff/H. Roth (Hrsg.), Recht und Rechtswissenschaft, 2000, S. 101 (104); *ders.*, Die Zukunft der sozialen Sicherungssysteme, in: DVBl. 2004, 1061 (1062); *ders.*, Der Gleichheitssatz im Sozialrecht, in: Festschrift für R. Bernhardt, 1995, S. 385 (394).

[118] *G. Haverkate*, Die Zukunft des Sozialstaats in Europa, in: P.-C. Müller-Graff/H. Roth (Hrsg.), Recht und Rechtswissenschaft, 2000, S. 101 (104); *ders.*, Die Zukunft der sozialen Sicherungssysteme, in: DVBl. 2004, 1061 (1062).

[119] Cf. auch *A. Kokemoor*, Versicherungszweigübergreifende Äquivalenz in der Sozialversicherung?, in: SGb 1996, 410 ff.; *F. Ruland*, Versicherungsfremde Leistungen in der gesetzlichen Rentenversicherung, in: DRV 1995, 28 ff.

[120] *Die gleichheits*rechtlichen Probleme des Sozialversicherungsbeitrages ließen sich ebenso durch die Einführung einer umfassenden Bürgerversicherung beheben, in der alle Bürger nach Leistungsfähigkeit beitragspflichtig sind; cf. zu Fragen der Verbreiterung der Beitragsbemessung auch *S. Huster*, Die Beitragsbemessung in der gesetzlichen Krankenversicherung, in: JZ 2002, 371 ff. Dieses Modell wirft jedoch *finanzverfassungs*rechtliche Probleme auf, weil der Beitrag einer zweckgebundenen Steuer gleichkommt, das Distanzgebot zwischen Steuer und nichtsteuerlichen Abgaben also nicht mehr hinreichend gewahrt ist. Zu den unterschiedlichen zur Zeit diskutierten Reformmodellen im Überblick *S. Weselski*, Modell zur Reform der gesetzlichen Krankenversicherung, in: VSSR 2006, 25 ff.

und Leistung (Äquivalenz) demnach nur zulässig sind, wenn der Gesetzgeber damit einen sozialstaatsgemäßen (d.h. freiheitsdienlichen) Zweck verfolgt und hinreichend darlegen kann, daß die gewählte Form der Redistribution dafür tatsächlich geeignet und erforderlich ist. Mißlingt der Nachweis, ist der Gesetzgeber darauf verwiesen, seine sozialpolitischen Zielsetzungen durch Steuern zu finanzieren.

Beide Komponenten zusammengenommen führen dazu, daß a) eine Beitragsbemessungsgrenze in der Sozialversicherung zwingend erforderlich ist und b) sich die primär in der gesetzlichen Krankenversicherung zwischen finanziell gut gestellten Pflichtversicherten und Privatversicherten bestehende Gleichheitsproblematik zumindest ermäßigt.

Diese Lösung bleibt sicherlich hinter der dogmatischen Kompaktheit des Homogenitätsmodells zurück. Doch sie bietet ein tragfähiges, die widerstreitenden verfassungsrechtlichen Argumente abbildendes Provisorium, bis der (Verfassungs-)Gesetzgeber eine Neuordnung des Sozialversicherungsrechts vorgenommen hat, die entweder das Grundgesetz dem gesetzgeberischen Willen zur sozialen Umverteilung unter Abweichung vom gegenwärtigen, steuerstaatlich geprägten Gebot der Lastengleichheit an- oder das Recht der Beitrags- und Fremdlasten in der Sozialversicherung sauber in das freiheits-, gleichheits-, kompetenz- und finanzverfassungsrechtliche Gefüge des Grundgesetzes einpaßt. Bis dahin bleibt das Problem des verfassungsrechtlich zulässigen Maximums des sozialversicherungsrechtlichen Nehmens eine der Ewigkeitsfragen des Verfassungsrechts, die viele, aber nie ausreichende Antworten kennen. Die Kunst der Verfassungsinterpretation stößt hier ebenso an Grenzen wie das grundgesetzliche Paradigma des freiheitsdienlichen Sozialstaates selbst. Darin zeigt sich abermals die besondere Aporieanfälligkeit des Sozialstaates, die auch durch die verfassungsgebotene Indienstnahme des sozialen Staates für die Freiheit seiner Bürger nur gemildert, nicht gänzlich behoben werden kann. Der soziale Staat des Grundgesetzes bleibt damit letztlich, allen theoretischen und dogmatischen Bemühungen zum Trotz, ein Phänomen, das sich in seiner in den Zielen schillernden, in der Organisationsform und den Instrumenten wechselhaften und im Potential zum Politischen virilen Gestalt dem ordnenden, sortierenden und domestizierenden Zugriff der Verfassungsrechtswissenschaft immer wieder entzieht. Gerade dies macht ihn als Gegenstand verfassungsrechtlicher Beobachtungen anhaltend interessant.

5. Zwischenresümee

Die Maxima des Nehmens durch den freiheitsdienenden Sozialstaat sind für die verfassungsrechtliche Gesamtkonzeption einer freiheitlichen Sozialstaatsbegründung und -begrenzung von entscheidender Bedeutung. Doch ebenso wie im Bereich der verfassungsgebotenen Minima fällt es auch bei den verfassungsrechtlichen Maxima auf den ersten Blick schwer, die Schutzfunktion der Verfassung unter den Bedingungen des freiheitlichen Sozialstaates verfassungsdogmatisch hinreichend zu aktivieren.[121]

Festzuhalten ist zunächst, daß das finanzstaatliche Belastungsmaximum zugleich das sozialstaatliche Leistungsmaximum darstellt. Freiheitsschutz erfährt der Bürger einerseits durch die Begrenzungs- und Schutzfunktion der Finanzverfassung, zum anderen durch den Grundrechtsschutz vor Abgaben. An die Stelle des Grundrechtsschutzes *vor dem Sozialstaat* tritt der Grundrechtsschutz *vor dem Steuerstaat.* Ein freiheitsfunktionales Sozialstaatsverständnis, das gleichwertig Grund und Grenzen des freiheitsfördernden Sozialstaates aus der Idee der Freiheit zu bestimmen sucht, streitet deshalb gerade *für*, nicht gegen einen effektiven Grundrechtsschutz vor übermäßigen Steuerlasten. Ein solcher Grundrechtsschutz läßt sich u.a. über Art. 14 Abs. 1 und 2 GG aktivieren. Ihm zur Seite tritt das Gebot der Lastengleichheit (Art. 3 Abs. 1 GG), das auch die Begrenzungs- und Schutzfunktion der Finanzverfassung maßgeblich mitbestimmt. Die Auferlegung von Abgabenlasten über die allgemeine Steuerlast hinaus bedarf der besonderen verfassungsrechtlichen Begründung. Gute Gründe hierfür sind etwa dann gegeben, wenn dem Abgabenschuldner mit der Abgabe zugleich ein besonderer Vorteil zufließt. Die zentrale Problematik des sozialstaatlichen Nehmens besteht nun darin, verfassungsrechtlich präzise zu definieren, ob und inwieweit neben dem individuellen Vorteil auch solidarische Verpflichtungen besondere Lasten begründen können. Die Frage stellt sich vor allem für die Sozialversicherungsbeiträge. Traditionell ist die Sozialversicherung durch Elemente des – beitragsfinanzierten – sozialen Ausgleichs geprägt. Dieses Charakteristikum wurde durch Art. 74 Abs. 1 Nr. 12 GG (in Zusammenschau mit Art. 87 Abs. 2 GG und Art. 120 Abs. 1 S. 4 GG) grundsätzlich anerkannt. Deshalb verpflichtet das Grundgesetz nicht dazu, die Kosten für den sozialen Ausgleich im Bereich der Sozialversicherung ausschließlich über einen steuerfinanzierten Zuschuß abzudecken. Die materiell-rechtliche Wirkung der Kompetenznormen reicht jedoch entgegen dem Ansatz des Bundesverfassungsgerichts auch nicht so weit, daß der Umfang der Inpflichtnahme und das Maß der Umverteilung in der Sozialversicherung ganz in das Belieben des Gesetzgebers gestellt sind. Vielmehr knüpft das Grundgesetz, wenn es sozialversicherungsrechtliche Umverteilung dem Grunde nach zuläßt, an Konzepte rechtlich geformter, aber vorrechtlich bestehender Solidarbeziehungen an (Stichwort: Gruppenhomogenität). Die tatsächlichen Voraussetzungen für solche Formen der besonderen – regionalen und berufsgruppentypischen – sozia-

---

[121] *H. F. Zacher*, Zur Rechtsdogmatik sozialer Umverteilung, in: ders., Abhandlungen zum Sozialrecht, 1993, S. 279 (296): „Die subjektiven Freiheitsrechte sind gegenüber dem indirekten, oft sehr komplexen Angriff der sozialen Umverteilung weitgehend wehrlos".

len Verbundenheit haben sich jedoch derweil verflüchtigt. Dadurch steht jede verfassungsrechtliche Bewertung des bestehenden sozialversicherungsrechtlichen Umverteilungssystems vor einem Dilemma, das sich nicht einfach auflösen läßt. Eingedenk des materiell-rechtlichen Gehaltes von Art. 74 Abs. 1 Nr. 12 GG (in dessen Ermöglichungsfunktion) scheint es in dieser Situation geboten, allzu rabulistische Lösungen zu meiden. Ein Ausweg könnte zum einen darin bestehen, stärker als bisher die Grenzen der Sozialversicherungspflicht über das Kriterium der Schutzbedürftigkeit zu bestimmen. Da Eingriffe in die Vorsorgefreiheit, die eine individuelle Mindestabsicherung bei bestehender Leistungsfähigkeit erzwingen, durchaus verfassungsrechtlich zu rechtfertigen sind, führt das Kriterium der Schutzbedürftigkeit vor allem zu einer Deckelung der Schutzextension. Zum anderen ist eine sozialversicherungsadäquate Begrenzung solidarischer Inpflichtnahmen der Pflichtversicherten dadurch zu erreichen, daß verfassungsrechtlich die mit dem Grundsatz des sozialen Schutzes, d.h. dem Ausschluß der Risikoselektion verbundenen Umverteilungswirkungen durch den materiell-rechtlichen Verfassungsrang der Sozialversicherung gedeckt, sonstige Maßnahmen sozialer Umverteilung hingegen detailliert auf ihre Verhältnismäßigkeit hin zu überprüfen sind.

III. Zwischenresümee

Während verfassungstheoretisch Grund und Grenzen des freiheitsfunktionalen Sozialstaates gleichermaßen – mehr oder weniger – präzise bestimmt werden können, fällt es verfassungsdogmatisch zunächst schwerer, den Freiheitsschutz vor dem Sozialstaat ebenso zu profilieren wie die unter Rückgriff auf Grundrechte begründeten freiheitsfunktionalen Minima. Insbesondere dem sozialstaatlich veranlaßten Nehmen sind in der verfassungsdogmatischen „Wirklichkeit" weniger klare Grenzen gesetzt als in einem rein freiheitstheoretisch individualzentrierten Modell des sozialstaatlichen Nehmens und Gebens. Dieser Unterschied zwischen Theorie und Dogmatik spricht jedoch weder gegen das theoretische Modell noch gegen die aus dem Grundgesetz zu ziehenden dogmatischen Konsequenzen. Vielmehr kumulieren an dieser Stelle zwei Effekte: Zum einen konzentrierten sich die Überlegungen in der Verfassungstheorie vor allem auf den freiheitstheoretischen Gleichlauf von *Grund und Grenzen der Minima*; die vom Freiheitsgedanken geforderte Limitierung *sozialstaatlicher Maxima* trat hierdurch ein wenig in den Hintergrund. Zum anderen wird der sozialstaatliche Konnex von Geben und Nehmen durch die besonderen, ihrerseits die Freiheitlichkeit der sozialen Ordnung schützenden Formen des Steuerstaates getrennt. Dies erschwert es, die freiheitstheoretischen Grenzen, die dem Konzept des freiheitsfunktionalen Sozialstaates inhärent sind, verfassungsdogmatisch zu aktivieren.

Wenn die politische Selbstorganisation als Demokratie eine deutliche Extensivierung der Möglichkeiten zur Ausgestaltung des Sozialstaates über die gebotenen Minima hinaus bewirkt, resultiert diese Extension gleichwohl nicht aus einer Devianz des Sozialstaates heraus. Vielmehr sind solche politischen Gestaltungsoptionen die notwendige Folge der Grundentscheidung moderner Verfassungsstaaten, individuelle Selbstbestimmung und demokratische Selbstregierung als zwei gleichberechtigte Modi der Freiheitsausübung zu betrachten. Sozialpolitik ist im demokratischen Verfassungsstaat eben nie nur der Nachvollzug verfassungsrechtlicher Mindestvorgaben, sondern reicht als Produkt demokratischer – und damit freier – Selbstverständigungsprozesse einer Gesellschaft deutlich darüber hinaus.

Gleichwohl lassen sich aus dem Paradigma des freiheitsfunktionalen Sozialstaates heraus Grenzen bestimmen, die zumindest mehr Kontur aufweisen als die allgemeinen Abwägungsformeln des pragmatischen Sozialstaatsverständnisses. Denn die Rechtfertigungsfunktion des Art. 20 Abs. 1 GG für sozialstaatlich bedingte Grundrechtseingriffe ist rückgebunden an die freiheitsfunktionale Zielsetzung der Norm. Damit reduziert sich die Möglichkeit, Grundrechtseingriffe über die Formel vom sozialen Staat zu rechtfertigen, erheblich. Soweit solche Eingriffe sich nicht als der individuellen Selbstbestimmung dienlich ausweisen können, lassen sie sich auch nicht durch Art. 20 Abs. 1 GG rechtfertigen. Sie sind deshalb nicht eo ipso verfassungsrechtlich unzulässig, unterliegen aber solchen (erhöhten) grundrechtlichen Rechtfertigungszwängen, wie sie auch für andere politische Zielsetzungen ohne besonderen Verfassungsrang gelten.

Schließlich lassen sich auch Grenzen des Nehmens verfassungsrechtlich rekonstruieren: An die Stelle des im freiheitsdienenden Charakter des Sozialstaates selbst schon verankerten Freiheitsschutzes vor dem Sozialstaat tritt der Grundrechtsschutz vor dem Steuerstaat. *Die Sozialstaatsidee streitet deshalb nicht gegen, sondern für einen verständigen Grundrechtsschutz vor Steuerlasten.* Diesem zur Seite treten die Schutz- und Kontrollfunktion der Finanzverfassung im Steuerstaat sowie das Gebot der Lastengleichheit.

Die finanzielle Inpflichtnahme durch nichtsteuerliche Abgaben zugunsten des Sozialstaates bedarf aus grund- und finanzverfassungsrechtlichen Gründen zudem stets einer besonderen verfassungsrechtlichen Begründung. Während bei Gebühren ein Abgehen vom die Lastengleichheit sichernden Äquivalenzprinzip grundsätzlich ausscheidet, sind Sozialversicherungsbeiträge verfassungsrechtlich so angelegt, daß ein moderates Maß an Umverteilung innerhalb einer abgrenzbaren, durch solidarische Verbundenheit charakterisierten Gruppe zulässig ist. Allerdings sind die sozialempirischen Grundlagen, auf die sich die grundrechtlichen und finanzverfassungsrechtlichen Begrenzungen sozialversicherungsrechtlicher Umverteilungen beziehen, inzwischen faktisch erodiert. Die hieraus resultierenden Fragen für eine sinnvolle Kontrolle des sozialversicherungsrechtlichen Nehmens sind mit verfasssungsdogmatischen Modellbildungen nur eingeschränkt in den Griff zu kriegen. Das Problem harrt einer grundsätzlichen politischen Lösung.

I. Ergebnisse

I.

Die Arbeit ist von einer denkbar weiten Fragestellung ausgegangen. Sie knüpft nicht unmittelbar an konkrete Problemlagen und Herausforderungen des heutigen Sozialstaates an (demographischer Wandel, Globalisierung und Internationalisierung, Erosion des Normalarbeitsverhältnisses) – wiewohl diese den Resonanzboden der gesamten Untersuchung bilden –, sondern fragt noch einmal generell nach der Bedeutung der Formel vom „sozialen" Staat in Art. 20 Abs. 1 GG.

Betrachtet man die im Laufe der Zeit gegebenen Antworten, weisen sie durchgängig Schwächen auf. Sie sind über- oder unterbestimmt und zuweilen auch beides. Das vorherrschende *pragmatische Sozialstaatsverständnis* etwa vermag einerseits dem Art. 20 Abs. 1 GG keine konkreteren verfassungsrechtlichen Vorgaben zu entnehmen, sondern überläßt die Kleinarbeitung der Norm im wesentlichen dem Gesetzgeber. Zugleich aber soll die – dem eigenen Verständnis nach im Grunde inhaltsleere – Norm Eingriffe in Grundrechte rechtfertigen und Hilfestellung bei der Auslegung des einfachen Rechts bieten. Man postuliert ein Art. 20 Abs. 1 GG entnommenes Gebot sozialstaatlicher Aktivitäten, ohne näher Auskunft darüber geben zu können, was denn „sozial" in diesem Zusammenhang meint.

Alternativen zu diesem pragmatischen Sozialstaatsverständnis finden sich bei *Ernst Forsthoff*, *Wolfgang Abendroth* und *Hans F. Zacher*. Doch auch diese vermögen schlußendlich nicht zu befriedigen. Forsthoff, der vielleicht die intellektuell anregendste Auseinandersetzung mit dem Sozialstaat vorlegt, negiert die Normativität der Formel vom sozialen Staat und unterläuft damit den in Art. 20 Abs. 3 GG zum Ausdruck kommenden Charakter hoher Verbindlichkeit; Abendroth überspannt das verfassungsrechtliche Potential der Politisierung des Sozialstaats; Zacher löst die Normativität des Sozialstaates in dessen empirischer Prozeßhaftigkeit auf.

Angesichts dieses Ausgangsbefundes will die vorliegende Untersuchung Sinn und Zweck der Formel vom sozialen Staat im Grundgesetz neu explorieren. Dabei sucht die Arbeit die in der Staatsrechtslehre für die Auseinandersetzung mit dem sozialen Staat eingeschliffenen Sprachschablonen und Standardformeln zunächst einmal hinter sich zu lassen, indem sie einen – recht langen –

Umweg über die Verfassungstheorie nimmt. Der Schwerpunkt wird dabei auf normative Begründungstheorien für den Sozialstaat gelegt, da die unterschiedlichsten Erklärungsansätze zur Genese und zu den gesellschaftlichen Wirkungen des Sozialstaates mit ihren gegenläufigen Befunden zwar erhellend sind, aber wenig dazu beitragen können, sich dem eigentlichen verfassungsrechtlichen Sollensgehalt des Art. 20 Abs. 1 GG zu nähern.

II.

Ausgangspunkt für eine genauere Erkundung *normativer* Begründungsmodelle des Sozialstaates ist die Annahme, daß der Sozialstaat des Grundgesetzes in die Grundspannung des modernen Verfassungsstaates zwischen individueller Selbstbestimmung und demokratischer Selbstregierung als zwei Modi der Freiheitsausübung unter Freien und Gleichen eingelassen ist. Der freiheitliche Verfassungsstaat zeichnet sich gerade dadurch aus, daß keinem der beiden Modi ein genereller Vorrang zukommt. Vielmehr fordern und verstärken sich beide Dimensionen von Selbstbestimmung wechselseitig. Individuelle meint auch politische Freiheit und Demokratie (in einem anspruchsvollen Sinne verstanden) setzt individuelle Freiheit voraus. Hieraus folgt für den Sozialstaat zum einen, daß Grund und Grenzen sozialer Aktivitäten des Staates nicht schlicht aus einem System individueller Freiheitsbelange heraus abgeleitet werden können. Zum anderen aber hat ein Sozialstaatsverständnis auszuscheiden, nach dem der demokratische Wille zum Sozialstaat keine nennenswerten individualrechtlichen Grenzen kennt.

Von diesem Axiom des Einbezugs des Sozialstaates in die Spannung von individueller Selbstbestimmung und demokratischer Selbstregierung aus werden fünf unterschiedliche normative Fundierungen für den Sozialstaat näher untersucht: Sicherheit, Solidarität, Gleichheit, Freiheit und Demokratiebefähigung.

1.) Der Topos der *sozialen Sicherheit* bildet eine klassische Begründungsfigur für sozialstaatliche Aktivitäten. Sie entspricht einer generellen – zumeist kontraktualistisch rekonstruierten – Staatszweckbestimmung: Der moderne Staat ist eine Sekuritätsveranstaltung. Allerdings erweist sich bei näherer Betrachtung, daß a) Systeme sozialer Sicherheit ihrerseits Unsicherheiten 2. Ordnung erzeugen und b) Sicherheit handlungstheoretisch verstanden eine freiheitsabgeleitete Variable bildet. Soziale Sicherheit ist kein Selbstzweck, sondern dient der freien Entfaltung des Menschen. Sie ist ihrerseits freiheitsfunktional.

2.) Auch der Topos der *Solidarität* führt in den Freiheitsdiskurs. Solidarität meint sehr Verschiedenes: Eintreten für die Schwachen, genossenschaftliche Wechselseitigkeit, gesamtgesellschaftlicher Zusammenhalt. Zudem sind affektive von rechtlich-administrativen Formen der Solidarität zu unterscheiden. Der Sozialstaat bildet eine Art systemisch organisierte Solidarität „unter

Fremden". Diese zehrt in gewisser Weise von vorhandenen lebensweltlichen Solidaritätsressourcen. Sozialstaatliche Solidarität ist Solidarität in der kulturellen Differenz, die gemeinhin mehr lebensweltliche Solidarität verbraucht als stiftet. Diese Dependenz sozialstaatlicher von nichtstaatlichen Solidaritätsformen bedroht latent die Regeneration ihrer eigenen Bedingungen. Eine normative Fundierung des Sozialstaates im Leitgedanken der Solidarität hat diese solidaritätstheoretischen Grundeinsichten zu berücksichtigen. Im freiheitlichen Verfassungsstaat kommt vor allem der stimulativen Kraft der Freiheit selbst entscheidende Bedeutung für das Wechselspiel von Verbrauch und Rekreation der knappen Ressource solidarischer Verbundenheit zu. Der der Solidarität verpflichtete Sozialstaat ist unter den Bedingungen gleicher Freiheit in kultureller Pluralität deshalb notwendig ein freiheitlicher – und freiheitsfunktionaler – Sozialstaat.

3.) Das Generalthema des Sozialstaates ist *soziale Gerechtigkeit.* In der Idee der sozialen Gerechtigkeit kommt das Zugleich von Über- und Unterbestimmung des Sozialstaates markant zum Ausdruck. Versteht man soziale Gerechtigkeit politisch, ist sie für die Normativität des Sozialstaates irrelevant. Auch eine Rekonstruktion des bestehenden Sozialrechts als Ausdruck sozialer Gerechtigkeit ist verfassungstheoretisch wenig hilfreich. Gleichwohl muß man den Begriff der sozialen Gerechtigkeit nicht vorschnell verabschieden. Er bildet einen „Reflexionsbegriff" für die Beschreibung eines bestimmten Zuordnungsverhältnisses grundlegender Normative des Verfassungsstaates. Damit ist er Ausdruck des Gerechtigkeitsanspruchs der verfassungsrechtlichen Ordnung selbst. Er trifft jedoch keine Aussagen darüber, was Sozialstaatlichkeit nach dem Grundgesetz meint.

4.) Maßgebliche normative Orientierung erfährt eine verfassungstheoretische Begründung des Sozialstaates deshalb aus der in der Kernidee gleicher Freiheit begründeten Oszillation von Freiheitlichkeit, Gleichheit und Demokratie.

5.) *Egalitäre Sozialstaatsbegründungen* mißdeuten dieses Zusammenwirken, indem sie von einer starken Gleichheitspräsumtion ausgehen. Gleiche Freiheit bedeutet dieser Präsumtion zufolge, daß jede Ungleichverteilung von Ressourcen und Lebenschancen rechtfertigungsbedürftig ist. „Unverdientes" Glück, dem zumeist auch das naturgegebene Talent und begünstigende familiäre Lebensumstände zugerechnet werden, sei „abzuschöpfen" und umzuverteilen. Mit einer solchen egalitaristischen Begründung korrespondieren im Verfassungsrecht verbreitete Vorstellungen, daß der Sozialstaat dem sozialen Ausgleich diene und das Herzstück des Sozialstaates die auf gleiche Lebensbedingungen zielende soziale Umverteilung bildet.

Es widerspricht jedoch grundlegenden moralischen Intuitionen in freiheitlichen Gesellschaften, die Idee gleicher Freiheit in ein Gebot strenger materieller Egalisierung umzudeuten. Eine dergestalte Begründung des Sozialstaates negiert die Grundbedingungen unserer Vorstellungen freier Persönlichkeit. Der harte Egalitarismus ist zudem gegenüber der Bestimmung der sozialen Bedarfs- und sozialstaatlichen Interventionslagen unterkomplex angelegt und verwechselt (verfehlte) Forderungen nach materieller Egalisierung mit autonomietheoretisch sinnvollen Forderungen nach angemessenen Lebensbedingungen für jeden Menschen, also Gleichheit mit Allgemeinheit. Eine Fundierung des Sozialstaates im Normativ der Gleichheit vermag verfassungstheoretisch folglich kaum zu überzeugen.

6.) Hingegen läßt sich aus der Idee komplexer, positive wie negative Elemente einschließender *Freiheit* ein kohärenter normativer Begründungsstrang für den Sozialstaat des Grundgesetzes entwickeln. Auch diese Argumentation steht allerdings vor einem Grundproblem: Individuelle Freiheit meint gemeinhin etwas anderes als die Herstellung materieller Mindestbedingungen ihrer Ausübung. Freiheit ist mit Freiheitsbefähigung nicht identisch. Im Gegenteil: Wenn der Sozialstaat Voraussetzungen für die Chance zur tatsächlichen Inanspruchnahme von Freiheitschancen des einen schafft, verkürzt er in der Regel zugleich die Freiheit des anderen. Radikale Sozialstaatskritiker wie *Robert Nozick* leugnen deshalb, daß sich sozialstaatliche Maßnahmen zur Freiheitsbefähigung autonomietheoretisch überhaupt als legitim begründen lassen.

Eine an *Locke* und *Kant* geschulte eigentumstheoretische Rekonstruktion des Sozialstaates zeigt demgegenüber auf, daß eine normative Verteidigung privatnützigen Eigentums unter Bedingungen der Knappheit notwendig Elemente sozialer Existenzsicherung einschließt. Ebenso streiten personentheoretische Überlegungen dafür, Freiheit und Freiheitsbefähigung in ein Grundverhältnis zueinander zu setzen, das Normativ individueller Autonomie also im Rahmen eines Reziprozitätsverhältnisses zu denken, in das Momente einer *subsidiären, nonegalitaristischen, suffizienzorientierten Sicherung von Mindestbedingungen eines selbstbestimmten Lebens* stets eingelassen sind.

Gleichwohl wird auch eine solche freiheitstheoretische Rekonstruktion des Sozialstaates Aporien und Paradoxien seiner selbst nicht ohne weiteres los. *Hegel* hat solche Grenzen und Selbstwidersprüchlichkeiten des Sozialstaates bereits auf das Trefflichste beschrieben. Sie lassen sich aber auch anhand der Freiheitsgefährdungen durch sozialstaatlichen Paternalismus, der Eignung des Sozialstaates als Machtdispositiv (*Foucault*) sowie seiner politischen Imaginationskraft aufzeigen. Jeweils sieht sich die verfassungstheoretische Konzeption einer freiheitsfunktionalen Sozialstaatsbegründung durch solche Beschreibungen der „Schattenseiten" jedoch nicht durchgreifend in Frage gestellt; vielmehr zeigen diese gerade die Richtigkeit eines Ansatzes, der die Freiheitsbindung des Sozialstaates reflexiv stellt, in dem also der Sozialstaat aus seiner Verpflichtung zur Freiheitsfunktionalität heraus sein ihm eigenes freiheitsbedrohendes Potential selbst permanent ermäßigt und bändigt.

7.) Zur *Demokratie* schließlich weist eine solche Sozialstaatsbegründung einen doppelten Bezug auf. Zum einen erweitert die Freiheitsdimension demokratischer Selbstbestimmung die Gestaltungsmöglichkeiten im und für den Sozialstaat. Dieser ist nicht auf Minimalformen festgelegt. Zum anderen nimmt die Befähigung zur Teilhabe an der politischen Freiheit ganz selbstverständlich Anteil an der freiheitsdienenden Funktion des Sozialstaates. Mindestbedingungen selbstbestimmten Lebens umfassen auch Mindestbedingungen politischer Autonomie. Freiheitsfunktional verstanden wird der Sozialstaat jedoch demokratietheoretisch nicht in *besonderer* Weise nobilitiert. Er bildet keine „Staatsbürgerqualifikationsmaßnahme" (*U. K. Preuß*) und auch seine Überwindung durch prozedurale und partizipative Neubestimmungen des Sozialen (*G. Frankenberg, J. Habermas*) erscheint verfassungstheoretisch nicht geboten.

III.

Die Erkenntnisse aus den verfassungstheoretischen Grundlegungen eines freiheitsfunktionalen Sozialstaatsverständnisses lassen sich in den Kontext der Verfassungsdogmatik nur mit der gebotenen methodischen Umsicht und Rücksicht auf die Spezifika der dogmatischen Systembildung übertragen. Dabei kommen vor allem drei Fragen in den Blick: Gibt es nach dem Grundgesetz Rechte auf bzw. Pflichten zu freiheitsgebotenen sozialen Minima? Inwieweit präfiguriert das Grundgesetz zwischen Minima und Maxima die demokratische Ausgestaltung des Sozialstaates? Welche freiheitsrechtlichen Grenzen des Sozialstaates kennt das Grundgesetz?

IV.

1.) Nach dem vorherrschenden pragmatischen Sozialstaatsverständnis bildet Art. 20 Abs. 1 GG keine Grundlage für verfassungsrechtliche Ansprüche des einzelnen auf bestimmte Sozialleistungen. Art. 20 Abs. 1 GG seien keine konkreten Aussagen zu Art und Höhe sozialer Hilfen zu entnehmen. Zugleich jedoch soll Art. 1 Abs. 1 i.V.m. Art. 20 Abs. 1 GG das soziokulturelle Existenzminimum schützen, mithin das Sozialstaatsgebot im Zusammenspiel mit der Menschenwürde doch immerhin eine konkrete Pflicht des Staates zur Erbringung von Sozialleistungen enthalten. Bei näherer Betrachtung freilich verschärft ein über den Rechtstitel der Menschenwürde konstruierter Anspruch auf Sicherung des Existenzminimums die der Formel vom sozialen Staat eh schon eigene Problematik der Unbestimmtheit ihres Gehaltes. Denn aus den Komposita Würde und Sozialstaat läßt sich kaum erschließen, was die Forderung nach der Sicherung eines sozio-kulturellen Existenzminimums jenseits des Gebotes, daß niemand verhungern soll, genauer meint. Als „kleine Münze" taugt die Menschenwürde im Kontext des Sozialstaates kaum, da wegen der Vagheit von Würde- und Sozialstaatstitel den Inhalt der existentiellen Sicherungspflicht eigentlich nur der durch sie doch gerade gebundene Gesetzgeber festlegen kann. Auch das Existenzminimum fügt sich damit in die Tradition des pragmatischen Sozialstaatsdenkens ein.

Um dennoch zu vermeiden, Art. 20 Abs. 1 i.V.m. Art. 1 Abs. 1 GG zu einem verfassungsrechtlichen Nullum erklären zu müssen, haben sich in Rechtsprechung und Schrifttum drei Ausweichstrategien etabliert, die zu einer Substantialisierung gebotener Leistungsstandards zur Existenzsicherung beitragen sollen: Erwägungen zur Gleichstellung mit anderen Bevölkerungsgruppen, die Konstituitionalisierung einfach-gesetzlicher Grundsätze der Sozialhilfe sowie die Prozeduralisierung des Bestimmungsproblems. Die drei Ansätze weisen jedoch jeweilig Probleme auf: Der Gleichstellungsansatz leidet an den Schwächen egalitaristischer Sozialstaatsbegründungen. Die Konstitutionalisierungsstrategie verkennt den Geltungsvorrang der Verfassung bzw. die Disponibilität einzelner Grundsätze des Grundsicherungsrechts. Verfahrensgrundsätze schließlich können die Rationalität und Sachangemessenheit bei der Festlegung von sozialen Hilfen erhöhen, geben jedoch keine Auskunft über den näheren Sinn und Zweck – die sozio-kulturelle Komponente – des Existenzminimums. Hinzu kommt, daß mit der Menschenwürde eine Norm in das Begründungsprogramm sozialer Minima eingebaut wird, die nach vorherrschender Auffassung jeder Relativierung und Abwägung entzogen ist. Soziale Minima können jedoch, auch wenn sie nonegalitär-freiheitsfunktional-suffzienzorientiert verstanden werden, nur kontextsensitiv und kulturrelativ bestimmt werden. Auch stehen sie sinnigerweise unter einer Art „Vorbehalt des Möglichen".

Mit diesen Überlegungen korrespondiert verfassungsdogmatisch, Art. 1 Abs. 1 GG als Grundnorm und nicht als Grundrecht im engeren Sinne zu verstehen. Gerade das Beispiel des Existenzminimums zeigt, wie die Menschenwürde als Orientierung bietender Horizont, als Hypercodierung der Rechtsordnung wirkt. Dogmatisch sollte man hieraus die Konsequenz ziehen, den objektiv-rechtlichen Gehalt von Art. 1 Abs. 1 GG über die „nachfolgenden" Grundrechte zu aktivieren. Entsprechend bestimmen sich verfassungsrechtlich dann auch soziale Minima.

2.) Die Begründung verfassungsrechtlich verankerter Ansprüche auf freiheitsfunktionale Minima aus dem Wechselspiel von Grundrechten und Sozialstaatsprinzip ist stark belastet. Sie sieht sich einer Fülle traditionell vorgebrachter Einwände ausgesetzt, denen jedoch durchgängig durch eine Feinjustierung der Dogmatik sozialer Leistungsrechte entsprochen werden kann. Versteht man den Sozialstaat des Grundgesetzes normativ freiheitsfunktional, erscheint es gegenüber dem vorherrschenden pragmatischen Sozialstaatsverständnis geboten, den Grundsatz des sozialen Staates nicht weiter zu depotenzieren, sondern sowohl den normativen Grund wie die verfassungsrechtlichen Grenzen des sozialen Staates zu profilieren. Deshalb kann auf eine nähere Bestimmung verfassungsrechtlich gebotener sozialer Minima nicht einfach verzichtet werden.

Die Konkretisierung des Verfassungsgebotes sozialer Staatlichkeit über die Einzelgrundrechte bietet für eine solche Bestimmung einen probaten Ansatz. Er nimmt den freiheitsfunktionalen Charakter des Art. 20 Abs. 1 GG ernst. Wenn der Sozialstaat des Grundgesetzes in der Freiheit des Individuums Grund wie Grenzen findet, sind die aus Art. 20 Abs. 1 GG i.V.m. einzelnen Grundrechten abgeleiteten Gebote sozialer Minima von vornherein auf die Herstellung der Mindestbedingungen eines selbstbestimmten Lebens beschränkt (Maß); sie stehen unter dem Vorbehalt des Möglichen und unter der Bedingung des Primats der Selbstrealisation – sie sind also streng subsidiär; schließlich bedürfen sie der näheren gesetzlichen Ausgestaltung durch den Gesetzgeber, dem hierbei ein gewisser Spielraum zukommt. In den einzelnen Grundrechten i.V.m. Art. 20 Abs. 1 GG verankerte Ansprüche auf freiheitsfunktionale soziale Minima bilden deshalb primär Ansprüche auf gesetzgeberisches Tätigwerden. Nur im äußersten Notfall, d.h. wenn effektiver Rechtsschutz anders nicht zu erlangen ist, ist die dritte Gewalt funktionalrechtlich befugt, dem einzelnen im Durchgriff auf die Verfassung das Recht auf eine konkrete Leistung zuzusprechen.

Im Kontrast zu prinzipientheoretischen Grundrechtstheorien führt ein freiheitsfunktionales Sozialstaatsmodell nicht zu einem prima-facie-Anspruch „auf alles", sondern bleibt schon im Ansatz auf die die freiheitsgemäß primäre Eigenverantwortung ergänzende Sicherstellung von Mindestbedingungen zur Chance eines selbstbestimmten Lebens beschränkt.

Zur genaueren Ermittlung verfassungsgebotener sozialer Minima ist zudem für jedes einzelne Grundrecht eine bereichsspezifische Konkretisierung erforderlich. So scheidet etwa Art. 14 Abs. 1 und 2 GG als Kandidat für eine sozialstaatliche Aufladung aus, weil das materielle Substrat individueller Freiheit gerade über die anderen Grundrechte gesichert wird. Zum Teil sperrt der Wortlaut einen unmittelbaren Rückgriff auf ein Grundrecht. Teilweise mangelt es dem freiheitlichen Staat aber auch schlicht an der Verfügungsgewalt. Deshalb ergibt sich über Art. 12 Abs. 1 und 2 GG i.V.m. Art. 20 Abs. 1 GG kein Verfassungsanspruch auf Arbeit; auch einem Recht auf Wohnraum sind enge Grenzen gesetzt.

3.) Territorial ist die Rechtsbegründungsfunktion des Art. 20 Abs. 1 GG auf das Staatsgebiet der Bundesrepublik Deutschland beschränkt. Verfassungsgebotene soziale Minima sind staatsgebietszentriert definiert, während einfachgesetzlich und europarechtlich das Territorialprinzip nur eingeschränkt gilt.

4.) Einen besonderen Fall verfassungsgebotener sozialer Minima bildet das Recht auf Leben und Gesundheit, weil Minima hier scheinbar mit Maxima zusammenfallen. So dehnt das Bundesverfassungsgericht in seiner jüngsten Rechtsprechung die Leistungspflichten der gesetzlichen Krankenversicherung unter

Rückgriff auf Art. 2 Abs. 2 GG und das Sozialstaatsprinzip in extremer Weise aus. Bei lebensbedrohlichen oder regelmäßig tödlich verlaufenden Erkrankungen sollen nur solche Behandlungsmethoden aus dem Leistungsspektrum der gesetzlichen Krankenversicherung ausgeschlossen werden dürfen, die evident unnütz sind. Damit überspannt das Gericht die verfassungsrechtlichen Anforderungen an das Leistungsniveau einer öffentlichen Krankenversorgung jedoch deutlich. Das Paradigma des sozialstaatlich gebotenen freiheitsfunktionalen Minimums führt demgegenüber zu Restriktionen, die aus dem Vorbehalt des Möglichen, dem Primat der Selbstrealisation sowie der Begrenzung auf tatsächliche Minima resultieren. Streng zu trennen sind die Fragen nach dem sozialstaatlich gebotenen Mindestschutz für Leben und Gesundheit zudem vom finanzverfassungsrechtlichen Schutz eines angemessenen Verhältnisses von Beitragsleistung und Gegenleistung in der gesetzlichen Sozialversicherung.

5.) Über die unter Rückgriff auf einzelne Grundrechte rekonstruierten sozialstaatlichen Minima hinaus kennt das Grundgesetz keine weiteren Mindestanforderungen an den sozialen Staat. Weder begründet die Verfassung ein soziales Rückschrittsverbot, noch werden bestehende sozialrechtliche Institutionen, insbesondere die Sozialversicherungen, in besonderer Weise geschützt.

V.

1.) Für die Ausgestaltung des Sozialstaates über den Bereich verfassungsgebotener Minima hinaus kennt das Grundgesetz materiell kaum Vorprägungen. Die Formel vom sozialen Staat enthält kein Optimierungsgebot. Sie garantiert keinen gehobenen sozialen Schutz, wie er den Sozialversicherungen lange Zeit als Ideal zugrunde lag. Die bestehenden sozialen Sicherungssysteme stehen institutionell umfassend zur Disposition des Gesetzgebers. Mit Skepsis ist ferner Versuchen zu begegnen, über die dogmatische Figur der Staatszielbestimmung und unter Absehung der Spezifika der Norm in die Formel vom sozialen Staat nach Art. 20 Abs. 1 GG ebenso vage wie pauschale materielle Gehalte einzuzeichnen. Auch der allgemeine Gleichheitssatz bildet keinen besonderen Maßstab des Sozialstaates.

Bei der demokratischen Ausgestaltung zu beachten sind hingegen besondere Belange des Vertrauensschutzes. Ob diese auch einen von Art. 14 Abs. 1 und 2 GG ausgehenden Eigentumsschutz sozialrechtlicher Positionen umfassen, erscheint selbst dann zweifelhaft, wenn solche auf Beitragsleistungen beruhen. Vielmehr erschließt sich der verfassungsrechtlich gebotene Schutz berechtigter Belange der Beitragszahler über das Rechtsstaatsprinzip (Verläßlichkeit der Rechtsordnung bei berechtigtem Vertrauen) und das finanzverfassungsrechtliche Grundrechtsregime (Mindestäquivalenz von Nehmen und Geben bei Sozialbeiträgen).

2.) Der soziale Staat ist von Verfassungs wegen eingewoben in die offene Staatlichkeit des Grundgesetzes. Art. 23 Abs. 1 GG berechtigt und begrenzt materiell-rechtliche Impulse zur Formierung des sozialen Staates durch die supranationale Rechtsebene. Der Kernbestand freiheitsfunktionaler Sozialstaatlichkeit hat durch die europäische Integration unangetastet zu bleiben.

3.) Da eine materiell-rechtliche Präfiguration für die demokratische Ausgestaltung des Sozialstaates (jenseits der gebotenen Minima) kaum besteht, kommt verfahrensrechtlichen Vorgaben um so größere Bedeutung zu. So wird der freiheitliche Charakter des sozialen Staates maßgeblich durch das Legitimations- und Kompetenzregime des Grundgesetzes abgesichert, indem es gleiche Einflußnahme bei seiner Ausgestaltung garantiert. Das Demokratiegebot rückt im Zusammenspiel mit dem grundrechtlichen Freiheitsschutz einerseits das Parlamentsgesetz in die Zentralstellung für die demokratische Ausgestaltung des sozialen Staates (Vorrang und Vorbehalt des Gesetzes, Wesensgehaltsgarantie). Andererseits führt es dazu, daß demokratische Legitimation im anspruchsvollen Sinne nicht einfach durch Betroffenenpartizipation oder out-put-Legitimation ersetzt werden kann. Demokratie im Sinne des Grundgesetzes meint zuvörderst durch die Sinnform des Politischen her bestimmte Volksherrschaft und nicht die sachadäquate administrative Bewältigung von gesellschaftlichen Problemlagen oder die Teilhabe an Entscheidungen seitens derjenigen, die von diesen besonders tangiert sind. Das Grundgesetz ist eine antikollektivistische Verfassung; Träger der Souveränität sind letztlich die einzelnen Bürger in ihrer Vielfalt an politischen Überzeugungen, praktizierten Lebensformen und religiös-weltanschaulichen Gewißheiten. Gerade diese Pluralität gebietet jedoch ein Festhalten an einem volkszentrierten Legitimationsmodus. Denn nur er garantiert demokratische Egalität, die ihrerseits dem für den freiheitlichen Verfassungsstaat konstitutiven Axiom gleicher Freiheit entspringt.

4.) Die funktionale Selbstverwaltung, der u.a. die Sozialversicherungen in ihrer gegenwärtigen Ausgestaltung zuzuordnen sind, sieht sich deshalb einer besonderen verfassungsrechtlichen Rechtfertigungslast ausgesetzt. Das Grundgesetz ermöglicht durch einzelne Bestimmungen wie Art. 87 Abs. 1 und 2 GG oder Art. 5 Abs. 3 GG aus dem durch Wahlen gestifteten Legitimationsmodus ein Stück weit herausgenommene Normierungs-, Entscheidungs- und Vollzugspraktiken. Doch markieren diese Bestimmungen zugleich die Grenzen funktionaler Selbstverwaltung. Diese bleibt im Hinblick auf das Demokratiegebot die rechtfertigungsbedürftige Ausnahme.

Für den Sozialstaat ist insbesondere Art. 87 Abs. 2 GG von Bedeutung. Der Bestimmung ist jenseits ihres Charakters als Kompetenz- und Organisationsnorm ein objektiv-rechtlicher Gehalt eigen, der die traditionelle Selbstverwaltung in der Sozialversicherung grundsätzlich zu rechtfertigen vermag, soweit a) eine Sozialversicherung im kompetenzrechtlichen Sinne auch tatsächlich vorliegt, b) von der Allgemeinheit abgrenzbare *eigene* Angelegenheiten dieses Rechtsträgers behandelt werden und c) die Willensbildung im Rahmen selbstverwaltungsangemessener Binnenstrukturen erfolgt. Hybridformen funktionaler Selbstverwaltung, wie sie etwa der Gemeinsame Bundesausschuß nach § 92 SGB V darstellt, erlaubt das Grundgesetz hingegen nicht.

5.) Der soziale Staat des Grundgesetzes ist zugleich ein sozialer Bundesstaat. Art. 28 Abs. 1 S. 1 GG gebietet den Ländern, das Ihre zur Verwirklichung des freiheitsfunktionalen Sozialstaates beizutragen. Das Merkmal des „Sozialen" nimmt in der Norm eine Sonderrolle ein, weil es nicht Strukturen, sondern den Inhalt staatlichen Handelns bestimmt. Art. 28 Abs. 1 S. 1 GG führt dazu, daß die Länder vollumfänglich an das für den Bund in Art. 20 Abs. 1 GG festgelegte Normativ freiheitsfunktionaler Sozialstaatlichkeit gebunden sind. Bezogen auf die grundrechtlich gebotenen Minima sind deshalb Durchgriffswirkungen zu konstatieren, die in der Form bei den anderen Merkmalen des Art. 28 Abs. 1 GG nicht bestehen.

VI.

1.) Das verfassungsrechtliche Paradigma des freiheitsfunktionalen Sozialstaates verspricht gegenüber dem vorherrschenden pragmatischen Sozialstaatsverständnis einen doppelten Mehrwert, indem es erlaubt, nicht nur soziale Minima, sondern auch die verfassungsrechtlich zulässigen Maxima des Sozialstaates stärker zu profilieren. Nimmt man den Ansatz ernst, die Freiheit des einzelnen als Grund und Grenze des Sozialstaates zu begreifen, verlangt das freiheitsfunktionale Sozialstaatsverständnis klar konturierte verfassungsrechtliche Limitierungen der demokratischen Ausgestaltung des Sozialstaates nach oben wie unten. Beide Grenzziehungen fallen freilich wegen der Freiheit zur demokratischen Selbstregierung im modernen Verfassungsstaat nicht zusammen. Über das Zusammenspiel mit den Grundrechten lassen sich jedoch jeder demokratischen Selbstverständigung vorgelagerte verfassungsgebotene soziale Minima ebenso rekonstruieren wie freiheitsrechtlich nicht mehr hinnehmbare Extensionen demokratisch gewollter Sozialstaatlichkeit.

2.) Zur Bestimmung solcher Grenzen ist zunächst wesentlich, daß gesetzesmediatisierte Grundrechtseingriffe unter Rückgriff auf Art. 20 Abs. 1 GG überhaupt nur gerechtfertigt werden können, wenn diese den sozialen Bedingungen individueller Selbstbestimmung im Rahmen typisch sozialstaatlicher Handlungsfelder und -formen zu dienen bestimmt sind. Sonstige sozialpolitische Zielsetzungen fallen zwar unter einen politischen, nicht jedoch unter einen verfassungsrechtlichen Sozialstaatsbegriff. Ihre verfassungsrechtliche Zulässigkeit bestimmt sich deshalb nach den gleichen Grundsätzen wie die anderer prozedural bestimmter Gemeinwohlbelange ohne Verfassungsrang.

3.) Die eigentliche Problematik der Bestimmung verfassungsrechtlicher Grenzen des Sozialstaates ergibt sich aus den Besonderheiten des steuerstaatlich vermittelten Nehmens und Gebens im sozialen Staat. Denn im Steuerstaat wird der soziale Zweckzusammenhang von Nehmen und Geben gelöst. Deshalb muß an die Stelle des auch im Rahmen seiner demokratischen Ausgestaltung im freiheitsdienenden Charakter des Sozialstaates selbst schon verankerten Freiheitsschutzes vor dem Sozialstaat der Grundrechtsschutz vor dem Steuerstaat treten. Die Sozialstaatsidee streitet somit entgegen verbreiteter Ansicht nicht gegen, sondern für einen verständigen Grundrechtsschutz vor Steuerlasten. Diesem zur Seite treten die Schutz- und Kontrollfunktion der Finanzverfassung im Steuerstaat sowie das Gebot der Lastengleichheit.

4.) Wegen der Schutz- und Kontrollfunktion der Verfassung sowie des Art. 2 Abs. 1 GG und Art. 3 Abs. 1 GG bedarf die finanzielle Inpflichtnahme mittels nichtsteuerlicher Abgaben zugunsten des Sozialstaates zudem stets einer besonderen Begründung. Bei Gebühren gilt ein strenges Äquivalenzprinzip, so daß sie als Instrument sozialstaatlicher Umverteilung ausscheiden. Sozialversicherungsbeiträge waren hingegen verfassungsrechtlich ursprünglich auf ein moderates Maß an Umverteilung innerhalb abgrenzbarer Gruppen hin angelegt, die sich durch rechtlich bloß rezipierte Kriterien solidarischer Verbundenheit auszeichneten. Die sozialempirischen Grundlagen, auf die sich solche grundrechtlichen und finanzverfassungsrechtlichen Begrenzungen sozialversicherungsrechtlicher Umverteilungen bezogen, sind jedoch mittlerweile weitgehend erodiert. Das Bundesverfassungsgericht zieht hieraus die Konsequenz, dem sozialversicherungsrechtlichen Nehmen praktisch keine Grenzen mehr entgegenzusetzen. Der Grundrechtsschutz vor dem Sozialstaat weicht einem Teilhabeschutz im Sozialstaat. In Teilen des Schrifttums wird hingegen gegenläufig hierzu das Prinzip der Individualäquivalenz (oder ein funktionales Äquivalent dazu) in das Zentrum der verfassungsrechtlichen Rechtfertigung von Beitragslasten zur Sozialversicherung gestellt. Beide Ansätze können der verfassungsrechtlichen Ausgangslage nicht gerecht werden. Die Prolongierung des verfassungsrechtlichen Grundanliegens, sozialversicherungsrechtliche Solidarität einerseits zu ermöglichen, andererseits aber auch zu begrenzen, fordert vielmehr, stärker als bisher auf die individuelle Schutzbedürftigkeit abzustellen und den Gesetzgeber unter verschärfte Begründungspflichten hinsichtlich der Geeignetheit, Erforderlichkeit und Angemessenheit sozialversicherungsrechtlicher Umverteilung zu stellen.

VII.

Unter veränderten sozialen Rahmenbedingungen sind die sozialstaatliche Sicherung und Effektivierung von Bedingungen eines selbstbestimmten Lebens und der Schutz individueller Freiheitsräume vor staatlicher Ingerenz stets neu auszubalancieren. Das Paradigma des freiheitsfunktionalen Sozialstaates bietet hierfür grundlegende Orientierung.

Literaturverzeichnis

Abelshauser, W., Die Weimarer Republik – ein Wohlfahrtsstaat?, in: ders., Die Weimarer Republik als Wohlfahrtsstaat, 1987, S. 9 ff.

Abendroth, W., Das Grundgesetz, 7. Aufl. 1978.

–, Diskussionsbeitrag, in: VVDStRL 12 (1954), S. 85 ff.

–, Zum Begriff des demokratischen und sozialen Rechtsstaates im Grundgesetz der Bundesrepublik Deutschland (1954), in: E. Forsthoff (Hrsg.), Rechtsstaatlichkeit und Sozialstaatlichkeit, 1968, S. 114 ff.

Ackerman, B., Social Justice in the Liberal State, 1980.

Ackerman, B./Alstott, A., The Stakeholder Society, 1999.

–, Why Stakeholding?, in: Politics & Society 32 (2004), 41 ff.

Agamben, G., Homo sacer (1995), 2002.

Aichinger, H., Sozialpolitik als Gesellschaftspolitik, 1958.

Alternativkommentar Grundgesetz (AK-GG), hrsg. v. R. Wassermann, 2. Bde., 2. Aufl. 1989.

Alternativkommentar Grundgesetz (AK-GG), hrsg. v. E. Denninger u.a., 3. Aufl. Loseblatt.

Alber, J., Der Sozialstaat in der Bundesrepublik 1950–1983, 1989.

–, Hat sich der Wohlfahrtsstaat als soziale Ordnung bewährt?, in: K. U. Mayer (Hrsg.), Die beste aller Welten?, 2001, S. 59 ff.

–, Vom Armenhaus zum Wohlfahrtsstaat, 1982.

Albin, S., Daseinsvorsorge und EG-Beihilfenrecht, in: DÖV 2001, 890 ff.

Alexy, R., Theorie der Grundrechte, 2. Aufl. 1994.

–, Verfassungsrecht und einfaches Recht. Verfassungsgerichtsbarkeit und Fachgerichtsbarkeit, in: VVDStRL 61 (2002), S. 7 ff.

–, Zum Begriff des Rechtsprinzips, in: Rechtstheorie Beiheft 2 (1981), 177 ff.

Allmendiger, J./Ludwig-Mayerhofer, W. (Hrsg.), Soziologie des Sozialstaats, 2000.

Altvater, E., Zu einigen Problemen des Staatsinterventionismus, in: Probleme des Klassenkampfes Heft 3, 1972, 1 ff..

Aly, G., Antworten auf meine Kritiker, in: Sozial. Geschichte 2006, 79 ff.

–, Hitlers Volksstaat, 2005.

Aly, G. u.a., Sozialpolitik und Judenvernichtung. Gibt es eine Ökonomie der Endlösung?, 1987.

Amstutz, K., Das Grundrecht auf Existenzsicherung, 2002.

Anderheiden, M., Gemeinwohl in Republik und Union, 2006.

Andersen, B., Die Erfindung der Nation (1983), 2. Aufl. 2005.

Anderson, E. S., Warum eigentlich Gleichheit? (1999), in: A. Krebs (Hrsg.), Gleichheit oder Gerechtigkeit, 2000, S. 117 ff.

Anschütz, G., Die Verfassung des Deutschen Reiches, 14. Aufl. 1933.

Anschütz, G./Thoma, R. (Hrsg.), Handbuch des Staatsrechts, 2 Bde., 1930.

Arendt, H., Das Urteilen, 1985.
–, Vita activa (1958), 5. Aufl. 2007.
Aristoteles, Nikomachische Ethik.
–, Politik.
Arndt, C., Zur Bedeutung der Sozialstaatsklausel im Grundgesetz, in: Recht und Politik 1967, 3 ff.
Arneson, R. J., Mill versus Paternalism, in: Ethics 90 (1980), 470 ff.
Arneson, R., Equality and Equal Opportunity for Welfare, in: Philosophical Studies 56 (1989), 77 ff.
–, Liberalism, Subjective Distributism, and Equal Opportunity for Welfare, in: Philosophical Studies 19 (1990), 158 ff.
Avineri, S., Hegels Theorie des modernen Staates, 1976.
Axer, P., Das Normsetzungsinstrumentarium im Vertragsarztrecht, in: F. E. Schnapp/P. Wigge (Hrsg.), Handbuch des Vertragsarztrechts, 2. Aufl. 2006, S. 274 ff.
–, Die Familie zwischen Privatrecht, Sozialrecht und Steuerrecht, in: DStJG 29 (2006), S. 175 ff.
–, Gemeinsame Selbstverwaltung, in: Festschrift 50 Jahre Bundessozialgericht, 2004, S. 339 ff.
–, Normsetzung der Exekutive in der Sozialversicherung, 2000.
–, Selbstverwaltung in der gesetzlichen Krankenversicherung, in: Die Verwaltung 35 (2002), 377 ff.
–, Verfassungsrechtliche Fragen einer Bürgerversicherung, in: Gedächtnisschrift für M. Heinze, 2005, S. 1 ff.
–, Verfassungsrechtliche Fragen einer Organisationsreform in der Rentenversicherung, 2000.
–, Zur demokratischen Legitimation in der gemeinsamen Selbstverwaltung, in: F. E. Schnapp (Hrsg.), Funktionale Selbstverwaltung und Demokratieprinzip, 2003, S. 115 ff.

Bachof, O., Begriff und Wesen des sozialen Rechtsstaates (1954), in: E. Forsthoff (Hrsg.), Rechtsstaatlichkeit und Sozialstaatlichkeit, 1968, S. 201 ff.
Badura, P., Auftrag und Grenzen der Verwaltung im sozialen Rechtsstaat, in: DÖV 1968, 446 ff.
–, Das Prinzip der sozialen Grundrechte und seine Verwirklichung im Recht der Bundesrepublik Deutschland, in: Der Staat 14 (1975), 17 ff.
–, Der Sozialstaat, in: DÖV 1989, 491 ff.
–, Die Daseinsvorsorge als Verwaltungszweck der Leistungsverwaltung und der soziale Rechtsstaat, in: DÖV 1966, 624 ff.
–, Grundrechte und Wirtschaftsordnung, in: D. Merten/H.-J. Papier (Hrsg.), Handbuch der Grundrechte, Bd. 2, 2006, S. 221 ff.
–, Sozialstaatlichkeit und Sozialrecht, in: SGb 1980, 1 ff.
–, Verwaltungsrecht im liberalen und im sozialen Rechtsstaat, 1966.
Baecker, D., „Stellvertretende" Inklusion durch ein sekundäres Funktionssystem, in: R. Merten (Hrsg.), Systemtheorie Sozialer Arbeit, 2000, S. 39 ff.
–, Soziale Hilfe als Funktionssystem der Gesellschaft, in: Zeitschrift für Soziologie 23 (1994), 93 ff.
Baldwin, P., Can We Define a European Welfare State Model?, in: B. Greve (Hrsg.), Comparative Welfare Systems, 1996, S. 29 ff.
–, The Politics of Social Solidarity, 1990.

Barotsch, A., Die Kommissionspraxis nach dem Urteil des EuGH in der Rechtssache Altmark, in: EuZW 2004, 295 ff.

Bast, J., Menschenwürde und der Umgang mit Fremden, in: P. Bahr/H. M. Heinig (Hrsg.), Menschenwürde in der säkularen Verfassungsordnung, 2006, S. 353 ff.

Bauer, H., Privatisierung von Verwaltungsaufgaben, in: VVDStRL 54 (1995), S. 243 ff.

Baumann, P., Menschenwürde und das Bedürfnis nach Respekt, in: R. Stoecker (Hrsg.), Menschenwürde, 2003, S. 19 ff.

–, Zwei Seiten der Kantschen Begründung von Eigentum und Staat, in: Kant-Studien 85 (1994), 147 ff.

Baumeister, P., Rechtsetzungsgleichheit im Sozialrecht, in: J. Wolter/E. Riedel/J. Taupitz (Hrsg.), Einwirkungen der Grundrechte auf das Zivilrecht, öffentliche Recht und Strafrecht, 1999, S. 251 ff.

Baur, F., Sozialhilfe für Deutsche im Ausland (§ 24 SGB XII), in: NVwZ 2004, 1322 ff.

Bayertz, K. (Hrsg.), Solidarität, 1998.

–, Die Idee der Menschenwürde, in: ARSP 81 (1995), 465 ff.

Beck, U., Risikogesellschaft, 1986.

Becker, F., Kooperative und konsensuale Strukturen in der Normsetzung, 2005.

Becker, J., Das Demokratieprinzip und die Mitwirkung Privater an der Erfüllung öffentlicher Aufgaben, in: DÖV 2004, 910 ff.

–, Off-Label-Use: Arzneimittelversorgung in der gesetzlichen Krankenversicherung nur bei Todesgefahr?, in: SGb 2004, 594 ff.

–, Transfergerechtigkeit und Verfassung, 2001.

Becker, U., Arzneimittelrabatte und Verfassungsrecht – zur Zulässigkeit der Preisabschläge nach dem Beitragssatzsicherungsgesetz, NZS 2003, 561 ff.

–, Brillen aus Luxemburg und Zahnbehandlung in Brüssel, in: NZS 1998, 359 ff.

–, Das „Menschenbild des Grundgestzes" in der Rechtsprechung des Bundesverfassungsgerichts, 1996.

–, Die alternde Gesellschaft – Recht im Wandel, in: JZ 2004, 929 ff.

–, Gesetzliche Krankenversicherung im Europäischen Binnenmarkt, in: NJW 2003, 2272 ff.

–, Hat die gemeinsame Selbstverwaltung noch eine Zukunft?, in: Münsterische Sozialrechtsvereinigung (Hrsg.), 7. Münsterische Sozialrechtstagung, 2001, S. 122 ff.

–, Migration und soziale Sicherheit – die Unionsbürgerschaft im Kontext, in: A. Hatje/P. M. Huber (Hrsg.), Unionsbürgerschaft und soziale Rechte, 2007, S. 95 ff.

–, Organisation und Selbstverwaltung der Sozialversicherung, in: B. von Maydell/F. Ruland (Hrsg.), Sozialrechtshandbuch, 3. Aufl. 2003, S. 225 ff.

–, Selbstbindung des Gesetzgebers im Sozialrecht, in: Festschrift 50 Jahre Bundessozialgericht, 2004, S. 77 ff.

–, Unionsbürgerschaft und soziale Rechte, in : ZESAR 2002, 8 ff.

–, Verfassungsrechtliche Vorgaben für die Krankenversicherung der Rentner, in: NZS 2001, 281 ff.

Bedford-Strohm, H., Art. Solidarität, Solidaritätsprinzip, in: Ev. Soziallexikon, Neuausgabe 2001, Sp. 1418 ff.

Beer, D./Klahn, D., Rechtliche und ökonomische Eckpunkte einer Bürgerversicherung, in: SGb 2004, 13 ff.

Behlert, C., Staffelung von Leistungsentgelten der Verwaltung nach dem Einkommen der Nutzer, 2002.

Benda, E., Der soziale Rechtsstaat, in: ders./W. Maihofer/H.-J. Vogel (Hrsg.), Handbuch des Verfassungsrechts, 2. Aufl. 1995, S. 719 ff.
–, Gedanken zum Sozialstaat, in: RdA 1981, 137 ff.
–, Industrielle Herrschaft und sozialer Staat, 1966.
Benicke, C., Die Bedeutung des EG-Rechts für gemeinnützige Einrichtungen, in: EuZW 1996, 165 ff.
Berg, W. u.a. (Hrsg.), Regulierte Selbstregulierung als Steuerungskonzept des Gewährleistungsstaates, 2001.
Berlin, I., Einleitung (1969), in: ders., Freiheit. Vier Versuche, 1995, S. 9 ff.
–, Equality as an Ideal, in: Proceedings of the Aristotelian Society 61 (1955/56), 301 ff.
–, John Stuart Mill und die Ziele des Lebens (1959), in: ders., Freiheit. Vier Versuche, 1995, S. 257 ff.
–, Zwei Freiheitsbegriffe (1958), in: ders., Freiheit. Vier Versuche, 1995, S. 197 ff.
Berlit, U., Zusammenlegung von Arbeitslosen- und Sozialhilfe, in: info also 2003, 195 ff.
Berne, A., Die Aufgaben der Arbeitslosenversicherung aus sozialverfassungsrechtlicher Sicht, 2000.
Bernsdorff, N., Soziale Grundrechte in der Charta der Grundrechte der EU, in: VSSR 2001, 1 ff.
Bertelsmann Stiftung (Hrsg.), Europäisierung des Gesundheitswesens, 2003.
Bethge, E., Zur Problematik von Grundrechtskollisionen, 1977.
Beyer, J., Pfadabhänigkeit ist nicht gleich Pfadabhängigkeit, in: ZfS 34 (2005), 5 ff.
Bieback, K.-J., Begriff und verfassungsrechtliche Legitimation von „Sozialversicherung", in: VSSR 2003, 1 ff.
–, Die Bedeutung der sozialen Grundrechte für die Entwicklung der EU, in: ZfSH/SGB 2003, S. 579 ff.
–, Gleichheitsgrundsatz und Sozialrecht, in: SGb 1989, 46 ff.
–, Inhalt und Funktion des Sozialstaatsprinzips, in: Jura 1987, 229 ff.
–, Marktfreiheit in der EG und nationale Sozialpolitik vor und nach Maastricht, in: Europarecht 1993, 150 ff.
–, Probleme des SGB II, in: NZS 2005, 337 ff.
–, Rechtliche Probleme der Kooperation und Ausgliederung von Funktionsbereichen der Sozialversicherungsträger, in: VSSR 1998, 177 ff.
–, Sozial- und verfassungsrechtliche Aspekte der Bürgerversicherung, 2005.
–, Sozialstaatsprinzip und Grundrechte, in: EuGRZ 1985, 657 ff.
–, Sozialversicherung und versicherungsfremde Leistungen in der Rechtsprechung des Bundessozialgerichts, in: Festschrift 50 Jahre Bundessozialgericht, 2004, S. 117 ff.
–, Verfassungsrechtlicher Schutz gegen Abbau und Umstrukturierung von Sozialleistungen, 1997.
Bieback, K.-J./Stahlmann, G., Existenzminimum und Grundgesetz, in: Sozialer Fortschritt 1987, 1 ff.
Bierhoff, H.-W./Küpers, B., Das „Wie" und „Warum" von Solidarität, in: Ethik und Sozialwissenschaften 1999, 183 ff.
Bieri, P., Das Handwerk der Freiheit, 2001.
Bieritz-Harder, R., Menschenwürdig leben, 2001.
Birk, D., Rechtfertigung der Besteuerung des Vermögens aus verfassungsrechtlicher Sicht, in: DStJG 22 (1999), S. 7 ff.
Blank, M. (Hrsg.), Soziale Grundrechte in der Europäischen Grundrechtscharta, 2002.

Blanke, H.-J. (Hrsg.), Die Reform des Sozialstaats zwischen Freiheitlichkeit und Solidarität, 2007.
–, Vertrauensschutz im deutschen und europäischen Verwaltungsrecht, 2000.
Blanke, T., Paradoxien und Zukunft des deutschen Sozialstaats, in: S. Blasche/D. Döring (Hrsg.), Sozialpolitik und Gerechtigkeit, 1998, S. 172 ff.
–, Sozialer Rechtsstaat, in: C. Sachße/H. T. Engelhardt (Hrsg.), Sicherheit und Freiheit, 1990, S. 133 ff.
Blanke, T./Hoffmann, J., Auf dem Weg zu einem Europäischen Sozialmodell, in: Kritische Justiz 39 (2006), 134 ff.
Blanke, T./Sachße, C., Wertwandel in der Sozialarbeit?, in: T. Olk/H.-U. Otto (Hrsg.), Soziale Dienste im Wandel 1, 1987, S. 251 ff.
Blasche, S., Begründung des Sozialstaates aus philosophischer Sicht, in: ders./M. von Hauff (Hrsg.), Leistungsfähigkeit von Sozialstaaten, 2003, S. 11 ff.
Blasius, D., Lorenz von Stein als Geschichtsdenker, in: ders./E. Pankoke, Lorenz von Stein, 1977, S. 3 ff.
–, Lorenz von Stein und die Geschichte der sozialen Bewegung in Deutschland, in: A. v. Mutius (Hrsg.), Lorenz von Stein 1890–1990, 1992, S. 11 ff.
–, Lorenz von Steins Lehre vom Königtum der sozialen Reform und ihre verfassungspolitischen Grundlagen, in: Der Staat 10 (1971), 33 ff.
Bloch, E., Naturrecht und menschliche Würde, 1972.
Blumenwitz, D., Die deutsche Staatsangehörigkeit und die Schutzpflicht der Bundesrepublik Deutschland, in: Festschrift für M. Ferid, 1978, S. 439 ff.
Böckenförde, E.-W. (Hrsg.), Staat und Gesellschaft, 1976.
–, Demokratie als Verfassungsprinzip, in: J. Isensee/P. Kirchhof (Hrsg.), Handbuch des Staatsrechts, Bd. 2, 3. Aufl. 2004, S. 429 ff.
–, Der deutsche Typ der konstitutionellen Monarchie im 19. Jahrhundert, in: ders., Recht, Staat, Freiheit, 1991, S. 273 ff.
–, Der Staat als sittlicher Staat, 1978.
–, Die Bedeutung der Unterscheidung von Staat und Gesellschaft im demokratischen Sozialstaat der Gegenwart (1972), in: ders., Recht, Staat, Freiheit, 1991, S. 209 ff.
–, Die Entstehung des Staates als Vorgang der Säkularisation (1967), in: ders., Recht, Staat, Freiheit, 1991, S. 92 ff.
–, Die Entstehung des Staates als Vorgang der Säkularisation (1967), in: ders., Recht, Staat, Freiheit, 1990, S. 92 ff.
–, Die Organisationsgewalt im Bereich der Regierung, 1964.
–, Die sozialen Grundrechte im Verfassungsgefüge (1981), in: ders., Staat, Verfassung, Demokratie, 1991, S. 146 ff.
–, Die verfassungstheoretische Unterscheidung von Staat und Gesellschaft als Bedingung individueller Freiheit, 1973.
–, Die Würde des Menschen war unantastbar, in: FAZ vom 3.9.2003, Nr. 204, S. 34, 36.
–, Entstehung und Wandel des Rechtsstaatsbegriffs (1969), in: ders., Recht, Staat, Freiheit, 1990, S. 143 ff.
–, Geschichte der Rechts- und Staatsphilosophie, 2002.
–, Gesetz und gesetzgebende Gewalt, 2. Aufl. 1981.
–, Grundrechte als Grundsatznormen, (1990), in: ders., Staat, Verfassung, Demokratie, 1991, S. 159 ff.
–, Grundrechtstheorie und Grundrechtsinterpretation (1974), in: ders., Staat, Verfassung, Demokratie, 1990, S. 115 ff.

–, Lorenz von Stein als Theoretiker der Bewegung von Staat und Gesellschaft zum Sozialstaat (1963), in: ders., Recht, Staat, Freiheit, 1991, S. 170 ff.
–, Methoden der Verfassungsinterpretation (1976), in: ders., Staat, Verfassung, Demokratie, 1991, S. 53 ff.
Böckenförde, E.-W./Jekewitz, J./Ramm, J. (Hrsg.), Soziale Grundrechte, 1981.
Bode, S., Von der Freizügigkeit zur sozialen Gleichstellung aller Unionsbürger?, in: EuZW 2003, 552 ff.
Boeckh, J./Huster, E.-U./Benz, B., Sozialpolitik in Deutschland, 2. Aufl. 2006.
Boerner, D., Kooperative Normgebung im staatlichgesetzten Rahmen, in: A. Schmehl/A. Wallrabenstein (Hrsg.), Steuerungsinstrumente im Recht des Gesundheitswesens Bd. 2: Kooperation, 2006, S. 1 ff.
–, Normenverträge im Gesundheitswesen, 2003.
Bogdandy, A. v., Beobachtungen zur Wissenschaft vom Europarecht, in: Der Staat 40 (2001), 3 ff.
–, Hegel und der Nationalstaat, in: Der Staat 30 (1991), 513 ff.
Bogs, W., Das Reichsversicherungsamt im Rückblick, in: D. Schwewe (Hrsg.), Die Praxis des Bundesversicherungsamtes, 1977, S. 195 ff.
–, Grundfragen des Rechts der sozialen Sicherheit und seiner Reform, 1955.
–, Sozialrechtspflege vor Einführung der Sozialgerichtsbarkeit, in: Festschrift 25 Jahre Bundessozialgericht, 1979, S. 1 ff.
Bommes, M./Scheer, A., Exklusionsvermeidung, Inklusionsvermittlung und/oder Exklusionsverwaltung, in: Neue Praxis 26 (1996), 107 ff.
Bonner Kommentar zum GG, Loseblattsammlung.
Bora, A., Wer gehört dazu?, in: K. U. Hellmann/R. Schmalz-Bruns (Hrsg.), Theorie der Politik, 2002, S. 60 ff.
Borchardt, K.-D., Der sozialrechtliche Gehalt der Unionsbürgerschaft, in: NJW 2000, 2057 ff.
Borchert, C./Lessenich, S., Lang leben die „Strukturprobleme", in: C. Offe, Strukturprobleme des kapitalistischen Staates, Neuausgabe 2006, S. 11 ff.
Borchert, G., Normsetzungskompetenzen im Sozialrecht, in: NZS 2004, 287 ff.
Borowski, M., Grundrechte als Prinzipien, 2. Aufl. 2007.
–, Grundrechtliche Leistungsrechte, in: JöR n.F. 50, (2002), 301 ff.
Böttcher, A. v., Die frei-gemeinnützige Wohlfahrtspflege und das europäische Beihilferecht, 2003.
Boysen, S. u.a. (Hrsg.), Netzwerke, 2007.
Boysen, S./Neukirchen, M., Europäisches Beihilferecht und mitgliedstaatliche Daseinsvorsorge, 2007.
Brall, N./Dünn, S./Fasshauer, S., Zu den Einflussfaktoren der Rentenanpassung und deren verfassungsrechtlichen Grenzen, in: DRV 1990, 460 ff.
Brall, N./Voges, H.-J., Modell Bürgerversicherung – Verfassungsrechtliche und europarechtliche Fragen, 2005.
Brand, J., Solidarität und Identität, in: Frankfurter Allgemeine Zeitung Nr. 90 vom 18. April 2007, S. 8.
Bredt, S., Eigentumsschutz und Generationengerechtigkeit in der Rentenversicherung, in: DVBl. 2006, 871 ff.
Brenne, A., Soziale Grundrechte in den Landesverfassungen, 2003.
Breuer, R., Freiheit des Berufs, in: J. Isensee/P. Kirchhof (Hrsg.), Handbuch des Staatsrechts, Bd. 6, 2. Aufl. 2001, S. 877 ff.

–, Grundlagen des Sozialstaates, in: Gedächtnisschrift für M. Heinze, 2005, S. 81 ff.
–, Grundrechte als Anspruchsnormen, in: Festschrift 25 Jahre Bundesverwaltungsgericht, 1978, S. 89 ff.
–, Grundrechte als Quelle positiver Ansprüche, in: Jura 1979, 401 ff.
–, Konkretisierungen des Rechtsstaats- und des Demokratieprinzips, in: Festschrift 50 Jahre Bundesverwaltungsgericht, 2003, S. 223 ff.
Breyer, F./Buchholz, W., Ökonomie des Sozialstaats, 2007.
Breyer, F./Kliemt, H./Thiele, T. (Hrsg.), Rationing in Medicine, 2002.
Breyer, F./Schultheiß, C., „Alter" als Kriterium bei der Rationierung von Gesundheitsleistungen, in: Th. Gutmann/V. Schmidt (Hrsg.), Rationierung und Allokation im Gesundheitswesen, 2002, S. 121 ff.
Brinkmanns, C., Rez. K. Wolzendorff, Der Polizeigedanke des modernen Staates, in: Schmollers Jahrbuch 42 (1918), 1220.
Britz, G., Der Einfluß christlicher Tradition auf die Rechtsauslegung als verfassungsrechtliches Gleichheitsproblem?, in: JZ 2000, 1127 ff.
Brock, D., Paternalism and Promoting the Good, in: R. Sartorius (Hrsg.), Paternalism, 1983, S. 237 ff.
Bröckling, U./Krasmann, S./Lemke, T. (Hrsg.), Gouvernementalität der Gegenwart, 2000.
Brohm, W., Die Dogmatik des Verwaltungsrechts vor den Gegenwartsaufgaben der Verwaltung, in: VVDStRL 30 (1972), S. 245 ff.
Brohm, W., Einkommensabhängige Gebühren für Leistungen der öffentlichen Hand?, in: Festschrift für F. Knöpfle, 1996, S. 57 ff.
Brohm, W., Strukturen der Wirtschaftsverwaltung, 1969.
Brünneck, A. v., Eigentumsgarantie, 1984.
Brugger, W. (Hrsg.), Legitimation des Grundgesetzes aus Sicht von Rechtsphilosophie und Gesellschaftstheorie, 1996.
–, Anthropologie und die Gerechtigkeit, in: ARSP 92 (2006), 149 ff.
–, Darf der Staat ausnahmsweise foltern?, in: Der Staat 35 (1996), 67 ff.
–, Das anthropologische Kreuz der Entscheidung (1996), in: ders., Liberalismus, Pluralismus, Kommunitarismus, 1999, S. 23 ff.
–, Das Menschenbild der Menschenrechte (1995), in: ders., Liberalismus, Pluralismus, Kommunitarismus, 1999, S. 74 ff.
–, Freiheit des Berufs und Recht auf Arbeit im Verfassungsrecht, in: H. Ryffel/J. Schwartländer (Hrsg.), Das Recht des Menschen auf Arbeit, 1983, S. 111 ff.
–, Freiheit und Sicherheit, 2004.
–, Gesetz, Recht, Gerechtigkeit (1989), in: ders., Liberalismus, Pluralismus, Kommunitarismus, 1999, S. 319 ff.
–, Grundlinien der Kantischen Rechtsphilosophie (1991), in: ders., Liberalismus, Pluralismus, Kommunitarismus, 1999, S. 143 ff.
–, Kommunitarismus als Verfassungstheorie des Grundgesetzes (1998), in: ders., Liberalismus, Pluralismus, Kommunitarismus, 1999, S. 253 ff.
–, Menschenwürde, Menschenrechte, Grundrechte, in: ders., Liberalismus, Pluralismus, Kommunitarismus, 1999, S. 381 ff.
–, Radikaler und geläuterter Pluralismus (1990), in: ders., Liberalismus, Pluralismus, Kommunitarismus, 1999, S. 197 ff.
–, Theorie und Verfassung des Pluralismus (1996), in: ders., Liberalismus, Pluralismus, Kommunitarismus, 1999, S. 220 ff.

–, Vom unbedingten Verbot der Folter zum bedingten Recht auf Folter?, in: JZ 2000, 165 ff.
–, Würde gegen Würde, in: VWBlBW 1995, 414 ff.
Brugger, W./Kirste, S./ Anderheiden, M. (Hrsg.), Gemeinwohl in Deutschland, Europa und der Welt, 2002.
Brumlik, M./ Brunkhorst, H. (Hrsg.), Gemeinschaft und Gerechtigkeit, 1993.
Brunkhorst, H., Solidarität, 2002.
Brunner, G., Die Problematik sozialer Grundrechte, 1971.
Bryde, B.-O., Das Demokratieprinzip als Optimierungsaufgabe, in: Redaktion Kritische Justiz (Hrsg.), Demokratie und Grundgesetz, 2000, S. 59 ff.
–, Die bundesrepublikanische Volksdemokratie als Irrweg der Demokratietheorie, in: StWStP 1994, 305 ff.
Buchanan, J. M., Die Grenzen der Freiheit (1975), 1984.
Buchheim, G., Die vielen Rechenfehler in der Abrechnung Götz Alys mit den Deutschen unter dem NS-Regime, in: Sozial. Geschichte 2005, 67 ff.
Bude, H./Willisch, A. (Hrsg.), Das Problem der Exklusion, 2006.
Bühler, T., Von der Utopie zum Sozialstaat, 1942.
Bull, H. P., Der Sozialstaat als Rechtsstaat, in: ZSR 34 (1988), 13 ff.
–, Sozialstaat – Krise oder Dissenz, in: Festschrift für P. Badura, 2004, S. 57 ff.
Bulmer, M./Rees, A. M. (Hrsg.), Citizenship Today: The Contemporary Relevance of T.H. Marshall, 1996.
Bumke, C., Der Grundrechtsvorbehalt, 1998.
–, Die Entwicklung der verwaltungsrechtswissenschaftlichen Methodik, in: E. Schmidt-Aßmann/W. Hoffmann-Riem, Methoden der Verwaltungsrechtswissenschaft, 2004, S. 73 ff.
Bungenberg, M. (Hrsg.), Recht und Ökonomik, 2004.
Burgi, M., Funktionale Privatisierung und Verwaltungshilfe, 1999.
–, Privatisierung, in: J. Isensee/P. Kirchhof (Hrsg.), Handbuch des Staatsrechts, Bd. 4, 2006, S. 205 ff.
–, Selbstverwaltung angesichts von Europäisierung und Ökonomisierung, in: VVDStRL 62 (2003), S. 405 ff.
Burmeister, G. C., Herkunft, Inhalt und Stellung des institutionellen Gesetzesvorbehaltes, 1991.
Burmeister, J., Vom staatsbegrenzenden Grundrechtsverständnis zum Grundrechtsschutz für Staatsfunktionen, 1971.
Busse, A., Fürsorge zwischen Gleichheit und Freiheitsverwirklichung, in: NDV 2004, 339 ff.
Butterwegge, C., Krise und Zukunft des Sozialstaates, 2. Aufl. 2005.
Butzer, H., Bürgerschaftliches Engagement in der sozialen Selbstverwaltung, in: SDSRV 50 (2003), S. 51 ff.
–, Die Sozialstaatsentwicklung unter dem Grundgesetz, 2006.
–, Freiheitsrechtliche Grenzen der Steuer- und Sozialabgabenlast, 1999.
–, Fremdlasten in der Sozialversicherung, 2001.
Butzer, H./Kaltenborn, M., Die demokratische Legitimation des Bundesausschusses der Ärzte und Krankenkassen, in: MedR 2001, 333 ff.

Cage, R. A., The Scottish Poor Law 1745–1845, 1981.
Calabresi, G./Bobbitt, P., Tragic choices, 1978.

Callahan, D., Setting Limits, 1987.
Calliess, C., Der Unionsbürger, in: A. Hatje/P. M. Huber (Hrsg.), Unionsbürgerschaft und soziale Rechte, 2007, 7 ff.
–, Schutzpflichten, in: D. Merten/H.-J. Papier (Hrsg.), Handbuch der Grundrechte, Bd. 2, 2006, S. 963 ff.
Calliess, C./Ruffert, M. (Hrsg.), EUV/EGV, 3. Aufl 2007.
Canaris, C.-W., Grundrechte und Privatrecht, in: AcP 184 (1984), 201 ff.
Caplan, J., Cui bono?, in: Sozial. Geschichte 2005, 86 ff.
Cassirer, E., Substanzbegriff und Funktionsbegriff (1910), 7. Aufl. 1994.
–, Versuch über den Menschen (1944), 1996.
Castel, R., Die Metamorphosen der sozialen Frage, 2000.
–, Die Stärkung des Sozialen (2003), 2005.
Castendiek, J., Der sozialversicherungsrechtliche Normsetzungsvertrag, 2000
–, Versichertenbeteiligung und Demokratie im Normenkonzept der Richtlinien der Bundesausschüsse, in: NZS 2001, 71 ff.
Castles, F. G., The Social Democratic Image of Society, 1978.
Childress, J. E., Who shall live when not all can live?, in: T. A. Mappes/J. S. Zembaty (Hrsg.), Biomedical Ethics, 1981, 578 ff.
Christensen, R./Fischer-Lescano, A., Das Ganze des Rechts, 2007.
Chwaszcza, W., Vorpolitische Gleichheit?, in: W. Kersting (Hrsg.), Politische Philosophie des Sozialstaats, 2000, S. 159 ff.
Clemens, T., Honorarkürzungen wegen Unwirtschaftlichkeit, in: B. Schulin (Hrsg.), Handbuch des Sozialversicherungsrechts, Bd. 1, Krankenversicherungsrecht, 1994, S. 910 ff.
–, Normstrukturen im deutschen Recht, in: Festschrift für E.-W. Böckenförde, 1995, S. 259 ff.
Clement, W., Der Vorbehalt des Gesetzes, insbesondere bei öffentlichen Leistungen und öffentlichen Einrichtungen, 1987.
Cohen, G. A., If You're an Egalitarian, How Come You're So Rich?, 2000.
–, Self-Ownership, Freedom and Equality, 1995.
–, Self-Ownership, World-Ownership, and Equality, in: F. Lucash (Hrsg.), Justice and Equality Here and Now, 1986, S. 108 ff.
–, Self-Ownership, World-Ownership, and Equality, Part 2, in: Social Philosophy and Policy 1986, 77 ff.
Cohen, G., Equality of What? On Welfare, Goods, and Capabilities, in: M. Nussbaum/A. Sen (Hrsg.), The Quality of Life, 1993, S. 9 ff.
–, On the Currency of Egalitarian Justice, in: Ethics 99 (1989), 906 ff.
Conrad, C., Die Sprachen des Wohlfahrtsstaates, in: S. Lessenich (Hrsg.), Wohlfahrtsstaatliche Grundbegriffe, 2003, S. 55 ff.
–, Wohlfahrtsstaaten im Vergleich, in: H.-G. Haupt/J. Kocka (Hrsg.), Geschichte und Vergleich, 1996, S. 155 ff.
–, Art. Wohlfahrt, Wohlfahrtsstaat II., in: J. Ritter u.a. (Hrsg.), Historisches Wörterbuch der Philosophie, Bd. 12, 2004, Sp. 999.
Contiades, I., Verfassungsgesetzliche Staatsstrukturbestimmungen, 1967.
Conze, W., Art. Sicherheit, Schutz, in: O. Brunner/W. Conze/R. Koselleck (Hrsg.), Geschichtliche Grundbegriffe, Bd. 5, 1984, S. 831 ff.
Copic, H., Rechtsstaat und Sozialstaat, in: Recht und Politik 1966, 16 ff.

Cornils, M., Die Ausgestaltung der Grundrechte, 2005.
Cremer, W., Art. 80 Abs. 1 S. 2 GG und Parlamentsvorbehalt, in: AöR 122 (1997), 248 ff.
–, Freiheitsgrundrechte, 2003.
–, Negative und positive Integration: Die Europäische Gemeinschaft als Sozial- und Bildungsunion, in: A. Hatje/P. M. Huber (Hrsg.), Unionsbürgerschaft und soziale Rechte, 2007, S. 75 ff.
Cullen, B., Hegel's Social and Political Thought, 1979.

Dabrock, P., Befähigungsgerechtigkeit als Kriterium zur Beurteilung von Grundversorgungsmodellen im Gesundheitswesen, in: O. Rauprich/G. Marckmann/J. Vollmann (Hrsg.), Gleichheit und Gerechtigkeit in der modernen Medizin, 2005, S. 213 ff.
–, Befähigungsgerechtigkeit als Ermöglichung gesellschaftlicher Inklusion, in: H.-U. Otto/H. Ziegler (Hrsg.), Capabilities – Handlungsbefähigung und Verwirklichungschancen in der Erziehungswissenschaft, 2008, i.E.
–, Capability Approach und Decent Minimum, in: ZEE 46 (2001), 202 ff.
–, Inklusion und soziale Gerechtigkeit, in: G. Thomas/A. Schüle (Hrsg.), Luhmann und die Theologie, 2006, S. 129 ff.
–, Rationierung von Gesundheitsleistungen aus Altersgründen?, in: Jahrbuch für christliche Sozialwissenschaften 47 (2006), 241 ff.
Daniels, N., Am I My Parent's Keeper?, 1988.
–, Just Health Care, 1985.
–, Rationing fairly, in: Bioethics 7 (1993), 224 ff.
Dann, P., Grundfragen eines Entwicklungsverwaltungsrechts, in: C. Möllers u.a. (Hrsg.), Internationalisierung des Verwaltungsrechts, 2007, S. 7 ff.
Däubler, W., Das Verbot der Ausgrenzung einzelner Bevölkerungsgruppen, in: NZS 2005, 225 ff.
–, Transparenz auch für den Gesetzgeber?, in: NJW 2004, 993 ff.
Davy, U., Pfadabhängigkeit in der sozialen Sicherheit, in: SDSRV 55 (2007), S. 103 ff.
de Búrca, G. (Hrsg.), EU Law and the Welfare State, 2005.
De Swaan, A., Der sorgende Staat, 1993.
Dederer, H.-G., Korporative Staatsgewalt, 2004.
Degenhart, C., Rechtsstaat – Sozialstaat, in: Festschrift für H. U. Scupin, 1983, S. 537 ff.
Deggau, H.-G., Die Aporien der Rechtslehre, 1983.
Denck, J., Sozialstaatsprinzip und Grundrechte im Sozialstaat, in: MDR 1990, 281 ff.
Denninger, E., Der gebändigte Leviathan, 1990.
–, Staatliche Hilfe zur Grundrechtsausübung durch Verfahren, Organisation und Finanzierung, in: J. Isensee/P. Kirchhof (Hrsg.), Handbuch des Staatsrechts Bd. 5, 2. Aufl. 2000, S. 291 ff.
–, Verfassungsrecht und Solidarität, in: K. Bayertz (Hrsg.), Solidarität, 1998, S. 319 ff.
–, Vom Elend des Gesetzgebers zwischen Übermaßverbot und Untermaßverbot, in: Festschrift für G. Mahrenholz, 1994, S. 561 ff.
Depenheuer, O., „Nicht alle Menschen werden Brüder", in: J. Isensee (Hrsg.), Solidarität in Knappheit, 1998, S. 41 ff.
–, Freiheit des Berufs und Grundfreiheiten der Arbeit, in: Festschrift 50 Jahre Bundesverfassungsgericht, Bd. 2, 2001, S. 241 ff.
–, Solidarität im Verfassungsstaat, Habilitationsschrift Bonn, 1992.
–, Soziales Staatsziel und Angleichung der Lebensverhältnisse in Ost und West, in: J. Isensee/P. Kirchhof (Hrsg.), Handbuch des Staatsrechts, Bd. 9, 1997, S. 149 ff.

–, Wie sicher ist verfassungsrechtlich die Rente, in: AöR 120 (1995), 417 ff.

Derleder, P., Rechtsstaat – Sozialstaat – Kulturstaat, in: Kritische Justiz 2007, 110 ff.

Deutsches PISA-Konsortium (Hrsg.), PISA 2000. Basiskompetenzen von Schülerinnen und Schülern im internationalen Vergleich, 2001.

Deutsches PISA-Konsortium (Hrsg.), PISA 2000. Ein differenzierter Blick auf die Länder der Bundesrepublik Deutschland, 2003.

Deutscher Bundestag/Bundesarchiv (Hrsg.), Der Parlamentarische Rat 1948–1949, Bd. 5/I, 1993.

Deutscher Bundestag/Bundesarchiv (Hrsg.), Der Parlamentarische Rat 1948–1949, Bd. 9, 1996.

Di Fabio, U., Das Recht offener Staaten, 1998.

–, Der Schutz von Ehe und Familie, in: NJW 2003, 993 ff.

–, Die Kultur der Freiheit, 2005.

–, Gewaltenteilung, in: J. Isensee/P. Kirchhof (Hrsg.), Handbuch des Staatsrechts, Bd. 2, 3. Aufl. 2004, S. 613 ff.

–, Privatisierung und Staatsvorbehalt, in: JZ 1999, 585 ff.

–, Steuern und Gerechtigkeit, in: JZ 2007, 749 ff.

–, Verlust der Steuerungskraft klassischer Rechtsquellen, in: NZS 1998, 449 ff.

–, Verwaltung und Verwaltungsrecht zwischen gesellschaftlicher Selbstregulierung und staatlicher Steuerung, in: VVDStRL 56 (1997), S. 235 ff.

Dietlein, J., Die Lehre von den grundrechtlichen Schutzpflichten, 2. Aufl. 2005.

Dipper, C., Sozialreform – Geschichte eines umstrittenen Begriffs, in: Archiv für Sozialgeschichte 32 (1992), 323 ff.

Ditfurth, H. v., Die Einbeziehung subjektiv-öffentlicher Berechtigungen, insbesondere sozialversicherungsrechtlicher Positionen, in den Schutz der Eigentumsgarantie, 1994.

Doehring, K., Die Pflicht des Staates zur Gewährung diplomatischen Schutzes, 1959.

–, Ernst Forsthoff als Hochschullehrer, Kollege und Freund, in: W. Blümel (Hrsg.), Ernst Forsthoff, 2003, S. 9 ff.

–, Ernst Forsthoff, in: Festschrift 225 Jahre Beck-Verlag, 1988, S. 341 ff.

–, Ernst Forsthoff, in: W. Doerr (Hrsg.), semper apertus, Bd. 3, 1985, S. 437 ff.

–, Sozialstaat, Rechtsstaat und freiheitlich-demokratische Grundordnung, 1978, S. 10 ff.

–, Sozialstaat, Rechtsstaat und freiheitlich-demokratische Grundordnung, 1978.

Doemming, K.-B. v./ Füßlein, R. W./Matz, W., Entstehungsgeschichte der Artikel des Grundgesetzes, in: JöR n.F. 1 (1951), 1 ff.

Dolderer, M., Objektive Grundrechtsgehalte, 2000.

Dörfler, R., Die Vereinbarkeit sozialer Grundrechte mit dem Grundgesetz der Bundesrepublik Deutschland, Diss. Erlangen-Nürnberg o.J.

Drechsling, R., Das Verhältnismäßigkeitsgebot, 1989.

Dreier, H. (Hrsg.), Grundgesetz, Bd. 1, 2. Aufl. 2004, Bd. 2, 2. Aufl. 2006, Bd. 3, 1. Aufl. 2000.

–, Dimensionen der Grundrechte, 1993.

–, Grenzen demokratischer Freiheit im Verfassungsstaat, in: JZ 1994, 741 ff.

–, Menschenwürde in der Rechtsprechung des Bundesverfassungsgerichts, in: Festgabe 50 Jahre Bundesverwaltungsgericht, 2003, S. 201 ff.

–, Subjektiv-rechtliche und objektiv-rechtliche Grundrechtsgehalte, in: Jura 1994, 505 ff.

–, Hierarchische Verwaltung im demokratischen Staat, 1991.

Droege, M., Art. Subsidiarität (J), in: Ev. Staatslexikon, Neuausgabe 2006, Sp. 2415 ff.

–, Staatsleistungen an Religionsgemeinschaften im säkularen Kultur- und Sozialstaat, 2004.
Dürig, G., Der Grundsatz von der Menschenwürde, AöR 81 (1956), 117 ff.
–, Grundrechte und Zivilrechtsprechung, in: Festschrift für H. Nawiasky, 1956, S. 157 ff.
–, Verfassung und Verwaltung im Wohlfahrtsstaat, in: JZ 1953, 193 ff.
Durkheim, E., Physik der Sitten und des Rechts (1890–1900), 1999.
–, Über soziale Arbeitsteilung (1893), 1988.
Dworkin, G., Paternalism, in: R. Satorius (Hrsg.), Paternalism, 1983, 19 ff.
–, Paternalism. Some Second Thoughts, in: R. Satorius (Hrsg.), Paternalism, 1983, S. 105 ff.
–, The Theory and Practice of Autonomy, 1988.
Dworkin, R., A Matter of Principle, 1985.
–, Bürgerrechte ernstgenommen (1977), 1990.
–, Freiheit, Gleichheit und Gemeinschaft, in: K. Michalski (Hrsg.), Die liberale Gesellschaft, 1993, S. 69 ff.
–, Sovereign Virtue, 2002.
–, What Is Equality, Part 3, in: Iowa Law Review 73 (1987), 1 ff.
–, What Is Equality? Part 1: Equality of Welfare, in: Philosophy & Public Affairs 10 (1981), 185 ff.
–, What is Equality? Part 2: Equality of Resources, in: Philosophy & Public Affairs 10 (1981), 283 ff.
–, What Is Equality? Part 4, in: University of San Francisco Law Review 22 (1987), 1 ff.

Ebbinghaus, A., Fakten oder Fiktionen, in: Sozial. Geschichte 2005, 29 ff.
Ebsen, I., Art. 87 Abs. 2 GG – ein Fremdkörper im System bundesstaatlicher Kompetenzzuordnung des Grundgesetzes, in: O. Seewald (Hrsg.), Organisationsprobleme der Sozialversicherung, 1992, S. 231 ff.
–, Der Arbeitslose als Sozialbürger und Klient, in: Festschrift 50 Jahre Bundessozialgericht, 2004, S. 725 ff.
–, Der Behandlungsanspruch des Versicherten in der gesetzlichen Krankenversicherung und das Leistungserbringungsrecht, in: Festschrift für O. E. Krasney, 1997, S. 81 ff.
–, Europarechtliche Gestaltungsvorgaben für das deutsche Sozialrecht, 2000.
–, Phänomenologie und Problemfelder der Rechtsquellen, in: F. E. Schnapp (Hrsg.), Probleme der Rechtsquellen im Sozialversicherungsrecht, Teil 1, 1998, S. 13 ff.
–, Soziale Sicherheit im Spannungsverhältnis von Wohlfahrtsstaatlichkeit, Freiheit und Verteilungsgerechtigkeit, in: DVBl. 1992, 1140 ff.
–, Verfassungs- und europarechtliche Vorgaben, in: B. Schulin (Hrsg.), Handbuch des Sozialversicherungsrechts, Bd. 3 – Rentenversicherungsrecht, 1999, S. 133 ff.
–, Verfassungsrechtliche Implikationen der Ressourcenknappheit im Gesundheitswesen, in: NDV 1997, 71 ff.
Eckl, A., Der Begriff des „Eigentums" in der Rechtsphilosophie Hegels, in: ders./B. Ludwig (Hrsg.), Was ist Eigentum?, 2005, S. 101 ff.
Eckstein, C., Polizeirechtliche Aspekte der Obdachlosigkeit, in: VBlBW 1994, 306 ff.
Egger, H., Verfassungsrechtliche Grenzen einer Gesundheitsreform, in: SGb 2003, 76 ff.
Ehmke, H., „Staat" und „Gesellschaft" als verfassungstheoretisches Problem, in: Festschrift für R. Smend, 1962, S. 23 ff.
–, Prinzipien der Verfassungsinterpretation, in: VVDStRL 20 (1963), S. 53 ff.
–, Wirtschaft und Verfassung, 1961.

Eichenhofer, E., Grund- und Zusatzsicherung in der gesetzlichen Krankenversicherung, in: SGb 2001, 600 ff.
–, Menschenrecht auf Sicherheit, in: VSSR 2007, 87 ff.
–, Reform der sozialen Sicherheit und das Recht, in: JZ 2000, 1029 ff.
–, Sozialrecht der Europäischen Union, 3. Aufl. 2006.
–, Sozialrecht und soziale Gerechtigkeit, in: JZ 2005, 209 ff.
–, Sozialrecht, 5. Aufl. 2004.
–, Tragweite europäischen Sozialrechts für das deutsche Sozialrecht, in: Festschrift 50 Jahre Bundessozialgericht, 2004, S. 835 ff.
–, Umbau des Sozialstaats und Europarecht, in: VSSR 1997, 71 ff.
–, Unionsbürgerschaft – Sozialbürgerschaft, in: ZIAS 2003, 404 ff.
Eicher, W./Spellbrink, W. (Hrsg.), SGB II – Grundsicherung für Arbeitssuchende. Kommentar, 2005.
Eifert, M., Menschenwürde im Medienrecht, in: P. Bahr/H. M. Heinig (Hrsg.), Menschenwürde in der säkularen Verfassungsordnung, 2006, S. 321 ff.
–, Telekommunikationsdienstleistungen im Gewährleistungsstaat, 1998.
Eisermann, G., Wilhelm von Humboldt, Clausewitz und der Staat, in: Der Staat 34 (1995), 199 ff.
Emde, E. Th., Die demokratische Legitimation der funktionalen Selbstverwaltung, 1991.
Enderlein, W., Rechtspaternalismus und Vertragsrecht, 1996.
Enders, C., Die Exmittierung von Obdachlosen als Problem der Folgenbeseitigung, in: Die Verwaltung 30 (1997), 29 ff.
–, Die Menschenwürde in der Verfassungsordnung, 1997.
–, Sozialstaatlichkeit im Spannungsfeld von Eigenverantwortung und Fürsorge, in: VVDStRL 64 (2005), S. 7 ff.
Engel, C., Offene Gemeinwohldefinitionen, in: Rechtstheorie 32 (2001), 23 ff.
Engelhardt, H. T., Solidarität: postmoderne Perspektiven, in: K. Bayertz (Hrsg.), Solidarität, 1998, S. 430 ff.
–, Zielkonflikte in nationalen Gesundheitssystemen, in: H. M. Sass (Hrsg.), Ethik und öffentliches Gesundheitswesen, 1988, S. 35 ff.
Engelmann, K., Untergesetzliche Normsetzung im Recht der gesetzlichen Krankenversicherung durch Verträge und Richtlinien, in: NZS 2000, 1 ff. (Teil 1), 76 ff. (Teil 2).
Engisch, K., Einführung in das juristische Denken, 9. Aufl. 1997.
–, Logische Studien zur Gesetzesanwendung, 3. Aufl. 1963.
Erichsen, H.-U., Freiheit-Gleichheit-Teilhabe, in: DVBl. 1983, 289 ff.
Erichsen, H.-U./Biermann, C., Obdachlosigkeit als gefahrenabwehrrechtliches Problem, in: Jura 1998, 371 ff.
Eschenbach, J., Der verfassungsrechtliche Schutz des Eigentums, 1996.
Esping-Andersen, G., Politics against Markets, 1985.
–, The Three Worlds of Welfare Capitalism, 1990.
–, Welfare States and the Economy, in: N. J. Smelser/R. Swedberg (Hrsg.), The Handbook of Economic Sociology, 1994, S. 711 ff.
Esser, J., Vorverständnis und Methodenwahl in der Rechtsfindung, 1970.
Euchner, W., Ideengeschichte des Sozialismus, Teil I, in: H. Grebing (Hrsg.), Geschichte der sozialen Ideen in Deutschland, 2. Aufl. 2005, S. 15 ff.
Evers, A./Olk, Th., Wohlfahrtspluralismus – Analytische und normativ-politische Dimension eines Leitbegriffs, in: dies. (Hrsg.), Wohlfahrtspluralismus, 1996, S. 9 ff.
Ewald, F., Der Vorsorgestaat (1986), 1993.

–, Die Versicherungs-Gesellschaft, in: KJ 1984, 385 ff.

Ewer, W./Detten, K. v., Ausgewählte Rechtsfragen bei der Beschlagnahme von Wohnraum zur Obdachloseneinweisung, in: NJW 1995, 353 ff.

Fahlbusch, J. I., Das gesetzgeberische Phänomen der Normsetzung durch oder mit Vertrag, 2004.

Fahlbusch, K., Ambulante ärztliche Behandlung in Europa, 2006.

Faßbender, K., Wettbewerbsrelevantes Staatshandeln und Berufsfreiheit: Quo vadis, Bundesverfassungsgericht?, in: NJW 2004, 816 ff.

Feinberg, J., Harm to Self, 1986.

Felix, D., Die Familie zwischen Privatrecht, Sozialrecht und Steuerrecht, in: DStJG 29 (2006), S. 149 ff.

–, Verwaltungsrechtliche Instrumente des Sozialstaates, in: DVBl. 2004, 1070 ff.

Fichner, O./Wenzel, G. (Hrsg.), BSHG, 2. Aufl. 2003.

Fichte, J. G., Der geschlossene Handelsstaat, 1800.

Firsching, H., Am Ausgang der Epoche der Staatlichkeit?, in: A. Göbel (Hrsg.), Metamorphosen des Politischen, 1995, S. 203 ff.

Fischer, K., Between sacrification and victimization, in: U. Ewald/K. Turkovic (Hrsg.), Large-Scale Victimization due to Protracted Conflicts as a Potential Source of Terrorist Activities, 2006, S. 67 ff.

–, Gemeinwohlrhetorik und Solidaritätsverbrauch, in: M. Pirsching (Hrsg.), Ethik im Sozialstaat, 2000, S. 131 ff.

Fischer, L./Mann, H., Neuere Rechtsprechung zu den Entgelten für den Besuch eines Kindergartens, in: NVwZ 2002, 794 ff.

Fischer-Lescano, A., Die Emergenz der Globalverfassung, in: Zeitschrift für ausländisches öffentliches Recht und Völkerrecht 63 (2003), 717 ff.

–, Globalverfassung, 2002.

Fleischhauer, K., Altersdiskriminierung bei der Allokation medizinischer Leistungen, in: Jahrbuch für Wissenschaft und Ethik 4 (1999), 195 ff.

Flora, P./Alber, J./Kohl, J., Zur Entwicklung der westeuropäischen Wohlfahrtsstaaten, in: PVS 18 (1977), 707 ff.

Flora, P./Heidenheimer, A. H., The Development of Welfare States in Europe and America, 1981.

Forst, R., Kontexte der Gerechtigkeit, 1996.

Forsthoff, E., Begriff und Wesen des sozialen Rechtsstaates (1954), in: ders. (Hrsg.), Rechtsstaatlichkeit und Sozialstaatlichkeit, 1968, S. 165 ff.

–, Das Problem der Autorität (1956), in: ders., Rechtsstaat im Wandel, 2. Aufl. 1976, S. 14 ff.

–, Der Staat der Industriegesellschaft, 2. Aufl. 1971.

–, Der totale Staat, 1. Aufl. 1933, 2. Aufl. 1934.

–, Deutsche Verfassungsgeschichte der Neuzeit, 4. Aufl. 1972.

–, Die Umbildung des Verfassungsgesetzes (1959), in: M. Friedrich (Hrsg.), Verfassung, 1978, S. 117 ff.

–, Die Verwaltung als Leistungsträger, 1938.

–, Lehrbuch des Verwaltungsrechts, Bd. 1, 9. Aufl. 1966.

–, Verfassung und Verfassungswirklichkeit der Bundesrepublik (1968), in: ders., Rechtsstaat im Wandel, 2. Aufl. 1976, S. 25 ff.

–, Verfassungsprobleme des Sozialstaats (1954), in: ders. (Hrsg.), Rechtsstaatlichkeit und Sozialstaatlichkeit, 1968, S. 145 ff.
–, Wer garantiert das Gemeinwohl? (1973), in: ders., Rechtsstaat im Wandel, 2. Aufl. 1976, S. 39 ff.
–, Zur heutigen Situation einer Verfassungslehre, in: M. Friedrich (Hrsg.), Verfassung, 1978, S. 268 ff.
–, Zur Problematik der Verfassungsauslegung, 1961.
Foucault, M., Die „Gouvernementalität" (1978), in: ders., Dits et Ecrits – Schriften Bd. 3, 2003, S. 769 ff.
–, Die Einbindung des Krankenhauses in die moderne Technologie (1978), in: ders., Dits et Ecrits – Schriften Bd. 3, 2003, S. 644 ff.
–, Die Geburt der Klinik (1963), 7. Aufl. 2005.
–, Die Geburt der Sozialmedizin (1977), in: ders., Dits et Ecrits – Schriften Bd. 3, 2003, S. 272 ff.
–, Die Gesundheitspolitik im 18. Jahrhundert (1976), in: ders., Dits et Ecrits – Schriften Bd. 3, 2003, S. 19 ff.
–, Geschichte der Gouvernementalität, 2 Bde., 2004.
–, Krise der Medizin oder Krise der Antimedizin (1976), in: ders., Dits et Ecrits – Schriften Bd. 3, 2003, S. 54 ff.
–, Leben machen und sterben lassen, in: S. Reinfeldt/R. Schwarz/M. Foucault, Bio-Macht, 1992, S. 27 ff.
Fraenkel, E., Deutschland und die westlichen Demokratien (1964), 1991.
France, A., Die rote Lilie, 1925.
Francke, R., Begrenzung der Leistungen der gesetzlichen Krankenversicherung, in: GesR 2003, 97 ff.
–, Die regulatorischen Strukturen der Arzneimittelversorgung nach dem SGB V, in: MedR 2006, 683 ff.
Francke, R./Hart, D., Die Leistungspflicht der gesetzlichen Krankenversicherung für Heilversuche, in: MedR 2006, 131 ff.
Frank, G., Ökonomie der Aufmerksamkeit, 1998.
–, Sozialstaatsprinzip und Gesundheitssystem, 1983.
Franke, R., Normsetzung durch die „Gemeinsame Selbstverwaltung" nach dem SGB V, in: Festschrift für D. Schefold, 2001, S. 29 ff.
Frankenberg, G., Autorität und Integration, 2003.
–, Die Verfassung der Republik, 1997.
Frankfurt, H., Gleichheit und Achtung, in: A. Krebs (Hrsg.), Gleichheit oder Gerechtigkeit, 2000, S. 38 ff.
Franzius, C., Auf dem Weg zu mehr Wettbewerb im ÖPNV, in: NJW 2003, 3029 ff.
–, Governance und Regelungsstrukturen, in: VerwArch 97 (2006), 186 ff.
Fraser, N., Die halbierte Öffentlichkeit (1997), 2001.
–, Soziale Gerechtigkeit im Zeitalter der Identitätspolitik, in: dies./A. Honneth (Hrsg.), Umverteilung oder Anerkennung?, 2003, S. 13 ff.
Frenz, W., Arztdienstleistungsfreiheit und Sozialversicherungen, in: NVwZ 2003, 947 ff.
–, Grenzüberschreitende medizinische Leistungen und Grundfreiheiten aus Sicht der Rechtsprechung, in: MedR 2004, 197 ff.
Frerich, J./Frey, M. (Hrsg.), Handbuch der Geschichte der Sozialpolitik in Deutschland, 3 Bde. 1993 ff.
Friauf, K. H./Höfling, W. (Hrsg.), Berliner Kommentar zum GG. Loseblattsammlung.

Friedrich, M., Art. Soziale Frage, in: Ev. Staatslexikon, Neuausgabe 2006, Sp. 2180 ff.
Frohn, F., Verfassungsprobleme der Organisationsreform in der gesetzlichen Rentenversicherung, in: SGb 2007, 129 ff.
Frohn, H., Die „versicherungsfremden" Leistungen der gesetzlichen Sozial-, insbesondere Rentenversicherung als Verfassungsproblem, in: SGb 2000, 1 ff.
Frommann, M., Warum nicht 627 Euro?, in: NDV 2004, 246 ff.
Fuchs, C., Allokationsprobleme bei knappen Ressourcen, in: E. Nagel/C. Fuchs (Hrsg.), Soziale Gerechtigkeit im Gesundheitswesen, 1993, S. 6 ff.
–, Probleme der Makro- und Mikroallokation, in: J. Mohr/C. Schubert (Hrsg.), Ehtik der Gesundheitsökonomie, 1992, S. 67 ff.
Fuchs, M. (Hrsg.), Europäisches Sozialrecht, 4. Aufl. 2005.
–, Die Vereinbarkeit von Sozialversicherungsmonopolen mit dem EG-Recht, in: ZIAS 1996, 338 ff.
–, Verfassungsrechtliche Grundlagen, in: B. Schulin (Hrsg.), Handbuch des Sozialversicherungsrechts, Bd. 4 – Pflegeversicherungsrecht, 1997, S. 93 ff.
–, Zivilrecht und Sozialrecht, 1992.
Füllsack, M., Leben ohne zu arbeiten? Zur Sozialtheorie des Grundeinkommens, 2002.

Gadamer, H.-G., Wahrheit und Methode (1960), 6. Aufl. 1990.
Gagel, A. u.a., Sozialgesetzbuch III – Arbeitsförderung, mit SGB II – Grundsicherung für Arbeitssuchende, Kommentar. Loseblatt.
Gamm, C., Privatisierung und notwendige Staatsaufgaben, 2001.
Gamm, G., Der unbestimmte Mensch, 2004.
Ganßmann, H., Politische Ökonomie des Sozialstaats, 2000.
Gebhardt, J., Verfassung und Symbolität, in: G. Melville (Hrsg.), Institution und Symbolisierung, 2001, S. 585 ff.
Gebler, O., Das Versicherungsprinzip in der gesetzlichen Rentenversicherung, 1995.
Geddert-Steinacher, T., Menschenwürde als Verfassungsbegriff, 1990.
Geesmann, R., Soziale Grundrechte im deutschen und französischen Verfassungsrecht und in der Charta der Grundrechte der Europäischen Union, 2005.
Gehlen, A., Der Mensch, 14. Aufl. 2004.
–, Moral und Hypermoral, 6. Aufl. 2004.
Geis, M.-E., Die öffentliche Förderung sozialer Selbsthilfe, 1997.
–, Körperschaftliche Selbstverwaltung in der Sozialversicherung, in: F. E. Schnapp (Hrsg.), Funktionale Selbstverwaltung und Demokratieprinzip, 2001, S. 65 ff.
Gellermann, M., Grundrechte im einfachgesetzlichen Gewande, 2000.
Gemeinschaftskommentar zum Sozialgesetzbuch (GK-SGB I), 3. Aufl. 1996.
Gerber, H., Die Sozialstaatsklausel des Grundgesetzes (1956), in: E. Forsthoff (Hrsg.), Rechtsstaatlichkeit und Sozialstaatlichkeit, 1968, S. 340 ff.
Gerhardt, V., Die republikanische Verfassung. Kants Staatstheorie vor dem Hintergrund der Französischen Revolution, in: M. Buhr u.a., Deutscher Idealismus und Französische Revolution, 1988, S. 24 ff.
–, Selbstbestimmung. Das Prinzip der Individualität, 1999.
Gerstenberg, O., Bürgerrechte und deliberative Demokratie, 1997.
Gerstenmaier, K.-A., Die Sozialstaatsklausel des Grundgesetzes als Prüfungsmaßstab im Normenkontrollverfahren, 1975.
Gethmann, C. F. u.a., Gesundheit nach Maß?, 2004.
Geulen, E., Giorgio Agamben, 2005.

Geulen, R., Kann man mit einer bürgerlichen Verfassung seine sozialistische Praxis legitmieren?, in: G. Stuby, Disziplinierung der Wissenschaft, 1970, S. 191 ff.

Giddens, A., Der dritte Weg, 1999.

–, Die Frage der sozialen Ungleichheit, 2001.

Giese, D./Krahmer, U. (Hrsg.), Sozialgesetzbuch : Allgemeiner Teil und Verfahrensrecht (SGB I und X); Kommentar. Loseblatt.

Giese, F., Grundgesetz für die Bundesrepublik Deutschland, 2. Aufl. 1951.

Giesen, R., Sozialversicherungsmonopol und EG-Vertrag, 1995.

Gießmann, S., Netze und Netzwerke, 2006.

Gitter, W./Nunius, V., Verfassungsrechtliche Grundlagen, in: B. Schulin (Hrsg.), Handbuch des Sozialversicherungsrechts Bd. 2 – Unfallversicherung, 1996, S. 69 ff.

Givertz, H., Art. Welfare State, in: Internationale Encyclopedia of the Social Sciences, Bd. 16, 1968, S. 512 ff.

Göbel, A./Pankoke, E., Grenzen der Solidarität, in: K. Bayertz (Hrsg.), Solidarität, 1998, S. 463 ff.

Gödicke, P., Erweiterte Leistungsansprüche auf Kosten der Erforschung künftiger Behandlungsmöglichkeiten?, in: NVwZ 2006, 774 ff.

Goecke, K., Verfassungsrechtliche Vorgaben für die Leistungspflicht der Krankenkassen beim Off-Label-Use von Arzneimitteln, in: NZS 2006, 774 ff.

Goerlich, H./Dietrich, J., Fürsorgerisches Ermessen, Garantie des Existenzminimums und legislative Gestaltungsfreiheit, in: Jura 1992, 134 ff.

Göhler, G. (Hrsg.), Institutionenwandel, 1997.

Goodin, R. E., Reasons for Welfare, 1988.

–, Relative Needs, in: A. Ware/R. E. Goodin (Hrsg.), Needs and Welfare, 1990, S. 12 ff.

Goodin, R. E./Le Grand, J. (Hrsg.), Not Only the Poor, 1987.

Gosepath, S., Gleiche Gerechtigkeit, 2004.

Gössl, T., Die Finanzverfassung der Sozialversicherung, 1992.

Gottschick, H., Öffentliche Fürsorge und Verwaltungsgerichtsbarkeit, in: DÖV 1963, 435 ff.

Götz, V., Innere Sicherheit, in: J. Isensee/P. Kirchhof (Hrsg.), Handbuch des Staatsrechts, Bd. 4, 3. Aufl. 2006, S. 671 ff.

Gough, I., The Political Economy of the Welfare State, 1979.

Grabitz, E., Freiheit als Verfassungsprinzip, in: Rechtstheorie 8 (1977), 1 ff.

–, Freiheit und Verfassungsrecht, 1976.

Grabitz/Hilf, Das Recht der Europäischen Union. Kommentar. Loseblatt.

Gramm, C., Vom Steuerstaat zum gebührenfinanzierten Dienstleistungsstaat, in: Der Staat 36 (1997), 267 ff.

Grewe, W., Das bundesstaatliche System des Grundgesetzes, in: DRZ 1949, 349 ff.

–, Der Begriff des „sozialen Staates" in der deutschen Verfassungsentwicklung, in: Der Arbeitgeber 1951, 39.

Grimm D., Rückkehr zum liberalen Grundrechtsverständnis? (1988), in: ders., Die Zukunft der Verfassung, 2. Aufl. 1994, S. 221 ff.

–, Der Wandel der Staatsaufgaben und die Krise des Rechtsstaats (1990), in: ders., Die Zukunft der Verfassung, 2. Aufl. 1994, S. 159 ff.

–, Die Entwicklung der Grundrechtstheorie in der deutschen Staatsrechtslehre des 19. Jahrhunderts (1987), in: ders., Recht und Staat in der bürgerlichen Gesellschaft, 1987, S. 308 ff.

–, Die Grundrechte im Entstehungszusammenhang der bürgerlichen Gesellschaft (1988), in: ders., Die Zukunft der Verfassung, 2. Aufl. 2004, S. 67 ff.
–, Die sozialgeschichtliche und verfassungsrechtliche Entwicklung zum Sozialstaat (1983), in: ders., Recht und Staat der bürgerlichen Gesellschaft, 1987, S. 138 ff.
–, Die Zukunft der Verfassung (1990), in: ders., Die Zukunft der Verfassung, 2. Aufl. 1994, S. 399 ff.
–, Eigentumsschutz sozialrechtlicher Positionen und rechtlich-politisches System, in: SDSRV 23 (1982), S. 226 ff.
–, Grundrechte und Privatrecht in der bürgerlichen Sozialordnung (1981), in: ders., Recht und Staat in der bürgerlichen Gesellschaft, 1987, S. 192 ff.
–, Rechtswissenschaften und Nachbarwissenschaften, 2 Bde., 2. Aufl. 1976.
–, Rückkehr zum liberalen Grundrechtsverständnis? (1988), in: ders., Die Zukunft der Verfassung, 2. Aufl. 1994, S. 221 ff.
–, Solidarität als Rechtsprinzip, 1973.
Grönzinger, G./Maschke, M./Offe, C., Die Teilhabegesellschaft, 2006.
Groß, T., Das Kollegialprinzip in der Verwaltungsorganisation, 1999.
–, Die Verwaltungsorganisation als Teil organisierter Staatlichkeit, in: W. Hoffmann-Riem/E. Schmidt-Aßmann/A. Voßkuhle (Hrsg.), Grundlagen des Verwaltungsrechts, Bd. 1, 2006, S. 841 ff.
–, Selbstverwaltung angesichts von Europäisierung und Ökonomisierung, in: DVBl. 2002, 1182 ff.
Große Kracht, H.-J., Solidarität institutionalisieren, 2003.
Grube, C./Wahrendorf, V. (Hrsg.), SGB XII. Kommentar, 2005.
Günther, J.-M./Traumann, E., Aktuelle Probleme der Wohnraumbeschlagnahme zur Unterbringung Obdachloser, in: NVwZ 1993, 130 ff.
Gurlit, E., Die Reform der Rentenversicherung im Lichte der Eigentumsgarantie des Art. 14 Grundgesetz, in: VSSR 2005, 45 ff.
Gusy, C. (Hrsg.), Privatisierung von Staatsaufgaben, 1998.
–, Brauchen wir eine juristische Staatslehre?, in: JöR n.F. 55 (2007), 41 ff.
–, Die Weimarer Reichsverfassung, 1997.
–, Freiheitssicherung im Sozialstaat, in: Neue Politische Literatur 25 (1980), 281 ff.
–, Gewährleistung von Freiheit und Sicherheit im Lichte unterschiedlicher Staats- und Verwaltungsverständnisse, in: VVDStRL 63 (2004), S. 151 ff.
–, Polizeirecht, 6. Aufl. 2006.
Gutmann, T., Paternalismus – eine Tradition deutschen Rechtsdenkens?, in: Zeitschrift der Savigny-Stiftung für Rechtsgeschichte. Germ. Abt. 122 (2005), 150 ff.
Gutmann, T./Schmidt, V. (Hrsg.), Rationierung und Allokation im Gesundheitswesen, 2002.

Häberle, P., „Leistungsrecht" im sozialen Rechtsstaat (1972/1978), in: ders., Verfassung als öffentlicher Prozeß, 3. Aufl. 1998, S. 445 ff.
–, Das Bundesverfassungsgericht im Leistungsstaat, in: DÖV 1972, 729 ff.
–, Das Menschenbild im Verfassungsstaat, 2. Aufl. 2001.
–, Die Menschenwürde als Grundlage der staatlichen Gemeinschaft, in: J. Isensee/P. Kirchhof (Hrsg.), Handbuch des Staatsrechts, Bd. 2, 3. Aufl. 2004, S. 317 ff.
–, Die Wesengehaltsgarantie des Art. 19 Abs. 2 GG, 3. Aufl. 1983.
–, Grundrechte im Leistungsstaat, in: VVDStRL 30 (1972), S. 43 ff.

–, Leistungsrecht im sozialen Rechtsstaat (1972/1978), in: ders., Verfassung als öffentlicher Prozeß, 3. Aufl. 1998, S. 445 ff.

–, Verfassung als öffentlicher Prozeß (1978), 3. Aufl. 1998.

–, Verfassungslehre als Kulturwissenschaft, 1998.

–, Zum Staatsdenken von Ernst Forsthoff (1976), in: ders., Verfassung als öffentlicher Prozeß, 3. Aufl. 1998, S. 396 ff.

Habermas, J., Der demokratische Rechtsstaat – eine paradoxe Verbindung widersprüchlicher Prinzipien?, in: ders., Zeit der Übergänge, 2001, S. 133 ff.

–, Der demokratische Rechtsstaat, in: ders., Zeit der Übergänge, 2001, S. 133 ff.

–, Der philosophische Diskurs der Moderne, 3. Aufl. 1991.

–, Die Krise des Wohlfahrtsstaates und die Erschöpfung utopischer Energien (1985), in: ders., Die neue Unübersichtlichkeit, 1985, S. 141 ff.

–, Faktizität und Geltung, 1992.

–, Gerechtigkeit und Solidarität, in: ders., Erläuterungen zur Diskursethik, 1991, S. 49 ff.

–, Legitimationsprobleme im Spätkapitalismus, 4, Aufl. 1977.

–, Nachwort, in: G.W.F. Hegel, Politische Schriften, hrsg. v. J. Habermas, 1966, S. 343 ff.

–, Replik auf Beiträge zu einem Symposion der Cardozo Law School, in: ders., Die Einbeziehung des Anderen, 1999, S. 309 ff.

–, Theorie des kommunikativen Handelns, 2 Bde. 1988.

–, Theorie und Praxis, 1978.

–, Über den internen Zusammenhang von Rechtsstaat und Demokratie (1994), in: ders., Die Einbeziehung des Anderen, 1999, S. 277 ff.

Hachtmann, R., Öffentlichkeitswirksame Knallfrösche, in: Sozial. Geschichte 2005, 46 ff.

Hahn, H. (Hrsg.), Selbstachtung oder Anerkennung?, 2005.

Hailbronner, K., Die Unionsbürgerschaft und das Ende rationaler Jurisprudenz durch den EuGH, in: NJW 2004, 2185 ff.

–, Neue Richtlinie zur Freizügigkeit der Unionsbürger, in: ZAR 2004, 259 ff.

–, Unionsbürgerschaft und Zugang zu den Sozialsystemen, in: JZ 2005, 1138 ff.

Hain, K.-E., Das Untermaßverbot in der Kontroverse, in: ZG 1996, 75 ff.

–, Der Gesetzgeber in der Klemme zwischen Übermaß- und Untermaßverbot, in: DVBl. 1993, 982 ff.

Halfmann, J., Der moderne Nationalstaat als Lösung und Problem der Inklusion in das politische System, in: K. U. Hellmann/R. Schmalz-Bruns (Hrsg.), Theorie der Politik, 2002, S. 261 ff.

Hällßig, G., Normsetzung durch Richtlinien im Vertragsarztrecht, 2001.

Haltern, U., Europarecht und das Politische, 2005.

–, Europarecht, 2. Aufl. 2007.

–, Gestalt und Finalität, in: v. Bogdandy (Hrsg.), Europäisches Verfassungsrecht, 2003, S. 803 ff.

–, Recht als kulturelle Existenz, in: E. Jayme (Hrsg.), Kulturelle Identität und Internationales Privatrecht, 2003, S. 15 ff.

Hamilton, A./Madison, J./Jay, J., Die Federalist-Artikel, hrsg. v. A. Adams/W. P. Adams, 1994.

Hanebeck, A., Bundesverfassungsgericht und Demokratieprinzip, in: DÖV 2004, 901 ff.

Hänlein, A., Festlegung der Grenzen der Leistungspflicht der Krankenkassen, in: SGb 2003, 301 ff.

–, Moral Hazard und Sozialversicherung, in: ZVersWiss 2002, 579 ff.

–, Rechtsquellen im Sozialversicherungsrecht, 2001.
Hansen, E., Wohlfahrtspolitik im NS-Staat, 1991.
Hartwich, H.-H., Sozialstaatspostulat und gesellschaftlicher status quo, 1970.
–, Wirtschaftsdemokratie und die Theorie vom sozialen Rechtsstaat, in: Probleme der Demokratie heute – PVS Sonderheft, 1971, S. 274 ff.
Hase, F., Eigentum als Teilhaberecht, in: Festschrift für H. Ridder, 1989, S. 259 ff.
–, Hinterbliebenenrente als Eigentum im verfassungsrechtlichen Sinne, in: NZ 2000, 591 ff.
–, Lastengerechtigkeit des GMG bei der Zulassung von Modellen der Selbstbeteiligung und der Beitragsdifferenzierung, in: R. Pitschas (Hrsg.), Umsetzung des GKV-Modernisierungsgesetzes, 2004, S. 57 ff.
–, Verfassungsrechtliche Bewertung der Normsetzung durch den Gemeinsamen Bundesausschuss, in: MedR 2005, 391 ff.
–, Versicherungsprinzip und sozialer Ausgleich, 2000.
Hauck/Haines, Sozialgesetzbuch I. Kommentar. Loseblatt.
Hauck/Noftz, Sozialgesetzbuch V. Kommentar. Loseblatt.
Hauck/Noftz, Sozialgesetzbuch XII. Kommentar. Loseblatt.
Haverkate, G., Der Gleichheitssatz im Sozialrecht, in: Festschrift für R. Bernhardt, 1995, S. 385 ff.
–, Der Ordnungsrahmen für Wettbewerb innerhalb der gesetzlichen Krankenversicherung, in: VSSR 1999, 177 (179 ff.).
–, Die Einheit der Verwaltung als Rechtsproblem, in: VVDStRL 46 (1987) S. 217 ff.
–, Die Zukunft der sozialen Sicherungssysteme, in: DVBl. 2004, 1061 ff.
–, Die Zukunft des Sozialstaats in Europa, in: P.-C. Müller-Graff/H. Roth (Hrsg.), Recht und Rechtswissenschaft, 2000, S. 101 ff.
–, Eigentumsschutz und Weiterentwicklung im Recht der sozialen Sicherheit, in: ZRP 1984, 217 ff.
–, Gesetzesgestaltung und Rechtsanwendung im Leistungsrecht, in: NVwZ 1988, 769 ff.
–, Rechtsfragen des Leistungsstaats, 1983.
–, Verantwortung für Gesundheit als Verfassungsproblem, in: H. Häfner (Hrsg.), Gesundheit – unser höchstes Gut?, 1999, S. 119 ff.
–, Verfassungslehre, 1992.
Haverkate, G./Huster, S., Europäisches Sozialrecht, 1999.
Hayek, F. A. v., Der Atavismus „sozialer Gerechtigkeit" (1976), in: Wissenschaft und Sozialismus, 2004, S. 197 ff.
–, Die Illusion der sozialen Gerechtigkeit (1976), in: ders., Wissenschaft und Sozialismus, 2004, S. 186 ff.
–, Die Verfassung der Freiheit, 4. Auf. 2005.
–, Recht, Gesetz und Freiheit (1982), 2003.
Hayms, R., Vorlesungen über Hegel und seine Zeit, 1857.
Hebeler, T., Grundlegende Rechtsfragen der Finanzierungskrise des deutschen Sozialstaates, in: Jura 2005, 17 ff.
–, Verfassungsrechtliche Probleme „besonderer" Rechtsetzungsformen funktionaler Selbstverwaltung, in: DÖV 2002, 936 ff.
Hegel, G.W.F., Die Philosophie des Rechts (1821/22), hrsg. v. H. Hoppe, 2005.
–, Enzyklopädie der philosophischen Wissenschaften III (1830), 2. Aufl. 1992.
–, Grundlinien der Philosophie des Rechts (1821), 1970.
–, Jenenser Realphilosophie II (1805/1806), hrsg. v. J. Hoffmeister, 1931.

–, Phänomenologie des Geistes (1807), in: ders., Hauptwerke Bd. 2, 1999, S. 109 ff.
–, Philosophie des Rechts. Die Vorlesungen von 1819/1820, hrsg. v. D. Henrich, 1983.
–, System der Sittlichkeit (1801/02), in: ders., Sämtliche Werke Bd. VII, Hegels Schriften zur Politik und Rechtsphilosophie, hrsg. v. G. Lasson, 1913, S. 415 ff.
–, Über die englische Reformbill (1831), in: ders., Politische Schriften, hrsg. v. J. Habermas, 1966, S. 277 ff.
–, Wissenschaftliche Behandlungsarten des Naturrechts (1803), in: ders., Jenaer Kritische Schriften II, hrsg. v. H. Brockard/H. Buchner, 1983, S. 146.
Heimann, E., Soziale Theorie des Kapitalismus (1929), 1980.
Heinig, H. M., Antagonisten im Kontext der politischen Philosophie des Sozialstaates: Lorenz von Stein und Robert Nozick, in: D. Klesczewski/S. Müller/F. Neuhaus (Hrsg.), Die Idee des Sozialstaates, 2006, S. 45 ff.
–, Art. Diskriminierung, in: Ev. Soziallexikon, Neuausgabe, 2001, Sp. 283 ff.
–, Art. Institutionalle Garantie, Einrichtungsgarantie, in: Ev. Staatslexikon, 2006, Sp. 1014 ff.
–, Art. Menschenwürde (J), in: Evangelisches Staatslexikon, Neuausgabe, 2006, Sp. 1516 ff.
–, Das deutsche Staatskirchen- und Religionsrecht im europäischen Rechtsverbund, in: Theologische Literaturzeitschrift 2007, 123 ff.
–, Das Sozialstaatsprinzip des Grundgesetzes als Imagination des Politischen, in: StudZR 2007, 3 ff.
–, Die Staffelung des IHK-Beitrags und der allgemeine Gleichheitssatz, in: NVwZ 2004, 1087 ff.
–, Europäisches Verfassungsrecht ohne Verfassungs(vertrag)?, in: JZ 2007, 905 ff.
–, Hüter der Wohltaten?, in: NVwZ 2006, 771 ff.
–, Kirchen und Religionsgemeinschaften in der europäischen Rechtsordnung, in: P.-C. Müller-Graff/H. Schneider (Hrsg.), Kirchen und Religionsgemeinschaften in der Europäischen Union, Baden-Baden: Nomos, 2003, S. 125 ff.
–, Menschenwürde und Sozialstaat, in: P. Bahr/H. M. Heinig (Hrsg.), Menschenwürde in der säkularen Verfassungsordnung, 2006, S. 251 ff.
–, Offene Staatlichkeit oder Abschied vom Staat? Staats- und verfassungstheoretische Perspektiven, in: Philosophische Rundschau 52 (2005), 191 ff.
–, Öffentlich-rechtliche Religionsgesellschaften, 2003.
–, Paternalismus im Sozialstaat, in: M. Anderheiden u.a. (Hrsg.), Paternalismus und Recht, 2006, S. 157 ff.
–, Rechtswissenschaft als Kulturwissenschaft, in: ZfRsoz 2003, 95 ff.
–, Rheingold, in: ZEE 1997, 231 ff.
–, Zur Normativität des Sozialstaates, in: J. Bung/B. Valerius/S. Ziemann (Hrsg.), Normativität und Rechtskritik, 2007, S. 138 ff.
Heinig, H. M./Morlok, M., Konkurrenz belebt das Geschäft – Zur Problematik der 5 %-Klausel im Kommunalwahlrecht, in: ZG 2000, 371 ff.
Heinig, H. M./Morlok, M., Von Schafen und Kopftüchern, in: JZ 2003, 777 ff.
Heinig, H. M./Streit, T., Die direkte staatliche Parteienfinanzierung, in: Jura 2000, 393 ff.
Heinig, H. M./Walter, C. (Hrsg.), Staatskirchenrecht oder Religionsverfassungsrecht?, 2007.
Heinrichs, J.-H., Grundbefähigungen, 2006.
–, Grundbefähigungsgleichheit im Gesundheitswesen, in: Ethik in der Medizin 17 (2005), 90 ff.

Heintzen, M., Auswärtige Beziehungen privater Verbände, 1988.
–, Beteiligung Privater an der Wahrnehmung öffentlicher Aufgaben und staatliche Verantwortung, in: VVDStRL 62 (2003), S. 220 ff.
Heinze, M., Grund und Mißbrauch der Solidarität im System der sozialen Gerechtigkeit, in: J. Isensee (Hrsg.), Solidarität in Knappheit, 1998, S. 67 ff.
Helbig, P., Soziale Staffelung von Gebühren, in: U. Sacksofsky/J. Wieland (Hrsg.), Vom Steuerstaat zum Gebührenstaat, 2000, S. 85 (91 f.).
Heller, H., Demokratie und soziale Homogenität (1928), in: ders., Gesammelte Schriften, Bd. II, 1992, S. 412 ff.
–, Die Souveränität (1927), in: ders., Gesammelte Schriften, Bd. II, 1992, S. 81 ff.
–, Freiheit und Form in der Reichsverfassung (1929/30), in: ders., Gesammelte Schriften, Bd. II, 1992, S. 371 ff.
–, Grundrechte und Grundpflichten (1924), in: ders., Gesammelte Schriften, Bd. II, 1992, S. 281 ff.
–, Rechtsstaat oder Diktatur? (1929/30), in: ders., Gesammelte Schriften, Bd. II, 1992, S. 443 ff.
–, Staatslehre (1934), in: ders., Gesammelte Schriften, Bd. III, 1992, S. 79 ff.
–, Ziele und Grenzen einer deutschen Verfassungsreform (1931), in: ders., Gesammelte Schriften, Bd. II, 1992, S. 411 ff.
Hendler, R., Das Prinzip Selbstverwaltung, in: J. Isensee/P. Kirchhof (Hrsg.), Handbuch des Staatsrechts, Bd. 4, 2. Aufl. 1999, S. 1133 ff.
Henke, K.-D., Beitragssatzstabilität und Allokationswirklichkeit, in: E. Nagel/C. Fuchs (Hrsg.), Soziale Gerechtigkeit im Gesundheitswesen, 1993, S. 51 ff.
Henke, W., Die Rechtsformen der sozialen Sicherung und das allgemeine Verwaltungsrecht, in: VVDStRL 28 (1970), 149 ff.
Henrich, D., Einleitung, in: G.W.F. Hegel, Philosophie des Rechts. Die Vorlesungen von 1819/1820, hrsg. v. D. Henrich, 1983, S. 18 ff.
Henschel, V., Geschichte der deutschen Sozialpolitik (1880–1980), 1983, S. 7.
Hense, A., Mehrperspektivische Annäherungen an das Phänomen Solidarität und das Solidarprinzip, in: Festschrift für W. Krawietz, 2003, S. 525 ff.
Herb, S., Die Verteilungsgerechtigkeit in der Medizin, 2002.
Herbert, G., Der Wesensgehalt der Grundrechte, in: EuGRZ 1985, 321 ff.
Herdegen, M., Ernst Forsthoffs Sicht vom Staat, in: W. Blümel (Hrsg.), Ernst Forsthoff, 2003, S. 41 ff.
Hermes, G., Das Grundrecht auf Schutz von Leben und Gesundheit, 1987.
–, Verfassungsrecht und einfaches Recht. Verfassungsgerichtsbarkeit und Fachgerichtsbarkeit, in: VVDStRL 61 (2002), S. 119 ff.
Herzog, R., Zur Auslegung des Sozialstaatsprinzips, in: BayVBl. 1976, 161 ff.
Hesse, K., Bedeutung der Grundrechte, in: E. Benda/W. Maihofer/H.-J. Vogel (Hrsg.), Handbuch des Verfassungsrechts, 2. Aufl. 1995, S. 127 (140 ff.);
–, Bemerkungen zur heutigen Problematik und Tragweite der Unterscheidung von Staat und Gesellschaft, in: DÖV 1975, 437 ff.
–, Bestand und Bedeutung der Grundrechte in der Bundesrepublik Deutschland, in: EuGRZ 1978, 427 ff.
–, Der Gleichheitssatz im Staatsrecht, in: AöR 77 (1951), 167 ff.
–, Der Rechtsstaat im Verfassungssystem des Grundgesetzes (1962), in: E. Forsthoff (Hrsg.), Rechtsstaatlichkeit und Sozialstaatlichkeit, 1968, S. 557 ff.

–, Der Rechtsstaat im Verfassungssystem des Grundgesetzes (1962), in: E. Forsthoff (Hrsg.), Rechtsstaatlichkeit und Sozialstaatlichkeit, 1968, S. 557 ff.
–, Grenzen der Verfassungswandlung, in: Festschrift für U. Scheuner, 1973, S. 123 ff.
–, Grundlinien der verfassungsrechtlichen Ordnung und ihrer Fortbildung, in: K. Stern (Hrsg.), 40 Jahre Grundgesetz, 1990, S. 1 ff.
–, Grundzüge des Verfassungsrechts der Bundesrepublik Deutschland, 20. Aufl. 1995.
–, Verfassungsrechtsprechung im geschichtlichen Wandel, JZ 1995, 265 ff.
Heun, W., Die Entwicklung des Steuerstaatskonzepts in theoretischer und tatsächlicher Hinsicht, in: U. Sacksofsky/J. Wieland (Hrsg.), Vom Steuerstaat zum Gebührenstaat, 2000, S. 10 ff.
–, Die Sozialversicherung und das System der Finanzverfassung, in: Festschrift für P. Selmer, 2004, S. 657 ff.
–, Freiheit und Gleichheit, in: D. Merten/H.-J. Papier (Hrsg.), Handbuch der Grundrechte, Bd. 2, 2006, S. 437 ff.
–, Humangenetik und Menschenwürde, in: P. Bahr/H. M. Heinig (Hrsg.), Menschenwürde im säkularen Verfassungsstaat, 2006, S. 197 ff.
–, Staatshaushalt und Staatsleitung, 1989.
–, Verfassungsrecht und einfaches Recht. Verfassungsgerichtsbarkeit und Fachgerichtsbarkeit, in: VVDStRL 61 (2002), S. 80 ff.
Heusch, A., Der Grundsatz der Verhältnismäßigkeit im Staatsorganisationsrecht, 2003.
Heuss, T., Der Kriegssozialismus, 1915.
Hilpold, P., Solidarität als Rechtsprinzip – völkerrechtliche, europarechtliche und staatsrechtliche Betrachtungen, in: JöR n.F. 55 (2007), 195 ff.
Hindrichs, B. U., Zur Problematik der Einkommensumverteilung durch die Sozialversicherung, 1978.
Hinsch, W., Gerechtfertigte Ungleichheiten, 2002.
–, Rawls' Differenzprinzip und seine sozialpolitischen Implikationen, in: S. Blasche/D. Döring (Hrsg.), Sozialpolitik und Gerechtigkeit, 1998, S. 17 ff.
Hirschberg, L., Der Grundsatz der Verhältnismäßigkeit, 1981.
Hirtschulz, S., Numerus clausus und Verfassungsverwirklichung, 1979.
Hobbes Th., Leviathan (1651), hrsg. v. I. Fetscher, 4. Aufl. 1991.
–, Naturrecht und allgemeines Staatsrecht in den Anfangsgründen (1640/1889), hrsg. v. F. Tönnies, 1926.
–, Vom Bürger (1642/1647), in: ders., Vom Menschen – Vom Bürger, hrsg. v. G. Gawlick, 1977, S. 75 ff.
Hochhuth, M., Relativitätstheorie des Öffentlichen Rechts, 2000.
Hockerts, H. G. (Hrsg.), Drei Wege deutscher Sozialstaatlichkeit, 1998.
Hodenberg, Ph. Frhr. v., Das Bekenntnis des deutschen Volkes zu den Menschenrechten in Art. 1 Abs. 2 GG, 1997.
Hoemig, D., Grundlagen und Ausgestaltung der Wesentlichkeitslehre, in: Festgabe 50 Jahre Bundesverwaltungsgericht, 2003, 273 ff.
Höffe, O., Demokratie im Zeitalter der Globalisierung, 2002.
–, Immanuel Kant, 2. Aufl. 1988.
–, Menschenrechte als Legitimation und kritischer Maßstab der Demokratie, in: J. Schwartländer (Hrsg.), Menschenrechte und Demokratie, 1981, S. 241 ff.
–, Politische Gerechtigkeit, in: Studia Philosophica 38 (1979), 107 ff.
Hoffmann, H., Verfassungsrechtliche Annäherungen an den Begriff des Gemeinwohls,

in: H. Münkler/K. Fischer (Hrsg.), Gemeinwohl und Gemeinsinn im Recht, 2002, S. 25 ff.
Hoffmann-Riem, W. (Hrsg.) Sozialwissenschaften im öffentlichen Recht, 1981.
–, (Hrsg.), Sozialwissenschaften im Studium des Rechts II, 1977.
–, Gesetz und Gesetzesvorbehalt im Umbruch, in: AöR 130 (2005), 5 ff.
Höfling, W., Rationierung von Gesundheitsleistungen im grundrechtsgeprägten Sozialstaat, in: G. Feuerstein/E. Kuhlmann (Hrsg.), Rationierung im Gesundheitswesen, 1998, S. 143 ff.
Höfling, W., Staatsschuldenrecht, 1993.
Hofmann, H., Die versprochene Menschenwürde, in: AöR 118 (1993), 353 ff.
–, Einführung in die Rechts- und Staatsphilosophie, 2000.
Hofmann, R., Verfassungsrechtliche Rahmenbedingungen und Vorkehrungen gegen Armutsrisiken, in: ders. u.a. (Hrsg.), Armut und Verfassung, 1998, S. 3 ff.
Hollenbach, A., Grundrechtsschutz im Arzt-Patientenverhältnis, 2003.
–, Auflösung der rechtsstaatlichen Verfassung (1960), in: M. Friedrich (Hrsg.), Verfassung, 1978, S. 153 ff.
Holtman, S. W., Kantian Justice and Poverty Relief, in: Kant-Studien 95 (2004), 86 ff.
Holzer, H.-J., Die unterstaatliche Umverteilung, 1977.
Hondrich, K. O./Koch Arzberger, C., Solidarität in der modernen Gesellschaft, 1992
Honneth, A. (Hrsg.), Kommunitarismus, 2. Aufl. 1994.
–, Kampf um Anerkennung, 1994.
–, Leiden an Unbestimmtheit, 2001.
Honneth, A./N. Fraser, Umverteilung oder Anerkennung?, 2003.
Horstmann, R. P., Art. Menschenwürde, in: J. Ritter u.a. (Hrsg.), Historisches Wörterbuch der Philosophie, Bd. 5, 1980, Sp. 1124 ff.
–, Über die Rolle der bürgerlichen Gesellschaft in Hegels politischer Philosophie, in: M. Riedel (Hrsg.), Materialien zu Hegels Rechtsphilosophie, Bd. 2, 1975, S. 276 ff.
–, Art. Hegel, Georg Wilhelm Friedrich, in: E. Craig (ed.), Routledge Encyclopedia of Philosophy, Bd. 2, S. 259 ff.
–, Hegels Theorie der bürgerlichen Gesellschaft, in: L. Siep (Hrsg.), Hegel, G.W.F. – Grundlinien der Philosophie des Rechts, 1997, S. 193 ff.
Hsu, T., Verfassungsrechtliche Schranken der Leistungsgesetzgebung, 1986.
Huber, E. R. (Hrsg.), Dokumente zur deutschen Verfassungsgeschichte, Bd. 3, 1966.
–, Der Streit um das Wirtschaftsverfassungsrecht, in: DÖV 1956, 200 ff.
–, Deutsche Verfassungsgeschichte, Bd. 6, 1981.
–, Die Gestalt des deutschen Sozialismus, 1934.
–, Lorenz von Stein und die Grundlegung der Idee des Sozialstaats, in: L. von Stein, Gesellschaft – Staat – Recht, hrsg. v. E. Forsthoff, 1972, S. 495 ff.
–, Rechtsstaat und Sozialstaat in der modernen Industriegesellschaft (1965), in: E. Forsthoff (Hrsg.), Rechtsstaatlichkeit und Sozialstaatlichkeit, 1968, S. 589 ff.
–, Vorsorge für das Dasein, in: Festschrift für E. Forsthoff, 2. Aufl. 1974, S. 139 ff.
Huber, W., Gerechtigkeit und Recht, 3. Aufl. 2006.
Huf, S., Sozialstaat und Marktökonomie, in: Soziale Systeme 4 (1998), 359 ff.
–, Sozialstaat und Moderne, 1998.
Hufen, F., Gesetzesgestaltung und Gesetzesanwendung im Leistungsrecht, in: VVDStRL 47 (1989), S. 142 ff.
–, Grundrechte der Leistungserbringer in der gesetzlichen Krankenversicherung und Gestaltungsspielraum des Gesetzgebers, in: H. Sodan (Hrsg.), Finanzielle Stabilität

der gesetzlichen Krankenversicherung und Grundrechte der Leistungserbringer, 2004, S. 27 ff.

–, Grundrechtsschutz der Leistungserbringer und privaten Versicherer in Zeiten der Gesundheitsreform, in: NJW 2004, 14 ff.

–, Soziale Selbstverwaltung im demokratischen Rechtsstaat, in: SDSRV 34 (1991), S. 43 ff.

Huh, Y., Rechtsstaatliche Grenzen der Sozialstaatlichkeit, in: Der Staat 18 (1979), 183 ff.

Humboldt, W. v., Ideen zu einem Versuch, die Gränzen der Wirksamkeit des Staates zu bestimmen (1792), in: ders., Werke, Bd. 1, 4. Aufl. 2002, S. 56 ff.

Huster, S., Anmerkung, in: JZ 2006, 466 ff.

–, Die Beitragsbemessung in der gesetzlichen Krankenversicherung, in: JZ 2002, 371 ff.

–, Die ethische Neutralität des Staates, 2002.

–, Die Unterscheidung von politischen Zielen und verfassungsrechtlichen Argumenten, in: C. Hiebaum/P. Koller (Hrsg.), Politische Ziele und juristische Argumentation, 2003, S. 47 ff.

–, Gleichheit und Verhältnismäßigkeit, in: JZ 1994, 541 ff.

–, Grundversorgung und soziale Gerechtigkeit im Gesundheitswesen, in: O. Rauprich/G. Marckmann/J. Vollmann (Hrsg.), Gleichheit und Gerechtigkeit in der modernen Medizin, 2005, S. 187 ff.

–, Medizinische Versorgung im Sozialstaat, in: N. Mazouz/M. H. Werner/U. Wiesing (Hrsg.), Krankheitsbegriff und Mittelverteilung, 2004, S. 157 ff.

–, Rechte und Ziele, 1993.

–, Soziale Sicherung als Zukunftsbewältigung und –gestaltung, in: SDSRV 55 (2007), S. 15 ff.

–, Sozialstaat oder soziale Gerechtigkeit?, in: R. Alexy (Hrsg.), Juristische Grundlagenforschung, 2005, S. 202 ff.;

–, Was ist sozial(staatlich)e Gerechtigkeit?, in: N. Goldschmidt/M. Wohlgemuth (Hrsg.), Die Zukunft der sozialen Marktwirtschaft, 2004, S. 33 ff.

Igl, G./Welti, F., Sozialrecht, 8. Aufl. 2007.

Ignatieff, M., Isaiah Berlin – Ein Leben, 2000.

Ipsen, H. P., Anmerkung zu einem Beschluß des Bundesverfassungsgerichts vom 19.12.1951, in: DÖV 1952, 217 f.

–, Diskussionsbeitrag, in: VVDStRL 12 (1954), S. 119 ff.

–, Enteignung und Sozialisierung, in: VVDStRL 10 (1952), S. 74 ff.

–, Gebundene Sozialstaatlichkeit, in: Festschrift für K. Zweigert, 1981, S. 747 ff.

–, Über das Grundgesetz (1950), in: E. Forsthoff (Hrsg.), Rechtsstaatlichkeit und Sozialstaatlichkeit, 1968, S. 16 ff.

–, Über das Grundgesetz (1950), in: E. Forsthoff, Rechtsstaatlichkeit und Sozialstaatlichkeit, 1969, S. 16 ff.

Ipsen, K., Soziale Dienstleistungen und EG-Recht, 1997.

Isensee, J., „Bürgerversicherung" im Koordinatensystem der Verfassung, in: NZS 2004, 393 ff.

–, Das Grundrecht als Abwehrrecht und als staatliche Schutzpflicht, in: J. Isensee/P. Kirchhof (Hrsg.), Handbuch des Staatsrechts, Bd. 5, 2. Aufl. 2000, S. 143 ff.

–, Das Grundrecht auf Sicherheit, 1983.

–, Der Sozialstaat in der Wirtschaftskrise, in: Festschrift für J. Broermann, 1982, S. 365 ff.

–, Der Steuerstaat als Staatsform, in: Festschrift für H. P. Ipsen, 1977, S. 409 ff.

–, Finanzverfassung und Sozialrecht, in: SDSRV 35 (1992), S. 7 ff.
–, Föderalisierung der Sozialversicherung, in: NZS 1993, 281 ff.
–, Menschenwürde: die säkulare Gesellschaft auf der Suche nach dem Absoluten, AöR 131 (2006), 173 ff.
–, Positivität und Überpositivität der Grundrechte, in: D. Merten/H.-J. Papier (Hrsg.), Handbuch der Grundrechte, Bd. 2, 2006, S. 41 ff.
–, Solidarität – sozialethische Substanz eines Blankettbegriffs, in: ders. (Hrsg.), Solidarität in Knappheit, 1998, S. 97 ff.
–, Umverteilung durch Sozialversicherungsbeiträge, 1973.
–, Verfassung ohne soziale Grundrechte, in: Der Staat 19 (1980), 367 ff.
–, Verwaltung des Mangels im Gesundheitswesen – verfassungsrechtliche Maßstäbe der Kontingentierung, in: Gedächtnisschrift für M. Heinze, 2005, S. 417 ff.
–, Wahltarif „Krankenhauskomfort“, in: NZS 2007, 449 ff.
–, Wer definiert die Freiheitsrechte?, 1980.
–, „Bürgerversicherung“ im Koordinatensystem der Verfassung, in: NZS 2004, 393 ff.
–, Das Grundrecht auf Sicherheit, 1983.
–, Der Sozialstaat in der Wirtschaftskrise, in: Festschrift für J. Broermann, 1982, S. 365 ff.
–, Grundrechte und Demokratie, 1981.
–, Solidarität – sozialethische Substanz eines Blankettbegriffs, in: ders., (Hrsg.), Solidarität in Knappheit, 1998, S. 97 ff.
–, Staat und Verfassung, in: J. Isensee/P. Kirchhof (Hrsg.), Handbuch des Staatsrechts, Bd. 2, 3. Aufl. 2004, S. 3 ff.
–, Subsidiaritätsprinzip und Verfassungsrecht, 2. Aufl. 2001
–, Tabu im freiheitlichen Staat, 2003.
Isensee, J./Kirchhof, P. (Hrsg.), Handbuch des Staatsrechts, Bd. 4, 3. Aufl. 2006.

Jachmann, M., Freiheitsgrundrechtliche Grenzen steuerlicher Belastungswirkungen, in: Festschrift für H. Schiedermair, 2001, S. 391 ff.
–, Steuergesetzgebung zwischen Gleichheit und wirtschaftlicher Gleichheit und wirtschaftlicher Freiheit, 2000.
Jaeckel, L., Schutzpflichten im deutschen und europäischen Recht, 2001.
Jaeger, R. Die Reformen in der gesetzlichen Sozialversicherung im Spiegel der Rechtsprechung des Bundesverfassungsgerichts, in: NSZ 2003, 225 ff.
–, Sozialrecht im Spannungsfeld zwischen Besitzstand und Konsolidierungszwang, in: SGb 1994, 111 ff.
–, Welches System der gesetzlichen Krankenversicherung wird durch das Grundgesetz geschützt?, in: S. Empter/H. Sodan (Hrsg.), Markt und Regulierung, 2003, S. 15 ff.
Jahndorf, C., Grundlagen der Staatsfinanzierung durch Kredite und alternative Finanzierungsformen im Finanzverfassungs- und Europarecht, 2003.
Jähnichen, T., Art. Soziale Frage, in: RGG, Bd. 7, 4. Aufl. 2004, Sp. 1473 ff.
Jähnichen, T./Friedrich, N., Geschichte der sozialen Ideen im deutschen Protestantismus, in: H. Grebing (Hrsg.), Geschichte der sozialen Ideen in Deutschland, 2. Aufl. 2005, S. 865 ff.
Janssen, A., Über die Grenzen des legislativen Zugriffsrechts, 1990.
Jarass, H. D., Bausteine einer umfassenden Grundrechtsdogmatik, in: AöR 120 (1995), 346 ff.

–, Die Grundrechte: Abwehrrechte und objektive Grundsatznormen, in: Festschrift 50 Jahre Bundesverfassungsgericht, 2001, Bd. 2, S. 35 ff.
–, Funktionen und Dimensionen der Grundrechte, in: D. Merten/H.-J. Papier (Hrsg.), Handbuch der Grundrechte, Bd. 2, 2006, S. 625 ff.
–, Grundrechte als Wertentscheidungen bzw. objektiv-rechtliche Prinzipien in der Rechtsprechung des Bundesverfassungsgerichts, in: AöR 110 (1985), 363 ff.
–, Nichtsteuerliche Abgaben und lenkende Steuern unter dem Grundgesetz, 1999.
–, Sicherung der Rentenfinanzierung und Verfassungsrecht, in: NZS 1997, 545 ff.
Jarass, H. D./Pieroth, B., Grundgesetz, 9. Aufl. 2007.
Jarhrreiss, H., Freiheit und Sozialstaat, 1957.
Jeand'Heur, B., Grundrechte im Spannungsverhältnis zwischen subjektiven Freiheitsgarantien und objektiven Grundsatznormen, in: JZ 1995, 161 ff.
–, Verfassungsrechtliche Schutzgebote zum Wohle des Kindes und staatliche Interventionspflicht aus der Garantienorm des Art. 6 Abs. 2 Satz 2 GG, 1993.
Jellinek, G., System der subjektiven öffentlichen Rechte, 2. Aufl. 1905.
Jellinghaus, L., Zwischen Daseinsvorsorge und Infrastruktur, 2006.
Jesch, D., Gesetz und Verwaltung, 1961.
Jestaedt, M., Bundesstaat als Verfassungsprinzip, in: J. Isensee/P. Kirchhof (Hrsg.), Handbuch des Staatsrechts, Bd. 2, 3. Aufl. 2004, S. 785 ff.
–, Das mag in der Theorie richtig sein ..., 2006.
–, Demokratieprinzip und Kondominialverwaltung, 1993.
–, Demokratische Legitimation – quo vadis?, in: JuS 2004, 649 ff.
–, Grundrechtsentfaltung im Gesetz, 1999.
–, Staffelgebühren im Steuerstaat, in: DVBl. 2000, 1820 ff.
–, Wie das Recht, so die Auslegung, in: ZÖR 44 (2000), 133 ff.
Jèze, G., Allgemeine Theorie des Budgets, 1927.
Joas, H., Die Politik der Würde und die Sakralität der Person, in: ders., Braucht der Mensch Religion?, 2004, S. 130 ff.
Joerges, C./Sand, I.-J./Teubner, G. (Hrsg.), Transnational Governance and Constitutionalism, 2004.
Joerges, C./Zürn, M. (Hrsg.), Law and Governance in Postnational Europe, 2005.
Joussen, J., Grundsätze sozialrechtlichen Übergangsrechts, in: SDSRV 55 (2007), S. 59 ff.
Judt, T., Postwar, 2005.
Jung, E., Das Recht auf Gesundheit, 1982.

Kadelbach, S., Unionsbürgerrechte, in: D. Ehlers (Hrsg.), Europäische Grundrechte und Grundfreiheiten, 2. Aufl. 2005, S. 553 ff.
–, Unionsbürgerschaft, in: A. von Bogdandy (Hrsg.), Europäisches Verfassungsrecht, 2005, S. 539 ff.
Kägi, W., Rechtsstaat – Sozialstaat – sozialer Rechtsstaat, in: Die Schweiz – ein nationales Jahrbuch, 1945, S. 129 ff.
Kahl, S., The Religious Roots of Modern Poverty Policy, in: Archives européennes de sociologie XLVI (2005), 91 ff.
Kahl, W., Die rechtliche Bedeutung der Unterscheidung von Staat und Gesellschaft, in: Jura 2002, 721 ff.
–, Die Staatsaufsicht, 2000.
–, Grundrechtsschutz durch Verfahren in Deutschland und der EU, in: VerwArch 95 (2004), 1 ff.

Kahn, P. W., Putting Liberalism in its Place, 2004.
–, The Cultural Study of Law, 1999.
Kaltenborn, M., Vergaberechtliche Strukturen im Recht der Gesetzlichen Krankenversicherung, in: VSSR 2006, 357 ff.
Kämmerer, J. A., Privatisierung, 2001.
Kanitz, R./Steinberg, P., Grenzenloses Gemeinschaftsrecht?, in: EuR 2003, 1013 ff.
Kant, I., Der Streit der Fakultäten (1798), in: ders., Werke, hrsg. v. W. Weischedel, Bd. 6, 1998, S. 261 ff.
–, Grundlegung zur Metaphysik der Sitten (1785), in: ders., Werke, hrsg. v. W. Weischedel, Bd. 4, 1998. S. 10 ff.
–, Kritik der Urteilskraft (1790), in: ders., Werke, hrsg. v. W. Weischedel, Bd. 5, 1998, S. 235 ff.
–, Metaphysik der Sitten (1797), in: ders., Werke, hrsg. v. W. Weischedel, Bd. 4, 1998, S. 303 ff.
–, Metaphysische Anfangsgründe der Rechtslehre (1797), hrsg. v. B. Ludwig, 1986.
–, Über den Gebrauch teleologischer Prinzipien in der Philosophie (1788), in: ders., Werke, hrsg. v. W. Weischedel, Bd. 5, 1998, S. 137 ff.
–, Über den Gemeinspruch: Das mag in der Theorie richtig sein, taugt aber nicht für die Praxis (1793), in: ders., Werke, hrsg. v. W. Weischedel, Bd. 6, 1998, S. 125 ff.
–, Zum ewigen Frieden (1796), in: ders., Werke, hrsg. v. W. Weischedel, Bd. 6, 1998, S. 193 ff.
Karl, H., Freiheit und Sozialstaat, Diss. Bochum o.J.
Karneth, R., Anthropo-Biologie und Biologie, 1991.
Karpen, U., Soziale Marktwirtschaft und Grundgesetz, 1990.
Kasseler Kommentar – Sozialversicherungsrecht. Loseblattsammlung.
Kästner, K.-H., Von der sozialen Frage über den sozialen Staat zum Sozialstaat, in: R. Schnur (Hrsg.), Staat und Gesellschaft – Studien über Lorenz von Stein, 1978, S. 381 ff.
Katzenstein, D., Aspekte einer zukünftigen Rechtsprechung des Bundesverfassungsgerichts zum Eigentumsschutz sozialrechtlicher Positionen, in: Festschrift für W. Zeidler, Bd. 1, 1987, S. 645 ff.
–, Die bisherige Rechtsprechung des Bundesverfassungsgerichts zum Eigentumsschutz sozialrechtlicher Positionen, in: Festschrift für H. Simon, 1987, S. 847 ff.
Kaube, J., Das Reflexionsdefizit des Wohlfahrtsstaates, in: S. Lessenich (Hrsg.), Wohlfahrtsstaatliche Grundbegriffe, 2003, S. 41 ff.
Kaufman, A., Welfare in the Kantian state, 1999.
Kaufmann, F.-X., Christentum und Wohlfahrtsstaat, in: Zeitschrift für Sozialreform 34 (1988), 65 ff.
–, Der Sozialstaat als Prozeß (1998), in: ders., Sozialpolitik und Sozialstaat, 2. Aufl. 2005, S. 129 ff.
–, Herausforderungen des Sozialstaates, 1997.
–, Sicherheit als soziologisches und sozialpolitisches Problem, 2. Aufl. 1973.
–, Sicherheit, in: S. Lessenich (Hrsg.), Wohlfahrtsstaatliche Grundbegriffe, 2003, S. 73 ff.
–, Sozialpolitik und Sozialstaat, 2. Aufl. 2005.
–, Sozialpolitisches Denken, 2003.
–, Sozialstaatliche Solidarität und Umverteilung im internationalen Wettbewerb, in: ders., Sozialpolitik und Sozialstaat, 2. Aufl. 2005, S. 319 ff.
–, Sozialstaatlichkeit unter den Bedingungen moderner Wirtschaft (1999), in: ders., Sozialpolitik und Sozialstaat, 2. Aufl. 2005, S. 283 ff.

–, Staat und Wohlfahrtsproduktion (1994), in: ders., Sozialpolitik und Sozialstaat, 2. Aufl. 2005, S. 291 ff.
–, Steuerungsprobleme im Wohlfahrtsstaat (1983), in: ders., Sozialpolitik und Sozialstaat, 2. Aufl. 2005, S. 185 ff.
–, Varianten des Wohlfahrtsstaats, 2003.
Keil, R., Kants Demokratieverständnis und Ausländerwahlrechte heute, 2006.
Kemmerer, A., Rez. P. van der Mei, Free Movement of Persons within the European Community, in: Yearbook of European Law 23 (2004), 444 ff.
Kempen, B., Gebühren im Dienst des Sozialstaats, in: NVwZ 1995, 1163 ff.
Kersten, J., Die Entwicklung des Konzepts der Daseinsvorsorge im Werk von Ernst Forsthoff, in: Der Staat 44 (2005), 543 ff.
Kersting, W. (Hrsg.), Politische Philosophie des Sozialstaats, 2000.
–, Der liberale Liberalismus, 2006.
–, Die politische Philosophie des Gesellschaftsvertrags, 1994.
–, Gerechtigkeit, in: S. Lessenich (Hrsg.), Wohlfahrtsstaatliche Grundbegriffe, 2003, S. 105 ff.
–, Gerechtigkeitsprobleme sozialstaatlicher Gesundheitsversorgung, in: ders. (Hrsg.), Politische Philosophie des Sozialstaats, 2000, S. 467 ff.
–, Grundriß einer liberalen Sozialstaatsbegründung, in: R. Schmücker/U. Steinvorth (Hrsg.), Gerechtigkeit und Politik, 2002, S. 117 ff.
–, Internationale Solidarität, in: K. Bayertz (Hrsg.), Solidarität, 1998, S. 411 ff.
–, Kant und die politische Philosophie der Gegenwart, in: ders. Wohlgeordnete Freiheit, Taschenbuchausgabe, 1993, S. 11 ff.
–, Kritik der Gleichheit, 2002.
–, Philosophische Sozialstaatsbegründungen, in: N. Goldschmidt/M. Wohlgemuth (Hrsg.), Die Zukunft der sozialen Marktwirtschaft, 2004, S. 9 ff.
–, Politische Solidarität statt Verteilungsgerechtigkeit?, in: ders. (Hrsg.), Politische Philosophie des Sozialstaats, 2000, S. 202 ff.
–, Polizei und Korporation in Hegels Darstellung der bürgerlichen Gesellschaft, in: Hegel-Jahrbuch 1986, S. 373 ff.
–, Probleme der politischen Philosophie des Sozialstaats, in: ders. (Hrsg.), Politische Philosophie des Sozialstaats, 2000, S. 17 ff.
–, Theorien der sozialen Gerechtigkeit, 2000.
–, Wohlgeordnete Freiheit, 1993.
Kieserling, A., Die Gesellschaft der Politik?, in: S. Lessenich (Hrsg.), Wohlfahrtsstaatliche Grundbegriffe, 2003, S. 23 ff.
Kimminich, O., Urteilsanmerkung, in: JZ 1972, 696 ff.
Kingreen, T., Das Grundrecht von Ehe und Familie, in: Jura 1997, 401 ff.
–, Das Leistungserbringungsrecht der gesetzlichen Krankenversicherung nach dem EuGH-Urteil Müller-Fauré/van Riet, in: ZESAR 2003, 199 ff.
–, Das Sozialstaatsprinzip im europäischen Verfassungsverbund, 2003.
–, Die Universalisierung sozialer Rechte im europäischen Gemeinschaftsrecht, in: A. Hatje/P. M. Huber (Hrsg.), Unionsbürgerschaft und soziale Rechte, 2007, S. 43 ff.
–, Familie als Kategorie des Sozialrechts, in: JZ 2004, 938 ff.
–, Gerichtliche Kontrolle von Kriterien und Verfahren im Gesundheitsrecht, in: MedR 2007, 457 ff.
–, Rechtliche Gehalte sozialpolitischer Schlüsselbegriffe: vom daseinsvorsorgenden zum aktivierenden Staat, in: SDSRV 52 (2004), S. 7 ff.

–, Verfassungsrechtliche Grenzen der Rechtsetzungsbefugnis des Gemeinsamen Bundesausschusses im Gesundheitsrecht, in: NJW 2006, 877 ff.

–, Vergaberecht und Verfahrensgerechtigkeit in der jugend- und sozialhilferechtlichen Leistungserbringung, in: VSSR 2006, 379 ff.

Kirchhof, F., Das Solidarprinzip im Sozialversicherungsbeitrag, in: SDSRV 35 (1992), S. 65 ff.

–, Der notwendige Ausstieg aus der Staatsverschuldung, in: DVBl. 2002, 1569 ff.

–, Die Höhe der Gebühr, 1981.

–, Die Verteilung der Finanzverantwortung für die Rentenversicherung zwischen Solidargemeinschaft und Staat, in: DRV 1993, 437 ff.

–, Finanzierung der Sozialversicherung, in: J. Isensee/P. Kirchhof (Hrsg.), Handbuch des Staatsrechts, Bd. 4, 3. Aufl. 2007, S. 1441 ff.

–, Finanzierungsinstrumente des Sozialstaats, in: DStJG 29 (2006), S. 39 ff.

–, Sozialversicherungsbeitrag und Finanzverfassung, in: NZS 1999, 161 ff.

–, Verfassungsrechtliche Probleme einer umfassenden Kranken- und Renten-„Bürgerversicherung", in: NZS 2004, 1 ff.

–, Vom Steuerstaat zum Abgabenstaat, Die Verwaltung, 21 (1981), 137 ff.

Kirchhof, G., Der besondere Schutz der Familie, in: AöR 129 (2004), 542 ff.

Kirchhof, P., Besteuerung und Eigentum, in: VVDStRL 39 (1981), S. 213 ff.

–, Besteuerungsgewalt und Grundgesetz, 1973.

–, Das Recht auf Gesundheit, in: Stimmen der Zeit 2004, 3 ff.

–, Der allgemeine Gleichheitssatz, in: J. Isensee/P. Kirchhof (Hrsg.), Handbuch des Staatsrechts Bd. 5, 2. Aufl. 2000, S. 837 ff.

–, Der Grundrechtsschutz des Steuerpflichtigen, in: AöR 128 (2003), 1 ff.

–, Der Staat – eine Erneuerungsaufgabe, 2005.

–, Die Hydra des Gesetzes, 2006.

–, Die Staatsverschuldung als Ausnahmeinstrument, in: Festschrift für R. Mußgnug, 2005, S. 131 ff.

–, Die Steuern, in: J. Isensee/P. Kirchhof (Hrsg.), Handbuch des Staatsrechts, Bd. 5, 3. Aufl. 2007, S. 959 ff.

–, Die Steuerung des Verwaltungshandelns durch Haushaltsrecht und Haushaltskontrolle, in: NVwZ 1983, 505 ff.

–, Die verfassungsrechtliche Rechtfertigung der Steuern, in: Festschrift für K. Vogel, 1996, S. 27 ff.

–, Die Widerspruchsfreiheit im Steuerrecht als Verfassungspflicht, in: StuW 2000, 316 ff.

–, Ehe und Familie im staatlichen und kirchlichen Steuerrecht, in: Essener Gespräche zum Thema Staat und Kirche 21 (1986), S. 117 ff.

–, Finanzierung des Leistungsstaates, in: Jura 1983, 505 ff.

–, Gerechte Verteilung medizinischer Leistungen im Rahmen des Finanzierbaren, Münchener Medizinische Wochenschrift 1998, 200 ff.

–, Gleichmaß und Übermaß, in: Festschrift für P. Lerche, 1993, S. 133 ff.

–, Mittel staatlichen Handelns, in: J. Isensee/P. Kirchhof (Hrsg.), Handbuch des Staatsrechts, Bd. 3, 1988, S. 121 ff.

–, Nichtsteuerliche Abgaben, in: J. Isensee/P. Kirchhof (Hrsg.), Handbuch des Staatsrechts, Bd. 5, 3. Aufl. 2007, S. 1101 ff.

–, Steuergerechtigkeit und sozialstaatliche Geldleistungen, in: JZ 1982, 305 ff.

–, Verfassungsrechtlicher Schutz und internationale Menschenrechte, in: EuGRZ 1994, 16 ff.

Kirste, S., Idealismus und Paternalismus, in: M. Anderheiden u.a. (Hrsg.), Paternalismus und Recht, 2006, S. 29 ff.

–, Theorie der Körperschaft des öffentlichen Rechts, Habilitationsschrift Heidelberg, 2004.

Kisker, G., Vertrauensschutz im Verwaltungsrecht, in: VVDStRL 32 (1974), S. 149 ff.

Kittner, M., Das Recht auf Arbeit, in: E.-W. Böckenförde/J. Jekewitz/T. Ramm (Hrsg.), Soziale Grundrechte, 1981, S. 91 ff.

Klein, E., Diplomatischer Schutz und grundrechtliche Schutzpflicht, DÖV 1977, 704 ff.

Klein, H. H., „Der totale Staat", in: W. Blümel (Hrsg.), Ernst Forsthoff, 2003, S. 21 ff.

–, Die Grundrechte im demokratischen Staat, 1972.

–, Zum Begriff der öffentlichen Aufgabe, in: DÖV 1965, 755 ff.

Klein, R., O'Goffe's tale. Or what can we learn from the success of the capitalist welfare state?, in: C. Jones (Hrsg.), New perspectives on the welfare state in Europe, 1993, S. 7 ff.

Kleinig, J., Paternalism, 1983.

Kliemt, H., Gerechtigkeit und Bürgergleichheit im Gesundheitswesen des demokratischen Rechtsstaat, in: J. Taupitz/M. Brewe (Hrsg.), Biomedizin im Zeitalter der Globalisierung und Medizinische Versorgung in Zeiten knapper Kassen, 2001, S. 31 ff.

Kloepfer, M., Der Vorbehalt des Gesetzes im Wandel, in: JZ 1984, 689 ff.

–, Die Entfaltung des Verhältnismäßigkeitsprinzips, in: Festgabe 50 Jahre Bundesverwaltungsgericht, 2003, S. 329 ff.

–, Sozialversicherungsbeiträge und Gruppensolidarität, in: VSSR 1974, 156 ff.

Kluth, W., Demokratische Legitimation in der funktionalen Selbstverwaltung, in: F. E. Schnapp (Hrsg.), Funktionale Selbstverwaltung und Demokratieprinzip 2001, S. 17 ff.

–, Funktionale Selbstverwaltung, 1997.

–, Funktionale Selbstverwaltung, in: Die Verwaltung 35 (2002), 349 ff.

Kment, M., Offene Fragen zu den Gesundheitskompetenzen der EG, in: E. Dujmovits u.a. (Hrsg.), Recht und Medizin, 2006, S. 37 ff.

Koch, C., Sozialstaat und Wohlfahrtsstaat, in: Leviathan 23 (1995), 78 ff.

Koch, H.-J. (Hrsg.), Die juristische Methodenlehre im Staatsrecht, 1977.

Koch, T., Normsetzung durch Richtlinien des Bundesausschusses der Ärzte und Krankenkassen, in: SGb 2001, 109 ff. und 166 ff.

Kocka, J., Klassengesellschaft im Krieg. Deutsche Sozialgeschichte 1914–1918, 2. Aufl. 1978.

Kohl, J., Der Sozialstaat: Die deutsche Version des Wohlfahrtsstaates, in: S. Leibfried/W. Wagschal (Hrsg.), Der deutsche Sozialstaat, 2000, S. 115 ff.

Köhler, M., Freiheitliches Rechtsprinzip und Teilhabegerechtigkeit in der modernen Gesellschaft, in: G. Landwehr (Hrsg.), Freiheit, Gleichheit, Selbständigkeit, 1999, S. 103 ff.

–, Kants Begriff des ursprünglichen Erwerbs in seiner Bedeutung für eine Theorie gesellschaftlicher Vermögensteilhabe, in: D. Klesczewski/S. Müller/F. Neuhaus (Hrsg.), Die Idee des Sozialstaates, 2006, S. 19 ff.

–, Ursprünglicher Gesamtbesitz, ursprünglicher Erwerb und Teilhabegerechtigkeit, in: Festschrift für E. A. Wolff, 1998, S. 247 ff.

Kokemoor, A., Versicherungszweigübergreifende Äquivalenz in der Sozialversicherung?, in: SGb 1996, 410 ff.

Koller, P., Soziale Gerechtigkeit, in: EWE (vormals EuS) 2003, 237 ff.

–, Soziale Gerechtigkeit, Wirtschaftsordnung und Sozialstaat, in: W. Kersting (Hrsg.), Politische Philosophie des Sozialstaats, 2000, S. 120 ff.
–, Soziale Güter und soziale Gerechtigkeit, in: H.-J. Koch/M. Köhler/K. Seelmann (Hrsg.), Theorien der Gerechtigkeit, 1994, S. 79 ff.
–, Was ist und was soll soziale Gleichheit?, in: R. Schmücker/U. Steinvorth (Hrsg.), Gerechtigkeit und Politik, 2002, S. 95 ff.
Kollwitz, A. A., Verteilungsgerechtigkeit und Generationenkonflikt, 1999.
Könemann, B., Der verfassungsunmittelbare Anspruch auf das Existenzminimum, 2005.
Kopetsch, T., Zur Rationierung medizinischer Leistungen im Rahmen der Gesetzlichen Krankenversicherung, 2001.
Kopp, F., Grundrechtliche Schutz- und Förderpflichten der öffentlichen Hand, in: NJW 1994, 1753 ff.
Korpi, W., The Democratic Class Struggle, 1983.
Korsgaard, C. M., Creating the Kingdom of Ends, 1996.
Koselleck, R., Begriffsgeschichten, 2006.
–, Gibt es eine Beschleunigung in der Geschichte? (1976), in: ders., Zeitschichten, 2003, S. 150 ff.
–, Staat und Gesellschaft in Preußen 1815–1848, in: W. Conze (Hrsg.), Staat und Gesellschaft im deutschen Vormärz 1815–1848, 2. Aufl. 1970, S. 79 ff.
–, Über die Theoriebedürftigkeit der Geschichtswissenschaft (1972), in: ders., Zeitschichten, 2003, S. 298 (302).
–, Vergangene Zukunft (1979), 2003.
Koslowski, S., Vom socialen Staat zum Sozialstaat, in: Der Staat 34 (1995), 221 ff.
–, Art. Sozialstaat, in: J. Ritter u.a. (Hrsg.), Historisches Wörterbuch der Philosophie, Bd. 9, 1995, Sp. 1245 ff.
–, Die Geburt des Sozialstaats aus dem Geist des deutschen Idealismus, 1989.
–, Zur Philosophie von Wirtschaft und Recht, 2005.
Kott, S., Der Sozialstaat, in: E. François/H. Schulze (Hrsg.), Deutsche Erinnerungsorte – Eine Auswahl, 2005, S. 258 ff.
Kötter, M./Nolte, J., Staatliche Verpflichtung zur Befreiung deutscher Geiseln im Ausland?, in: DÖV 2007, 186 ff.
Köttgen, A., Der Soziale Bundesstaat, in: E. Forsthoff (Hrsg.), Rechtsstaatlichkeit und Sozialstaatlichkeit, 1969, S. 431 ff.
–, Die Organisationsgewalt, in: VVDStRL 16 (1958), S. 154 ff.
Kotzur, M., Der nachhaltige Sozialstaat, in: BayVBl. 2007, 257 ff.
Kraetzer, J. (Hrsg.), Das Menschenbild des Grundgesetzes, 1996.
Krahmer, U., Verfassungsrechtliche Bedenken gegen die Hartz IV-Gesetze, ZfF 2004, 178 ff.
Krätke, M., Sozialpolitik im Wohlfahrtsstaat, in: Das Argument 183 (1990), 675 ff.
Krause, P., Ehe und Familie im sozialen Sicherungssystem, in: Essener Gespräche zum Thema Staat und Kirche 21 (1986), S. 72 ff.
Krauskopf, D. (Hrsg.), Soziale Krankenversicherung, Pflegeversicherung. Loseblattkommentar.
Krawietz, W./Morlok, M. (Hrsg.), Vom Scheitern und der Wiederbelebung juristischer Methodik im Rechtsalltag – ein Bruch zwischen Theorie und Praxis?, Rechtstheorie Sonderheft 32 (2001).
Krebs, A. (Hrsg.), Gleichheit oder Gerechtigkeit, 2000.
–, Arbeit und Liebe, 2002.

–, Einleitung, in: dies. (Hrsg.), Gleichheit oder Gerechtigkeit, 2000, S. 7 ff.

–, Warum Gerechtigkeit nicht als Gleichheit zu begreifen ist, in: Deutsche Zeitschrift für Philosophie 51 (2003), 235 ff.

Krebs, W., Rechtliche und reale Freiheit, in: D. Merten/H.-J. Papier (Hrsg.), Handbuch der Grundrechte, Bd. 2, 2006, S. 291 ff.

–, Verfassungsrechtliche Zulässigkeit der Organisationsreform der Deutschen Rentenversicherung, 1999.

Kreissl, R., Die Krise der Theorie des Wohlfahrtsstaates, in: KritV 2 (1987), 89 ff.

Kreß, C., Die Rettungsoperation der Bundeswehr in Albanien am 14. März 1997 aus völker- und verfassungsrechtlicher Sicht, in: ZaöRV 57 (1997), 329 ff.

Kriele, M., Einführung in die Staatslehre, 5. Aufl. 1994.

–, Theorie der Rechtsgewinnung, 1967.

Krings, G., Grund und Grenzen grundrechtlicher Schutzansprüche, 2003.

Krockow, C. Graf v., Staat, Gesellschaft, Freiheitswahrung, in: E.-W. Böckenförde (Hrsg.), Staat und Gesellschaft, 1976, S. 432 ff.

Kronauer, M., „Exklusion" in der Systemtheorie und in der Armutsforschung, in: Zeitschrift für Sozialreform 44 (1998), S. 755 ff.

–, Exklusion, 2002.

Krüger, H., Diskussionsbeitrag, in: VVDStRL 12 (1954), S. 109 ff.

–, Rechtsstaat – Sozialstaat – Staat oder: Rechtsstaat + Sozialstaat ergeben noch keinen Staat, 1975.

Krugman, P., Peddling Prosperity, 1994.

Kruse, J./Hänlein, A. (Hrsg.), SGB V, 2. Aufl. 2003.

Kube, H./Palm, U./Seiler, C., Finanzierungsverantwortung für Gemeinwohlbelange, in: NJW 2003, 927 ff.

Kube, H., Äquivalenz und Solidarität im Sozialversicherungsrecht, in: Der Staat 41 (2002), 452 ff.

–, Finanzgewalt in der Kompetenzordnung, 2004.

–, Rationalität und Paternalismus im Recht der Staatsfinanzierung, in: M. Anderheiden u.a. (Hrsg.), Paternalismus und Recht, 2006, S. 145 ff.

–, Staatsaufgaben und Solidargemeinschaften, in: DStJG 29 (2006), S. 11 ff.

Kuczynski, T., Die Legende vom nationalen Sozialismus, in: Sozial. Geschichte 2005, 77 ff.

Kühl, K. Eigentumsordnung als Freiheitsordnung, 1984.

–, Von der Art, etwas Äußeres zu erwerben, insbesondere vom Sachenrecht, in: O. Höffe (Hrsg.), Immanuel Kant – Metaphysische Anfangsgründe der Rechtslehre, 1999, S. 117 ff.

–, Welche sozialstaatlichen Elemente verträgt eine freiheitliche Eigentumsordnung, in: Gedächtnisschrift für W. Blomeyer, 2004, S. 789 ff.

–, Zur Aktualität der Prinzipien der Kantischen Rechts- und Eigentumslehre, in: Festschrift für E. A. Wolff, 1998, S. 273 ff.

Kuk, S.-O., Das Wesen der Sozialstaatsidee bei Lorenz von Stein, Diss. iur. Köln 1978.

Kunig, P., Das Rechtsstaatsprinzip, 1986.

–, Die Quellen des Völkerrechts aus der Sicht des Grundgesetzes, in: Jura 1989, 667 ff.

–, Einzelfallentscheidungen durch Gesetz, in: Jura 1993, 308 ff.

–, Verfassungsrecht und einfaches Recht. Verfassungsgerichtsbarkeit und Fachgerichtsbarkeit, in: VVDStRL 61 (2002), S. 34 ff.

–, Völkerrecht und staatliches Recht, in: W. Vitzthum (Hrsg.), Völkerrecht, 4. Aufl. 2007, S. 81 ff.

Kutscha, M., Vom zeitgemäßen Sozialstaatsverständnis, in: KJ 1982, 383 ff.

Ladeur, K.-H., „Deliberative Demokratie" und „Dritter Weg – eine neue Sackgasse?, in: Der Staat 41 (2002), 3 ff.

–, Abwägung – ein neues Paradigma?, in: ARSP 69 (1983), 463 ff.

–, Der Staat gegen die Gesellschaft, 2006.

–, Kritik der Abwägung in der Grundrechtsdogmatik, 2004.

–, Öffentlichkeit, öffentliche Aufgaben und die Logik der Netzwerke, in: G. Winter (Hrsg.), Das Öffentliche heute, 2002, S. 75 ff.

–, Risiko Sozialstaat, in: Der Staat 46 (2007), 61 ff.

Ladeur, K.-H./Gostomzyk, T., Der Gesetzesvorbehalt im Gewährleistungsstaat, in: Die Verwaltung 36 (2003), 141 ff.

Lange, K., Soziale Grundrechte in der deutschen Verfassungsentwicklung und in den derzeitigen Länderverfassungen, in: E.-W. Böckenförde/J. Jekewitz/T. Ramm (Hrsg.), Soziale Grundrechte, 1981, S. 49 ff.

Langenfeld, C., Gehören soziale Grundrechte in die Grundrechtecharta?, in: Festschrift für G. Ress, 2005, S. 599 ff.

Langer, C., Reform nach Prinzipien, 1986.

Langhals, J., Umfang des Behandlungsanspruchs bei lebensbedrohlichen oder regelmäßig tödlich verlaufenden Erkrankungen, in: NZS 2007, 76 ff.

Larenz, K., Die rechtsphilosophische Problematik des Eigentums, in: Th. Heckel (Hrsg.), Eigentum und Eigentumsverteilung als theologisches, rechtsphilosophisches und ökonomisches Problem, 1962, S. 21 ff.

Lassalle, F., Das Arbeiterprogramm. Ges. Reden und Schriften, hrsg. v. E. Bernstein, Bd. 2, 1919.

Lauterbach, K., Der Zweiklassenstaat, 2007.

Lautmann, R., Soziologie vor den Toren der Jurisprudenz, 1971.

Lehner, M., Einkommenssteuerrecht und Sozialhilferecht, 1993.

Leibfried, S., Nationaler Wohlfahrtsstaat, Europäische Union und „Globalisierung", in: J. Allmendiger/W. Ludwig-Mayerhofer (Hrsg.), Soziologie des Sozialstaats, 2000, S. 79 ff.

Leibfried, S./Pierson, P. (Hrsg.), Standort Europa, 1998.

Leibfried, S./Wagschal, W., Der deutsche Sozialstaat: Bilanzen – Reformen – Perspektiven, in: dies. (Hrsg.), Der deutsche Sozialstaat, 2000, S. 8 f.

Leibholz, G., Staat und Gesellschaft in England, in: E.-W. Böckenförde (Hrsg.), Staat und Gesellschaft, 1976, S. 241 ff.

Leisering, L., Das deutsche Sozialmodell – woher, wohin?, in: Soziologische Revue 28 (2005), 197 ff.;

–, Der deutsche Sozialstaat – Entfaltung und Krise eines Sozialmodells, in: S. Frech/J. Schmid (Hrsg.), Der Sozialstaat. Reform, Umbau, Abbau?, 2004, S. 11.

–, Der Sozialstaat in der „zweiten Moderne". Ambivalenzen und Zukunftsperspektiven des neuzeitlichen Individualisierungsprozesses, in: S. Lamnek/J. Luedtke (Hrsg.), Der Sozialstaat zwischen „Markt" und „Hedonismus"?, 1999, S. 75 ff.

–, Gibt es einen Weltwohlfahrtsstaat?, in: M. Albert/R. Stichweh (Hrsg.), Weltstaat und Weltstaatlichkeit, 2007, S. 185 ff.

–, Kontinuitätssemantiken: Die evolutionäre Transformation des Sozialstaates im Nach-

kriegsdeutschland, in: S. Leibfried/U. Wagschal (Hrsg.), Der deutsche Sozialstaat, 2000, S. 91 ff.
–, Paradigmen sozialer Gerechtigkeit. Normative Diskurse im Umbau des Sozialstaats, in: S. Liebig/H. Lengfeld/S. Mau (Hrsg.), Verteilungsprobleme und Gerechtigkeit in modernen Gesellschaften, S. 29 ff.
–, Wirklich die beste aller Welten? Die soziologische Kritik am Wohlfahrtsstaat, in: K. U. Mayer (Hrsg.), Die beste aller Welten?, 2001, S. 113 ff.
Leisner, A., Die Leistungsfähigkeit des Staates, 1998.
Leisner, W. G., Existenzsicherung im Öffentlichen Recht, 2007.
–, Der Abwägungsstaat, 1997.
–, Finanzielle Stabilität der gesetzlichen Krankenversicherung – ein grundgesetzliches Gebot?, in: H. Sodan (Hrsg.), Finanzielle Stabilität der gesetzlichen Krankenversicherung und Grundrechte der Leistungserbringer, 2004, S. 15 ff.
–, Fremdlasten in der Sozialversicherung, in: NZS 1996, 97 ff.
–, Grundgesetz und gesetzliche Krankenversicherung, in: S. Empter/H. Sodan (Hrsg.), Markt und Regulierung, 2003, S. 43 ff.
–, Grundrechte und Privatrecht, 1960.
–, Sozialversicherung und Privatversicherung, 1974.
Lemke, T., Eine Kritik der politischen Vernunft, 1997.
Lenz, H., Die unbehagliche Nähe der Koalitionsgarantie zum Sozialstaat, in: Festschrift für W. Abendroth, 1968, S. 203 ff.
Lenze, A., Die Rentenanpassung unter dem Eigentumsschutz des Grundgesetzes, in: NJW 2003, 1428 ff.
–, Rentenreform zwischen Eigentumsschutz und Gleichheitssatz, in: NZS 2003, 505 ff.
–, Staatsbürgerversicherung und Verfassung, 2005.
Lepsius, O., Art. Öffentliches Recht, in: Ev. Staatslexikon, Neuausgabe, 2006. Sp. 1648 ff.
–, Braucht das Verfassungsrecht eine Theorie des Staates?, in: EuGRZ 2004, 370 ff.
–, Die erkenntnistheoretische Notwendigkeit des Parlamentarismus, in: M. Bertschi u.a., Demokratie und Freiheit, 1999, S. 123 ff.
–, Die Wiederentdeckung Weimars durch die bundesdeutsche Staatsrechtslehre, in: C. Gusy (Hrsg.), Weimars lange Schatten – „Weimar" als Argument nach 1945, 2003, S. 354 ff.
–, Steuerungsdiskussion, Systemtheorie und Parlamentarismuskritik, 1999.
Lerche, P., Übermaß und Verfassungsrecht, 1961.
–, Verfassungsfragen um Sozialhilfe und Jugendwohlfahrt, 1963.
Lerche, P./Schmitt Glaeser, W./Schmidt-Aßmann, E., Verfahren als staats- und verwaltungsrechtliche Kategorie, 1984.
Lessenich, S. (Hrsg.), Wohlfahrtsstaatliche Grundbegriffe, 2003.
–, Dynamischer Immobilismus, 2003.
–, Soziologische Erklärungsansätze zu Entstehung und Funktion des Sozialstaats, in: J. Allmendinger/W. Ludwig-Mayerhofer (Hrsg.), Soziologie des Sozialstaats, 2000, S. 39 ff.
–, Wohlfahrtsstaatliche Grundbegriffe – Semantiken des Wohlfahrtsstaates, in: ders. (Hrsg.), Wohlfahrtsstaatliche Grundbegriffe, 2003, S. 9 ff.
Lessenich, S./Möhring-Hesse, M., Ein neues Leitbild für den Sozialstaat, in: S. Lessenich u.a., Den Sozialstaat neu denken, 2005, S. 87 ff.
Lessenich, S./Ostner, I. (Hrsg.), Welten des Wohlfahrtskapitalismus, 1998.
Leube, K., Sozialversicherung in Gestalt der Privatversicherung, in: NZS 2003, 449 ff.

Liebrucks, B., Recht, Moralität und Sittlichkeit bei Hegel, in: M. Riedel (Hrsg.), Materialien zu Hegels Rechtsphilosophie, Bd. 2, 1975, S. 13 ff.
Löbig, M., Persönlichkeit, Gesellschaft und Staat, 2004.
Locke, J., Zwei Abhandlungen über die Regierung (1690), hrsg. v. W. Euchner, 5. Aufl. 1992.
Lorenz, D., Das Recht auf Leben und körperliche Unversehrtheit, in: J. Isensee/P. Kirchhof (Hrsg.), Handbuch des Staatsrechts, Bd. 6, 2. Aufl. 2001, S. 3 ff.
Lorenzmeier, S., Völkerrechtswidrigkeit der Einführung von Studienbeiträgen, in: NVwZ 2006, 759 ff.
Lorz, R. A., Modernes Grund- und Menschenrechtsverständnis und die Philosophie der Freiheit Kants, 1993.
–, Verfassungs- und europarechtliche Probleme des geplanten GKV-WSG, in: Pharma Recht 2007, 20 ff.
Losch, B., Kulturfaktor Recht, 2006.
Ludwig, B., „Regierungen entstehen wieder auf die althergebrachte Art, nämlich durch Erfindung und Übereinkunft der Menschen" – John Lockes Eigentumstheorie, in: A. Eckl/B. Ludwig (Hrsg.), Was ist Eigentum?, 2005, S. 88 ff.
–, Kants Verabschiedung der Vertragstheorie – Konsequenzen für eine Theorie sozialer Gerechtigkeit, in: Jahrbuch für Recht und Ethik 1 (1993), 221 ff.
Lübbe-Wolff, G., Die Grundrechte als Eingriffsabwehrrechte, 1988.
–, Soziale Grundrechte und Verfassungsaufträge, in: JöR n.F. 53 (2005), 1 ff.
Lücke, J., Soziale Grundrechte als Staatszielbestimmungen und Gesetzgebungsaufträge, in: AöR 107 (1982), 15 ff.
Luf, G., Freiheit und Gleichheit, 1978.
Luhmann, N., Anspruchsinflation im Krankheitssystem, in: P. Herder-Dorneich/A. Schuller (Hrsg.), Die Anspruchsspirale, 1983, S. 28 ff.
–, Arbeitsteilung und Moral, in: E. Durkheim, Über soziale Arbeitsteilung (1893), 1988, S. 19 ff.
–, Das Recht der Gesellschaft, 1993.
–, Der politische Wohlfahrtsstaat zwischen Evolution und Rationalität, in: ders., Soziologische Aufklärung 4, 3. Aufl. 2005, S. 108 ff.
–, Die Differenzierung von Politik und Wirtschaft und ihre gesellschaftlichen Grundlagen (1987), in: ders., Soziologische Aufklärung 4, 3. Aufl. 2005, S. 33 ff.
–, Die Form Person, in: ders., Soziologische Aufklärung 6, 2. Aufl. 2005, S. 137 ff.
–, Die Funktion des Rechts: Erwartungssicherung oder Verhaltenssteuerung? (1974), in: ders., Ausdifferenzierung des Rechts, 1981, S. 73 ff.
–, Die Gesellschaft der Gesellschaft, 2 Bde., 1997.
–, Die Politik der Gesellschaft, 2000.
–, Die Unterscheidung von Staat und Gesellschaft (1987), in: ders., Soziologische Aufklärung 4, 3. Aufl. 2005, S. 69 ff.
–, Die Wirtschaft der Gesellschaft, 1988.
–, Gesellschaftliche Struktur und semantische Tradition, in: ders., Gesellschaftsstruktur und Semantik Bd. 1, 1993, S. 9 ff.
–, Grundrechte als Institution, 1965.
–, Inklusion und Exklusion, in: ders., Soziologische Aufklärung 6, 2. Aufl. 2005, S. 226 ff.
–, Jenseits von Barbarei, in: ders., Gesellschaftsstruktur und Semantik Bd. 4, 1999, S. 138 ff.

–, Metamorphosen des Staates, in: ders., Gesellschaftsstruktur und Semantik Bd. 4, 1999, S. 101 ff.
–, Politische Theorie im Wohlfahrtsstaat, 1981.
–, Positivität des Rechts als Voraussetzung einer modernen Gesellschaft (1970), in: ders., Ausdifferenzierung des Rechts, 1981, S. 113 ff.
–, Rechtssoziologie, 2 Bde., 1972.
–, Selbstreflexion des Rechtssystems (1979), in: ders., Ausdifferenzierung des Rechts, 1981, S. 419 ff.
–, Soziologie des politischen Systems (1968), in: ders., Soziologische Aufklärung, 7. Aufl. 2005, S. 194 ff.
–, Soziologie des Risikos, 1991.
–, Staat und Politik (1984), in: ders. Soziologische Aufklärung 4, 3. Aufl. 2005, S. 77 ff.
–, Staat und Staatsräson im Übergang von traditioneller Herrschaft zu moderner Politik, in: ders., Gesellschaftsstruktur und Semantik Bd. 3, 1993, S. 65 ff.
–, Verfassung als evolutionäre Errungenschaft, in: Rechtshistorisches Journal 6 (1990), 178 ff.
–, Wie ist soziale Ordnung möglich?, in: ders., Gesellschaftsstruktur und Semantik Bd. 2, 1993, S. 195 ff.
Luthe, E.-W., Der aktivierende Sozialstaat im Recht, in: NDV 2003, 167 ff.
–, Optimierende Sozialgestaltung, 2001.
Luthe, E.-W./Dittmar, F., Das Existenzminimum der Gegenwart, SGb 2004, 272 ff.

MacCallum, G. C., Negative and Positive Freedom, in: The Philosophical Review 76 (1967), 312 ff.
Macpherson, C. B., Die politische Theorie des Besitzindividualismus (1962), 2. Aufl. 1980.
Mager, U., Einrichtungsgarantien, 2003.
Mager, W., Zur Entstehung des modernen Staatsbegriffs, 1968.
Mahoney, J., Path Dependence in Historical Sociology, in: Theory and Society 29 (2000), 507 ff.
Maier, H., Historische Voraussetzungen des Sozialstaats in Deutschland, 2002.
Maihofer, W., Hegels Prinzip des modernen Staates (1967), in: I. Fetscher (Hrsg.), Hegel in der Sicht der neueren Forschung, 1973, S. 352 ff.
–, Rechtsstaat und menschliche Würde, 1968.
–, Rechtsstaat und Sozialstaat, in: W. Weyer (Hrsg.), Rechtsstaat – Sozialstaat, 1972, S. 13 ff.
Mainzer, C., Die dogmatische Figur der Einrichtungsgarantien, 2003.
Mangoldt, H. v., Das Bonner Grundgesetz, 1. Aufl. 1953.
Mangoldt, v./Klein/Starck, Grundgesetz. Kommentar, 5. Aufl., 3 Bde., 2005.
Manow, P., Ordoliberalismus als ökonomische Ordnungstheologie, in: Leviathan 29 (2001), 179 ff.
–, The Good, The Bad, and The Ugly, in: Kölner Zeitschrift für Soziologie und Sozialpsychologie 54 (2002), 203 ff.
Marauhn, T., Recht auf soziale Sicherheit und Unterstützung, in: S. M. Heselhaus/C. Nowak (Hrsg.), Handbuch der Europäischen Grundrechte, 2006, S. 631 ff.
Marcic, R., Vom Gesetzes- zum Richterstaat, 1957.
Marckmann, G., u.a. (Hrsg.), Gerechte Gesundheitsversorgung, 2003.
Margalit, A., Politik der Würde, 2. Aufl. 1997.

Marquard, O., Art. Kompensation, in: J. Ritter u.a. (Hrsg.), Historisches Wörterbuch der Philosophie, Bd. 4, 1976, S. 912 ff.

–, Inkompetenzkompensationskompetenz, in: Philosophisches Jahrbuch 81 (1974), 341 ff.

Marshall, T. H., Der Wohlfahrtsstaat und die Wohlfahrtsgesellschaft, in: ders., Bürgerrechte und soziale Klassen, 1992, S. 147 ff.

–, Staatsbürgerrechte und soziale Klassen (1949), in: ders., Bürgerrechte und soziale Klassen, 1981, S. 33 ff.

Martens, W., Grundrechte im Leistungsstaat, in: VVDStRL 30 (1972), S. 7 ff.

Martinéz Soria, J., Das Recht auf Sicherung des Existenzminimums, in: JZ 2005, 644 ff.

Marx, K., Die deutsche Ideologie, in: MEAW, Bd. 1, 1970, S. 227 ff.

–, Zur Judenfrage, in: K. Marx/F. Engels, Studienausgabe, hrsg. v. I. Fetscher, 2004, S. 36 ff.

Maunz, T., Urteilsanmerkung, in: BayVerwBl. 1972, 470 f.;

Maunz/Dürig, Grundgesetz-Kommentar, Loseblattsammlung.

Maus, I., Hermann Heller und die Staatsrechtslehre in der Bundesrepublik, in: C. Müller/I. Staff (Hrsg.), Staatslehre in der Weimarer Republik, 1985, S. 194 ff.

–, Zur Aufklärung der Demokratietheorie, 1994.

Maydell, B. v./Nußberger, A., Social Protection by Way of International Law, 1996

Mehde, V., Neues Steuerungsmodell und Demokratie, 2000.

Mehring, R., Carl Schmitt und die Verfassungslehre unserer Tage, in: AöR 120 (1995), 177 ff.

Meinel, F., Der Verfassungsumbruch bei Kriegsende in der Staatsrechtslehre 1918–1939, in: C. Gusy (Hrsg.), Europäische Verfassungsentwicklungen der Zwischenkriegszeit, 2007, i.E.

–, Ernst Forsthoff and the Intellectual History of German Administrative Law, in: GLJ 2007, 785 ff.

Meinke, M. M., In Verbindung mit, 2006.

Menger, C.-F., Der Begriff des sozialen Rechtsstaates im Bonner Grundgesetz (1953), in: E. Forsthoff (Hrsg.), Rechtsstaatlichkeit und Sozialstaatlichkeit, 1968, S. 42 ff.

Menke, C., Anerkennung im Kampfe, in: ARSP 72 (1991), 493 ff.

–, Spiegelungen der Gleichheit, 2000.

–, Tragödie im Sittlichen, 1996.

Menzel, E., Die Sozialstaatlichkeit als Verfassungsprinzip der Bundesrepublik, in: DÖV 1972, 537 ff.

Mergler O./Zink, G., Handbuch der Grundsicherung und Sozialhilfe, Kommentar. Loseblatt.

Mergler, O./Zink, G., Bundessozialhilfegesetz. Kommentar. Loseblatt.

Merk, W., Diskussionsbeitrag, in: VVDStRL 12 (1954), S. 99 ff.

–, Social Justice and the Three Worlds of Welfare Capitalism, in: Archives européenes de sociologie 43 (2002), 59 ff.

Merli, F., Rechtliche Grenzen für den Umbau und Abbau des Sozialstaates, in: ders. u.a. (Hrsg.), Armut und Verfassung, 1998, S. 13 ff.

Merrien, F.-X., L'état providence, 1997.

Merten, D., Die Ausweitung der Sozialversicherungspflicht und die Grenzen der Verfassung, in: NZS 1998, 545 ff.

–, Juristische Personen im Sinne von Art. 87 Abs. 2 und 3 GG, in: Festschrift für F. Knöpfle, 1996, S. 219 ff.

–, Verfassungsrechtliche Grundlagen, in: B. Schulin (Hrsg.), Handbuch des Sozialversicherungsrechts, Bd. 1 – Krankenversicherungsrecht, 1994, S. 145 ff.
–, Zum Richtlinienerlass durch den Gemeinsamen Bundesausschuss, in: NZS 2006, 337 ff.
Metz, K.-H., Solidarität und Geschichte, in: K. Bayertz (Hrsg.), Solidarität, 1998, S. 172 ff.
Metzler, G., Der deutsche Sozialstaat, 2. Aufl. 2003.
Meydam, J., Eigentumsschutz und sozialer Ausgleich in der Sozialversicherung, 1973.
Meyer, G./Anschütz, G., Lehrbuch des Staatsrechts, 7. Aufl. 1919.
Meyer, J. (Hrsg.), Charta der Grundrechte der Europäischen Union, 2. Aufl. 2006.
Meyer, S., Gebühren für die Nutzung von Umweltressourcen, 1995.
Meyer, T., Theorie der sozialen Demokratie, 2005.
Middendorf, M., Zur Wesengehaltsgarantie des Grundgesetzes, in: Jura 2003, 232 ff.
Mikešić, I., Sozialrecht als wissenschaftliche Disziplin, 2002.
Mill, J. S., On Liberty (1859), 1985.
Miller, D., What's Left of the Welfare State, in: Social Philosophy & Policy 2003, 92 ff.
Möller, K., Paternalismus und Persönlichkeitsrecht, 2005.
Möllers, C., Art. Staat, in: Ev. Staatslexikon, Neuausgabe, 2006, Sp. 2272 ff.
–, Art. Staatslehre, allgemeine, in: Evangelisches Staatslexikon, Neuausgabe, 2006, Sp. 2317 ff.
–, Braucht das öffentliche Recht einen neuen Methoden- und Richtungsstreit?, in: VerwArch 90 (1999), 187 ff.
–, European Governance, in: CMLR 32 (2006), 313 ff.
–, Gewaltengliederung, 2005.
–, Methoden, in: W. Hoffmann-Riem/E. Schmidt-Aßmann/A. Voßkuhle (Hrsg.), Grundlagen des Verwaltungsrechts, Bd. 1, 2006, S. 121 ff.
–, Netzwerk als Kategorie des Organisationsrechts, in: J. Oebbecke (Hrsg.), Nicht-normative Steuerung in dezentralen Systemen, 2005, S. 285 ff.
–, Staat als Argument, 2000.
–, Theorie, Praxis und Interdisziplinarität in der Verwaltungsrechtswissenschaft, in: VerwArch 93 (2003), 22 ff.
–, Verfassunggebende Gewalt – Verfassung – Konstitutionalisierung, in: A. von Bogdandy (Hrsg.), Europäisches Verfassungsrecht, 2003, S. 1 ff.
Möllers, C./Voßkuhle, A., Die deutsche Staatsrechtswissenschaft im Zusammenhang der internationalisierten Wissenschaften, in: Die Verwaltung 36 (2003), 321 ff.
Moos, T., Staatszweck und Staatsaufgaben in den protestantischen Ethiken des 19. Jahrhunderts, 2005.
Morlok, M., Art. Verfassung, in: Ev. Staatslexikon, Neuausgabe, 2006, Sp. 2556 ff.
–, Demokratie und Wahlen, in: Festschrift 50 Jahre Bundesverfassungsgericht, Bd. 2, 2001, S. 559 ff.
–, Parteienrecht als Wettbewerbsrecht, in: Festschrift für D. Th. Tsatsos, 2003, S. 408 ff.
–, Selbstverständnis als Rechtskriterium, 1993.
–, Vom Reiz und vom Nutzen, von den Schwierigkeiten und den Gefahren der Ökonomischen Theorie für das Recht, in: C. Engel/M. Morlok, Öffentliches Recht als ein Gegenstand ökonomischer Forschung, 1998, S. 1 ff.
–, Was heißt und zu welchem Ende studiert man Verfassungstheorie?, 1988.
Morlok, M./Heinig, M., Parität im Leistungsstaat – Körperschaftsstatus nur bei Staatsloyalität?, in: NVwZ 1999, 697 ff.

Mouffe, C., Über das Politische, 2007.

Moxter, M., Unterwegs zum Recht, in: P. Bahr/H. M. Heinig (Hrsg.), Menschenwürde in der säkularen Verfassungsordnung, 2006, S. 73 ff.

Mrozynski, P., Grundsicherung für Arbeitssuchende, in: ZfSH/SGB 2004, 198 ff.

–, SGB I, 2. Aufl. 1995.

Muckel, S., Die Selbstverwaltung in der Sozialversicherung auf dem Prüfstand des Demokratieprinzips, in: NZS 2002, 118 ff.

–, Friedenswahlen in der Sozialversicherung, in: F. E. Schnapp (Hrsg.), Funktionale Selbstverwaltung und Demokratieprinzip – am Beispiel der Sozialversicherung, 2001, S. 151 ff.

–, Kriterien des verfassungsrechtlichen Vertrauensschutzes bei Gesetzesänderungen, 1989.

–, Sozialrecht, 2. Aufl. 2007.

–, Verfassungsrechtliche Grenzen der Reformvorschläge zur Krankenversicherung, in: SGb 2004, 583 ff.

Müller, F., Juristische Methodik, 6. Aufl. 1995.

–, Korporation und Assoziation, 1965.

Müller, F./Christensen, R., Juristische Methodik, 9. Aufl. 2004.

Müller, F./Pieroth, B./Fohmann, L., Leistungsrechte im Normbereich einer Freiheitsgarantie, 1982.

Müller, J. P., Soziale Grundrechte in der Verfassung?, in: Zeitschrift für Schweizerisches Recht (ZSR) 92 (1973), 686 ff.

Müller, W./Neusüß, C., Die Sozialstaatsillusion und der Widerspruch von Lohnarbeit und Kapital, in: Sozialistische Politik 6/7 (1970), 4 ff.

Münch, C., Rechtssicherheit als Standortfaktor, in: Festschrift für H. Hahn, 1997, S. 673 ff.

Münch, F., Die Menschenwürde als Grundforderung unserer Verfassung, 1952.

Münch, U., Sozialpolitik und Föderalismus, 1997.

Münch, v./Kunig, Grundgesetzkommentar, Bd. 1, 5. Aufl. 2000.

–, Grundgesetzkommentar, Bd. 2, 5. Aufl. 2001.

Münder, J. (Hrsg.), Sozialgesetzbuch II. Grundsicherung für Arbeitssuchende. Lehr- und Praxiskommentar, 2. Aufl. 2007.

–, Das SGB II – Die Grundsicherung für Arbeitssuchende, in: NJW 2004, 3209 ff.

Münder, J., u.a., Sozialgesetzbuch XII. Sozialhilfe. Lehr- und Praxiskommentar, 7. Aufl. 2005.

Münkler, H./Fischer, K. (Hrsg.), Gemeinwohl und Gemeinsinn – Rhetoriken und Perspektiven sozial-moralischer Orientierung, 2002.

–, „Nothing to kill or die for…", in: Leviathan 28 (2000), 343 ff.

–, Gemeinwohl und Gemeinsinn, in: Berlin-Brandenburgische Akademie der Wissenschaften, Berichte und Abhandlungen, Bd. 7, 1999, S. 237 ff.

Murphy, J. G., Incompetence and Paternalism, ARSP 70 (1974), 465 ff.

Murswiek, D., Grundrechte als Teilhaberechte, soziale Grundrechte, in: J. Isensee/P. Kirchhof (Hrsg.), Handbuch des Staatsrechts, Bd. 5, 2. Aufl. 2000, S. 243 ff.

Musil, A., Das Bundesverfassungsgericht und die demokratische Legitimation der funktionalen Selbstverwaltung, in: DÖV 2004, 116 ff.

–, Gemeinsame Selbstverwaltung als Kooperationsform, in: A. Schmehl/A. Wallrabenstein (Hrsg.), Steuerungsinstrumente im Recht des Gesundheitswesens Bd. 2: Kooperation, 2006, S. 49 ff.

Mußgnug, R., Der Haushaltsplan als Gesetz, 1976.

–, Gesetzesgestaltung und Gesetzesanwendung im Leistungsrecht, in: VVDStRL 47 (1989), 113 ff.

–, Zustandekommen des Grundgesetzes und Entstehen der Bundesrepublik Deutschland, in: J. Isensee/P. Kirchhof (Hrsg.), Handbuch des Staatsrechts, Bd. 1, 3. Aufl. 2003, S. 315 ff.

Mutius, A. v., Grundrechte als „Teilhaberechte", in: VerwArch 64 (1974), 183 ff.

Nagel, E./Fuchs, Ch. (Hrsg.), Rationalisierung und Rationierung im deutschen Gesundheitswesen, 1998.

Narr, W.-D./Offe, C. (Hrsg.), Wohlfahrtsstaat und Massenloyalität, 1975.

Naß, E., Der humangerechte Sozialstaat, 2006.

Nassehi, A., Geschlossenheit und Offenheit, 2003.

–, Inklusion, Exklusion-Integration, Desintegration, in: W. Heitmeyer (Hrsg.), Was hält die Gesellschaft zusammen?, 1997, S. 113 ff.

–, Inklusion, in: S. Lessenich (Hrsg.), Wohlfahrtsstaatliche Grundbegriffe, 2003, S. 331 ff.

Nettesheim, M., Die Garantie der Menschenwürde zwischen metaphysischer Überhöhung und bloßem Abwägungstopos, in: AöR 130 (2005), 71 ff.

–, Europäische Beihilfeaufsicht und mitgliedstaatliche Daseinsvorsorge, in: EWS 2002, 253 ff.

–, Rationierung in der Gesundheitsversorgung, VerwArch 93 (2002), 315 ff.

Neumann, V., Anspruch auf Krankenbehandlung nach Maßgabe der Richtlinien des Bundesausschusses?, in: NZS 2001, 515 ff.

–, Das medizinische Existenzminimum, in: NZS 2006, 393 ff.

–, Das Verhältnis des Leistungsrechts zum Leistungserbringungsrecht, in: F. E. Schnapp/P. Wigge (Hrsg.), Handbuch des Vertragsarztrechts, 2. Aufl. 2006, S. 378 ff.

–, Der Anspruch auf Krankenbehandlung – ein Rahmenrecht?, in: SGb 1998, 609 ff.

–, Der Grundrechtsschutz von Sozialleistungen in Zeiten der Finanznot, NSZ 1998, 401 ff.

–, Der informelle Sozialstaat, in: VSSR 1993, 119 ff.

–, Die Berufsfreiheit der Leistungserbringer zwischen Eingriff und Teilhabe, in: Festschrift 50 Jahre Bundessozialgericht, 2004, S. 245 ff.

–, Freiheitsgefährdung im kooperativen Sozialstaat, 1992.

–, Grundrechtsschutz von Sozialleistungen in Zeiten der Finanznot, in: NZS 1998, 401 ff.

–, Menschenwürde und Existenzminimum, in: NVwZ 1995, 426 ff.

–, Prioritätensetzung und Rationierung in der gesetzlichen Krankenversicherung, in: NZS 2005, 617 ff.

–, Sozialstaatsprinzip und Grundrechtsdogmatik, in: DVBl. 1997, 92 ff.

Neumann, V./Nicklas-Faust, J./Werner, M. H., Wertimplikationen von Allokationsregeln, -verfahren und -entscheidungen im deutschen Gesundheitswesen, Gutachten im Auftrag der Enquête-Kommission „Ethik und Recht der Modernen Medizin" des Deutschen Bundestages, 2005.

Neumann, V./Nielandt, D./Philipp, A., Erbringung von Sozialleistungen nach Vergaberecht?, 2004.

Neuner, J., Privatrecht und Sozialstaat, 1999.

New, B., Paternalism and Public Policy, in: Economics and Philosophy 15 (1999), 63 ff.

Niclauß, K., Der Parlamentarische Rat und das Sozialstaatspostulat, in: PVS 15 (1974), 33 ff.
–, Der Weg zum Grundgesetz, 1989.
Nida-Rümelin, J., Über menschliche Freiheit, 2005.
Niemann, I., Von der Unionsbürgerschaft zur Sozialunion, EuR 2004, 946 ff.
Niemann, F., Die Verordnung eines Arzneimittels außerhalb der zugelassenen Indidaktion: „Off-Label-Use", in: NZS 2004, 254 ff.
Nierhaus, M., Bestimmtheitsgebot und Delegationsverbot des Art. 80 Abs. 1 Satz 2 GG und der Gesetzesvorbehalt der Wesentlichkeitstheorie, in: Festschrift für K. Stern, 1997, S. 717 ff.
Nietzsche, F., Menschliches, Allzumenschliches, Kritische Studienausgabe Bd. 2, 2. Aufl. 1988.
–, Zur Genealogie der Moral, in: ders., Kritische Studienausgabe, hrsg. v. G. Colli/M. Montinari, Bd. 5, 1988, S. 245 ff.
Nipperdey, H. C. (Hrsg.), Die Grundrechte und Grundpflichten der Reichsverfassung, Bd. 3, 1930.
–, Die Würde des Menschen, in: F. Neumann u.a. (Hrsg.), Die Grundrechte, Bd. II, 1954, S. 1 ff.
–, Diskussionsbeitrag, in: VVDStRL 12 (1954), S. 92 ff.
–, Gleicher Lohn der Frau für gleiche Leistung, in: RdA 1950, 121 ff.
–, Rechtsgutachten über den Rechtssatz: Gleicher Lohn der Frau für gleiche Leistung, 1951.
–, Soziale Marktwirtschaft und Grundgesetz, 3. Aufl. 1965.
Nipperdey, Th., Deutsche Geschichte 1866–1918, Bd. I, 1994.
Nissen, S., Die Dialektik von Individualisierung und moderner Sozialpolitik. Wie der Sozialstaat den Menschen und die Menschen den Sozialstaat verändern. Arbeitspapier Nr. 28 des Instituts für Soziologie, Universität Leipzig.
Noack, H., Sozialstaatsklauseln und juristische Methode, 1975.
Novak, M., EG-Grundfreiheiten und Europäisches Sozialrecht, in EuZW 1998, 366 ff.
Nowak, K., Geschichte des Christentums in Deutschland, 1995.
Nozick, R., Anarchie, Staat, Utopia (1974), 2006.
–, Vom richtigen, guten und glücklichen Leben (1989), 1991.
Nullmeier, F., „Bürgertum" statt „Volk", in: ZSR 51 (2005), 448 ff.
–, Anerkennung, in: C. Lessenich (Hrsg.), Wohlfahrtsstaatliche Grundbegriffe, 2003, S. 395 ff.
–, Paradoxien der Eigenverantwortung, in: ZeS-Report 10, 1 (2005), 1 ff.
–, Politische Theorie des Sozialstaats, 2000.
Nullmeier, F./ Vobrura, G., Gerechtigkeit im sozialpolitischen Diskurs, in: D. Döring u.a., Gerechtigkeit im Wohlfahrtsstaat, 1995, 11 ff.
Nussbaum, M. C., Der aristotelische Sozialdemokratismus (1990), in: dies., Gerechtigkeit oder Das gute Leben, 1999, S. 24 ff.
–, Die Natur des Menschen, seine Fähigkeiten und Tätigkeiten: Aristoteles über die distributive Aufgabe des Staates (1988), in: dies., Gerechtigkeit oder Das gute Leben, 1999, S. 86 ff.
–, Frontiers of Justice, 2007.
–, Menschliches Tun und soziale Gerechtigkeit, in: M. Brumlik/H. Brunkhorst (Hrsg.), Gemeinschaft und Gerechtigkeit, 1995, S. 323 ff.
–, Women and Human Development, 2000.

Nußberger, A., Das Sozialrecht der internationalen Organisationen, in: B. v. Maydell/F. Ruland (Hrsg.), Sozialrechtshandbuch, 3. Aufl. 2003, S. 1677 ff.
–, Sozialstandards im Völkerrecht, 2005.

O'Connor, J., The Fiscal Crisis of the State, 1973.
O'Sullivan, D., Verfassungsrechtliche Fragen des Leistungsrechts der Grundsicherung für Arbeitssuchende, in: SGb 2005, 369 ff.
Ockenga, E., Regelleistung des SGB II und Verfassungswidrigkeit, in: ZfSH/SGB 2006, 143 ff.
Oebbecke, J., Selbstverwaltung angesichts von Europäisierung und Ökonomisierung, in: VVDStRL 62 (2003), S. 366 ff.
–, Weisungs- und unterrichtungsfreie Räume in der Verwaltung, 1986.
Oestreicher, SGB XII/SGB II. Sozialhilfe und Grundsicherung für Arbeitsuchende; mit Asylbewerberleistungsrecht, Erstattungsrecht des SGB X. Kommentar, hrsg. v. A. Decker. Loseblatt.
Oexle, G. O./Conze, W./Walther, R., Art. Stand, Klasse, in: O. Brunner/W. Conze/R. Koselleck (Hrsg.), Geschichtliche Grundbegriffe, Bd. 6, 1990, S. 155 ff.
Offe, C., Reformpolitik und das Interesse des Staates an sich selbst (1975), in: ders., Strukturprobleme des kapitalistischen Staates, Neuausgabe 2006, S. 127 ff.
–, Strukturprobleme des kapitalistischen Staates, Neuausgabe 2006.
–, Tauschverhältnis und politische Steuerung (1972), in: ders., Strukturprobleme des kapitalistischen Staates, Neuausgabe 2006, S. 67 ff.
–, Zu einigen Widersprüchen des modernen Sozialstaates, in: ders., „Arbeitsgesellschaft". Strukturprobleme und Zukunftsperspektiven, 1984, S. 323 ff.
Offe, C./Lenhardt, G., Staatstheorie und Sozialpolitik (1977), in: C. Offe, Strukturprobleme des kapitalistischen Staates, Neuausgabe 2006, S. 153 ff.
Ofner, J., Studien sozialer Jurisprudenz, 1894.
Ohler, C., Der institutionelle Vorbehalt des Gesetzes, in: AöR 131 (2006), 336 ff.
Opielka, M., Sozialpolitik, 2004.
Orloff, A. S., Social Provision and Regulation: Theories of States, Social Policies, and Modernity, in: J. Adams/E. S. Clemens/A. S. Orloff (Hrsg.), Remaking Modernity. Politics, History, and Sociology, 2005, S. 190 ff.
Ossenbühl, F., Der Eigentumsschutz sozialrechtlicher Positionen in der Rechtsprechung des Bundesverfassungsgerichts, in: Festschrift für W. Zeidler, Bd. 1, 1987, S. 625 ff.
–, Maßhalten mit dem Übermaßverbot, in: Festschrift für P. Lerche, 1993, 151 ff.
–, Richtlinien im Vertragsarztrecht, in: NZS 1997, 497 ff.
–, Vorrang und Vorbehalt des Gesetzes, in: J. Isensee/P. Kirchhof (Hrsg.), Handbuch des Staatsrechts, Bd. 5, 3. Aufl. 2007, S. 183 ff.
–, Zur Rechtfertigung von Sonderabgaben mit Finanzierungszweck, in: DVBl. 2005, 667 ff.
Osterkamp, T., Juristische Gerechtigkeit, 2004.

Padé, C., Anspruch auf Leistungen der gesetzlichen Krankenversicherung bei Lebensgefahr und tödlich verlaufenden Krankheiten – Umsetzung des „Nikolaus"-Beschlusses des Bundesverfassungsgerichts durch die Rechtsprechung des Bundessozialgerichts, in: NZS 2007, 352 ff.
Pankoke, E., Art. Soziale Frage, Soziale Probleme, in: B. Schäfer (Hrsg.), Grundbegriffe der Soziologie, 6. Aufl. 2000, Sp. 314 ff.

–, Lorenz von Steins staats- und gesellschaftswissenschaftliche Orientierungen, in: D. Blasius/E. Pankoke, Lorenz von Stein, 1977, S. 79 ff.

Papier, H.-J., Altersicherung und Eigentumsschutz, in: Festschrift für W. Leisner, 1999, S. 721 ff.

–, Besprechung: J. Isensee, Umverteilung durch Sozialversicherungsbeiträge, in: AöR 100 (1975), 640 ff.

–, Der Einfluß des Verfassungsrechts auf das Sozialrecht, in: B. v. Maydell/F. Ruland (Hrsg.), Sozialrechtshandbuch, 3. Aufl. 2003, S. 81 ff.

–, Der Wandel der Lehre von Ermessens- und Beurteilungsspielräumen als Reaktion auf die staatliche Finanzkrise, in: E. Schmidt-Aßmann/W. Hoffmann-Riem (Hrsg.), Effizienz als Herausforderung an das Verwaltungsrecht, 1998, S. 231 ff.

–, Der Wesentlichkeitsgrundsatz – am Beispiel des Gesundheitsreformgesetzes, in: VSSR 1990, 123 ff.

–, Die Regionalisierung der gesetzlichen Rentenversicherung aus verfassungsrechtlicher Sicht, in: NZS 1995, 241 ff.

–, Grundrechte und Sozialordnung, in: D. Merten/H.-J. Papier (Hrsg.), Handbuch der Grundrechte, Bd. 2, 2006, S. 253 ff.

–, Sozialversicherung und Privatversicherung, in ZSR 1990, 344 ff.

–, Staatsrechtliche Vorgaben für das Sozialrecht, in: Festsschrift 50 Jahre Bundessozialgericht, 2004, S. 23 ff.

–, Verfassungsrechtliche Probleme bei der Organisation der Sozialversicherungsträger, in: Festschrift für F. Knöpfle, 1996, S. 273 ff.

–, Verfassungsschutz sozialrechtlicher Rentenansprüche, -anwartschaften und -„erwerbsberechtigungen“, in: VSSR 1973, 33 ff.

–, Zur Zukunft des Sozialstaates, in: Gewerbemiete und Teileigentum 2005, 241 ff.

Papier, H.-J./Möller J., Verfassungsrechtliche Fragen der Festsetzung der Beiträge in der Unfallversicherung, in: SGb 1998, 337 ff.

Parfit, D., Gleichheit und Vorrangigkeit (1998), in: A. Krebs (Hrsg.), Gleichheit oder Gerechtigkeit, 2000, S. 81 ff.

Pauer-Studer, H., Autonom leben, 2000.

Pauly, W., Hegel und die Frage nach dem Staat, in: Der Staat 39 (2000), 381 ff.

Peters, A., Elemente einer Theorie der Verfassung Europas, 2001.

Pfau-Effinger, B., Culture and Welfare State Policies, in: Journal of Social Policy 34 (2005), 3 ff.

Pfordten, D. von der, Normativer Individualismus und das Recht, in: JZ 2005, 1069 ff.

–, Normativer Individualismus, in: Zeitschrift für philosophische Forschung 58 (2004), 321 ff.;

–, Paternalismus und die Berücksichtigung des Anderen, in: M. Anderheiden u.a. (Hrsg.), Paternalismus und Recht, 2006, S. 93 ff.

Pieroth, B., Rückwirkung und Übergangsrecht, 1981.

Pierson, C., Beyond the Welfare State, 3. Aufl. 2006.

Pierson, P., Increasing Returns, Path Dependence, and the Study of Politics, in: ARSP 94 (2000), 251 ff.

Piloty, R./Schneider, F., Grundriß des Verwaltungsrechts, 1920.

Pirsching, M., Bilder des Wohlfahrtsstaates, 1996.

–, Das Ende der Solidarität?, in: O. Kimminich u.a. (Hrsg.), Mit Realismus und Leidenschaft, 1993, S. 102 ff.

–, Solidarität in der Moderne, in: Journal für Sozialforschung 32 (1992), 267 ff.

–, Solidarität, in: S. Lessenich (Hrsg.), Wohlfahrtsstaatliche Grundbegriffe, 2003, S. 157 ff.
Pitschas, R., Das sozialrechtliche Verwaltungsverfahren im „aktivierenden" Sozialstaat, in: Festschrift 50 Jahre Bundessozialgericht, 2004, S. 765 ff.
–, Die Zukunft der sozialen Sicherungssysteme, in: VVDStRL 64 (2005), 109 ff.
–, Europäische Grundrechte-Charta und soziale Grundrechte, in: VSSR 2000, 207 ff.
–, Formelles Sozialstaatsprinzip, materielle Grundrechtsverwirklichung und Organisation sozialer Dienstleistungen, in: VSSR 5 (1977), 141 ff.
–, Gesundheitsstrukturreform – Einheitsversicherung oder Trägervielfalt?, in: Gesellschaft für Rechtspolitik Trier, Bitburger Gespräche Jahrbuch 1006, 1996, S. 15 ff.
–, Inhalt und Reichweite des Mandats der Europäischen Gemeinschaft auf dem Gebiet der Gesundheitspolitik, in: ZSR 1993, 468 ff.
–, Mediatisierte Patientenbeteiligung im Gemeinsamen Bundesausschuss als Verfassungsproblem, in: MedR 2006, 451 ff.
–, Organisationsrecht als Steuerungsressource in der Sozialverwaltung, in: E. Schmidt-Aßmann/W. Hoffmann-Riem (Hrsg.), Verwaltungsorganisationsrecht als Steuerungsressource, 1997, S. 151 ff.
–, Rentenanpassung oder Rentenreform, in: VSSR 1978, 356 ff.
–, Soziale Sicherungssysteme im „europäisierten" Sozialstaat, in: Festschrift 50 Jahre Bundesverfassungsgericht, Bd. 2, 2001, S. 827 ff.
–, Strukturen des europäischen Verwaltungsrechts, in: E. Schmidt-Aßmann/W. Hoffmann-Riem (Hrsg.), Strukturen des Europäischen Verwaltungsrechts, 1999, S. 123 ff.
–, Verrechtlichung von Sozialleistungen im wohlfahrtsdistanzierten Sozialstaat, in: SDSRV 41 (1996), S. 7 ff.
Plantholz, M., Funktionale Selbstverwaltung des Gesundheitswesens im Spiegel der Verfassung, 1998.
–, Verfassungsmäßige Wirkung der Richtlinien im Vertragsarztrecht auf Außenseiter?, in: SGb 1997, 549 ff.
Platon, Politeia.
Poetzsch-Heffter, F., Handkommentar der Reichsverfassung, 3. Aufl. 1928.
Popper, K., Die offene Gesellschaft und ihre Feinde, 2 Bde., 7. Aufl. 1992.
Poscher, R., „Die Würde des Menschen ist unantastbar", in: JZ 2004, 756 ff.
–, Art. Freiheit (J), in: Ev. Staatslexikon, Neuausgabe, 2006, Sp. 633 ff.
–, Grundrechte als Abwehrrechte, 2003.
Pöschl, V./Kondylis, P., Art. Würde, in: Brunner/Conze/Koselleck (Hrsg.), Geschichtliche Grundbegriffe, Bd. 7, 1992, S. 637 ff.
Preuß, U. K., Legalität und Pluralismus, 1973.
–, Nationale, supranationale und internationale Solidarität, in: K. Bayertz (Hrsg.), Solidarität, 1998, S. 399 ff.
–, Rechtsstaat – Steuerstaat – Sozialstaat, in: D. Deiseroth/F. Hase/K.-H. Ladeur (Hrsg.), Ordnungsmacht?, 1981, S. 46 ff.
–, Solidarität unter den Bedingungen von Vielfalt, in: J. Bizer/H.-J. Koch (Hrsg.), Sicherheit, Vielfalt, Solidarität, 1998, S. 125 ff.
–, The Concept of Rights and the Welfare State, in: G. Teubner (Hrsg.), Dilemmas of Law in the Welfare State, 1986, S. 152 ff.
–, Verfassungstheoretische Überlegungen zur normativen Begründung des Wohlfahrtsstaates, in: C. Sachße/H. T. Engelhardt (Hrsg.), Sicherheit und Freiheit, S. 106 ff.
–, Zum staatsrechtlichen Begriff des Öffentlichen, 1969.

Prisching, M., Bilder des Wohlfahrtsstaates, 1996.

Prottas, J./Segal, M./Sapolsky, H. M., Cross-National Differences in Dialysis Rates, in: Health Care Financing Revue 1983, 91 ff.

Pünder, H., Staatsverschuldung, in: J. Isensee/P. Kirchhof (Hrsg.), Handbuch des Staatsrechts, Bd. 5, 3. Aufl. 2007, S. 1323 ff.

Radbruch, G., Rechtsphilosophie, hrsg. v. R. Dreier/S. L. Paulson, 1999.

Rakowski, E., Equal Justice, 1991, S. 41.

Ramm, M., Soziale Ungleichheit und soziale Gerechtigkeit, 1998.

Ramm, T., Der Arbeitskampf und die Gesellschaftsordnung des Grundgesetzes, 1965.

–, Die sozialen Grundrechte im Verfassungsgefüge, in: E.-W. Böckenförde/J. Jekewitz/T. Ramm (Hrsg.), Soziale Grundrechte, 1980, S. 17 ff.

Rassem, M., Art. Wohlfahrt, Wohltat, Wohltätigkeit, Caritas, in: O. Brunner/W. Conze/R. Koselleck (Hrsg.), Geschichtliche Grundbegriffe, Bd. 7, 1993, S. 525 ff.

Rawls, J., Der Vorrang der Grundfreiheiten (1983), in: ders., Die Idee des politischen Liberalismus, 1994, S. 159 ff.

–, Die Grundstruktur als Gegenstand (1978), in: ders., Die Idee des politischen Liberalismus, 1994, S. 45 ff.

–, Ein Theorie der Gerechtigkeit (1971), 7. Aufl. 1993.

–, Gerechtigkeit als Fairneß (2001), 2006.

–, Politischer Liberalismus (1993), 1998.

Raz, J., Strenger und rhetorischer Egalitarismus (1986), in: A. Krebs (Hrsg.), Gleichheit oder Gerechtigkeit, 2000, S. 50 ff.

Recker, M.-L., Nationalsozialistische Sozialpolitik im Zweiten Weltkrieg, 1985.

Recki, B., Ästhetik der Sitten, 2001.

Reese-Schäfer, W., Kommunitaristisches Sozialstaatsdenken, in: S. Blasche/D. Döring (Hrsg.), Sozialpolitik und Gerechtigkeit, 1998, S. 75 ff.

Regan, D. H., Paternalism, Freedom, Identity, and Commitment, in: R. Sartorius (Hrsg.), Paternalism, 1983, S. 113 ff.

Rehbinder, M., Wandlungen der Rechtsstruktur im Sozialstaat, in: E. E. Hirsch/M. Rehbinder (Hrsg.), Studien und Materialien zur Rechtssoziologie, 2. Aufl. 1971, S. 197 ff.

Reimer, F., Das Parlamentsgesetz als Steuerungsmittel und Kontrollmaßstab, in: W. Hoffmann-Riem/E. Schmidt-Aßmann/A. Voßkuhle (Hrsg.), Grundlagen des Verwaltungsrechts, Bd. 1, 2006, S. 533 ff.

Reimer, F., Verfassungsprinzipien, 2001.

Reiter, H., Soziallast als Steuerlast, in: Festschrift für F. Klein, 1994, S. 1101 ff.

Reitzig, K., Die polizeiliche Beschlagnahme von Wohnraum zur Unterbringung Obdachloser, 2004.

Remmert, B., Verfassungs- und verwaltungsrechtsgeschichtliche Grundlagen des Übermaßverbots, 1995.

Rendtorff, T., Kritische Erwägungen zum Subsidiaritätsprinzip, in: Der Staat 1 (1962), 405 ff.

–, Subsidiaritätsprinzip oder Gemeinwohlpluralismus, in: ZEE 37 (1993), 91 ff.

Reuther, F., Verfassungsrechtliche Determinanten für die Beitragsbemessung in der sozialen Kranken- und Pflegeversicherung, in: O. Depenheuer u.a. (Hrsg.), Nomos und Ethos, 2002, S. 435 ff.

Richter, I., Überlegungen zur Kodifikation von Grundrechten auf Bildung, in: E.-W. Böckenförde/J. Jekewitz/T. Ramm (Hrsg.), Soziale Grundrechte, 1981, S. 119 ff.

Ridder, H., Die soziale Ordnung des Grundgesetzes, 1975.
–, Zur verfassungsrechtlichen Stellung der Gewerkschaften im Sozialstaat nach dem Grundgesetz, 1960.
–, Zur verfassungsrechtlichen Stellung der Gewerkschaften im Sozialstaat nach dem Grundgesetz für die Bundesrepublik Deutschland, 1960.
Riedel, E./Söllner, S., Studiengebühren im Lichte des UN-Sozialpakts, in: JZ 2006, 270ff.
Riedel, M. (Hrsg.), Materialien zu Hegels Rechtsphilosophie, 2 Bde., 1975.
–, Art. Gesellschaft, bürgerliche, in: O. Brunner/W. Conze/R. Koselleck, Geschichtliche Grundbegriffe, Bd. 2, 1975, S. 719ff.
–, Art. Gesellschaft, Gemeinschaft, in: O. Brunner/W. Conze/R. Koselleck, Geschichtliche Grundbegriffe, Bd. 2, 1975, S. 801ff.
Rieger, E., Zur „Theorie" der Sozialpolitik und des Wohlfahrtsstaates. Der Beitrag Max Webers, ZeS-Arbeitspapier 14/99.
Rieger, E./Leibfried, S., Kultur versus Globalisierung, 2004.
Rifkin, J., The Age of Access, 2000.
Rimlinger, G., Welfare Policy and Industrialization in Europe, America and Russia, 1971.
Rinken, A., Das Öffentliche als verfassungstheoretisches Problem, 1971.
Ritter, G. A., Der Preis der deutschen Einheit, 2006.
–, Der Sozialstaat, 2. Aufl. 1991.
–, Frage und Sozialpolitik in Deutschland seit Beginn des 19. Jahrhunderts, 1998.
–, Sozialversicherung in Deutschland und England, 1983.
Ritter, J., Hegel und die französische Revolution (1956), in: ders., Metaphysik und Politik, 2003, S. 183ff.
–, Moralität und Sittlichkeit. Zu Hegels Auseinandersetzung mit der kantischen Ethik (1966), in: ders., Metaphysik und Politik, 2003, S. 281ff.
–, Person und Eigentum (1961), in: ders., Metaphysik und Politik, 2003, S. 256.
Rixen, S., Abschied vom Sozialen?, in: VSSR 2006, 333ff.
–, Sozialrecht als öffentliches Wirtschaftsrecht, 2005.
–, Wettbewerb im Gesundheitsschutz zwischen Gewährleistungsstaat und Grundrechtsschutz, in: A. Schmehl/A. Wallrabenstein (Hrsg.), Steuerungsinstrumente im Recht des Gesundheitswesens Bd. 1: Wettbewerb, 2005, S. 109ff.
Robbers, G., Hermann Heller: Staat und Kultur, 1983.
–, Sicherheit als Menschenrecht, 1987.
Röben, V., Außenverfassungsrecht, 2007.
Rödel, U., u.a., Sozialpolitik als soziale Kontrolle, 1978.
Rödel, U./Frankenberg, G./Dubiel, H., Die demokratische Frage, 1989, S. 187ff.
Roellecke, G., Eine Apologie des Sozialstaates, in: M. Anderheiden u.a. (Hrsg.), Paternalismus und Recht, 2006, S. 189ff.
–, Gerechtigkeit und soziale Gerechtigkeit, in: Zeitschrift für Rechtsphilosophie 2004, 17ff.
Roemer, J., Equality of Opportunity, 1998.
–, Theories of Distributive Justice, 1996.
Röhl, K. F., Allgemeine Rechtslehre, 2. Aufl. 2001.
Rohwer-Kahlmann, H., Die Sozialstaatsklausel des Grundgesetzes in der richterlichen Praxis, in: Zeitschrift für Sozialreform 13 (1967), 449ff.
–, Zur Rechtsnatur der Rentenversicherung der Arbeiter, in: Festschrift für F. Lenz, 1961, S. 339ff.
Rolfs, C., Das Versicherungsprinzip im Sozialversicherungsrecht, 2000.

–, Europarechtliche Grenzen für die Monopole der Sozialversicherungsträger, in. SGb 1998, 202 ff.
–, Neue Untersuchungs- und Behandlungsmethoden, in: Festschrift 50 Jahre Bundessozialgericht, 2004, S. 475 ff.
–, Versicherungsfremde Leistungen in der Sozialversicherung, in: NZS 1998, 551 ff.
Rompf, T., 125 Jahre Kaiserliche Botschaft, in: VSSR 2007, 1 ff.
–, Die Normsetzungsbefugnis der Partner der vertragsarztrechtlichen Kollektivverträge, in: VSSR 2004, 281 ff.
Ronellenfitsch, M., Daseinsvorsorge als Rechtsbegriff, in: W. Blümel (Hrsg.), Ernst Forsthoff, 2003, S. 53 ff.
Rorty, R., Der Vorrang der Demokratie vor der Philosophie, in: ders., Solidarität oder Objektivität?, 1988, S. 82 ff.
–, Kontingenz, Ironie und Solidarität, 1993.
–, Objektivität oder Solidarität? (1986), in: ders., Solidarität oder Objektivität, 1988, S. 11 ff.
Rosa, H., Beschleunigung, 2005.
Rosecker, M. u.a. (Hrsg.), Solidarität, 2004.
Rosin, H., Das Recht der Arbeiterversicherung, 1893.
Roßnagel, A., Grundrechte und Kernkraftwerke, 1979.
Roters, D., Die gebotene Kontrolldichte bei der gerichtlichen Prüfung der Richtlinien des Bundesausschusses der Ärzte und Krankenkassen, 2003.
Rothfels, H., Theodor Lohmann und die Kampfjahre der staatlichen Sozialpolitik, 1927.
Rothkegel, R., Die Strukturprinzipien des Sozialhilferechts, 2000.
–, Ist die Rechtsprechung des Bundesverwaltungsgerichts zur Sozialhilfe durch Hartz IV überholt?, in: SGb 2006, 74 ff.
–, Sozialhilferecht im Umbruch, in: ZfSH/SGB 2004, 396 ff.
Rotteck, C. v., Art. Armenwesen, in: ders./C. Welcker, Das Staats-Lexikon (1845), S. 670 ff.
Rottleuthner, H., Rechtswissenschaft als Sozialwissenschaft, 1973.
Rousseau, J.-J., Diskurs über die Ungleichheit, (1755), hrsg. v. H. Meier, 4. Aufl. 1997.
Rozek, J., Das Grundgesetz als Prüfungs- und Entscheidungsmaßstab der Landesverfassungsgerichte, 1993.
Ruder, K.-H., Polizei- und Ordnungsrechtliche Unterbringung Obdachloser, 1999.
Rüfner, W., Das Sozialrecht in der Rechtsprechung des Bundesverfassungsgerichts, in: Jahrbuch des Sozialrechts 27 (2005/2006), 121 ff.
–, Daseinsvorsorge und soziale Sicherheit, in: J. Isensee/P. Kirchhof (Hrsg.), Handbuch des Staatsrechts, Bd. 4, 3. Aufl. 2006, S. 1049 ff.
–, Der Gleichheitssatz im Sozialrecht und die Aufgabe der Verfassungsrechtsprechung, in: SGb 1984, 147 ff.
–, Die Rechtsformen der sozialen Sicherung und das Allgemeine Verwaltungsrecht, VVDStRL 28 (1970), S. 187 ff.
–, Einführung in das Sozialrecht, 2. Aufl. 1991.
–, Grundrechtliche Leistungsansprüche, in: Festschrift für G. Wannagat, 1981, S. 379 ff.
–, Grundsätze einer verfassungsmäßigen und familiengerechten Ausgestaltung der Sozialhilfe, in: NDV 1992, 363 ff.
–, Leistungsrechte, in: D. Merten/H.-J. Papier (Hrsg.), Handbuch der Grundrechte, 2006, Bd. 2, S. 679 ff.

–, Verfassungs- und europarechtliche Grenzen bei der Umgestaltung des Sozialstaats im Bereich des Sozialhilferechts, VSSR 1997, 59 ff.
Ruffert, M., Vorrang der Verfassung und Eigenständigkeit des Privatrechts, 2001.
Ruland, F., Notwendigkeit und Grenzen einer Reform der Finanzierung der Sozialversicherung, in: DRV 1985, 12 ff.
–, Solidarität, in: NJW 2002, 3518 ff.
–, Verfassungs- und europarechtliche Grenzen bei der Umgestaltung des Sozialstaats im Bereich der Alterssicherung, in: VSSR 1997, 19 ff.
–, Versicherungsfremde Leistungen in der gesetzlichen Rentenversicherung, in: DRV 1005, 28 ff.
Ruland, F./Dünn, S., Die Organisationsreform in der gesetzlichen Rentenversicherung, in: NZS 2005, 113 ff.
Rupp, H. H., Die Soziale Marktwirtschaft in ihrer Verfassungsbedeutung, in: J. Isensee/P. Kirchhof (Hrsg.), Handbuch des Staatsrechts, Bd. 9, 1997, S. 129 ff.
–, Die Unterscheidung von Staat und Gesellschaft, in: J. Isensee/P. Kirchhof (Hrsg.), Handbuch des Staatsrechts, Bd. 2, 3. Aufl. 2004, S. 879 ff.

Sachs, M. (Hrsg.), Grundgesetz. Kommentar, 4. Aufl. 2007.
–, Die Auswirkungen des allgemeinen Gleichheitssatzes auf das Sozialrecht in der Rechtsprechung des Bundesverfassungsgerichts, in: VSSR 1994, 33 ff.
–, Die Auswirkungen des allgemeinen Gleichheitssatzes auf die Teilrechtsordnungen, in: J. Isensee/P. Kirchhof (Hrsg.), Handbuch des Staatsrechts, Bd. 5, 2. Aufl. 2000, S. 1085 ff.
Sachße, C., Wohlfahrtsstaat in Deutschland: Strukturen, Paradoxien, Perspektiven, in: A. Wollasch (Hrsg.), Wohlfahrtspflege in der Region, 1997, S. 269 ff.
Sachße, C./Tennstedt, F. (Hrsg.), Soziale Sicherheit und soziale Disziplinierung, 1986.
Sachße, C./Tennstedt, F., Geschichte der Armenfürsorge in Deutschland, 3 Bde. 1980 ff.
Sacksofsky, U./Wieland, J. (Hrsg.), Vom Steuerstaat zum Gebührenstaat, 2000.
Sander, F., Die Unionsbürgerschaft als Türöffner zu mitgliedstaatlichen Sozialversicherungssystemen?, in: DVBl. 2005, 1014 ff.
Sartori, G., Demokratietheorie, 1997.
Sartorius, R. (Hrsg.), Paternalism, 1983.
Sartorius, U., Das Existenzminimum im Recht, 2000.
Sass, H.-M., Zielkonflikte im Wohlfahrtsstaat, in: C. Sachße/H. T. Engelhardt (Hrsg.), Sicherheit und Freiheit, 1990, S. 71 ff.
Saurer, J., Die Funktionen der Rechtsverordnung, 2005
Schaber, P., Menschenwürde als Recht, nicht erniedrigt zu werden, in: R. Stoecker (Hrsg.), Menschenwürde, 2003, S. 119 ff.
Schachtschneider, K. A., Das Sozialprinzip, 1974.
Schaks, N., Der Grundsatz der finanziellen Stabilität der gesetzlichen Krankenversicherung, 2007.
Scharpf, F., Regieren in Europa, 1999.
Schefczyk, M., Soziale Sicherheit im Transformationsstaat, in: B. Priddat (Hrsg.), Der bewegte Staat, 2000, S. 83 ff.
Schefczyk, V., Umverteilung als Legitimationsproblem, 2003.
Schefer, M., Die Kerngehalte der Grundrechte, 2001.
Scheidemann, D., Der Begriff Daseinsvorsorge, 1991.

Scheiwe, K., Soziale Sicherungsmodelle zwischen Individualisierung und Abhängigkeiten, in: KJ 2005, 127 ff.

Schelsky, H., Die Bedeutung des Schichtungsbegriffs für die Analyse der gegenwärtigen deutschen Gesellschaft (1953), in: ders., Auf der Suche nach der Wirklichkeit, 1965, S. 311 ff.

Schenke, R. P., Die Wettbewerbsposition der gesetzlichen Krankenversicherung im Spiegel des Europarechts, in: A. Schmehl/A. Wallrabenstein (Hrsg.), Steuerungsinstrumente im Recht des Gesundheitswesens Bd. 1: Wettbewerb, 2005, S. 77 ff.

–, Reform der gesetzlichen Krankenversicherung zwischen Verfassungs- und Europarecht, in: Die Verwaltung 37 (2004), 475 ff.

Schenke, W.-R., Sozialversicherungsrechtliche Ansprüche und das Eigentumsgrundrecht, in: Festschrift für E. Lorenz, 2004, S. 715 ff.

Scherer, C., Das menschliche und das gute menschliche Leben, in: Deutsche Zeitschrift für Philosophie 41 (1993), 905 ff.

Scheuing, D. H., Freizügigkeit als Unionsbürgerrecht, in: EuR 2003, 744 ff.

Scheuner, U., Der Rechtsstaat und die soziale Verantwortung des Staates, in: Der Staat 18 (1979), 1 ff.

–, Die Funktion der Grundrechte im Sozialstaat (1971), in: ders., Staatstheorie und Staatsrecht, 1978, S. 737 ff.

–, Die Funktion des Gesetzes im Sozialstaat, in: Festschrift für H. Huber, 1981, S. 127 ff.

–, Die neuere Entwicklung des Rechtsstaats in Deutschland (1960), in: E. Forsthoff (Hrsg.), Rechtsstaatlichkeit und Sozialstaatlichkeit, 1968, S. 461 ff.

–, Hegel und die deutsche Staatslehre des 19. und 20. Jahrhunderts, in: ders., Staatstheorie und Staatsrecht,1978, S. 81 ff.

–, Staatszielbestimmungen (1972), in: M. Friedrich (Hrsg,), Verfassung, 1978, S. 329 ff.

Schewe, D., Die Umverteilung durch die soziale Rentenversicherung, in: Festschrift für W. Bogs, 1967, S. 147 ff.

Schieder, R., Die Pastoralmacht des Staates und die Notwendigkeit der Selbstsorge, in: F. Schweitzer (Hrsg.), Religion, Politik und Gewalt, 2006, S. 712 ff.

Schievelbusch, W., Entfernte Verwandtschaft. Faschismus, Nationalsozialismus, New Deal 1933–1939, 2005.

Schild, W., Freiheit – Gleichheit – „Selbständigkeit“ (Kant): Strukturmomente der Freiheit, in: J. Schwartländer (Hrsg.), Menschenrechte und Demokratie, 1981, S. 135 ff.

Schiller, F., Epigramme (1796 ff.), in: ders., Werke, Bd. 1, 1973, S. 243 ff.

Schimmelpfeng-Schütte, R., Bundes- und Landesausschüsse, in: F. E. Schnapp/P. Wigge (Hrsg.), Handbuch des Vertragsarztrechts, 2. Aufl. 2006, S. 208 ff.

–, Die Zeit ist reif für mehr Demokratie in der Gesetzlichen Krankenversicherung, in: MedR 2006, 21 ff.

–, Richtliniengebung durch den Bundesausschuß der Ärzte und Krankenkassen und demokratische Legitimation, in: NZS 1999, 530 ff.

Schinkel, H., Armenpflege und Freizügigkeit in der preußischen Gesetzgebung im Jahre 1842, in: Vierteljahresschrift für Sozial- und Wirtschaftsgeschichte 50 (1963), 459 ff.

Schleicher, A., Bildung auf einen Blick, 2003.

Schlenker, R.-U., Soziales Rückschrittsverbot und Grundgesetz, 1986.

Schliesky, U., Souveränität und Legitimität von Herrschaftsgewalt, 2004.

Schlink, B., Abwägung im Verfassungsrecht, 1976.

–, Der Grundsatz der Verhältnismäßigkeit, in: Festschrift 50 Jahre Bundesverfassungsgericht, 2001, Bd. 2, S. 445 ff.

–, Freiheit durch Eingriffsabwehr, in: EuGRZ 1984, 457 ff.
–, Überlegungen zur Kodifikation von Grundrechten auf Bildung, in: E.-W. Böckenförde/J. Jekewitz/T. Ramm (Hrsg.), Soziale Grundrechte, 1981, S. 129 ff.
Schlothfeldt, S., Zur Relevanz sozialer Vergleiche für normative Gerechtigkeitstheorien, in: S. Liebig/H. Lengfeld (Hrsg.), Interdisziplinäre Gerechtigkeitsforschung, 2002, S. 155 ff.
Schluchter, W., Entscheidung für den sozialen Rechtsstaat, 2. Aufl. 1983.
–, Hermann Heller. Ein wissenschaftliches Portrait, in: C. Müller/I. Staff (Hrsg.), Staatslehre in der Weimarer Republik, 1985, S. 24 ff.
Schmähl, W., Aufgabenadäquate Finanzierung und der Umfang der Fehlfinanzierung in Deutschland, in: W. Boecken u.a. (Hrsg.), Sozialrecht und Sozialpolitik in Deutschland und Europa, 2002, S. 605 ff.
Schmähl, W./Rothgang, H., Familie – Pflege – Familienpflege, in: Festschrift für R. Eisen, 2001, S. 273 ff.
Schmehl, A., Das Äquivalenzprinzip im Recht der Staatsfinanzierung, 2004.
–, Zur Kontrolle der Selbstverwaltung im Gesundheitswesen durch die Staatsaufsicht, in: A. Schmehl/A. Wallrabenstein (Hrsg.), Steuerungsinstrumente im Recht des Gesundheitswesens Bd. 3: Kontrolle, 2007, S. 1 ff.
Schmelter, J., Solidarität, Diss. München 1991.
Schmid, G., Reform der Arbeitsmarktpolitik. Vom fürsorgenden Wohlfahrtsstaat zum kooperativen Sozialstaat, WSI-Mitteilungen 10/1996, S. 629.
Schmid, J., Wohlfahrtsstaaten im Vergleich, 2. Aufl. 2002.
Schmidt, H. G., Das Sozialstaatsprinzip in der höchstrichterlichen Rechtsprechung der Bundesrepublik Deutschland, 1971.
Schmidt, M. G., Sozialpolitik in Deutschland, 3. Aufl. 2005.
Schmidt, R., Der soziale Auftrag des Grundgesetzes, in: W. Weyer (Hrsg.), Rechtsstaat – Sozialstaat, 1972, S. 39 ff.
Schmidt, W., Soziale Grundrechte im Verfassungsrecht der Bundesrepublik Deutschland, in: Der Staat 20 (1981) – Beiheft 5, 9 ff.
Schmidt-Aßmann, E., Das allgemeine Verwaltungsrecht als Ordnungsidee, 2. Aufl. 2006.
–, Der Rechtsstaat, in: J. Isensee/P. Kirchhof (Hrsg.), Handbuch des Staatsrechts, Bd. 3, 3. Aufl. 2004, S. 541 ff.
–, Die Bedeutung des Sozialstaatsprinzips für das Verwaltungsrecht, in: Festschrift für R. Mußgnug, 2005, S. 33 ff.
–, Grundrechte als Organisations- und Verfahrensgarantien, in: D. Merten/H.-J. Papier (Hrsg.), Handbuch der Grundrechte, Bd. 2, 2006, S. 993 ff.
–, Grundrechtspositionen und Legitimationsfragen im öffentlichen Gesundheitswesen, 2001.
–, Grundrechtswirkungen im Verwaltungsrecht, in: Festschrift für K. Redeker, 1993, S. 225 ff.
–, Kommunalrecht, in: ders. (Hrsg.): Besonderes Verwaltungsrecht, 13. Aufl. 2005, S. 1 ff.
–, Verfassungsfragen der Gesundheitsreform, in: NJW 2004, 1689 ff.
–, Verfassungsprinzipien für den Europäischen Verwaltungsverbund, in: W. Hoffmann-Riem/E. Schmidt-Aßmann/A. Voßkuhle (Hrsg.), Grundlagen des Verwaltungsrechts, Bd. 1, 2006, S. 241 ff.
–, Verwaltungslegitimation als Rechtsbegriff, in: AöR 116 (1996), 329 ff.
–, Zum staatsrechtlichen Prinzip der Selbstverwaltung, in: Gedächtnisschrift für W. Martens, 1987, S. 249 ff.

–, Zur Gesetzesbindung der verhandelnden Verwaltung, in: Festschrift für W. Brohm, 2002, S. 547 ff.

Schmidt-Aßmann, E./Hoffmann-Riem, W. (Hrsg.), Methoden der Verwaltungsrechtswissenschaft, 2004.

Schmidt-Bleibtreu, B./Klein, F. (Hrsg.), GG, 10. Aufl. 2004.

Schmidt-Klügmann, M., Überlegungen zum modernen Sozialrecht auf der Grundlage der praktischen Philosophie Kants, in: ARSP 71 (1985), 378 ff.

Schmidt-Preuß, M., Verwaltung und Verwaltungsrecht zwischen gesellschaftlicher Selbstregulierung und staatlicher Steuerung, in: VVDStRL 56 (1997), S. 160 ff.

Schmidtz, D., Taking Resposibility, in: ders./R. E. Goodin, Social Welfare and Individual Responsibility, 1998, S. 1 ff.

Schmitt Glaeser, A., Vorverständnis als Methode, 2004.

Schmitt, C., Der Begriff des Politischen, 3. Aufl. der Ausgabe von 1963, 1991.

–, Der Hüter der Verfassung, 9. Aufl. 1985.

–, Die Freiheitsrechte und institutionelle Garantien (1931), in: ders., Verfassungsrechtliche Aufsätze, 4. Aufl. 2003, S. 140 ff.

–, Die geistesgeschichtliche Lage des heutigen Parlamentarismus (1923), 8. Aufl. 1996.

–, Die legale Weltrevolution, in: Der Staat 17 (1978), 321 ff.

–, Grundrechte und Grundpflichten (1932), in: ders., Verfassungsrechtliche Aufsätze aus den Jahren 1924–1954, 4. Aufl. 2003, S. 181 ff.

–, Land und Meer (1954), 4. Aufl. 2001.

–, Legalität und Legitimität (1932), in: ders., Verfassungsrechtliche Aufsätze aus den Jahren 1924–1954, 4. Aufl. 2003, S. 263 ff.

–, Nehmen, Teilen, Weiden (1953), in: ders., Verfassungsrechtliche Aufsätze aus den Jahren 1924–1954, 4. Aufl. 2003, S. 489 ff.

–, Politische Theologie, 7. Aufl. 1996.

–, Verfassungslehre (1922), 8. Aufl. 1993.

Schmoller, G., Die soziale Frage und der preußische Staat (1874), in: E. Schraepler (Hrsg.), Quellen zur Geschichte der sozialen Frage in Deutschland, Bd. 2, 1957, S. 56 ff.

Schnädelbach, H., Die Verfassung der Freiheit, in: L. Siep (Hrsg.), G.W.F. Hegel – Grundlinien der Philosophie des Rechts, 1997, S. 243 ff.

Schnapp, F. E., Die rechtliche Legitimation des Arbeitgeberanteils in der gesetzlichen Krankenversicherung, in: SGb 2005, 1 ff.

–, Die Selbstverwaltung in der Sozialversicherung, in: Festschrift für G. C. von Unruh, 1983, S. 881 ff.

–, Die Sozialstaatsklausel – Beschwörungsformel oder Rechtsbegriff?, in: SGb 2000, 341 ff.

–, Eigentumsschutz, in: LVA Rheinland Pfalz (Hrsg.), Zukunft der Rente – Rente mit Zukunft, 2004, S. 47 ff.

–, Friedenswahlen in der Sozialversicherung – vordemokratisches Relikt oder scheindemokratisches Etikett?, in: Festschrift für K. Ipsen, 2000, S. 807 ff.

–, Geschichtliche Entwicklung des Kassenarztrechts, in: ders./P. Wigge (Hrsg.), Handbuch des Vertragsarztrechts, 2. Aufl. 2006, S. 1 ff.

–, Gibt es noch eine Selbstverwaltung in der Selbstverwaltung?, in: VSSR 2006, 191 ff.

–, Probleme der Selbstverwaltung, in: SGb 1996, 621 (624).

–, Soziale Grundrechte aus verfassungsrechtlicher Sicht, in: B. von Maydell (Hrsg.), Soziale Rechte in der EG, 1990, S. 5 ff.

–, Sozialstaatlichkeit im Spannungsfeld von Eigenverantwortung und Fürsorge, in: DVBl. 2004, 1053 ff.
–, Sozialversicherung – Begriff ohne Kontur?, in: VSSR 1995, 101 ff.
–, Untergesetzliche Rechtsquellen im Vertragsarztrecht – am Beispiel der Richtlinien, in: Festschrift 50 Jahre Bundessozialgericht, 2004, S. 497 ff.
–, Was können wir über das Sozialstaatsprinzip wissen?, in: JuS 1998, 873 ff.
Schnapp, F. E./Kaltenborn, M., Verfassungsrechtliche Fragen der „Friedensgrenze" zwischen privater und gesetzlicher Krankenversicherung, 2001.
Schneider, H., Der verfassungsrechtliche Schutz von Renten der Sozialversicherung, 1980.
Schneider, H.-P., Wo bleibt die Brüderlichkeit?, in: Festschrift für W. Holtfort, 1990, S. 213 ff.
Schneider, J.-P., Verwaltungsrechtliche Instrumente des Sozialstaates, in: VVDStRL 64 (2005), S. 238 ff.
Schneider, W., Art. Brüderlichkeit, in: O. Brunner/W. Conze/R. Koselleck (Hrsg.), Geschichtliche Grundbegriffe, Bd. 1, 1972, S. 552 ff.
Schnorr, G., Sozialstaat – ein Rechtsbegriff?, in: Festschrift für H. Schmitz zum 70. Geburtstag, Bd. II, 1967, S. 256 ff.
Schoch, F., Privatisierung von Verwaltungsaufgaben, in: DVBl. 1994, 962 ff.
Schoch, F./Wieland, J., Verfassungsrechtliche Probleme sozialrechtlicher Vereinbarungspflichten, in: ZG 2005, 223 ff.
Schockenhoff, V., Wirtschaftsverfassung und Grundgesetz, 1986.
Scholler, H., Die soziale Frage und die Forderung sozialer Grundrechte, in: P. Bahners/G. Roellecke (Hrsg.), 1848 – Die Erfahrung der Freiheit, 1998, S. 71 ff.
–, Die sozialen Grundrechte in der Paulskirche, Der Staat 13 (1974), 51 ff.
Scholz, R., Das Recht auf Arbeit, in: E.-W. Böckenförde/J. Jekewitz/T. Ramm (Hrsg.), Soziale Grundrechte, 1981, S. 75 ff.
–, Sozialstaat zwischen Wachstums- und Rezessionsgesellschaft, 1981.
–, Zum Verfassungsprinzip des „sozialen Bundesstaats", in: Festschrift für R. Mußgnug, 2005, S. 19 ff.
Scholz, R./Pitschas, R., Sozialstaat und Gleichheit, in: Festschrift 25 Jahre Bundessozialgericht, Bd. 2, 1979, S. 627 ff.
Schönberger, C., Besprechung U. Haltern, Was bedeutet Souveränität?, 2007, in: JZ 2007, 628.
–, Das Parlament im Anstaltsstaat, 1997.
–, Die Unionsbürgerschaft als Sozialbürgerschaft, in: ZAR 2006, 226 ff.
–, Unionsbürger, 2005.
Schöndorf-Haubold, B., Die Strukturfonds der Europäischen Gemeinschaft, 2005.
–, Gemeinsame Europäische Verwaltung: die Strukturfonds der Europäischen Gemeinschaft, in: E. Schmidt-Aßmann/B. Schöndorf-Haubold (Hrsg.), Der Europäische Verwaltungsverbund, 2005, S. 25 ff.
Schöne-Seifert, B., Verantwortungsprobleme in der medizinischen Mikroallokation, in: H. M. Sass (Hrsg.), Ethik und öffentliches Gesundheitswesen, 1988, S. 135 ff.
Schorkopf, F., Grundgesetz und Überstaatlichkeit, 2007.
Schramme, T., Begründungsmodelle des Sozialstaats, in: ARSP 92 (2006), 322 ff.
–, Die Anmaßung der Gleichheitsvoraussetzung, in: Deutsche Zeitschrift für Philosophie 51 (2003), 255 ff.

–, Verteilungsgerechtigkeit ohne Verteilungsgleichheit, in: Analyse & Kritik 21 (1999), 171 ff.
–, Zur Währungskrise der egalitären Gerechtigkeit (Teil 2), in: Zeitschrift für philosophische Forschung 58 (2004), 129 (131).
–, Zur Währungskrise der egalitären Gerechtigkeit (Teil 1), in: Zeitschrift für philosophische Forschung 57 (2003), 612 ff.
Schreiber, H.-L., Rechtliche Kriterien der Verteilungsgerechtigkeit im Sozialstaat, in: E. Nagel/Ch. Fuchs (Hrsg.), Soziale Gerechtigkeit im Gesundheitswesen, 1993, S. 302 ff.
Schreiber, W., Das Sozialstaatsprinzip des Grundgesetzes in der Praxis der Rechtsprechung, 1972.
Schrimm-Heins, A., Gewißheit und Sicherheit. Geschichte und Bedeutungswandel der Begriffe certitudo und securitas, in: Archiv für Begriffsgeschichte 34 (1991), 123 ff. und 35 (1992), 115 ff.
Schütte, C., Progressive Verwaltungsrechtswissenschaft auf konservativer Grundlage, 2006.
Schuler-Harms, M., Art. Sozialpolitik, in: Ev. Staatslexikon, Neuausgabe 2006, Sp. 2238 ff.
Schulin, B., Die soziale Pflegeversicherung des SGB XI, in: NZS 1994, 433 ff.
–, Grundstrukturen der sozialen Pflegeversicherung, in: Festschrift für H. F. Zacher, S. 1029 ff.
–, Solidarität und Subsidiarität, in: B. v. Maydell/W. Kannengießer (Hrsg.), Handbuch der Sozialpolitik, 1988, S. 85 ff.
–, Verfassungsrechtliche Grenzen bei der Umgestaltung des Sozialstaats im Bereich der Gesundheitssicherung, in: VSSR 1997, 43 ff.
Schulte, B., Supranationales Recht, in: B. von Maydell/F. Ruland (Hrsg.), Sozialrechtshandbuch, 3. Aufl. 2003, S. 1610 ff.
Schulte, B./Zacher, H. F. (Hrsg.), Wechselwirkungen zwischen dem Europäischen Sozialrecht und dem Sozialrecht der Bundesrepublik Deutschland, 1991.
Schulz, O., Grundlagen und Perspektiven einer Europäischen Sozialpolitik, 2003.
Schulze-Fielitz, H., Grundmodi der Aufgabenwahrnehmung, in: W. Hoffmann-Riem/E. Schmidt-Aßmann/A. Voßkuhle (Hrsg.), Grundlagen des Verwaltungsrechts, Bd. 1, 2006, S. 761 ff.
–, Was macht die Qualität öffentlich-rechtlicher Forschung aus?, in: JöR n.F. 50 (2002), 1 ff.
Schumacher, V., Rechtsfragen der sozialen Bemessung von kommunalen Gebühren, 2003.
Schuppert, G. F. (Hrsg.), Das Gesetz als zentrales Steuerungsinstrument des Rechtsstaates, 1998.
–, Aktivierender Staat und Zivilgesellschaft, in: G. Winter (Hrsg.), Das Öffentliche heute, 2002, S. 101 ff.
–, Grundrechte und Demokratie, in: EuGRZ 1985, 525 ff.
–, Staatswissenschaft, 2003.
–, Verwaltungsorganisation und Verwaltungsorganisationsrecht als Steuerungsfaktoren, in: W. Hoffmann-Riem/E. Schmidt-Aßmann/A. Voßkuhle (Hrsg.), Grundlagen des Verwaltungsrechts, 2006, S. 995 ff.
Schwabe, J., Probleme der Grundrechtsdogmatik, 1997.
Schwark, E., Wirtschaftsordnung und Sozialstaatsprinzip, 1996.
Schwarz, K.-A., Vertrauensschutz als Verfassungsprinzip, 2002.

Schwarze, J., Daseinsvorsorge im Lichte des europäischen Wettbewerbsrechts, in: EuZW 2001, 334 ff.
Schwerdtfeger, J., Formen der Kooperation und Koordination der Sozialversicherungsträger, in: SDSRV 34 (1991), S. 123 ff.
Schwertdtfeger, G., Die Leistungsansprüche der Versicherten im Rechtskonkretisierungskonzept des SGB V, in: NZS 1998, 49 ff.
Scoccia, D., Paternalism and Respect for Autonomy, in: Ethics 100 (1990), 318 ff.
Seer, R., Verfassungsrechtliche Grenzen der Gesamtbelastung von Unternehmen, in: DStJG 23 (2000), 87 ff.
Seeringer, S., Der Gemeinsame Bundesausschuss nach dem SGB V, 2006.
Seewald, O., Gesundheit als Grundrecht, 1982.
–, Zum Verfassungsrecht auf Gesundheit, 1981.
Seggern, B. v., Verfassungsrechtliche Grenzen des Sozialabbaus, in: Soziale Sicherheit 1996, 367 ff.
Seiler, C., Der einheitliche Parlamentsvorbehalt, 2000.
–, Entwicklung der Bevölkerung und Familienpolitik, in: J. Isensee/P. Kirchhof (Hrsg.), Handbuch des Staatsrechts, Bd. 4, 3. Aufl. 2006, S. 507 ff.
Sen, A., Capability and Well-Being, in: M. Nussbaum/A. Sen (Hrsg.), Quality of Life, 1993, S. 30 ff.
–, Equality of What?, in: S. McMurrin (Hrsg.), The Tanner Lectures on Human Values, Bd. 1, 1980, S. 195 ff.
–, Inequality Reexamined, 1992.
–, Ökonomie für den Menschen, 2000.
Sendler, H., Teilhaberechte in der Rechtsprechung des Bundesverwaltungsgerichts, in: DÖV 1978, 581 ff.
Serres, M., Der Parasit, 2. Aufl. 1984.
Shalev, M., The Social Democratic Model and Beyond, in: Comparative Social Research 6 (1983), 315 ff.
Siekmann, J.-R., Regelmodelle und Prinzipienmodelle des Rechtssystems, 1990.
–, Zur Begründung von Abwägungsurteilen, in: Rechtstheorie 26 (1995), 45 ff.
Silagi, M., Die allgemeinen Regeln des Völkerrechts als Bezugsgegenstand in Art. 25 GG und Art. 26 EMRK, in: EuGRZ 1980, 632 ff.
Simmel, G., Philosophie des Geldes (1900), 1989.
–, Zur Soziologie der Armut, in: ders., Aufsätze und Abhandlungen 1901–1908, Bd. 2, 1993, S. 24 ff.
Simmons, A. J., The Lockean Theory of Rights, 1992.
Simon, Th., „Gute Policey“, 2004.
Simons, T., Verfahren und verfahrensäquivalente Rechtsformen im Sozialrecht, 1985.
Skuhr, W., Die Stellung der Demokratie in der deutschen Nachkriegsdiskussion über den „demokratischen und sozialen Rechtsstaat“, Diss. Berlin 1961.
Smith, A., Der Wohlstand der Nationen (1776), 1974.
Sobota, K., Das Prinzip Rechtsstaat, 1997.
Sodan, H., Das Beitragssicherungsgesetz auf dem Prüfstand des Grundgesetzes, in: NJW 2003, 1761 ff.
–, Das GKV-Wettbewerbsstärkungsgesetz, in: NJW 2007, 1313 ff.
–, Die „Bürgerversicherung“ als Bürgerzwangsversicherung, in: ZRP 2004, 217 ff.
–, Die institutionelle und funktionale Legitimation des Bundesausschusses der Ärzte und Krankenkassen, in: NZS 2000, 581 ff.

–, Die Zukunft der sozialen Sicherungssysteme, in: VVDStRL 64 (2005), S. 144 ff.
–, Finanzielle Stabilität der gesetzlichen Krankenversicherung und Grundrechte der Leistungserbringer, in: ders. (Hrsg.), Finanzielle Stabilität der gesetzlichen Krankenversicherung und Grundrechte der Leistungserbringer, 2004, S. 9 ff.
–, Freie Berufe als Leistungserbringer im Recht der gesetzlichen Krankenversicherung, 1997.
–, Normsetzungsverträge im Sozialversicherungsrecht, in: NZS 1998, 305 ff.
–, Private Krankenversicherung und Gesundheitsreform 2007, 2007.
–, Zur Verfassungsmäßigkeit der Ausgliederung von Leistungsbereichen aus der gesetzlichen Krankenversicherung, in: NZS 2003, 393 ff.
Soergel, W., Konsens und Interesse. Eine Studie zur Entstehung des Grundgesetzes, 1969.
Sohm, R., Die sozialen Aufgaben des modernen Staates, in: Cosmopolis 8 (1897), 231 ff.
Sokol, Th., Art. Wohlfahrt; Wohlfahrtsstaat I., in: J. Ritter u.a. (Hrsg.), Historisches Wörterbuch der Philosophie, Bd. 12, 2004, Sp. 997 f.
Sommermann, K.-P., Art. Staatszwecke, Staatsziele, in: Evangelisches Staatslexikon, Neuausgabe, 2006, Sp. 2348 ff.
–, Staatsziele und Staatszielbestimmungen, 1997.
–, Verordnungsermächtigung und Demokratieprinzip, in: JZ 1997, 434 ff.
–, Völkerrechtlich garantierte Menschenrechte als Maßstab der Verfassungskonkretisierung, in: AöR 114 (1989), 391 ff.
Soosten, J. v., Art. Sozialer Wandel, in: Ev. Staatslexikon, 2006, Sp. 2188 ff.
–, Neubau der Sittlichkeit, in: P. Bahr/H. M. Heinig (Hrsg.), Menschenwürde in der säkularen Verfassungsordnung, 2006, S. 297 ff.
–, Wohlfahrtspluralismus, in: ZEE 41 (1997), 40 ff.
Spellbrink, W., Ist die Beitragspflicht in der gesetzlichen Arbeitslosenversicherung verfassungsrechtlich noch zu rechtfertigen?, in: JZ 2004, 538 ff.
Spieker, M., Legitimitätsprobleme des Sozialstaats, 1986.
Spindler, H., Die neue Regelsatzverordnung, in: info also 2004, 147 ff.
Spinoza, B. de, Tractatus politicus, in: Abhandlung über die Verbesserung des Verstandes/ Abhandlung vom Staate, übers. v. C. Gebhardt, 5. Aufl. 1977, S. 58
Spranger, T. M., Der sozialhilferechtliche Anspruch auf das Existenzminimum aus verfassungsrechtlicher Sicht, in: Verwaltungsrundschau 1999, 242 ff.
Staff, I., Die Wahrung staatlicher Ordnung, in: Leviathan 1987, 141 ff.
–, Staatslehre in der Weimarer Republik, in: C. Müller/I. Staff (Hrsg.), Staatslehre in der Weimarer Republik, 1985, S. 7 ff.
Starck, C., Der Gesetzesbegriff des Grundgesetzes, 1970.
–, Gesetzgeber und Richter im Sozialstaat, in: DVBl. 1978, 937 ff.
–, Grundrechtliche und demokratische Freiheitsidee, in: J. Isensee/P. Kirchhof (Hrsg.), Handbuch des Staatsrechts, Bd. 3, 3. Aufl. 2005, S. 3 ff.
–, Ist der kategorische Imperativ ein Prinzip des Sozialstaats?, in: ZRP 1981, 97 ff.
Staupe, J., Parlamentsvorbehalt und Delegationsbefugnis, 1986.
Stein, L. v., Der Begriff der Arbeit und die Principien des Arbeitslohnes in ihrem Verhältnisse zum Socialismus und Communismus (1846), 1974.
–, Die Verwaltungslehre, 8 Teile in 10 Bden. (1869 ff.), 1975.
–, Die Verwaltungslehre, Theil 2 (1866), 1975.
–, Gegenwart und Zukunft der Rechts- und Staatswissenschaft Deutschlands, 1876.
–, Geschichte der sozialen Bewegung in Frankreich von 1789 bis auf unsere Tage (1849), 3. Bde., 1959.

–, Handbuch der Verwaltungslehre und des Verwaltungsrechts, 1870.
–, Lehrbuch der Finanzwissenschaft, Teil 1, 5. Aufl. 1885.
–, Schriften zum Sozialismus 1848 – 1852 – 1854, 1974.
Steinbeiß-Winkelmann, C., Grundrechtliche Freiheit und staatliche Freiheitsordnung, 1986.
Steinberger, H., Allgemeine Regeln des Völkerrechts, in: J. Isensee/P. Kirchhof (Hrsg.), Handbuch des Staatsrechts, Bd. 7, 1992, S. 525 ff.
Steiner, H., An Essay on Rights, 1994.
–, Just Taxation and International Redistribution, in: I. Shapiro/L. Brilmayer (Hrsg.), Global Justice, 1999, S. 171 ff.
–, Liberty and Equality, in: Political Studies 29 (1981), 555 ff.
Steiner, U., Das Bundesverfassungsgericht und die Volksgesundheit, in: MedR 2003, 1 ff.
–, Das Sozialversicherungsrecht in der Rechtsprechung des Bundesverfassungsgerichts, in: Speyerer Sozialrechtsgespräche, 2002, S. 525 ff.
–, Versicherungsfreiheit und Versicherungszwang, in: Stiftung Gesellschaft für Rechtspolitik/Institut für Rechtspolitik an der Universität Trier (Hrsg.), Bittburger Gespräche 2004/II, 2005, S. 139 ff.
Steinforth, T., Selbstachtung im Wohlfahrtsstaat, 2001.
Steinvorth, U., Gleiche Freiheit, 1999.
Stelzer, M., Das Wesengehaltsargument und der Grundsatz der Verhältnismäßigkeit, 1991.
Stern, K., Das Staatsrecht der Bundesrepublik Deutschland, Bd. 1, 2. Aufl. 1984.
–, Das Staatsrecht der Bundesrepublik Deutschland, Bd. 2, 1980.
–, Das Staatsrecht der Bundesrepublik Deutschland, Bd. 3/1, 1988.
–, Das Staatsrecht der Bundesrepublik Deutschland, Bd. 3/2, 1994.
Stichweh, R., Inklusion/Exklusion und die Theorie der Weltgesellschaft, in: K.-S. Rehberg (Hrsg.), Differenz und Integration, Bd. 2, 1997, S. 599 ff.
Stiftung Gesellschaft für Rechtspolitik/Institut für Rechtspolititk an der Universität Trier (Hrsg.), Bitburger Gespräche 2004/II, 2005.
Stober, R. (Hrsg.), Eigentumsschutz sozialrechtlicher Positionen, 1986.
–, Eigentumsschutz im Sozialrecht, in: SGb 1989, 53 ff.
Stockhausen, C. v., Gesetzliche Preisintervention zur Finanzierung öffentlicher Aufgaben, 2007.
Stoecker, R., Menschenwürde und das Paradox der Entwürdigung, in: ders. (Hrsg.), Menschenwürde, 2003, S. 133 ff.
–, Fremdwahrnehmung, in: P. Bahr/H. M. Heinig (Hrsg.), Menschenwürde in der säkularen Verfassungsordnung, 2006, S. 365 ff.
–, Gabe und Tausch als Antinomie religiöser Kommunikation, in: K. Tanner (Hrsg.), Religion und symbolische Kommunikation, 2004, S. 185 ff.
Stolleis, M., Art. Wohlfahrt, in: HRG, Bd. 5, 1998, Sp. 1486 f.
–, Der Schutz der Vermögensrechte des Bürgers gegenüber dem Staat – aus verfassungsgeschichtlicher Sicht, in: SDSRV 23 (1982), S. 104 ff.
–, Die Entstehung des Interventionsstaates und das öffentliche Recht (1989), in: ders., Konstitution und Intervention, 2001, S. 253 ff.
–, Die Rechtsgrundlagen der Regelsätze, NDV 1981, 99 ff.
–, Die Sozialversicherung Bismarcks (1979), in: ders., Konstitution und Intervention, 2001, S. 226 ff.
–, Die unvollendete Gerechtigkeit, 2005.

–, Geschichte des öffentlichen Rechts in Deutschland, 3 Bde, 1988 ff.
–, Geschichte des Sozialrechts in Deutschland, 2003.
–, Möglichkeiten der Fortentwicklung des Rechts der sozialen Sicherheit zwischen Anpassungszwang und Bestandsschutz, in: 55. Deutscher Juristentag, Bd. 2, 1984, S. N 9 ff.
–, Solidarität sagt, will etwas haben, in: Rechtsgeschichte 5 (2004), 49 ff.
Storost, U., Staat und Verfassung bei Ernst Forsthoff, 1979.
Storr, S., Der Staat als Unternehmer, 2001.
–, Neuorganisation der Sozialen Sicherungssysteme, in: SGb 2004, 279 ff.
Stötzel, M., Vertrauensschutz und Gesetzesrückwirkung, 2002.
Stratenwerth, G., Zum Prinzip des Sozialstaats, in: Festschrift für K. Eichenberger, 1982, S. 81 ff.
Stratmann, S., Der Anspruch auf das medizinisch Machbare, 2000.
Streuer, W., Die positiven Verpflichtungen des Staates, 2003.
Sturma, D., Universalimus und Neoaristotelismus, in: W. Kersting (Hrsg.), Politische Philosophie des Sozialstaats, 2000, S. 257 ff.
Süchting, G., Eigentum und Sozialhilfe, 1995.
Suhr, D., Entfaltung des Menschen durch den Menschen, 1976.
–, Freiheit durch Geselligkeit, in: EuGRZ 1984, 529 ff.
–, Rechtsstaatlichkeit und Sozialstaatlichkeit, in: Der Staat 9 (1970), 67 ff.
Sun, N., Das Verhältnis zwischen Sozialversicherung und Sozialhilfe bei der Umstrukturierung des Sozialstaates, 2005.
Szasz, T., Cruel Compassion, 1994.
Szczekalla, P., Die sogenannten grundrechtlichen Schutzpflichten im deutschen und europäischen Recht, 2002.

Tanner, K., Der Staat des christlichen Gemeinwohls?, in: ZEE 39 (1995), 151 ff.
Taterin-Tarnheyden, E., Werdendes Staatsrecht, 1934.
Taupitz, J., Die Vertretung kollektiver Patienteninteressen, in: MedR 2003, 7 ff.
–, Ressourcenknappheit in der Medizin, in: J. Wolter/E. Riedel/J. Taupitz (Hrsg.), Einwirkungen der Grundrechte auf das Zivilrecht, Öffentliches Recht und Strafrecht, 1999, S. 113 ff.
Taylor, C., Aneinander vorbei: Die Debatte zwischen Liberalismus und Kommunitarismus, in: A. Honneth (Hrsg.), Kommunitarismus, 2. Aufl. 1994, S. 103 ff.
–, Der Irrtum der negativen Freiheit (1979), in: ders., Negative Freiheit?, 1988, S. 118 ff.
–, Hegel, 2. Aufl. 1993.
Tempel-Kromminga, H., Die Problematik der Richtlinien der Bundesausschüsse der Ärzte und Krankenkassen nach dem neuen Recht des SGB V, 1994.
Tenfelde, K., Arbeiterschaft, Solidarität und Arbeiterbewegung, in: K. Bayertz (Hrsg.), Solidarität, 1998, S. 195 ff.
Tennstedt, F., Geschichte des Sozialrechts, in: B. v. Maydell/F. Ruland (Hrsg.), Sozialrechtshandbuch, 3. Aufl. 2003, S. 24 ff.
–, Peitsche und Zuckerbrot oder ein Reich mit Zuckerbrot?, in: Zeitschrift für Sozialreform 43 (1997), 88 ff.
–, Politikfähige Anstöße zu Sozialreform und Sozialstaat, in: W. Loth/J.-C. Kaiser (Hrsg.), Soziale Reform im Kaiserreich, 1997, S. 19 ff.
Tennstedt, F./Winter, H., Quellensammlung zur Geschichte der Deutschen Sozialpolitik 1867 bis 1914, II. Abt. Bd. 2, Teilbd. 1, 1995.

Tennstedt, F./ Winter, H. (Hrsg.), Quellensammlung zur Geschichte der Deutschen Sozialpolitik 1867 bis 1914, Bd. 1, 1994.

Tettinger, P. J., Der grundgesetzlich gewährleistete besondere Schutz von Ehe und Familie, in: Essener Gespräche zum Thema Staat und Kirche 35 (2001), S. 117 ff.

–, Freiheit in Sicherheit, in: Festschrift für J. Kirchhoff, 2002, S. 281 ff.

–, Verwaltungsrechtliche Instrumente des Sozialstaates, in: VVDStRL 64 (2005), S. 199 ff.

Tettinger, P. J./Mann, T., Wasserverbände und demokratische Legitimation, 2000.

Teubner, G., Globale Zivilverfassungen, in: Zeitschrift für ausländisches öffentliches Recht und Völkerrecht 63 (2003), 1 ff.

–, Im blinden Fleck der Systeme, in: Soziale Systeme 3 (1999), 312 ff.

Thiel, M., Kooperative untergesetzliche Normsetzung im Gesundheitswesen in: A. Schmehl/A. Wallrabenstein (Hrsg.), Steuerungsinstrumente im Recht des Gesundheitswesens Bd. 2: Kooperation, 2006, S. 71 ff.

Thüsing, G., „Florida-Rolf" – Von der Macht der Medien und dem Sinn der Sozialhilfe, in: NJW 2003, 3246 ff.

Tietje, C., Die Staatslehre und die Veränderung ihres Gegenstandes, in: DVBl. 2003, 1081 ff.

Tocqueville, A. de, Über die Demokratie in Amerika (1835/1840), hrsg. v. J. P. Mayer, 1985.

Tomuschat, C., Güterverteilung als rechtliches Problem, in: Der Staat 12 (1973), 433 ff.

Tragl, T., Solidarität und Sozialstaat, 2000.

Trenk-Hinterberger, P., Sozialhilferecht, in: B. v. Maydell/F. Ruland (Hrsg.), Sozialrechtshandbuch, 3. Aufl. 2003, S. 1223 ff.

Treutner, E., Kooperativer Rechtsstaat, 1998.

Treviranus, H., Nochmals: Diplomatischer Schutz und grundrechtliche Schutzpflicht, DÖV 1979, 35 ff.

Triepel, H., Diskussionsbeitrag, in: VVDStRL 7 (1932), S. 197.

Trute, H.-H., Die demokratische Legitimation der Verwaltung, in: W. Hoffmann-Riem/E. Schmidt-Aßmann/A. Voßkuhle (Hrsg.), Grundlagen des Verwaltungsrechts, Bd. 1, 2006, S. 307 ff.

–, Die Verwaltung und das Verwaltungsrecht zwischen gesellschaftlicher Selbstregulierung und staatlicher Steuerung, in: DVBl. 1996, 950 ff.

Tugendhat, E., Dialog in Leticia, 1997.

–, Vorlesungen über Ethik, 1993.

Uhle, A., Parlament und Rechtsverordnung, 1999.

Uhlenbruck, W., Rechtliche Grenzen einer Rationierung der Medizin, MedR 1996, 427 ff.

Ullrich, C. G., Solidarität im Sozialversicherungsstaat, 2000.

–, Soziologie des Wohlfahrtsstaates, 2005.

–, Wohlfahrtsstaat und Wohlfahrtskultur, Arbeitspapier Nr. 67, Mannheimer Zentrum für Europäische Sozialforschung, 2003.

Umbach D. C./ Clemens, Th. (Hrsg.), Grundgesetz, 2 Bde., 2002.

–, Sozialrecht und Verfassungsrecht, in: VSSR 1992, 265 ff.

Unruh, P., Anmerkung, in: JZ 2003, 1061 ff.

–, Demokratie und „Mitbestimmung" in der funktionalen Selbstverwaltung, in: VerwArch 92 (2001), 531 ff.

–, Die Herrschaft der Vernunft, 1993.

–, Die vernunftrechtliche Eigentumsbegründung bei Kant, in: A. Eckl/B. Ludwig (Hrsg.), Was ist Eigentum?, 2005, S. 133 ff.
–, Zur Dogmatik der grundrechtlichen Schutzpflichten, 1996.
Uppendahl, H., Eudämonismus und Wohlfahrtsstaat, in: ARSP 64 (1978), 205 ff.

Valdès, E. G., Kann Rechtspaternalismus gerechtfertigt werden?, in: Rechtstheorie 18 (1987), 273 ff.
van Aaken, A., Begrenzte Rationalität und Paternalismusgefahr, in: M. Anderheiden u.a. (Hrsg.), Paternalismus und Recht, 2006, S. 109 ff.
van der Loo, H./van Reijen, W., Modernisierung, 1992.
van der Mei, P., Free Movement of Persons within the European Community, 2003.
van Kerksbergen, K., Social Capitalism, 1995.
Van Parijs, P., Basic Income Capitalism, in: Ethics 102 (1992), 465 ff.
–, Real Freedom For All, 1995.
–, Why Sufers Should Be Fed, in: Philosophy & Public Affairs 20 (1991), 101 ff.
Vanderborght, Y./ Van Parijs, P., Ein Grundeinkommen für alle?, 2006.
van de Veer, D., Autonomy Respecting Paternalism, in: Social Theory and Practice 6 (1980), 187 ff.
–, Paternalistic Interventions, 1986.
Vesting, T., Die Staatsrechtslehre und die Veränderung ihres Gegenstandes, in: VVDStRL 63 (2004), S. 41 ff.
–, Soziale Geltungsansprüche in fragmentierten Öffentlichkeiten, in: AöR 122 (1997), 337 ff.
Vobruba, G., Autonomiegewinne, 1997.
–, *G.*, Freiheit: Autonomiegewinne der Leute im Wohlfahrtsstaat, in: S. Lessenich (Hrsg.), Wohlfahrtsstaatliche Grundbegriffe, 2003, S. 137 ff.
–, Moderne, Modernisierung und Sozialpolitik, in: W. Glatzer (Hrsg.), Die Modernisierung moderner Gesellschaften, 1991, S. 314 ff.
–, Sozialpolitik macht Modernisierung möglich, in: Die Mitbestimmung Heft 2 1990, 108 ff.
–, Wohlfahrtsstaatliche Sicherung als Voraussetzung politischer Praxis, in: ders., Politik mit dem Wohlfahrtsstaat, 1983, S. 40 ff.
Vogel, K., Der Finanz- und Steuerstaat, in: J. Isensee/P. Kirchhof (Hrsg.), Handbuch des Staatsrechts, Bd. 2, 3. Aufl. 2004, S. 843 ff.
–, Die Steuergewalt und ihre Grenzen, in: Festschrift 50 Jahre Bundesverfassungsgericht, Bd. 2, 2001, S. 527 ff.
–, Eigentumsgarantie, Handlungsfreiheit und Steuerrecht, in: Festschrift für H. Maurer, 2001, S. 297 ff.
–, Bismarcks Arbeiterversicherung, 1951.
Voigt, S., Institutionenökonomik, 2002.
Volkmann, U., Art. Solidarität, in: Ev. Staatslexikon, Neuausgabe 2005, Sp. 2163 ff.
–, Solidarität, 1998.
Völtzer, F., Der Sozialstaatsgedanke in der Weimarer Reichsverfassung, 1992.
Vorsteen, K., Rationierung im Gesundheitswesen und Patientenschutz, 2001.
Voßkuhle, A., Beteiligung Privater an der Wahrnehmung öffentlicher Aufgaben und staatliche Verantwortung, in: VVDStRL 62 (2003), S. 266 ff.
–, Der „Dienstleistungsstaat". Über Nutzen und Gefahren von Staatsbildern, in: Der Staat 49 (2001), 495 ff.

–, Die Renaissance der „Allgemeinen Staatslehre" im Zeitalter der Europäisierung und Internationalisierung, in: JuS 2004, 2 ff.
–, Methode und Pragmatik im Öffentlichen Recht, in: H. Bauer u.a. (Hrsg.), Umwelt, Wirtschaft und Recht, 2002, S. 171 ff.
–, Neue Verwaltungsrechtswissenschaft, in: W. Hoffmann-Riem/E. Schmidt-Aßmann/A. Voßkuhle (Hrsg.), Grundlagen des Verwaltungsrechts, Bd. 1, 2006, S. 1 ff.

Wagner, A., Allgemeine oder theoretische Volkswirtschaftslehre, 1. Teil, 1876 (Faksimile 1991).
Wahl, A., Kooperationsstrukturen im Vertragsarztrecht, 2001.
Wahl, R., Der Vorrang der Verfassung und die Selbständigkeit des Gesetzesrechts (1984), in: ders., Verfassungsstaat, Europäisierung, Internationalisierung, 2003, S. 161 ff.
–, Die bürokratischen Kosten des Rechts- und Sozialstaats, in: Die Verwaltung 13 (1980), 273 ff.
–, Rechtliche Wirkungen und Funktionen der Grundrechte im deutschen Konstitutionalismus (1979), in: ders., Verfassungsstaat, Europäisierung, Internationalisierung, 2003, S. 341 ff.
Waldhoff, C., „Der Gesetzgeber schuldet nichts als das Gesetz", in: Festschrift für J. Isensee, 2007, S. 325 ff.
–, Die Zwecksteuer, in: StuW 2002, 285 ff.
–, Grundzüge des Finanzverfassungsrechts, in: J. Isensee/P. Kirchhof (Hrsg.), Handbuch des Staatsrechts, Bd. 5, 3. Aufl. 2007, S. 813 (904 ff.).
Wallerath, M., Der Sozialstaat in der Krise, in: JZ 2004, 949 ff.
Wallrabenstein, A., Das Verfassungsrecht der Staatsangehörigkeit, 1999.
Walter, C. Religionsverfassungsrecht, 2006.
–, Einleitung, in: H. M. Heinig/C. Walter (Hrsg.), Staatskirchenrecht oder Religionsverfassungsrecht?, 2007, S. 1.
–, Hüter oder Wandler der Verfassung? Zur Rolle des Bundesverfassungsgerichts im Prozeß des Verfassungswandels, in: AöR 125 (2000), 517 ff.
–, Menschenwürde im nationalen Recht, Europarecht und Völkerrecht, in: P. Bahr/H. M. Heinig (Hrsg.), Menschenwürde in der säkularen Verfassungsordnung, 2006, S. 127 ff.
–, Religionsverfassungsrecht, 2006.
Walzer, M., Sphären der Gerechtigkeit (1983), 1998.
Waszek, N., Hegels Schottische Bettler, in: Hegel-Studien 1984, 311 ff.
Weber, M., Die protestantische Ethik und der Geist des Kapitalismus (1904/05), in: ders., Gesammelte Schriften zur Religionssoziologie, Bd. 1, 9. Aufl. 1988, S. 203.
–, Wirtschaft und Gesellschaft, 5. Aufl. 1980.
Weber, P., Carlo Schmid – eine Biographie, 1998.
Weber, W., Die verfassungsrechtlichen Grenzen sozialstaatlicher Forderungen, in: Der Staat 4 (1965), 409 ff.
Weber-Dürler, B., Vertrauensschutz im öffentlichen Recht, 1983.
Weber-Gellert, H., Steuern im modernen Verfassungsstaat, 2001.
Wegmann, B., Transferrechtliche Probleme der Sozialversicherung, 1987.
Wehler, U., Das deutsche Kaiserreich 1871–1918, 7. Aufl. 1994.
Weihnacht, P.-L., Staat. Studien zur Bedeutungsgeschichte des Wortes von den Anfängen bis ins 19. Jahrhundert, 1968.
Weiler, J. H. H., The Transformation of Europe, in: ders., The Constitution of Europe, 1999, S. 10 ff.

Weiß, W., Privatisierung und Staatsaufgaben, 2002.

Welti, F., Behinderung und Rehabilitation im sozialen Rechtsstaat, 2005.

–, Gibt es noch eine Selbstverwaltung in der gesetzlichen Krankenversicherung?, in: VSSR 2006, 133 ff.

Wendt, R., Der Garantiegehalt der Grundrechte und das Übermaßverbot, in: AöR 104 (1979), 414 ff.

Wenner, U., Kassen müssen jetzt bei Schwerstkranken auch für nicht anerkannte Behandlungsverfahren aufkommen, in: Soziale Sicherheit 2006, 174 ff.

–, Nationale Grenzen für ambulante ärztliche Leistungen müssen geöffnet werden, in: Soziale Sicherheit 2003, 201 ff.

–, Rentenniveau und Grundgesetz, in: Festschrift 50 Jahre Bundessozialgericht, 2004, S. 627 ff.

Werner, F., Sozialstaatliche Tendenzen in der Rechtsprechung, in: AöR 42 (1956), 84 ff.

Werner, G. W., Einkommen für alle, 2006.

Werner, M. H., Die Eingrenzung des Leistungsspektrums des solidarfinanzierten Gesundheitssystems als Herausforderung liberaler Konzeptionen politischer Ethik, in: Zeitschrift für medizinische Ethik 48 (2002), 125 ff.

Wernsmann, R., Die Finanzierung der Sozialversicherung durch Beiträge und Steuern, aus der Sicht der deutschen Verfassung, in: DRV 2001, 67 ff.

–, Die Steuer als Eigentumsbeeinträchtigung, in: NJW 2006, 1169 ff.

–, Verhaltenslenkung in einem rationalen Steuersystem, 2005.

Wertenbruch, W., Grundgesetz und Menschenwürde, 1958.

Weselski, S., Modell zur Reform der gesetzlichen Krankenversicherung, in: VSSR 2006, 25 ff.

Westen, P., Speaking of Equality, 1990.

Wiedenbrüg, G., Der Einfluß des Sozialstaatsprinzips auf die Zuerkennung subjektiver öffentlicher Rechte, 1978.

Wiederin, E., Sozialstaatlichkeit im Spannungsfeld von Eigenverantwortung und Fürsorge, in: VVDStRL 64 (2005), S. 53 ff.

Wiegand, D., Sozialstaatsklausel und soziale Teilhaberechte, in: DVBl. 1974, 657 ff.

Wieland, J., Arbeitsmarkt und staatliche Lenkung, in: VVDStRL 59 (1999), S. 13 ff.

–, Finanzverfassung, Steuerstaat und föderaler Ausgleich, in: Festschrift 50 Jahre Bundesverfassungsgericht, 2001, 771 ff.

–, Freiheitsrechtliche Vorgaben für die Besteuerung von Einkommen, in: DStJG 24 (2001), S. 29 ff.

–, Verfassungsrechtliche Grenzen der Beitragserhebung in der gesetzlichen Krankenversicherung, in: VSSR 2003, 259 ff.

Wigge, P., Legitimation durch Partizipation – Zur verfahrensrechtlichen Beteiligung der Leistungserbringer im Entscheidungsprozess des Bundesausschusses – (Teil 2), NZS 2001, 623 ff.

Wildhaber, L., Soziale Grundrechte, in: P. Saladin/L. Wildhaber (Hrsg.), Gedenkschrift für M. Imboden, 1972, S. 371 ff.

Wildt, A., Art. Solidarität, in: J. Ritter u.a. (Hrsg.), Historisches Wörterbuch der Philosophie, Bd. 9, 1995, Sp. 1004 ff.

–, Solidarität – Begriffsgeschichte und Definition heute, in: K. Bayertz (Hrsg.), Solidarität, 1998, S. 202 ff.

–, Zum Verhältnis von Recht und Moral bei Kant, in: ARSP 83 (1997), 159 ff.

Wildt, W., Alys Volksstaat, in: Sozial. Geschichte 2005, 91 ff.

Wilensky, H. L., The Welfare State and Equality, 1975.

–, Leftism, Catholism and democratic corporatism, in: P. Flora/A. J. Heidenheimer (Hrsg.), The Development of Welfare States in Europe and America, 1981, S. 345 ff.

Wilensky, H. L./Lebeaux, C. N., Industrial Society and Social Welfare, 1958.

Wilke, D., Gebührenrecht und Grundgesetz, 1973.

Wilke, H., Stand und Kritik der neueren Grundrechstheorie, 1975.

Wille, E. (Hrsg.), Rationierung im Gesundheitswesen und ihre Alternativen, 2003.

–, Rationalisierung und Rationierung aus ökonomischer, insbesondere wohlfahrtstheoretischer Sicht, in: H. Häfner (Hrsg.), Gesundheit – unser höchstes Gut?, 1999, S. 331 ff.

Wimmer, R., Grenzen der Regelungsbefugnis in der vertragsärztlichen Selbstverwaltung, in: NZS 1999, 113 ff.

Windels-Pietzsch, A., Friedenswahlen in der Sozialversicherung, 2005.

Winner, T., Die Europäische Grundrechtscharta und ihre soziale Dimension, 2005.

Wißmann, H., Verfassungsrechtliche Vorgaben der Verwaltungsorganisation, in: W. Hoffmann-Riem/E. Schmidt-Aßmann/A. Voßkuhle (Hrsg.), Grundlagen des Verwaltungsrechts, 2006, S. 943 ff.

Wohlfahrt, N., Der aktivierende Sozialstaat, in: NDV 2001, 82 ff.

Wolf, E., Die Freiheit und Würde des Menschen, in: H. Wandersleb (Hrsg.), Recht, Staat, Wirtschaft Bd. 4, 1953, S. 27 ff.

Wolf, J.-C., Die liberale Paternalismuskritik von John Stuart Mill, in: M. Anderheiden u.a. (Hrsg.), Paternalismus und Recht, 2006, S. 55 ff.

–, Paternalismus, in: Studia Philosophica 49 (1990), 49 ff.

Wolfe, C., Liberalism and Paternalism, in: The Review of Politics 56 (1994), 615 ff.

Wolff, H. A., Die Legitimationsveränderungen des Richtlinienerlasses durch den Gemeinsamen Bundesausschuss auf der Grundlage des GKV-Modernisierungsgesetzes, in: NZS 2006, 281 ff.

Wölk, F., „Off-label-use" in der ambulanten Versorgung in der Gesetzlichen Krankenversicherung, in: Zeitschrift für das gesamte Medizin- und Gesundheitsrecht, 2006, 3 ff.

Wölky, G., Art. Schmoller, Gustav, in: Ev. Soziallexikon, Neuausgabe, 2001, Sp. 1963 f.

Wollenschläger, F., Grundfreiheit ohne Markt, 2007.

–, Vernetzte Angehörigkeiten, in: S. Boysen u.a. (Hrsg.), Netzwerke, 2007, S. 104 ff.

Wollenschläger, M., Der sozialrechtliche Schutz von Asylbewerbern, in: Festschrift 50 Jahre Bundessozialgericht, 2004, S. 317 ff.

Wollenschläger, M./Krogull, J., Zur Verfassungsmäßigkeit der Erhöhung der Versicherungspflichtgrenze in der gesetzlichen Krankenversicherung durch das Beitragssicherungsgesetz, in: NZS 2005, 237 ff.

Würtenberger, T./Heckmann, D., Polizeirecht in Baden-Württemberg, 6. Aufl. 2005.

Wulffen, M. v., Die Leistungspflicht der gesetzlichen Krankenversicherung beim „off label-use" von Arzneimitteln, in: Festschrift für B. Wiegand, 2003, S. 161 ff.

Wunder, A./Diehm, A., Sind Kürzungen des Arbeitslosengeldes II um bis zu 100 Prozent verfassungswidrig?, in: Soziale Sicherheit 2006, 195 ff.

Zacher, H. F., Art. Soziale Grundrechte, in: Lexikon des Rechts, 5/660, S. 1 (3 ff.) (EL 124 April 2005).

–, Art. Sozialstaat, in: Lexikon des Rechts, 5/670 (EL 124 April 2005).

–, Art. Sozialstaatsprinzip, in: Handwörterbuch der Wirtschaftswissenschaften (HdWW), Bd. 7, 1977, S. 152 ff.

–, Das soziale Staatsziel, in: J. Isensee/P. Kirchhof (Hrsg.), Handbuch des Staatsrechts, Bd. 2, 3. Aufl. 2004, S. 659 ff.
–, Das Sozialstaatsprinzip in der Rechtsprechung des Bundesverfassungsgerichts, in: BayVBl. 1969, 113 ff.
–, Der deutsche Sozialstaat am Ende des Jahrhunderts, in: S. Leibfried/U. Wagschal (Hrsg.), Der deutsche Sozialstaat, 2000, S. 53 ff.
–, Der Sozialstaat als Prozeß (1978), in: ders., Abhandlungen zum Sozialrecht, 1993, S. 73 ff.
–, Der Sozialstaat an der Wende zum 21. Jahrhundert, in: VSSR 2000, 185 ff.
–, Die Anatomie des Sozialstaates, in: SGb 1982, 329 ff.
–, Die Herausforderungen des Sozialstaats und die Interpretation des sozialen Staatsziels, in: Festschrift B. Baron von Maydell, 2002, S. 827 ff.
–, Freiheit und Gleichheit in der Wohlfahrtspflege, 1964.
–, Grundlagen der Sozialpolitik in der Bundesrepublik Deutschland, in: Bundesministerium für Arbeit und Sozialordnung (Hrsg.), Grundlagen der Sozialpolitik, Geschichte der Sozialpolitik in Deutschland seit 1945, Bd. 1, 2001, S. 333 ff.
–, Grundtypen des Sozialrechts, in: ders., Abhandlungen zum Sozialrecht, 1993, S. 257 ff.
–, Soziale Gleichheit. Zur Rechtsprechung des Bundesverfassungsgerichts zu Gleichheitssatz und Sozialstaatsprinzip, in: AöR 93 (1968), 341 ff.
–, Sozialpolitik und Verfassung im ersten Jahrzehnt der Bundesrepublik Deutschland, 1980.
–, Sozialrecht und soziale Gerechtigkeit, in: Festschrift für W. Maihofer, 1988, S. 669 ff.
–, Verfassung und Sozialrecht, in: Festschrift für G. Dürig, 1990, S. 67 ff.
–, Was können wir über das Sozialstaatsprinzip wissen?, in: Festschrift für H. P. Ipsen, 1977, S. 207 ff.
–, Zur Rechtsdogmatik sozialer Umverteilung, in: ders., Abhandlungen zum Sozialrecht, 1993, S. 279 ff.
Zahlmann, C. (Hrsg.), Kommunitarismus in der Diskussion, 1992.
Zapf, W., Welfare Production, in: Social Indicators Research 14 (1984), 263 ff.
–, Wohlfahrtsstaat und Wohlfahrtsproduktion, in: L. Alberlin/W. Link (Hrsg.), Politische Parteien auf dem Weg zur parlamentarischen Demokratie, 1981, S. 379 ff.
Zeidler, W., Gerechtigkeit in der Industriegesellschaft, in: DÖV 1972, 437 ff.
Zintl, R., Die libertäre Sozialstaatskritik bei von Hayek, Buchanan und Nozick, in: W. Kersting (Hrsg.), Politische Philosophie des Sozialstaats, 2000, S. 95 ff.
Zitt, R., Zwischen Innerer Mission und staatlicher Sozialpolitik, 1997.
Zoll, R., Was ist Solidarität heute?, 2000.
Zotta, F., Kant und der Sozialstaat, in: M. Kühnel (Hrsg.), Modell und Wirklichkeit, 2001, S. 67 ff.
–, Legitimität und Recht, 2000.
Zumbansen, P., Ordnungsmuster im modernen Wohlfahrtsstaat, 2000.

Personen- und Sachregister

Abendroth, Wolfgang 28, 34 ff., 427, 585
Abwägung 366, 369, 378, 382, 387, 389, 438, 445, 525, 544, 590
Abwehrrechte 178, 218, 318, 363, 366, 370, 378
Ackerman, Bruce 152, 155
Akkumulation 241
aktivierender Staat 70, 174, 511
Alexy, Robert 365 f., 378, 385
Allgemeine Erklärung der Menschenrechte 316, 400, 413
allgemeines Persönlichkeitsrecht 332
Altvater, Elmar 98
Aly, Götz 71, 280
Anderson, Elisabeth 166
Aneignung 189 ff., 200, 208 f., 244, 247
Anerkennung 83, 146, 153, 157 ff., 209, 213, 242 f., 245 ff., 289, 351
Anthropologie 58, 331
Antidiskriminierungsrecht 536
Anwartschaften 520, 522, 573
–, Eigentumsschutz 517 ff., 573
Aporie des Sozialstaates 92, 99, 109, 130, 148, 175, 230, 232 ff., 257 ff., 269 ff., 290, 330, 334, 343, 353, 406, 580, 588
Äquivalenzprinzip 427, 542, 563, 566 ff., 575, 583, 595
Arbeiterbewegung 85, 100, 121, 124
Arbeitgeberanteil
–, Sozialversicherungsbeitrag 523, 576
Arbeitsmarkt 251, 254
Arbeitsschutz 11, 65, 87, 102
Arbeitsunfähigkeit 95
Aristoteles 145, 224
Armenhilfe 64
Armut 115, 124, 186, 234 ff., 349 ff., 441
Arneson, Richard 153
Arzneimittelfestbeträge 504
Arzneimittelsicherheit 438
Arztvorbehalt 429
Atlantic Charta 119
Autonomie 90, 119 ff., 159, 163 ff., 196 ff., 211 ff., 226, 280 ff.
Autonomiemangel 264 ff., 277
Avineri, Shlomo 236
Baader, Franz von 55
Bedarfsgerechtigkeit 145, 156 f.
Befähigungsgerechtigkeit 145, 208, 223 ff.
Beitrag/Beitragsrecht 425 ff., 441 ff., 488, 499, 520 ff., 542, 556 ff., 564 ff.
Berlin, Isaiah 179 ff., 465
Betroffenenpartizipation 482, 484, 542, 593
Bildungsauftrag 199, 201
Binnenmarkt 535 f.
Bismarck, Otto von 63, 65, 86, 95, 100, 102 ff., 280, 539
Bloch, Ernst 326 f.
Böckenförde, Ernst-Wolfgang 219, 302, 363, 368, 476
Borowski, Martin 378, 381
Brüderlichkeit 120 ff., 182
Buchanan, James M. 188
Budgethoheit 390, 558
Bundesstaat 13, 463, 472 ff., 507, 557, 562, 594
–, und Sozialstaat (Art. 28 Abs. 1 GG) 472 ff.
Bundesausschuß 423 f., 435, 495, 500 ff.
siehe auch Gemeinsamer Bundesausschuß
Bundeszuschuß zur Sozialversicherung 571
Bürgergeld 280
bürgerliche Gesellschaft 115, 236 f., 239 f., 248 ff., 252, 254 f.
Bürgerversicherung 126, 489, 555
Capabilities 153, 225 ff.

Caritas 64, 115, 130, 272
Cassirer, Ernst 107, 269
CDU 39
Chancengleichheit 8, 154, 168 ff., 288 ff., 516
Christdemokratie 38
Cohen, Gerald 153
Cremer, Wolfram 368

Dabrock, Peter 223
Daseinsvorsorge 25 ff., 69, 175, 239, 304, 370, 549 f.
Demokratie 3, 8, 12 f., 24, 35 f., 43 ff., 47 ff., 60 ff., 92, 99
Demokratieprinzip 476 ff.
demokratische Gleichheit 464, 483, 505 *siehe auch* Gleichheit
demokratische Legitimation 376, 472, 475, 479 f., 481 ff., 487, 490 ff., 497, 499 f., 502 f.
Depenheuer, Otto 122
deserving poor 252
Dienstleistungsfreiheit 536
Differenzprinzip 116, 152, 158 f.
Diskurstheorie 290 f.
Dürig, Günter 74, 323, 328, 548
Durkheim, Emile 123, 131
Dworkin, Ronald 152, 161 f.

Ebsen, Ingwer 444
Egalitarismus 127 f., 147, 150 f., 154, 157 f., 159, 163 ff., 213, 222 f., 227, 351, 588 *siehe auch* Gleichheit
Eigentumsdogmatik 199, 521
Eigentumsgrundrecht (Art. 14 GG) 518, 521, 523, 562
Eigentumsschutz sozialer Leistungsansprüche 517 ff.
Eigentumstheorie 188 f., 192 ff., 199 f., 205 ff., 210 f., 232, 242 ff.
Eingriffsverwaltung 20, 25 f.
Emde, Ernst Thomas 481
Entschädigung 11, 32, 46, 100, 166, 194
Erdrosselungsverbot 560
erfahrungsbasierte Medizin 433
EU-Grundrechtscharta 413
Europäische Sozialcharta 413
Evolution des Sozialstaates 83 ff., 87 f., 462, 549 f.
Existenzminimum 169, 239, 242, 248, 324, 327, 329, 332 ff., 337, 340 ff., 344 ff., 352 f., 366, 368, 380, 383, 393, 397, 405, 408, 414, 424 f., 439, 441 ff., 447, 449, 589 f. *siehe auch* Grundsicherung
Exklusion 47, 83, 89 ff., 136, 220, 230 f., 240, 270, 352

Familie 66, 89 f., 94 f., 115, 158, 215, 236 f., 239 f., 249, 253, 312, 315, 375, 414, 577
Familienleistungsausgleich 577
FDP 316
Feinberg, Joel 265
finanzielle Stabilität der Sozialversicherung 422, 426, 439, 569
Finanzverfassung 355 f., 375, 467, 556 f., 560 ff., 567, 570 ff., 577, 579 ff., 583, 592, 595
Finanzverfassungsrecht 356, 467, 556 f., 560, 567, 570, 572 ff., 577, 579 f., 595
Forsthoff, Ernst 22, 55, 161, 171, 175, 239, 370, 559, 585
Foucault, Michel 273
France, Anatole 172
Frankenberg, Günter 283
free rider-Problem 129
Freiheit 3 ff., 171 ff., 232 ff., 257 ff. *siehe auch* reale Freiheit
–, positive und negative 178 f., 185, 218, 381
Freiheitsbedrohung 172, 257, 371
Freiheitsbefähigung 8, 30, 49, 115, 176, 178 f., 183 ff., 258, 266, 280, 588
Freiheitsdimensionen 176 f., 179, 194, 228, 370, 451, 465, 589
Freiheitsförderung 9, 179, 184, 211, 229, 258, 363, 371, 548, 550 f.
Freiheitsfunktionalität 3 ff., 7 ff., 110, 171 ff., 211 ff., 315 ff., 359 ff., 457 ff., 544 ff.
Freiheitspräsumtion 263, 292
Freiheitsverwirklichung 258, 369
Fremdbestimmung 218, 266
Friedenswahlen 493, 495
funktionale Selbstverwaltung 482, 486 f., 490, 494, 502, 503, 543, 593
Fürsorge 5, 64, 66, 87, 100, 115, 130, 168, 216, 227, 239, 251, 267, 275, 280, 315, 321 f., 324 f., 346, 349, 381, 437, 473, 506 f., 516, 523, 547, 550, 569

Geben und Nehmen 290 f., 305, 376, 582 *siehe auch* Nehmen und Geben

Gebühren 403, 516 f., 557, 563, 583 *siehe auch* Studiengebühren
Gehlen, Arnold 3, 221
gemeinsame Selbstverwaltung 496, 500
Gemeinsamer Bundesausschuß 423, 435, 438, 493 f., 495 ff., 503, 543, 594 *siehe auch* Bundesausschuß
Gemeinwohl 62, 139, 313, 315, 426, 437, 525, 549, 551, 594
Gerechtigkeit 11, 20, 34, 68, 81 ff., 105, 116, 120, 127 ff., 134 ff., 151, 155 ff., 161, 163 ff., 170 ff., 180, 182 f., 189, 197, 200 f., 208 ff., 223 f., 225 f., 244, 247, 272, 276, 280, 289, 319 f., 331, 351, 412, 514, 516, 546, 587
Gesetzesmediatisierung 386 *siehe auch* Mediatisierung
Gesetzesvorbehalt 19, 30, 436 f., 447, 461, 463 ff., 470, 487 *siehe auch* Vorbehalt des Gesetzes; institutioneller Gesetzesvorbehalt
Gesetzgebungskompetenzen 453 ff., 489, 506, 557
–, Gesundheitsdienst 441, 454, 506 *siehe auch* Gesundheitsdienst, staatlicher
Gestaltungsspielraum des Gesetzgebers 45, 137, 386, 443
gestufte Selbstverwaltung 501
gestufte soziale Schutzaufträge 373
Gesundheit 116 f., 181, 220, 239, 274, 416 ff.
Gesundheitsdienst, staatlicher 441, 454, 506 *siehe auch* Gesetzgebungskompetenz, Gesundheitsdienst
Gewaltengliederung 43, 375, 386, 463
Gewaltmonopol 112, 389 f.
Gleichheit 3 ff., 43, 48, 56, 60, 121, 147 ff., 169 ff., 204, 222 ff., 231, 244 f., 271, 279 ff., 289, 292, 348, 372, 403, 411 ff., 443 ff., 464, 483, 505, 586 *siehe auch* demokratische Gleichheit, Egalitarismus
Gleichheitsdogmatik 411 ff., 513 ff.
Gleichheitspräsumtion 152 ff., 158, 160 f., 168, 170, 222, 287, 289, 347, 587
Globalisierung 16, 79, 314, 585
Grabitz, Eberhard 363
Grewe, Wilhelm 14
Gröschner, Rolf 509
Grundeinkommen 215
Grundrecht auf Leben und körperliche Unversehrtheit 416 ff. *siehe auch* Gesundheit
Grundrecht auf Wohnraumverschaffung 398
Grundrechtsberechtigung 307
Grundrechtsbindung 302
Grundrechtsdimensionen 359 ff.
Grundrechtsdogmatik 44, 175, 178, 359, 361, 364 f., 369 ff., 394
Grundrechtseingriff 19, 137, 143, 365, 504, 549 f., 552 ff., 569, 583, 594
Grundrechtstheorie 44, 178, 359, 361, 363, 365, 370, 374, 395, 591
–, Abwehrmonismus 368, 405, 452
Grundsicherung 116, 264, 280, 325 f., 334, 338 f., 340 ff., 350 ff., 355, 397, 442, 447, 555 *siehe auch* Existenzminimum
Gruppenhomogenität 492, 581

Häberle, Peter 362, 370, 379
Habermas, Jürgen 97 f., 123, 280, 284 f.
Halbteilungsgrundsatz 561
Haltern, Ulrich 269
Handlungsfreiheit 164, 288 f., 395, 399, 406, 408, 424 f.
Hase, Friedhelm 568
hausarztzentrierte Versorgung 578
Haverkate, Görg 465, 579
Hayek, Friedrich von 115, 141, 188
Hegel, Georg Wilhelm Friedrich 115, 232, 295
Heimann, Eduard 55
Heller, Hermann 55, 60, 63, 68, 370
Herzog, Roman 549
Hesse, Konrad 55, 68, 302, 461
Heuß, Theodor 69
Hobbes, Thomas 112
Hofmann, Hasso 135
Humboldt, Wilhelm von 112
Huster, Stefan 128, 222, 411, 444 ff.

Individualisierung 123, 343, 345, 355 f., 388, 574
Industrialisierung 79, 94 ff., 107, 241, 304
Infrastrukturverwaltung 20, 175
Inklusion 47, 51, 89 ff., 123, 130, 136, 229 ff., 240, 254, 270, 300, 348, 352
Inkommensurabilität von Rechts- und Sozialstaat 22 ff.

Innere Mission 64
Institut für Qualität und Wirtschaftlichkeit im Gesundheitswesen 498
institutioneller Gesetzesvorbehalt 487 *siehe auch* Gesetzesvorbehalt; Vorbehalt des Gesetzes
Institutsgarantie 511
Internationaler Pakt über soziale und kulturelle Rechte 413
Ipsen, Hans Peter 12, 509
ius cogens 415

Jestaedt, Matthias 81

Kahn, Paul W. 269
Kant, Immanuel 82, 113 f., 150, 171, 188, 202 ff., 224 ff., 232 ff., 261, 266, 277, 283, 319
Kapital 58, 68, 98, 107
Kapitalismus 37, 58, 197
Kathedersozialisten 102
Kelsen, Hans 68
Kersting, Wolfgang 127, 136, 146, 162, 219
Ketteler, Wilhelm Emmanuel von 55
Kingreen, Thorsten 391
Kirchhof, Paul 443, 561
Klasse 37, 51, 56 ff., 68, 83, 101, 105, 184, 240, 250, 286, 449
Klein, Hans Hugo 363, 368
Kluth, Winfried 480
Koalitionsfreiheit 67
Kohl, Helmut 372
Köhler, Michael 205, 207, 209 f.
Kommunitarismus 111
Kontingenz 111, 113, 127, 137, 219, 303, 388
Kontraktualismus 115, 191, 201
Koordinierungssozialrecht 535
Körperschaften des öffentlichen Rechts 454, 488, 490
Kostenerstattungsanspruch 424, 536
Kosten-Nutzen-Analysen 435, 449, 498
Krankenbehandlung 421, 425, 435, 442 *siehe auch* Krankheit
–, Rahmenanspruch 435
Krankenversicherung 5, 11, 45, 87, 146, 418, 421, 423 ff., 432, 435 ff., 439, 441 f., 445 f., 454, 488, 495, 497, 499, 506, 508 f., 534, 565, 573, 580, 591 f.
Krankheit 11, 93, 95, 165, 216, 275, 417, 425, 430, 433 ff., 437 ff., 529, 578 *siehe auch* Krankenbehandlung
Kreissl, Reinhard 52
Kriegssozialismus 66, 273
Kriele, Martin 7
Kündigungsschutz 511

Lassalle, Ferdinand 319
Lastengleichheit 546, 554, 561, 580 f., 583, 595
Legitimationsdogmatik 485 *siehe auch* demokratische Legitimation
Lehre vom gerechten Preis 143
Leistungsfähigkeit 9, 151, 290, 305, 328, 516, 558, 563, 569
Leistungsrechte 176, 359, 361, 364, 366 ff., 373 ff., 380 ff., 386 ff., 395, 403, 407, 414, 429, 439, 440, 447, 452, 517, 590
Lerche, Peter 455
Letztbegründung 81, 212
Liberalismus 8, 51, 73, 83, 111, 219, 271, 287
Locke, John 108, 112, 188 f., 192, 196
Lockesche Provisio 190
Lohmann, Theodor 102
Loyalität *siehe unter* Massenloyalität
Lübbe-Wolff, Gertrude 364
Luhmann, Niklas 117, 229, 261
Lyotard, Jean-Francois 297

Machtdispositiv 273, 588
Mangoldt, Hermann von 63, 69
Margalit, Avishai 349
Markt 113, 131, 136, 141, 143 f., 163, 166, 191, 223, 256, 280, 296, 504, 533 ff., 537 *siehe auch* Arbeitsmarkt; Versicherungsmarkt
Marktfreiheit 142
Marktwirtschaft 15, 35, 39, 41, 104, 141 f., 181, 191, 196 f., 238, 272
Marshall, Thomas H. 99
Marxismus 83
Massenloyalität 8, 79
Maßgabevorbehalt 373, 378, 385
Mediatisierung 129 *siehe auch* Gesetzesmediatisierung
medizinisches Existenzminimum 416 ff.
Menschenbild 57, 105, 211, 330 f.
Menschenwürde 37, 170 f., 227 f., 314, 317 ff., 404 ff.
–, Objektformel 328 f.

–, und Abwägung 6, 18, 335, 354, 356 f., 365 f., 369, 377 f., 382, 385, 387, 438, 445, 466, 525, 546, 548, 583, 590
Mill, John Stuart 259, 262
Minimalstaat 192, 199
Mittelbare Staatsverwaltung 506
moral hazard 552
Morlok, Martin 77
Müller, Friedrich 391

Nächstenliebe 124, 164, 272, 319
Nationalsozialismus 64, 71, 101, 272, 322, 490
Naturzustand 114, 188, 192, 196, 197f.
Nehmen und Geben 290, 371, 595 *siehe auch* Geben und Nehmen
Neoaristotelismus 225
neue Untersuchungs- und Behandlungsmethoden 421 ff., 430 ff.
Neuner, Jörg 414
Neutralität, wirtschaftspolitische 40 f.
Nikolausentscheidung 421, 424
Non-Affektationsprinzip 166, 558
Normalarbeitsverhältnis 574, 585
Normenverträge 470, 503
Not- und Verstandesstaat 238, 255
Nozick, Robert 109, 112, 187 f., 588
Numerus-clausus-Entscheidung 173, 219, 367, 383, 400
Nussbaum, Martha 223 f.
Nutzenmaximierung 240

Offe, Claus 97
offene Verfassungsstaatlichkeit 414
Ofner, Julius 55
Oikos 249
Optimierungsgebot 378, 511, 542, 592
Organisationsrecht 14, 42, 458, 467, 469, 490, 506, 570, 572
Ossenbühl, Fritz 471
Out-put-Legitimation 79, 279, 484, 593

Papen, Franz von 72
Parlamentarischer Rat 379
Partizipation 278, 280, 360, 478, 482, 484 f., 542
Paternalismus 226, 258 ff., 276, 287, 552, 588
Pauer-Studer, Herlinde 212, 223
Paulus 177
Personenbegriff 211 ff.
Pfadabhängigkeit 21, 104
Pfändungsschutz 326
Pflegeversicherung 100
Piloty, Robert 61
Pirsching, Manfred 122
Pitschas, Rainer 75
Planungseuphorie 103
Planwirtschaft 104, 142
Plessner, Helmuth 103
Poscher, Ralf 367
positive und negative Freiheit 171 ff., 359 ff. *siehe auch* Freiheit
pragmatisches Sozialstaatsverständnis 5 f., 9, 17 ff., 34, 40, 108, 127, 175, 313, 386, 405, 451, 548, 585, 589 f. *siehe auch* Sozialstaatsverständnis; Sozialstaat
Presse- und Rundfunkfreiheit 396
Pressefreiheit 283
Preuß, Ulrich K. 119, 282
prima occupatio 191, 196 f., 200
Primat der Selbstrealisation 9, 166, 209, 228, 311, 346, 357, 367, 378, 382 ff., 400, 404, 440 ff., 447, 452, 516, 547, 552, 591 f.
Prinzipientheorie 365 f., 368 f., 377, 381, 511
Privateigentum 191, 193 ff., 197, 200 f., 211, 242 ff., 246 f.
Privatisierung 506
Privatschulen 403

Rationierung 408, 419 f., 436, 442 f., 449, 498
Rawls, John 116, 146, 152, 158
reale Freiheit 219, 267, 367, 371 *siehe auch* Freiheit
Recht auf Arbeit 401
Recht auf Bildung 209, 400
Recht auf Leben und körperliche Unversehrtheit 321, 422, 429, 436
Rechtsharmonisierung 535
Rechtssicherheit 112, 118, 527 f.
Rechtsstaat 3 ff., 13 ff., 22 ff., 34 ff., 43, 47, 60 ff., 161, 171, 262, 276 f., 280, 294, 306, 362, 459 f., 464, 527 ff., 554, 558, 592
Reichsversicherungsamt 102
Religion 119, 241, 399
Religionsfreiheit 399
Rentenanspruch 523 f., 573

–, Eigentumsschutz 517, 520, 523 f., 526, 542, 561, 573, 592
Rentenbeitrag 524
Rentenberechnung 524
Rentenversicherung 45, 116, 493, 509, 523 f.
Republik 13, 39, 63
Reziprozität 126, 129, 588
Richtlinien des GBA 470 ff., 502
Risikogesellschaft 365
Roellecke, Gerd 147, 172
Roemer, John 153
Röhl, Klaus F. 145
Roosevelt, Franklin D. 119
Rorty, Richard 124
Rousseau, Jean-Jacques 196
Rückschrittsverbot 450 f., 592
Rupp-von Brünneck, Wiltraut 517 f.

Satzungsautonomie 499
Schiller, Friedrich 319
Schleier des Nichtwissens 246
Schlönzer, August Ludwig 55
Schmid, Carlo 62, 69
Schmidt-Aßmann, Eberhard 134, 485
Schmidtz, David 196
Schmitt, Carl 22, 25, 67 f.
Schmoller, Gustav 95
Schneider, Franz 61
Schutzbedürftigkeit 426 ff., 568, 570, 573, 575, 578, 582, 595
Schutznormtheorie 406
Schutzpflichten 44, 178, 342, 365, 368, 380, 387 ff., 408 f., 430
Schutzpflichtendogmatik 387, 389, 392
Seebohm, Hans-Christoph 69
Selbstachtung 350
Selbstbestimmung 7, 9, 36, 47 f., 57, 177, 192 f., 213, 215, 217, 221 f., 259, 262, 264 f., 275, 277 ff., 281, 286, 294, 306, 311, 326, 350, 417, 449, 451, 457, 462, 464 f., 475, 481, 483, 485, 505, 519, 544, 546, 583, 586, 589, 594
Selbsthilfe 64, 113, 130, 242, 248, 250, 253 f., 256 f., 343, 346, 353
Selbstregierung 7, 9, 48, 147, 177, 266, 275, 277 f., 292, 295, 306, 311, 451, 457, 462, 464, 475, 485, 519, 586
Selbstsorge 215, 227, 250
Selbstverwaltung 45, 65, 100, 104, 454, 456, 458, 475, 479 ff., 486 ff., 495 ff., 505 ff., 542 f., 578, 593
Sen, Amartya 153, 223 f.
Sicherheit 111 ff. *siehe auch* soziale Sicherheit
Sicherstellungsauftrag 496
Sinzheimer, Hugo 55
Sittlicher Staat 232 ff.
Smend, Rudolf 68
Solidarität 11, 83, 110 f., 120 ff., 161, 182, 229, 253 f., 276, 284 f., 292, 331, 342, 351, 524, 538, 540 f., 546, 548, 570, 572 ff., 578, 586 f.
–, Gruppensolidarität 125 f., 131
Sombart, Werner 55
Sonderabgaben 556, 563 f.
Sonderlasten 563, 575
Sozialdemokratie 62, 65, 100, 319
soziale Frage 58, 95, 107, 197, 234, 236, 248, 254, 296, 368
soziale Grundrechte 14, 187, 219, 284, 287 f., 316, 360 f., 371, 374, 379 dazu gehört noch ein wechselseitiger *siehe auch* Grundrechtstheorie
soziale Sicherheit 114, 116 f., 119, 509, 586
–, und Freiheit 111 ff.
sozialer Ausgleich 126, 427, 509, 542, 553, 565, 569, 575, 581, 587
soziales Königtum 59
Sozialhilfe 74, 139, 169, 218, 239, 324 f., 332 ff., 353, 356 f., 398, 410, 444, 540, 590
–, Bedarfsprinzip 344
–, Hilfe zum Lebensunterhalt 334 f., 338, 343 f.
–, Individualisierungsprinzip 343, 345, 355
–, Lohnabstandsgebot 347, 356, 358
–, Regelsätze/Regelleistungen 334 ff., 343 ff., 351, 353, 355 f.
Sozialisierung 15, 35 f., 40 f.
Sozialismus 35, 40, 57, 62, 72, 103 f., 180, 285, 303 *siehe auch* Kriegssozialismus
Sozialistengesetze 100, 103
Sozialstaat 3 ff. *siehe auch* Sozialstaatsverständnis; pragmatisches Sozialstaatsverständnis
–, Gestaltungsspielraum des Gesetzgebers 17 ff., 457 ff.
–, Rechtscharakter 3 ff., 22 ff.
–, und europäische Integration 531 f., 534, 593

sozialstaatliches Minimum 279, 318, 327 f., 333, 385
Sozialstaatsdogmatik 446
Sozialstaatsgebot 10, 34, 109, 120, 127, 148, 171, 175, 182, 201, 323, 327, 358, 387, 407, 412, 434, 451 f., 589
Sozialstaatskritik 9, 37, 47, 97, 113, 187, 260, 285, 588
Sozialstaatsverbot 188, 195, 201, 210
Sozialstaatsverbund 530 f., 534, 541
Sozialstaatsverständnis 9, 16 f., 27, 36, 40, 75, 171, 175 f., 182 ff., 187, 216 f., 222, 232, 257, 269, 276, 287, 292, 318, 341, 346, 361, 382, 396, 398, 427, 573, 581, 586, 589 *siehe auch* pragmatisches Sozialstaatsverständnis; Sozialstaat
Sozialunion 532, 534, 537, 539
Sozialverpflichtung des Eigentums 40
Sozialversicherung/en 65 ff., 87, 95, 100 f., 103 f., 116, 126, 253, 263, 266, 267, 273, 315, 428, 433, 441, 451, 453 ff., 473, 487, 488 ff., 495, 505 f., 508, 510 f., 523, 527, 534, 537, 541 f., 551, 553 f., 557, 561 ff., 593, 595
–, als Unternehmen 15, 82, 504, 538
–, Gesetzgebungskompetenz 315, 453 ff., 474, 489, 506 f., 557
Sozialversicherungsbeitrag 564 f., 570, 573
Sozialversicherungspflicht 263, 551, 553, 566 f., 568, 571, 574 f., 577, 582
Sozialversicherungszwang 266
SPD 39, 316
Staat und Gesellschaft 11, 32, 44, 58, 292, 293 ff.
Staatsaufgaben 301, 383 f., 407, 439, 558
Staatsmedizin 275
Staatssozialismus 72, 103
Staatsverschuldung 556
Staatszielbestimmung 44, 379, 454, 509 f., 512, 573
Stein, Lorenz von 22, 37, 55 f., 63, 232, 282
Steiner, Hillel 199 f.
Steuerarten 560, 561
Steuerfinanzierung 571, 579
Steuerlast 375, 559 f., 581, 583
Steuern 557 ff.
Steuerstaatlichkeit 558
Studiengebühren 402 f. *siehe auch* Gebühren
subsidiäre Existenzsicherung 198
Subsidiarität 250, 257, 547 f.
Subsidiaritätsprinzip 105, 125, 547
Systemgerechtigkeit 514
Systemtheorie 51, 89, 143, 229 f., 298, 300
Systemversagen 423

Taylor, Charles 111, 181, 214
Teilhabe 28, 30, 48, 89, 91, 147, 153, 173, 177 ff., 197, 199, 208 f., 256, 277, 280 ff., 288, 292, 306, 325, 362, 368, 373, 384, 401, 413, 416, 446, 478, 483 f., 505, 519, 542, 555, 562, 575, 589, 593
Teilhabegerechtigkeit 208 ff.
Teilhaberechte 44, 99, 277, 287, 289 f., 311, 359 f., 362 f., 373, 384, 458
Territorialprinzip 410, 591
Tocqueville, Alexis de 259
totaler Staat 47
Transdisziplinarität 22
Triepel, Heinrich 25
Trute, Hans-Heinrich 483
Turner, Victor 379
Typenzwang der Normsetzung 471 f.

Überforderung des Wohlfahrtsstaates 91 *siehe auch* Wohlfahrtsstaat
Übermaßverbot 387, 466 f., 545, 559
Umverteilung 46, 62, 71, 83, 101, 126, 136, 143 f., 151, 153, 167, 170, 183, 188 f., 242, 272, 278 f., 281, 285, 287, 290, 312, 349, 412, 466 f., 516, 523, 551, 556, 565 f., 569 f., 572, 574 ff., 579 ff., 587, 595
Unfallversicherung 65, 87, 95, 102, 509
Unionsbürgerschaft 539 f.
Untermaßverbot 342, 387 f., 402, 404

Vereinigungsfreiheit 283
Verfassungsstaatlichkeit 14, 48, 531 *siehe auch* offene Verfassungsstaatlichkeit
Verfassungstheorie 43, 49 f., 53, 64, 76 ff., 84 ff., 106, 109 ff., 124, 128, 138, 140 f., 145, 147, 150 f., 170 f., 173, 175 f., 179, 182, 187, 201, 228, 230 f., 269, 275 f., 285, 291, 312, 330, 374, 586
Vergesellschaftung 34 f., 67, 160
Verhältnismäßigkeit 142, 184, 387, 467, 525, 553 ff., 576, 582 *siehe auch* Abwägung
Verrechtlichung 96, 103, 129, 132, 260, 286
Versicherungsmarkt 428, 442
Versicherungszwang 103 f., 266, 529

Vertrauensschutz 189, 454, 508, 526, 528 ff., 542, 592
Verwaltungsmodernisierung 174
Volkmann, Uwe 122
Volkssouveränität 278, 291, 311, 464
Vollbeschäftigung 103
Vorbehalt des Gesetzes 337, 463 f., 468 f., 593 *siehe auch* Gesetzesvorbehalt; institutioneller Gesetzesvorbehalt
Vorbehalt des Möglichen 311, 363, 378, 383 ff., 398, 404, 438, 442, 447 ff., 590 ff.
Vorrang der Selbstrealisierung 257, 281, 382, 401, 404, 440 ff., 447 ff., 547, 552
Vorrang des Gesetzes 462, 469, 542, 593
Vorsorge 32, 87, 102, 114 f., 118, 139, 216, 238 f., 256, 267, 280, 336, 344, 425 ff., 438, 441, 449, 516, 527, 529, 550, 577

Wachstumsvorsorge 46
Wagner, Adolph 71, 102
Wahltarife 500, 578
Walzer, Michael 167, 231
Warenverkehrsfreiheit 536
Weimarer Reichsverfassung 14, 39, 67 f., 117, 138, 317, 321, 379, 392, 511
Weimarer Republik 60 ff., 72, 86, 322, 361, 490
Weltgesellschaft 299 ff.
Wesentlichkeitsgrundsatz 468 f., 542
Wettbewerbsrecht 533
Wilke, Helmut 363
Wirksamkeitsnachweis 423 f., 433, 435
Wirtschaftlichkeitsgebot 422, 429, 435, 498
wirtschaftspolitische Neutralität *siehe unter* Neutralität, wirtschaftspolitische
Wirtschaftswachstum 103
Wohlfahrtspflege 74, 249, 537
Wohlfahrtspluralismus 53
Wohlfahrtsproduktion 53
Wohlfahrtsstaat 16, 87 ff., 116, 124, 130, 136, 171, 220, 227, 259, 274, 299, 365, 372, 544 *siehe auch* Überforderung des Wohlfahrtsstaates
–, Terminologie 50 ff., 71 ff.

Zacher, Hans F. 32, 139, 450, 548, 585
Zueignung 244 f.
Zwangsarbeit 188, 193
Zweiklassenmedizin 449

Jus Publicum

Beiträge zum Öffentlichen Recht – Alphabetische Übersicht

Alleweldt, Ralf: Bundesverfassungsgericht und Fachgerichtsbarkeit. 2006. *Band 151.*
Anderheiden, Michael: Gemeinwohl in Republik und Union. 2006. *Band 152.*
Appel, Ivo: Staatliche Zukunfts- und Entwicklungsvorsorge. 2005. *Band 125.*
Arnauld, Andreas von: Rechtssicherheit. 2006. *Band 148.*
Axer, Peter: Normsetzung der Exekutive in der Sozialversicherung. 2000. *Band 49.*
Baer, Susanne: „Der Bürger" im Verwaltungsrecht. 2006. *Band 146.*
Bauer, Hartmut: Die Bundestreue. 1992. *Band 3.*
Baumeister, Peter: Der Beseitigungsanspruch als Fehlerfolge des rechtswidrigen Verwaltungsakts. 2006. *Band 142.*
Beaucamp, Guy: Das Konzept der zukunftsfähigen Entwicklung im Recht. 2002. *Band 85.*
Becker, Florian: Kooperative und konsensuale Strukturen in der Normsetzung. 2005. *Band 129.*
Becker, Joachim: Transfergerechtigkeit und Verfassung. 2001. *Band 68.*
Biehler, Gernot: Auswärtige Gewalt. 2005. *Band 128.*
Blanke, Hermann-Josef: Vertrauensschutz im deutschen und europäischen Verwaltungsrecht. 2000. *Band 57.*
Böhm, Monika: Der Normmensch. 1996. *Band 16.*
Böse, Martin: Wirtschaftsaufsicht und Strafverfolgung. 2005. *Band 127.*
Bogdandy, Armin von: Gubernative Rechtsetzung. 2000. *Band 48.*
Borowski, Martin: Die Glaubens- und Gewissensfreiheit des Grundgesetzes. 2005. *Band 144.*
Brenner, Michael: Der Gestaltungsauftrag der Verwaltung in der Europäischen Union. 1996. *Band 14.*
Britz, Gabriele: Kulturelle Rechte und Verfassung. 2000. *Band 60.*
Bröhmer, Jürgen: Transparenz als Verfassungsprinzip. 2004. *Band 106.*
Brüning, Christoph: Einstweilige Verwaltungsführung. 2003. *Band 103.*
Burgi, Martin: Funktionale Privatisierung und Verwaltungshilfe. 1999. *Band 37.*
Bultmann, Peter Friedrich: Beihilfenrecht und Vergaberecht. 2004. *Band 109.*
Bumke, Christian: Relative Rechtswidrigkeit. 2004. *Band 117.*
Bungenberg, Marc: Vergaberecht im Wettbewerb der Systeme. 2007. *Band 163.*
Butzer, Hermann: Fremdlasten in der Sozialversicherung. 2001. *Band 72.*
Calliess, Christian: Rechtsstaat und Umweltstaat. 2001. *Band 71.*
Cancik, Pascale M.: Verwaltung und Öffentlichkeit in Preußen. 2007. *Band 171.*
Classen, Claus Dieter: Die Europäisierung der Verwaltungsgerichtsbarkeit. 1996. *Band 13.*
– Religionsfreiheit und Staatskirchenrecht in der Grundrechtsordnung. 2003. *Band 100.*
Coelln, Christian von: Zur Medienöffentlichkeit der Dritten Gewalt. 2005. *Band 138.*
Cornils, Matthias: Die Ausgestaltung der Grundrechte. 2005. *Band 126.*
Cremer, Wolfram: Freiheitsgrundrechte. 2003. *Band 104.*
Dammann, Jens: Materielles Recht und Beweisrecht im System der Grundfreiheiten. 2007. *Band 162.*

Danwitz, Thomas von: Verwaltungsrechtliches System und Europäische Integration. 1996. *Band 17.*
Dederer, Hans-Georg: Korporative Staatsgewalt. 2004. *Band 107.*
Detterbeck, Steffen: Streitgegenstand und Entscheidungswirkungen im Öffentlichen Recht. 1995. *Band 11.*
Di Fabio, Udo: Risikoentscheidungen im Rechtsstaat. 1994. *Band 8.*
Dörr, Oliver: Der europäisierte Rechtsschutzauftrag deutscher Gerichte. 2003. *Band 96.*
Durner, Wolfgang: Konflikte räumlicher Planungen. 2005. *Band 119.*
Enders, Christoph: Die Menschenwürde in der Verfassungsordnung. 1997. *Band 27.*
Englisch, Joachim: Wettbewerbsgleichheit im grenzüberschreitenden Handel. 2008. *Band 174.*
Epping, Volker: Die Außenwirtschaftsfreiheit. 1998. *Band 32.*
Fassbender, Bardo: Der offene Bundesstaat. 2007. *Band 161.*
Fehling, Michael: Verwaltung zwischen Unparteilichkeit und Gestaltungsaufgabe. 2001. *Band 79.*
Felix, Dagmar: Einheit der Rechtsordnung. 1998. *Band 34.*
Fisahn, Andreas: Demokratie und Öffentlichkeitsbeteiligung. 2002. *Band 84.*
Franz, Thorsten: Gewinnerzielung durch kommunale Daseinsvorsorge. 2005. *Band 123.*
Frenz, Walter: Selbstverpflichtungen der Wirtschaft. 2001. *Band 75.*
Gaitanides, Charlotte: Das Recht der Europäischen Zentralbank. 2005. *Band 132.*
Gellermann, Martin: Grundrechte im einfachgesetzlichen Gewande. 2000. *Band 61.*
Grigoleit, Klaus Joachim: Bundesverfassungsgericht und deutsche Frage. 2004. *Band 108.*
Gröpl, Christoph: Haushaltsrecht und Reform. *2001. Band 67.*
Gröschner, Rolf: Das Überwachungsrechtsverhältnis. 1992. *Band 4.*
Groß, Thomas: Das Kollegialprinzip in der Verwaltungsorganisation. 1999. *Band 45.*
Grzeszick, Bernd: Rechte und Ansprüche. 2002. *Band 92.*
Guckelberger, Annette: Die Verjährung im Öffentlichen Recht. 2004. *Band 111.*
Gurlit, Elke: Verwaltungsvertrag und Gesetz. 2000. *Band 63.*
Haack, Stefan: Verlust der Staatlichkeit. 2007. *Band 164.*
Häde, Ulrich: Finanzausgleich. 1996. *Band 19.*
Haltern, Ulrich: Europarecht und das Politische. 2005. *Band 136.*
Hase, Friedhelm: Versicherungsprinzip und sozialer Ausgleich. 2000. *Band 64.*
Hecker, Jan: Marktoptimierende Wirtschaftsaufsicht. 2007. *Band 172.*
Heckmann, Dirk: Geltungskraft und Geltungsverlust von Rechtsnormen. 1997. *Band 28.*
Heinig, Hans Michael: Der Sozialstaat im Dienst der Freiheit. 2008. *Band 175.*
Heitsch, Christian: Die Ausführung der Bundesgesetze durch die Länder. 2001. *Band 77.*
Hellermann, Johannes: Örtliche Daseinsvorsorge und gemeindliche Selbstverwaltung. 2000. *Band 54.*
Hermes, Georg: Staatliche Infrastrukturverantwortung. 1998. *Band 29.*
Hochhuth, Martin: Die Meinungsfreiheit im System des Grundgesetzes. 2007. *Band 153.*
Hösch, Ulrich: Eigentum und Freiheit. 2000. *Band 56.*
Hofmann, Ekkehard: Abwägung im Recht. 2007. *Band 158.*

Jus Publicum – Beiträge zum Öffentlichen Recht

Hohmann, Harald: Angemessene Außenhandelsfreiheit im Vergleich. 2002. *Band 89.*
Holznagel, Bernd: Rundfunkrecht in Europa. 1996. *Band 18.*
Horn, Hans-Detlef: Die grundrechtsunmittelbare Verwaltung. 1999. *Band 42.*
Huber, Peter-Michael: Konkurrenzschutz im Verwaltungsrecht. 1991. *Band 1.*
Hufeld, Ulrich: Die Vertretung der Behörde. 2003. *Band 102.*
Huster, Stefan: Die ethische Neutralität des Staates. 2002. *Band 90.*
Ibler, Martin: Rechtspflegender Rechtsschutz im Verwaltungsrecht. 1999. *Band 43.*
Jestaedt, Matthias: Grundrechtsentfaltung im Gesetz. 1999. *Band 50.*
Jochum, Heike: Verwaltungsverfahrensrecht und Verwaltungsprozeßrecht. 2004. *Band 116.*
Kadelbach, Stefan: Allgemeines Verwaltungsrecht unter europäischem Einfluß. 1999. *Band 36.*
Kämmerer, Jörn Axel: Privatisierung. 2001. *Band 73.*
Kahl, Wolfgang: Die Staatsaufsicht. 2000. *Band 59.*
Kaufmann, Marcel: Untersuchungsgrundsatz und Verwaltungsgerichtsbarkeit. 2002. *Band 91.*
Kersten, Jens: Das Klonen von Menschen. 2004. *Band 115.*
Khan, Daniel-Erasmus: Die deutschen Staatsgrenzen. 2004. *Band 114.*
Kingreen, Thorsten: Das Sozialstaatsprinzip im europäischen Verfassungsbund. 2003. *Band 97.*
Kischel, Uwe: Die Begründung. 2002. *Band 94.*
Koch, Thorsten: Der Grundrechtsschutz des Drittbetroffenen. 2000. *Band 62.*
Korioth, Stefan: Der Finanzausgleich zwischen Bund und Ländern. 1997. *Band 23.*
Kluth, Winfried: Funktionale Selbstverwaltung. 1997. *Band 26.*
Kube, Hanno: Finanzgewalt in der Kompetenzordnung. 2004. *Band 110.*
Kugelmann, Dieter: Die informatorische Rechtsstellung des Bürgers. 2001. *Band 65.*
Lang, Heinrich: Gesetzgebung in eigener Sache. 2007. *Band 159.*
Langenfeld, Christine: Integration und kulturelle Identität zugewanderter Minderheiten. 2001. *Band 80.*
Lehner, Moris: Einkommensteuerrecht und Sozialhilferecht. 1993. *Band 5.*
Leisner, Anna: Kontinuität als Verfassungsprinzip. 2002. *Band 83.*
Leisner, Walter Georg: Existenzsicherung im Öffentlichen Recht. 2007. *Band 157.*
Lenze, Anne: Staatsbürgerversicherung und Verfassung. 2005. *Band 133.*
Lepsius, Oliver: Besitz und Sachherrschaft im öffentlichen Recht. 2002. *Band 81.*
Lindner, Josef Franz: Theorie der Grundrechtsdogmatik. 2005. *Band 120.*
Lorz, Ralph Alexander: Interorganrespekt im Verfassungsrecht. 2001. *Band 70.*
Lücke, Jörg: Vorläufige Staatsakte. 1991. *Band 2.*
Luthe, Ernst-Wilhelm: Optimierende Sozialgestaltung. 2001. *Band 69.*
Mager, Ute: Einrichtungsgarantien. 2003. *Band 99.*
Mann, Thomas: Die öffentlich-rechtliche Gesellschaft. 2002. *Band 93.*
Manssen, Gerrit: Privatrechtsgestaltung durch Hoheitsakt. 1994. *Band 9.*
Masing, Johannes: Parlamentarische Untersuchungen privater Sachverhalte. 1998. *Band 30.*
Möstl, Markus: Die staatliche Garantie für die öffentliche Sicherheit und Ordnung. 2002. *Band 87.*
Möllers, Christoph: Gewaltengliederung. 2005. *Band 141.*
Morgenthaler, Gerd: Freiheit durch Gesetz. 1999. *Band 40.*
Morlok, Martin: Selbstverständnis als Rechtskriterium. 1993. *Band 6.*

Müller-Franken, Sebastian: Maßvolles Verwalten. 2004. *Band 105.*
Müller-Terpitz, Ralf: Der Schutz des pränatalen Lebens. 2007. *Band 165.*
Musil, Andreas: Wettbewerb in der staatlichen Verwaltung. 2005. *Band 134.*
Niedobitek, Matthias: Das Recht der grenzüberschreitenden Verträge. 2001. *Band 66.*
Odendahl, Kerstin: Kulturgüterschutz. 2005. *Band 140.*
Oeter, Stefan: Integration und Subsidiarität im deutschen Bundesstaatsrecht. 1998. *Band 33.*
Ohler, Christoph: Die Kollisionsordnung des Allgemeinen Verwaltungsrechts. 2005. *Band 131.*
Pache, Eckhard: Tatbestandliche Abwägung und Beurteilungsspielraum. 2001. *Band 76.*
Pauly, Walter: Der Methodenwandel im deutschen Spätkonstitutionalismus. 1993. *Band 7.*
Pielow, Johann-Christian: Grundstrukturen öffentlicher Versorgung. 2001. *Band 58.*
Pöcker, Markus: Stasis und Wandel der Rechtsdogmatik. 2007. *Band 170.*
Poscher, Ralf: Grundrechte als Abwehrrechte. 2003. *Band 98.*
Puhl, Thomas: Budgetflucht und Haushaltsverfassung. 1996. *Band 15.*
Reinhardt, Michael: Konsistente Jurisdiktion. 1997. *Band 24.*
Remmert, Barbara: Private Dienstleistungen in staatlichen Verwaltungsverfahren. 2003. *Band 95.*
Rensmann, Thilo: Wertordnung und Verfassung. 2007. *Band 156.*
Rixen, Stephan: Sozialrecht als öffentliches Wirtschaftsrecht. 2005. *Band 130.*
Rodi, Michael: Die Subventionsrechtsordung. 2000. *Band 52.*
Röben, Volker: Außenverfassungsrecht. 2007. *Band 160.*
Rossen, Helge: Vollzug und Verhandlung. 1999. *Band 39.*
Rozek, Jochen: Die Unterscheidung von Eigentumsbindung und Enteignung. 1998. *Band 31.*
Ruffert, Matthias: Vorrang der Verfassung und Eigenständigkeit des Privatrechts. 2001. *Band 74.*
Sacksofsky, Ute: Umweltschutz durch nicht-steuerliche Abgaben. 2000. *Band 53.*
Šarčević, Edin: Das Bundesstaatsprinzip. 2000. *Band 55.*
Schenke, Ralf P.: Die Rechtsfindung im Steuerrecht. 2007. *Band 169.*
Schlette, Volker: Die Verwaltung als Vertragspartner. 2000. *Band 51.*
Schliesky, Utz: Souveränität und Legitimtät von Herrschaftsgewalt. 2004. *Band 112.*
Schmehl, Arndt: Das Äquivalenzprinzip im Recht der Staatsfinanzierung. 2004. *Band 113.*
Schmidt, Thorsten I.: Kommunale Kooperation. 2005. *Band 137.*
Schmidt am Busch, Birgit: Die Gesundheitssicherung im Mehrebenensystem. 2007. *Band 168.*
Schmidt-De Caluwe, Reimund: Der Verwaltungsakt in der Lehre Otto Mayers. 1999. *Band 38.*
Schönberger, Christoph: Unionsbürger. 2006. *Band 145.*
Schorkopf, Frank: Grundgesetz und Überstaatlichkeit. 2007. *Band 167.*
Schröder, Rainer: Verwaltungsrechtsdogmatik im Wandel. 2007. *Band 166.*
Schroeder, Werner: Das Gemeinschaftrechtssystem. 2002. *Band 86.*
Schulte, Martin: Schlichtes Verwaltungshandeln. 1995. *Band 12.*
Schwartmann, Rolf: Private im Wirtschaftsvölkerrecht. 2005. *Band 122.*

Seiler, Christian: Der souveräne Verfassungsstaat zwischen demokratischer Rückbindung und überstaatlicher Einbindung. 2005. *Band 124.*
Sobota, Katharina: Das Prinzip Rechtsstaat. 1997. *Band 22.*
Sodan, Helge: Freie Berufe als Leistungserbringer im Recht der gesetzlichen Krankenversicherung. 1997. *Band 20.*
Sommermann, Karl-Peter: Staatsziele und Staatszielbestimmungen. 1997. *Band 25.*
Stoll, Peter-Tobias: Sicherheit als Aufgabe von Staat und Gesellschaft. 2003. *Band 101.*
Storr, Stefan: Der Staat als Unternehmer. 2001. *Band 78.*
Stumpf, Christoph A.: Alternative Streitbeilegung im Verwaltungsrecht. 2006. *Band 149.*
Sydow, Gernot: Verwaltungskooperation in der Europäischen Union. 2004. *Band 118.*
Talmon, Stefan: Kollektive Nichtanerkennung illegaler Staaten. 2006. *Band 154.*
Trute, Hans-Heinrich: Die Forschung zwischen grundrechtlicher Freiheit und staatlicher Institutionalisierung. 1994. *Band 10.*
Tschentscher, Axel: Demokratische Legitimation der dritten Gewalt. 2006. *Band 147.*
Uerpmann, Robert: Das öffentliche Interesse. 1999. *Band 47.*
Uhle, Arnd: Freiheitlicher Verfassungsstaat und kulturelle Identität. 2004. *Band 121.*
Unruh, Peter: Der Verfassungsbegriff des Grundgesetzes. 2002. *Band 82.*
Volkmann, Uwe: Solidarität – Programm und Prinzip der Verfassung. 1998. *Band 35.*
Voßkuhle, Andreas: Das Kompensationsprinzip. 1999. *Band 41.*
Wall, Heinrich de: Die Anwendbarkeit privatrechtlicher Vorschriften im Verwaltungsrecht. 1999. *Band 46.*
Walter, Christian: Religionsverfassungsrecht in vergleichender und internationaler Perspektive. 2006. *Band 150.*
Weiß, Wolfgang: Privatisierung und Staatsaufgaben. 2002. *Band 88.*
Welti, Felix: Behinderung und Rehabilitation im sozialen Rechtsstaat. 2005. *Band 139.*
Wernsmann, Rainer: Verhaltenslenkung in einem rationalen Steuersystem. 2005. *Band 135.*
Winterhoff, Christian: Verfassung – Verfassunggebung – Verfassungsänderung. 2007. *Band 155.*
Wißmann, Hinnerk: Generalklauseln. 2008. *Band 173.*
Wittreck, Fabian: Die Verwaltung der Dritten Gewalt. 2006. *Band 143.*
Wolff, Heinrich Amadeus: Ungeschriebenes Verfassungsrecht unter dem Grundgesetz. 2000. *Band 44.*
Ziekow, Jan: Über Freizügigkeit und Aufenthalt. 1997. *Band 21.*

